Sabine Kurtenbach / Werner Mackenbach
Günther Maihold / Volker Wünderich (Hrsg.)

Zentralamerika heute

BIBLIOTHECA IBERO-AMERICANA

Veröffentlichungen des Ibero-Amerikanischen Instituts
Preußischer Kulturbesitz
Band 115

BIBLIOTHECA IBERO-AMERICANA

Sabine Kurtenbach / Werner Mackenbach
Günther Maihold / Volker Wünderich (Hrsg.)

Zentralamerika heute

Politik · Wirtschaft · Kultur

Vervuert Verlag · Frankfurt am Main

2008

Bibliografische Information der Deutschen Nationalbibliothek
Die Deutsche Nationalbibliothek verzeichnet diese Publikation in der Deutschen
Nationalbibliografie; detaillierte bibliografische Daten sind im Internet über
http://dnb.ddb.de abrufbar

© Vervuert Verlag 2008
Elisabethenstr. 3-9 D-60594 Frankfurt am Main
info@iberoamericanalibros.com
www.ibero-americana.net

ISSN 0067-8015
ISBN 978-3-86527-347-5
Depósito Legal: S. 1.569-2008

Umschlaggestaltung: Michael Ackermann

© Ibero-Amerikanisches Institut, PK, Berlin
Satz: Anneliese Seibt, Ibero-Amerikanisches Institut PK
Gedruckt auf säure- und chlorfreiem, alterungsbeständigem Papier
gemäß ISO-Norm 9706

Printed in Spain

Inhaltsverzeichnis

II. Macht und Politik

III. Wirtschaft und Gesellschaft

IV. Kultur, Bildung und Wissenschaft

V. Deutschland und Zentralamerika

Einleitung. Zentralamerika – heute: Aufbruch in die Moderne und Festhalten von Traditionen

Die Landbrücke zwischen Nord- und Südamerika war stets privilegierter Schauplatz internationaler Interessen und Projektionen, die eng mit ihrer besonderen geostrategischen Lage verbunden war. Nicht nur für die Spanier war Zentralamerika über Jahrhunderte zentraler Umschlagplatz beim Transport von Edelmetallen, Rohstoffen und Reichtümern aus der Neuen in die Alte Welt. Eine Stellung, deren Bedeutungshöhepunkt sich am Beginn des 20. Jahrhunderts durch den Bau und den Betrieb des Panamakanals manifestierte und die, trotz der wachsenden Bedeutung des internationalen Lufttransports, auch heute noch besteht, wie die wiederkehrenden Überlegungen zur Vertiefung des bestehenden Kanals bzw. zu alternativen Routen zeigen. Der Zugang zu beiden Weltmeeren, die Vielfalt der natürlichen Ressourcen, Regenwald und Vulkane sowie das reiche Erbe der Mayakultur zogen seit der "Entdeckung" der Neuen Welt aber auch unzählige Abenteurer und Piraten, Träumer und Touristen an. In den vergangenen 25 Jahren haben sich Zentralamerika und seine internationale Wahrnehmung stark verändert. Zu Beginn der achtziger Jahre waren die bewaffneten Konflikte noch Anlass für heftige Debatten im Deutschen Bundestag, im US-Kongress, den internationalen Medien und auch ein wiederkehrendes Thema in Literatur und Film. Was den einen als Quelle der Hoffnung galt, dass sich die Utopie von sozialer Gerechtigkeit doch jetzt und hier, das heißt unter tropischen Bedingungen, verwirklichen lasse, war den anderen im Kontext des Kalten Krieges Beweis für das Vordringen vom "Reich des Bösen".

Heute ist Zentralamerika weitgehend aus den Schlagzeilen der Weltpresse verschwunden; weithin gibt es nur noch dann Aufmerksamkeit für die Region, wenn Naturkatastrophen, wie im Oktober 1999 Hurrikan "Mitch" oder 2005 Hurrikan "Stan", schwere Verwüstungen anrichten. Auch in der Wissenschaft ist die Zahl derjenigen, die sich mit Zentralamerika beschäftigen, geringer geworden. Forschungsgelder fließen heute in Projekte über den Balkan, Afghanistan, Irak oder andere Regionen, Zentralamerika ist nicht mehr spektakulär. Die ehemaligen Kriegsländer Nicaragua, El Salvador und

Guatemala erfahren nicht wesentlich mehr Aufmerksamkeit als Honduras, Costa Rica, Panama oder Belize. Zumindest im internationalen Vergleich wird Zentralamerika gerne als Erfolgsgeschichte bei der Beendigung interner Kriege gefeiert, wie der damalige UN-Generalsekretär Kofi Annan in seinem Abschlussbericht zur UN-Mission in Guatemala im April 2005 abermals betonte. Zentralamerika gilt zumindest im Bereich der politischen Gewalt als befriedet, seine Regierungen werden in allgemeinen und freien Wahlen bestimmt, die Ökonomien sind in den Weltmarkt integriert. Die Erfolgsgeschichte wird allerdings durch den Fortbestand der traditionellen Entwicklungsprobleme des Isthmus nachhaltig beeinträchtigt. Denn zur Realität gehört auch das anhaltend große Gefälle zwischen Arm und Reich, die fortdauernde Diskriminierung indigener und marginalisierter Bevölkerungsgruppen und das hohe Maß an Gewalt in allen sieben Ländern.

Die gemeinsamen Probleme der Region haben immer wieder interne und externe Initiativen zu deren regionaler Bearbeitung ins Leben gerufen. Schon bei den Bemühungen zur Beendigung der Kriege hat die internationale Gemeinschaft in den achtziger Jahren – allen voran die Europäische Gemeinschaft im Rahmen des San-José-Prozesses – wichtige Impulse und Anreize für die verstärkte regionale Integration und Zusammenarbeit gegeben. Zwar ist die Idee der regionalen Integration in Zentralamerika alt und wird insbesondere an Feier- und Festtagen immer wieder lautstark bekundet, in der Praxis haben sich die Staaten aber stets schwer getan, dies auch politisch in Aktionen jenseits der Absichtserklärungen umzusetzen. Schon die Kooperation der fünf zentralamerikanischen "Kernstaaten" Guatemala, Honduras, El Salvador, Nicaragua und Costa Rica wurde immer wieder durch alte und neue Rivalitäten sowie reale oder vermeintliche Sonderstellungen erschwert. Die koloniale Vormachtstellung Guatemalas lässt noch heute ebenso Vorurteile aufkeimen wie der costa-ricanische Glaube, das Land verfüge aufgrund seiner politisch stabilen Entwicklung über eine Sonderstellung und dürfe sich nicht mit den anderen "gemein" machen. Wie viel schwieriger ist da noch die Integration Panamas und Belizes mit ihren anderen historischen Bindungen und Prägungen. Wunsch und Wirklichkeit der regionalen Integration klaffen auch am Beginn des 21. Jahrhunderts in Zentralamerika weit auseinander.

Die internationale Gemeinschaft hat in den vergangenen Jahren mehrere Initiativen unternommen, die Integration zu unterstützen. Das Entwicklungsprogramm der Vereinten Nationen legte erstmals 1999 und erneut 2002 einen Bericht über die menschliche Entwicklung in Zentralamerika vor – allerdings ohne Belize einzubeziehen. Auch wenn diese Berichte die positiven Entwicklungen der vergangenen zehn Jahre anerkennen, belegen sie gleichzeitig die großen Unterschiede in der Entwicklung innerhalb einzelner Länder sowie zwischen den Ländern. Ebenfalls 1999 finanzierten die EU und die US-amerikanische Entwicklungsagentur USAID ein gemeinsames Forschungsprojekt über die Perspektiven Zentralamerikas bis 2020, das alle sieben zentralamerikanischen Länder einbezog. Im Mittelpunkt dieser Studie standen Fragen der sozialen Entwicklung und der regionalen Integration. Als Grundlagen eines neuen Entwicklungsmodells für Zentralamerika werden vier Prinzipien formuliert: 1. die Vertiefung des regionalen Integrationsprozesses als angemessene Antwort auf die Herausforderungen durch die Globalisierung und die Grenzen nationaler Entwicklungsmodelle; 2. die Integration des Umweltschutzes als zentraler Dimension in den Entwicklungsprozess; 3. die Förderung von Human- und Sozialkapital in der Region durch Stärkung der Bildungs-, Gesundheits- und Arbeitssysteme; 4. die Stärkung integrativer Politiken, die die Beteiligung bisher benachteiligter sozialer Gruppen und Sektoren ermöglichen und deren Bedürfnisse in das Modell mit einbeziehen.

In einer breiteren Öffentlichkeit erfahren die Ereignisse in Zentralamerika dagegen kaum noch Aufmerksamkeit. Dies ist für diejenigen, denen die Entwicklung in der Region am Herzen liegt, zwar bedauerlich, für die Zentralamerikaner selbst vielleicht aber auch ein gutes Zeichen, weil sich darin auch zeigt, dass die Entwicklungsprozesse ein gewisses Maß an "Normalität" erreicht haben. Dies bietet zumindest theoretisch die Chance, große Brüche und die damit verbundenen Kosten zu vermeiden und Stück für Stück Veränderungen voranzutreiben. Der Transformationsprozess der zentralamerikanischen Länder hat allerdings weder in Politik noch in Wirtschaft oder Gesellschaft auch nur annähernd eine neue Stabilität erreicht. Die alten Strukturen sind zwar weitgehend zerstört, aber neue, tragfähigere sind – wenn überhaupt – nur vereinzelt und in Ansätzen erkennbar. In der Politik ist dies am deutlichsten: Zwar finden in allen Ländern regelmäßig allgemeine Wahlen statt, ist der Wechsel zwischen Regierungen unterschiedlicher politischer Ausrichtung weitgehend normal geworden, doch gleichzeitig verweigern immer mehr Wahlberechtigte ihre Teilnahme an diesem demokratischen Grundrecht. Die Parteien geben sich weltoffen und modern, sind aber dennoch von persönlichen Abhängigkeiten und Loyalitäten geprägt und in der Bevölkerung als zentrale Akteure des politischen Systems weitgehend diskreditiert. Die Wirtschaft Zentralamerikas zeigt ebenfalls ein ambivalen-

tes Bild: Der Agrarsektor, der mit Kaffee und Bananen in den letzten hundert
Jahren die Grundlage für den Reichtum weniger und den Lebensunterhalt
vieler war, hat seine gesamtwirtschaftliche Bedeutung eingebüßt. Neue Produkte für den Agrarexport sehen sich aber harter internationaler Konkurrenz
ausgesetzt, der Tourismus bietet allenfalls für wenige Regionen eine Alternative, und auch die modernen Industrien wie die Chipherstellung unterliegen sehr fragilen Weltkonjunkturen. Auch die zentralamerikanischen Gesellschaften und die Kultur charakterisiert der Bruch zwischen und das Nebeneinander von Tradition und Moderne: Architektonisch hypermoderne
Einkaufszentren oder Tankstellen in den Zentren der Hauptstädte stehen den
allzu bekannten Blech- und Bambushütten in den Vierteln der Armen und
Ärmsten gegenüber. Die neuesten Hollywoodfilme und -schlager konkurrieren mit lokaler Volkskultur.

Die zentrale Herausforderung für alle zentralamerikanischen Länder –
von Guatemala bis Panama – wird in den nächsten Jahren und Jahrzehnten
darin bestehen, konstruktiv mit diesen Brüchen umzugehen und einen authentischen Weg zu finden, der das zentralamerikanische Erbe mit den Anforderungen des 21. Jahrhunderts verbindet und versöhnt. Zentralamerika
wird auf diesem Weg nur dann erfolgreich sein können, wenn die historische
Aufgabe der inneren und regionalen Integration in Angriff genommen wird.
Dazu darf die ausgeschlossene Bevölkerungsmehrheit nicht mehr überwiegend als destabilisierender Faktor wahrgenommen werden, den man wahl-
weise mehr oder weniger repressiv in Schach hält oder über dessen Migration nach Norden man erleichtert ist. Im Gegenteil, diese Menschen müssen
in ihrem Potenzial und ihrer Bedeutung für eine gerechtere und nachhaltige
Entwicklung gesehen werden. Zentralamerika wird nur dann eine wirkliche
Zukunft haben, wenn es sich trotz aller nationalen und subregionalen Spezifika auf seine Gemeinsamkeiten konzentriert und den Weg zur Vertiefung
der regionalen Integration wesentlich konsequenter beschreitet, als dies in
der Vergangenheit der Fall war.

Der vorliegende Sammelband soll im deutschsprachigen Raum einen
Beitrag dazu leisten, die komplexen, faszinierenden und teils widersprüchlichen Entwicklungen in Zentralamerika einem breiteren Publikum näher zu
bringen und verständlich zu machen. Im Mittelpunkt stehen deshalb nicht
nur aktuelle Entwicklungen, sondern das Bestreben, der Vielfalt zentralamerikanischer Realitäten zumindest im Ansatz Rechnung zu tragen. Wir haben
uns dabei bemüht, stets die Entwicklungen in der Region, das heißt in allen
sieben Ländern, zu analysieren und darzustellen. Da wir uns gleichzeitig der

Besonderheiten und Unterschiede sehr wohl bewusst sind und nicht alle Länder von allen Problemen gleichermaßen betroffen sind, haben einige Artikel Schwerpunkte, andere beziehen sich ganz explizit und ausschließlich auf Entwicklungen in nur einem Land des zentralamerikanischen Isthmus. In der landeskundlichen Einführung stehen die geographischen und naturräumlichen Gegebenheiten sowie deren Nutzung durch den Menschen im Zentrum der Betrachtung. Schon hier werden Komplexität, Gemeinsamkeiten und grundlegende Differenzen innerhalb der Region sichtbar. Politik und Gesellschaft stehen im Mittelpunkt des zweiten Abschnitts. Analysiert werden hierbei sowohl die schwierigen Transformationsprozesse vom Autoritarismus zur Demokratie, vom Krieg zum Frieden, die regionalen Integrationsversuche und die gesellschaftlichen Veränderungsprozesse in Bezug auf ethnische Identität, Religion und die Stellung der Frauen. Die Entwicklung der zentralamerikanischen Wirtschaft, deren Einbettung in die Weltwirtschaft sowie ihre sozialen Konsequenzen stehen im Mittelpunkt des dritten Abschnitts. Hier wird abermals die gesamte Bandbreite von Chancen und Problemlagen deutlich. Trotz des Ressourcenreichtums und der immensen Biodiversität leben mehr als 50% der Bevölkerung in Armut und verfügt nach wie vor eine Handvoll Familien über den Reichtum der Region. Die Bedeutung einer anderen Dimension des Reichtums Zentralamerikas wird im vierten Teil des Buches besonders deutlich, in dem es um die Vielfalt und den Schatz an Musik, Literatur und Kultur überhaupt geht. Den Abschluss des Sammelbandes bilden einige Betrachtungen und Überlegungen zu den Beziehungen zwischen Deutschland und Zentralamerika.

Ein so umfangreicher Sammelband erfordert Zeit und Geduld vor allem derjenigen Autorinnen und Autoren, die unserer Bitte um einen Beitrag sofort und zum ersten vereinbarten Termin nachgekommen sind. Ihnen sei – wie allen anderen natürlich auch – herzlich gedankt. Wir hoffen, dass wir mit diesem Band einen Beitrag dazu leisten, das Interesse an der "schmerzensreichen Taille Amerikas" *(la dolorosa cintura de América)* – wie Pablo Neruda Zentralamerika nannte – aufrechtzuerhalten oder neu zu wecken.

Berlin/Hannover/San José/München, im September 2007
Die Herausgeber

I. Landeskundliche Einführung

Helmut Nuhn

Die Kleinstaaten Zentralamerikas im Entwicklungsprozess. Bevölkerungs-, Wirtschafts- und Siedlungsentwicklung seit der Mitte des 20. Jahrhunderts

Bezogen auf die Landesfläche, Ressourcenausstattung und Bevölkerungszahl gehören die Länder Zentralamerikas zu den Kleinstaaten und im Hinblick auf ökonomische und soziale Kennziffern zu den Entwicklungsländern (vgl. Abb. 1 u. Tab. 1). International Beachtung gefunden hat der zunächst positiv verlaufene Zusammenschluss zu einer Wirtschaftsgemeinschaft und der spätere Zerfall mit sozialen Unruhen und Bürgerkriegen, die ideologischen Ost-West-Auseinandersetzungen zugeordnet wurden (LaFeber 1984; Brockett 2005). Abläufe, Ursachen und Folgen sind auch in deutschsprachigen Sammelbänden für eine breitere Öffentlichkeit dargestellt worden (Nuhn 1985; Bendel 1993; Sevilla/Torres 1995).

Nach dem weitgehenden Scheitern der auf Importsubstitution basierenden Industrialisierung und der regionalen Wirtschaftsintegration, die trotz wiederholter Ankündigung in vier Jahrzehnten nicht zu einer funktionsfähigen Zollunion ausgebaut werden konnte, wird seit Ende der 1980er Jahre eine Strukturanpassung nach neoliberalen Vorstellungen verfolgt, welche den kleinen Ländern wirtschaftliche Erfolge durch die stärkere Integration in den Weltmarkt bringen soll (Nuhn 1995). Der mit der Öffnung nach außen verbundene globale Wettbewerb bringt aber für die nur schwach entwickelten Kleinstaaten im Vergleich zu großen Volkswirtschaften erhebliche Risiken.

Die hier verwendeten Begriffe klein und groß bzw. unterentwickelt und entwickelt beinhalten eine relative Aussage. Dies zeigt sich z.B. beim Vergleich der zentralamerikanischen mit den europäischen Kleinstaaten oder bei Gegenüberstellungen innerhalb derselben Gruppe. Länder können in einer Beziehung klein und unterentwickelt und in einer anderen groß bzw. fortgeschritten sein. Das Beispiel Costa Rica verdeutlicht, dass im Gesundheits- und Bildungssektor auch im Vergleich mit Europa hervorragende, aber im Wirtschaftsbereich eher bescheidene Kennziffern erreicht werden, die aller-

Tab. 1: Strukturdaten der Kleinstaaten Zentralamerikas

Indikator/Land	Guatemala	Belize	El Salvador	Honduras	Nicaragua	Costa Rica	Panama
Einwohnerzahl** (2004, in 1000)	12.389	261	6.757	7.174	5.375	4.245	3.172
Landesfläche km² ****	108.889	22.965	21.041	112.492	120.254	51.100	75.517
Politische Gliederung	22 Departments	6 Distrikte	14 Departments	18 Departments	16 Departments	7 Provinzen	9 Provinzen
Landeshauptstadt Einwohner ****	Guatemala 1.022.000 ('01)	Belmopan[a] 8.130 ('00)	San Salvador 610.700 ('95)	Tegucigalpa 1.037.600 ('00)	Managua 1.039.000 ('01)	San José 345.600 ('00)	Panamá 708.438 ('00)
Anteil der Stadtbevölkerung (Schätzung für 2005)**	39,9%	48,6%	57,8%	52,1%	56,7%	52,3%	59,5%
Landeswährung (außer dem US$)	Quetzal (Q)	Belize Dollar (Bz$)	El Salvador Colón (C; US$)	Lempira (L)	Córdoba (C$)	Costa Rica Colón (C)	Balboa (B, US$)
Bruttoinlandsprodukt (in Mrd. US$, 2003) *	24,7	1,0	14,9	7,0	4,1	17,4	12,9
Anteil der Wirtschaftssektoren am BIP (2004)*** I / II / III	23% / 19% / 58%	18% / 16% / 67%	9% / 31% / 60%	13% / 32% / 55%	21% / 25% / 54%	9% / 30% / 61%	7% / 13% / 80%
BIP pro Einwohner in Kaufparitäten (US$, 2003)*	4.148	6.950	4.781	2.665	3.262	9.606	6.854
Alphabetisierungsgrad der Erwachsenen (2003)*	69,1%	76,9%	79,7%	80,0%	76,7%	95,8%	91,9%

Indikator/Land	Guatemala	Belize	El Salvador	Honduras	Nicaragua	Costa Rica	Panama
Lebenserwartung bei Geburt (2003)*	67,3	71,9	70,9	67,8	69,7	78,2	74,8
Anteil der Bevölkerung unter der nationalen Armutsgrenze (1990–2002)*	56,2%	k.A.	48,3%	53,0%	47,9	22,0%	37,3%

a) Der neue Regierungsbesitz ist klein geblieben, während die ehem. Hauptstadt Belize City mit 49.050 Einwohnern (2000) bis heute die größte Stadt und das Wirtschaftszentrum bildet.

Quellen: * UNDP: *Human Development Report 2005.* New York.
** CEPAL: *Anuario Estadístico de América Latina y el Caribe 2004.* Chile.
*** CIA: *The World Factbook 2005* <www.odci.gov> (14.09.2005).
**** *Fischer Weltalmanach 2005.* Frankfurt/Main.

Abbildung 1

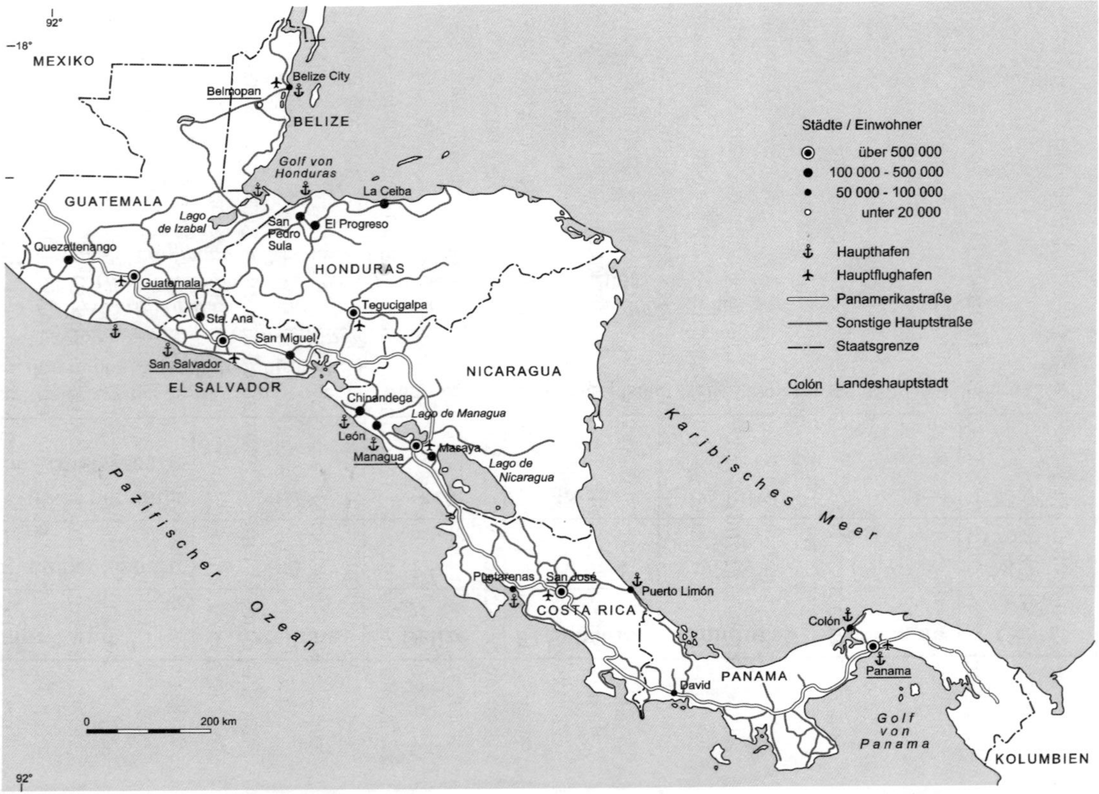
92°
–18°
MEXIKO
Belize City
Belmopan
BELIZE
Golf von Honduras
GUATEMALA
Lago de Izabal
La Ceiba
San Pedro Sula
El Progreso
Quezaltenango
Guatemala
HONDURAS
Tegucigalpa
Sta. Ana
San Miguel
San Salvador
EL SALVADOR
NICARAGUA
Chinandega
Lago de Managua
León
Managua
Masaya
Lago de Nicaragua
Puntarenas
San José
COSTA RICA
Puerto Limón
Colón
Panama
David
PANAMA
Golf von Panama
KOLUMBIEN
Pazifischer Ozean
Karibisches Meer
0
200 km
92°
Städte / Einwohner
über 500 000
100 000 - 500 000
50 000 - 100 000
unter 20 000
Haupthafen
Hauptflughafen
Panamerikastraße
Sonstige Hauptstraße
Staatsgrenze
Colón
Landeshauptstadt

dings auf der zentralamerikanischen Ebene positiv hervortreten. Nicht nur in ökonomischer Hinsicht ergeben sich für kleine Länder strukturelle Benachteiligungen (Reyes 2003).

1. Ökonomische, politische und soziale Konsequenzen der Kleinstaatlichkeit

Eine direkte Folge der geringen **Landesfläche** stellen die eingeschränkten natürlichen Ressourcen dar. Mineralische Bodenschätze und Energieträger kommen folglich in den Kleinstaaten Zentralamerikas nur in Ausnahmen und nicht in größerer Menge und Differenzierung vor. Hieraus resultiert ein ausgesprochenes Rohstoffdefizit, das insbesondere bei den fossilen Energieträgern eine Benachteiligung für die Entwicklung darstellt. Besondere Probleme erwachsen aus der geringen Kapazität der **Binnenmärkte** für die Herstellung von Industriegütern und für höhere Dienstleistungen. Eine kostengünstige Fertigung vieler Erzeugnisse ist wegen der begrenzten Aufnahmefähigkeit des eigenen Binnenmarktes nicht möglich, wodurch auch auswärtige Investoren zurückgehalten werden. Dies trifft insbesondere für komplexere Maschinen und hochwertige Produkte zu. Bereits der Ausstoß einer optimal ausgelegten Zementfabrik kann in einem Kleinstaat wie Belize nicht abgesetzt werden, und die suboptimale Produktionsmenge bzw. die "diseconomies of scale" verursachen 10-20% höhere Kosten. Auch wenn der Inlandsmarkt ein oder zwei entsprechende Betriebe optimaler Größe trägt wie in Honduras, können sich Nachteile für den Käufer ergeben, weil es zu Marktaufteilungen kommt und der aus Konkurrenz erwachsene Wettbewerb fehlt. Monopolisierungen und Absprachen verhindern günstige Verkaufspreise und stehen einer Steigerung der Produktivität im Wege.

Häufig bestimmen wenige **multinationale Unternehmen**, deren Jahresetat das Budget eines Kleinstaates um ein Vielfaches übersteigt, das gesamte Wirtschaftsleben und sind wegen der internationalen Verflechtung kaum von den politischen Akteuren im Inland zu beeinflussen. In Zentralamerika haben die großen Plantagengesellschaften wie die United Fruit Co. zeitweise e i n e solche Bedeutung erlangt, was auch in der hiermit im Zusammenhang stehenden Bezeichnung **"Bananenrepublik"** anklingt. Ein Beispiel aus neuerer Zeit ist die Ansiedlung einer großen Chipfabrik durch INTEL in Costa Rica, welche die Außenhandelsbilanzen stark verändert hat, so dass die Statistiken ohne Berücksichtigung dieser Tatsache ein irreführendes Bild vermitteln. Die großen international tätigen Unternehmen haben ihre Produktionssysteme fragmentiert, um Kostenvorteile in unterschiedlichen Ländern nutzen zu können. Der dadurch wachsende grenzüberschreitende Handel ist als firmeninterner Austausch kaum durch staatliche Regelungen zu beeinflussen.

Die ungünstigen Produktionsvoraussetzungen auf dem Binnenmarkt bedingen für eine größere Zahl hochwertiger Konsum- und Investitionsgüter eine ausgeprägte **Importabhängigkeit** und fördern zugleich die Spezialisierung auf eine geringe Zahl von Exportprodukten. Hieraus erwächst eine im Vergleich zu größeren Ländern überproportionale Bedeutung des Außenhandels (Kuznets 1960; Easterly/Kraay 2000). Mit der strukturellen Außenabhängigkeit verbunden ist zumeist eine Konzentration auf wenige **Exportgüter** und wenige Abnehmerländer. Die Außenhandelsstatistiken der Kleinstaaten Zentralamerikas wiesen bis in die 1980er Jahre insbesondere Kaffee und Bananen aus, die vorwiegend in die USA und nach Westeuropa exportiert wurden. In jüngerer Zeit sind Lohnveredelungsprodukte der Bekleidungsindustrie hinzugekommen. Dabei handelt es sich vorwiegend um Stoffe, die in Nordamerika produziert und zugeschnitten werden und nach der Bearbeitung in den Zollfreizonen wieder dorthin reexportiert werden. Bei einer solchen Einbindung und dem geringen absoluten Anteil an der Weltmarktbelieferung ergeben sich für kleine Länder zumeist keine Einflussmöglichkeiten auf die Preisgestaltung und die Regulierung der Märkte. Neben den Absatzschwankungen wirken sich besonders die Preis- und Wechselkursbewegungen sowie die Inflationsraten negativ aus. Hinzu kommen internationale Lieferquoten und Einfuhrbeschränkungen wie z.B. die 1994 eingeführten EU-Bananenmarktquoten, welche die zentralamerikanischen Länder und die traditionellen Exportfirmen benachteiligten und die erst nach mehreren Schiedssprüchen der WTO zurückgenommen werden mussten.

Neben den Besonderheiten der Wirtschaftsstruktur der kleinen Länder gibt es politische, demographische und **soziale Konsequenzen** der Kleinstaatlichkeit, die für eine Beurteilung der Entwicklungsprobleme von Bedeutung sind. Theoretisch bieten kleine Territorien für eine direkte Beteiligung des Bürgers am politischen Geschehen gute Voraussetzungen, in der Praxis sind aber solche idealistischen demokratischen Verhältnisse in Entwicklungsländern kaum verwirklicht. Meist kontrollieren kleinere **isolierte Eliten** aus Militär und traditionsreichen Familien das politische System und die Verwertung der Ressourcen. Eine Trennung zwischen privaten und öffentlichen Interessen erfolgt durch die Machthaber nur selten, die soziale Mobilität wird erschwert und die Entwicklung oppositioneller Gruppen verhindert. Ein extremes Beispiel hierfür stellen die Familiendynastien in El Salvador und der Somoza-Clan in Nicaragua dar, der 40 Jahre herrschte und erst durch einen längeren Bürgerkrieg vertrieben werden konnte (Dunkerley 1988).

Kleinstaaten sind auch für die Finanzierung **öffentlicher Aufgaben** stärkeren Beschränkungen unterworfen als größere Länder mit ähnlicher staatlicher Organisation. Dies trifft nicht nur für die politischen Institutionen zu, sondern auch für das Bildungs- und Gesundheitswesen. Qualitativ hochwertige, spezialisierte Fachhochschulen, Forschungseinrichtungen und Gesundheitszentren lassen sich mit den verfügbaren Haushaltsmitteln nicht nachhaltig finanzieren. Die Anzahl und innere Differenzierung der Institutionen ist deshalb geringer als in größeren Ländern, das intellektuelle und kulturelle Leben begrenzter. Herkunft und Familienzugehörigkeit haben bei der Besetzung von Führungspositionen oft größeres Gewicht als berufliche Qualifikationen. Im Ausland ausgebildete Fachkräfte kehren häufig nicht zurück. Hieraus resultiert ein *brain drain* hochqualifizierter jüngerer Nachwuchskräfte. Forschung und technologische Weiterentwicklung besitzen eine zu schmale Basis. Ein verengtes geistiges und kulturelles Milieu und das Fehlen einer diversifizierten offenen Gesellschaft haben bisher auch in den Kleinstaaten Zentralamerikas nachhaltige Aktivitäten zur Überwindung der Strukturschwächen behindert. Hinzu kommt ein Handicap, das aus der isolierten Lage, der begrenzten Zahl eigener Auslandsvertretungen und dem Mangel an direkten Informationen über das Weltgeschehen resultiert. Hierdurch ergeben sich Verzögerungen bei der Modernisierung und Einführung von Neuerungen.

Den aufgeführten strukturellen Nachteilen der Kleinstaatlichkeit können auch gewisse Vorteile gegenübergestellt werden (Streeten 1993; Armstrong/ Reed 1998), die aber in der Regel nur unter bestimmten Rahmenbedingungen wirksam werden. Kleine Länder weisen in vieler Hinsicht eine stärkere Homogenität, Überschaubarkeit und Kohäsion auf, die bei einer demokratisch organisierten Gesellschaft mit sozialen Sicherungssystemen und leistungsfähigen Institutionen rascher und flexibler auf Herausforderungen reagieren und Neuerungen begünstigen. Im Hinblick auf Zentralamerika würde das bedeuten, dass die Qualität politischer Institutionen und die Zuverlässigkeit der öffentlichen Verwaltung erhöht werden müsste, um interne Konflikte besser auszugleichen und ausländische Hilfsleistungen sowie Direktinvestitionen effizienter umsetzen zu können. Die Chancen der Globalisierung ließen sich damit schneller erfassen und Risiken rechtzeitig erkennen und mildern. Nach diesen Überlegungen müsste eigentlich eine Qualifikationsoffensive für öffentliche Institutionen in kleinen Ländern Priorität haben.

Allerdings werden gegenwärtig staatliche Einrichtungen stark abgebaut, wodurch die Verwundbarkeit der labilen Volkswirtschaften durch interne Konflikte und konjunkturelle Schwankungen des Weltmarktes verstärkt wird (Bräutigam/Woolcock 2001).

Neben den spezifischen Problemen kleiner Länder gibt es auch in Zentralamerika generelle Entwicklungsprobleme, die aus dem demographischen Prozess sowie der sozioökonomischen Dynamik resultieren und sich in der Regionalentwicklung dokumentieren.

2. Bevölkerungsentwicklung und demographische Struktur

Im Rahmen der Entwicklungsproblematik nimmt das Bevölkerungsproblem auch in Zentralamerika eine Schlüsselstellung ein (Pebley/Rosero-Bixby 1997). Ein wichtiges Merkmal ist die starke Zunahme. Die **Einwohnerzahl** auf der Landbrücke, die Anfang des vorigen Jahrhunderts bei nur 4 Mio. lag, erreichte im Jahre 2004 ca. 40 Mio. In Abständen von annähernd 25 Jahren hat sich die Bevölkerungszahl jeweils verdoppelt (vgl. Tab. 2). Das bevölkerungsreichste Land mit 12,4 Mio. Einwohnern ist Guatemala, das ein knappes Drittel der Bewohner der Landbrücke beheimatet.

Tab. 2: Bevölkerung der Länder Zentralamerikas 1960-2020

Land	Bevölkerung in 1.000 (Jahresmitte)					
	1960	1970	1980	1990	2000	2020
Belize	93	123	146	186	226	306
Guatemala	3.963	5.243	6.820	8.749	11.385	18.123
El Salvador	2.578	3.598	4.547	5.110	6.276	8.534
Honduras	1.894	2.592	3.569	4.879	6.485	9.865
Nicaragua	1.493	2.054	2.790	3.824	5.071 ·	7.937
Costa Rica	1.236	1.731	2.284	3.049	4.023	5.292
Panama	1.126	1.506	1.950	2.398	2.856	3.622
Insgesamt	12.383	16.847	22.106	28.195	36.322	53.679

Quelle: CELADE: *Boletín Demográfico*, Nr. 69 (2002).

Die absoluten Zahlen gewinnen an Aussagekraft, wenn sie in Relation zur Landesfläche gesetzt werden. Es ergeben sich daraus sehr unterschiedliche Bevölkerungsdichtewerte. Während 1970 in Honduras, Nicaragua und Panama nur 14 bis 26 Bewohner pro Quadratkilometer lebten, betrug die Vergleichszahl für El Salvador 170 und liegt gegenwärtig bei annähernd 300.

Markante Unterschiede zwischen Verdichtungsräumen, Dispersionszonen und siedlungsleeren Gebieten ergeben sich im Hinblick auf die Bevölkerungsverteilung (Nuhn et al. 1975). Bei großräumiger Betrachtung lässt sich auf der Landbrücke ein Intensitätsgefälle zwischen dem Nordwesten und Südosten bzw. zwischen der West- und Ostküste feststellen, doch auch hierbei bleibt eine mosaikartige Kammerung erkennbar, die verursacht wird durch unterschiedliche Einflussfaktoren der Naturausstattung, Siedlungsentwicklung und Wirtschaftsintensität.

Im nördlichen und mittleren Teil Zentralamerikas befinden sich die Siedlungskernräume vornehmlich in den agrarischen Vorzugsgebieten des Hochlandes und der pazifischen Abdachung mit ihren Vulkanketten, wo auch schon in vorspanischer Zeit indianische Bevölkerungskonzentrationen bestanden. Auch die Landeshauptstädte liegen im Bereich der agraren Ballungsräume (Sandner 1969). Jünger sind einige Verdichtungen in den Plantagengebieten im Osten von Costa Rica und Honduras sowie im Bereich des Panamakanals. Größere Teile der immerfeuchten Niederungen und wechselfeuchten Bergländer im karibischen Bereich sind bis heute nahezu unbewohnt, ebenso wie unterschiedlich breite versumpfte Küstenstreifen am Pazifik. Inselartig in diese Zone eingelagert sind kleinere Hafenstädte, Plantagengebiete und ehemalige Bergbauorte wie Siuna und Bonanza in Nicaragua. Zwischen den Ballungsräumen und siedlungsleeren Gebieten liegen meist Dispersionszonen, in denen Großgrundbesitz mit Viehwirtschaft oder bäuerliche Subsistenzwirtschaft in Form der "shifting cultivation" vorherrschen. Hierzu gehören die zentralen Bergländer von Honduras und Nicaragua, das nördliche Hochland von Guatemala sowie Gebiete im Tiefland von Costa Rica und Panama.

Veränderungen der Bevölkerungszahl werden im Wesentlichen durch drei Faktoren bestimmt: Geburtenzahl, Sterbefälle und Wanderungen. Zu- und Abwanderungen sind im Vergleich zu den beiden anderen Faktoren in den letzten Jahrzehnten wegen der Bürgerkriege in Nicaragua, El Salvador und Guatemala von Bedeutung gewesen. Die mittleren jährlichen Zuwachsraten, die zwischen 1920 und 1940 nur bei 1,8% lagen, stiegen im Nachkriegsjahrzehnt auf über 3%, was auf die Entwicklung der Geburten- und Sterbefälle zurückzuführen ist. Erst zu Beginn der achtziger Jahre überlagern die Fluchtbewegungen die natürliche Bevölkerungsbewegung (vgl. Tab. 3).

**Tab. 3: Bevölkerungswachstum der Länder Zentralamerikas
1950/55-2000/05**

Land	Wachstumsraten in ‰						
	1950-55	1960-65	1970-75	1980-85	1990-95	1995-00	2000-05*
Belize	29,8	28,2	17,3	25,2	17,9	21,7	21
Guatemala	28,9	28,3	27,5	25,3	26,3	26,4	25
El Salvador	26,2	31,1	27,1	7,8	20,7	20,4	18
Honduras	30,9	33,8	30,3	31,9	29,5	27,5	25
Nicaragua	30,2	31,9	32,5	30,6	29,3	27,2	20
Costa Rica	34,7	36,2	25,7	29,1	30,7	24,8	19
Panama	25,5	29,0	26,7	21,2	18,6	16,4	18

Quelle: CELADE: *Boletín Demográfico*, Nr. 69 (2002).
*   CEPAL: *Anuario Estadístico de América Latina y el Caribe 2004* (Schätzung).

Generell lässt sich für alle Länder bereits seit 1920 ein deutliches Absinken der Sterberate feststellen. Es wird verursacht durch die Verbesserung der hygienischen Verhältnisse und der medizinischen Versorgung. Seit den 1930er Jahren werden erfolgreiche Kampagnen gegen weitverbreitete Tropenkrankheiten wie Malaria und andere Seuchen durchgeführt und eine bessere Betreuung und Ernährung der Schwangeren und Babys gefördert, wodurch insbesondere die Säuglingssterberate drastisch reduziert werden konnte. Für den Gesamtraum sank die Sterberate von 21,6 in 1950/55 auf 6,3 in 1995/ 2000. In den einzelnen Ländern ergibt sich dabei eine abweichende Situation, wie die Gegenüberstellung der Angaben für Costa Rica und Panama mit niedrigen Werten sowie Honduras und Guatemala mit hohen belegt (vgl. Tab. 4). Die günstige Lage in Costa Rica wird bedingt durch den hohen Bildungsstand, eine fortschrittliche Sozialgesetzgebung und die relativ ausgeglichene ökonomische Situation. In Panama hat sich auf dem Gesundheitssektor der Einfluss der USA-Kanalzone positiv ausgewirkt. Die negative Situation in Honduras und Guatemala wird durch die hohen Anteile einer unterversorgten, teilweise noch indianisch geprägten Bevölkerung bedingt.

Die Entwicklung der Geborenenziffer zeigt keinen einheitlichen Verlauf wie bei den Sterbeziffern. Für Costa Rica und Guatemala lässt sich seit Mitte der 1930er Jahre eine starke Zunahme ablesen, die in den 1950er Jahren ihren Höhepunkt erreichte und wieder absank. In El Salvador und Panama begann der Anstieg erst nach dem Zweiten Weltkrieg, erreichte seinen Höhepunkt in den 1960er Jahren, um dann erneut zu sinken. Für den Gesamtraum verringert sich die Geborenenziffer zwischen 1950/55 und 1965/70 um fünf Punkte, hierbei wird aber die Phasenverschiebung zwischen den einzelnen Ländern verschleiert (vgl. Tab. 4). In 1950/55 zeigen sich starke Unterschiede zwischen den südlichen und nördlichen Ländern, die auch in 1990/95 noch deutlich hervortreten. Die Sonderstellung Costa Ricas wird durch den relativ hohen Bildungs- und Entwicklungsstand begründet, der eine deutliche Absenkung der Geburtenrate insbesondere bei den jüngeren Frauen bewirkt hat.

Tab. 4: Sterbe- und Geburtenraten der Länder Zentralamerikas 1950/55-2000/05

Land	Bruttosterberaten in ‰				Bruttogeburtsraten in ‰			
	1950-1955	1970-1975	1990-1995	2000-2005*	1950-1955	1970-1975	1990-1995	2000-1905*
Belize	12,6	7,3	4,9	5,3	49,6	40,2	33,1	32
Guatemala	22,4	13,5	8,1	6,1	51,3	44,6	38,6	44
El Salvador	19,8	11,1	6,7	5,9	48,1	42,7	29,6	29
Honduras	22,8	13,4	6,1	5,1	52,8	46,9	37,1	37
Nicaragua	22,7	12,5	6,4	5,1	54,2	47,2	38,0	37
Costa Rica	12,6	5,8	3,8	4,0	47,3	31,5	25,3	23
Panama	13,3	7,5	5,3	5,1	39,9	35,6	25,0	27

Quelle: CELADE: *Boletín Demográfico*, Nr. 69 (2002).
* UNDP: *Human Development Report 2004* (Schätzung).

Bedingt durch die natürliche Bevölkerungsbewegung in der Nachkriegszeit ergibt sich eine deutliche Verschiebung der **Altersstruktur**, die am Beispiel von Guatemala in absoluten Zahlen verdeutlicht wird (vgl. Abb. 2a). Die nach außen wachsende fast symmetrische Pyramide mit sich verbreitender Basis als Kennzeichen für die Jugendlichkeit der Bevölkerung ist das Ergebnis der seit den 1950er Jahren ansteigenden Geburtenziffer bei gleichzeitigem Sinken der Säuglingssterblichkeit. Der Anteil der unter 15-Jährigen ist auf 46% erhöht. Es ergeben sich deshalb gravierende Probleme für den Bildungsbereich und für den Arbeitsmarkt. Die abhängige, zu versorgende Bevölkerung macht annähernd 50% der Einwohner aus. Sehr ähnlich stellt sich die Altersstruktur für Honduras und Nicaragua dar, während die Basis der Pyramide für Panama und Costa Rica mit nur ca. 35% der unter 15-Jährigen schmäler ist und sich mit ca. 5% der über 65-Jährigen bei höherer Lebenserwartung an der Spitze verbreitert (Abb. 2c). In El Salvador ergeben sich durch die Einwirkungen des Bürgerkrieges mit Verlusten in mittleren Altersgruppen (insbesondere bei den Männern) sowie reduzierten Geburtenzahlen und Abwanderungen ins Ausland deutliche Abweichungen (Abb. 2b). Der erneute Zuwachs der jüngeren Altersgruppen in Costa Rica kann durch die starke Zuwanderung von Nicaraguanern mit anderem generativen Verhalten erklärt werden.

Abbildung 2a-c

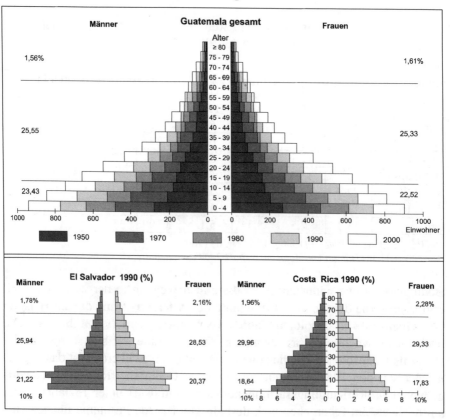

Die **Arbeitsbevölkerung** im Gesamtraum hat sich von 6 Mio. 1975 auf 14 Mio. im Jahre 2000 erhöht. Mit 30-50% der Beschäftigten (Costa Rica und Panama nur 20%) kommt dem Agrarsektor nach wie vor in den nördlichen Ländern die größte Bedeutung zu, auch wenn der Anteil am BIP nur noch zwischen 15 und 30% liegt. Die Industrie konnte zwar ihren Anteil am

Bruttosozialprodukt deutlich erhöhen, nicht aber entsprechende Arbeitsplätze bereitstellen (PREALC 1986). Dies hat sich erst mit der Ausbreitung der billige Arbeitslöhne nutzenden *Maquila* seit den 1990er Jahren verändert (1996 ca. 800 Firmen u. 243.000 Beschäftigte). Bei einer sinkenden Aufnahmefähigkeit der Landwirtschaft wegen fortschreitender Mechanisierung und Rationalisierung bleiben die Bereiche Handel und Dienstleistungen als primäre Beschäftigungsmöglichkeit. Eine Sonderstellung nimmt in Ländern wie Guatemala und Costa Rica der Tourismus mit zeitweise hohen Zuwachsraten ein. Insgesamt bleibt aber ein hoher Grad an verschleierter und offener Arbeitslosigkeit. Der Anteil der Arbeitslosen an der Erwerbsbevölkerung wurde bereits in den 1960er Jahren auf 22 bis 44% geschätzt. Es braucht nicht besonders hervorgehoben zu werden, dass sich durch den Bevölkerungszuwachs in den letzten Jahren die Probleme zumindest quantitativ verschärft haben und in jüngerer Zeit eine zunehmende Abwanderung ins Ausland erfolgt.

Neben dem Problem des schnellen Bevölkerungswachstums, das alle Anstrengungen für eine Verbesserung der sozioökonomischen Situation der Länder bedroht, besteht ein von Land zu Land unterschiedlich gravierendes Problem der Integration **ethnisch-kultureller Minoritäten**, die zumindest im Falle Guatemalas eigentlich die Bevölkerungsmajorität bilden (Nuhn et al. 1975). Mit Ausnahme von Belize, wo kreolische Einflüsse überwiegen, stellt die Spanisch sprechende katholische, mehr oder weniger hellhäutige *ladino*-Bevölkerung die politisch, wirtschaftlich und kulturell dominierende Gruppe dar. In Guatemala ist die indianische Bevölkerung zwar annähernd gleich stark, aber weitgehend nur formal integriert. Die bestehende Polarität wird dadurch verstärkt, dass die *indígenas* vorwiegend auf dem Lande und die *ladinos* weitgehend in der Stadt leben, auch wenn sich in den letzten Jahren hier Veränderungen anbahnen. Die Fragen nach Selbstbehauptung und Integration der Indianer haben durch die Bürgerkriege in Guatemala und Nicaragua auch im internationalen Rahmen an Bedeutung gewonnen, worauf die Nobelpreisverleihung an Rigoberta Menchú hinweist.

In Nicaragua leben die autochthonen Bevölkerungsgruppen noch weitgehend isoliert in den östlichen Waldländern und Küstenregionen. Da sie stark durch Außeneinflüsse bestimmt worden sind und wiederholt mit fremden Mächten gegen die Zentralregierung koaliert haben, sind sie bis heute nicht voll in den Nationalstaat integriert. Mit dieser Problematik sah sich auch die sandinistische Junta konfrontiert, der es nicht gelungen war, die im Nordosten lebenden Miskito in ihre Bewegung einzubeziehen und die erst nach einem längeren Lernprozess bereit waren, teilweise eine Autonomie zu gewähren. Grundsätzlich ähnlich ist die Situation in Honduras, Costa Rica und Panama, wo die Indianergruppen aber an Zahl vergleichsweise geringer sind und vorwiegend in Rückzugsgebieten leben, die für eine wirtschaftliche Inwertsetzung nur bedingt in Frage kommen. In diesen Ländern besitzen die aus Afrika stammenden Gruppen regional größere Anteile, sind bisher aber mit Ausnahme von PanamaStadt nur in geringem Maße aus den Wohngebieten im karibischen Küstenbereich in die übrigen Landesteile vorgedrungen, was zum Teil durch eine restriktive Migrationspolitik bedingt war. In El Salvador wie auch in den pazifischen Bereichen der übrigen zentralamerikanischen Kleinstaaten ist der Assimilationsprozess zwischen den verschiedenen Bevölkerungsgruppen so weit fortgeschritten, dass eine Mischbevölkerung entstanden ist, in der ethnisch-linguistische Konflikte gegenüber wirtschaftlichen und sozialen Problemen zurücktreten.

3. Besiedlung, Verkehrserschließung und jüngere Regionalentwicklung

Die heutige Verbreitung und Verdichtung der Bevölkerung sowie die sozioökonomische Situation lassen sich durch den zeitlichen Ablauf und die Intensität der Landnahme und Verkehrserschließung erklären. Das Netz der Städte in den Kerngebieten der Kleinstaaten geht in seiner Anlage auf die kolonialspanische Zeit zurück, als sich die Besiedlung noch auf isolierte Zellen im zentralen Hochland und im wechselfeuchten Pazifischen Tiefland beschränkte. Erst im Verlauf des 20. Jahrhunderts sind die Siedlungsinseln zu mehr oder weniger geschlossenen Komplexen zusammengewachsen. Nach 1930 verstärkte sich die Erschließung der Tiefländer durch bäuerliche Agrarkolonisation und Großgrundbesitz. Hierbei kam dem Ausbau des Straßennetzes besondere Bedeutung zu. Insbesondere der Bau der Carretera Interamericana und ihrer Zubringer, der durch die USA während des Zweiten Weltkrieges zur Absicherung des Panama-Kanals vorangetrieben wurde, führte zur ersten durchgehenden Verbindungsachse zwischen den Kleinstaaten und hat neue Landesteile erschlossen. Der zunehmende Kraftwagenverkehr stärkte nach 1950 die Entwicklung in den Randgebieten. Während die Bahn bald nur noch von nachgeordneter Bedeutung war, haben sich die auf die Metropolen ausgerichteten Hauptverkehrsstraßen rasch entwickelt. Der mit internationaler Finanzierung in den 1960er und 1970er Jahren energisch vorangetriebene Wegebau führte zu einer Vernetzung des öffentlichen Transports und zu einer funktionalen Integration der unterschiedlich strukturierten Landesteile. Bei sinkenden Reisezeiten und Transportkosten kam es zu einer Attraktivitätssteigerung der Hauptstadtregionen und zur Ausbildung größerer Metropolen.

Wachsende Verstädterung wird als ein wichtiger Schritt im Rahmen der wirtschaftlichen Entwicklung und Modernisierung eines Landes angesehen. Empirische Untersuchungen belegen, dass mit der Konzentration der Einwohner in größeren Siedlungen eine Erhöhung des Volkseinkommens verbunden ist. Art, Ausmaß und Tempo der Verstädterung haben aber insbesondere in Ländern der Dritten Welt zu wachsender sozialer und ökonomischer Ungleichheit und zu gravierenden Problemen geführt (Portes/Lungo 1992). In den Kleinstaaten waren die Städte am Wachstum überproportional beteiligt, ihre Steigerungsraten lagen annähernd doppelt so hoch wie die natürliche Bevölkerungszunahme, was darauf hinweist, dass die Abwanderung aus den Landgebieten eine wesentliche Ursache des Verstädterungsprozesses darstellt.[1] Die Bedeutung der Stadt im ökonomischen und sozialen Entwicklungsprozess wird bestimmt durch ihre Funktion als zentraler Ort, als industrieller Pol oder als Innovationskern und als politisches Macht- und Entscheidungszentrum.

Der Anteil der **Kleinstädte** an der urbanen Bevölkerung auf der Landbrücke ist in den 1960er und 1970er Jahren allerdings von 31% auf 26% zurückgegangen. Der relative Bedeutungsverlust erklärt sich aus Zuwachsraten, die nur halb so groß waren wie bei den Mittelstädten und nur ein Viertel der Metropolen betrugen. Diese Zahlen machen deutlich, dass die Kleinzentren nicht ihren natürlichen Bevölkerungszuwachs binden konnten und Migranten in die größeren Städte abgaben (Nuhn 1997). Die Stagnation der Kleinstädte wird durch ihre Struktur und die Funktion im Siedlungssystem bestimmt. Ihre physische Infrastruktur ist durchweg mangelhaft ausgebildet. Die Hauptaufgabe besteht in der Bereitstellung von Gütern und Dienstleistungen für das ländliche Umland. Sie sind Markt- und Einkaufsorte, bieten eine mehr oder weniger ausgeprägte Grundversorgung im schulischen und medizinischen Bereich und sind Sitz der niederen Verwaltung. Eine weitere Funktion besteht in der Vermittlung von Nachrichten über Post, Telegraph oder Telefon und in der Organisation des Transports von Personen und Gütern in die größeren Zentren. Sie sind Sammelstellen für ländliche Produkte

---

1 Probleme ergeben sich bei der Auswertung der Städtestatistik. Eine kritische Analyse der Volkszählungsergebnisse in den Kleinstaaten verdeutlicht, dass sehr unterschiedliche Verfahren und Definitionen des Stadtbegriffes verwendet wurden. In Tab. 1 werden die in den Ländern verwendeten Daten wiedergegeben.

zur Weiterleitung auf den Inlandsmarkt oder in die Hafenstädte zum Export. Teilweise haben sie auch Funktionen für den Tourismus übernommen. Für diese Aufgaben wird nur eine beschränkte Zahl von Arbeitskräften benötigt. Ein Teil der Bevölkerung ist deshalb noch auf Beschäftigung im primären Sektor angewiesen. Dem produzierenden Gewerbe kommt nur vereinzelt dort Bedeutung zu, wo die Verarbeitung bzw. Aufbereitung von Agrarprodukten erfolgt oder wo Niederlassungen von Lohnveredelungsbetrieben errichtet wurden. An der Spitze der sozialen Hierarchie stehen deshalb Landbesitzer und Händler. Da der aktive jüngere Bevölkerungsanteil wegen des Mangels an geeigneten Arbeitsstätten zur Abwanderung gedrängt wird, bleiben die verkrusteten sozialen und politischen Strukturen erhalten. Die Kleinzentren wirken dadurch nicht impulsgebend auf das Umland, sondern reagieren eher auf Entwicklungen im Hinterland. Kommt es hier zu Investitionen in touristische Projekte oder in die landwirtschaftliche Marktproduktion, ergeben sich auch positive Folgen für die Zentren.

Bei den Mittelstädten steht wenigen dynamisch wachsenden Gewerbe- und Handelszentren eine größere Zahl stagnierender Provinzhauptorte gegenüber. Neben den Spezialfunktionen, die sich aus der Lage im Verkehrsnetz sowie aus gewerblichen Standortvorteilen ergeben, bildet die Bereitstellung von Gütern und Dienstleistungen auch in dieser Gruppe die wichtigste stadterhaltende Funktion. Beim Groß- und Einzelhandel sowie bei der Versorgung mit höherrangigen Dienstleistungen haben die Mittelstädte aber durch den Ausbau der Verkehrsanbindung zu den Metropolen an Bedeutung verloren. Vielen Landbewohnern der Kleinstaaten erscheint es günstiger, für die Erledigung ihrer Anliegen direkt die Hauptstadt aufzusuchen, die durchweg in wenigen Stunden mit öffentlichen Verkehrsmitteln zu erreichen ist. Die jüngere Entwicklung der Mittelstädte wird deshalb von einem relativen Zurückbleiben hinter den Hauptstädten gekennzeichnet. Beschäftigungsmöglichkeiten sind für die qualifizierten Kräfte und für die Zuwanderer aus den Landgebieten in gleicher Weise ungünstig. Eine verstärkte Migration, die sich vorwiegend auf die Hauptstadt konzentriert, ist die Folge. Die Abwanderung aus den Mittelzentren umfasst sowohl Angehörige der Ober- und Mittelschicht als auch angelernte Kräfte, die in der Folge durch weniger qualifizierte Zuwanderer aus den Kleinstädten und Landgebieten ersetzt werden.

Die Mittelstädte stellen somit eine räumliche und soziale Zwischenstation für den Weg in die Metropolen dar. Die Wanderungen wirken selektiv im Sinne eines *brain drain* und schwächen die kleineren Zentren. Es fehlt den Mittelstädten in der Regel an Eigengewicht für eine dynamische Entwicklung. Sie besitzen zwar ein gewisses Potential für die ökonomische und soziale Modernisierung, können diese Chance aber wegen vieler Hemmnisse kaum nutzen. Die Rolle der Klein- und Mittelstädte im regionalen Entwicklungsprozess ist zumeist passiv, sie fungieren als Vermittler zwischen Zentrum und Peripherie und erhalten in diesem Zusammenhang nur geringe Wachstumsimpulse. Ihr Einfluss auf die Entwicklung des agraren Hinterlandes ist begrenzt, Innovationseffekte lassen sich kaum feststellen.

Städtewachstum ist in Zentralamerika weitgehend gleichzusetzen mit **Metropolisierung**. In den Größenklassen über 300.000 Einwohner finden sich mit einer Ausnahme von San Pedro Sula/Honduras nur die Landeshauptstädte. Ihr Anteil an der Stadtbevölkerung lag bereits 1970 im zentralamerikanischen Durchschnitt bei 55%, in Panama sogar bei 75%. Bei den überproportionalen Wachstumsraten hat sich ihre herausragende Stellung in den letzten Jahrzehnten weiter verstärkt (Nuhn/Ossenbrügge 1987; Fernández/Lungo 1988). Die Ballung der Einwohner in der größten Stadtregion wird begleitet von einer sich verstärkenden Konzentration der wirtschaftlichen und politischen Macht. Weit mehr als die Hälfte der Industrie, des Handels sowie des Bank- und Finanzwesens ist in den Metropolen angesiedelt. Neben dem privaten Sektor kommt der öffentlichen Hand als Arbeitgeber in Verwaltung, Erziehungswesen und Gesundheitsdiensten besondere Bedeutung zu. Die städtische Infrastruktur ist vergleichsweise gut ausgebaut, das Angebot an Gütern und Dienstleistungen reichhaltig.

Unter diesen Voraussetzungen ist es verständlich, dass ein starker Migrationsstrom auf die Metropolen gerichtet ist, der allerdings nur z.T. integriert werden kann. Das auf die Hauptstädte ausgerichtete Verkehrsnetz begünstigt den schnellen Transport von Personen und Gütern aus dem Hinterland und erlaubt zugleich in umgekehrter Richtung eine effektive direkte Kontrolle der Mittel- und Kleinstädte. Die dynamische wirtschaftliche Entwicklung erleichtert die Gründung neuer Betriebe im produzierenden Gewerbe und im Dienstleistungsbereich, der Handel profitiert von der raschen Bevölkerungszunahme und der Konzentration der Kaufkraft in den Metropolen. Damit sind die Voraussetzungen zum Aufbau einer wachsenden Mittelschicht gegeben. Soziale Mobilität und Lernbereitschaft begünstigen die Aufnahme von Neuerungen und lassen die Hauptstädte zu Innovationszentren werden. Die zentralistisch aufgebaute Verwaltung und politische Organisation erleichtern die polarisierende Wirkung und verstärken die Dominanz der Metropolen im Städtesystem.

Das Ergebnis dieser Entwicklung manifestiert sich in zunehmenden räumlichen Disparitäten. Durch selektive Migration verändern sich die traditionellen Wohn- und Geschäftsviertel im Innenstadtbereich. Die alten Stadtkerne verlieren Funktionen an neue Dienstleistungszentren in der Nähe moderner Wohnviertel im suburbanen Bereich. Die Ober- und Mittelschicht zieht sich in "gated communities" zurück. Der informelle Wirtschaftssektor breitet sich im Zentrum auf öffentlichen Plätzen und Gehwegen aus und macht die sich verschärfenden interregionalen und intraurbanen Ungleichheiten bei Einkommen, Beschäftigung und Versorgung sichtbar (Menjívar/ Pérez 1989). Chronische Versorgungsprobleme bei Wohnraum, Trinkwasser und Abfallbeseitigung treten in den ausgedehnten Marginalvierteln auf. Die Verdichtung des Verkehrs vermehrt die Immissionen. In der Folge sozialer und politischer Spannungen erhöht sich die Kriminalität. Die Entwicklungen in Nicaragua, El Salvador und Guatemala gegen Ende der 1970er Jahre haben die gesellschaftlichen Konsequenzen manifest werden lassen. Die Metropolen sind auf Kosten der übrigen Städte und des agrarischen Hinterlandes gewachsen. Sie absorbieren die Ressourcen der Peripherie und ziehen die ausländischen Direktinvestitionen an. Untersuchungen belegen, dass nicht nur der private Wirtschaftssektor, sondern auch der Staat trotz bestehender Dezentralisierungspläne die Metropolisierung begünstigte. Programme für eine ausgeglichenere ökonomische und soziale Landesentwicklung durch Stadt- und Regionalplanung hatten wenig Erfolg, weil sie nicht von tiefgreifenden politischen Entscheidungen mit langfristiger Perspektive begleitet waren (Nuhn/Ossenbrügge 1988).

4. Ansätze für eine Überwindung der strukturellen Benachteiligung der Kleinstaaten

Eine plausible Lösung zur Behebung der strukturellen Probleme kleiner Staaten liegt in der politischen und wirtschaftlichen Zusammenarbeit, d.h. in einer Integration unterschiedlicher Ausgestaltung und Reichweite. Hierfür gibt es auch in Zentralamerika vielfältige Ansätze und Erfahrungen. Die geringsten Erfolge wurden bisher bei Bemühungen um eine tiefgreifende politische Einigung erzielt. Dies ist teilweise darauf zurückzuführen, dass kleine Territorien in besonderem Maße auf die Wahrung ihrer Identität bedacht sind und wenig Bereitschaft zur Aufgabe der im Rahmen der Entkolonialisierung gewonnenen Souveränität zeigen.

In Zentralamerika wurden zwischen 1821 und 1961 mehr als 25 vergebliche Versuche unternommen, die räumlich benachbarten und soziokulturell eng verwandten Kleinstaaten zusammenzuschließen (Karnes 1961). Auch die 1951 gegründete Organisation der Zentralamerikanischen Staaten (ODECA) führt nur ein Schattendasein. Nach den Erschütterungen durch die Bürgerkriege in El Salvador, Nicaragua und Guatemala sowie der Verschuldungskrise in den 1980er Jahren, die auch die übrigen Kleinstaaten hart getroffen hat, kam es mit Unterstützung aus Europa und Nordamerika 1991 zu einer Initiative für Frieden, Demokratie und nachhaltige Entwicklung, die sich im *Sistema de la Integación Centroamericana* (SICA) konkretisierte. Bis 1995 ratifizierten die Mitglieder des *Mercado Común Centroamericano* (MCCA) das Vertragswerk und später traten auch Panama, Belize und die Dominikanische Republik bei. Das oberste Beschlussgremium bilden die Staatspräsidenten, daneben besteht ein Beirat, in dem auch die Zivilgesellschaft vertreten ist, und die Geschäfte führt ein Generalsekretär, der allerdings erst kürzlich feststellen musste, dass der Stand der Integration unbefriedigend geblieben ist. Auch das Zentralamerikanische Parlament hat keine echten Entscheidungskompetenzen erhalten.

Erfolgreicher sind zeitweise die Bemühungen um die wirtschaftliche Kooperation verlaufen (Cáceres 1980; Lizano 1982; Bulmer-Thomas 1988). Nach intensiven Verhandlungen in den 1950er Jahren und Teilverträgen zwischen einzelnen Ländern wurde 1960 ein Vertrag zur wirtschaftlichen Integration von Guatemala, El Salvador, Honduras und Nicaragua unterzeichnet. 1962 trat als fünftes Land Costa Rica bei. In den folgenden Jahren gelang es, den Freihandel teilweise zu verwirklichen und gemeinsame Außenzölle zu schaffen. Eine darüber hinausgehende Koordination der Finanz- und Industrialisierungspolitik wurde aber nicht realisiert, so dass die Integration auf der Stufe einer begonnenen **Zollunion** verharrte, und der Gemeinsame Markt (MCCA) nur eine Vision blieb. Nach kriegerischen Auseinandersetzungen zwischen Honduras und El Salvador 1969 waren die politischen Gremien nicht mehr funktionsfähig und der Austritt von Honduras 1974 schwächte die Entwicklung weiter, so dass auch die anfänglichen Erfolge der importsubstituierenden Industrialisierung erlahmten. In der Folge der Energiekrise der 1970er Jahre und der **Verschuldungsprobleme** der 1980er Jahre sowie der andauernden sozialen und militanten Unruhen kam es zum weitgehenden Erliegen der wirtschaftlichen Zusammenarbeit im MCCA (Camacho et al. 1979; Lundahl/Pelupessy 1989; Nuhn 1991). Auch nach der politischen und wirtschaftlichen Konsolidierung in den 1990er Jahren, die den Güteraustausch erneut anwachsen ließ, konnte keine nachhaltige Wiederbelebung der Umsetzung von Zielen der wirtschaftlichen Integration des

Gesamtraumes erreicht werden. Bilaterale Wirtschaftsabkommen, verstärkte Orientierung am US-Markt und Dollarisierung traten an die Stelle gemeinsamer wirtschaftlicher Aktionen.

Andere Ansatzpunkte zur Überwindung der wirtschaftlichen Strukturprobleme ergaben sich nach der erfolgreichen Gründung des Kartells der Erdölproduzierenden Staaten 1973 (OPEC). In Mittelamerika wurde für den Bananensektor ein ähnlicher Zusammenschluss angestrebt. Zeitlich begrenzte Teilerfolge erzielte die Union der Bananenproduzierenden Länder (UPEB) mit Sitz in Panama, der u.a. Guatemala, Honduras, Costa Rica und Panama angehörten. Während neue Exportsteuern durchgesetzt werden konnten und in einigen Ländern der Einfluss der multinationalen Fruchtgesellschaften erheblich zurückgedrängt wurde, blieben Versuche zur Gründung eigener Vertriebsunternehmen mit staatlicher Beteiligung wie COMUNBANA oder für den Transportsektor NAMUCAR erfolglos.

Die Hauptursache für die nachlassenden Bemühungen um eine Realisierung von Vorhaben zur wirtschaftlichen und politischen Zusammenarbeit der Kleinstaaten lagen in der Einführung eines neuen Wirtschaftsmodells unter dem Einfluss der internationalen Finanzinstitutionen, das mit einer Deregulierung und Weltmarktöffnung die Überwindung der strukturellen Probleme durch Spezialisierung auf wettbewerbsfähige Exportprodukte anstrebt (Timossi 1989; Torres Rivas 1989; Altenburg/Nuhn 1996; Nuhn/Stamm 1996). Die Rahmenbedingungen hierfür waren durch die im GATT vereinbarten Zollsenkungen und die Bemühungen der WTO um eine Erleichterung des Handelsaustausches sowie in den Präferenzen der USA für einen Marktzugang der Kleinstaaten im Rahmen der Karibischen Initiative gegeben. Diejenigen Kleinstaaten, die frühzeitig und konsequent den Paradigmenwechsel vollzogen, wie Costa Rica, haben deshalb auch unter Inkaufnahme hoher sozialer Kosten mit neuen agrarischen Exportinitiativen und durch die Ansiedlung von Weltmarktfabriken Erfolge erzielt (Sojo 1998; Nuhn 2000).

Stärkere praktische Bedeutung haben die seit Mitte der 1990er Jahre vom MCCA, vom *Triangulo Norte* (Verbund Guatemala, El Salvador, Honduras) und von Einzelstaaten mit Drittländern wie Mexiko, Chile, Panama, Dominikanische Republik und Kanada abgeschlossenen Freihandelsabkommen erlangt, die 2004 durch einen Vertrag mit den USA gekrönt wurden (Hornbeck 2004; Minkner-Bünjer 2004). Die Voraussetzung für das durch die USA zur wirtschaftlichen und politischen Stabilisierung ihres „Hinterhofs" angeregte US-*Central American Free Trade Agreement* (CAFTA) waren eine Reform der Organisationsstrukturen des MCCA sowie die Verwirklichung der Zollunion. Durch CAFTA werden die bisher einseitig und zeitlich begrenzt durch die USA gewährten Handelspräferenzen auf eine bilaterale Basis gestellt.

Die Zusammenführung der sehr ungleichgewichtigen Wirtschaftsräume bietet den im MCCA verankerten Kleinstaaten zwar gute Exportchancen auf dem großen US-Markt, gefährdet aber zugleich die kaum wettbewerbsfähigen Bereiche des Kleingewerbes und der Landwirtschaft, die am Binnenmarkt orientiert waren und der Konkurrenz des Weltmarktes nicht gewachsen sind. Mit vielen Betriebsschließungen, hoher Arbeitslosigkeit und sozialen Unruhen muss gerechnet werden, und es bleibt abzuwarten, ob die Exportwirtschaft die Verluste kompensieren kann. Noch ist fraglich, ob das Konzept einer Verbindung von regionaler Integration mit Weltmarktöffnung *(regionalismo abierto)* mittelfristig die Strukturprobleme der Kleinstaaten mildern und zu einer nachhaltigen Verbesserung der Lebensverhältnisse aller Bevölkerungsschichten beitragen kann.

Weitere Möglichkeiten zur Überwindung der aus der marginalen Lage kleiner Länder resultierenden Probleme ergeben sich aus der konsequenten Nutzung der modernen Kommunikationstechnologien. Hierdurch können die durch mangelnde Information und geringe weltweite Präsenz bedingten Handicaps mit vergleichsweise geringen Kosten behoben werden. Das Internet bietet Chancen für globale Aktivitäten durch eine direkte Nutzung von Angebot und Nachfrage ohne stärkere zeitliche Verzögerungen und größere Transportprobleme. Innovationen können früher aufgenommen bzw. für die Entwicklung und den Verkauf neuer Produkte genutzt werden. In einigen Staaten wie in Costa Rica wird deshalb konsequent die Ausbildung für den Einsatz der Informationstechnologien propagiert und die Softwarebranche im Kontext der Technischen Hochschule gefördert (Stamm 2003). Erfolge bei der Ansiedlung von INTEL und beim Aufbau junger Softwareunternehmen scheinen den Entwicklungspfad zu bestätigen. Auch Lernprozesse im Zusammenhang mit der Ausweitung der *Maquila* in Ländern wie Honduras und El Salvador weisen in diese Richtung. Allerdings muss die weitere Entwicklung erst zeigen, ob es gelingt, Kontinuität zu erreichen und den wachsenden Vorsprung der Industrieländer zu verkürzen. Zumindest für einige Kleinstaaten bieten sich neue Möglichkeiten, die auch entsprechend genutzt werden sollten.

Literaturverzeichnis

Altenburg, Tilman/Nuhn, Helmut (Hrsg.) (1996): *Apertura comercial en Centroamérica: nuevos retos para la industria*. San José, Costa Rica.

Armstrong, Harvey W./Read, Robert (1998): "Trade and Growth in Small States: the Impact of Global Trade Liberalisation". In: *World Economy* 21.7: 563-585.

Bendel, Petra (Hrsg.) (1993): *Zentralamerika: Frieden, Demokratie, Entwicklung?* Frankfurt/Main.

Bräutigam, Deborah/Woolcock, Michael (2001): *Small States in a Global Economy. The Role of Institutions in Managing Vulnerability and Opportunity in small Developing Countries*. UNU/WIDER Discussion Paper 2001/37, <http://www.wider.unu.edu/publications/dps/dp2001-37.pdf> (14.09.2005).

Brockett, Charles D. (2005): *Political Movements and Violence in Central America*. Cambridge.

Bulmer-Thomas, Victor (1988): *Studies in the Economics of Central America*. London.

Cáceres, Luis René (1980): *Integración económica y subdesarrollo en Centroamérica*. Mexiko-Stadt.

Camacho, Daniel et al. (1979): *El fracaso social de la Integración Centroamericana*. San José, Costa Rica.

Dunkerley, James (1988): *Power in the Isthmus: a Political History of Modern Central America*. London.

Easterly, William/Kraay, Aart (2000): "Small States, Small Problems? Income, Growth and Volatility in small States". In: *World Development*, 28.11: 2013-2027.

Fernández Vásquez, Rodrigo/Lungo Uclés, Mario (Hrsg.) (1988): *La estructuración de las capitales centroamericanas*. San José, Costa Rica.

Hornbeck, J. F. (2004): *The U.S.-Central American Free Trade Agreement (CAFTA): Challenges for Subregional Integration*. CRS Report for Congress, <http://fpc.state.gov/documents/organization/20484.pdf>.

Karnes, Thomas L. (1961): *The Failure of Union. Central America 1824-1960*. Chapel Hill.

Kuznets, Simon (1960): "Economic Growth of Small Nations". In: Robinson, Eduardo A. G. (Hrsg.): *Economic Consequences of the Size of Nations*. London, S. 14-32.

LaFeber, Walter (1984): *Inevitable Revolutions. The United States in Central America*. New York.

Lizano, Eduardo (1982): *Escritos sobre integración económica*. San José, Costa Rica.

Lundahl, Mats/Pelupessy, Wim (Hrsg.) (1989): *Crisis económica en Centroamérica y el Caribe*. San José, Costa Rica.

Menjívar Larín, Rafael/Pérez Sáinz, Juan Pablo (Hrsg.) (1989): *Informalidad urbana en Centroamérica. Evidencias e interrogantes*. Guatemala.

Minkner-Bünjer, Mechthild (2004): "Freihandelsabkommen USA–Zentralamerika: Bleibt die regionale Integration auf der Strecke?". In: *Brennpunkt Lateinamerika*, 12: 125-139, <http://www.rrz.uni-hamburg.de/IIK/brennpkt/jg2004/bpk0412.pdf>.

Nuhn, Helmut (1995): "Neue Konzepte zur wirtschaftlichen Transformation vor dem Hintergrund der Strukturprobleme kleiner Entwicklungsländer Zentralamerikas". In: *Zeitschrift für Wirtschaftsgeographie*, 39: 68-81.

— (1997): "Policies of Decentralization and Development of Secondary Cities in Central America: the Case of Costa Rica". In: Lindert, Paul van/Verkoren, Otto (Hrsg.): *Small Towns and Beyond. Rural Transformation and Small Urban Centers in Latin America.* Amsterdam, S. 67-76.

— (2000): "Globalization and Regionalization in Central America". In: Vellinga, Menno (Hrsg.): *The Dialectics of Globalization.* Boulder, S. 163-176.

Nuhn, Helmut (Hrsg.) (1975): *Zentralamerika. Karten zur Bevölkerungs- und Wirtschaftsstruktur.* Hamburg.

— (1985): *Krisengebiet Mittelamerika. Interne Probleme, weltpolitische Konflikte.* Braunschweig.

— (1991): *Zentralamerika. Ökonomische Integration und regionale Konflikte.* Hamburg.

Nuhn, Helmut/Ossenbrügge, Jürgen (Hrsg.) (1987): *Polarisierte Siedlungsentwicklung und Dezentralisierungspolitik in Zentralamerika,* Bd. 1. Hamburg.

— (1988): *Polarisierte Siedlungsentwicklung und Dezentralisierungspolitik in Zentralamerika,* Bd. 2. Hamburg.

Nuhn, Helmut/Stamm, Andreas (Hrsg.) (1996): *Apertura comercial en Centroamérica: nuevos retos para la agricultura.* San José, Costa Rica.

Pebley, Anne R./Rosero-Bixby, Luis (Hrsg.) (1997): *Demographic Diversity and Change in the Central American Isthmus.* Santa Monica, CA.

Portes, Alejandro/Lungo, Mario (Hrsg.) (1992): *Urbanización en Centroamérica.* San José, Costa Rica.

PREALC (1986): *Cambio y polarización ocupacional en Centroamérica.* San José, Costa Rica.

Reyes, Giovanni E. (2003): "Negociaciones comerciales internacionales de pequeñas economías. Elementos para una estrategia operativa con ilustración de países centroamericanos". In: *Nueva Sociedad,* 187: 19-30.

Sandner, Gerhard (1969): *Die Hauptstädte Zentralamerikas.* Heidelberg.

Sevilla, Rafael/Torres Rivas, Edelberto (Hrsg.) (1995): *Mittelamerika. Abschied von der Revolution.* Unkel/Rhein.

Sojo, Carlos (1998): *Reforma económica, estado y sociedad en Centroamérica.* San José, Costa Rica.

Stamm, Andreas (2003): "International vernetzte Hochschulen als Ausgangspunkt technologischer Innovationen in Entwicklungsländern? Erfahrungen aus Costa Rica und weiterführende Überlegungen". In: *Zeitschrift für Wirtschaftsgeographie,* 47.2: 97-108.

Streeten, Paul (1993): "The Special Problems of Small Countries". In: *World Development,* 21.2: 197-202.

Timossi, Gerardo (1989): *Centroamérica. Deuda externa y ajuste estructural: Las transformaciones económicas de la crisis.* San José, Costa Rica.

Torres Rivas, Edelberto (Hrsg.) (1989): *América Central hacia el 2000. Desafíos y opciones.* Caracas.

Ludwig Ellenberg

Umwelt und Tourismus in Zentralamerika

1. Fragestellung

Die Kombination der Begriffe "Umwelt" und "Tourismus" suggeriert eine Fragestellung. Umwelt und Tourismus von Zentralamerika sollen in ihrem Zusammenhang gesehen werden. Eine solche Darstellung muss subjektive Beurteilungen zulassen. Folgende Fragen sollen beantwortet werden:

- Welche Bühne offeriert die Umwelt dem Tourismus?
- Worin bestimmt die Umwelt die Qualität des Tourismus?
- Wie beeinflusst der Tourismus seinerseits die Umwelt?[1]

Tourismus ist panglobal, schnell, wendig, innovativ, egoistisch, geld-versessen, kreativ, penetrant. Touristen sind egozentrisch, genussbewusst,

---

[1] Zunächst sei erinnert, was unter den beiden Begriffen zu verstehen ist. "Umwelt" ist die Fülle dessen, was den Menschen umgibt, ihm hilft und ihn einschränkt. Dazu gehören der naturgeographische Rahmen mit Relief, Klima, Vegetation, Böden, Naturkatastrophen. Dazu gehören die vom Menschen geschaffenen Lebensräume mit Ackerbau, Weideland, Forstwirtschaft, Bergbau und Hanggestaltung, Eingriffe in Flussläufe, Erschließung durch Verkehrswege, Dichte und Größe von ländlichen Siedlungen und Städten. Dazu gehören eigentlich auch Infrastruktur, Lebensstil, Wirtschaftsweise, Globalisierungsgrad. Das impliziert immer den Vergleich mit Bekanntem, im Fall des auf Deutsch geschriebenen Buches gern mit Mitteleuropa. Außerdem bedeutet diese Fülle Beschränkung der Gültigkeit für allgemeine Aussagen. Zentralamerika ist keine Einheit, sondern ein kleinteiliges, sehr heterogenes Mosaik.
"Tourismus" wird von der OECD definiert als "über 24 Stunden hinausgehender Reiseverkehr zum Zwecke der Erholung" und macht mehr als 25% des Welthandelsvolumens aus. Reisen ohne Notwendigkeit, Ortsveränderungen aus Freude am Wechsel, Mobilität als Zeitvertreib sind in der Menschheitsgeschichte neu. Reisen in Zusammenhang mit Nahrungssuche, Jagd, Not, Krieg, Umweltveränderungen und Vertreibung – das bestimmte die Mobilität. Entdeckungsreisen, Pilgerfahrten und Festbesuche kamen in den letzten Jahrhunderten dazu. Reisen in der Freizeit, um für Körper und Geist Erholung zu finden, Neues zu sehen, Exotisches zu genießen, sprachliche Fähigkeiten zu verfeinern, kurze Abenteuer kalkulierbarer Intensität zu bestehen, Vielfalt menschlicher Lebensweisen zu erkennen – das ist neu. Grenzüberschreitende Touristen waren von den etwa 110 Mrd. *Homo sapiens*, die bisher den Globus besiedelt haben, weniger als 2%. Im 20. Jh. hat der Tourismus Landstriche verändert, Erschließung von Peripherien gefördert, neuartige Einkünfte ermöglicht, aber auch die Umwelt belastet und Staaten in wirtschaftliche Abhängigkeit von Besuchern aus aller Welt gebracht.

zäh, sparsam und manchmal spendabel, übermütig, flexibel, eigenständig,
unverbindlich. Das hört sich nach Belastung der bereisten Umwelt an und
dafür gibt es weltweit erschütternde Beispiele. Anderseits benötigt der Tourismus attraktive Szenerien. Touristen sehnen sich nach naturnahen Lebens-
räumen. Touristen sind lernfähig. Zwischen Tourismus und Umwelt bestehen also enge Verquickungen. Auf lange Sicht steuert die Umweltqualität
den Tourismus. Tourismus ist eine stimulierende Chance für die Menschen
in den Zielgebieten, ihre Umwelt lebenswert zu erhalten und zukunftsfähige
Landschaftsgestaltung in ökonomischer, sozialer und ökologischer Hinsicht
zu erreichen.

Guatemala, Belize, Honduras, El Salvador, Nicaragua, Costa Rica und
Panama sind wunderbare Objekte für die Erörterung des Zusammenhangs
zwischen Umwelt und Tourismus. Die Räume sind extrem unterschiedlich.
Verallgemeinerungen werden beim Näherkommen unmöglich. Hier kann
nicht die gleiche Intensität für jedes Land erreicht werden. 70.000 Deutsche
kommen derzeit jährlich nach Zentralamerika, 3,5 Mio. ausländische Touristen sind es insgesamt. 30% davon landen in Costa Rica, das durch den Tourismus jährlich 1 Mrd. Euro einnimmt. Auf Costa Rica, wo Tourismus schon
1990 zur wichtigsten Devisenquelle geworden ist, konzentriert sich hier die
Aufmerksamkeit. Dies Vorgehen ist als didaktische Reduktion des komplexen Ganzen zu verstehen. Die Konzentration auf Costa Rica ist zudem
pragmatisch: Der Autor hat ganz Zentralamerika als Tourist besucht, jahrelang gelebt hat er aber lediglich in Costa Rica.

Für die folgende Darstellung wird auf Beobachtungen der letzten 22 Jahre, Projektberichte, studentische Abschlussarbeiten und Reiseführer zurückgegriffen. Hilfreich für das Thema sind zudem die Publikationen von Sandner (1985), Ellenberg (1986), Boo (1990), Vorlaufer (1996), Ceballos-Lascurain (1996), Ellenberg et al. (1997), Ratter (1997), Steck et al. (1998) und
Strasdas (2001).

2. Naturgeographisches Potential für den Tourismus

Zentralamerika ist das Bindeglied zwischen den Amerikas. Es reicht vom 18.
bis zum 8. nördlichen Breitengrad. Von NW nach SE beträgt die Distanz von
Mexiko bis Kolumbien 1.800 km. Der Festlandstreifen ist eher ein Hinder-
nislauf als eine Landbrücke. An der schmalsten Stelle kommen die beiden
Meere auf 80 km Abstand zusammen. Breiter als 400 km ist Zentralamerika
nirgends. Nicaragua ist mit 128.000 qkm das größte Land, El Salvador mit
21.000 qkm das kleinste. Verglichen mit Schleswig-Holstein ist Nicaragua

8-mal, Honduras und Guatemala 7-mal, Panama 5-mal, Costa Rica 3-mal, Belize und El Salvador 1½-mal größer und der ganze Raum fast so groß wie Frankreich. Zentralamerika weist eine hohe Variabilität bezüglich Topographie und Klimate, agrarischer Nutzung und Erschließungsintensität auf. Ähnlich wie man Kamerun als "Afrique en miniature" bezeichnet, kann man Zentralamerika als "América Latina comprimida" apostrophieren. Für Touristen heißt dies, dass Reisen in Zentralamerika Wechsel und Überraschungen versprechen.

Zentralamerika gehört zum "Pazifischen Feuerring". Als Vulkanarchipel, das aus dem Meer auftaucht, beginnt die Existenz Zentralamerikas in der Kreidezeit. Die tertiäre und quartäre Subduktion der pazifischen Cocosplatte hält mit Spitzenwerten bis zu 9,5 cm/Jahr die vulkanische und seismische Aktivität in Gang. Der West-Saum der Karibischen Platte ist durch Vulkanketten markiert, die das Rückgrat von Zentralamerika aufspannen. Viele sind aktiv. Noch viel mehr ruhen oder sind erloschen, zum Teil sind sie bis auf Stümpfe abgetragen. In Costa Rica wurden 150 Erhebungen vulkanischen Ursprungs erkannt, doch nur Rincón de la Vieja, Arenal, Poás, Irazú und Turrialba produzieren derzeit Rauchsäulen, Solfataren, Ascheregen und manchmal Lavaströme. Vulkane bedeuten Gefährdung durch Ausbrüche und Anreiz für die Umlandnutzung dank fruchtbarer Böden und touristischer Attraktivität des Reliefs.

Zentralamerikas Relief ist asymmetrisch, denn die Wasserscheide zwischen den Ozeanen liegt nah am Pazifik, fern der Karibik. Kleine Hochebenen als Füllung intramontaner Becken gibt es vielerorts, doch weite Vorlandschüttungen und unbegrenzt erscheinende Ebenen nur auf der karibischen Seite am Fuß des "vertiente atlántico". Klein gekammert sind die pazifische Seite und die Höhenzüge, weitläufig die karibische Seite. Für Costa Rica präzisiert: Das zentrale Hochland des "Valle Central" auf ca. 1.000 m Höhe macht 3% der 51.000 qkm großen Landesfläche aus. Die von Nordwesten nach Südosten verlaufenden Cordillera de Guanacaste, Cordillera Central und Cordillera de Talamanca mit zwischengeschalteten Senken nehmen 30% ein und ragen in Gipfeln über 2.500 m auf. Der Cerro Chirripó erreicht mehr als 3.800 m und trägt als einziger Berg zwischen Kolumbien und Guatemala Spuren eiszeitlicher Vergletscherung. Wild zertalt sind die Bergländer der pazifischen Seite. Diese 20% der Fläche fordern trotz ihrer geringen Höhe viel Aufwand für die Erschließung. Die Hänge werden gegen unten steiler, sind also konvex geformt. Talsohlen fehlen fast ganz, die Quebradas sind schmale Betten mit steilen Uferhängen. Auch die Flanken der hohen Bergketten sind bizarr in Schluchten, Felsriegel, Steilhänge und Talzüge aufgelöst. Ein Vergleich der Dichten von Höhenkurven auf Karten 1 : 50.000 weist die Ost-Abdachung der Cordillera Central als eines der bizarrsten Reliefs der Erde aus. Es ist dort stärker ziseliert als im Centovalli des Tessins in der Schweiz und wird wohl nur von den Stromfurchen in Südost-Asien und Passat-Inseln wie La Réunion übertroffen. Die Einschneidung ist aktiv und vehement. Die abgetragenen Materialien werden zum größten Teil in die beiden Meere gespült. Auf der karibischen Seite ist allerdings ein knapp die Hälfte von Costa Rica aufbauendes Tiefland aus Aufschüttungen von Geröll, Sand und Schluff vorgelagert, schmal an der panamesischen, fast 200 km breit an der nicaraguanischen Grenze.

In Mitteleuropa datiert ein Geomorphologe Formen des Reliefs aus vergangenen Epochen. In Zentralamerika beobachtet er Prozesse wie Einschneidungen, Hangsackungen, Erdrutsche, Murgänge und Deltabildung, Umlagerung von Sedimenten, Verlandung von Senken, Vergrößerung von alluvialen Säumen. Veränderungen des Reliefs faszinieren alle Besucher.

Flachküsten kennzeichnen die Schwemmländer der karibischen Seite und sind auf der pazifischen dort anzutreffen, wo das Gebirge etwas weiter landeinwärts verläuft. Weite einförmige, brandungsgeprägte Sandstrände mit vorgelagerten Untiefen sind für die karibische Seite typisch. Flussmündungen sind dort die einzigen Akzente. Für die Anlage von Häfen sind der Passat, Wellengang und Sedimentverfrachtung hinderlich. Geschützte Stellen sind rar. Als Kolumbus 1502 auf seiner vierten Reise Havarien seiner Schiffe am Cabo Gracias a Dios erlitt, musste er 500 km nach Süden segeln, bis er im Windschatten der Isla Uvita beim heutigen Limón einen geschützten Ankerplatz erreichte. Da das karibische Flachland amphibisch beginnt mit mäandrierenden Flussläufen, Seen, Sümpfen, Schlammablagerungen und die Küste ungastlich ist, konnte die spanische Erschließung nicht "vorn" in die "Mosqítia" eindringen, sondern musste "hinten" beginnen, von der pazifischen Küste aus, wie es das Wappen von Costa Rica ausdrückt. Am "Stillen Ozean" sind Ankermöglichkeiten in Fülle vorhanden. Steilküsten fassen tiefe Buchten ein. Kaps gliedern die Küste in windgeschützte Kammern. Korallenriffe sind auf der pazifischen Seite, wo kaltes Auftriebswasser vorkommt, kaum entwickelt und auf der sedimenttrüben karibischen Seite auch nicht durchgängig. Belize ist allerdings ein Archipel vorgelagert; nach dem Great Barrier Reef von Queensland ist es das größte Barriereriff der Erde.

Zentralamerika liegt in den Tropen. Die Mitteltemperatur bleibt im Jahresablauf in Panama und Costa Rica fast gleich, die Schwankung erreicht auch in den randtropischen Bereichen nur wenige Grade. Markant sind die thermischen Höhenstufen. Die Tiefländer der "tierra caliente" sind durchschnittlich 22-26 Grad warm und die Tagesschwankungen betragen 10-15 Grad. Die darüber anschließende "tierra templada" offeriert für Europäer angenehme Temperaturen und die höhere "tierra fría" weist kalte Nächte auf. Auch vom Regime der Niederschläge her ist Zentralamerika asymmetrisch. Die karibische Seite ist dauernd feucht (Af-Klima). Zwar ist ein Drittel der Tage regenfrei, doch sind diese nicht auf einige Monate beschränkt. Die Hochländer im Inland (Cw-Klima) und die pazifische Seite (Aw-Klima) weisen außer in "El Niño-Jahren" verlässlich eine Trockenzeit auf, die in Costa Rica von Mitte Dezember bis Mitte April dauert. Der Regen geht als "temporal" oder "aguacero" nieder. Ein "temporal" ist weitflächig und langdauernd, manchmal als nieseliger, oft aber als heftiger Regen. Ein "aguacero" hat einen Durchmesser von nur wenigen Kilometern, bricht unvermittelt und urgewaltig nieder. Er kann in Minuten die Fiedern der Quebradas mit Wasser füllen. "Ein Klima, in dem Vögel zu Fuß gehen...", sagte der Geograph Wolfgang Weischet dazu. Tagesmaxima von 100 mm Niederschlag gibt es im Süden an 5-10 Tagen, im Norden etwas weniger. In Mitteleuropa ist das fast unbekannt. Extreme Tagesmaxima erreichen die Hälfte des Jahresniederschlags mitteleuropäischer Stationen! Trocken ist Zentralamerika nirgends, doch unterschreitet der Niederschlag im nördlichen Teil in Lee-Lage 1.000 mm pro Jahr. Spitzenwerte liegen im Luv und in hohen Lagen. Sie können an 10.000 mm hinanreichen. Sonnenhungrige Touristen konzentrieren sich deshalb auf die Trockenmonate, die den kalten Wintermonaten der Nord-Halbkugel entsprechen. Reizvoll ist jedoch auch die Regenzeit, "aguaceros" beschränken sich auf die Nachmittagsstunden. Die Wetterkontraste sind faszinierende Schauspiele.

Starkregen, Überschwemmungen, Erdbeben und Stürme gehören zum Ablauf des Jahres. Kein Schulkind, dass nicht Naturkatastrophen selbst erlebt und kaum ein Erwachsener, der nicht Angehörige dadurch verloren hat. Viel stärker als im gemäßigten Mitteleuropa sind Hänge instabil, Täler überschwemmungsgeprägt, Häuser einsturzgefährdet, Strassen erosionsbedroht.

Zentralamerikas Biodiversität ist berauschend groß. Das Mosaik der geographischen Bedingungen ließ eine Fülle von eigenständigen Entwicklungen zu. Zentraler Rücken und pazifische Seite bilden einen "hot spot" der Erde. Im besonders eng gekammerten Costa Rica gibt es beispielsweise 13.000 Pflanzen- und 200 Säugetierarten. Während man in Mitteleuropa 400 Vogelarten zählt, kommt man in Costa Rica auf über 800. Die Biodiversität wird zunehmend als Kapital gesehen und zwar als Potential für Wirkstoffe, wie sie z.b. das Instituto Nacional de Biodiversidad in Costa Rica zu ermitteln trachtet und für Naturtourismus, der mit reicher Vielfalt und exotischen Endemismen werben kann.

3. Kulturgeographisches Potential für den Tourismus

"Neue Welt" ist in Zentralamerika mancherorts wörtlich zu nehmen: In jedem der sieben Länder gibt es noch unerschlossene Peripherien. Diese können winzig sein wie in Belize und El Salvador. Sie können einen Grossteil des Landes ausmachen wie in Guatemala. Sie umfassen Teile der karibischen Flachländer und betreffen vor allem Gebirgsflanken. Inzwischen werden sie als Wert erkannt. Jedes Land hat seine Naturschutzbewegung. In Costa Rica setzte sie 1955 ein, erhielt Nahrung durch US-Biologen und erreichte politischen Stellenwert, als die großen Parteien PLN und PUSC in den 1980er Jahren die Forderungen des *Partido Ecológico Costarricense* übernahmen. Die Bewegung, griff Schutzgebiete in allen "zonas de vida" heraus, warb internationale Unterstützung ein, entwickelte ein Programm mit "buffer zones" um die Kerngebiete herum und bemüht sich, die *Parques Nacionales* und *Reservas de la Biósfera* mit "corridores biológicos" zu vernetzen. 26% des Landes genießen einen Schutzstatus und "conservación del medio ambiente" hat in den Lehrplänen Costa Ricas Eingang gefunden. Jedem Tico ist klar, dass die Reste des Naturerbes Weltattraktionen darstellen und als Touristenmagnet ökonomisches Gewicht haben, ja dass die meisten der Besucher nicht der Menschen und ihrer Wirtschaftslandschaften wegen nach Costa Rica kommen, sondern wegen unberührter Naturräume. In den übrigen Ländern wird diese Auffassung erst nach und nach in gleicher Weise empfunden, hat sich aber in den letzten Jahren ausgeweitet und wird innenpolitisch nicht mehr in Frage gestellt.

Das ist neu. Jahrhundertelang wurde Rodung, Urbarmachung, Besiedlung als "mejoramiento" empfunden und in den letzten Dekaden des 20. Jhs. war Zentralamerika einer der Weltmeister bezüglich der Zerstörung der pazifischen Trockenwälder, der karibischen Regenwälder und sogar der gebirgigen Nebelwälder. 1985 betrug die Waldzerstörung in Costa Rica pro Kopf der Bevölkerung jährlich 220 qm. Dem gegenüber stand eine Aufforstung von 20 qm pro Einwohner. Die "colonización agrícola" hat alle zentralamerikanischen Länder geprägt. Die Rodungsfronten sind Räume drastischer Umwertungen und schneller Phasenhaftigkeit: "unberührter Wald – Waldweide – Einzelhöfe – Siedlungen mit Basis-Infrastruktur – Dörfer in waldfreiem Weideland und Plantagengebiet". Zur touristischen Nutzung solcher Situationen bedarf es Fingerspitzengefühl. Besondere Attraktionen des Agrartourismus stellen gerade jene Situationen dar, in denen der Mensch im Umgang mit der natürlichen Umwelt begreifbar wird, der Kampf "Urgewalt – Zivilisation" erlebbar erscheint. "Naturlandschaft" und "Kulturlandschaft" sind in Zentralamerika noch in Sichtweite beieinander – "Neue Welt"!

Menschen fassten vor etwa 20.000 Jahren Fuß in Amerika. Seit 10.000 Jahren siedeln Indianer auch in dessen Süden. Dass in Zentralamerika nur die "Fußkranken der Völkerwanderung" blieben, ist üble Nachrede, doch wirkten die Hochkulturen von Nazca und Chavin, die Prägung durch Olmeken, Azteken und Inkas außerhalb. Lange Zeit dachte man, der größte Teil Zentralamerikas sei nur sehr begrenzt indianisch durchdrungen worden. Städte habe es kaum gegeben, Handel habe sich auf Kunstgegenstände beschränkt, sonst aber sei landwirtschaftliche Subsistenz die vorherrschende Wirtschaftsweise gewesen. Diese Einschätzung wird brüchig. Einerseits, weil Tikal (Guatemala), Altun Ha (Belize), Copán (Honduras), Guayabo (Costa Rica) nicht alleine stehen und bei fortschreitender Ausgrabung reicher als zuvor eingeschätzt werden. Anderseits, weil archäologische Fragen auftauchen, für die Antworten noch ausstehen. Dabei sind die Steinkugeln im Valle de Diquis im Pacífico Sur von Costa Rica spektakulär. Warum wurden die Steinsphären derart behauen, von wem, womit, wann? Wie erfolgte der Transport von den Steinbrüchen ins Schwemmland oder hinaus zur Isla de Caño? Hatte die Anordnung der Kugeln eine Bedeutung? Der "kulturelle Überfall" auf Zentralamerika zerstörte die indianischen Wurzeln, bevor die Europäer sie erkannt hatten. Die UNESCO bemüht sich um die Erforschung und den Erhalt von Tikal, Copán und das durch einen Vulkanausbruch zerstörte und konservierte Maya-Bauerndorf La Joya de Ceres in El Salvador.

Landwirtschaftlich geschickt genutzte Räume blieben immerhin übrig in Form der "reservas indígenas" – etwas abgeschnitten vom übrigen Wirtschaftsgeschehen. Das indianische Kulturleben wurde zurückgedrängt und der Anbau von Mais, Kartoffeln, Tomaten und Tabak übernommen. In drastischer Weise gilt die Reduktion indianischen Einflusses für Costa Rica, wo nur noch 15.000 Indianer an beiden Flanken der Cordillera de Talamanca leben, die höchstens halbherzig unterstützt werden. Erst 1958 wurde ihnen die Nationalität in dem Land angeboten, in dem ihre Vorväter 20-mal länger lebten als die europäischen Invasoren. In Belize, Honduras, El Salvador, Nicaragua, Panama macht der indianische Anteil ein paar Prozente aus, und es gibt immerhin "unverfälscht traditionell wirtschaftende" Indianerkommunen als folkloristische touristische Attraktion wie die Kuna auf San Blas in Panama. In Guatemala ist noch die Hälfte der Bevölkerung indianisch, was dem Land ein unverwechselbares Image für den Tourismus geschenkt hat. Das 16. Jh. bedeutete einen Umbruch der Kulturlandschaftsgestaltung. Zielten die frühen spanischen Kolonisatoren auf Hispaniola, weitere Karibik-Inseln, Mexiko und Peru, so wurde, ausgehend vom 1516 gegründeten Panama, Zentralamerika ins Visier genommen und dabei Pferd, Maultier, Rind, Kleinvieh, Getreide, später Kaffee, Zuckerrohr und Baumwolle eingeführt. Schnell geschah dies entlang der pazifischen Küste. Der Saum am Pazifik war aber nicht so attraktiv wie das Hochland, wo Gold vermutet wurde. 1524 wurden León und Granada gegründet, und in den folgenden Jahrzehnten gerieten alle günstig zu nutzenden Hochlandsgebiete (flach, fruchtbar, verlässliche Regenfälle, Trockenzeit) zwischen Guatemala und Panama in den Einflussbereich der Kolonisatoren, wobei ihr sonst in Lateinamerika eingeführtes System der "encomienda" nicht funktionierte und die Arbeit auf den "fincas" oft ohne indianische Hilfe durchgeführt werden musste. Das alte Netz von Fußpfaden wurde übernommen und ausgebaut. Der "camino real" von Antigua bis Panama wurde dabei zur wichtigsten Achse. Im 17. und 18. Jh. entstanden Kleinode an Kirchen, Palästen, Villen und Landsitzen. Manche der Portale der Gotteshäuser zeichnen sich dabei durch ein nirgendwo gleich geartetes Zusammenspiel europäischer Stilelemente mit indianischer Dekoration aus, besonders in Guatemala und Nicaragua. Bauten aus der Kolonialzeit bzw. deren Überreste stellen einen großen touristischen Reiz dar. Auch bescheidenere Architektur zeigt sich unverwechselbar in Tausenden von Dörfern im Hochland und an der pazifischen Küste. Die "plaza" von der Größe einer "cuadra" bildet den Kern, flankiert von Kirche, Gaststätte, administrativen Gebäuden und Wohnhäusern Privilegierter. Wo solche Dörfer noch Sammelplätze für Marktprodukte sind, ist der touristische Wert hoch.

Die karibische Seite dagegen wurde zögerlich in europäischen Besitz genommen. Die "Conquista del Atlántico" dauert in Panama heute noch an und man meint damit die Erschließung gebirgsüberschreitend von der pazifischen Seite aus wie von Chiriquí zur Provinz Bocas del Toro, wo erst 1987 eine Strasse die Karibik erreichte und dies nur, weil sie als Weg zur Wartung einer isthmusquerenden Erdölleitung der USA notwendig wurde. Für die Öffnung karibischer Gebiete gab es ganz unterschiedliche Ansätze: Kakao-Plantagen vom Hochland aus unter spanischer Regie in Nicaragua und Costa

Rica, Edelholzeinschlag entlang einiger Flüsse durch Engländer im Gebiet von British Honduras, dem heutigen Belize, Subsistenzwirtschaft von entflohenen Sklaven und einzelnen europäischen Siedlern an einzelnen Punkten, Fang von Schildkröten und Sammeln von Kokosnüssen entlang der Küste von Panama aus, Anlage von Bananenplantagen durch die United Fruit Company in Honduras, Costa Rica und Panama, Bau der Bahn von Panama-Stadt nach Colón (1826) und von Alajuela nach Limón (1890). Die Erschließung setzte spät ein, beschränkte sich auf einzelne Teile des Flachlandes, sparte die amphibischen Gebiete aus, machte sie zu Rückzugsräumen und ist noch lange nicht abgeschlossen. Enge Kammerung, eng zertalte Gebirge, sumpfdurchsetzte Flachländer, anschwellende Flüsse, instabile Hänge verteuern den Bau von Verkehrswegen und erfordern hohe Wartungskosten. Zentralamerika ist deshalb nur sehr lückenhaft zu bereisen, Zentralamerikas Straßen altern rasch und sind in den meisten der Staaten chronisch reparaturbedürftig. So konnte hochmobiler Tourismus erst spät einsetzen, ist auf Schneisen beschränkt und bleibt gedrosselt bezüglich der Reisegeschwindigkeit. Transporte in Zentralamerika werden von Reisenden aus Industrieländern noch immer als rustikal, abenteuerlich, aufregend empfunden. Die Asymmetrie Zentralamerikas ist also nicht auf die Naturgeographie beschränkt, sondern prägt auch viele Facetten der Humangeographie. Die karibische Seite ist für Nicaragua, Costa Rica und Panama "Hinterseite", und ein Tourist bereist zwei gänzlich voneinander unterschiedliche Räume, wenn er den "vertiente pacífico" und den "vertiente atlántico" aufsucht.

Die Städte Zentralamerikas haben sich in kolonialer Zeit als Zentren von Macht, Kultur, Handel und Administration herausgebildet. In Antigua, San Salvador, Belize City, San Pedro Sula, Comayagua, León, Granada, Cartago, Santiago und Panamá-Ciudad finden sich die meisten kolonialzeitlichen Relikte, die inzwischen zum großen Teil bewahrt werden. Die Hauptstädte der Länder wurden nach der Unabhängigkeit von Spanien und dem Zerfall in die einzelnen Staaten zu Primatstädten mit schnellem Wachstum, hoher Konzentration zentraler Funktionen und so großer Bevölkerungszahl, dass alle anderen Siedlungen in der Bedeutung weit abgeschlagen erscheinen. Im Valle Central wohnt beispielsweise die Hälfte der Landesbevölkerung auf etwa 3% der Fläche, und damit ist Costa Rica eines der Länder der Erde mit extrem unterschiedlicher Besiedlungsdichte. Stadt und Land, urbane und rurale Lebensformen sind klar voneinander getrennt. Dies ist zwar für die Entwicklung der Länder eine hohe Hypothek, macht aber für die touristische Nutzung einen besonderen Reiz aus.

4. Tourismus in Zentralamerika

Die Entwicklung des Tourismus in Zentralamerika begann zögerlich. Auf dem Landweg kam man erst in den 1960er Jahren von Nord nach Süd, eine sehr beschwerliche Reise in der Trockenzeit und fast unmöglich in der Regenzeit. Selbst heute endet die "Traumstrasse der Welt" noch in Yaviza im "Tapón del Darién", 50 km vor der Grenze zu Kolumbien. Der Kanal von Panama ("Little America"), das Hochland von Costa Rica, die Städtereihe in Nicaragua, San Salvador und Umgebung, das Hochland von Honduras und Guatemala und die Inseln vor Belize City waren die ersten touristischen Ziele und wurden eher einzeln besucht. Zum Programm gehörten Fahrten per Schiff an der Küste entlang und Erkundungen von Häfen aus. Die Touristen mussten Zeit haben, Unbequemlichkeiten in Kauf nehmen, auf touristische Infrastruktur weitgehend verzichten. Dafür trafen sie noch nicht auf große Reisegruppen, konnten von exklusiven Erlebnissen erzählen, bestanden Reiseabenteuer und stießen auf viel Freundlichkeit zu einer Zeit, als anderswo schon Massentourismus prägend wurde.

Ausbau des Flugverkehrs, Verbesserung des Straßennetzes, detailliertere Reiseinformation, Bau von Hotels, Einstellung von Restaurants auf ausländische Besucher, mehr Freizeit der Reisenden, sinkende Reisekosten und der "Modetrend Fernreisen" begünstigten in den 1970er Jahren den Tourismus in Zentralamerika, der weit mehr Besucher aus den USA und Kanada anzog als aus Europa. Außer in Costa Rica folgten Jahre der Verhinderung jedes touristischen Aufschwungs. Todesschwadronen in Guatemala, Bürgerkrieg in El Salvador, Armut in Honduras und Belize, eine von den USA nicht akzeptierte Regierung in Nicaragua und politische Unberechenbarkeit in Panama ließen keine Werbung für die Region als Ganzes zu. Costa Rica profitierte davon und konnte unangefochten zum "touristischen Renner" Zentralamerikas werden. Um 1980 waren die bevorzugten Orte recht wenige:

– San José als Hauptort, große Stadt, Organisationszentrum der Reise,
– Alajuela, Heredia, Cartago als malerische Provinzhauptstädte im Hochland,
– Puntarenas als Hafen und Badeort am Pazifik,
– Poás und Irazú als "drive in volcanoes",
– Tamarindo, El Coco, Montezuma und andere Buchten der Halbinsel Nicoya zum Baden,
– Monteverde als Wirtschaftsraum der Quaker und Einstieg in den "bosque nuboso",

- Manuel Antonio als Nationalpark am Pazifik und Orte auf dem Weg dorthin,
- Zug San José – Limón als "jungle train",
- Tortuguero und Cahuita als Nationalparks an der Karibik.

In den letzten Jahrzehnten ist Tourismus zu einem wichtigen Hoffnungsträger für die wirtschaftliche Zukunft geworden. Komprimiert lassen sich die gegenwärtigen Trends im Tourismus wie folgt charakterisieren:

Politische Förderung des Tourismus. Die Regierungen versprechen sich vom Tourismus ökonomischen Aufschwung, Aufwertung marginaler Räume, Alternativen zur landwirtschaftlichen Subsistenz und dem Agrarexport, Verbindungen nach außen, Stärkung des Ressourcenschutzes und Verringerung der Armut. In allen Ländern wurde die Tourismusadministration aufgewertet und personell sorgfältig besetzt. Costa Rica ist dabei am entschlossensten und erfolgreichsten in der Umsetzung der politischen Tourismusförderung. Es gibt Erleichterungen für den Zugang zu Krediten, steuerliche Hilfe und Subventionen für touristische Unternehmen, tourismusbezogene Studiengänge, Zollbefreiung für Mietwagen und andere Importe, die für ausländische Besucher genutzt werden. Es werden "pensionados" angeworben, d.h. Rentner aus den USA und anderen Industrieländern, die ihren Lebensabend finanziell gesichert im klimatisch angenehmen Land verbringen, Geld ausgeben und Freunde und Familienangehörige als Besucher nachziehen.

Ausbau touristischer Infrastruktur. Vergrößerte Flughäfen, tourismuserfahrene Transporteure im Land, moderne Klein- und Geländefahrzeuge als Mietwagen, verbesserte Englischkenntnisse bei Angestellten in der Reisebranche, weite Streuung von Mittelklassehotels, "guest-enclosures" gehobenen Standards in mehreren Landesteilen, geschultes Personal in Unterkünften und Restaurants, Museen und Ausstellungen, Angebote für Exkursionen und sportliche Unternehmungen, leichterer Zugang zu Reiseinformation – das umreißt das Spektrum der Möglichkeiten für den Ausbau der touristischen Infrastruktur. Da zwischen Guatemala und Panama Einzelinitiativen, Improvisation, Kreativität sowie Arbeitskräfte reichlich vorhanden sind, haben alle Länder Zentralamerikas gute Chancen, ihre Struktur für den internationalen Tourismus zu verbessern. Die Hauptstädte und die Küsten preschen dabei vor, kleinere Städte und landschaftlich besonders attraktive Regionen folgen nach, der Rest des Landes dient als Transitraum für Touristen. Wer in den letzten Jahren die Veränderung der verschiedenen zentralamerikanischen Tourismusziele mitverfolgt hat, staunt über den Sprung vom Dornröschenschlaf zur quirligen Tourismusdrehscheibe. Ein Beispiel: 1987 gab es in Belize 163 Hotels mit 1.650 Zimmern, 1994 waren es 336 Hotels mit 3.500 Zimmern, und dieser Wert hat sich seither noch einmal verdoppelt. Der Ausbau ist in dreierlei Hinsicht beeindruckend: Räumlich bis in viele zuvor unerreichbar erscheinende Winkel hinein, quantitativ in Bezug auf Beherbergungskapazitäten und qualitativ durch Betonung des gehobenen Bereichs von Unterkünften, Restaurants, Transporten, Exkursionen.

Schaffung neuer Reisestile und Reiseziele. Zentralamerika stand lange für Reisen quer durch traumhaft schöne Landschaften, Verweilen in einigen Städten, Besuch vereinzelter "tesoros arqueológicos" und Entspannung an schönen Stränden. Das Spektrum und die Destinationen werden von Jahr zu Jahr reichhaltiger. Neben individuellen Reisen von Paaren, Familien, Freundesgruppen gibt es an der pazifischen Küste vermehrt Aufenthalte in großen luxuriösen Unterkünften. Pauschalangebote in Hotelkomplexen sind an der pazifischen Seite zu haben. Neben Fototourismus entsteht Sporttourismus mit "white water rafting", "canyoning", "mountain-trekking", "scuba-diving", "surfing", "canopy-climbing". Neben Reisen zu "Land und Leuten" werden Einblicke in Plantagenwirtschaft, Ökolandbau, Fischfang und Waldbewirtschaftung kreiert. Neben Reisen von Ort zu Ort entsteht Tourismus zum Erlernen von Spanisch, Besuch von Freunden, Teilnahme an Kongressen, Erproben des Anglerglücks, Durchführung von Operationen, Erholung nach Krankheit, Überwintern in tropischer Trockenzeit, Kenntniserweiterung über Vulkanismus. Kreuzfahrten nehmen zentralamerikanische Häfen öfter als früher in ihr Programm auf und vermitteln weit ins Land hineingreifende Tagesausflüge. Beobachtung von Zerstörung durch Überschwemmung, Erdbeben, Sturm oder Vulkanismus erweitern das Spektrum mancher Reise.

Spezialisierung auf Ökotourismus. Naturtourismus gehört zum Markenzeichen von Zentralamerika. Mangrovensäume von El Salvador, Vulkane des guatemaltekischen Hochlandes, Riffs von Belize, Sümpfe des honduranischen Tieflands, Inseln im Lago de Nicaragua, Bergwälder von Costa Rica, Dschungel des östlichen Darién in Panama sind ein paar der Magneten dafür. Wenn Tourismus, der auf Natur und auf "intakt" wirkende Landschaften ausgerichtet ist, kombiniert wird mit Profit für Naturschutzbestrebungen in den Zielregionen (Stärkung von Naturschutzorganisationen, Landkauf für Naturschutz, Umweltbildung) und Anrainern neue Einkunftsmöglichkeiten ermöglicht (Mitarbeit im Tourismus, Vermarktung von Anbauprodukten, Schaffung von Kunsthandwerk) wird dies als "Ökotourismus" bezeichnet. Meistens ist "ecoturismo" leider Etikettenschwindel und zielt zwar aufs "Grüne", lässt aber Schutz der Ressourcen und Einkommen der Bereisten unbeachtet. Ein schmales und kaum ausbaufähiges Segment im Tourismus hat sich inzwischen auf umwelt- und sozialverträgliches Reisen in naturnahe Räume spezialisiert und eine anspruchsvolle Klientel als verlässliche Wiederholer gewonnen. Costa Rica hat dabei im weltweiten Vergleich ein hohes Image erreicht. Einige Aktivitäten im dortigen Ökotourismus sind z.B. die Folgenden:

– Querung des "bosque nuboso" in Monteverde und in der Cordillera de Talamanca,
– Besuch des "bosque lluvioso" in La Selva und auf der Península de Osa,
– Beobachtungen an den Rodungsfronten in der Cordillera de Talamanca,
– Reiten in den Trockenwäldern der Península de Santa Elena,
– Wandern am Fuß des Volcán Arenal und am Krater des Volcán Irazú,
– Suche nach Ozelot und Puma in der Reserva de la Biósfera La Amistad,
– Sammeln von Schnecken und Muscheln an Küsten,
– Schweben mit dem "rain forest aerial tram" im Parque Nacional Braulio Carrillo,
– Durchschreiten von Baumkronen auf "canopy walkways" in der Cordillera de Tlarán,
– Kennenlernen amphibischer Räume von Tortuguero und Caño Negro,
– Schnorcheln an den Resten des Riffs von Cahuita,
– Eindringen in Karsthöhlen auf der Península de Nicoya,
– Aufsuchen von Sammelstationen des Instituto Nacional de Biodiversidad,
– Reisen mit Ökologen der Universidad de Costa Rica und der Universidad Nacional.

Aufkommender Binnentourismus. Ticos bereisten früher ihr Land nicht wie ausländische Touristen. Besuche bei "familiares", Ausflüge zum "Pacífico Central" und "Pacífico Norte" in der "semana santa", die Wallfahrt zur "Virgen de los Angeles" in Cartago und Einkaufsfahrten an die Grenze mit Panama waren typische Aktivitäten. In Costa Rica und den anderen Ländern beginnt sich dies schnell zu ändern. Sehenswürdigkeiten werden in Gruppen von Schulen, *Colegios* und Universitäten besucht. Sportler suchen malerische Bühnen. Nationalparks stehen hoch im Kurs. Fahrten über Land werden populär, und auch die Strände des ganzen Landes sind inzwischen gefragt. Zwar betrifft dies bisher nur eine kleine Schicht, doch sind die Wachstumsraten groß. Auch der Tourismus innerhalb des zentralamerikanischen Raums wächst schnell. Teilweise geht es dabei um Verwandten- und Freundesbesuche. Beispielsweise leben in Costa Rica 500.000 Menschen aus Nicaragua, legal oder illegal, und auch diese reisen oder erhalten Besuch. Teilweise geht es auch um relativ preiswerte Reisen in die Nachbarländer – aus Neugierde.

Gemeinsame Werbung für Zentralamerika als Reiseziel. Was lange Zeit undenkbar schien, wird seit einigen Jahren praktiziert: Zentralamerika bietet sich als ein einziges Reiseziel an. Bei der Internationalen Tourismusbörse in Berlin gibt es neben der Werbung für nationale Ziele einen gemeinsamen Tenor, der sich auf den Natur-, Abenteuer-, Ethno-, Strand- und Kulturtourismus der gesamten Region richtet. Damit folgt Zentralamerika einem Trend in der Tourismuswerbung, der große Einheiten als "Kosmos" verkauft, wie z.B. Karibik, Andenraum, Südafrika, Baltikum, Ozeanien.

Förderung des Tourismus von außen. "The Ecotourism Society" berät Zentralamerika. Die "World Tourism Organization" sorgt für Erfahrungsaustausch. Die Weltbank versucht, die Abwasserproblematik auf den Islas de la Bahía in Honduras zu lösen. Lokale private Organisationen erhalten Hilfe von außen für die Entwicklung eines "turismo rural" in eigener Regie bei kleinem Kapitaleinsatz. Dabei entstehen neue Angebote wie die "Ruta de Flores" in El Salvador, "Ruta de los Pueblos Blancos" in Nicaragua, "Ruta Verde y Etnica" in Honduras. Deutschland fördert durch die GTZ ein Projekt zur nachhaltigen Regionalentwicklung durch Tourismus (*Fomento al desarrollo sostenible mediante el turismo en Centroamérica*, FODESTUR) mit bisher 2,5 Mio. Euro. Dabei sollen keine Hotelburgen entstehen, aber kleine Betriebe beraten und gefördert werden.

Verunsicherung durch schwindende persönliche Sicherheit für Touristen. In ganz Zentralamerika sind Trickdiebstähle und andere Eigentumsdelikte vom Beginn des Tourismus an beklagt worden. In ihrer Quantität und Dreistigkeit haben sie rascher zugenommen als die Tourismuszahlen. Gewalt gegenüber Touristen ist noch immer selten, doch kommen brutale Überfälle, Vergewaltigungen, Entführungen und inzwischen auch Raubmorde selbst im zuvor besonders idyllisch apostrophierten Costa Rica vor. Naturkatastrophen wie Erdbeben und Wirbelstürme haben Stornierungen und Buchungsrückgänge zur Folge. Dazu kommen Gefahren durch eingedämmt geglaubte Tropenkrankheiten. Weiterhin bedeutet der Transport ein hohes Reiserisiko. In Costa Rica beispielsweise ist die Zahl der Todesfälle im Straßenverkehr im Vergleich zur Anzahl der Fahrzeuge 25-mal höher als in Deutschland. Wer in Zentralamerika bei einer langen Reise keinem Diebstahl zum Opfer fällt, gesund bleibt und keinen Unfall erleidet, der hat Glück gehabt!

Touristische Übernutzung. Nicht wie in den europäischen Alpen oder an den Küsten des Mittelmeeres, aber drastisch im Vergleich zu den Anfangsphasen des Tourismus zeigen sich Belastungen durch intensiven Tourismus an vielen Stellen Zentralamerikas. Die Müllproblematik, Beschädigung von Korallenriffen, "soziale Kontamination", Qualitätsschwund im touristischen Kunsthandwerk und Schneisen von Lärm in Nationalparks sind einige Beispiele dafür. Die Müllproblematik wird brisant, denn bisher produziert ein Zentralamerikaner täglich nur 0,4 kg Abfall, nicht 1,6 kg wie ein US-Amerikaner.

Konkurrenz Zentralamerikas mit anderen Tourismuszielen. Als Costa Rica mit dem Ausbau des Tourismus begann, Guatemala und Belize nachzogen und dann die anderen zentralamerikanischen Länder folgten, war der Raum voller touristischer Entwicklungschancen. Diese sind kleiner geworden, denn Konkurrenz ist entstanden. Die Karibik bietet inzwischen touristische Angebote für alle Reisestile, und sie sind in der Regel preiswerter. Auf den Märkten in Nordamerika und Europa befindet man sich im Wettbewerb mit anderen Tourismuszielen weltweit. Pannen in der Reiseorganisation, Unbeholfenheit und schlechter Service der Tourismusanbieter und ungerechtfertigt erscheinende Preissteigerungen verprellen Kunden und reduzieren die Zahl von Wiederholern. Sie haben zu Überkapazitäten der Unterkünfte in Costa Rica geführt und drosseln den Ausbau der touristischen Infrastruktur in den anderen Ländern. Der Kampf um Touristen wird verbissen. Wenn Flugpreise aus umweltpolitischen Gründen verteuert werden, schrumpft der europäische Markt. Spezialisierung auf "Naturtourismus" und "small is beautiful" möchte man Zentralamerika raten.

5. Fazit

Abschließend statt einer Zusammenfassung knappe Antworten auf die eingangs gestellten Fragen: Die Umweltbedingungen offerieren dem Tourismus Vielfalt von Landschaften, berauschend reiche Biodiversität, ungezügelte Natur. Das Potential wird durch die Kleinkammerung, die Erreichbarkeit von zwei Meeren, Berechenbarkeit des Wettergeschehens gefördert, gleichzeitig

jedoch durch Naturkatastrophen und Regen eingeschränkt. Die Umweltbedingungen lassen Massentourismus nicht erfolgreich erscheinen und sugge-
rieren ein breitgefächertes individuelles Angebot. Die Besucher konzentrieren sich auf die Trockenzeit, die den Wintermonaten in den Industrieländern
entspricht. Die Steigerung der Besucherzahlen setzt einen Ausbau der touristischen Infrastruktur voraus. Die Stärke des zentralamerikanischen Touris-
musangebots liegt in Artenvielfalt und Naturerlebnis, die die Region anzu-
bieten hat.. In diesem Tourismussegment werden allerdings Übernutzungen
früh deutlich. Zentralamerika hat Vergleiche mit Preis-Leistungsverhältnis-
sen in anderen Regionen zu beherzigen. Einbrüche können vermieden werden, wenn in guter Abstimmung zwischen den einzelnen Ländern die Verquickung von "Umwelt" und "Tourismus" durchschaut, weise genutzt und
souverän gestaltet wird.

Literaturverzeichnis

Boo, Elisabeth (1990): *Ecotourism – The Potentials and Pitfalls, World Wide Found for
Nature*. Washington, D.C.

Ceballos-Lascurain, Hector (1996): *Tourism, Ecotourism, and Protected Areas*. Gland.

Ellenberg, Ludwig (1986): *Geographie von Costa Rica in Bildern*. San José.

Ellenberg, Ludwig et al. (Hrsg.) (1997): *Ökotourismus. Reisen zwischen Ökonomie und Ökologie*. Heidelberg et al.

Ratter, Beate (1997): "Belize". In: Ellenberg, Ludwig et al. (Hrsg.): *Ökotourismus. Reisen
zwischen Ökonomie und Ökologie*. Heidelberg et al., S. 219-218.

Sandner, Gerhard (1985): *Zentralamerika und der ferne karibische Westen. Konjunkturen,
Krisen und Konflikte 1503-1984*. Stuttgart.

Steck, Birgit et al. (1998): *Tourismus in der Technischen Zusammenarbeit*. Eschborn.

Strasdas, Wolfgang (2001): *Ökotourismus in der Praxis – Schriftenreihe für Tourismus und
Entwicklung*. Ammerland.

Vorlaufer, Karl (1996): *Tourismus in Entwicklungsländern*. Darmstadt.

Carsten Kolbe-Weber

Bedrohung und Schutz der Biodiversität in Mittelamerika – der mittelamerikanische Korridor

1. Einleitung

Der Begriff Biodiversität wurde 1986 in den USA eingeführt. Er umfasst die Vielfalt von Ökosystemen, die Vielfalt an Arten und die genetische Vielfalt. Breiten Eingang in den politischen und insbesondere internationalen Bereich fand der Begriff im Zuge der Rio-Konferenz 1992 mit der Verabschiedung der Biodiversitätskonvention. In einem Folgeprozess wurden auf mittelamerikanischem Niveau intensivere Anstrengungen zum Schutz der Biodiversität unternommen und Abkommen geschlossen. Der mittelamerikanische biologische Korridor (*Corredor Biológico Mesoamericano* – CBM) ist das weltweit größte Projekt eines biologischen Korridors. Er umfasst die sieben mittelamerikanischen Staaten und integriert die fünf angrenzenden südlichen Bundesstaaten Mexikos.

Die im weltweiten Maßstab gesehen enorm hohe Biodiversität ist Mittelamerikas "Entwicklungskapital". Sie erleidet alljährlich erhebliche Verluste. Um dies zukünftig zu verhindern, soll der CBM die ökonomische, ökologische und soziale Dimension im Sinne der Nachhaltigkeit auf einer regionalen Betrachtungsebene zusammenführen. Der Schutz der Biodiversität soll in einem ausgewogenen Verhältnis zu den sozialen und wirtschaftlichen Interessen betroffener Anwohner/Innen stehen.

Der CBM will die natürlichen Ökosysteme mit forst- und landwirtschaftlich genutzten Flächen und indigenen Siedlungsräumen zu einem Korridor von Panama bis Mexiko verbinden. Dabei spielen die bestehenden Schutzgebiete eine zentrale Rolle und sollen um weitere ergänzt werden. Umwelt- und naturschutzpolitisch gesehen, ist der mittelamerikanische Korridor ein herausragendes strategisches Instrument und bildet den Rahmen für zahlreiche Vorhaben. Auf regionaler Ebene will man eine konzertierte intersektorale Förderung von zahlreichen Projekten und Initiativen ermöglichen, die den Prinzipien einer nachhaltigen Entwicklung auf vielfältige Weise folgen.

Eine grundlegende Annahme ist dabei, dass die zukünftige wirtschaftliche Entwicklung Mittelamerikas entscheidend vom Erhalt der natürlichen Ressourcen und der damit verbundenen Nutzung abhängt. Das Konzept des CBM soll eine katalytische Wirkung entfalten, welche Forschungsaktivitäten fördert, neue Arbeits- und Einkommensmöglichkeiten erschließt und hilft, die Armut zu bekämpfen (Worldbank 2001: 2). Eine Besonderheit des mittelamerikanischen CBM-Prozesses ist die Erwartung, dass durch Natur- und Ressourcenschutzpolitik auch Friedens- und Integrationspolitik betrieben werden kann.

2. Das Konzept der Biodiversität

In Artikel 2 der Konvention über die biologische Vielfalt (CBD) wird Biodiversität definiert. Sie bezeichnet die Variabilität unter den lebenden Organismen aller Lebensräume und der ökologischen Komplexe, zu denen sie gehören, es umfasst die Vielfalt innerhalb der Arten und zwischen den Arten die Vielfalt der Ökosysteme (BMU o.J.: 24).

Anders gesagt: Der Gegenstand der Biodiversitätskonvention umfasst alles nichtmenschliche Leben auf der Erde sowie seine Interaktionen mit den Menschen und der nichtbelebten Umwelt. Inhaltlich gesehen ist es das umfassendste internationale Abkommen, das jemals abgeschlossen wurde. Es zeichnet sich durch eine holistische Betrachtungsweise und interdisziplinäre Zusammenarbeit aus. Es sieht sowohl die nationale wie auch internationale Weiterentwicklung und Umsetzung der Beschlüsse vor (Korn 2001: 13). Bis heute haben 178 Staaten das Abkommen unterzeichnet – darunter auch alle mittelamerikanischen Staaten.

Der Erhalt der Biodiversität ist kein Selbstzweck. Sie ist erst in Ansätzen erforscht. Biodiversität dient als eine Art Puffer und als eine Versicherung, um Umweltveränderungen abzufedern (Aarts/Nienhuis 1999: 89ff.). Sie wird erst in winzigen Ansätzen kommerziell genutzt und wird für das Überleben der Menschheit eine zentrale Rolle spielen (Ellenberg 1999: 408). Sie stellt "Rohstoffe" für die Medizin, die Pflanzen- und Tierzucht sowie für viele andere Anwendungen bereit. Für die Menschen besitzt sie außerdem als ethischer, kultureller und ästhetischer Wert eine immaterielle Dimension.

Für die Umsetzung des Konzeptes sind internationale Nachfolgekonferenzen, eigenständige Finanzierungsmechanismen (GEF) und Informationsplattformen (*Clearing House Mechanismus* – CHM) institutionalisiert worden. Das Übereinkommen besitzt drei gleichwertige Ziele:

- Den Erhalt der biologischen Vielfalt.
- Die nachhaltige Nutzung ihrer Bestandteile.
- Die gerechte Verteilung der Gewinne aus der Nutzung genetischer Ressourcen.

Das Abkommen ist für viele Entwicklungsländer wichtig. Der so genannte Vorteilsausgleich des Abkommens besagt, die Vorteile, die sich aus der Nutzung der Biodiversität ergeben, gerecht zu verteilen. Dies ist nur möglich, wenn Mechanismen gefunden werden, die eine nachhaltige, sozial und ökonomisch ausgewogene Nutzung bei gleichzeitigem Erhalt der Biodiversität garantieren. Dies schließt somit über den Vorteilsausgleich auch die Suche nach einer gerechten Verteilung der Kosten für den Erhalt der Biodiversität ein. Für den CBM spielen sowohl die Inhalte als auch die Finanzierungsmechanismen der Biodiversitätskonvention eine große Rolle.

Die *International Union for Conservation of Nature and Natural Resources* (IUCN) identifizierte zwölf Länder, die eine Megadiversität besitzen, in denen 70% aller Wirbeltiere und höheren Pflanzen leben. Bis auf Australien handelt es sich ausschließlich um Entwicklungsländer (WCMC 1992: 154). Berücksichtigt man weiterhin die Artendichte und den Endemismusgrad (s. folgendes Kapitel) im Verhältnis zur Landesfläche, so zählen auch die CBM-Staaten Costa Rica, Panama und Mexiko dazu (BfN 1997: 20).

3. Biodiversität in Mittelamerika

Mittelamerika umfasst nur 0,51% des Festlandes der Erde, beherbergt aber rund 7% aller weltweit bekannten Arten (CCAD/Banco Mundial 2000: 12). Mittelamerika bildet eine Landbrücke mit einer Fläche von 522.433 km^2. Die besondere Lage Mittelamerikas in den Tropen, die geologische Geschichte und die bewegte Topographie mit Gebirgsketten von über 4.000 m Höhe trugen zur Entwicklung einer sehr hohen Biodiversität bei. Vielfältige Landschaftsräume wechseln sich zwischen zwei Weltmeeren ab. Neben den vorherrschenden sehr feuchten und feuchten subtropischen Regenwäldern und montanen Nebelwäldern kommen auch Trockenwälder und die subalpine Páramovegetation vor.

Nach Holdrige sind in Mittelamerika 25 verschiedene Lebenszonen vorzufinden (UCR o.J.: 7) und bis zu 350 Landschaftsformationen (CCAD/Banco Mundial 2000: 12). Die Vielfalt der Lebensräume hat die Biodiversität und die Entwicklung von nur regional oder sogar lokal vorkommenden Arten (Endemismen) gefördert (s. Tab.1).

Die Besonderheit Mittelamerikas, die Vielfalt und der hohe Endemismusgrad von Tier- und Pflanzenarten lässt sich auf anschauliche Weise mit Vergleichen ausdrücken. Das kleine Land Panama beherbergt rund 929 Vogelarten, mehr als Kanada und die USA zusammen und mit rund 9.000 Blütenpflanzen mehr als ganz Europa.

Die folgende Tabelle 1 gibt einen Überblick über die Anzahl der Arten von Säugetieren, Vögeln und höheren Pflanzen. Einschränkend sollte gesagt werden, dass es sich bei den Wirbeltieren und Pflanzen um die Artengruppen handelt, die relativ gut beschrieben sind (WBGU 2000: 38) – jedoch nur rund 3% der geschätzten Artenvielfalt ausmachen. Es gibt riesige Wissenslücken und Unklarheiten über die Anzahl der Arten. Dies trifft auch auf ihre Bewertung im Hinblick auf ihre Funktion in den Ökosystemen und ihres möglichen Nutzens für den Menschen zu. Tropenwälder erscheinen jedoch gerade wegen ihres Artenreichtums und ihrer Größe als recht stabil (Schuh 1995: 52). Angaben über ausgestorbene und gefährdete Arten können eher als Ausdruck eines Wissensniveaus angesehen werden denn als ein Maß einer generellen Gefährdung. Vor dem Hintergrund der Komplexität der tropischen Wälder und der großen Wissensdefizite sind die Angaben wohl eher als niedrig einzuschätzen.

In Deutschland kommen zum Vergleich 2.682 höhere Pflanzenarten vor, von denen 33,6% als gefährdet gelten und sechs Arten endemisch sind. Die Zahl der endemischen Arten in artenreichen Ländern ist im Vergleich zu Deutschland um den Faktor tausend größer (WBGU 2000: 40). Die Angabe der Artenzahlen pro 10.000 km^2 ist ein Verfahren, um Vergleichbarkeit herzustellen. Costa Rica ist demnach in Mittelamerika das artenreichste Land an Säugetieren, Vögeln und Pflanzen (Tab. 1).

Tab. 1: Anzahl der bekannten Arten in den mittelamerikanischen Ländern einschließlich der Halbinsel Yucatán (mexik. Bundesstaaten)

	Säugetiere – Anzahl der bekannten Arten				Vögel – Anzahl der bekannten Arten				Höhere Pflanzen – Anzahl der bekannten Arten			
	Artenzahl gesamt	Endemische Arten	Gefährdete Arten	Artenanzahl je 10.000 km²	Artenzahl gesamt	Endemische Arten	Gefährdete Arten	Artenanzahl je 10.000 km²	Artenzahl gesamt	Endemische Arten	Gefährdete Arten	Artenanzahl je 10.000 km²
Belice[1]	125	0	5	95	533	0	1	405	2.750	150	41	2.090
Costa Rica	205	6	8	120	850	7	10	496	11.000	950	456	6.421
El Salvador	135	0	2	106	420	0	0	329	2.500	17	35	1.956
Guatemala	250	3	5	114	669	1	4	304	8.000	1.171	315	3.638
Honduras	173	1	5	78	684	1	4	308	5.000	148	55	2.252
Nicaragua	200	2	6	86	750	0	3	322	7.000	40	78	3.003
Panamá	218	14	11	112	929	8	9	477	9.000	1.222	561	4.618
Campeche[2]	79	0	k.A.	k.A.	281	0	k.A.	k.A.	k.A.	k.A.	k.A.	k.A.
Chiapas	171	6	k.A.	k.A.	628	1	k.A.	k.A.	8.218	k.A.	k.A.	k.A.
Quintana Roo	90	2	k.A.	k.A.	340	1	k.A.	k.A.	1.257	k.A.	k.A.	k.A.
Yucatán	93	0	k.A.	k.A.	343	0	k.A.	k.A.	2.180	k.A.	k.A.	k.A.
Tabasco	88	0	k.A.	k.A.	370	0	k.A.	k.A.	2.280	k.A.	k.A.	k.A.

k. A. = keine Angaben.

Quelle: [1] WRI/UNDP/UNEP/World Bank (1996-1997). In: CCAD (1998a): *Estado del ambiente y los recursos naturales en Centroamérica.* San José, Costa Rica. S. 113.
[2] García, V. Randall (1996): *Proyecto Corredor Biológico Mesoamericano: Informe Técnico Regional (documento borrador).* CCAD: San José, Costa Rica. S. 22-23.
Zusammenstellung: Mendieta Vargas, Alvaro/Vinocour, Ana C./Corredor Biológico Mesoamericano (2000): *Del Paseo Pantera a un Modelo de Desarrollo Sostenible. Datos relevantes para una estrategia de comunicación.* CCAD: San José, Costa Rica. Übersetzung:

Eine Strategie, die den Erhalt der Biodiversität im weltweiten Maßstab vor Augen hat, wird vor allem tropische Entwicklungsländer auswählen. Sinnvoll erscheint es, regional-lokale Schwerpunkte zu setzen, die der Verteilung der Artenvielfalt und ihren Schutzmöglichkeiten folgen. Der CBM ist der Versuch der Verwirklichung eines solchen Konzepts. Dazu muss allerdings das vorherrschende Entwicklungsmodell überwunden werden, welches eine lange Tradition aufweist und dementsprechend fest in den mittelamerikanischen Gesellschaften verankert ist.

3.1 Das traditionelle Entwicklungsmodell und seine Auswirkungen

In den letzten vier Jahrzehnten wurden große Flächen in den zentralen Tälern Nicaraguas und Guatemalas sowie an der Pazifikküste Panamas und Costa Ricas durch die Ausweitung der Flächen für Siedlungen, Viehzucht und Ackerbau umgewandelt.

Costa Rica verwandelte sich innerhalb von knapp vierzig Jahren von einem bewaldeten Land mit Siedlungsinseln in ein besiedeltes Land mit Waldinseln. Es verlor fast 40% seiner Waldfläche und reduzierte den bewaldeten Flächenanteil von 64% auf 25% der Landesfläche (SINAC/MINAE 1999: 3).

Die beiden kleinsten Länder Mittelamerikas El Salvador und Belize zeigen die großen Unterschiede innerhalb des CBM. El Salvador weist mit 279 Einwohnern/km^2 die höchste Besiedlungsdichte Mittelamerikas auf (Wilkie/Aleman/Ortega 2000: 18, WRI 1999: Tab. 11.4). Das Land besitzt im mittelamerikanischen Verhältnis einen relativ hohen Industrialisierungsgrad und den geringsten Anteil an Schutzgebieten (s. Tab. 2). Über 80% der Bevölkerung sind Mestizen. Die hohe Bevölkerungsdichte verursacht erhebliche flächenhaft(?) wirkende Umweltprobleme. Rund zwei Drittel der Böden sind erodiert, weniger als 2% der ursprünglichen Wälder noch intakt. Rund 90% der Flüsse werden durch industrielle Produktionsrückstände verschmutzt (SEMA 1994: 1ff.). Waldflächen für eine vorrückende Agrarfront sind praktisch nicht vorhanden – die Reste stehen unter enormem Druck.

Belize dagegen ist mit rund 10 Ew./km^2 sehr dünn besiedelt (WRI 2000) und hatte Ende der achtziger Jahre noch eine Waldbedeckung von fast 90%. Die schwarze Bevölkerung Belizes und die Kreolen leben traditionell an der Küste bzw. an Flüssen. Weiterhin besiedeln Mestizen, Maya-Nachfahren und eine kleine Gruppe von deutschsprachigen Mennoniten das Land. Der landwirtschaftliche Sektor ist nur moderat entwickelt und es besteht eine Tradition des selektiven Holzeinschlages (US-AID 1988: 2ff.). Umweltprobleme treten durch Waldrodung und Landwirtschaft punktuell massiv durch die Konzentration der Bevölkerung auf wenige Orte auf (Worldbank 1999: 8). Die mittelamerikanische Karibikküste wurde vielerorts erst spät erschlossen (vgl. den Beitrag von Wolfgang Gabbert in diesem Band). Deshalb befinden sich die großen zusammenhängenden Wälder auf der karibischen Seite. Großflächige Waldbestände wurden in Nicaragua zusätzlich durch den Bürgerkrieg und die politischen Wirren bis in die neunziger Jahre erhalten. Auch der Bürgerkrieg in Guatemala und die Vertreibung einer großen Anzahl von Menschen aus dem Hochland reduzierte den Druck auf die Ressourcen. Er steigerte jedoch auch die Armut.

Nach dem Ende der Bürgerkriege wurden Rückführungs- und Aufbauprogramme sowie Landordnungsmaßnahmen durchgeführt. Der Raubbau an den natürlichen Wäldern erzeugte kurzfristige Einkommensmöglichkeiten, Beschäftigung, Steueraufkommen und Deviseneinnahmen. Die Erschließung neuer Räume pufferte das Bevölkerungswachstum und soziale Spannungen ab. Für die Landlosen und die Armen bedeutete die Rodung von Urwald oftmals die Hoffnung auf ein besseres Leben und ggf. einen Landtitel. Die vielerorts korrupten, autoritären und zentralistischen Regierungen bereicherten sich ebenso wie die traditionellen nationalen Eliten.

Die Dynamik des "Raubbausyndroms" ist eine Kombination von Politik- und Marktversagen. Es trifft auch auf Mittelamerika zu. Der "Wunderkerzeneffekt" pflanzt sich von der Region A in die Region B fort, wenn die natürlichen Ressourcen in der Region A erschöpft sind, jedoch die Antriebskräfte weiter bestehen bleiben. Das Raubbausyndrom hat – nachdem die Wunderkerze abgebrannt ist – eine dämpfende Wirkung auf das Wirtschaftswachstum (WGBU 2000: 276ff.). Der breite Ansatz des CBMs ist der Versuch, auf diese komplexen Wirkungsketten und -gefüge mit einem Rahmenkonzept zu reagieren. Die nähere Ausgestaltung wird einer Vielzahl von Akteuren ähnlich dem Subsidiaritätsprinzip problem- und flächennah überlassen. Um komplexe Systeme geordnet zu verändern, bedarf es Zeit und einer erheblichen Koordinationsleistung. Insbesondere der Zeitfaktor ist angesichts der erheblichen Geschwindigkeit des Verlustes der Biodiversität ein wunder Punkt.

4. Waldverluste in Mittelamerika

Mitte der neunziger Jahre waren nach Angaben der FAO noch rund 38%
Mittelamerikas bewaldet. Ein großer Unterschied zu Europa ist, dass es sich
bei 91% der Wälder um einen primären Wald handelt – also um einen Wald,
in den der Mensch bisher kaum oder gar nicht eingegriffen hat. Der sekundä-
re Wald, der nach erheblichen Eingriffen wieder nachgewachsen ist, bedeckt
7% der Fläche. Nur 2% der Fläche sind Forstplantagen (CCAD 1997; zit.
nach Saravia 2000: 10). Der Verlust an Waldflächen wurde Mitte der neunziger Jahre von der FAO und Tuomasjukka unabhängig voneinander auf
388.000-451.000 h pro Jahr geschätzt (CCAD 1998a: 93). Man geht davon
aus, dass rund 2% des mittelamerikanischen Trockenwaldes erhalten geblieben sind (UCR o.J.: 5; zit. nach Janzen 1986).

Einige Länder Mittelamerikas lagen in den letzten Jahrzehnten in der
Spitzengruppe der weltweiten jährlichen Waldverluste. Laut FAO gehört die
Subregion auch heute noch zu den Regionen mit den höchsten Verlusten
(FAO 2001: 244). Die folgende Tabelle zeigt die Reduzierung der Waldflächen in zwei Dekadenschritten.[1] Während El Salvador und Nicaragua steigende *Deforestations*-Raten verzeichnen, Guatemala auf seinem Niveau
bleibt, sinkt insbesondere in Costa Rica die jährliche Entwaldungsrate erheblich. Dies könnte auf die Umweltschutzbewegung (FAO 2001: 278) sowie
die Konsolidierung und Reform des Schutzgebietssystems und des Forst-
managements zurückzuführen sein.

---

1   Es wurden zwei voneinander unterschiedliche Quellen verwendet, Schätzungen und
     Ableitungen sind mit Vorsicht zu vollziehen. Zum Erhebungsproblem s. FAO (2001:
     244, 306ff.).

Tab. 2: Waldbestand und Waldverluste in Mittelamerika

Mittelamerika[a]		Waldfläche inklusive Forstplantagen (km^2)[c]			Durchschnittliche jährliche Verluste in %	
Land	Fläche km^2	1980	1990	1995	1980-1990[c]	1990-2000[e]
Belize[b]	22.920	–	19.950[d]	19.620[d]	–	2,3
Costa Rica	51.060	19.250	14.550	12.480	2,8	0,8
El Salvador	20.720	1.560	1.240	1.050	2,3	4,6
Guatemala	108.430	50.490	42.530	38.410	1,7	1,7
Honduras	111.890	57.200	46.260	41.150	2,1	1,0
Nicaragua	121.400	72.550	63.140	55.600	1,4	3,0
Panama	74.430	37.640	31.118	28.000	1,9	1,6

Abweichungen der Statistiken untereinander haben ihre Ursache insbesondere in unterschiedlichen Definitionen, was als bewaldete Fläche Wald gilt (Mather 1990: 58f.). Erhebliche Abweichungen sind zwischen CAAD, FAO und WRI festzustellen.

Quelle: a) Wilkie, James W./Aleman, Eduardo/Ortega, José Guadalupe (2000: 18); zit. nach WRI (1998-1999, Tab. 11.1).
b) Worldbank (2000: 1) für die Flächenangabe Belizes.
c) Wilkie, James W./Aleman, Eduardo/Ortega, José Guadalupe (2000: 31), zit. nach WRI (1998-1999, Tab. 11.4 ohne Belize). Die Forstplantagen hatten 1990 einen Umfang von 840 km^2 ohne Belize. Lt. Quelle besitzt Belize 20 km^2 Forstplantagen.
d) WRI (2000: 253).
e) FAO (2001: 244). Eigene Zusammenstellung.

Insgesamt besteht in Mittelamerika weiterhin ein erheblicher Handlungsbedarf, verbliebene Waldflächen unter Schutz zu stellen bzw. in nachhaltige und partizipative Forstmanagementkonzepte zu überführen und dafür ausreichende Mittel zur Verfügung zu stellen. Die Herausforderung an den CBM ist es, die Vielfalt der einzelnen Entwicklungsrichtungen, die damit verbundenen Interessen und kulturellen Hintergründe in ein ausgewogenes Gesamtkonzept zu bringen, welches nationalstaatliche Eigenheiten und unterschiedliche Zeithorizonte berücksichtigt sowie institutionalisierte Ausgleichs- und Finanzierungsmechanismen fördert.

4.1 Die Grenzen des traditionellen Entwicklungsmodells und der "neue Rohstoff Biodiversität"

Heute sieht sich Mittelamerika mit verschiedenen Problemen durch den Raubbau an den Wäldern konfrontiert. Zwei Drittel der mittelamerikanischen Haushalte benutzen Holz zum Kochen, 92% davon gelten als arm (CCAD/Banco Mundial 2000: 15). Insbesondere die ärmere Bevölkerung wird von steigenden Preisen für die Versorgung mit Trinkwasser, die Erzeugung von Elektrizität mittels Wasserkraft und den Erwerb bzw. die Beschaffung von Brennholz betroffen sein. Es handelt sich hierbei um Umweltgüter, die in hohem Maße vom Erhalt der natürlichen Ressource Wald abhängen. Es gibt zunehmend weniger Flächen für den Wunderkerzeneffekt, und die Umweltprobleme nehmen zu. Hier seien beispielsweise aufgeführt: Erosion landwirtschaftlicher Flächen und Straßen, sinkende Bodenfruchtbarkeit, lokaler Holz- und Wassermangel, Überschwemmungen, Trockenheit, verschmutztes Wasser und klimatische Veränderungen.

In der Folge müssen die Investitionen erhöht werden, um die Produktion, die Infrastruktur und die Versorgung der Bevölkerung aufrechtzuerhalten. Einer mengenmäßig erfolgreichen exportorientierten Agrarpolitik und einer Ausweitung der Produktion für den heimischen Markt steht ein Versagen der Politik und ihrer Institutionen beim Schutz der Wälder und der Biodiversität gegenüber.

Die Produktion in allen Ländern hängt in einem hohen Maße von der Nutzung der natürlichen Ressourcen ab. Die im Verhältnis zu anderen Regionen der Welt geringen Rohstoff- und Erdölvorkommen und der schwach entwickelte Industriesektor bieten bis heute keine Alternativen zur Nutzung der natürliche Ressourcen an (Worldbank 2000: Länderinformationen; UCR o.J.: 1). Dies betrifft insbesondere die Schlüsselsektoren der Land- und Forstwirtschaft sowie die Tourismusindustrie und die Energieproduktion (Wasserkraft, Holz) und die davon abhängigen Zuliefer- und Weiterverarbeitungsbetriebe.

Im Jahr 1985 arbeiteten 41% der ökonomisch aktiven Bevölkerung im Agrar- und Viehwirtschaftssektor. Die Folgekosten der vorherrschenden Produktionsformen und der damit verbundenen Waldvernichtung sind für die mittelamerikanischen Gesellschaften hoch (UCR o.J.: 4). Innerhalb der nächsten 25 Jahre ist mit einem Bevölkerungszuwachs um fast die Hälfte – rund 20 Millionen Menschen – zu rechnen (Wilkie/Aleman/Ortega 2000: 94). Die Bevölkerungszahl steigt und die Armut nimmt zu. Während 1980 rund 60% der Bevölkerung als arm galten (FLACSO 1994; zit. nach UCR o.J.: 15), erhöhte sich die Zahl bis 1997 auf 66%, wovon 46% als sehr arm gelten (CELADE 1995; OPS 1995; zit. nach UCR o.J.: 15).

In diesem Kontext wurde das Konzept des CBM entwickelt. Der CBM kann langfristig nur erfolgreich sein, wenn es gelingt, die Dynamik des Raubbausyndroms zu durchbrechen. Deshalb werden Naturschutz und der Erhalt der Biodiversität in den Rahmen einer regionalen Entwicklungsstrategie gestellt, die ökologische mit ökonomischen und sozialen Aspekten verbindet. Lokale Projekte sollen auf dem Land Einkommensmöglichkeiten schaffen, die Armut verringern helfen und Schutz und Nutzung der Biodiversität als alternative Zukunftsoption aufbauen. Für den regionalen Erfolg ist eine politisch-institutionelle Absicherung nötig.

4.2 Biodiversitätspolitik – Institutionelle Entwicklung des CBM

Mit der Globalisierung kam auch die Diskussion über die komparativen Vorteile und die Zukunft einer regionalen Integration wieder verstärkt zum Zuge. Aufgrund der tiefen Krise der achtziger Jahre und verschiedenen gescheiterten Integrationsbemühungen werden neue Chancen mit der Befriedung der Region, der Diskussion über die Nachhaltigkeit und der Umsetzung der Biodiversitätskonvention gesehen.

Vor diesem Hintergrund intensivierte sich im vergangenen Jahrzehnt die Kooperation der mittelamerikanischen Staaten im Umweltbereich. 1989 unterzeichneten die mittelamerikanischen Präsidenten das "Mittelamerikanische Umweltschutzübereinkommen"[2] und gründeten die "Mittelamerikanische Kommission für Umwelt und Entwicklung" (*Comisión Centroamericana de Ambiente y Desarrollo* – CCAD). Die Aufgabe der CCAD ist die Koordination und Förderung von Umweltinitiativen, wobei sie selber katalytisch wirken sollte.

Eine Erweiterung der CCAD fand mit der Gründung der mittelamerikanischen Wald- und Schutzgebietskommission[3] statt, mit deren Hilfe weitere Abkommen vorbereitet und implementiert wurden (Saravia 2000: 10). Alle mittelamerikanischen Staaten nahmen am Rio-Prozess teil und haben zwischen 1993 und 1995 die Biodiverstitätskonvention unterzeichnet. Im Zuge der allgemeinen Integrationsbemühungen und Umweltschutzabsichten wurden weitere regionale Abkommen geschlossen. Das "Übereinkommen über den Schutz der Biodiversität und den Schutz von prioritären Schutzgebieten"[4] wurde 1992 unterzeichnet. Für die CCAD bedeutete dieses Abkommen einen Bedeutungszuwachs. Ihr wurde die neu gegründete "Mittelamerikanische Kommission für Schutzgebiete" (*Comisión Centroamericana de Áreas*

---

2   El Acuerdo de Protección Ambiental en Centroamérica.
3   *Comisión Centroamericana de Bosques y Áreas Protegidas* (CCAB-AP) setzt sich aus CCAB und CCAP zusammen. CCAB seinerseits wurde mittels des Übereinkommens "Convenio regional para el Manejo y Conservacíon de Ecosistemas Naturales Forestales y el Desarrollo de Plantaciones Forestales" von 1993 gegründet.
4   "El Convenio para la Conservación de la Biodiversidad y Protección de Areas Silvestres Prioritarias en América Central" vom 5.6.1992 (zur Umsetzung des Abkommens wurde CCAP gegründet).

Protegidas – CCAP) unterstellt. CCAP seinerseits erhielt den Auftrag, das mittelamerikanische Schutzgebietssystem weiterzuentwickeln. Dies wurde 1997 mit dem Namen *Sistema Centroamericano de Áreas Protegidas* (SICAP) gegründet.

Im Oktober 1994 wurde von den mittelamerikanischen Regierungen die "Allianz für nachhaltige Entwicklung" (*Alianza Centroamericana para el Desarrollo Sostenible en Centroamérica* – ALIDES) beschlossen. Aufgabe der Allianz ist die Etablierung von Koordinationsmechanismen für die kurz-, mittel- und langfristige Veränderung des bisherigen Entwicklungsmodells. Ziel ist die soziale, ökonomische, ökologische und kulturell nachhaltige Entwicklung der Region. Die mittelamerikanischen Regierungen verpflichten sich innerhalb von ALIDES, die Biodiversität der Arten, die genetische Vielfalt und die Vielfalt der Ökosysteme zu schützen und nachhaltig zu entwickeln. Neben dem integrierten Landnutzungsmanagement werden als Umsetzungsinstrumente botanische Gärten, Biodiversitätszentren, Schutzgebiete und der CBM genannt (UNDP/GEF et al. o.J.: 18f.). Weitere Themen sind z.b. Ökotourismus, landwirtschaftliche Produktionssysteme und Raumordnung.

Die CCAD erhielt mit dem CBM einen weiteren Bedeutungszuwachs. Neben den Aufgaben der strategischen Planung nachhaltiger Prozesse und der Vorbereitung von Umweltabkommen auf mittelamerikanischer Ebene soll der CBM verstärkt zu einer regionalen Kommunikationsplattform und Drehscheibe ausgebaut werden. Der CCAD besitzt das Mandat für die Umsetzung des ALIDES-Abkommens und stellt ein mittelamerikanisches Integrationsorgan dar. Die CCAD ist Teil des mittelamerikanischen Integrationssystems SICA *(Sistema de la Integración Centroamericana)*. Auf dem mittelamerikanischen Gipfel von 1999 wurde die Verwaltungstätigkeit des Rates dem neu gegründeten Umweltdepartement von SICA zugeordnet.

Innerhalb des Rahmens der CCAD wurden seit 1994 Anstrengungen unternommen, Mexiko als extraregionalen Partner in die ALIDES zu integrieren. Diese erfolgte auf dem 18. CCAD Treffen 1995 mit der Verabschiedung einer gemeinsamen Erklärung, die unter anderem die Unterstützung des CBM vorsah. Die Präsidenten von Mexiko und den zentralamerikanischen Staaten beschlossen 1996 einen Aktionsplan (Tuxtla II). Sie sprachen sich für die Förderung der nationalen Anstrengungen und der regionalen Kooperation zum nachhaltigen Schutz und der Nutzung der Umwelt aus. Ein prioritäres Feld stellt dabei der Erhalt der Biodiversität dar.

Neben der EU und acht ihrer Mitgliedsländer fördern Kanada, die Schweiz, die USA und Japan bi- und multilaterale Projekte. Der CBM wird durch zahlreiche supranationale Organisationen (UNDP, UNEP, GEF, WB, FIDA, IDB, BCIE, IDB usw.) sowie internationale NGOs (WCS, WRI, WWF, IUCN, CI, FFI usw.) und Stiftungen neben den regionalen, nationalen und lokalen Akteuren unterstützt und finanziert.

Innerhalb der mittelamerikanischen Integrationsbemühungen bildet das Thema Umwelt einen Schwerpunkt und ist weit ausgebaut. Der CBM vereint sektoral wie querschnittsorientiert eine Vielzahl von Akteuren. Der Rio-Prozess und die Biodiversitätskonvention werden institutionell in den mittelamerikanischen Integrationsprozess eingeflochten. Die Umsetzungsfähigkeit und Absicherung des Prozesses wird durch die Vereinbarungen auf höchster Ebene gefördert. Der Prozess wird durch weitere Abkommen, Integrationsorgane und spezielle mittelamerikanische und nationale Arbeitsgruppen unterlegt. Die Umsetzung erfolgt vielerorts mit Hilfe von internationalen und lokalen NGOs unter erheblicher internationaler finanzieller Unterstützung. Handlungsbedarf ist in der organisatorischen Ausstattung sowie in der Projektkoordination und Information zu sehen. Die Integration der Zivilgesellschaft ist in den höheren institutionellen Ebenen nur in beratenden Ansätzen gegeben.

4.3 Die räumliche Entwicklung des CBM als Biodiversitätspolitik

Die zentralen räumlichen Elemente für die Entwicklung des mittelamerikanischen Korridors sind in erster Linie bewaldete Schutzgebiete. In den letzten dreißig Jahren wurden zahlreiche Schutzgebiete ausgewiesen. Mit den Schutzgebieten entstanden auch erste Naturschutzverwaltungen. Die Aufgaben, Ansprüche und Probleme wuchsen schneller, als die Fähigkeiten der Verwaltungen, sie zu lösen.

Eine erfolgreiche Umwelt- und Naturschutzpolitik wurde lange Zeit durch fehlende politische, institutionelle und öffentliche Unterstützung, allgemeine Unwissenheit und eine weit verbreitete Geringschätzung des Waldes verhindert. Die eigene institutionelle Schwäche der Naturschutzbehörden, die geringe finanzielle und personelle Ausstattung, das vielerorts schlecht ausgebildete und gering bezahlte Personal, die Korruption und eine mangelnde Einbeziehung der betroffenen Bevölkerung, erschwerten die Umsetzung einer Naturschutzpolitik zusätzlich.

Bis Ende der siebziger Jahre wurden Schutzgebiete in einem fast ausschließlich nationalen Kontext gesehen. Eine breitere Diskussion über einen regionalen mittelamerikanischen Ansatz begann Anfang der neunziger Jahre (Godoy 1997: 1). Gleichzeitig fanden verstärkte Bemühungen zur Reform der nationalen Schutzgebietssysteme und zum Aufbau des SICAP statt. Einzelne Schutzgebiete und nationale Schutzgebietssysteme wurden punktuell erheblich unterstützt. Auf manche Schutzgebiete fiel ein mehrfacher Geldsegen, andere wurden vergessen. Es entstanden Schutzinseln mit einem hohen Naturschutzniveau neben vergessenen Schutzgebieten und entwaldeten Landschaften (z.B. Guanacaste in Costa Rica).

Die folgende Tabelle 3 zeigt die Schutzgebiete zu Beginn des Jahrhunderts. Es werden weiterhin 286 Gebiete von SICAP und 392 Gebiete durch den CBM für eine Ausweisung als Schutzgebiete unterschiedlicher Kategorien vorgeschlagen. Die Fläche des CBM selbst umfasst 208.314 km^2 (CCAD/Banco Mundial 2000: 7ff.), was 27% der Fläche Zentralamerikas entspricht. Die Gesamtfläche, aus welcher der CBM entwickelt wird, wurde durch die Integration der fünf mexikanischen Provinzen um circa 245.567 km^2 erhöht und beträgt jetzt rund 768.000 km^2.

Mit dem bisherigen (angenommen räumlichen) Umfang des CBM vermutet man, bei erfolgreicher Umsetzung 80-90% der Biodiversität Mittelamerikas erhalten zu können. Dies entspräche einem Anteil von 5,6% bis 6,3% der globalen Biodiversität. Allerdings sind weder alle Arten bekannt noch lässt sich abschätzen, wie viele Arten noch aussterben werden (CCAD/Banco Mundial 2000: 29).

Der geplante räumliche und inhaltliche Umfang des CBM ist ein ambitioniertes Unterfangen. Es findet eine erhebliche Ausweitung des Schutzes statt, der aber erst über die genaue Art und eine flächenscharfe Bestimmung sowie den nationalen Kontext näher zu definieren ist (z.B. Nationalpark, Forstreservat oder Landschaftsschutzgebiet) und wirksam wird.

Während ein gutes Drittel (35%) der Fläche Mittelamerikas bewaldet ist, beträgt der Anteil innerhalb des CBM rund 75% (s. Tab. 4). Auf rund 16% der Fläche des CBMs wird Ackerbau betrieben und rund 3% werden als Weide genutzt. Für die Wälder lässt sich der Nutzungsgrad schwer abschätzen. Um die Ziele des CBM zu realisieren, ist eine Entwicklung der Gebiete innerhalb der Schutzgebiete sowie in den Randzonen in Zusammenarbeit mit den Bewohnern und Bewohnerinnen nötig.

Tab. 3: Ausgewiesene und vorgeschlagene Schutzgebiete im SICAP sowie zusätzlich vom CBM vorgeschlagene Gebiete

Land	Anzahl der ausgewies. Schutzge- biete[1]	Anzahl der vorgeschl. Schutz gebiete SICAP	Anzahl der vorgeschl. Schutz- gebiete CBM[2]	Geschätzte Gesamtflä che (km²)	Anteil an der Lan- desfläche in %
Beli(c)ze	54	23	28	10.575,92	46,06
Costa Rica	117	0	38	16.112,34	31,50
El Salvador	3	122	117	3.721,00	1,79
Guatemala	52	32	135	29.225,00	26,80
Honduras	46	62	38	27.444,00	24,00
México*	29	k. A.	0	38.902,14	16,50
Nicaragua	73	22	10	43.436,00	33,20
Panamá	43	25	26	21.720,85	28,20
Total	**417**	**286**	**392**	**187.788,35**	**24,76**

* Im "Informe Técnico Regional" des CBM (1996) und im "PRODOCTO" (aktualisiert im Nov. 1999) wird die Anzahl der mexikanischen Schutzgebiete auf der Halbinsel Yucatán mit 29 angegeben.

Quelle: [1] McCarthy, Ronald/Salas, Alberto (1999): *Las Áreas Protegidas de Centroamérica.* San José, Costa Rica; UICN/ORMA (Juli 1998, S. 2).

[2] García, Randall (1996): *Proyecto Corredor Biológico Mesoamericano: Informe Técnico Regional (documento borrador).* San José, Costa Rica: September, S. 56.

Zusammenstellung: Mendieta Vargas, Alvaro/Vinocour Vergas, Ana Cristina/Corredor Biológico Mesoamericano (2000): *Del Paseo Pantera a un Modelo de Desarrollo Sostenible. Datos relevantes para una estrategia de comunicación.* CCAD San José, Costa Rica. Übersetzung: Carsten Kolbe.

Tab. 4: Flächennutzung innerhalb des CBM

Vegetationsform/Nutzung	Anteil in %
Laubwald	63,4
Ackerbau	15,8
Koniferen	9,0
waldlos	4,3
Weide	3,3
Mischwald	1,5
Mangroven	1,4
Anderes	1,3

Quelle: CCAD/Banco Mundial (2000: 13). Übersetzung: Carsten Kolbe.

Die Schutzgebiete sollen das Rückgrat des CBM darstellen – gleichzeitig scheinen sie jedoch auch das schwächste Glied zu sein. In Mittelamerika besaßen 1997 je nach Quelle nur zwischen 32,5% (CCAD/Banco Mundial 2000: 14) und 50% der Schutzgebiete eine Vertretung vor Ort. Von den erfassten 470 Schutzgebieten wiesen nur 12% einen Managementplan auf und nur 40 Gebiete besaßen irgendeine Form von Forschungsprogrammen. Rund 270 Schutzgebiete gelten als zu klein, um langfristig ihre Biodiversität erhalten zu können (UNDP/GEF et al. o.J.: 16). Gleichzeitig wurden für rund 70% der Schutzgebiete Konflikte um Landtitel und eine fehlende Demarkierung angegeben. Rund 40% der Schutzgebiete existierten nur auf dem Papier *(paperparks)* und 12 waren durch Waldbrände ernsthaft in ihrem Bestand gefährdet (CCAD/Banco Mundial 2000: 14). Insgesamt sind nur wenige ausgewählte Gebiete in der Lage, einen angemessenen juristischen Rahmen und institutionellen Aufbau für den Schutz der Biodiversität und für die Erzeugung von Gütern und Dienstleistungen, welche die nachhaltige Entwicklung der Region fördern, bereitzustellen (UNDP/GEF et al. o.J.: 16).

Große Defizite lagen außerdem in der Koordination der Gebermittel, dem Austausch von Erfahrungen und Forschungsergebnissen, der intersektoralen Zusammenarbeit und der Vermeidung gegensätzlich wirkender Programme (UNDP/GEF et al. o.J.: 16f.). Viel Arbeit ist dabei noch in der Sicherung und Entwicklung der schon bestehenden Schutzgebiete selber zu leisten. Eine beeindruckende quantitative Ausweitung der Schutzflächen auf dem Papier allein ist noch kein Erfolg, sondern potenziert die Probleme auf höherem Niveau.

Die mittelamerikanischen Staaten sind klein, Schutzgebiete liegen oft in den Grenzräumen. Von den 388 mittelamerikanischen Schutzgebieten sind 36 an den Grenzen gelegen, 21 sind binational und weitere 31 werden als binationale Gebiete im Rahmen des CBM vorgeschlagen (PFA et al. 1997: 29; zit. nach CCAD 2000/Banco Mundial: 30). Binationale Schutzgebiete besitzen oft eine hohe Biodiversität und weisen einen ausgeprägten Endemismus auf (UCR o.J.: 8). Somit sind sie für Schutzvorhaben besonders interessant. Die Zugehörigkeit zu verschiedenen Staaten erschwert jedoch ihre Entwicklung als eine räumliche Einheit.

Der umfassende Ansatz des CBM kann die regionale Integration über staatliche Grenzen hinweg fördern. Dies erfordert eine erhöhte Kooperationsbereitschaft auf unterschiedlichen Ebenen und gemeinsame gesetzliche sowie administrative Grundlagen. Binationale Projekte sind mit dem Risiko behaftet, durch eine unwillige und unkoordinierte Politik Potenziale und

Synergieeffekte zu verlieren (z.B. grenzüberschreitender Tourismus) und als binationale Waldinseln zu enden.

Durch vielfältig veränderte Rahmenbedingungen sind neue Herausforderungen an das Management von bestehenden und zukünftigen Schutzgebieten entstanden:

– Starke Zunahme der touristischen Nutzung von Schutzgebieten im Zuge des allgemeinen Anstiegs der Tourismuszahlen in Zentralamerika (vgl. den Beitrag von Ludwig Ellenberg in diesem Band),
– verstärkte Nutzungsanforderungen von lokalen Gemeinschaften an die Schutzgebiete,
– vermehrte Steuerungs- und Kontrolldefizite durch eine Dezentralisierung staatlicher Aufgaben ohne Herstellung angemessener Strukturen auf lokaler bzw. regionaler Ebene,
– Zunahme der Zahl starker Zyklone und Wirbelstürme (WCPA 2000: 3.)

Die neuen Herausforderungen haben ihre Ursachen aber oft außerhalb der eigentlichen Schutzgebiete. Für die bewohnten Gebiete mit ihren unterschiedlichen Landnutzungsformen erscheinen Konzepte einer integrierten ländlichen Regionalentwicklung mit einer Verzahnung mit anderen Vorhaben sinnvoll, damit der lokale Schutz auch als regionale Chance und nicht ausschließlich als individuelle Einschränkung begriffen wird. Ein lokalregionales Management, welches innerhalb des CBM Koordinationsaufgaben übernimmt, Kompetenzen bündelt und Durchsetzungsfähigkeit steigert, könnte helfen, den Herausforderungen zu begegnen. Das Co-Management scheint ein guter Weg zu sein, lokale Bedürfnisse und Befindlichkeiten zu integrieren. So könnten auf lokaler Ebene neue und traditionelle Nutzungsanforderungen sowie Alternativen (Ökotourismus, Bioprospektion, Nichtholzprodukte usw.) verhandelt und Steuerungs- und Kontrollstrukturen entwickelt werden.

4.4 Neue Chancen durch Co-Management?

Der Begriff Co-Management bedeutet die Zusammenarbeit aller relevanten Akteure *(stakeholders)* im Rahmen einer neuen Naturschutzpolitik und damit auch die Integration der Zivilgesellschaft in vormals zentralstaatlich und autoritär gesteuerte Kompetenzbereiche.

Rund 75 Schutzgebiete wurden Ende der neunziger Jahre in einer partizipativen Weise verwaltet (UCR o.J.: 8). Der Grad der Partizipation, die administrative Integration und die Kompetenzverteilungen sind dabei sehr unterschiedlich. Saravia ermittelt in einer Untersuchung mehr als 100 Fälle eines Co-Managements in Mittelamerika. Es scheint einer der besten Wege zum Erhalt des historischen und natürlichen Erbes zu sein (Saravia 2000: 2ff.).

Ein wesentlicher Faktor für ein erfolgreiches Co-Management bei staatlichen Schutzgebieten ist die Abgabe von zentralstaatlichen Aufgaben im Rahmen einer Dekonzentration, Dezentralisierung (Macht, Finanzen, Personal) und Demokratisierung. Für eine ernsthafte Beteiligung der lokalen Bevölkerung ist der Aufbau von kollektiv-korporatistischen Schutzgebietsvertretungen vor Ort sinnvoll, in denen staatliche Organe, öffentliche Körperschaften (Gemeinden) mit NGOs gleichberechtigt sind. Positive Erfahrungen liegen aus Costa Rica, aber auch Ecuador vor. Es gibt auch Grenzen für ein Co-Management wie fehlende und nicht förderliche gesetzliche Rahmenbedingungen, schwache NGOs, extreme Konfliktlagen oder unwillige Schutzgebietsleiter (Kolbe 2002: 157ff.).

4.5 Die Finanzierung des CBMs

Mit dem Konzept des CBM besteht die Hoffnung, internationale Unterstützung und Fonds zu erhalten. Der CBM wird durch GEF-Mittel, die Weltbank, die Interamerikanische Entwicklungsbank (IDB) und zahlreiche andere internationale Organisationen finanziell und organisatorisch unterstützt. Über nationale Verpflichtungen und regionale Eigenleistungen werden zusätzliche Mittel für den Naturschutz mobilisiert. Durch Synergieeffekte und eine verbesserte Koordination verschiedener Vorhaben können Mittel gespart werden.

Aufgrund der zahlreichen Akteure in unterschiedlichen Ländern ist es schwierig, eine umfassende Schätzung der mobilisierten Ressourcen abzugeben. Viele Projekte befinden sich noch in der Umsetzungs- oder Planungsphase. Die Interamerikanische Entwicklungsbank und die Weltbank haben für ihren Bereich eine Erhebung durchgeführt, welche in der folgenden Abbildung dargestellt ist. Dabei werden Projekte und Vorhaben der technischen Zusammenarbeit unterschieden, die direkt mit den Korridorprojekten zusammenhängen und solche, die nur einen indirekten Bezug aufweisen. Die Karte zeigt die breite räumliche Streuung der Vorhaben.

**Karte 1: Ungefähre Lage der Projekte
im direkten Zusammenhang mit dem CBM**

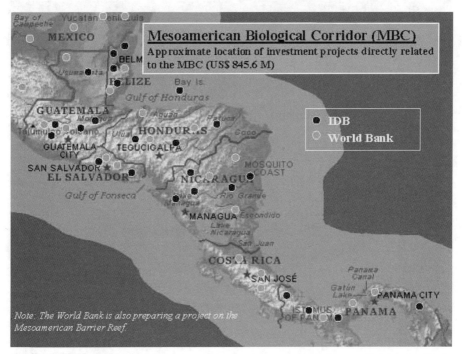

Quelle: WB/IDB (2001: 4).

Die erste Gruppe von Vorhaben weist ein Volumen von 887 Mio. US$ auf. Sie umfasst Projekte einer nachhaltigen Entwicklung in den Bereichen Schutz und Management der Biodiversität von Forstressourcen sowie von Wassereinzugsgebieten, Landnutzungsmanagement und Ökotourismus.

Bei der finanziellen Aufstellung wurden die Projekte berücksichtigt, die eindeutig dem CBM in den beteiligten mexikanischen Bundesstaaten Chiapas, Campeche, Yucatan, Quinatana Roo zugeordnet werden können. Die eher indirekt mit dem CBM verbundenen Vorhaben weisen mit 4,541 Mrd. US$ etwa die fünffache Höhe auf. Sie beziehen sich auf den Agrar-, Transport- und Gesundheits-, Energie- und Infrastruktursektor sowie auf Investitionen im sozialen Bereich. Die Gesamtinvestitionen beider Institutionen liegen bei 5,429 Mrd. US$ (Worldbank 2001: 3ff.).

**Graphik 1: Investitionen nach Sektoren von IDB und WB
in direktem Zusammenhang mit dem CBM (ohne technische Hilfe)**

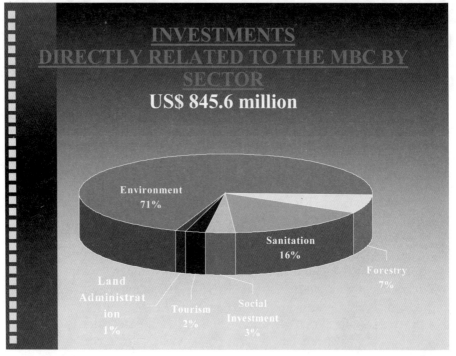

Quelle: WB/IDB (2001: 4).

Eine Studie der *Regional Unit of Technical Assistence* (RUTA) ergab, dass zusätzlich zahlreiche andere bi- und multilateralen Organisationen und internationale NGOs Ausgaben für direkte CBM-Projekte vorsehen. Für die zweite Hälfte des Jahres 2000 betrugen diese rund 361 Mio. US$ (Worldbank 2001: 3ff.).

5. Rückblick und Ausblick

Die Idee des CBM hat sich, beflügelt von der internationalen Entwicklung, schnell von der Basis bis zur höchsten politischen Spitze durchgesetzt. Rückblickend lassen sich aus dem bisher Gesagten folgende Rahmenbedingungen und Einflüsse hervorheben:

– die Erkenntnis über die Grenzen des bisherigen Entwicklungsmodells,
– wachsende Umweltschutzprobleme und steigende Armut,

- die Erkenntnis, dass Biodiversität ein Wirtschafts- und Entwicklungskapital darstellt,
- mangelnde "biodiversitätsunabhängige" Entwicklungsalternativen im Bergbau-, Industrie- und Dienstleistungssektor,
- die Initiative und der Druck aus dem NGO-Bereich für den Pfad des Panthers *(Paseo Pantera)* – eines naturschutzorientierten, biologischen Korridors in Mittelamerika,
- die unbefriedigende Situation der bisherigen Schutzbemühungen/-gebiete,
- ein weitgefasstes Konzept, welches auch für viele wirtschaftliche und soziale Fragen offen ist,
- der Einfluss internationaler Prozesse und internationaler Abkommen mit ihrer regionalen Umsetzung innerhalb der mittelamerikanischen Integrationsbemühungen (Rio-Prozess mit früheren und nachfolgenden Abkommen),
- die erfolgreiche Verankerung des CBM-Konzeptes als mittelamerikanische Aufgabe,
- die Integration in mittelamerikanische Organisationen,
- die Beschlussfassung und politische Legitimation des CBM auf der höchsten mittelamerikanischen Ebene,
- die Erwartung, durch ein Gesamtkonzept zum Erhalt der Biodiversität verbesserte Chancen für weitere internationale Unterstützung zu erhalten.

Es besteht jedoch die Gefahr, durch die inhaltliche und räumliche Ausweitung des Konzeptes des CBMs, bestehende Organisationen zu überfordern und das ursprüngliche Ziel aus den Augen zu verlieren. In der Zukunft kommt es darauf an, die Struktur des CBMs "robuster" zu machen und die Koordinationsleistung und Politikgestaltungsfähigkeit zu erhöhen. Es erscheint wichtig, "Checks and Balances" sowie "Gegenstromprinzipien" innerhalb eines Mehr-Ebenen-Ansatzes zu realisieren. Auf nationaler Ebene bedürfen die verschiedenen Projekte aus den biodiversitätsrelevanten Bereichen kohärenter Rahmenbedingungen und einer Harmonisierung bzw. einer Umwelt- und Raumplanung. Wichtig ist die Integration anderer betroffener raumwirksamer Sektoren wie Landwirtschaft und Bergbau zumindest auf nationalem Niveau, ggf. aber auch auf der Ebene der mittelamerikanischen Umweltminister.

Ein Projekt der GTZ/CCAD/UNDP zielt auf die Stärkung des CCAD durch den Aufbau von Kommunikationsstrukturen und Koordinierungsmechanismen. Bei der Vielzahl unterschiedlicher Vorhaben auf verschiedenen Ebenen ist es außerdem notwendig, regionale Steuerungsmechanismen mit Anreiz- und Regelsystemen (z.B. Konsultationsmechanismen bei Projekten) aufzubauen. Die Weltbank schlägt sektoral ausgerichtete Kommunikationsplattformen für regionale und nationale Projekte unter dem Dach von SICA vor. Dafür müssen die regionalen Organisationen ebenfalls gestärkt und Finanzierungsmechanismen für die Koordinierungsleistung etabliert werden (Worldbank 2001: 6). Für konkrete Fragen der Steuerung sind Erfahrungen aus der Umweltpolitikgestaltung/Regionalfonds der EU sehr interessant.

Das schwächste Glied in der Kette sind jedoch die Schutzgebiete und Schutzgebietssysteme in ihrem jeweiligen nationalen Rahmen und lokalen Kontext. Die vorrangige Aufgabe ist in Anbetracht der rasanten Waldverluste eine Sicherung biodiversitätsrelevanter Gebiete. Die Schutzgebiete und Schutzgebietssysteme können auf zwei Weisen gestärkt werden. Institutionell über die national-regionale Ebene durch Kompetenzzuwachs (Dezentralisation) mit Vorortpräsenz (Dekonzentration) in Verbindung mit einer Aufstockung der Mittel. Eine lokale Stärkung und Akzeptanzverbesserung kann durch neue Formen des Schutzgebietsmanagements, welches die Bevölkerung zu mitverantwortlichen Akteuren macht und an dem Vorteilsausgleich beteiligt, vielerorts erreicht werden. Die Bevölkerung wird dabei ein wichtiger Verbündeter des Naturschutzes. Ihre Organisationen werden gefördert, Nutzungsrechte ausgehandelt und selbststeuernde Prozesse in Gang gebracht. Eine wichtige Aufgabe des CBMs ist aus dieser Sicht, lokale Arenen für die partizipative Integration, Legitimation und Koordination der unterschiedlichen Akteure, Vorhaben und Partner zu schaffen (Demokratisierung). *Best-Practice*-Modelle können auf dieser Ebene ausgetauscht werden. Ein Mehr-Ebenen-Gegenstromprinzip würde Informationen und Beteiligungsansprüche auch von unten nach oben transportieren und einen Beitrag zur Koordination der diversen Akteure von der lokalen bis internationalen Ebene leisten.

Vom CBM gehen neue Impulse für die mittelamerikanische Integration, für eine nachhaltige Form der Regionalentwicklung und für die Entwicklung neuer Leitbilder aus. Das traditionelle Erschließungsmodell mit der Dynamik des Raubbausyndroms erhöht zusammen mit der verstärkt exportorientierten Flächeninanspruchnahme, der Siedlungsausweitung und den neuen Erschließungsmöglichkeiten durch den Friedensprozess den Druck auf die natürlichen Ressourcen. Davon sind insbesondere die Wälder Mittelamerikas betroffen. Der CBM bietet die historisch einmalige Chance zur Entwicklung einer regionalen Biodiversitätspolitik, die dem Subsidiaritätsprinzip folgt. Es gilt die Chance, die Plattform des CCAD bzw. des CBM für eine regionale prozessorientierte Planung zum länderübergreifenden Schutz der Biodiversität zu nutzen und auszubauen. Der CBM hat durch die Berücksichtigung der sozialen und ökonomischen Dimension auf der lokalen Ebene und der Entwicklung eines kohärenten Rahmens auf der nationalen und regionalen Ebene gute Chancen, erfolgreicher als ältere Naturschutzbemühungen zu sein.

Literaturverzeichnis

Aarts, Bram G. W./Nienhuis, Piet H. (1999): Biological Sustainability and Biodiversity. In: *The International Journal of Sustainable Development*, 6.2: 89-102.

BfN (Bundesamt für Naturschutz) (1997): *Biodiversität und Tourismus. Konflikte und Lösungsansätze an den Küsten der Weltmeere*. Berlin/Heidelberg/New York.

BMU (Bundesumweltministerium) (o.J.): *Umweltpolitik. Konferenz der vereinten Nationen für Umwelt und Entwicklung im Juni 1992 in Rio de Janeiro – Dokumente*. Bonn.

Borrini-Feyerabend, Grazia (1996): *Collaborative Management of Protected Areas: Tailoring the Approach to the Context*. <http://www.snvworld.org/cds/rgSFB/Biodiversity/2.2.3/collaborative%20management.pdf> (31.08. 2005).

CCAD (Comisión Centroamericana de Ambiente y Desarrollo) (1997): *Estado del ambiente y recursos naturales en Centroamérica. Borrador para revisión* (mimeo).

— (1998a): *Buscando respuestas: Nuevos arreglos para la gestión de áreas protegidas y del corredor biológico en Centroamérica*. San José, Costa Rica.

— (1998b): Estado del ambiente y los recursos naturales en Centroamérica. San José, Costa Rica.

CCAD (Comisión Centroamericana de Ambiente y Desarrollo)/Banco Mundial (2000): *Corredor Biológico Mesoamericano: del Paseo Pantera a un modelo del desarrollo sostenible. Datos relevantes para una estrategia de comunicación*. San José, Costa Rica.

CELADE (Centro Latinoamericano y Caribeño de Demografía) (1995): *Boletín Demográfico: Latin America: Projection of the Urban-Rural Population, 1970-2025*. Santiago de Chile.

Ellenberg, Ludwig (1999): "Schutz der Biodiversität in Costa Rica durch ihre Nutzung". In: *Geographische Rundschau*, 51.7-8: 408-413.

FAO (Food and Agriculture Organization of the United Nations) (2001): *Global Forest Resources Assessment 2000. Main Report*. Rom.

FLACSO (Facultad Latinoamericana de Ciencias Sociales) (1994): *Cuaderno de ciencias sociales: salud, equidad y capital humano en Centroamérica*. San José, Costa Rica.

Godoy, Juan Carlos (1997): *Resumen hacia el consenso del Sistema Centroamericano de áreas Protegidas*. Guatemala-Stadt.

Janzen, Daniel H. (1986): *Guanacaste National Park: Tropical Ecological and Cultural Restoration*. San José, Costa Rica.

Kolbe, Carsten (2002): *Kooperatives Management von Schutzgebieten in Costa Rica und Ecuador. Naturschutz durch Selbststeuerung?* Berlin.

Korn, Horst (2001): "Das Übereinkommen über die biologische Vielfalt". In: Korn, Horst/ Feit, Ute (Hrsg.): *Treffpunkt Biologische Vielfalt*. Bonn, S. 9-12.

Mather, Alexander, S. (1990): *Global Forest Resources*. Portland, Oregon, USA.

Mendieta Vargas, Álvaro/Vinocour Vergas, Ana Cristina (2000): *El Corredor Biológico Mesoamericano: Del Paseo Pantera a un Modelo de Desarrollo Sostenible. Datos relevantes para una estrategia de comunicación*. CCAD San José, Costa Rica.

OPS (Organización Panamericana de Salud) (1995): *Estado de salud de las Américas*. Washington, D.C.

PFA (Programa Frontera Agrícola) et al. (1997): *Buscando Respuestas: Nuevos arreglos para la gestión de áreas protegidas al corredor biológico en Centroamérica*. San José, Costa Rica.

Saravia, Oscar/Nuñez, Manuel (2000): *El comanejo y la participación de la sociedad civil en las áreas protegidas de Centroamérica*. Guatemala.

Schuh, Hans (1995): "Viel Arten, Wenig Wissen". In: *Die Zeit*, 24. November 1995, S. 52.

SEMA (Secretaria Ejecutiva de Medio Ambiente) (1994): *Estrategia nacional del medio ambiente*. San Salvador, El Salvador.

SINAC (Sistema Nacional de Áreas de Conservación)/MINAE (Ministerio del Ambiente y Energia) (1999): *Sistema Nacional de Áreas de Conservación*. San José, Costa Rica.

UCR (Universidad de Costa Rica) (o.J.): Estado del ambiente centroamericano. <http://www. odd.ucr.ac.cs/doctos/estadodelambiente.htlm#tierra> (Juli 2001).

UNDP (United Nations Development Programme)/GEF (Global Environment Facility) et al. (o.J.): *Establishment of a Programme for the Consolidation of the Mesoamerica Biological Corridor (8RLA/97/G31)*. New York.

US-AID (US Agency for International Development) (1988): *Belize: Tropical Forests, Biological Diversity: Annex to USAID/Belize FY 89-90 Action Plan*. Washington, D.C.

WBGU (Wissenschaftlicher Beirat der Bundesregierung Globale Umweltveränderungen) (2000): *Welt im Wandel. Erhaltung und nachhaltige Nutzung der Biosphäre. Jahresgutachten*. Berlin/Heidelberg/New York.

WCMC (World Conservation Monitoring Centre) (1992): *Global Biodiversity – Status of the Earth's Living Resources*. London.

WCPA (World Commission on Protected Areas) (2000): *Central America*. <http://www. wcpa.nos.noss.gov/region/camerica/camamerica/html> (Juli 2001).

Wilkie James W./Alemán, Eduardo/Ortega, José Guadalupe (2000): *Statistical Abstract of Latin America*, Bd. 36. Los Angeles.

World Bank/Inter-American Development Bank (2001): *The Mesoamerican Biological Corridor as a Vector for Sustainable Development in the Region: The Role of International Financing*. Madrid.

WRI (World Resource Institute) (1999): *World Resources 1998-99*. Washington, D.C.

— (2000): *World Resources 2000-01*. Washington, D.C.

Worldbank (1999): *Northern Belize Biological Corridors Project. Medium-sized Grant Project Brief.*   <http://wbln0018.worldbank.org/MesoAm/UmbpubHP.nsf/0/ 4aac7f55e27d01b0852568260073ef2d/$FILE/Pfbbrie5.doc> (31.08.2005).

— (2000): *Country Brief* (zu allen mittelamerikanischen Ländern). <http://www.worldbank.org/lac/> (Juli-September 2001).

— (2001): *The Mesoamerican Biological Corridor as a Vector for Sustainable Development in the Region: The Role of International Financing, Preliminary Considerations.* Madrid.

Sébastien Hardy/Alain Musset

Zentralamerika:
Naturbedingte Risiken und soziale Verwundbarkeit

1. Einführung

2001 breitete sich eine bislang in dieser Form unbekannte Hungersnot im Herzen Zentralamerikas aus: In Guatemala, Nicaragua, Honduras und El Salvador wurden mehr als eineinhalb Millionen Bauern, Tagelöhner und Landarbeiter durch die Dürre und den Absturz der Kaffeepreise ruiniert. Um überhaupt zu überleben, mussten viele von ihnen betteln. Es war die letzte einer Reihe von Katastrophen, die die als "sensibel" eingestufte Region heimgesucht haben. Tatsächlich bedrohen verschiedene Gefahren die durch Armut und mehrere Jahrzehnte Bürgerkrieg zermürbte Bevölkerung. Im Januar 2001 verursachte ein heftiges Erdbeben den Tod mehrerer hundert Menschen in El Salvador. 1998 verwüstete der Wirbelsturm "Mitch" Nicaragua und Honduras. Wirbelstürme, Überschwemmungen, Dürreperioden, Erdrutsche, Erdbeben, Vulkanausbrüche, Tsunamis machen aus Zentralamerika eine Region voll naturbedingter Risiken.

Wenn man jedes Ereignis in seinen historischen, politischen, wirtschaftlichen und sozialen Kontext einordnet, kann man den zu allgemein verwendeten Begriff "naturbedingtes Risiko" jedoch relativieren. Wie D'Ercole (1991) erläutert, entsteht das Risiko durch die Gegenüberstellung eines unvorhergesehenen Ereignisses (charakterisiert durch die Eintrittsintensität und/oder -frequenz) und eines möglichen Schadens (gekoppelt an das Entwicklungsniveau und die technischen Möglichkeiten einer Gesellschaft). Außerdem reagiert jede gesellschaftliche Gruppe anders hinsichtlich der Wahrnehmung einer Bedrohung, des Krisenmanagements und der individuellen sowie kollektiven Reaktionsfähigkeiten bzw. Handlungsmöglichkeiten.

In Zentralamerika fehlt es den Regierungen gleichermaßen an Mitteln wie an politischem Willen, die Risiken zu verringern; das Ausmaß an ökonomischer Ungleichheit verschlimmert die sozialen Folgen eines Unglücksfalls dann nur. Die Ursachen für die Katastrophen sind darüber hinaus selten monokausal, die Verkettung verschiedener Faktoren vervielfacht wiederum das Risiko für die Bevölkerung:

Im Jahr 1998 kosteten die Schlammlawinen an den Abhängen des Vulkans Casita in Nicaragua mehr als 2.000 Bewohnern das Leben. Sie wurden durch intensive Regenfälle des Wirbelsturms "Mitch" ausgelöst, mit denen sich der Boden vollgesogen hatte. Der Boden war durch Entwaldung und durch für die örtlichen Gegebenheiten unpassende landwirtschaftliche Verfahren erodiert und damit instabil geworden. Die Katastrophe lässt sich also durch eine Hauptursache erklären (außergewöhnliche Niederschläge), deren Auswirkung durch lokale Verhältnisse verstärkt wurden (Hardy 2000). Die von zentralamerikanischen Instituten berechneten Risiken und die entsprechenden staatlichen Maßnahmen berücksichtigen allerdings eher selten diese Verkettung von Ursachen, wodurch sich die Verwundbarkeit der Bevölkerung letztlich noch weiter erhöht.

2. Die unterschiedlichen Bedrohungen

2.1 Tropische Krankheiten

Mit der Region Zentralamerika war sehr lange das Bild von Fiebern, giftigen Tieren und tropischen Krankheiten verbunden. Die katastrophalen Auswirkungen von Malaria und Gelbfieber beim Bau des Panamakanals unter Ferdinand de Lesseps haben viel dazu beigetragen, diesen leidigen Ruf weltweit zu verbreiten. Die Arbeiten am Panamakanal, 1880 von den Franzosen begonnen und zehn Jahre später wieder eingestellt, haben tatsächlich mindestens 20.000 der daran beteiligten Arbeiter und Angestellten das Leben gekostet. Als die USA später, nach Bekanntwerden des Übertragungsweges der Krankheit, das Projekt zu Ende führten, wurde das Ausbaggern des Kanals von einem umfassenden Sanierungsprogramm der Ufersümpfe begleitet. Um die Larven der sich dort vermehrenden Anopheles-Mücken *(Aedes Aegyti)* am Schlüpfen zu hindern, wurde tonnenweise Öl und Kerosin auf den stillen Gewässern verteilt. Gleichzeitig baute man ein Netz von Entwässerungskanälen, um die Gebiete trocken zu legen.

Allen Anstrengungen zum Trotz ist die Malaria aus dem Gebiet nicht verschwunden. Eher im Gegenteil: jetzt plagen neuere, gegenüber den klassischen Malariamitteln resistente Mückenstämme Einheimische und Touristen. 1999 wurden von den panamesischen Gesundheitsbehörden offiziell mehr als 900 Fälle registriert, die Dunkelziffer der erkrankten Personen liegt jedoch sehr viel höher. Zur Zeit beschäftigt eine andere Infektion insbesondere die zentralamerikanischen Küstenbewohner: Das Denguefieber, das durch einen Virus ausgelöst wird, den eine Mücke vom *Aedes*-Typ überträgt. Trotz aller von der panamesischen Regierung ergriffenen Maßnahmen zur Verringerung der Anzahl an Brutstätten (Pfützen, Becken) in urbanen Zentren wurden 1999 fast 3.000 Fälle gemeldet, während es 1993 nur 15 waren.

2.2 Seismische Aktivität

Die Bedrohung durch Erdbeben ist wesentlich gravierender: Zentralamerika liegt in einer Zone, in der fünf Lithosphärenplatten aneinander stoßen. Deren Beweglichkeit und Wechselwirkungen (Überlappung der amerikanischen und pazifischen Platte; Subduktion zwischen der Cocos- und Karibikplatte) bewirken eine spürbare seismische Aktivität. Von Guatemala bis Panama ist die Pazifikküste sehr stark betroffen, während über mögliche Aktivitäten an der Atlantikküste wenig bekannt ist. Dementsprechend hat man die Mechanismen, die am 21. April 1991 zu dem Beben von Limón (7,4 auf der Richter-Skala) in Costa Rica geführt haben, noch nicht endgültig verstanden.

El Salvador befindet sich in einer besonderen Situation, da es von der Subduktion der Cocos-Platte betroffen ist und in einem System geologischer Brüche liegt. Am 13. Januar 2001 stürzte ein starkes Erdbeben (7,5 auf der Richterskala) El Salvador in ein Chaos und kostete Tausende das Leben. In Usulatán wurden mindestens 5.000 Häuser zerstört. Brücken stürzten ein, Straßen wurden abgeschnitten, wodurch die Transport- und Kommunikationswege für Handel und Hilfsaktionen unterbrochen waren. Kirchen, Schulen und Krankenhäuser wurden irreparabel beschädigt. Einen Monat später erschütterte ein neues Beben die Region (6,1 auf der Richterskala) und schürte erneut Angst und Verzweiflung in Gegenden, die bereits durch die ersten Beben stark betroffen waren. Nahezu die Hälfte der Häuser von San Vicente, einer kleinen Stadt 60 km östlich der Hauptstadt, wurden dem Erdboden gleichgemacht.

Seit der Kolonialzeit wurde San Salvador mehrfach von Erdstößen erschüttert: 1575, 1594, 1659, 1671, 1730, 1798, 1839, 1854, 1873, 1917, 1919, 1965, 1986, 2001. Das ist für zentralamerikanische Großstädte nicht ungewöhnlich. Der bekannteste Fall ist sicher Santiago de los Caballeros in Guatemala, das 1773 nach einem schrecklichen Erdbeben von seinen Einwohnern verlassen wurde (Musset 2002). Guatemala-Stadt, die heutige Hauptstadt Guatemalas, ist jedoch der Erdbebenbedrohung durch eine Verlagerung nicht entkommen, denn auch sie wurde durch Beben in den Jahren 1917, 1918 und 1976 in Teilen oder als Ganzes zerstört.

2.3 Regelmäßige Vulkanausbrüche

Das Aufeinandertreffen der Lithosphärenplatten erklärt auch das Auftreten einer Vulkankette, die sich als so genannter Pazifischer Feuerring entlang des Randes der Pazifischen Platte vom Süden Mexikos bis zum Osten Panamas erstreckt. Entlang dieser Linie wurden 582 Vulkane beschrieben, von denen 80 immer noch aktiv sind. Der Vulkan Barú oder Chiriquí im Nordosten Panamas befindet sich am südlichen Ende dieser Kette, die von riesigen Exemplaren wie dem Irazú in Costa Rica (3.432 m) oder dem Tajumulco in Guatemala (4.220 m) beherrscht wird. Auch auf Nicaraguanischem Territorium findet man neun aktive Vulkane, verteilt über 300 Kilometer zwischen der Halbinsel Cosigüina und der Insel Ometepe. Diese Anordnung entspricht einer tiefen Spalte der Erdkruste, nord-westlich/süd-östlich ausgerichtet, die der Topographie der Pazifikküste ihren Stempel aufdrückt.

Während einige nicaraguanische Vulkane (Chonco, Casita, Mombacho u.a.) mehrere zehntausend Jahre alt sind, ist der Cerro Negro erst 1850 entstanden. Durch Anhäufung von Lava und pyroklastischem Gestein ist sein Kegel inzwischen mehr als 400 m hoch. Die immer wiederkehrenden Ausbrüche des Schildvulkans Masaya sind effusiv, die des Cerro Negro dagegen eruptiv und werden von Vulkanologen am meisten gefürchtet. Jedes Mal werden tödliche, glühende Schlackemassen herausgeschleudert. Der Cerro Negro hat noch einmal im Jahr 1999 von sich reden gemacht, als, während sich die Erde bewegte, der Vulkan an einer seiner peripheren Öffnungen ausbrach und sich drei neue Krater am Boden des Hauptkegels bildeten. Mehrere Städte in dieser Gegend (Telica, Chichigalpa, Chinandega, Corinto und Malpaisillo) waren von den Erdstößen betroffen, eines der Krankenhäuser von León musste aufgrund der Schäden geräumt werden.

Der Izalco in El Salvador ist heute 1.965 m hoch, obwohl er erst gegen 1770 entstanden ist. Da er vom Meer aus sehr gut zu sehen und kontinuierlich aktiv ist, hat er den Beinamen "Pazifischer Leuchtturm" erhalten. Die Spuren seines letzten Ausbruchs 1967 sind immer noch an dem großen Lavastrom erkennbar, der bis mitten in die landwirtschaftlich genutzte Ebene hineinreicht. 1917 wurde die Stadt San Salvador Opfer ihres gleichnamigen Vulkans, nachdem sie zuvor mehrfach durch Erdbeben erschüttert worden war. In Costa Rica ziehen jährlich der Poás, Barva, Irazú und der Turrialba mehrere tausend Touristen an, werden aber auch strengstens überwacht. Die letzte große Ausbruchsperiode des Poás war in den Jahren 1952-1954 und der letzte des Irazú ist noch jüngeren Datums: 1963 wurden San José und der größte Teil der Hochebene *Valle Centro* mit mehreren Zentimetern Asche bedeckt.

2.4 Wirbelstürme und ihre Begleiterscheinungen

Auch wenn die schlimmsten Katastrophen durch Vulkanausbrüche und Erdbeben hervorgerufen werden, richten in Zentralamerika jedes Jahr auch Wirbelstürme großen materiellen Schaden an. So wurden 1961 große Teile von Belize City, der Hauptstadt von British Honduras, durch einen heftigen Sturm zerstört. Um die wichtigsten Einrichtungen der Kolonialverwaltung zu schützen, entschieden die Verantwortlichen, die Stadt in das Landesinnere zu verlegen: Belmopan, die heutige Hauptstadt von Belize, ist aus dieser politischen Entscheidung hervorgegangen. Im Jahr 1988 hat der Orkan "Joan" die Stadt Bluefields in Nicaragua fast vollständig vernichtet, eine der Hauptagglomerationen an der karibischen Küste Nicaraguas mit 37.000 Einwohnern (1995). Zu dieser Zeit befand sich Nicaragua mitten im Bürgerkrieg, und die sandinistischen Machthaber unterhielten eher schlechte Beziehungen zu den Ureinwohnern der Region, den Miskitos. Deshalb wurden die Wiederaufbauarbeiten lange Zeit verschleppt, sodass einige Viertel von Bluefields mehrere Jahre einer Geisterstadt ähnelten.

Das wegen intensiver Regenfälle auf der gesamten Landenge bestehende Überschwemmungsrisiko betrifft besonders die Flussläufe, die Wasser zur karibischen Küste führen. Punktuell besonders gefährliche Gegenden in der Pazifikregion wurden jedoch ebenfalls katalogisiert. Es ist die Häufigkeit der Überschwemmungen, die die Pazifik- und Atlantikseite des Isthmus unterscheidet. Die atlantische Seite ist besonders stark den tropischen Stürmen und Orkanen ausgesetzt, die sich aus den erwärmten Wassermassen des Ozeans bilden und regelmäßig die Küsten von Zentralamerika und Mexiko heimsuchen, bevor sie sich an der Ostküste der USA nach Norden bewegen. Man kann deshalb feststellen, dass die Region in diesem Bereich drei Risikofaktoren aufweist:

- Ihre Position im Herzen der nördlichen intertropischen Zone zwischen dem 7° und 20° nördlichen Breitengrad ist durch eine lange Regenzeit gekennzeichnet (von Mai bis Oktober);
- ihre Lage auf dem zentralamerikanischen Isthmus zwischen zwei warmen Ozeanmassen, wo aus dem Atlantik und der Karibik stammende feuchte Winde überwiegen, die an der Miskito-Küste zu erheblichen Niederschlägen führen;

– eine Nord-westlich/Süd-östlich ausgerichtete Bergkette, die das Land
vom Pazifik bis zum Atlantik in vier große Zonen unterteilt und die
orographischen Niederschläge auf dem östlichen Abhang des Landes begünstigt, wo die Regenzeit neun bis zehn Monate dauert (zwischen 2.500
und 5.000 mm Wasser pro Jahr).

3. Die Verwundbarkeit der Bevölkerung

3.1 Die sozialen Bedingungen der Katastrophe

Wenn man verstehen will, wie sich eine potentielle Gefahr in eine Katastrophe für die Bevölkerung verwandeln kann, braucht man nur die Kartographien der naturbedingten Gefahren und die der Bevölkerungsdichte übereinander zu legen. Tatsächlich konzentriert sich die zentralamerikanische Bevölkerung in den Gegenden, wo die seismische und vulkanische Bedrohung
am stärksten ist. Diese Verteilung der Bevölkerung erklärt sich im selben
Maße durch naturbedingte wie durch historische, kulturelle und wirtschaftliche Faktoren, denn seit dem 16. Jahrhundert bauten die Spanier ihre Städte
im Kontakt mit den indigenen Bevölkerungsschichten, die ihnen als Dienst-
boten dienen sollten.

Trotz der jüngsten Versuche, die dem Atlantik zugewandte Seite von Nicaragua aufzuwerten, die erst spät an das Nationalterritorium angegliedert
wurde, lebt und arbeitet der Hauptteil der nicaraguanischen Bevölkerung
immer noch in den Departements auf der pazifischen Seite. Die vier wichtigsten großen Städte liegen in der Nähe von Seen in der Tiefebene: Managua (1.000.000 Einwohner, ohne die Orte an der Peripherie einzurechnen),
León (160.000), Masaya (120.000) und Granada (97.000). Diese Verknüpfung von verschiedenartigen Gefahrenlagen mit der Bevölkerungskonzentration erhöht das Risiko.

Aber die Bevölkerungskonzentration in den gefährlichen Zonen erklärt
nicht alles. Tatsächlich verschärfen – entsprechend der Gleichung: Armut
und unvorhergesehene Ereignisse gleich Verwundbarkeit, – die Unterentwicklung und die sozialen Unterschiede das Risiko und die Schwere der
Folgen von Katastrophen. Deshalb fiel die Bilanz des Wirbelsturms "Mitch"
sehr viel gravierender aus, da Nicaragua nicht die Mittel hatte, um ein solches Ereignis zu bewältigen. Es handelt sich um eines der ärmsten Länder
Lateinamerikas, in dem mehr als 70% der Bevölkerung unterhalb der Armutsgrenze leben. Die Kindersterblichkeitsrate, die die Schwäche eines gesellschaftlichen Systems gut zeigt, beläuft sich auf 52‰. Der von den UN

etablierte Index für das Maß an Entwicklung lag 1999 bei 0,635 – einem der niedrigsten Werte auf dem Subkontinent, zusammen mit Honduras (0,634) und Guatemala (0,626). Der Grad der Grundversorgung ist sehr gering, denn nur 54% der Bevölkerung verfügt über Zugang zu Trinkwasser. Regelmäßig thematisiert die nationale Presse die von den Ratten verursachten Schäden, von denen es auf wilden Müllkippen, in Slum-Vierteln der Großstädte und in bestimmten ländlichen Gebieten nur so wimmelt und wo keine Mittel zu ihrer Bekämpfung vorhanden sind. Der Zyklon wurde zum Ursprung eines Teufelskreises: In ihren notdürftigen Lebensumständen war die Bevölkerung besonders angreifbar und die durch den Zyklon hinterlassene Zerstörung führte wiederum zur weiteren Verarmung vieler Menschen.[1]

Ähnlich war die Wirkung der Erdbeben 2001 in El Salvador: Wie ein Peitschenhieb trafen sie die salvadorianische Bevölkerung, die sich nach einer längeren Wachstumsphase nach Ende des langjährigen Bürgerkriegs nun in einer wirtschaftlichen Rezession befand. In diesem Land, das durch die Kämpfe ruiniert wurde und wo Kriminalität zum täglichen Leben gehört, sind die wichtigsten sozioökonomischen Indikatoren noch immer im roten Bereich: Die Kindersterblichkeitsrate liegt bei 32‰ (gegenüber 12‰ in Costa Rica); der Entwicklungsindex liegt bei 0,701 (in Kanada liegt der Vergleichswert bei 0,935); 18,7% Analphabetismus; mindestens 70% der Bevölkerung befinden sich unter der offiziellen Armutsgrenze. Diese Durchschnittswerte kaschieren allerdings nicht nur die starken Kontraste zwischen Stadt- und Landbevölkerung (54% der Gesamtbevölkerung), sondern auch zwischen den Schichten, die am Wirtschaftswachstum Teil hatten, und denen, an denen dieses vorbeiging. Es ist also kein Zufall, wenn die salvadorianische Zeitung *El Diario de Hoy*, am 15. Januar 2001 ihren Lesern gegenüber bemerkt, dass "die armen Einwohner San Salvadors durch das Erdbeben am meisten betroffen waren".

3.2 Die politischen Rivalitäten

Das Ende der Bürgerkriege war nicht gleichbedeutend mit einem Ende der inneren Spannungen, die das politische Leben vieler zentralamerikanischer Staaten prägen. Bis heute verhindern sie manchmal, dass notwendige Entscheidungen getroffen werden. So erklärt sich in Nicaragua größtenteils aus

---

1 Im August 1999 machte der Minister für Industrie und Handel für das wachsende Außenhandelsdefizit gleichermaßen die weltweiten Kurseinbrüche wie den nationalen Produktionsrückgang, verursacht direkt oder weniger direkt durch den Wirbelsturm, verantwortlich.

der Rivalität zwischen einer rechtskonservativen Regierung von Präsident Arvoldo Alemán (1997-2001) und einer sandinistischen Armee, dass der Präsident trotz der enormen Schäden nach dem Hurrikan "Mitch" zu zögern schien, den Ausnahmezustand auszurufen. Tatsächlich wollte in dem vom Bürgerkrieg traumatisierten Land die konservative Regierung dem Militär nicht freie Hand lassen. Letzteres wurde zum Teil nach wie vor verdächtigt, nach dem Fall der Berliner Mauer und der Wahlniederlage der Sandinisten, in Nicaragua eine Diktatur des Proletariats einrichten zu wollen. Die schlechte Abstimmung zwischen ziviler Verwaltung und Militär wurde auch von den Experten der Panamerikanischen Gesundheitsorganisation auf der Konferenz 1999 in Santo Domingo heftig kritisiert, die zur Auswertung der Erfahrungen aus den Hurrikanen "George" und "Mitch" organisiert wurde.

Nichtsdestotrotz haben die Erfahrungen mit "Mitch" nicht ausgereicht, um die politische Rivalität einzudämmen, die sich häufig als gefährlicher erweist als die Naturkatastrophen selbst: In El Salvador haben die politischen Kämpfe zwischen dem Präsidenten aus dem rechten Lager, Francisco Flores, und einer linken Opposition, die aus der ehemaligen Guerilla hervorgegangen ist, das Chaos nur erhöht und die Einrichtungen behindert, die sich um die Folgen des Erdbebens im Januar/Februar 2001 kümmern sollten. So kam es, dass die den ehemaligen Mitstreitern des FMLN (*Frente Farabundo Marti de Liberación Nacional*) feindlich gesonnene Armee nur widerwillig und gezwungenermaßen mit dem *Comité de emergencia municipal* (Städtisches Notfallkomitee) von San Salvador zusammengearbeitet hat, dessen Bürgermeister Héctor Silva eines der einflussreichsten Mitglieder des FMLN war. Probleme der gleichen Art behindern ebenfalls chronisch die Arbeit von Einrichtungen in Honduras, da der nationale Notstandsrat COPEN *(Consejo Permanente de Emergencia Nacional)* 1973 auf Initiative der sich damals an der Macht befindenden Militärregierung nur deshalb gegründet wurde, um dieser eine größere Rolle im Zivilleben zu gestatten. Die Rückkehr zur formalen Demokratie zu Beginn der 1980er Jahre hat eine Reform des Systems mit sich gebracht, und die COPEN ist zur *Comisión Permanente de Contingencias* (COPECO) geworden, aber die Hauptorganisation der Bauern lehnt jede Teilnahme an Aktivitäten der COPECO mit dem Argument ab, dass es sich bei dieser Kommission nur um ein Spielzeug des traditionellen honduranischen *Establishments* handele.

Selbst in Staaten, die in dem Ruf stehen, im Demokratisierungsprozess schon weiter fortgeschritten zu sein, darf man das politische Misstrauen nicht unterschätzen. So haben in Costa Rica Korruptionsfälle in Guancaste zu deutlichen Protesten der Bevölkerung geführt. Während der Jahre 1982 und 1983 hatte diese Region unter einer massiven Dürreperiode zu leiden, die zu enormen Ernteverlusten geführt hatte. Im Namen der nationalen Solidarität wurde vom Präsidenten entschieden, dass über das nationale Nothilfekomitee Gelder in die Region geleitet werden sollten. 1985 wurde bemerkt, dass fast drei Millionen US Dollar veruntreut worden waren. 1986 wurde der ehemalige Präsident Luis Alberto Monge (1982-1986) deshalb angeklagt. Diese Angelegenheit hat das nationale Nothilfekomitee sowie sein Katastrophenmanagement in Misskredit gebracht.

4. Antworten der Gesellschaft und der Politik

4.1 Die staatlichen Einrichtungen

Da sich alle zentralamerikanischen Staaten der latenten Bedrohung durch naturbedingte Risiken und der damit verbundenen Katastrophen in der Region bewusst sind, haben sie versucht, Mittel dafür zur Verfügung zu stellen: Es wurde ein Gefahrenkatalog erarbeitet und ein Maßnahmenregister erstellt, damit nach einer Katastrophe die Folgen verringert werden können. So wurde 1969 infolge der großen Schäden durch den Orkan "Francelia" der *Comité Nacional de Emergencia* (CONE) in Guatemala gegründet. Umgewandelt in die *Comisión Nacional de Reducción de Desastres* (CONRED) ist es der Kern des Systems, das seit 1994 für Katastrophenalarm und Katastrophenschutz zuständig ist: der *Sistema Nacional de Reducción de Desastres* (SINRED). Eines der Ziele von CONRED ist es, die Einwohner (insbesondere die Frauen) über die Risiken zu informieren, denen sie ausgesetzt sind und sie auf den Notfall vorzubereiten. Auch wenn die Absicht des zivilen Katastrophenschutzes lobenswert ist, sind die Mittel, die der Staat dafür zur Verfügung stellt, nicht ausreichend, um die Schäden zu verringern. Das konnte man 1998 sehen, als der Hurrikan "Mitch" zahlreiche Opfer in den Slum-Vierteln der guatemaltekischen Hauptstadt forderte.

In El Salvador ist der *Comité Nacional de Emergencia* (COEN) seit 1976 für die Koordinierung der Maßnahmen bei einer Naturkatastrophe zuständig, aber sein Vorgehen wurde bei allen Katastrophen, die das Land seitdem erlebt hat, stark kritisiert. Das direkte Eingreifen externer Entwicklungsagenturen war notwendig, um eine neue Organisation, den *Comité Técnico Interinstitucional* (COTIDE), einzurichten. Dessen Aufgabe ist es sicherzustellen, dass die langfristigen Maßnahmen zur Risikoverringerung und besseren Organisation der Hilfe im Katastrophenfall konsequenter umgesetzt werden.

Auch wenn sie sich weniger bedroht fühlen als ihre Nachbarn, haben Panama und Costa Rica zwei Instrumente zur Prävention und zum Eingreifen entwickelt: die *Comisión Nacional de Emergencia* (CNE) in Costa Rica und den *Sistema nacional de protección civil* (SINAPROC) in Panama.[2]

Zweifellos ist es jedoch das nicaraguanische System des Katastrophenmanagements, das die Widersprüche und Spaltungen der zentralamerikanischen Gesellschaften am besten widerspiegelt. Die technischen, administrativen und politischen Hürden, die die Verbesserung und Hilfe behindern, sind darauf zurückzuführen, dass verschiedene Organisationen von Regierungen gegründet wurden, deren maßgebliche Führer sich über ein Vierteljahrhundert mit Waffen bekämpft haben (Musset 2002). Das wichtigste Zentrum für die Erarbeitung von Studien und Beratung, das *Nicaraguanische Institut für Territoriale Studien* (INETER) wurde 1981 auf Initiative der Sandinisten gegründet, die gerade die Diktatur des Somoza-Clans gestürzt hatten. Ursprünglich war es im Rahmen der vom Sozialismus inspirierten Politik seine Aufgabe, die natürlichen Ressourcen des Landes zu erfassen und zu klassifizieren, um eine Bodenreform durchzuführen. Seit 1991 untersteht es dem Ministerium für Bauwesen und Transport und ist in mehrere Aufgabenbereiche unterteilt, die in fast alle Geowissenschaften hineinreicht: Geodäsie und Kartographie, Meteorologie, hydraulische Ressourcen, Geophysik und eher nebenbei, die Bodenreform. Die Ausrichtung des Instituts wurde unter der liberalen Regierung von Violeta Chamorro verändert, die 1990 zur Präsidentin der Republik gewählt wurde.

Der INETER ist in wesentlichen Punkten direkt in die Prävention naturbedingter Risiken oder Georisiken mit eingebunden: Seismologie und Vulkanologie werden unter der Leitung der Geophysik betrieben. Das Überschwemmungsrisiko im Zusammenhang mit intensiven Niederschlägen zu untersuchen, gehört zu den Aufgaben der Abteilung Meteorologie und hydraulische Ressourcen. Über das gesamte Land sind Überwachungsstationen verstreut, die permanent die Bewegungen des Bodens und die Entwicklung

---

2 Diese Organe haben im Allgemeinen die Aufgabe, die Handlungen der verschiedenen Institutionen zu koordinieren, die im Risikomanagement eingebunden sind und deren Zersplitterung die Ineffizienz verschärft. So haben in Panama, auch ohne die universitären Forschungseinheiten mitzuzählen, elf Regierungsinstanzen mehr oder weniger Kompetenzen bei der Prävention oder dem Umgang mit Katastrophen (Herrera 1991), vom Bauministerium (Aufrechterhaltung der Kommunikationswege im Fall von Erdbeben etc.) bis hin zum *Instituto de Acueductos y Alcantarillados Nacionales* (Schutz der Wasserressourcen), über das *Instituto Nacional de Recursos Naturales Renovables* (Dürreperioden, Überschwemmungen, Hurrikane, Erdrutsche).

der Luftmassen untersuchen. Insgesamt kontrolliert die Abteilung für Meteorologie nahezu 300 solcher Überwachungsstationen.

Eine der Hauptaufgaben des INETER besteht darin, die Naturgefahren zu kartographieren und Pläne zu zeichnen, aus denen sich die Risiken in einzelnen Gebieten ablesen lassen. Eine Gruppe von Forschern und Technikern, die auf die Untersuchung von Katastrophen spezialisiert ist, arbeitet direkt mit dem Nationalen Komitee des Zivilschutzes zusammen, um die sensiblen Zonen festzulegen und Alarm zu geben, wenn für die Bevölkerung Gefahr besteht. Dank ihrer Analysen hat der Zivilschutz 57 von 147 nicaraguanischen Städten identifizieren können, die durch die Kombination aus großer Gefährdung und besonderer Fragilität ein erhöhtes Maß an Verwundbarkeit aufweisen.

Für den Katastrophenschutz wurde vom Staat das Nationale System des Zivilschutzes eingerichtet, damit es die Empfehlungen von INETER umsetzt. Eine solche Organisation war notwendig, aber sie funktioniert alles andere als reibungsfrei. Infolge des Erdbebens 1972 gründete das Somoza-Regime 1976 das "Nationale Institut für Zivilschutz", das vom *Comité de Emergencia Nacional* abhing, das wiederum direkt an den Präsidenten der Republik angebunden war. Sorgfältig darauf bedacht, sich von der Politik des ehemaligen Diktators abzusetzen, gründeten die Sandinisten 1982 ihre eigene Organisation, den "Generalstab des Zivilschutzes", dessen Hauptziel es war, die voraussichtlichen Bedürfnisse der Bevölkerung zu erkennen und im Katastrophenfall Hilfe zu organisieren.

Die Philosophie des seit 1990 bestehenden "Nationalen Systems zum Zivilschutz" stützt sich auf einen sehr aktuellen Ansatz beim Begriff des naturbedingten Risikos. Es geht nicht mehr nur um Hilfe im Anschluss an eine Katastrophe, sondern vor allem darum, die Verwundbarkeit der Bevölkerung zu verringern, indem gefährdete Regionen überwacht werden, die lokale Infrastruktur verbessert wird und Zentren zur Überwachung und zum Eingreifen eingerichtet werden. Mit Blick darauf wurden zum besseren Schutz gegen Orkane drei Radiostationen auf der atlantischen Seite eingerichtet und mit Lokalsendern des Zivilschutzes verbunden. Genauso wurden mit Hilfe des INETER entsprechend verschiedener Bedrohungsszenarien 35 Notfallpläne entwickelt, deren Mehrzahl (30) die bevölkerungsreiche Küstenregion betrifft.

In der Theorie soll das System verwaltungsübergreifend funktionieren, die institutionellen Schwerfälligkeiten umgehen und die für die nicaraguanische Bevölkerung gefährlichen politischen Rivalitäten auf ein Minimum reduzieren, indem der Staat seine Verantwortlichkeit mit der Bevölkerung und den lokalen Autoritäten teilt. Der Zivilschutz ist dementsprechend auf fünf Ebenen organisiert, von der nationalen Ebene bis zur lokalen (städtische Viertel, ländliche Gemeinschaften etc.) über die klassische Hierarchie der Regionen, der Departements und der Stadtverwaltungen. Diese sehr pyramidale Struktur erinnert an die sozialistische Organisation unter der Regierung der Sandinisten in den 1980er Jahren. Auf der untersten Ebene steht ein lokales Zivilschutzkomitee aus Freiwilligen, die sich ehrenamtlich für das Wohl ihrer Mitbürger engagieren und dessen Präsident als "community leader (barrio)" fungiert.

Außerdem wurden bis 1999 360 Brigaden zum Zivilschutz gegründet, in denen mehr als 2.700 Brigadisten in Uniform organisiert waren, die auf verschiedene Mannschaften verteilt wurden: Erste Hilfe-, Brand- (bzw. Feuerwehr-), Such- und Rettungstrupps sowie Evakuierung. Aber das Vokabular ist niemals neutral: "Brigaden", "Brigadisten", "Zivilschutz", "dirigente de barrio" führen direkt oder indirekt zur Ideologie und Rhetorik der Sandinistischen Nationalen Befreiungsfront zurück. Es muss dann nicht verwundern, dass bei Ausrufung des Notstands durch den Staatschef die Armee die Leitung des Zivilschutzes übernimmt, also mit Planung, Organisation, der Steuerung und Kontrolle der Maßnahmen zur Prävention von Katastrophen, aber auch mit dem Eingreifen im Fall einer Naturkatastrophe, betraut ist. Seit 1990 musste sich nun eine konservative Regierung mit zumeist linken Streitkräften arrangieren, deren einflussreichste Mitglieder sich immer noch als Erben von Sandino sahen.

4.2 Die regionalen Einrichtungen

Wenn man die Probleme auf zentralamerikanischer Ebene behandelt, sind die Rivalitäten nicht geringer als auf nationalem Niveau. Mehrere Jahrzehnte Bürgerkrieg und zwischenstaatliche Konfrontationen haben die Bildung eines regionalen Überwachungs- und Präventionssystems für Naturkatastrophen nicht gerade begünstigt. Auch wenn Vulkanausbrüche und Erdbeben in der Regel lokal begrenzte Ereignisse sind, scheren sich zumindest die Hurrikane nicht um Grenzen: "Mitch" hat es ganz klar gezeigt, indem Nicaragua, Honduras und Guatemala gleichermaßen verwüstet wurden. Alter nationalistischer Groll, politisches Misstrauen, wirtschaftliche Spannungen und Grenzstreitigkeiten haben lange Zeit den Prozess der regionalen Integration verzögert oder behindert, wodurch die Bemühungen um Zusammenarbeit auf symbolische Gesten beschränkt bleiben.

Erst 1990 wurde in San José (Costa Rica) der *Centro Regional de Documentación de Desastres* (CDD) gegründet. Weder Zeitpunkt noch Ort sind zufällig: Costa Rica ist das einzige Land der Region, das trotz der Turbulenzen in der Nachbarschaft nie in die Unruhen durch Guerillas oder Diktaturen hineingezogen wurde. Außerdem war 1990 das Jahr, in dem allmählich die bewaffneten Kämpfe in Guatemala und El Salvador zu Ende gingen, und in Nicaragua bei freien Wahlen die rechte Opposition gewonnen hat. Die Milderung der Spannungen und die Suche nach neuen Entwicklungswegen haben eine wirtschaftliche und politische Annäherung der Völker auf der Landenge begünstigt. Dadurch wurde es auch leichter, sich auf regionalem Niveau mit Problemen zu beschäftigen, die vorher bestenfalls als nationale Angelegenheit behandelt wurden. Und schließlich hat die UNO 1990 das beginnende Jahrzehnt der Verringerung der Folgen von Naturkatastrophen gewidmet und ein Programm begonnen, in dem der Zusammenhang zwischen Georisiken und Verwundbarkeit anerkannt wird.

Zuerst bestand die Funktion des CDD darin, allen lateinamerikanischen Staaten und spezialisierten Institutionen die technische Dokumentation über die Katastrophen zur Verfügung zu stellen. Schritt für Schritt hat sich sein Kompetenzbereich dahingehend erweitert, regionale Zentren für Studien und Dokumentation und ein regionales Informationssystem über Katastrophen zu entwickeln. 1997 wurde es in den *Centro Regional de Información sobre Desastres para América y el Caribe* (CRID) umgewandelt und fasste mehrere regionale Institutionen (die *Comisión Nacional de Emergencia de Costa Rica* oder den *Centro de Prevención de Desastres Naturales en América Central*), aber auch weltweit präsente NGOs (Ärzte ohne Grenzen, Rotes Kreuz) sowie auch an überregionale Organisationen gebundene Organe (Panamerikanische Gesundheitsorganisation, Abteilung der UNO für humanitäre Fragen) zusammen. Paradoxerweise wurde die Bevölkerung trotz Einrichtungen wie dem CRID so schlecht wie immer über die sie bedrohenden Naturgefahren informiert, da die Informationen sie zu selten erreichten. Im Bereich der Prävention müssen noch viele Anstrengungen unternommen werden, auch wenn dieser Aspekt bereits auf zentralamerikanischer Ebene mit einbezogen wurde.

Auf Initiative der zentralamerikanischen Präsidenten wurde 1994 das *Centro de Prevención de Desastres Naturales en América Central* (CEPREDENAC) gegründet, um die Präventionsmaßnahmen der verschiedenen regionalen Organe zu koordinieren. Diese 1995 von sechs nationalen Parlamenten (Belize nimmt am Programm aus historischen, politischen und kulturellen Gründen nicht teil) ratifizierte Entscheidung ist ein weiterer Schritt in dem seit 1990 laufenden Prozess der regionalen Integration. Auch wenn die Vereinbarungen der Länder am Isthmus sich sehr oft auf den Austausch von Informationen und Dokumentationen beschränken, entsprechen sie dem sichtbaren Willen, die Probleme auf übergeordneter Ebene zu behandeln. So wurde 1999 ein neues Programm zur Katastrophenprävention auf den Weg gebracht, das vom CEPREDENAC koordiniert und von der *Interamerikanischen Entwicklungsbank* (IADB) in Höhe von 1 Mio US$ finanziert wird.

Wenn man jedoch die geplanten Maßnahmen zur Begrenzung der Auswirkungen der Katastrophen in ihrer Gesamtheit betrachtet, dann fällt auf, dass es sich vor allem um technische Maßnahmen handelt: im Vorfeld Verbesserung der Kenntnisse, Kartographierung der Risiken, Entwicklung von Notfallplänen, Verbreitung der Information über naturbedingte Risiken; im Nachhinein Verbesserung der Koordination der Hilfsorganisationen usw. Letztlich ist jedoch nichts in Angriff genommen worden, um die Hauptursache der großen Verwundbarkeit der lokalen Bevölkerungen zu bekämpfen: die Unterentwicklung, oder um eine berühmt gewordene Formulierung aufzugreifen, "die Fehlentwicklung", die alle Länder Lateinamerikas kennzeichnet.

4.3 Das zunehmende Gewicht der Zivilgesellschaft

Auf perverse Weise erhöhen die Hilfsprogramme in Zentralamerika nur die Abhängigkeit der Länder von außen, indem die Regierungen versuchen, sich eines Teils ihrer Verantwortung zu entledigen und auf humanitäre Organisationen oder internationale Instanzen abzuwälzen. Zunehmend ersetzen die lokalen oder transnationalen Nichtregierungsorganisationen (NGOs) ineffiziente staatliche Institutionen, die von den Ereignissen überrollt werden oder korrupt sind. In Guatemala wurde die *Asociación Guatemalteca para Emergencias* (AGE) gegründet, die eine Antwort auf die naturbedingten Risiken finden sollte, aber die mächtige *Coordinadora Nacional Indígena y Campesina* (CONIC) greift im Fall einer Krise ebenfalls ein. In El Salvador, erledigt der *Centro de Protección para Desastres* (CEPRODE) einen großen Teil der Arbeit, für die offiziell das nationale Notfallkomitee *(Comité Nacional de Emergencia)* zuständig ist. In diesem Zusammenhang spielen auch die religiösen Institutionen eine wichtige Rolle bei der gefährdeten Bevölkerung. Das gilt für die *Caritas* der katholischen Kirche, aber es gibt auch eine ganze Reihe Vereine, die mit der evangelischen Kirche verbunden sind wie die

Comisión de Acción Social Menonita (CASM), die in Honduras mehrere Programme zu Prävention und Krisenmanagement bei naturbedingten Risiken entwickelt hat.

Diese Tendenz ist insbesondere in Nicaragua heikel, wo, angesichts des Rückzugs des Staates, die Zivilgesellschaft immer autonomer für sich selbst sorgt mit Hilfe von NGOs, Gewerkschaften, Unternehmen, Verbänden, Genossenschaften etc. Der Wirbelsturm "Mitch" hat diesen Gruppen ihre Bedeutung für den Wiederaufbau des Landes unabhängig von ihrer Größe, ihrer Gefolgschaft, ihrer finanziellen Mittel oder ihrer ursprünglichen Ziele bewusst gemacht. Am Morgen nach der Katastrophe versammelten sich ca. 320 Organisationen im Rahmen einer zivilen Koordination, die sich zum Ziel gesetzt hatten, den Einsatz aller Teilnehmer aufeinander abzustimmen und die Defizite des Staates bei der Organisation von Hilfe und der Erarbeitung von Wiederaufbauprogrammen auszugleichen.

Im November 1998 hat die Regierung Honduras' nach dem Durchzug von "Mitch" das Exekutivdekret Nr. 0036-98 erlassen, das der Zivilgesellschaft (Handelskammer, Rotes Kreuz, Kirchen, Verbände etc.) die Teilnahme an städtischen Unternehmen erlaubt. In Wirklichkeit handelte es sich um Tegucigalpas' Eingeständnis seines Unvermögens, die Katastrophe zu bewältigen. Im Nordosten des Landes, im armen und historisch isolierten Departement Colón, hat sich der partizipative Ansatz als am wirksamsten gezeigt, und wirft damit die traditionellen Politikschemata über den Haufen. Unmittelbar nach dem Orkan "Mitch" haben die lokalen Notfallkomitees (CODEL), die gemeinsam von Verantwortlichen aus Politik und zivilgesellschaftlichen Organisationen gesteuert werden, sehr wirksam auf die Situation reagiert. Die Aufgaben wurden zwischen verschiedenen Kommissionen (Hilfe, Gesundheit, Infrastruktur etc.) aufgeteilt. Man schätzt heute, dass es der Einbindung der Zivilgesellschaft zu verdanken ist, wenn 97% des Hilfsfonds die Opfer erreicht haben (Falla 2000: 36).

Die Erfahrung der Co-Steuerung hat sich als so wirkungsvoll herausgestellt, dass sie nach der Katastrophe weitergeführt wurde. Die Kräfte im Departement haben sich miteinander verbündet, um die Hänge wieder aufzuforsten, Drainage-Systeme für das Regenwasser zu schaffen und Präventionskampagnen durchzuführen. Dieses Beispiel zeigt, dass in Honduras sowie auch im Rest Zentralamerikas neue Modelle für Zusammenarbeit und Koordinierung zwischen lokalen Regierungen, der Zentralregierung und der Bevölkerung existieren, um die Verwundbarkeit in ihrer Gesamtheit zu reduzieren. Trotzdem läuft die Auseinandersetzung zwischen unterschiedlichen Interessenvertretern in der "großen Politik" beim Risikomanagement meistens darauf hinaus, dass das Allgemeinwohl nur in sehr geringem Maß berücksichtigt wird.

4.4 Die naturbedingten Risiken und die Komplexität gesellschaftlicher Zusammenhänge: der Fall Managua

Das Beispiel Managua (Nicaragua) ist in dieser Hinsicht besonders bezeichnend. Die Stadt führte im April 2000 und Juli 2001 mehrere Umfragen durch, die zeigen, dass von den für diese Agglomeration bestehenden Georisiken nur das seismische als solches deutlich wahrgenommen wird. Es überdeckt tendenziell die zum Teil häufiger auftretenden anderen Risiken wie Überschwemmungen bis zu dem Punkt, dass das städtische Programm über Naturkatastrophen mit dem Titel *Managua, ciudad más vulnerable* sich fast ausschließlich mit dem seismischen Risiko befasst. Und dies, obwohl Managua über etwas mehr als ein Jahrhundert mindestens 13 schwere Überschwemmungen erlebt hat und nur zwei zerstörerische Erdbeben. Dazu muss man zweierlei wissen:

– In Managua ist vor allem die Bevölkerung, die sich entlang des Sees in niedrigen und sumpfartigen Zonen angesiedelt hat, von Überschwemmungen bedroht. Sie ist extrem arm und ausgegrenzt. Die Akzeptanz des Risikos erklärt sich durch die Existenz ausgleichender Vorteile, die aufgrund des Fehlens von Arbeit eine Ansiedlung in einer vulnerablen Lage bietet. Die Bevölkerung kann entlang des Sees Früchte und Gemüse für den Eigenbedarf oder den Verkauf anbauen. Die naturbedingten Risiken werden hier als weniger drängend angesehen als andere, so genannte gesellschaftliche Risiken wie Armut und Arbeitslosigkeit.

– Außerdem ist es seit der Massenbewegung von 1976 den wohlhabenderen Schichten von Managua gelungen, sich dem Überschwemmungsrisiko zu entziehen: Sie haben sich in den am höchsten gelegenen Zonen der Stadt niedergelassen und um ihre Viertel herum ein Drainagenetz gebaut, so dass die am stärksten bedrohten Plätze den Armen überlassen bleiben. Aber, so paradox es ist, sie sind dafür dort den Erdbeben stärker ausgesetzt als die arme Bevölkerung. Angesichts des geringen Kenntnisstandes in Managua über die seismische Zonifikation (mindestens zehn Brüche durchqueren die Stadt) sind ihre massiv gebauten Häuser wesentlich stärker durch Erdbeben gefährdet als die Behausungen in den Armutsvierteln mit Sperrholzwänden und Blechdächern. Sie sind in jedem Fall fähig, Druck auf den Stadtrat auszuüben, was den Focus des städtischen Programms auf die Erdbebengefahr erklärt. Um die Verwundbarkeit der zentralamerikanischen Gesellschaft zu verstehen, ist es daher unverzichtbar, sich intensiver mit der sozialen Verteilung von Risiken auf die verschiedenen Akteure und deren Beziehungen zu den Naturkatastrophen zu beschäftigen.

5. Schlussfolgerungen

In Zentralamerika werden die auftretenden Katastrophen selten mit Blick auf ihre Wechselwirkungen untersucht oder behandelt. Zudem führt die Wahrnehmung der naturbedingten Risiken durch die Bevölkerung zu individuellen oder kollektiven Verhaltensweisen, die den Gefährdungsgrad verschiedener gesellschaftlicher Gruppen erhöhen können. Laut Umfrage durch das Meinungsforschungsinstitut Gallup vor dem zweiten Erdbeben am 14. Februar 2001 dachten 36% der Salvadorianer, solche Katastrophen seien Ausdruck göttlichen Zorns. Wie erwartet unterschieden sich die Antworten je nach Bildungsstand erheblich: 50% der Befragten waren über die Grundschule nicht hinausgekommen, nur knapp 14% gehörten zu den Privilegierten, die an der Universität Vorlesungen gehört hatten.

Paradoxerweise blieb die Umfrage, an der 1.212 Haushalte teilnahmen, die in den am stärksten von den Katastrophen betroffenen Zonen lagen, im üblichen politischen und kulturellen Rahmen und benannte zwei mögliche Hauptursachen für die Katastrophe: Gott oder die Natur, wobei der Akteur vergessen wurde, der am stärksten in dieser Art von Phänomen mit einbezogen ist – der Mensch. Selbst in ihrer Konzeption reproduzierte die Umfrage also nur traditionelle Schemata, vergessend, dass in den stark zersplitterten Gesellschaften wie in Zentralamerika nicht die Naturgefahren die Hauptursache der Katastrophen sind, sondern das schlechte Risikomanagement durch die Bevölkerung und die politisch Verantwortlichen.

(Übersetzung: Friederike Wendel)

Literaturverzeichnis

Ohne Autor (1997): *Diagnostic préalable aux plans d'action en Amérique centrale et dans les Caraïbes*. Bruxelles: DIPECHO.

Falla, Ricardo (2000): *Post-Mitch, una historia no contada*. Ed. Envio. Managua: Uca.

Delhom, Joël/Musset, Alain (2000): *Nicaragua, dans l'œil du cyclone*. Paris: Iheal-Ihnca.

D'Ercole, Robert (1991): *Vulnérabilité des populations face au risque volcanique. Le cas de la région du volcan Cotopaxi (Equateur), thèse de doctorat*. Grenoble: Université de Grenoble I – Joseph Fourier.

Hardy, Sébastien (2000): "Risque naturel et vulnérabilité, une analyse de la catastrophe de Posoltega (30 octobre 1998)". In: Delhom, Joël/Musset, Alain (Hrsg.): *Nicaragua, dans l'œil du cyclone*. Paris: Iheal-Ihnca, S. 134-176.

Hernández, Rafael/Ordóñez, Amado/Trujillo, Mónica (1999): *Mapeo y riesgos de vulnerabilidad en Centroamérica y México. Estudio de la capacidad para trabajar en situaciones de emergencia*. Managua: OXFAM.

Herrera Ligia (Hrsg.) (1991): *Desastres naturales y zonas de riesgo en Panamá, condicionantes y opciones de prevención y mitigación*. Panamá: Universidad de Panamá/Instituto de Estudios Nacionales.

Incer Barquero, Jaime/Wheelock Roman, Jaime/Cardenal Sevilla, Lorenzo/Rodríguez C., Alejandro (2000): *Desastres naturales de Nicaragua, guía para concocerlos y prevenirlos*. Managua: Hispamer.

Musset, Alain (2002): *Villes nomades du Nouveau Monde*. Paris: Ehess.

Wolfgang Gabbert

Zentralamerikas karibische Dimension

1. Einführung

Die gewaltsamen Auseinandersetzungen zwischen der revolutionären san-
dinistischen Regierung Nicaraguas und den ethnischen Minderheiten der
Atlantikregion zu Beginn der 1980er Jahre rückten die karibischen Regionen
Zentralamerikas erstmals in das Bewusstsein einer breiteren Öffentlichkeit.
Dieser Konflikt war vor dem Hintergrund des Kampfes gegen antisandinisti-
sche bewaffnete Gruppen *(Contra)* zu einem Bürgerkrieg eskaliert, seine
Ursachen liegen jedoch tiefer. Sie sind eine Folge der grundlegenden historischen und kulturellen Spaltung zwischen pazifischen und karibischen Landesteilen, die mit Ausnahme El Salvadors, das keinen Zugang zur Karibik
besitzt, für alle Staaten Zentralamerikas charakteristisch ist.

Die Gesellschaften Zentralamerikas haben sich vor allem in den pazifischen Küstenebenen und zentralen Hochländern entwickelt. In Panama konzentrierte sich die Entwicklung auf das Gebiet entlang des transisthmischen
Verbindungsweges, der späteren Kanalzone. In diesen Regionen lebt der
Großteil der Bevölkerung, befinden sich die wichtigsten Wirtschaftszentren,
und dort ist die Infrastruktur am stärksten ausgebaut. Die atlantischen Tiefebenen sind hingegen nur vergleichsweise dünn bevölkert. Kulturell und
historisch stehen diese Gebiete der anglophonen Karibik weitaus näher als
den "Hauptgebieten" Zentralamerikas, wo eine stark hispanisierte Mestizenkultur vorherrscht. Für bedeutende Teile der Bevölkerung ist Englisch die
Erst- oder Zweitsprache. Im Unterschied zu den katholischen Zentralgebie-
ten ist die protestantische Konfessionszugehörigkeit seit der zweiten Hälfte
des 19. Jahrhunderts weit verbreitet.

Der schmale Landstreifen entlang der Atlantikküste Zentralamerikas von
Belize im Norden bis Panama im Süden ist nicht nur das Siedlungsgebiet
verschiedener Gruppen von Tieflandindianern (dabei sind Miskito, Kuna und
Guaymi mit jeweils mehreren Zehntausend Mitgliedern die größten), son-
dern auch die Heimat einer zahlenmäßig bedeutenden afroamerikanischen
Bevölkerung. In den Küstenstädten und ländlichen Siedlungen nahe dem
Atlantischen Ozean lebten Anfang der 1990er Jahre nach groben Schätzun-
gen etwa 400.000 Afroamerikaner (eigene Berechnungen nach Grimes

2002). Diese Bevölkerungsgruppe setzt sich aus unterschiedlichen Segmenten zusammen. Die 105.000 Garifuna oder Black Carib sind die Nachkommen einer während des 17. und 18. Jahrhunderts auf der Antillen-Insel St. Vincent aus der Vermischung zwischen afrikanischen Sklaven und Indianern entstandenen Gruppierung. Die Black Carib gerieten in gewaltsame Konflikte mit den europäischen Kolonialherren, wurden schließlich besiegt und 1797 von britischen Truppen auf die Insel Roatán vor der honduranischen Nordküste verschleppt. Von dort aus siedelten sie auf das Festland über und leben heute mehrheitlich in den Küstengebieten von Belize, Guatemala und Honduras (Solien González 1988: 13-73). Den größeren Teil der afroamerikanischen Bevölkerung im karibischen Mittelamerika bilden jedoch die Nachfahren schwarzer Sklaven (Creoles), die vor allem während des 18. Jahrhunderts von britischen Siedlern dorthin gebracht worden waren. Zwischen 1850 und etwa 1930 kamen zu dieser Bevölkerungsgruppe westindische Immigranten hinzu, die im Zusammenhang mit dem Eisenbahnbau in Panama (1850-1856) und Costa Rica (1871-1890), interozeanischen Kanalprojekten (Panama-Kanal 1880-1889, 1904-1914) und der Entwicklung von Bananen-Enklaven (1880-1940) auf der Arbeitssuche nach Mittelamerika gelangten. Während die beiden letztgenannten Gruppierungen Varianten eines kreolisierten Englisch (Creole) sprechen, dominieren in der Sprache der Garifuna indianische Elemente.

Im Unterschied zur überwiegend auf dem Land lebenden indigenen Bevölkerung handelt es sich bei den Creoles mehrheitlich um Bewohner der wenigen größeren Siedlungen des karibischen Randsaums (unter anderem Belize-Stadt, Stann Creek, Puerto Barrios, La Ceiba, Tela, Puerto Cortes, Puerto Cabezas, Bluefields, Puerto Limón, Colón).

2. Geschichte

In Mittelamerika beschränkte sich die spanische Kolonialherrschaft faktisch weitgehend auf die pazifischen Küstenebenen und Teile der zentralen Hochländer. Es gelang den Spaniern bis zur Unabhängigkeit der zentralamerikanischen Republiken 1821 nie, die karibischen Tiefländer dauerhaft unter ihre Kontrolle zu bringen. Diese Gebiete boten weder eine zahlenmäßig starke indigene Bevölkerung, deren Arbeitskraft den Aufbau einer kommerziellen Agrarproduktion ermöglicht hätte, noch (damals bekannte) Edelmetallvorkommen. Eroberungsversuche scheiterten am Widerstand der Tieflandindianer.

Im Osten Panamas entstanden bereits ab 1570 kleine befestigte Städte entflohener afrikanischer Sklaven *(cimarrones)*. Cimarrones und Kuna in Panama sowie Miskito im heutigen Nicaragua und Honduras verbündeten sich zwischen der Mitte des 16. und der Mitte des 18. Jahrhunderts mit Piraten, welche in dieser Zeit die karibische See unsicher machten und immer wieder auch spanische Siedlungen auf dem mittelamerikanischen Festland angriffen. Ab den 1630er Jahren wurde der spanische Herrschaftsanspruch zudem von Gruppen vor allem britischer Holzfäller und Siedler in Frage gestellt, die sich an der honduranischen Nordküste sowie auf den vorgelagerten Bay Islands, in Ost-Nicaragua und im Gebiet des heutigen Belize festsetzten (Floyd 1967: 10, 17-37, 55-61; Sandner 1985: 71f., 89-97, 112-117).

Der Friedensvertrag von Versailles (1783) und das Zusatzabkommen von London (1786) zwischen England und Spanien hatten die (formale) spanische Souveränität über das Gebiet des heutigen Belize nicht angetastet, jedoch das britische Recht zur Holzausbeutung anerkannt (Bolland 1977: 30-32; Sandner 1985: 115, 158). Die spanische Präsenz an der Karibikküste blieb bis zum Ende der Kolonialzeit und für die ersten Jahrzehnte nach der Unabhängigkeit auf wenige Häfen begrenzt (Santo Tomás de Castilla und Izabal im heutigen Guatemala, Trujillo in Honduras, Portobello in Panama).[1]

In der zweiten Hälfte des 19. Jahrhunderts gewannen die atlantischen Küstenregionen für Guatemala, Honduras, Nicaragua und Costa Rica ökonomisch an Bedeutung. Der Aufbau einer unter anderem auf dem Kaffeeanbau basierenden Agrarexport-Wirtschaft ließ den Ausbau von Häfen an den Karibikküsten, die den Abnehmermärkten in Europa und Nordamerika näher lagen als die bestehenden Pazifikhäfen, notwendig erscheinen. Darüber hinaus galt es, Verbindungen zwischen den wichtigsten Siedlungs- und Produktionsgebieten an der pazifischen Seite bzw. im zentralen Hochland und den neuen Ausfuhrhäfen herzustellen. Da die mittelamerikanischen Länder nicht in der Lage waren, die immensen Summen für den Aufbau von Straßen- und Eisenbahnverbindungen allein aufzubringen, griffen sie auf ausländisches Kapital zurück. Als Ausgleich für die aufgenommenen Schulden wurden in der Regel große Landflächen an vor allem nordamerikanische Unternehmen vergeben. So erhielt beispielsweise der mit dem Eisenbahnbau in Costa Rica beauftragte Nordamerikaner Minor Cooper Keith nicht nur die Rechte über die Verwaltung der Eisenbahnlinie sowie der Mole in Puerto Limón, sondern zusätzlich Landtitel über 333.333 Hektar Land. Die Land-

---

1 Spanien verlor das 1526 gegründete Trujillo im heutigen Honduras 1643 an die Engländer. Der Hafen wurde erst 1779 zurückerobert (Sandner 1985: 91).

konzessionen von Keith wurden zum Herzstück der Bananenplantagen der United Fruit Co. (UFCO) in Costa Rica, die seit ihrer Gründung 1899 neben ihren wichtigsten Konkurrenten (der Cuyamel Fruit Co. und der Standard Fruit Co.) die Produktion und Kommerzialisierung der Bananen in Zentralamerika und der Karibik dominierte. In Guatemala begann die UFCO den Bananenanbau auf Ländereien der Eisenbahngesellschaft International Railways of Central America (Kepner 1967: 35-38, 52, 55, 71f.).

Seit dem Ende des 19. Jahrhunderts entwickelten sich die karibischen Tieflandgebiete Zentralamerikas so zu Enklaven, in denen nordamerikanische Großunternehmen Bananenplantagen betrieben und Holz und Erze ausbeuteten. Diese Unternehmen kontrollierten jedoch nicht nur die Wirtschaft, sondern nahezu alle Lebensbereiche der Region. Sie unterhielten eigene Schulen und Krankenhäuser, errichteten Infrastruktur (soweit sie für ihre Zwecke notwendig war) und verfügten sogar über eigene "Ordnungskräfte" (Kepner 1967: 88, 105; Olien 1977: 139-141; Conniff 1983: 3; Sandner 1985: 173-178, 182-186; Gabbert 1992: 168-178, 202; Moberg 1997: 18-34).

Die Entwicklung von Enklavenwirtschaften verhinderte eine stärkere Integration der atlantischen Tiefebenen in die Ökonomien der zentralamerikanischen Staaten. Auch die faktische Präsenz nationaler Institutionen blieb schwach. Zugleich verstärkte die Dominanz der nordamerikanischen Kapitalgesellschaften die kulturelle Besonderheit der Region, da der Arbeitskräftebedarf zunächst zum großen Teil mit Afroamerikanern von den karibischen Inseln gedeckt wurde (Thomas-Hope 1978; Newton 1984: 21-45, 91-93; Sandner 1985: 177; Gabbert 1992: 183, 220). Zwischen 1881 und 1921 migrierten allein aus Jamaica annähernd 88.000 Afroamerikaner in die atlantischen Küstengebiete Zentralamerikas (Roberts 1957: 132-140). Die westindischen Zuwanderer stärkten das in der Region bereits vorhandene afroamerikanische Element. Als Arbeitsmigranten waren sie meist auf eine Rückkehr in ihre Heimatländer orientiert. Kulturelle Eigenarten wie die Zugehörigkeit zu unterschiedlichen protestantischen Kirchen oder das kreolisierte Englisch wurden beibehalten (Kepner 1967: 158; Olien 1977: 140-143; Gabbert 1992: 179-183; Herranz 1996: 212-214).

Die prägende Rolle der nordamerikanischen Kapitalgesellschaften und der karibischen Volkskultur begann sich erst nach dem Zweiten Weltkrieg allmählich abzuschwächen. Die Bananenproduktion war in weiten Teilen der Karibikregion – unter anderem infolge der Ausbreitung von Pflanzenkrankheiten – in eine Krise geraten, und die nationalen Regierungen suchten im Zuge einer binnenorientierten Entwicklung *(desarrollismo)* eine stärkere

Beteiligung an der Inwertsetzung der dortigen Ressourcen zu erreichen. Während die Zuwanderung von Afroamerikanern endete, wurden die atlantischen Tiefebenen verstärkt zum Ziel der Binnenwanderung verarmter Kleinbauern aus den pazifischen und zentralen Teilen der zentralamerikanischen Länder (siehe unten). Zugleich schwächten sich auch die oft engen Beziehungen zwischen den afroamerikanischen Siedlungszentren der Atlantikküste ab (Jones/Glean 1971: 53-55; Gabbert 1992: 252-259, 278; 1999: 167-170; Adams 1993: 227-229; Herranz 1996: 234-237).

Trotz einer allmählich zunehmenden Präsenz nationalstaatlicher Institutionen, des Baus einiger Straßenverbindungen zu den zentralen Landesteilen und der Durchführung einer Reihe von Entwicklungsprogrammen in verschiedenen Ländern blieben weite Teile des karibischen Randsaums Zentralamerikas mehr oder weniger isolierte, ökonomisch abhängige und politisch weitgehend ignorierte Regionen.

Beispielsweise zielte die staatliche Entwicklungspolitik Costa Ricas für die Provinz Limón seit der Mitte der 1950er Jahre darauf ab, eine regionale Produktionsstruktur aufzubauen, die vor allem auf der wiederaufgenommenen Bananenproduktion und der Errichtung einer modernen Infrastruktur zum Transport der Früchte beruhte. Trotz erheblicher öffentlicher Investitionen fühlte sich jedoch ein beträchtlicher Teil der Lokalbevölkerung weiterhin benachteiligt, da die Entwicklungsmaßnahmen die Bedürfnisse und Eigenheiten der Region kaum berücksichtigten (Murillo Chaverri 1988: 100-103).

Ein zentrales Problem Limóns ist bis heute die Arbeitslosigkeit.[2] Gerade in diesem Problemfeld haben die staatlichen Investitionen bislang kaum Verbesserungen gebracht. Für viele der Großprojekte und Institutionen wurden Arbeitskräfte (insbesondere auch für Führungspositionen) aus dem zentralen Hochtal rekrutiert. Schulungsmaßnahmen wurden in der Regel ausschließlich in Spanisch durchgeführt und trugen damit den besonderen Problemen der Zweisprachigkeit der afroamerikanischen Bevölkerung ebenso wenig Rechnung wie das öffentliche Bildungssystem. So haben indianische und afroamerikanische Kinder immer noch Schulprobleme aufgrund einer mangelnden Beherrschung der Unterrichtssprache Spanisch. Einrichtungen höherer Bildung sind mangelhaft ausgestattet und im Vergleich zu Universitäten in anderen Regionen finanziell benachteiligt. Damit ist aber für die Bevölkerung der Region der Zugang zum wichtigsten Weg sozialer Mobili-

---

2   Nach Angaben von AID-JAPDEVA (1982: 15) wies z.B. Puerto Limón 1981 mit 27% eine dreimal so hohe Arbeitslosenrate auf wie der Durchschnitt des Landes.

tät erschwert (Olien 1977: 151; Carvajal/Driori 1987: 49, 63; Murillo Cha-verri 1988: 104f.; _La Nación_, 15.2.1997). Die Modernisierung der Hafenan-lagen und die Umstellung auf Containerbetrieb haben die Zahl der Ladear-beiter erheblich reduziert und damit einen Bereich tangiert, der seit langem ein zentrales Beschäftigungsfeld der Afroamerikaner ist. Insgesamt haben sich die staatlichen Entwicklungsmaßnahmen in erster Linie an nationalen Interessen orientiert. Die Entscheidungszentralen der in der Region tätigen Unternehmen befinden sich im zentralen Hochland. Erwirtschaftete Gewinne werden kaum in der Region reinvestiert (AID-JAPDEVA 1982: 13-15, 85-87; Gabbert 1999: 170f.).

Vergleichbare Entwicklungen lassen sich auch in den anderen Staaten Zentralamerikas feststellen. So vollzog selbst die sandinistische Führung in Nicaragua nach dem Sturz der Somoza-Diktatur 1979 keinen radikalen Bruch mit der bisherigen Politik für die Atlantikküste. Vor allem während der ersten Jahre nach ihrer Machtübernahme blieb die Entwicklungsstrategie im Wesentlichen auf den Aufbau einiger Großprojekte orientiert. Da vor Ort trotz verbreiteter Arbeitslosigkeit häufig nicht hinreichend qualifiziertes Personal vorhanden war, mussten für diese Vorhaben Arbeitskräfte aus den westlichen Landesteilen eingeführt werden. Ein großer Teil der Produktion der Atlantikküste wurde von Unternehmen mit Sitz in Managua kontrolliert. Dorthin flossen auch, soweit sie erwirtschaftet werden konnten, die Über-schüsse (Gabbert 1992: 324-326).

Angesichts chronisch leerer Staatskassen und entsprechend der von IWF und Weltbank propagierten exportorientierten Entwicklungskonzeptionen, haben die zentralamerikanischen Staaten seit dem Beginn der 1980er Jahre ihr Engagement in vielen Teilen des karibischen Tieflands erneut reduziert. Agrarkolonisation, die Ausbeutung der Naturressourcen und die Ansiedlung meist transnationaler Großprojekte werden seitdem als die günstigste Form der Inwertsetzung der Randgebiete betrachtet.[3] Auch Belize folgte dem all-gemeinen Trend, und es entstanden zahlreiche Betriebe im Besitz ausländi-scher Investoren (Zitrus- und Bananenplantagen, Bekleidungsindustrie), die nur gering entlohnte Arbeitskräfte – in der Regel Einwanderer aus anderen zentralamerikanischen Staaten – beschäftigten (Moberg 1997: 93, 166f.). 1995 verkaufte die Regierung Belizes Rechte für die Mahagoni-Ausbeutung in der Columbia Forest Reserve, einem für die Biodiversität in Zentrameri-

---

3 Vgl. z.B. Altenburg (1988: 247f., 254) für Panama sowie Carvajal/Driori (1987: 52f., 61) und Hill (1994: 364) für Costa Rica.

ka äußerst wichtigen Gebiet und Siedlungsraum von Maya-Sprechern, an eine Firma aus Malaysia (Sutherland 1998: 86).

Mit der Wahlniederlage der Sandinisten gegen ein von Violeta Chamorro geführtes bürgerliches Oppositionsbündnis (*Unión Nacional Opositora*, UNO) 1990 glich sich auch in Nicaragua die Wirtschaftspolitik jener der Nachbarstaaten an. So gewährte die nicaraguanische Regierung zumeist ausländischen Unternehmen nicht nur verschiedene Konzessionen zur Ausbeutung von Erzen und Fischbeständen, sondern 1993 bzw. 1996 auch die Rechte der Holzausbeutung für ein Gebiet von 106.000 Hektar, das zum größten Teil von der Sumo-Gemeinde Awas Tingni beansprucht wird (Anaya 2000; Buvollen/Große 1994: 136; González Pérez 1997: 354f., 358f., 387).[4]

Angesichts der fehlenden Arbeitsmöglichkeiten vor Ort hat seit den siebziger Jahren die Emigration aus den Atlantikregionen in die zentralen Landesteile oder die USA stark zugenommen. In zahlreichen Haushalten der Region spielen Geldüberweisungen der Migranten inzwischen eine wichtige Rolle bei der Sicherung des Überlebens. So wird beispielsweise geschätzt, dass etwa die Hälfte der Bewohner der südlichen Atlantikregion Nicaraguas Verwandte in den USA haben (*Barricada Internacional*, 8.9.1990: 19).

In vielen Orten der Karibikküste haben sich der Konsum und der Handel mit Drogen zu einem ernsten Problem entwickelt. Die Region liegt an den Vertriebswegen der kolumbianischen Drogenproduktion in die USA und nach Europa und die Drogenhändler haben begonnen, in verschiedenen Küstenorten Zwischenlager einzurichten (*La Nación*, 28.8. 1997; Moberg 1997: 88).

Wiederholt regte sich in den letzten Jahren auch Widerstand gegen die zentralstaatliche Politik für die Atlantikregionen. Die spektakulärsten Formen der Resistenz waren sicherlich die Aktionen der Miskito-Guerilla gegen die sandinistische Regierung Nicaraguas Anfang der 1980er Jahre. Doch auch in der Provinz Limón, Costa Rica, kam es 1975, 1979, 1981 und 1996 zu ausgedehnten Streik- und Protestbewegungen. Bei Auseinandersetzungen mit Nationalgarde bzw. Polizei gab es zahlreiche Verletzte und einige Tote (Gabbert 1999: 171).

---

4   Eine der Konzessionen wurde nach erheblichen Protesten 1998 annulliert.

3. Agrarkolonisation, Waldzerstörung und Landkonflikte

Seit der Mitte des 20. Jahrhunderts bewirkte die Ausweitung der Export-landwirtschaft in den westlichen Teilen der zentralamerikanischen Staaten grundlegende Veränderungen im ländlichen Sektor des karibischen Rand-saums. Die Entwicklung des Baumwollanbaus für den Export seit den 1950er Jahren, insbesondere in Nicaragua, und die Ausweitung der Vieh-zucht seit den 1960er Jahren führten zu einer massiven Verdrängung vor allem Nahrungsmittel anbauender Kleinbauern von ihren Parzellen. Dadurch wurde ein zunächst spontaner, dann zum Teil auch staatlich gelenkter Migra-tionsprozess dieser ländlichen Bevölkerung in Richtung der karibischen Landesteile ausgelöst.

Die Zentralregierungen betrachten die Atlantikregion bis heute weitge-hend als "freien Raum", den die verdrängten Kleinbauern kolonisieren und nutzbar machen können. So wird die Regenwaldkolonisation beispielsweise in Panama als "Eroberung des Atlantik und des Darién" gefeiert. Kolonisa-tion ist zum Ersatz für eine tiefgreifende Agrarreform geworden. Neben der Kolonisation durch verarmte Kleinbauern wird die mestizische Siedlungs-grenze jedoch auch durch die Anlage großer Viehzuchtbetriebe vorgescho-ben (Sandner 1985: 210f., 218, 223f., 231, 312f.; Gabbert 1985: 98-105; Altenburg 1988: 238, 242-242; Hill 1994: 364; Wali 1995).

Die Agrarkolonisation ist durch den Bau von Straßenverbindungen in den karibischen Randsaum begünstigt worden. So wurden beispielsweise Mitte der 1970er Jahre in Nicaragua eine Allwetterstraße zwischen Managua und Rama gebaut, 1984 in Panama eine Ölpipeline und eine transisthmische Straße zwischen Puerto Armuellas am Pazifik und Chiriquí Grande am At-lantik errichtet und 1987 in Costa Rica die Straße San José-Guapiles-Limón fertiggestellt (Murillo Chaverri 1988: 99; Altenburg 1988: 248-251). In Pa-nama soll die im Darién klaffende, 108 km breite Lücke in der Carretera Panamericana geschlossen werden. Aufgrund von Sicherheitserwägungen und der lokalen Biodiversität stößt der Vorschlag jedoch auf Widerstand (*Business News Americas*, 29.11.2004).

Die Geschwindigkeit und der Umfang des Kolonisierungsprozesses las-sen sich durch die folgenden Angaben zur Entwicklung in Nicaragua ver-deutlichen. Der Viehbestand in der dortigen Atlantikregion (damals Depar-tamento Zelaya) steigerte sich zwischen 1963 und 1975 um nicht weniger als 466%, während er landesweit lediglich um 76% zunahm. Die Einwohnerzahl der Atlantikküste hat sich von 1963 bis 1981 nahezu verdreifacht (1963: 105.000; 1974: 184.998; 1981: 282.081). Der Anteil der Einwohner der Atlantikregion an der Gesamtbevölkerung Nicaraguas steigerte sich von 6,8% (1963) auf 8,9% (1974) und 10,0% (1981) (Gabbert 1992: 258f.).

Als Folge des Vordringens mestizischer Siedler und Viehzüchter und der Ausweitung des Holzschlags sind in Zentralamerika während der vergangenen Jahrzehnte große Waldflächen zerstört worden (siehe dazu den Beitrag von Ralf Wyrwinski in diesem Band).

In Nicaragua hat sich das Vordringen der Agrargrenze nach einer kurzfristigen Verlangsamung während des Bürgerkrieges erneut beschleunigt. Zudem siedelte die Regierung Chamorro ehemalige Kämpfer der antisandinistischen *Contra* in Gebieten an, die von indigenen Gemeinden der Atlantikregion beansprucht werden (González Pérez 1997: 373). Mitte der 1990er Jahre verfügten noch mehr als die Hälfte der indigenen Gemeinden nicht über Landtitel (González Pérez 1997: 373).

Zum Schutz der indigenen Bevölkerung wurde in Panama bereits in den 1950er Jahren ein Teil des Siedlungsgebietes der Guaymie zum Reservat (ohne interne Autonomie) erklärt. Auch in Costa Rica richtete die Regierung 1976 Indianerreservate ein. Das Indianergesetz erklärte die heute 22 Reservate mit 320.000 Hektar zum exklusiven und unveräußerlichen Eigentum der indigenen Gemeinden. Zum Ankauf des Reservatsgebietes von etwaigen nichtindianischen Besitzern wurde ein besonderer Fonds eingerichtet. Tatsächlich waren die zur Verfügung gestellten Mittel jedoch unzureichend, so dass sich Mitte der 1990er Jahre immer noch 40% des als Reservatsgebiet ausgewiesenen Landes im Besitz von Nicht-Indianern befand (Chacón, Cajiao und Guevara 1999). Darüber hinaus hatte die Einrichtung von Reservaten weder in Panama noch in Costa Rica einen wirksamen Schutz des Landes vor illegaler Landnahme durch Viehzüchter oder mestizische Kleinbauern zur Folge (Altenburg 1988: 244-247; Murillo Chaverri 1988: 104). Selbst der Landbesitz der Kuna in der Comarca de San Blas (Kuna Yala), einer Region, die seit langem über interne Autonomie verfügt (siehe unten), ist durch Kolonisierung bedroht. Mitte der 1990er Jahre hat die Regierung Panamas Bergbaukonzessionen vergeben, die drei Viertel des Gebietes der Comarca betreffen (Howe 1998: 299). Die Sicherung der Landrechte ist damit bis heute ein zentrales Problem der Tieflandindianer geblieben.

4. Dezentralisierung, Autonomie und Eigenstaatlichkeit

Angesichts der strukturellen Zweiteilung Mittelamerikas stellt sich für die zentralamerikanischen Republiken das Problem der nationalstaatlichen Integration hinsichtlich der atlantischen Landesteile als besonders schwerwiegend dar. Die politischen Formen, in denen sich das Spannungsverhältnis von Nation und Region (bzw. hispanoamerikanischer Bevölkerungsmehrheit und afroamerikanischen und indianischen Einwohnern der atlantischen Gebiete) jeweils gestaltet, sind dabei unterschiedlich: Es können sich zwei selbstständige Staaten gegenüberstehen (Guatemala – Belize), die Region kann über eine Form von Autonomie verfügen (wie die Comarca de San Blás in Panama oder die Atlantikregion Nicaraguas) oder zumindest formal ein integraler Bestandteil des betreffenden "Mutterstaates" sein (wie die Provinzen Cabo Gracias a Dios in Honduras oder Limón in Costa Rica).

Die indianische Bevölkerung und die Afroamerikaner im karibischen Mittelamerika sind seit langem mit den "Integrationsbestrebungen" der jeweiligen Staaten konfrontiert und unterliegen dabei einem Anpassungsdruck an die katholischen, hispanoamerikanischen Nationalgesellschaften. Die Bewohner der karibischen Landesteile stehen dabei vor dem Problem, dass die Staaten Mittelamerikas zwar die nationale Integration propagieren, die Einbindung gerade der karibischen Landesteile aber zum Teil nur formal geblieben ist oder von den Regionalbevölkerungen häufig als negativ erfahren wurde.

Im Falle Belizes steht sogar die Eigenstaatlichkeit zur Debatte. Das Gebiet war 1862 gegen die Proteste Guatemalas formell zur britischen Kolonie British Honduras erklärt und erst 1981 in die Unabhängigkeit entlassen worden. Guatemala beansprucht Belize jedoch seit der Mitte des 19. Jahrhunderts als Teil seines nationalen Territoriums. Dieser Anspruch wurde verstärkt seit den 1950er und 1960er Jahren erhoben. 1972 und 1975 drohte die guatemaltekische Regierung sogar mit einer Invasion, was zur Entsendung britischer Truppen führte. Noch heute beansprucht Guatemala mehr als die Hälfte des Territoriums von Belize und hat 2003 einen Lösungsvorschlag der OAS zurückgewiesen, der in beiden Ländern Volksabstimmungen über die weitgehende Beibehaltung des gegenwärtigen Grenzverlaufs sowie die gemeinsame Nutzung von Ressourcen im strittigen Gebiet vorsah. 2005 wurden Verhandlungen zwischen beiden Regierungen unter Vermittlung des Generalsekretärs der OAS aufgenommen. Die überaus schwierigen Gespräche dauern an.

Integrationsrhetorik und Hispanisierungsdruck der zentralamerikanischen Staaten stehen bislang häufig in krassem Gegensatz zur Wirklichkeit. Indianer und Afroamerikaner sind seit der Kolonialzeit ständig mit Ethnozentrismus und Rassismus von Seiten großer Teile der Nationalgesellschaften konfrontiert worden. Andererseits halten sich viele Afroamerikaner als ehemalige Angehörige des britischen Empire bis heute für zivilisierter als die spanischsprachigen Mestizen (Gabbert 1992: 159-163, 205-213; Moberg 1997: 86-88). Tatsächlich ist der Bildungsstand vieler Afroamerikaner in den größeren Orten der Atlantikküste weit höher als jener der Masse von mestizischen Kleinbauern, die seit der Mitte des 20. Jahrhunderts in den karibischen Randsaum vordringen.

Autonomiebestrebungen der Atlantikregion wurden von den nationalen Regierungen auch deshalb in der Regel als Bedrohung der staatlichen Einheit betrachtet, weil sie häufig in die Machtpolitik äußerer Mächte eingebunden waren. So regten beispielsweise 1778 britische Unterhändler die Kuna im nördlichen Darién zu einem Aufstand gegen die Spanier an, der erst 1787 niedergeschlagen werden konnte (Sandner 1985: 117). Mitte des 19. Jahrhunderts beanspruchte der "Miskito-König" mit britischer Unterstützung einen großen Teil des östlichen Zentralamerika von Black River im heutigen Honduras bis Bocas del Toro in Panama (Sandner 1985: 293; Oertzen 1987: 52-55).[5] Im Februar 1925 kam es in Panama zu einem Aufstand der Kuna unter der Führung des ehemaligen Geschäftsträgers der US-Botschaft in Panama, Richard Marsh, und zur Ausrufung der "Republik Tule" auf der Insel Aligandí. Gleichzeitig erging eine Bitte an die USA, den neuen "Staat" als Protektorat zu übernehmen. Dies erfolgte jedoch nicht. Der Aufstand brach nach kurzer Zeit zusammen, und die US-Regierung vermittelte ein Friedensabkommen (Sandner 1985: 186; Howe 1998). Schließlich konnte auch der Konflikt zwischen Miskito und Sandinisten in der ersten Hälfte der 1980er Jahre nur deshalb zu einem offenen Bürgerkrieg eskalieren, weil die aufständischen Miskito von den USA unterstützt wurden.

Ein Ergebnis des Aufstandes der Kuna war, dass sie ihre interne Autonomie weitgehend bewahren konnten. Dies wurde 1938 mit der Schaffung der Comarca de San Blas auch vom panamaischen Staat anerkannt. Neben der Erfahrung der Comarca de San Blas stellt der Mitte der 1980er Jahre eingeleitete Autonomieprozess für die Atlantikregion Nicaraguas den bislang weitgehendsten Versuch dar, den kulturellen und historischen Besonderhei-

---

5 Ein "Königtum" im Sinne einer politischen Zentralgewalt war den an der Atlantikküste lebenden indianischen Gruppen fremd (Gabbert 1990). Es handelte sich vielmehr um ein Konstrukt, das unter anderem von lokalen Händlern, Landspekulanten und Unternehmern aus Belize aufrecht erhalten wurde. Diese Interessengruppe erreichte, dass das "Königreich Mosquitia" 1844 zum britischen Protektorat erklärt wurde (Gabbert 1992: 74-78, 88-92).

ten der Einwohner des karibischen Randsaums Zentralamerikas unter Beibehaltung der staatlichen Einheit Rechnung zu tragen.

4.1 Exkurs: Der Autonomieprozess in Nicaragua

Das historische Erbe einer konfliktreichen Geschichte der Beziehungen zwischen pazifischen und atlantischen Landesteilen, die Unfähigkeit der Sandinisten, in Autonomieforderungen etwas anderes als verkappten Separatismus zu sehen, und schließlich der Kampf gegen die US-gestützten Konterrevolutionäre führten an der Atlantikküste zwischen 1981 und 1985 zu einem Krieg, der zahlreiche Opfer forderte (Gabbert 1992: 290-330; Vilas 1992: 209-300; Hale 1994: 141-165).

Die sandinistische Regierung suchte deshalb, den militärischen Konflikt wieder in politische Bahnen zu lenken, verkündete seit 1983 mehrere Amnestien für indianische Guerillakämpfer und verhandelte mehrfach mit Vertretern militanter Indianerorganisationen. In diesem Zusammenhang entwickelte sie ein Projekt regionaler Selbstverwaltung, das die Forderungen der ethnischen Gruppierungen aufnehmen sollte. Nach einer mehrjährigen Diskussionsphase wurde schließlich am 2.9.1987 von der Nationalversammlung in Nicaragua ein "Autonomiestatut" für die Atlantikregion verabschiedet, das sich als Projekt weitgehender administrativer Dezentralisierung charakterisieren lässt. Das Statut sah unter anderem die Schaffung zweier autonomer Regionen (*Región Autónoma Atlántico Norte*, RAAN und *Región Autónoma Atlántico Sur*, RAAS) mit jeweils eigenen Regionalversammlungen (*Consejos Regionales de Autonomía*, CRA) vor, welche dann die notwendigen Ausführungsbestimmungen erarbeiten sollten.

Die Regionalversammlungen entstanden jedoch erst im Gefolge der allgemeinen Wahlen von 1990. Erst drei Jahre später, im Juli 1993, legten sie Entwürfe für die Ausführungsbestimmungen des Autonomiegesetzes vor.[6] Die neue bürgerliche Regierung zeigte jedoch von Anfang an wenig Neigung, die im Autonomiestatut festgeschriebene Verteilung von Kompetenzen zwischen Zentral- und Regionalregierungen zu akzeptieren.[7] Sie zog es vor, direkte Beziehungen mit den Gemeinden der Atlantikküste herzustellen.

---

6 Zum Autonomieprozess insgesamt vgl. ausführlich Meschkat (1987), Buvollen/Große (1994) sowie González Pérez (1997: 245-455).

7 Dem bürgerlichen Regierungsbündnis *Unión Nacional Opositora* (UNO) angehörende Kreise brachten 1991 sogar einen Vorschlag zur Verfassungsreform ein, der die Streichung von Artikel 8 vorsah, welcher Nicaragua als multiethnische Nation definiert (González Pérez 1997: 368).

So schuf die Regierung Chamorro als eine ihrer ersten Amtshandlungen ein Ministerium (*Instituto de Desarrollo de las Regiones Autónomas*, INDERA), das unter anderem externe Hilfsleistungen für die Gemeinden der Atlantikregion kanalisieren und die Entwicklungsprogramme der Zentralregierung für die Region verwalten sollte (González Pérez 1997: 357). Dies war ein klarer Verstoß gegen das Autonomiestatut.[8] Darüber hinaus weigert sich die Regierung bis heute, Ausführungsbestimmungen für das Autonomiestatut zu verabschieden (González Pérez 1997: 361f.).

Umstritten bleiben auch die Anerkennung der kommunalen Landrechte der indigenen Gemeinden und die Aufteilung der Erträge aus der Ausbeutung der Naturressourcen, die sich bislang zum größten Teil die Zentralregierung aneignet. Die Regionalversammlungen wurden von Maßnahmen der Zentralregierung häufig nicht einmal informiert, und Konzessionen zur Ausbeutung von Naturreichtümern wurden ohne deren Mitsprache vergeben (Buvollen/Große 1994: 136; González Pérez 1997: 360-362, 367, 375f., 386, 421).

Andererseits ist es den CRA bislang nicht gelungen, sich als wirksame Interessenvertretungen der Regionen zu konstituieren. Sie waren kaum zur Kompromissfindung fähig. Ihr Funktionieren wurde nicht nur durch die Auseinandersetzung zwischen den zur Regierungskoalition UNO gehörenden Abgeordneten und den Sandinisten, sondern zudem durch Konflikte innerhalb der einzelnen politischen Strömungen (insbesondere zwischen verschiedenen Fraktionen der Miskito-Organisation YATAMA) in Frage gestellt (González Pérez 1997: 355f., 364-372, 376f.). So zeigt die Enthaltung bei Gemeindewahlen 2004[9] eine wachsende Enttäuschung der Bevölkerung über den bisherigen Verlauf des Autonomieprozesses.

5. Demographische Veränderungen

Zwei Prozesse haben die Bevölkerungsstruktur der Atlantikregionen in den letzten Jahrzehnten grundlegend verändert: 1.) Die Zuwanderung verarmter Kleinbauern aus den westlichen Teilen Zentralamerikas seit der Mitte des 20. Jahrhunderts. 2.) Die Emigration von Bewohnern der Atlantikküste vor allem in die USA seit dem Ende der 1970er Jahre. Dies betraf in erster Linie Afroamerikaner, die aufgrund ihres im Durchschnitt höheren Bildungsstan-

---

8   1993 verlor INDERA den Rang als Ministerium und ist seitdem Teil des Sozialministeriums (*Ministerio de Acción Social*, MAS).

9   42,1% in der RAAN, 59,0% in der RAAS gegenüber 25,5 bzw. 26,6% 1994 (*Consejo Supremo Electoral*, zit. in Grigsby 2004; *Wani* 1998: 20).

des und der englischen Sprachkenntnisse an den Zielorten erheblich bessere Chancen haben als die Tieflandindianer. So wird geschätzt, dass bereits 1985 zwischen 75.000 und 100.000 Garifuna und etwa 60.000 bis 70.000 Emigranten aus Belize, in ihrer Mehrheit Creoles, in den USA lebten (Solien González 1988: 176-180; Murillo Chaverri 1988: 10; Gabbert 1992: 327f.; Herranz 1997: 211f.; Woods/Perry/Steagall 1997: 71, 75-77; Moberg 1997: 85, 167; Sutherland 1998: 84; Lizcano Fernández 2000: 176).[10] Infolge dieser beiden Prozesse sind Tieflandindianer und Afroamerikaner in weiten Teilen der Atlantikregionen zu Minderheiten geworden, und die Einwohnerschaft besteht heute mehrheitlich aus Mestizen.

Allerdings konzentrieren sich die Mestizen vor allem in den ländlichen Gebieten entlang der Agrargrenze (Murillo Chaverri 1988: 99, 101; Gabbert 1992: 316-318; Woods/Perry/Steagall 1997: 73, 77-81). Deshalb bilden indigene oder afroamerikanische Gruppen in Teilen des karibischen Randsaums weiterhin die Mehrheitsbevölkerung. Partiell existieren sogar immer noch ethnisch weitgehend homogene Gebiete.

Die massive mestizische Zuwanderung wird von Creoles insbesondere in Belize als Bedrohung der nationalen Identität wahrgenommen. Die Nachkommen der freien Schwarzen und afrikanischen Sklaven waren seit der Mitte des 18. Jahrhunderts die größte Bevölkerungsgruppe Belizes gewesen und hatten den Charakter des Landes weitgehend bestimmt. Aufgrund der Beziehungen zum britischen Empire und der Beherrschung des Englischen als Sprache der Verwaltung und des Bildungswesens war es ihnen allmählich gelungen, die Mehrheit der Positionen im öffentlichen Dienst zu besetzen. Darüber hinaus genossen sie allgemein einen höheren Status als die anderen Bevölkerungsgruppen und betrachteten sich den Bewohnern ihrer zentralamerikanischen Nachbarstaaten gegenüber häufig als "zivilisierter" (Moberg 1997: 10-14, 86f.; Sutherland 1998: 26f.). Wie die folgende Tabelle zeigt, hat sich die demographische Struktur Belizes seit den 1980er Jahren jedoch grundlegend verändert.

---

10 Die Gesamtbevölkerung Belizes lag zu diesem Zeitpunkt bei weniger als 190.000 Einwohnern.

Tabelle 1: Bevölkerung von Belize

	1980	%	1991	%
Creoles	57.700	39,7	56.439	29,8
Mestizen	48.100	33,1	82.575	43,6
Garifuna	11.050	7,7	12.500	6,6
Maya	13.850	9,5	21.022	11,1
Mennoniten	4.800	3,3	5.871	3,1
Inder	3.050	2,1	6.629	3,5
Andere	6.800	4,7	4.356	2,3
Gesamt	145.350	100,0	189.392	100,0

Quelle: Zensus (1980; 1991) nach Moberg (1997: 85).

Die Mestizen haben die Creoles als größte Bevölkerungsgruppe abgelöst. Zu Beginn der 1990er Jahre war jeder sechste Einwohner Belizes in Guatemala, El Salvador oder Honduras geboren (Moberg 1997: 84f.; Woods/Perry/ Steagall 1997: 76-82). Vor diesem Hintergrund besteht unter Afroamerikanern die Befürchtung, in eine ähnlich marginalisierte Rolle gedrängt zu werden wie in den anderen zentralamerikanischen Staaten, wo rassistische Haltungen immer noch verbreitet sind. Zudem hat die Zuwanderung von Mestizen in den ländlichen Gebieten Belizes zu einem Absinken des Lohnniveaus und zur Verdrängung einheimischer Arbeitskräfte geführt (Moberg 1997: 88-90, 166-170; Woods/Perry/Steagall 1997: 84).

Diese Bedingungen könnten in der Zukunft zu einer wachsenden Ethnisierung der Politik und zu einer Zuspitzung interethnischer Konflikte in Belize führen. Für eine solche Möglichkeit sprechen die gegen die Immigration von spanischsprachigen Mestizen gerichtete Rhetorik der *United Democratic Party* (UDP)[11] in Wahlkämpfen und Tendenzen zur Entwicklung einer gemeinsamen afroamerikanischen Identität von Creoles und Garifuna als politisches Gegengewicht zur wachsenden Mestizen-Bevölkerung (Moberg 1997: 14-17, 83, 87f.; Sutherland 1998: 82-85).

---

11 Die konservative UDP ist neben der sozialdemokratischen *People's United Party* (PUP), eine der beiden großen Parteien des Landes.

6. Fazit

Die Lokalbevölkerungen des karibischen Randsaums befinden sich in allen Ländern Zentralamerikas in einer schwierigen Situation. Für die indianischen Gruppen ist die Sicherung der Landrechte die zentrale Herausforderung der nächsten Jahre. Die stärker urbanisierten Afroamerikaner leiden hingegen vor allem unter dem massiven Mangel an Arbeitsplätzen in den Städten. Zwar haben sich die Regierungen der zentralamerikanischen Staaten auf Druck der Internationalen Finanzinstitutionen in den letzten Jahren auf eine Politik der Verwaltungsdezentralisierung verpflichten lassen; es bleibt jedoch abzuwarten, ob dies zu einer Verbesserung der Lage der Bevölkerung führt. Skepsis ist angebracht, denn vielfach wurden den Gemeinden zwar neue Zuständigkeiten übertragen – dies war jedoch häufig nicht mit einer entsprechenden finanziellen Ausstattung verbunden.[12] Während im Falle der Afroamerikaner eine weitere Zunahme der Emigration zu erwarten ist, lässt sich bei vielen indianischen Gruppen eine wachsende ethnische Militanz feststellen.

---

12 Vgl. z.B. für Nicaragua González Pérez (1997: 411-419).

Tabelle 2

Creoles in Zentralamerika		
Belize	56.439	Zensus (1991)
Honduras	13.000	Grimes (2002); Schätzung (1998)
Nicaragua	30.000	Grimes (2002); Schätzung (1986)
	50.000	González (1997: 35); Schätzung (1991)
Costa Rica	55.100	(Grimes 2002, Schätzung 1986)
Panama	299.000	(Grimes 2002, Schätzung 1998)
Garifuna in Zentralamerika		
Belize	12.500	(Zensus 1991)
Guatemala	16.700	(Grimes 2002, Schätzung o.J.)
	30.240	(eigene Berechnung n. Zensus 1988)
Honduras	98.000	(Grimes 2002, Schätzung 1993)
Nicaragua	3.068	(González 1997:35, Schätzung 1991)
Miskitu in Zentralamerika		
Honduras	30.240	(eigene Berechnung n.Zensus 1988)
	29.000	(Grimes 2002, Schätzung 1993)
Nicaragua	70.122	(González 1997:35, Schätzung 1991)
	154.400	(Grimes 2002, Schätzung 1993)
nur RAAN	84.935	(Buvollen/Buvollen 1994:19, 1991)
Guaymie in Zentralamerika		
Costa Rica	5.000	(Grimes 2002, Schätzung 1998)
Panama	128.000	(Grimes 2002, Zensus 1990)
Kuna in Zentralamerika		
Panama	50-70.000	(Grimes 2002, Schätzung 1995)

Literaturverzeichnis

Adams, Richard N. (1993): "Etnías y sociedades (1930-1979) ". In: Pérez Brignoli, Héctor (Hrsg.): *Historia general de Centroamérica*, Bd. V. Madrid, S. 165-243.

AID-JAPDEVA (1982): *Programa de asistencia para el mejoramiento de los barrios marginados de Limón*. O.O.

Altenburg, Tilman (1988): "Die Erschließung der atlantischen Abdachung und die Guaymí-Indianer: Konflikte zwischen landwirtschaftlicher Kolonisation, Naturschutz und indianischer Autonomie in Bocas del Toro, Panama". In: Fiege, Karin/Ramalho, Luiz (Hrsg.): *Agrarkrisen. Fallstudien zur ländlichen Entwicklung in der Dritten Welt*. Saarbrücken/ Fort Lauderdale, S. 237-259.

Anaya, S. James (2000): *The Mayagna Indigenous Community of Awas Tingni and its Effort to gain Recognition of Traditional Lands: The Community's Case before the Human Rights Institutions of the Organization of American States*. Diskussionspapier zur Vorlage beim Kongress der Latin American Studies Association, Hyatt Regency Miami, 16.- 18.03.2000.

Associated Press (2005): *Belize Leader Threatens to take Border Dispute with Guatemala to U.N. Court*, 20.05.2005.

Barricada Internacional (1990): Wochenzeitung (Managua, Nicaragua), Ausgabe vom 8.9. 1990.

Bolland, Nigel O. (1977): *The Formation of a Colonial Society. Belize, from Conquest to Crown Colony*. Baltimore.

Business News Americas (2004): *Government Blocks Highway Plan through Darien Gap*, 29.11.2004.

Buvollen, Hans Petter/Buvollen, Hai Almquist (1994): "Demografía de la RAAN". In: *Wani*, 15: 5-19.

Buvollen, Hans Petter/Große, Robert (1994): "Die Mühen der Autonomie: Die Atlantikküste von Nicaragua". In: Dirmoser, Dietmar et al. (Hrsg.): *Lateinamerika – Analysen und Berichte*, Bd. 18. Unkel, S. 131-43.

Carvajal, Guillermo/Driori, Israel (1987): "La diversidad étnico-cultural en la región atlántica y los problemas de integración socio-espacial al contexto regional costarricense". In: *Revista Geográfica*, 106: 19-67.

Chacón Castro, Rubén/Cajiao Jiménez, María/Guevara Berger, Marcos (1999): *El estado y la recuperación de tierras en las reservas indígenas de Costa Rica (1977-1995)*. San José (Costa Rica).

Conniff, Michael L. (1983): *Black Labor on a White Canal: West Indians in Panama, 1904-1980*. Albuquerque (NM).

Floyd, Troy S. (1967): *The Anglo-Spanish Struggle for Mosquitia*. Albuquerque (NM).

Gabbert, Wolfgang (1985): *Die Atlantikküste Nicaraguas – fehlende nationalstaatliche Integration, Erbe von Kolonialismus und Bereicherungsdiktatur*. Kassel (*Entwicklungsperspektiven*, 15/16).

— (1990): "Das 'Königreich Mosquitia' – eine ethnohistorische Untersuchung zur politischen Organisation der Miskito, 1670-1821". In: *Wiener Ethnohistorische Blätter*, 35: 45-70.

— (1992): *Creoles – Afroamerikaner im karibischen Tiefland von Nicaragua*. Münster.

— (1999): "Cultural Cleavages in Central America: The Case of Afro-Americans and the National State in Costa Rica". In: *Asien, Afrika, Lateinamerika*, 27: 159-178.

González Pérez, Miguel (1997): *Gobiernos pluriétnicos: La constitución de regiones autónomas en Nicaragua*. México D.F.

Grigsby, William (2004): "Elecciones Municipales 2004 – Cifras para la valoración del triunfo del FSLN-Convergencia". In: *Revista Envío*, 272 <http://www.envio.org.ni/articulo/2656>.

Grimes, Barbara F. (2002): *Ethnologue: Languages of the World* (14. Aufl.) <http://www.ethnologue.com> (10.09.2006).

Hale, Charles (1994): *Resistance and Contradiction. Miskitu Indians and the Nicaraguan State, 1894-1987*. Stanford.

Herranz, Atanasio (1996): *Estado, sociedad y lenguaje. La política lingüística en Honduras*. Tegucigalpa.

Hill, Carole E. (1994): "National and Cultural Influences on Economic Development, Political Decision Making, and Health Care Changes in the Rural Frontier of Costa Rica". In: *Human Organization*, 53.4: 361-371.

Howe, James (1998): *A People who would not kneel. Panama, the United States and the San Blas Kuna*. Washington/London.

Jones, David W./Glean, Carlyle A. (1971): "The English-speaking Communities of Honduras and Nicaragua". In: *Caribbean Quarterly*, 17.2: 50-61.

Kepner, Charles David Jr. (1967): *Social Aspects of the Banana Industry*. New York (Nachdruck der 1. Aufl. 1936).

La Nación (1997): Tageszeitung (San José, Costa Rica), Ausgabe vom 28.08.1997.

Lizcano Fernández, Francisco (2000): *Desarrollo socioeconómico de América Central en la segunda mitad del siglo XX*. Toluca.

Meschkat, Klaus (1987): "Anmerkungen und Dokumente zum Autonomieprojekt für die Atlantikküste Nicaraguas". In: Meschkat, Klaus et al. (Hrsg.): *Mosquitia – die andere Hälfte Nicaraguas: Über Geschichte und Gegenwart der Atlantikküste*. Hamburg, S. 277-303.

Moberg, Mark (1997): *Myths of Ethnicity and Nation. Immigration, Work, and Identity in the Belize Banana Industry*. Knoxville.

Murillo Chaverri, Carmen (1988): "Costa atlántica costarricense: cultura y dinámica regional". In: *Estudios Sociales Centroaméricanos*, 48: 93-114.

Newton, Velma (1984): *The Silver Men: West Indian Labour Migration to Panamá, 1850-1914*. Mona.

Oertzen, Eleonore von (1987): "Indianer am Rande des Britischen Empire. Kolonialismus in der Mosquitia 1635-1860". In: Meschkat, Klaus et al. (Hrsg.): *Mosquitia – die andere Hälfte Nicaraguas: Über Geschichte und Gegenwart der Atlantikküste*. Hamburg, S. 25-63.

Olien, Michael D. (1977): "The Adaptation of West Indian Blacks to North American and Hispanic Culture in Costa Rica". In: Pescatello, Ann M. (Hrsg.): *Old Roots in New Lands*. Westport, S. 132-155.

Roberts, George W. (1957): *The Population of Jamaica*. Cambridge.

Sandner, Gerhard (1985): *Zentralamerika und der ferne Karibische Westen: Konjunkturen, Krisen und Konflikte, 1503-1984*. Stuttgart.

Solien González, Nancie (1988): *Sojourners of the Caribbean. Ethnogenesis and Ethnohistory of the Garifuna*. Urbana/Chicago.

Sutherland, Anne (1998): *The Making of Belize. Globalization in the Margins*. Westport.

Thomas-Hope, Elizabeth M. (1978): "The Establishment of a Migration Tradition: British West Indian Movements to the Hispanic Caribbean in the Century after Emancipation". In: Clarke, Colin G. (Hrsg.): *Caribbean Social Relations*. Liverpool, S. 66-81.

Vilas, Carlos (1992): *Estado, clase y etnicidad: La Costa Atlántica de Nicaragua*. México D.F.

Wali, Alaka (1995): "La política de desarrollo y las relaciones entre región y estado: El caso del oriente de Panamá, 1972-1990". In: *Mesoamérica*, 29: 125-158.

Wani (1998): 23.

Woods, Louis A./Perry, Joseph M./Steagall, Jeffrey W. (1997): "The Composition and Distribution of Ethnic Groups in Belize: Immigration and Emigration Patterns, 1980-1991". In: *Latin American Research Review*, 32.3: 63-88.

Meike Heckt

Perspektiven der Maya im 21. Jahrhundert.
Multiethnische Nation und nationale Identität in Guatemala

Seit einigen Jahren ist der Begriff "Maya" Bestandteil im Vokabular verschiedener Gruppen in der guatemaltekischen Gesellschaft geworden. Es ist ein relativ neuer Begriff in der Geschichte des Kollektivs, das ihn benutzt, wie auch in der Beziehung zu den anderen Guatemalteken: als Selbst-Identifikation existiert er noch nicht länger als 20 Jahre. Aber seine Einführung, insbesondere seine ideologischen Konnotationen, bedeutet eine Revolution, einen Vorschlag der radikalen Veränderung in der Art und Weise, wie die ethnische Differenz in Guatemala betrachtet wird, und der Formen des politischen Umganges damit. [...]
Mit dem Beginn des 21. Jahrhunderts haben diejenigen Initiativen, die vor einigen Jahrzehnten angefangen haben, eine Reihe von Rechten einzufordern, sich im Kontext dieser Selbst-Identifikation als "Maya" gefestigt. Aber: Was bedeutet "Maya sein"? Welche politischen Implikationen sind damit verbunden? Welche Ideologie "des Ethnischen" steht hinter dem Begriff? (Bastos 2005: 2f.).

1. Die multiethnische Gesellschaft Guatemalas

Die guatemaltekische Gesellschaft nimmt allein durch ihren hohen Anteil an indigener Bevölkerung in Zentralamerika eine Sonderrolle ein. Je nach Quelle (und Interessenlage) variieren die Schätzungen, ob *indígenas* etwas mehr oder weniger als die Hälfte der Bevölkerung stellen. Die jährlich erscheinenden Berichte des PNUD <www.pnudguatemala.org> zur Entwicklung in Guatemala beziehen sich auf die im offiziellen Zensus von 2002 ermittelten 39,5% Anteil an der Gesamtbevölkerung. Maya-Organisationen gehen dagegen von bis zu 60% Anteil an der Bevölkerung aus. In den offiziellen Statistiken taucht der Faktor "ethnische Zugehörigkeit" eher als Randthema auf und es wird vermieden, klare Zahlen zu benennen – die logische Konsequenz einer Politik, nach der die multiethnische Konstitution der guatemaltekischen Gesellschaft weitgehend verdrängt oder nicht wahrgenommen wird. Es ist also realistisch, davon auszugehen, dass die Zahl 39,5% einen "Mindestwert" darstellt. Weiterhin ist zu berücksichtigen, dass die Selbst-Identifikation als Maya oder *indígena* in Guatemala "von der jeweiligen Situation" abhängig sein kann – die Frage, sich als Maya zu identifizieren

oder nicht, kann gerade im Falle vieler zweisprachig und interkulturell auf-
gewachsener Jugendlicher so oder so beantwortet werden.

Wenn man also von einem *indígena*-Anteil zwischen 40% und 55% der
Bevölkerung ausgeht, so hebt diese Zahl Guatemala deutlich ab von den
Nachbarländern Honduras, Nicaragua und El Salvador, wo die Mestizisie-
rung ganz andere Verhältnisse geschaffen hat und der Anteil indianischer
Ethnien schon in der ersten Hälfte des 20. Jahrhunderts auf unter 10% abgesunken ist. Guatemala ist hingegen, zusammen mit Bolivien, das Land mit
dem höchsten indianischen Bevölkerungsanteil geblieben. Zu dieser Situation gehört, dass die *indígenas* bis heute von verschiedenen Formen der Ausgrenzung und Diskriminierung betroffen sind. Zwar ist neuerdings auch in
Guatemala der offizielle Diskurs durchsetzt von "politisch korrekten" Lip-
penbekenntnissen zur Bedeutung der multikulturellen Gesellschaft, die reale
Lebenswelt des größten Teils der indigenen Bevölkerung Guatemalas steht
jedoch im krassen Gegensatz dazu. So sind beispielsweise die Departments,
in denen ein hoher Anteil von *indígenas* lebt, nicht zufällig genau die Departments, die in hohem Maße von Armut und extremer Armut betroffen
sind (Berichte PNUD) und die öffentliche Infrastruktur ist in eben diesen
Regionen besonders schwach ausgeprägt. Die Kluft zwischen arm und reich
zieht sich entlang einer ethnischen Grenze, und sie wird mit den Jahren immer größer, anstatt sich zu verringern.

Die indigene Bevölkerung Guatemalas setzt sich zusammen aus 21 eth-
nolinguistischen Gruppen, die zur Sprachfamilie der Maya zählen. Hinzu
kommen die Xinca als indigene Gruppe, die nicht zur Familie der Maya
gehört und die Garifuna, eine Gruppe karibischer Einwanderer, Nachkommen entflohener Sklaven.

Die nicht-indigene Bevölkerung Guatemalas wird meist als *ladinos* bezeichnet (eine Minderheit unter ihnen besteht heute auf der Selbstidentifikation als *Mestizen*, weil sie den Begriff *ladino* als negativ auffasst). Die *ladinos* bilden eine heterogene Gruppe, welche in der Kolonialzeit zunächst die
Nachkommen verschiedener Gruppen von Einwanderern einschloss, aber
auch die Nachkommen von *indígenas*, die sich der herrschenden europäischen Ordnung anpassten und eigentlich alle möglichen Bevölkerungsgruppen aufnahm, die sich hauptsächlich durch die gemeinsame Identifikation als
"Nicht-*indígenas*" auszeichnete (Smith 1990). *Ladino* ist in diesem Sinne
eine kulturelle Kategorie, und jede Vorstellung von "rassischer" Zugehörigkeit ist hier verfehlt. Über die Jahre hat durch die (vom Staat unterstützte)
strikte Abgrenzung der *ladinos* gegenüber den *indígenas* die Vorstellung der

Ethno-linguistische Gruppen in Guatemala

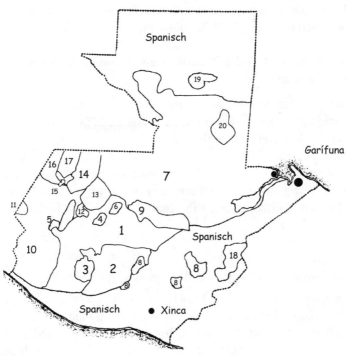

Maya-Sprachen

1. K'iche´	11. Teko (Tektiteco)
2. Kaqchikel	12. Awakateko
3. Tz'utujil	13. Ixil
4. Sakapulteco	14. Q'anjob'al
5. Sipakapense	15. Akateko
6. Uspanteko	16. Popti´ (Jacalteco)
7. Q'eqchi'	17. Chuj
8. Poqomam	18. Ch'orti'
9. Poqomchi´	19. Itzaj
10. Mam	20. Mopan

Nach: "Maya y Ladinos en Cifras" (Tzian 1994).

eigenen Überlegenheit und die identifikationsstiftende Funktion der Zurückweisung indigener Kultur und Lebensformen eine Polarisierung der
Positionen stattgefunden, so dass die Gesellschaft heute zwischen beiden
Gruppen ethnisch gespalten ist. Obwohl sowohl die ethnische Zusammensetzung der guatemaltekischen Bevölkerung insgesamt viel komplexer und

heterogener ist als es diese Zweiteilung darstellt und auch die Gruppe der *ladinos* bis heute keine Anzeichen von Homogenität aufweist, besteht in der öffentlichen Darstellung und Meinung eine solche schwarz-weiß Zweiteilung zwischen *indígenas* und *ladinos* fort.

2. Rückblick: Kulturelle Pluralität und ethnisch legitimierte Ausgrenzung

Eine fast 500-jährige Geschichte der Ausgrenzung indigener Bevölkerung in Guatemala bildet den Hintergrund des aktuellen Szenarios. Um die jüngeren Debatten zu kultureller Pluralität und Multikulturalität zu verorten, ist ein Blick auf die Geschichte verschiedener Formen der Ausgrenzung indigener Bevölkerung hilfreich. Zusammenfassend lassen sich folgende historische Phasen in Bezug auf die interethnischen Beziehungen und die jeweils dahinter stehenden Politikansätze, die ethnische Pluralität in Guatemala betreffend, unterscheiden.

2.1 Indígenas in der guatemaltekischen Gesellschaft: Eine Chronologie verschiedener Formen der Ausgrenzung

Zur vorspanischen Zeit (bis 1524) lässt sich festhalten, dass verschiedene politische Konstellationen existierten: Neben kleinen und großen Königreichen gab es zeitweise auch große Imperien und verschiedene Stadtstaaten. Diese politischen Konstrukte hatten ihre jeweils eigene, geschichtete, soziale Organisation sowie juristische und politische Systeme, wobei religiöse Würdenträger großen Einfluss ausübten. Es existierten verschiedene Sprachen und kulturelle Ausdrucksformen, dabei kam den Händlern eine wichtige Rolle als Vermittler und Übersetzer unter den Gruppen zu. In der sozialen Schichtung spielte die ethnische Herkunft mit hoher Wahrscheinlichkeit eine wichtige Rolle. In den Beziehungen der ethnischen Gruppen untereinander gab es unterschiedliche Formen, neben engem Austausch und Zusammenarbeit fanden sich (Heirats-)Allianzen, aber auch sehr konfliktreiche Beziehungen und Konkurrenz, bis hin zu langjährigen blutigen Kriegen (Lovell 1988).

2.1.1 Die spanische Kolonie (1524-1821): Segregation

In der Zeit der spanischen Kolonie gab es der Idee nach zwei nebeneinander funktionierende politische Systeme: Die "Republik der Spanier" und die "Republik der Indios". Die erste wurde aber per Gesetz gegenüber der zweiten bevorzugt behandelt. Das ökonomische Fundament der kolonialen Ordnung ruhte auf der Ausbeutung der *indígenas* durch die Kolonialherren als billige Arbeitskräfte sowie auf der Ausbeutung ihres Landes. Dieses System bezog sich auf die Ideologie einer "rassischen" und kulturellen Überlegenheit der Europäer und war eng verbunden mit dem Versuch, die indigene Kultur vollständig zu zerstören (*ibid.*; Taracena et al. 2002).

2.1.2 Die Unabhängigkeit (1821-1870): "Schutzräume" für indígenas

Mit der Unabhängigkeit ab 1821 wurde die Regierungsgewalt zunächst von der liberalen Fraktion der Oligarchie übernommen. Sie öffnete das Land englischen Kapitalgesellschaften und hob die Sonder- und Schutzrechte für die *Indigena*-Bevölkerung aus der Kolonialzeit auf, was zum Ruin der gewerblichen Produktion und zur Verarmung gerade der indianischen Bauernbevölkerung führte. Der Einbruch "moderner" Entwicklung verlief traumatisch und führte zu dem großen Volksaufstand unter dem Bauernführer Rafael Carrera. Carrera wurde der neue Diktator des Landes und errichtete zusammen mit dem konservativen Teil der Oligarchie sowie der katholischen Kirche ein tyrannisches Regime, das an die paternalistischen Herrschaftsformen der spanischen Kolonialzeit anknüpfte. Der abrupte Wechsel von der liberalen Modernisierung zur konservativen Reaktion ist Ausdruck eines spezifischen Dilemmas in der Geschichte Guatemalas: Der "Fortschritt" wurde als sozialer Abstieg und kulturelle Entfremdung erfahren, aber das Gegenmodell bestand darin, die Unterdrückung und Entmündigung der Kolonialzeit wieder einzuführen. Für die *indígena*-Dörfer gab es unter Carrera aber immerhin die Chance, in begrenztem Rahmen ihre eigenständigen Lebensformen aufrechtzuerhalten, da ihnen die ökonomische Basis erhalten blieb (Smith 1990; Taracena et al. 2002).

2.1.3 Die "Liberalen Reformen" (1871-1944): Die homogene Nation

Die Machtübernahme der "Liberalen" ab 1871 führte zu einem Wandel innerhalb der herrschenden Gruppe: Die *criollos*, d.h. die alte Oligarchie, entdeckten die *ladinos* als strategisch wichtige Gruppe in der Gesellschaft. In dieser Phase erweiterten die *ladinos* ihre wirtschaftliche und politische Macht, und einigen gelang der Aufstieg in die herrschende Elite der *criollos*. Es begann der Aufbau eines monokulturellen Nationalstaates, der sich auf eben diese Idee des "Nicht-*indígena*-seins" als gemeinsamen Identifikationspunkt bezog – in dieser Phase wurde der Rassismus zum ideologischen Fundament der guatemaltekischen Gesellschaftsordnung. Der "Indio" wurde als "nationales Problem", im Sinne von "Hindernis für den Fortschritt" gesehen, wobei die Wirtschaft mehr denn je auf der von *indígenas* geleisteten Zwangsarbeit aufbaute. Die offizielle Politik propagierte die "Modernisierung", was gleichgesetzt wurde mit der Überwindung der indigenen Kultur. Die *indígenas* sollten sich einerseits kulturell an die Werte der *ladinos* anpassen – andererseits mussten sie weiterhin als billige Arbeitskräfte der Wirtschaft zur Verfügung stehen (Smith 1990; Taracena 2002).

2.1.4 Die revolutionären Regierungen (1944-1954): "Entwicklung" und Aufbau der Nation

Die Politiker des so genannten "Demokratischen Frühlings" verfolgten das Ziel, eine moderne guatemaltekische Nation zu etablieren. Ihnen war daran gelegen, Möglichkeiten der demokratischen Partizipation für bislang benachteiligte Gruppen der Bevölkerung zu eröffnen. Unter den Regierungen von Arévalo und Arbenz wurden *indígenas* verallgemeinernd als Bauern betrachtet. Eine Folge davon war, dass wohlgemeinte politische Maßnahmen zur Verbesserung der Lebenssituation von *indígenas* sich auf den Bereich "ländliche Entwicklung" beschränkten. Die indigene Kultur wurde als rückschrittlich betrachtet, im Sinne von Modernisierung galt es, diese hinter sich zu lassen und Anschluss an die "moderne Welt" zu suchen (Handy 1984).

Ein Hauptziel der "demokratischen Revolutionäre" war der Aufbau eines modernen Staates in Guatemala, der allen seinen Bürgern gerechte Chancen bieten sollte. Die indigenen Kulturen wurden jedoch weiterhin als Hindernis für Fortschritt und Entwicklung der Nation aufgefasst. Daraus resultierte eine paternalistische Modernisierungspolitik. Trotz der wohlgemeinten Intention, Ausgrenzung und Benachteiligung von *indígenas* in der guatemaltekischen Gesellschaft zu überwinden, fand mit eben dieser Grundannahme, dass indigene Kultur im Gegensatz zum angestrebten Fortschritt für alle stünde, eine Herabwürdigung von *indígena*-Kultur statt, welche historische Muster aufgriff und weiterführte (*ibid.*; Taracena 2002; Heckt 2004a).

2.1.5 Die Militärregierungen (1954-1985): Gewalt und Repression

Mit der Konterrevolution 1954 wurden zunächst alle Reformmaßnahmen des "Demokratischen Frühlings" zurückgenommen. Es fand eine Rückkehr zum vorherigen politischen, wirtschaftlichen und ideologischen System statt. Mit autoritären und repressiven Maßnahmen wurde die alte Ordnung wieder hergestellt. Das bedeutete, dass es zu einer starken Repression gegen soziale

Bewegungen kam und die *indígena*-Bevölkerung wieder zu billigen Arbeitskräften degradiert wurde (Handy 1984).

Mit dem bewaffneten Aufstand der Guerilla ging dann ab den 1970er Jahren eine Polarisierung der Gesellschaft einher. Der Guerilla-Krieg diente den herrschenden Militärregierungen als Vorwand für bewaffnete Aktionen gegen die Zivilbevölkerung. Jetzt wurden die *indígenas* verstärkt von der staatlichen Gewalt betroffen, allein aufgrund ihrer ethnischen Herkunft wurden sie zur Zielscheibe der Repression der Militärregierungen.

In dieser Phase begannen gesellschaftliche Debatten über Rassismus und Ausgrenzung in Guatemala. Von Seiten verschiedener *indígena*-Organisationen wurden erstmals Forderungen nach besonderen kulturellen Rechten formuliert.

2.1.6 Übergangs- und Nachkriegszeit (seit 1985): Formelle Anerkennung von Multikulturalität sowie der Existenz von Rassismus

Im Rahmen der Debatten um die Friedensabkommen wurden in den 1990er Jahren auch die Themen Diskriminierung, Rassismus und ethnisch legitimierte Ausgrenzung wieder aufgegriffen und öffentlich diskutiert. Mit Unterzeichnung der Friedensabkommen kam es erstmalig zu einer offiziellen Anerkennung der Tatsachen, dass Guatemala eine multiethnische Nation ist und der Rassismus in dieser Gesellschaft ein ungelöstes soziales Problem darstellt.

Seitdem haben die verschiedenen Regierungen und die Mitarbeiter staatlicher Instanzen und Behörden auf der Diskursebene einen gewissen Prozess der Sensibilisierung in der Thematik "Multikulturalität und Rassismus" durchlaufen. In der politischen Praxis sind ausgrenzende Handlungsweisen weiterhin weit verbreitet.

2.2 Die Tabuthemen "nationale Identität" und "Rassismus in Guatemala"

Das Thema Identität ist in Guatemala wie ein alter Koffer, der schon seit vielen Jahren vergessen auf einem Schrank gestanden hat. Er ist völlig verstaubt und es ist besser, ihn stehen zu lassen, dort wo er ist, weil beim Öffnen wahrscheinlich massenhaft Küchenschaben herauskämen [...].

Dieser Kommentar eines engagierten, progressiven Vertreters aus dem Spektrum der Basisorganisationen datiert aus den späten 1990er Jahren, noch vor der Unterzeichnung der Friedensabkommen. Er macht deutlich, wie schwierig es lange Zeit war, in Guatemala über Fragen "nationaler Identität" zu diskutieren. Das Thema ist besetzt mit Befürchtungen, Ängsten und anderen negativen Gefühlen, was wiederum mit der Geschichte der Herausbildung von nationaler Identität seit der Unabhängigkeit Guatemalas zu tun hat. Die Idee einer modernen Nation Guatemala bezog sich niemals auf die tatsächlich heterogene Zusammensetzung seiner Bevölkerung, sondern verfolgte vielmehr das Ziel der Homogenisierung. Das bedeutete konkret, dass Aspekte indigener Kultur und Lebensweisen negiert, als "rückschrittlich" abgelehnt, unterdrückt und bekämpft wurden. Ziel war die "Ladinisierung" der Bevölkerung, wobei man sich sehr stark zunächst an europäischen, später auch an US-amerikanischen Werten und Gewohnheiten orientierte, welche als "fortschrittlich" und "überlegen" galten.

Angesichts der großen kulturellen Vielfalt wurde in dem Prozess der angestrebten Homogenisierung ab 1871 jedoch das "Nicht-*indígena*-sein" zum wichtigsten gemeinsamen Nenner. So wurde die rassistisch begründete Ablehnung und verächtliche, herablassende Haltung gegenüber den *indígenas* bald zum verbindenden, identitätsstiftenden Element der neuen Nation Guatemala. Anstelle von positiven gemeinsamen Orientierungspunkten, gemeinsamen Werten oder Traditionen, fand sich diese heterogene Gruppe der *ladinos* vereint in ihrer negativen Abgrenzung von den *indígenas* (Garbers 2002; Adams/Bastos 2003).

Diese auf Unterdrückung basierende Identifikation hat ein schlechtes Gewissen zur Folge, das sich unter den Herrschenden und Privilegierten in einer unterschwelligen Angst davor äußert, dass "die *indígenas* aus den Bergen" kommen könnten, um sich zu rächen oder Rechte einzufordern.

2.2.1 Rassismus ohne "Rasse"

Viele Stimmen vertreten die Auffassung, dass man im Falle Guatemalas nicht im eigentlichen Sinne von Rassismus sprechen könne, da bei der Diskriminierung nicht biologisch, sondern kulturell argumentiert werde (vgl. zu dieser Debatte Smith 2004; Hale 2004). Hier finden wir in der Tat eine komplexe Situation vor. Zum einen aufgrund der Tatsache, dass die Gruppe der *ladinos* in keiner Weise biologisch abgrenzbar ist, im Gegenteil: Sie setzt sich aus einem extrem heterogenen Mosaik von Menschen unterschiedlichster Herkunft zusammen, welches sowohl Europäer als auch Schwarze, Asiaten und eben *indígenas* umfasst, inklusive aller denkbarer Formen der Kombination unter diesen Gruppen. Zum anderen finden wir aber im ideologischen Diskurs eben dieser *ladinos* eine sehr strikte Abgrenzung von der Bevölkerungsgruppe der *indígenas*, welche als minderwertig und unterlegen konstruiert wird. In dieser Abgrenzung von den *indígenas* findet sich das

Hauptmotiv ihrer Selbstidentifikation. Hierbei wird sowohl mit kultureller als auch mit rassischer Differenz (meint: Unterlegenheit) von *indígenas* argumentiert, wobei im streng logischen Sinne das biologische "Rasse"-Argument falsch ist. Das hier benutzte, stark essentialistisch geprägte Verständnis von Kultur stellt insofern einen Ersatz für das teilweise unpassende "Rasse"-Konzept dar. Wichtig ist festzustellen, wo "Rasse" gemeint ist, wenn "Kultur" benannt wird.

Auch wenn hier also eine argumentative Vermengung von Positionen stattfindet, die sich je nach Bedarf auf "Rasse" oder "Kultur" als Ursache für die konstruierte Höher- bzw. Minderwertigkeit beziehen, trifft für beide Formen der Diskriminierung die Zuordnung unter das Phänomen des Rassismus zu. Dabei ist es notwendig, die jeweilige Argumentation genau zu betrachten und biologische Legitimationen nicht mit kulturellen einfach gleichzusetzen. Gleichwohl sind beide so eng miteinander verknüpft, dass nicht die eine (die kulturelle) als "harmloser" als die andere (biologische) zu verstehen ist. So kann der Begriff "Kultur" bei Bedarf den Terminus "Rasse" ersetzen, wenn es darum geht, rassistische Denk- und Handlungsweisen aufrecht zu erhalten. Wenn dies der Fall ist, ist es korrekt, den Ausgrenzungsmechanismus als solchen auch zu benennen, eben als Rassismus, auch wenn mit "Kultur" argumentiert wird (Hale schlägt dafür den Begriff des "kulturellen Rassismus" vor, 2004).

Historisch betrachtet ist eine zentrale Grundlage des Rassismus die Legitimation europäischer Machtansprüche gegenüber den Ureinwohnern in den Kolonien. Hierbei spielte die biologische Konstruktion der Höherwertigkeit von Menschen europäischer Herkunft ("Rasse") eine zentrale Rolle. Rassismus war von Beginn an ein Konstrukt, das biologisch argumentiert. Je nach Situation kann aber auch die Vorstellung "kultureller Differenz" an die Stelle der "Rasse"-Idee treten.

"Der Rassismus ist eine der besten Rechtfertigungen, eines der besten Symbole der Unterdrückung" stellte Albert Memmi bereits in den 1980er Jahren fest. Er befasste sich mit Grundlagen von Rassismus und formulierte folgende Definition von Rassismus als Ausgangspunkt:

> Rassismus ist die verallgemeinerte und verabsolutierte Wertung tatsächlicher oder fiktiver Unterschiede zum Nutzen des Anklägers und zum Schaden seines Opfers, mit der seine Privilegien oder seine Aggressionen gerechtfertigt werden sollen (Memmi 1992).

Ein zentrales Thema in Memmis Überlegungen war die Frage nach der Bedeutung der Unterschiede für das Zusammenleben von Menschen. Er kam zu der Feststellung:

> Es ist möglich, dass behauptete Unterschiede tatsächlich bestehen; diese Unterschiede sind an sich weder gut noch schlecht; die Betonung der Unterschiede macht allein noch nicht den Rassisten aus, sondern erst deren Gebrauch gegen den anderen zum eigenen Vorteil.

Darauf basierend beschreibt Memmi die Bedeutung der Tatsache, den "grundlegenden Mechanismus aufzudecken: [...] es geht um die Notwendigkeit, das Unrecht eines Unterdrückers gegenüber dem Unterdrückten zu rechtfertigen" *(ibid.)*.

Memmi bringt es auf den Punkt: Rassismus war (und ist) ein Mechanismus zum Erhalt von Unterdrückung und Herrschaft. Die Konstruktion von Unterschieden zur Legitimation von Unrecht funktioniert in gleicher Weise, wenn man "Rasse" durch "Kultur" ersetzt. Wichtig ist noch die Feststellung, dass es aus der Perspektive der Betroffenen keinen Unterschied macht, ob biologisch oder kulturell argumentiert wird zur Legitimation der gegen sie praktizierten Ausgrenzung. Wenn der altetablierte Machtmechanismus des Rassismus weiter funktioniert unter dem Deckmantel der Debatten um "kulturelle Unterschiede", dann ist es sinnvoll, Rassismus als solchen zu benennen (Heckt 2004b).

2.2.2 Der ideologische Widerspruch in sich

Die Ausgrenzung der indigenen Bevölkerung in Guatemala lässt sich zurückverfolgen auf die segregationistische Politik der spanischen Kolonialherren, die die *indígenas* juristisch als Bürger "zweiter Klasse" einstuften und behandelten. Vor allem aber finden sich historische Wurzeln dieser Ausgrenzung in der mit der Unabhängigkeit Guatemalas etablierten rassistischen Ideologie der "Unterlegenheit" von *indígenas*. So verfestigte sich ein bis heute weiter existierender Widerspruch innerhalb des ideologischen Konstruktes, auf das sich die Nation Guatemala bezieht:

– Einerseits gilt indigene Kultur als "rückschrittlich", "unterentwickelt" und als der Modernisierung bedürftig. Vielfach wird es sogar so dargestellt, dass "die *indígenas*" und ihre "unterentwickelte" Kultur für die gesellschaftlichen Probleme Guatemalas verantwortlich seien, wie z.B. für die weiterhin sehr hohen Analphabetenzahlen. Als Konsequenz wird die

Anpassung der *indígenas* an die Moderne gefordert, *indígenas* sollen ihre rückschrittliche Kultur hinter sich lassen.

– Andererseits basiert aber weiterhin die guatemaltekische Gesellschaftsordnung auf der ethnischen Spaltung. Insbesondere das Wirtschaftssystem würde zusammenbrechen, wenn die soziale Gruppe der *indígenas* aufhörte zu existieren und damit nicht mehr als billige Arbeitskräfte zur Verfügung stünde. Insofern war und ist die praktische Politik gegenüber den *indígenas* darauf ausgerichtet, dass diese sich nicht ernsthaft integrieren, sondern als Gruppe von Bürgern und Bürgerinnen "zweiter Klasse" weiter existieren sollen.

Es ist also ein krasser Widerspruch zwischen theoretischen Positionen in Bezug auf den gesellschaftlichen Umgang mit ethnischer Vielfalt und der konkreten Praxis festzustellen. Dieser Widerspruch und der doppelzüngige Diskurs bezüglich kultureller Vielfalt hat seinen Ursprung in der Diskrepanz zwischen offizieller Ideologie und konkreter Staatspolitik. Festzuhalten bleibt, dass das Problem der ungleichen und diskriminierenden Behandlung indigener Bevölkerung in Guatemala weiterhin ungelöst ist und dass es strukturelle Ursachen hat. Die guatemaltekische Gesellschaftsordnung baut auf der Ausgrenzung, Diskriminierung und Ungleichbehandlung von *indígenas* auf. Und der widersprüchliche Anspruch, dass sich *indígenas* einerseits an die moderne, überlegene ladinische Kultur anpassen sollten, andererseits aber auch nicht aufhören dürfen, als zweitklassige Bürger billige Arbeitskräfte zu sein, ist das Produkt offizieller Ideologie.

2.2.3 Rassismus als Problem anerkennen

Wenn schon die Behandlung des Themas "nationale Identität" vielen Guatemalteken die beschriebenen Schwierigkeiten bereitet, so ist das Tabu um das Thema Rassismus ungleich schwerer zu durchbrechen. Lange Zeit wurde einfach behauptet, dass es Rassismus in Guatemala nicht gäbe, wohl verschiedene Formen der Diskriminierung, aber das sei auch schon viel weniger dramatisch als früher, man sei auf einem guten Weg.

Diese Widerstände bei der Behandlung des Themas Rassismus wurden Stück für Stück von verschiedenen Initiativen aufgeweicht, die die Behandlung des Themas einforderten. Dabei spielten Vertreter/Innen einiger *indígena*-Organisationen eine Rolle, aber auch progressive Gruppen aus dem akademischen Feld (z.B. Arenas Bianchi/Hale/Palma Murga 1999). Sie alle bezogen sich argumentativ auf die Teile der Friedensabkommen, in denen

Rassismus und Diskriminierung als gesellschaftliche Probleme anerkannt werden.

Die Debatte befindet sich derzeit in einer Phase, in der weiterhin überwiegend darüber gestritten wird, ob es Rassismus gibt oder nicht, d.h. es geht weiterhin um die Anerkennung des Problems als solches. Daneben finden sich auch erste Vorschläge zur Lösung des Problems, wie zum Beispiel Gesetzesvorlagen für ein Antidiskriminierungsgesetz. Eine Vertiefung der Arbeit gegen Diskriminierung steht noch aus.

3. Ein Forschungsprojekt über "Maya in der guatemaltekischen Gesellschaft": Vielfältige Sichtweisen auf kulturelle Pluralität

In den Diskussionen um die sozialen Perspektiven in Guatemala stellen die von Santiago Bastos im einführenden Zitat skizzierten Fragen nach der Bedeutung und den politischen Implikationen der "Maya"-Identität für die guatemaltekische Gesellschaft einen wichtigen Aspekt dar. Seit gut einem Jahr arbeitet eine Forschungsgruppe an dem Thema "Mayanisierung und Alltag – Ideologie und Diskurs über Multikulturelles in der guatemaltekischen Gesellschaft". Hier werden verschiedene Debatten um den Charakter der guatemaltekischen Gesellschaft sowie konkrete Aspekte der Praxis von Multikulturalität in dieser Gesellschaft untersucht. Die Wissenschaftler betonen, dass es in dem Projekt nicht in erster Linie um "die Maya" geht, sondern um die Guatemalteken und ihre Gesellschaft.

Die Fallstudien ermöglichen eine neue Sichtweise auf unterschiedliche Bereiche der guatemaltekischen Gesellschaft. Neben Studien zu Veränderungen in indigenen Dorfgemeinschaften gehören dazu auch die Spurensuche in nicht-indigenen Regionen im östlichen Department Zacapa sowie der Hauptstadt und der Blick auf staatliche Institutionen. Betrachtet werden unterschiedliche Phänomene. In einigen Studien geht es um die Konstruktion von ethnischer Identität, kollektiven Identitäten und Ethnizität. Andere richten den Blick auf Aspekte der religiösen und spirituellen Praxis und den Wandel von Ideologie und Diskursen. Einige Studien gehen aus vom Bildungssystem und der Bedeutung von Bildung für die Konstitution von Identitäten und Handlungsweisen. Das Projekt charakterisiert sich durch diese Unterschiedlichkeit der Zugänge und ist ein Versuch, die Vielfalt von Erfahrungen widerzuspiegeln.

3.1 Was bedeutet Mayanisierung?

Wie bereits erwähnt, richtet sich der Blick des Forschungs-Projektes über Mayanisierung auf die Gesellschaft insgesamt. Es geht darum zu erforschen, wie der politische und soziale Prozess der positiven Selbst-Identifikation von *indígenas* als "Maya" die guatemaltekische Gesellschaft verändert – oder auch nicht. Mit Mayanisierung ist hierbei keine "Machtübernahme der Maya" im Sinne der Umwälzung der gesamten Gesellschaft gemeint. Diese Sichtweise wird derzeit im Kontext der Maya-Organisationen nicht diskutiert und wäre nach mehr als 30 Jahren Bürgerkrieg auch nicht nur unrealistisch, sondern absolut kontraproduktiv für jegliche Form der Suche nach politischer Veränderung.

Vielmehr geht es darum, die Manifestationen der Maya-Identität genauer zu erfassen und die Vielfalt und Heterogenität von Erfahrungen und Ausdrücken des "Maya-seins" in den Blick zu nehmen. Andererseits geht es um die Frage, ob und wie Maya es schaffen, Räume (soziale, politische, wirtschaftliche, etc.) in dieser Gesellschaft zu besetzen, die ihnen bisher versperrt waren, und damit nicht nur ihre eigenen Lebensbereiche zu verändern, sondern die gesamte Gesellschaft neu zu prägen. Letztlich verbirgt sich dahinter auch die Frage nach einem kontrahegemonialen politischen Potential der Maya-Bewegung.

Innovativ an dem Projektansatz ist die Breite der betrachteten Positionen, Zugänge, Erfahrungen und Interpretationen. Neu ist auch, dass Konflikte und Widersprüche von Interessen untersucht und die konkreten Erfahrungen unterschiedlicher Akteure und Gruppen einbezogen werden. Es geht um die Perspektive des Alltags und lokale Sichtweisen, Diskurse und Ideologie, Identität und Ethnizität, sowie um Forderungen von *indígenas* und Debatten um die politische Gestaltung der Zukunft der Nation. Die Daten lassen erkennen, dass "Maya-sein" oder nicht ein Konstrukt ist und das Ergebnis komplexer Entscheidungsprozesse, sowie dass "Maya-sein" eine sehr komplexe und vielschichtige Erfahrung darstellt.

3.2 Debatten

Einen kleinen Einblick in die Vielfalt der Themen, mit denen sich dieses Forschungsprojekt beschäftigt, mag die folgende Auflistung geben:

– Wie manifestiert sich Mayanisierung im Bereich staatlicher Institutionen? Ist eine "Expansion" von Maya-Positionen zu verzeichnen oder

handelt es sich eher um einen "Hindernis-Lauf"? Wie reagieren nicht-
indigene Akteure in den staatlichen Institutionen auf Maya-Positionen?

– Wie gestaltet sich der Prozess der Mayansierung unter der bäuerlichen
Landbevölkerung? Bislang erscheint es so, dass ein Schwerpunkt auf der
indigenen Mittelklasse mit Bildungshintergrund liegt.

– Was ist mit der Rolle von Bildung/Schule im Prozess der Mayanisierung? Ist Bildung ein Faktor, der zur Stärkung von Maya-Positionen beiträgt, oder eher das Gegenteil?

– Welche Rolle spielt Religion bzw. Spiritualität für Prozesse der Mayanisierung? Welche Bedeutung haben spirituelle Führer in den Maya-
Organisationen und in der guatemaltekischen Gesellschaft?

– Betrachtet werden auch Mobilität und Migration sowie Geschlecht und
Generation als Faktoren in den untersuchten Prozessen sozialen Wandels, ebenso wie die Bedeutung sozialer und ökonomischer Kontexte.

– Symbolische Kämpfe? Gesellschaftliche Auseinandersetzungen um die
Bedeutung von Multikulturalität und indigenen Forderungen – wer nutzt
welche Symbole in diesen Kämpfen?

– Rassismus und Diskriminierung als Reaktion auf Forderungen der
Maya? Mayanisierung als Teil des Kampfes gegen Rassismus und Diskriminierung?

4. Zwischenstand: Konflikte sehen

Das interkulturelle Zusammenleben ist nicht gleichzusetzen mit "Harmonie".
Die Negation von Konflikten zugunsten von "harmonischen Beziehungen" kann
neue Formen der Herrschaft zur Folge haben. Eine interkulturelle Bildung sollte
aus diesem Grund sowohl Punkte der Begegnung aufzeigen, als auch die Rei-
bungspunkte und gegensätzliche Positionen, um so auf den friedlichen Umgang
mit Konflikten vorzubereiten (Duque 2004:100).

Debatten um Rassismus und nationale Identität sind in Guatemala also relativ neu und als ein Erfolg zu sehen, nachdem noch vor zehn Jahren die Ta-
buisierung des Problems üblich war. Neu ist auch die Tendenz, konfliktive
Erfahrungen im Zusammenhang kultureller Identitäten zu thematisieren. Bis
Mitte der 1990er Jahre herrschte in den Debatten um den Umgang mit kultureller Vielfalt eine "Begegnungs-Harmonie-Position" vor, nach der das
"Problem" kultureller Differenz (Rassismus als Problem wurde gar nicht
erwähnt) mit Aktivitäten des "gegenseitigen Kennenlernens" und positiven
"Aufeinander-zu-Gehens" zu lösen wären. Probleme, Konflikte und eben
Rassismus als gesellschaftliches Problem wurden weitgehend ausgeklam-
mert.

Heute sind die Debatten um die "multiethnische Nation" und "nationale Identität" keine durchgehenden "Begegnungs-Harmonie-Debatten" mehr. Immer mehr wird der Versuch unternommen, auch mit Konflikten konstruktiv umzugehen. Dies ist keine einfache Aufgabe in einer Gesellschaft, die über mehr als 30 Jahre geprägt war durch einen grausamen Bürgerkrieg und in der auch weiterhin Konflikte in der Regel gewaltsam, nach dem "Recht des Stärkeren" behandelt werden.

Ein Beispiel für einen neuen und differenzierteren Umgang mit der Thematik ist das oben beschriebene Forschungsprojekt über "Mayanisierung und Alltag", in dem vielfältige, gegensätzliche und widersprüchliche Erfahrungen im Umgang mit kultureller Vielfalt, kulturellem Wandel und gesellschaftlichen Konflikten betrachtet werden.

Ein anderes Beispiel für eine innovative Herangehensweise an die Thematik "multiethnische Nation" und "nationale Identität" findet sich in der Kampagne zur kritischen Öffentlichkeitsarbeit "¿Por qué estamos como estamos?" – die das regionale Forschungs- und Dokumentationszentrum CIRMA *(Centro de Investigaciones Regionales de Mesoamérica)* seit 2003 durchführt. Hier wird mit einer Reihe von Publikationen zum Thema "interethnische Beziehungen" in Kombination mit einer Wanderausstellung (die insbesondere für Schülerinnen und Schüler konzipiert ist) und verschiedenen öffentlichen Diskussionsrunden ebenfalls der Versuch unternommen, einen neuen Umgang mit dem Thema kulturelle Pluralität zu etablieren.

Die zwei erwähnten Initiativen leisten auch insofern einen positiven Beitrag zu einem neuen Umgang mit der Thematik "multiethnische Nation" und "nationale Identität", als dass sie eine bislang vernachlässigte Frage behandeln: die *ladinos* – und ihre Identität. Die Diskussion dieser Frage nach positiven und differenzierten Ausgangspunkten für die Identifikation der sozialen Gruppe der *ladinos* (deren Mitglieder sich häufig gar nicht als solche identifizieren) wäre von großer Bedeutung als Grundlage für eine neue Definition der gesellschaftlichen Beziehungen in Guatemala. Um den pluralen Charakter der guatemaltekischen Gesellschaft positiver, gerechter, offener und partizipativer zu gestalten, wäre es notwendig, dass die gesellschaftliche Gruppe der *ladinos* zu einer eben solchen differenzierten und positiven Selbst-Identifikation fände.

5. Ausblick: Grenzen überwinden

In einer Gesellschaft wie der guatemaltekischen, in der "Rasse" als zentrales Element zur Differenzierung unter den Menschen gedient hat, zur Etablierung von Ungleichheit, sozialen Hierarchien und des herrschenden Systems, ist es notwendig, eine ernsthafte Diskussion über eine "antirassistische Interkulturalität" zu führen. [...] Eine interkulturelle, antirassistische und antidiskriminierende Bildung ist von großer Bedeutung, weil sie uns hinführen kann zu Lehr- und Lernformen, die uns befähigen, kritisch und grundsätzlich die Geschichte zu hinterfragen und die existierenden sozialen Beziehungen in pluralen Gesellschaften wie der guatemaltekischen neu zu sehen (Cumes 2004: 73).

Perspektivisch lässt sich festhalten, dass der Weg hin zu einem sozialen Gefüge auf der Basis von gerechten und gleichberechtigten Beziehungen unter den Bürgerinnen und Bürgern Guatemalas noch lang sein wird. Es gilt, über Jahrhunderte etablierte Begrenzungen zu überwinden: Grenzen, die in den politischen Strukturen fest verankert sind und in den Köpfen der Menschen bestehen.

Dabei geht es einerseits um dringend notwendige Veränderungen im wirtschaftlichen Bereich: Um die Kluft zwischen Armen und Reichen nicht immer weiter wachsen zu lassen, ist es notwendig, hier zu einer gerechteren Verteilung zu kommen. Die guatemaltekischen Bauernorganisationen haben seit gut zwei Jahren das Tabu-Thema "Landreform" wieder auf die Tagesordnung gebracht. Ausgehend von der derzeit existierenden extrem ungleichen Verteilung von Zugang zu Land fordern sie die Neuverteilung des Landes, u.a. die Überprüfung historischer Rechte von *indígenas* auf enteignetes Land. (Zur Orientierung: Derzeit beanspruchen 67% der *Fincas* von Größen unter 2 *manzanas*/14.000 qm rund 7,8% der landwirtschaftlich nutzbaren Flächen, davon muss ein Drittel der Bevölkerung überleben, während 1,9% der *Fincas* über mehr als 1 *caballería*/45.000 qm verfügen und 51,9% der Fläche beanspruchen.)

Über den Weg der Landreform sollen Selbstversorgung, interne Produktion und Vermarktung gestärkt werden, damit ein größerer Anteil der bäuerlichen Landbevölkerung (von der ein Großteil *indígenas* sind) ihre Situation der Armut überwinden kann. Es wird auch zunehmend thematisiert, dass der Landbesitz bzw. der gesicherte Zugang zu Land für die Maya auch eine spirituelle Dimension hat und dass die verschiedenen Wellen von Landenteignungen über die Jahrhunderte auch jeweils einen Angriff auf Kultur und Glaubenssystem der Maya bedeuteten.

Ein anderes Tabu-Thema in Guatemala, das seit einigen Jahren auf die Tagesordnung gebracht wird, ist die Frage des Rassismus. Hier sind es vor allem Vertreter von *indígena*-Organisationen, die das Thema immer wieder vorbringen und auf Veränderungen dringen.

Konkret bedeutet das, dass die bestehenden Strukturen, mit denen Ausgrenzung und Diskriminierung von *indígenas* fortgeschrieben werden, überwunden werden müssten. Es gilt, die Tatsache anzuerkennen, dass die Zusammensetzung der Bevölkerung in jeder Hinsicht vielfältig ist (kulturell, ethnisch, sprachlich, sozial, wie auch in Bezug auf historische Erfahrungen und Zukunftsorientierungen), dass Guatemala also keine ethnisch-kulturell homogene Nation ist, dies niemals war und auch in Zukunft wahrscheinlich nicht sein wird.

Das bedeutet nicht nur, den aktuell bestehenden *common sense* zu hinterfragen (und schließlich zu überwinden), nach dem in Guatemala die ladinische Kultur als der indigenen überlegen und somit als Orientierungspunkt für die Formulierung einer nationalen Identität gilt. Vielmehr müsste auch der Widerspruch im offiziellen Diskurs und in der politischen Praxis überwunden werden, nach dem sich *indígenas* in Guatemala einerseits an die "überlegene" ladinische Kultur anpassen sollen, andererseits aber keine Chance bekommen, wirklich gleichberechtigte Bürger zu werden und die ethnisch legitimierte Ausgrenzung zu überwinden.

5.1 Politische und soziale Herausforderungen

Die Anerkennung der guatemaltekischen Gesellschaft als multiethnische, plurikulturelle und mehrsprachige erfordert zunächst ein Umdenken unter Politikern und Mitarbeitern im öffentlichen Bereich. Die derzeit verbreiteten Bekenntnisse von Politikern zur multikulturellen Gesellschaft haben eher den Charakter eines "politisch korrekten" Diskurses, sind aber nicht wirklich als Ausdruck ernsthafter Bemühungen zur Veränderung zu werten. Dafür sind sie zu oberflächlich und werden durch die bestehende Praxis *ad absurdum* geführt. Vergleicht man diese wohlklingenden Formulierungen mit der weithin existierenden Praxis der Diskriminierung und Ausgrenzung gegenüber der indigenen Bevölkerung, so wird deutlich, dass keine Veränderung der bestehenden Machtverhältnisse riskiert werden soll.

Die Veränderung der bestehenden Machtverhältnisse, durch welche Ausgrenzung und Diskriminierung von *indígenas* fortgeschrieben werden, wäre jedoch eine Voraussetzung für den Aufbau einer multiethnischen, plurikulturellen und mehrsprachigen sozialen Konstellation in Guatemala. Neben solchen Veränderungen im strukturellen Bereich sind aber auch "Veränderungen in den Köpfen" erforderlich, d.h. im Bereich von Bewusstsein und persönlicher Beziehungen zwischen Mitgliedern verschiedener gesellschaftlicher Gruppen.

Solche Veränderungen erfordern die Koordination von Ansatzpunkten auf unterschiedlichen Ebenen: Neben konkreten politischen Initiativen, wie beispielsweise Reformen von Gesetzen (Antidiskriminierungsgesetze) und politische Kampagnen im Sinne von *affirmative action*, ist die pädagogische Arbeit zur Überwindung von Diskriminierung, Rassismus und Ausgrenzung von großer Bedeutung. Außerdem ist Arbeit im konzeptionellen Bereich erforderlich (wie zum Beispiel das Forschungsprojekt zur Mayanisierung), um bestehende Erfahrungen im Bemühen um eine multiethnische Gesellschaft auszuwerten und Visionen und Strategien weiter zu entwickeln.

5.2 Herausforderungen für die Bildungsarbeit

> Ein Schritt hin zur antirassistischen Bildung ist die Konfrontation mit dem Rassismus, seine Existenz zu akzeptieren und zu erklären, wie und warum er entstanden ist, und schließlich, Verantwortung zu übernehmen [...] Dafür braucht es eine neue und kreative Pädagogik, die auf die Bedingungen im Klassenzimmer reagiert, die sich traut die Realität zu sehen, so wie die Guatemalteken/innen sie leben, um sie zu de-konstruieren, die wertvollen Elemente zu übernehmen und diejenigen zu verändern, die Probleme und Konflikte verursachen (Garcés 2004: 37f.).

Es gibt unterschiedliche Ansatzpunkte für die Förderung von Bildung und Erziehung in der multiethnischen Gesellschaft. Ein wichtiger Aspekt wäre der Perspektivwechsel in Richtung einer "interkulturellen Bildung für alle". Bislang wurde der Begriff "interkulturelle Bildung" stillschweigend gleichgesetzt mit "Bildung für *indígenas*" (oder Minderheiten), was heißt, dass die Notwendigkeit von interkultureller Bildung zur Sensibilisierung gerade auch der Nicht-*indígenas*, d.h. der gesellschaftlich eher privilegierten Gruppen "vergessen" oder ignoriert wird. Mit diesem Ansatz verbunden wäre die Notwendigkeit, didaktische Angebote eben gerade für die Mitglieder der bislang privilegierten Mehrheiten zu entwickeln. Das bedeutet konkret in Guatemala, Bildungsangebote für *ladinos* zu präsentieren, welche bislang von der Idee kultureller Vielfalt "unberührt" blieben oder sie gemieden haben, weil sie sie als bedrohlich für ihre eigene Existenz empfunden haben.

Weiterhin wäre es wichtig, im Kontext interkultureller Bildung Aspekte von Antidiskriminierungsarbeit einzubeziehen, also explizit zu den Themen Diskriminierung, Rassismus und anderen Formen der Ausgrenzung zu arbeiten. Dazu gehört auch eine konstruktive Arbeit zum Thema Konflikte. Für eine solche Arbeit werden außerdem theoretische und methodische Grundlagen für die Beschäftigung mit den komplexen Themen Macht und Rassismus benötigt.

Schließlich ist es wichtig, Verbindungen unter Akteuren in diesem Feld herzustellen und Netze zum Austausch von Erfahrungen zu knüpfen – denn die Aufgabe des gesellschaftlichen Wandels hin zu einer multiethnischen Gesellschaft erfordert langfristige, kollektive gesellschaftliche Prozesse.

5.3 Mayanisierung als Perspektive für Guatemala?

Zum Abschluss möchte ich hier eine Reihe von Fragen formulieren, um auf die Bedeutung des eingangs skizzierten Prozesses der Öffnung gesellschaftlicher Räume für die gleichberechtigte Partizipation der Maya zurückzukommen. Die wenigsten dieser Fragen sind zum jetzigen Zeitpunkt klar zu beantworten. Sie zeigen eher ein Panorama von Themen auf, mit denen sich die progressiven Mitglieder dieser Gesellschaft am Beginn des 21. Jahrhunderts konfrontiert sehen.

– Wo lassen sich bereits Spuren von Veränderung der Gesellschaft als Folge des Wirkens der Maya-Bewegung erkennen?
– Wie manifestiert sich Mayanisierung konkret?
– Was könnten weitere Beiträge der Maya zur Transformation der Gesellschaft sein?
– Ist Mayanisierung eine Option nur für die Maya-Bevölkerung? Was könnte Mayanisierung für die Gesellschaft als Ganze bedeuten?
– Gibt es reale Möglichkeiten, dass die Positionen und Forderungen der Maya die Gesellschaft weiter verändern werden?
– Wo liegen Stärken und Schwächen der Maya-Vertreter im Kampf um ihre Rechte und Forderungen?

Die ersten Forschungsergebnisse bestätigen, dass sich sowohl in Stellungnahmen von Mitarbeitern öffentlicher Institutionen (v.a. im Bildungswesen), als auch in den Manifestationen alltäglicher Beziehungen in Maya-Gemeinschaften Ausdrücke eines veränderten Bewusstseins und der selbstverständlichen Präsenz der Maya finden. Hier hat eine von Bastos (siehe Eingangszitat) als "revolutionär" bezeichnete Umdeutung stattgefunden: Während vor gut 20 Jahren in Guatemala "Maya" als Ausdruck für eine historische Gruppe galt (die Maya waren diejenigen, deren Hochkultur schon vor der Eroberung durch die Spanier "ausgestorben" war und die archäologische Stätten hinterlassen hatten), ist heute der Begriff "Maya" für die indigene Bevölkerung etabliert. Er dient Vertretern von Maya-Organisationen als positive

Selbst-Identifikation und hat in den gesellschaftlichen Auseinandersetzungen vor allem eine symbolische Kraft. Der Begriff "Maya" ist Teil einer ideologischen Umdeutung der Rolle von *indígenas* in der guatemaltekischen Gesellschaft. Hier liegt ein Potential für Reformen und für eine Anerkennung der pluralen Konstitution der Gesellschaft.

Allerdings zeichnet sich auch sehr deutlich ab, dass die Widerstände gegen eine breite Öffnung der Gesellschaft für die Maya weiterhin erheblich sind. Zwar wird der Begriff "Maya" akzeptiert und verwendet, der Gedanke der Gleichberechtigung der verschiedenen Gruppen und der Integration von Aspekten der Maya-Kultur findet als Weg zur Veränderung der gesamten Gesellschaft jedoch kaum Resonanz.

Literaturverzeichnis

Adams, Richard/Bastos, Santiago (2003): *Las relaciones étnicas en Guatemala, 1944-2000. Colección ¿Por qué estamos como estamos?* Guatemala: Centro de Investigaciones Regionales de Mesoamérica – CIRMA.

Arenas Bianchi, Clara/Hale, Charles R./Palma Murga, Gustavo (Hrsg.) (1999): *¿Racismo en Guatemala? Abriendo el debate sobre un tema tabú.* Guatemala: AVANCSO.

Bastos, Santiago (2005): "Ser maya: proceso de construcción y difusión de una identidad". Vortrag zum V. Congreso de Estudios Mayas: Respuesta a la diversidad: discriminación o interculturalidad. Universidad Rafael Landívar: August 2005 <www.flacso.edu.gt/ estudiosetnicos> (23.03.2006).

Bastos, Santiago/Camus, Manuela (2001): *La interculturalidad – ¿El marco para la nación guatemalteca de posviolencia?* Guatemala.

— (2003): *Entre el mecapal y el cielo. Desarrollo del movimiento maya en Guatemala.* Guatemala: CHOLSAMAJ, FLACSO.

Cumes, Aura (2004): "'Aquí no hay racismo, aquí hay interculturalidad ...'. Experiencias de trabajo en la escuela Normal Pedro Molina en Chimaltenango, Guatemala". In: Heckt, Meike/Palma Murga, Gustavo (Hrsg.): *Racismo en Guatemala: De lo políticamente correcto a la lucha antirracista.* Guatemala: AVANCSO, S. 41-76.

Dietz, Gunther (2003): *Multiculturalismo, interculturalidad y educación: una aproximación antropológica.* Granada: Universidad de Granada, CIESAS, México, D.F.

Duque, Vilma (2004): "Repensando Guatemala: El valor del multiculturalismo y la importancia de la interculturalidad". In: Heckt, Meike/Palma Murga, Gustavo: *Racismo en Guatemala: De lo políticamente correcto a la lucha antirracista.* Guatemala: AVANCSO, S. 77-106.

Garbers, Frank (2002): *Geschichte, Identität und Gemeinschaft im Rückkehrprozeß guatemaltekischer Kriegsflüchtlinge.* Hamburg: Lit.

Garcés, Cecelia (2004): "Si nos viera nuestra maestra, se muere". In: Heckt, Meike/Palma Murga, Gustavo: *Racismo en Guatemala: De lo políticamente correcto a la lucha antirracista.* Guatemala: AVANCSO, S. 1-40.

Hale, Charles R. (2004): "Racismo cultural". Notas desde Guatemala sobre una paradoja Americana. In: Heckt, Meike/Palma Murga, Gustavo (Hrsg.): *Racismo en Guatemala: De lo políticamente correcto a la lucha antirracista*. Guatemala: AVANCSO, S. 211-234.

Handy, Jim (1984): *Gift of the Devil. A History of Guatemala*. Boston: South End Press.

Heckt, Meike (1999): *Guatemala: Interkulturelle Bildung in einer ethnisch gespaltenen Gesellschaft*. Münster: Waxmann.

— (2004a): *Guatemala: Educación, pluralidad y relaciones de poder*. Guatemala: AVANCSO.

— (2004b): *El reto de no ser racista ... ni víctima del racismo. Bases para un trabajo pedagógico contra la discriminación y el racismo*. Guatemala: AVANCSO.

Heckt, Meike/Palma Murga, Gustavo (Hrsg.) (2004): *Racismo en Guatemala: De lo políticamente correcto a la lucha antirracista*. Guatemala: AVANCSO.

Lovell, George W. (1988): "Surviving Conquest: The Maya of Guatemala in historical Perspective". In: *Latin American Research* 23, S. 25-57.

Memmi, Albert (1992): *Rassismus*. Hamburg.

PNUD (Sistema de Naciones Unidas en Guatemala) (2000): *Guatemala: La fuerza incluyente del desarrollo humano*. Guatemala: PNUD <www.pnudguatemala.org> (14.09.2006).

Smith, Carol A. (1984): "Local History in Global Context: Social and Economic Transitions in Western Guatemala". In: *Comparative Studies in Society and History* 26, Nr. 2, S. 193-227.

— (1990): *Guatemalan Indians and the State: 1540 to 1988*. Austin: University of Texas Press.

— ([1999] 2004): "Interpretaciones norteamericanas sobre la raza y el racismo en Guatemala. Una genealogía crítica". In: Arenas Bianchi, Clara et al. (Hrsg.): *¿Racismo en Guatemala? Abriendo el debate sobre un tema tabú*. Guatemala: AVANCSO, S. 111-165.

Taracena, Arturo et al. (2002): *Etnicidad, estado y nación en Guatemala, 1808-1944*, Bd. I. Guatemala: CIRMA.

— (2004): *Etnicidad, estado y nación en Guatemala, 1945-1985*, Bd. II. Guatemala: CIRMA.

Tzian, Leopoldo (1994): *Mayas y ladinos en cifras. El caso de Guatemala*. Cd. De Guatemala.

Dokumente zum Projekt "Mayanización y vida cotidiana" unter <www.flacso.edu.gt/estudiosetnicos> (15.09.2006).

II. Macht und Politik

Marta Elena Casáus Arzú

Das Überleben der Machteliten in Zentralamerika vom 16. bis zum 20. Jahrhundert

1. Einleitung

Ein bezeichnendes Charakteristikum Zentralamerikas ist, dass sich die Mitglieder der alten oligarchischen Familiennetzwerke bis zum heutigen Tag als Machteliten halten konnten. Dies mag mit der – wie ich sie nenne – "Goldenen Regel des Überlebens" zusammenhängen. Folgende sind meines Erachtens die Faktoren, die die gesellschaftliche Reproduktion der Familienverbände gewährleisteten und zu ihrem Fortbestehen beitrugen: ihre Bindung über Ehe- oder Blutsbande; ihre Geschäftsbeziehungen und die Kontrolle über die wichtigsten Exportprodukte; ihre lokale und regionale Nähe; ihre soziale und rassische Diskriminierung gegenüber Gruppen der Unterschichten sowie ihre Fähigkeit, eigene organische Intellektuelle[1] hervorzubringen.

Interessant ist nicht nur das Reproduktions- und Überlebensmuster der familiären Netzwerke, sondern auch die Art und Weise, wie die Oligarchien Mittelamerikas angesichts des drohenden Hegemonieverlusts zwischen 1980 und 1990 ihre Kräfte und Klassenallianzen wiederherstellten, sich innerlich umstrukturierten und an die Macht zurückkehrten. Diesmal gingen sie weder in der autoritären Manier der diktatorischen Regierungen der ersten Hälfte des 20. Jahrhunderts vor, noch schlugen sie den Weg der Militarisierung der Macht oder, wie in den siebziger Jahren üblich, den des schmutzigen Krieges ein. Vielmehr traten die Vertreter der Eliten bei Wahlen an und legitimierten durch ihre Mitwirkung den demokratischen Transitionsprozess.

Schließlich ist es angebracht, Überlegungen über den angeblich uniformen und statischen Charakter der Eliten anzustellen. Zunächst könnte man der Selbstdarstellung der herrschenden Klassen, eine unveränderbare Gruppe zu sein, Glauben schenken: eine Gruppe, deren Mitglieder sich zyklisch, unerbittlich und beinahe schon mechanisch in der Machtausübung ablösten, die nichts und niemand zerschlagen oder ändern konnte, die juristisch unan-

---

1   Als "organische Intellektuelle" bezeichnen wir, im Sinne Gramscis, die Gruppe von Fachleuten, Politikern, Journalisten, Unternehmern, usw., "deren Aufgabe es ist, die Hegemonie der herrschenden Klasse abzusichern" (Gramsci 1974: 78).

tastbar war und auch von sozialen Konflikten unberührt blieb. Nichts aber liegt diesem idyllischen Bild von den herrschenden Klassen ferner. Sie konnten sich den sozialen und politischen Konflikten nicht entziehen, die den historischen Konjunkturen eigen sind. Im Gegenteil: Sie wurden von ihnen erfasst und verändert. Sie gerieten in Wirtschafts- und Herrschaftskrisen, in denen interelitäre Kämpfe stattfanden und die damit endeten, dass jene Fraktionen abgelöst wurden, die unfähig waren, ihre Produktion zu diversifizieren und neue Ehebande zu knüpfen. Oder aber sie waren nicht in der Lage, Anschluss an den internationalen Markt und die Globalisierung zu finden (Vilas 1995).

2. Die historische Genese der zentralamerikanischen Eliten

Die Entstehungsgeschichte der oligarchischen Familienverbände geht auf die spanische Eroberung und auf die erste Phase der Kolonialzeit zurück, als sich die wichtigsten Familien unter den *Conquistadores* und Siedlern in Santiago de Caballeros (Antigua Guatemala) niederließen, wo sie ein dichtes Geflecht aus sozialen, geschäftlichen und ehelichen Verbindungen aufbauten. Diese Netzwerke bildeten den ersten oligarchischen Kern Zentralamerikas. Eine der wesentlichsten Eigenschaften der Familienverbände war ihre außerordentliche Fähigkeit, Heiratsallianzen einzufädeln, eine große Anzahl von Kindern zu zeugen und Geschäftsbeziehungen mit anderen Familien der Region zu knüpfen. Auf diese Weise gelang es ihnen, die Verfügungsgewalt über *Encomiendas*, die Zuteilung von Ländereien und den Handel mit der Ausübung öffentlicher Ämter in den Räten der Städte und Gemeinden zu verbinden.

In einer Studie über die politische und wirtschaftliche Macht der Familiennetzwerke vom 16. Jahrhundert bis heute zeigt Samuel Stone, dass die führende Elite Costa Ricas von drei Erobererfamilien abstammt. Aus ihren Reihen kamen 33 der 44 Präsidenten, die das Land bisher regiert haben. Von Vázquez Coronado stammen zudem 250 der Abgeordneten ab, die seit der Unabhängigkeit im Parlament saßen, von Antonio Acosta und von Jorge de Alvarado jeweils 140 und von Nicolás González de Oviedo 40. Nach Auffassung Stones (1993) trugen Endogamie und andere strategische Eheallianzen wesentlich dazu bei, die herrschende Elite an der Macht zu halten.

Seit der Zeit der Eroberung weisen die Familiennetzwerke gewisse Gemeinsamkeiten auf: Ihren Mitgliedern wurden *Encomiendas* gewährt, im System des *Repartimiento* Indianer zugeteilt, und sie erhielten Adelstitel. Dies versetzte ihre Mitglieder in die Lage, in Familien mit einem höheren sozialen Prestige und mit einem besseren Lebensstandard einzuheiraten. Am erfolgreichsten und wirtschaftlich wie politisch einflussreichsten waren die Verbindungen zwischen Kreolen und Spaniern. Beispielhaft für die Konsolidierung eines Familienverbandes im 16. Jahrhundert ist der Fall der Familie Barahona.

2.1 Die Integration der Basken in den Herrschaftsblock (1750-1850)

Ein besonderes Interesse bestand seitens der gehobenen Gesellschaft an den Basken. Dieses Interesse beruhte auf einer ihrer wesentlichen Eigenschaften: der ausgeprägten Identität als ethnisch klar differenzierbare Gruppe. Attraktiv machte sie auch ihr ritterlicher Status, der ihnen allein auf Grund ihrer Herkunft aus dem Baskenland zugeschrieben wurde. In Abgrenzung zu den übrigen Spaniern verkörperten sie die "Reinheit des Blutes" wesentlich stärker, was es ihnen leichter machte, in Zentralamerika Fuß zu fassen. Hinzu kam eine weitere Eigenart, die sie von den spanischen Adeligen unterschied: Der Status als baskischer *Hidalgo* verbot in keiner Weise Aktivitäten in Handel und Gewerbe – Tätigkeiten von denen sich der übrige Adel fernhielt (García Giráldez 2000).

Es ist bemerkenswert, wie es dieser gesellschaftlichen Gruppe, die um 1750 nach Zentralamerika gekommen war, in kaum mehr als zwei Generationen gelang, sich mit der ökonomischen und politischen Macht zu verbinden, indem ihre Mitglieder strategisch kluge Heiratsallianzen mit Witwen oder reichen kreolischen Erbinnen eingingen und ein starkes Netz von Geschäftsbeziehungen mit anderen baskischen Migrantenfamilien aufbauten. Sie konzentrierten sich auf die Herstellung und die Vermarktung von Indigo, denn sie kannten den Bedarf an diesem Produkt in Europa und hatten die Region dementsprechend gewählt. 1749 hatte sich der Preis von Indigo auf dem europäischen Markt verdreifacht, die erzielten Überschüsse wurden in der Region reinvestiert (Santos Pérez 2000).

Es mutet seltsam an, in welcher Weise die Familien Aycinena, Beltranena, Arzú und Batres, ebenso wie die übrigen sie umgebenden sekundären Familienverbände, aktiv an den verschiedenen Phasen des zentralamerikanischen Emanzipationsprozesses teilnahmen: Sie waren gegen die bourbonischen Reformen, besetzten aber öffentliche Ämter, beispielsweise die *Intendencia* von El Salvador. Sie unterschrieben unverzüglich die Unabhängigkeitserklärung, traten später dem mexikanischen Kaiserreich von Agustín de Iturbide bei und schlossen sich dann ohne Zaudern dem ersten Versuch einer regionalen Integration in die Vereinigten Staaten von Zentralamerika an.

Ich möchte an dieser Stelle noch einmal die Bedeutung der Familiennetzwerke als Struktur von langer Dauer und als wesentliches Instrument
zum Erhalt der ökonomischen und politischen Macht hervorheben. Es waren
die Mitglieder dieser Netzwerke mit all ihren zentralamerikanischen Verbindungen, die ihren Clans in Momenten der Krise erlaubten, sich von einer
Etappe in die nächste zu retten, ohne dabei den oligarchischen Herrschaftsblock zu spalten oder wesentlich zu verändern. Alle waren eng über mannig-
faltige Verwandtschaftsverhältnisse miteinander verbunden: in Guatemala
über die Aycinena, Beltranena und Arzú, in Salvador über die Arce, Meza,
Ayau und Regaldo Dueñas, in Nicaragua über die Lacayo-Chamorro und die
De la Cerda, in Honduras über die Callejas und Suazo Córdova und in Costa
Rica über die Mora, Alfaro, Arias und die Vázquez Coronado.

2.2 Das Vordringen ausländischen Kapitals in den hegemonialen Block (1850-1930)

Unter den beiden wichtigsten Gruppen, die in den zentralamerikanischen
Machtblock aufgenommen wurden, sind zunächst die Mestizen zu nennen,
die unter der Ägide der liberalen Regime Zugang zum Staatsapparat gefunden hatten. Sie hatten zudem von der staatlich verfügten Auflösung
kirchlicher Ländereien und vom Verkauf dörflichen Allmendelandes profitiert und bedeutende Liegenschaften erworben. Diese verwendeten sie größtenteils für den Kaffeeanbau. Der Aufstieg der *Ladinos* an die Macht, einer
neuen sozioökonomischen Gruppe, von der Romero Vargas spricht (1988:
34), fand nicht nur in Nicaragua statt, sondern auch in Guatemala, in El
Salvador und in Costa Rica.

Vor allem muss man hier aber an die europäischen Einwanderer denken,
die ausländisches Kapital mitbrachten. Diese Ausländer übten großen Einfluss auf die wirtschaftliche und gesellschaftliche Umgestaltung sowie auf
die Zusammensetzung des oligarchischen Staates aus. Zwischen 1880 und
1914 entstanden die nationalen Finanzstrukturen, das Bankenwesen und die
Kreditanstalten, die direkt von den lokalen Oligarchien verwaltet, jedoch mit
ausländischem Kapital betrieben wurden. Beide Gruppen schlossen einen
ungeschriebenen Pakt, der – durch den Kaffeemarkt vermittelt – zu einer
größeren Internationalisierung und Abhängigkeit der zentralamerikanischen
Volkswirtschaften vom internationalen Markt führen sollte (Williams 1994:
147; McCreery 1994: 206).

Mahoney (2001) vertritt eine interessante Hypothese über den Liberalismus und die Einführung des Kaffeeanbaus in der Region. Demnach stellte

sich die Agrarstruktur in denjenigen Ländern auf Kaffee als Monokultur ein, in denen die liberalen Reformen am radikalsten und die Machthaber am autoritärsten waren. Beispiele sind Guatemala und El Salvador. In diesen Ländern waren die Mitglieder der oligarchischen Familien ausgesprochen eng miteinander verflochten und herrschten autoritär. Zudem waren die liberalen Regime dieser Länder besonders blutig und diktatorisch. Dies führte in der ersten Hälfte des 20. Jahrhunderts zu einer starken Gegenreaktion des Volkes, was wiederum in Diktaturen und Bürgerkriege mündete. Länder wie Costa Rica und Honduras hingegen, in denen die liberalen Reformen nicht so drastisch und die Oligarchien nicht so mächtig waren, ließen demokratische politische Systeme und Ökonomien zu, die nicht so sehr vom Kaffee abhängig waren.

Im Falle von Guatemala war die Umstellung der Landwirtschaft auf die Kaffeeproduktion eng mit den Familienverbänden deutschen Ursprungs verbunden, die dann Teil des hegemonialen Blocks wurden. Die Deutschen hatten sich hauptsächlich in Las Verapaces und im Südwesten des Landes niedergelassen. Zu ihnen zählten die Familien Nottebohm, Dieseldorff, Sapper und Klee.[2]

Der Gründer einer dieser Familienverbände, Karl Rudolph Klee, war 1830 nach Guatemala gekommen. Schnell hatte er Kontakt zum englischen Kapital aufgenommen und war eine Geschäftsbeziehung mit George Ure Skinner eingegangen. Zusammen errichteten beide ein Handelshaus, das auch Bankgeschäfte tätigte. Sie nutzten den Boom der Cochenille für den Erwerb mehrerer Plantagen, auf denen sie später Kaffee anbauten. Ihr einflussreiches Handelshaus brachte der Allianz Skinner–Klee die Vertretung der englischen Bank Reid Irving ein. Bald schon heiratete Rudolph Klee in eine mächtige kreolische Familie salvadorianischen Ursprungs ein, die Guillén de Ubico Perdomo, und dehnte so sein Netz ins Nachbarland aus, das damals ein wichtiger Produzent von Indigo, Karmin und später von Kaffee war. Da Klee seine Verbindungen nach Deutschland nicht abgebrochen hatte, gelang es ihm im Jahre 1841, zum Generalkonsul von Hamburg ernannt zu werden. Dies erlaubte ihm, den Handel mit seinem Ursprungsland zu kontrollieren (Castellanos Cambanes 1985; Wagner 1991).

Aus der Allianz zwischen den beiden Familien, den Klee und den Ubico, entstanden Ende des 19. Jahrhunderts und Anfang des 20. Jahrhunderts die

---

2   Nach Ansicht von Williams kontrollierte diese Gruppe deutscher Migranten aus Hamburg und Bremen von 1897 an 66 große Plantagen. 1913 kontrollierten 170 deutsche Kaffeeanbauer 36% der Produktion und des Handels (Williams 1994: 170).

wichtigsten kreolisch-mestizisch-ausländischen Familiennetzwerke, die zur Konsolidierung des autoritär-oligarchischen und über lange Strecken diktatorischen Staates beitrugen. Aus diesen Familien gingen mehrere Staatsmänner hervor, von denen einige von Bedeutung waren: Manuel María Herrera Moreno und Jose María Samayoa Enríquez sowie die Präsidenten Carlos Herrera Luna und Jorge Ubico Castañeda. Diese wiederum verbanden sich mit neuem ausländischen Kapital, aus Italien: den Novella und Sinibaldi –, aus England: den Wyld und Smith – und aus Belgien: den Berger. Mit dem Aufstieg zur Macht gelang es den Klee, den Dieseldorff, den Sapper und einer Gruppe kleinerer deutscher Familien, sich zwischen 1898 und 1931 wirtschaftlich und politisch zu konsolidieren. Zum Teil stützten sie sich dabei auf die Diktaturen von Estrada Cabrera und von Ubico. Seitdem zählen sie zum stärksten und hartnäckigsten Machtkern der guatemaltekischen Oligarchie (Casaús Arzú 1995: 148).

Eine ähnliche Situation wie in Guatemala ist in Nicaragua und in El Salvador anzutreffen. In El Salvador kam der Großteil der ausländischen Einwanderer des 19. Jahrhunderts aus Deutschland und aus England. Familien mit solchen Namen wie Broederson, Burkard, Homberger, Dalton, Schmidt, Hill, Kiete und Wright verbanden sich mit kreolischen Familien spanischer Herkunft: den Dueñas, De Sola, Meza Ayau, Guirola, Regalado, Batres und den Escobar. Sie bildeten die Gruppe der 19 oligarchischen Familien El Salvadors, die mehr als zwei Drittel der Kaffeeproduktion kontrollierten. Später diversifizierten sie ihre Geschäfte und stiegen auch in die Industrie und das Finanzgewerbe ein. Noch heute sind sie Teil der Machtelite und haben wichtige öffentliche Ämter in der gegenwärtigen Regierung der *Alianza Republicana Nacionalista* (ARENA) inne (Martínez 1996).

In Nicaragua wurde der Kaffeeanbau zwar später als in den übrigen drei Ländern der Region eingeführt, doch schon bald konzentrierte sich die Produktion nach dem gleichen Schema in den Händen weniger (Williams 1994). Die Hälfte der 25 größten Kaffeeproduzenten von Managua, die über 12.000 Kaffeepflanzen besaßen, gehörten zu den alteingesessenen kreolischen Familien, den Avilés, den Zelaya, den Bermúdez und den Chamorro. Die Herkunft der ausländischen Einwanderer, die in die Kaffeebranche aufgenommen wurden, war komplexer als in El Salvador. Unter ihnen waren auch Engländer, Holländer und Italiener.

In Costa Rica schlossen sich ungefähr 20 deutsche Einwandererfamilien dem Stand der Kaffeepflanzer an und gehörten fortan zur Machtgruppe der Plantagenbesitzer, Kaffee-Exporteure und Zuckerbarone. Zu ihnen zählten die Familien Kopper, Amrhein, Starke, Prestinary, Lehmann und Niehaus, vor allem aber die Rohrmoser, Koberg und Peters (Herrera Balharry 1988: 121). Im Falle der letztgenannten drei Familien ergeben sich Parallelen zu Guatemala und El Salvador. Auch hier war der Machtzuwachs immens. Insgesamt aber führte der Kaffeeanbau in Costa Rica nicht zu den gleichen Konzentrationsprozessen wie in den anderen Ländern. Hier wurde auch die Basis für kleineren und mittleren Grundbesitz geschaffen (Pérez Brignoli/ Samper 1994).

In Honduras war der Einfluss des Kaffeeanbaus und der deutschen Einwanderer geringer. Zum einen lagen der Handel, die Landwirtschaft und die Industrie in den Händen arabisch-palästinensischer Familien: den Facusse, Kataffi, Kattan, Larach, Handal und Hasbun. Zum anderen wurde die Kaffeeproduktion schon bald durch den Bananenanbau überflügelt.

3. Umbildung der Nation und Suche nach einer eigenen kulturellen Identität: Die Entstehung des kulturell orientierten Nationalismus unter den Eliten in den zwanziger Jahren

Die zwanziger Jahre markieren eine neue Etappe im politischen und intellektuellen Verhältnis der Eliten zur Nationenbildung, zum Aufbau des Staates und schließlich auch zur Frage der Integration von Frauen und Indianern in das Gemeinwesen. In dieser Periode waren sich die Eliten einig in der Ablehnung von Diktaturen und in der Anerkennung der Prinzipien des Liberalismus und des Positivismus. Sie suchten aber auch in den eigenen kulturellen Wurzeln nach Grundlagen für eine eigenständige nationale wie kontinentale Identität. Eine Gruppe ging dabei neuen Fragestellungen spiritistischer und spiritueller Art nach. Zu ihr gehörten so bedeutende Männer und Frauen wie Gabriela Mistral, César Augusto Sandino, Joaquín García Monge, Leopoldo Lugones, José Vasconcelos, Raúl Haya de la Torre und Roberto Brenes Mesén.

Die Erneuerungsbewegung, die der Theosophie und dem fabianischen Sozialismus verpflichtet war, wurde schließlich zusammen mit dem Sozialkatholizismus zur prägenden politisch-ideologischen Kraft der Epoche. Nach Ansicht von Wünderich (1995a; 1995b) hatte die Wiedergeburt des zentralamerikanischen Nationalismus einen spirituellen Charakter und prägte eine ganze Generation von Dichtern und Intellektuellen in der Region. Als deren herausragende Vertreter gelten Sandino, Masferrer und García Monge, die zweifelsohne dazu beigetragen haben, das Projekt des Nationalstaats sozial wie kulturell neu zu bestimmen. Die Orientierung an eigenen Werten, die

Verteidigung der nationalen Souveränität und der zentralamerikanische Integrationsgedanke waren hierbei wesentliche Punkte. Diese Eliten zogen es vor, vom Vaterland statt von der Nation und vom Individuum statt vom Bürger zu sprechen. Und sie strebten einen, wie sie es nannten, "wahrhaftigen" Patriotismus an.

Diese Phase endete in den dreißiger Jahren in den meisten Ländern der Region und wurde erneut von harter Unterdrückung der Bauern und oligarchischen Diktaturen abgelöst, deren Machthaber eng mit dem Kaffeesektor verbunden waren. In Guatemala gelangte Jorge Ubico an die Macht, in El Salvador Maximiliano Hernández, in Honduras Tiburcio Carias, und in Nicaragua riss Anastasio Somoza die politische Führung an sich. Mit der Erneuerung autoritärer Regime, deren Führungsschicht endogam und rassistisch war, und mit der Schließung des öffentlichen Raums, in dem ein neuer Konsens zwischen der Zivilgesellschaft und dem Staat hätte entstehen können, wurden alle Ansätze von Partizipation und Demokratisierung unterbunden. Wieder konsolidierten sich die Barone des Kaffees, und erneut pendelte sich das Machtgleichgewicht zwischen den intellektuellen, politischen und wirtschaftlichen Eliten alter Provenienz ein (Krehm 1987; Smith 1990; Mahoney 2001).

4. Von der Konsolidierung des oligarchischen Staates zur Herrschaftskrise

Von der großen Depression 1929 an bis zum Ausbruch des Zweiten Weltkriegs vertiefte sich aufgrund der Kreditsperren und fallender Kaffeepreise eine Produktionskrise. Man könnte annehmen, dass diese Krise und die wachsenden sozialen Forderungen in der Gesellschaft die Oligarchien Zentralamerikas geschwächt hätten. Doch das Gegenteil war der Fall: Die herrschende Klasse wälzte die Auswirkungen der Krise auf die Bauern ab. Soziale Forderungen wurden mit harter Repression unterdrückt, eine Politik, der in El Salvador 30.000 Menschen zum Opfer fielen. In der Nachkriegszeit erlebte die Wirtschaft der Region einen neuen Aufschwung, der wiederum der Kaffeeoligarchie zugute kam. Die Kaffeeproduktion wurde ausgeweitet. Man begann aber auch, die Angebotspalette zu erweitern. Neue Produkte wurden eingefügt, die vornehmlich für den Agrarexport bestimmt waren, unter anderem Zuckerrohr, Baumwolle und Rindfleisch.

Die Gründung des Gemeinsamen Zentralamerikanischen Marktes *(Mercado Común Centroamericano)* stellte eine neue Herausforderung für die Eliten dar. Es bot sich die Gelegenheit, durch eine Umverteilung wirtschaftlicher Überschüsse einzelne soziale Reformen durchzuführen. Dies hätte zu einem Wachstum geführt, das stetig und ausgewogen gewesen wäre und eine größere politische Partizipation der Unterschichten erlaubt hätte. Doch mit Ausnahme Costa Ricas ließen die Eliten die Gesellschaft nicht an den Früchten des Wirtschaftswachstums teilhaben, und sie nahmen auch keine strukturellen Veränderungen in der Landwirtschaft vor, was in den siebziger Jahren zu heftigen sozialen Unruhen führte (Pérez Brignoli 1987).

In El Salvador, Honduras und Guatemala fand eine allmähliche Militarisierung oligarchischer Herrschaft statt, in deren Verlauf die herrschende Klasse dem Militär einen Teil ihres wirtschaftlichen Einflusses und die politische Macht abtrat. Im Gegenzug sicherte das Militär die soziale Stellung der alten Familienclans und schützte sie vor den wachsenden Volks- und Revolutionsbewegungen. Der Verlust der politischen Macht, die mangelnde Abstimmung innerhalb der herrschenden Klassen und die Kämpfe zwischen den verschiedenen Elitefraktionen haben einige Autoren dazu veranlasst, darin eine "Krise der oligarchischen Herrschaft" zu sehen. Sie beziehen sich dabei vor allem auf die Unfähigkeit der herrschenden Klassen, sich zu modernisieren und einen Schritt in Richtung bürgerliche Demokratie zu gehen (Torres Rivas 1987).

5. Die Umstrukturierung des Staates und die Rückkehr der zentralamerikanischen Eliten auf die politische Bühne (1979-2002)

Der Sieg der sandinistischen Revolution und die Herausbildung eines neuen historischen Blocks wiesen dem restlichen Zentralamerika eine neue Richtung und führten zu großen Verwerfungen in der politischen und sozialen Landschaft. In Guatemala und in El Salvador bildete sich ein Machtvakuum. Im Zeitraum von 1979 bis 1983, in dem sich die Wirtschaftskrise noch zuspitzte, versuchten die Unterschichten und ihre Avantgarde, die *Unidad Revolucionaria Nacional Guatemalteca* (URNG) und die *Frente Farabundo Martí para al Liberación Nacional* (FMLN), die Gesellschaft und die historischen Machtblöcke radikal umzugestalten. Sie konnten aber weder den Lauf der Geschichte noch die Kräfterelationen in den Machtzentren verändern.

Die Wiederherstellung des hegemonialen Blocks wurde in Honduras 1981, in El Salvador 1982 und in Guatemala 1983 eingeleitet. Die Eliten der Länder hatten auf unterschiedliche Weise nach Wegen aus der Krise und nach sozialen und politischen Mechanismen gesucht, um die Macht des hegemonialen Blocks zu erneuern. Die Lösungen, die in den drei Ländern mit den größten soziopolitischen Konflikten schließlich gefunden wurden, ähnelten sich. So fanden unter großer Beteiligung Wahlen statt, ohne dass es zu Wahlfälschungen kam. Zivile Regierungen wurden eingesetzt und die Militärs offenkundig aus der Regierung ausgeschlossen. Man versuchte, sich politisch zu öffnen und den Rechtsstaat zu konsolidieren. In der Landwirtschaft, im Steuer- und Bankenwesen wurden zaghafte Reformen unternommen. Außerdem wurde versucht, die reaktionärsten Gruppen der Oligarchien zu verdrängen und stattdessen Fraktionen der Eliten einzubinden, die eine Modernisierung und eine politische Lösung der regionalen Konflikte anstrebten.

Die erste Frage, die sich nach der Betrachtung dieser Umstrukturierung stellt, ist, warum die Krise der herrschenden Oligarchie nicht zu einem Bruch des historischen Machtblocks, sondern zu einer Konsolidierung der zentralamerikanischen Eliten geführt hat. Wie konnte sich diese Klasse nach einem Jahrzehnt wieder rekonstituieren und fast ohne Schaden aus der Herrschaftskrise hervorgehen?

Meiner Meinung nach liegt der Schlüssel zur Lösung darin, dass die oligarchischen Eliten ihre Kämpfe zwischen 1970 und 1980 auf politischem Terrain austrugen – nämlich um die Kontrolle über die Hegemonie –, nicht aber auf dem ökonomischen Feld. Trotz der Wechselfälle des Jahrzehnts, der Wirtschaftskrise, des Krieges und des Machtvakuums blieben die wirtschaftliche Infrastruktur, die Produktionsmittel und ihre ökonomischen Aktivitäten intakt oder erlitten zumindest keinen tiefgreifenden Schaden. Die Diversifizierung der Produktion, die Ausdehnung ihrer Geschäftätigkeit vom Agrarsektor auf die Industrie und den Finanzsektor, die zunehmende Modernisierung und Technisierung der Landwirtschaft und von Industriebetrieben, sogar die Entwicklung der kriegerischen Auseinandersetzung begünstigten ihre Geschäfte. Von einer Beeinträchtigung der Produktion oder einer wirtschaftlichen Schwächung der Eliten kann also gar keine Rede sein. Im Gegenteil: In einigen Ländern wie Guatemala, El Salvador und Honduras gingen sie gestärkt aus der Krisenzeit hervor, und einem kleinen Sektor gelang der Anschluss an die Weltwirtschaft (Pelupessy 1989; Lungo Uclés 1990; Segovia 2002).

Die ökonomische Akkumulation in Zeiten des Krieges, die von der politischen Konjunktur erzwungene Modernisierung und Technisierung und der Umstand, dass die Eliten ihre Interessen bis zum Äußersten verteidigt hatten, um die Macht nicht ganz zu verlieren, waren Faktoren, die sie Mitte der achtziger Jahre in die Lage versetzten, sich als politische Klasse wieder zu rekonstituieren und mit einem eigenen nationalen und regionalen Projekt die erneute Machtübernahme anzustreben. Dabei präsentierten sie sich als modernisierungsorientierte Unternehmer. Hierfür mussten sie neue Herrschaftsprämissen akzeptieren: ein Modell demokratischer Transition, die Beendigung der kriegerischen Auseinandersetzungen auf dem Dialog- und Verhandlungsweg, die Wiederbelebung des Gemeinsamen Zentralamerikanischen Marktes sowie eine Fusion und Kooperation mit Mexiko, der Karibik und mit anderen internationalen Märkten.

Im allgemeinen wurden die Transitionsprozesse von den organischen Intellektuellen der herrschenden Klasse geleitet, also von Männern aus den eigenen Reihen: in Guatemala von Fernando Andrade Diaz Durán, in Honduras von Rafael Callejas, in El Salvador von Roberto Murray Meza, in Nicaragua von Antonio Lacayo Oyanguren und in Costa Rica von Oscar Arias Sánchez. Bei diesen Personen handelte es sich ausnahmslos um Angehörige der wichtigsten Familienverbände. Über ihre Familienallianzen und Geschäftsbeziehungen brachten sie diejenigen Fraktionen der herrschenden Klasse zusammen, die sich am weitesten auf den Modernisierungskurs eingelassen hatten und politisch, wirtschaftlich und intellektuell in der Lage waren, den Gefühlen und dem Willen ihrer Klasse Nachdruck zu verleihen (Cardenal/Martí i Puig 1998: 195; Sojo 1998: 23).

Während der Phase der politischen Transition entwickelten die Eliten neuen Schlages einen reformistischen und neoliberalen Diskurs. Sie sprachen sich für gewisse politische und wirtschaftliche Veränderungen aus, die der Modernisierung des Staates und des Marktes dienen sollten. Sie befürworteten eine Wiederbelebung des zentralamerikanischen Integrationsprozesses und plädierten für die Anbindung an den globalisierten Markt. Die "neue Rechte" oder "erneuerte Rechte" (Sarti 1989: 61-68), diese verkappte traditionelle Elite, gründete neue Klassenparteien oder erneuerte die traditionellen. Zusätzlich forderten ihre Protagonisten strukturelle Anpassungen und eine politische Demokratisierung. Ein Jahrzehnt zuvor hatten sie genau hiergegen opponiert.

Ich stimme also mit Sarti überein, der feststellt, dass die Krise der oligarchischen Herrschaft nicht zu einer Verdrängung der Oligarchien geführt hat, denn die erhoffte bürgerliche Erneuerung fand nicht statt. Statt dessen präsentierten sich die Oligarchien, die sich um ihre Familienverbände herum neu organisiert hatten, mit einem modernen und toleranten Diskurs, der den Anschein erweckte, als habe sich ein Wechsel im System der Herrschafts-

und Machtausübung vollzogen. Diesen Prozess habe ich an anderer Stelle "Metamorphose der Oligarchie" genannt.

Die bedeutendste Veränderung ist in der aktiven Teilnahme der Machteliten am politischen Geschehen zu sehen – etwa in den neuen Parteien oder an den Friedensabkommen. Und es gelang ihnen, den Übergang zur Demokratie so zu gestalten, dass sie ihre Herrschaft durch Wahlen absichern können. Heute üben die an nordamerikanischen Universitäten ausgebildeten Sprösslinge der Oligarchie diese Macht aus: Ein Wandel von herrschenden zu regierenden Eliten!

6. Der Eintritt der zentralamerikanischen Eliten in den Weltmarkt

Der fragile Zustand der nationalen Ökonomien, die auf dem traditionellen Modell des Agrarexports basierten, erschwerte deren Eingliederung in die globale Wirtschaft. Schuld an diesem Zustand waren auch der Krieg, der in drei der fünf Länder gewütet hatte, sowie die von der US-amerikanischen Entwicklungsbehörde AID, dem Internationalen Währungsfonds und der Weltbank auferlegte neoliberale Politik, die die Lenkung durch den Markt und eine Verschlankung des Staates forderte. Nur wenige Unternehmen überlebten die Veränderungen, und nur wenige Familienverbände schafften es, ihr Agrar- und Industriekapital in Handels- und Finanzkapital umzuwandeln. Aber in fast jedem Land gelang es denjenigen Wirtschaftsunternehmen, die sich als Holding konstituiert hatten oder eine Monopolstellung innehatten, ihre eigenen Banken und Kreditinstitute zu gründen. Dies war der Fall in Costa Rica, in El Salvador und in Guatemala. In geringerem Maße trifft dies auch für Nicaragua und Honduras zu.

Für Costa Rica stellt Sojo (1996) fest, dass nur wenige Familienunternehmen den Anpassungsprozess und die neoliberale Politik überstanden. Unter den Familien, die ihr Agrar- und Industriekapital in Finanzkapital umwandeln konnten, nennt er die Quirós und die Uribe de Anaya, Inhaber der Banco de Comercio und einer Holding, die die Kommunikationsmedien und die Brauereien kontrolliert; die Jiménez Borbón mit der Bank Banex; die Pellas aus Nicaragua, die sich mit der Banco de San José den ersten Platz im Ranking sicherten; und die traditionellen Clans der Kaffeeproduzenten wie den Montealegre, Saénz, Quirós, Sánchez, Peters, Rohrmoser und Aizemann. Einige Autoren sind der Ansicht, dass die Expansion des Finanzkapitals seinen Ursprung in eben diesem Sektor der Kaffeewirtschaft hat (Hess/ Li Kam 1994; Pérez Brignoli/Samper 1994).

Der Wandel von Agrar- und Industriekapital in Finanzkapital ist im Falle Guatemalas am offenkundigsten. Zwischen 1989 und 1990 begannen die Familienverbände, neue Banken und Investmentgesellschaften zu gründen. 1991 brach auf dem Kapitalmarkt ein Boom aus, als die Banco de Guatemala Staatsanleihen und andere Wertpapiere der öffentlichen Hand zum Verkauf anbot. Bei hohen Zinsraten bedeutete dies einen schnellen und sicheren Gewinn. Der Rückfluss an Geldern war enorm. Über 700 Millionen Dollar wurden repatriiert. Dies förderte die Gründung von neuen Banken und Investmentgesellschaften. Verschiedenen Quellen zufolge ist sechs Familien der Sprung in den internationalen Finanzmarkt gelungen, nämlich den Herrera, Castillo, Botrán, Gutiérrez, Paíz und Granai – eben jenen, die gleichzeitig die größten Konsortien aufgebaut hatten. Dieses Finanzoligopol bleibt also weiterhin in den Händen jener alten Familienverbände, die es verstanden haben, ihr Kapital zu konzentrieren und zu transnationalisieren und ihr Geschäft auf die regionale und internationale Ebene auszuweiten.

El Salvador ist das zentralamerikanische Land, das sich als erstes dem globalisierten Finanzmarkt angeschlossen hat. Cardenal führt die Herausbildung eines modernen Unternehmertums darauf zurück, dass der Bürgerkrieg die Wirtschaftsinteressen der Unternehmerschaft ernsthaft beeinträchtigt und zu einem Kurswechsel gezwungen hatte. So sei es zu der Verlagerung des Agrarsektors auf den Finanzsektor gekommen (Cardenal 1996). Es konsolidierten sich jene Gruppen, die über liquide Mittel verfügten und denen der Krieg am wenigsten anhaben konnte, und solche, die Inhaber transnationaler Firmen waren. Hierfür stehen Unternehmensnamen wie Taca, die Banco Cuscatlán, Molsa und Procafé. Sie gehörten Familien wie den Dueñas, den Hill, den De Sola und den Kriet. Sie waren die Basis, auf der sich die Unternehmer mittels internationaler Holdings und der Börse mit dem Weltmarkt verbanden.

Laut Segovia (2002: 246) konnten die modernisierungsorientierten Eliten von 1980 an ein neues Exportmodell durchsetzen. Dies gelang dank der Geldsendungen der Migranten, die dazu beitrugen, den Übergang von einer Agrargesellschaft in eine urbane Gesellschaft zu beschleunigen. Der Finanz- und der Arbeitsmarkt wurde dabei grundlegend umstrukturiert. Konsummuster wandelten sich ebenso wie das Investitionsverhalten und die Einkommensverteilung. All dies veränderte die Funktionsweise der Wirtschaft und bestimmte die Art und Weise, wie die Ökonomie in den Weltmarkt eingebunden wurde.

7. Die Rückkehr der alten Eliten an die Macht: Modernisierendes Unternehmertum, politische Transition und Wahlen

Ich möchte im Folgenden weder ein statisches und allgemeingültiges Bild der traditionellen Machteliten zeichnen, noch die großen wirtschaftlichen, gesellschaftlichen und politischen Strukturveränderungen unterbewerten, die in Mittelamerika stattgefunden haben. Auch dürfen die enormen Folgen des Krieges in drei der fünf Länder nicht ignoriert werden, und schließlich ist der Aufstieg neuer, zuvor gänzlich unterdrückter oder unsichtbarer Sektoren zu berücksichtigen, zu denen die Frauen, die Bauern, die Indianer und die Christen gehören. Dennoch gelang es den zentralamerikanischen Eliten, durch die Umstrukturierung familiärer Netzwerke und durch die Anpassung an die neuen Bedingungen zu überleben und an der Macht zu bleiben. Dies trifft vor allem auf El Salvador, Guatemala und Nicaragua zu, weniger auf Honduras und Costa Rica.

In Costa Rica sind die neuen ökonomischen Machtgruppen nicht mit den alten politischen Eliten deckungsgleich. Die neuen Gruppen haben kaum Verbindungen zum Agrarexportsektor. Ihr Feld sind Handel und Finanzen. Außerdem scheint nach den Wahlen 2002 selbst das alte, von den traditionellen agrarischen Familienclans kontrollierte System der Ämterverteilung wirkungslos geworden zu sein. Der damals gewählte Präsident Abel Pacheco von der PUSC *(Partido Unidad Social Cristiana)* entstammte den neuen Wirtschaftseliten, nicht den alten Familienverbänden des Agrarexportsektors. Im Gegensatz hierzu haben die traditionellen Familienclans in El Salvador, Guatemala (siehe 7.1) und Nicaragua (siehe 7.2) ihre Machtposition erhalten.

7.1 El Salvador und Guatemala

Von 1980 an entschlossen sich die Eliten in El Salvador, eine eigene Partei ins Leben zu rufen, die unmittelbar von Mitgliedern der Oligarchie geleitet wurde, die ARENA *(Alianza Republicana Nacionalista)*. Die Wahlen in den neunziger Jahren führten zum Sieg dieser politischen Formation, die das deutlichste Beispiel für den Aufbau einer Klassenpartei und für die Konsolidierung einer oligarchischen Restauration ist, auch wenn sich ihre Repräsentanten einen modernen Anstrich gaben (Lungo Uclés 1990; Pelupessy 1989). Im Verlauf des Demokratisierungsprozesses passte die ARENA ihre Strategie an. Sie wandelte sich von einer Partei der extremen Rechten und der Paramilitärs unter d'Abuisson zu einer modernen Klassenpartei, in die die meisten Fraktionen der Eliten eingebunden werden konnten (Cardenal/Martí i Puig 1998).

Auch wenn die Repräsentanten der ARENA als Modernisierer auftraten, waren es die Mitglieder der alten Familienverbände, die im Moment der Krise an die Macht zurückkehrten. Im Kern der Partei finden sich die oligarchischen Familien wieder: die De Sola, Meza Ayau, Daglio, Regaldo Dueñas Kriete und die Salaverría. Hinzu kamen Familien arabischen, palästinensischen und libanesischen Ursprungs, die die Medien beherrschten, die Nathan, Eserski, Zablah und die Simán. Es überrascht daher nicht, dass die letzten drei Präsidenten El Salvadors direkt oder indirekt mit den alten Familienclans in enger Beziehung standen. Cristiani gehörte zur Familie Cristiani-Burkard und hatte seine Kaffeeplantagen von der mütterlichen Linie geerbt. Seine Ehefrau Margarita Llach-Schonenberger entstammte einer katalanischen Familie, die sich zu Anfang des 20. Jahrhunderts mit deutschem Kapital verbunden hatte. Gemeinsam mit den Díaz Álvarez, Regalado, Menéndez und den De Sola figurierten sie prominent unter jenen, die von der Kaffeewirtschaft profitierten. Im Nationalen Exekutivrat (*Consejo Ejecutivo Nacional* – COENA) hatten Mitglieder des oligarchischen Kerns die wichtigsten Posten inne. Es finden sich Namen wie Calderón Sol, Llach, Angulo Samayoa, Gómez de Meléndez, Battle und Sol. Die Familien von Cálderon Sol ebenso wie die des amtierenden Präsidenten gehörten zwar nicht unmittelbar zum oligarchischen Kern der Machteliten, ihre Mitglieder dienten aber immer deren Interessen oder waren ihre engen Vertrauten. Ich nenne diese Gruppe, die in Diensten der Familienclans stand, daher eine Gefälligkeitsbourgeoisie.

Es ist also richtig zu behaupten, dass die Eliten wieder an die Macht gelangten und zwar mittels der Söhne und Enkel der Gründungsväter des oligarchischen Staats. Viele von ihnen geben sich heute populistisch und pflegen einen modernisierenden Diskurs. Sie akzeptieren die Spielregeln des demokratischen Staats und kommen durch allgemeine Wahlen an die Macht. Aber es besteht gar kein Zweifel daran, dass ihre Klassenherkunft und die Parteien, durch die sie in die Ämter gelangen, einen oligarchischen Charakter haben. Zudem stimmt die Art, wie sie regieren, voll und ganz mit dem "oligarchischen" Stil überein. Dem widerspricht auch nicht, dass dieser Sektor der Eliten ein neues Exportmodell durchsetzt, das nicht-traditionelle Produkte in den Vordergrund stellt, das auf der Reinvestition von Überweisungen der Arbeitsmigranten basiert und das die Integration der Wirtschaft El Salvadors in die der USA anstrebt (Segovia 2002).

Der guatemaltekische Fall entspricht in vielem El Salvador. *De facto* gab die Oligarchie ihre Macht nie ganz ab. Auch waren ihre Besitztümer nie gefährdet, und dies trotz eines Krieges, der insgesamt 36 Jahre wütete, nach Angaben der offiziellen "Wahrheitskommission" mehr als 200.000 Menschen das Leben kostete und über eine halbe Million Guatemalteken zu Flüchtlingen im eigenen Land machte. Während der Jahrzehnte, in denen die Oligarchie auf die Karte des Autoritarismus und die des schmutzigen Krieges setzte und einen Teil ihrer politischen Macht an das Militär abgab, behielten sich die alten Eliten immer zwei oder drei Schlüsselministerien vor – die Ressorts Landwirtschaft, Wirtschaft und Finanzen, zeitweise auch das Außenministerium. Die Namen Arenales Catalán, García Granados, Herrera Ibarguen, Díaz Durán, Stein Heineman und Arzú Irigoyen weisen auf die hieran beteiligten Familienverbände hin.

Zu Beginn der achtziger Jahre kam es in Guatemala zu einer Herrschaftskrise. Gründe hierfür waren Meinungsverschiedenheiten zwischen den Elitefraktionen. Es herrschte Uneinigkeit darüber, welchem Wirtschaftsmodell und welchem politischen Projekt man den Vorzug geben sollte. Die Folge waren Friktionen im herrschenden Block, die während der Militärregierung von Lucas García und Ríos Montt zwischen 1978 und 1983 ihren Höhepunkt erreichten. Mit dem Staatsstreich von Mejía Victores begann die Umgestaltung und Erneuerung des dominanten Blocks. Machtverhältnisse innerhalb der Oligarchie wurden rearrangiert und ein neues nationales wie regionales Politikkonzept entwickelt.

Wie in El Salvador entstammte auch in Guatemala der führende Ideologe der demokratischen Transition, Fernando Andrade Díaz Durán, einer der alten Familien. Auch wurden wie im Nachbarland neue Klassenparteien gegründet, der MAS *(Movimiento de Acción Solidaria)* und die UCN *(Unión del Centro Nacional)*. Der Sieg der christdemokratischen Partei (DCG) in den Präsidentschaftswahlen von 1985 kam ebenfalls durch die Unterstützung der Oligarchie zustande, denn ihr modernster Sektor hatte auf das von der DCG entworfene Modell einer politischen Liberalisierung gesetzt.

Zwischen Guatemala und El Salvador gibt es aber auch Unterschiede. Anders als in El Salvador ist die Oligarchie Guatemalas heute in drei unterschiedliche Fraktionen zersplittert, in die UCN, den MAS und den PAN *(Partido de Avanzada Nacional)*. Letztere Partei kann mittlerweile auf die größte Unterstützung der alten Familienverbände zählen, da in ihr die meisten Familiennetzwerke eingebunden sind und sie damit die Gunst der Führungselite genießt.

Der Triumph des Kandidaten des PAN, Alvaro Arzú Irigoyen, bei den Präsidentschaftswahlen 1996 deutet auf eine Rückkehr der baskisch-stämmigen Fraktion hin und belegt den turnusmäßigen Wechsel der Eliten im Rahmen der alten Familiennetzwerke. Wenn es auch richtig ist, dass sein Kabinett nicht in typischer Weise oligarchisch war und nicht ausschließlich auf Allianzen mit anderen Familienverbänden fußte, wie das seines Vorgängers Serrano Elías, so lässt sich doch eine starke Bindung an jenen Teil der Unternehmerschaft nachweisen, der aus den alteingesessenen Familien stammt.

Betrachtet man diese Vorgänge in der Zusammenschau, dann deutet alles darauf hin, dass die Vorherrschaft im hegemonialen Block Guatemalas offensichtlich wiederum den alten kreolischen Familien baskischer Herkunft und einer weiteren Gruppe zufällt, deren Vorfahren aus dem Ausland kamen, den Klee, Novella, Wyld, Berger, Stein, Widman und den Boppel.

In Abgrenzung zu El Salvador muss noch ein letzter Punkt angesprochen werden, der bis vor kurzem in der politischen Geschichte Guatemalas keine Rolle gespielt hat: die Einbeziehung evangelikaler Sekten. In der Regierungszeit von Serrano Elías sind die Familien Falla, Bianchi, Zepeda, Contreras Vélez, Castillo, Benfeld und Alejos von ihnen durchdrungen worden, und einzelne Familienmitglieder haben mittlerweile in den Kirchen der Pfingstler hohe Ämter inne. Dieser zusätzliche Faktor rundet das Bild der aktuellen Umgestaltung des hegemonialen Blocks in Guatemala ab.

7.2 Nicaragua

Mit dem Sieg der sandinistischen Revolution schien es, als habe es einen Bruch im historischen Herrschaftsblock gegeben, der sein Wiedererstarken endgültig verhindern würde. Die Oligarchie war von der Macht vertrieben worden und an ihre Stelle trat eine antiimperialistische, volksnahe und revolutionäre Regierung, die den Weg für die Unterschichten freimachte. Dieser in Zentralamerika einmalige Vorgang veränderte die Sozialstruktur Nicaraguas grundlegend und führte in der Region zu hohen Erwartungen.

Bei genauerer Betrachtung lässt sich aber feststellen, dass die alten Familiennetzwerke durch den Sieg der Revolution nicht verschwunden sind. Im Gegenteil: Sie erhielten sich am Leben und reproduzierten sich während der achtziger Jahre weiter.

Nach Meinung von Vilas fand die Einbindung in die Machtzirkel der sandinistischen Regierung allerdings nicht über Heiratsbande statt, denn die alteingesessenen Familien blieben ihrem sozialen Verhalten nach weiter endogam. Statt dessen traten die Abkömmlinge der alten Clans dem FSLN

(Frente Sandinista de Liberación Nacional) bei. Familien wie die Carrión, die Cuadra, die Chamorro und die Cardenal belegen dies. Hieraus entstanden neue Netzwerke, deren Präsenz umfassend war. In der Zeit der sandinistischen Regierung besetzten ihre Repräsentanten hohe Positionen und hatten umfangreiche Entscheidungsbefugnisse.[3] Erneut treffen wir auf die Familien Lacayo, Argüello und Chamorro, Familienverbände, die in der Politik des Landes seit der Mitte des 18. Jahrhunderts eine führende Rolle gespielt haben.

Ohne Zweifel wird die Klassenstruktur von persönlichen Beziehungen überlagert. Dies ließ neue Verbindungen wachsen, aus denen neue komplexe Familiennetzwerke entstanden. Dieser Vorgang erklärt zum Teil den friedlichen Übergang von der sandinistischen Revolutionsregierung zur konservativen Herrschaft der UNO *(Unión Nacional Opositora)*: Es handelte sich um eine Übergabe zwischen den Mitgliedern alteingesessener Familienverbände, die untereinander persönliche Beziehungen pflegten und trotz des politischen Zwistes zu einer Verständigung gekommen waren. Es waren die organischen Intellektuellen der Familiennetzwerke – der Chamorro, Lacayo, Cuadra und der Carrión – die einen friedlichen Transitionsprozess ermöglichten, weil "die Muster familiärer Bindung über den politischen Differenzen stehen, die es ganz offenkundig zwischen der neuen Regierung und der sandinistischen Opposition gibt" (Vilas 1996: 105).

Die Zusammensetzung der Regierung Bolaños vermittelt einen deutlichen Eindruck vom Wiederaufbau des hegemonialen Blocks und von der Rückkehr der alten nicaraguanischen Familienclans an die Macht. Unter dem Präsidenten Enrique Bolaños Geyer gelang es ihnen, sich erneut zu konsolidieren. All dies belegt, dass es den herrschenden Familienverbänden selbst im Falle Nicaraguas, wo eine Revolution stattgefunden hatte und wo es zu einem Bruch im historischen Machtblock gekommen war, gelang, die Krise

---

3   In seiner Arbeit nennt Vilas einige Beispiele: "Der Präsident der Zentralbank von Nicaragua war Joaquín Cuadra Chamorro, Abkömmling einer der ältesten Familien von Granada... Vetter ersten Grades von Alfredo Pellas Chamorro – Inhaber der Finanzgruppe Banco de América und Eigentümer der Zuckerrohrplantage San Antonio – Vetter ersten Grades von Pedro Joaquín Chamorro Cardenal. Don Joaquín war zuvor in der sandinistischen Regierung Finanzminister gewesen, er war der Vater von General Joaquín Cuadra Lacayo, dem Generalstabschef der sandinistischen Volksarmee..., Onkel und Schwiegervater des stellvertretenden Generalstabschefs der sandinistischen Volksarmee, Oberst Osvaldo Lacayo Gaburdi. Dessen Schwester, Marta Patricia, hatte den Revolutionsgeneral Luis Carrión Cruz geheiratet... Von der Seite seiner Frau, Doña Maruca Lacayo Hurtado, sind Don Joaquín und seine Kinder mit den wichtigsten Familien Nicaraguas verwandt, der Familie Argüello..." (Vilas 1996: 98).

zu überstehen und sich von einer Etappe in die nächste zu retten, ohne dabei ökonomisches und machtpolitisches Potential einzubüßen. Möglich wurde dies, weil im Umgang miteinander familiäre Beziehungen über die Klassenfrage gestellt wurden. Darin liegt das Geheimnis der Effizienz, mit der die Familiennetzwerke Zeiten politischer Instabilität und ökonomischer Krisen meistern.

Übersetzung: Ingo Bultmann

Literaturverzeichnis

Cardenal, Ana Sofía (1996): *Elites agrarias y democracia. Una explicación del proceso de democratización en El Salvador.* (Diss.).

Cardenal, Ana Sofía/Martí i Puig, Salvador (Hrsg.) (1998): *América Central, las democracias inciertas.* Barcelona.

Casaús Arzú, Marta E. (1995): *Guatemala. Linaje y racismo.* San José, Costa Rica.

Castellanos Cambranes, Julio (1985): *Café y Campesinos en Guatemala, 1853-1857.* Guatemala-Stadt.

García Giráldez, Teresa (2000): "Las redes familiares vascas y su influencia en la política nacional en el período liberal, 1871-1930. La familia Batres". In: Casaús Arzú, Marta/ Giménez, Carlos (Hrsg.): *Guatemala Hoy: Reflexiones y perspectivas interdisciplinares.* Madrid, S. 123-169.

Gramsci, Antonio (1974): *Introducción a la filosofía de la praxis.* Barcelona.

Herrera Balharry, Eugenio (1988): *Los alemanes y el Estado cafetalero.* San José, Costa Rica.

Hess Araya, Erick/Li Kam, Sui Moy (1994): "Perfil de la nueva estrategia de desarrollo de Costa Rica". In: *Revista de Ciencias Sociales* (Costa Rica), 66, S. 69-82.

Krehm, William (1987): *Democracias y tiranías del Caribe.* Bogotá.

Lungo Uclés, Mario (1990): *El Salvador en los 80: contrainsurgencia y revolución.* San José, Costa Rica.

Mahoney, James (2001): *The legacies of Liberalism. Path of Dependence and Political Regimes in Central America.* Baltimore.

Martínez, Juan Carlos (1996): "Las élites de poder en El Salvador: Modernización de la tradición". In: Casaús Arzú, Marta/García Giráldez, Teresa (Hrsg.): *Elites empresarios y Estado en Centroamérica.* Madrid, S. 41-58.

McCreery, David (1994): *Rural Guatemala, 1760-1940.* Stanford.

Pelupessy, Wim (Hrsg.) (1989): *La economía agroexportadora en Centroamérica: crecimiento y adversidad.* San José, Costa Rica.

Pérez Brignoli, Héctor (1987): *Breve historia de Centroamérica.* Madrid.

Pérez Brignoli, Héctor/Samper, Mario (Hrsg.) (1994): *Tierra, café y sociedad: ensayos sobre la historia agraria centroamericana.* San José, Costa Rica.

Romero Vargas, Germán (1988): *Las estructuras sociales de Nicaragua en el siglo XVIII*. Managua.

Santos Pérez, José Manuel (2000): *Elites, poder local y régimen colonial de Guatemala, 1700-1787*. Cádiz.

Sarti, Carlos (1989): *La nueva derecha centroamericana*. San José, Costa Rica.

Segovia, Alexander (2002): *Transformación estructural y reforma económica en El Salvador*. Guatemala.

Smith, Carol (1990): *Guatemalan Indians and the State 1540-1988*. Austin, TX.

Sojo, Carlos (1996): "En el nombre del padre: patrimonialismo y democracia en Costa Rica". In: Casaús Arzú, Marta/García Giráldez, Teresa (Hrsg.): *Elites, Empresarios y Estado en Centroamérica*. Madrid, S. 127-147.

— (1998): *Reforma Económica, Estado y Sociedad en Centroamérica*. San José, Costa Rica.

Stone, Samuel (1993): *El legado de los Conquistadores: Las clases dirigentes en la América Central desde la Conquista hasta los Sandinistas*. San José, Costa Rica.

Torres Rivas, Edelberto (1987): *Centroamérica, La democracia posible*. San José, Costa Rica.

Vilas, Carlos M. (1995): *Family Networks and Democracy in Central American Politics*. XIX LASA Congress, Washington D.C.

— (1996): "Asuntos de familias: Clases, linajes y políticas en la Nicaragua contemporánea". In: Casaús Arzú, Marta/García Giráldez, Teresa: *Elites empresarios y Estado*. Madrid, S. 5-120.

Wagner, Regina (1991): *Los alemanes en Guatemala 1828-1944*. Guatemala-Stadt.

Williams, Robert (1994): *States and Social Evolution, Coffee and the Rise of Social Governments in Central America*. Chapel Hill, NC.

Wünderich, Volker (1995a): "El nacionalismo y el espiritualismo de Augusto C. Sandino en su tiempo". In: Vannini, Margarita (Hrsg.): *Encuentros con la Historia*. Managua, S. 313-331.

— (1995b): *Sandino: Una biografía política*. Managua.

Peter Fischer-Bollin

Die politischen Systeme Zentralamerikas[*]

1. Einleitung

Die politischen Systeme der sieben zentralamerikanischen Staaten sind in vielerlei Hinsicht ein Spiegel der regionalen und lokalen Geschichte, der innen- und außenpolitischen Machtverhältnisse sowie der politischen Kultur. Heute stellen sie mit ihrem institutionellen Rahmen den Ausgangspunkt für die weitere Demokratisierung (Fischer-Bollin 2000) und soziale Entwicklung dar. Ausgehend von der Definition der politischen Systeme als "a set of institutions concerned with formulating and implementing the collective goals of society or of groups within it" (Almond/Powell 1996: 28f.) beleuchtet dieser Beitrag vorrangig das institutionelle Gefüge in den zentralamerikanischen Staaten, wie es in den jeweiligen Verfassungssystemen festgelegt ist. Einleitend werden dazu jeweils die Funktionen und Rollen der Verfassung als politischem Basisdokument und der drei Gewalten von Legislative, Exekutive und Judikative sowie deren Verhältnis untereinander vorgestellt. Aufgrund ihrer Bedeutung für die Ausformung der politischen Systeme werden anschließend die sieben Wahlsysteme miteinander verglichen und die Parteiensysteme dargestellt. Abschließend werden eine Bewertung der aktuellen politischen Systeme anhand demokratischer Normen präsentiert und einige Reformvorschläge für die politischen Systeme formuliert.

2. Die Verfassungen und die drei Gewalten

In den fünf aus dem spanischen Generalkapitanat Guatemala hervorgegangenen Ländern (Guatemala, El Salvador, Honduras, Nicaragua und Costa Rica) begann der Konstitutionalismus mit der Unabhängigkeit von Spanien im Jahr 1821. Erste nationale Verfassungen wurden in den ehemaligen Provinzen von den verfassunggebenden Versammlungen erst später verabschiedet – als die Zentralamerikanische Föderation als politisches Projekt scheiterte. Die beschlossenen Verfassungen waren am Liberalismus orientiert, der die Trennung von Staat und Kirche sowie die Freiheit der wirtschaftlichen

---

[*] Der Beitrag wurde Ende 2005 abgeschlossen.

Aktivität für die Bürger festschrieb. Eine Änderung der realen Machtverhältnisse zwischen den Oligarchien einerseits und der Partizipationsansprü-
che der Bevölkerungsmehrheit andererseits brachten diese Verfassungen
jedoch nicht.

Seit dem 19. Jahrhundert wurden eine Reihe von Verfassungsänderungen
und auch ganz neue Verfassungen beschlossen. Die letzte Welle an neuen
Verfassungen entstand im Zuge der Demokratisierungsprozesse der achtziger Jahre des 20. Jahrhunderts, als in Honduras (1982), El Salvador (1983),
Guatemala (1985) und Nicaragua (1987) die heute gültigen Verfassungen in
Kraft traten. In El Salvador (1994) und Nicaragua (1990) wurden sie im
Zuge der Friedensprozesse vor allem zur politischen Integration der ehemaligen Bürgerkriegsparteien sowie zur Demokratisierung der politischen Institutionen grundlegend reformiert (Bendel/Krennerich 1996). In Guatemala
scheiterte eine Verfassungsreform zuletzt an der nicht ausreichenden Unterstützung in einer Volksbefragung am 16. Mai 1999. Die bereits 1949 beschlossene Verfassung Costa Ricas wird oft als Indiz für die politische Stabilität dieses Landes gewertet. Die Verfassung Belizes entstand während des
Unabhängigkeitsprozesses von der Kolonialmacht Großbritannien im Jahre
1981 und geht mit ihren Regelungen ebenso weit ins Detail wie die Verfassungen der spanischsprachigen Nachbarn. Panamas Verfassung trat zwar
ursprünglich 1972 in Kraft, um die Machtstellung General Torrijos' abzusichern, wurde aber nach seinem Tod 1983 in wesentlichen Teilen reformiert.

Gemeinsam sind allen zentralamerikanischen Verfassungen ein sehr ausführlicher Grundrechtsteil und Staatszielbestimmungen, die vor dem Hintergrund der realen politischen Möglichkeiten weitestgehend als Verfassungs-
lyrik bewertet werden müssen.[1] Mit der Ausnahme Belizes handelt es sich
bei allen Verfassungen Zentralamerikas um Präsidialverfassungen, die dem
nordamerikanischen Modell nachempfunden sind. Sie sehen den Staatspräsidenten als Staatsoberhaupt und Regierungschef, der im Zentrum der Exekutive steht und mit seinem Vetorecht auch in die legislativen Prozesse eingreifen kann. Es gibt in sechs Staaten ein Einkammerparlament mit unterschiedlich starker Stellung im politischen System (Krumwiede 1997). Aufgrund
der stark abweichenden Kolonialgeschichte ist in Belize ein vom Westmins-
ter-Modell Großbritanniens geprägtes politisches System entstanden, in dem
der Führer der Mehrheitsfraktion im Parlament automatisch Premierminister

---

1   Die Verfassungen der zentralamerikanischen Staaten, auf die im Folgenden Bezug ge-
     nommen wird, wurden von der Georgetown University (2005) zusammengestellt. Dort
     finden sich auch die entsprechenden Wahlrechtsvorschriften.

und damit Regierungschef wird (Art. 37). Belize verfügt im Gegensatz zu den spanisch beeinflussten Staaten auch über eine zweite Parlamentskammer, den Senat.

In allen sechs spanischsprachigen Ländern handelt es sich um unitarische und zentralistische Staaten, die in Provinzen und Gemeinden untergliedert sind. Den Provinzen stehen von der Zentralregierung eingesetzte Gouverneure vor, die in der Regel lediglich über administrative bzw. koordinierende Funktionen verfügen. In den Gemeinden werden die Bürgermeister und Gemeindevertretungen meist direkt gewählt. Ihre finanziellen Ressourcen stammen zum überwiegenden Teil aus dem Haushalt des Zentralstaates und bedeuten damit einen dominanten Einfluss des Zentrums auf die realen politischen Möglichkeiten der Peripherie.

Alle Verfassungen teilen die Staatsgewalt nach dem klassischen Modell in Legislative, Exekutive und Judikative. Die nicaraguanische Verfassung kennt mit der "Wahlmacht" (Art. 7: "Poder Electoral") noch ein viertes Staatsorgan.

2.1 Legislative

Die stärkste Stellung eines Parlamentes findet sich in Belize, wo die politischen Mehrheiten der im Fünf-Jahres-Rhythmus gewählten Abgeordneten der ersten Kammer *(House of Representatives)* über die Besetzung des Amtes des Regierungschefs (Premierminister) entscheiden. Daneben hat die *National Assembly* die beiden klassischen legislativen Aufgaben zu erfüllen: Gesetze zu erlassen und die Regierung zu kontrollieren. Dazu verfügt das Parlament über die Möglichkeit eines Misstrauensvotums, mit dem der Premierminister und die gesamte Regierung gestürzt werden können (Art. 37). Aber auch die Regierung besitzt ein Machtmittel gegenüber dem Parlament, indem nämlich der Premierminister dem Generalgouverneur die Auflösung des Repräsentantenhauses und anschließende Neuwahlen vorschlagen kann. Dieses Instrument der Parlamentsauflösung existiert in keinem anderen zentralamerikanischen Staat. In den spanischsprachigen Ländern der Region liegen die Aufgaben der Einkammer-Parlamente in erster Linie in der Gesetzgebung und dem Haushaltsrecht, was ihnen eine teilweise starke Stellung gegenüber der Regierung ermöglicht. Die verfassungsrechtliche Schranke für den parlamentarischen Einfluss bei der Gesetzgebung sind präsidentielle Vetorechte. Grundsätzlich verfügen alle zentralamerikanischen Staatspräsidenten über das Recht, ein vom Parlament verabschiedetes Gesetz nicht zu unterzeichnen, es an die Abgeordneten zur erneuten Beratung zurückzu-

Schaubild 1: Charakteristika der Regierungssysteme in Zentralamerika

Staat	Regierungssystem	Entstehung der aktuellen Verfassung	Notwendige Mehrheiten bei Präsidentenwahl	Wiederwahl des Präsidenten	Präsidentielles Vetorecht	Einkammerparlament	Parlam.-Auflösung möglich	Zitierrecht des Parlaments für Minister	Eigenständiges Verfassungsgericht
Belize	Parlamentarisch	1981	-----	-----			X		
Guatemala	Präsidial	1985	50% im 1. Wahlgang; einfache Mehrheit im 2. Wahlgang	keine	X	X		X	X
El Salvador	Präsidial	1983	50% im 1. Wahlgang; einfache Mehrheit im 2. Wahlgang	X[1]	X	X		X	
Honduras	Präsidial	1982	Einfache	keine	X[3]	X			
Nicaragua	Präsidial	1987	35% / 40%[2]	X[1]	X	X			
Costa Rica	Präsidial	1949	40%	X[1]	X[3]	X		X	
Panama	Präsidial	1972/83	Einfache	X[1]	X	X		X	

[1] Keine direkte Wiederwahl, Amtsinhaber muss mindestens eine Wahlperiode aussetzen. In Costa Rica erfolgte eine Neuauslegung von Art. 132 der Verfassung durch die Verfassungskammer des Obersten Gerichtshofes am 4. April 2003, die die Wiederwahl in diesem Sinne erlaubt.

[2] Es reichen 35% im 1. Wahlgang, wenn der zweitplazierte Kandidat mindestens fünf Prozentpunkte weniger an Stimmen aufweist, sonst sind 40% für den Wahlsieg im 1. Wahlgang erforderlich.

[3] Nicht bei Haushaltsgesetzen

leiten und damit dessen Inkrafttreten zu verhindern. In Nicaragua können die Abgeordneten mit einfacher Mehrheit ein solches Veto überstimmen, während in den anderen Ländern dazu eine Zweidrittelmehrheit erforderlich ist. Gestärkt wurden die Parlamente in Costa Rica und Honduras durch die Beschränkung, dass der Präsident bei den Haushaltsgesetzen kein Veto einlegen darf. Damit können die Parlamente in diesen beiden Staaten über die Haushaltsgesetzgebung starken Einfluss auf das Regierungshandeln ausüben (Krumwiede 1997: 102). In der Mehrzahl der zentralamerikanischen Staaten verfügen die Parlamente über das wichtige Recht, die Mitglieder des Obersten Gerichtshofes zu wählen. In Guatemala und El Salvador können die Parlamente dazu aus einer Vorschlagsliste, die ein eigens dafür eingerichtetes Gremium präsentiert, auswählen. In Honduras und Costa Rica liegen Vorschlag und Auswahl der obersten Richter ausschließlich in der Hand der Parlamente, während in Nicaragua auch der Präsident Kandidaten für die Richterwahl vorschlägt. In Panama und Belize wirkt das Parlament hingegen nicht durch Wahl, sondern nur durch Beratung (Belize) und Zustimmung (Panama) an der Besetzung der Obersten Gerichtshöfe mit. Eine Beteiligung der Bevölkerung an der Gesetzgebung ist nur in Guatemala und Nicaragua vorgesehen: In Guatemala kann das Parlament durch eine Volksinitiative zur Behandlung eines Verfassungsreformvorschlages gezwungen werden (Art. 277). Verfassungsänderungen bedürfen vor Inkrafttreten der Zustimmung der Bevölkerungsmehrheit (Art. 280). In Nicaragua haben die Bürger das Recht, Gesetzentwürfe in das Parlament einzubringen, solange sie nicht die Staatsorganisation, das Steuerrecht, internationales Recht oder Amnestien betreffen (Art. 140).

2.2 Exekutive

Wichtigste Legitimationsquelle für die Staatspräsidenten in den spanischsprachigen Ländern Zentralamerikas ist ihre Direktwahl durch die wahlberechtigte Bevölkerung. Von dieser erhalten sie das Mandat, im Auftrag des "Volkes" zu sprechen und zu handeln. Aus diesem Grund wird das Einwirken anderer Staatsorgane oft als störend oder nicht legitim empfunden. Das schon erwähnte Vetorecht des Präsidenten verstärkt den Eindruck, er stehe über dem Parlament und könne dieses nötigenfalls zurechtweisen. In nahezu allen Präsidialdemokratien Zentralamerikas werden die Präsidenten durch Vizepräsidenten unterstützt, vertreten und im Notfall ersetzt. In Costa Rica und Panama gibt es jeweils zwei Vizepräsidenten, während in Honduras drei *designados* den Präsidenten ausschließlich im Falle seiner Abwesenheit oder völligen Verhinderung vertreten. In allen Präsidialrepubliken Zentralamerikas ernennen die Präsidenten die Minister und berufen sie auch wieder ab. In Guatemala, El Salvador, Costa Rica und Panama haben die Parlamente allerdings das Recht, die Minister in Plenumsitzungen zu zitieren. Für dieses Procedere ist in Guatemala keine Mehrheit vorgeschrieben, während in El Salvador eine einfache Mehrheit und in Costa Rica und Panama eine Zweidrittelmehrheit erforderlich ist. Die Möglichkeit des Misstrauensvotums gegen einzelne Minister gibt es nur in Guatemala. Obwohl Belize als parlamentarisches System angelegt ist, verfügt die Exekutive über starke Kompetenzen: Einerseits hängt der Regierungschef vom Vertrauen der Parlamentsmehrheit ab, aber andererseits kann er im Einvernehmen mit dem Generalgouverneur eine Parlamentsauflösung mit anschließenden Neuwahlen durchsetzen. Die enge Bindung zwischen beiden Organen zeigt sich auch an der Tatsache, dass ausschließlich Parlamentsmitglieder zum Premierminister bzw. Minister ernannt werden können.

2.3 Judikative

In allen sieben zentralamerikanischen Staaten ist die Justiz als unabhängig definiert und verfügt an ihrer Spitze über einen Obersten Gerichtshof. Die Richter werden in den spanischsprachigen Ländern mit der Ausnahme Panamas von den Parlamenten gewählt. Der Oberste Gerichtshof nimmt neben den Rechtsprechungsfunktionen meist auch administrative Funktionen für das gesamte Rechtswesen wahr. Von ihm wird der Haushalt der Justiz verwaltet, werden Stellen besetzt und die Verwaltung geleitet. Die Finanzierung der Justiz wird durch einen in der Verfassung festgeschriebenen Mindestanteil am Staatshaushalt oder den Staatseinnahmen sichergestellt. Die Wahl der Mitglieder der Obersten Gerichtshöfe wurde seit dem Beginn der Transformationsprozesse in den achtziger Jahren von politischen Einflüssen befreit: In Guatemala etwa werden dem Parlament Vorschläge von einer Kommission, die aus Vertretern der Universitäten, der Anwaltskammer und der Appellationsgerichte besteht, zur Auswahl vorgelegt. In El Salvador existiert ein ähnliches Vorschlagsgremium. Das Erfordernis der Zweidrittelmehrheit für die Richterwahl zwingt die Parlamentsmehrheit und die Opposition, Kompromisse in diesen wichtigen Personalfragen zu finden. Auch bei diesem Thema überrascht das parlamentarische System Belizes, das dem Parlament keine direkten Wahlrechte für die Mitglieder des Obersten Gerichtshofes überträgt. Der Generalgouverneur ernennt die Richter in Abstimmung mit dem Premierminister und dem Oppositionsführer. Eine formelle Wahl oder anders geartete Zustimmung durch das Parlament existiert jedoch nicht. Die Auslegung der Verfassung oder die Entscheidung bei Streitigkeiten zwischen den Verfassungsorganen kommt in der Regel dem Obersten Gerichtshof zu, der in Costa Rica, El Salvador, Nicaragua und Honduras (seit 2002) zu diesem Zweck über eine eigene Kammer verfügt. Nur in Guatemala existiert ein unabhängiges Verfassungsgericht, das nicht in die Hierarchie des Justizapparates eingebunden ist.

Zusammenfassend kann festgestellt werden, dass die Verfassungen in den spanischsprachigen Ländern ein Präsidialsystem begründen, in dem jedoch den Parlamenten eine Vielzahl von Rechten eingeräumt wird, die sie zu einem potenziellen Gegengewicht im politischen System im Sinne der *checks and balances* werden lassen. In Belize geht die Exekutive zwar aus dem Parlament hervor, verfügt aber diesem gegenüber über eine sehr starke Stellung. Insgesamt existiert in ganz Zentralamerika jedoch eine *De-facto-Dominanz* der Exekutive gegenüber der Legislative.

3. Die Wahlsysteme

In den sechs spanischsprachigen Ländern Zentralamerikas werden die Parlamente überwiegend nach dem reinen Verhältniswahlrecht besetzt. In Guatemala, El Salvador und Nicaragua werden je Provinz eine bestimmte Anzahl von Abgeordneten über regionale Parteilisten ermittelt und zusätzlich ein Teil der Mandate über nationale Listen vergeben. In Honduras werden alle 128 Abgeordneten über *Departamento*-Listen ermittelt. In Panama wurden im Jahr 1999 insgesamt 40 Wahlkreise gebildet, die eine unterschiedliche Anzahl von Mandaten zu vergeben haben: Je nach Bevölkerungszahl des Wahlkreises liegen diese zwischen einem und sechs Mandaten, was in 26 Wahlkreisen mit einem Mandat faktisch zu einem Mehrheitswahlrecht führt.

Zur Reduzierung der Parteienvielfalt gibt es in den meisten Staaten Hürden, die zum Einzug in die Parlamente von den jeweiligen Parteien überwunden werden müssen.[2] Allerdings bedeutet das Nichterreichen dieser prozentualen Hürden oder die Nichtteilnahme an Wahlen in Guatemala, El Sal-

---

2 In Guatemala sind 4% der Stimmen oder der Gewinn eines Parlamentsmandates erforderlich; in El Salvador 3% der Stimmen für Einzelparteien und 6% für Parteienallianzen; in Honduras allein 10.000 Stimmen; in Nicaragua 4% der Stimmen; in Costa Rica sind nur 3.000 Stimmen auf nationaler Ebene nötig, Regionalparteien müssen von 1% der eingeschriebenen Wähler der Gemeinde/Region gewählt werden; in Panama sind 3% der Stimmen nötig.

vador, Nicaragua, Costa Rica und Panama auch die gesetzliche Auflösung der betreffenden Partei. Diese harte Regelung garantiert jedoch keineswegs die Stabilität der jeweiligen Parteiensysteme. Interessanterweise verfügen mit Costa Rica und Honduras gerade die Länder mit den geringsten Anforderungen an die Gründung und Aktivität von Parteien über die stabilsten Parteiensysteme. Die Führer der gescheiterten Parteien gründen häufig einfach eine neue Bewegung, um bei den nächsten Wahlen wieder antreten zu können. So ist in vielen Ländern ein breites Spektrum an "recyclefähigen" Politikern entstanden, die zum Teil seit vielen Jahren immer wieder bei Wahlen kandidieren, jedoch unter wechselnden Parteinamen. In Belize werden die Abgeordneten nach dem Mehrheitswahlrecht ermittelt: Nur der Kandidat mit der relativen Mehrheit der Stimmen in einem Wahlkreis schafft den Einzug in das Repräsentantenhaus. Eine solche Regel führt zu relativ deutlichen Mehrheiten im Parlament, auch wenn die Stimmenverteilung diesen Unterschied nicht hergibt.

Die Wahlrhythmen sind in Zentralamerika sehr unterschiedlich: In Guatemala, Honduras, Costa Rica und Panama werden Präsident, Parlamentsabgeordnete und kommunale Mandatsträger am selben Tag, aber in getrennten Wahlgängen alle vier Jahre (Guatemala, Honduras, Costa Rica) bzw. fünf Jahre (Panama) gewählt. In El Salvador finden hingegen alle drei Jahre am selben Tag Parlaments- und Kommunalwahlen statt, während der Präsident für fünf Jahre gewählt wird. In Nicaragua werden Präsident und Parlament am selben Tag für fünf Jahre und die kommunalen Amtsträger unabhängig davon für vier Jahre gewählt. Kandidaten zu den Parlamentswahlen dürfen in allen zentralamerikanischen Staaten außer Honduras nur von den zugelassenen politischen Parteien aufgestellt werden; lediglich bei den Kommunalwahlen in Guatemala und Panama ist es erlaubt, dass lokale Wahl- oder Bürgerkomitees eigene Kandidaten aufstellen. In Costa Rica können auch regionale Parteien zu den Wahlen antreten.

Bei den Präsidentschaftswahlen gilt das Prinzip der Direktwahl, der Wähler hat somit die direkte Entscheidungsmöglichkeit über den Staats- und Regierungschef in seiner Hand. In Panama und Honduras ist derjenige Kandidat gewählt, welcher im ersten und einzigen Wahlgang die einfache Mehrheit der Stimmen auf sich vereint. Diese relativ niedrige Hürde kann in Verbindung mit niedriger Wahlbeteiligung zu quantitativ geringer Repräsentativität des späteren Präsidenten führen. In Costa Rica und Nicaragua sind zweite Wahlgänge nötig, wenn keiner der Kandidaten 40% (Costa Rica) bzw. 35% (Nicaragua) der abgegebenen Stimmen im ersten Wahlgang erreicht, wobei in Nicaragua der Abstand zum Zweitplazierten mindestens fünf Prozentpunkte betragen muss, sonst gilt ebenfalls das 40%-Limit. In Guatemala und El Salvador liegt diese Hürde gar bei 50% der abgegebenen Stimmen. In allen vier Staaten reicht jedoch im zweiten Wahlgang, an dem die beiden Bestplazierten aus der ersten Runde teilnehmen, die einfache Stimmenmehrheit zum Wahlsieg aus. Die Wahlen 2002 brachten jedoch für Costa Rica erstmals das Ereignis einer Stichwahl; seit 1949 waren alle Präsidenten hingegen bereits im ersten Wahlgang gewählt worden.

Die Kommunalwahlsysteme der einzelnen Länder unterscheiden sich deutlich: In Costa Rica, Nicaragua, Honduras und Guatemala werden die Mitglieder der Gemeinderäte nach dem Verhältniswahlrecht zusammengesetzt. In Costa Rica wird der Bürgermeister aber ab dem 1. Dezember 2002 auf dem Wege der Direktwahl ermittelt, was ihm mehr unmittelbare Legitimation verleiht, aber auch die Zusammenarbeit mit einem von einer anderen Partei dominierten Gemeinderat erfordern kann. In El Salvador besetzt die siegreiche Wahlliste alle politischen Ämter einer Gemeinde. Da keine weiteren politischen Beratungsgremien existieren, wird die parteipolitische Opposition bis zur nächsten Wahl aus dem amtlichen politischen Leben völlig ausgeschlossen.

Zur administrativen und juristischen Bewältigung der Wahlprozesse wurden in den spanischsprachigen Ländern vor allem im Zuge der Demokratisierungsprozesse der achtziger Jahre Wahlbehörden eingerichtet, die je nach Land als *Tribunal* oder *Wahlrat* bezeichnet werden. Diese sind für die organisatorische Durchführung der Wahlen vom Wahlaufruf über die Wahllokale bis zur Stimmenauszählung und Ergebnisbekanntgabe zuständig. Schon durch diese Funktionen kommt den Wahlbehörden nach den vielfältigen Erfahrungen der Zentralamerikaner mit Wahlfälschungen und Wahlbetrug während der diversen Diktaturen eine enorme Bedeutung zu. Die Wahlbehörden üben eine weitere wichtige Funktion im Hinblick auf das Parteienwesen aus: Sie haben die administrative Aufgabe, ein Parteienregister zu führen, das exklusiv den politischen Gruppierungen den Rechtsstatus und die Vorteile einer politischen Partei verleiht. Die Wahlbehörden registrieren neue Gruppierungen als Partei und lösen sie wieder auf. Alle diese Funktionen unterstreichen die hohe politische Bedeutung und den großen Einfluss, über den die Richter der Wahlbehörden in den spanischsprachigen Ländern Zentralamerikas verfügen. Ihre einflussreiche Stellung birgt politische Brisanz, insbesondere in jenen Ländern, in denen entweder die politischen Parteien (in El Salvador werden drei von fünf Richtern von den drei stärksten

Schaubild 2: Bevölkerung und Wahlen

Staat	Bevölkerung in Mio. Einwohnern*	Stimmenzahl des amtierenden Präsidenten im 1. Wahlgang in Mio.	Stimmenzahl des amtierenden Präsidenten im 1. Wahlgang in % der Einwohner	Abgeordnete im Parlament	Provinzen/ Departamentos/ Distrikte	Wahlbeteiligung bei den letzten Wahlen in %
Belize	0,25	----	----	29	6	90,0
Guatemala	11,10	1,045	9,4	113	22	53,8
El Salvador	6,20	0,614	9,9	84	14	37,0
Honduras	6,30	1,038	16,5	134	18 (+1)	72,5
Nicaragua	4,90	1,228	25,1	90	17	90,0
Costa Rica	3,60	0,590	16,4	57	7	68,2
Panama	2,80	0,572	20,4	72	9	76,9

* Die Bevölkerungsangaben sind dem *Brockhaus Jahrbuch 2000* entnommen.

Parteien und zwei weitere vom Obersten Gerichtshof bestimmt, ähnlich auch in Honduras) oder die Parlamente (Guatemala, Nicaragua, Panama) über deren Ernennung beschließen. Es ist daher kein Zufall, dass mit Costa Rica jenes Land als stabilste Demokratie gilt, in dem die Mitglieder der Wahlbehörde vom Obersten Gerichtshof und nicht direkt oder indirekt von den politischen Parteien bestimmt werden. Die Wahlkommission Belizes *(Elections and Boundaries Commission)* wird vom Generalgouverneur in enger Abstimmung mit dem Premierminister und dem Oppositionsführer bestimmt, was eine gewisse Ausgewogenheit der Mitglieder dieser wichtigen Einrichtung sichert.

Bisher müssen sich die wahlinteressierten Bürger in Wahlregister eintragen lassen, die von den Wahlbehörden geführt werden. Organisatorische Unzulänglichkeiten und Korruption führen in den meisten Ländern jedoch dazu, dass diese Wahlregister nicht sehr effizient sind: Wahlwillige Bürger finden sich überhaupt nicht wieder, andere sind doppelt aufgeführt. Ein einheitliches Ausweisdokument könnte die Einschreibung als Wähler sicherstellen, das System modernisieren und vereinfachen (INCEP 2001). Ein weiteres Reformvorhaben wäre das *voto residencial*. Bisher sind die Bürger in den meisten Ländern dazu verpflichtet, dort zu wählen, wo sie in das Wahlregister eingeschrieben wurden (häufig der Geburtsort). Das führt oft zu langen Anreisen zum zuständigen Wahllokal und häufig zu der Entscheidung, überhaupt nicht zu wählen. Die Möglichkeit, am Wohn- oder Aufenthaltsort zu wählen, könnte die Tür zu mehr Bürgerpartizipation öffnen. Die oft geringe Beteiligung der Bürger an den freier gewordenen Wahlprozessen ist vor allem auf technische, politische und individuelle Faktoren zurückzuführen, wie etwa ineffiziente Wahlregister, Transportprobleme, Analphabetismus, überhöhte Erwartungen oder politische Frustration.

4. Die politischen Parteien

Die Stellung der Parteien in den politischen Systemen Zentralamerikas ist bei allen Unterschieden im Einzelfall generell von zwei auf den ersten Blick widersprüchlichen Faktoren geprägt: Ihrer verfassungsrechtlich abgesicherten Monopolstellung bei der politischen Partizipation und dem tatsächlich eher geringen Einfluss auf die täglichen Entscheidungen der Politikgestaltung (Jost 1997). Alle Verfassungen erwähnen die politischen Parteien mit der Funktion, die politische Beteiligung der Bürger zu ermöglichen. In El Salvador räumt die Verfassung den Parteien sogar das Monopol ein, politische Ämter zu besetzen (Art. 85). In Belize finden die Parteien nur im Zusammenhang mit der Vereinigungsfreiheit der Bürger in der Verfassung Erwähnung (Art. 13). Die Parteiensysteme stellen sich heute in den einzelnen Ländern sehr unterschiedlich dar: Belize, Honduras und Costa Rica verfügen über ein stabiles Zweiparteiensystem, während El Salvador und Panama Tendenzen vom Mehr- zum Zweiparteiensystem aufweisen und in Guatemala sowie Nicaragua die Parteiensysteme vor allem von Instabilität gekennzeichnet sind, obwohl auch in Nicaragua auf dem Wege eines Paktes zwischen den beiden großen Parteien PLC *(Partido Liberal)* und FSLN *(Frente Sandinista de Liberación Nacional)* der Versuch unternommen wird, dauerhaft ein Zweiparteiensystem zu etablieren.

In **Belize** (Illy/Laceur 1995: 366f.) ist das Zweiparteiensystem mit der PUP und der UDP eine Folge des reinen Mehrheitswahlrechtes, das wie in den USA und Großbritannien diese Form des Parteiensystems begünstigt. Da nur der Wahlsieger in einem Wahlkreis ein Mandat erhält, beschränkt dies das Aufkommen neuer Parteien wegen der mangelhaften Gewinnaussichten stark. Beide belizenischen Parteien sind schon während der Kolonialzeit entstanden. Die PUP war während der letzten 20 Jahre vor der Unabhängigkeit die prägende Kraft und gewann sämtliche Parlamentswahlen. Sie entstand aus der national ausgerichteten Bewegung der im Lande geborenen Kreolen, die sich seit der Mitte des 20. Jahrhunderts um die Herausbildung einer eigenständigen Nation Belize bemühten. Die UDP ist hingegen das Ergebnis der Fusion der *Liberal Party* und des *National Development Movement* in den siebziger Jahren. Ihr gelang es 1984, die ersten Wahlen nach der Unabhängigkeit zu gewinnen. Anschließend wechselte die Regierung mehrmals zwischen beiden Parteien bis zur heutigen PUP-Regierung von Premierminister Said Musa, der seit 1998 im Amt ist. Die PUP wird als eher sozialdemokratisch orientiert eingestuft, während die UDP mit den US-amerikanischen Republikanern kooperiert und der IDU[3] (Shoman 1992: 129f.) angehört.

Der Dualismus von Nationalen *(Partido Nacional de Honduras*, PNH) und Liberalen *(Partido Liberal de Honduras)* in **Honduras** ist weniger vom Wahlrecht beeinflusst, wenngleich das bis 1956 dominierende Wahlsystem den Konzentrationsprozess der Parteienlandschaft wohl begünstigte (Bendel 1996: 231f.). Beide Parteien sind Ende des 19. Jahrhunderts als Verkörperung des traditionellen lateinamerikanischen Gegensatzes von Konservativen

---

3 Die IDU *(International Democrat Union)* ist ein Bündnis von Mitte-Rechts-Parteien, dem auch ARENA (El Salvador), Partido Nacional (Honduras), PAN (Guatemala) und der Partido Conservador (Nicaragua) angehören.

und Liberalen entstanden und verfügen somit über eine in Zentralamerika einzigartig lange Tradition, die auch von den autoritären Herrschaftsabschnitten der honduranischen Geschichte nicht vollständig unterbrochen werden konnte. Die honduranische Besonderheit während der Militärdiktaturen liegt darin, dass die traditionellen Parteien weiterwirken konnten, ohne jedoch in den (bewaffneten) Widerstand gehen zu müssen. Deshalb konnten sie auch bei den Wahlen nach dem Ende der offenen Militärherrschaft seit 1980 wieder große Wählermengen hinter sich vereinigen. Die Liberalen und die Nationalen zeichnen sich heute durch geringe programmatische Unterschiede aus. Es existieren starke innerparteiliche Fraktionen, die besonders bei den parteiinternen Vorwahlen zur Auswahl des jeweiligen Präsidentschaftskandidaten in Erscheinung treten. Ergänzt wird das honduranische Parteienspektrum durch einige kleinere Parteien, die wie der christdemokratische PDCH und der sozialdemokratische PINU einen kleinen Anteil an Mandaten im Parlament besitzen, aber vor allem in den Kommunen ihre Basis haben. Bei den Wahlen im November 2001 konnten die drei kleinen Parteien PDCH, PINU und UD ihren Mandatsanteil von sechs auf zwölf verdoppeln und auch auf kommunaler Ebene deutliche Stimmengewinne verbuchen. Die Dominanz der beiden großen Parteien ist aber nicht ernsthaft gefährdet und das traditionelle Zweiparteiensystem noch nicht essentiell bedroht.

Das Zweiparteiensystem in **Costa Rica** ist in seiner heutigen Ausformung relativ jung: Der sozialdemokratisch orientierte *Partido de la Liberación Nacional* (PLN) wurde in den vierziger Jahren des 20. Jahrhunderts während des Bürgerkrieges gegründet, während der christdemokratische *Partido de Unidad Social Cristiana* (PUSC) 1983 aus einer Fusion von christdemokratischen, konservativen und liberalen Kräften hervorging. Seitdem haben diese beiden Parteien wechselweise den Staatspräsidenten gestellt, oft jedoch ohne eine eigene absolute Mehrheit im Parlament zur Unterstützung der Regierungsarbeit, da dort auch mehrere Kleinparteien vertreten sind. Die heftigsten Kontroversen zwischen beiden politischen Lagern bezogen sich in den letzten Jahren vor allem auf die Privatisierung der Staatsbetriebe. Während der 1998-2002 regierende Präsident Rodríguez (PUSC) eine weit reichende Privatisierung der Staatsbetriebe bei Versorgung, Energie und Telekommunikation erreichen wollte, lehnten große Teile der Bevölkerung und vor allem die Abgeordneten des PLN im Parlament dies ab. Aufgrund der fehlenden Mehrheit des PUSC kam dies einer Blockade durch das Parlament gleich. Diese Umbrüche und Spannungen in der costa-ricanischen Gesellschaft spiegelten sich auch in den Wahlergebnissen 2002 wider, bei denen mit dem PAC *(Partido Acción Ciudadana)* erstmals eine ernst zu nehmende dritte Kraft hervortrat. Die Präsidentschaftskandidaten von PUSC und PLN wurden bei dieser Wahl erstmals seit 1949 in eine Stichwahl gezwungen. Eine dauerhafte Verschiebung im traditionellen Parteiensystem Costa Ricas könnte sich damit andeuten.

Auch in **Nicaragua** ist das heutige Parteiensystem eine Mischung aus Parteien, die den traditionellen Strömungen des Konservatismus und des Liberalismus entstammen sowie neuen Formationen. Mit dem FSLN ist im Zuge der sandinistischen Revolution 1979 eine ganz neue politische Partei aufgetreten, die sich in den achtziger Jahren als Herrschaftspartei eines sozialistisch-autoritären Systems etablierte, aber nach dem Zusammenbruch des sozialistischen Lagers im Rahmen des zentralamerikanischen Friedensprozesses eine politische Öffnung mit freien Wahlen zuließ, die zum Machtwechsel führten. Die Wahlen 1990 gewann das Oppositionsbündnis UNO unter Führung von Violeta Chamorro, das aus einer Vielzahl von konservativen, christlich-sozialen und liberalen Gruppen geformt war und nicht zuletzt aufgrund der starken personalistischen Tendenzen bald zerbrach. Ein Unterschied zu den bisher beschriebenen Parteiensystemen ist sicher die starke Zersplitterung des Parteienspektrums, die erst in den letzten Jahren durch gesetzlichen Zwang auf dem Wege der Änderung der Verfassung und des Parteiengesetzes eingeschränkt wurde. Zu den Präsidentschaftswahlen im November 2001 traten nur noch drei Parteien mit Präsidentschaftskandidaten an, die sich allerdings in Wahlbündnissen organisierten. Seit 1997 regierte Arnoldo Alemán (PLC), dessen Partei sich zwar "liberal" nennt, aber starke Verbindungen zum früheren Somoza-Regime aufweist. Zusammen mit dem FSLN änderte er 1999/2000 die Verfassung und das Wahlgesetz dergestalt, dass es kleinen und neuen Parteien mittels hoher technischer Hürden fast unmöglich gemacht wird, sich an Wahlen erfolgreich zu beteiligen. Beobachter sehen in Nicaragua den alten Gegensatz "liberal – konservativ" heute durch "liberal – sandinistisch" ersetzt (Chamorro 2001). Nur eine Entscheidung des Wahlgerichtshofes sicherte Anfang 2003 den kleineren Gruppierungen wieder den Rechtsstatus als politischer Partei, ohne dass damit die Dominanz von PLC und FSLN aufgehoben wäre.

Das Parteiensystem **El Salvadors** weist einige Charakteristika eines Zweiparteiensystems auf, verfügt zusätzlich aber auch über ein sehr instabiles Spektrum an kleineren Parteien. Die nationalistische Partei ARENA entstand als rechte Opposition gegen das Projekt der politischen und sozialen

Reform, das vor allem vom christdemokratischen PDC Anfang der achtziger Jahre vertreten wurde. Der PDC ist aufgrund einiger Skandale, innerer Streitigkeiten und zahlloser Abspaltungen zur Kleinpartei geschrumpft. Seit 1989 stellt ARENA daher den Staatspräsidenten und bemüht sich um ein aufgeklärt konservatives und wirtschaftsliberales Image, das insbesondere vom starken Unternehmerflügel aus dem Finanz- und Industriesektor gefördert wird. Wichtigster Gegenspieler ist seit 1994 der FMLN, die aus der ehemaligen Guerilla-Organisation hervorgegangene Partei, die kommunistisch-sozialistische, sozialdemokratische und christlich-soziale Strömungen in sich vereint. Der 1961 gegründete nationalistische PCN ist die älteste salvadorianische Partei. Der PCN fungierte während der Militärherrschaft bis 1979 als Regimepartei, die jenen von den Streitkräften ausgewählten Kandidaten zur Präsidentschaft verhalf. Seit der Demokratisierung ist sie strategisch an der Seite der ARENA zu finden. Neben diesen Parteien existieren mehrere Kleinparteien, die zumeist aus Abspaltungen hervorgegangen sind. Ihre Bündniskonstellationen untereinander oder mit einer der beiden dominanten Parteien ändern sich laufend. Die politische Polarisierung zwischen diesen beiden Kräften wurde durch die unterschiedlichen Wahlperioden von Präsident (fünf Jahre) und Parlament bzw. Bürgermeister (drei Jahre) ausgeglichen: ARENA gewann die Präsidentschaftswahlen der letzten Jahre zum Teil sehr deutlich, während der FMLN bei den Parlamentswahlen (seit 2000 stärkste Fraktion, aber ohne eigene Mehrheit) und den Bürgermeisterwahlen (seit 1997 Bürgermeister in den meisten großen Städten, darunter die Hauptstadt San Salvador) nennenswerte Erfolge erzielen konnte.

Das Parteiensystem **Guatemalas** ist jenes mit dem geringsten Institutionalisierungsgrad in Zentralamerika: Parteien werden gegründet und verschwinden nach einer oder zwei Wahlen wieder, selbst Regierungsparteien haben nur eine kurze Blütezeit. Seit Beginn der demokratischen Transformation 1985 hat Guatemala vier aus Wahlen hervorgegangene Präsidenten erlebt, die vier verschiedenen Parteien angehörten. Von den im ersten Parlament der Nach-Militärzeit vertretenen Parteien existiert heute nur noch eine, die mit derzeit zwei Abgeordneten vertretenen Christdemokraten (DCG). Die in den Nachbarländern feststellbaren Achsen von Liberalen/Konservativen (Honduras), Linken/Rechten (El Salvador, Nicaragua), Christdemokraten/Sozialdemokraten (Costa Rica) existieren in dieser Form in Guatemala nicht. Zwar ist die Linke seit den Wahlen 1999 mit der Ex-Guerilla URNG im Parlament und in einigen Kommunen vertreten, ihr qualitativer und quantitativer Einfluss ist aber sehr gering. Ebenso wie in El Salvador waren es

ebenfalls die Christdemokraten, die in der Übergangsphase von der Militär-
zur zivilen Herrschaft die dominierende Partei waren, diese Rolle aber nach
einer ersten Regierungszeit ebenfalls abgeben mussten. In der Nachfolge
wurde Guatemala von einer rechtspopulistischen Gruppe unter Jorge Serrano
regiert, der aber ohne eigene Parlamentsmehrheit blieb und nach einem gescheiterten Selbstputsch abgesetzt wurde. Der anschließend regierende PAN
konnte seinen Erfolg bei der Wahl 1999 jedoch nicht wiederholen. Stattdessen erzielte die vom ehemaligen Militärherrscher und Sektenprediger General Efraín Ríos Montt gegründete rechtspopulistische Bewegung FRG einen
überwältigenden Wahlsieg. Mit dem früheren Linken und anschließenden
Christdemokraten Alfonso Portillo gewann Ríos Montt einen Kandidaten mit
ausgeprägten rhetorischen und populistischen Fähigkeiten, der den Wahlkampf beherrschte und triumphal gewann. Für die Wahlen 2003 stellte sich
Ríos Montt dann selbst auf, obwohl Art. 186 der Verfassung die Präsidentschaft ehemaliger Diktatoren ausdrücklich untersagt. Das Verfassungsgericht jedoch erklärte seine Präsidentschaftskandidatur diesmal für rechts-
gültig, obwohl es bereits 1990 und 1995 seine Kandidatur mit Bezug auf den
genannten Artikel als verfassungswidrig eingestuft hatte. Bei den Wahlen im
November 2003 kam Rios Montt schließlich nur auf 19% der Stimmen. Zum
neuen Präsidenten Guatemalas wurde Ende 2003 Oscar Berger im zweiten
Wahlgang gewählt. Er steht dem Parteienbündnis GANA vor, das sich extra
für diese Wahl zusammengefunden hatte.

Panama weist ebenso wie El Salvador ein Mehrparteiensystem mit zwei
dominanten Kräften auf.[4] Die personalistische Fixierung dieser beiden Parteien ist außergewöhnlich: Ex-Präsidentin Moscoso vom *Partido Arnulfista*
ist die Witwe des Parteigründers und Namenspatrons Arnulfo Arias Madrid,
der zwischen 1931 und 1968 vier Mal die Präsidentschaft Panamas inne
hatte. Demgegenüber wurde der *Partido Revolucionario Democrático* (PRD)
1977 vom damaligen Militärherrscher General Omar Torrijos (seit Putsch
1968 an der Macht) gegründet, um seinem autoritären Regime eine Rede-
mokratisierung zu verordnen (Hoffmann 1995: 271f.). Erst in diesem Kontext wurden Parteien überhaupt wieder zugelassen, nachdem Torrijos sie
zuvor von der politischen Mitwirkung ausgeschlossen hatte (Smith 1992:
221). General Torrijos verstarb im Jahr 1981 unter mysteriösen Umständen
und hinterließ eine führerlose Partei, deren Vorsitzender und heutiger Präsident Panamas Martín Torrijos ist. Der Sohn des Generals setzte sich bei den

4 Zur historischen Entwicklung des Parteiensystems Panamas bis Ende der 1980er Jahre
   vgl. Smith (1992).

Präsidentschaftswahlen im Mai 2004 durch. Seit dem Ende der Militärherrschaft Manuel Noriegas 1989 haben beide Parteien in größeren Allianzen wechselweise regiert. Der PRD wurde von Präsident Peréz Balladares (1994-1999) modernisiert und mit sozialdemokratischer Programmatik ausgestattet (Hoffmann 1995: 273), was aber nicht über die weiter existierende autoritäre und personalistisch geprägte politische Kultur im PRD wie in den anderen Parteien hinwegtäuschen sollte.

Insgesamt lässt sich feststellen, dass die Parteiensysteme in den einzelnen Ländern des Isthmus stark voneinander abweichen, obwohl wesentliche Unterschiede in den rechtlichen Rahmenbedingungen lediglich zwischen Belize und seinen spanischsprachigen Nachbarn zu erkennen sind. Die Parteiensysteme scheinen hingegen ebenso wie die Parteien selbst einer starken Prägung durch die historische Entwicklung und die politische Kultur des jeweiligen Landes zu unterliegen. So ist es sicher kein Zufall, dass die instabilsten Parteien/-systeme in den ehemaligen Bürgerkriegsländern Guatemala, El Salvador und Nicaragua vorzufinden sind, die auch durch strenge Prozenthürden bisher nicht stabilisiert werden konnten. Die Parteien in Zentralamerika sind überwiegend personalistisch orientiert sowie mit wenig innerparteilicher Demokratie und politischer Programmatik ausgestattet. Ihrer wichtigen Aufgabe als Mittler zwischen Staat und Gesellschaft kommen die Parteien deshalb nur sehr unzureichend nach.

5. Ausblick

Die hier dargestellten Elemente der politischen Systeme in den Staaten Zentralamerikas reflektieren im Wesentlichen die in den Verfassungen und Gesetzen entworfenen politischen Institutionen. Die existierende Lücke zwischen diesem Institutionengefüge und der realen Performanz der politischen Systeme ist aber nach wie vor frappierend. In der politischen Praxis Zentralamerikas fehlen noch eine Reihe wichtiger Aspekte, um von demokratischen Staaten zu sprechen. Allein die Koordinaten des politischen Systems sind für die Etablierung einer demokratischen Ordnung zwar wichtig, aber längst nicht ausreichend. Relativ faire Wahlgesetze und Wahlprozesse haben zu mehr Legitimation der Systeme beigetragen, aber die politischen Parteien nehmen ihre Funktionen in einer demokratischen Gesellschaft nur sehr unzureichend wahr. Hilfreich ist sicher, die Wahltermine und -perioden für Präsident, Parlament und Bürgermeister unterschiedlich zu gestalten. Die Erfahrungen in El Salvador und Nicaragua zeigen, dass die Bürger diese Chancen nutzen, politische Gegengewichte herzustellen und so die übermächtige Dominanz einer einzigen Regierungspartei auf allen Ebenen zu verhindern, so wie dies etwa in Guatemala im Jahr 1999 geschehen ist.

Positive Impulse könnte eine weitere Verlagerung von Entscheidungskompetenzen vom Zentralstaat auf die kommunale Ebene bringen, um die Partizipation der Bevölkerung außerhalb der politischen Kreise in den Hauptstädten zu fördern. Ob eine Stärkung der Parlamente, die aktuell von den rechtlichen Konfigurationen der politischen Systeme her gar nicht so schwach ausgestattet sind, gleichzeitig die Demokratie stärken würde, bleibt eher fraglich. Die in den spanischsprachigen Ländern verbreitete Praxis, die Parlamente mit Listenkandidaten zu besetzen, welche zuvor von den Parteiführungen in der Hauptstadt ausgewählt wurden, lässt an der *per se* höheren politischen und demokratischen Kompetenz der Parlamente zweifeln. Hier wäre sicher eine Reform in Richtung von Wahlkreisabgeordneten, die nach Mehrheitswahlrecht gewählt werden, aus dem Wahlkreis stammen und aus politischem Erhaltungstrieb dessen Interessen vertreten müssten, ein Schritt in die richtige Richtung.

Abkürzungsverzeichnis der politischen Parteien

ARENA	Alianza Republicana Nacionalista	El Salvador
DCG	Democracia Cristiana Guatemalteca	Guatemala
FMLN	Frente Farabundo Martí para la Liberación Nacional	El Salvador
FRG	Frente Republicano Guatemalteco	Guatemala
FSLN	Frente Sandinista de Liberación Nacional	Nicaragua
MAS	Movimiento de Acción Solidaria	Guatemala
PAC	Partido Acción Ciudadana	Costa Rica
PAN	Partido de Avanzada Nacional	Guatemala
PC	Partido Conservador	Nicaragua
PCN	Partido de Conciliación Nacional	El Salvador
PDC	Partido Demócrata Cristiano	El Salvador/Panama
PDCH	Partido Demócrata Cristiano de Honduras	Honduras
PINU	Partido Inovación y Unidad Social Demócrata	Honduras
PL	Partido Liberal de Honduras	Honduras
PLC	Partido Liberal Constitucionalista	Nicaragua
PLN	Partido de la Liberación Nacional	Costa Rica
PNH	Partido Nacional de Honduras	Honduras
PRD	Partido Revolucionario Democrático	Panama
PUP	People's United Party	Belize
PUSC	Partido Unidad Social Cristiana	Costa Rica
UD	Unificación Democrática	Honduras
UDP	United Democratic Party	Belize

Literaturverzeichnis

Almond, Gabriel A./Powell, G. Bingham (^{2}1996): *Comparative Politics. A Theoretical Framework.* New York.

Bendel, Petra (1996): *Parteiensysteme in Zentralamerika. Typologien und Erklärungsfaktoren.* Opladen.

Bendel, Petra/Krennerich, Michael (1996): "Zentralamerika: Die schwierige Institutionalisierung der Demokratie". In: Merkel, Wolfgang/Sandschneider, Eberhard/Segert, Dieter (Hrsg.): *Systemwechsel 2. Die Institutionalisierung der Demokratie.* Opladen, S. 315-340.

Chamorro, Carlos F. (2001): "Nicaragua. Los nuevos retos del liderazgo político". In: *INCEP-Al Día Nr. 54.* Guatemala-Stadt.

Fischer-Bollin, Peter (2000): "Vom Bürgerkrieg zur Demokratie: Die schwierige Demokratisierung in Zentralamerika". In: Institut für Iberoamerikakunde (Hrsg.): *Lateinamerika. Analysen – Daten – Dokumentation Nr. 44.* Hamburg, S. 62-70.

Georgetown University (2005): *Constituciones Políticas.* Base de Datos Políticos de las Americas <http://www.georgetown.edu/pdba/Constitutions/constitutions.html> [25.05.2005].

Hoffmann, Karl-Dieter (1995): "Panama". In: Nohlen, Dieter/Nuscheler, Franz (Hrsg.): *Handbuch der dritten Welt.* Bonn, S. 243-276.

Illy, Hans F./Laceur, Sebastian (1995): "Belize". In: Nohlen, Dieter/Nuscheler, Franz (Hrsg.): *Handbuch der dritten Welt.* Bonn, S. 358-369.

INCEP (2001): "Reformas electorales – una tarea imposible". In: *Panorama Centroamericano,* Nr. 173. Guatemala, S. 11-16.

Jost, Stefan (Hrsg.) (1997): *Los Partidos Políticos en las Constituciones y Legislaciones. Textos y Análisis de diecinueve Países.* La Paz/Bolivia.

Krumwiede, Heinrich-W. (1997): "Die Parlamente in den Präsidialdemokratien Lateinamerikas. Ihre verfassungsrechtlichen Kompetenzen". In: Institut für Iberoamerikakunde (Hrsg.): *Lateinamerika Jahrbuch 1997.* Frankfurt am Main, S. 86-107.

Shoman, Assad (1992): "Party Politics in Belize". In: Goodman, Louis W./LeoGrande, William M./ Mendelson Forman, Johanna (Hrsg.): *Political Parties and Democracy in Central America.* Boulder, S. 111-134.

Smith, David A. (1992): "Panama. Political Parties, Social Crisis and Democracy in the 1980s". In: Goodman, Louis W./LeoGrande, William M./Mendelson Forman, Johanna (Hrsg.): *Political Parties and Democracy in Central America.* Boulder, S. 213-233.

Sabine Kurtenbach

Der Wandel der zentralamerikanischen Staaten. Zwischen Partikularinteressen und Allgemeinwohlverpflichtung

Mit dem politischen und gesellschaftlichen Wandel haben sich in Zentralamerika in den vergangenen Jahrzehnten auch die Anforderungen an die Organisation staatlicher Herrschaft stark verändert. Während die zentralamerikanischen Staaten jahrzehntelang vor allem der Aufrechterhaltung des gesellschaftlichen Status quo und den Partikularinteressen der Oligarchie dienten, müssen sie seit der demokratischen Öffnung ihr Handeln gegenüber den Bürgern in wesentlich höherem Maß legitimieren. Dies wird in all den Bereichen von Politik, Wirtschaft und Gesellschaft besonders deutlich, die zu den Kernfunktionen von Staatlichkeit gehören wie die Garantie öffentlicher Sicherheit und die Bereitstellung eines Mindestmaßes an sozialer und ökonomischer Infrastruktur.

Während der politische und der wirtschaftliche Wandel in Zentralamerika vielfach Gegenstand der Forschung war, ist das Thema des Staates in den letzten Jahren nur selten bearbeitet worden.[1] Zwei Gründe dürften hierfür verantwortlich sein: Zum einen sind kleine und außenabhängige Gesellschaften wie die zentralamerikanischen in besonders starker Weise dem Einfluss globaler Tendenzen ausgesetzt. Dies gilt im Zuge der Globalisierung noch stärker als vorher. Zum anderen hat die Kritik am staatszentrierten Entwicklungsmodell zu einer Verlagerung der Diskussion auf andere Themenfelder und Akteure geführt, wobei der Staat nur noch eine untergeordnete Rolle spielt. Vielfach wird er als neutrale Instanz betrachtet, der lediglich die Verwaltung der Gemeinwesen obliegt. Solange der Staat aber die zentrale Instanz ist, in der die Welt organisiert ist, ist seine Struktur und Kontrolle von entscheidender Bedeutung für den Entwicklungsprozess. Dies gilt in mehrfacher Hinsicht:

1. Der Staat schafft die Rahmenbedingungen für Entwicklung, sei es wirtschaftlich über Gesetze und Regelungen zur Vergabe von Konzessionen,

---

1   Ausnahmen sind die Arbeiten von Williams (1994), Paige (1998) und Sojo (1999; 2000).

Steuersätze, Investitionsförderung, usw., sei es politisch über die Festlegung der geltenden "Spielregeln" für das gesellschaftliche Zusammenleben durch Gewaltenteilung, Rechtsetzung, etc.

2. Der Staat ist insofern der Ort des Konfliktes, als er idealiter, wenn er demokratisch verfasst ist, die zentrale Vermittlungsinstanz zwischen den konkurrierenden Interessen der verschiedenen gesellschaftlichen Gruppen und Akteuren ist.

3. Der Staat spiegelt gleichzeitig die vorherrschenden gesellschaftlichen Konflikte und Konfliktkonstellationen wider.

4. Schließlich war und ist die Kontrolle des Staates oder der Staat selbst, aufgrund seiner nach wie vor zentralen Rolle, Gegenstand von Konflikten.

Gleichzeitig existiert ein enger Zusammenhang zwischen politischem System und Staat, der vor allem im Rahmen der Demokratisierung politischer Systeme von fundamentaler Bedeutung ist, aber in der vorherrschenden Literatur erst allmählich reflektiert wird.[2] Für den Zusammenhang von Staat und Konflikt bedeutet die Demokratisierung der politischen Systeme eine qualitative Veränderung. Die Erwartungen an den demokratischen Staat sind gänzlich andere als die an einen autoritären oder undemokratischen Staat. Die demokratische Regierung – und mit ihr der demokratische Staat – muss für ihre Taten (ebenso wie für ihre Unterlassungen) Rechenschaft ablegen. Sie unterliegt in einem weit höheren Maß als andere Regime einer Allgemeinwohlverpflichtung, weil sie sich in erster Linie über das Verfahren der Problemlösung sowie die dafür zur Verfügung stehenden Kapazitäten legitimiert.

Im gesamten 20. Jahrhundert stand in allen zentralamerikanischen Ländern die Frage der Kontrolle des Staates im Zentrum der gesellschaftlichen Konflikte: Zunächst als treibende Kraft der Weltmarktintegration betrachtet, galt der Staat im Rahmen der neoliberalen Strukturanpassung der achtziger und neunziger Jahre selbst als zentrales Entwicklungshemmnis. Erst seit Mitte der neunziger Jahre wird ihm zumindest ansatzweise wieder eine wichtige Rolle und Funktion für die Zukunftsperspektiven der einzelnen Länder wie der Region als Ganzes zugestanden. Stets haben externe Akteure im zentralamerikanischen Prozess der Staatsbildung eine herausragende

---

2   Die Debatte um die Demokratisierung hat sich in ihrer ersten Phase fast ausschließlich auf die Institutionen des politischen Systems (v.a. Parteien, Parlamente, Wahlen) beschränkt, erst in letzter Zeit ist der Fokus mehr in Richtung auf die strukturellen Rahmenbedingungen gerichtet worden (vgl. Linz/Stepan 1997).

Rolle gespielt und den Ausgang vieler gesellschaftlicher Konflikte maßgeblich mitbestimmt. Gleichzeitig haben sich die politischen und wirtschaftlichen Entwicklungen in den einzelnen Ländern in hohem Maß gegenseitig beeinflusst.

Im Folgenden soll die Frage von Wandel und Kontinuität des Staates in Zentralamerika anhand von drei Aspekten analysiert werden: Erstens die Frage, welche sozialen Gruppen den Staat in den verschiedenen Phasen kontrolliert oder dominiert haben. Zweitens, welche Rolle der Staat gegenüber der Gesellschaft und im Entwicklungsprozess gespielt hat und welchen Grad an Unabhängigkeit und Autonomie er gegenüber den wirtschaftlich dominanten Kräften erreichen konnte. Und schließlich drittens, wie sich der Einfluss internationaler Konjunkturen und externer Akteure auf die zentralamerikanischen Staaten ausgewirkt hat. Abschließend soll dann nach den Entwicklungstendenzen und Zukunftsperspektiven von Staatlichkeit in Zentralamerika gefragt werden.

1. Der Staat der *Cafeteros*

Ähnlich wie in anderen Regionen Lateinamerikas scheiterten auch in Zentralamerika nach der Unabhängigkeit von Spanien die Versuche der territorialen Neugliederung. Die immer wieder auf der verbalen Ebene beschworene Einheit der Region ließ sich aufgrund des Widerstands lokaler und regionaler Herrschafts- und Interessengruppen nicht verwirklichen. Der Isthmus blieb in fünf – wenn man Panama hinzuzählt in sechs – staatliche Organisationen zersplittert.[3]

Obwohl sich im Zuge der Unabhängigkeit Nationalstaaten konstituierten, blieben die *ayuntamientos* (Rathäuser der Gemeinden) die zentralen Orte lokaler Macht und der Entscheidungsfindung. Dort waren die *Caudillos* militärisch und personalistisch verankert und von dort versuchten sie, die Macht im jeweiligen Staat zu erobern. Gemäß ihrer Verfassung waren diese Staaten liberal, die konkrete Art der politischen Herrschaft variierte allerdings in den einzelnen Ländern zwischen oligarchischen Formen der Demokratie[4] und der

---

3 An der Atlantikküste konnte das britische Empire noch während der spanischen Kolonialzeit sein Einflussgebiet bis ins 20. Jahrhundert aufrechterhalten, worin der siebente zentralamerikanische Staat, Belize, seinen Ursprung hat. Auch nach der Unabhängigkeit von Großbritannien hat Belize noch enge Beziehungen zur ehemaligen Kolonialmacht, nähert sich Zentralamerika aber zunehmend an.

4 Im Rahmen der oligarchischen Demokratie war das Wahlrecht meist auf Männer beschränkt und an Besitz sowie Lese- und Schreibkenntnisse gebunden. Dadurch besaß nur

Herrschaft autoritärer Militär-*Caudillos*. Die konkrete Ausformung des politischen Systems spiegelte das vorherrschende Kräfteverhältnis zwischen den verschiedenen Oligarchiefraktionen wider. Die noch in der zweiten Hälfte des 20. Jahrhunderts feststellbaren Unterschiede in der politischen Herrschaft wurden bereits zu dieser Zeit sichtbar. Während sich in Guatemala und El Salvador die Interessen der Kaffeeoligarchie im Rahmen autoritärer Systeme relativ früh durchsetzten, blieb der inneroligarchische Konflikt in Nicaragua lange Zeit offen: Die verschiedenen Oligarchiefraktionen zerrieben sich in internen bewaffneten Auseinandersetzungen. In Honduras organisierten sich die unterschiedlichen Oligarchiefraktionen in dem bis heute bestehenden traditionellen Zweiparteiensystem. Die Entwicklung Costa Ricas begann sich bereits zu jener Zeit von der der anderen Republiken zu unterscheiden: Dies lag zum einen an der im Vergleich zu den anderen Ländern weniger ungleichen Landbesitzstruktur, zum anderen an der hieraus resultierenden Notwendigkeit zur Kompromissfindung innerhalb der Oligarchie.[5]

Nicht das Ende der Kolonialzeit, sondern die Exportprodukte Kaffee und Bananen revolutionierten die zentralamerikanischen Gesellschaften. Der Anbau von Kaffee veränderte die Landbesitzverhältnisse durch die Inwertsetzung neuer Böden; die sich ausbreitende Monetarisierung der Wirtschaft führte zur Neuorganisation des Finanzwesens und verschärfte den Zwang zur Lohnarbeit. Die Nationalstaaten dehnten ihren Einfluss in einer qualitativ neuen Art über das jeweilige Territorium aus.[6] Die Stärkung des Zentralstaates war ein Prozess, der von den Kaffeeproduzenten selbst in Gang gesetzt und bis zur Jahrhundertwende dominiert wurde. Fast alle Präsidenten waren gleichzeitig große Kaffeebarone. Sobald das exportorientierte Entwicklungsmodell durchgesetzt war, war es für die *Cafeteros* nicht mehr notwendig, persönlich Teil des Staatsapparates zu sein. Es entstanden in den einzelnen Ländern verschiedene Koalitionen und Allianzen, in denen die export-

---

ein sehr geringer Prozentsatz der Bevölkerung den Status des "Bürgers" und konnte am politischen System partizipieren. Das zentrale Charakteristikum dieser oligarchischen Systeme war unabhängig von der politischen Ausgestaltung die Einheit von politischer, wirtschaftlicher und sozialer Macht in den Händen einer kleinen Gruppe.

5 Zum Staatsbildungsprozess in Zentralamerika vgl. Dunkerley (1988), Williams (1994), Paige (1998), Vilas (1995). Zur unterschiedlichen Entwicklung Costa Ricas in Bezug auf die Art der gesellschaftlichen Konfliktregulierung vgl. Kurtenbach (2000).

6 Kaffee wurde Ende des 19. Jahrhunderts in Costa Rica, El Salvador und Guatemala zum Hauptexportprodukt, während er in Nicaragua eine geringere Rolle spielte und in Honduras die Weltmarktintegration über den Export von Bananen erfolgte, wodurch keine starke Gruppe von nationalen Latifundisten entstand.

orientierte Oligarchie zwar dominant, nicht aber unbedingt personell in wichtigen Positionen vertreten war. In El Salvador gab es beispielsweise eine Arbeitsteilung mit dem Militär, und erst 1989 mit dem Wahlsieg von Alfredo Cristiani wurde erstmals wieder ein *Cafetero* selbst Präsident (Williams 1994: 196ff.; Paige 1998: 215ff.).

Der Anbau von Bananen erfolgte dagegen nach einer kurzen Übergangszeit weitgehend unter der Dominanz ausländischer Firmen. Die zentralamerikanischen Staaten übernahmen dabei bestenfalls eine Statistenrolle. In der Regel lagen Anbau, Transport, Handel und Verkauf der Bananen, die sich Ende des 19. Jahrhunderts zunächst in den USA – später auch in Europa – wachsender Beliebtheit erfreuten, vollständig in der Hand der großen Bananengesellschaften.[7] Anfang des 20. Jahrhunderts begannen die United Fruit Company (UFCo) und die Cuyamel Banana Company mit dem Erwerb von Land zum Anbau von Bananen. In den folgenden Jahren entwickelten sich die Firmen, die 1930 fusionierten, in Zentralamerika zum Staat im Staate. Die UFCo bzw. die mit ihr finanziell eng verflochtene Internationale Eisenbahn Zentralamerikas (IRCA) erhielt das Monopol auf den Betrieb von Eisenbahnstrecken und Hafenanlagen, in Guatemala gar des Postwesens. Gleichzeitig wurden Steuerbefreiungen gewährt, so dass die zentralamerikanischen Staaten vom Bananenexport nur marginal profitierten.

Die Konzerne verstanden es, ihre wirtschaftlichen Ziele durch politische Einflussnahme der US-Regierung abzusichern. Diese hatte, spätestens mit der Eröffnung des Panamakanals 1903, die gesamte Region als ureigenste Interessensphäre definiert. In der Folgezeit setzten die verschiedenen US-Regierungen alles daran, zu bestimmen, was in ihrem "Hinterhof" geschah. Waren Regierungen "widerspenstig" oder versuchten sie, den Einfluss US-amerikanischer Firmen zu begrenzen, marschierten die US-*Marines* auf. Zwischen 1898 und 1920 intervenierten die USA in der Karibik und den Staaten Zentralamerikas zwanzigmal, setzten Regierungen ab oder ein und "schützten" die Interessen ihrer Staatsbürger. Im Falle der Bananenenklaven erhöhte sich also die Abhängigkeit von Staat und Regierung von den US-amerikanischen Firmen, die sich nicht um Souveränitätsansprüche der zentralamerikanischen Staaten kümmerten.[8]

---

7 Siehe dazu am Beispiel Guatemalas Schlesinger/Kinzer (1986) sowie LaFeber (1984: passim).

8 Bulmer-Thomas (1987: 16) weist darauf hin, dass sich die zentralamerikanischen Staaten auch deshalb beim Bananenexport weniger engagierten, weil dieser im traditionell dünn besiedelten Tiefland stattfand und das Arbeitskräfteproblem und die mangelnde Trans-

Auch beim Kaffeeexport waren die Ergebnisse zumindest ambivalent. Der wachsende Export erhöhte die Einnahmen des Staates und damit auch die Gestaltungsmöglichkeiten der Regierungen. Gleichzeitig waren diese Einkünfte aber den Schwankungen der Weltmarktpreise unterworfen, weil die Haupteinnahmen der Staaten aus den Exportzöllen bestanden.[9] Schon zur Sicherung der eigenen Einkünfte genoss die Förderung des Kaffeesektors höchste Priorität, was gleichzeitig die Diversifizierung der Exporte erschwerte. Die Vermarktung sollte durch Investitionen in die Infrastruktur, vor allem Straßen, Eisenbahnen und Häfen, verbessert werden. Die Gesetzgebung begünstigte die neuen Landbesitzverhältnisse und regelte die Verfügbarkeit von Arbeitskräften.[10] Die exportbedingten Veränderungen führten aber gleichzeitig dazu, dass vor allem in den zwanziger Jahren des 20. Jahrhunderts in der gesamten Region neue soziale Kräfte entstanden, die sich in politischen Parteien oder Gewerkschaften organisierten und für politische und soziale Veränderungen eintraten.[11] Diese Gruppen waren vor allem in den Städten und den Bananenenklaven aktiv, erlangten auf nationaler Ebene aber zunächst wenig Einfluss (Dunkerley 1988: 73ff.).

Der Zusammenbruch des Welthandels im Rahmen der Weltwirtschaftskrise von 1929 führte zu einem Rückgang der regionalen Exporte von 169 Mio. US-$ 1930 auf 59 Mio. US-$ 1940, die Importe sanken von 106 auf 64 Mio. US-$ (Torres Rivas 1990: 164). Dies kam für die zentralamerikanischen Staaten einer Katastrophe gleich. Eine Krise der Staatsfinanzen, wachsende Arbeitslosigkeit und sinkende Reallöhne führten zu sozialen Konflikten, die das bestehende Herrschaftsmodell gefährdeten. Die Art und Weise, wie diese Krise jeweils national gelöst wurde, bestimmte nicht nur

---

portinfrastruktur dort aufgrund der klimatischen Bedingungen weit schwerer zu lösen waren als beim Kaffeeanbau. Die Überlassung der Konzessionen an die ausländischen Firmen zu für diese extrem günstigen Konditionen habe somit ihre eigene Rationalität gehabt. Zur Interventionspolitik der USA vgl. Pearce (1981).

9 Zur Diskussion der Möglichkeiten und Grenzen des Agrarexportmodells in den zwanziger Jahren siehe Bulmer-Thomas (1987: 25ff.), der darauf hinweist, dass es durchaus die Option des Aufbaus eines internen Marktes gab. Dies hätte allerdings eine deutliche Erhöhung des Lohnniveaus erfordert gemacht, um die Kaufkraft und damit Nachfrage und Produktion über die zahlenmäßig kleine Oligarchie hinaus zu stärken.

10 Lediglich in Costa Rica gelang es dem Staat relativ früh, einen gewissen Grad an Unabhängigkeit von den *Cafeteros* zu erlangen, wodurch Konflikte zwischen diesen und anderen nationalen Interessen nicht immer zugunsten der *Cafeteros* gelöst wurden (siehe Bulmer-Thomas 1987: 24).

11 Eindrucksvoll geschildert wird vom salvadorianischen Schriftsteller und Guerillero Roque Dalton in der Biographie des Gewerkschafters Miguel Marmol (vgl. Dalton 1997).

den Charakter der neuen Regime, sondern beeinflusst bis in die Gegenwart den Diskurs und die Ideologie der jeweiligen Eliten (Paige 1998: 97ff.). Mit Ausnahme Costa Ricas konnte die Oligarchie ihre Herrschaft nur mit Hilfe des Militärs aufrechterhalten, was zum repressiven Abbruch demokratischer Tendenzen aus den zwanziger Jahren und zu einem "qualitativen Wandel der Beziehungen zwischen Staat und traditioneller Oligarchie" führte (Carrière/ Karlen 1996: 401).

Dieser Wandel im Verhältnis zwischen Staat und Oligarchie wurde trotz unterschiedlicher konkreter Formen in allen Ländern sichtbar. In El Salvador schlug das Militär 1932 einen Aufstand von mehrheitlich indianischen Kleinbauern nieder, ermordete mindestens 10.000 Menschen und übernahm die Regierung. In Nicaragua legte die mehrfache direkte Militärintervention der USA spätestens ab 1933 die Basis für das Entstehen der Somoza-Diktatur. Guatemala erlebte zwischen 1944 und 1954 eine Dekade der Demokratisierung und Reformen, die 1954 durch den maßgeblich von den USA betriebenen Sturz der Regierung Arbenz gewaltsam beendet wurde. In Honduras konnte der oligarchische Staat bis in die fünfziger Jahre überleben, was insbesondere am geringen Entwicklungsstand des Landes und dessen später Integration in die exportorientierte Weltwirtschaft liegt. Danach begann aber auch dort eine Phase der Militärherrschaft. Selbst in Costa Rica konnte die Krise des Systems erst 1948 und nur im Rahmen eines internen Krieges zugunsten eines demokratischen Regierungssystems gelöst werden.

Während die Krise des oligarchischen Staates in vielen Ländern Lateinamerikas zur Etablierung eines staatszentrierten Entwicklungsmodells führte, entstanden in Zentralamerika – mit Ausnahme Costa Ricas und teilweise Honduras' – autoritäre Systeme, die die anhaltenden Probleme durch staatliche Repression unterdrückten. Hier liegt die zentrale Wurzel der Konflikte, die in den siebziger Jahren gewaltsam eskalierten. Die Kontrolle des Staates lag nun nicht mehr in der Hand der *Cafeteros*, sondern wurde – mit Ausnahme Costa Ricas – an die Militärs "delegiert".

2. Der autoritäre Staat

Die zentrale Aufgabe der autoritären Herrscher war die Stabilisierung der bestehenden Verhältnisse, die in der gesamten Region auch weitgehend gelang. Der Zweite Weltkrieg veränderte die Bedingungen für die Entwicklungen auf dem zentralamerikanischen Isthmus bedeutend. Er verstärkte die Dominanz der US-Vorherrschaft nicht nur in der Politik, sondern auch in der Wirtschaft (Bulmer-Thomas 1987: 87ff.; LaFeber 1984: 85ff.). Im Umfeld

der allgemeinen Friedens- und Demokratisierungseuphorie nach dem Zweiten Weltkrieg verbesserten sich zunächst auch die Rahmenbedingungen für
eine Demokratisierung Zentralamerikas. Die von US-Präsident Franklin D.
Roosevelt verkündeten vier Freiheiten und die Atlantik-Charta wurden auch
auf dem Isthmus mit großem Interesse perzipiert, allerdings nicht von den
Machthabern, sondern vor allem von deren Gegnern.

Am erfolgreichsten waren die Gegner der autoritären Herrscher im Fall
Guatemalas. Im Oktober 1944 stürzte Diktator Jorge Ubico nach anhaltenden Protesten einer breiten Oppositionsbewegung in den Städten. Mit der
Regierungsübernahme des ersten frei gewählten Präsidenten Juán José Arévalo 1944 begann eine zehnjährige Reformperiode. Zentrale Reformen der
beiden "Revolutionsregierungen" waren die Durchsetzung politischer und
individueller Freiheitsrechte, die Einführung bzw. Verbesserung von Ar-
beitsgesetzen zum Schutz der Beschäftigten, die Verbesserung des Bildungs-
systems und eine Agrarreform. Gegen diese Veränderungen der traditionellen Strukturen im Agrarsektor richteten sich die Hauptkritik und der Widerstand der traditionellen Oligarchie. Allerdings hätte dieser Widerstand gegen
die Reformen, die am US-amerikanischen *new deal* orientiert waren, allein
die Reformer nicht stürzen können. Erst die Intrigen der UFCo,[12] deren
Brachland im Rahmen der Agrarreform 1953 zwangsverpachtet werden sollte, und die antikommunistische Hysterie in den USA im Zeichen von Kaltem
Krieg und McCarthy-Ära führten zum Sturz der Regierung Arbenz 1954.[13]
Den Vorwand für den Sturz lieferte dann im Mai 1954 eine Waffenlieferung
aus der Tschechoslowakei. Das US-Außenministerium veröffentlichte um-
gehend eine Erklärung, dass Guatemala damit in die Lage versetzt werde, die

12 In den fünfziger Jahren gehörten der UFCo 42% der landwirtschaftlich nutzbaren Flächen in Guatemala, womit sie der größte Landbesitzer war. Allerdings bestellte sie 85%
ihres Landes nicht, sondern ließ es als "Reserve" brachliegen. Im Rahmen der Agrarreform erfolgte die Entschädigung der Grundbesitzer durch staatliche Schuldverschrei-
bungen, deren Höhe sich nach dem Wert richtete, den die Eigentümer zur steuerlichen
Bewertung ihres Besitzes angegeben hatten. In der Regel, besonders bei der UFCo, war
der Steuerwert nach unten manipuliert. 1953 sollte UFCo-Land erstmals enteignet werden. Die US-Regierung protestierte, und es begann eine groß angelegte Pressekampagne
in den USA, die die guatemaltekische Regierung der kommunistischen Unterwanderung
bezichtigte.
13 Der Einfluss der UFCo auf die US-amerikanische Regierung war zu dieser Zeit besonders groß, weil US-Präsident Eisenhower (1952-1960) Außenministerium und CIA mit
den Brüdern John Foster Dulles und Allen Dulles besetzte. In den dreißiger Jahren hatten
die Brüder als Anwälte für die UFCo die Verträge mit der guatemaltekischen Regierung
ausgehandelt. Eine, auch für US-amerikanische Verhältnisse, ungewöhnlich starke Verquickung von wirtschaftlichen und politischen Interessen.

zentralamerikanischen Nachbarstaaten zu überrollen und seinen Einfluss bis zum Panamakanal auszudehnen. Am 18. Juni 1954 überschritten die Regierungsgegner von Honduras kommend die Grenze, US-Piloten unterstützten die Aktion aus der Luft. Am 27. Juni 1954 trat Präsident Arbenz zurück, um weiteres Blutvergießen zu verhindern. Der zehnjährige Frühling war zu Ende, Guatemala kehrte in die nationale und regionale "Normalität" und zum traditionellen Agrarexportmodell zurück.

Auch in anderen Ländern der Region erhielten nach dem Ende des Zweiten Weltkrieges diejenigen Kräfte Auftrieb, die sich gegen die autoritäre und meist personalistische Herrschaft richteten und für eine Demokratisierung und Erweiterung der politischen und wirtschaftlichen Partizipation einsetzten. In El Salvador entzündete sich der Widerstand am Versuch von General Martínez, sich über eine Verfassungsänderung eine weitere Amtszeit als Präsident zu sichern. Ein Putsch junger Offiziere schlug fehl. Wenn sich auch in den folgenden Jahren verschiedene Militärregierungen gegenseitig aus dem Amt putschten, hatte das Militär die Politik des Landes doch fest im Griff. Jedwede Opposition wurde gewaltsam unterdrückt und verfolgt. In Nicaragua legten die verschiedenen Interventionen der US-*Marines* die Basis für die Diktatur des Somoza-Clans. Anastasio Somoza gewährte anderen Gruppen der Oligarchie zumindest in der Wirtschaft eine minimale Beteiligung, was sich in den sechziger und siebziger Jahren unter seinem Sohn allerdings änderte. Korruption und Kleptokratie waren in der zweiten Hälfte der siebziger Jahre die Grundlage für die Entstehung des breiten anti-somozistischen Bündnisses. Am schwächsten war die Opposition in Honduras. Erst in den fünfziger Jahren entstanden ernsthafte Protestbewegungen. Ein Streik in den Bananenplantagen weitete sich 1954 zum nationalen Generalstreik aus, in dessen Folge das Militär zum eigenständigen politischen Akteur wurde.

Nur im Falle Costa Ricas gelang Ende der vierziger Jahre eine grundlegende Strukturreform von Staat und Gesellschaft. Costa Rica hatte im Gegensatz zu den anderen Staaten die Kontinuität der oligarchischen Demokratie nach der Weltwirtschaftskrise gewahrt, dennoch nahmen die Konflikte in den vierziger Jahren zu. Die Spaltung der Oligarchie über die Frage des Umgangs mit den Achsenmächten führte zur Bildung zweier sehr heterogener Allianzen. Die Regierungen von Rafael Angel Calderón und Teodoro Picado regierten mit Unterstützung der ehemaligen kommunistischen Partei und christlich-sozial orientierten Gruppierungen. Sie setzte ein Reformprogramm durch, das dem der Regierungen Arbenz und Arévalo in Guatemala nicht unähnlich war. Ihr gegenüber stand eine Allianz aus konservativen Kräften um den Zeitungsverleger Otilio Ulate und der sozialdemokratisch orientierten Partei unter José Figueres, deren einzige Gemeinsamkeit ein dezidierter Anti-Kommunismus war. Figueres' Gruppe griff schließlich 1948 nach dem Vorwurf des Wahlbetrugs zu den Waffen. Regionale und internationale Faktoren spielten bei der Eskalation und beim Ausgang des Krieges eine wichtige Rolle. Ausgerechnet die guatemaltekische Reformregierung unter Juan José Arévalo unterstützte die Rebellen durch Waffenlieferungen. Die Androhung der Intervention durch die USA, die sich im Zuge des beginnenden Kalten Krieges gegen eine Regierungsbeteiligung der Kommunisten wandte, trug entscheidend zum Ende des Krieges auf dem Verhandlungswege bei. Für die weitere Entwicklung und die Rückkehr zur parlamentarischen Demokratie nach anderthalbjähriger Herrschaft per Dekret durch die *Junta Fundadora de la Segunda República* unter Figueres war entscheidend, dass Figueres politisch zu schwach war, um sein eigenes Projekt kompromisslos durchzusetzen. So behielt er die sozialen Reformen der militärisch unterlegenen Regierung Calderón/Picado bei, um diese zu integrieren. Gleichzeitig musste er sich den parlamentarischen Spielregeln der Oligarchie unterwerfen, um deren Widerstand nicht zu verstärken, der – mit Unterstützung durch die Somoza-Diktatur – 1948 und 1955 den militärischen Sturz des Regimes herbeizuführen versuchte. Die Abschaffung des Militärs in der Verfassung von 1949 sicherte das Überleben der Zweiten Republik ab, weil so ein zwar bisher schwacher, aber potentiell wichtiger politischer Akteur ausgeschaltet wurde.

Ein Faktor, der die costa-ricanische Entwicklung in den folgenden Dekaden grundlegend von der in anderen Ländern der Region unterschied, war die aktive Rolle des Staates im Entwicklungsprozess. In den anderen Ländern war der Staat zwar auch im Bereich der Transportinfrastruktur aktiv, wurde aber nur sehr begrenzt zum eigenständigen Akteur. Ermöglicht wurde die wachsende Staatsaktivität in der gesamten Region durch die Zunahme der traditionellen Exporte in den fünfziger Jahren, die aber nichts am traditionellen Agrarexportmodell änderte. Auch die Diversifizierung der Agrarexporte (v.a. Baumwolle, Zucker, Fleisch) erfolgte weitgehend auf der Basis traditioneller Strukturen, d.h. Ausbeutung billiger Arbeitskraft, Verdrängung von Subsistenzbauern zur Gewinnung neuer Agrarflächen statt Intensivierung der Produktion. Ansätze zur Weiterverarbeitung blieben gering, auch wenn steigende Importzölle ein günstiges Klima für das zentralamerikanische Handwerk und die Industrie schufen.

3. Der Staat der Aufstandsbekämpfung

Diese Politik löste aber die dem Entwicklungsmodell zugrunde liegenden Probleme – mit Ausnahme Costa Ricas – nicht. Während in Honduras nach dem Putsch 1957 zumindest partiell Reformen eingeleitet wurden, entstanden in den sechziger Jahren in Guatemala, El Salvador und Nicaragua bewaffnete Bewegungen, deren Ziel der Sturz der autoritären Regime war. Die Erfolglosigkeit dieser Gruppen hatte ihre Ursachen zum einen darin, dass sie nur schwach in der Bevölkerung verankert waren, zum anderen standen sie massiver Repression der staatlichen Sicherheitskräfte gegenüber. Im Rahmen der militärischen Zusammenarbeit zwischen den zentralamerikanischen Staaten und den USA wurde der bewaffnete Widerstand in relativ kurzer Zeit zerschlagen.

In den siebziger Jahren führte die Zuspitzung der wirtschaftlichen und politischen Krise des Entwicklungsmodells dann zum Wiederaufleben und Erstarken der Guerillagruppen. In Guatemala, El Salvador und Nicaragua kam es in den siebziger Jahren zu vergleichbaren Eskalationsprozessen.

- Die autoritären Regime, die sich formal demokratisch gebärdeten und regelmäßig "Wahlen" abhielten, sahen sich zu massiven Wahlfälschungen gezwungen, um an der Macht zu bleiben.
- Politiker oder Persönlichkeiten der gemäßigten Opposition, die eine Option auf den friedlichen Wandel verkörperten, wurden umgebracht: 1976 Pedro Joaquín Chamorro in Nicaragua, 1979 Alberto Fuentes Mohr und Manuel Colóm Argueta in Guatemala, 1980 Erzbischof Romero in El Salvador.
- Die Mobilisierung von breiten Oppositionsbewegungen aus Gewerkschaften, Basisorganisationen und politischen Parteien der gemäßigten Linken und des Zentrums wurde mit Repression und schweren Menschenrechtsverletzungen beantwortet. Im Falle Guatemalas war die Repression so gravierend, dass selbst die Regierung von Ronald Reagan (1980-1988) sich lange nicht in der Lage sah, die unter Jimmy Carter (1976-1980) eingestellte Militärhilfe wiederaufzunehmen.
- Schwere Naturkatastrophen (die Erdbeben in Nicaragua 1972 und in Guatemala 1976) offenbarten die mangelnde Fähigkeit oder den mangelnden Willen des Staates, sich für die Bedürfnisse seiner Bürger einzusetzen.

Die erneute Erfahrung, dass auf friedlichem Weg keine Änderungen durchzusetzen waren, machte den bewaffneten Kampf zur einzigen Option, auch wenn die politischen Ideen und Ideale der Guerilla nicht mehrheitsfähig waren. Vor diesem Hintergrund gelang 1979 in Nicaragua der Sturz des Somoza-Regimes. Dies und die folgenden Auseinandersetzungen um die Ausgestaltung des neuen Systems in Nicaragua dynamisierte auch die Konflikte in den Nachbarländern. Die folgende Militarisierung der gesamten Region konnte die bestehende Ordnung aber nur kurzfristig stabilisieren. Die ökonomischen und sozialen Kosten der Kriege ließen das bestehende Herrschaftsmodell auch für die Oligarchie und die sie unterstützenden externen Akteure in wachsendem Maß unattraktiv werden. Vor diesem Hintergrund nahmen schon in den achtziger Jahren die Bemühungen um eine Beendigung der bewaffneten Auseinandersetzung zu.[14]

Grundlage der Beendigung der Kriege war ein regionaler Minimalkonsens zur demokratischen Öffnung und zur Delegitimierung gesellschaftlicher Veränderungen mit den Mitteln der Gewalt. Seither sind demokratische Wahlen in der gesamten Region als einziges legitimes Mittel zur Regierungsübernahme anerkannt. Dies gilt sowohl für die internen wie für die externen Akteure.[15] Dieser Minimalkonsens bezog sich aber lediglich auf das Verfahren, nicht auf Inhalt und Aufgaben von Regierung und Staat.[16] Die *Cafeteros* hatten im Rahmen der Demokratisierung in El Salvador und Guatemala politische Parteien gegründet, die Ende der achtziger und Anfang der neunziger Jahre siegreich aus den Wahlen hervorgingen. Die Militärs zogen sich zwar in die Kasernen zurück, hatten sich zuvor aber in allen Ländern eine eigenständige wirtschaftliche Basis geschaffen,[17] die sie zu einem Teil der Oligarchie werden ließen.

4. Staatsreform als Folge von Demokratisierung und Strukturanpassung

Ähnlich wie in anderen Regionen Lateinamerikas[18] lassen sich auch in Zentralamerika ab Ende der achtziger Jahre zwei Quellen der Staatsreform konstatieren: zum einen die neoliberale Strukturanpassungspolitik, die eine Ver-

---

14 Zu den Friedensbemühungen und Friedensprozessen vgl. den Artikel der Autorin in diesem Sammelband und die dort angegebene Literatur.

15 Deutlich wurde dies beispielsweise 1993 beim *autogolpe* des guatemaltekischen Präsidenten Serrano, der durch die massiven Proteste einer breiten internen Koalition und der internationalen Gemeinschaft zum Aufgeben gezwungen wurde.

16 Lediglich in den Friedensverträgen in El Salvador und Guatemala wurden hierzu Vereinbarungen getroffen, deren Umsetzung bis heute allerdings stark defizitär ist.

17 Vgl. dazu Kurtenbach (1996: 59ff.) und Brenes/Casas (1998).

18 Vgl. dazu u.a. Lechner (1997).

ringerung der staatlichen Bürokratie und eine Reduzierung der Haushaltsdefizite zum Ziel hatte; zum anderen die regionalen und nationalen Friedensprozesse, in deren Rahmen durch die Demokratisierung der politischen Systeme zumindest theoretisch eine erweiterte Partizipation der bisher ausgeschlossenen Bevölkerungsmehrheit und eine Rechenschaftspflicht der Regierenden durchgesetzt wurden. In beiden Prozessen haben in Zentralamerika externe Akteure eine große Rolle gespielt. Im Falle der neoliberalen Reformen waren wie anderswo auch die internationalen Finanzorganisationen, vor allem IWF und Weltbank, die treibende Kraft, indem sie die Vergabe von neuen Krediten an eine Reduzierung der staatlichen Ausgaben und der Bürokratie koppelten. An den Friedensprozessen waren neben der UNO zahlreiche europäische Regierungen und die USA unter anderem im Rahmen der so genannten "Gruppe der Freunde" beteiligt.

Ein zentrales Problem dieser doppelten Reform war und ist, dass sich die Logik und die Zielsetzung der beiden Prozesse zum Teil widersprechen. Während die oberste Priorität der ökonomischen Strukturanpassungsprogramme auf die Ausgeglichenheit der Staatsfinanzen und deren Reduzierung ausgerichtet ist, erfordern die Friedensprozesse große, nicht immer produktive Ausgaben des Staates zur Integration der ehemaligen Kombattanten und für den Wiederaufbau. In der Praxis hat sich in Zentralamerika weitgehend die Logik der Strukturanpassung durchgesetzt. Die Verkleinerung des Staatsapparates und die Privatisierung von Staatsbetrieben führten in der gesamten Region zur Verringerung der Arbeitsplätze im öffentlichen Sektor um 15% (Sojo 2000: 43f.). Die Arbeitslosigkeit wurde durch die Demobilisierung von ehemaligen Kämpfern sowohl auf Seiten der Aufständischen als auch auf Seiten der Streitkräfte zusätzlich verschärft.[19] Nur in wenigen Fällen und zeitverzögert trug die Globalisierung – wie beispielsweise in Costa Rica – auch zur Schaffung neuer Arbeitsplätze bei (Minkner-Bünjer 1999).

Die neoliberalen Reformen haben die bestehenden alten sozialen Probleme weiter verschärft, während die traditionelle Oligarchie im Rahmen der Globalisierung ihre wirtschaftliche Basis modernisieren und regionalisieren konnte. Die Länder der Region verzeichnen zwar eindrucksvolle makroökonomische Wachstumszahlen, jedoch bei anhaltender und steigend extrem ungleicher Verteilung von Reichtum und Lebenschancen.[20] Einigen Wohlstandsenklaven in den Großstädten steht an deren Rändern und auf dem

---

19 In der gesamten Region wurden etwa 150.000 ehemalige Kämpfer demobilisiert (vgl. Kurtenbach 1998: 71).
20 Vgl. dazu den Beitrag von Mechthild Minkner-Bünjer in diesem Band.

Land die Verbreitung großer und extremer Armut gegenüber. Gemäß den Angaben des Zweiten Berichts zur menschlichen Entwicklung in der Region (PNUD 2003: 53) lebten in ganz Zentralamerika 2001 50,8% der Bevölkerung unterhalb der Armutslinie, wobei ein deutlicher Unterschied zwischen Stadt (33,6%) und Land (67,9%) besteht. Costa Rica bildet hier abermals eine Ausnahme, weil dort "nur" 22,7% der Bevölkerung betroffen sind, während es in Panama 40,5%, in El Salvador 45,5%, in Nicaragua 45,8%, in Guatemala 56,2% und in Honduras sogar 71,6% betrifft.

Die mangelnde soziale Abfederung der neoliberalen Politik zeigt die begrenzten integrativen Fähigkeiten der zentralamerikanischen Staaten. Im Rahmen demokratischer Regierungssysteme wirkt sich dies negativ auf deren Legitimation aus. Verstärkt wird diese wachsende Delegitimierung durch die Kontinuität der traditionellen, personalistisch und elitär verankerten Strukturen im politischen Entscheidungsprozess der zentralamerikanischen Gesellschaften, an der auch die im Wesentlichen formale Demokratisierung[21] kaum etwas geändert hat. In der ganzen Region haben Gewerkschaften und Basisorganisationen immer wieder gegen diese Politik protestiert. In letzter Zeit haben nicht zuletzt vor diesem Hintergrund immer mehr Kritiker darauf hingewiesen, dass die Legitimität von Herrschaft in Demokratien ganz wesentlich auf der Problemlösungsfähigkeit[22] der politischen Systeme beruht. Dennoch haben bei Meinungsumfragen der vergangenen Jahre die wirtschaftlichen und sozialen Probleme eine eher untergeordnete Rolle gespielt. An erster Stelle stand dagegen die Aufrechterhaltung der öffentlichen Ordnung, d.h. die Bekämpfung der zunehmenden organisierten und unorganisierten Kriminalität sowie der sozialen Gewalt, die aber in einem ursächlichen Zusammenhang mit den sozialen Problemen steht.

Der Schutz der Bürger vor Gewalt ist eine der zentralen Aufgaben des Staates. Dies gilt auch für den demokratischen Staat, wobei dieser bei der Herstellung der öffentlichen Ordnung, zur Einhaltung der Menschenrechte und rechtsstaatlicher Methoden verpflichtet ist. Im Bereich der inneren Sicherheit machen sich die Folgen neoliberaler Strukturanpassungspolitik besonders krass bemerkbar. Denn obwohl niemand in der neoliberalen Debatte diese grundlegenden Staatsfunktionen explizit in Frage gestellt hat, wurden Sicherheit und Justiz in wachsendem Maße privatisiert.[23]

---

21 Vgl. dazu den Artikel von Peter Fischer-Bollin in diesem Band.

22 Auch die Naturkatastrophen "El Niño" und "Mitch" haben die mangelnde Problemlösungskompetenz zentralamerikanischer Regierungen abermals deutlich gemacht.

23 Vgl. die Arbeiten von Chinchilla (1997), Call (2000), Thomson (2000).

Gewalt und Kriminalität haben mehrere Ursachen:

Erstens hat die Erblast der Kriege dazu geführt, dass Klein- und Handfeuerwaffen in der gesamten Region einfach zu bekommen sind, und vor allem in den ehemaligen Kriegsgesellschaften ist die Bereitschaft zur Anwendung von Waffengewalt bei Konflikten jeder Art erhöht.

Zweitens bilden Armut und Korruption den Nährboden für die Verbreitung der verschiedenen Formen von organisierter Kriminalität. Zentralamerika ist in den neunziger Jahren zu einer wichtigen Durchgangsregion für den Drogentransport aus den Andenländern in die USA und nach Europa geworden. Die US-amerikanische Drogenbehörde DEA spricht in ihrem jüngsten Bericht von einer steigenden Bedeutung der Region für die Wäsche von Drogengeldern, sie nennt hier insbesondere Panama und neuerdings auch El Salvador. Darüber hinaus ist in den vergangenen Jahren auch der Drogenkonsum in den zentralamerikanischen Ländern selbst gestiegen, wodurch auch die Beschaffungskriminalität zunimmt. Außerdem führt die anhaltende Armut zu einem Anstieg der so genannten "Armuts- und Überlebenskriminalität" vor allem in den Großstädten.

Drittens verschärft das Fehlen bzw. die Schwäche rechtsstaatlicher Strukturen, Institutionen und Verfahren die Gewalt. Die relativ geringe Aussicht auf Strafe nicht nur bei Menschenrechtsverletzungen, sondern bei Straftaten insgesamt, die *impunidad*, erhöht die Bereitschaft zur Gewaltanwendung zweifelsohne.

Die Gewalt wird nicht nur von der Mehrheit der Bevölkerung bei Umfragen als zentrales Problem benannt, sie wird in wachsendem Maß auch zum Entwicklungshemmnis, weil dringend benötigte ausländische Investitionen ausbleiben. Dies haben auch die internationalen Finanzorganisationen erkannt und fordern zunehmend eine Stärkung des Staates zumindest in seinen Grundfunktionen vor allem beim staatlichen Gewaltmonopol und der Justiz, weil grundlegende Reformen und Fortschritte dort die Voraussetzung für die Verstetigung der demokratischen Prozesse und Basis wirtschaftlicher Entwicklung in der gesamten Region sind.

Darüber hinaus gibt es einen engen Zusammenhang zwischen Demokratisierung, Legitimität und dem Umgang mit Ressourcen. In dem Maße, in dem sich eine Gesellschaft demokratisiert, müssen der Zugang zu und die Kontrolle von Ressourcen zwar nicht zwingend ausschließlich dem Allgemeinwohl zugute kommen, erforderlich ist aber ein steigendes Maß an Transparenz und Rechenschaftspflicht. Hier liegen die zentralen Ansatzpunkte für die mittlerweile verbreitete internationale Forderung und Förderung von guter Regierungsführung in der Entwicklungszusammenarbeit (Kurtenbach/Weiland 2004).

Für die Schaffung stabiler staatlicher Organisationen in Nachkriegsgesellschaften wie denen Zentralamerikas ist es deshalb unabdingbar,

- die materielle Basis des Staates zu stärken, um überhaupt eine Grundlage für integrative Politik zu schaffen;
- ein hohes Maß an Transparenz und Rechenschaftspflicht bei der Kontrolle und dem Zugang zu den Ressourcen zu etablieren;
- die soziale Integration gegenüber der Haushaltsdisziplin zu priorisieren.

Anderenfalls besteht die Gefahr eines Teufelskreises, der sich in Zentralamerika bereits im Ansatz beobachten lässt. Die wachsende Informalisierung und Kriminalisierung von Wirtschaft und Gesellschaft begünstigt die weitere Schwächung staatlicher Kapazitäten. Dadurch wird staatliches Handeln delegitimiert, was wiederum Informalisierung und Kriminalisierung von Wirtschaft, Politik und Gesellschaft begünstigt (Kurtenbach 2004).

5. Zwischen Staatszerfall und Staatsaufbau: die zentralamerikanischen Staaten am Anfang des 21. Jahrhunderts

Am Anfang des 21. Jahrhunderts bleibt die Frage nach der Form der Staatlichkeit eine zentrale Herausforderung für Politik und Gesellschaft in Zentralamerika. Neben den skizzierten Problemen und Defiziten lassen sich allerdings in Zentralamerika auch einige Ansatzpunkte für die Erneuerung staatlicher Organisation beobachten. In der gesamten Region erfolgte im Rahmen und parallel zur Demokratisierung eine politische und wirtschaftliche Aufwertung der kommunalen und lokalen Ebene. Wurden bis in die achtziger Jahre fast alle Entscheidungen – bis hin zur Einstellung von Lehrkräften – zentral in der jeweiligen Hauptstadt getroffen, so haben in den achtziger und neunziger Jahren Prozesse der Dezentralisierung dazu beigetragen, den Kommunen mehr Verantwortung, zum Teil auch mehr Ressourcen zu übertragen. Damit hat auch die staatliche Organisation eine neue, nämlich territoriale, Dimension erhalten. Carlos Sojo (2000: 24ff.) nennt dies die sozio-territoriale Dimension der Staatsreform. Er weist explizit darauf hin, dass die lokale Ebene gerade im Prozess der wirtschaftlichen Globalisierung eine zentrale Rolle bei der Bereitstellung von Rahmenbedingungen für die wirtschaftliche Entwicklung innehat. Darüber hinaus besteht in den Kommunen schon wegen der größeren Übersichtlichkeit ein weit höheres Maß an Transparenz für die Bürger und Rechenschaftspflicht der Regierenden als auf der nationalen Ebene.

Auch wenn gerade die Kommunen im ländlichen Raum vielfach Parade-beispiele für die Aufrechterhaltung traditioneller, personalistischer Strukturen sind, die die weitergehende Demokratisierung gefährden (Maihold/Córdova 2000), gibt es doch Indizien dafür, dass Politik auf der lokalen Ebene ein höheres Maß an Akzeptanz erreicht als auf der nationalen Ebene. So gaben bei einer Umfrage zwischen 12% (Costa Rica und Nicaragua) und 36% (Guatemala) der Befragten an, dass die Kommunen die Probleme effizienter lösen könnten, als die Zentralregierung.[24] Ein Beispiel hierfür ist die salvadorianische Hauptstadt San Salvador, wo seit 1997 ein Bündnis regiert, das von der ehemaligen Guerillaorganisation FMLN, Parteien des Zentrums und einer breiten Bürgerbewegung getragen wird. Bürgermeister Héctor Silva hat versucht, staatliches Handeln transparent, rechtsstaatlich und effizient zu machen. Dies hat ihm zwar zahlreiche Konflikte, aber auch die Anerkennung der Bürger beschert. 1999 wurde er mit 56% der Stimmen überzeugend wiedergewählt. Auch die Tatsache, dass die Wahl seiner Nachfolgerin trotz des knappen Vorsprungs von weniger als 50 Stimmen Akzeptanz fand, ist sicher ein positives Signal für die Verankerung demokratischer Regeln. Allerdings stehen dem auch einige negative Entwicklungen in anderen Kommunen der Region gegenüber. Erinnert sei nur an die Selbstbereicherung des ehemaligen Präsidenten Nicaraguas, Arnoldo Alemán, der sein privates Vermögen während seiner Amtszeit als Bürgermeister von Managua (1990-1996) verzehnfacht hat. Allerdings wurde er hierfür zumindest teilweise strafrechtlich zur Rechenschaft gezogen.

Letztlich ist die kommunale Ebene aus mehreren Gründen für den Aufbau einer effizienten, transparenten und demokratischen Staatlichkeit entscheidend: Dörfer, Gemeinden und Städte sind für die Bevölkerung der Ort, an dem sie

1. ihre elementaren Grundbedürfnisse (Wohnraum, Nahrung, Arbeit) befriedigt sehen wollen;
2. die sozialen Probleme und ihre Folgen, z.B. die zunehmende soziale Gewalt und Kriminalität, erleben und
3. die im Rahmen der Demokratisierung erlangten Rechte auf Partizipation ausüben.

---

24 Vgl. Daten von Seligson, zit. in PNUD: *Estado de la Región* (1999: 248).

Eine positive Bewertung der Möglichkeiten auf der lokalen Ebene darf aber nicht dazu führen, im Sinne eines neuen "small is beautiful"-Dogmas alle Hoffnungen und Erwartungen auf die Kommunen zu projizieren. Auch wenn die Staatsbildung von der Basis eine zentrale Herausforderung für die Zukunft ist, kann sie nur dann erfolgreich sein, wenn entsprechende Maßnahmen auf der nationalstaatlichen Ebene flankiert werden. So können die Kommunen nur dann zur Problemlösung beitragen (z.b. bei der Transportinfrastruktur, Wohnraum, Abwasser, etc.), wenn sie eine entsprechende Finanzausstattung erhalten. D.h. die Zuständigkeit für die Bewältigung der Probleme muss mit der entsprechenden Ressourcenausstattung einhergehen. Hier könnte die internationale Gemeinschaft im Rahmen der Entwicklungszusammenarbeit einen wichtigen Beitrag zur Stärkung von Demokratie, Partizipation und Transparenz leisten. Gerade auf der lokalen Ebene wird sich in den kommenden Jahren und Jahrzehnten zeigen, wie weit der Wandel in den zentralamerikanischen Staaten geht.

Literaturverzeichnis

Brenes, Arnoldo/Casas, Kevin (Hrsg.) (1998): *Soldados como empresarios: los negocios de los militares en Centroamérica*. San José: Fundación Arias para la Paz y el Progreso Humano.

Bulmer-Thomas, Victor (1987): *The Political Economy of Central America since 1920*. Cambridge: Cambridge University Press.

Call, Charles T. (2000): *Sustainable Development in Central America: The Challenges of Violence, Injustice and Insecurity* (Centroamérica 2020: Documento de Trabajo, Nr. 8). Hamburg: IIK.

Carrière, Jean/Karlen, Stefan (1996): "Zentralamerika". In: Bernecker, Walther L./Tobler, Hans Werner (Hrsg.): *Handbuch der Geschichte Lateinamerikas*. Bd. 3: *Lateinamerika im 20. Jahrhundert*. Stuttgart: Klett-Cotta, S. 365-481.

Chinchilla, Laura M. (1997) (Hrsg.): *Documentos de un proceso de reforma policial en Centroamérica: taller regional sobre seguridad ciudadana y capacitación policial*. San José, Costa Rica.

Dalton, Roque (1997): *Die Welt ist ein hinkender Tausendfüssler. Das Jahrhundert des Miguel Marmol*. Zürich.

Dunkerley, James (1988): *Power in the Isthmus. A Political History of Modern Central America*. London/New York: Verso.

Kurtenbach, Sabine (1996): *Zentralamerikas Militär zwischen Krieg und Frieden. Demilitarisierung und Neuordnung der zivil-militärischen Probleme in Zentralamerika* (Arbeitsunterlage Nr. 31, Institut für Iberoamerika-Kunde, Hamburg).

— (1998): "Friedensprozesse im Süden: Nachkriegsgesellschaften zwischen Kriegsbeendigung und Friedenskonsolidierung". In: *Jahrbuch Dritte Welt 1999*. München: Beck, S. 67-84.

— (2000): "Costa Rica: Intelligentes Konfliktmanagement als Basis friedlicher Entwicklung". In: *Friedenswarte*, Bd. 75, Heft 3-4, S. 371-387.

— (2004): "Fragile Staatlichkeit in Nachkriegsgesellschaften – Plädoyer für eine integrierte Analyse". In: *Nord-Süd aktuell*, Jg. XVIII, Nr. 3, S. 568-576.

Kurtenbach, Sabine/Weiland, Heribert (2004): *Möglichkeiten und Grenzen der Förderung von Demokratie und Good Governance. Querschnittsauswertung der Länderstudien aus Äthiopien, Angola, Guatemala und Kambodscha*. Abschlussbericht (Juni). Bonn.

LaFeber, Walter (1984): *Inevitable Revolutions. The United States in Central America*. New York/London: WW Norton & Comp.

Lechner, Norbert (1997): "La reforma del Estado entre modernización y democratización". In: Salvadori, Massimo L. et al.: *Un Estado para la Democracia*. México, D.F., S. 29-50.

Linz, Juan/Stepan, Alfred (1997): "Toward Consolidated Democracies". In: Diamond, Larry/ Plattner, Marc F./Chu, Yun-han/Tien, Hung-mao (Hrsg): *Consolidating the Third Wave Democracies. Themes and Perspectives*. Baltimore, S. 14-33.

Maihold, Günther/Córdova Macías, Ricardo (2000): *Democracia y ciudadanía en Centroamérica. Perspectivas hacia el 2020* (Centroamérica 2020: Documento de Trabajo, Nr. 9) Hamburg: IIK.

Minkner-Bünjer, Mechthild (1999): *Costa Rica: Internationalisierung der Wirtschaft mit Bananen und Mikroprozessoren* (Brennpunkt Lateinamerika, Nr. 19-99). Hamburg: IIK.

Paige, Jeffery M. (1998): *Coffee and Power: Revolution and the Rise of Democracy in Central America*. Cambridge, MA: Harvard University Press.

Pearce, Jenny (1981): *Under the Eagle. U.S. Intervention in Central America and the Caribbean*. London: Latin American Bureau.

PNUD (Programa de las Naciones Unidas para el Desarrollo) (1999): *Estado de la región: un informe desde Centroamérica y para Centroamérica: investigación participativa, información oportuna y veraz, análisis objetivo y pluralista para dar seguimiento a los desafíos regionales del desarrollo humano* (Informe, Nr. 1) San José, Costa Rica: Proyecto Estado de la Nación.

— (2003): *Segundo Informe sobre Desarrollo Humano en Centroamérica y Panamá*. San José, Costa Rica: Proyecto Estado de la Nación.

Schlesinger, Stephen/Kinzer, Stephen (1986): *Bananenkrieg: das Exempel Guatemala*. München: dtv.

Sojo, Carlos (1999): *Democracias con fracturas: gobernabilidad, reforma económica y transición en Centroamérica*. San José: FLACSO.

— (2000): *El traje nuevo del emperador: La modernización del Estado en Centroamérica* (Centroamérica 2020: Documento de Trabajo, Nr. 6). Hamburg: IIK.

Thomson, José (Hrsg.) (2000): *Acceso a la justicia y equidad: estudio en siete países de América Latina*. San José, Costa Rica: IIDH/Washington, D.C.: BID.

Torres Rivas, Edelberto (1990): "Central America since 1930 an Overview". In: Bethell, Leslie (Hrsg.): *The Cambridge History of Latin America*. Bd. 7: *1930 to the Present: Mexico, Central America and the Caribbean*. Cambridge: Cambridge University Press, S. 161-210.

Vilas, Carlos (1995): *Between Earthquakes and Volcanoes: Market, State and the Revolutions in Central America*. New York: Monthly Review Press.

Williams, Robert G. (1994): *States and Social Evolution. Coffee and the Rise of National Governments in Central America*. Chapel Hill/London: The University of North Carolina Press.

Christina Bollin

Der zentralamerikanische Integrationsprozess[*]

Zentralamerika ist eine politische, wirtschaftliche, soziale und kulturelle Gemeinschaft. Diese Tatsache stellt den Ausgangspunkt für eine Zentralamerikanische Union dar, die zu erreichen wir entschlossen sind.

Mit diesem Statement eröffneten die fünf Präsidenten Guatemalas, El Salvadors, Honduras', Nicaraguas und Costa Ricas ihre Erklärung von Nicaragua,
in der sie im September 1997 die Grundlagen, Notwendigkeiten und Ziele
der zentralamerikanischen Integration erläuterten. Dieses Bekenntnis zugunsten einer Zentralamerikanischen Union, die "demokratisch und gerecht,
wohlhabend und tolerant, wettbewerbsfähig und solidarisch" sein soll, wird
seither regelmäßig wiederholt und erntet breite Unterstützung, aber auch viel
Skepsis.

Zentralamerika ist eine Region mit einer langen Integrationstradition:
Seit die Provinzen des spanischen Generalkonsulats Guatemala 1821 unabhängig wurden, hat es unzählige Versuche gegeben, die Region politisch,
militärisch oder wirtschaftlich wieder zu vereinigen. Als mit dem Kalten
Krieg auch der Zentralamerika-Konflikt der 1980er Jahre beendet werden
konnte, wurde mit dem Frieden auch eine neue Initiative zu einer gemeinsamen Zukunftsgestaltung geboren: Der Wiederaufbau sollte, basierend auf
demokratischen Grundlagen und mit dem Ziel einer friedlichen und freiheit-
lichen Entwicklung, gemeinsam gestaltet werden. Dieser Prozess wurde in
den Protokollen der Präsidententreffen in Esquipulas II (Guatemala 1987)[1]
und Tegucigalpa (Honduras 1991)[2] angestoßen, und die Willenserklärung
von 1997 zu einem gemeinsamen Vaterland erscheint insofern zunächst als
ein konsequenter Schritt in diese Richtung. Die Herausforderungen und Hindernisse dieses Prozesses sollen hier dargestellt werden.

Zunächst werden die historischen und unmittelbaren Hintergründe für
den aktuellen Integrationsprozess skizziert. Auf dieser Basis wird dann der
derzeitige Stand des Integrationsprozesses analysiert, wobei die politisch-
institutionelle Entwicklung und die grenzüberschreitenden gesellschaftlichen

---

[*] Der Beitrag wurde 2004 abgeschlossen.
1 Procedimiento para establecer la paz firme y duradera en Centroamérica.
2 Protocolo de Tegucigalpa a la Carta de la Organización de Estados Centroamericanos.

Beziehungen im Mittelpunkt stehen. Abschließend werden die Chancen für eine weitere Vertiefung des Integrationsprozesses untersucht.

Der aktuelle Integrationsprozess in Zentralamerika ist ein gemeinsames Projekt der Regierungen Guatemalas, El Salvadors, Honduras', Nicaraguas, Costa Ricas und Panamas. Belize gehört zwar geographisch zum zentralamerikanischen Isthmus, wird aber als ehemalige englische Kronkolonie und aufgrund seiner Bevölkerungsstruktur historisch-politisch und kulturell der Karibik zugerechnet. Seit 1974 gehört Belize der Karibischen Gemeinschaft CARICOM an. Im Jahr 2000 trat es dem Zentralamerikanischen Integrationssystem (SICA, *Sistema de Integración Centroamericana*) als Vollmitglied bei, beteiligt sich aber bislang nur punktuell an konkreten Integrationsbemühungen. 2003 hatte es erstmals die halbjährliche Präsidentschaft des SICA übernommen.

Seit 1997 ist zudem eine Annäherung der Dominikanischen Republik an Zentralamerika zu beobachten, die sich u.a. in der assoziierten Mitgliedschaft im SICA und in der Entsendung von Abgeordneten ins Zentralamerikanische Parlament PARLACEN ausdrückt.

1. Die Geschichte des zentralamerikanischen Regionalismus

Unter dem Gesichtspunkt der Integration kann die zentralamerikanische Geschichte in drei Phasen eingeteilt werden: zunächst die präkolumbische Zeit, dann die drei Jahrhunderte als spanische Kolonie und schließlich die bis heute andauernde Epoche der unabhängigen Nationalstaaten seit 1821. Die präkolumbische Phase war geprägt durch das Nebeneinander einer Vielzahl lokaler Stämme und Autoritäten (Kaziken) unter von Norden nach Süden abnehmendem Einfluss der Azteken und Maya bei einem niedrigen Grad interner wirtschaftlicher und sozialer Vernetzung.

In der spanischen Kolonie entwickelte sich das guatemaltekische Hochland an der Pazifikküste mit der Hauptstadt des Generalkapitanats zum wirtschaftlichen, religiösen und politischen Zentrum der Region, die neben den heutigen Ländern Guatemala, El Salvador, Honduras, Nicaragua und Costa Rica auch den südlichen Teil Belizes und den mexikanischen Bundesstaat Chiapas umfasste. Panama gehörte seit 1563 zum Vizekönigreich Peru, später zu Kolumbien und wurde erst 1903 mit US-amerikanischer Unterstützung unabhängig.

Die Provinzen des Generalkapitanats mit ihren jeweiligen Zentren gerieten zunehmend in Abhängigkeit und Konkurrenz zum Regierungszentrum in Guatemala. Ergänzt durch rivalisierende politische Vorstellungen führte dieses ambivalente Verhältnis nach der Unabhängigkeit dazu, dass die Region – nach einem zweijährigen Intermezzo als Teil des mexikanischen Kaiserreiches – in fünf unabhängige Staaten zerfiel, Chiapas verblieb bci Mexiko.

Trotz der Etablierung der Nationalstaaten hat die Idee eines regionalen Zusammenschlusses immer wieder in der Region Fuß fassen können. Von 1824 bis zum Zentralamerika-Konflikt der 1980er Jahre hat es wiederholt ernsthafte Versuche gegeben, die Region zu einen. Allerdings waren diese Initiativen instabil, zu sehr auf einzelne Führerpersönlichkeiten wie Francisco Morazán[3] oder Gruppen und bestimmte Elemente (politische Institutionen oder gemeinsamer Markt) gebaut, so dass sie keinen dauerhaften Erfolg brachten.

Die Gründe dafür, dass es immer wieder Initiativen für eine Integration gab und bis heute gibt, sind einerseits in der verbindenden Geschichte und den kulturellen Gemeinsamkeiten bei geographischer Nähe zu finden. Andererseits sahen sich insbesondere die vier nördlichen Länder aufgrund ihrer auch nach 1821 bei allen Unterschieden sehr ähnlichen Entwicklung verwandten politischen und wirtschaftlichen Herausforderungen gegenüber, die für ein gemeinsames Vorgehen sprachen (Torres-Rivas 1994; Carrière/Karlen 1996).

Dass es die Befürworter einer Integration trotzdem so schwer hatten und nur wenige dauerhafte Erfolge erzielt werden konnten, hat vor allem drei Ursachen:

- Zentralamerika war aufgrund seines Übergangscharakters zwischen Nord- und Südamerika immer starken Einflüssen anderer großer Völker oder Staaten ausgesetzt (Maya und Azteken, Spanien, Mexiko und USA). Dies führte dazu, dass die Beziehungen einzelner Gruppen, Regionen und Länder des Isthmus zu diesen Mächten stärker war als zu den zentralamerikanischen Nachbarn. In der Folge war ihre Außenpolitik von reaktiven Mustern geprägt und Initiativen zu einer aktiven Gestaltung ihrer gemeinsamen Entwicklung genossen keine hohe Priorität.
- Die Rolle Guatemalas im Generalkapitanat war einerseits nicht stark genug, um Zentralamerika auch für die Zeit nach der Unabhängigkeitserklärung in einem Staatsgefüge zusammenzuhalten. Rivalitäten und die Angst vor neuen Hegemonien verhinderten andererseits die Gründung

---

3 Francisco Morazán war von 1829 bis 1839 Präsident der 1824 gegründeten zentralamerikanischen föderativen Republik *(República Federal de Centroamérica).*

eines gemeinsamen Staates. Die Versuche, eine föderative Integration zu erreichen, scheiterten immer wieder an der Weigerung der stark zentralistisch organisierten Nationalstaaten, Kompetenzen an supranationale Gremien abzugeben.

– Schließlich waren die Integrationsbemühungen nicht ausreichend in der Gesellschaft verankert, sondern auf kleine Eliten und häufig enge Politikbereiche beschränkt. Dadurch blieben sie instabil und oberflächlich. Ein Regierungswechsel in einem der beteiligten Länder hat wiederholt Integrationsbemühungen nach kurzer Zeit wieder zunichte gemacht.

Nichtsdestotrotz bieten die Geschichte und insbesondere die Vielzahl und Vielfalt der Integrationsbemühungen (Dougherty Liekens 2000) eine wichtige Grundlage für den aktuellen Prozess, denn es bestehen durchaus ein historisch-kulturelles Zusammengehörigkeitsgefühl, ein großer Erfahrungsschatz mit verschiedenen Integrationsansätzen sowie als Ergebnis des 1960 gegründeten Gemeinsamen Marktes (MCCA) eine Basis an vor allem wirtschaftlichen Verbindungen, Institutionen und Regeln. Dieser letzte Integrationsversuch vor dem Zentralamerika-Konflikt soll aufgrund seiner Bedeutung für die aktuellen Bemühungen kurz vorgestellt werden.

Mit dem Ende des Zweiten Weltkrieges setzte in Zentralamerika eine Epoche wirtschaftlicher und politischer Modernisierung und Reformen ein, die zu ökonomischem Aufschwung und neuen Integrationsversuchen führten. 1951 wurde die Organisation der zentralamerikanischen Staaten ODECA gegründet, deren Hauptaufgabe es war, neben der Lösung gemeinsamer und intraregionaler Probleme die Integration zu fördern und Ansätze für eine Verbesserung der wirtschaftlichen und sozialen Situation der Mitgliedsländer zu erarbeiten. Parallel entwickelte die Wirtschaftskommission für Lateinamerika und die Karibik der Vereinten Nationen (CEPAL) das Konzept der Industrialisierung auf Basis der Importsubstituierung für die Region, um die bisher auf wenige Agrarprodukte konzentrierte Palette der Exportartikel zu erweitern und die Abhängigkeit von Importen zu verringern. Nach verschiedenen bilateralen Verträgen wurden von 1958 an auf dieser Basis multilaterale Abkommen abgeschlossen, die 1960 zur Gründung des Zentralamerikanischen Gemeinsamen Marktes *(Mercado Común Centroamericano)*[4] führten. Der Vertrag wurde zunächst von Guatemala, El Salvador, Honduras und Nicaragua unterzeichnet, Costa Rica trat dem Abkommen 1962 bei.

---

4 Die Grundlage stellt der Generalvertrag zur Wirtschaftlichen Integration Zentralamerikas *(Tratado General de Integración Económica Centroamericana)* vom 13.12.1960 dar.

Neben der Industrialisierung waren als Hauptziele eine Freihandelszone und ein gemeinsamer Außenhandelszoll formuliert worden, beide Ziele waren 1970/71 fast vollständig erreicht (Torres-Rivas 1990). Darüber hinaus wurden zur Absicherung der Erfolge Institutionen und eine gemeinsame Rechnungseinheit eingeführt, von denen bis heute das Ständige Sekretariat (SIECA) und die Zentralamerikanische Bank für Wirtschaftsintegration (BCIE) sowie der zentralamerikanische Peso bestehen. Ein Peso entspricht einem US-Dollar.

Diese regionalen Initiativen führten in den sechziger Jahren zu einem wirtschaftlichen Aufschwung, zu dem die wachsende Industriebranche den größten Beitrag leistete. Der intraregionale Handel stieg von 33 Mio. Pesos (= US$) 1960 auf ein Volumen von 299 Mio. Pesos zehn Jahre später (Araya Incera/Torres Padilla 1987: 202). Dieser Aufschwung verdeckte jedoch eine Reihe von Defiziten. Vor allem die völlig unzureichenden nationalen Reformen und die ungelösten politischen und wirtschaftlichen Probleme zwischen den Mitgliedstaaten des Mercado Común führten dazu, dass die meisten Erfolge der Integration in der Mitte der achtziger Jahre weitgehend zunichte gemacht waren (Torres-Rivas 1994, 5: 47-78).

1969 brach der so genannte Fußballkrieg zwischen Honduras und El Salvador aus, der u.a. eine Folge der ungleichen Verteilung der Integrationsgewinne war und zum Rückzug Honduras' aus der gemeinsamen Initiative führte. Darüber hinaus war es nicht gelungen, die Integration über die Importsubstituierung hinaus durch gemeinsame politische und ökonomische Schritte zu stabilisieren und auszubauen, so dass sie zu schwach war, um die konjunkturellen Herausforderungen der siebziger Jahre mit den Erdölkrisen von 1973 und 1979 zu meistern.

Auf der nationalen Ebene waren die Gewinne nicht an die Bevölkerung weitergegeben worden, viele politische und wirtschaftliche Reformen waren in den Anfängen stecken geblieben. Als sich in den siebziger Jahren die Situation aufgrund der konjunkturellen Schwierigkeiten noch verschlechterte, wuchsen die innenpolitischen Spannungen und führten schließlich zu den Bürgerkriegen in Nicaragua sowie El Salvador und verschärften den bereits schwelenden in Guatemala.

Trotz eines deutlichen Rückgangs im intraregionalen Handel zerfiel der Zentralamerikanische Markt nicht vollständig, er stagnierte vielmehr auf niedrigem Niveau. Ab Mitte der achtziger Jahre konnten sogar wieder Fortschritte bezüglich eines gemeinsamen Importzolls erzielt werden und der San-José-Dialog mit der Europäischen Union förderte ab 1984 auch wieder ein gemeinsames Auftreten der Zentralamerikaner. So war der vorwiegend wirtschaftliche Integrationsversuch der fünfziger und sechziger Jahre zwar nicht von langfristigem Erfolg gekrönt, aber dadurch, dass zumindest ein Sockel erhalten blieb, konnte er als Basis für den Neuanfang dienen, der beim zweiten Präsidentengipfel in Esquipulas 1987 angestoßen wurde.

2. Der aktuelle Integrationsprozess

Die Bürgerkriege der 1980er Jahre in den Ländern Nicaragua, El Salvador und Guatemala betrafen auch Honduras und Costa Rica, die durch Flüchtlingsströme und Operationsbasen der Kriegsparteien in die Konflikte einbezogen wurden. Deshalb wird vom Zentralamerika-Konflikt (Krennerich 1993; Torres-Rivas 1994: 6) gesprochen, der auch einer regionalen Lösung bedurfte. 1987 konnte in Esquipulas (Guatemala) von den Staatspräsidenten ein gemeinsamer Plan für die Errichtung eines dauerhaften Friedens in Zentralamerika unterzeichnet werden, der zudem eine parallele Demokratisierung der Länder beinhaltete.

Die gemeinsame Konfliktlösung ermunterte die zentralamerikanischen Regierungen auch zu neuen Initiativen für eine regionale Zukunftsgestaltung, und so wurden in Esquipulas hierfür wichtige Grundlagen gelegt. Seither ist der Kontakt zwischen den Präsidenten nicht mehr abgerissen, ihre Gipfel wurden 1990 ("Declaración de Puntarenas") institutionalisiert und stellen den roten Faden des Integrationsprozesses dar. Auf Initiative des guatemaltekischen Präsidenten Cerezo wurde im Esquipulas-Protokoll außerdem die Gründung eines Zentralamerikanischen Parlaments beschlossen, das 1991 erstmals zusammentrat und bei aller Unvollkommenheit einen wichtigen Integrationsschritt bedeutet.

Seit Esquipulas wurden viele Verträge unterzeichnet und eine Reihe von Institutionen ins Leben gerufen, die zu der aktuellen regionalen Vernetzung geführt haben und die Basis für weitere Integrationsschritte darstellen. Für die politisch-institutionelle Entwicklung war dabei das Protokoll von Tegucigalpa zur Charta der ODECA, das am 13. Dezember 1991 unterzeichnet wurde, der entscheidende Meilenstein. Auf dieser vertraglichen Grundlage wurden die Institutionen der zu integrierenden Gemeinschaft im neu geschaffenen System der Zentralamerikanischen Integration (SICA) neu strukturiert. Zusätzlich zu den fünf ODECA-Staaten wurde Panama als sechster Staat einbezogen, ein späteres Beitreten Belizes wurde ausdrücklich ermöglicht. Das Protokoll von Tegucigalpa stellt die juristische Grundlage für das bis heute geltende institutionelle Gefüge des Integrationsprozesses dar und

gilt deshalb als seine zweite Geburtsurkunde nach dem Protokoll von Esquipulas. Es wurde zudem zum Symbol für die neuen regionalen Möglichkeiten, die die veränderten Rahmenbedingungen Anfang der neunziger Jahre
eröffneten: Globale Entspannung, Befriedung und Demokratisierung der
Region und eine wirtschaftliche Modernisierung verbreiteten Optimismus
hinsichtlich der Erfolgsaussichten eines neuen zentralamerikanischen Integ-
rationsversuchs, der zu Frieden, Freiheit, Demokratie und Entwicklung in
der Region beitragen sollte. Das Protokoll von Tegucigalpa trat nach der
Ratifizierung durch El Salvador, Honduras und Nicaragua im Juli 1992 in
Kraft, die Organe des SICA, das seinen Sitz in San Salvador (El Salvador)
hat, nehmen seit Februar 1993 mehrheitlich ihre Funktionen wahr. Guatemala kam im August 1993 dazu, Costa Rica und Panama hinterlegten ihre
SICA-Ratifikationen erst im Juni 1995 und Mai 1996 und beteiligen sich
seither an den meisten Organen.

Zwei weitere Übereinkünfte geben vor allem im wirtschaftlichen und sozialen Bereich Richtungen vor: 1990 wurde in Antigua (Guatemala) ein Aktionsplan für die Reaktivierung der Wirtschaft in Zentralamerika (PAECA)
verabschiedet, vier Jahre später wurde die Allianz für nachhaltige Entwicklung (ALIDES) mit einer anspruchsvollen politischen, wirtschaftlichen, sozialen, kulturellen und ökologischen Zielsetzung gegründet, an der auch
Belize teilnimmt.

Diese durch die genannten Übereinkünfte geschaffene Grundstruktur
wird ergänzt durch weitere Verträge und spezielle Institutionen, die teilweise
schon vor 1990 bestanden und in das Integrationssystem SICA übernommen
wurden. So entstand bis heute ein enges regionales Geflecht von Institutionen, Vereinbarungen und Verbindungen, das im Folgenden näher analysiert
werden soll (ausführlicher Bollin 2000). Im Mittelpunkt der Analyse stehen
dabei

a) die politisch-institutionelle Struktur, die dem Integrationsprozess Stabili-
    tät und eine eigene Dynamik verleiht, und
b) die grenzüberschreitenden gesellschaftlichen Beziehungen, die die ange-
    strebte Integration erst mit Leben füllen.

3. Die politisch-institutionellen Strukturen im Rahmen des Zentralamerikanischen Integrationssystems (SICA)

Im Zentralamerikanischen Integrationssystem (SICA) sind die zu verschiedenen Zeitpunkten entstandenen regionalen Institutionen zusammengefasst. Die Basisstruktur kann wie folgt dargestellt werden:

Die Basisstruktur des SICA

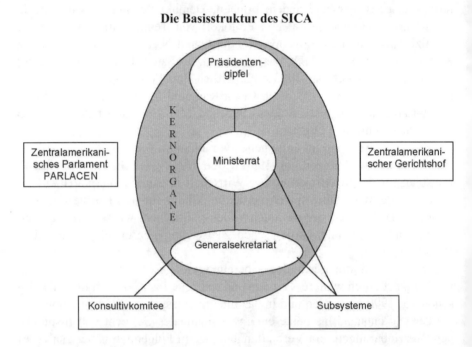

Die **Präsidentengipfel** stellen das höchste Organ des SICA dar. Die Präsidenten sollen bei halbjährlichen Treffen die zentralamerikanische Politik definieren und leiten sowie die Umsetzung ihrer Entscheidungen kontrollieren. Sie sollen die Zusammenarbeit zwischen den Staaten und den regionalen Institutionen gewährleisten und die zentralamerikanische Identität stärken. Außerdem sind sie es, die über eventuelle Reformen des Systems und die Aufnahme neuer Mitglieder entscheiden. Schließlich sollen sie die Einhaltung des Protokolls überprüfen. Ihre Entscheidungen treffen sie ausnahmslos einstimmig.

In der Praxis fanden die regulären Gipfel insbesondere in den letzten Jahren deutlich seltener statt als ursprünglich vorgesehen: Nach den Gipfeln vom Juli 1997 (XIX) und Oktober 1999 (XX) wurden erstmals im Jahr 2002 wieder zwei reguläre Treffen durchgeführt, im Juni (XXI) und Dezember (XXII). Da sich die Staatschefs zunehmend zu außerordentlichen Besprechungen treffen oder überregionale Veranstaltungen zu Abstimmungen nutzen, hat sich die Zusammenarbeit auf dieser Ebene trotzdem deutlich intensiviert. Allerdings führt dieser Trend zu einer Vernachlässigung grundsätzlicher Integrationsfragen (wie z.b. die Reform des SICA) zugunsten akuter punktueller Themen (Kooperation mit Drittstaaten, Terrorismusbekämpfung etc.). Die Wiederbelebung der regulären Gipfel im Jahr 2002 ist in erster Linie auf die Verhandlungen zu einem Freihandelsabkommen mit den USA zurückzuführen, die im Januar 2003 aufgenommen wurden und von den zentralamerikanischen Staaten eine gemeinsame Verhandlungsstrategie und Integrationsfortschritte, z.B. im Freihandel, untereinander erforderten.

Die Präsidenten haben bei ihren Gipfeln in den letzten Jahren Vereinbarungen zu einer breiten Themenpalette getroffen und somit eine Reihe von Anstößen für den Integrationsprozess geben können. Allerdings hat die zentrale Stellung der Präsidentengipfel im SICA zwei entscheidende Nachteile. Zum einen verleiht sie dem ganzen System einen stark ausgeprägten intergouvernementalen – und nicht supranationalen – Charakter. Zum anderen haben die Präsidenten in den letzten Jahren zwar viele Vereinbarungen getroffen, sich aber nur unzureichend um deren Umsetzung gekümmert. Die Ursachen der Folgenlosigkeit der meisten Präsidentenentscheidungen liegen einerseits im rein deklaratorischen Charakter der großen Mehrzahl der unterzeichneten Schriftstücke und andererseits in den fehlenden oder unklaren Umsetzungs- und Kontrollmechanismen.

Die Präsidenten werden durch den **Ministerrat** unterstützt. Die jeweiligen Fachminister bereiten die Entscheidungen der Staatschefs vor und koordinieren nachher ihre Umsetzung. Eine herausragende Rolle kommt den Außenministern *(cancilleres)* zu, die u.a. für die Koordination zwischen den Ministerräten und mit den Präsidenten zuständig sind. Am aktivsten sind die Wirtschaftsminister, die die wirtschaftliche Integration und die regionale Entwicklung betreuen.

Unterhalb der beiden hochrangigen Gremien, deren Mitglieder die regionalen Angelegenheiten neben ihren nationalen Aufgaben behandeln, sind im Gründungsprotokoll des SICA zwei Institutionen vorgesehen, die sich ausschließlich um den Prozess regionalen Zusammenwachsens bemühen sollen: ein Exekutivkomitee und das Generalsekretariat. Das Exekutivkomitee hat jedoch bis heute seine Arbeit nicht aufgenommen, so dass als einziges permanentes Kernorgan das Generalsekretariat zu nennen ist.

An der Spitze des **Generalsekretariats** steht der Generalsekretär, der von den Präsidenten für vier Jahre ernannt wird. 2005 hatte der Salvadorianer Oscar Alfredo Santamaría dieses Amt inne. Die Aufgaben des Generalsekretariats sind technischer und administrativer Art. Vor allem soll es als Sekretariat für die Präsidententreffen fungieren und die interinstitutionelle Information und Kommunikation fördern. Trotz wichtiger Erfolge kämpft das Generalsekretariat dabei mit großen Schwierigkeiten: Als Sekretariat konkurriert es sowohl mit nationalen Ministerialsekretariaten als auch mit dem SIECA, das für die wirtschaftlichen Belange zuständig ist. Da der SIECA schon deutlich länger besteht und die Wirtschaft den Motor der zentralamerikanischen Integration darstellt, verfügt er über ein doppelt so hohes Budget und weitergehende Kompetenzen (CEPAL 1997: 29-32). Die Koordinationsarbeit des Generalsekretariats wird dadurch erschwert, dass es von den Ministerräten nur unzureichend einbezogen wird und diese sich häufig direkt mit den nationalen und regionalen Fachakteuren abstimmen.

Neben diesen Kernorganen sind das Zentralamerikanische Parlament, der regionale Gerichtshof, das Konsultivkomitee und die Subsysteme Bestandteile des Systems.

Das **Zentralamerikanische Parlament PARLACEN** besteht mittlerweile aus je 20 nach nationalem Recht gewählten Abgeordneten aus Guatemala, El Salvador, Honduras, Nicaragua, Panama und der Dominikanischen Republik. Costa Rica lehnt eine Beteiligung ab. Da der PARLACEN *(Parlamento Centroamericano)* lediglich beratende Funktion hat, hängt sein Einfluss wesentlich vom persönlichen Engagement der Abgeordneten ab, das sehr unterschiedlich ist. Einige haben aber sehr gute Arbeit geleistet und so das Parlament als Diskussionsforum und Ansprechpartner in Integrationsfragen zu einem wichtigen Gremium gemacht.

Das Parlament gewinnt zunehmend einen supranationalen Charakter, da durch die Gründung interner politischer Gruppierungen – ähnlich denen des Europaparlamentes – die nationale Zugehörigkeit an Bedeutung verliert. Eine Besonderheit des Zentralamerikanischen Parlaments ist die automatische Mitgliedschaft der ehemaligen nationalen Präsidenten und Vizepräsidenten, die der Arbeit Kontinuität verleihen soll.

Die Arbeit des Gremiums wird durch seine unzureichende Einbindung in das Integrationssystem erschwert, nicht einmal das Generalsekretariat hat ihm gegenüber eine Informationspflicht. In Verbindung mit seinen beschränkten Kompetenzen und der Ablehnung durch Costa Rica muss der aktuelle Einfluss des Parlaments deshalb als gering eingeschätzt werden.

Stärker noch als das regionale Parlament leidet der **Zentralamerikanische Gerichtshof** unter der Ablehnung durch einen Teil der SICA-Mitglieder, lediglich El Salvador, Honduras und Nicaragua entsenden Richter und tragen das Gremium finanziell. Hauptursache für diese mangelnde Unterstützung ist die Befugnis des Gerichtshofes, Klagen gegen die Mitgliedstaaten – z.b. hinsichtlich der Umsetzung von regionalen Beschlüssen – zu behandeln und verbindlich zu entscheiden. Am aktivsten konnte der Gerichtshof bislang in seiner Funktion als beratendes Gremium bei der Auslegung von Integrationsrecht werden.

Wenn im Rahmen des SICA Initiativen für regionale Entscheidungen vorgelegt werden, dann können diese auch aus der Zivilgesellschaft kommen, z.b. über das **Konsultivkomitee** *(Comité Consultivo)*. In ihm sind verschiedene Sektoren der Gesellschaft organisiert, um ihre Interessen beim Generalsekretariat besser zu vertreten.

Das Konsultivkomitee ist das jüngste der SICA-Organe, es formierte sich erst am 2. November 1995 und bis heute hat es bedeutende organisatorische Mängel. So verfügt es weder über ein eigenes Budget noch über ein Büro oder eine feste Struktur, was dazu führt, dass seine Arbeitsweise sehr sporadisch und ineffektiv ist. Weitere Schwierigkeiten liegen in der Abstimmung zwischen den sehr unterschiedlichen Mitgliedern (Unternehmerverbände und Gewerkschaften, Universitäten, Transportunternehmen, Bauernvertretungen etc.) und in der teilweise angezweifelten Repräsentativität der Organisationen. So stellt das Konsultivkomitee zwar eine wichtige Öffnung des Integrationssystems für die nichtstaatlichen gesellschaftlichen Kräfte dar; diese wird aber von den Mitgliedern noch nicht so intensiv genutzt wie es bei besserer Organisation und interner Kooperation möglich wäre (Morales Gamboa 1998; Monterrosa 1998).

Neben den ausdrücklich dem Zentralamerikanischen Integrationssystem zugeordneten Gremien gibt es noch eine Vielzahl weiterer regionaler Einrichtungen wie z.b. den Universitätsverbund CSUCA, die mehr oder minder eng an das System angebunden sind. Es handelt sich um Sekretariate und Institutionen, die die verschiedenen Bereiche des gesellschaftlichen Lebens betreffen und dem Protokoll von Tegucigalpa nicht widersprechen dürfen. Sie werden fünf **Subsystemen** zugeordnet: dem politischen, dem sozialen, dem kulturellen, dem ökologischen und dem wirtschaftlichen. Diese fünf Subsysteme sind nicht fest institutionalisiert, es ist vielmehr eine lose Zuordnung. Sie sind unterschiedlich gut koordiniert und einflussreich, wobei der wirtschaftliche und der soziale Bereich durch Rahmenabkommen spezifische inhaltliche Vorgaben erhalten haben.[5]

Die Zusammenarbeit zwischen den Kernorganen des SICA und den weiteren regionalen Einrichtungen ist nicht immer einfach, denn einige bestehen bereits deutlich länger als der institutionelle Rahmen und legen großen Wert auf ihre Eigenständigkeit.

Mit der Gründung des SICA ist ein wichtiger Schritt zu einer verbesserten regionalen Zusammenarbeit gemacht worden. Doch auch die Defizite des Systems sind deutlich sichtbar, vor allem die Schwäche der regionalen im Vergleich zu den intergouvernementalen Organen, die mangelhafte Umsetzung der Präsidentenentscheidungen sowie die uneinheitliche Teilnahme der Staaten am System.

CEPAL hat das Institutionengefüge 1997 in einer Studie untersucht und eine Reform angemahnt (CEPAL 1997). Daraufhin haben sowohl der SICA (Ministerrat und Generalsekretariat) als auch der PARLACEN Reformvorschläge erarbeitet (PARLACEN 1998), über die aber bis heute noch keine Einigung herbeigeführt wurde.

Der Vorschlag des PARLACEN sieht eine Stärkung der supranationalen Elemente vor allem durch eine Kompetenzerweiterung von Generalsekretariat und Parlament vor, es darf aber bezweifelt werden, dass es sich mit diesen Vorstellungen durchsetzen kann. Der SICA-Entwurf versucht, das System durch eine Effizienzsteigerung und eine bessere Beteiligung der fünf Kernstaaten (für Panama ist in beiden Vorschlägen ein Sonderstatus vorgesehen) zu stärken. Wesentliche Fortschritte zu mehr Supranationalität, d.h. zu einer Übertragung von nationalen Souveränitäten auf regionale Einrichtungen, sind dagegen nicht erkennbar. Gemeinsam ist beiden Reformvorschlägen eine Finanzreform, die sicherstellen soll, dass die Mitgliedstaaten verlässlicher als bisher ihre Beiträge zahlen. Äußerst umstritten ist die zukünftige Rolle des Zentralamerikanischen Parlamentes, das von seinen Befürwortern nach dem Vorbild des Europaparlamentes gestärkt, von anderen aber deutlich reduziert werden soll. So können von der Reform zwar wichtige Fortschritte zu mehr Effektivität und Einheitlichkeit erwartet werden, der politische Wille zu einer Stärkung der regionalen gegenüber den intergouvernementalen Strukturen scheint bislang jedoch nicht vorhanden zu sein.

---

5   Protocolo al Tratado General de Integración Económica Centroamericana (Protocolo de Guatemala) von 1993 und Tratado de Integración Social Centroamericana (Tratado de San Salvador) von 1995.

4. Die grenzüberschreitenden gesellschaftlichen Beziehungen

Regionale Integration lebt nicht von gemeinsamen institutionellen und rechtlichen Strukturen allein, sie benötigt vielmehr auch ein Zusammenwachsen der Bevölkerung, das wiederum nur erreicht werden kann, wenn die Integration für den einzelnen Menschen konkret erlebbar und als positive Entwicklung erkennbar wird. Zugleich fördern und fordern transnationale wirtschaftliche, kulturelle, soziale und persönliche Kontakte weitere Integrationsschritte hinsichtlich einer Harmonisierung von Normen und Regeln (z.b. Steuern und Zölle, Arbeitsrecht, Produktstandards) sowie den Abbau von bürokratischen Hindernissen für grenzüberschreitende Beziehungen (Anerkennung von Zeugnissen, Reiseerleichterungen etc.).

In Zentralamerika sind Zusammengehörigkeitsgefühl und grenzüberschreitende gesellschaftliche Beziehungen schwach ausgeprägt, ausgenommen werden können davon lediglich die vergleichsweise enge Vernetzung von Nichtregierungsorganisationen und die intraregionalen Handelsbeziehungen. Dies lässt sich auf folgende Zusammenhänge zurückführen:

Das zentrale Interesse der Zentralamerikaner gilt nicht den Nachbarn in der Region, sondern vor allem den USA: Die USA bieten die Arbeitsplätze und Verdienstmöglichkeiten, die die zentralamerikanischen Staaten nicht ermöglichen (eine Ausnahme stellen hier die nicaraguanischen Immigranten in Costa Rica dar). Wer die finanziellen Möglichkeiten zu einer Ausbildung oder einem Urlaub im Ausland hat, geht nach Mexiko oder Südamerika, Nordamerika oder Europa, während solche Kontakte in der Region weitgehend auf wenige Auslandsstudenten in Costa Rica und Busreisen nach Guatemala oder Costa Rica beschränkt bleiben. Die Angebote zum Jugendaustausch und zu sportlichen oder kulturellen Reisen in die Nachbarländer des Isthmus sind als private Initiativen auf eine Minderheit beschränkt. Für die Mehrheit der Zentralamerikaner, von denen die Hälfte in Armut lebt, bleiben die Nachbarländer unbekannt und uninteressant, während die USA ihre Anziehungskraft beibehalten. Eine ernstgemeinte Integrationspolitik muss jedoch diese persönlichen Erlebnisse und Erfahrungen ebenso wie grenznahe lokale Kooperation fördern: Solange die Zentralamerikaner sich nicht besser kennen, können sie auch kein Gemeinschaftsgefühl entwickeln.

Aus einer Mischung aus historischem (Unter)Bewusstsein, geographischer und kultureller Nähe und gemeinsamen Erlebnissen (z.B. Zentralamerika-Konflikt oder die durch den Hurrikan "Mitch" 1998 ausgelöste Naturkatastrophe) stehen die meisten Zentralamerikaner ihren Nachbarn und der regionalen Integration generell positiv gegenüber. Der Integrationsprozess hat jedoch nur für die wenigsten erkennbare praktische Konsequenzen. Die seit 1998 eingeführten Erleichterungen für Zentralamerikaner beim Grenzübertritt zwischen den vier nördlichen Staaten stellen hierbei eine positive Ausnahme dar. Für die Vorteile und Fortschritte des Integrationsprozesses wird zudem nicht breit geworben, was dazu führt, dass seine positiven Auswirkungen ebenso wie insgesamt Informationen zum Prozess nur der gebildeten Minderheit zugänglich sind. Das öffentliche Bewusstsein wird stattdessen stärker durch die Grenzkonflikte der jeweiligen Länder mit ihren Nachbarn geprägt, die in der Region trotz Integrationsprozess immer wieder zu beobachten sind. Obwohl die Regierungsvertreter gerne die historischen Gemeinsamkeiten betonen, führen immer wieder alte und neue Grenzkonflikte zu Rückschlägen in den bilateralen Handelsbeziehungen und sogar militärischen Machtdemonstrationen (INCEP 2001).

In der Folge ist das Verhältnis der Zentralamerikaner zur regionalen Integration geprägt von Wohlwollen, Unkenntnis und Desinteresse. Die prinzipielle Zustimmung, die in Costa Rica niedriger ist als in den anderen vier Kernstaaten, stellt zwar eine gute Ausgangsbasis für den Integrationsprozess dar, reicht aber für ein echtes Zusammenwachsen nicht aus.

Bei den Nichtregierungsorganisationen, die seit dem Zentralamerika-Konflikt vor allem in den Bereichen Menschenrechte, Interessenvertretung der indigenen Bevölkerungsgruppen und Umwelt entstanden sind, hat sich, ebenso wie in einigen staatlichen Bereichen (Universitäten, Gemeindeverbände, Gerichtshöfe) eine enge Vernetzung auf der regionalen Ebene entwickelt. Angesichts der ähnlichen Situationen dieser Organisationen in ihren Ländern und des internationalen Drucks zu koordiniertem Handeln im gemeinsamen Friedensprozess sind eine Vielzahl regionaler Dachorganisationen entstanden, die auf dieser sozio- und umweltpolitischen Ebene zu einem gewissen Maß an Austausch und Zusammenarbeit geführt haben (Morales Gamboa/Cranshaw 1997; Monterrosa 1998).

Nach dem Einbrechen des intraregionalen Handels in den 1970er und 1980er Jahren gewann in Zentralamerika ein neues Entwicklungsmodell an Unterstützung, das den veränderten Bedingungen der Weltwirtschaft entsprach und die Fehler der Importsubstitution vermeiden sollte: Statt eines Protektionismus auf regionaler Ebene sollte nun durch einen offenen regionalen Markt zur Wettbewerbsfähigkeit der zentralamerikanischen Wirtschaft beigetragen werden. Angestrebt wurden Freihandel, Zollunion und eine Koordinierung und Harmonisierung der Wirtschaftspolitiken ergänzt durch Freihandelsabkommen mit Drittländern. Die Basis für die wirtschaftliche

Integration stellen der 1960 unterzeichnete Generalvertrag zur wirtschaftlichen Integration Zentralamerikas *(Tratado General de Integración Económica Centroamericana)* und seine Anpassung im Protokoll von Guatemala aus dem Jahr 1993 dar. Panama hat diese Abkommen nicht ratifiziert.

Die Harmonisierung der Wirtschaftspolitiken fällt den beteiligten Ländern besonders schwer. Erhebliche Fortschritte konnten seither jedoch bezüglich des Freihandels gemacht werden, auch hinsichtlich einer Zollunion ist eine positive Entwicklung erkennbar. Die entsprechenden Abkommen wurden und werden jedoch nicht einheitlich von allen fünf MCCA-Mitgliedern unterzeichnet, ratifiziert und umgesetzt, so dass sich ein uneinheitliches und unvollständiges Bild ergibt. El Salvador und Guatemala sind in diesem Prozess am weitesten vorangeschritten. Seit dem Jahr 2002 werden die Bemühungen zu einer Zollunion wieder verstärkt und auch das bislang sehr zurückhaltende Costa Rica hat entschieden, sich nun aktiv an diesem Prozess zu beteiligen.[6] Grundlegender Bestandteil des wirtschaftlichen Integrationsprozesses ist die gemeinsame Verhandlung von Freihandelsabkommen mit Drittländern. Im Vordergrund stehen derzeit die Verhandlungen zu einem Freihandelsabkommen mit den USA, das Ende 2003 unterzeichnet werden sollte. Es soll den zentralamerikanischen Firmen einen besseren Zugang zum US-amerikanischen Markt erlauben und dient als Vorbereitung für die unter US-amerikanischer Federführung angestrebte Freihandelszone für den ganzen amerikanischen Kontinent (ALCA). In diesem Zusammenhang stehen auch die Freihandelsabkommen mit anderen Ländern, vor allem Mexiko, Dominikanische Republik, Kanada und Chile (siehe SIECA 2003). Obwohl diese zwar häufig gemeinsam verhandelt werden, kann jedoch ein geschlossenes Auftreten der fünf Regierungen nur selten beobachtet werden. Panama ist an diesen gemeinsamen Plänen nicht beteiligt. Es verhandelt jedoch mit den anderen Ländern des Isthmus über eine Modernisierung der Handelsbeziehungen im Rahmen von Freihandelsabkommen. Mit El Salvador wurden die Verhandlungen im Herbst 2002 abgeschlossen.

In den 1990er Jahren hat sich der zentralamerikanische Handelsverkehr deutlich intensiviert: Seit 1991 (800 Mio. US$) stieg der intraregionale Export zwischen den fünf MCCA-Ländern kontinuierlich an und hat sich mittlerweile fast vervierfacht (3 Mrd. US$). Allerdings sind an diesem Handel nicht alle Länder gleichermaßen beteiligt: Der Anteil El Salvadors und Gua-

---

6 Am 24. März 2002 wurde ein entsprechender Aktionsplan (Plan de Acción sobre la Integración Económica Centroamericana) von den fünf Wirtschaftsministern genehmigt. Die Bemühungen zur Zollunion werden von der Europäischen Union unterstützt.

temalas ist deutlich höher als der der ärmsten Länder der Region, Honduras und Nicaragua, die zudem viel mehr aus der Region importieren als sie in die Nachbarländer exportieren. Costa Rica exportiert dagegen wesentlich mehr in die MCCA-Nachbarländer als es aus ihnen importiert. Für El Salvador hat der regionale Handel im Vergleich zum Gesamthandelsvolumen des Landes die größte Bedeutung (2002: 30%), für Costa Rica die geringste (2002: 9%).

Zentralamerikas intraregionaler und weltweiter Handel 1991 und 2002 (in Mio. zentralamerikanischer Pesos = US$)

	Jahr	Exporte			Importe		
		ZA	Welt	Summe	ZA	Welt	Summe
Costa Rica	1991	177,8	1.317,8	1.495,6	151,0	1.725,6	1.876,6
	2002	683,5	4.108,3	4.791,8	335,4	6.546,0	6.881,4
El Salvador	1991	197,3	390,7	588,0	241,5	1.164,5	1.406,0
	2002	751,9	489,0	1.240,9	816,4	3.127,0	3.943,4
Guatemala	1991	323,6	878,0	1.201,6	156,8	1.694,4	1.851,2
	2002	910,9	1.399,8	2.310,7	688,4	5.315,6	6.004,0
Honduras	1991	32,2	570,0	602,2	96,8	939,1	1.035,9
	2002	285,8	1,222,2	1.508,0	792,8	2.299,8	3.092,6
Nicaragua	1991	51,4	215,0	266,4	156,7	56,7	726,4
	2002	251,7	389,3	641,0	454,5	1.349,4	1.803,9
Zentralamerika	1991	782,3	3.371,5	4.153,8	802,8	6.093,3	6.896,1
	2002	2.883,9	7.608,6	10.492,5	3.087,5	18.637,9	21.725,4

Quellen: SIECA: *Boletín Estadístico* 5.1. (Daten von 1991); 11.1. (Daten von 2002). Die Daten von 2002 sind Prognosen.

Der Anteil des intraregionalen Handels am Gesamthandel der Region ist in den 1990er Jahren nur wenig gestiegen: von 14,3% im Jahr 1991 auf 16,3% im Jahr 1999. Der steile Anstieg des Handelsvolumens lässt sich also für diese Zeit vor allem auf die Befriedung und Modernisierung der Region sowie globale Faktoren zurückführen und in geringerem Ausmaß auf die wirtschaftliche Integration. In den letzten drei Jahren ist der Anteil auf 18,5% (2002) gestiegen. Diese jüngste Entwicklung ist auf einen Einbruch der Exporte in Länder außerhalb der Region in den Jahren 2000 und 2001 zurückzuführen, während der intraregionale Handel stabil zugenommen hat. Insgesamt ist also ein positiver Trend zu beobachten. Um die Relevanz des regionalen Handels jedoch signifikant zu erhöhen, müssen auch Fortschritte über die Vervollständigung von Freihandel und Zollunion hinaus erzielt werden:

– Eine deutliche Verbesserung der Infrastruktur;
– eine Vervollständigung des gemeinsamen Marktes bezüglich eines freien Waren-, Personal-, Kapital- und Dienstleistungsverkehrs sowie möglichst einer gemeinsamen Währung;
– eine stärkere Beteiligung der kleinen und mittelständischen Unternehmen am regionalen Handel sowie
– eine Stärkung der zentralamerikanischen Kaufkraft durch konsequente Armutsbekämpfung (etwa die Hälfte der 32 Mio. Bewohner des MCCA lebt in Armut).

Einen Beitrag dazu soll der Plan Puebla – Panama leisten, in dessen Rahmen u.a. die Wettbewerbsfähigkeit der Region durch eine verbesserte Infrastruktur (Transport, Telekommunikation, Energieversorgung) zwischen Mexiko und Panama gestärkt werden soll.

Für Panama und Belize hat der Zentralamerikanische Markt bislang nur eine sehr geringe Bedeutung. Neben unterschiedlichen Wirtschaftsstrukturen liegt dies vor allem daran, dass für das dollarisierte Panama und das halb-dollarisierte Belize das restliche Zentralamerika währungspolitisch unsicher ist. Dies könnte sich mit einer Dollarisierung, wie sie in El Salvador seit 2001 bereits durchgeführt wird, oder einer frei konvertierbaren gemeinsamen Währung ändern (Zuvekas 2000).

Seit der Unterzeichnung des Protokolls von Tegucigalpa Ende 1991, ist im zentralamerikanischen Integrationsprozess viel erreicht worden. Besonders die Etablierung eines regionalen institutionellen Rahmens, die vielfältigen und vertrauensbildenden Kontakte im soziopolitischen Bereich und die Wiederbelebung des regionalen Handels können dabei hervorgehoben werden.

In ihrer – eingangs erwähnten – 1997 veröffentlichten Erklärung bezeichnen die Präsidenten des Isthmus die Zentralamerikanische Union als gemeinsames Vaterland und als Voraussetzung, um den Wohlstand ihrer Bürger deutlich zu verbessern und die Position der Region in der Welt zu stärken. Für diese Zielsetzung reicht das bislang erreichte Niveau des Integrationsprozesses jedoch nicht aus. Qualitative Fortschritte sind notwendig, vor allem in den folgenden Bereichen:

– Reform des SICA mit deutlicher Stärkung der supranationalen Elemente und verbunden mit der Definition einer Basisstruktur, an der alle Mitglieder gleichermaßen beteiligt sind sowie Kontrollmechanismen, um die Umsetzung getroffener Vereinbarungen zu garantieren.

– Eine verstärkte verbindliche Zusammenarbeit über den handelspolitischen Bereich hinaus (z.b. Bildung, Gesundheit, Arbeitsrecht, Umwelt- und Minderheitenschutz).

– Ausbau der lokalen und regionalen Infrastruktur.

– Anregung und Förderung transnationaler gesellschaftlicher Kontakte wie Städtepartnerschaften, Schüleraustausch, grenznahe Zusammenarbeit.

5. Die Chancen für eine Vertiefung des Integrationsprozesses

Die Notwendigkeit, qualitative Fortschritte in Kernfragen des Integrationsprozesses zu erreichen, wird seit Jahren von Akteuren und Analysten betont. Doch trotzdem und ungeachtet des weitreichenden Bekenntnisses der Präsidenten zur regionalen Einheit in der Erklärung von Managua stagniert der Prozess seither. In vereinzelten Fachbereichen (z.B. Umweltpolitik und Katastrophenvorsorge) wird die Zusammenarbeit zwar verbessert, aber einer intensiven Diskussion über Modelle und Reformziele zur Behebung der zentralen Schwächen des Integrationsprozesses scheinen die Regierungsvertreter derzeit keine Priorität einzuräumen. Stattdessen prägen immer wieder Grenzkonflikte das Bild der Region. Worin liegen die Ursachen für diese Stagnation im euphorisch begonnenen Integrationsprozess der 1990er Jahre und wie stehen die Chancen für baldige grundsätzliche Reformen und Initiativen? Bei dieser Einschätzung hilft ein Blick auf die entscheidenden Akteure sowie die regionalen und internationalen Rahmenbedingungen des Integrationsprozesses.

Die weltpolitische Neuordnung sowie die wirtschaftlich-gesellschaftliche Globalisierung hat nach dem Ende des Kalten Krieges eine Vielzahl von Initiativen für einen "offenen Regionalismus", wie er auch in Zentralamerika angestrebt wird, hervorgerufen. Freihandelszonen sollen die nationalen Wirtschaften auf dem Weltmarkt wettbewerbsfähiger machen und politische Zusammenarbeit den Einfluss der einzelnen Länder in nationalen Organisationen und Foren stärken (Schirm 1997; Haftendorn 1995). In Amerika wird der Regionalisierungsprozess in Subregionen zumindest auf wirtschaftlicher Ebene durch das Projekt einer kontinentalen Freihandelszone (ALCA) ergänzt, die zusätzlichen Druck auf die zentralamerikanischen Bemühungen ausübt. Politisch erwarten Gesprächspartner wie die USA oder die Europäische Union von den zentralamerikanischen Regierungen ein möglichst gemeinsames Auftreten, um nicht mit jedem der kleinen Länder einzeln verhandeln zu müssen. Dies gilt insbesondere bei gemeinsamen oder ähnlichen Problemstellungen wie z.B. bei der Wiederaufbauhilfe nach den durch den Hurrikan "Mitch" verursachten Zerstörungen. Die internationalen Rahmenbedingungen sind also durchaus positiv für weitere Fortschritte in den regionalen Handels- und Wirtschaftsbeziehungen sowie für eine Formulierung gemeinsamer Positionen für politische Verhandlungen mit Drittländern.

Allerdings ist in den letzten Jahren der Optimismus der ersten Hälfte der neunziger Jahre sowohl politisch als auch wirtschaftlich einer Ernüchterung gewichen. In Zentralamerika gilt diese Ernüchterung auch für die Erreichung grundlegender nationaler Ziele wie Demokratisierung, Rechtsstaatlichkeit und nachhaltige Entwicklung. Obwohl die Bürgerkriege beendet werden konnten, haben sich die Lebensverhältnisse für die meisten Bürger nicht verbessert. Viele der mit dem Friedensprozess verbundenen Hoffnungen auf eine gerechtere und offenere Gesellschaft wurden gedämpft (IIK 2000). Wirtschaftliche und politische Krisen verunsichern die Menschen und führten in den vergangenen Jahren zu einem Rückzug auf nationale Belange und Interessen bis hin zur Wiederentdeckung der Nachbarn als äußere Feinde, um von inneren Rückschlägen abzulenken.

Vor diesem Hintergrund entsteht der Eindruck, dass die zentralamerikanischen Regierungen den Integrationsprozess derzeit lediglich dort weiterführen, wo der Druck insbesondere von außen sehr hoch und direkt zu spüren ist, nämlich bei Freihandelserleichterungen und intergouvernementalen Absprachen nach dem Motto "Integration soviel wie nötig, aber so wenig wie möglich". Darüber hinausgehende Eigeninitiativen waren in den letzten Jahren selten, obwohl gerade sie für ein regionales Zusammenwachsen unerlässlich sind.

Die mangelhafte Verankerung des Integrationsgedankens in den zentralamerikanischen Gesellschaften, aus denen zudem aufgrund der Sozialstrukturen wenig integrationsfördernder Druck auf die Entscheidungsträger ausgeübt wird, verstärkt die Bedeutung, die den Regierungen bei der Gestaltung des Integrationsprozesses zukommt. Hier besteht das prinzipielle Bekenntnis zu der regionalen Union zwar fort,[7] doch fehlt eine Orientierung zu ihrer Ausgestaltung. Empfehlungen, wie sie erreicht werden kann, gibt es viele, sowohl aus der Region selbst als auch von auswärtigen Analysten und Insti-

---

7 So z.B. geäußert vom honduranischen Präsidenten Flores Facussé nach einem Treffen in Guatemala im August 2001: "... llegamos nuevamente a un entendido: que la integración centroamericana es un propósito que debemos impulsar con vehemencia y con verdadera convicción" (INCEP 2001: 5).

tutionen. Es fehlt jedoch der politische Wille bei den heutigen Regierungen, diese zu diskutieren und gemeinsam definierte Integrationsstrategien umzusetzen. Stattdessen behält die aktuelle costa-ricanische Regierung die distanzierte Haltung ihrer Vorgänger insbesondere gegenüber politischen Absprachen bei, lehnt Panama nach wie vor eine Beteiligung an einer Wirtschaftsintegration über den Freihandel hinaus ab und unternimmt auch kein Präsident der traditionell integrationsfreundlichen nördlichen Länder Vorstöße zur Intensivierung des Prozesses.

Der aktuelle Integrationsprozess Zentralamerikas ist thematisch deutlich breiter angelegt als die vorangegangenen Initiativen, zudem ist seine Stabilität durch das SICA vorerst gewährleistet. Darüber hinaus werden aber erneut dieselben Defizite erkennbar, die auch die früheren Integrationsbemühungen schwächten: eine reaktive Politik mit wenig Eigeninitiative, eine fehlende Verankerung der regionalen Chancen in der Gesellschaft und mangelnde Bereitschaft zur supranationalen Zusammenarbeit. So liegt es momentan in den Händen der wenigen direkt involvierten oder interessierten Menschen, Organisationen und Einrichtungen, das Erreichte zu konsolidieren, die Zusammenarbeit in Fachbereichen zu stärken und die Diskussion über Ziele und Strategien neu zu entfachen. Erst wenn jedoch die nationalen Regierungen von den Vorteilen von Integrationsschritten so überzeugt sind, dass sie die Initiative zu realen Erneuerungen übernehmen und auch zur Übertragung nationaler Entscheidungs- und Kontrollbefugnisse an gemeinsame Organe bereit sind, kann der Integrationsprozess voranschreiten und die in ihn gesetzten Hoffnungen erfüllen.

Literaturverzeichnis

Araya Incera, Manuel/ Torres Padilla, Oscar (1987): "El proceso de integración de Centroamérica". In: CINDA/IAEAL: *Manual de Integración Latinoamericana*. Caracas, S. 173-208.

Bollin, Christina (2000): *Der zentralamerikanische Integrationsprozeß*. Frankfurt am Main.

Bulmer-Thomas, Victor/Kincaid, A. Douglas (2000): *Centroamérica 2020: Hacia un nuevo modelo de desarrollo regional*. Hamburg.

Carrière, Jean/Karlen, Stefan (1996): "Zentralamerika". In: Bernecker, Walther L. (Hrsg.): *Handbuch der Geschichte Lateinamerikas*, Bd. 3. Stuttgart, S. 365-482.

CEPAL (1997): *Diagnóstico de la Institucionalidad Regional Centroamericana*. México, D.F.

Dougherty Liekens, J. Rodolfo (2000): *El pasado sigue presente. Juicio a los esfuerzos de integración centroamericana*. Centroamérica.

Haftendorn, Helga (1995): "Der Beitrag regionaler Ansätze zur internationalen Ordnung nach dem Ende des Ost-West-Konfliktes". In: Kaiser, Karl/Schwarz, Hans-Peter (Hrsg.): *Die neue Weltpolitik.* Bonn, S. 447-463.

IIK (2000): "Zentralamerika am Beginn des neuen Jahrtausends – vermeintlicher oder realer Wandel?". In: *Lateinamerika. Analysen – Daten – Dokumentation*, 44. Hamburg.

INCEP (2001): "Integración centroamericana: entre conflictos y pocos avances". In: *Reporte Político/Panorama Centroamericano*, 173. Guatemala, S. 3-10.

Krennerich, Michael (1993): "Krieg und Frieden in Nikaragua, El Salvador und Guatemala". In: Bendel, Petra (Hrsg.): *Zentralamerika: Frieden – Demokratie – Entwicklung? Politische und wirtschaftliche Perspektiven in den 90er Jahren.* Frankfurt am Main, S. 105-139.

Monterrosa, Celina de (1998): "La agenda de la sociedad civil". In: Sanahuja, José Antonio/Sotillo, José Angel (Hrsg.): *Integración y desarrollo en Centroamérica. Más allá del libre comercio.* Madrid, S. 219-231.

Morales Gamboa, Abelardo (1998): "La sociedad civil y el laberinto regional en Centroamérica". In: Sanahuja, José Antonio/Sotillo, José Angel (Hrsg.): *Integración y desarrollo en Centroamérica. Más allá del libre comercio.* Madrid, S. 203-217.

Morales Gamboa, Abelardo/Cranshaw, Martha Isabel (1997): *Regionalismo emergente: Redes de la Sociedad Civil e Integración en Centroamérica.* San José, Costa Rica.

Schirm, Stefan A. (1997): "Entwicklung durch Freihandel? Zur politischen Ökonomie regionaler Integration". In: Opitz, Peter (Hrsg.): *Grundprobleme der Entwicklungsregionen. Der Süden an der Schwelle zum 21. Jahrhundert.* München, S. 240-258.

SIECA (2003): *Estado de situación de la Integración Económica Centroamericana hasta Marzo de 2001.* Centroamérica. <www.sieca.org.gt> (Sept. 2006).

SICA/CSUCA (1996): *El Libro de Centroamérica (Un Instrumento Cívico de los Pueblos).* San José.

Torres-Rivas, Edelberto (1990): "La Crisis Centroamericana y el Mercado Común: ¿Desintegración regional?". In: Frambes-Buxeda, Aline (Hrsg.): *Confederación Latinoamericana. Edificación de un Proyecto para el Futuro.* San José de Puerto Rico, S. 127-139.

Torres-Rivas, Edelberto (Hrsg.) (^{2}1994): *Historia General de Centroamérica*, 6 Bde. San José, Costa Rica.

Zuvekas Jr., Clarence (2000): *The dynamics of sectorial growth in Central America: Recent trends and prospects for 2020.* Hamburg.

Internetseiten

FLACSO   www.amerisol.com/costarica/flacsocr.html

INCEP   www.incep.org

Inforpress Centroamericana   www.inforpressca.com/inforpress

SICA   www.sgsica.org

SIECA   www.sieca.org.gt

PARLACEN   www.parlacen.org.gt

Christina Bollin

Abkürzungen

ALCA	Área de Libre Comercio de las Américas
ALIDES	Alianza para el Desarrollo Sostenible
CCJ	Corte Centroamericana de Justicia
CEPAL	Comisión Económica para América Latina y el Caribe (Naciones Unidas)
CSUCA	Consejo Superior Universitario Centroamericano
FLACSO	Facultad Latinoamericana de Ciencias Sociales
INCEP	Instituto Centroamericano de Estudios Políticos
MCCA	Mercado Común Centroamericano
ODECA	Organización de los Estados Centroamericanos
PAECA	Plan de Acción Económica para Centroamérica
SICA	Sistema de la Integración Centroamericana
SIECA	Secretaría Permanente del Tratado General de Integración Económica Centroamericana
PARLACEN	Parlamento Centroamericano

Christian Arnold/Günther Maihold

Zentralamerika
und sein außenpolitisches Handlungsfeld

Die Staaten Zentralamerikas haben im Kontext der Krise der Region durch Bürgerkriege und ihre Einbeziehung in die Logik des Kalten Krieges alle Dimensionen der Grenzen und Chancen kleiner Länder in der internationalen Politik durchlebt und durchlitten; die durchaus schwankenden Bemühungen zur Stärkung der regionalen Integration sind insoweit Ausdruck der Erfahrung, dass gemeinsames Handeln wie im Esquipulas-Prozess zur Friedensregelung eine wichtige Voraussetzung darstellt (Eschbad 1991), aber gleichwohl auch das Zusammenwirken mit Groß- und Regionalmächten notwendig ist, um die eigenen Entwicklungschancen zu wahren. Ob unter dem "Hegemonieschatten" der USA, der wohlwollenden, aber auch fordernden Partnerschaft mit der EU oder im Zusammenwirken mit dem Nachbarstaat Mexiko, immer haben die zentralamerikanischen Staaten nur begrenzte Handlungsspielräume zur Gestaltung der Außenbeziehungen besessen. Die einzelnen Länder besitzen durchaus unterschiedliche Voraussetzungen: Während Panama mit der Sondersituation des Panama-Kanals traditionell außenpolitisch eine eigenständige Rolle wahrgenommen hat oder zu dieser gezwungen war, sind auch die anderen Staaten keinem einheitlichen Muster gefolgt; Costa Rica hat seine weltpolitische Rolle in bestimmten außenpolitischen Feldern immer aktiv gestaltet (Demokratieförderung, Abschaffung des Militärs, Umweltpolitik, Neutralität, internationaler Technologiestandort) und mit dem entsprechenden Image versehen, während Guatemala in Fragen der Menschenrechte nach wie vor stark beobachtet wird . Nicaragua hatte unter der sandinistischen Herrschaft von 1979-1990 einen eigenen außenpolitischen Weg eingeschlagen. Die Rückkehr von Daniel Ortega in das Präsidentenamt mit der Wahl vom 5. November 2006 eröffnet erneut die Aussicht auf eine Sonderrolle des Landes im Verbund mit den "linken" Kräften in Südamerika, wie etwa der intensive Austausch mit dem venezolanischen Präsidenten Hugo Chávez zeigt.

Die Außenpolitik kleiner Staaten steht unter den expliziten Beschränkungen der Verwundbarkeit und Abhängigkeit vom internationalen Umfeld, welches in Zentralamerika im besonderen Maße durch die geopolitische

Lage in der Nähe zu den USA und Mexiko geprägt ist. Auch wenn sich die
zentralamerikanischen Regierungen in den vergangenen Jahren intensiv um
eine Diversifizierung ihrer Außenbeziehungen bemüht und dabei etwa in
Taiwan einen sehr aktiven Partner gefunden haben, der seine prekäre weltpolitische Präsenz durch Zusammenarbeit mit den Ländern des Isthmus zu
befördern gedachte (Aguilera Peralta 2006), sollen im Folgenden die Beziehungen zu Mexiko und den USA im Vordergrund stehen.

1. Außenpolitik im Zeichen der Asymmetrie

In den wirtschaftlichen Beziehungen zwischen Zentralamerika, Mexiko und
den USA ist eine enorme Ungleichheit zwischen den beteiligten Seiten
augenscheinlich. In entscheidenden Kennzahlen wie Bevölkerung, Volumen
des Bruttoinlandsproduktes (BIP), BIP pro Kopf oder aber auch bei Entwicklungsindikatoren wie dem *United Nations Development Index* liegen die
Vorteile eindeutig auf Seiten der Vereinigten Staaten und Mexikos (vgl.
Tabelle 1). Zwar können auch zwischen den zentralamerikanischen Staaten
enorme Unterschiede auftreten, gemessen an ihren übermächtigen nördlichen Nachbarn ist die Asymmetrie der wirtschaftlichen Beziehungen jedoch
unverkennbar.

Tabelle 1

	Human Develop-ment Index (Rang, 2003)	Bevölkerung (in Millionen, 2003)	BIP (in Milliarden US$, 2003)	BIP pro Kopf (in US$, 2003)
Costa Rica	47	4,2	17,4	4.352
El Salvador	104	6,6	14,9	2.277
Guatemala	117	12,0	24,7	2.009
Honduras	116	6,9	7,0	1.001
Nicaragua	112	5,3	4,1	745
Panama	56	3,1	12,9	4.319
Mexiko	53	105,7	676,5	6.518
USA	10	292,6	10.948,5	37.648

Quelle: UN Development Report 2005.

2. Nachbarschaftspolitik im regionalen Kontext: Mexiko und Zentralamerika

"Für die mexikanische Außenpolitik beginnt Zentralamerika in El Salvador" (Aguilar Zinser 1983: 138). Diese Aussage besitzt auch bis heute noch ihre Gültigkeit. Das bilaterale Verhältnis zum unmittelbaren südlichen Nachbarn Guatemala und die damit verbundene Gestaltung der Beziehung im Grenzraum stellen für Mexiko bis heute besondere Herausforderungen, die nicht mit den außenpolitischen Ansätzen und Politikinstrumenten der Zentralamerika-Politik zu behandeln sind. Dies gilt für die Besonderheit des guatemaltekischen Antimexikanismus,[1] der nicht zuletzt einer Perzeption des nördlichen Nachbarn als "Koloss des Nordens" entspricht, wie dies auch für die mexikanische Wahrnehmung an der eigenen Nordgrenze im Verhältnis zu den USA zutrifft. Damit korrespondiert auch die mexikanische Erwartung, Guatemala könne als "natürliche Brücke unseres Kontaktes zur Region"[2] fungieren. Insoweit unterschied und unterscheidet sich die mexikanische Zentralamerika-Politik nach wie vor erkennbar von der Nachbarschaftspolitik des Landes mit Guatemala: traditionell folgte Mexiko gegenüber seinem südlichen Nachbarn dem Muster der legalistisch orientierten Politik der Selbstbestimmung und Nichteinmischung, wie sie in den für die Außenpolitik des Landes maßgeblichen Doktrinen Carranza und Estrada niedergelegt wurde (Fanger 1996). In den 1970er Jahren wurde dieses Muster durch die aktive Beteiligung des Landes bei der Beilegung der Krise in der Region durchbrochen (Unterstützung der sandinistischen Revolutionsregierung; gemeinsame mexikanisch-französische Erklärung zur Anerkennung der ehemaligen Guerillaorganisation FMLN); allerdings verblieb man im Verhältnis zu Guatemala in der Tradition mexikanischer Neutralitätspolitik und der "vorsätzlichen Ambiguität" (Aguilar Zinser 1983: 141) gegenüber den Militärregimen des Landes, die ihrerseits versuchten, den mexikanischen Aktivismus in der Region zu neutralisieren, da sie ihn als Bedrohung der eigenen Herrschaft betrachteten. Dass dabei die Allianz mit den USA von den Präsidenten Guatemalas gesucht wurde, die dem Bild der Domino-Theorie nach dem Erfolg der Revolution in Nicaragua 1979 und den anhaltenden

---

1 Man braucht nicht die postkoloniale Vergangenheit mit der Abspaltung von Chiapas und des Soconusco von den "Vereinten Provinzen Zentralamerikas" als Bezugspunkt zu nehmen, um die vielfältigen Konfliktpunkte in der Geschichte zwischen beiden Ländern aufzureihen (vgl. Toussaint/Rodríguez de Ita/Vázquez Olivera 2001: 23ff.).

2 So zuerst explizit im Plan Nacional de Desarrollo 1995-2000 der Regierung von Präsident Ernesto Zedillo (SHCP 1995: 11f.)

Kämpfen in El Salvador bis zu einer Gefährdung Mexikos mit dem Vordringen "kommunistischer Kräfte" folgten, darf nicht weiter verwundern. Mexikos Entscheidung, gegenüber Zentralamerika auf ein Transitionsszenario zu setzen, aber mit Bezug auf Guatemala eine Status-quo-Politik des Zusammenlebens mit den Militärregimen zu verfolgen, bestimmte die Außenpolitik des Landes in den 1970er-1990er Jahren.

Erst mit Fortschritten bei der Befriedung der Region konnte und musste Mexiko auch seine Rolle gegenüber der Region neu definieren (Bermúdez Torres 2001): Der Arias-Friedensplan hatte sich ja insbesondere dadurch ausgezeichnet, dass die mexikanische Initiative der seit Januar 1983 arbeitenden Contadora-Gruppe (Toussaint 1995) als von außen begleitende Friedenspolitik hinter eine innerzentralamerikanische Lösung an die zweite Stelle trat. Der mexikanische, zunächst bilateral definierte und dann multilateral aufgelöste Aktivismus gegenüber Zentralamerika (Herrera/Ojeda 1983) sollte eine neue Gestalt erhalten, die sich vor allem über den "Mechanismus von Tuxtla" definierte.

2.1 Vom "Mechanismus von Tuxtla"....

Noch im Jahr 1988 hatte die mexikanische Regierung das "Integrale Programm der Zusammenarbeit mit Zentralamerika" verabschiedet, das den ersten Schritt zur Institutionalisierung der Zusammenarbeit mit der Region darstellte. Ihm folgte 1990 durch Präsidialdekret die "Mexikanische Kommission für die Zusammenarbeit mit Zentralamerika", die eine größere Kohärenz der Ansätze in der Kooperation gewährleisten sollte, indem unter der Federführung des Außenministeriums zunächst 13 – ab Mai 1994 dann 23 – Regierungseinrichtungen koordiniert wurden (Bermúdez Torres 2001: 175f.). Gleichzeitig fiel auch die Karibik in den Zuständigkeitsbereich der Kommission. Dabei konnte auf die im Jahre 1991 in Tuxtla Gutiérrez/Chiapas durchgeführte Gipfelkonferenz des mexikanischen Präsidenten mit seinen zentralamerikanischen Amtskollegen aufgebaut werden, aus der "Mechanismus des Dialogs und der Konzertation zwischen Mexiko und den zentralamerikanischen Ländern" entsprang, der heute kurz als "Mechanismus von Tuxtla" bezeichnet wird.

Er sieht regelmäßige Gipfeltreffen vor, die mit Tuxtla II in San José/Costa Rica (1996), Tuxtla III in San Salvador/El Salvador (1998) begannen und über die sich die Zusammenarbeit in weitere Bereiche ausgedehnt hat. Standen zunächst die Fragen der wirtschaftlichen Liberalisierung sowie die Kooperation im Bereich von Wirtschaft, Erziehung/Kultur sowie Wissenschaft/

Technik im Vordergrund, so hat sich die Agenda bereits mit dem 1996 verabschiedeten Aktionsplan auf die Fragen der Migration sowie des Drogen-
und Waffenhandels erweitert. 1998 profitierte der "Mechanismus" nicht
zuletzt unter dem Eindruck der Verwüstungen durch den Wirbelsturm
"Mitch" von einer Woge der Solidarität, die sich in der Vereinbarung von
Kooperationen bei Naturkatastrophen niederschlug. Seit dem Treffen in San
José (Tuxtla II) nehmen auch Belize und Panama an diesem Prozess teil,
woraus erkennbar wird, dass sich aus einem zunächst primär an der Befriedung der Region orientierten Zusammenschluss eine "privilegierte Partnerschaft" entwickelt hat, die eine stärkere Kohäsion zwischen den Partnern
abbilden soll. Mexiko versuchte auf dem 2. Tuxtla-Gipfel im Februar 1996,
die aufkommenden Bedenken einer unzureichenden Verpflichtung auf die
Zusammenarbeit mit der Verabschiedung eines Aktionsplanes zu zerstreuen,
in dem für die Region eine "privilegierte Assoziation" bezogen auf Handel,
Migration, Investitionen und Bekämpfung des Drogenhandels in Aussicht
gestellt wurde.

Konkrete Ausformungen hiervon sind die wirtschaftlichen Koopera-
tionsvereinbarungen wie die Freihandelsabkommen, die Mexiko mit dem
Triángulo Norte (Guatemala, El Salvador und Honduras) am 29. Juni 2000
abschließen konnte, nachdem bereits vorher bilaterale Abkommen mit Costa
Rica (1. Januar 1995) und Nicaragua (1. Juli 1998) getroffen worden waren.
Die Länder des *Triángulo Norte* haben sich für Mexiko zum wichtigsten
Handelspartner in Lateinamerika entwickelt, das dorthin 20% seiner lateinamerikanischen Exporte liefern konnte, ein Volumen, das dem mexikanischen Außenhandel mit Brasilien, Argentinien und Chile zusammen genommen entspricht (Chanona Burguete/Martínez Cortés 2001: 81).

Über die Zeit haben die Präsidenten Mexikos und Zentralamerikas mit
dem "Mechanismus von Tuxtla" vor allem drei Ziele verfolgt, die sich mit
der Neugestaltung der Beziehungen im Zentralamerika der Post-Krisenzeit
bis zur Phase erweiterter Integration ausgebildet haben. So diente der Mechanismus

– als Rahmen für den Ausbau einer neuen regionalen Kooperationsagenda,
– als Prozess zur Institutionalisierung der Beziehungen,
– als Forum für den politischen Dialog.

Dazu gehörte es, den mexikanischen Kooperationsfonds mit Zentralamerika
und das mexikanische Programm zur ökonomischen, kulturellen und tech-
nisch-wissenschaftlichen Zusammenarbeit mit Zentralamerika zu verwalten.

Die zentralamerikanischen Vorbehalte gegenüber dem "Mechanismus von Tuxtla" als Element einer umfassenden Außenpolitik ohne substanzielle Hinwendung zur Region konnten jedoch nicht beseitigt werden. Dass dabei gerade die innere Asymmetrie im Muster der Beziehung eines großen und sieben kleiner Länder nicht überwunden wurde oder zumindest in eine eher gleichberechtigt ausgelegte Struktur überführt werden konnte, ist noch heute ein Desideratum (Solís Rivera 2001: 221), zumal der "Mechanismus von Tuxtla" auf dem 6. Gipfel in Managua/Nicaragua im März 2004 mit dem *Plan Puebla-Panamá* verknüpft wurde.[3] Die Suche nach einem Muster horizontaler Kooperation steht damit auch weiterhin auf der Tagesordnung.

2.2 ... *zum* Plan Puebla-Panamá

Im *Plan Puebla-Panamá* werden neun mexikanische Bundesstaaten (Campeche, Chiapas, Guerrero, Puebla, Oaxaca, Quintana Roo, Tabasco, Veracruz und Yucatán) sowie die zentralamerikanischen Staaten Belize, Costa Rica, El Salvador, Guatemala, Honduras, Nicaragua und Panama zusammengeführt. Die von diesem Plan erfasste Region zählt gegenwärtig 64 Millionen Einwohner und 550.000 km^2; bis zum Jahr 2025 dürfte die Bevölkerungszahl auf circa 92 Millionen (34 Mio. im mexikanischen Süden und 58 Mio. in Zentralamerika) angewachsen sein, was in etwa der heutigen Einwohnerzahl Mexikos entspricht (Maihold 2001). Das wesentliche Ziel des *Plan Puebla-Panamá* ist die Verbesserung des Lebensstandards der Bewohner der Region Zentralamerikas, welche sich vom Süd-Südosten Mexikos bis zu den Grenzen Panamas erstreckt. Diese globale Zielsetzung wurde in acht grundlegende Punkte aufgeteilt, deren Erfolg als Beitrag zum Gelingen des zentralen Vorhabens gilt.

1. Verbesserung der menschlichen und gesellschaftlichen Entwicklung der Bevölkerung.
2. Eine breite Beteiligung der Zivilgesellschaft an der Entwicklung.
3. Strukturelle Veränderungen der Dynamik der Ökonomie.
4. Optimale Nutzung der komparativen Fähigkeiten und Vorteile.
5. Unterstützung produktiver Investitionen zur Erweiterung höher besoldeter Angebote auf dem Arbeitsmarkt.

---

3 Vgl. hierzu die "Acta que institucionaliza el mecanismo del Plan Puebla-Panamá" <http://www.planpuebla-panama.org/ documentos/acta%20que%20institucionaliza%20el%20plan%20puebla%20panama.pdf> (09.04.2007).

6. Nachhaltiger Umgang mit den Naturressourcen und der Umwelt.
7. Konzertierung gemeinsamer Planung und Entwicklungsstrategien zwischen der Region des Süd-Südostens Mexikos und den Ländern Zentralamerikas.
8. Modernisierung und Stärkung der institutionellen Kapazitäten der Region.

De facto haben sich Programme zur Erweiterung der Infrastruktur bei Verkehrswegen, Elektrizität und Telekommunikation als die erfolgreichsten Maßnahmen des *Plan Puebla-Panamá* erwiesen, der weiterhin unter erheblichen Defiziten in der finanziellen Ausstattung leidet. Letztlich ist es nicht gelungen, die Privatwirtschaft an dem Programm zu beteiligen, so dass sich insbesondere die multilateralen Entwicklungsbanken engagiert haben, während die Beiträge der einzelnen Länder eher gering geblieben sind. Der Plan hat seine eigentliche Initialzündung für die Region nicht entfalten können (Hernandez López 2002), da ihm die politische Unterstützung (auch aus Mexiko) fehlte und viele internationale Geber keine zusätzlichen Mittel bereitstellen wollten. Der Beitrag Mexikos zur Entwicklung der Kooperation erweist sich angesichts der verfügbaren Zahlen als recht schmal (Comisión 2004), systematische Impulse können hiervon nicht für die Region ausgehen. Der ergänzend von der mexikanischen Regierung eingebrachte Vorschlag, die Energiekooperation in der Region unter Einbeziehung Kolumbiens voranzubringen und mit dem Bau einer Raffinerie in Zentralamerika eine bessere Versorgung mit Brennstoffen zu ermöglichen, ist nicht zuletzt wegen der Ankündigung reduzierter Erdöllieferungen durch Mexiko noch weit von der Realisierung entfernt und insofern politisch nicht belastbar.

3. Zentralamerikas Beziehungen zu den USA

Das Ungleichgewicht in den Beziehungen zwischen Mexiko und den zentralamerikanischen Staaten ist augenscheinlich. Umso deutlicher macht sich die Asymmetrie im Verhältnis zu den USA bemerkbar und nimmt dabei auf sämtliche Bereiche zwischenstaatlicher Kooperation Einfluss. Wirtschaftliche Zusammenarbeit, Migration und sicherheitspolitische Aspekte sind davon besonders betroffen.

3.1 Die Außenwirtschaft Zentralamerikas: Verlängerte Werkbank der USA?

Für die Volkswirtschaften Zentralamerikas ist der Exportsektor mit einem durchschnittlichen Anteil von 40% des BIP von entscheidender Bedeutung

(Minkner-Bünjer 2004: 129). Haupthandelspartner sind dabei die Vereinigten Staaten. Im Jahre 2004 exportierten die am Freihandelsabkommen DR-CAFTA beteiligten Staaten Zentralamerikas rund 56% ihrer Gesamtexporte in die USA (Informationssystem des DR-CAFTA). Erst mit weitem Abstand folgen weitere Exportpartner eines jeden zentralamerikanischen Landes, meistens andere zentralamerikanische oder lateinamerikanische Länder mit Exportanteilen zwischen 5% und 10%. Europäische Partner rangieren zumeist mit noch weniger Anteilen am Handelsvolumen (Zentralbanken der jeweiligen Staaten).

Mit Ausnahme Costa Ricas und El Salvadors bestehen die Exporte Zentralamerikas mehrheitlich aus landwirtschaftlichen Produkten. In den vergangenen Jahren wurden enorme Anstrengungen unternommen, die traditionelle Konzentration auf vornehmlich landwirtschaftliche Produkte zu überwinden und andere Produktionssektoren zu erschließen (Martínez Piva/Cortes 2004: 6). Besonders bedeutsam ist dabei die lohnveredelnde Produktion *(maquila)*. In diesem Verfahren werden die Einzelteile eines Produktionsschrittes an ein Werk geliefert, das diese dann zu einem Fertig- oder Halbfertigprodukt zusammenfügt. Zentral ist hierbei der Einsatz von billigen Arbeitskräften für Arbeiten, die von Maschinen nicht übernommen werden können. Genutzt wird dieses Verfahren hauptsächlich in der Textilbranche und spielt insbesondere im Handel mit den USA eine Rolle, die der Hauptabnehmer der so produzierten Güter sind (Martínez Piva/Cortes 2004: 40).

Das Handelsvolumen der Importe verhält sich ähnlich wie das der Exporte. Auch hier ist die Dominanz der Vereinigten Staaten eindeutig: Rund 42% der zentralamerikanischen Importe stammten im Jahre 2004 vom nördlichen Nachbarn. Auch hier rangieren andere Handelspartner mit einigem Abstand (Informationssystem des DR-CAFTA).

Die Produktpalette der von den USA gelieferten Güter sind hauptsächlich Industriegüter, die in den lohnveredelnden Betrieben Mittelamerikas verarbeitet und dann wieder reexportiert werden wie etwa Elektroerzeugnisse, Kunststoffe, Kleidung, Stoffe und Garne (Hornbeck 2003: 11). Über diese Importe aus den USA hinaus werden vor allem Rohstoffe, insbesondere Erdöl und Erdölprodukte importiert. Preisschwankungen des Weltmarktes in diesem Bereich haben daher besonderen Einfluss auf die Volkswirtschaften Zentralamerikas (CEPAL 2006: 4).

In den wirtschaftlichen Beziehungen zwischen den USA und Zentralamerika gibt es auch verschiedene bedeutende Kapitalströme. So zum Beispiel ausländische Direktinvestitionen, die im Zuge neoliberaler Wirtschaftsreformen der 1990er Jahre zur Diversifizierung der Produktpalette getätigt wurden (CEPAL 2006: 7). Des Weiteren sind die Geldtransfers der legal oder illegal in den USA arbeitenden zentralamerikanischen Bürger *(remesas)* von wirtschaftlich großer Bedeutung, da sie mit durchschnittlich 9% des BIP (CEPAL 2006: 1) einen nicht unerheblichen Teil der Wirtschaftsleistung darstellen.[4] Schließlich treten US-amerikanische Banken auch als Gläubiger für zentralamerikanische staatliche und private Investitionen auf.

Die Asymmetrie in den wirtschaftlichen Beziehungen zwischen Zentralamerika und den USA wird besonders deutlich, wenn man sich die Relevanz des Zentralamerikanischen Marktes in den USA vor Augen führt. Aus Sicht der Vereinigten Staaten werden insgesamt weniger als 1% des Außenhandels mit Mittelamerika abgewickelt. Jedoch wächst der Anteil Zentralamerikas am Außenhandel der USA in den letzten Jahren kontinuierlich. Mittlerweile ist Zentralamerika drittwichtigster Handelspartner der USA in Lateinamerika dicht hinter Mexiko und Brasilien (Hornbeck 2005: 7).

3.2 Die Abhängigkeit Zentralamerikas von den USA

Aus dieser Asymmetrie in wirtschaftlichen Beziehungen ergibt sich eine hohe Abhängigkeit Zentralamerikas von den USA. Ab Ende der achtziger Jahre suchten die Länder Zentralamerikas verstärkt ihre Entwicklung durch Eingliederung in den Weltmarkt zu erreichen und bemühten sich so im besonderen Maße um ausländische Direktinvestitionen. Dabei wurde insbesondere US-amerikanisches Kapital angezogen, das in lohnveredelnde Betriebe investiert wurde (Minkner-Bünjer 2005b: 273). Es entwickelten sich mit der Zeit integrierte *Cluster* der Bekleidungs- und Textilindustrie, bei denen immer mehr Produktionszwischenschritte in Zentralamerika selbst getätigt wurden (Minkner-Bünjer 2005a: 201f.). *De facto* verblieb aber ein enormer Einfluss auf den Fertigungsprozess weiterhin in US-amerikanischer Hand. Denn US-amerikanische Firmen, begünstigt durch Handelsabkommen in diesem Bereich, waren weiterhin weitgehend alleinige Lieferanten der Rohstoffe und grundlegender Produktionsinputs und zudem Abnehmer der Fertigprodukte. Darüber hinaus hat die hohe Arbeitsintensität in der *maquila-*Industrie entscheidenden Einfluss auf die Beschäftigungssituation der Region (Minkner-Bünjer 2004: 130). Die andauernde Abhängigkeit Zentralamerikas von den USA wird gerade heute als sehr negativ erfahren. Mit China ist ein billiger Konkurrent für die aus Zentralamerika importierten

---

4   Vgl. hierzu den Beitrag von Manuel Orozco in diesem Band.

Textilien auf dem US-Markt tätig geworden, ohne dass es den zentralamerikanischen Produzenten aufgrund der Bindung an teure Zulieferungen von Garnen und Stoffen aus den USA möglich wäre, größere Kosteneffizienz ohne Senkung der Lohnkosten zu erreichen.

Empirisch lässt sich die starke Abhängigkeit vom Ausland am Rückgang des BIP pro Kopf in den Jahren 2001 und 2002 betrachten (CEPAL 2004: 1). Auf der Grundlage von Konjunktureinbrüchen in den USA kam es 2001 und 2002 zu einem drastischen Rückgang von Direktinvestitionen in (jährlich ca. 13%) und Exporten aus Zentralamerika, die sich direkt und indirekt in rezessiven Ketteneffekten auf betroffene Unternehmen, die jeweiligen Volkswirtschaften und schließlich die gesamte Region auswirkten (Minkner-Bünjer 2004: 130).

3.3 Das Freihandelsabkommen USA- CAFTA-DR

Seit einigen Jahren haben sich die Staaten Zentralamerikas in unterschiedlichen Gruppenarrangements um eine Intensivierung regionaler Kooperation und Integration in den Weltmarkt bemüht. Dabei stehen insbesondere handelspolitische Aspekte im Vordergrund, die eine Entsprechung zu den Mexiko durch das NAFTA-Abkommen eingeräumten Konditionen des Zugangs auf dem US-Markt (NAFTA-Parität) zum Ziel haben. Vor diesem Hintergrund unterzeichneten Costa Rica, El Salvador, Guatemala, Honduras, Nicaragua und die USA das *Central American Free Trade Agreement* (CAFTA) nach knapp einjährigen Verhandlungen im Mai 2004, dem sich die Dominikanische Republik im August desselben Jahres noch anschloss (seitdem CAFTA-DR).

3.3.1 Interessen der beteiligten Staaten

Regionale Kooperation zwischen den USA und dem zentralamerikanischen Raum beginnt jedoch nicht erst mit Abschluss des CAFTA-DR. Noch in der Logik des Kalten Krieges begründet gewährten die USA im Rahmen der *Caribbean Basin Initiative* (CBI) 1984 Karibikrainern, die nicht unter kommunistischem Einfluss standen, bevorzugte Handels- und Einfuhrbestimmungen auf dem US-amerikanischen Markt. Durch weitergehende Verträge 1990, 2000 und 2002 wurden diese unilateral gültigen Handelspräferenzen jeweils erweitert und verlängert, das Ende jedoch für das Jahr 2008 festgelegt (Dypski 2002: 101ff.).

Die US-Regierung wendet im CAFTA-DR ihre globale Außenhandelsstrategie an, die auf die Kombination von bilateralen, regionalen und multilateralen Freihandelszonen ausgerichtet ist (Hilaire/Yang 2004: 603ff.). Die USA beweisen hier ihr Engagement im Freihandel auch mit kleineren Volkswirtschaften. Zudem steht CAFTA-DR im Kontext eines bilateral geprägten Ansatzes in der Gestaltung der Beziehungen zu den Staaten Lateinamerikas. Angesichts der gegenwärtigen Blockierung des ursprünglichen Projekts einer den ganzen amerikanischen Kontinent umfassenden Freihandelszone durch die großen südamerikanischen Staaten ist das Abkommen für die USA immerhin ein Teilerfolg. Erstmals eröffnet die US-Regierung Verhandlungen mit einer Gruppe von Ländern, die sich mit anderen bilateralen, regionalen und schließlich auch multilateralen Elementen ihrer Außenhandelsstrategie kombiniert (Hilaire/Yang 2004: 603ff.). Dabei scheinen aber nicht nur wirtschaftliche Interessen prägend zu sein. Für die eigene nationale Sicherheit erhofft man sich auch eine bessere Kontrolle des Drogenhandels, der Geldwäsche und eine Verringerung der Migration in die USA. In Zentralamerika sollen wirtschaftliche und soziale Reformen unterstützt und somit die Stabilität der Demokratien in der Region gewährleistet werden (Xirinachs 2003: 13ff.).

Aus zentralamerikanischer Sicht kann CAFTA-DR als Versuch gewertet werden, die im Rahmen der CBI nur bis 2008 gewährten besseren Handelsbedingungen auf unbefristete Zeit fortzuschreiben und andere, bis dahin protektionierte Wirtschaftssektoren mit einzubeziehen (Rodlauer/Schipke 2005: 3). Das Volumen und die Diversifikation der Ex- und Importe sollen zunehmen, ausländische Investitionen angelockt und damit im Landesinneren die Entwicklung der Wirtschaft gefördert werden. Insgesamt erhofft man sich schließlich eine Dynamik, die größere wirtschaftliche und politische Reformen ermöglicht und zur Stärkung und Stabilisierung demokratischer Strukturen und Institutionen sowie der Verbesserung der sozialen Verhältnisse beiträgt.

3.3.2 Das Vertragswerk

Wie in einem Freihandelsabkommen üblich, ist das Hauptziel von CAFTA-DR, tarifäre Handelshemmnisse zwischen den Zeichnerstaaten abzubauen und nichttarifäre Beschränkungen zu reduzieren. Dabei berücksichtigt das Abkommen die Asymmetrien der Handelspartner, insofern die USA aus dem CAFTA-Raum 97,9% der Produkte zollfrei importieren, während dies in umgekehrter Richtung nur für 80% der Güter gilt. Dies wurde für eine breite Güterpalette erreicht, in einigen Bereichen einigte man sich jedoch auf

Übergangsfristen von bis zu zwanzig Jahren bzw. beließ es bei Schutzzöllen für besonders sensible Bereiche.

Im Textilbereich wurden Regelungen zur bevorzugten Einfuhr von zentralamerikanischen Erzeugnissen beibehalten (Kose/Rebucci/Schipke 2005: 7f.). Solange die Herkunftsregeln beachtet werden, reduzieren sich ab Inkrafttreten des Vertrages die Zölle für die Einfuhr in die USA auf Null. Die Produktionsinputs dürfen fortan in der *maquila*-Industrie auch aus ausgewählten Drittländern stammen. Anders verhält es sich bei landwirtschaftlichen Produkten, bei denen unterschiedliche Ausnahmegenehmigungen für sensible Güter ausgehandelt wurden.[5] Insgesamt vereinbarte man Übergangsregelungen, die je nach Land zwischen fünf und zwanzig Jahren andauern. Damit wurden bestehende Regelungen zum Marktzugang in einigen Bereichen erleichtert, unter dem Strich jedoch blieben die getroffenen Vereinbarungen hinter den Erwartungen zurück: Übergangsregelungen haben zumeist die maximalen Fristen von bis zu zwanzig Jahren. In sensiblen Bereichen, wie Zucker, Mais, Fleisch oder Milchprodukten bleiben tarifäre Handelshemmnisse unbefristet bestehen, auch wenn Importquoten teilweise erhöht wurden (Cordero 2004: 8).

Ergänzend wurden Vereinbarungen über den Abbau tarifärer Handelshemmnisse hinaus getroffen. Bei Dienstleistungen lehnte man sich eng an den Freihandelsvertrag zwischen Chile und den USA an und vereinbarte die sukzessive Einführung von mehr Wettbewerb. Bezüglich ausländischer Investitionen wurden Bestimmungen zur Marktöffnung und zur Investitionssicherheit ähnlich wie im *North American Free Trade Agreement* (NAFTA) übernommen. Für staatliche Ausschreibungen einigte man sich auf Öffnung und mehr Transparenz der Verfahren. Bei Arbeitsschutzrichtlinien und beim Umweltschutz kam es jedoch zu keinen expliziten Regelungen, eine strikte Einhaltung nationaler Vorschriften soll aber gewährleistet sein. Zudem wurden die Bestimmungen der Internationalen Arbeitsorganisation anerkannt. Verstöße in diesen beiden Bereichen werden jedoch nur geahndet, wenn sie internationalen Handel oder Investitionen schädigen. Schließlich wurde ein abgestuftes Verfahren zur Beilegung von Streitigkeiten beschlossen, dessen Instrumentarium von Konsultationen bis hin zu Sanktionen reicht (Cordero 2004: 8ff.).

---

5   Mais für den menschlichen Verzehr ist für El Salvador, Guatemala, Honduras und Nicaragua von der Zollsenkung ausgeschlossen, für Costa Rica Kartoffeln und Zwiebeln.

3.3.3 Die Auseinandersetzungen über das Freihandelsabkommen

Die Debatten um den Abschluss von CAFTA-DR verliefen sehr kontrovers. Insgesamt konkurrierten sowohl in Zentralamerika als auch in den USA protektionistische Stimmen mit Fürsprechern des Freihandels. In Zentralamerika sah man durch den Import subventionierter US-amerikanischer Landwirtschaftsprodukte vor allem Gefahren für die landwirtschaftlich geprägten zentralamerikanischen Staaten (Garbers 2005: 170f.). CAFTA-DR sei ein Abkommen im Interesse US-amerikanischer Investoren (Canda 2004: 52) und ein solches, so durchaus auch US-amerikanische Stimmen, solle Armut und Schwäche der zentralamerikanischen Volkswirtschaften berücksichtigen (Polaski 2003: 1). Vor allem von offizieller Seite wurde jedoch auch auf die Chancen für Industrialisierung und Entwicklung durch den Ausbau des Freihandels mit den USA immer wieder hingewiesen. Dennoch kam und kommt es während der Ratifizierungsverfahren in Zentralamerika zu teilweise gewalttätigen Demonstrationen. Der Widerstand gegen dieses Abkommen erreicht weite Kreise der Bevölkerung, die einen "Ausverkauf" ihrer Länder, den Niedergang nationaler Produzenten, Arbeitsplatzverluste und billige ausländische Konkurrenz fürchten. Zudem steht in Costa Rica die Ratifizierung des Abkommen durch das Parlament trotz eines mehrheitlich zugunsten der Vertragswerk ausgegangenen Referendums im Oktober 2007 noch aus; Massendemonstrationen und die Mobilisierung der Gewerkschaften in dem bislang staatlichen Telekommunikations- und Elektrizitätsinstitut sowie aus dem landwirtschaftlichen Bereich haben das Land erschüttert. Obwohl alle anderen beteiligten Staaten im Jahre 2005 den Vertrag ratifiziert hatten, konnte er nicht wie geplant am 1. Januar 2006 in Kraft treten, da in den jeweiligen Ländern bis zu 70 Gesetze und Verordnungen angepasst werden müssen, die sich auf rechtliche Vorschriften im Bereich des Schutzes von geistigem Eigentum und andere Regelungen beziehen. Für El Salvador trat er daher erst im März 2006, für Nicaragua und Honduras im April 2006, in der Dominikanischen Republik sogar erst zum 1. März 2007 in Kraft.

Auch die US-amerikanische Gesellschaft war in der Bewertung des CAFTA-DR zwischen protektionistischen und eher Freihandel bejahenden Anhängern gespalten. CAFTA-DR wurde sogar im Präsidentschaftswahlkampf 2004 thematisiert, wobei George W. Bush für das Abkommen eintrat, sein Herausforderer John Kerry sich dagegen aussprach. Auf der einen Seite sah man Chancen für eine Stabilisierung und Entwicklung der Region und somit der eigenen US-amerikanischen Sicherheit und eine Erhöhung der Effektivität der Industrie durch billigere Fertigung in Zentralamerika (Hornbeck 2005: 1ff.). Auf der anderen Seite fürchtete man eine zu starke Konkurrenz für die heimische Landwirtschaft und Textilbranche oder eine Erosion der Arbeitsstandards in Zentralamerika (Grund 2006: 4f.). Nach intensiver Werbung auf höchster Ebene, zum Beispiel von Vizeaußenminister Zoellick (2005: 1ff.) oder auf einer von der US-amerikanischen Handelskammer organisierten Reise der zentralamerikanischen Regierungschefs durch die USA, wurde das Abkommen im Repräsentantenhaus mit 217 zu 215 Stimmen am 28. Juli 2005 denkbar knapp angenommen.

4. Migration als Thema der internationalen und transnationalen Agenda

Das Thema der Migration wird in der Literatur häufig als *intermestic issue* verstanden, ein Politikbereich also, der sich im Kontext international zunehmender Interdependenz als "simultaneously, profoundly and inseparably both domestic and international" (Manning 1977: 309) darstellt und somit innen- wie außenpolitisch gleichzeitig relevant ist. Seit Beginn der achtziger Jahre lässt sich ein Trend zur Auswanderung in die USA insbesondere aus Guatemala, Salvador, Nicaragua und Honduras beobachten. Zunächst politisch durch die Bürgerkriege in der Region bedingt, bekommen jedoch die wirtschaftlichen Gründe bald mehr Gewicht. Heute stammt ein Großteil der Emigranten aus der Unter- oder Mittelschicht, selten jedoch aus den verarmten Teilen der Bevölkerung. Insgesamt schätzte man im Jahr 2000 die Zahl der Zentralamerikaner, die in den USA leben, auf circa 2,7 Millionen (Orozco 2003: 2f.).

Für die Staaten Zentralamerikas sind die unentgeltlichen Transfers *(remesas)* der in die USA ausgewanderten Staatsbürger an Freunde und Verwandte daheim ein wichtiger Wirtschaftsfaktor. Sie setzten ihren seit Jahren andauernden Wachstumstrend fort und erreichten im Jahr 2005 insgesamt 8,6 Mrd. US\$, rund 9% des BIP. Insbesondere Honduras (21,2% des BIP) und El Salvador (16,8% BIP) konnten davon profitieren (CEPAL 2006: 9f.). Jedoch beschränkt sich die wirtschaftliche Auswirkung der Emigration nicht nur auf diese direkten Überweisungen von Gehältern – auch sekundäre wirtschaftliche Effekte sind spürbar. Im Tourismus etwa spielen in den USA lebende Emigranten eine wichtige Rolle. In El Salvador sind 30% der Touristen aus den USA kommende Salvadorianer, sie, bleiben durchschnittlich zwei Wochen und geben dabei mehr als 50 US\$ pro Tag aus. Auch Fluggesellschaften und Telekommunikationsanbieter beobachten positive Effekte. Von den Emigranten werden in ihren Residenzländern für ihre Heimat typische Güter nachgefragt (ethnischer Konsum) wie Bier, Rum, Käse etc., die nunmehr exportiert werden (in El Salvador im Jahr 2001 rund 10% der Exporte). Es scheint in Zentralamerika in Folge der Migration aber auch Wandlungen zivilgesellschaftlicher Prozesse zu geben. Ein politisch immer wichtiger werdender Akteur sind dabei die *hometown associations* (HTA). Als Zusammenschlüsse zentralamerikanischer Emigranten gleicher Herkunft sind sie zuvorderst Ort sozialen Austausches, nehmen verstärkt aber auch Einfluss auf politische Prozesse oder organisieren Entwicklungsprojekte in ihren Herkunftsregionen (Orozco 2003: 5). Diese Projekte stellen für die zentralamerikanischen Regierungen einen Kontrollverlust der Steuerungsfähigkeit politischer Prozesse dar, denen die betroffenen Staaten auf sehr unterschiedliche Art und Weise begegnen. Im Allgemeinen erstrecken sich Kooperationsversuche auf die Verstetigung der *remesas*, deren Einbeziehungen in die jeweilige nationale Aufbauagenda und die Exportförderung für Produkte des ethnischen Konsums. Insbesondere El Salvador scheint in puncto Institutionalisierung der Zusammenarbeit mit der Diaspora am weitesten fortgeschritten (Grund 2006: 18).

Angesichts der neuen internationalen Bedrohungen hat für die USA die Sicherung ihrer Südgrenze und die Kontrolle der durch Mexiko laufenden Migrationsströme aus Zentralamerika strategischen Charakter. Um den Druck auf die US-Grenzen zu reduzieren, versuchten die USA auch gegenüber der mexikanischen Regierung vermehrt Einfluss zu nehmen, damit diese sich verstärkt um die südliche Nachbarregion bemüht (Maihold 2001). Gegenwärtig lassen sich jedoch keine Hinweise dafür erkennen, dass sich in den Gesellschaften Zentralamerikas der Trend hin zu einem zunehmenden Export von Arbeitskraft abschwächen würde. Zudem scheinen die sich herausbildenden transnationalen Beziehungen zwischen den Emigranten und ihren Heimatländern den Boden zu bereiten für die politische Präsenz und Wirksamkeit von Interessengruppen mit transnationalen Agenden (Orozco 2006: 6).

5. Die sicherheitspolitische Agenda

Die Zusammenarbeit zwischen den USA und den Staaten Zentralamerikas in Fragen der Sicherheit unterlag mit dem Ende des Kalten Krieges einer Neuorientierung. Während der 1970er und 1980er Jahre war das Verhältnis angesichts der zentralamerikanischen Krise von mehr oder weniger direkter Intervention in innere Angelegenheiten der zentralamerikanischen Staaten gekennzeichnet. In jüngerer Zeit wurden die Beziehungen in den Kontext des erweiterten Sicherheitskonzeptes gestellt, das neue Bedrohungen wie Terrorismus, Drogenhandel, organisiertes Verbrechen, Umweltzerstörung oder illegale Migration umfasst (Orozco 2003: 4). Die Vereinigten Staaten unterstützten in der westlichen Hemisphäre zunächst multinationale, institutionelle Mechanismen zur Wahrung von demokratischer Stabilität und Frieden, wie beispielsweise in der Aufwertung der Organisation Amerikanischer Staaten im Kompromiss von Santiago de Chile bereits 1991 erkennbar wurde (Fontana 2003: 175f.). Mit den terroristischen Ereignissen vom 11. September 2001 schien sich jedoch eine Rückverlagerung des Schwerpunktes sicherheitspolitisch relevanten Handelns hin zu nationalstaatlichen Mustern abzuzeichnen (Orozco 2003: 5).

5.1 Neue asymmetrische Gefahren

In den Augen der USA gehen Bedrohungen der nationalen Sicherheit in der westlichen Hemisphäre nicht von klassischen externen Bedrohungen aus. Vielmehr stehen die neuen, transnationalen Akteure im Mittelpunkt, die durch Mord, Kidnapping, Geldwäsche sowie Drogen-, Waffen- und Menschenschmuggel die nationale Sicherheit gefährden (so der Befehlshaber der US-amerikanischen Streitkräfte im *Southern Command*, zit. in: Isacson 2005: 1). Washington verfolgt daher in den Staaten Lateinamerikas eine Strategie, die durch Unterstützung der Sicherheitsapparate auf eine effektivere Ausübung staatlicher Souveränität abzielt. Gemeint ist damit eine verbesserte Kontrolle und Durchsetzung des Rechts im innerstaatlichen Bereich. Dies soll beispielsweise durch die Ausweitung des Aufgabenfeldes der Militärs auf innere, klassischerweise polizeiliche Bereiche erreicht werden. Nicht zuletzt erhoffen sich die Vereinigten Staaten von der Stabilisierung der Verhältnisse vor Ort eine Verbesserung der eigenen nationalen Sicherheit (Isacson 2005: 4f.).

Die Zusammenarbeit mit Zentralamerika beruht in den letzten Jahren vor allem auf dem Kampf gegen Drogenschmuggel und illegale Migration (Arana 2001: 99). Aber auch kriminelle Jugendbanden, "Maras",[6] entwickeln sich mehr und mehr zum Problem transnationaler Sicherheit. Bedingt durch eine Erneuerung der US-amerikanischen Migrations-Gesetzgebung 1996 begannen die USA, zentralamerikanisch-stämmige Jugendliche auszuweisen, die länger als zwei Jahre inhaftiert waren. Ergebnis dieser Deportationen war die Herausbildung eines transnationalen Netzwerkes dieser Ban-

---

6   Vgl. den Beitrag von Manfred Liebel in diesem Band.

den, die seitdem sowohl von Zentralamerika als auch von den USA aus operieren (Gonzales 2005: 1ff.).

Die Vereinigten Staaten versuchen, all diesen Bedrohungen zu begegnen, indem sie verstärkt auf Zusammenarbeit mit den lokalen Sicherheitskräften setzen. Im Bereich des Drogenschmuggels wurde man sich neben den Anbauregionen auch der Relevanz der Transitländer bewusster und koordinierte sich hier intensiver (Arana 2001: 98). Um die Kontrolle der Staatsgewalt effektiver zu gestalten, schlugen die Vereinigten Staaten vor, eine *International Law Enforcement Academy* in El Salvador zu gründen. Dort sollen zentralamerikanische und mexikanische Polizei- und Militärkräfte im Kampf gegen Kriminalität von Fachkräften aus dem US-amerikanischen Außen- und Verteidigungsministerium ausgebildet werden. Vor dem geschichtlichen Hintergrund US-amerikanischen Engagements in der Ausbildung zentralamerikanischer Sicherheitskräfte sieht es nicht so aus, als würde die Bevölkerung das akzeptieren (Gonzales 2005: 3). Mit der Initiative von Mérida, die auf dem Gipfeltreffen zwischen Mexiko und den USA im Oktober 2007 verkündet wurde, hat die sicherheitspolitische Kooperation unter Einbeziehung der zentralamerikanischen Staaten eine neue Dimension erlangt. Indes hat bislang der US-Senat die dafür notwendigen Mittel nicht freigegeben (Benítez Manaut 2007).

Aber auch das CAFTA-DR-Abkommen wurde durchaus als Element der Verbesserung nationaler Sicherheit angesehen. Laut dem US-amerikanischen Verteidigungsminister Donald Rumsfeld[7] würden durch das Freihandelsabkommen die demokratischen Kräfte Zentralamerikas besonders gestärkt. Denn durch wirtschaftliche Prosperität und politische Reformen seien auch Fortschritte und Kooperation in Sicherheitsfragen leichter zu bewerkstelligen.

Allerdings musste das Verteidigungsministerium der USA mit der Übergabe der Kanalzone an Panama auch eine Neuverteilung seiner Militärbasen in der Region vornehmen: So wurde das *US Southern Command* (SOUTHCOM) nach Florida bzw. Puerto Rico verlegt, in Honduras wurde die Basis Soto Cano erhalten und Überwachungspositionen in Comalapa/San Salvador ausgebaut. Damit soll – in Verbindung mit der Basis in Manta/Ecuador – insbesondere die Überwachung des Drogenhandels zu Luft und zu Wasser ermöglicht werden.

---

7   Donald H. Rumsfeld: "CAFTA es un tema de seguridad nacional", in: *Miami Herald*, 10. Juli 2005.

5.2 Die Sonderstellung Panamas

Besondere Bedeutung in der Sicherheitskooperation fällt auf Grund seiner geographischen Lage Panama zu. Dabei spielt einerseits der Panamakanal, andererseits die Nachbarschaft zu Kolumbien eine bedeutende Rolle in den Sicherheitsüberlegungen der USA.

Die Kontrolle über den Panamakanal wurde in Erfüllung der Carter-Torrijos Verträge zum Jahrtausendwechsel von den USA an Panama übertragen. Damit obliegt Panama seitdem die Kontrolle über die "zweitwichtigste künstliche Wasserstraße der Welt" (Hoffmann 2005: 34). Wirtschaftlich ist der Kanal nicht nur für das mittelamerikanische Land von zentraler Bedeutung, da die Gesamtheit der durch den Kanal direkt und indirekt generierten ökonomischen Aktivitäten sich auf rund 1/3 des BIP (Hoffmann 2005: 45) belaufen. Gleiches gilt auch für die USA, durchqueren doch 68% aller Waren, die in den US-amerikanischen Häfen der Ost- und Westküste entladen werden, den Panamakanal. Er ist Teilstück der Seehandelsroute zwischen den in den letzten Jahren dynamischsten Wachstumsregionen der Welt, Asien und Nordamerika.

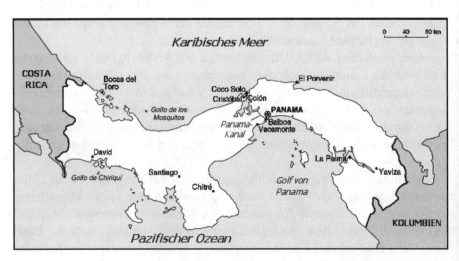

Doch in eben dieser enormen wirtschaftlichen Relevanz des Panamakanals liegen auch die Sicherheitsinteressen der USA begründet. Insbesondere durch die Nähe zu Kolumbien und dem dort herrschenden Konflikt ist den USA daran gelegen, ein Übergreifen auf das Territorium des seit Beginn der 1990er Jahre entmilitarisierten Panama(s) zu verhindern. So erhält Panama

Hilfen, damit seine Sicherheitskräfte die Grenze zu Kolumbien besser schützen. Auch gibt es im Programm der *Southern Command* multinationale Übungen zum Schutz des Panamakanals vor terroristischen Angriffen und zur verbesserten Kooperation der Marineverbände der Karibischen Anrainerstaaten (Isacson 2005: 4). Zudem bewahrten sich die USA auch ein gewisses Maß an militärischer Kontrolle über die Region: Zwar entfiel die bis zur Übergabe 1999 noch gegebene direkte militärische Kontrolle des Kanals mit dem Abzug zur Jahrtausendwende, jedoch leiten die USA im Panamakanal durch die "De Concini Amendments" der Carter-Torrijos-Verträge ein Interventionsrecht ab für den Fall, dass dessen Funktion oder Neutralität nicht mehr gewährleistet sei (Lemoine 1999).

Zunächst jedoch steht eine neue Etappe in der Entwicklung der Kanalzone im Zentrum des Interesses: Bei dem am 22. Oktober 2006 von der Regierung von Präsident Martín Torrijos anberaumten Referendum sprachen sich 78% der wahlberechtigten Bevölkerung für den Ausbau des Panama-Kanals aus. Gedacht ist eine Verbreiterung des Schifffahrtsweges und der Einbau neuer Schleusen, die die Nutzung des Kanals für Schiffe der Post-PANA-MAX-Klasse ermöglichen soll, d.h. jener Schiffe, die mit 12.000 Containern das Doppelte der gegenwärtig für diese Wasserstraße möglichen Fracht transportieren können. Auch wenn an der Abstimmung nur 43% der Bevölkerung Panamas teilnahmen, kann davon ausgegangen werden, dass dieses 5,25 Mrd. US$ umfassende Mega-Investitionsprojekt große Folgen für das zentralamerikanische Land zeitigen wird: Dies gilt zum einen für die Beschäftigungseffekte in der Wirtschaft Panamas, aber auch für die Frage nach neuartigen Formen der Beteiligung privatwirtschaftlichen Kapitals und dessen Partizipation an den zukünftigen Einnahmen; zum anderen könnte das Projekt die öffentlichen Finanzen, - die Kanaleinnahmen machen 40% des Staatsbudgets aus - über viele Jahre in massiver Weise belasten, bis nach der Fertigstellung entsprechende Einnahmen verzeichnet werden. Panama steht damit eine neue Bewährungsprobe bevor, wobei es – nicht notwendigerweise – auf die Unterstützung seiner zentralamerikanischen Nachbarn zählen kann, die gerne wie Nicaragua mit Alternativprojekten internationale Investoren anzulocken versuchen.

6. Zentralamerikas interdependentes und transnationales außenpolitisches Handlungsfeld

Die Qualität des außenpolitischen Handlungsfelds Zentralamerikas hat sich seit der politischen Krise der 1980er und 1990er Jahre substanziell verändert: Von den Folgen des Kalten Krieges befreit, haben die Länder des Isthmus nach einer Rolle in der internationalen Politik gesucht, die maßgeblich von nationalen Prioritäten geprägt war. Die für kleine Länder bestehende Gefahr einer "Privatisierung des Staates" durch informelle Strukturen und zugunsten bestimmter gesellschaftlicher Gruppen hat sich insbesondere bei der ökonomischen Agenda der Aushandlung von Freihandelsabkommen gezeigt. Es ist der Region nicht gelungen, ihr außenpolitisches Handeln zu koordinieren, obwohl dies angesichts der Abhängigkeiten, Interdependenzen und Transnationalisierung angezeigt gewesen wäre und zur Entfaltung des Potentials hätte beitragen können. Allerdings haben auch die unmittelbaren Nachbarstaaten Mexiko und die USA dafür keine sinnvolle Projektionsfläche geboten. Ein entsprechender Versuch beim CAFTA-DR-Freihandelsabkommen fiel denkbar knapp aus. Die mexikanische Neigung zur "Triangularisierung ihrer Zentralamerika-Agenda" (Eguizábal 2006) mit anderen außenpolitischen Interessen und die jenseits der Region liegenden Prioritäten der USA haben dafür keine tragfähige Option geboten. Betrachtet man die jüngsten Entwicklungen im weiteren zentralamerikanisch-karibischen Raum (Maihold 2004; 2006), so wird schnell deutlich, dass die Region auch in der Zukunft darauf achten muss, nicht zwischen den Interessen anderer aufgerieben zu werden. Zur Entfaltung ihres eigenen Potentials werden die zentralamerikanischen Staaten ihre Haltung gegenüber den Integrationsprozessen in Südamerika, zu den beginnenden Verhandlungen eines Assoziierungsabkommens mit der EU und im Verhältnis zu der VR China und Taiwan neu bestimmen müssen, um nicht Gefahr zu laufen, weltpolitisch weiter marginalisiert zu werden.

Literaturverzeichnis

Aguilera Peralta, Gabriel (2006): "De espaldas al dragón. Las relaciones de Centroamérica con Taiwán". In: *Nueva Sociedad*, Caracas No. 203, S. 171-179.

Aguilar Zinser, Adolfo (1983): "México y la crisis guatemalteca". In: Pellicer, Olga/Fagen, Richard (Hrsg.): *Centroamérica . Futuro y opciones*. México, D.F.: FCE, S. 138-184.

Arana, Ana (2001): "The New Battle for Central America". In: *Foreign Affairs*, 80.6: 88-101.

Benítez, Manaut, Raúl (2007): *La Iniciativa de Mérica: desafíos del combate al crimen y el narcotráfico en México,* Madrid: Real Instituto Elcano..

Bermúdez Torres, Lilia (2001): "La redefinición estratégica de Centroamérica en la política exterior de México". In: Benítez Manaut, Raúl/Fernández de Castro, Rafael (Hrsg.): *México-Centroamérica. Desafíos a inicios del siglo XXI*. México, D.F.: ITAM, S. 171-203.

Canda, Jorge (2004): "Integración y Libre Comercio". In: *Nueva Sociedad*, 189: 45-52.

CEPAL (2004): *Istmo Centroamericano: Evolución económica durante 2003 y perspectivas para 2004* <http://www.cepal.org/publicaciones/Mexico/5/LCMEXL605/L605-1.pdf> (02.04.2007).

— (2006): *Istmo Centroamericano: Evolución económica durante 2005 y perspectivas para 2006* <http://www.eclac.cl/publicaciones/Mexico/5/LCMEXL715/L715.pdf> (02.04. 2007).

Chanona Burguete, Alejandro/Martínez Cortés, José Ignacio (2001): "Las relaciones de México con América Latina bajo un nuevo esquema de integración comercial". In: Benítez Manaut, Raúl/Fernández de Castro, Rafael (Hrsg.): *México-Centroamérica. Desafíos a inicios del siglo XXI*. México, D.F.: ITAM, S. 65-88.

Comisión Mexicana para la Cooperación con Centroamérica y el Caribe (2004): *La cooperación mexicana con Centroamérica y el Caribe 2003*. México, D.F.

Cordero, Martha (2004): *El tratado de libre comercio Centroamérica-Estados Unidos. Resultados de la negociación y características principales*. CEPAL <http://www.eclac.cl/publicaciones/Mexico/4/LCMEXR854/R854-1.pdf> (02.04.2007).

Dypski, Michael Cornell (2002): "The Caribbean Basin Initiative: an Examination of Structural Dependency, Good Neighbor Relations and American Investment". In: *Journal of Transnational Law and Policy*, 12.1: 95-136.

Eguizábal, Cristina (2006): "México y Centroamérica: los retos de la seguridad interdependiente". In: Fernández de Castro, Rafael/Ruiz Sandoval, Érika (Hrsg.): *La Agenda internacional de México 2006-2012*. México, D.F.: Ariel, S. 147-154.

Eschbach, Cheryl L. (1991): "Relaciones de México y Centroamérica en la década de 1990: Cambio de prioridades, persistencia de intereses". In: Roett, Riordan (Hrsg.): *Relaciones exteriores de México en la década de los noventa*. México, D.F.: Siglo XXI, S. 226-255.

Fanger, Ulrich (1996): "Mittelmacht auf Zeit. Mexiko in der internationalen Politik". In: Briesemeister, Dietrich/Zimmermann, Klaus (Hrsg.): *Mexiko heute – Politik, Wirtschaft, Kultur*. Frankfurt am Main: Vervuert, S. 79-100.

Fontana, Andres (2003): "Las relaciones de seguridad interamericanas". In: Grabendorff, Wolf (Hrsg.): *La seguridad regional en las Américas, enfoques críticos y conceptos alternativos*. Bogotá, S. 169-198.

Garbers, Frank (2005): "Apertura comercial y exclusión social. El impacto del Tratado de Libre Comercio entre los EE.UU. y Centroamérica en la economía campesina". In: *Iberoamericana*, 18.5: 165-171.

Gonzales, Alfonso (2005): *Rethinking U.S. Involvement in Central America's War on Gangs: The case of El Salvador* <http://www.ips-dc.org/downloads/gonzales-war_on_gangs.pdf> (02.04.2007).

Grund, Constantin (2006): *"Su lucha es nuestra lucha. Junto ganaremos!", Zentralamerikanische Migranten in den USA und das CAFTA-Abkommen*. Berlin: IAI (Ibero-Analysen 17).

Hernández López, Roberto Carlos (2002): "Plan Puebla-Panamá. La globalización al rescate". In: *Relaciones Internacionales*. México, D.F., No. 89/mayo-agosto, 35-48.

Herrera, René/Ojeda, Mario (1983): *La política de México hacia Centroamérica (1979-1982)*. México, D.F.: El Colegio de México.

Hilaire, Alvin/Yang, Yongzheng (2004): "The United States and the New Regionalism/Bilateralism". In: *Journal of World Trade*, 38.4: 603-625.

Hoffmann, Karl-Dieter (2005): "Der Panama-Kanal soll wettbewerbsfähiger werden. Das Megaprojekt einer dritten Schleusenstraße". In: *Konrad Adenauer Stiftung Auslandsinformationen*, 12: 31-64.

Hornbeck, J. F. (2003): "The U.S.-Central American Free Trade Agreement (CAFTA): Challenges for Sub-Regional Integration". In: *Congressional Research Service, Report for Congress* <http://fpc.state.gov/documents/organization/20484.pdf> (02.04.2007).

— (2005): "The Dominican Republic-Central American-United States Free Trade Agreement (DR-CAFTA)". In: *Congressional Research Service, Report for Congress* <http://fpc.state.gov/documents/organization/45985.pdf> (02.04.2007).

Isacson, Adam (2005): "Closing the 'Seams': U.S. Security Policy in the Americas". In: *North American Congress on Latin America, Report on the Americas*, 38.6: 1-5.

Kose, M. Ayhan/Rebucci, Alessandro/Schipke, Alfred (2005): "Macroeconomic Implications of CAFTA-DR". In: Rodlauer, Markus/Schipke, Alfred: *Central America: Global Integration and Regional Cooperation*, International Monetary Fund, Occasional Paper Nr. 243: 7-35.

Lemoine, Maurice (1999): "Un transfer de souveraineté: La restitution du canal de Panama". In: *Le Monde diplomatique*, 7. Dez. 1999.

Maihold, Günther (2001): "Der Plan Puebla-Panamá – Mexiko entdeckt seine Südgrenze und die Beziehungen zu Zentralamerika neu". In: *Brennpunkt Lateinamerika* Nr. 22/29. Nov., S. 237-243.

— (2004): "Mexiko, Zentralamerika, Karibik – neuer Multilateralismus, regionale Einbindung und Krisenmanagement". In: Deutsche Gesellschaft für Auswärtige Politik (Hrsg.): *Jahrbuch Internationale Politik* 2001-2002. München, S. 271-278.

— (2006): "Mexiko, Zentralamerika, Karibik – neue Krisen und begrenzte Handlungskompetenz". In: Deutsche Gesellschaft für Auswärtige Politik (Hrsg.): *Jahrbuch Internationale Politik* 2003-2004. München, S. 291-298.

Manning, Bayless (1977): "The Congress, the Executive and Intermestic Affairs: Three Proposals". In: *Foreign Affairs*, 55.2: 306-324.

Martínez Piva, Jorge Mario/Cortes, Enrique (2004): "Competitividad Centroamericana". In: CEPAL: *Serie estudios y perspectivas*, Nr. 21 <http://www.eclac.cl/publicaciones/Mexico/2/LCL2152P/L613.pdf> (04.04.2007).

Minkner-Bünjer, Mechthild (2002): "Zentralamerika zwischen regionaler Integration und Eingliederung in die Weltwirtschaft im 'Schlepptau' der USA". In: *Brennpunkt Lateinamerika*, 13: 129-142.

— (2004): "Freihandelsabkommen USA – Zentralamerika: Bleibt die regionale Integration auf der Strecke?" In: *Brennpunkt Lateinamerika*, 12: 125-138.

— (2005a): "Zentralamerikas 'China(alb)träume': Herausforderungen und Zukunftsaussichten". In: *Brennpunkt Lateinamerika*, 17: 197-208.

— (2005b): "Mexiko und Zentralamerika: Beziehungen unter hegemonialem Einfluss der USA". In: *Brennpunkt Lateinamerika*, 24: 269-280.

Orozco, Manuel (2003): "The Impact of Migration in the Caribbean and Central American Region". In: *FOCAL Policy Paper* <http://www.focal.ca/pdf/migration.pdf> (04.04.2007).

Peetz, Peter (2000): "Die zentralamerikanische Integration: 87 Organisationen und Verträge von 1945 bis heute". In: Kurtenbach, Sabine/Minkner-Bünjer, Mechthild (Hrsg.): *Zentralamerika am Beginn des neuen Jahrtausends – vermeintlicher oder realer Wandel? Lateinamerika Analysen*, Nr. 44: 87-97.

Polaski, Sandra (2003): *How to Build a Better Trade Pact with Central America*, <http://www.carnegieendowment.org/pdf/files/TED_CAFTA_Polaski_July_2003.pdf> (09.04.2007).

Rodlauer, Markus/Schipke, Alfred (2005): "Introduction and Overview". In: Rodlauer, Markus/Schipke, Alfred: *Central America: Global Integration and Regional Cooperation*. Washington, D.C.: International Monetary Fund, Occasional Paper Nr. 243: 1-6.

Rosenblum, Marc R. (2004): "Moving Beyond the Policy of No Policy: Emigration from Mexico and Central America". In: *Latin American Politics and Society*, 46.4: 91-125.

SHCP (Secretaría de Hacienda y Crédito Público) (1995): *Plan Nacional de Desarrollo 1995-2000*. México, D.F.

Solís, Luis-Guillermo (2001): "México-Centroamérica: entre la desconfianza y la asociación estratégica". In: Benítez Manaut, Raúl/Fernández de Castro, Rafael (Hrsg.): *México-Centroamérica. Desafíos a inicios del siglo XXI*. México, D.F.: ITAM, S. 205-221.

Stoll, David (1997): "The Immigration Debate". In: *Foreign Policy in Focus*, 2.31: 1-4 <http://www.immigration-usa.com/debate.html> (04.04.2007).

Toussaint Ribot, Mónica (1995): "La política exterior de México hacia Centroamérica en la década de los ochenta: un balance ex-post-facto". In: *Revista Mexicana de Ciencias Políticas y Sociales* 161/julio-sept., S. 109-134.

Toussaint Ribot, Mónica/Rodríguez de Ita, Guadalupe/Vázquez Olivera, Mario (2001): *Vecindad y Diplomacia. Centroamérica en la política exterior 1821-1988*. México, D.F.: Secretaría de RR.EE.

Ulrich, Stephan (2001): *Die zentralamerikanische Integration – Stand und Entwicklungsperspektiven*. Bonn: Deutsches Institut für Entwicklungspolitik.

Xirinachs, José M. (2003): *Las Asimetrías en los TLCs contemporáneos y el TLC Centroamérica-Estados Unidos (CAFTA)* <http://www.sice.oas.org/Tunit/STAFF_ARTICLE/jmsx03_asimetrias.pdf> (04.04.2007).

Zoellick, Robert B. (2005): "From Crisis to Commonwealth: CAFTA and Democracy in Our Neighborhood". In: *Heritage Lectures*, Nr. 884, S. 1-6.

Internetquellen

Informationssystem des DR-CAFTA <http://www.causa.sieca.org.gt/>

Zentralamerikanische Zentralbanken:

Costa Rica: <http://www.bccr.fi.cr/>

El Salvador: <http://www.bcr.gob.sv/>

Guatemala: <http://www.banguat.gob.gt/>

Honduras: <http://www.bch.hn/>

Nicaragua: <http://www.bcn.gob.ni/>

Panama: <http://www.banconal.com.pa/>

Sabine Kurtenbach

Ende gut, alles gut?
Vom Krieg zum Frieden in Zentralamerika

Zumindest die äußere Wahrnehmung Zentralamerikas hat sich in den letzten 20 Jahren grundlegend verändert: Während die Region in den achtziger Jahren noch einer der großen Krisenherde der internationalen Beziehungen war, so gilt die Befriedung Zentralamerikas in den neunziger Jahren als Beispiel für erfolgreiche Konfliktbeendigung. Zwischen 1990 und 1996 sind die drei internen Kriege in Nicaragua, El Salvador und Guatemala am Verhandlungstisch beendet worden, die bewaffnete Opposition hat in allen drei Ländern die Waffen abgegeben und sich in das politische System integriert. Mit dem Abzug der UN-Mission in Guatemala MINUGUA Ende 2004 hat die internationale Gemeinschaft ihre Arbeit der Überwachung und Verifikation der Friedensverträge in Zentralamerika abgeschlossen. In seinem Abschlussbericht vom April 2005 betonte UN-Generalsekretär Kofi Annan (United Nations 2005: 13), das Engagement der Vereinten Nationen in Guatemala sei "ein erfolgreiches Beispiel für multidimensionales Peace-Building". *Peacebuilding* bezeichnet dabei

> den systematischen gezielten und langfristig orientierten Prozess zur Bearbeitung der tieferen Ursachen von Gewaltkonflikten und zum Aufbau von Rahmenbedingungen, Institutionen und Normen strukturell friedensfähiger Gesellschaften (Matthies 2002: 126).

Der Schwerpunkt der Forschung zu Nachkriegsgesellschaften liegt auf der Frage, unter welchen Bedingungen die Beendigung der Kriege dauerhaft ist.[1] Nachkriegsgesellschaften zeichnen sich durch ein hohes Maß an Instabilität, Fragmentierung und Ungleichheit aus (Licklider 2001: 697f.), weshalb es wenig erstaunlich ist, dass die Wahrscheinlichkeit des Rückfalls in den Krieg

---

[1] Zu den Problemlagen in Nachkriegsgesellschaften dominieren weitgehend Einzelfallstudien oder komparative Arbeiten zu Einzelaspekten. Vgl. im deutschsprachigen Raum v.a. Matthies (1995), Krumwiede/Waldmann (1998), Debiel/Trautner (2002), Ferdowsi/Matthies (2003), stärker historisch Wegner (2002). International siehe mit unterschiedlicher Fokussierung Hampson (1995), King (1996), Lederach (1997), Darby/Mac Ginty (2000), Stedman/Rothchild/Cousens (2002), Walter (2002), Paris (2004), Waldmann/Reinares (1999), Osorio/Aguirre (2000).

in der ersten Nachkriegsdekade statistisch bei ca. 50% liegt (Walter 2002; Collier et al. 2003). Gemessen an diesem Standard war die Kriegsbeendigung in allen drei zentralamerikanischen Nachkriegsgesellschaften erfolgreich, denn trotz vieler Probleme gab es keinen Rückfall in den Krieg.

Legt man allerdings den Maßstab des *Peace-building* zugrunde, so zeigt die empirische Realität des zentralamerikanischen Isthmus ein wesentlich diffuseres Bild: Auf der Seite der Erfolge lassen sich hier zweifelsohne die Erweiterung politischer Partizipationsmöglichkeiten und die Beendigung der systematischen staatlichen Repression nennen. Das gravierendste Defizit besteht in der anhaltenden Gewaltsamkeit. Denn auch zehn Jahre nach Beendigung des letzten Krieges gehört Zentralamerika zu den Weltregionen, in denen die direkte physische Gewalt (gemessen an der Zahl der Morde pro 100.000 Einwohner) am größten ist. Allerdings haben sich die Akteure der Gewalt, deren Organisation und deren Zielsetzung verändert. Der Großteil der direkten physischen Gewalt in Zentralamerika findet heute im Kontext von individueller und organisierter Kriminalität statt und dient nicht primär politischen Zielsetzungen.

Vor diesem Hintergrund werden die aktuellen Gewaltphänomene in Zentralamerika vielfach entweder als "Nachwehen" der Kriege oder als gänzlich neue Entwicklungen betrachtet. Beides greift aber aus verschiedenen Gründen zu kurz: Erstens prägen die Kriegserfahrungen das Verhalten der verschiedenen Akteure auch lange nach Kriegsbeendigung. Zweitens verändern die Kriege und ihre Dynamik auch die Strukturen, in denen die Akteure agieren, über den Tag der Unterzeichnung des Friedensvertrags hinaus. Der Gewaltwandel in Zentralamerika zeigt grundlegende Defizite des *Peace-building* sowohl bei der Bearbeitung der Konfliktursachen – beispielsweise der sozialen Marginalisierung der Bevölkerungsmehrheit – wie auch beim Aufbau ziviler Mechanismen der Konfliktbearbeitung. Insofern kann Zentralamerika auch als Beispiel dafür gelten, dass eine Beendigung von Krieg nicht immer auf die im Krieg entstandenen Strukturen einwirkt, sondern dass die Kriegsbeendigung lediglich zum Formwandel der Gewalt führt. Die folgende Analyse zeigt auf, wie sich aus diesem Prozess die zentralen Defizite des *Peace-building* in Zentralamerika erklären lassen.

1. Die zentralamerikanischen Kriege: Ursachen, Dynamik und Kriegsökonomien

Die zentralen Ursachen der Kriege in Zentralamerika sind mittlerweile weitestgehend unumstritten, auch wenn in den achtziger Jahren selbst im deutschen Bundestag heftige Diskussionen darüber entbrannten, welcher Anteil den einzelnen Faktoren zuzumessen ist. Strukturell war die in den siebziger Jahren wachsende soziale und politische Marginalisierung breiter Bevölkerungsgruppen zentral für die Entstehung der bewaffneten Opposition, weil die bewaffneten Gruppen hier ein breites Rekrutierungspotenzial vorfanden. Bei aller Unterschiedlichkeit sind den Kriegen in Nicaragua, El Salvador und Guatemala folgende zentrale, strukturelle Konfliktursachen gemeinsam:[2]

1. ein Prozess gesellschaftlicher Umwälzung, der die traditionellen Agrarstrukturen der Subsistenz und lokalen Märkte zerstörte, ohne in den moderneren Sektoren der Wirtschaft ausreichend Alternativen zu schaffen,
2. der ökonomischen Modernisierung stand in der Politik der Versuch gegenüber, traditionelle, autoritäre Herrschaftsverhältnisse aufrechtzuerhalten, die der Bevölkerungsmehrheit keine Partizipation erlaubten,
3. eine Parallelität von ökonomischer und politischer Polarisierung, die zivile Formen der Konfliktregulierung durch steigende Repression unmöglich machte, was wiederum die Bildung breiter Bündnisse begünstigte.

Neben diesen strukturellen Entwicklungen lassen sich aber für jedes einzelne Land auch sehr spezifische Konstellationen benennen, die für die konkrete Form des bewaffneten Kampfes, seine Legitimation und Verankerung in der Bevölkerung entscheidend waren.[3] Die jeweiligen Eskalationsprozesse in den Kriegen waren in allen drei Ländern weitgehend von den spezifischen Erfahrungen der Opposition und der Art des Herrschaftssystems bestimmt.

Spätestens mit dem Einmarsch des *Frente Sandinista de Liberación Nacional* (FSLN) in Nicaragua veränderten sich die Dynamik und die Wahrnehmung der internen Konflikte in Zentralamerika allerdings durch eine zunehmende Regionalisierung und Einbeziehung in den Ost-West-Konflikt. Gleichzeitig entstand hierdurch die materielle Basis der Kriegsökonomien. Während sich die strukturellen Konfliktursachen gleichen, veränderten die in enger Wechselbeziehung mit dem Ost-West-Konflikt stehende Dynamik und die hierauf basierenden Kriegsökonomien die Entwicklungen in sehr unterschiedlicher Weise. Für die USA wurde die Entwicklung in El Salvador zum

---

2   Zur Konfliktgenese vergleichend u.a. Dunkerley (1988), Vilas (1995), und Rouquié (1992).
3   Im Falle Nicaraguas handelt es sich dabei um zwei Kriege: Erstens den Krieg des FSLN gegen die Somozadiktatur 1977-1979, zweitens den Krieg der so genannten Contra gegen die sandinistische Revolutionsregierung 1981-1990.

Prüfstein der eigenen Zentralamerikapolitik, das kleinste zentralamerikanische Land zum Hauptempfänger US-amerikanischer Wirtschafts- und Militärhilfe. Auch der Kampf der so genannten "Contra" gegen die sandinistische Regierung wurde direkt und indirekt von den USA finanziert, während Kuba und die Sowjetunion die nicaraguanische Regierung unterstützten. Lediglich die Entwicklung in Guatemala war zunächst weitgehend von der Ost-West-Dynamik abgekoppelt, weil die Militärregierung wegen der gravierenden Menschenrechtsverletzungen von der US-Hilfe ausgeschlossen blieb. Dies führte allerdings zur Entstehung einer internen Kriegsökonomie. Die Militarisierung der gesamten Region schloss auch Honduras und Costa Rica ein, von deren Boden die nicaraguanische Opposition agierte.

1.1 Kriegsökonomien

Auch wenn Zentralamerika im Kontext der Diskussion um Kriegsökonomien keine Rolle spielt, weil die Kriege dort überwiegend unter der Perspektive des Ost-West-Konflikts interpretiert werden, lohnt es sich doch, die Veränderungen der Kräfteverhältnisse in den zentralamerikanischen Ländern unter dieser Perspektive zu betrachten. Selbst unter einer rein ökonomischen Perspektive handelte es sich bei weitem nicht um ausschließlich extern finanzierte Kriegsökonomien. Dies trifft am ehesten noch auf El Salvador zu, wo die Dauer und der Ausgang des Krieges maßgeblich durch die US-Hilfe beeinflusst wurden.[4] In Nicaragua und Guatemala stellt sich die Lage dagegen anders dar. Im Falle des sandinistischen Nicaragua kam die Militärhilfe aus den Ländern des Ostblocks, wobei die Höhe der Hilfe und die Anzahl der Militärberater umstritten sind (Walker 1991: 85ff.). Darüber hinaus konnte der FSLN auch auf die Solidarität zahlreicher Nichtregierungsorganisationen in Westeuropa, den USA und Lateinamerika zählen. Auch der salvadorianische FMLN wurde aus den Reihen der internationalen Solidaritätsbewegungen unterstützt. Letztlich ermöglichte die Interpretation der zentralamerikanischen Konflikte im Rahmen des Ost-West-Konflikts den bewaffneten Akteuren in Nicaragua und El Salvador sowohl die Legitimierung wie auch Finanzierung ihres Kampfes. Im Falle Nicaraguas entstanden dabei Finanzierungsstrukturen einer klassischen Kriegsökonomie, weil der US-amerikanische Kongress der US-Regierung eine offene militärische Un-

---

4 Vgl. Benítez (1989). Robinson (2003: 71ff.) betont die starke Rolle von USAID bei der Transformation und Marktöffnung sowie deren ideologischer Legitimierung durch die Förderung von *Think Tanks*. Zur Militarisierung und deren unterschiedlichen Dimensionen vgl. u.a. Kurtenbach (1996).

terstützung untersagt hatte. Auch Honduras, wo es keinen internen Krieg gab, war ein wichtiger Teil der die "Contra" unterstützenden Kriegsökonomie.[5] In Guatemala entstanden genuin kriegsökonomische Strukturen, weil das Land aufgrund der manifesten gravierenden Menschenrechtsverletzungen lange von der US-Hilfe ausgeschlossen blieb. Angesichts der fehlenden externen Finanzierung wurde die materielle Basis der Gewaltordnung intern gesichert. Die Kontrolle der Grenzen und ihre Präsenz im ganzen Land ermöglichte es den Streitkräften, nicht nur traditionelle Machtstellungen zu erhalten, sondern auch neue Machtbasen zu errichten.[6]

Die Unterschiede in der Finanzierung der Kriege erklären zumindest teilweise, warum die Beendigung des Ost-West-Konflikts sowie externer Druck auf die Akteure Ende der achtziger Jahre in Nicaragua und El Salvador bei der Beendigung der Kriege eine wesentlich größere Rolle gespielt haben als in Guatemala. In allen Ländern profitierten nicht nur die Militärs selbst von den Kriegsökonomien, sondern auch die verschiedenen paramilitärischen Gruppen und Milizen, die in den Kriegsländern zu ihrer Unterstützung gegründet wurden und die in unterschiedlichem Maß bewaffnet waren. Die vielfältigen Formen der "Zivilverteidigung" wurden zwar als Mittel der Aufstandsbekämpfung eingeführt, ihr Hauptziel war aber die damit verbundene Kontrolle der Bevölkerung. Am ausgeprägtesten war dieses System in Guatemala, wo etwa eine Million Menschen zur Mitarbeit in so genannten Zivilpatrouillen gezwungen wurde. In El Salvador hatten die zivilen Verteidigungskomitees etwa 60-80.000 Mitglieder, in Nicaragua waren in den achtziger Jahren etwa 500.000 Menschen Mitglieder ziviler Milizen.[7] Im Verlauf der Kriege erreichten diese Kräfte ein nicht unbeträchtliches Maß an Autonomie, weil sie hauptsächlich im ländlichen Raum agierten, wo es nur eine prekäre staatliche Präsenz gab.

Die Gewalt auf dem Land führte im Verlauf der Kriege zu Flucht, Vertreibung und Migration. Viele Menschen flüchteten in die Hauptstädte oder legal und illegal über die Grenzen nach Mexiko und von dort in die USA. Dies verstärkte die ohnehin starke Landflucht, deren zentrale Ursache die mangelnden Arbeits- und Lebenschancen im ländlichen Raum sind und führ-

---

5 Vgl. Scott/Marshall (1991), Naylor (1999: 198ff.), Kurtenbach (1996) sowie Brenes/ Casas (1998).

6 Zum guatemaltekischen Militär siehe vor allem die Studie von Schirmer (1998; 2002), sowie Keen (2003) und Peacock/Beltrán (2003).

7 Alle Angaben beruhen auf den eher konservativen Angaben des Londoner Internationalen Instituts für Strategische Studien (vgl. IISS *Military Balance* 1982: 83ff.).

te nicht nur zu Veränderungen in der Siedlungsstruktur der Länder, sondern hatte auch gravierende ökonomische und soziale Folgen. Die Überweisungen von legalen und illegalen Migranten, die so genannten *remesas*, wurden zur wichtigsten Devisenquelle.[8]

Für die Frage nach den Erfolgen und Defiziten des *Peace-building* stellen sich vor diesem Hintergrund einige zentrale Fragen. Hat die Beendigung der Kriege auch zur Überwindung der kriegsökonomischen Strukturen – vor allem im ländlichen Raum – beigetragen, oder bestehen diese Strukturen fort? Wer sind die Gewinner und Verlierer der Kriegsbeendigung, wie sind diese Akteure in den Gesellschaften verankert und über welchen Organisationsgrad verfügen sie? In diesem Kontext ist eine zweite Auswirkung der Kriegsdynamik von Bedeutung – die demokratische Öffnung der politischen Systeme mitten im Krieg.

1.2 Demokratisierung im Krieg

Die Demokratisierung Zentralamerikas unterscheidet sich trotz der zeitlichen Koinzidenz von der Demokratisierung anderer Subregionen des amerikanischen Kontinents vor allem dadurch, dass sie ein Ergebnis der Kriegsdynamik war. Dies ist eigentlich ein Paradoxon, weil Kriege in der Regel dazu führen, dass sich autoritäre und exklusive Machtstrukturen verfestigen. In Zentralamerika war die formale Demokratisierung aber ein zentrales Element der US-amerikanischen Regionalpolitik und deren Strategie zur Aufstandsbekämpfung. Die Demokratisierung im Krieg wirkte sich allerdings auf deren Art und Substanz aus: Es erfolgte kein Bruch mit den autoritären Systemen der Vergangenheit, die Demokratisierung wurde nicht von einer demokratischen Bewegung erkämpft[9] oder – wie in einigen Ländern Südamerikas – in Form eines Pakts verhandelt. Im Gegenteil: Die Demokratisierung wurde von den Machthabern selbst initiiert, wodurch diese die Art des Übergangs und die Spielregeln des neuen Systems festlegten und dabei zahlreiche autoritäre Enklaven erhielten. Beispiele hierfür sind

– die fortbestehende alleinige Zuständigkeit des Militärs für die Aufstandsbekämpfung,

---

8   Vgl. hierzu auch die Beiträge von Ralf Wyrwinski und Manuel Orozco.
9   Das bedeutet natürlich nicht, dass es in Zentralamerika keine Gruppen und Organisationen gegeben hätte, die für eine Demokratisierung eintraten. Sie waren aber entweder viel zu schwach, um dies durchzusetzen oder hatten sich aufgrund der fehlenden Perspektiven dem bewaffneten Kampf angeschlossen.

– zahlreiche Sonderrechte des Militärs wie die Zuständigkeit von Militär-
gerichten bei allen Verbrechen, die von Soldaten und Offizieren begangen wurden, oder

– die fehlende oder zumindest sehr mangelhafte zivile Kontrolle der Streitkräfte.

Das Andauern der Kriege hat dann den Fortbestand der autoritären Enklaven
gerechtfertigt und die zumindest formal geltenden Grund- und Bürgerrechte
durch die Verhängung von Ausnahme- oder Notstandsregelungen ausge-
höhlt. Zumindest einige dieser Defizite wurden später in den Friedensabkommen thematisiert und im Zuge von deren Umsetzung vermindert.

Gleichzeitig ist aber unbestritten, dass die Demokratisierung – obwohl
sie im Krieg stattfand – politische Spielräume geschaffen hat, in deren Rahmen die unbewaffnete Opposition, soziale Bewegungen, Gewerkschaften,
Kirchen, etc. aktiv werden und sich für eine Beendigung der bewaffneten
Konflikte einsetzen konnten.[10] Insofern hatten die Kriege eine wichtige politische Funktion. Die Annäherung der Supermächte in der zweiten Hälfte der
achtziger Jahre und das Ende des Ost-West-Konflikts reduzierten dann nach
1989 sowohl die ideologische Dimension der Konflikte als auch die finanziellen Ressourcen einiger Kriegsparteien. Vor dem Hintergrund dieser Entwicklungen wurde es Ende der achtziger, Anfang der neunziger Jahre möglich, die Kriege am Verhandlungstisch zu beenden.

2. Verhandelte Kriegsbeendigung

Der entscheidende Schritt für die Möglichkeit der verhandelten Kriegsbeendigung wurde bereits 1987 mit der Unterzeichnung des Abkommens von
Esquipulas getan; in dessen Folge gelang es dann, die Kriege auf ihre nationale Ebene zurückzuführen.[11] Maßgeblich trugen hierzu die parallelen und
ineinander greifenden Bemühungen nationaler, regionaler und internationaler Akteure bei. In der ersten Phase, schon vor der Unterzeichnung des Abkommens von Esquipulas, spielten vor allem die Friedensinitiativen der
christlichen Kirchen eine große Rolle, bei denen der katholischen Kirche
eine Führungsrolle zukam.[12] Die Doppelfunktion der katholischen Kirche als

---

10 Vgl. zur Demokratisierung in Zentralamerika u.a. Tangermann (1995), Karl (1995), Sojo
    (1999).
11 Zum Esquipulas-Prozess vgl. u.a. Kurtenbach (1987), Child (1992), Dunkerley (1993),
    Rouquié (1992).
12 In El Salvador und Guatemala boten die Vertreter der Kirchen schon früh ihre "guten
    Dienste" an, sondierten Möglichkeiten für die Aufnahme von direkten Gesprächen der

nationale Kirche einerseits, als Weltkirche bzw. "internationale Organisation" andererseits, erleichterte dann bei Verhandlungsblockaden die Einbeziehung internationaler Akteure. Die Grenzen der Vermittlung durch die Kirchen wurden aber bei den konkreten Gesprächen relativ schnell sichtbar: Abgesehen von moralischen Appellen verfügten die Kirchen über keinerlei positive oder negative Sanktionsmittel gegenüber den Konfliktparteien. Sowohl die UNO, die in El Salvador und Guatemala vermittelte, als auch andere externe Akteure (wie die "Gruppe der Freunde des Friedensprozesses") übten dagegen in der Schlussphase massiv Druck auf die Konfliktparteien aus, um ein Scheitern oder einen Abbruch der Verhandlungen zu verhindern. Sie drohten entweder Sanktionen an – zum Beispiel Beendigung von Wirtschafts- und Militärhilfe – oder boten im Falle einer kooperativen Haltung Wiederaufbauhilfen und entwicklungspolitische Zusammenarbeit an.

In allen drei Ländern wurden Abkommen zu zwei Themen unterzeichnet: Erstens zu den Modalitäten der Demobilisierung und der Reintegration der bewaffneten Opposition sowie deren Überwachung durch internationale Organisationen; zweitens zur weiteren Öffnung der politischen Systeme sowie einer Neubestimmung der zivil-militärischen Beziehungen. Es handelte sich insbesondere um Gesetzes- und Verfassungsreformen, die eine zivile Kontrolle der Streitkräfte und die Trennung von Militär und Polizei vorsahen, um zahlreiche Veränderungen des Wahlrechts sowie die Stärkung einer unabhängigen Justiz und damit des Rechtsstaates. Im Falle Nicaraguas waren diese Themen allerdings nicht Gegenstand von Verhandlungen zwischen sandinistischer Regierung und "Contra"-Führung, sondern Inhalt des so genannten Übergangsprotokolls zwischen der sandinistischen Regierung und der im Februar 1990 gewählten Regierung von Violeta Chamorro. Der Regierungswechsel war in Nicaragua gleichzeitig die Grundlage für die Demobilisierung und Entwaffnung der "Contra", die dies zwar bereits 1988 im Abkommen von Sapóa prinzipiell mit der sandinistischen Regierung vereinbart hatte, aber zur Umsetzung erst nach dem Regierungswechsel bereit war. Im Mai 1990 unterzeichnete die Regierung von Violeta Chamorro mit der "Contra"-Führung ein erstes Abkommen zur Demobilisierung.

In El Salvador und Guatemala wurden im Rahmen der Friedensverhandlungen auch andere Themen und Probleme diskutiert. Die Unterzeichnung

---

Kriegsparteien und halfen so, erste informelle Kontakte herzustellen. In Nicaragua war die Situation etwas anders, weil die sandinistische Revolution die Differenzen innerhalb der katholischen Kirche sehr viel stärker sichtbar werden ließ, als dies in den beiden anderen Ländern der Fall war. Vgl. dazu Kurtenbach (1998; 2007).

und Inkraftsetzung der Abkommen über Menschenrechte wirkte in beiden Fällen als vertrauensbildende Maßnahme und Grundlage für die Präsenz der Vereinten Nationen, die die Einhaltung dieser Abkommen in den Missionen ONUSAL und MINUGUA überwachten. Die Vereinbarungen zu Veränderungen in der Wirtschaft waren dagegen bestenfalls Absichtserklärungen oder beschränken sich auf Artikel zur Reintegration der demobilisierten Kämpfer. In Guatemala wurde darüber hinaus noch ein spezielles Abkommen über die Rechte der indigenen Völker abgeschlossen, in dem die Regierung die Rechte der *Indígenas* erstmals anerkannte. Guatemala wird darin als multiethnischer, plurikultureller und multisprachlicher Staat definiert, die Diskriminierung der indigenen Bevölkerung soll unter Strafe gestellt werden, deren Sprachen staatliche Förderung erfahren. In einem Referendum wurden die dazu notwendigen Verfassungsänderungen allerdings 1999 abgelehnt.[13]

Zentrales Manko aller zentralamerikanischen Friedensabkommen ist ihre Elitenlastigkeit. Am Zustandekommen der Verträge waren stets nur die Führungsgruppen der bewaffneten Konfliktparteien beteiligt. Zwar gab es in Guatemala die *Asamblea de la Sociedad Civil* (ASC), in deren Rahmen über zentrale Themen diskutiert wurde, deren Vorschläge aber von den Vertragsparteien nur zur Kenntnis genommen wurden. Außerdem beteiligte sich einer der zentralen gesellschaftlichen und wirtschaftlichen Akteure in Guatemala, der Unternehmerverband CACIF, nicht an der ASC.

Letztlich stellten die Friedensabkommen keinen grundlegenden Wandel oder Neuanfang dar, sondern die aufständischen Kräfte verhandelten die Konditionen ihrer Integration in das bestehende bzw. im Verlauf des Krieges modernisierte politische und sozioökonomische Modell. Die Friedensabkommen dienten mit anderen Worten nicht der *Revolution am Verhandlungstisch*[14], sondern der Absicherung der institutionellen und politischen Anpassung des im Krieg veränderten Status quo. Unter dieser Perspektive ist es dann nicht verwunderlich, dass die Umsetzung derjenigen Abkommen am erfolgreichsten war, bei denen es um politische Reformen und die Demobilisierung der direkten Kriegsakteure ging. Dies waren schließlich diejenigen Veränderungen, die die Stabilität der neuen Herrschaftsordnung sicherstellen sollten.

---

13 Vgl. zur Multikulturalität in Guatemala den Beitrag von Meike Heckt.
14 So der Titel des Buchs von Keppeler (1992) und des Artikels von Karl (1992).

3. Probleme des *Peace-building*

In der Regel werden verschiedene Bereiche des *Peace-building* und/oder der Friedenskonsolidierung unterschieden – "sicherheitspolitische, politische, ökonomische sowie soziale und psychosoziale Elemente" (Matthies 2002: 134). Ein zentrales Problem dieser Debatte und der vielfach vor allem technokratisch ausgerichteten externen Unterstützung von Maßnahmen in diesen Bereichen besteht darin, dass die Wechselbeziehungen und der Zusammenhang zwischen den einzelnen Elementen nicht systematisch beachtet werden. Die Nachkriegsentwicklung in Zentralamerika und die dort sichtbaren Defizite und Erfolge zeigen dagegen sehr deutlich, wie notwendig dies wäre.[15]

3.1 Demilitarisierung und Demobilisierung

Am erfolgreichsten gelten die Friedensprozesse in Zentralamerika im Bereich der Demilitarisierung sowie der Demobilisierung und Reintegration der ehemaligen Guerillagruppen bzw. der "Contra", wobei der Entwicklung in Nicaragua abermals eine "Vorreiterrolle" zukam, weil die Akteure in den anderen Ländern aus den dortigen Erfahrungen lernten.

Zentraler Bestandteil der Abkommen mit der "Contra" von 1988 sowie des Übergangsprotokolls von 1990 waren die Demobilisierung und Reintegration der "Contra" sowie die Verkleinerung der nicaraguanischen Armee. Die Entwaffnung und Demobilisierung der "Contra" verlief in zwei Phasen, deren erste von der internationalen Überwachungs- und Verifikationsmission der OAS (CIAV-OEA) und der UN-Mission für Nicaragua (ONUCA) begleitet und am 27. Juni 1990 für beendet erklärt wurde. Die Verkleinerung der Armee von über 80.000 auf 14.000 Mann verlief in mehreren Schritten: Zunächst wurde die unpopuläre Wehrpflicht abgeschafft, dann wurden in einer ersten großen Reduzierungswelle Soldaten entlassen und im November 1990 auch das Offizierskorps verkleinert. Im Gegenzug blieb der Sandinist General Humberto Ortega als Oberbefehlshaber der Streitkräfte zunächst im Amt, trat aber von seinen Parteiämtern im FSLN zurück. Die Präsidentin selbst übernahm das Verteidigungsministerium. Diese Vereinbarungen wurden aber weder von den Anti-Sandinisten in Nicaragua noch von den USA akzeptiert. Im März 1992 führte dies zu einer schweren Krise, als Parlamentspräsident Alfredo César nach einer Reise in die USA den Entwurf eines neuen Militärgesetzes vorlegte und Ortegas Ab-

---

15 Zum Thema Vergangenheitspolitik vgl. den Beitrag von Anika Oettler, dieser Aspekt wird im Folgenden nicht vertieft.

lösung forderte. Auf Betreiben des ultrakonservativen US-Senators Jesse Helms froren die USA die Auszahlung von 100 Mio. US$ Entwicklungshilfe ein. Die Anti-Sandinisten machten abermals bewaffnet mobil: Eine Gruppe von 500 bis 800 Ex-"Contras" organisierte sich unter dem Namen *Frente Norte 3-80* und forderte die vollständige Abschaffung der Streitkräfte nach panamaischem oder costa-ricanischem Vorbild und die Absetzung der Polizeiführung. Diese politischen Ziele konnten sie zwar nicht durchsetzen, die Regierung investierte aber 2 Mio. US$ zur Demobilisierung und Reintegration der Mitglieder der Gruppe (Rocha 2001).

Die Erfahrungen des FN-3-80 dienten in der Folgezeit praktisch als Modell für andere Gruppen, die durch den Griff zur Waffe – oder die Drohung damit – ihre wirtschaftlichen und sozialen Interessen durchsetzen wollten. Hintergrund waren die wirtschaftlichen und sozialen Probleme der Demobilisierten.[16] Die Regierung versuchte die Ausdehnung der Gewalt mehrfach durch Verhandlungen, Waffenrückkaufprogramme, die Bildung spezieller Entwaffnungsbrigaden und Amnestie-Regelungen zu beenden. Bis zum Ende ihrer Amtszeit 1996 schloss die Regierung Chamorro über 40 Abkommen mit verschiedenen Gruppen. Besonders in dieser zweiten Phase der Entwaffnung und Demobilisierung wurde die Fragmentierung der bewaffneten Kräfte zum Problem, ihr Übergang in kriminelle Banden fließend. Teilweise schlossen sich die Demobilisierten von "Contra" und Streitkräften zusammen, um die zugesagten Integrationshilfen gemeinsam zu erstreiten (Bendaña 1991, Horton 1998).

Am wenigsten problematisch verlief der Prozess in El Salvador, wo nach heftigen Kontroversen 90% des Friedensabkommens um dieses Thema kreisen. Während der FMLN zunächst die Abschaffung der Streitkräfte bzw. seine eigene Integration in eine neu zu schaffende Armee forderte, weigerte sich die Regierung lange, dieses Thema überhaupt zu diskutieren. Im Friedensabkommen nahmen die Fragen der Reorganisation und zivilen Kontrolle des Militärs dann aber einen prominenten Platz ein. Die Mannschaftsstärke des Militärs wurde stark reduziert, seine Aufgaben auf die Landesverteidigung beschränkt, für die Aufrechterhaltung der öffentlichen Ordnung im Inneren des Landes eine zivile Polizei neu gegründet. Die Guerilla verpflichtete sich im Gegenzug zur vollständigen Auflösung ihrer militärischen Organisation und wurde als Partei legalisiert. Probleme bei der Umsetzung dieser Vereinbarungen gab es insbesondere durch die nur schleppende Säu-

---

16 Das den Ex-Contras in den so genannten Entwicklungspolen zugewiesene Land befand sich beispielsweise vor allem im Süden Nicaraguas, wo es keinerlei Infrastruktur gab.

berung der Streitkräfte von Offizieren, die für gravierende Menschenrechtsverletzungen verantwortlich waren, aber auch durch geheime Waffenlager des FMLN, die 1993 entdeckt wurden. Die eher quantitativen und formalen Vereinbarungen waren dann Ende 1993 mit der Abgabe dieser verbleibenden Waffen und mit der Reduzierung der Streitkräfte auf 31.000 Mann sowie der Auflösung der speziellen Guerillabekämpfungseinheiten erfüllt. Die Reform der zivil-militärischen Beziehungen dauerte länger. Trotz zahlreicher Probleme gilt der Aufbau der neuen zivilen Polizei im internationalen Vergleich als erfolgreiches Beispiel.[17]

Auch in Guatemala nahm die Frage der Restrukturierung der zivil-militärischen Beziehungen sowie der Demobilisierung und Reintegration eine zentrale Rolle ein. Vorgesehen waren unter anderem die Reduzierung der Mannschaftsstärke der Streitkräfte und des Verteidigungshaushaltes um jeweils 33%, die Auflösung von Sondereinheiten wie der *Policía Militar Ambulante* und des *Estado Mayor Presidencial*, eine Neustrukturierung der territorialen Präsenz und die Formulierung einer neuen Doktrin der Streitkräfte sowie die Schaffung einer zivilen Polizei. Auch wenn die Berichte der UN-Mission MINUGUA diesen Bereich als relativ erfolgreich bewerten,[18] so zeigt das eher, wie viel schwieriger die Umsetzung anderer Abkommen war. Denn aufgrund der großen politischen und ökonomischen Autonomie der guatemaltekischen Streitkräfte konnten diese einen Großteil ihres Einflusses behalten.

---

17 Die Kritik an der Polizei bezieht sich vor allem auf die Integration von ehemaligen Mitgliedern der Nationalgarde und der Finanzpolizei (vgl. Smith/Gilbert 1994), mangelnde finanzielle Ressourcen sowie autoritäres Verhalten, Kompetenzüberschreitung und Übergriffe im Einsatz (vgl. Stanley 1994: 140ff.). Zur Reform der Streitkräfte vgl. Walter/ Williams (1993), Córdoba (1993).

18 In ihrem vierten Bericht vom November 1999 erklärte MINUGUA, dass die quantitativen Bestimmungen des Abkommens weitgehend erfüllt seien, wonach die Streitkräfte ihre Mannschaftsstärke auf 31.423 Mann verkleinert haben. Nicht kommentiert wird in dem Bericht allerdings der Streit um die zugrunde zu legende Basiszahl. Die Militärspitze bezog sich bei ihren Angaben zur Mannschaftsstärke auf die Stärke der Streitkräfte Ende der neunziger Jahre (50.000 Mann). In den neunziger Jahren habe das Militär aufgrund von Haushaltsrestriktionen und der Verringerung der US-Militärhilfe ein extrem niedriges Niveau erreicht. Vertreter der Opposition vertreten dagegen die Ansicht, es müsste die Mannschaftsstärke zum Zeitpunkt der Vertragsunterzeichnung (38.000 Mann) als Basis genommen werden. Bezüglich der Höhe des Verteidigungshaushaltes, der im Vertrag auf maximal 0,66% des BSP festgelegt wurde, mehrt sich seit 1999 allerdings die Kritik. Auch MINUGUA beklagte mehrfach (z.B. MINUGUA 2002), dass die Militärausgaben der vergangenen Jahre diesen Prozentsatz überschritten hätten und dass insbesondere die am Parlament vorbei erfolgten Sonderzuweisungen Besorgnis erregend seien.

Die Streitkräfte bleiben in Guatemala – im Gegensatz zu Nicaragua und El Salvador – ein Akteur mit hoher Autonomie, die zivile Kontrolle ist längst nicht erreicht. Auch die Formulierung einer neuen Streitkräftedoktrin und die räumliche Neuverteilung der Militäreinheiten stehen bisher aus. Bei der Bildung einer neuen zivilen Polizei hat es zwar Fortschritte gegeben, angesichts der auch in Guatemala zunehmenden kriminellen Gewalt hat der schnelle Aufbau der Polizei aber auch zu Problemen bei deren Ausbildung und Zusammensetzung geführt, wurde immer wieder auch das Militär auf die Straßen geschickt (WOLA 2000; Peacock/Beltrán 2003).

Darüber hinaus sind in keinem der drei Länder andere bewaffnete Akteure wie die Milizen, die guatemaltekischen "Selbstverteidigungspatrouillen" (PAC) oder die bewaffnete Zivilbevölkerung in den Abkommen erfasst worden. Deren mangelnde Entwaffnung ist ein wesentlicher Grund für die große Verbreitung von Handfeuerwaffen in der gesamten Region (Godnick/Vázquez 2003), in Guatemala üben sie nach wie vor durch Proteste, Gewaltandrohung und Blockaden Macht aus. Die Zunahme der Kriminalität hat dann zwar zu zahlreichen international geförderten Rückkaufprogrammen geführt, die Zahl der nicht registrierten Waffen in Händen der Zivilbevölkerung aber nur unwesentlich verändert.[19]

Die Erfahrungen in Zentralamerika im Bereich der Demilitarisierung und Demobilisierung zeigen letztlich zweierlei: Erstens gelang die Reduzierung und Umstrukturierung der Streitkräfte, wo es ein klares Primat der Politik gab (El Salvador und Nicaragua), während sie in Guatemala weitgehend scheiterte, weil es nach wie vor ein hohes Maß an Autonomie des Militärs gibt, deren Basis noch immer die kriegsökonomischen Strukturen sind. Zweitens reichen Maßnahmen, die sich allein auf die ehemaligen Kriegsakteure beziehen, ganz offensichtlich nicht aus, um die Gewalt in einer Nachkriegsgesellschaft zu verringern.

3.2 Politik zwischen Zivilisierung des Konfliktaustrags und Apathie

Ein zweiter Bereich, der in Zentralamerika zumindest in Teilbereichen als relativ erfolgreich gelten kann, ist der der Politik. Die ehemaligen Guerillagruppen FMLN, FSLN und URNG transformierten sich in politische Parteien und integrierten sich – allerdings mit unterschiedlichem Erfolg – in die

---

19 Diese Waffen stammen noch aus dem Krieg, in dem die Regierung die Zivilbevölkerung vor allem in den Konfliktgebieten in Form von Milizen bewaffnete. In einer Art *Circulus vitiosus* erhöhen die Kriminalität und Hilflosigkeit der Polizei den vermeintlichen Zwang der Menschen zur (bewaffneten) Selbstverteidigung.

politischen Systeme, allein der Contra gelang es – u.a. aufgrund ihrer großen Fragmentierung und Heterogenität – nicht, ein parteipolitisches Projekt zu gründen. Während FMLN und FSLN sich als jeweils stärkste Kraft der Opposition etablieren konnten, ist die URNG der politischen Bedeutungslosigkeit nahe. Dies spiegelt neben den Unterschieden in der sozialen Verankerung in den jeweiligen Gesellschaften auch die aktuellen politischen Dynamiken und Konjunkturen wider.

Politisch erfolgreicher waren allerdings die zentralamerikanischen Oligarchien in der Nachkriegszeit. Ihnen gelang im Verlauf der Kriege und mit starker externer Unterstützung auch die Modernisierung ihrer politischen Agenda. Die transnational orientierten Eliten gewannen fast ausnahmslos die Wahlen der vergangenen Jahre. Ihr politisches Projekt beschränkt sich weitgehend auf die formale Beteiligung der Bevölkerung an Wahlen, die von den mit ihnen sympathisierenden und/oder kontrollierten Massenmedien sowie durch traditionelle klientelistische und personalistische Strukturen geprägt sind. In Nicaragua und El Salvador wird von Regierungsseite immer dann, wenn im Vorfeld von Wahlen FSLN oder FMLN in den Umfragen führen, mit Hilfe der Medien und vielfach lauter Unterstützung aus den US-Botschaften stets an die alten Konfliktlinien erinnert. Dies wird durch die personelle Kontinuität und mangelnde Modernisierung beider Gruppen, wo mit Shafik Handal (bis zu seinem Tod im Januar 2006) und Daniel Ortega Führungspersonen des bewaffneten Kampfes an der Spitze stehen, erleichtert. Mit wachsender zeitlicher Distanz zu den Kriegen verfängt diese Art der Integration allerdings immer weniger, was sich an der Fragmentierung der aus den Guerillagruppen entstandenen politischen Parteien zeigt. Sowohl in El Salvador wie auch in Nicaragua haben sich immer wieder eher gemäßigte Kräfte abgespalten oder wurden ausgeschlossen, die dann bei Wahlen bisher nur geringen Rückhalt fanden.

Die politischen Systeme sind durch ein Nebeneinander und zum Teil Ineinandergreifen von formal demokratischen Abläufen, Institutionen und Akteuren einerseits, traditionellen Elementen des politischen Systems und insbesondere der politischen Kultur andererseits, geprägt. In der gesamten Region lässt sich – wenn auch in unterschiedlichem Ausmaß – eine Vertrauenskrise in die formale Politik beobachten. Dies drückt sich zum einen in einer geringen Beteiligung an Wahlen aus, zum anderen aber auch in einer sinkenden Unterstützung für die Demokratie und tragende Institutionen des politischen Systems (Parlamente, Parteien).[20] Letztlich spiegelt das politische System die Fragmentierung der zentralamerikanischen Gesellschaften wider. Die Frage ist mithin, ob die Abnahme der politischen Gewalt in Zentralamerika nicht in wesentlich stärkerem Maß durch diese Fragmentierung und die damit einhergehende Unfähigkeit der Organisation von Interessen im Rahmen (partei-)politischer Projekte verursacht ist, als durch eine Zivilisierung der Konfliktbearbeitung. Hierzu ist es notwendig, die Frage der wirtschaftlichen Transformation in die Analyse einzubeziehen.

3.3 Gewinner und Verlierer von Globalisierung und Kriegsbeendigung

Ist die Bilanz des *Peace-building* bei der Demilitarisierung und der politischen Transformation schon gemischt, so fällt sie bei der Bewältigung der Kriegsfolgen und der Bearbeitung der materiellen Konfliktursachen gänzlich negativ aus. Während es den wirtschaftlichen Eliten des zentralamerikanischen Isthmus im Verlauf der letzten Jahrzehnte weitgehend gelang, ihre ökonomische Basis zu modernisieren, hat sich die Kluft zwischen Arm und Reich weiter vertieft. Auch die internationale Kooperation hat hieran nichts geändert, weil sie mit massiven Strukturanpassungsprogrammen einherging, in deren Zentrum die Reduzierung des Staatsapparates, Privatisierung von Staatsbetrieben und Marktöffnung standen. Auch wenn diese Prozesse teilweise bereits in den achtziger Jahren eingeleitet worden waren, erhielten sie durch die Beendigung der Kriege und den damit möglichen Zufluss an externer Finanzierung eine neue Dynamik.

In Honduras, Guatemala und Nicaragua lebte 2001/2002 über die Hälfte der Bevölkerung in Armut, in El Salvador waren es knapp 50%. In diesen vier Ländern arbeiten um die 40% der Erwerbstätigen im informellen Sektor (PNUD 2003). Außerdem ist die außenwirtschaftliche Abhängigkeit nach wie vor sehr groß. Hauptexportgut ist immer noch Kaffee und damit ein Produkt, dessen Preis auf dem Weltmarkt extremen Schwankungen unterliegt. Transfers aus dem Ausland entsprechen etwa einem Drittel des BIP. Die aktuellen Konflikte um Fragen der Korruption zeigen, wie stark die kriminelle Ökonomie im Land verankert ist.

Auch in El Salvador fehlt dem Friedensprozess die wirtschaftliche und soziale Basis, sind die materiellen Ursachen des Krieges nicht bearbeitet worden (Boyce et al. 1995). In der ersten Hälfte der neunziger Jahre erreichte die salvadorianische Wirtschaft zwar beträchtliche makroökonomische

---

20 Vgl. hierzu auch den Artikel von Peter Fischer-Bollin.

Wachstumsraten, die sogar das wieder steigende Bevölkerungswachstum von jährlich 2,2% übertrafen. Die ökonomische Lage der Bevölkerungsmehrheit verbesserte sich jedoch nicht. Auch und gerade die Ex-Kombattanten, die im Rahmen der Demobilisierung Land erhielten, sind von der Krise des Agrarsektors betroffen. Die meisten von ihnen sind hoch verschuldet und laufen Gefahr, das Land zu verlieren, das ihnen zumindest auf der Subsistenzbasis das Überleben sichert. Im Zuge der Globalisierung hat der Besitz von Land, der in den siebziger und achtziger Jahren als eine der zentralen Konfliktursachen galt, für die Wirtschaft kaum noch Bedeutung. Hauptdevisenbringer der salvadorianischen Wirtschaft sind heute die Überweisungen von Arbeitsmigranten aus den USA.

In Guatemala kommt dem Agrarsektor noch eine wesentlich größere Bedeutung zu. Guatemala ist immer noch ein überwiegend agrarisches Land, in dem ca. zwei Drittel der Bevölkerung auf dem Land leben und 52% der ökonomisch aktiven Bevölkerung im Agrarsektor arbeiten. Im Friedensabkommen wurde unter anderem vereinbart, dass der Zugang zu Land und Krediten verbessert werden soll und Kleinbauern bei der Vermarktung ihrer Produkte unterstützt werden sollen. Im Verlauf der vergangenen Jahre hat sich aber auch hier die Lage dramatisch verschärft. Landkonflikte nehmen zu und werden in wachsendem Maß auch gewaltsam ausgetragen bzw. mit Repression und Gewalt unterbunden. Hier wird in Guatemala außerdem die ausgebliebene Transformation kriegsökonomischer Strukturen deutlich.[21] Netzwerke aus Militär, paramilitärischen Strukturen, Wirtschaft und Politik verhindern die Umsetzung und/oder Vertiefung von Reformen.

Die fehlende Bearbeitung der materiellen Konfliktursachen gefährdet mittel- und langfristig in allen drei Ländern die ohnehin prekären Erfolge in den anderen Bereichen. Dies wird bei einer Betrachtung der Gewaltentwicklung in Zentralamerika deutlich.

4. Grauzonen zwischen Krieg und Frieden – oder der Strukturwandel der Gewalt

Trotz der Kriegsbeendigung ist die Gewalt in Zentralamerika nicht weniger geworden. Im Vergleich zu den siebziger und achtziger Jahren lässt sich aber ein Strukturwandel beobachten. Die Kriege waren trotz der Vielfalt der staatlichen, paramilitärischen und aufständischen Akteure weitgehend bipolare Auseinandersetzungen, in denen der Staat als Akteur die zentrale Rolle spiel-

---

21 Vgl. hierzu im Einzelnen Kurtenbach (2006), sowie Peacock/Beltrán (2003).

te. Seit Kriegsende diffundiert die Gewalt dagegen, lässt sich eine multipolare Gewaltstruktur beobachten, in der der Staat und seine Sicherheitskräfte nur noch einer von vielen Akteuren ist. Daneben gewinnen die Akteure der organisierten und unorganisierten Kriminalität an Bedeutung, deren Einfluss nicht zuletzt durch die Kriege, die funktionale Schwäche des Staates, das damit zusammenhängende fehlende Gewaltmonopol und die existierende Straflosigkeit relativ groß ist.

In allen drei Ländern – ebenso auch in Honduras – gelten Jugendbanden[22] als zentrale Akteure der Nachkriegsgewalt. Die Bedeutung von Jugendlichen ist vor allem in ihrer Rolle als Täter und Opfer im Krieg, als Kindersoldaten und Flüchtlinge thematisiert worden, wohingegen sie als Akteure im Übergang vom Krieg zum Frieden bisher kaum in die Analyse einbezogen worden sind (McEnvoy-Levy 2001; Kemper 2005). Dabei kommt auch in Zentralamerika gerade Jugendlichen im Transformationsprozess eine wesentliche Rolle zu:

– Jugendliche spielen schon angesichts der demographischen Struktur der Gesellschaften für die künftige Entwicklung eine wichtige Rolle. Der Anteil der jungen Menschen zwischen 15 und 29 beträgt über 25% (WHO 2002). Diese Altersgruppe hat den Krieg und seine Folgen schon sehr bewusst erlebt und prägt die künftige gesellschaftliche Entwicklung, während Politik, Wirtschaft und Gesellschaft nach wie vor von der älteren Generation dominiert werden. Jugendbanden agieren überwiegend in den marginalisierten Vierteln der Städte, wo sich die verschiedenen Problemlagen des Wandels vom Krieg zum Frieden beispielhaft – quasi im Brennglas – zeigen.

– Junge Männer bilden sowohl in alten wie auch in neuen Kriegen die zentrale Rekrutierungsbasis der Gewaltakteure. Die Jugendbanden auf dem amerikanischen Kontinent werden im US-amerikanischen Diskurs bereits als "neue städtische Aufstandsbewegungen" tituliert und zum neuen Feindbild erklärt (Manwaring 2005). Die von ihnen ausgehende Gewalt dient zwar in vielen Fällen vor allem der persönlichen Bereicherung im Umfeld der organisierten und nicht-organisierten Kriminalität, kann unter Umständen aber auch für politische Ziele instrumentalisiert werden. Eine eigene Ideologie – wie sie für die Guerillagruppen charakteristisch war – fehlt ihnen dennoch weitgehend. Insofern können sie als

---

22 Vgl. hierzu im Einzelnen den Beitrag von Manfred Liebel.

privatisierte Gewaltakteure verstanden werden, die in der Grauzone zwischen Krieg und Frieden agieren.

– Jugendliche sind gerade in Transformationsgesellschaften für die Konsolidierung und Vertiefung demokratischer Regierungssysteme von entscheidender Bedeutung. Ein Aspekt, der bisher nicht thematisiert wurde.[23]

Abgesehen hiervon zeigt die Gewaltentwicklung in den drei Kriegsländern starke nationale Spezifika auf:

In El Salvador starben in der zweiten Hälfte der neunziger Jahre jährlich mehr Menschen eines gewaltsamen Todes als während des Krieges. Mit Mordraten von zeitweise bis zu 140 Morden pro 100.000 Einwohner überholte das kleinste zentralamerikanische Land sogar Kolumbien, das die lateinamerikanische Statistik lange anführte. Auch wenn es gelang, die Mordraten zu reduzieren, bleibt das Niveau der Gewalt noch über dem – im weltweiten Vergleich ohnehin hohen – regionalen Durchschnitt.

Auch in Guatemala stieg die Mordrate in den neunziger Jahren an. Hier lassen sich starke regionale Unterschiede feststellen: Schwerpunkt der Gewalt ist nicht das Hochland, das Zentrum der Repression in Kriegszeiten war, sondern der vor allem von *Ladinos* bewohnte Osten des Landes. Darüber hinaus nahm in den vergangenen Jahren die Selbstjustiz in Form von Lynchmorden im ganzen Land stark zu (CIEN 2002; MINUGUA 2002).

Nicaragua fällt aus dieser Entwicklung wegen relativ geringer Gewaltraten heraus. Zwar gab es dort in der ersten Hälfte der neunziger Jahre eine Zunahme an Bandenkriminalität vor allem in den ländlichen Gebieten, dies hat sich aber nicht in andauernd hohen oder steigenden Mordraten niedergeschlagen. Im Gegensatz zu Guatemala und El Salvador gab es in Nicaragua dagegen ein wesentlich höheres Maß an politischer Gewalt bzw. deren Androhung. So haben ehemalige Contras und demobilisierte Soldaten der sandinistischen Armee immer wieder zu den Waffen gegriffen, um die Einhaltung von Regierungszusagen für ihre Demobilisierung zu erzwingen (Rogers 2001; Rocha 2001). Auch der FSLN hat – zuletzt nach den sehr umstrittenen Wahlen von 1996 – mit dem neuerlichen Griff zur Waffe gedroht. Auffällig ist auch, dass die Gewalt in den autonomen Zonen der Atlantikküste deutlich über dem nationalen Durchschnitt liegt. Dies dürfte damit zusammenhängen, dass der Drogenhandel dort eine zentrale Rolle spielt.

---

23 In der praktischen Entwicklungszusammenarbeit wird diesem Umstand allerdings zunehmend Rechnung getragen, wie die wachsende Zahl von Jugendprojekten zeigt.

Entwicklung der Mordraten* pro 100.000 Einwohner

	Nicaragua	El Salvador	Guatemala
Anfang der achtziger Jahre	18,3	150,0	150,0
1994	16,9	164,5	69,8
1996	15,6	139,0	66,9
1998	13,3	82,4	76,9
2005	12,9	56,0	36,3

* Verschiedene Quellen weichen stark voneinander ab, in der allgemeinen Tendenz besteht aber weitgehend Einigkeit. Zum Problem der Messung s.a. Moser/Wilton (2002:7ff.).
Quellen: Buvinic et al. (2002); Call (2000); für 2005 eigene Berechnungen auf der Basis von INCEP (2006).

Die Gewaltentwicklung in Zentralamerika zeichnet sich letztlich durch drei zentrale Charakteristika aus:

– Die politische Gewalt hat im Vergleich zu den Kriegsjahren stark abgenommen. Sie ist heute nicht mehr kollektiv, sondern selektiv ausgerichtet – gegen Gewerkschafter, Führungspersönlichkeiten von Basisbewegungen sowie Vertreter einer kritischen Öffentlichkeit. Sie spielt vor allem, aber nicht nur, in Guatemala immer noch eine große Rolle im politischen Alltag.

– Die kriminelle Gewalt, die im Rahmen der kriegsökonomischen Strukturen und im Zuge der Verelendung entstanden ist, hat eine wachsende Bedeutung. Ihre Eindämmung erfolgt weitgehend über den Rückgriff auf autoritäre Praktiken und Strukturen und nicht durch Prävention und soziale Integration.[24]

– Die soziale Gewalt im zentralamerikanischen Alltag ist sowohl eine Folge der Zerstörung sozialer Bindungen durch den Krieg wie der Globalisierungsdynamik.

Vor diesem Hintergrund erscheint es sinnvoll, von der Existenz einer Grauzone zwischen Krieg und Frieden zu sprechen. Befriedet wurde in Zentralamerika – zumindest vorübergehend – lediglich ein Großteil der politischen Gewalt, während sowohl dem Frieden wie auch der Demokratisierung die grundlegende soziale Basis weitgehend fehlt. Die Einhegung der Gewalt ist im historischen Vergleich ebenso wie die dauerhafte Durchsetzung substantieller demokratischer Regierungssysteme nur dort gelungen, wo gleichzeitig Prozesse sozialer Integration stattfanden. Dies gilt nicht nur für die Welt des

---

24 Siehe zur aktuellen rigorosen Repressionspolitik gegenüber den "Maras" Peetz (2004).

OECD-Friedens, sondern auch für einige Länder des Südens, wie in Latein-amerika eben für Costa Rica und Uruguay. Hiervon bleibt Zentralamerika auch über eine Dekade nach Beendigung des letzten Kriegs weit entfernt. Das vorherrschende Entwicklungsmodell hat lediglich die traditionellen exklusiven Strukturen modernisiert, was durch die Globalisierung zusätzlich verschärft wird. Unter der Perspektive der zivilen Bearbeitung der Konflikt-ursachen sowie des Aufbaus friedensfähiger Strukturen liegen die zentralen Herausforderungen vor allem in der politischen und sozialen Inklusion bis-her marginalisierter Bevölkerungsgruppen und dem Aufbau von am Allge-meinwohl orientierten Institutionen. Auch wenn der Rückfall in die alten Kriegsstrukturen nicht erfolgen wird, macht die Gewaltentwicklung der Nachkriegszeit deutlich, dass Zentralamerika sich in einer Grauzone zwi-schen Krieg und Frieden befindet, die dem langfristigen *Peace-building* entgegensteht.

Literaturverzeichnis

Albiac, María Dolores (1998): *Los ricos más ricos de El Salvador*. San Salvador.

Bakonyi, Jutta et al. (Hrsg.) (2006): *Gewaltordnungen bewaffneter Gruppen*. Baden-Baden.

Bendaña, Alejandro (1991): *Una tragedia campesina: testimonios de resistencia*. Managua.

Benítez, Raúl (1989): *La teoría militar y la guerra civil en El Salvador*. San Salvador.

Berdal, Mats/Malone, David M. (Hrsg.) (2000): *Greed and Grievance. Economic Agendas in Civil Wars*. Boulder, Col./London.

Bodemer, Klaus (Hrsg.) (2004): *Gewalt und öffentliche (Un-)Sicherheit. Erfahrungen in Lateinamerika und Europa* (Institut für Iberoamerika-Kunde, Beiträge zur Lateinameri-ka-Forschung, Bd. 17). Hamburg.

Boris, Dieter/Rausch, Renate (Hrsg.) (1983): *Zentralamerika*. Köln.

Boyce, James K. et al. (1995): *Adjustment toward Peace: Economic Policy and Post-war Reconstruction in El Salvador*. San Salvador, UNDP.

Brenes, Arnoldo/Kevin, Casas (Hrsg.) (1998): *Soldados como empresarios: los negocios de los militares en Centroamérica*. Fundación Arias para la Paz y el Progreso Humano. San José.

Bulmer-Thomas, Victor ([1987] [3]1994): *The Political Economy of Central America since 1920*. Cambridge.

Buvinic, Mayra/Morrison, Andrew/Shifter, Michael (2002): *La violencia en América Latina y el Caribe. Un marco de referencia para la acción*. Banco Interamericano de Desarrollo. Washington, D.C.

Call, Charles T. (2000): *Sustainable Development in Central America: The Challenges of Violence, Injustice and Insecurity* (Centroamérica 2020: Documento de Trabajo, Nr. 8). Hamburg: Institut für Iberoamerika-Kunde.

Carmack Robert M. (Hrsg.) (1988): *Harvest of Violence. The Maya Indians and the Guatemalan Crisis.* London: Norman.

CEH (Comisión de Esclarecimiento Histórico) (1999): *Guatemala, memoria del silencio.* Guatemala.

Child, Jack (1992): *The Central American Peace Process 1983-1991: Sheathing Swords, building Confidence.* Boulder, Col.

CIEN (Centro de Investigaciones Económicas Nacionales) (2002): *La Magnitud y el Costo de la Violencia en Guatemala.* Guatemala.

Collier, Paul et al. (2003): *Breaking the Conflict Trap – Civil War and Development Policy.* Washington: World Bank.

Córdoba M., Ricardo (1993): *El Salvador: Transición política, reconversión militar y el futuro de la democracia.* Documento de Trabajo, Fundación Dr. Guillermo Manuel Ungo, San Salvador.

Crocker, Chester A./Hampson, Fen Osler/Aall, Pamela (Hrsg.) (2001): *Turbulent Peace. The Challenges of Managing International Conflict.* Washington, D.C.

Debiel, Tobias/Trautner, Bernhard (Hrsg.) (2002): *Der zerbrechliche Friede.* Bonn: SEF.

Duffield, Mark (2000): "Globalization, Transborder Trade, and War Economies". In: Berdal, Mats/Malone, David M.: *Greed and Grievance. Economic Agendas in Civil Wars.* Boulder, Col./London. S. 69-89.

Dunkerley, James (1982): *The Long War. Dictatorship & Revolution in El Salvador.* London.

— (1988): *Power in the Isthmus: A Political History of Modern Central America.* London.

— (1993): *The Pacification of Central America.* London: Institute of Latin American Studies.

Ehrke, Michael (2002): *Zur politischen Ökonomie post-nationalstaatlicher Konflikte. Ein Literaturbericht.* Bonn: FES.

— (2004): "Die Ökonomie innerstaatlicher Kriege – eine Kritik der Weltbank-Analysen". In: Kurtenbach, Sabine/Lock, Peter: *Kriege als (Über-)Lebenswelten: Schattenglobalisierung, Kriegsökonomien und Inseln der Zivilität* (EINE Welt – Texte der Stiftung Entwicklung und Frieden 16). Bonn, S. 102-121.

Ferdowsi, Mir A./Matthies, Volker (Hrsg.) (2003): *Den Frieden gewinnen. Zur Konsolidierung von Friedensprozessen in Nachkriegsgesellschaften* (EINE Welt – Texte der Stiftung Entwicklung und Frieden 15). Bonn.

Godnick, William/Vázquez, Helena (2003): *Control de armas pequeñas en Centroamérica* (Serie América Latina Nr. 2). London: International Alert.

Hampson, Fen (1995): *Nurturing Peace: Why Settlements Succeed or Fail.* Washington, D.C.: United States Institute for Peace.

Horton, Lynn (1998): *Peasants in Arms. War and Peace in the Mountains of Nicaragua, 1979-1994.* Athens, Ohio.

IISS (Institute of International Strategic Studies) (1983ff.): *Military Balance.* London.

INCEP (Instituto Centroamericano de Política) (2006): *Geopolítica de América y Perspectivas de Centroamérica.* Guatemala. <www.incep.org/images/content/geopolitica.pdf>. (21.03.2006).

Kalyvas, Stathis N. (2000): "'New' and 'Old' Civil Wars: is the Distinction Valid?". Manuskript, CERI (Centre d'Études et d'Recherches Internacional). <www.ceri-sciencespo.com/archive/june00/artsk.pdf> (04.04.2007).

Karl, Terry Lynn (1992): "El Salvador's Negotiated Revolution". In: *Foreign Affairs* 71, Nr. 2, spring, S. 147-164.

— (1995): "The Hybrid Regimes of Central America". In: *Journal of Democracy*, Vol. 6, Nr. 3, July, S. 72-86.

Keen, David (1998): *The Economic Functions of Violence in Civil Wars*. IISS Adelphi Paper Nr. 320, London.

— (2000): "Incentives and Disincentives for Violence". In: Berdal, Mats/Malone, David M.: *Greed and Grievance. Economic Agendas in Civil Wars*. Boulder, Col./London, S. 19-41.

— (2003): "Demobilising Guatemala". London: School of Economics, Development Research Center. Working Paper. <www.crisisstate.org> (19.01.2004).

Kemper, Yvonne (2005): *Youth in War-to-Peace Transitions. Approaches of International Organizations* (Berghof Report Nr. 10). Berlin: Berghof Research Center for Constructive Conflict Management.

Keppeler, Toni (1992): *"Revolution am Verhandlungstisch"*. *El Salvador als Konfliktlösungsmodell für Lateinamerika?* Frankfurt/Main.

King, Charles (1996): *Ending Civil Wars*. IISS Adelphi Paper 308. Oxford/New York.

Krumwiede Heinrich-W./Waldmann, Peter (Hrsg.) (1998): *Bürgerkriege: Folgen und Regulierungsmöglichkeiten*. Baden-Baden.

Kurtenbach, Sabine (1987): *Friedenssuche in Zentralamerika. Von der Contadora-Initiative über den Arias-Plan zum Abkommen von Guatemala* (Lateinamerika Analysen–Daten–Dokumentation. Beiheft Nr. 3). Hamburg: Institut für Iberoamerika-Kunde.

— (1996): Zentralamerikas Militär zwischen Krieg und Frieden. Demilitarisierung und Neuordnung der zivil-militärischen Probleme in Zentralamerika (Arbeitsunterlage Nr. 31). Hamburg: Institut für Iberoamerika-Kunde.

— (1998a): *Guatemala. Tradition und Moderne, Folklore und Gewalt*. München: Beck-Länderkunde.

— (1998b): "La sociedad civil y la regulación civil de conflictos – el aporte de la sociedad civil a la terminación de conflictos armados". In: FES (Hrsg): *La sociedad civil en América Latina. Nueva Sociedad*. Caracas, S. 197-208 (dt. Ausgabe Frankfurt am Main 2000).

— (2000): "Costa Rica – intelligentes Konfliktmanagement als Basis friedlicher Entwicklung". In: *Die Friedens-Warte*, Bd. 75, Heft 3-4, S. 371-387.

— (2003a): "Guatemala: der blockierte Frieden". In: Ferdowsi, Mir A./Matthies, Volker: *Den Frieden gewinnen. Zur Konsolidierung von Friedensprozessen in Nachkriegsgesellschaften* (EINE Welt – Texte der Stiftung Entwicklung und Frieden 15). Bonn, S. 302-319.

— (2003b): "Nicaragua und El Salvador: Frieden mit schwachem Fundament". In: Ferdowsi, Mir A./Matthies, Volker: *Den Frieden gewinnen. Zur Konsolidierung von Friedensprozessen in Nachkriegsgesellschaften* (EINE Welt – Texte der Stiftung Entwicklung und Frieden 15). Bonn, S. 272-301.

— (2006:) "Guatemala – das Überleben von Gewaltordnungen im Frieden". In: Bakonyi, Jutta et al.: *Gewaltordnungen bewaffneter Gruppen*. Baden-Baden, S. 71-82.

— (2007): "Die Rolle der Kirchen bei der Konfliktregulierung in Zentralamerika – Modell für andere Regionen?". In: Brocker, Manfred (Hrsg.): *Friedensstiftende Religionen* (im Druck).

Kurtenbach, Sabine/Lock, Peter (Hrsg.) (2004): *Kriege als (Über-)Lebenswelten: Schattenglobalisierung, Kriegsökonomien und Inseln der Zivilität* (EINE Welt – Texte der Stiftung Entwicklung und Frieden 16). Bonn.

LaFeber, Walter (1984): *Inevitable Revolutions. The United States in Central America*. New York/London.

Lederach, John Paul (1997): *Building Peace. Sustainable Reconciliation in Divided Societies*. Washington, D.C.

Licklider, Roy (2001): "Obstacles to Peace Settlements". In: Crocker, Chester A. et al.: *Turbulent Peace. The Challenges of Managing International Conflict*. Washington, D.C. S. 697-718.

Lincoln, Jennie K./Sereseres, César (2000): "Resetting the Contras: The OAS Verification Commission in Nicaragua". In: Montgomery, Tommie Sue (Hrsg.): *Peacemaking and Democratization in the Western Hemisphere*. Miami, S. 17-35.

Lock, Peter (2004): "Gewalt als Regulation: Zur Logik der Schattenglobalisierung". In: Kurtenbach, Sabine/Lock, Peter: *Kriege als (Über-)Lebenswelten: Schattenglobalisierung, Kriegsökonomien und Inseln der Zivilität* (EINE Welt – Texte der Stiftung Entwicklung und Frieden 16). Bonn, S. 40-61.

Manwaring, Max G. (2005): *Street Gangs: The New Urban Insurgency*. Carlisle: Strategic Studies Institute, U.S. Army War College. <www.carlisle.army.mil/ssi> (13.04.2005).

Manz, Beatriz (1988): *Refugees of a Hidden War: the Aftermath of Counterinsurgency in Guatemala*. Albany, NY.

Matthies, Volker (Hrsg.) (1995): *Vom Krieg zum Frieden. Kriegsbeendigung und Friedenskonsolidierung*. Bremen.

— (2002): "Krisenprävention und Friedenskonsolidierung". In: Ferdowsi, Mir. A. (Hrsg.): *Internationale Politik im 21. Jahrhundert*. München, UTB 2284, S. 123-143.

McEnvoy-Levy, Siobhán (2001): *Youth as Social and Political Agents: Issues in Post-Settlement Peace Building*. Kroc Institute Occasional Paper Nr. 21.

MINUGUA (2002): *Los Linchamientos: Un Flagelo Que Persiste*. Guatemala.

Moser, Caroline/Wilton, Ailsa (2002): *Violencia en la Región América Central*. London.

Naylor, R. T. (1999): *Economic Warfare. Sanctions, Embargo Busting and their Human Cost*. Boston.

Orozco, Manuel (2003): *Remittances, Costs and Market Competition*. Washington, D.C.

Osorio, Tamara/Aguirre, Mariano (Hrsg.) (2000): *Después de la guerra. Un manual para la reconstrucción posbélica*. Barcelona.

Paige, Jeffrey M. (1998): *Coffee and Power. Revolution and the Rise of Democracy in Central America*. Cambridge, Mass./London.

Paris , Roland (2004): *At War's End. Building Peace after Civil War*. Cambridge, Mass.

Peacock, Susan C./Beltrán, Adriana (2003): *Hidden Powers. Illegal Armed Groups in Post Conflict Guatemala and the Forces Behind them. A WOLA Special Report*. Washington, D.C.

Pearce, Jenny (1981): *Under the Eagle. U.S. Intervention in Central America and the Caribbean*. London.

Peetz, Peter (2004): "'Maras' in Honduras, El Salvador und Guatemala. Die Bedrohung der öffentlichen Sicherheit durch Jugendbanden in Zentralamerika". In: Bodemer, Klaus (Hrsg.): *Gewalt und öffentliche (Un-)Sicherheit. Erfahrungen in Lateinamerika und Europa* (Institut für Iberoamerika-Kunde, Beiträge zur Lateinamerika-Forschung, Bd. 17). Hamburg, S. 49-86.

Pelupessy, Wim (1998): *Políticas agrarias en El Salvador (1960-1990)*. San José, Costa Rica.

PNUD (Programa de las Naciones Unidas para el Desarrollo) (2003): *Segundo Informe sobre Desarrollo Humano en Centroamérica y Panamá*. San José.

Robinson, William I. (2003): *Transnational Conflicts. Central America, Social Change, and Globalization*. London/New York.

Rocha, José Luis (2001): "Breve, necesaria y tormentosa historia del FUAC". In: *Envio julio 2001*, Internetausgabe: <www.uca.edu.ni/publicaciones/revistas/envio/2001/esp./julio> (21.01.2002).

Rogers, Tim (2001): "Silent War in Nicaragua. The New Politics of Violence". In: *NACLA Report on the Americas*, Bd. XXXIV, Nr. 4, S. 11-15

Rouquié, Alain (1992): *Guerres et paix en Amérique central*. Paris.

Schirmer, Jennifer (1998): *The Guatemalan Military Project. A Violence called Democracy*. Philadelphia.

—   (2002): "The Guatemalan Politico-Military Project: Whose Ship of State?". In: Koonings, Kees/Kruijt, Dirk (Hrsg.): *Political Armies. The Military and Nation Building in the Age of Democracy*. London/New York, S. 64-89.

Schlesinger, Stephen/Kinzer, Stephen (1986): *Bananenkrieg. Das Exempel Guatemala*. München.

Scott, Peter Dale/Marshall, Jonathan (1991): *Cocaine Politics. Drugs, Armies, and the CIA in Central America*. Berkley et al.

Segovia, Alexander (2004): *Modernización Empresarial en Guatemala: ¿Cambio real o Nuevo Discurso?* Guatemala.

Sieder, Rachel (Hrsg.) (1998): *Guatemala after the Peace Accords*. London.

—   (1995): "Honduras: The Politics of Exception and Military Reformism (1972-78)". In: *Journal of Latin American Studies*, Bd. 27, Nr. 1, S. 99-127.

Smith, Wayne/Gilbert, Lauren (1994): "Central America and Cuba in the New World Order". In: *Arms Control Today*, März, S. 15-20.

Sojo, Carlos (1999): *Democracias con fracturas. Gobernabilidad, reforma económica y transición en Centroamérica*. San José, Costa Rica.

Spalding, Rose (1999): "From Low-Intensity War to Low-Intensity Peace: The Nicaraguan Peace Process". In: Arnson, Cynthia (Hrsg.): *Comparative Peace Processes in Latin America*. Washington, D.C./Stanford, Cal., S. 31-64.

Stanley, William (1994): "Police and Political Change: Lessons from the Demilitarization of the Internal Security in El Salvador". In: Bataillon, Gilles et al. (1994): *Centroamérica entre Democracia y Desorganización. Análisis de los actores y de los sistemas de acción en los años 1990*. Guatemala.

Stedman, Stephen John/Rothchild, Donald/Cousens, Elisabeth M. (Hrsg.) (2002): *Ending Civil Wars. The Implementation of Peace Agreements*. Boulder, Col.

Tangermann, Klaus Dieter (Hrsg.) (1995): *Ilusiones y dilemas : la democracia en Centroamérica*. San José, Costa Rica.

United Nations (2005): *United Nations Verification Mission in Guatemala*. Report of the Secretary General. A/59/746 18.3.2005. New York.

Vilas, Carlos (1995): *Between Earthquakes and Volcanoes: Market, State, and the Revolutions in Central America*. New York.

Waldmann, Peter/Reinares, Fernando (Hrsg.) (1999): *Sociedades en guerra civil: conflictos violentos de Europa y América Latina*. Barcelona et al.

Walker, Thomas W. (Hrsg.) (1991): *Revolution and Counterrevolution in Nicaragua*. Boulder, Col.

Walter, Barbara (2002): *Comitting to Peace. The Successful Settlement of Civil Wars*. Princeton/Oxford.

Walter, Knut/Williams, Philip J. (1993): " The Military and Democratization in El Salvador". In: *Journal of Interamerican Studies and World Affairs*, Vol. 35, Nr. 1, S. 39-88.

Wegner, Bernd (Hrsg.) (2002): *Wie Kriege enden. Wege zum Frieden von der Antike bis zur Gegenwart*. Paderborn et al.

WHO (World Health Organisation) (2002): *World Report on Violence and Health 2002*. Genf.

Williams, Robert G. (1994): *States and Social Evolution. Coffee and the Rise of National Governments in Central America*. Chapel Hill/London.

WOLA (Washington Office on Latin America) (2000): *Rescuing Police Reform: A Challenge for the New Guatemalan Government*. Washington, D.C.

Anika Oettler

Zwischen Vergangenheit und Zukunft: Vergangenheitspolitik in Zentralamerika

Als im Dezember 1996 die guatemaltekische Regierung und die Guerilla URNG *(Unidad Revolucionaria Nacional Guatemalteca)* das Abkommen über den "festen und dauerhaften Frieden" unterzeichnet hatten, ging die Ära der bewaffneten Aufstände in Zentralamerika zu Ende, die die Region seit den 1970er Jahren in den Mittelpunkt der internationalen Aufmerksamkeit gerückt hatte. Die Aufarbeitung der zentralamerikanischen Vergangenheit beinhaltet im Wesentlichen die Dekaden der 1970er und 1980er Jahre, in denen der Kalte Krieg sich auf die geostrategisch bedeutsame Region der mittelamerikanischen Landbrücke erstreckte und in denen die Misere der Verarmten und die Reformresistenz der Oligarchien zu einem explosiven Gemisch wurden, das sich in Repression und Krieg entlud. Als in den 1990er Jahren formale Demokratien zur Norm wurden, blickten die zentralamerikanischen Gesellschaften auf die blutigen Hinterlassenschaften der militärischen Aufstandsbekämpfung zurück: Die Hauptleidtragenden waren insbesondere die Zivilbevölkerungen. In Panama und Honduras wurden Hunderte von Opfern beklagt, in Nicaragua waren Zehntausende dem Contra-Krieg zum Opfer gefallen. In El Salvador hatte der Terror etwa 70.000 Opfer gefordert und in Guatemala hatte man 200.000 Menschen ermordet. Aufstandsbekämpfung und Krieg hatten darüber hinaus Millionen Menschen zu Flüchtlingen gemacht.

Vor dem Hintergrund des Staatsterrors in El Salvador und Guatemala wird das Problem der Menschenrechtsverletzungen zumeist mit diesen beiden Ländern assoziiert, doch auch in anderen Staaten der Region ist die Frage des Umgangs mit den im 20. Jahrhundert verbreiteten Praktiken der Menschenrechtsverletzungen eine zentrale politische Herausforderung. Dieser Beitrag macht dies anhand der Beispiele aus Guatemala, El Salvador, Honduras, Nicaragua und Panama deutlich.[1]

---

[1] Von der folgenden Darstellung sind Costa Rica und Belize ausgenommen, da in diesen beiden Ländern in den vergangenen Jahrzehnten extralegale Hinrichtungen und Verschwindenlassen keine systematisch angewandten Repressionspraktiken waren.

1. Über die aufzuarbeitenden Vergangenheiten

Doch zu welchen historischen Zeitpunkten wurde und wird sich in Zentral-amerika mit welcher Vergangenheit auseinandergesetzt? König/Kohlstruck/ Wöll (1998: 7) folgend kann Vergangenheitsbewältigung als

> Sammelbezeichnung für jene Aktivitäten [verstanden werden], mit denen sich demokratische und auf die Menschenrechte verpflichtete politische Systeme und Gesellschaften mit ihren durch Diktatur und Verbrechen gekennzeichneten Vor-gängersystemen auseinandersetzen.

Diese Definition ist im Lichte zentralamerikanischer Verhältnisse nicht un-problematisch. Zunächst beinhaltet sie die Vorstellung einer chronologi-schen Abfolge, die sich durch einen politischen Systemwechsel und die sich daran anschließende Auseinandersetzung mit den Verbrechen des Vorgän-gerregimes auszeichnet. Eine solche Abfolge, die sich etwa in Südafrika, Chile, Argentinien und in vielen Staaten Osteuropas erkennen lässt, ist in Zentralamerika nicht durchgängig zu beobachten.

In Honduras wurden während der Militärregierungen der 1970er Jahre nur in sehr geringem Ausmaße Menschenrechtsverletzungen verübt. Der formale Übergang zur Demokratie fand 1982 statt und wurde von einer sig-nifikanten Verschlechterung der Menschenrechtslage begleitet. In Honduras wurde das Gros der Menschenrechtsverletzungen während der zivilen Regie-rungen der 1980er Jahre vor dem Hintergrund der besonderen strategischen Bedeutung des Landes begangen (Kaye 1997: 694). Als in den 1990er Jah-ren Vergangenheitspolitik betrieben wurde, bezog sich diese auf Verbrechen, die von zivilen Regierungen (mit) zu verantworten waren.

In El Salvador und Guatemala erfolgte der Übergang zu einem formal-demokratischen System zwar bereits Mitte der 1980er Jahre (1984 und 1986), bedeutete jedoch nicht die grundsätzliche Achtung der Menschen-rechte. In beiden Ländern dauerten die Bürgerkriege noch lange Jahre – in El Salvador bis Anfang 1992, in Guatemala bis Ende 1996. Somit waren in diesen Fällen die Systemwechsel vergangenheitspolitisch weit weniger rele-vant als die verhandelte Beendigung der bewaffneten Auseinandersetzung. Die Friedensverträge legten in beiden Fällen den Grundstein für die institu-tionalisierte und legitimierte Aufarbeitung der Vergangenheit.

Nicaragua stellt innerhalb des Kreises militärischer Diktaturen und ihrer formaldemokratischen Fassaden einen Sonderfall dar. Als 1979 die Sandinis-ten ihren Aufstand siegreich beendeten und in Managua die Macht übernah-men, begann ein zweites sozialrevolutionäres Experiment im so genannten US-amerikanischen Hinterhof. Unterstützt von Washington führten in der

Folge die Contras einen schmutzigen Krieg, der nach der Wahlniederlage des FSLN *(Frente Sandinista de Liberación Nacional)* 1990 beendet wurde. Die Menschenrechtslage in Nicaragua war in den Jahren 1979 bis 1990 weniger durch die Verletzung des Rechtes auf Leben und körperliche Unversehrtheit gekennzeichnet als vielmehr durch die Beschneidung bürgerlicher Freiheiten. Die sandinistische Herrschaftsform zeichnete sich durch die enge Verflechtung von FSLN, Staat und sandinistischen Massenorganisationen aus. Für die politische Kultur dieser Jahre war die autoritäre Hierarchie einer revolutionären Organisation prägend. Der Systemwechsel in Nicaragua bestand im Übergang von einer Demokratieform, die sich durch die Dominanz des FSLN in allen Bereichen des gesellschaftlichen Lebens auszeichnete, hin zu einer defizitären Demokratie westlichen Zuschnitts.

Panama war seit seiner Unabhängigkeit von Kolumbien im Jahre 1903 bis 1968 formal betrachtet eine Demokratie. Mit dem Putsch durch die Nationalgarde im Oktober 1968 begann eine Phase der Diktaturen der Generäle Omar Torrijos und Manuel Noriega. Die Rückkehr zur Demokratie wurde schließlich im Jahr 1989 mit der Invasion durch US-amerikanische Truppen ("Operation Just Cause") eingeleitet. Bei der in Panama aufzuarbeitenden Phase der diktatorischen Regierungspraxis handelt es sich nicht um eine rein nationale Geschichte, sondern in erheblichem Maße um das Produkt der US-amerikanischen Einflussnahme. Dies gilt in unterschiedlicher Quantität und Qualität auch für die anderen hier behandelten Länder.

Die oben angeführte Definition von "Vergangenheitsbewältigung" legt zweitens nahe, dass ausschließlich "demokratische und auf die Menschenrechte verpflichtete" politische Systeme und Gesellschaften Vergangenheitspolitik betreiben. Viele der zentralamerikanischen Demokratien zeichnen sich jedoch nach wie vor durch eine unzureichende Kontrolle ziviler Gewalt über die Militärs sowie durch ineffiziente Strukturen des Justizsystems aus. Die Aufarbeitung von schweren Menschenrechtsverletzungen vollzieht sich daher in einem gesellschaftlichen Umfeld, das vom Fortbestehen autoritärer Strukturen und einer selektiv fortgesetzten Praxis von Menschenrechtsverletzungen geprägt ist.[2]

---

2   Einen Sonderfall stellt Nicaragua dar. Nach der Transition flammten erneut bewaffnete Auseinandersetzungen auf, die von ehemaligen Soldaten *(recompas)* und Contras *(recontras)* ausgingen.

2. Vergangenheitspolitische Wege

Am Ende des 20. Jahrhunderts stellte sich in vielen Ländern Lateinamerikas die Frage, wie mit der jüngsten Vergangenheit umzugehen sei. Ergebnis der lateinamerikanischen Debatten, in denen die Befürworter eines Schlussstrichs mit denjenigen stritten, die eine konsequente Strafverfolgung einforderten, war die Etablierung der Wahrheitskommission. Dabei handelt es sich um investigative Instanzen, die für einen festgelegten Zeitraum eingerichtet werden, um Menschenrechtsverletzungen einer vergangenen Epoche zu untersuchen und einen entsprechenden Abschlussbericht vorzulegen. Wichtigste Tätigkeitsfelder waren in diesem Zusammenhang die Anhörung von Zeugen und die Auswertung unterschiedlichster Dokumentationen. Ihr Mandat beinhaltete darüber hinaus die Formulierung von politischen Handlungsempfehlungen, etwa für Entschädigungen oder zur Strafverfolgung (Kritz 1995; Hayner 2001; Oettler 2004b).

In Lateinamerika wurden seit 1979 offizielle Wahrheitskommissionen in Uruguay, Chile, Argentinien, El Salvador, Guatemala, Panama, Peru und Paraguay eingesetzt.[3] Wie Fuchs/Nolte (2004: 62f.) herausgestellt haben, steht die Einsetzung einer Wahrheitskommission zumeist für eine erste Phase der Aufarbeitung:

> Selbst nachdem politische Grundsatzentscheidungen (über Amnestien, Wahrheitskommissionen etc.) getroffen und umgesetzt worden waren, drängte das Thema in vielen Ländern immer wieder von neuem auf die politische Agenda.

Ein geplanter Einsatz vergangenheitspolitischer Instrumente in der unmittelbaren Folge eines einschneidenden politischen Wechsels erfolgte in Zentralamerika nur in El Salvador und Guatemala (Kurtenbach 1996). In beiden Ländern kreisten die Friedensverhandlungen zwischen Regierung und Guerilla nicht nur um die Beendigung der bewaffneten Auseinandersetzung, sondern auch um ein breiteres Reformprogramm. In beiden Ländern wurde mit der Entscheidung zur Einsetzung einer Wahrheitskommission ein vergangenheitspolitischer Weg eingeschlagen, der eine Alternative zu Strafprozessen bieten sollte. Gleichwohl ließ die Unterzeichnung der Friedensabkommen in beiden Fällen die Möglichkeit einer strafrechtlichen Ahndung

---

3   In mehreren lateinamerikanischen Ländern gab es wahrheitskommissionsähnliche Projekte zur Aufklärung von Menschenrechtsverletzungen. Neben der Initiative des honduranischen Menschenrechtsbeauftragten sind kirchliche Projekte in Brasilien, Paraguay und Kolumbien zu nennen (Nolte 1996).

von Menschenrechtsverletzungen offen.[4] In Panama wurde eine staatlich sanktionierte Vergangenheitspolitik erst eine Dekade nach dem Sturz von General Noriega eingeleitet, als Präsidentin Moscoso 2001 die Einsetzung einer Wahrheitskommission dekretierte.

2.1 Vergangenheitspolitik in El Salvador

Als die salvadorianische Regierung und der *Frente Martí para la Liberación Nacional* (FMLN) am 16. Januar 1992 das Abkommen von Chapultepec unterzeichneten, hatten sie nicht nur die Einsetzung einer Wahrheitskommission vereinbart, sondern auch die Einrichtung einer aus Salvadorianern bestehenden "Ad-hoc-Kommission", die die Verstrickung von Militärangehörigen in die Ausübung von Menschenrechtsverletzungen untersuchen sollte (Buergenthal 1995). Letztere legte Ende Oktober 1992 ihren Untersuchungsbericht vor, der entgegen aller Erwartungen die Namen von mehr als hundert Militärangehörigen, u.a. des Verteidigungsministers General René Emilio Ponce, aufführte (Kaye 1997). Die von der UNO finanzierte und aus ausländischen Mitgliedern zusammengesetzte Wahrheitskommission präsentierte am 15. März 1993 ihren Abschlussbericht. Die Wahrheitskommission, die damit beauftragt worden war, eine Reihe von Menschenrechtsverletzungen zu untersuchen, die die salvadorianische Gesellschaft besonders bewegt hatten, dokumentierte in ihrem Bericht insgesamt 32 solcher Fälle und führte sowohl den Hergang und Hintergrund der Taten als auch die Namen der Verantwortlichen auf. Wenngleich sich die Wahrheitskommission in ihren Empfehlungen nicht für die Einleitung von Strafprozessen aussprach, wies sie doch ausdrücklich auf die Konsequenzlosigkeit bisheriger Prozesse hin.[5]

Viele der Empfehlungen der salvadorianischen Wahrheitskommission unterstrichen die in den Friedensabkommen vereinbarten Reformvorhaben. So verwies die Kommission nachdrücklich auf die erforderliche Unterordnung des Militärs unter die Zivilgewalt, auf die Reformierung des Justizwesens und die Einrichtung der neuen "Zivilen Nationalpolizei". Weitere Emp-

---

4   Noch im Januar 1992 wurde in El Salvador ein Amnestiegesetz verabschiedet, das jedoch die Personen ausnahm, die von der künftigen Wahrheitskommission als Täter ausgemacht werden würden. In Guatemala enthielt das Amnestiegesetz, das fast zeitgleich mit der Unterzeichnung des "festen und dauerhaften Friedens" (Dezember 1996) verabschiedet wurde, die Möglichkeit, Folter, Genozid und Verschwindenlassen strafrechtlich zu ahnden.

5   So wurde etwa im Fall der Ermordung der sechs Jesuiten (1989) darauf verwiesen, dass zwei der (ausführenden) Täter zwar 1991 verurteilt worden seien, die geistigen Urheber der Tat, unter anderem General René Emilio Ponce, jedoch straffrei geblieben seien.

fehlungen zielten auf moralische Reparationen (Monumente, Nationalfeiertage) und materielle Entschädigungen. Da die Verhandlungsparteien die Empfehlungen im Vorfeld als bindend akzeptiert hatten, standen die auf Lustration zielenden Empfehlungen im Mittelpunkt des öffentlichen Interesses. Die von der Wahrheitskommission nahegelegte "Säuberung" sollte über die Entlassung von Militärangehörigen hinausgehen und auch Mitglieder ziviler Regierungen und Richter betreffen, die an der Ausübung, Vertuschung oder Nichtahndung von Verbrechen beteiligt gewesen waren. Alle Personen, einschließlich einiger FMLN-Kommandanten, denen Menschenrechtsverletzungen nachgewiesen werden konnten, sollten für mindestens zehn Jahre keine öffentlichen Ämter mehr bekleiden dürfen. Diese Empfehlung wurde indes nicht nur als verfassungswidrig abgelehnt, sondern zudem als eine Bestimmung, welche die Integration der aufständischen Gewaltakteure in das demokratische System verhindern würde (Popkin 2000: 128).

Der Bericht der Kommission wurde nach seiner Veröffentlichung von ranghohen Militärangehörigen, von rechten Politikern und vom Obersten Gerichtshof als zu tendenziös zurückgewiesen. Da jedoch der UN-Generalsekretär und die US-Regierung erheblichen Druck auf die Regierung in San Salvador ausübten, wurden alle namentlich im Bericht der "Ad-Hoc-Kommission" aufgeführten Militärangehörigen abgesetzt. Andererseits wurde ein Amnestiegesetz wirksam, das nur zwei Tage nach der Veröffentlichung des Berichtes verabschiedet worden war und unter anderem die Freilassung zweier Militärs bedeutete, die im Fall der Ermordung von sechs Jesuiten der UCA *(Universidad Centroamericana)*, einer Köchin und ihrer Tochter (1989) verurteilt worden waren. Damit fanden Prozesse einer Disqualifizierung von Tätern und einer Rehabilitierung von Tätern gleichzeitig statt.

Die Absetzung der Militärangehörigen war die einzige greifbare Folge institutionalisierter Wahrheitsfindung in EL Salvador. Die Empfehlungen der Kommission verschwanden schnell wieder von der innenpolitischen Agenda. Seit der Veröffentlichung des Wahrheitsberichtes haben sich weder Vertreter des Staates noch des FMLN öffentlich für die begangenen Verbrechen entschuldigt. Der FMLN konzentrierte seine Politik in der Nachkriegszeit auf die Veränderung des institutionellen Gefüges (etwa auf die Einrichtung der *Policía Nacional Civil*) und war nicht an der Durchsetzung einer umfassenden Säuberung, die auch die Parteispitze selbst betroffen hätte, interessiert. Obwohl vereinzelt Menschenrechtsorganisationen um Strafprozesse, Entschädigungen und fortgesetzte Aufklärung rangen, war die organisierte Zivilgesellschaft insgesamt zu schwach, um auf die Umsetzung der Empfehlungen zu drängen.

Im Oktober 2000 entschied der Oberste Gerichtshof El Salvadors, dass die 1993 erlassene Amnestie verfassungsgemäß sei. Über die strafrechtliche Verfolgung von zivilen Funktionsträgern, die zwischen 1989 und 1994 unter Verstoß gegen die Verfassung in Straftaten involviert waren, sollte die Justiz in Einzelfällen entscheiden.

2.2 Aufklärung, Strafverfolgung und Entschädigungen in Guatemala

Die Einsetzung der guatemaltekischen Wahrheitskommission ist nur eines von vielen Verhandlungsergebnissen zwischen der guatemaltekischen Regierung und der URNG *(Unidad Revolucionaria Nacional Guatemalteca)* (Wilson 1997; Forsberg/Teivanen 1998; Jonas 2000; Oettler 2004a). Über den Einsatz vergangenheitspolitischer Instrumente hatten beide Seiten jahrelang erbittert verhandelt. Streitpunkt war neben möglichen gerichtlichen Konsequenzen vor allem die Frage, ob die künftige Kommission befugt sein solle, die Namen der Täter zu ermitteln und zu veröffentlichen. Die schließlich 1994 erfolgte Unterzeichnung des Abkommens zur Einsetzung der "Kommission zur historischen Aufklärung der Menschenrechtsverletzungen und Gewalttaten, die bei der guatemaltekischen Bevölkerung Leid verursacht haben" kam insbesondere auf Druck jener Regierungen zustande, die als "Gruppe der Freunde" in den Friedensprozess eingebunden waren und angesichts des im gleichen Jahr im mexikanischen Chiapas ausgebrochenen Konfliktes auf eine schnelle Lösung der bewaffneten Auseinandersetzung in Guatemala drängten. Trotz vieler Befürchtungen sollte die Kommission, die keine Täteridentitäten ermitteln, aber in einem Zeitraum von maximal 24 Monaten alle Menschenrechtsverletzungen und Gewalttaten der vergangenen 36 Jahre detailliert aufklären und dabei alle internen und externen Faktoren einbeziehen sollte, ein ebenso fundiertes wie brisantes Ergebnis vorlegen (Tomuschat 2000).

Für den guatemaltekischen Prozess der Aufarbeitung der "bewaffneten Auseinandersetzung" war zunächst eine kirchliche Initiative bedeutend, die sich um den 76-jährigen Bischof Juan Gerardi Conadera gebildet hatte: Das "Projekt zur Wiederaneignung der historischen Erinnerung" (REMHI) entwickelte einen methodischen Ansatz, der darauf abzielte, komplexe Lebens- und Leidensgeschichten mit den Betroffenen zu bearbeiten und öffentliche Räume für Erinnerungsarbeit zu schaffen (Oettler 2004a). Das kirchliche Projekt schuf dabei nicht nur eine Sensibilität für die Schwierigkeiten des

Zeugnisablegens in einem Land, in dem die lokalen Strukturen der Repression und die Mechanismen der rassistischen Exklusion fortwirkten und Täter und Opfer eng beieinander lebten. Der im April 1998 vorgelegte Abschlussbericht, *Guatemala – nunca más* (Misereor 1998), war zudem ein wichtiger Referenzpunkt für die Mitarbeiter der offiziellen Kommission, die zentrale Aspekte der kirchlichen Berichterstattung übernahmen.

48 Stunden nach der Veröffentlichung des Berichtes wurde Bischof Gerardi in seiner Garage erschlagen. Dieses Verbrechen paralysierte zwar kurzfristig sowohl potentielle Zeugen als auch Erinnerungsarbeiter, doch langfristig wurde durch diesen Mord eine Märtyrerfigur geschaffen, die den Aufarbeitungsprozess bis heute stützt.

Als die Wahrheitskommission ihren Abschlussbericht im Februar 1999 im Nationaltheater von Guatemala-Stadt präsentierte, zeigte sich die bürgerliche Öffentlichkeit von den Ergebnissen der historischen Aufklärung geschockt. Sie wurde mit der Tatsache konfrontiert, in einem Land zu leben, in dem der Staatsterror genozidale Ausmaße erreicht hatte. Die Kommission, die die Zahl der Opfer insgesamt auf 200.000 geschätzt und 626 Massaker nachgewiesen hatte, war zu dem Ergebnis gekommen, dass in bestimmten Regionen des Landes zwischen 1982 und 1984 Genozid verübt worden war (CEH 1999).

Nach der Veröffentlichung des Abschlussberichtes wurde zum ersten Mal in der Geschichte des Landes eine freie und umfassende Debatte geführt, die über die Zurechnung von Schuld hinausging. Thematisiert wurde nun unter anderem die rassistische und autoritäre Grundstruktur der guatemaltekischen Gesellschaft. An dieser Debatte beteiligten sich nicht nur die meinungsbildenden Akteure, sondern auch viele Personen, die sich noch nie mit der Geschichte ihres Landes auseinandergesetzt hatten. Auch wenn die Diskussion so schnell wieder abebbte, wie sie aufgekommen war, hatte das vorherrschende Geschichtsverständnis, welches die Doktrin der Nationalen Sicherheit verteidigte und die Opfer zu Subversiven machte, erhebliche Risse bekommen. Die "Kommission zur historischen Aufklärung" hat einen wichtigen Grundlagentext geschaffen, der bereits heute in das kulturelle Gedächtnis des Landes eingeflossen ist.

In den ersten Jahren nach dem Friedenschluss hatten sich in Guatemala demokratische Spielräume geöffnet. Als die Wahrheitskommission Mitte 1997 ihre Arbeit aufnahm, schienen sich zumindest auf der Ebene der nationalen politischen Kultur die Zügel der Repression zu lockern. Doch bereits ein Jahr nach der Veröffentlichung des Abschlussberichts, der "Erinnerung an das Schweigen" betitelt ist, kam ein aus dem populistischen Präsidenten Alfonso Portillo und dem Kongresspräsidenten und ehemaligen Diktator Efraín Rios Montt bestehendes Gespann an die Macht (Oettler 2003), das weder die Empfehlungen der Kommission umsetzte noch andere erinnerungspolitische Schritte einleitete. Im Gegenteil, bereits wenige Monate nach dem Antritt des neuen Präsidenten verschlechterte sich die Menschenrechtssituation. Insbesondere diejenigen, die aktiv für die strafrechtliche Ahndung von Menschenrechtsverletzungen eintraten, standen unter dem Damoklesschwert der Repression. Während die so genannte Alltagskriminalität explodierte und sich das Netz der organisierten Kriminalität strukturell weiter ausdehnte, begannen die in den 1980er Jahren in "Zivilen Selbstverteidigungspatrouillen" zwangsorganisierten Männer im Juni 2002, Entschädigungen für ihre geleisteten Dienste einzufordern und entsprechenden Druck auszuüben (Oettler 2004c). Nachdem noch unter Präsident Portillo etwa 250.000 *Patrulleros* erste Ratenzahlungen erhalten hatten, verkündete Oscar Berger im Wahlkampf, dass er mit den Zahlungen zwar nicht einverstanden sei, sie aber als Regierungsverpflichtungen seines Vorgängers fortführen werde. Seit dem Amtsantritt Bergers im Januar 2004 hat das guatemaltekische Verfassungsgericht dreimal die diesbezüglichen Gesetzesvorlagen als verfassungswidrig abgelehnt. Nachdem im Urteil vom Februar 2005 auf andere Möglichkeiten verwiesen wurde, die Gruppe der potentiellen Entschädigungsempfänger zu unterstützen, wurde die Umsetzung entsprechender Projekte in Aussicht gestellt. Die Entschädigungsfrage entwickelte sich insofern zum "Dolchstoß" des guatemaltekischen Aufarbeitungsprozesses, als sie die Reorganisierung der (ehemaligen) Zivilen Selbstverteidigungspatrouillen zu legitimieren vermochte und damit zu einer partiellen Wiederbelebung der repressiven Strukturen der 1980er Jahre führte. Nur vor dem Hintergrund der Forderungen, die die Mitglieder der ehemaligen PAC *(Patrullas de Autodefensa Civil)* erhoben hatten, kam auch Bewegung in die Frage der Opferentschädigungsleistungen. Noch unter Präsident Portillo wurde eine Nationale Entschädigungskommission eingerichtet, die dem von der Wahrheitskommission empfohlenen Entschädigungsprogramm Gestalt verleihen sollte. Nach dem Regierungswechsel im Januar 2004 übernahm Rosalina Tuyuc, Gründerin der Witwenorganisation CONAVIGUA *(Coordinadora Nacional de Viudas de Guatemala)*, den Vorsitz der Entschädigungskommission. In der Folgezeit erschwerten vor allem Spannungen innerhalb der Kommission und die nur unzureichende Budgetierung dieses Gremiums den Fortgang des Projektes. Die ersten greifbaren Ergebnisse sind die institutionelle Ausgestaltung des Programms (das im Februar 2005 wiederum durch ein Regierungsdekret – und nicht durch ein Gesetz – abgesichert wurde) und die Entscheidung über das Procedere der Erfassung der Opfer. Bei der Umsetzung des Nationalen Entschädigungsprogramms besteht jedoch nach wie vor das Problem, dass erstens die Finanzierung nicht gesichert ist, dass sich zweitens die traditionellen Grabenkämpfe der linken Zivilgesellschaft innerhalb der Entschädigungskommission fortsetzen, und dass drittens der Staat die Verantwortung für die Entschädigungen nur sehr halbherzig annimmt (Oettler 2005).

Die dritte Säule staatlicher Vergangenheitsaufarbeitung in Guatemala, die strafrechtliche Ahndung von Menschenrechtsverletzungen, stößt grundsätzlich an die engen Grenzen des traditionell schwachen Justizsystems. Fast zeitgleich mit der Unterzeichnung der Friedensverträge verabschiedete der Kongress ein Amnestiegesetz, das unter Bezugnahme auf internationale Abkommen die Straftatbestände Folter, Genozid und Verschwindenlassen von einer Amnestierung ausnahm. Obwohl der Kampf gegen die Straflosigkeit nach der Veröffentlichung des Abschlussberichtes der CEH Auftrieb erhielt und einige Prozesse im In- und Ausland angestrengt wurden, ist insgesamt zu konstatieren, dass der Kampf gegen die *Impunidad* bislang keine nachhaltigen Ergebnisse hervorgebracht hat (FMM 2004).

Der Fall Gerardi zeigt, dass es in Guatemala keiner Amnestiegesetze bedarf, um Täter vor der Strafverfolgung zu schützen (Oettler 2005). Vor dem Hintergrund der Unfähigkeit des guatemaltekischen Justizwesens wurde immer wieder versucht, vor internationalen Gerichten Urteile zu erstreiten. Nachdem die "Kommission zur historischen Aufklärung" genozidale Handlungen nachgewiesen hatte, reichte Rigoberta Menchú Tum 2000 in Spanien eine Völkermordklage gegen den ehemaligen Diktator Efraín Ríos Montt ein. Der spanische Nationalgerichtshof hat die Klage indes nur partiell angenommen und ermittelt gegenwärtig im Fall der Ermordung dreier spanischer Botschaftsangehöriger im Zuge des Massakers in der spanischen Botschaft vom Januar 1980. Die Ausstellung eines internationalen Haftbefehls gegen Donaldo Álvarez Ruiz, seinerzeit Minister, ist ein entscheidender Schritt, der aber auch die Grenzen internationaler Strafgerichtsbarkeit deutlich werden lässt.

2.3 Aufklärungsinitiativen in Honduras

Die Wiedereinführung der Demokratie in Honduras Anfang der 1980er Jahre markierte keinen grundlegenden Umschwung des zivil-militärischen Verhältnisses. Erst als die US-amerikanische Unterstützung für das honduranische Militär vor dem Hintergrund der Wahlniederlage der Sandinisten Anfang der 1990er Jahre zu schwinden begann, erstarkten die Reformkräfte. Während der Amtszeit von Carlo Roberto Reina, der die Wahlen mit dem Programm einer "moralischen Revolution" gewonnen hatte, wurden mehrere Anläufe zur Reformierung des Polizeiwesens und zur Stärkung der Zivilgewalt unternommen. In diesen Zeitraum fielen auch erste Versuche, die Menschenrechtsverletzungen der 1970er und 1980er Jahre aufzuarbeiten. Dabei handelte es sich um keine von der Exekutive legitimierten Bemühungen.

Nachdem die Präsidentschaftskandidaten sich Ende 1992 gegenseitig bezichtigt hatten, in Menschenrechtsverletzungen verstrickt gewesen zu sein, initiierte der Menschenrechtsbeauftragte, Leo Valladares, eine Untersuchung zum Schicksal von 184 Personen, die in den 1980er Jahren verschwunden waren. Als die Untersuchungsergebnisse Ende 1993 vorgelegt wurden (Valladares 1994), provozierte dies weder eine breite öffentliche Debatte, noch, wie in El Salvador und Guatemala zu beobachten, die Zurückweisung seitens der Regierung. Die Empfehlungen untermauerten vielmehr den Weg, den der Präsident bereits eingeschlagen hatte. Eine öffentliche Debatte setzte erst Anfang Juni 1995 ein, als drei ehemalige Militärangehörige das Militär für die Menschenrechtsverletzungen und das Verschwindenlassen der 184 Menschen verantwortlich machten. Dabei verlieh nicht nur die öffentliche Aussage der Militärs der Debatte Auftrieb, sondern auch die zeitgleiche Präsentation von CIA-Akten, die die Aussagen unterstrichen. Wie auch Jahre später im guatemaltekischen Fall sollte sich die Freigabe von CIA-Dokumenten für den Fortgang der Auseinandersetzung mit der Vergangenheit als entscheidend erweisen. 1996 begann Menschenrechtsbeauftragter Valladares mit der Aufarbeitung des CIA-Aktenmaterials und veröffentlichte eine zweite Dokumentation zu den Menschenrechtsverletzungen der Vergangenheit mit dem Titel: "Auf der Suche nach verborgenen Wahrheiten" (Valladares/Peacock 1998).

Auch in Honduras wurde der formaldemokratische Übergang von dem Verzicht auf Strafverfolgung begleitet (Kaye 1997). Auf das Amnestiegesetz von 1987 folgten 1990 und 1991 zwei weitere rechtliche Regelungen, die politische und damit zusammenhängende Straftaten von einer Strafverfolgung ausnahmen. Der Erlass von Amnestiegesetzen stellte jedoch auch in Honduras nicht den Schlusspunkt des Kampfes gegen die Straflosigkeit dar. Der erste aufsehenerregende Versuch, Militärangehörige aufgrund von Menschenrechtsverletzungen vor Gericht zu bringen, erfolgte Mitte 1995, als der

Sonderstaatsanwalt für Menschenrechtsverletzungen gegen zehn Militärangehörige wegen Entführung und versuchtem Mord an sechs Studenten
(1982) Anklage erhob. Nach einer Entscheidung des Obersten Gerichtshofes
vom Januar 1996 musste die Beweisaufnahme gegen die Angeklagten, die
sich auf die Amnestiegesetze berufen hatten, abgeschlossen werden, bevor
über eine Amnestie entschieden werden könnte. Zwei Jahre später wurde der
Fall untersucht und die Amnestie gewährt. Das Berufungsverfahren konnte
eingeleitet werden, nachdem der Oberste Gerichtshof im Juni 2000 entschieden hatte, dass die Amnestierung der Angeklagten unzulässig war und den
Fall an den Ersten Strafgerichtshof zurückverwies. 2001 reduzierte das Ap-
pellationsgericht das Strafmaß für einen der schließlich Verurteilten (Alexander Hernández Santos), und verfügte im Mai 2002 dessen Freilassung.
Diese sollte insofern keine Nachhaltigkeit besitzen, als weitere Verfahren
gegen ihn anhängig waren und auch das *Ministerio Público* erneut Berufung
einlegte.

Auch der honduranische Fall zeigt, dass sich der Kampf gegen die Straflosigkeit über Jahrzehnte erstrecken kann. Das langwierige Ringen um Entschädigungen ist bislang ebenfalls nur in wenigen Fällen zu einem erfolgreichen Ende gelangt. Im November 2000 wurde den Familien von 17 der
184 Verschwundenen eine Entschädigung zugesprochen, nachdem bereits
vor der Interamerikanischen Menschenrechtskommission eine entsprechende
Entscheidung erstritten worden war.

2.4 Der Schlussstrich in Nicaragua

Die Tausende von Toten, die zwischen 1979 und 1990 in Nicaragua beklagt
wurden, waren weniger die Folge der repressiven Regierungspraxis des
FSLN, sondern vielmehr das Ergebnis des jahrelangen Contra-Krieges. Als
der FSLN mit den Wahlsiegern um Violeta Chamorro 1990 die Modalitäten
des Übergangs verhandelte, existierten keine gesellschaftlichen Kräfte, welche die Einsetzung vergangenheitspolitischer Instrumente eingefordert hätten. Der mithin gewählte Umgang mit der Vergangenheit war der des
Schlussstrichs. Im März und Mai 1990 wurden daher zwei Amnestiegesetze
erlassen, welche für den gesamten Zeitraum der sandinistischen Herrschaft
und für einen breiten Täterkreis gelten sollten.

In Nicaragua stellte sich das Problem einer Aufarbeitung von massiven
Menschenrechtsverletzungen wie illegalen Hinrichtungen und Verschwin-
denlassen nicht in dem Maße wie in anderen zentralamerikanischen Staaten.
Die Gegenwartsproblematik des Recompa-/Recontrakrieges (Kurtenbach

1998) und die Untätigkeit staatlicher Instanzen bezüglich mehrerer in diesem Zusammenhang begangener Morde in den nördlichen Provinzen Jinotega und Matagalpa überdeckten vielmehr die Problematik vergangenen Unrechts. Eine umfassende selbstkritische Auseinandersetzung mit der Vergangenheit der sandinistischen Regierungspraxis, die starke autoritäre Züge getragen hatte, hat bis heute nicht stattgefunden.

2.5 Nachholende Aufklärung in Panama

Die panamaische Vergangenheitspolitik stand zunächst im Schatten der US-Invasion von 1989, in deren Folge sich nicht nur Manuel Noriega vor einem US-amerikanischen Gericht verantworten musste, sondern Hunderte seiner zivilen und militärischen Gefolgsleute ohne Gerichtsverfahren inhaftiert wurden. Die "Operation Just Cause" führte zur Einsetzung der Regierung, die bei den Wahlen im Mai 1989 den von Noriega nicht anerkannten Wahlsieg errungen hatte. Nach seiner Amtsübernahme bat Präsident Guillermo Endara Galimani den panamaischen Erzbischof, eine "Kommission zur Nationalen Versöhnung" einzuberufen, um vergangenheitspolitische Leitlinien zu entwickeln. Diese Kommission legte am 13. August 1990 einen Empfehlungskatalog vor, der jedoch nicht auf der Untersuchung von Menschenrechtsverletzungen beruhte. In der Folge verschwand die Vergangenheitspolitik daher zunächst von der innenpolitischen Agenda. Wie auch in anderen Ländern waren die vergangenheitspolitischen Forderungen der Angehörigen von Verschwundenen ausschlaggebend für die Einsetzung einer Wahrheitskommission. Das "Panamaische Komitee der Angehörigen von Verschwundenen Hector Gallego" (COFADEPA-HG) schätzte, dass zwischen 1968 und 1989 insgesamt 120 Personen entführt und ermordet wurden und setzte sich unter anderem für die Exhumierung menschlicher Gebeine in der ehemaligen Kaserne "Los Pumas" in Tocumen ein (Oettler 2004d). Nach ersten nicht-offiziellen Ausgrabungen im September 1999 ordnete Präsidentin Mireya Moscoso im Dezember 2000 erste offizielle Exhumierungen an.

Aufgrund der Leichenfunde und zahlreicher Petitionen von Menschenrechtsorganisationen berief Präsidentin Moscoso am 18. Januar 2001 eine Wahrheitskommission unter dem Vorsitz des katholischen Aktivisten Alberto Santiago Almanza Henríquez ein. Ihr sollten sechs weitere Personen aus dem kirchlichen und Menschenrechtssektor angehören (Dekret Nr. 2), doch nur die männlichen Kommissionsmitglieder traten ihr Amt auch an. Ihr Mandat umfasste die Aufklärung der Fälle von Menschenrechtsverletzungen, in denen das Recht auf Leben verletzt worden war. Ziel der Kommission war es daher nicht, ein umfassendes Bild der Repression der vergangenen Jahrzehnte zu zeichnen oder konkrete Täteridentitäten zu veröffentlichen. Diese sollten vielmehr an den Generalstaatsanwalt *(Procurador General de la Nación)* weitergeleitet werden.

Wie auch in Guatemala überraschte die panamaische Wahrheitskommission durch die weitgehende Ausschöpfung ihres Mandats. Als sie am 17. April 2002 in einer öffentlichen Zeremonie ihren Abschlussbericht präsentierte, konnte sie insgesamt 70 extralegale Hinrichtungen und 40 Fälle von Verschwindenlassen nachweisen. Außerdem hatte sie sich nicht darauf beschränkt, Menschenrechtsverletzungen mit Todesfolge zu untersuchen, sondern wies zudem angewandte Folterpraktiken und die Ineffizienz (und Mitschuld) des Justizsystems nach. Ergänzt wurden diese Untersuchungen durch ein "historisches Panorama" und die Beschreibung von Traumatisierungsprozessen und sozialpsychologischen Folgen der staatlichen Repression.

Die panamaische Vergangenheitspolitik zeigt das Janusgesicht staatlicher Bemühungen um eine Aufklärung der Vergangenheit. Einerseits war die Tätigkeit der Wahrheitskommission ein bedeutender Schritt zur Aufklärung konkreter Verbrechen – die Untersuchungspraxis, die sich vor allem durch die Durchführung zahlreicher Exhumierungen ausgezeichnet hatte, wurde auch nach der Veröffentlichung des Abschlussberichtes fortgeführt – andererseits muss der präsidiale Wille zur Aufklärung der Vergangenheit auch im Kontext gegenwärtiger politischer Entwicklungen bewertet werden. Präsidentin Mireya Moscoso, Witwe des 1968 gestürzten Präsidenten Arulfo Arias Madrid, betonte mit der Einberufung der Kommission die blutige Vergangenheit der gegnerischen Partei PRD *(Partido Revolucionario Democrático)*, die in den 1970er Jahren von General Torrijos gegründet wurde und deren Vorsitzender der Sohn des Generals, Martín Torrijos, ist.

In allen vier untersuchten Ländern, in denen aktive vergangenheitspolitische Ansätze verfolgt wurden, haben vor allem die offiziellen und inoffiziellen investigativen Bemühungen um eine Aufarbeitung der Vergangenheit konkrete Ergebnisse hervorgebracht. Die nationalen Wege der Auseinandersetzung mit der Vergangenheit verlaufen jedoch in einem Terrain, das von einer internationalen Aufarbeitungsbewegung abgesteckt wird (Oettler 2004b). Transnationale Netzwerke wirken dabei auf unterschiedlichen – lokalen, nationalen und transnationalen – Ebenen der Politikformulierung, -entscheidung und -durchführung. Für den zentralamerikanischen Prozess der Aufarbeitung waren und sind drei Stränge dieses Netzes von besonderer

**Offizielle und inoffizielle Untersuchungskommissionen
in Zentralamerika**

	Guatemala	El Salvador	Honduras	Panama
Entstehung	Friedensabkommen (1994): CEH *Initiative der katholischen Kirche (1994): REMHI*	Friedensabkommen (1992)	Initiative des Menschenrechtsbeauftragten (1992)	Präsidiales Dekret (2001)
Abschlussberichte	Erinnerung an das Schweigen (1999) *Guatemala – Nie wieder! (1998)*	Vom Wahnsinn zur Hoffnung (1993) *[Bericht der Ad-Hoc-Kommission zur Untersuchung des Verhaltens hochrangiger Militärangehöriger (1992)]*	Die Tatsachen sprechen für sich (1993) Auf der Suche nach verborgenen Wahrheiten (1996)	... Die Wahrheit wird euch befreien (2002)
Zusammensetzung	Christian Tomuschat (Völkerrechtsprofessor Deutschland); Alfredo Balsells Tojo (Anwalt, Guatemala); Otilia Lux de Cojtí (Pädagogin, Guatemala)	Belisario Betancur (Ex-Präsident, Kolumbien); Reinaldo Figueredo (Ex-Außenminister, Venezuela); Thomas Buergenthal (Ex-Präsident Interamerikanischer Menschenrechtsgerichtshof)	Leo Valladares (Menschenrechtsbeauftragter, Honduras)	Alberto Almanza; Juan Antonio Tejada Mora; Osvaldo Velásquez, Bischof Julio Murria; Fernando Berguido (alle Panama)
Mandat	Detaillierte Aufklärung aller Fälle von Menschenrechtsverletzungen und Gewalttaten	Aufklärung illustrativer Fälle von Menschenrechtsverletzungen	Aufklärung der Fälle von Verschwindenlassen	Aufklärungen von Menschenrechtsverletzungen mit Todesfolge
Amnestien	1996 (nimmt Folter, Genozid und Verschwindenlassen aus)	1993 (2000 vom Obersten Gerichtshof bestätigt)	1991 (1990, 1987)	Keine an die demokratische Transition gekoppelte Amnestieregelung

Bedeutung: Erstens wurde der Kampf gegen das Verschwindenlassen, wie auch die Forderung nach der Einsetzung von Wahrheitskommissionen, im kontinentalen Zusammenhang der Angehörigenorganisationen von Verschwundenen und ihrer latein- und zentralamerikanischen Dachverbände organisiert und weiterentwickelt. Zweitens erhielt in allen vier dargestellten Staaten die Wahrheitsfindung durch freigegebene Dokumente der US-Geheimdienste ein solideres Fundament. Die Dokumentation der (militär-)politischen Aktivitäten Washingtons in der Region wurde durch das Engagement der US-amerikanischen Nichtregierungsorganisation "National Security Archive" wesentlich erleichtert. Drittens wird die Tätigkeit von Wahrheitskommissionen von professionellen Vergangenheitsarbeitern beziehungsweise internationalen "Aufarbeitungsconsultants" unterstützend begleitet (Oettler 2004b).

3. Mit offenem Ende

Der zentralamerikanische Umgang mit der Vergangenheit ist ein komplexer Prozess vor dem Hintergrund fragiler Kräfteverhältnisse. Dabei ist der Einsatz vergangenheitspolitischer Instrumente nicht das Resultat eines unangefochtenen gesellschaftlichen Konsenses zur Aufarbeitung der Vergangenheit, sondern vielmehr in bedeutendem Maße ein Produkt internationaler politischer Entwicklungen. Nach dem Ende des Kalten Krieges hatte der Menschenrechtsdiskurs weltweit einen Aufschwung erlebt (Sikkink 1993). Vor diesem Hintergrund wurde die Idee der Versöhnung zur Grundvokabel der internationalen Zusammenarbeit und die Untermauerung von Transitionsprozessen durch die Einsetzung von Wahrheitskommissionen zur Norm. Dies manifestierte sich auch im zentralamerikanischen Kontext. Deutlich wird aber auch, dass der transnationale Aufarbeitungsimperativ in Zentralamerika an die Grenzen lokaler Kräfteverhältnisse stößt. Während einerseits repressive Strukturen – vor allem in Guatemala – eine aktive Auseinandersetzung mit den Menschenrechtsverletzungen und Gewalttaten verunmöglichen, sind es andererseits auch die psychischen Gewaltfolgen, die das Schweigen über die Vergangenheit verstärken.

Grundsätzlich scheinen die Ergebnisse der Wahrheitsfindung in El Salvador, Guatemala, Honduras und Panama hauptsächlich die Kreise von Akademikern, interessierten Zeitungslesern, organisierten Opfern und internationalen Beobachtern zu erreichen. Mit den Wahrheitskommissionen wurden investigative Instanzen einberufen, die in nur wenigen Monaten das Vertrauen von Zeugen gewinnen sollten, deren Alltag in vielen Fällen auch heute noch von Gewalt und Willkür geprägt ist (Zur 1998). Auf die Schwierigkeiten vieler Mitarbeiter der Wahrheitskommissionen, die Mauern des Schweigens der Opfer aufzubrechen und Vertrauen zu den Zeugen herzustellen, haben die Kommissionsmitglieder Tomuschat (2000) und Buergenthal (1995) verwiesen. Jahrzehntelange Angst vor lokalen und nationalen Akteuren der Aufstandsbekämpfung hatten dazu geführt, dass viele Opfer Abwehrmechanismen – wie etwa Verleugnung, Negation, Abspaltung, Derealisierung, Flucht in Alkohol oder evangelikale Religiosität – entwickelt haben. In Guatemala und El Salvador versuchen einige zivilgesellschaftliche Initiativen derzeit, die mangelnde sozialpsychologische Betreuung durch staatliche Institutionen auszugleichen (Sieder 2001).

Durch den hohen Unbekanntheitsgrad der Wahrheitskommissionen (für El Salvador IUDOP 1993) ist, was auf den ersten Blick paradox erscheint, bedeutend, dass mit den Wahrheitskommissionen Institutionen geschaffen wurden, die die Erfahrungen von Zeitzeugen dokumentierten. Die guatemaltekische Kommission erarbeitete ein Kompendium des Krieges, das eine umfassende Schuldzuweisung vornimmt und sowohl die Äußerungen von Zeugen, die es vielleicht heute nicht mehr wagen würden, Zeugnis abzulegen, als auch weithin tabuisierte Erfahrungsdimensionen dokumentiert.[6] Dieses Kompendium ist nun als das Ergebnis offizieller Aufklärung in den "Außenspeicher der Kommunikation" (Assmann 1999: 22) eingegangen, aus dem sich das kulturelle Gedächtnis speist. Die Aufarbeitung von Vergangenheit ist ein Prozess, der sich über mehrere Generationen erstreckt und in ganz Zentralamerika erst am Anfang steht. In allen Ländern zeigt sich, dass eine vergangenheitspolitische Grundsatzentscheidung nur **eine** Phase des Aufarbeitungsprozesses zu bestimmen vermag. In El Salvador und Guatemala bestimmten die Delegationen der Regierung und Guerillaverbände, aber auch die in den Verhandlungsprozess eingebundenen internationalen Akteure die "offiziell sanktionierte Tatsachenfeststellung" (Hayner 2001) durch Wahrheitskommissionen als den Kern der Vergangenheitspolitik. In beiden Ländern war indes die Debatte um die Vergangenheit mit der Veröffentlichung der Wahrheitsberichte noch nicht zu einem Ende gekommen. Insbesondere der Kampf gegen die Straflosigkeit und für Reparationsleistungen

---

6   Dazu gehören neben den psychologischen Folgen des Terrors vor allem die sexuelle Gewalt gegen Frauen. Dass diese Aspekte Gegenstand der Berichterstattung wurden, verdankt sich der Einbeziehung der Kommissionsmitarbeiter in die internationale Debatte, wie sie in Lateinamerika u.a. von Elizabeth Lira Kornfeld, Eugenia Weinstein, David Becker und Elizabeth Jelin vorangetrieben wird.

wurde von zivilgesellschaftlichen Gruppierungen fortgeführt. In diesem Zusammenhang wurde der Interamerikanische Menschenrechtsgerichtshof zu einem bedeutenden Akteur.

In Guatemala sind in den vergangenen Jahren paradigmatische Urteile gefällt worden, unter anderem zum Massaker "Plan de Sánchez", dem Verschwindenlassen von Molina Theissen oder zur extralegalen Hinrichtung von Myrna Mack. In El Salvador ist das Schicksal verschwundener Kinder seit vielen Jahren Gegenstand politischer, juristischer und medialer Auseinandersetzungen (Amnesty International 2003). Die zivilgesellschaftliche *Asociación Pro-Búsqueda* hat bisher 250 von etwa 700 Fällen untersucht und etwa 166 Familienzusammenführungen durchgeführt. Im Oktober 2004, mehr als eine Dekade nach der Einsetzung der Wahrheitskommission, wurde schließlich die Einsetzung einer staatlichen Kommission zur Untersuchung des Schicksals von verschwundenen Kindern dekretiert. Einige Monate später, im März 2005, wurde der salvadorianische Staat vom Interamerikanischen Menschenrechtsgerichtshof für das Verschwinden der Geschwister Serrano verantwortlich gemacht und unter anderem zu einem öffentlichen Schuldeingeständnis, zur Einrichtung eines Gedenktages für verschwundene Kinder und zu Entschädigungszahlungen verurteilt.

Die Auseinandersetzungen um offizielle Aufklärung, Reparationsleistungen und Strafprozesse in Zentralamerika dauern bis heute an. Sie sind zugleich Ausdruck gesellschaftlicher Kräfteverhältnisse und bestehender Konfliktlinien. Jenseits der Bemühungen um eine institutionelle Aufarbeitung vergangener Menschenrechtsverletzungen und Gewalttaten werden auch Formen der Bewahrung von Erinnerung und der Vermittlung von Erfahrungen immer wichtiger. Dies wird an der zunehmenden Bedeutung von Autobiographien, Filmen und anderen Dokumentationsformen deutlich, wie jüngst in Panama und Nicaragua zu beobachten.

Literaturverzeichnis

Amnesty International (2003): *El Salvador: Where are the "disappeared" children?* AMR29/004/2003.

Assmann, Jan (1999): *Das kulturelle Gedächtnis: Schrift, Erinnerung und politische Identität in frühen Hochkulturen.* München.

Buergenthal, Thomas (1995): "The United Nations Truth Commission for El Salvador". In: Kritz, Neil J. (Hrsg.): *Transitional Justice. How Emerging Democracies Reckon with Former Regimes.* Washington, D.C.

CEH (Comisión para el Esclarecimiento Histórico) (1999): *Guatemala. Memoria del Silencio.* Guatemala.

Forsberg, Tuomas/Teivanen, Teivo (1998): *The Role of Truth Commissions in Conflict Resolution and Human Rights Promotion. Chile, South Africa and Guatemala.* UPI Working Papers 10/1998.

Fuchs, Ruth/Nolte, Detlef (2004): "Politikfeld Vergangenheitspolitik. Zur Analyse der Aufarbeitung von Menschenrechtsverletzungen in Lateinamerika". In: Institut für Iberoamerikakunde (Hrsg.): *Lateinamerika-Analysen* 9: 59-92. Hamburg.

Fundación Myrna Mack (FMM) (2004): Apuntes sobre los engranajes de la impunidad en casos de violaciones a los derechos humanos en Guatemala, Guatemala-Stadt.

Hayner, Priscilla B. (2001): *Unspeakable Truths. Confronting State Terror and Atrocity.* New York/London.

IUDOP (Instituto Universitario de Opinión Publica)/Universidad Centroamericana José Simeón Cañas (1993): *La Opinión de los Salvadoreños sobre la Comisión de la Verdad* (Boletín de Prensa, Jg. VIII, Nr. 2).

Jonas, Susanne (2000): *De Centauros y Palomas. El Proceso de Paz Guatemalteco.* Guatemala-Stadt.

Kaye, Mike (1997): "The Role of Truth Commissions in the Search for Justice, Reconciliation and Democratisation. The Salvadorean and Honduran Cases". In: *Journal of Latin American Studies* Nr. 29, S. 693-716.

König, Helmut/Kohlstruck, Michael/Wöll, Andreas (Hrsg.) (1998): *Vergangenheitsbewältigung am Ende des 20. Jahrhunderts* (Leviathan Sonderheft Nr. 18). Opladen.

Kritz, Neil J. (Hrsg.) (1995): *Transitional Justice. How Emerging Democracies Reckon with Former Regimes.* Washington, D.C.

Krosigk, Friedrich von (1999): *Panama. Transit als Mission. Leben und Überleben im Schatten von Camino Real und transisthmischem Kanal.* Frankfurt am Main.

Kurtenbach, Sabine (1996): "Verdrängen, Vergessen, Versöhnen. Vergangenheitsbewältigung in Zentralamerika". In: Nolte, Detlef (Hrsg.): *Vergangenheitsbewältigung in Lateinamerika.* Frankfurt am Main, S. 213-225.

— (1998): "Schafft ein Friedensvertrag schon Frieden? Das Beispiel Zentralamerikas". In: Heintze, Hans-Joachim, (Hrsg.): *Moderner Minderheitenschutz. Rechtliche oder politische Absicherung?* Bonn.

Misereor (Hrsg.) (1998): *Guatemala. Nie wieder – Nunca más. Bericht des Interdiözesanen Projekts Wiedergutmachung der geschichtlichen Wahrheit.* Aachen.

Nolte, Detlef (Hrsg.) (1996): *Vergangenheitsbewältigung in Lateinamerika.* Frankfurt am Main.

Oettler, Anika (2003): *Die Wiederbelebung der Vergangenheit? Guatemala im Wahljahr 2003.* In: *Brennpunkt Lateinamerika* Nr. 6, Institut für Iberoamerika-Kunde. Hamburg.

— (2004a): *Erinnerungsarbeit und Vergangenheitspolitik in Guatemala.* Frankfurt am Main.

— (2004b): "Der Stachel der Wahrheit. Zur Geschichte und Zukunft der Wahrheitskommission in Lateinamerika". In: Institut für Iberoamerika-Kunde (Hrsg.): *Lateinamerika-Analysen* 9, S. 93-127.

— (2004c): "Guatemala. Demokratie auf dem Nährboden der Gewalt. Zu den Perspektiven des Friedensprozesses unter der neuen Regierung Berger". In: *Brennpunkt Lateinamerika* Nr. 3, Institut für Iberoamerika-Kunde. Hamburg.

— (2004d): "Panama – Personalismus und programmatische Leere. Zu einem Duell alter Rivalen und zu den wichtigen und nichtigen Wahlkampfthemen". In: *Brennpunkt Lateinamerika* Nr. 8, Institut für Iberoamerika-Kunde. Hamburg.

— (2005): "Guatemala. Zwanzig Jahre Demokratie". In: *Brennpunkt Lateinamerika* Nr. 13, Institut für Iberoamerika-Kunde. Hamburg.

Popkin, Margaret (1998): "La Amnistía Salvadoreña. Una perspectiva comparativa. ¿Se puede enterrar el pasado?". In: *ECA*, Nr. 597-598, S. 643-656.

— (2000): *Peace without Justice. Obstacles to Building the Rule of Law in El Salvador.* Pennsylvania.

Sieder, Rachel (2001): "War, Peace and Memory Politics in Central America". In: Barahona de Brito, Alexandra/González-Enriquez, Carmen/Aguilar, Paloma (Hrsg.): *The Politics of Memory. Transitional Justice in Democratizing Societies.* Oxford, S. 161-189.

Sikkink, Kathryn (1993): "Human Rights, Principled Issue-networks and Sovereignty in Latin America". In: *International Organization* 47/3, S. 411-441.

Tomuschat, Christian (2000): "Vergangenheitsbewältigung durch Aufklärung. Die Arbeit der Wahrheitskommission in Guatemala". In: Fastenrath, Ulrich (Hrsg.): *Internationaler Schutz der Menschenrechte. Entwicklung – Geltung – Durchsetzung – Aussöhnung der Opfer mit den Tätern.* Dresden/München, S. 137-178.

Valladares, Leo (1994): *Los Hechos Hablan Por Si Mismos: Informe Preliminar Sobre Los Desaparecidos en Honduras 1980-1993.* National Commissioner for the Protection of Human Rights in Honduras. Tegucigalpa.

Valladares, Leo/Peacock, Susan C. (1998): *In Search of Hidden Truths. An Interim Report on Declassification by the National Commissioner for Human Rights in Honduras.* <http://www.gwu.edu/~nsarchiv/latin-america/honduras/hidden_truths/hidden.htm> (02.08. 2005).

Wilson, Richard (1997): *The People's Concience? Civil Groups, Peace and Justice in the South African and Guatemalan Transitions.* CIIR, London.

Zur, Judith N. (1998): *Violent Memories. Mayan War Widows in Guatemala.* Boulder, Col.

Juliana Ströbele-Gregor

Hindernislauf. Friedensprozess und Organisierungsprozesse von Frauen in Guatemala

Mit ihrer Teilnahme am bewaffneten Kampf während der Bürgerkriege der siebziger und achtziger Jahre sind Frauen in Zentralamerika ins öffentliche Blickfeld geraten. Zu den Frauenbildern, die sich im Westen eingeprägt haben, gehörte einerseits das der schönen Guerillera mit dem Gewehr, die ein beliebtes Objekt der Medien war. Verzweifelt weinende Maya-Frauen neben verstümmelten Toten prägten das andere Bild, das bis heute mit Frauen in Zentralamerika verbunden wird. Die Bilder kennzeichneten spezifische Erfahrungen von Frauen jener Jahre: Akteurin und Opfer zu sein. Diese Erfahrungen haben das Bewusstsein von Frauen in Zentralamerika nachhaltig geprägt und während und nach dem Krieg einen wesentlichen Einfluss auf ihre Teilnahme am öffentlichen Leben gehabt.

Die Bürgerkriege in Nicaragua, El Salvador und Guatemala, die ökonomische Krise der achtziger Jahre und neoliberale Strukturanpassungsprogramme haben tief greifende Veränderungen in den Lebensverhältnissen bewirkt. Frauen haben in diesem Kontext vielfach neue Rollen übernommen. Durch die grundlegenden Umwälzungen im rechtlichen, politischen, ökonomischen und familiären Bereich wurde auch die strukturelle Basis der Geschlechterbeziehungen berührt.

Mit der Transition zur Demokratie nahm der Organisationsgrad der Frauenbewegungen in Zentralamerika zu, wodurch diese in der politischen Arena an Bedeutung gewannen (Aguilar et al. 1997). In den Organisierungsprozessen, die in den einzelnen Ländern unterschiedlich verliefen, spiegeln sich die jeweiligen Geschlechteridentitäten wider: Der soziale Status, etwa als Mutter oder Kriegswitwe, die Klassen- und Schichtenzugehörigkeit, die ethnische, kulturelle und regionale Identität oder die Zugehörigkeit zu einer politischen Gruppierung bzw. Bewegung. Die Akzentuierung dieser Vielfalt in den Organisationen ist nicht zuletzt ein Grund für die Schwierigkeit, gemeinsame politische Agenden und Strategien zu deren Umsetzung zu entwickeln. Dies betrifft nicht nur die internationale Zusammenarbeit der Frauenbewegungen innerhalb der zentralamerikanischen Region, sondern auch die Situation innerhalb der einzelnen Länder.

Im Folgenden wird die Entwicklung von Bewusstwerdungs- und Organisierungsprozessen von Frauen in Guatemala seit der Transition zur Demokratie 1995 näher betrachtet. Einen Schwerpunkt bildet die Situation von
Maya-Frauen, d.h. die vielfältigen Probleme, mit denen indigene Frauen
konfrontiert sind, wenn sie beginnen, sich gegen Benachteiligung zu wehren
und ihre Rechte zu artikulieren. Bei dieser Analyse können zwei Aspekte
nicht außer Acht gelassen werden: 1. die Erfahrungen von Maya-Frauen
während des Krieges sowie 2. die Frage nach der Beziehung von Maya-
Frauenorganisationen zur Frauenbewegung. Das macht zunächst einen
knappen Blick auf die Frauenbewegung in den Nachbarländern notwendig.

1. Feminismus in Zentralamerika

Organisierungsprozesse von Frauen in Lateinamerika waren in der jüngsten
Vergangenheit eng verbunden mit Widerstand gegen Diktaturen, Verteidigung der Menschenrechte und Einforderung von Demokratie (Jaquette 1989;
Radcliffe/Westwood 1993; Gabbert et al. 2000). Bei der Wiederherstellung
von demokratischen Regierungsformen in den achtziger Jahren waren die
vielfältigen Frauenorganisationen entscheidend beteiligt. Das Politikmono-
pol der Parteien war durch die Oppositionsbewegungen gegen die Diktaturen
aufgebrochen worden, mit der Erosion des formalen Wirtschaftssektors verloren vielfach auch die traditionell männlich dominierten Gewerkschaften an
Bedeutung, während neue Organisationen entstanden, in denen besonders
Frauen aktiv waren: etwa die Komitees der gegenseitigen Hilfe und Gemein-
schaftsküchen in den Armenvierteln oder Vereinigungen von Landfrauen
oder Straßenhändlerinnen. Gleichzeitig ist der politische Einfluss von organisierten *indígenas*, Konsumgemeinschaften und Menschenrechtsgruppen
gewachsen, in denen Frauen eine wichtige Rolle spielen. In Guatemala ist
der in den achtziger Jahren gegründete GAM *(Grupo de Apoyo Mutuo)*, in
der sich Angehörige von Verschwundenen organisieren, eine solche von
Frauen getragene Gruppe. Nicht zuletzt ist es den Frauenbewegungen in
Lateinamerika gelungen, ihre gesellschaftliche Lobbyarbeit in den neunziger
Jahren auszuweiten und ihre politische Einwirkungskraft zu erhöhen. Das
gilt auch – wenn auch in viel geringerem Maße als in den übrigen Staaten –
für Guatemala.

Die neue Rolle der Frauen gab auch dem Feminismus in Lateinamerika neuen Auftrieb.[1] In Zentralamerika fand dieser Aufbruch, mit Ausnahme von Costa Rica, erst spät statt. Die Situationen von Krieg und Revolution in Nicaragua, El Salvador und Guatemala sowie das politische Selbstverständnis der Widerstandsorganisationen ließen kaum Platz für die Entwicklung feministischer Positionen. Aguilar et al. kommen zu der Feststellung, dass

> die Mehrheit der zentralamerikanischen Frauen, die derzeit zur sozialen Frauenbewegung *(Movimiento social de mujeres)* gehören, aus der politischen Linken sowie aus den Volksbewegungen kommt und nun nach neuen Sicht- und Denkweisen, neuen Formen der politischen Beteiligung und der politischen Praxis sucht (1997: 9).

Nicaragua und Costa Rica sind die beiden Länder in der Region, in denen nicht nur die soziale Frauenbewegung, sondern auch die feministische Bewegung am stärksten verankert ist. In Nicaragua, wo Ende der siebziger Jahre die revolutionäre Sandinistische Befreiungsfront die Macht ergriff,

> entwickelte sich zunächst eine Frauenbewegung in starker Abhängigkeit vom Sandinismus. Der sandinistische Frauenverband AMNLAE fungierte als Transmissionsriemen sandinistischer Politik. Erst 1987 entstanden feministische Organisationen außerhalb des offiziellen Rahmens. Als die Sandinisten 1990 die Wahlen verloren, war die Frauenbewegung außerordentlich aktiv, stellte Forderungen an die neuen Machthaber, aber rechnete auch mit den Macho-Sandinisten ab (Küppers 2000: 28).

In Costa Rica boten die stabile demokratische Ordnung, ein vergleichsweise effektives Bildungswesen, eine breite Mittelschicht und nicht zuletzt der Umstand, von Bürgerkrieg verschont zu bleiben, eine Situation, in der sich die soziale und die feministische Frauenbewegung entfalten konnten. Damit verstärkte sich das politische Gewicht der Frauen bei Formulierung und Verabschiedung von Gesetzen wie z.B. bei den Gleichstellungsgesetzen, Gesetzen gegen häusliche Gewalt und gegen sexuelle Belästigung. Die Formulierung und Verabschiedung dieser Gesetze in den Jahren 1988-1990 war eine wichtige Etappe breiter Mobilisierung und stellte die gesellschaftliche Durchsetzungskraft der Frauenbewegung unter Beweis.

---

1   Stolz Chinchilla (1993) und Küppers (2000) sprechen von der "zweiten Welle", die der ersten des ausgehenden 19. Jahrhunderts und frühen 20. Jahrhunderts folgte. Über die feministische Bewegung in Zentralamerika liegen bisher kaum Studien vor, da historische Frauenforschung in Zentralamerika noch sehr in den Anfängen liegt (Mora Carvajal 1997: 10ff.). Das Frauenwahlrecht wurde in den zentralamerikanischen Staaten erst zwischen 1939 (El Salvador) und 1955 (Nicaragua) durchgesetzt (Miller 1991: 96).

Anders als in Guatemala gibt es in Costa Rica ein produktives Verhältnis zwischen der Frauenbewegung und staatlichen Institutionen. Frauenorganisationen werden zu Beratungen und Planungen von Initiativen herangezogen, und Frauen aus den Organisationen übernehmen Positionen innerhalb der Regierung oder in öffentlichen Ämtern. Diese Frauen agieren auch als Verbindung zu internationalen Institutionen (Aguilar et al. 1997: 53). Die Integration von prominenten Feministinnen in hohe Staats- und Regierungsämter bewirkte jedoch auch Irritationen bei einigen Feministinnen. Damit bekam die Debatte über die Autonomie der Bewegung sowie über Grenzen und Möglichkeiten in der Beziehung zum Staat einigen Auftrieb.

Bis Ende der achtziger Jahre behinderten die Kriege und die damit verbundenen spannungsgeladenen Beziehungen zwischen den Nachbarländern die internationale Mobilität und damit auch die Kommunikation zwischen den zentralamerikanischen Frauenbewegungen. Der Gedanken- und Erfahrungsaustausch und gemeinsames Handeln wurden damit erschwert. Bezeichnenderweise fand das erste zentralamerikanische Frauentreffen erst im August 1989 statt: Die Hoffnung auf Frieden in der Region hatte die Frauen zusammengeführt. Aus diesem Treffen entstand die *Asamblea Permanente de Mujeres Centroamericanas Por La Paz* (Oehm-Häneke 1993).

Beim zweiten Treffen 1992 in Montelimar (Nicaragua) wurde dann die Aufbruchstimmung spürbar, was sich an der unerwartet starken Beteiligung zeigt und daran, welche Themenbereiche diskutiert wurden: *Indígenas*, Afroamerikanerinnen und Homosexuelle kamen zu Wort, "Tabu-Themen" wurden diskutiert, deren Bandbreite von häuslicher Gewalt, über das Recht auf den eigenen Körper und sexuelle Selbstbestimmung bis hin zur Frage reichte, ob Frauen sich in geschlechtergemischten politischen Organisationen engagieren sollten. Der Umstand, dass der Titel und der Aufruf des Treffens das Wort "feministisch" vermieden, verwies auf Schwierigkeiten mit dem Begriff. Seit Jahren wurde eine intensive Gegenpropaganda und Diffamierung seitens der katholischen Kirche, der Herrschenden und auch der linken politischen Organisationen betrieben. Feministische Ideen wurden als familien- und männerfeindlich, egoistisch und als Spaltung der Volksbewegung gebrandmarkt. Viele Frauen scheuten sich daher, sich als Feministinnen zu bezeichnen, auch wenn ihre organisatorische und politische Arbeit auf die Ermächtigung von Frauen und Emanzipation zielte (Stolz Chinchilla 1993).

Die feministische Bewegung ist nicht gleichzusetzen mit Frauenbewegung und Organisierungsprozessen von Frauen. In Guatemala engagieren sich Frauen schon seit langem für die verschiedensten allgemeinen und frauenspezifischen Anliegen. Die bisher noch schwache feministische Bewegung hat sich jedoch erst sehr spät und zaghaft entwickelt. Hinzu kommt, dass die Kommunikation und der Erfahrungsaustausch innerhalb der feministischen Bewegung in Zentralamerika auch heute noch lückenhaft ist.[2]

Die gesellschaftlichen Verhältnisse Guatemalas unterscheiden sich in einigen wesentlichen Aspekten von den Nachbarstaaten. Dazu gehört vor allem die kulturelle und ethnische Vielfalt, d.h. die starke Präsenz der indigenen Bevölkerung in diesem Land. Laut nationalem Zensus von 1994 sind 42,8% der Bevölkerung indigenen Ursprungs (INE 1994, zit. in Rodriguez et al. 1998: 11), nach Angaben des indigenen Bürgermeisters von Quetzaltenango sind es 60% (Quemé Chay 1999: 77). Von den 25% der Bevölkerung Zentralamerikas, die als *indígena* bezeichnet werden, leben 79% in Guatemala (*Consejo Mundial de Pueblos Indígenas* 1993, zit. in ONAM 1995: 84).[3] Die Diversität und die hierarchischen Strukturen der Gesellschaft beeinflussen die gesellschaftlichen Erwartungen, Organisierungsprozesse, Forderungen und politischen Strategien von Frauen und behindern nicht selten die Kommunikation. Diese Diversität geht einher mit einem ausgeprägten Rassismus seitens der *ladinischen* (mestizischen) und "weißen" Gesellschaftsschichten gegenüber der indigenen Bevölkerung. So war beispielsweise von den Menschenrechtsverbrechen während des Bürgerkrieges und danach gezielt die indigene Bevölkerung betroffen.

Eine Analyse der Organisierungsprozesse von Frauen in Guatemala führt zu den gesellschaftlichen Erfahrungen von indigenen Frauen, d.h. zu ihrer ländlichen Lebenswelt und der Geschlechterordnung in den Maya-Gemeinschaften, sowie zu Lebensverhältnissen, die geprägt wurden von den Herrschaftsstrukturen der autoritären Regime, von staatlich autorisierter Missachtung der Menschenrechte und Krieg. Aus handlungstheoretischer Perspektive ist daher eine Annäherung an diese Erfahrungen geboten.

---

2   Das spiegelt sich in der Frauenforschung wider. Die durchaus beachtenswerte Sammlung neuer Ergebnisse der Geschlechterforschung von Eugenia Rodríguez Sáenz (Hrsg.) (1997) aus Costa Rica enthält keinen Aufsatz zu Guatemala, und dieses Fehlen wird nicht einmal in der Einleitung angesprochen.

3   Es handelt sich dabei hauptsächlich um Maya-Völker. Zu den 22 Maya-Völkern mit ihren jeweils unterschiedlichen Sprachen kommen noch die karibischen Garífuna und die Xinca.

2. Guatemala: Die Berichte der Wahrheitskommissionen

Nach dem Ende des Bürgerkriegs 1996 einigten sich die ehemaligen Kriegsparteien unter Vermittlung der Vereinten Nationen (UN) darauf, das Ausmaß
der Menschenrechtsverbrechen von unabhängiger Seite untersuchen zu lassen. Die Ergebnisse der offiziellen Wahrheitskommission (CEH 1999) und
der erzbischöflichen Kommission lesen sich als "Statistik des Grauens" (siehe den Artikel von Anika Oettler in diesem Band).

Die CEH wie auch die Erzbischöfliche Kommission weisen nach, dass
die Verfolgung gezielt geschlechtsspezifisch war und sexuelle Gewalt und
Gräueltaten gegen Frauen Teile der Militärstrategien gewesen sind
(CEH 1999a: 28). Der CEH-Bericht spricht von einem vollständigen Verlust
menschlicher Moral bei den Tätern. Zum einen sollte mit massenhaften und
systematischen Vergewaltigungen die Würde eines Volkes zerstört werden.
Zum anderen war die gezielte Ermordung von Frauen Bestandteil des Ethno-
bzw. Genozidprogramms. Der Bericht beschreibt detailliert die Exzesse und
die traumatischen Folgen sexueller Gewalt: persönlichen Schmerz, Scham,
das Gefühl von Demütigung und der Verlust des Selbstwertgefühls, aber
auch Schweigen, Misstrauen, Schuldzuweisung, Abwehr von Schuld und
kollektive Scham (CEH 1999b: 52). Diese Traumata und ihre Folgen belasten das Leben in den Familien, in den neuen oder alten Dorfgemeinschaften und in den Stadtteilen schwer (Aron et al. 1991).

Den Forderungen der Kommission zufolge ist für eine Befriedung Guatemalas eine grundsätzliche Haltungsänderung seitens des Staates und der
Gesellschaft gegenüber der indigenen Bevölkerung und insbesondere gegenüber den indigenen Frauen notwendig. Gefordert wird die besondere Anerkennung der an den Frauen begangenen Menschenrechtsverletzungen wie
auch eine Würdigung der Leistungen, die sie erbringen, um ihr eigenes Leben und das ihrer Familie wieder zu stabilisieren, den Lebensunterhalt der
Familie zu sichern und die Gemeinden wieder aufzubauen (CEH 1999a: 28).

3. Die Berücksichtigung von Frauen im Friedensabkommen

Während der Friedensverhandlungen, die Anfang der neunziger Jahre aufgenommen wurden und in deren Verlauf die Versammlung der Zivilgesellschaft *(Asamblea de la Sociedad Civil)* eine wesentliche Rolle bei der Ausarbeitung der thematischen Schwerpunkte hatte, konstituierte sich die Frau-
eninitiative *Convergencia Cívico-Política de Mujeres*. Sie repräsentierte
etwa 18 Frauenorganisationen, darunter Organisationen der Landfrauen, der

Familienangehörigen von Verschwundenen und Witwen sowie der Rückkeh-rerinnen.[4] Die Vorbereitungen der Weltfrauenkonferenz in Peking 1995 und Unterstützung internationaler Institutionen und NGOs bewirkten eine erheb-liche Mobilisierung und Organisierung von Frauen (Deere/León 1999: 24). Die Beschlüsse von Peking beeinflussten die Themen, die die Frauenorgani-sationen in das Friedensabkommen einbrachten.

So gelang es, dass in mehreren der elf Teilabkommen frauenspezifische Themen aufgenommen wurden. Dazu gehören die Verpflichtung zur Verab-schiedung spezifischer Gesetze und die Durchführung von Maßnahmen zur Verbesserung der sozioökonomischen Situation von Frauen, doch diese Re-formen blieben großen Teils Absichtserklärung (Hernández Alarcón 1999: 15). Der Jahresbericht 2001 der UN-Mission zur Überwachung der Men-schenrechte *(MINUGUA)* liest sich als Liste unerledigter Aufgaben und als ein Zeugnis der mangelnden Erfüllung der Friedensvereinbarungen. Gerügt wird u.a. die völlig unzureichende Umsetzung des Sozioökonomischen Ab-kommens und des Abkommens über die Rechte indigener Völker; besonders dringend gefordert wird zudem die Integration von Frauen und den *indíge-nas* sowie die Berücksichtigung des Geschlechteransatzes in sämtlichen Reformmaßnahmen und Institutionen.

4. Lebensumstände von Frauen

Trotz der großen Bedeutung der ethnischen Unterschiede in Guatemala gibt es einen gemeinsamen Nenner in den Lebensverhältnissen aller Frauen: Un-abhängig von ihrer sozialen, ethnischen oder wirtschaftlichen Situation sind sie gegenüber Männern benachteiligt. Das betrifft ihre ungleiche Teilhabe an Entscheidungen, an Entwicklungsprozessen und die Ausübung individueller und sozialer Autonomie. Der gesellschaftlichen Organisation Guatemalas liegt eine asymmetrische Geschlechterordnung zugrunde, in der die Überbe-wertung des Mannes alle gesellschaftlichen Bereiche durchzieht. Macht und Autorität werden männlich definiert. Dies strukturiert sowohl das öffentliche wie das private Leben (Rodríguez et al. 1997: 2f.). Obgleich in der Verfas-sung von 1985 die Gleichstellung der Geschlechter in Art. 4 festgeschrieben ist, war bisher eine Anpassung der aus dem 19. Jahrhundert stammenden

---

4 Unter anderem die NGO Mujeres Tierra Viva, die Asociacón de Familiares Detenidos-Desaparecidos de Guatemala (FAMDEGUA); die Comisión de la Mujer de la Coordina-dora Nacional de Pequeños y Medianos Productores (CONAMPRO); der Consejo de Comunidades Étnicas Runujel Junam (CERJ); die Coordinadora Nacional de Viudas de Guatemala (CONAVIGUA) (ONAM, zit. in Deere/León 1999: 24).

Gesetze an das Verfassungsgebot im – ganz überwiegend mit Männern besetzten – Parlament nicht durchsetzbar. Die entsprechenden drei Gesetzesinitiativen der Nationalen Frauenbehörde in den neunziger Jahren wurden abgelehnt. Damit bleiben Frauen weiterhin gegenüber dem Mann benachteiligt, u.a. im Erbrecht, Landrecht, im Familienrecht, hier insbesondere beim Recht auf Erwerbstätigkeit, dem Verfügungsrecht über das Eigentum und dem Recht, die Familie nach außen zu vertreten (Deere/León 1999: 11-17).

Der beharrlichen Verweigerung der Parlamentarier liegt ein Geschlechterkonzept zugrunde, das dem Mann die Rolle der Autorität und des Repräsentanten der Familie, des Ernährers und Entscheidungsträgers zuweist, während die Aufgaben der Frau im Haus und in der Kinderaufzucht angesiedelt werden. Dieses ideologische Konstrukt verdeckt nicht nur, dass es dabei um die Absicherung von Herrschaft geht, sondern macht auch blind gegenüber der Realität: Frauen auf dem Land und aus den ärmeren städtischen Gesellschaftsschichten, also die große Mehrheit der indigenen Frauen, waren stets an der Erwirtschaftung des Familienunterhalts beteiligt, auch wenn sie nicht in den formellen Arbeitsmarkt integriert waren. Darüber hinaus hat in den letzten zwei Jahrzehnten die Erwerbstätigkeit von Frauen in Guatemala zugenommen. Während 1964 nur 12,9% als wirtschaftlich aktiv registriert wurden, waren es 19% im Jahre 1994 (Rodriguez et al. 1997: 22). Hinzu kommen die von den Statistiken nur unvollkommen erfassten Tätigkeiten von Frauen, etwa im informellen Sektor, als Haushaltshilfe, als Landarbeiterin auf Plantagen im Rahmen von Saisonarbeit oder die Arbeit in der eigenen, traditionellen Landwirtschaft.

Mit den strukturellen Veränderungen auf dem Arbeitsmarkt sind wie anderswo auf der Welt auch in Guatemala neue Arbeitsplätze für Frauen entstanden.[5] Jedoch sind es überwiegend sozial ungesicherte und niedrig entlohnte Tätigkeiten im Dienstleistungssektor oder in Beschäftigungsverhältnissen im niedrigen Qualifikationsbereich. 1998 waren 19,9% der Be

---

5 Die Zunahme der Erwerbstätigkeit von Frauen sowie deren Integration in den formellen
   Arbeitsmarkt liegen im lateinamerikanischen Trend (CEPAL 2000: 141). Aufgrund der
   Entwicklung der Wirtschaft im Zuge der Wirtschaftskrise, der neoliberalen Strukturanpassungsprogramme zur Anpassung an den Weltmarkt haben sich seit den achtziger Jahren der Arbeitsmarkt und die Einkommensstrukturen insgesamt verändert. Für Frauen
   aus den ärmeren Schichten, also die Mehrheit der Frauen, wird Erwerbsarbeit eine Frage
   der Überlebenswirtschaft, da das Einkommen des Mannes, so er überhaupt einen Arbeitsplatz findet, immer weniger zur Versorgung der Familie ausreicht. Allerdings bleiben weiterhin viele Frauen aus den unteren sozialen Schichten vom formalen Arbeitsmarkt ausgeschlossen, u.a. aufgrund ihres geringen Bildungs- und Qualifikationsstandes
   (ibid.).

schäftigten im Bereich Manufaktur/Industrie Frauen, hierbei handelt es sich ganz überwiegend um niedrig entlohnte und unsichere Arbeitsplätze in der *maquila*[6] und in der Textilindustrie, wobei vorwiegend sehr junge Frauen beschäftigt werden (Rodriguez et al. 1998: 42f.). Der höchste Frauenanteil wird im Dienstleistungssektor registriert (79,8%), hier handelt es sich ebenfalls um niedrig entlohnte und sozial ungesicherte Arbeit, hauptsächlich im Haushalt (PNUD 1998, zit. nach Rodriguez 1998 et al.: 45). Wie insgesamt in Lateinamerika gibt es jedoch auch in Guatemala so genannte "Gewinnerinnen der Globalisierung": Gut ausgebildete, mehrheitlich "weiße" Frauen, die z.B. in internationalen Firmen oder bei NGOs arbeiten. Doch ebenso wie die Frauen in niedriger qualifizierten Positionen müssen auch sie eine erhebliche Lohndifferenz im Vergleich zu ihren männlichen Kollegen hinnehmen.

Die Integration in den Arbeitsmarkt schmälert also nicht die Ungleichheit zwischen Mann und Frau. Dies zeigt nicht nur der Blick in die Lohntüte, sondern auch auf die Belastung von Frauen: Sie sind weiterhin – neben der Erwerbstätigkeit – für den Haushalt und die Kindererziehung verantwortlich. Dennoch bewerten Frauenorganisationen die Erwerbstätigkeit selbst in der *maquila* als einen Schritt in Richtung Selbstständigkeit (Bölscher 2000: 15).

Auch Frauen als Alleinversorgerin der Familie sind keine Seltenheit. Haushaltsstrukturen, die nicht dem traditionellen Bild entsprechen, nehmen erkennbar zu. Immer mehr Frauen werden Haushaltsvorstände (16,9% laut INE 1992, zit. in Rodriguez 1998: 41). Dafür gibt es viele Ursachen: Der Krieg, der Familien zerrissen hat, Witwenschaft, Langzeitmigration des Mannes und der Umstand, dass immer mehr Männer Frau und Kinder verlassen. Die Forschungsergebnisse von Rodríguez in Guatemala stimmen mit denen anderer zentralamerikanischer Länder überein (Fauné 1994). Die realen Veränderungen der Frauenrolle einschließlich des Wandels in den Haushaltsstrukturen stehen also in eklatantem Widerspruch zur sozialen Stellung der Frau und zur herrschenden patriarchalen Ideologie. Dieser Widerspruch ist nicht zuletzt Ausdruck der Tatsache, dass patriarchale Konzepte auch bei Frauen ihren Einfluss behalten haben.

---

6 Die juristische Beraterin der *maquila*-Organisationen, Viola Bölscher, schätzte im Jahre 2000, dass ca. 80.000 Menschen, hauptsächlich Frauen, in der *maquila* arbeiten, und die Zahl der Fabriken bis Mitte der neunziger Jahre rapide anstieg, weil Mittelamerika wegen der geringen Löhne besonders attraktiv wurde (Bölscher 2000: 13).

5. Maya-Frauen

Maya-Frauen sind keine homogene Gruppe, vielmehr hat in den letzten Jahrzehnten die soziale Differenzierung weiter zugenommen. Dies kommt auch
in ihren Bewusstwerdungs- und Organisierungsprozessen zum Ausdruck.
Maya-Frauenorganisationen haben in den letzten Jahren massiv an Bedeutung gewonnen und Frauen haben begonnen, sich in die nationale Politik
einzumischen. In dem Maße, wie Maya-Frauen sich als politische Akteure
begreifen und organisieren, sind sie auch gefordert, sich mit der Geschlech-
ter-Ungleichheit in ihrer eigenen Kultur auseinander zu setzen. Dies ist ein
schwieriger Prozess, in dem sie sich dem Vorwurf des "Verrats an der eigenen Kultur" aussetzen. Gleichwohl beginnen auch Frauen in traditionsbe-
stimmten ländlichen Gemeinwesen das Wort zu ergreifen, geschlechtsspezifische Diskriminierung zur Sprache zu bringen und damit Möglichkeiten
zum politischen Handeln wahrzunehmen.

Die Mobilisierung gerade der Maya-Frauen in ihren vielfältigen Ausdrucksformen gibt der guatemaltekischen Frauenbewegung wichtige Impulse, doch die Erarbeitung einer gemeinsamen politischen Agenda und Strategie steht noch aus. Auf zentralamerikanischer Ebene stellt der Prozess in
Guatemala eine notwendige Erweiterung des Themen- und Erfahrungsspekt-
rums dar, das noch zu wenig wahrgenommen wird.

Der Bürgerkrieg hat mit der Destrukturierung der Lebensverhältnisse einen wichtigen Anstoß zum Wandel in den Geschlechterbeziehungen gegeben. Während der massiven Fluchtbewegungen[7] wurden Frauen gezwungenermaßen zu Haushaltsvorständen und verantwortlich für den Unterhalt anderer Familienangehöriger. Einige erhielten die Möglichkeit zum Erwerb
von Schulbildung, viele machten Erfahrungen in Organisationsprozessen
und eigneten sich neue Handlungsmuster an. Als Rückkehrerinnen nach
Guatemala brachten sie diese neuen Fähigkeiten sowohl in die Organisation
der Familie als auch in das politische Leben ein.

Zu den Protagonistinnen des Krieges gehörten nicht nur die Kämpferin-
nen im Land,[8] sondern auch Frauen in sozialen und Bauernorganisationen
und Führungspersönlichkeiten wie Rosalinda Tuyuc, eine der Gründerinnen

---

7   Im Menschenrechtsabkommen zwischen Regierung und URNG *(Unidad Revolucionaria
     Nacional Guatemalteca)* vom 29.3.1994 wird von "mehr als 150.000 Flüchtlingen" ge-
     sprochen und von 1,5 Mio. internen Vertriebenen (Schulte 1996); Mack gibt ca. 200.000
     Flüchtlinge an (1997).
8   Schätzungen im Rahmen des Wiedereingliederungs-Programms gehen von 25% Frauen
     bei den ehemaligen Kämpfern und Kämpferinnen der URNG aus (Deere/León 1999: 36).

der Witwenorganisation CONAVIGUA, oder Rigoberta Menchú, die in Mexiko als Sprecherin des EGP *(Ejército Guerrillero de los Pobres)* und später als Repräsentantin der demokratischen Opposition auf der internationalen Ebene tätig war. Mit diesem politischen Engagement brachen sie zwangsläufig mit einigen Merkmalen des traditionellen Rollenbildes. Gleichwohl bedeuten diese Veränderungen noch längst nicht die Aufhebung von Benachteiligungen und der Gültigkeit traditioneller Rollenmuster, insbesondere in ländlichen Gemeinwesen.

In der dörflichen Lebenswelt bestimmen noch weitgehend traditionelle Normen die Geschlechterbeziehung. Auch wenn der Diskurs der Maya-Männer die Komplementarität der Geschlechter beschwört, ist in den Maya-Gesellschaften eine asymmetrische Geschlechterordnung wirkungsmächtig (Camus 2002). Beispielsweise werden Frauen in der Regel nicht als eigenständige Rechtsträgerinnen anerkannt. Das schränkt nicht nur ihren Zugang zu produktiven Ressourcen, zu Land oder Krediten ein. Bis auf Heil- und Hebammentätigkeit sind ihnen auch die Handlungsfelder außerhalb des Familiennetzwerkes traditionell verschlossen. Nur 27% der Frauen sind Eigentümerin des Landes, das sie bearbeiten, dem gegenüber stehen 41% der Männer (*MINUGUA* 2001: 7). Das Erbrecht und Gewohnheitsrecht benachteiligt Frauen, Kredite sind ihnen kaum zugänglich. Ihr Arbeitstag besteht aus der Hausarbeit, Kinderbetreuung, Arbeit in der Landwirtschaft und im Kunsthandwerk bzw. anderen Erwerbstätigkeiten, meist mit niedrigen Einkommen. Trotz eines Arbeitstages, der länger ist als der ihrer Männer, wird all dies nur als "Mithilfe" in der Familienwirtschaft betrachtet. Die Erziehung der Töchter besteht in der Vorbereitung zur Übernahme von reproduktiven Pflichten. Bildung für Mädchen wird daher vielfach als nutzlose Investition angesehen. Viele Frauen auf dem Land sprechen deshalb nur ihre Herkunftssprache bzw. beherrschen das Spanische nur rudimentär, wodurch ihre Kommunikations- und Handlungsfelder entscheidend eingeschränkt sind. Mädchen werden frühzeitig verheiratet, damit entlastet sich die Familie von ihrer Versorgung. Frauen sind deshalb in besonderem Maße betroffen, wenn – wie im Verlauf des Krieges tausendfach geschehen – Familien zerschlagen, Verwandtschaftsstrukturen und Gemeinschaften aufgelöst und das indigene System der gegenseitigen Hilfe und Zusammenarbeit entscheidend geschwächt wird. Für Witwen und Waisen bedeutet dies, dass sie oft unter den erbärmlichen Bedingungen extremster Armut leben müssen.

Im "normalen Leben" von Frauen sind darüber hinaus Diskriminierung und auch Gewalterfahrungen im unmittelbaren Umfeld keine Ausnahmen.

Nur zaghaft wagen Frauen, die eigene indigene Gesellschaft zu kritisieren. Dieses geschieht zumeist in einem Kontext, der von außen initiiert wird, etwa wenn Katechetinnen oder NGOs im Dorf eine Frauengruppe organisieren (Göbels 1997).

Wenn Maya-Frauen das Wort ergreifen, dann bringen sie ihre Situation folgendermaßen auf den Punkt: Frauen sind dreifach unterdrückt – wirtschaftlich, ethnisch und aufgrund ihres Geschlechts (Gaviola 2001). Beispiele dafür gibt es zur Genüge.

Im städtischen Kontext[9] werden die Spielregeln fast ausschließlich von der ladinischen und "weißen" Gesellschaft bestimmt. Zwar nehmen auch indigene Frauen zunehmend Lohnarbeit auf, insbesondere im Alter zwischen 25 und 45 Jahren. Doch bis auf eine kleine neue weibliche Mittelschicht, die als Händlerinnen, Lehrerinnen oder Akademikerinnen tätig ist, übt die Mehrheit der indigenen Frauen Erwerbstätigkeiten aus, die überwiegend im Niedriglohnbereich liegen. Die wenigen Maya-Frauen, die über eine Berufsausbildung oder gar einen Studienabschluss verfügen, müssen mit noch stärkeren beruflichen Hindernissen und einer geringeren Bezahlung rechnen als ihre "weißen" Kolleginnen oder gar männlichen Kollegen (FDMCA/ KAQLA 2000).

Ethnische Diskriminierung und faktische Rechtlosigkeit gegenüber Besitzenden, *Ladinos*, "Weißen" und Militärs sind insbesondere in ländlichen Regionen an der Tagesordnung. Die traditionelle Rollenzuweisung behindert die Frauen zusätzlich im Umgang mit der Welt außerhalb der Dorfgemeinschaften, denn aufgrund von Analphabetismus oder geringer Schulbildung, schlechter Spanischkenntnisse, Unkenntnis ihrer Rechte und wenig Erfahrung im Umgang mit Amtsträgern und Bürokratie erfahren *indígena*-Frauen noch mehr als die Männer die Missachtung, Entwürdigung, Gewalt und Übervorteilung durch die dominante Gesellschaft (Göbels 1997; FDMCA/ KAQLA 2000).

Dies hat wiederum Folgen für die Präsenz von indigenen Frauen im öffentlichen Raum oder im politischen Leben. Ihr Verhältnis zum Staat und seinen Institutionen ist mit diesen Erfahrungen absoluter Rechtlosigkeit und Entwürdigung belastet. Misstrauen gegenüber Vertretern des Staates ist daher weit verbreitet. Die Bereitschaft zur Partizipation im Rahmen von Strukturen, die von außen kommen, ist begrenzt – sofern es sich nicht um kirchliche Einrichtungen handelt oder um das Entgegennehmen materieller Hilfen.

---

9   Zu Maya-Frauen im städtischen Kontext siehe Gaviola (2001: 30-42).

Doch Wandel macht sich bemerkbar. Frauen sind auf Gemeindeebene in Entwicklungskomitees sichtbare und anerkannte Protagonistinnen von Entwicklung und inzwischen wichtige Akteure des sozialen Wandels der Frauenrolle. Immer häufiger werden sie darin von lokalen Autoritäten unterstützt. Diese Verantwortlichkeiten haben ihre soziale Stellung innerhalb von Gemeinden gestärkt (*MINUGUA* 2001: 17-22).

Vor diesem Hintergrund entstehen seit der zweiten Hälfte der neunziger Jahre in den ländlichen Gemeinden auch eigenständige Frauenorganisationen, in denen sich Frauen für die Gemeinde engagieren. Die Teilhabe am öffentlichen Leben stellt dabei die traditionelle Rollendefinition und die Geschlechterordnung nicht in Frage, sondern baut vielmehr auf der Rolle der Frau als Mutter und Verantwortliche für das Wohlergehen der Familie auf. Es entstehen aber auch innovative und rollenkritische Frauengruppen (Camus 2002).

Wie auf dem Land setzt auch im städtischen Kontext die politische Mobilisierung von indigenen Frauen ganz überwiegend an der herkömmlichen Frauenrolle an. Ein Beispiel dafür ist die Beteiligung von Frauen im Rahmen des von *indígenas* gegründeten Bürgerkomitees Xel-ju in Quetzaltenango. Der Sieg von Xel-ju bei den Kommunalwahlen 1995 ist dem Engagement von Frauen zu verdanken (Celigueta 1998: 75). Sie setzten sich unter anderem für die Umsetzung der Bürgerinnenrechte ein, indem sie die Frauen über ihre demokratischen Rechte aufklärten und bei der Beschaffung von Personalausweisen halfen – einer Voraussetzung, um überhaupt wählen zu können. Laut Rigoberta Menchú waren über 90% der guatemaltekischen Frauen zur Zeit der Wahlen 1995 ohne Ausweispapiere und konnten damit ihr Wahlrecht nicht ausüben (Celigueta 1998: 79)!

Das Engagement der Frauen für Xel-ju beschränkte sich jedoch auf die Unterstützung ihrer Ehemänner, Väter, Brüder oder Freunde. Es gab kaum Frauen, die selbst kandidierten. Das Beispiel verdeutlicht, wie die traditionelle Frauenrolle strategisch und politisch erfolgreich genutzt werden kann. Gleichwohl begrenzt ein solches Rollenverständnis auch das Handeln dieser Frauen. Dabei ist zu berücksichtigen, dass die Voraussetzungen für die politische Partizipation von Maya-Frauen in Quetzaltenango besonders günstig sind, denn die Stadt nimmt hinsichtlich der Präsenz der Maya eine Sonderstellung in Guatemala ein: Es ist die Stadt mit der stärksten und größten Maya-Mittelschicht. Zwar wird nicht mehr Quiché gesprochen, aber die Frauen kleiden sich in ihrer Tracht, und insgesamt ist man stolz auf die ethnische Identität. Darüber hinaus sind die Frauen nicht mehr nur an den häuslichen Herd gebunden. Sie studieren an der Universität von Quetzaltenango, sind *profesionales* oder erfolgreiche Händlerinnen. Doch die Form ihrer politischen Beteiligung zeigt, dass es kulturelle Rollenmuster gibt, die sehr verankert sind und offenbar zu eigenständigen Formen der politischen Teilhabe führen, ohne dass das Geschlechterverhältnis als Machtverhältnis hinterfragt wird.

6. Organisierungsprozesse, zwiespältige Erfahrungen und Hindernisse

Wesentliche Repräsentanten der Verteidigung der Menschenrechte sind heute Frauen. Internationales Renommee erwarb sich Rigoberta Menchú, die für ihren Einsatz für die Menschenrechte und Rechte der indigenen Völker 1992 den Friedensnobelpreis erhielt. Mit ihrer Stiftung unterstützt sie die Menschenrechtsarbeit in Guatemala. Aber mit Menchú verbinden die Frauenbewegung und die Öffentlichkeit in Guatemala nicht den Kampf für Frauenrechte, auch wenn ihre Lebensgestaltung als Beispiel für den Wandel der Frauenrolle dient.

Ähnlich wie bei Menchú spielte im Bewusstsein der politischen Aktivistinnen während des Krieges die Geschlechterfrage keine Rolle. In ihrem Selbstverständnis kam die Geschlechterperspektive noch weniger vor als bei den Widerstandskämpferinnen in den Nachbarländern Nicaragua und El Salvador.[10] Die Grausamkeiten, die Frauen erleiden mussten, wurde vielmehr als Teil des Ethnozidprogamms der *counterinsurgency* gesehen. Die Auseinandersetzung mit der eigenen indigenen Gesellschaft setzt erst später ein. Der Kampf gegen gesellschaftliche Unterdrückung und die gleichzeitige Erfahrung von Diskriminierung im eigenen Heim erzeugten eine zwiespälti-

---

10 Norma Stolz Chinchilla führte in einem Interview aus, dass im Projekt der guatemaltekischen Guerilla unter dem Einfluss des Marxismus, Guevarismus sowie der Befreiungstheologie die Klassenfrage den theoretischen Überbau und die politische Praxis dominierte. Für andere "Widersprüche", wie Patriarchat und Ethnizität, blieb sehr wenig Raum. Auch zur Mutterschaft bei Guerilleras habe sie keine kohärente Politik entwickelt (Stolz Chinchilla 1999: 10f.). Und die Guerillera und Anthropologin C. V. Álvárez kommt in einem anderen Interview zu folgender Aussage: "Ich bin Indígena und ich bin Feministin...seit 1987. Ich hatte das Gefühl, dass die Forderungen, die wir in der Volksbewegung erhoben, nicht vollständig waren. Die Klassenfrage wurde nicht in Zweifel gezogen, die ethnische Frage war schon umstrittener und über die der Frauen durfte nicht einmal geredet werden. Und natürlich hatten wir große Schwierigkeiten, als wir anfingen zu kritisieren und neue Themen einzubringen" (*¡Fíjate!* Nr. 150: 1). Noch härter fällt die Kritik der Guerillera und Künstlerin M. d. R. Ramírez aus, wenn sie über sexuelle Gewalt und Marginalisierung von Frauen in der Guerilla berichtet (*Guatemala Info* 1999: 10-12).

ge Haltung, wie die Deklaration zu "500 Jahre Widerstand und Kampf der guatemaltekischen Frau" widerspiegelt:

> Wenn die Indígena- und Ladinafrauen innerhalb der Volksbewegungen kämpfen, fordern sie nicht ihre Rechte gegenüber den Männern per se ein, weil sie sich im Klaren darüber sind, dass sowohl Männer wie Frauen Opfer eines Systems sind, welches Interesse daran hat, die Diskriminierung eines Sektors durch einen anderen zu verschärfen, um die Kräfte für die Suche nach Frieden und Demokratie zu spalten. Der Kampf für die Würde der Frau ist der Kampf aller. Es bedeutet, einen Weg der Reflexion zu beginnen, der dazu führt, dass wir uns organisieren. Er will nicht unberücksichtigt lassen, das der Mann, der die Frau diskriminiert, selbst Opfer dieser auf Spaltung bedachten Politik ist (*Guatemala Info* 1999).

Entschiedener und selbstbewusster fordern Maya-Wissenschaftlerinnen ihre Rechte ein:

> Maya-Frauen haben sich seit ehedem an der Wirtschaft, an der Weitergabe von kulturellem Wissen und Normen des Lebens in der Gemeinschaft beteiligt. Aber die Wertschätzung ihrer Person – sofern es sie überhaupt gibt – geschieht innerhalb eines patriarchalen Konzeptes: Ihr Wert liegt darin, Mutter, Ehefrau oder Tochter zu sein. [...].

Ihr Fazit:

> Wir müssen die Realität beständig hinterfragen und Vorschläge auf allen Ebenen erarbeiten, um eine demokratische Gesellschaft aufzubauen, die gerecht ist und ein Leben in Würde ermöglicht. [...]. Wir müssen für die Akzeptanz der Diversität auch unter Maya-Frauen kämpfen und dabei ihre Zukunftsentwürfe, ihre Ausbildung und ihre Fähigkeiten im Auge haben (FDMCA/KAQLA 2000: 10; 21, Übersetzung J. S.-G.).

Indigene Frauen mit solchen Positionen sehen sich jedoch mit dem Vorwurf des Verrats, ja sogar des Ethnozids an der eigenen Kultur konfrontiert:

> Nach Ansicht einiger Maya-Männer begehen wir Maya-Frauen, wenn wir unsere Rechte als Frauen einfordern, Ethnozid. Der Diskurs solcher Männer ist interessant. Sie nehmen sich das Recht heraus festzulegen, wie die Maya-Kultur zu sein hat, was typisch für die Maya-Kultur ist [...]. In unserer Gesellschaft werden Diversität und Differenz nicht akzeptiert [...] wir sind nur dann "wirkliche Maya-Frauen", wenn wir die Ungleichheitsbeziehung zwischen Mann und Frau nicht hinterfragen, die noch heute in unseren Dorfgemeinschaften herrschen [...]. Es heißt, der Maya-Kosmologie zufolge sei die Frau vollständig gleichgestellt. Das mag vielleicht so in der Kosmovision sein, aber in der Gegenwart sind die Vorstellungen von Mann und Frau von Ungleichheit geprägt (Alvarez 1996, zit. nach Deere/León 1999: 16).[11]

---

11 Siehe auch die Analyse von Gaviola (2001: 66ff.).

7. Politische Repräsentanz von Frauen

Rechtliche Beziehungen sind das Fundament, auf dem Demokratie und Geschlechterbeziehung gerade auch von weiblichen Akteuren verhandelt werden (Ströbele-Gregor 1999; 2001). Die Themen "Entwicklung von Bürgerinnen zu Staatsbürgerinnen mit allen ihren Rechten auch im ökonomischen
Bereich" (z.B. Erbrecht), "häusliche Gewalt", "Selbstbestimmung über den
eigenen Körper" und "reproduktive Gesundheit" bedürfen rechtlicher Regelungen und Maßnahmen der Förderung von Frauen in den Bereichen, wo sie
bisher ausgeschlossen oder benachteiligt waren. Insofern liegen hier die
Schwerpunkte von Frauen in den Organisationen und in der Frauenpolitik.
Damit eng verbunden ist das Thema "Menschenrechte". Dass die gesellschaftlichen Widerstände hinsichtlich der Partizipation von Frauen und den
indígenas tief verwurzelt sind, manifestiert sich gerade auch auf dem Feld
der Politik. Das Beispiel von Xel-Ju in Quetzaltenango zeigt zudem die Ambivalenz, mit der innerhalb der indigenen Gemeinschaften Frauen in der
politischen Arena in Erscheinung treten.

In geschlechtergemischten politischen und sozialen Organisationen sind
Frauen gering repräsentiert. In den Gewerkschaften ist die Beteiligung von
Frauen besonders niedrig,[12] Führungspositionen werden fast ausschließlich
von Männern eingenommen. Bei den Parteien stellt Mérida (*¡Fíjate!*
Nr. 218: 1f.) immerhin Fortschritte fest: Die Aussichten, als Kandidatin nominiert zu werden, sind gestiegen. 1985 haben nur zehn Frauen für ein Bür-
germeisteramt kandidiert – vier davon wurden gewählt. 1999 waren es
42 Kandidatinnen, drei wurden gewählt. 2003 waren es immerhin schon
70 Kandidatinnen, von denen acht gewählt wurden. Noch sind damit aber
von insgesamt 331 Bürgermeistern in Guatemala nicht mehr als acht Frauen,
ein deutliches Zeichen dafür, dass Frauen in politischen Positionen weiterhin
kaum akzeptiert werden.

Die Beteiligung der Frauen an den allgemeinen Wahlen 2003 (9.9.2007
Neuwahlen) blieb mit 42,85% deutlich gegenüber der der Männer (57,15%)
zurück, zeigte aber eine erstaunliche Zunahme gegenüber der Quote von
1999 (33%). Ein akutes Problem bleibt die geringe Zahl der weiblichen Abgeordneten im Nationalkongress, die die allgemeine Schwäche der Verhand-
lungsmacht von Frauen ausdrückt: 1999 wurden acht Frauen zu Abgeordne-

---

12 Laut Thillet (2001: 28) sind von den 91.514 Gewerkschaftsmitgliedern in den 1.210
   Gewerkschaftsorganisationen von 1946 bis 1996 nur 8.605 Frauen. Die Mehrheit von ihnen (6.112) in der Hauptstadt.

ten gewählt; seit der Wahl 2003 waren 14 Frauen im Parlament. Da sich die Gesamtzahl der Abgeordneten im gleichen Zeitraum von 113 auf 158 erhöhte, ist die Frauenquote jedoch nur geringfügig von 7,1% auf 9% gestiegen. Von den 13 Ministern der Regierung Oscar Bergers waren nur zwei Frauen (Angaben für die Wahlen 2003: *Tribunal Supremo Electoral* und ASDI-GTZ, *Estadísticas sobre las Elecciones Municipales* 2003).

Hinzu kommt, dass nur wenige der weiblichen Abgeordneten sich Frauen-Anliegen besonders verpflichtet fühlen, wie Mérida feststellt (*¡Fíjate!* Nr. 218). Frauenrechte sind kein Thema – es sei denn, der Druck von gesellschaftlichen Gruppen oder internationalen Geldgebern ist besonders groß (z.B. Monzón, in *¡Fíjate!* Nr. 229; Thillet 2001: 26).

Um die Partizipation von Frauen in der Politik zu erhöhen, empfahl die UN-Vertretung bereits 1998, bei der geplanten Reform des Wahlgesetzes eine Quote von 30% auf den Wahllisten der Parteien für Frauen einzuführen. Die Parteien, etwa die damals regierende Partei des Nationalen Fortschritts (PAN), lehnten dies ab – u.a. aus Furcht, dass andere Sektoren, wie beispielsweise die *indígenas*, ebenfalls ein Quotensystem fordern könnten, wenn dies den Frauen zugestanden würde (*Crónica*, 21. Aug. 1998, zit. in *¡Fíjate!* Nr. 169: 1). In der Tat verlangt die *Defensoría Maya* eine geschlechterneutrale Quotierung, der zufolge mindestens 50% der Kongressabgeordneten der indigenen Bevölkerung angehören sollen (*¡Fíjate!* Nr. 218: 3), während zugleich die "Instanz für Gleichberechtigung" im Rahmen der Revision des Wahl- und Parteiengesetzes eine 44%-Quote für Frauen in politischen Ämtern einfordert. Die Quotierung steht also weiterhin als Forderung der Frauenbewegung auf der Tagesordnung (Thillet 2001: 28).

8. Bilanz

Die Demokratisierung der Machtverhältnisse und die Rechtsstaatlichkeit als Voraussetzung für eine Friedenskultur in Guatemala steckt auch zwei Jahrzehnte nach Herstellung der formalen Demokratie und ein Jahrzehnt nach Abschluss des Friedensabkommens noch in den allerersten Anfängen. Das gilt auch für die Gleichstellung der indigenen Bevölkerung und der Frauen und die Maßnahmen gegen ihre vielfältige Diskriminierung. Die Widerstände bei der Umsetzung der Vereinbarungen des Friedensvertrages von 1996 demonstrieren das Beharrungsvermögen alter Machtstrukturen. Die massive Interessenverteidigung von Machtgruppen und das Fortbestehen rassistischer sowie patriarchaler, antiemanzipatorischer Ideologien determinieren weiterhin Denk- und Verhaltensmuster: Alte und "renovierte" alte Machtgruppen halten damit erfolgreich an ihren Herrschaftsansprüchen fest.

Frauen, insbesondere auf dem Land, werden immer noch an der politischen Teilhabe und der Wahrnehmung ihrer Bürgerinnenrechte gehindert. Da das formale Bildungsniveau und der Zugang zu Information dort sehr eingeschränkt sind, fehlt es vornehmlich den indigenen Frauen an Kenntnissen über ihre Rechte. Das große Stadt/Land-Gefälle beim Zugang zu Ressourcen ist ein weiteres Hindernis. Diese Hindernisse beeinträchtigen die Entwicklung gemeinsamer Strategien zur Durchsetzung von Fraueninteressen. Auch die starke Ausdifferenzierung im Organisierungsprozess von Frauen, ein Ausdruck der sozialen und kulturellen Diversität, wirkt bisher als Barriere, wenn es um ein gemeinsames politisches Handeln geht. Hilfsorganisationen und NGOs verstärken die Fraktionierungen, wenn sie sich mit ihren Programmen an einzelne Organisationen richten. Es besteht zwar ein Bewusstsein innerhalb der Frauenorganisationen, dass diese Hindernisse überwunden werden müssen, und es gibt vielerlei Ansätze dafür. Jedoch steht noch immer aus, was Aguilar et al. nach ihrer umfangreichen Untersuchung über die Frauenbewegung in Guatemala fordern: Die Erarbeitung einer gemeinsamen politischen Agenda zusammen mit Mechanismen und Instrumenten zu deren Realisierung. Ihrem Urteil zufolge ist "(dies) [...] eine vitale Notwendigkeit, um die Fragmentierung der Frauenbewegung und die Beschränkung auf unmittelbare Aktionen zu überwinden" (1997: 162). Solange die Frauenorganisationen dies nicht schaffen, wird ihre politische Gestaltungsmacht gering sein, und das hierarchische patriarchale Geschlechterverhältnis samt der damit verbundenen ideologischen Konstrukte wird die gesellschaftliche Realität weiterhin dominieren.

So klein die zentralamerikanischen Staaten auch sind, so ausgeprägt ist der Lokalismus. Das schränkt den Blick ein. Dabei käme es darauf an, ihn zu weiten und sich mit der Diversität in der Region kreativ auseinander zu setzen, um von unterschiedlichen Erfahrungen für die eigene Strategieentwicklung zu lernen.

III. Wirtschaft und Gesellschaft

Ralf Wyrwinski

Nichttraditionelle Exportproduktion oder Rückzug aus der Landwirtschaft? Strukturprobleme und Entwicklungsperspektiven der Landwirtschaft in Zentralamerika

1. Agrarräumliche Gliederung und landwirtschaftliche Produktion

1.1 Die aktuelle Bedeutung der Landwirtschaft in Zentralamerika

Bodenerosion und Hungersnot, Kaffeekrise und Landbesetzungen – zu Beginn des 21. Jahrhunderts sehen sich die zentralamerikanischen Staaten[1] mit wachsenden Problemen im Agrarsektor konfrontiert, deren Ursprünge in den sehr heterogenen landwirtschaftlichen Strukturen zu suchen sind, deren Folgen sich jedoch nicht auf die ländlichen Regionen beschränken. Im Zuge der weltmarktorientierten Neuausrichtung der Wirtschaftspolitik haben die Strukturveränderungen der letzten Dekaden dazu beigetragen, die historisch gewachsenen Gegensätze zwischen einer exportorientierten, großbetrieblichen Landwirtschaft und einem vorwiegend für den Eigenbedarf und den Binnenmarkt produzierenden kleinbäuerlichen Sektor weiter zu verschärfen. Zunehmende Landverknappung und die fortschreitende Intensivierung der Landwirtschaft förderten gleichzeitig die Ausbreitung von agrarökologisch ungeeigneten Bodennutzungssystemen.

Nach wie vor macht die landwirtschaftliche Produktion einen wesentlichen Teil der wirtschaftlichen Gesamtleistung aus: Obwohl der Anteil des primären Sektors in allen Staaten mit Ausnahme Nicaraguas seit 1980 stagniert oder zurückgeht, trägt die Landwirtschaft im Jahr 2000 noch immer bis zu 36,9% zum Bruttoinlandsprodukt bei (Tab. 1). Für einen Großteil der Bevölkerung ist der Agrarsektor die wichtigste Einkommens- und Lebensgrundlage. Trotz rückläufiger Tendenz sind in den einzelnen Ländern weiterhin zwischen 20,0% (Nicaragua) und 46,1% (Guatemala) aller Arbeits-

---

[1] Dieser Artikel wurde 2005 abgeschlossen und kann darum auf neueste Entwicklungen wie z.B. die Entwicklung der Kaffeepreise nicht eingehen. - Der Begriff "Zentralamerika" umfasst, soweit nicht anders angegeben, die sieben Staaten Belize, Costa Rica, El Salvador, Guatemala, Honduras, Nicaragua und Panama.

kräfte in der Landwirtschaft tätig; die absolute Zahl der Beschäftigten im Agrarsektor hat seit 1980 sogar noch zugenommen (Tab. 2).

Tabelle 1:
Zentralamerika: Anteil der Landwirtschaft am Bruttoinlandsprodukt,
1980-2000

Land	1980			1990			2000		
	BIP	BIP Landwirt-schaft		BIP	BIP Landwirt-schaft		BIP	BIP Landwirt-schaft	
	(in Mio. US $ von 1990)	% BIP		(in Mio. US $ von 1990)	% BIP		(in Mio. US $ von 1990)	% BIP	
Belize	158	43	27,2	327	71	21,7	552ᵃ	103ᵃ	18,7
Costa Rica	4.573	662	14,5	5.709	901	15,8	9.339	1.263	13,5
El Salvador	4.991	948	19,0	4.801	821	17,1	7.495	942	12,6
Guatemala	7.014	1.548	22,1	7.650	1.758	23,0	11.434	2.323	20,3
Honduras	2.652	576	21,7	3.348	751	22,4	4.685	908	19,4
Nicaragua	2.479	713	28,8	2.138	664	31,1	2.947	1.086	36,9
Panama	4.625	377	8,2	5.313	504	9,5	8.182	629	7,7
Zentralamerika gesamt	26.492	4.867	18,4	29.286	5.470	18,7	44.634	7.254	16,3

a = Wert für 1998.
Quelle: FAO, CEPAL (2001a; 2001b).

Tabelle 2:
Zentralamerika: Arbeitskräfte in der Landwirtschaft, 1980-2000

Land	1980 Zahl der Arbeits kräfte (in 1.000)			1990 Zahl der Arbeits kräfte (in 1.000)			2000 Zahl der Arbeits kräfte (in 1.000)		
	ge-samt	Land wirt schaft	% AK-ges.	gesamt	Land wirt schaft	% AK-ges.	gesamt	Land wirt schaft	% AKges.
Belize	43	17	39,5	58	20	34,5	83	25	30,1
Costa Rica	793	277	34,9	1.159	302	26,1	1.606	3243	20,2
El Salvador	1.598	697	43,6	1.949	710	36,4	2.667	775	29,1
Guatemala	2.335	1.257	53,8	2.994	1.569	52,4	4.158	1.916	46,1
Honduras	1.196	684	57,2	1.674	693	41,4	2.427	769	31,7
Nicaragua	890	276	31,0	1.238	442	35,7	1.981	396	20,0
Panama	682	197	28,9	929	243	26,2	1.236	251	20,3
Zentralamerika gesamt	7.537	3.405	45,2	10.001	3.979	39,8	14.158	4.456	31,5

Quelle: FAO, CEPAL (2001a).

Landwirtschaftliche Erzeugnisse gehören außerdem nach wie vor zu den wichtigsten Exportgütern Zentralamerikas. Auch wenn industrielle Fertigwaren und nichttraditionelle Produkte wie Bekleidung oder Medikamente in den letzten Jahren erheblich an Bedeutung gewonnen haben, stellt die Ausfuhr von Agrarprodukten wie Bananen, Kaffee oder Zierpflanzen mit einem Anteil von etwa 50% am gesamten Exportwert der Region noch immer eine entscheidende Devisenquelle für die einzelnen Länder dar (vgl. Abb. 6).

Das wirtschaftliche Gewicht der Landwirtschaft in den zentralamerikanischen Staaten findet – ungeachtet der regional unterschiedlichen politischen und sozialen Rahmenbedingungen und der kleinräumig stark variierenden agrarökologischen Bedingungen – in groben Zügen seine Entsprechung in vergleichbaren Agrarstrukturen.

1.2 Agrarstrukturen und landwirtschaftliche Produktion

1.2.1 Die agrarökologischen Regionen Zentralamerikas

Die zentralamerikanische Landbrücke lässt sich vereinfacht in drei agrarökologische Großregionen unterteilen, in denen jeweils charakteristische Faktoren die landwirtschaftlichen Nutzungsmöglichkeiten beschränken (Abb. 1).

Das **zentrale Hochland** mit seiner vielfach von Längstälern und Senken durchbrochenen Gebirgskette zeichnet sich durch einen stetigen kleinräumigen Wechsel von Klima- und Bodentypen aus und weist demzufolge ein regional sehr unterschiedliches Agrarpotential auf. Die intramontanen Becken mit nährstoffreichen Vulkanascheböden und ausreichendem Wasserangebot sind beispielsweise als landwirtschaftliche Gunsträume einzustufen, die sich für die Produktion von einjährigen Feldkulturen wie Mais oder Bohnen im Regenfeldbau oder die Anpflanzung von Gemüse im Bewässerungsfeldbau ebenso eignen wie für den Anbau von Dauerkulturen wie Kaffee oder eine intensive weidewirtschaftliche Nutzung. Dem stehen weite Teile der Gebirgsabdachungen und die Hochplateaus von Guatemala und Costa Rica gegenüber, wo eine starke Zerschneidung des Reliefs, flachgründige Böden und zeitweise sehr niedrige Temperaturen einer landwirtschaftlichen Nutzung enge Grenzen setzen. In diesen Regionen mit geringem Agrarpotential kommen nur eine extensive Weidewirtschaft oder, bei Anwendung geeigneter Erosionsschutzmaßnahmen, lokal auch der Anbau von Feld- oder Dauerkulturen als potentielle Nutzungsformen in Betracht (FAO 1981: 139ff.).

Hohe Niederschlagsraten bei allgemein hohen Durchschnittstemperaturen, ein beträchtliches Risiko tropischer Wirbelstürme, die, wie zuletzt der

Hurrikan "Mitch" 1998 große Teile der Ernte vernichten können (Minkner-Bünjer 1999a; 1999b; Morris et al. 2002), und vor allem die verbreitet geringe Nährstoffspeicherkapazität der tiefgründig verwitterten Böden schränken die Nutzungsmöglichkeiten im Bereich des **Atlantischen Tieflandes** stark ein. Nur örtlich ist ein stationärer Anbau von Feld- oder Dauerkulturen wie Maniok oder Bananen möglich, während in weiten Teilen die genannten Limitfaktoren lediglich extensive Nutzungsformen wie Weidewirtschaft oder Feldbau mit periodischem Flächenwechsel gestatten. Im **Pazifischen Tiefland** hingegen ermöglichen die aus agronomischer Sicht günstiger verteilten Niederschläge und die durchweg nährstoffreichen alluvialen Böden großflächig vielseitige Nutzungen, die vom Anbau einjähriger Feldkulturen wie Mais oder Reis über die Anpflanzung von Dauerkulturen wie Zuckerrohr bis hin zu intensiver Weidewirtschaft reichen können. Nur bei Ausbleiben der Niederschläge können sich länger anhaltende Dürreperioden als kritische Größe für diesen landwirtschaftlichen Gunstraum erweisen (FAO 1981: 139ff.; Spielmann 1997: 120ff.).

Die vereinfachte agrarräumliche Gliederung Zentralamerikas nach vorherrschenden Agrarbetriebstypen (Abb. 2) zeigt jedoch, dass die tatsächliche Landnutzung oft erheblich von den potentiell möglichen Nutzungsformen abweicht. Seit präkolumbischer Zeit hat sich in der Region ein charakteristisches Landnutzungsmuster herausgebildet, das die verschiedenen historischen Entwicklungsphasen widerspiegelt und eng mit einer dualistischen Agrarsozialstruktur verknüpft ist.

1.2.2 Der Dualismus in der zentralamerikanischen Agrarsozialstruktur

Die faktische Zuweisung des Landes an die spanischen Eroberer mit der Einführung der *encomienda* durch die Kolonialbürokratie nach 1525 (Kramer/Lovell/Lutz 1994: 40ff.) ist der Ausgangspunkt für einen entscheidenden Gegensatz, der sich im zentralamerikanischen Agrarraum trotz verschiedener Reformansätze bis in die Gegenwart verfestigt hat: Während ein relativ wenige Großbetriebe umfassender, vergleichsweise moderner Sektor den Hauptteil der landwirtschaftlichen Nutzfläche vorwiegend zur Herstellung von Exportprodukten nutzt, verfügt eine sehr große Anzahl landwirtschaftlicher Klein- und Mittelbetriebe, die unter Verwendung einfacher Technologien hauptsächlich für den Eigenbedarf oder den Binnenmarkt[2] produzieren, nur über einen geringen Anteil an der landwirtschaftlichen Nutzfläche.

Dabei ist in den letzten Jahren ein deutlicher Anstieg in der Zahl landwirtschaftlicher Kleinbetriebe bei gleichzeitig leicht abnehmendem Flächenanteil der Mittel- und Großbetriebe zu beobachten, was hauptsächlich auf die fortschreitende Besitzzersplitterung in den dicht besiedelten Hochlandregionen zurückzuführen ist. Lokal hat dieser Prozess bereits zu einer Auflösung der agrarsozialen Gegensätze geführt (Abb. 2): So dominieren in einigen *municipios* des honduranischen Hochlandes beispielsweise landwirtschaftliche Klein- und Mittelbetriebe nach Anzahl **und** Fläche, während größere Betriebseinheiten nahezu vollständig verschwunden sind[3] (CEPAL 2001b: 26ff.).

In den übrigen Ländern Zentralamerikas zeigt sich ein vergleichbares Bild, so dass nach einer Schätzung der FAO *(Food and Argriculture Organization of the United Nations)* um 1995 ungefähr 90% aller landwirtschaftlichen Betriebe den Klein- und Kleinstbetrieben zuzurechnen waren. Ihnen standen nur 21% der landwirtschaftlichen Nutzfläche zur Verfügung, während die etwa 10% Mittel- und Großbetriebe 79% der landwirtschaftlichen Nutzfläche zwischen Belize und Panama kontrollierten[4] (Spielmann 1997: 120). Nach Fläche dominieren die Großbetriebe vor allem in den landwirt-

---

2   Wenn auch die subsistenz- bzw. binnenmarktorientiert wirtschaftenden Klein- und Mittelbetriebe zahlenmäßig eindeutig überwiegen, so produziert doch gerade in den landwirtschaftlichen Gunsträumen Zentralamerikas ein Teil dieser Betriebe gezielt für den Export: In Costa Rica, El Salvador und Honduras stammen z.B. traditionell über 50% der Kaffeeproduktion aus Betrieben mit einer landwirtschaftlichen Nutzfläche von weniger als 10 ha (Stamm 1999: 405). Eine flächendeckende Bestandsaufnahme der gegenwärtigen agrarsozialen Situation Zentralamerikas ist allerdings nur schwerlich möglich, da kaum aktuelle Daten verfügbar sind. Lediglich Honduras (1993) und Panama (1991) haben in der letzten Dekade überhaupt nationale Agrarstatistiken vorgelegt.

3   Diese Entwicklung ist einerseits auf die anhaltende Parzellierung durch Erbteilung zurückzuführen; andererseits ist sie aber auch Ausdruck juristischer Winkelzüge vieler Großgrundbesitzer, die angesichts drohender Landumverteilungen im Zuge von Agrarreformen ihren Besitz z.B. unter Familienangehörigen aufgeteilt und so die Betriebsgrößen lediglich formell verkleinert haben.

4   Obwohl in Nicaragua nach 1979 unter der sandinistischen Regierung die in jüngerer Zeit ambitionierteste Agrarreform Zentralamerikas durchgeführt wurde, die kurzfristig eine markante Zurückdrängung des Großgrundbesitzes bewirkte (Thielen 1988), zeichnet sich dort seit 1990 infolge der wirtschaftspolitischen Neuausrichtung eine gegenläufige Tendenz ab. Die Aufteilung von Agrarkooperativen und der Aufkauf vieler Kleinbetriebe durch größere Betriebseinheiten deuten auf eine wieder zunehmend dualistische Besitzstruktur hin (Enríquez 2000: 48ff.; Jonakin 1996: 1179ff.).

Abb. 1: Zentralamerika: Gliederung nach Agrarpotential

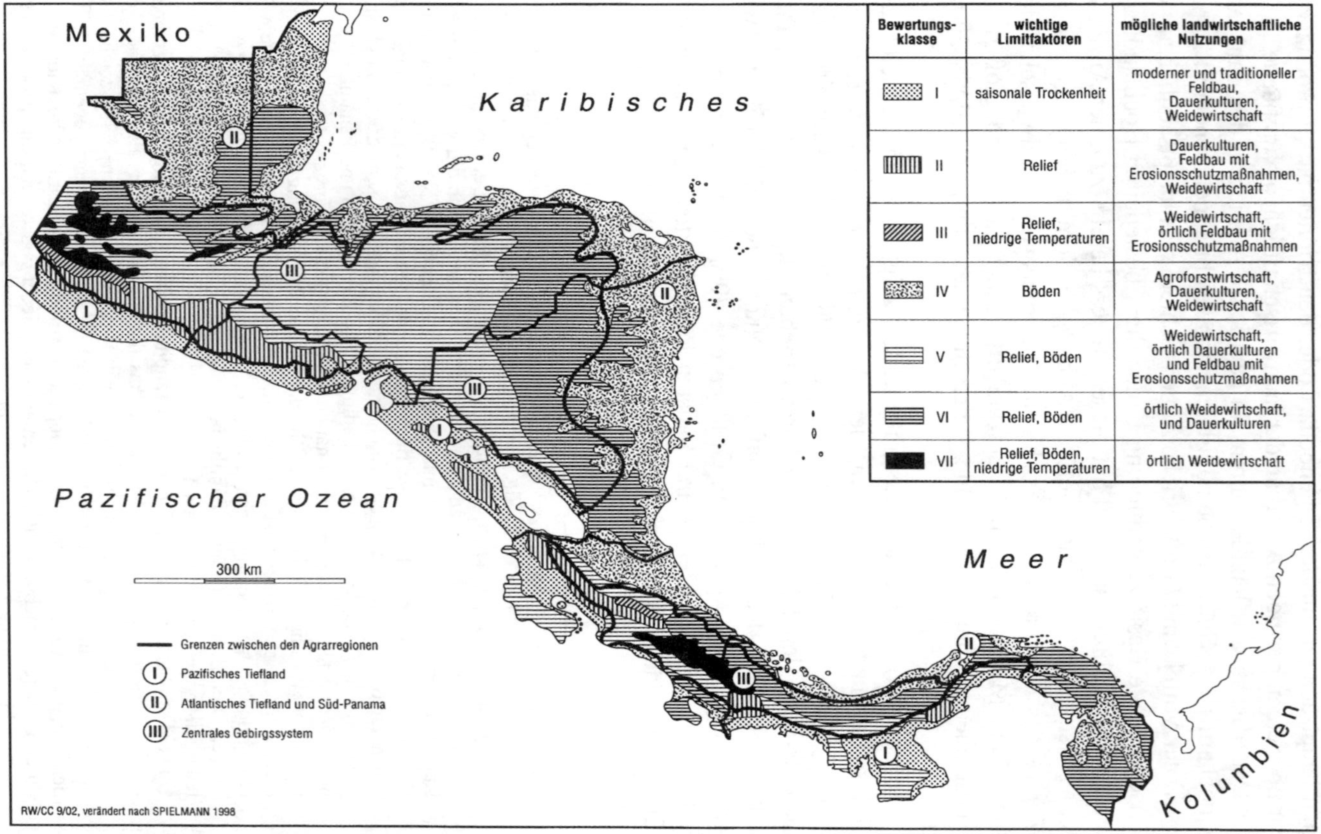

Bewertungs-klasse		wichtige Limitfaktoren	mögliche landwirtschaftliche Nutzungen
I		saisonale Trockenheit	moderner und traditioneller Feldbau, Dauerkulturen, Weidewirtschaft
II		Relief	Dauerkulturen, Feldbau mit Erosionsschutzmaßnahmen, Weidewirtschaft
III		Relief, niedrige Temperaturen	Weidewirtschaft, örtlich Feldbau mit Erosionsschutzmaßnahmen
IV		Böden	Agroforstwirtschaft, Dauerkulturen, Weidewirtschaft
V		Relief, Böden	Weidewirtschaft, örtlich Dauerkulturen und Feldbau mit Erosionsschutzmaßnahmen
VI		Relief, Böden	örtlich Weidewirtschaft, und Dauerkulturen
VII		Relief, Böden, niedrige Temperaturen	örtlich Weidewirtschaft

Kolumbien

Karibisches Meer

Mexiko

Pazifischer Ozean

300 km

——— Grenzen zwischen den Agrarregionen

① Pazifisches Tiefland

② Atlantisches Tiefland und Süd-Panama

③ Zentrales Gebirgssystem

RW/CC 9/02, verändert nach SPIELMANN 1998

schaftlichen Gunsträumen, obwohl die Klein- und Mittelbetriebe dort zahlenmäßig eindeutig überwiegen (Abb. 2). Letztere sind durchweg in den Zonen mit niedrigem Agrarpotential nach Anzahl **und** Fläche vorherrschend (Chonchol 1994: 202ff.), wobei sie allerdings nur selten im Besitz rechtsgültiger Eigentumstitel sind (Kay 1999: 284).

Tabelle 3:
Honduras: Struktur ausgewählter Betriebsgrößenklassen, 1974 und 1992

Betriebs-Größenklassen (ha)	1974				1992			
	Betriebe		Fläche		Betriebe		Fläche	
	Zahl	% aller Betriebe	ha	% der Gesamtfläche	Zahl	% aller Betriebe	ha	% der Gesamtfläche
< 5	124.781	63,9	238.993	9,1	227.661	71,8	386.211	11,6
5 - < 10	28.264	14,5	201.274	7,7	34.930	11,0	247.368	7,4
10 - < 20	19.220	9,8	268.145	10,2	22.775	7,2	315.611	9,5
20 - < 50	15.170	7,7	461.216	17,5	19.996	6,3	615.986	18,5
50 - < 100	4.433	2,3	301.228	11,4	6.635	2,1	449.505	13,4
100 - < 500	3.028	1,6	580.904	22,1	4.817	1,5	908.724	27,2
>= 500	445	0,2	579.099	22,0	385	0,1	413.976	12,4
Honduras gesamt	195.341	100,0	2.630.859	100,0	317.199	100,0	3.337.381	100,0

Quelle: CEPAL (2001b).

Die geringe durchschnittliche Betriebsgröße und der Mangel an Kapital für notwendige Investitionen zwingen auch in der Gegenwart viele Kleinbauern in für sie ungünstige Pachtsysteme. In weiten Teilen Zentralamerikas haben sich so Abhängigkeitsstrukturen perpetuiert, in denen sich die Pächter als Gegenleistung für die Nutzung der Parzellen zu Arbeitseinsätzen oder ertragsabhängigen Tributzahlungen an die Grundeigentümer verpflichten (CEPAL 2001b: 2; Chonchol 1994: 386ff.). Sandoval Villeda (1994: 33) geht beispielsweise für Guatemala davon aus, dass um 1990 noch etwa 30% aller Kleinbetriebe in derartige Pachtstrukturen eingebunden waren.

Diese Ungleichheiten in der Landverteilung bei tendenziell sinkenden durchschnittlichen Betriebsgrößen und die Rechtsunsicherheit in vielen ländlichen Regionen zeitigen dramatische Auswirkungen: Immer weniger kleinbäuerliche Familien sind noch in der Lage, ihren Lebensunterhalt allein aus dem landwirtschaftlichen Betrieb heraus zu bestreiten. Ein immer größerer

Teil der ländlichen Bevölkerung ist mittlerweile abhängig von Beschäftigung außerhalb der Landwirtschaft und nicht selten auch von den finanziellen Zuweisungen abgewanderter Familienmitglieder (vgl. 2.3).

1.2.3 Landnutzungsformen und landwirtschaftliche Produktion

1.2.3.1 Historische Entwicklung und gegenwärtige Situation der Landnutzung

Die aktuelle Landnutzung ist Ausdruck der verschiedenen Phasen der wirtschaftlichen Aktivität in Zentralamerika, deren Anfänge bis in die präklassische Mayazeit zurückverfolgt werden können. Seit den ersten nachgewiesenen Kultivierungsprozessen um 2000 v.Chr. haben sich in der Region sehr unterschiedliche landwirtschaftliche Nutzungsformen etabliert, die sich teilweise bis in die Gegenwart erhalten haben (Acuña Ortega 1994; Chonchol 1994; Harrison 2000; Rojas Rabiela 1994).

So geht der in vielen landwirtschaftlichen Kleinbetrieben des nördlichen Zentralamerikas noch immer verbreitete subsistenzorientierte Anbau von Mais, Bohnen und stärkehaltigen Knollenpflanzen in Form der Brachewirtschaft direkt auf die *milpa*-Feldwirtschaft der Maya zurück – eines der ältesten und auch einfachsten Verfahren der gezielten Nahrungsmittelproduktion weltweit (Harrison 2000: 70ff.).

Die Anpflanzung von Dauerkulturen wie Bananen, Kaffee oder Zuckerrohr in exportorientierten Großbetrieben ist hingegen in ihrem Ursprung eng mit der ersten Integration Zentralamerikas in die Weltwirtschaft während der Frühphase der spanischen Kolonialzeit im 16. Jahrhundert verbunden (Chonchol 1994: 59ff.). Ihre bis heute starke Position im Exportsektor verdanken diese Produkte wiederum den politischen Veränderungen des 19. Jahrhunderts: Dem Verlust der angestammten Absatzmärkte nach dem Ende der Kolonialherrschaft begegneten die Regierungen der unabhängigen Staaten im Zuge der so genannten "liberalen Reformen" mit einer stark exportfördernden Politik, in deren Folge sich mehr und mehr europäische und nordamerikanische Unternehmen im gewinnversprechenden zentralamerikanischen Agrarsektor engagierten. Auf Kosten der mehrheitlich indigenen Kleinbauern brachten z.B. deutsche Kaufleute nach 1870 durch gezielte Investitionen in die Kaffeewirtschaft weite Teile Guatemalas unter ihre Kontrolle und verschärften so den ohnehin schon bestehenden Dualismus in der Besitzstruktur (Samper 1994: 11ff.). Nordamerikanische Agrarunternehmen begannen zur selben Zeit mit dem Aufbau großer Plantagenkomplexe in der Bananenwirtschaft, die schnell eine wirtschaftlich dominante Position in der

Region einnehmen konnten und über Jahrzehnte hinweg die politische Entwicklung von Ländern wie Guatemala, Honduras oder Costa Rica maßgeblich beeinflussten (Posas 1994: 111ff.).

Die beträchtliche Ausweitung des Baumwollanbaus und der Zuckerrohrproduktion im Pazifischen Tiefland und in Teilen des Berglandes hing indessen eng mit den politischen und wirtschaftlichen Ereignissen der Nachkriegszeit nach 1945 zusammen. So trugen die Verknappung des weltweiten Baumwollangebots infolge der Suezkrise und die Erhöhung der Zuckerimportquoten durch die USA als Reaktion auf den Kubakonflikt entscheidend zur Ausdehnung der entsprechenden Anbauflächen bei. Die auffallende Expansion der Viehwirtschaft in der Region nach 1960 erklärt sich demgegenüber zum einen aus der weltweit steigenden Nachfrage nach tierischen Produkten; zum anderen ist sie aber auch Folge der innenpolitisch motivierten Agrarkolonisation im Zuge der wirtschaftlichen Integration unerschlossener peripherer Räume in den einzelnen Staaten (Spielmann 1997: 122ff.).

Wesentlich jüngeren Datums ist die Nutzung ausgedehnter Teile der Anbauflächen zur Erzeugung von so genannten "nichttraditionellen Exportkulturen",[5] vorwiegend in den Randbereichen des zentralen Berglands. Zwar ist die verstärkte Ausbreitung von verschiedenen tropischen Früchten, Gemüsearten, Zierpflanzen und Gewürzen nach 1980 zunächst als Reaktion auf die zurückgehenden Erlöse aus dem Export der traditionellen Agrarprodukte zu verstehen; ihre heutige herausgehobene Position im zentralamerikanischen Agrarraum hätten sie ohne einen grundlegenden makroökonomischen Paradigmenwechsel von einer binnengerichteten zu einer abermals exportorientierten Wirtschaftspolitik jedoch kaum erreichen können (Stamm 1995; 1996; Thrupp et al. 1995; Weller 2001).

Aus dem Nebeneinander dieser verschiedenen Nutzungsformen ergibt sich für den Zeitraum von 1961 bis 2002 die folgende Entwicklung in der Zusammensetzung der landwirtschaftlichen Nutzfläche (Tab. 4). Während die absolute Grünlandfläche bis 1990 – vor allem infolge der Ausweitung der landwirtschaftlichen Nutzfläche in die bis dahin landwirtschaftlich nicht genutzten Tieflandregionen – zugenommen hat, ist seit 1980 nicht zuletzt

---

5   Die Definition der nichttraditionellen Exportkulturen ist umstritten. In Anlehnung an die Definition von Conroy/Murray/Rosset (1996: 19) sollen hier all jene Produkte als nichttraditionell gelten, die nicht den fünf traditionellen zentralamerikanischen Agrarexportprodukten Bananen, Baumwolle, Kaffee, Rindfleisch und Zuckerrohr zuzurechnen sind. Dazu gehören tropische Früchte und Gemüse ebenso wie diverse Gewürz- und Medizinalpflanzen, Nüsse oder Zierpflanzen.

durch die Inkulturnahme marginaler Standorte auch eine Ausdehnung der Anbauflächen (in ha) zu beobachten. Das Verhältnis von Anbauflächen zu Grünland hat sich insgesamt aber nur unwesentlich verändert.

In der Aufteilung der Anbaufläche lassen sich nach 1980 allerdings erhebliche Verschiebungen erkennen, wie die Entwicklung der Erntefläche der wichtigsten Kulturen zeigt (Abb. 3). Bei einer allgemeinen Tendenz zur Diversifizierung im Exportsektor[6] hat der Anbau von Zuckerrohr und von nichttraditionellen Exportkulturen deutlich an Einfluss gewonnen und nimmt heute einen wesentlich größeren Teil der Anbauflächen ein, als vor zwanzig Jahren. Während sich zugleich die Anbauflächen von Dauerkulturen wie Bananen und von Grundnahrungsmitteln wie Mais oder Reis nicht nennenswert verändert haben, ist der Anbau von Baumwolle infolge stark gesunkener Weltmarktpreise und längerer Dürreperioden nahezu unbedeutend geworden. Parallel zu diesen Entwicklungen ist eine markante Ausweitung des Bewässerungsfeldbaus zu beobachten (Tab. 4): In Costa Rica beispielsweise wird inzwischen bereits ein Fünftel der Anbauflächen bewässert (CEPAL 2001c: 5ff.).

Die durchschnittlich pro Kopf zur Verfügung stehende landwirtschaftliche Nutzfläche hat sich aufgrund des anhaltenden Bevölkerungswachstums in den vergangenen vier Jahrzehnten jedoch von 1,17 ha (1961) auf 0,56 ha (2002) mehr als halbiert (Tab. 4) – mit schwerwiegenden Konsequenzen für die Grundversorgung der Bevölkerung und die Importstruktur der einzelnen Staaten (Abb. 5).

---

6   Bezogen auf den gesamten Agrarraum handelt es sich nur um eine scheinbare Diversifizierung, denn obwohl die Anzahl der zu Exportzwecken angebauten Nutzpflanzen seit 1980 deutlich zugenommen hat, ist der Flächenanteil der elf wichtigsten Kulturen (Baumwolle, Bohnen, Kaffee, Mais, Maniok, Reis, Soja, Sonnenblumen, Sorghum, Weizen und Zuckerrohr) nur geringfügig zurückgegangen; er liegt nach wie vor in allen zentralamerikanischen Staaten über 90% (CEPAL 2001a).

Abb. 2: Zentralamerika: Agrarräumliche Gliederung nach vorherrschenden Agrarbetriebstypen

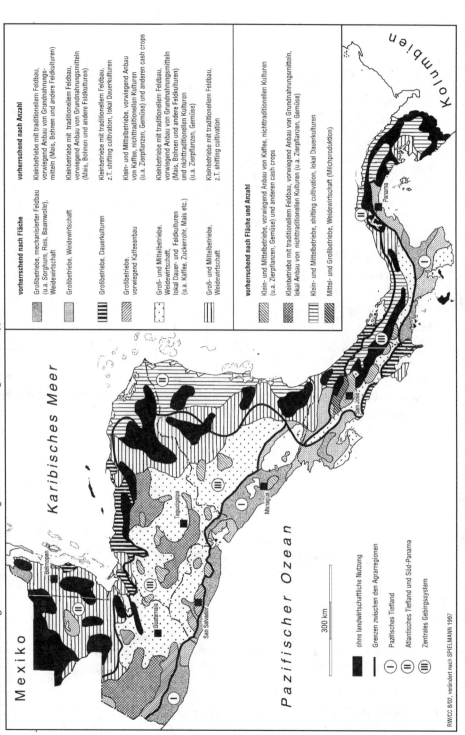

vorherrschend nach Fläche

Großbetriebe, mechanisierter Feldbau (u.a. Sorghum, Reis, Baumwolle), Weidewirtschaft

Großbetriebe, Weidewirtschaft

Großbetriebe, Dauerkulturen

Großbetriebe, vorwiegend Kaffeeanbau

Groß- und Mittelbetriebe, Weidewirtschaft, lokal Dauer- und Feldkulturen (u.a. Kaffee, Zuckerrohr, Mais etc.)

Groß- und Mittelbetriebe, Weidewirtschaft

vorherrschend nach Anzahl

Kleinbetriebe mit traditionellem Feldbau, vorwiegend Anbau von Grundnahrungs-mitteln (Mais, Bohnen und andere Feldkulturen)

Kleinbetriebe mit traditionellem Feldbau, vorwiegend Anbau von Grundnahrungsmitteln (Mais, Bohnen und andere Feldkulturen)

Kleinbetriebe mit traditionellem Feldbau, z.T. shifting cultivation, lokal Dauerkulturen

Klein- und Mittelbetriebe, vorwiegend Anbau von Kaffee, nichttraditionellen Kulturen (u.a. Zierpflanzen, Gemüse) und anderen cash crops

Kleinbetriebe mit traditionellem Feldbau, vorwiegend Anbau von Grundnahrungsmitteln (Mais, Bohnen und andere Feldkulturen) und nichttraditionellen Kulturen (u.a. Zierpflanzen, Gemüse)

Kleinbetriebe mit traditionellem Feldbau, z.T. shifting cultivation

vorherrschend nach Fläche und Anzahl

Klein- und Mittelbetriebe, vorwiegend Anbau von Kaffee, nichttraditionellen Kulturen (u.a. Zierpflanzen, Gemüse) und anderen cash crops

Kleinbetriebe mit traditionellem Feldbau, vorwiegend Anbau von Grundnahrungsmitteln, lokal Anbau von nichttraditionellen Kulturen (u.a. Zierpflanzen, Gemüse)

Klein- und Mittelbetriebe, shifting cultivation, lokal Dauerkulturen

Mittel- und Großbetriebe, Weidewirtschaft (Milchproduktion)

ohne landwirtschaftliche Nutzung

Grenzen zwischen den Agrarregionen

Pazifisches Tiefland

Atlantisches Tiefland und Süd-Panama

Zentrales Gebirgssystem

300 km

Mexiko

Karibisches Meer

Pazifischer Ozean

Kolumbien

Belmopan

Guatemala

San Salvador

Tegucigalpa

Managua

San José

Panama

RW/CC 8/02, verändert nach SPIELMANN 1997

Tabelle 4:
Zentralamerika: Zusammensetzung der landwirtschaftlichen
Nutzfläche in 1.000 ha und LNF/Kopf, 1961-2002

	1961		1970		1980		1990		2002	
	Fläche (1.000 ha)	% LNF	Fläche (1.000 ha)	% LNF	Fläche (1.000 ha)	% LNF	Fläche (1.000 ha)	% LNF	Fläche (1.000 ha)	% LNF
Feldbau fläche	4.722	31,4	4.726	29,2	5.302	28,9	6.232	29,4	5.856	27,4
Dauer kulturen	1.208	8,0	1.280	7,9	1.447	7,9	1.629	7,7	1.870	8,8
Grünland	9.126	60,6	10.201	62,9	11.579	63,2	13.304	62,9	13.644	63,8
Anbau fläche	5.930	39,4	6.006	37,1	6.749	36,8	7.861	37,1	7.726	36,2
Bewässerungs- fläche	158	1,0	229	1,4	363	2,0	420	2,0	495	2,3
LNF gesamt	15.056	100,0	16.207	100,0	18.328	100,0	21.165	100,0	21.370	100,0
LNF/Kopf	1,17 ha		0,96 ha		0,82 ha		0,75 ha		0,56 ha	

Quelle: FAO.

Abbildung 3:
Zentralamerika: Entwicklung der Erntefläche wichtiger Kulturen in 1.000 ha,
1980-2004

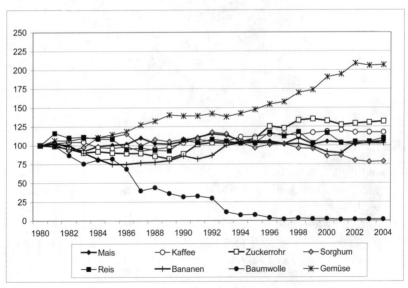

Quelle: eigene Berechnungen nach Angaben der FAO.

1.2.3.2 Landwirtschaftliche Produktion nach 1980

Die landwirtschaftliche Produktion in Zentralamerika ist seit 1980 durch die Innovation nichttraditioneller Exportprodukte und durch weitere Zuwächse bei wichtigen Anbaukulturen (Bananen, Zuckerrohr) sowie in der Viehwirtschaft gekennzeichnet, denen Rückgänge bei der Erzeugung von Grundnahrungsmitteln wie Mais oder Sorghum vor allem nach 1990 gegenüberstehen. Diese Entwicklung reflektiert damit einerseits die anhaltende Intensivierung im Agrarraum, die mit der Einführung verbesserten Saatguts nach 1960 einsetzte und andererseits die trotz der Volatilität des Weltagrarmarktes aufrechterhaltene Exportorientierung der Landwirtschaft. Vor allem mit der Verbreitung der nichttraditionellen Exportkulturen hat sich in Zentralamerika in den letzten beiden Dekaden dabei eine regional sehr heterogene Dynamik entfaltet, was sich an den unterschiedlichen Wachstumsraten der landwirtschaftlichen Produktion zeigt (Tab. 5).

Tabelle 5:
Zentralamerika: Durchschnittliche Wachstumsraten des Bruttoinlandsproduktes (BIP) und der landwirtschaftlichen Produktion (BIPagr) in %, 1980-2000

	1980-1985		1985-1990		1990-1995		1995-2000	
	BIP	BIPagr	BIP	BIPagr	BIP	BIPagr	BIP	BIPagr
Belize	k.A.	k.A.	k.A.	k.A.	k.A.	k.A.	4,6	**6,5**
Costa Rica	0,2	1,6	4,3	**4,7**	5,1	**5,0**	5,0	3,2
El Salvador	-2,8	-3,2	2,1	0,3	5,7	1,4	2,9	1,3
Guatemala	-1,1	-0,3	2,9	2,9	4,4	2,8	3,8	2,8
Honduras	1,5	1,9	3,2	**3,5**	3,4	**3,6**	3,0	1,0
Nicaragua	0,6	1,4	-3,5	-2,8	1,7	**3,3**	5,3	**6,9**
Panamá	3,6	5,2	-0,8	0,7	5,5	2,3	3,6	1,4

Quelle: CEPAL/IICA (2001).

Insbesondere in Costa Rica und Honduras, sowie – mit einiger zeitlicher Verzögerung, auch in Belize und Nicaragua – scheint der Agrarsektor von den wirtschaftspolitischen Strukturreformen profitiert zu haben. Die landwirtschaftliche Produktion in diesen Ländern weist über einen längeren Zeitraum hinweg Wachstumsraten auf, die über den Zuwachsraten des Bruttoinlandsprodukts (BIP) liegen. Demgegenüber ist in El Salvador, Guatemala und Panama offensichtlich keine vergleichbar dynamische Entwicklung eingetreten; die Wachstumsraten der Landwirtschaft fielen dort fast durchweg niedriger aus als die des BIP. Erhebliche regionale Unterschiede in der Entwicklung der landwirtschaftlichen Erträge sind die Folge, was sich beispielhaft an der Produktion von Mais und den verschiedenen Gemüsearten wie Blumenkohl oder Brokkoli veranschaulichen lässt (Abb. 4).

Während die hauptsächlich auf die Eigenversorgung und den Binnenmarkt ausgerichtete Maisproduktion in Costa Rica nach 1985 deutlich zurückging, blieb sie in El Salvador, Guatemala, Honduras sowie Panama annähernd gleich und verzeichnete sogar einen beachtlichen Zuwachs in Belize und Nicaragua. Ein ähnlich differenziertes Bild zeigt sich bei der vorwiegend exportorientierten Gemüseproduktion: Sie hat vor allem in Costa Rica, Honduras, Panama und neuerdings Belize stark zugenommen und dort maßgeblich zu einer Spezialisierung der landwirtschaftlichen Betriebe beigetragen. Durch die Ausweitung des Bewässerungsfeldbaus, den Einsatz verbesserten Saatguts und die zunehmende Verwendung von Agrarchemikalien konnten dabei in den letzten Jahrzehnten die Flächenproduktivitäten sowohl von Grundnahrungsmitteln als auch von Exportprodukten im Mittel erheblich verbessert werden.

Mit der Intensivierung der Landwirtschaft hat sich das kleinräumige Nebeneinander völlig unterschiedlicher landwirtschaftlicher Betriebssysteme im zentralamerikanischen Agrarraum weiter verfestigt (vgl. Abb. 2): Traditionelle Brachewirtschaft, Regenfeldbau, Dauerkulturwirtschaft und moderner Bewässerungsfeldbau, die sich in Produktivität und Intensität deutlich voneinander unterscheiden, finden sich in unmittelbarer räumlicher Nähe – unabhängig von der Flächengröße der Betriebe (Jansen 1996; Kay 1995; Spielmann 1997; Wyrwinski 2004).

Die Dynamik im ländlichen Raum wird in den letzten Jahren von der so genannten "Kaffeekrise" noch verstärkt. Der dramatische Preisverfall infolge des weltweiten Überangebotes an Rohkaffee hat die Kaffeeproduktion in Zentralamerika hochgradig unrentabel werden lassen. Im Jahre 2001 überstiegen die Produktionskosten die Erlöse um durchschnittlich 12 bis 29 US$ pro *quintal*[7] Kaffee; dies entspricht Verlusten zwischen 200 US$/ha in El Salvador und 900 US$/ha in Costa Rica (CEPAL 2002: 30). Die "Kaffeekrise" hat in der gesamten Region zu einem vorläufigen Rückzug vieler Betriebe aus der Kaffeeproduktion geführt und gravierende Konsequenzen für die Einkünfte der Exportproduzenten und den ländlichen Arbeitsmarkt nach sich gezogen (vgl. 2.3).

---

7   1 *quintal* = 46,0 kg.

Abbildung 4a und 4b:
Zentralamerika: Entwicklung der Produktion von Mais und Gemüse,
1980-2004 (1980=100)

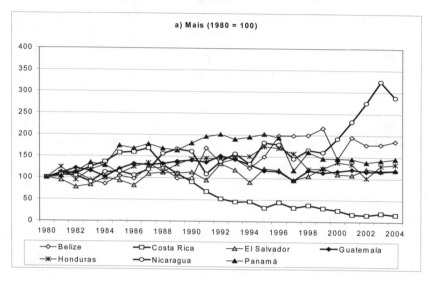

a) Mais (1980 = 100)

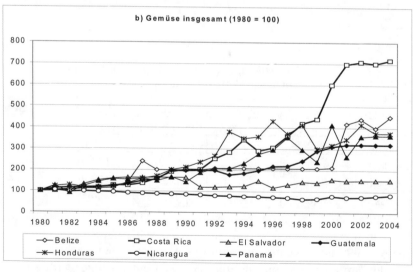

b) Gemüse insgesamt (1980 = 100)

Tabelle 6:
Zentralamerika: Produktionskosten und Erlöse für Kaffee, 2001

Land	mittlerer Ertrag (quintales/ha)	mittlere Produktionskosten (US$/quintal)	mittlerer Erlös (US$/quintal)	Verlust (US$/quintal)
Costa Rica	31,8	86	57	29
El Salvador	14,4	57	45	12
Guatemala	19,8	74	51	23
Honduras	14,3	62	37	25
Nicaragua	16,7	70	43	27

Quelle: CEPAL (2002: 30) und eigene Berechnungen nach Angaben der FAO.

1.3 Der Außenhandel mit landwirtschaftlichen Erzeugnissen nach 1980

1.3.1 Der Import von Agrarprodukten

Dem Außenhandel mit landwirtschaftlichen Erzeugnissen kommt in Zentralamerika nicht nur als Devisenquelle eine entscheidende ökonomische Bedeutung zu: Länder wie Costa Rica, El Salvador, Guatemala oder Honduras sind zu Beginn des 21. Jahrhunderts auf die massive Einfuhr von Grundnahrungsmitteln angewiesen, um den Bedarf der Bevölkerung decken zu können (Tab. 7).

Tabelle 7:
Zentralamerika: Abhängigkeit von Nahrungsmittelimporten in ausgewählten Ländern, 2002

	Mais	Bohnen	Reis	Weizen	Sorghum
	% des Bedarfs importiert				
Costa Rica	98,2	73,9	45,7	100,0	100,0
El Salvador	43,4	27,7	85,9	100,0	k.A.
Guatemala	41,6	k.A.	74,9	100,0	0,4
Honduras	36,0	7,5	90,3	99,3	0,5

Quelle: CEPAL (2004).

Seit etwa 1990 ist in Zentralamerika wegen der größeren Nachfrage und als Folge der Strukturanpassungspolitik (vgl. 2.1) ein erheblicher Anstieg der Einfuhrmengen von Agrarprodukten zu verzeichnen, der besonders bei den beiden wichtigsten Grundnahrungsmitteln der Region, Mais und Reis, sehr stark ausfällt. Aufgrund veränderter Konsumgewohnheiten werden zudem

Literaturverzeichnis

Aron, Adrienne et al. (1991): "El terror sexual en El Salvador y Guatemala". In: *ISIS International*, 15: 15-17.

Bölscher, Viola (2000): "¿Trabajo? ¡Si! ¡Pero con dignidad!" In: *Guatemala Info*, 2: 13-17.

Camus, Manuela (2002): "Mujeres Mayas: sus distintas expresiones". In: Ströbele-Gregor, Juliana (Hrsg.): *Dossier: Nuevas tendencias de movimientos indígenas en los Países Andinos y Guatemala al fin del milenio*. Berlin (*INDIANA*, 17/18), S. 31-56.

CEH (Comisión de Esclarecimiento Histórico) (1999a): *Guatemala – Memoria del silencio*, Bd. 5. Guatemala-Stadt.

— (1999b): *Guatemala – Memoria del silencio*, Bd. 4. Guatemala-Stadt.

— (1999c): *Conclusiones y recomendaciones del Informe de la Comisión para el Esclarecimiento Histórico*. Guatemala-Stadt.

Celigueta Comerma, Gemma (1998): "Mujeres e indígenas: dimensión local y acción política". In: *Nueva Sociedad*, 153: 73-92.

CEPAL (Comisión Económica para América Latina) (2000): *Equidad, desarrollo y ciudadanía*. Santiago de Chile.

Deere, Carmen/León, Magdalena (1999): *Mujer y tierra en Guatemala*. Guatemala-Stadt.

¡Fíjate! (14-tägiger Nachrichtendienst, Zürich), versch. Ausgaben.

Fauné, María Angélica (1994): "Cambios de las familias en Centroamérica". In: *ISIS International*, 20: 107-150.

FDMCA (Fundación para la Democracia "Manuel Colom Argueta")/KAQLA (Grupo de Mujeres Mayas) (2000): *Algunos Colores del Arcoiris – Realidad de las mujeres mayas*. Unveröff. Manuskript. Guatemala-Stadt.

Gabbert, Karin et al. (Hrsg.) (2000): *Geschlecht und Macht*. Münster (*Lateinamerika Jahrbuch – Analysen und Berichte*, 24).

Gaviola Artigas, Edda (2001): "Participación, derechos y conflictos: una mirada a la vida cotidiana de las mujeres mayas". In: Barrios-Klee, Walda/Gaviola Artigas, Edda: *Mujeres Mayas y cambio social*. Guatemala-Stadt, S. 45-136.

Göbels, Majo (1997): "Mayafrauen – dreifach diskriminiert. Ergebnisse einer Studie in den Verapaces". In: *Guatemala Info*, 4: 18-21.

Guatemala Info (1999): "Schwerpunkt Frauen brechen das Schweigen, fordern ihr Recht, organisieren sich". In: *Guatemala Info*, 2.

Guatemala-Komitee Berlin (1999): "Keine Rippe des Che!". In: *Guatemala Info*, 2: 4-5.

Hernández Alarcón, Rosalinda (1999): "Überproportional unterrepräsentiert. Frauen in der Politik". In: *Guatemala Info*, 2: 14-17.

Jaquette, Jane S. (Hrsg.) (1989): *The Women's Movement in Latin America. Feminism and the Transition to Democracy*. Boston.

Küppers, Gabriele (2000): "In Bewegung geraten. Frauen und Feminismus in Lateinamerika". In: Gabbert, Karin et al. (Hrsg.): *Geschlecht und Macht*. Münster (*Lateinamerika Jahrbuch – Analysen und Berichte*, 24), S. 17-36.

Mack, Helen (1997): "Sich nicht besiegen lassen..." In: *Guatemala Info*, 4: 4-5.

Miller, Francesca (1991): *Latin American Women and the Search of Social Justice*. Hanover/ London.

MINUGUA (2001): *Informe del Secretario General de las Naciones Unidas sobre la verificación de los Acuerdos de Paz de Guatemala (1 de Julio 2000-31 de marzo 2001)*. Guatemala-Stadt.

Mora Carvajal, Virginia (1997): "Mujeres e Historia en América Latina: En Busca de una Identidad de Género". In: Rodríguez Sáenz, Eugenia (Hrsg.): *Entre silencio y voces – Género e Historia en América Central (1750-1990)*. San José, S. 1-20.

Oehm-Häneke, Dorothée (1993): "Frauenbewegung in Guatemala". In: *Terre des Femmes*, RB 1: 29-32.

ONAM (Oficina Nacional de la Mujer) (1995): *IV Conferencia Mundial de la Mujer, Acción para la Igualdad, El Desarrollo y La Paz*. Guatemala-Stadt.

Quemé Chay, Rigoberto (1999): "La descentralización administrativa, económica y política en peligro". In: URRACAN/Fundación Rigoberta Menchú Tum/KEPA/Alcaldía de Puerto Cabezas/Alcaldía de Quetzaltenango: *Poder Indígena y Derechos Locales*. Managua, S. 77-78.

Radcliffe, Sarah A./Westwood, Sallie (Hrsg.) (1993): *'VIVA'. Women and Popular Protest in Latin America*. New York.

Ramírez, María del Rosario Chiqui (1999): "Die Hälfte des Himmels? Frauen in politisch-militärischen Organisationen". In: *Guatemala Info*, 2: 10-12.

Rodríguez I., Alicia et al. (1997): *Síntesis de situación de las mujeres guatemaltecas*. Guatemala-Stadt.

— (1998): *Síntesis de situación e las mujeres y las niñas guatemaltecas*. Guatemala-Stadt.

Rodríguez Sáenz, Eugenia (Hrsg.) (1997): *Entre silencio y voces – género e historia en América Central (1750-1990)*. San José.

Schulte, Christiane (1996): "Guatemala: Hoffnung auf Umbruch". In: Gabbert, Karin et al. (Hrsg.): *Offene Rechnungen*. Bad Honnef (*Lateinamerika – Analysen und Berichte*, 20). S. 181-190.

Sieder, Rachel (2001): "La ley, la justicia y la reconstrucción de posguerra en Alta Verapaz Guatemala". In: Bodemer, Klaus/Kurtenbach, Sabine/Meschkat, Klaus (Hrsg.): *Violencia y regulación de conflictos en América Latina*. Caracas, S. 317-340.

Stolz Chinchilla, Norma (1993): "Women's Movements in the Americas: Feminism's Second Wave". In: *NACLA*, 5.1: 17-23.

— (1999): "Ich habe hart dafür gekämpft, nicht 'die Frau von ...' zu sein". In: *Lateinamerika-Nachrichten*, 297: 10-12.

Ströbele-Gregor, Juliana (1999): "Gewalt gegen Frauen – ein beunruhigendes Thema im Demokratisierungsprozess". In: Ahrensund, Helen/Nolte, Detlef (Hrsg.): *Rechtsreform und Demokratieentwicklung in Lateinamerika*. Hamburg/Frankfurt am Main, S. 53-77.

— (2001): "Frauenwelten im Umbruch – zur Lage von Frauen in Lateinamerika". In: Borsdorf, Axel/Krömer, Gertrud/Parnreiter, Christof (Hrsg.): *Lateinamerika im Umbruch. Geistige Strömungen im Globalisierungsstress*. Innsbruck (*Innsbrucker Geografische Studien*, 3), S. 155-167.

Thillet de Solórzano, Braulia (2001): *Mujeres y percepciones políticas*. Guatemala-Stadt (*Colección estudios de género*, 3).

vermehrt tierische Erzeugnisse wie z.B. Milchprodukte eingeführt, und auch der Import von Futtermitteln und landwirtschaftlichen Rohstoffen wie Ölsaaten oder Textilfasern hat seither signifikant zugenommen. Allein die Einfuhr von Gemüse weist angesichts der gestiegenen regionalen Gesamtproduktion seit Anfang der letzten Dekade eine stark rückläufige Tendenz auf.

Den weitaus größten Teil der Importe beziehen die einzelnen Staaten dabei nach wie vor aus den USA und aus Kanada, die vor allem Getreideprodukte nach Zentralamerika liefern. Die Einfuhrkosten haben sich dabei analog zu den Weltmarktpreisen sehr unterschiedlich entwickelt: Während sich der Import von landwirtschaftlichen Rohstoffen und Futtermitteln stark verteuert hat, sind die Kosten für Mais und Reis aufgrund der niedrigen Weltmarktpreise deutlich geringer angestiegen, als die Importmenge im selben Zeitraum zugenommen hat (Abb. 5).

Abbildung 5:
Zentralamerika: Entwicklung der Einfuhrkosten
ausgewählter Agrarerzeugnisse, 1980-2000 (1980 = 100)

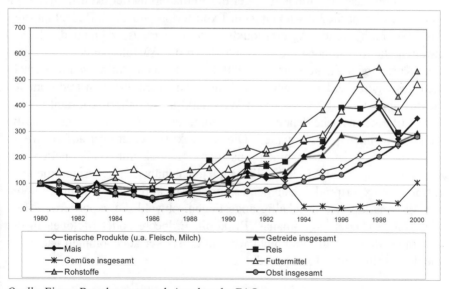

Quelle: Eigene Berechnungen nach Angaben der FAO.

Auch wenn diese Importe zur Ernährung der wachsenden Bevölkerung notwendig erscheinen – für die regionalen Produzenten von Grundnahrungsmitteln, also vor allem für die binnenmarktorientiert wirtschaftenden Klein- und

Mittelbetriebe, bringen sie gravierende Absatzschwierigkeiten und damit typische Erzeugerprobleme mit sich, wie sie inzwischen aus vielen "Entwicklungsländern" bekannt sind: Einerseits steigen die durchschnittlichen Produktionskosten aufgrund der Verteuerung landwirtschaftlicher Betriebsmittel stark an; andererseits sinken durch die Konkurrenz des preisgünstigen Importgetreides die auf den nationalen Märkten zu erzielenden Erlöse stark ab (Kay 1995; 1999; Spielmann 1997).

1.3.2 Der Export von Agrarprodukten

Seit 1980 ist der Anteil landwirtschaftlicher Erzeugnisse am Gesamtexport Zentralamerikas von knapp 70% auf etwa 40% im Jahr 2002 abgesunken (Abb. 6). Neben dem stetigen Rückgang in El Salvador und Honduras fällt vor allem die radikale Veränderung der letzten Jahre in Costa Rica auf: Nachdem der Anteil der Agrarprodukte an den Gesamtausfuhren des Landes auf vergleichsweise hohem Niveau lange Zeit stabil geblieben ist, brechen die Agrarexporte seit der Kaffeekrise dramatisch ein.

Generell lässt allerdings weniger die Veränderung der exportierten Mengen als vielmehr die Entwicklung der Exporterlöse auf einen Bedeutungsverlust der traditionellen Agrarprodukte Zentralamerikas während der letzten zwanzig Jahre schließen (Abb. 7). Obgleich die Ausfuhrmengen von Bananen, Kaffee oder Zuckerrohr seit 1980 über viele Jahre teilweise noch erheblich gesteigert werden konnten, sind die Einnahmen aus dem traditionellen Sektor angesichts der gesunkenen Weltmarktpreise nahezu konstant geblieben. Mit einer entscheidenden Verbesserung dieser Situation ist mittelfristig nicht zu rechnen – im Gegenteil: Die Kaffeekrise deutet eher auf ein weiteres Absinken der Einnahmen aus dem Handel mit traditionellen Erzeugnissen hin (CEPAL 2002: 37ff.). Demgegenüber ist der Anteil nichttraditioneller Exportprodukte an den Exporterlösen aufgrund der deutlich höheren Weltmarktpreise nachhaltig angestiegen, obwohl die exportierten Mengen von Produkten wie Ananas, Brokkoli, Erdbeeren oder Melonen in der gesamten Region seit 1980 nicht wesentlich stärker zugenommen haben als die der traditionellen Exportprodukte.

Abbildung 6:
Anteil landwirtschaftlicher Erzeugnisse am Gesamtexport, 1980-2002

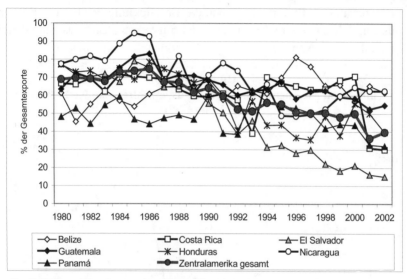

Quelle: Eigene Berechnungen nach Angaben der FAO.

Abbildung 7:
Zentralamerika: Entwicklung der Exporterlöse ausgewählter
Agrarerzeugnisse, 1980-2000 (1980 = 100)

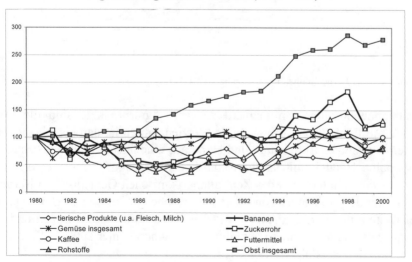

Quelle: Eigene Berechnungen nach Angaben der FAO.

Entsprechend den Veränderungen in der Landnutzung profitierten dabei allerdings nicht alle zentralamerikanischen Staaten gleichermaßen von der Diversifizierung im Exportsektor, wie die Entwicklung der Exporterlöse von Gemüse und Melonen in Costa Rica, El Salvador, Honduras und Panama beispielhaft zeigt (Abb. 8).

Abbildung 8:
Gemüse und Melonen: Exporterlöse ausgewählter Länder 1980-2003
(in 1.000 US$)

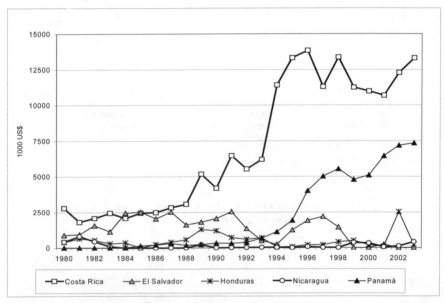

Quelle: Eigene Berechnungen nach Angaben der FAO.

Hauptabnehmer der zentralamerikanischen Agrarprodukte sind die USA sowie die Europäische Union. In den letzten Jahren ist darüber hinaus zwischen Guatemala, El Salvador und Honduras eine leichte Zunahme des intraregionalen Handels mit landwirtschaftlichen Erzeugnissen zu verzeichnen, der vor dem Hintergrund des Zentralamerikanischen Gemeinsamen Marktes in Gestalt der Freihandelszone CAFTA zu sehen ist, in seinem Umfang aber bei weitem nicht an den Außenhandel mit den nordamerikanischen und europäischen Handelspartnern heranreicht (Minkner-Bünjer 2000: 38ff.; Tablada 1996: 232; Westphalen 1996: 12ff.).

2. Probleme und Perspektiven der Landwirtschaft in Zentralamerika

Die beschriebenen Entwicklungen der zentralamerikanischen Landwirtschaft in den letzten zwei Jahrzehnten sind maßgeblich auf zwei Ursachen zurückzuführen: Sowohl die Veränderungen in Landnutzung und Agrarproduktion als auch die Umschichtungen im Außenhandel mit landwirtschaftlichen Erzeugnissen spiegeln zuvörderst die makroökonomischen Strukturanpassungsmaßnahmen wider, die seit den achtziger Jahren als Reaktion auf das vorläufige Scheitern der binnenorientierten Entwicklungsstrategie eingeleitet wurden. Sie sind gleichzeitig aber auch Ausdruck der ökologischen Krise im Agrarraum, die mit der Ausbreitung unangepasster Bodennutzungssysteme, einer fortschreitenden Bodenerosion und der lokal übermäßigen Chemisierung der Landwirtschaft verbunden ist. Beide Phänomene sind in den letzten Jahren hinreichend untersucht worden, weshalb sie hier nur zusammenfassend skizziert werden sollen.

2.1 Folgen der Strukturanpassung für die Landwirtschaft

Obwohl sich die maßgeblich durch die internationalen Finanzinstitutionen bestimmten Umstrukturierungen in Zentralamerika von Land zu Land in Verlauf und Intensität erheblich unterschieden haben, lassen sich an Schlagworten wie Abwertungspolitik, Deregulierung, Privatisierung und Förderung der Weltmarktintegration durch Zollsenkungen und Steueranreize die wichtigsten gemeinsamen Merkmale der Anpassungspolitik festmachen. Ihre generellen regionalen Auswirkungen sind vielfach thematisiert worden (Bulmer-Thomas 1996; Nuhn 1995; Willmore 1997), und auch die Folgen für den Agrarsektor sind Gegenstand zahlreicher Untersuchungen (Agosin 2001; Conroy/Murray/Rosset 1996; Spoor 2001; Stamm 1996; Valdés 2000; Weeks 1995; 1999; Weller 2001). Als größtes Problem schält sich dabei die weitere Verschärfung der sozioökonomischen Gegensätze im Agrarraum durch eine einseitige Begünstigung der exportorientierten Landwirtschaft heraus.

Mittelkürzungen und Umschichtungen in den nationalen Haushalten zogen die Konzentration der Agrarpolitik auf die Bedürfnisse der Exportproduzenten nach sich. Während diese nämlich nach wie vor von günstigen staatlichen Krediten Gebrauch machen konnten, verschlechterte sich für die binnenmarktorientierten Erzeuger von Grundnahrungsmitteln der Zugang zu landwirtschaftlichen Darlehen erheblich. So wurden beispielsweise mit dem Einsetzen der Strukturreformen in Nicaragua nach 1990 sukzessive diejenigen Filialen der landwirtschaftlichen Entwicklungsbank BANADES geschlossen, die hauptsächlich für die Förderung von Grundnahrungsmittelproduzenten zuständig waren (Jonakin/Enríquez 1999: 154). Die Auswirkungen waren gravierend: Vor Beginn der Konsolidierungspolitik bezogen die Klein- und Mittelbetriebe noch 56% der staatlichen Agrarkredite, heute beläuft sich ihr Anteil nur noch auf 29%. Parallel dazu konnten die weltmarktorientierten Großbetriebe ihren Anteil an den Mitteln von 31% auf über 71% steigern (Enríquez 2000: 52). Ähnliche Veränderungen zuungunsten der Grundnahrungsmittelproduktion zeigten sich auch im Bereich der landwirtschaftlichen Beratungsdienste und der Agrarforschung: In Costa Rica wurden z.B. im Rahmen von Einsparmaßnahmen Mitarbeiter der staatlichen Beratung aus der Förderung der Mais- und Reisproduktion abgezogen und mit neuen Aufgaben auf dem Gebiet der nichttraditionellen Exportkulturen betraut (Conroy/Murray/Rosset 1996: 44ff.).

Zusätzlich erschwerend für die Klein- und Mittelproduzenten wirkten sich die im Bereich der Außenwirtschaftspolitik getroffenen Maßnahmen aus. Die länderübergreifende Neufestsetzung der Zollsätze auf niedrigem Niveau, die Rücknahme staatlicher Preisgarantien und der Verzicht auf jegliche Interventionsmaßnahmen im Bereich des Getreidehandels führten zu einer erheblichen Ausweitung der Getreideimporte (vgl. Abb. 5) und damit zu einer massiven Konkurrenz für die einheimischen Produzenten (Spoor 2001: 156ff.; Weeks 1999: 73ff.). Verstärkt wurde deren negative Wirkung noch durch die Verteuerung vieler landwirtschaftlicher Betriebsmittel infolge der Abwertungspolitik (Conroy/Murray/Rosset 1996: 12ff.) und die anhaltende Exportsubventionspolitik der USA (Garst 1992).

Ganz anders dagegen entwickelte sich die Situation der weltmarktorientierten Landwirtschaft. Sie profitierte in der Regel von dem umfassenden Instrumentarium zur Exportförderung, das die einzelnen Staaten parallel zu den Strukturanpassungsmaßnahmen und vor dem Hintergrund der US-amerikanischen *Caribbean-Basin*-Initiative aufbauten (Gabriele 1997). Steueranreize, direkte Exportbeihilfen und günstige Kredite, die Befreiung von Zöllen für landwirtschaftliche Inputs und Kapitalgüter sowie die Neuorientierung der Agrarforschung und -beratung insbesondere auf die Produktion von nichttraditionellen Kulturen markierten wichtige Bausteine der entsprechenden Programme, mit denen vor allem größere Betriebseinheiten, und darunter wiederum die nichttraditionellen Produzenten, begünstigt wurden (Barham et al. 1992: 45ff.; Conroy/Murray/Rosset 1996: 41ff.; Willmore 1997: 174ff.).

Auch wenn die Folgen von Strukturanpassung und Exportförderung in den einzelnen Ländern sehr unterschiedlich ausgefallen sind: Es bleibt festzuhalten, dass es weder durch die Umstrukturierungsmaßnahmen noch durch den Aufbau des nichttraditionellen Sektors bisher gelungen ist, die Armut als dringendstes Problem der ländlichen Regionen Zentralamerikas zu beseitigen. Im Gegenteil: Nach wie vor lebt ein Großteil der ländlichen Bevölkerung unterhalb der Armutsgrenze; in El Salvador, Guatemala, Honduras und Nicaragua müssen bis zu 81% der ländlichen Haushalte von einem Einkommen existieren, das ihnen nicht einmal die Befriedigung der unmittelbaren Grundbedürfnisse gestattet (CEPAL 2003: 25ff.; *Proyecto de Estado de la Región* 1998: 10ff.).

2.2 Die ökologische Krise im zentralamerikanischen Agrarraum

Umweltprobleme in den ländlichen Regionen Zentralamerikas sind vordergründig auf lokaler Ebene zu verorten und stehen in engem Zusammenhang mit der nach wie vor verbreiteten dualistischen Agrarsozialstruktur und der Intensivierung der Landwirtschaft. In den letzten Jahren wird allerdings mehr und mehr deutlich, dass sie nicht **allein** als bloße Folgeerscheinung einer verfehlten nationalen Agrarpolitik oder der landwirtschaftlichen Modernisierung einzustufen sind. Die Zunahme tropischer Wirbelstürme und das erkennbar häufigere Auftreten von Dürren auf der mittelamerikanischen Landbrücke sprechen vielmehr für eine spürbare Verstärkung lokal verursachter Probleme durch globale anthropogene Umweltveränderungen.

Als wichtigste Umweltproblem im Agrarraum können die Entwaldung und die Bodenerosion sowie der damit einhergehende Verlust an Biodiversität gelten. Waldzerstörung und Bodendegradation haben im letzten Jahrzehnt erschreckende Ausmaße angenommen: Bei durchschnittlichen jährlichen Entwaldungsraten zwischen 0,8% in Costa Rica und 4,6% in El Salvador gingen in Zentralamerika allein zwischen 1990 und 2000 insgesamt mehr als 340.000 ha Wald durch Holzeinschlag, die Ausweitung der landwirtschaftlichen Nutzfläche und das Vordringen von Siedlungsflächen verloren (FAO 2001, zitiert in Kapp 2002: 15). Zentralamerika gilt daher nach Schätzungen des *World Resources Institute* (WRI) auch als die am stärksten von Bodenzerstörung betroffene Region weltweit: Bis Mitte der neunziger Jahre hatten infolge menschlicher Aktivitäten bereits 24,8% aller Böden in der Region deutlich an Fruchtbarkeit verloren (Hein 1998: 131). Flächenhafte und lineare Erosionsprozesse sowie Hangrutschungen führen Modellrechnungen zufolge zu jährlichen Bodenabtragsraten zwischen 50 und 180 t/ha bei lokalen Spitzenwerten von bis zu 1.000 t/ha (Schrader 2002: 34).

Landmangel und die anhaltende Ausbreitung von unangepassten Bodennutzungssystemen werden als die wichtigsten Ursachen dieser verhängnisvollen Entwicklung angeführt (CEPAL 2001d; Kapp 2002; Reca/Echeverría 1998; Schrader 2002). Da einer wachsenden ländlichen Bevölkerung pro Kopf immer weniger landwirtschaftliche Nutzfläche zur Verfügung steht (vgl. Tab. 4) und effektive Agrarreformen zur Überwindung der agrarsozialen Gegensätze ausbleiben bzw. sogar partiell zurückgenommen werden (Enríquez 2000; Jonakin 1996), sind gegenwärtig weite Teile des zentralamerikanischen Agrarraums von einer sich verschärfenden Landverknappung[8] geprägt. Dies führt zu der von massiver Entwaldung begleiteten Inkulturnahme agrarökologisch ungeeigneter Flächen: Im Bereich des Hochlandes wird die Anbaufläche um steile Hanglagen erweitert, während im Atlantischen Tiefland tiefgründig verwitterte Böden trotz ihrer ungünstigen Nährstoffversorgung verstärkt anbau- oder weidewirtschaftlich genutzt werden (Schrader 2002: 35). Darüber hinaus hat der Landmangel eine signifikante Erhöhung der Bewirtschaftungsintensität durch radikale Verkürzung der Brachezeiten zur Folge, obwohl diese zur Wahrung der Bodenfruchtbarkeit in vielen Landnutzungssystemen unbedingt notwendig sind. Im nordwestlichen Honduras wird beispielsweise das prinzipiell nachhaltige Landnutzungssystem der traditionellen *milpa*-Feldwirtschaft durch nicht standortgerechte Regenfeldbausysteme mit stark verkürzten Brachephasen ersetzt, was nach wenigen Anbauzyklen ein rapides Absinken der Bodenfruchtbarkeit zur Folge hat und der Erosion erheblichen Vorschub leistet (Jansen 1996: 11ff.).

Die Durchsetzung solcher unangepasster Bodennutzungssysteme geht einher mit der Modernisierung der Landwirtschaft, regional überhöhtem Viehbestand und oftmals unsachgemäßem Einsatz von Mineraldüngern und Pestiziden, der zu übermäßigen Stoffeinträgen in die landwirtschaftlich genutzten Böden, die Gewässer und die Atmosphäre führt. Die zunehmende Verwendung von Dünge- und Pflanzenschutzmitteln in der kleinbäuerlichen Landwirtschaft zieht mittlerweile ähnlich gravierende Folgen für die Was-

---

8   Trotz dieser Mangelsituation wird gerade in den landwirtschaftlichen Gunsträumen, in denen Großbetriebe dominieren, vielerorts die landwirtschaftliche Nutzfläche gar nicht ihrem Potential entsprechend genutzt (vgl. 1.2.2). In Honduras nimmt z.B. die großbetriebliche extensive Weidewirtschaft mit Bestockungsdichten von z.T. < 1 Großvieheinheiten/ha über 50% der fruchtbarsten Böden des Landes ein und stellt damit eine besonders markante Form der "Nichtausschöpfung" des Agrarpotentials dar (CEPAL 2001d: 10).

serqualität, den Artenreichtum und die Gesundheit der Bevölkerung nach sich, wie sie aus der Nutzung dieser Substanzen in der großbetrieblich organisierten Exportproduktion schon lange bekannt sind (AVANCSO 1994; Jansen 1996: 11f.; Rice 1999: 563ff.). Das zeigt sich eindrucksvoll am Beispiel Guatemalas, wo CONAMA (1997) von jährlich um die 30.000 Vergiftungsfällen allein durch die nicht sachgerechte Anwendung von Pflanzenschutzmitteln berichtet. Bei einer weiteren kontinuierlichen Anwendung von Agrarchemikalien können auch in vorwiegend kleinbetrieblich geprägten Regionen langfristige Folgeschäden nicht ausgeschlossen werden, die im Bereich der Plantagenwirtschaft offenbar bereits eingetreten sind: Untersuchungen im atlantischen Tiefland Costa Ricas deuten z.B. auf eine weiträumige Schwermetallbelastung der Böden im Bereich ehemaliger Bananenplantagen, wo zwischen 1938 und 1962 zur Bekämpfung der *Sigatoka*-Krankheit großflächig die so genannte "Bordeaux-Brühe"[9] eingesetzt wurde (Marquardt 2001: 28).

Derartige lokal verursachte Probleme erfahren gegenwärtig eine Verstärkung durch die globalen Umweltveränderungen. Obwohl Zentralamerika aufgrund seiner klimageographischen Situation ohnehin ein hohes Risiko für Naturkatastrophen wie tropische Wirbelstürme oder Dürren aufweist, hat die Zahl der entsprechenden Ereignisse in den letzten Jahren erkennbar zugenommen (CEPAL/CCAD 2002: 14ff.). Für die Landwirtschaft ergeben sich daraus erhebliche Ertragseinbußen, was z.B. die Auswirkungen des Hurrikans "Mitch" 1998 oder der Dürre in den Jahren 2000/2001 zeigen. Während durch den Wirbelsturm allein in Honduras ein finanzieller Gesamtschaden von 4 Mrd. US$ verursacht und rund die Hälfte der Nahrungsmittelproduktion des Anbaujahres vernichtet wurde (Minkner-Bünjer 1999b: 26), beziffern sich die Produktionsausfälle durch ausbleibende Niederschläge in den Jahren 2000/01 allein in der Grundnahrungsmittelerzeugung auf geschätzte 470.000 t (Tab. 8) das entspricht einem Verlust für die landwirtschaftlichen Betriebe von mehr als 110 Mio. US$ (CEPAL/CCAD 2002: 24). Die Umweltprobleme im Agrarraum stellen also nicht nur eine mittel- oder langfristige Gefährdung der natürlichen Produktionsgrundlagen dar; sie sind in Zentralamerika schon heute mit z.T. erheblichen Produktionsrückgängen verbunden.

---

9   Die so genannte "Bordeaux-Brühe" ist eine Kupferkalk- oder Schwefelkalklösung und gehört zu den anorganischen Fungiziden. Seit dem 19. Jahrhundert wird sie weltweit zur Bekämpfung von Pilzkrankheiten im Obstbau eingesetzt.

Tabelle 8:
Zentralamerika: Geschätzte Ertragseinbußen bei Grundnahrungsmitteln
infolge der Dürre 2000/2001

	Geschätzte Ertragseinbußen	
	T	US $ (in 1000)
Mais	314.100	66.200
Bohnen	41.400	21.900
Reis	55.200	13.500
Sorghum	59.700	8.800
Gesamt	**470.400**	**110.400**

Quelle: CEPAL/CCAD (2002: 24).

2.3 Ausweitung der nichttraditionellen Exportproduktion oder "Deagrarisierung"? Entwicklungsperspektiven der zentralamerikanischen Landwirtschaft

Welche Perspektiven ergeben sich vor diesem Hintergrund für den zentralamerikanischen Agrarraum? Wird der primäre Sektor auch künftig seine herausragende Rolle als Einnahmequelle für Agrarexportunternehmen und als wichtigste Beschäftigungsmöglichkeit für Tagelöhner und Landlose behaupten können? Oder ist eher von einem Bedeutungsverlust des primären Sektors auszugehen, der mittelfristig in einem regelrechten Rückzug ganzer Regionen aus der Landwirtschaft gipfeln dürfte, wie er seit einigen Jahren für die ländlichen Räume afrikanischer "Entwicklungsländer" als "Deagrarisierung" postuliert wird (Bryceson 2000; Schmied 2004)? Angesichts der skizzierten Folgen von Strukturanpassungen und ökologischer Degradation sind verschiedene Entwicklungen denkbar, und dabei zeigen sich grundsätzliche Unterschiede zwischen den einzelnen Agrarregionen und den verschiedenen Betriebsgrößenklassen.

In den landwirtschaftlichen Gunsträumen des Pazifischen und des Atlantischen Tieflands sowie in Teilregionen der Gebirgsabdachung werden die vorwiegend großbetrieblich organisierten Exportproduzenten auch weiterhin mit volatilen Weltmarktpreisen für traditionelle Erzeugnisse konfrontiert sein. Obwohl die weltmarktorientierte Landwirtschaft zumindest auf mittlere Sicht weiterhin durch die exportorientierte Agrarpolitik begünstigt werden dürfte, zeigt ihr die grassierende Kaffeekrise doch deutliche Grenzen der Rentabilität auf. Auch wenn die wegbrechenden Einnahmen der Kaffeeproduzenten infolge des weltweiten Preisverfalls für Rohkaffee die erwähnten schwerwiegenden Folgen mit sich bringen; der für die ländlichen Regionen

Zentralamerikas weitaus bedeutsamere Effekt dieser Krise resultiert aus dem dramatisch sinkenden Arbeitskräftebedarf für Pflege- und Erntemaßnahmen, der mit der Stillegung weiter Teile der bisher für den Kaffeeanbau genutzten Anbauflächen verbunden ist: Schätzungen zufolge sind in der zentralamerikanischen Kaffeewirtschaft in den letzten Jahren bis zu 170.000 Arbeitsplätze verlorengegangen (CEPAL 2002: 31) Damit fällt für Kleinbauern, Pächter und Landlose eine der wichtigsten Einkommensquellen ausgerechnet in dem Moment nahezu vollständig weg, da diese Tätigkeiten für die Existenzsicherung immer wichtiger werden.

Einnahmen aus landwirtschaftlicher Lohnarbeit oder aus selbständiger Beschäftigung in Handel und Handwerk sind bereits seit geraumer Zeit gerade dort von eminenter Bedeutung für das Haushaltseinkommen der ländlichen Bevölkerung, wo natürliche Limitfaktoren – wie die geringe Bodenqualität – eine hohe Erosionsanfälligkeit oder auch die saisonale Trockenheit die landwirtschaftlichen Nutzungsmöglichkeiten stark einschränken (Corral/ Reardon 2001; Lanjouw/Lanjouw 1995; Wyrwinski 2005). Die fortschreitende Besitzzersplitterung und die anhaltende ökologische Degradation, aber auch der Preisverfall vieler Agrarprodukte und die Konkurrenz vorwiegend nordamerikanischer Billigimporte bewirken in den letzten Jahren jedoch selbst in den landwirtschaftlichen Gunsträumen eine wachsende Abhängigkeit der kleinbäuerlichen Landwirtschaft von außerbetrieblichen Einkünften (Reardon/Berdegué/Escobar 2001; Weller 1997). Die Zusammensetzung des jährlichen Haushaltseinkommens von Kleinbauern aus dem westguatemaltekischen Hochland zeigt exemplarisch, dass gerade in Kleinstbetrieben, die über eine landwirtschaftliche Nutzfläche von < 1,4 ha verfügen, nur noch ein Drittel des Gesamteinkommens überhaupt aus der landwirtschaftlichen Produktion stammt (Abb. 9). Ähnliches gilt für landwirtschaftliche Betriebssysteme wie die Brachewirtschaft und den permanenten Regenfeldbau, die weitgehend extensiv unter Verwendung traditioneller Anbaumethoden wirtschaften: Auch sie beziehen zwischenzeitlich fast zwei Drittel ihres Gesamteinkommens aus Lohnarbeit und selbständiger Beschäftigung sowie aus den Geldüberweisungen von abgewanderten Familienmitgliedern[10] (Wyrwinski 2005).

---

10 Der Zugang zu den verschiedenen Typen von außerbetrieblicher Beschäftigung hängt neben der Faktorausstattung der Betriebe vor allem von der Ausbildung der Betriebsangehörigen (De Janvry/Sadoulet 2001) und der Zugehörigkeit zu sozialen Netzwerken bzw. ethnischen Gruppen ab (Gordon/Craig 2000; Wyrwinski 2004; 2005).

Abbildung 9:
Kleinbäuerliche Landwirtschaft in Westguatemala:
Zusammensetzung des jährlichen Haushaltseinkommens
in unterschiedlichen Betriebsgrößenklassen, 1996/97

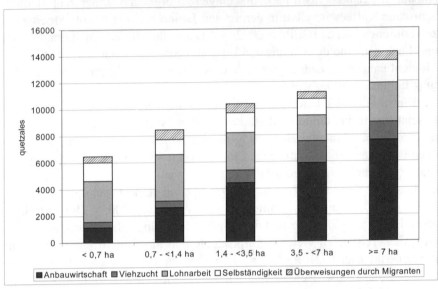

Quelle: Eigene Erhebungen (1996/97).

Die wirtschaftliche Unsicherheit vieler landwirtschaftlicher Betriebe wird mittelfristig weiter zunehmen. Daraus lassen sich zwei grundlegende Tendenzen ableiten:

1. Sowohl in den landwirtschaftlichen Gunsträumen des Tieflands als auch in den dicht besiedelten Hochlandregionen ist von einem Anstieg der sozialen Spannungen auszugehen, wobei vor allem Landkonflikten künftig ein weitaus höherer Stellenwert beizumessen sein wird. Kleinbauern, Pächter und Landlose vertreten ihre Forderungen nach einer veränderten Landverteilung und besserer finanzieller Unterstützung zusehends offensiver (Stumpf 2003). In Guatemala machten beispielsweise Mitte der neunziger Jahre Landbesetzungen, Grundeigentumsstreitigkeiten und Abgrenzungsprobleme von Parzellen bereits zwei Drittel aller gesellschaftlichen Konflikte aus (Miethbauer 1999: 6). Wie viele andere lateinamerikanische Regierungen verzichtet jedoch auch die guatemaltekische Regierung weiterhin auf eine umfassende Agrarreform und betreibt stattdessen allenfalls zögerlich Maßnahmen wie die Privatisierung staat-

licher Ländereien oder die individuelle Landtitelvergabe (Zoomers 2000: 59ff.). Eine erhebliche Verschärfung derartiger Konflikte ist daher absehbar. Das gilt erst recht angesichts der gravierenden Rechtsunsicherheit im Land: "Etwa 70% des gesamten Landes in Guatemala befindet sich in Bezug auf Grenzen, Lage und Besitzrechte in einem ungeklärten, konfusen Status" (Cabrera del Valle 2002: 19, zitiert in Stumpf 2003: 136).

Der zunehmend transnationale Charakter kleinbäuerlicher Organisationen und ihre verstärkt politischen Anliegen, die inzwischen weit über traditionelle Forderungen nach Lohnerhöhungen und Arbeitsschutz hinausreichen (Edelman 1998), lassen vor dem Hintergrund vergleichbarer historischer Erfahrungen und fast deckungsgleicher ökonomischer Probleme auch in den übrigen zentralamerikanischen Staaten ähnliche gesellschaftliche Konflikte erwarten.

2. Infolge der ökologischen Probleme in den ländlichen Regionen ist in den letzten Jahren auch in Zentralamerika das Interesse an einer umweltgerechten, ressourcenschonenden Umgestaltung der Landwirtschaft deutlich gestiegen. Inzwischen liegt eine Reihe von Konzepten für eine ökologisch nachhaltige Bodennutzung vor, die sich hauptsächlich an autochthonen *low-input*-Verfahren der Bodenbearbeitung orientieren und auf anbautechnische Elemente wie Gründüngung, *intercropping* oder Mulchen und bodenerhaltende Verfahren wie Terrassierung oder Konturpflügen zurückgreifen. In vielen Testreihen und Projekten ist es so gelungen, die agrarökologischen Bedingungen zu stabilisieren und zugleich den vielen, meist kapitalschwachen Kleinbetrieben zumindest temporär hinreichende Erträge zu ermöglichen (Altieri 2000a; 2000b; Bunch 1999; CEPAL 2001d; Rosemeyer 1997). Selbst für das Atlantische Tiefland mit seinen agrarökologischen Einschränkungen konnten agroforstwirtschaftliche Systeme als potentiell nachhaltige Landnutzungsformen entwickelt werden (Kapp 1999; 2002: 15ff.).

Neben der in weiten Teilen fortgeschrittenen Besitzzersplitterung und der unzureichenden staatlichen Förderung steht aber insbesondere die hohe ökonomische Unsicherheit einer flächendeckenden Implementierung derartiger Verfahren entgegen. Wie Neill/Lee (2001: 796ff.) am

Beispiel der Einführung des Mais-*Mucuna*-Systems[11] im nördlichen Honduras zeigen, rentiert sich eine nachhaltige Landnutzung für Kleinbauern nur dann, wenn sie über einen längeren Zeitraum eine größere landwirtschaftliche Nutzfläche nutzen können. Da die meisten Kleinbetriebe jedoch nur über sehr wenig eigenes Land verfügen und langfristige Pachtverträge für sie mit hohen Kosten verbunden sind, erweist sich das ökologisch nachhaltige Verfahren oftmals als zu teuer, zumal es mit zusätzlichen Arbeitskosten und dem Risiko der Verunkrautung bei unzureichender Pflege behaftet ist. Eine Untersuchung zur Übernahme bodenschonender Anbauverfahren in Bergregionen El Salvadors, Honduras und Nicaraguas zeigt darüber hinaus, dass finanzielle Anreizsysteme zur Umsetzung einer nachhaltigen Landwirtschaft hauptsächlich die besser situierten Betriebe erreichen, während sie für die ärmsten und kleinsten Betriebe wenig geeignet erscheinen (Schrader 2002: 125ff.). Von einer kurzfristigen Lösung der Umweltprobleme im zentralamerikanischen Agrarraum durch eine nachhaltige Umgestaltung der Landwirtschaft ist daher nicht auszugehen; die ökologische Krise dürfte sich eher weiter zuspitzen.

Die Landwirtschaft in Zentralamerika bleibt folglich auch weiterhin von gegensätzlichen Entwicklungen geprägt, die maßgeblich von der unsicheren Weltmarktsituation und der ökologischen Degradation bestimmt sind. Während sich in den großbetrieblich geprägten Gunsträumen eine Ausweitung der nichttraditionellen Exportproduktion auf Kosten der traditionellen Kulturen abzeichnet, ist in den kleinbäuerlich dominierten Hochlandregionen von einem Bedeutungszuwachs der außerlandwirtschaftlichen Beschäftigung auszugehen. Der Rückzug ganzer Bevölkerungsgruppen aus der Landwirtschaft und die "Deagrarisierung" ganzer Regionen sind in Zentralamerika angesichts des Erstarkens bäuerlicher Gruppen und der nach wie vor wichtigen identitätsstiftenden Funktion der Landwirtschaft mittelfristig aber nicht zu erwarten.

---

11 *Mucuna spec.* wird in diesem System als bodendeckende Pflanze zum Schutz vor Bodenaustrocknung und Oberflächenerosion eingesetzt und soll die Entwicklung einer unerwünschten Unkrautflora verhindern (Neill/Lee 2001: 794).

Literaturverzeichnis

Acuña Ortega, Víctor Hugo (Hrsg.) (1994): *Historia general de Centroamérica*, Bd. 4. San José.

Agosin, Manuel R. (2001): *Global Integration and Growth in Honduras and Nicaragua.* Helsinki.

Altieri, Miguel A. (2000a): "Enhancing the Productivity and Multifunctionality of Traditional Farming in Latin America". In: *International Journal of Sustainable Development and World Ecology*, 7: 50-61.

— (2000b): "Multifunctional Dimensions of Ecologically-based Agriculture in Latin America". In: *International Journal of Sustainable Development and World Ecology*, 7: 62-75.

AVANCSO *(Asociación para el Avance de las Ciencias Sociales en Guatemala)* (1994): *Impacto ecológico de los cultivos hortícolas no-tradicionales en el altiplano de Guatemala.* Guatemala-Stadt *(AVANCSO Textos para debate, 5).*

Barham, Bradford et al. (1992): "Nontraditional agricultural exports in Latin America". In: *Latin American Research Review*, 27.2: 43-83.

Bryceson, Deborah Fahy (2000): "Disappearing Peasantries? Rural Labour Redundancy in the Neo-liberal Era and Beyond". In: Bryeceson, Deborah/Kay, Cristóbal/Mooij, Jos (Hrsg.): *Disappearing Peasantries? Rural Labour in Africa, Asia and Latin America.* London, S. 299-326.

Bulmer-Thomas, Victor (Hrsg.) (1996): *The new Economic Model in Latin America and its Impact on Income Distribution and Poverty.* Basingstoke.

Bunch, Roland (1999): "More Productivity with fewer External Inputs: Central American Case Studies of Agroecological Development and their Broader Implications". In: *Environment, Development and Sustainability*, 1: 219-233.

Cabrera del Valle, Carlos Alejandro (2002): *Política agraria y desarrollo rural en Guatemala: Visiones para una agenda del estado.* México, D.F. (Vortrag auf der Conferencia mundial del catastro, México, D.F., April 2002).

CEPAL *(Comisión Económica para América Latina y el Caribe)* (2001a): *Anuario estadístico de América Latina y El Caribe.* Santiago de Chile.

— (2001b): *La estructura agraria y el campesinado en El Salvador, Guatemala y Honduras.* México, D.F.

— (2001c): *Información básica del sector agropecuario. Subregión Norte de América Latina y El Caribe, 1980 - 2000.* México, D.F.

— (2001d): *Revalorar la agricultura y el desarrollo rural para la sustentabilidad.* México, D.F.

— (2002): *Centoamérica: El impacto de la caída de los precios del café.* México, D.F. *(Serie Estudios y Perspectivas, 9).*

— (2003): *Statistical Yearbook for Latin America and the Caribbean.* Santiago de Chile.

— (2004): *Información básica del sector agropecuario, Subregión Norte de América Latina y el Caribe, 1990-2002.* México, D.F.

CEPAL/CCAD *(Comisión Centroamericana de Ambiente y Desarrollo)* (2002): *El impacto socioeconómico y ambiental de la sequía de 2001 en Centroamérica.* México, D.F.

Chonchol, Jacques (1994): *Sistemas agrarios en América Latina. De la étapa prehispánica a la modernización conservadora.* Santiago de Chile.

CONAMA *(Comisión Nacional del Medio Ambiente)* (1997): *Perfil ambiental de la República de Guatemala.* <http:/www.ecouncil.ac.cr/ centroam/conama/rnat.htm> (19.03.1997).

Conroy, Michael/Murray, Douglas/Rosset, Peter (1996): *A Cautionary Tale: Failed U.S. Development Policy in Central America.* Boulder, Col.

Corral, Leonardo/Reardon, Thomas (2001): "Rural Nonfarm Incomes in Nicaragua". In: *World Development*, 29.3: 427-442.

De Janvry, Alain/Sadoulet, Elisabeth (2001): "Income Strategies among Rural Households in Mexico: The Role of Off-farm activities". In: *World Development*, 29.3: 467-480.

Edelman, Marc (1998): "Transnational Peasant Politics in Central America". In: *Latin American Research Review*, 33.3: 49-86.

Enríquez, Laura J. (2000): "The Varying Impact of Structural Adjustment on Nicaragua's small Farmers". In: *European Review of Latin American and Caribbean Studies*, 69: 47-68.

FAO *(Food and Agriculture Organization of the United Nations)* (1981): *Report on the Agro-Ecological Zones Project*, Bd. 3. Rom.

— (2001): *Global Forest Resources Assessment 2000. Main Report.* Rom *(FAO Forestry Paper*, 140).

— (o.J.): *Production Yearbook*, versch. Jahrgänge. Rom.

— (o.J.):*Trade Yearbook*, versch. Jahrgänge. Rom.

Gabriele, Alberto (1997): "How Non-traditional are Non-traditional Exports? The Experience of seven Countries of the Caribbean Basin". In: *CEPAL Review*, 63: 99-114.

Garst, Rachel (1992): *¿Trigo a cambio de qué? El programa PL 480 título I en Guatemala.* Guatemala-Stadt *(FLACSO Debate*, 13).

Gordon, Ann/Craig, Catherine (2000): *Rural Non-farm Activities and Poverty Alleviation in Sub-Saharan Africa.* London *(Natural Resources Institute Policy Series*, 14).

Harrison, Peter D. (2000): "Die Landwirtschaft der Maya". In: Grube, Nicolai/Eggebrecht, Eva/ Seidel, Matthias (Hrsg.): *Maya. Gottkönige im Regenwald.* Köln, S. 71-79.

Hein, Wolfgang (1998): *Unterentwicklung – Krise der Peripherie.* Opladen.

Jansen, Kees (1996): "Ecological Dilemmas of Coffee Exports and Local Food Production in North-West Honduras". In: *European Review of Latin American and Caribbean Studies*, 60: 7-30.

Jonakin, Jon (1996): "The Impact of Structural Adjustment and Property Rights Conflicts on Nicaraguan Agrarian Reform Beneficiaries". In: *World Development*, 24.7: 1179-1191.

Jonakin, Jon/Enríquez, Laura J. (1999): "The Non-traditional Financial Sector in Nicaragua: A Response to Rural Credit Market Exclusion". In: *Development Policy Review*, 17.2: 141-169.

Kapp, Gerald (1999): *Bäuerliche Forst- und Agroforstwirtschaft in Zentralamerika.* Weikersheim.

— (2002): "Systeme bäuerlicher Wald- und Agroforstwirtschaft in Zentralamerika als potentiell nachhaltige Landnutzungsformen". In: *Zeitschrift für Wirtschaftsgeographie*, 46.1: 15-25.

Kay, Cristóbal (1995): "Rural Development and Agrarian Issues in Contemporary Latin America". In: Weeks, John (Hrsg.): *Structural Adjustment and the Agricultural Sector in Latin America and the Caribbean.* London, S. 9-44.

— (1999): "Rural Development: From Agrarian Reform to Neoliberalism and Beyond". In: Gwynne, Robert/Kay, Cristóbal (Hrsg.): *Latin America Transformed. Globalization and Modernity.* London, S. 272-304.

Kramer, Wendy/Lovell, W. George/Lutz, Christopher H. (1994): "La conquista española de Centroamérica". In: Pinto Soria, Julio (Hrsg.): *Historia general de Centroamérica*, Bd. 2. San José, S. 21-93.

Lanjouw, Jean O./Lanjouw, Peter (1995): *Rural Nonfarm Employment: A Survey.* Washington, D.C. (*World Bank Policy Research Working Paper*, 1463).

Marquardt, Steve (2001): "Pesticides, Parakeets, and Unions in the Costa Rican Banana Industry, 1938-1962". In: *Latin American Research Review*, 37.2: 3-36.

Miethbauer, Thomas (1999): "Social Conflict and Land Tenure Institutions as a Problem of Order Policy: The Case of Guatemala". In: *Deutscher Tropentag 1999. Knowledge Partnership: Challenges and Perspectives for Research and Education at the Turn of the Millennium. Book of Abstracts and Proceedings on CD-Rom.* Berlin.

Minkner-Bünjer, Mechthild (1999a): "Zentralamerika nach Hurrikan Mitch (I)". In: *Brennpunkt Lateinamerika*, 2: 9-16.

— (1999b): "Zentralamerika nach Hurrikan Mitch (II)". In: *Brennpunkt Lateinamerika*, 4: 25-34.

— (2000): "Zentralamerikas wirtschaftliche Entwicklung. Bilanz und Herausforderungen angesichts der Globalisierung". In: *Lateinamerika. Analysen–Daten–Dokumentation*, 17.44: 36-61.

Morris, Saul S. et al. (2002): "Hurricane Mitch and the Livelihoods of the Rural Poor in Honduras". In: *World Development*, 30.1: 49-60

Neill, Sean P./Lee, David R. (2001): "Explaining the Adoption and Disadoption of Sustainable Agriculture: The Case of Cover Crops in Northern Honduras". In: *Economic Development and Cultural Change*, 49.4: 793-820.

Nuhn, Helmut (1995): "Neue Konzepte zur wirtschaftlichen Transformation vor dem Hintergrund der Strukturprobleme kleiner Entwicklungsländer Zentralamerikas". In: *Zeitschrift für Wirtschaftsgeographie*, 39.2: 68-81.

Posas, Mario (1994): "La plantación bananera en Centroamérica (1870-1929) ". In: Arcuña Ortega, Víctor Hugo (Hrsg.): *Historia general de Centroamérica*, Bd. 4. San José, S. 111-165.

Proyecto de Estado de la Región (1998): *Un informe desde Centroamérica y para Centroamérica.* San José.

Reardon, Thomas/Berdegué, Julio/Escobar, Germán (2001): "Rural Nonfarm Employment and Incomes in Latin America: Overview and Policy Implications". In: *World Development*, 29.3: 395-409.

Reca, Lucio G./Echeverría, Ruben G. (Hrsg.) (1998): *Agricultura, medio ambiente y pobreza rural en América Latina.* Washington, D.C.

Rice, Robert A. (1999): "A Place Unbecoming: The Coffee Farm of Northern Latin America". In: *The Geographical Review*, 89.4: 554-579.

Rojas Rabiela, Teresa (Hrsg.) (1994): *Agricultura indígena: pasado y presente.* México, D.F.

Rosemeyer, Martha (1997): "Challenges to Sustainable Agriculture in Central America". In: Smith, Philip/Tenner, Armin (Hrsg.): *Dimensions of Sustainability. Proceedings of the Congress "Challenges of Sustainable Development". Amsterdam, 22-25. August 1996.* Baden-Baden, S. 340-349.

Samper K., Mario (1994): "Café, trabajo y sociedad en Centroamérica (1870-1930): Una historia común y divergente". In: Arcuña Ortega, Víctor Hugo (Hrsg.): _Historia general de Centroamérica_, Bd. 4. San José, S. 11-110.

Sandoval Villeda, Leopoldo (1994): _El minifundio en Guatemala_. Guatemala-Stadt.

Schmied, Doris (2004): "Deagrarisierung und nicht-agrarische Tätigkeiten im ländlichen Tansania". In: _Zeitschrift für Wirtschaftsgeographie_, 48.4: 98-110.

Schrader, Kai (2002): _Anreize zur nachhaltigen Bodennutzung in Zentralamerika. Eine Analyse direkter materieller Anreize in Projekten der ländlichen Regionalentwicklung in Bergregionen El Salvadors, Honduras' und Nicaraguas._ Bern (_Geographica Bernensia_, G 69).

Spielmann, Hans O. (1997): "L'agriculture et l'espace agricole de l'Amérique centrale: Développement, structure, problèmes". In: _Bulletin de la societé géographique de Liège_, 33: 119-128.

Spoor, Max (2001): "Incidencia de dos décadas de ajustes en el desarrollo agrícola de América Latina y El Caribe". In: David, María Beatriz de A. (Hrsg.): _Desarrollo rural en América Latina y El Caribe_. Bogotá, S. 135-164.

Stamm, Andreas (1995): "Weltmarktinduzierte Innovationen im costaricanischen Agrarsektor: Eine neue Dynamik für den ländlichen Raum?" In: _Zeitschrift für Wirtschaftsgeographie_, 39.2: 82-91.

— (1996): _Strukturanpassung im Agrarsektor von Costa Rica – neue Perspektiven für die Entwicklung ländlicher Räume?_ Münster (_Wirtschaftsgeographie_, 8).

— (1999): "Kaffeewirtschaft in Zentralamerika. Aktuelle Situation und Entwicklungsperspektiven". In: _Geologische Rundschau_, 51.7-8: 399-407.

Stumpf, Markus (2003): "Wer hat Angst vor einer Agrarreform? Tierra, Kosmologie und Entwicklung". In: Stumpf, Markus/Sova, Renate/Bürstmayr, Manfred/Milborn, Corinna (Hrsg.): _Guatemala. Ein Land auf der Suche nach Frieden. Politik, Geschichte, Kultur, Begegnungen_. Frankfurt am Main, S. 129-139.

Tablada, Gladys (1996): "Algunos efectos de las medidas de ajuste estructural en los productores de maíz y frijol en Honduras". In: Nuhn, Helmut/Stamm, Andreas (Hrsg.): _Apertura comercial en Centroamérica. Nuevos retos para la agricultura_. San José, S. 225-243.

Thielen, Helmut (1988): _Nicaragua. Entwicklung der Agrarreform und Umweltpolitik seit 1979_. Saarbrücken.

Thrupp, Lori Ann/Bergeron, Gilles/Waters, William F. (1995): "Bittersweet Harvests in Global Supermarkets: Sustainability and Equity in Latin America's Agroexport Boom". Washington, D.C.

UN (United Nations) (o.J.): _International Trade Statistics Yearbook_, versch. Jahrgänge. New York.

Valdés, Alberto (2000): "Trade Liberalization versus Food Security? Observations from Latin America". In: _Quarterly Journal of International Agriculture_, 39.4: 379-393.

Weeks, John (Hrsg.) (1995): _Structural Adjustment and the Agricultural Sector in Latin America and the Caribbean_. London.

— (1999): "Trade Liberalisation, Market Deregulation and Agricultural Performance in Central America". In: _The Journal of Development Studies_, 35.5: 48-75.

Weller, Jürgen (1997): "Non-agricultural Employment in Central America". In: _CEPAL Review_, 62: 77-92.

— (2001): *Melonen für den Weltmarkt – Wohlstand für die Campesinos? Nicht-traditionelle Agrarexporte und die Entwicklung ländlicher Arbeitsmärkte in Zentralamerika.* Frankfurt/ Main (*Schriftenreihe des Instituts für Iberoamerika-Kunde*, 53).

Westphalen, Jürgen (1996): *Der Zentralamerikanische Gemeinsame Markt (MCCA = Mercado Común Centroamericano).* Münster (*Arbeitshefte des Lateinamerika-Zentrums*, 31).

Willmore, Larry (1997): "Export Promotion Policies in Central America". In: *CEPAL Review*, 62: 173-186.

Wyrwinski, Ralf (2004): "Ethnic Identity as a Major Determinant of Livelihood Diversification in Smallholder Agriculture. Evidence from Western Guatemala". In: Buchenrieder, Gertrud/ Knerr, Beatrice/Kirk, Michael (Hrsg.): *Poverty Impacts and Policy Options of Non-farm Rural Employment*, S. 53-65, Weikersheim.

— (2005): "Non-Farm Employment as a Panacea for Rural Destitution? Livelihood Diversification in Guatemalan Peasant Households and its Poverty Impacts". In: Hurni, Hans et al. (Hrsg.): *International Conference on Agricultural Research for Development: European Responses to Changing Global Needs. Abstracts and Proceedings.* Zürich.

Zoomers, Annelies (2000): "Land in Latin America: New Context, new Claims, new Concepts". In: Zoomers, Annelies/Van der Haar, Gemma (Hrsg.): *Current Land Policy in Latin America: Regulating Land Tenure under Neo-liberalism.* Amsterdam, S. 59-72.

Mechthild Minkner-Bünjer

Nicht-traditionelle Agrarprodukte und *maquila*: Industrialisierung und Exportdiversifizierung in Zeiten der Globalisierung

1. Einleitung

Globalisierung bedeutet weltweite Integration der Produkt- und Faktormärkte durch immer größere Mobilität von Gütern, Dienstleistungen, Kapital und Arbeit. Diese Mobilität rund um den Globus ist auf nationaler und internationaler Ebene nicht oder nur in Teilbereichen kontrollierbar und regulierbar. Die Globalisierungsprozesse engen den ohnehin sehr begrenzten politischen Spielraum von kleinen Ländern, die eine geringe Wirtschaftskraft haben und an der Peripherie liegen, weiter ein. Zentralamerika ist aus diesem Grunde mehr denn je gefordert, eine für ihre kleinen und ressourcenarmen Volkswirtschaften politisch und sozioökonomisch realisierbare und auf lange Sicht tragfähige Entwicklungsstrategie zu implementieren. Zentrales Problem ist in diesem Zusammenhang die Neugestaltung der Beziehungen mit den Kernländern des "Nordens" und speziell mit den USA in gradueller Form und unter Einbeziehung der Veränderungen im bilateralen und internationalen Regelwerk. Die starke Abhängigkeit des Wachstums vom Außenhandel sowie von einem kontinuierlichen Zufluss von Krediten und Direktinvestitionen erschwert allen Ländern Zentralamerikas, eine ihrem Entwicklungsstand und Entwicklungspotential angepasste Wirtschaftspolitik durchzuführen. Der Stärkung der regionalen Integration zur Steigerung globaler Konkurrenzfähigkeit sowie Qualitätssteigerungen im Exportbereich und in der Industrialisierung kommen in diesem Zusammenhang besondere Bedeutung zu. Beide eng miteinander verbundenen Prozesse werden nachfolgend analysiert sowie gemeinsame Entwicklungstendenzen und landesspezifische Unterschiede herausgestellt.[1]

---

[1] Eine umfassende statistische Zusammenstellung zu diesem Thema befindet sich im Anhang des Artikels.

2. Ein Blick zurück: gescheiterte Industrialisierungsstrategie und Strukturanpassung

In den sechziger und siebziger Jahren führten alle Länder Zentralamerikas mit unterschiedlicher Intensität die Strategie der importsubstituierenden Industrialisierung (ISI) durch. Damit wurde eine aufgrund hoher Schutzzölle und Subventionen nicht konkurrenzfähige Industrie (Konsumgüter, einfache Kapitalgüter und Halbwaren, Papier-, Chemie- und Plastikprodukte) für die Versorgung der Binnenmärkte und des Regionalmarktes herausgebildet. Die wirtschaftliche Rezession, die hohe Auslandsverschuldung (Minkner-Bünjer 1987) und die politische Krise der achtziger Jahre brachte diese Entwicklung aber zum Stillstand.

Die ISI und der im Rahmen des *Mercado Común Centroamericano* (MCCA) liberalisierte Regionalhandel waren über mehr als ein Jahrzehnt Motor des hohen Wachstums des Industrieprodukts und des Bruttoinlandsprodukts. Der Industriesektor Zentralamerikas vergrößerte seinen Anteil am BIP von durchschnittlich 10% im Jahre 1950 auf 16% im Jahre 1970, brach dann aber aufgrund von Markterschöpfung, mangelnder Unternehmermentalität und fehlender Wettbewerbsfähigkeit im internationalen Vergleich zusammen. Ferner fehlte eine regionale, sich ergänzende Standortpolitik für die neuen Industrien. Die Regierungen konnten die mit jeder neuen Industrieansiedlung zunehmenden Subventionen für die Unternehmen nur auf Kosten wachsender Defizite in den Staatshaushalten finanzieren. Der steigende Bedarf an Devisen für die Einfuhr von Kapitalgütern, von Rohstoffen und Halbwaren, die von der Industrie mittels einfacher Fertigungs-, Montage- und Abfüllprozesse (und damit geringer Wertschöpfung) verarbeitet wurden, konnte mittels der Erlöse aus den traditionellen Exportprodukten nicht mehr gedeckt werden. Die anvisierte Verringerung der Importe und des erforderlichen hohen Bestandes an internationalen Reserven wurden ebenso wenig erreicht wie eine substantielle Zunahme der direkten und indirekten Beschäftigung. Es gelang somit nicht, das vorherrschende Entwicklungsmodell, das auf der Produktion und dem Export von traditionellen Agrarprodukten beruhte, durch eine dynamische und langfristig tragfähige Industrialisierung abzulösen. Eine den Industrieländern ähnliche nachholende Entwicklung, die durch die ISI erreicht werden sollte, blieb daher Illusion. Ein Teil der "künstlichen" Industrien musste zwar schließen, aber die prophezeite Deindustrialisierung war letztlich weniger drastisch als befürchtet (Altenburg 1993: 239ff.).

Die Konsolidierung der "investorenfreundlichen" Rahmenbedingungen, die niedrigen Lohnkosten und der hohe Überschuss an billigen Arbeitskräften ließ Zentralamerika Ende der achtziger Jahre zu einem konkurrenzfähigen Standort für arbeitsintensive Produktion mit relativer Nähe zum US-Markt werden (Rodas-Martini 2000: 43-46). Verbesserte Techniken für Lagerung, Transport und Kommunikation boten in- und ausländischen Investoren gute Möglichkeiten, die Produktion und den Export der traditionellen Produkte auszuweiten (z.B. Rindfleisch in Honduras), aber vor allem neue nicht-traditionelle Produkte des Primärsektors in Zentralamerika zu produzieren. Die Regierungen der Region verabschiedeten, ergänzend zu den nationalen Anpassungsprogrammen, Gesetze zur Exportförderung nicht-traditioneller Güter und boten entsprechende finanzielle Anreize, vor allem durch Subventionen oder Kreditprogramme. Mit dem 1983 von den USA verabschiedeten Abkommen für einen präferenziellen Zugang der Länder der *Caribbean-Basin-Initiative* (CEPAL 2000: 42ff.) zum US-Markt nahmen zunächst in Costa Rica die Investitionen im Bereich der nicht-traditionellen Agrarexporte, aber auch in der Lohnveredelung *(maquila)* zu. Der Aufschwung setzte in den anderen Ländern Zentralamerikas, die sich in der für Investoren entscheidenden politisch-militärischen Befriedungs- und Stabilisierungsphase befanden, erst Anfang der neunziger Jahre ein.

3. Exportdiversifizierung mit nicht-traditionellen Agrarprodukten (NTEX)

Der Export der Industrieprodukte der MCCA-Länder richtete sich bis 1980 fast ausschließlich auf den Regionalmarkt. Verglichen mit traditionellen und gewerblichen Exporten war die Entwicklung der nicht-traditionellen Produkte aus Land-, Vieh-, Forst- und Fischereiwirtschaft (NTEX) weitaus dynamischer. Aufgrund der Verbesserung der politischen Rahmenbedingungen, der Förderungsanreize für Investitionen und der Öffnung des US-Marktes wuchsen die Exporte in Drittmärkte an (Weller 2001: 72). Bezogen auf die traditionellen Exportprodukte (bzw. die Gesamtexporte) erreichten 1990 die NTEX des MCCA 68% (31%). Differenziert nach Ländern stand Costa Rica an der Spitze mit US$ 591 Mio. NTEX und 74% (35%), gefolgt von Guatemala mit US$ 348 Mio. und 68% (27%). Beide Länder erzielten mit ihren NTEX einen wirtschaftlich bedeutsamen absoluten und relativen Beitrag. Für Honduras als dem am geringsten entwickelten Land sind US$ 317 Mio. NTEX ebenfalls beachtlich. Das Gleiche gilt für Panama mit US$ 177 Mio., wenn man seinen insgesamt geringen Güterexport in Rechnung stellt. Die geringsten Veränderungen bei den NTEX weisen El Salvador mit US$ 131 Mio. und besonders Nicaragua mit US$ 38 Mio. auf, u.a. eine Folge der anhaltenden politisch-militärischen Konflikte, die die ländlichen Gebiete besonders getroffen und Investoren abgeschreckt haben.

Bei allen Ländern Zentralamerikas findet sich – auf den ersten Blick – eine Vielzahl von neuen Produkten unter den NTEX. Auf den zweiten Blick stellt man fest, dass die Mehrzahl der gleichen Gruppe wie Fisch und Schalentiere, Obst und Gemüse, Genussmittel und Gewürze oder Blumen angehören, die in unterschiedlicher Form (frisch, tiefgekühlt, getrocknet oder in Dosen abgepackt) exportiert werden. Ein Teil der Produkte wird zudem nur in vergleichsweise kleinen Partien und häufig nicht kontinuierlich exportiert. Die NTEX sind nicht oder geringfügig verarbeitet; die Wertschöpfung und die Exporterlöse pro Einheit sind gering. Sie unterliegen aufgrund ihrer "geringen Komplexität" starker interner und externer Konkurrenz. Fast alle Produkte bzw. Exporte sind saisonalen Nachfrageschwankungen in den Abnehmerländern unterworfen und zum Teil substituierbar. Sie werden vielfach von Kleinstproduzenten ohne finanzielle Reserven und ohne moderne Technik angebaut.

Ein Vergleich der Exportentwicklung der nicht-traditionellen Produkte der Landwirtschaft (z.B. Gemüse, Melonen, Gewürze, Knollenfrüchte, Zierpflanzen, Ananas) von Costa Rica, Honduras und Panama (Weller 2001: 254f.) zwischen 1992 und 1997 unterstreicht die dynamische und diversifizierte *performance* dieses Landes. Sie widerlegt die These von der billigen Faktorausstattung (vor allem Arbeitskräfte) und den "unverzerrten Marktkräften" als Hauptfaktoren für den Erfolg. Vielmehr ist auf lange Sicht eine insgesamt günstige Kombination von Faktoren wie Handelsförderungspolitik, Anbau-Standard (z.B. geringe chemische Rückstände) und damit Zugang zu modernen Technologien, Arbeitsgesetzgebung, Ausbildung und Kompetenz der Arbeitskräfte, Produktivitätsfortschritte, soziale und wirtschaftliche Infrastruktur entscheidend. In einer Bewertung der Einflussfaktoren auf die Entwicklung der nicht-traditionellen Exporte (1982-1992) wies Costa Rica für alle Faktoren von der Mikro- bis zur Metaebene überwiegend günstige Bedingungen auf. Bei Panama und Honduras wurden fast alle internen Faktoren als schwach entwickelt eingestuft (Weller 2001: 125).

Bis 1999 entwickelten sich die NTEX in allen zentralamerikanischen Ländern positiv. Auch wenn beim Spitzenreiter Costa Rica die NTEX aufgrund der modernen *maquila* zur Zeit etwas in den Hintergrund getreten sind, erbrachten etwa 20 nicht-traditionelle Exportprodukte aus Land-,

Vieh-, Forst- und Fischereiwirtschaft 1999 und 2000 einen Exporterlös, der in etwa der Bananenausfuhr im jeweiligen Jahr entsprach. Auch Belize erweiterte den Anbau und verbesserte die Aufbereitung bzw. die Verarbeitung von Produkten des Primärsektors. Zitrusfrüchte in verschiedenen Verarbeitungsstufen, Hummer und Langusten, rote Bohnen und Papaya sowie Holz gehörten 1999 mit Bananen und Zucker zu den zehn wichtigsten Ausfuhrprodukten (etwa 57% der Gesamtexporte). Unter Panamas NTEX finden sich ähnliche Produkte wie in den anderen Ländern, ihr Gewicht ist in der Gesamtbilanz mit etwa 5% des Exports (1997) aber eher gering. Rechnet man "Fisch in verschiedenen Formen" hinzu, werden knapp unter 30% (CEPAL 2000: 146; Weller 2001: 254) erreicht.

Die Bilanz der Arbeitsplatzschaffung fällt für die exportorientierte Entwicklung mit NTEX im Vergleich zu der nach innen gerichteten importsubstituierenden Industrialisierung der vorherigen Dekaden positiver aus. Merkliche Beschäftigungseffekte konnten in allen Ländern erzielt werden. Die Schätzungen von Weller (2001: 186ff.) für den Zeitraum zwischen 1985 und 1992 ergaben im Anbau und in der Verpackung von nicht-traditionellen Exportprodukten der Landwirtschaft (nicht berücksichtigt Vieh-, Fischerei- und Forstwirtschaft) für Costa Rica etwa 17.200, für Honduras 11.100 und für Panama 2.120 neue Vollzeit-Arbeitsplätze. Allerdings konnte bisher nicht eindeutig geklärt werden, ob sich das absolute Beschäftigungsniveau insgesamt in den Ländern deutlich erhöht hat.

4. *Maquila*: Industrialisierung in Zeiten der Globalisierung

Die Anstrengungen Zentralamerikas, Wirtschaft und Industrie in ihrer Entwicklung auf den Export auszurichten, fielen in den achtziger Jahren mit dem stärker werdenden Konkurrenzdruck in den traditionellen Industriebranchen (z.B. Textilien, Konfektion, Lederwaren) zusammen. Viele multinationale Unternehmen aus den USA suchten sich Standorte in Entwicklungsländern, um durch die Auslagerung arbeitsintensiver Produktionsteile die Kosten zu verringern. Aufgrund der CBI-Zollpräferenzen und der relativen Nähe Zentralamerikas zum US-Markt begann sich auch die für den US-Markt produzierende *maquila* von Industrieprodukten (*Industria de la Maquila de Exportación*, IME) zu etablieren.

4.1.Allgemeine Kennzeichnung

Maquila (Lohnveredelung) bezieht sich auf einen Produktionsprozess, in dem der Hersteller (oder Unternehmer) nicht der Eigentümer von einem oder von mehreren Vorprodukten im Fertigungsprozess ist. Derzeit werden unter *maquila* alle die Aktivitäten zusammengefasst, in denen Teile von Produktionsprozessen, die bis dahin in Unternehmen der Industrieländer stattgefunden haben, nunmehr in Billiglohnländern durchgeführt werden. Den Unternehmen wird Zollfreiheit für ihre zu importierenden Vorprodukte von dem Land gewährt, in das ausgelagert wird. Die *maquila* siedelt sich präferenziell in infrastrukturell erschlossenen Standorten für den Export (so genannte Produktions- oder Freiwirtschaftszonen beziehungsweise auf den Export spezialisierte Industrieparks) möglichst in der Nähe von Ballungsgebieten und Flughäfen an. Die *maquila* ist als Teil der Produktion und Vermarktung eines Stammhauses eines Industrielandes von dessen Situation und Entscheidungen sowie von der Konjunktur in den Absatzmärkten abhängig. Costa Rica hat das mit Intel in der Flaute der Elektronikbranche seit 2000/2001 schmerzhaft zu spüren bekommen.

Die Länder Zentralamerikas konkurrieren untereinander und mit anderen Ländern mittels Subventionen und individueller Anwerbung um die IME. Der Hauptvorteil der – auf die Massenkaufkraft der Industrieländer (speziell auf die USA) ausgerichteten – Export-*maquila* (vor allem in der Textil- und Konfektionsbranche) liegt in der Schaffung von relativ vielen Arbeitsplätzen für relativ gering qualifizierte Arbeitskräfte, vor allem für Frauen. Die Arbeitsplätze entsprechen meist nicht den üblichen Standards in Mittel- und Großbetrieben: niedrige Löhne, zu lange Arbeitszeit, geringe Sicherheit am Arbeitsplatz, unsichere Beschäftigungsverhältnisse, Nichteinhaltung der Sozialversicherungspflichten, laufende Verletzung der Arbeitsgesetzgebung, insbesondere der gewerkschaftlichen Organisationsfreiheit, sowie mangelnde Prüfungsmöglichkeiten durch das jeweilige Arbeitsministerium (OIT 1997: III, 3ff.).

Die *maquila* Zentralamerikas hat sich in den letzten 15 Jahren den Veränderungen in der Wettbewerbssituation, in der Regulierung der Märkte, den Fortschritten in der Industrialisierung und der Konkurrenzfähigkeit anderer Länder sowie der Entwicklung der Arbeitskosten und der Arbeitsgesetzgebung stufenweise und je nach Produkt und Land unterschiedlich erfolgreich angepasst. Sie hat sich – wenn auch bisher in der Minderheit und von Land zu Land unterschiedlich – zu technologisch und organisatorisch komplexeren, teilautomatisierten und mit rationalisierten Arbeitsvorgängen produzierenden Betrieben weiterentwickelt. Die Mehrzahl der *maquila* Zentralamerikas befindet sich gemäss Untersuchungen der CEPAL im Übergang von Produktionstyp II zu Produktionstyp III (s.u.).

4.2 Heterogene Entwicklung der maquila 1985-1995

Die *maquila*[2] entwickelte sich in ihrer heutigen Form ab Mitte der achtziger Jahre in Zentralamerika vor allem in der Textil- und Bekleidungsbranche. In Costa Rica siedelten sich bis zu Beginn der neunziger Jahre insgesamt rund 220 Firmen an. Etwa 80% davon waren Textil- bzw. Bekleidungsbetriebe (Nowalski/Morales/Berliavsky 1995: 16ff.). Insgesamt entstanden dabei etwa 48.000 neue Arbeitsplätze (CEPAL 1998: 39). In Guatemala (CIGUA 1991: 22ff.) und Honduras (Walker 1995: 165ff.) etablierte sich die *maquila* Anfang der neunziger Jahre in der Bekleidungsbranche. 1992 arbeiteten – einschließlich Costa Rica – rund 153.000 Personen in der Lohnveredelung von Textilien. Bis 1996 erhöhte sich die Beschäftigung auf etwa 188.000 Personen in 580 Unternehmen (CEPAL 1998: 30). Bis 1999 kamen weitere 20 Unternehmen hinzu (Zapata/Pérez 2001: 17). In Nicaragua ließen sich aufgrund des Ausschlusses des sandinistischen Regimes aus der CBI erst nach dessen Entmachtung *maquila*-Unternehmen nieder und produzierten mit rund 3.000 Beschäftigten (1992) für den US-Markt (Altenburg 1995: 131f.). Bis 1999 stieg die Zahl der Unternehmen in den so genannten *Zonas Francas Industriales* auf 39 und band damit etwa 22.000 Arbeitskräfte. In El Salvador siedelten sich bis 1979 in der staatlich verwalteten Freien Produktionszone von San Bartolo 14 Unternehmen mit insgesamt etwa 4.200 Arbeitsplätzen an. Nach einem Rückgang der *maquila*-Entwicklung aufgrund der anhaltenden militärisch-zivilen Auseinandersetzungen war bis 1996 mit etwa 42.000 Arbeitsplätzen in etwa 190 Betrieben (CEPAL 1998: 30ff.) ein steiler Anstieg zu verzeichnen. Zapata/Pérez folgend (2001: 17) operierten im Jahr 1999 in der Textil- und Bekleidungsbranche El Salvadors etwa 230 Unternehmen. Costa Rica steht auch in dieser Form der Exportdiversifizierung an der Spitze, nicht zuletzt aufgrund der hohen und über die Jahre anhaltenden Attraktivität des Landes für Auslandsinvestitionen.

Entsprechend dem Wachstum und der Modernisierung der *maquila*, die mit einer Veränderung der Rahmenbedingen sowie des Produktions- und

---

2 Die Statistiken über die *maquila* sind sehr unvollständig und vielfach widersprüchlich, u.a. aufgrund der zum Teil großen Volatilität und des exzessiven Misstrauens der Unternehmen (vgl. CEPAL 1988).

Managementprozesses der Unternehmen verbunden sind, unterscheidet die CEPAL (1998: 31-38) bisher drei Etappen in Zentralamerika:

(a) In den siebziger Jahren verzeichnete die Entwicklung der IME keine nennenswerten Fortschritte aufgrund von Problemen in den Ländern selbst sowie der auf die Binnenmärkte konzentrierten Industrialisierung.

(b) Ab Mitte der achtziger Jahre passten die Länder ihre Gesetzgebungen zur Förderung der nicht-traditionellen Exporte den aufgrund des außenorientierten Wirtschaftsmodells veränderten Bedingungen an. Ein moderates Wachstum der *maquila* setzte ein.

(c) Anfang der 1990er Jahre beschleunigte sich das Wachstum der *maquila* als Folge von Korrekturen der sozioökonomischen Rahmenbedingungen.

Dazu gehörten: Die Liberalisierung der Eigentumsverhältnisse der Freizonen und der Zulassung von privaten Freizonen, die Differenzierung zwischen der Förderung für den nicht-traditionellen Export im Allgemeinen und der Förderung der Export-*maquila* im Besonderen, die Ausweitung der *maquila*-Förderung auf internes *subcontracting* von Zulieferern, die Liberalisierung der Investitionsbestimmungen in der *maquila* und Öffnung aller Systeme und Programme für ausländische Direktinvestitionen sowie Flexibilisierung der Anerkennung von Aktivitäten als Export-*maquila*.

Die Entwicklung der *maquila*-Produktion ist je nach Land in Menge und Qualität unterschiedlich ausgefallen. Aus der Gegenüberstellung der Zahl der Beschäftigten (1992) und des Wertes der Export-*maquila* 1985-1993 wird deutlich, dass Costa Rica, Honduras und El Salvador im Vergleich zu Guatemala eine Lohnveredelung mit mehr Wertschöpfung und höherer Produktivität in gleichen oder unterschiedlichen Branchen erreichen konnten. Der Anteil der *maquila* an den Industriebeschäftigten variierte ebenfalls stark. 1993 erreichte er für Costa Rica 19%, El Salvador 31% (1992), Guatemala (nur Konfektion) 59%, Honduras 34% und in Nicaragua aufgrund der noch anhaltenden (politischen) Übergangsphase nur 6%. Man schätzt, dass im Durchschnitt rd. 310 Arbeitsplätze in Zentralamerika pro *maquila*-Unternehmen geschaffen wurden. Hinzu kommen die Arbeitsplätze in informellen Werkstätten und in Heimarbeit, die, obwohl sie als Zulieferer für die großen Unternehmen produzieren, zur *maquila* gerechnet werden. Sie wurden 1993/94 auf zwischen 15.000 und 20.000 geschätzt. Die Kapitalherkunft der *maquila* ist ebenfalls sehr unterschiedlich. US-Investitionen waren 1996 mit 60% in Costa Rica und mit 36% in Honduras vertreten; in El Salvador und Guatemala als den ehemaligen Bürgerkriegsländern dagegen nur mit 11%

und 9%. In Nicaragua als dem "Nachzügler" in der *maquila*-Ansiedlung investierte US-Kapital nur in sechs Unternehmen. Nationale Investitionen (z.T. in *joint ventures* mit ausländischen Investitionen) dominierten in El Salvador (65%) und Guatemala (43%); koreanisches Kapital investierte vor allem in Guatemala mit 44% der *maquila*-Investitionen und in Honduras mit 37% (OIT 1997, I: 4-5; CEPAL 1998: 39).

4.3 Maquila *der "Typen III und IV" in der Textilbranche im Vormarsch*

Die CEPAL teilt die Lohnveredelung der Bekleidungsbranche in Zentralamerika in vier Typen ein. Diese unterscheiden sich durch zunehmende Komplexität der Organisation, der Planung und Kontrolle sowie der Produktionsverfahren, durch die vorhandene Qualifikation der Arbeitskräfte, die Selbständigkeit der Unternehmensentscheidungen und die Art der Verkettung mit den nationalen Märkten.

Die vier Typen der *maquila* (1998):

Typ I: Nähen, Fertigstellen und Verpacken der Kleidungsstücke.

Typ II: Zusätzlich Zuschneiden, Anbringen von Accessoires.

Typ III: Alle Funktionen, z.T. auch Arbeitskapital. Design, Schnitte und Stoffe kommen von außen.

Typ IV "paquete completo": Nur grundlegende Muster und Schnitte werden zur Verfügung gestellt und die Art der Stoffe vorgegeben.

Die Wertschöpfung nimmt mit der Integration von Fertigstufen zu. Mit qualifizierteren Arbeitskräften steigt in der Regel auch die Produktivität. Sowohl in Honduras mit besonders niedrigem Lohnniveau als auch in Guatemala und El Salvador (beide Länder haben eine relativ gut entwickelte Stoffindustrie) dominieren bisher Typ II und III in der Bekleidungs-*maquila*. Jedoch wächst die Zahl der Unternehmen, die sämtliche Produktionsstufen durchführen (Typ IV), eigene Entscheidungen treffen und zur Finanzierung des Arbeitskapitals beitragen. Voraussetzung für die "Auslagerung im Paket" ist u.a. ausreichende unternehmerische Erfahrung und hohe Qualität der Betriebe. Diese Betriebe produzieren häufig sowohl für den Binnen- als auch für den Exportmarkt (CEPAL 1998: 41). In Costa Rica, das ein (im Vergleich zu Nicaragua und Honduras) hohes Lohnniveau hat, begann die Entwicklung der Textil- bzw. Konfektions-*maquila* in Zahl und Typ der Unternehmen seit Mitte der neunziger Jahre zu stagnieren. Aufgrund der hohen Qualifikation der Arbeitskräfte und der stabilen politischen und sozialen Rahmenbedingungen siedelten sich, gemessen an der Höhe der Investitionen

und dem Technologiestand, Firmen mit eher anspruchsvollerer Lohnveredelung an (z.B. der Optik- und Fotobranche, Elektronik, chirurgische und medizinische Instrumente).

4.4 *Neunziger Jahre:* maquila *im Aufwind, Länderunterschiede bleiben*

Die Bemühungen Zentralamerikas um Strukturveränderungen mittels der
Außenorientierung der Agrar- und Industrieproduktion führten in den neunziger Jahren dazu, dass sich die Produkte der *maquila* für den US-Markt, die
nicht-traditionellen Agrarausfuhren für Drittmärkte und die (restlichen) gewerblichen Exporte für den MCCA insgesamt positiv entwickelten. Der
Anteil der *maquila* an den Industrieexporten erreicht in allen Ländern Zentralamerikas bis 1995 etwa 50% und entwickelte sich in den neunziger Jahren
zum wichtigsten Exportbereich des Sekundärsektors. Unbestreitbare Nachteile der *maquila* für die Entwicklung Zentralamerikas sind jedoch die Volatilität der Investitionen angesichts besserer oder billigerer Standorte in anderen Weltregionen, die geringe Verkettung mit den nationalen Wirtschaften
und wenig Wachstumsimpulse für andere Bereiche. Weitere Probleme sind
meist der Transfer veralteter Technologie und die geringe Qualifizierung von
Arbeitskräften, zunehmende Konzentration von Gewerbebetrieben im Zentrum und geringe Entwicklungseffekte für periphere Regionen sowie hohe
Belastungen für den Staatshaushalt durch die Subventionen und Steueraus-
fälle.

Die negativen Einschätzungen gelten vor allem für *maquila*-Unterneh-
men der "ersten Generation". Ein Teil der Unternehmen hat inzwischen seine maschinelle Ausstattung modernisiert und den Arbeitseinsatz rationali-
siert, um weitere Fertigungsstufen durchführen zu können. Aus Sicht der
Abnehmer hat Honduras derzeit die größte Exportkapazität in "kompletten
(Fertigungs-)Paketen" in der Bekleidungs-*maquila* (Typ IV). Als Haupt-
gründe werden die Erfahrung der Unternehmen und ihr moderner Maschi-
nenpark genannt (Zapata/Peréz 2001: 18). Guatemalas *maquila* wartet mit
großer Produktivität und Qualität auf und hat zusammen mit Honduras das
niedrigste Preisniveau. Ein Teil der aufgeführten Nachteile[3] der *maquila*
lässt sich durch gezielte Politiken beeinflussen, etwa durch die Verpflichtung
zur Aus- und Fortbildung, durch die Verbesserung der Infrastruktur und des
Transports außerhalb der Ballungsgebiete sowie durch die Steigerung der

---

3   Der Untersuchung von Altenburg (1995: 137ff.) stellte die CEPAL (1998: 81ff.) gemäß
     ihrer Befragung ein wesentlich positiveres Bild der *maquila* entgegen.

Wettbewerbs- und der Leistungsfähigkeit der Institutionen. Letzteres mahnen Zapata/Pérez (2001: 18f.) vor allem für die staatlich verwalteten Exportzonen Guatemalas und Nicaraguas an. Hauptproblem der *maquila* Zentralamerikas zu Beginn des 21. Jahrhunderts ist der zunehmende Konkurrenzdruck durch "neue" Länder wie China und Vietnam, insbesondere im Textilsektor. Das Inkrafttreten des CAFTA-Vertrages *(Central American Free Trade Agreement)* 2005 bedeutet zwar einen verbesserten Zugang zum US-Markt, durch das im Januar 2005 ausgelaufene Multifaserabkommen der WTO besteht aber andererseits ein stärkerer Konkurrenzdruck aus Asien als früher.

4.5 Von der traditionellen zur modernen maquila: die "Intel-Story"

Mitte der neunziger Jahre empfahl die Weltbank Costa Rica, mittels der Anwerbung von High-Tech-Firmen das hohe Bildungs- und Ausbildungsniveau des Landes für die wirtschaftliche Entwicklung zu nutzen. Bei der Entscheidung Intels, in Costa Rica eine neue Produktionsstätte zu eröffnen, spielten insbesondere institutionelle Verlässlichkeit, hohes Bildungsniveau, niedrige Korruption, bestehende Freizonen mit bereits ansässigen Technologieunternehmen sowie die individuelle Anwerbepolitik der Regierung in San José, die Sonderwünschen von Intel flexibel entgegenkam, die entscheidende Rolle (Egloff 2001; Tacsa 2001; Hoffmann 2002).

Mit der Ansiedlung von Intel in Costa Rica schienen zum ersten Mal die Vorteile der *maquila* die Nachteile zu kompensieren. Mit einer Grundinvestition von rd. 400 Mio. US$ sind etwa 2.200 neue Arbeitsplätze entstanden. Da die Hälfte des Personals ein hohes Ausbildungsniveau besitzt (Larraín/López-Calva/Rodríguez-Clare 2000: 9-12), ist auch das Lohn- und Gehaltsniveau um etwa 50% höher als in anderen Unternehmen. Etwa 200 kleine bis mittlere Unternehmen haben sich als Zulieferer für Intel etabliert, die in diesem Subsektor 3.500 bis 4.000 qualifizierte Arbeitsplätze geschaffen haben. Der Ausstrahlungseffekt (Hoffmann 2001: 70ff.) von Intel auf die nationale Förderung neuer Informations- und Kommunikationstechnologien ist hoch. Die Ausbildungsgänge für Ingenieure und Informatiker verzeichnen großen Zulauf. Der *brain-drain* für Techniker und Ingenieure konnte zumindest kurzfristig gestoppt werden.

Mit der Ansiedlung von Intel hängen Export und Wachstum Costa Ricas jedoch wieder einmal von der Entwicklung und den Entscheidungen eines weltweit und an vielen Standorten operierenden multinationalen Unternehmens ab. Mit dem Konjunkturrückgang 2000 in den USA sowie der Absatz-

und Preiskrise der High-Tech-Industrie zeigten sich die negativen Auswirkungen einer solchen Abhängigkeit. Intel erlitt einen Exporteinbruch von 35%, der durch andere *maquila*-Bereiche wie optische, fotografische, medizinische und chirurgische Produkte nicht kompensiert werden konnte. Aufgrund des "Intel-Effekts" fiel die Gesamtausfuhr Costa Ricas um 12%. Das Bruttoinlandsprodukt wuchs anstatt um 8,1%, wie im Jahr 1999, im Folgejahr nur um 1,8% und um 1,1% im Jahr 2001 (CEPAL 2001a: 72). Bis Ende 2001 verzeichneten die Exporte Costa Ricas, die zu etwa 65% in die USA und nach Europa gehen, einen akkumulierten Rückgang von 27%. Die chronisch defizitäre Handelsbilanz Costa Ricas, die 1999 und 2000 durch die Intel-Exporte positiv war, wies bis 2003 einen Negativsaldo auf (CEPAL 2004a: 24). Da die Kapitalzuflüsse im Vergleich zu 1999 ebenfalls rückläufig waren, konnte das gestiegene Leistungsbilanzdefizit von durchschnittlich 4,8% in den Jahren 2000 bis 2002 nicht kompensiert werden. Dieser Einbruch der Außen- und Binnenwirtschaft in Form einer Kettenreaktion ist in hohem Maße der Abhängigkeit von Intel zu zuschreiben. Costa Ricas Wirtschaft wäre ohne Intel 1999 um 3,5% gewachsen, im Jahre 2000 um 3,0%. Das 2000 um 1,2% geringere Wachstum des BIP 2000 spiegelt die vergleichsweise noch geringe Verkettung zwischen Intel und dem Rest der Wirtschaft wider.

Die "Intel-Story" unterstreicht, dass durch die Ansiedlung moderner *maquila*-Unternehmen mit hochwertigen Produkten und monopolartiger Stellung die Abhängigkeit der Entwicklung eines Landes ebenso zunehmen kann wie bei der Ansiedlung einfacher *maquila*-Betriebe. Die Abhängigkeit von einer "Megainvestition" ist problematisch, da die "Ausstrahlungs- und Multiplikatoreffekte" kurz- bis mittelfristig geballt auf Export und Devisen, Beschäftigung und Konsum eines kleinen Landes wie Costa Rica einwirken. Langfristig beeinflussen sie auch die Bereiche Bildung und Ausbildung, das Image und die Akzeptanz des Standortes negativ. Je stärker die direkte und indirekte Verkettung von Intel mit dem Rest der costaricanischen Volkswirtschaft wird, umso mehr werden sich die Effekte von Rezession oder Aufschwung auch auf die Zulieferfirmen, Ausbildungs- und Forschungszentren und damit auf den Konsum und das Wachstum auswirken. Die "Intel-Story" zeigt außerdem, dass die Anwerbung von "Nicht-High-Tech-Ansiedlungen" und von Agro-Industrien sowie von Unternehmen der regionalen Importsubstitution auf keinen Fall vernachlässigt werden sollte. Die Nachahmung des "Intel-Effekts" bzw. die Diversifizierung mit moderner *maquila*-Produktion stößt in den anderen Ländern Zentralamerikas aufgrund des geringen Bildungs- und Ausbildungsniveaus auf Schwierigkeiten.

5. Industrialisierung und Exportdiversifizierung: *Quo vadis* Zentralamerika?

5.1 Exportdiversifizierung unzureichend

Die CEPAL (1999a: 11) kommt in einer Analyse der Exportentwicklung zwischen Mitte der achtziger bis Mitte der neunziger Jahre zu dem Schluss, dass die angestrebte Diversifizierung der Exporte in Zentralamerika wenig befriedigend verlaufen sei und noch immer in den gleichen Strukturen verharrt. Mehr als die Hälfte der Ausfuhren Zentralamerikas seien Nahrungsmittel, Produkte der Land-, Vieh- und Fischereiwirtschaft sowie Rohstoffe aus dem Primärsektor gewesen. Die Hauptabnehmer seien weiterhin wenige große Märkte der Industrieländer, speziell die USA.

Die Produktivität hat in den traditionellen und den nicht-traditionellen Exportsektoren (Land-, Vieh-, Fischerei- und Forstwirtschaft) Zentralamerikas in den letzten 15 Jahren zugenommen; allerdings sind durch den Einsatz von mehr Düngemitteln und Pestiziden, durch die Ausweitung der Produktion und die Abholzung die ökologischen Kosten hoch gewesen. Die land-, forst- und fischereiwirtschaftlichen Ressourcen, die Boden- und Wasserreserven sind ständig knapper geworden; die Intensität ihrer Nutzung bzw. die Ausbeutung sind stark gestiegen. Immer mehr schwere Naturkatastrophen wie z.b. Hurrikan "Mitch" (Minkner-Bünjer 1999a; 1999b) und ihre verheerenden Effekte müssen im Zusammenhang mit der Exportstrategie auf zentralamerikanischer Ebene analysiert und in ihren Auswirkungen neu bewertet werden.

Die Exporte Zentralamerikas auf den US-Markt und Kanada spiegeln tendenziell diese problematische Entwicklung wider. Obwohl die USA aus politischen und aus wirtschaftlichen Gründen Zentralamerika Marktpräferenzen gewährt haben und die Bedingungen für die Diversifizierung günstiger waren als in anderen Regionen, wird der Export weiter von einer "handvoll" von Agrarprodukten geprägt. Ein ähnliches Bild ergibt sich bei den Exporten nach Asien oder in die EU: So sind drei Viertel der Gesamtausfuhren El Salvadors auf den US-Markt Kaffee, Zucker und Langusten. Im Fall Guatemalas bestanden die Exporte zu 70% aus Bananen, Kaffee, Zucker und Fleisch sowie zu rd. 20% aus nicht-traditionellen Agrarprodukten wie Melonen, Früchte, Säfte, Marmeladen, Gemüse, Samen, Zierpflanzen, Honig und

Tabak. Honduras exportierte etwa zwei Drittel Bananen, Kaffee und Zucker und zu einem Drittel gewerbliche *maquila*-Produkte in die USA. Nicaraguas insgesamt sehr geringer Export in die USA war zu 80% durch Produkte der Land- und Fischereiwirtschaft geprägt. Auch der Industrialisierungsgrad Zentralamerikas hat sich in der vergangenen Dekade nicht wesentlich verändert. So lag der Anteil der industriellen Produktion am BIP bis Ende der neunziger Jahre bei durchschnittlich 16% (CEPAL 2004b), die sich wie eh und je zu etwa 44% aus Nahrungsmitteln und Getränken jeglicher Art sowie Tabak zusammensetzt. Hinzu kommen Textilien, Bekleidung und Schuhe mit einem Anteil von 10% und chemische Produkte mit etwa 11%. Das bedeutet, dass der Export Zentralamerikas weiterhin im weitesten Sinne durch den Primärsektor bestimmt ist, der von Weltmarktpreisen und der Nachfrage der Industrieländer abhängt. Der Export der nicht-traditionellen Produkte aus Land-, Vieh-, Fischerei- und Forstwirtschaft sowie des Sekundärsektors ist allein im Fall von Costa Rica ausreichend, um große Ausfälle in den traditionellen Exporten auszugleichen.

5.2 Veränderungen in den Rahmenbedingungen

Für Zentralamerika zeichnet sich für die nächsten Jahre ein kompliziertes und sehr ungewisses Panorama ab: Einerseits angesichts der seit Beginn der neunziger Jahre dominierenden Art der Industrialisierung und Exportentwicklung und ihrer zunehmenden Abhängigkeit vom US-Markt, andererseits aufgrund der Aufnahme Chinas in die WTO und des Auslaufens bzw. Inkrafttretens von Abkommen auf nationaler, inneramerikanischer und internationaler Ebene. Mit steigender Abhängigkeit dürften die *maquila* und der Export Zentralamerikas von Nachfrage- und Investitionsrückgängen größeren Ausmaßes – u.a. als Folge der möglicherweise verhaltenen US-Konjunktur – stärker als bisher getroffen werden. Die zu erwartenden Umlenkungen von Handelsströmen und Investitionen aufgrund des sich als Großanbieter positionierenden China und durch die anstehenden Veränderungen in den internationalen und inneramerikanischen Regelwerken könnten sich ebenfalls negativ bemerkbar machen. In Mexiko wurden etwa aufgrund der Rezession in den USA und nachlassender Konkurrenzfähigkeit des Landes zwischen 2000 und 2002 etwa 200.000 *maquila*-Arbeitsplätze vernichtet. Inwieweit diese Veränderungen in ihrem Umfang und ihrer Wirkungen auch auf Zentralamerika zukommen, kann bisher nur vage abgeschätzt werden.

Eine stimulierende Wirkung auf die *maquila*-Entwicklung und die Exporte kann Zentralamerika von dem Freihandelsvertrag mit den USA erwarten. Der CAFTA-Vertrag respektiert die bisher geltenden Präferenzen über den zollfreien Export nichttraditioneller Produkte (vor allem Textilien) aus Zentralamerika auf den US-Markt, solange die Ursprungsregelungen beachtet werden. Bekleidung, hergestellt in Zentralamerika mit Stoffen und Garnen aus den USA, kann zoll- und quotenfrei auf den US-Markt (re-)exportiert werden. Allerdings bedeutet die Verpflichtung zum Einsatz von Stoffen und Garnen aus den USA, dass die Industrialisierung nicht durch Kopplungseffekte "nach hinten" vertieft wird und dass die Abhängigkeit mit zusätzlichen Investitionen und der Ausweitung der Produktion relativ zunimmt. Allein Nicaragua und Costa Rica konnten bei den CAFTA-Verhandlungen Vergünstigungen bezüglich der Verwendung von einigen einheimischen Stoffen erreichen. Hauptinteresse der USA bzw. der US-Unternehmen ist, ein stabil funktionierendes "Produktions-Teilungssystem" *(producción compartida)* mit der *maquila* Zentralamerikas und den anderen *Caribbean-Basin*-Ländern zu etablieren und so den ALCA *(Área de Libre Comercio de las Américas)* trotz des bisher starken Widerstandes vor allem gegen die US-Agrarprotektion unter Dach und Fach zu bringen. Die Aushandlung des CAFTA innerhalb nur eines Jahres war ein wichtiger Schritt in diese Richtung.

5.3 Stärkung der Konkurrenzfähigkeit und Förderung der Integration als permanente Aufgabe von Staat und Privatsektor

Die einschneidenden und langfristig wirkenden Veränderungen der internationalen Rahmenbedingungen erfordern, dass die zentralamerikanischen Länder kontinuierlich ihre Konkurrenzfähigkeit als Standort verbessern und neue Produkte für den Export, aber auch konkurrenzfähige Produkte für den Ersatz von Importen identifizieren und produzieren. Grundlegend dafür ist die Stärkung der für den Binnen- und Regionalmarkt produzierenden kleinen und mittleren Betriebe (CEPAL 1999b). Darüber hinaus müssen Möglichkeiten geschaffen werden, um Teile der *maquila* in eine regionale Industriestruktur zu überführen. Sektoral gilt es, die Voraussetzungen für die Entwicklung moderner, perspektivischer Dienstleistungen und des Tourismus zu verbessern.

Industrialisierung und Stärkung der Exportorientierung im Zeichen der Globalisierung bedeutet auch für Zentralamerika, die inter- und intrasektorale Vernetzung und die Verkettung der Aktivitäten zu fördern, und zwar über die Grenzen des eigenen Landes beziehungsweise der Region hinaus im Rahmen eines global orientierten und gemeinsam handelnden zentralamerikanischen Verbundes. Mit einem "kooperativen Regionalismus", der Mexiko, Venezuela und Kolumbien sowie die Karibik als angrenzende Regionen umfasst, könnten die komparativen Standortvorteile gegenüber dem US-Markt genutzt werden. Vor drei Dekaden wäre es undenkbar gewesen, über Belize als Brückenkopf zur Karibik zu diskutieren. Heute hingegen ist Belize Mitglied des SICA *(Sistema de la Integración Centroamericana)*, auch die Dominikanische Republik hat sich in die SICA-Strukturen inkorporiert. Die weitere wirtschaftliche und politische Annäherung zwischen dem MCCA und CARICOM *(Caribbean Community and Common Market)* sowie der *Comunidad Andina* sind Bestandteil der politischen Agenda dieser drei Integrationssysteme. Der von Mexikos Staatspräsident Fox im Juni 2001 lancierte *Plan Puebla-Panamá* (PPP) soll ebenfalls neue Möglichkeiten eröffnen, die Wettbewerbsfähigkeit und die Eingliederung Zentralamerikas und der Karibik in den ALCA als ein gemeinsames Projekt zu positionieren. Für Zentralamerika kann es angesichts der Globalisierung und seiner Charakteristika nicht nur um eine intelligentere Eingliederung in die Weltwirtschaft gehen (Naranjo 2003; Minkner-Bünjer 2002). Vielmehr muss der zentralamerikanische Wirtschafts- und Lebensraum als Ganzes weiter entwickelt werden, in dem Wachstum und Abbau der hohen Armut bei gleichzeitiger Schonung der Umwelt und der natürlichen Ressourcen möglich werden.

Literaturverzeichnis

Altenburg, Tilman (1993): "Strukturanpassung im Industriesektor. Neue, exportgetriebene Dynamik oder Deindustrialisierung". In: Bendel, Petra (Hrsg.): *Zentralamerika: Frieden. Demokratie. Entwicklung. Politische und wirtschaftliche Perspektiven in den 1990er Jahren* (Schriftenreihe des Instituts für Iberoamerika-Kunde, 37). Frankfurt am Main, S. 233-254.

— (1995): "La maquila. Una alternativa de industrialización para Centroamérica?". In: Altenburg, Tilman/Nuhn, Helmut (Hrsg.): *Apertura comercial en Centroamérica. Nuevos retos para la industria*. San José/Costa Rica, S. 127-164.

Bulmer-Thomas, Victor (1998): "El Mercado Común Centroamericano. Del regionalismo cerrado al regionalismo abierto". In: Bulmer-Thomas, Victor (Hrsg.): *Integración regional en Centroamérica*. San José/Costa Rica, S. 41-45.

CEPAL (Comisión Económica para América Latina) (1998): *Centroamérica, México y República Dominicana. Maquila y transformación productiva*. México, D.F.

— (1999a): *La liberalización comercial y los acuerdos de libre comercio. Perspectivas ambientales para Centroamérica*. México, D.F.

— (1999b): *La PYME en Centroamérica y su vinculación con el sector.* México, D.F, S. 41-45.

— (2000): *Centroamérica. Evolución de las políticas comerciales.* México, D.F.

— (2001a): *Anuario estadístico de America Latina y el Caribe 2000.* Santiago de Chile.

— (2001b): *El sector manufacturero en el Istmo Centroamericano.* México, D.F.

— (2004a): *Istmo Centroamericano. Evolución económica durante 2003 y perspectivas para 2004.* Mexico, D.F.

— (2004b): *Istmo Centroamericano. Evolución del sector manufacturero durante 2001 y 2002.* México, D.F.

CITGUA (Ciencia y Tecnología para Guatemala A. C.) (1991): *La maquila en Guatemala.* Guatemala-Stadt.

Egloff, Enrique (2001): *La inversión de Intel y "políticas micro" para fortalecer la competitividad en Costa Rica.* México, D.F.

Hoffmann, Bert (2002): "Costa Rica. NIKT-Entwicklung bei staatlichem Telekom Monopol". In: Herzog, Roman/Hoffmann, Bert/Schulz, Markus (Hrsg.): *Internet und Politik in Lateinamerika.* Frankfurt am Main, S. 21-96.

Larraín, B. Felipe/López-Calva, Luis F./Rodríguez-Clare, Andrés (2000): *Intel. A Case Study of Foreign Direct Investment in Central America*, CID Working Paper No. 58 der Harvard University Boston.

Minkner-Bünjer, Mechthild (1987): *Verschuldung in Zentralamerika. Zur Problematik kleiner Schuldnerländer.* Hamburg.

— (1999a): *Zentralamerika nach Hurrikan Mitch (I)* (Brennpunkt Lateinamerika Nr. 2). Hamburg.

— (1999b): *Zentralamerika nach Hurrikan Mitch (II)* (Brennpunkt Lateinamerika Nr. 4). Hamburg.

— (2002): *Zentralamerika zwischen regionaler Integration und Eingliederung in die Weltwirtschaft im "Schlepptau" der USA* (Brennpunkt Lateinamerika Nr. 13). Hamburg.

Naranjo, Fernando (2003): *Escenarios alternativos para el desarrollo en Centroamérica. Marco cuantitativo para una agenda para el siglo XXI*, Documento del proyecto SICA-CEPAL. Mexico, D.F.

Nowalski, Jorge/Morales, Pedro/Berliavsky, Gregorio (1995): *Impacto de la maquila en la economía costarricense.* San José.

OIT (Organización Internacional del Trabajo) (1997): *La industria de la maquila en Centroamérica.* Guatemala-Stadt.

Rodas-Martini, Pablo (2000): *Centroamérica. Para afrontar con éxito la globalización del siglo XXI.* Instituto de Estudios Iberoamericanos, Projecto CA 2020, Documento de Trabajo No. 1. Hamburg.

SIECA (Secretaría de Integración Económica Centroamericana) (1998): *Las relaciones comerciales Centromérica – Estados Unidos.* Guatemala-Stadt.

Tacsa, Rodolfo (2001): "The Potential of Leapfrogging in Costa Rica". In: International Labour Organization (Hrsg.): *World Employment Report 2001.* Genf.

Walker, Ian (1995): "Mercados regionales de trabajo y localización de las Zonas Industriales de Procesamiento en Honduras". In: Altenburg, Tilman/Nuhn, Helmut (Hrsg.): *Apertura comercial en Centroamérica. Nuevos retos para la industria.* San José/Costa Rica, S. 165-189.

Weller, Jürgen (2001): *Melonen für den Weltmarkt – Wohlstand für Campesinos? Nicht-traditionelle Agrarexporte und die Entwicklung ländlicher Arbeitsmärkte in Zentral-amerika* (Schriftenreihe des Institut für Iberoamerikakunde, Bd. 53). Frankfurt am Main.

Zapata, Ricardo/Pérez, Esteban (2001): *Zonas francas y maquila en Centroamérica. Algunas reflexiones a partir del actual comercio y las negociaciones en materia textil*, Seminario BID/CEPAL/INTAL. México, D.F.

Anhang

Nicht-traditionelle Agrarprodukte und *maquila*:
Industrialisierung und Exportdiversifizierung in Zeiten der Globalisierung

Tabelle 1:
Export und Bruttoinlandsprodukt 1970-2002 der Länder des Zentralamerikanischen Gemeinsamen Marktes (MCCA) (durchschnittliche Veränderung p.a. in %)

	1970-1980			1981-1990			1991-1998			2000		2001		2002 (vorläufig)	
	BIP real*	Export M	W	BIP real**	Export M	W	BIP real**	Export M	W	BIP real**	Export W	BIP real**	Export W	BIP real**	Export W
Costa Rica	5,5	3,8	4,1	2,3	4,3	3,9	3,7	15,2	18,5	1,8	-11,6	1,1	-15,3	2,9	6,8
El Salvador	3,1	4,6	4,7	-0,1	-3,1	-9,5	4,6	13,7	23,0	2,1	16,9	1,7	-2,4	2,1	4,4
Guatemala	5,7	6,4	6,3	0,8	-0,7	-1,8	4,1	4,3	9,1	3,4	10,8	2,3	-7,2	2,2	-8,1
Honduras	5,6	4,1	3,9	2,3	1,2	1,3	3,3	6,0	10,2	5,6	14,5	2,6	-3,4	2,5	-0,6
Nicaragua	0,2	-1,1	-1,6	-1,4	-0,7	-3,2	2,6	7,2	9,6	6,5	16,8	3,0	-1,3	1,0	-0,4

* In US-Dollar zu konstanten Preisen von 1980.
** In US-Dollar zu konstanten Preisen von 1995.

M= Menge;
W= Wert.
Quelle: CEPAL (2004); CEPAL-Jahresstatistiken (2000-2002).

Tabelle 2:
Struktur der Industrieexporte Zentralamerikas
1991, 1995, 1999, 2001 und 2002

	Industrieexport/Export insgesamt (in %)					Export *maquila*/Industrieexport (in %)					Export *maquila*/Export insgesamt (in %)				
	1991	1995	1999	2001*	2002*	1991	1995	1999	2001*	2002*	1991	1995	1999	2001*	2002*
Costa Rica	–	53,6	76,8	74,5	76,2	–	48,9	77,8	72,5	74,1	21,7	26,2	59,8	54,0	56,5
El Salvador	53,7	74,2	87,9	92,9	94,7	–**	52,7	60,5	61,4	61,6	–**	39,1	52,6	57,1	58,3
Guatemala	15,1	15,9	21,8	23,0	27,3	35,0	48,6	47,4	59,3	55,7	5,3	7,7	10,3	13,6	15,2
Honduras	13,4	19,4	40,1	38,3	36,0	–	60,8	79,4	76,1	82,3	–	11,8	31,6	29,1	29,6
Nicaragua	21,7	28,1	34,8	39,4	45,9	–**	–	–	–	–	–**	–	–	–	–
Zentralamerika	13,9	41,9	62,0	60,6	63,7	71,0	49,2	69,8	65,9	66,7	9,9	20,6	41,1	40,0	42,5
Panama*	2,0	1,7	2,7	2,3	2,2	–	–	–	–	–	–	–	–	–	–

* Vorläufige Angaben.
** *Maquila*-Entwicklung setzte nach 1990 wieder ein.
*** Der geringe Anteil der Industrieexporte unterstreicht den Dienstleistungscharakter (mittels der Kanalzone) der Außenwirtschaft Panamas. Keine Angaben.
Quelle: CEPAL (2004b).

Tabelle 3:
Intraregionale Exporte Zentralamerikas 1970-2002*
(in Mio. US$; in % des Exports der Länder/Region)

	1970	1980	1990	1992	1994	1996	1998	1999	2000	2001	2002**
Costa Rica	45,2	260,1	134,4	310,9	285,9	411,2	961,9	576,8	589,5	661,5	686,5
	(19,8)	(26,8)	(9,9)	(17,9)	(12,7)	(12,0)	(18,8)	(9,2)	(10,7)	(14,2)	(13,9)
El Salvador	73,7	295,8	176,7	282,5	341,9	455,1	616,6	638,7	737,0	722,7	740,4
	(32,3)	(27,6)	(30,5)	(47,3)	(41,8)	(44,4)	(49,1)	(54,3)	(55,3)	(59,6)	(59,8)
Guatemala	102,3	44,8	288,0	395,4	475,0	578,0	748,5	789,9	815,3	1.059,6	699,7
	(35,3)	(29,0)	(23,8)	(30,8)	(31,6)	(28,5)	(29,0)	(32,1)	(30,2)	(43,9)	(34,0)
Honduras	18,0	91,4	22,9	48,2	139,9	206,4	184,8	298,9	310,7	211,1	240,6
	(10,6)	(11,0)	(2,6)	(5,8)	(14,5)	(15,6)	(19,0)	(25,7)	(28,5)	(16,1)	(25,0)
Nicaragua	46,0	75,4	42,0	47,0	83,9	101,2	122,5	145,1	164,2	174,5	270,1
	(25,8)	(18,2)	(12,6)	(21,1)	(23,9)	(15,3)	(22,2)	(28,5)	(26,1)	(32,8)	(42,5)
Zentralamerika***	285,2	1.163,5	664,2	1.084,0	1.326,5	1.751,8	2.363,9	2449,5	2.616,8	2.829,9	–
	(26,0)	(24,2)	(15,2)	(23,2)	(22,6)	(20,7)	(24,3)	(21,1)	(22,7)	(27,8)	–

*   MCCA-Länder;
**   vorläufig;
*** differiert von 100% aufgrund von Auf- und Abrunden;
–   keine Angaben.

Quelle: Bulmer Thomas (1998: 22) (Angaben 1970/80/90/92); Angaben 1994/96/98/99/2000/01 berechnet aus: SIECA:; Angaben ab 1999 korrigiert und berechnet mit aktuellen Informationen des *Sistema Centroamericano de Esta-
distica* (SECA) (12.04.2006).

Tabelle 4:
Exporte Zentralamerikas nach Hauptabnehmern 1991-2001

	Anteil in % 1991	Anteil in % 1993	Anteil in % 1995	Anteil in % 1997	Anteil in % 1999	Anteil in % 2001*
USA	38,6	40,0	33,8	39,9	42,8	39,7
Europäische Union	22,5	19,7	25,1	20,4	18,6	13,5
MCCA	18,8	22,6	21,7	21,1	20,5	28,3
CARICOM	1,0	0,6	0,6	0,8	0,7	0,6
"Gruppe der 3"						
– Mexiko	2,5	2,1	1,2	1,9	2,4	2,3
– Venezuela	0,1	0,4	0,9	0,6	0,3	0,4
– Kolumbien	0,2	0,3	0,4	0,4	0,3	0,3
Japan	3,4	1,3	2,0	1,3	2,0	1,1
Asien (ohne Japan)	2,4	1,5	3,5	2,2	4,8	6,3
Andere Gebiete**	10,5	11,5	10,8	11,4	7,6	7,6

* Vorläufige Angaben;

** Andere Gebiete: u.a. Andenländer, MERCOSUR, Chile, asiatische Länder ohne Japan.

Quelle: Zusammengestellt und berechnet nach: SIECA: *Boletín Estadístico* 28-29 (1999; 2001; 2002).

Tabelle 5:
Export der zentralamerikanischen Länder nach Absatzgebieten 1999 und 2002*
(in % des Exports der Länder)

	USA		EU		MCCA		"Gruppe der 3"**		Japan		Andere Gebiete***	
	1999	2002	1999	2002	1999	2002	1999	2002	1999	2002	1999	2002
Costa Rica	49,2	47,5	22,3	17,6	9,2	13,9	2,9	3,2	2,0	0,6	7,5	17,1
El Salvador	20,9	20,1	14,3	6,3	53,9	59,8	1,4	3,0	0,7	0,5	8,8	10,3
Guatemala	34,1	34,5	11,8	5,7	32,1	34,0	4,8	2,7	2,4	1,4	14,8	21,7
Honduras	56,9	48,5	14,1	16,6	19,8	25,0	0,5	1,8	3,4	1,8	5,3	6,3
Nicaragua	35,4	26,2	23,0	12,8	28,5	42,5	2,9	4,5	0,2	0,6	10,0	13,5

* Vorläufige Angaben.
** Mexiko, Venezuela, Kolumbien.
*** Andere Gebiete: siehe Tabelle 4.
Quelle: Zusammengestellt und berechnet aus: <www.sieca.org.gt/> (12.04.2006).

Tabelle 6:

Zentralamerika: *Maquila* in der Textilbranche 1985-1993
(US-Import in Mio. US$; Anteil der Länder am Import
und an Arbeitsplätzen insgesamt in %)

	1985	1987	1989	1991	1993	2002****	Arbeitsplätze 1992
Costa Rica	62	92	172	254	377 (40,2%)	745 (10,4%)	37.615** (25%)
Honduras	17	27	50	107	236 (25,2%)	1.712 (23,9%)	25.800 (17%)
Guatemala	6	20	42	117	218 (23,3%)	1.709 (23,8%)	80.000** (52%)
El Salvador	6	13	20	44	103 (11,0%)	2.556 (35,7%)	6.500 (4%)
Nicaragua*	–	–	–	–	3 (0,3%)	446 (6,2%)	2.918 (2%)

* Gesamte *maquila*.

** Bei Costa Rica und Guatemala sind eingeschlossen Arbeitsplätze in den *Zonas de Procesamiento de Exportación* und in den Unternehmen, die unter der "Admisión Temporal" mit Input und Maschinen arbeiten, die von Zöllen und Abgaben befreit sind, und die die verarbeiteten Produkte reexportieren.

*** Wiederaufnahme der *maquila* zu Beginn der neunziger Jahre.

***** 2002: Unterstreicht die starke Entwicklung der Textil-*maquila* in allen Ländern, außer in Costa Rica, das Anfang der neunziger Jahre zunehmend höherwertige *maquila*-Investitionen anziehen konnte.

Quelle: Altenburg (1995); CEPAL (2004a).

Tabelle 7:
Struktur der *maquila* in Zentralamerika 1996:*
Unternehmen, Kapitalherkunft, Arbeitsplätze, Export

	Zahl der Unternehmen (Z)	Kapitalherkunft					Arbeits-plätze	Export-*maquila* 1998***	
		National	USA	Korea	Andere asiatische Länder	Andere Länder			
		Z (%)	Z (%)	Z (%)	Z (%)	Z (%)		Mio. US$	(% des Exports)
Costa Rica	189	39 (21)	113 (60)	4 (2)	3 (2)	30 (16)	49.972	2.381	(43,1)
El Salvador	190	123 (65)	20 (11)	16 (8)	12 (6)	19 (10)	42.000*	1.185	(48,2)
Guatemala	220	95 (43)	20 (9)	96 (44)	4 (2)	5 (2)	68.100**	285	(10,0)
Honduras	174	56 (32)	62 (36)	37 (21)	17 (10)	2 (2)	78.583	455	(22,9)
Nicaragua	19	3 (16)	6 (32)	3 (16)	6 (32)	1 (5)	13.000	–	–
Zentralamerika	792	316 (40)	221 (28)	156 (20)	42 (5)	57 (7)	243.355	4.306	(32,1)

* Angaben differieren je nach Quelle bzw. bei derselben Quelle z.T. gemäß Jahr der Publikation.
** Textilien und Bekleidung;
*** eingeschlossen Freizonen. CEPAL (1998: 39) gibt für Guatemala US$ 1.185 Mio. *maquila*-Export an (könnte mit Heimarbeitsplätzen und Zulieferem sein); Nicaragua mit US$ 41 Mio.; ZA gesamt US$ 6.055 Mio.
Quelle: CEPAL (1998: 39), aktualisiert mit Angaben von CEPAL (2004b) und SIECA (1999): <http://www.sieca.org> (12.04.2006).

Tabelle 8: *Maquila* (und Freizonen) in Zentralamerika:*
Zahl der Unternehmen, Wertschöpfung und Export 1994, 1999, 2000-2002

	Zahl der Unternehmen	Wertschöpfung (in Mio. US$)					Wertschöpfung (Veränderung in %)				
	1999	1994	1999	2000	2002**	2001	1994	1999	2000	2001	2002**
Costa Rica	102	764,2	1.797,8	1.221,8	427,0	491,0	0,7	263,2	-32,0	-65,1	15,0
El Salvador	230	108,4	378,7	456,3	489,7	475,3	54,5	12,1	20,5	7,3	-2,9
Guatemala	286	136,4	287,7	373,8	390,3	400,1	29,3	1,0	29,9	4,4	2,5
Honduras	216	124,8	538,5	575,4	551,5	559,7	38,1	18,4	6,9	-4,2	1,5
Nicaragua*	42	13,4	74,6	82,4	94,2	105,2	164,4	8,1	10,5	14,3	11,7

	Export (in Mio. US$)					Export (Veränderung in %)				
	1994	1999	2000	2001	2002**	1994	1999	2000	2001	2002**
Costa Rica	764	3.985	3.355	2.714	2.967	17,8	67,4	-15,8	-19,1	9,3
El Salvador	430	1.333	1.609	1.650	1.758	48,4	12,6	20,7	2,6	6,5
Guatemala	136	288	374	390	400	29,3	1,0	29,9	4,4	2,5
Honduras	125	539	575	552	560	38,1	18,4	6,9	-4,2	1,5
Nicaragua*	–	–	–	–	–	–	–	–	–	–

* CEPAL (2004a+b): Wertschöpfung (Export) enthält *maquila* und Freizonen; vgl. dagegen Angaben CEPAL (2001c).
** Vorläufige Angaben.
*** *Maquila*-Entwicklung ab 1990 – keine Angaben.
Quelle: CEPAL (2001b); CEPAL (2004a; 2004b); Zapata/Pérez (2001).

Manuel Orozco

Migration, Geld und Märkte:
die neue Realität Zentralamerikas

Als Resultat der zentralamerikanischen Diaspora in den USA zeichnet sich in Zentralamerika eine neue Entwicklung ab, die die althergebrachte soziale und ökonomische Praxis verändert. Dieser Prozess wird im folgenden Artikel analysiert. Von besonderer Bedeutung sind die familiären Geldtransfers *(remesas)* der im Ausland lebenden Zentralamerikaner und der Wandel, der sich durch die Migration aus Zentralamerika in der Wirtschaftsstruktur der Herkunftsländer vollzogen hat: der Umbau von einer Ökonomie der Agrarexporte zu einer Ökonomie des Arbeitskräfteexports. Obwohl in der vorliegenden Analyse die Geldüberweisungen der Migranten im Mittelpunkt der Betrachtung stehen, wird – über die privaten familiären Zusammenhänge hinaus – auch auf die wachsende Bedeutung von Kontakten auf kommunaler und politischer Ebene eingegangen. Der Beitrag, den die in den Vereinigten Staaten lebenden Zentralamerikaner zur Wirtschaft leisten, ist immens. Dies deutet auf eine neue Art von Verhältnis hin, nicht nur was die Mobilität von Arbeitskräften betrifft, sondern auch in Hinblick auf Handel und Investitionen. Im ersten Abschnitt werden die Migrationsmuster von Zentralamerikanern erläutert, die in die Vereinigten Staaten ausgewandert sind. Im zweiten Teil wird der Fluss der Geldsendungen untersucht. Der dritte Abschnitt widmet sich dem Thema der enger werdenden Beziehungen zwischen der Heimat und der Diaspora. Im letzten Teil schließlich wird erläutert, welches der ökonomische Kontext ist, in dem die Geldtransfers in Zentralamerika stattfinden.

1. Die Migration aus Zentralamerika

Eine wichtige Facette im bunten Spektrum des amerikanischen Bevölkerungskaleidoskops sind jene Personen, die im Ausland geboren wurden und durch Familienbande, durch die Arbeit oder weil sie ins Exil mussten, in die Vereinigten Staaten gekommen sind. Laut US-Zensus leben in den Vereinigten Staaten 28 Millionen Immigranten, von denen 15% aus Europa, 25% aus Asien und 51% aus Lateinamerika stammen. Der größte Teil der in den USA lebenden lateinamerikanischen Zuwanderer sind Mexikaner. Doch auch der Anteil derjenigen, die aus Zentralamerika und der Karibik stammen, ist groß. Der US-Zensus von 1997 wies insgesamt 13 Millionen lateinamerikanische Immigranten aus. Davon kamen 7 Millionen aus Mexiko. Weitere 2,7 Millionen stammen aus der Karibik, 1,7 Millionen aus Zentralamerika und 1,5 Millionen aus Südamerika (vgl. Tab. 1).

Tabelle 1:
Im lateinamerikanischen Ausland geborene Bevölkerung der Vereinigten Staaten (ausgewählte Länder)

Herkunftsland	1980	1990	1994	1997	2000
Kolumbien	143.500	286.000	k.A.	364.000	470.684
Dom. Rep.	169.100	348.000	515.000	632.000	1.121.258*
El Salvador	94.000	465.000	k.A.	607.000	1.117.959*
Guatemala	71.642	226.000	k.A.	446.000	627.329*
Mexiko	2.199.200	4.298.000	6.679.000	7.017.000	k.A.
Nicaragua	43,923	169,000	k.A.	239,000	294.333*

*   Schätzungen des Mumford Instituts.
Quelle: U.S. Bureau of the Census (o.D.): *CP 1980; 1990; CPS 1994; 1997; 2000.*

Der größte Teil der zentralamerikanischen Immigranten in den USA kam zu Beginn der achtziger Jahre ins Land. Sie waren wegen der Kriege und der Unterdrückung aus ihren Heimatländern geflohen und hatten sich einen sicheren Platz gesucht (Dunkerley 1994: 46-47). Heute bilden die Zentralamerikaner eine neue Diaspora. Sie stellen eine ethnische Minorität dar, die durch Migration entstanden ist und deren Mitglieder "gefühlsmäßige Beziehungen oder wirtschaftliche Verbindungen zu ihren Herkunftsländern aufrechterhalten" (Esman 1986: 333). Mehr als eine Million Guatemalteken, Nicaraguaner und Salvadorianer waren bis 1990 in die USA und andere Länder ausgewandert. Sie waren vor der politischen Instabilität und Repression geflohen, aber auch vor der wirtschaftlichen Krise und der sozialen Ungerechtigkeit (Vilas 1995: 141). Wie Tabelle 2 zu entnehmen ist, sind rund zwei Drittel der Mittelamerikaner, die 1990 ihren Wohnsitz in den USA hatten, in den achtziger Jahren ins Land gekommen. Es ist also nicht überraschend, dass ein großer Teil der spanischsprachigen Bevölkerung der USA im Ausland geboren wurde (vgl. Tab. 3). In der Gruppe der Salvadorianer etwa ist die Anzahl derjenigen, die nicht in den USA geboren wurden, im Jahr 2000 auf über eine Million gestiegen.

Es ist wichtig herauszustellen, dass die Migration der Zentralamerikaner in die Vereinigten Staaten nicht gleichmäßig verlief. Vielmehr fand sie in verschiedenen Phasen statt, und für die Flüchtlinge galten jeweils unterschiedliche Regelungen. Aufgrund der antisandinistischen Haltung der USA erhielten beispielsweise Nicaraguaner mehr Unterstützung bei der Legalisierung ihres politischen Asyls als andere Zentralamerikaner. In den Jahren zwischen 1983 und 1992 wurde rund 12.000 Nicaraguanern politisches Asyl gewährt, wohingegen die Einwanderungsbehörde im gleichen Zeitraum nur insgesamt 1.200 Salvadorianern, Guatemalteken und Honduranern entsprechende Papiere zugestand.

Tabelle 2:
Im Ausland geborene zentralamerikanische Bevölkerung der Vereinigten Staaten bis 1990

Herkunftsland	vor 1980	nach 1980	insgesamt	vor 1980	nach 1980
El Salvador	115.437	349.996	465.433	24.80%	75.20%
Guatemala	71.513	154.226	225.739	31.68%	68.32%
Honduras	37.515	71.408	108.923	34.44%	65.56%
Nicaragua	43.923	124.736	168.659	26.04%	73.96%
Panama	54.049	31.688	85.737	63.04%	36.96%

Quelle: U.S. Bureau of the Census: *Census 1990.*

Tabelle 3:
Personen spanischsprachiger Herkunft *(Hispanics)* in den USA (1990)

Abstammungs- oder Herkunftsland	In den USA geboren	Im Ausland geboren
Costa Rica	31,08%	68,92%
El Salvador	18,83%	81,17%
Guatemala	19,64%	80,36%
Honduras	22,95%	77,05%
Nicaragua	18,93%	81,07%
Panama	32,95%	67,05%
Zentralamerika	20,98%	79,02%
Mexiko	66,70%	33,30%
Hispanics insgesamt	64,19%	35,81%

Quelle: U.S. Bureau of the Census: *Census 1990.*

Abbildung 1: Bewilligungen politischen Asyls für Zentralamerikaner

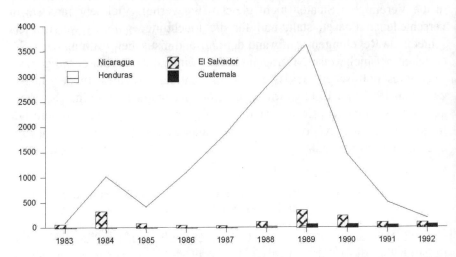

Die unterschiedlichen Gruppen stellten zu ihren Herkunftsländern symbolische, gefühlsmäßige und materiell-wirtschaftliche Kontakte her. Viele dieser Verbindungen sind weit mehr und dienen anderen Zwecken als alleine dem Ziel, den Kontakt zu Familienangehörigen aufrecht zu erhalten.

2. Von Flucht, Asyl und Migration zu Familienbanden

Die meisten Immigranten beabsichtigten, die Verbindung zu ihren Herkunftsländern wieder aufzunehmen. Dies galt besonders in der Zeit nach den Friedensabkommen und während der Demokratisierung in den neunziger Jahren. Kontakte wurden anfangs vor allem zu jenen Familienmitgliedern und Verwandten geknüpft, die man in den achtziger Jahren zurückgelassen hatte. Aus diesen Beziehungsgeflechten heraus entwickelte sich eine neue Dynamik. Die Diaspora der Zentralamerikaner – das Resultat der Bürgerkriege und der internen Kämpfe der siebziger und achtziger Jahre – veränderte schließlich die traditionelle soziale und wirtschaftliche Praxis in der Region. Die Integration Zentralamerikas in den Weltmarkt findet heute durch die Migration von Arbeitskräften statt. Dies hat wichtige Nebeneffekte, die für Impulse sorgen und die regionale Wirtschaft ankurbeln: den Tourismus, den Verkehr, die Telekommunikation und die Transfergeschäfte mit dem Geld. In all diesen Bereichen sind viele neue Geschäftsmöglichkeiten entstanden, die den Handel und die Investitionstätigkeit in der Region fördern.

Die wirtschaftlichen Beziehungen zwischen den Migranten und ihren Herkunftsländern entwickeln sich für beide Seiten zum Nutzen. Ein großer Teil der Touristen, die nach El Salvador, Honduras und Nicaragua reisen, sind Einheimische. In El Salvador sind beispielsweise über 30 % der Touristen Salvadorianer, die im Ausland, vor allem in den USA, leben. Ihre durchschnittliche Verweildauer beträgt mehr als zwei Wochen. In dieser Zeit geben sie pro Tag mehr als 50 US-$ aus. Nicaraguaner reisen häufig von Miami nach Managua und bringen ihren Familienangehörigen als Geschenke Güter und Waren mit. Die zentralamerikanische Gemeinde in den Vereinigten Staaten verlangt aber auch vor Ort neue Dienstleistungen und Erzeugnisse. Lokale Firmen und internationale Unternehmen der Tourismusindustrie bieten neue Pakete für Rundreisen an und der Immobilienmarkt in den Küstenregionen erfährt einen Aufschwung.

Flugreisen sind ein weiteres wichtiges Element. Grupo Taca, eine Fluglinie, die Zentralamerika bedient, fliegt pro Tag 21-mal von den USA nach El Salvador. Rund 70% ihrer Kunden sind Zentralamerikaner. Durch die gestiegene Nachfrage nach Flügen in die Region aus allen Teilen der USA hat die Verkehrsdichte deutlich zugenommen. Heute steuern täglich mehrere US-Fluglinien Zielorte in Zentralamerika an, u.a. American Airlines, Continental, Delta, United und TWA.

Die engen Beziehungen zwischen den zentralamerikanischen Gemeinden in den USA und ihren Herkunftsländern haben auch die Telekommunikationsverbindungen dichter werden lassen. Die Nachfrage nach Telefonaten stieg und ihr Volumen wuchs an, je enger die Kontakte wurden. Die Diaspora bot der Geschäftswelt Möglichkeiten zu expandieren und in Mobiltelefone, das Internet und das Kabel zu investieren. Unternehmen wie AT&T, Bell South und Motorola schufen zusätzliche Infrastruktur, um die Kommunikation zwischen der Diaspora und ihrer Heimat zu verbessern. Auch die lokale Geschäftswelt profitierte hiervon.

Die Überweisungen aus dem Ausland sind für Zentralamerika zur wichtigen Einkommensquelle geworden. Im letzten Jahr flossen auf diese Weise fast zwei Milliarden US-$ nach El Salvador. Auch andere Länder der Region erhalten einen entsprechend hohen Geldfluss. Rund 60% des Geschäfts mit dem Geldtransfer werden in Lateinamerika offensichtlich über einheimische lateinamerikanische Firmen abgewickelt. Die Konkurrenz zwischen ihnen war in den meisten Ländern groß, was positive Nebenwirkungen hatte. Zusammengenommen mit den Transfers nach Lateinamerika von insgesamt rund 23 Milliarden US-$ pro Jahr führte dies zu Multiplikatoreffekten bei den Profiten und beim Wohlstandswachstum.

Die Überweisungen an die Familien sind zur Zeit eines der wichtigsten Bindeglieder zwischen den Lateinamerikanern auf dem Kontinent. Durch sie wurde eine Beziehungsstruktur geschaffen, die gleichzeitig lokal und transnational ist;[1] ein Verhältnis, das sich sowohl auf die Absender- wie auch auf die Empfängerländer auswirkt. Betrachtet man nun, wie umfassend der Prozess angelegt ist, zeichnet sich ein bestimmtes Muster ab. Was den Umfang anbetrifft, so ist ein breites Spektrum von Akteuren zu erkennen, das auf vielfältige Art und Weise mit dem Geldtransfer befasst ist. Wie tief greifend der Prozess auf die Akteure wirkt, wird daran deutlich, wieweit sie sich bereits auf die Entwicklung eingelassen haben.

2.1 Wert und Entwicklung der Familienüberweisungen

In den achtziger Jahren begann das Volumen der Überweisungen zu steigen, nunmehr scheint es ein stetiger Zufluss von Geld geworden zu sein. Zur Zeit betragen die Transferzahlungen nach Mexiko, Zentralamerika und in die Karibik zusammengenommen rund 13 Milliarden US-Dollar (vgl. Tab. 4).

Setzt man die Überweisungen zum Bruttosozialprodukt ins Verhältnis, wird deutlich, wie wichtig diese Gelder für viele Ökonomien geworden sind. Im Falle von Nicaragua stellen die Überweisungen ein Viertel des Nationaleinkommens dar. Selbst für Länder wie Mexiko und Kuba sind die Überweisungen zur relevanten Größe geworden. Der Transfer der Gelder ist für die Ökonomien der Region fast so entscheidend wie der Export, welcher bis dahin den größten Beitrag zum Bruttosozialprodukt leistete. Die Überweisungen nach El Salvador haben zuweilen den Wert der Ausfuhren überstiegen. In der Dominikanischen Republik und in Nicaragua wiederum haben sie eine Größenordnung erreicht, die über 50% des Exportwerts liegt (Abb. 3). El Salvador ist von dem Einkommen aus Transferleistungen abhängig geworden und hat politische Richtlinien erlassen, um den kontinuierlichen Zufluss von nunmehr über einer Milliarde US-$ jährlich zu gewährleisten (Weiner 1995: 37-38). Auch Mexiko mit seiner starken exportorientierten Wirtschaft erhält Transfers in der Größenordnung von 10% seiner Exporte, was in etwa genau so viel ist, wie das Land am Tourismus verdient (Ortiz

---

1   Im Englischen wird hierfür das Wort "intermestic" benutzt. Es zeigt an, dass die gelebte Praxis beides zugleich ist: auf das Leben in den Gemeinden der USA ausgerichtet *(domestic)* und über die Grenzen des Landes hinaus orientiert *(international)*. Domínguez (1998) zufolge wurde dieser Begriff zuerst von Baylass Manniung (1977) verwendet.

1994: Q14) und vom Wert her rund 80% der ausländischen Direktinvestitionen entspricht (*La Jornada* 2000).

Tabelle 4: Überweisungen nach Lateinamerika (2001)

Land	Überweisungen (in US-$)
Kolumbien	500.000.000*
Kuba	800.000.000*
Dominikanische Republik	1.807.000.000
El Salvador	1.972.000.000
Guatemala	584.000.000
Honduras	400.000.000
Mexiko	9.273.747.000
Nicaragua	600.000.000
Jamaika	959.200.000
Ecuador	1.400.000.000
Zehn Länder insgesamt	18.295.947.000

* Daten von 1999.
Quelle: Daten der Zentralbanken jedes Landes außer für Kuba (ECLAC), Kolumbien (Weltbank) und Nicaragua (Schätzung des Autors).

2.2 Akteure des Geldtransfers

Das Phänomen der Transferzahlungen muss auch von Seiten derer verstanden werden, die den Strom des Geldes möglich machen. Die meisten Studien richten ihr Augenmerk hauptsächlich auf die Empfänger als wichtigste Protagonisten. Mit dem Anstieg der Überweisungen sind allerdings neue, weniger bekannte Mitspieler auf der Bühne erschienen, die einen direkten oder indirekten Einfluss auf die Entwicklung und die damit verbundenen Auswirkungen haben. Der Transfermarkt ist in gleichem Maße gewachsen wie die Überweisungen, hat neue Unternehmen auf den Plan gerufen und neue Dienstleistungen entstehen lassen. Heimatvereine und Regierungen sind ebenfalls wichtige Akteure auf dem neuen Geschäftsfeld privater Transaktionen. Abbildung 4 macht deutlich, wer alles hieran partizipiert.

2.3 Die Absender

Die aus Zentralamerika stammenden Immigranten sind die wichtigsten Protagonisten. Von ihrem Einkommen, das mit 21.000 US-$ jährlich unter dem Durchschnitt in den USA liegt, schicken sie mindestens 2.500 US-$ als Teil ihrer Verpflichtungen an die Verwandtschaft in der Heimat.

Abbildung 2: Überweisungen als prozentualer Anteil des BSP

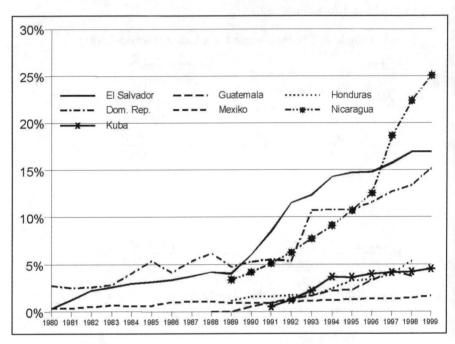

Quelle: Daten der Zentralbanken jedes Landes außer für Kuba (ECLAC) und Nicaragua (Schätzung des Autors).

Tabelle 5:
Prozentuale Verteilung der Absender nach Höhe der Überweisung

Überwiesene Summe in US-$	Anzahl der Absender in %
bis zu 150	42,2
151 bis 250	22,4 (22% schicken US-$ 200)
251 bis 300	17,0
mehr als 300	18,4

Quelle: IADB-Studie über Unterstützungszahlungen.

Obwohl die genauen Zahlen von Land zu Land unterschiedlich sind, transferieren die Zentralamerikaner etwa 200 US-$ im Monat, also etwa 15% ihres Gehalts. Das Einkommen der lateinamerikanischen Immigranten ist in der Regel niedriger als das Durchschnittseinkommen in den USA (35.000 US-$, 25% liegen mit ihrem Einkommen unter der Armutsgrenze). Dies liegt zum

Teil an ihrer geringen Qualifikation und den Jobs, die sie bekommen können.

Abbildung 3: Überweisungsvolumen in Prozent der Exporte

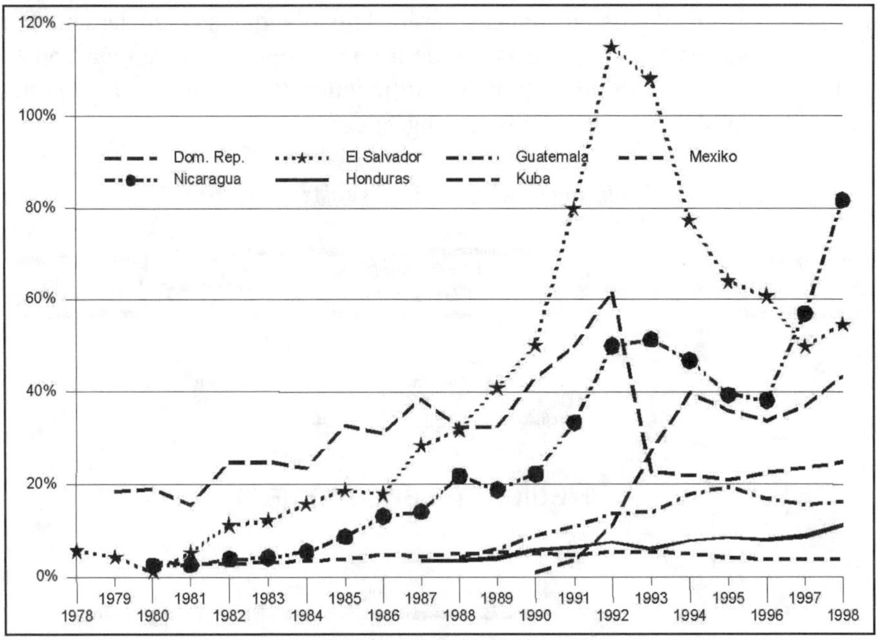

Nach Daten des US-Zensusbüros entbehren 62% der Zentralamerikaner und Mexikaner eines Sekundarstufenabschlusses – nur 5% können eine abgeschlossene akademische Ausbildung nachweisen.

Tabelle 6:
Haushaltseinkommen nach ethnischer Zughörigkeit

Gruppe	Haushaltseinkommen in US-$		
	unter 20.000	zwischen 20.001 und 35.000	über 35.000
Hispanics/Latinos	32.5%	24.9%	43.0%
nicht-hispanische Weiße	11.3%	16.6%	72.1%

Quelle: U.S. Bureau of the Census: *CPS 2000.*

Außer den Geldern transferieren die Migranten auch Sachwerte in Form von Geschenken, wenn sie nach Hause reisen, um ihre Verwandtschaft zu besuchen. Dabei handelt es sich um elektrisches Gerät, Spielsachen und Werkzeug, deren Wert noch einmal die Hälfte dessen ausmacht, was sie an Geldern überweisen. Ihre beständige Reiseaktivität hat darüber hinaus die Einkommen in der Tourismusbranche ihrer Heimatländer steigen lassen. Die Einkünfte dieses Sektors sind in Ländern wie Honduras, Nicaragua und El Salvador, die bis dato nicht zu den traditionellen Reiseländern zählten, auf ein bis dahin nicht gekanntes Niveau angestiegen.

Abbildung 4: Akteure im Transfergeschäft

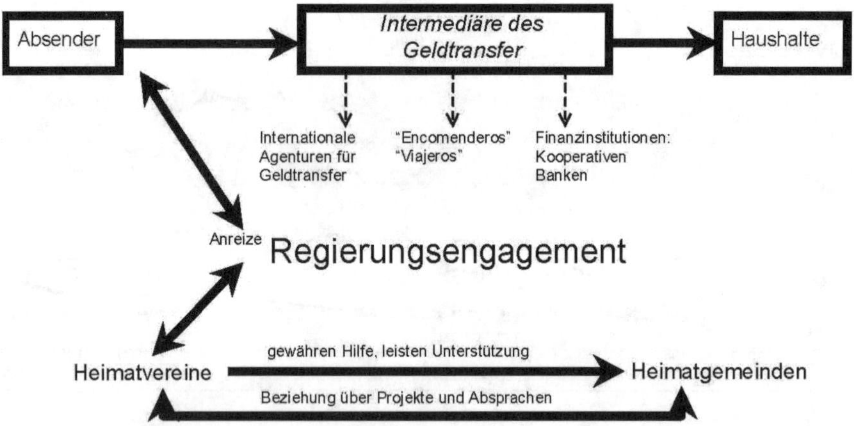

2.4 Die Empfänger

Diejenigen, die Geldüberweisungen und Sachwerte erhalten, sind nicht die Ärmsten der Gesellschaft, sondern jene, die es sich leisten konnten, ein Familienmitglied auf Dauer ins Ausland zu schicken. In der Mehrzahl der lateinamerikanischen Fälle handelt es sich bei den Empfängern um Angehörige der unteren Mittelschicht. Sie erhalten Gelder, um damit Ausgaben abzudecken, für die ihre Eigenmittel andernfalls nicht ausreichen würden. In diesem Sinne ergänzen die Überweisungen fehlendes Einkommen. In vielen Fällen wird das Geld für Dinge des Alltags ausgegeben, die den ganz normalen Konsumgewohnheiten dieser Schicht entsprechen. Aus diesem Grund werden die zusätzlichen Finanzmittel nicht gespart. Nur nach einer gewissen Zeit, wenn sich die sozioökonomischen Verhältnisse des Haushalts verbessert haben und die Gelder für andere Zwecke frei werden, wird etwas beiseite gelegt. In einigen Studien wird davon ausgegangen, dass die Haushalte der Empfänger bis zu 10% des überwiesenen Geldes sparen könnten. Wenn dies der Fall ist, läge ihre potentielle Sparquote über dem landesweiten Durchschnitt.

2.5 Heimatvereine

Angeregt durch das System der familiären Transferzahlungen haben sich Immigranten in Heimatvereinen zusammengeschlossen, um die Verbindung zu ihren Ländern oder zu ihrer Gemeinde aufrecht zu erhalten. Die Kontakte, die zwischen den Absendern aus der gleichen Region geknüpft wurden, hatten zur Folge, dass freiwillige und koordinierte Anstrengungen unternommen wurden, um nicht nur die eigene Verwandtschaft, sondern auch die Gemeinden daheim zu unterstützen. Immigranten, die aus den gleichen Städten oder Bundesstaaten stammen, gründeten die Vereine aber auch, um ein Gemeinschaftsgefühl aufrechtzuerhalten, während sie sich an das Leben in den Vereinigten Staaten anpassten.

Die Heimatvereine erfüllen verschiedene Funktionen. Sie dienen dem sozialen Austausch, der politischen Einflussnahme, und über sie können kleine Entwicklungsprojekte in den Heimatgemeinden initiiert werden. Hierfür nutzen die Gruppen das expandierende System der Geldtransfers und den Bedarf an wirtschaftlicher Hilfeleistung in ihren Heimatländern. Auf diese Weise arbeiten die Organisationen der Salvadorianer, Guatemalteken, Nicaraguaner, Mexikaner, Dominikaner und die Migranten aus anderen Ländern wie Kolumbien und Honduras daran, die Situation in ihren Heimatgemeinden und in ihren Dörfern zu verbessern.

Vier unterschiedliche Aspekte kennzeichnen die internationalen Aktivitäten der Heimatvereine.

1. reicht ihr Handlungsspektrum von karitativer Hilfe bis zu Investitionsprojekten;
2. variiert die Struktur der Organisationen entsprechend der mehr oder weniger formalen Strukturen vor Ort. Beeinflusst wird die Gestalt der Organisationen auch durch sporadische Kontakte zu den Heimatgemeinden und Regierungen;
3. hängt die Entscheidung der Organisationen, welcher Agenda sie folgen und welche Aktionen sie durchführen, von unterschiedlichen Faktoren ab: von der Verfügbarkeit von Ressourcen, von den Beziehungen zu

ihrer Heimatgemeinde, von den Präferenzen der Organisationsmitglieder und von den Strukturen eines jeden Vereins selbst;

4. stehen die Vereine – wie andere Gruppen von Latinos, die nicht gewinnorientiert arbeiten, auch – auf einer schmalen wirtschaftlichen Basis. Durch Spenden und andere Aktivitäten kommen pro Jahr in der Regel weniger als 20.000 US-$ zusammen.

Dennoch haben die Heimatvereine bereits Einfluss auf die soziale Entwicklung in ihren Herkunftsländern genommen und es ist wahrscheinlich, dass ihr Potential in der Zukunft weiter wachsen wird. Deswegen ist es wichtig, die neuen Strukturen zu untersuchen und die Gruppen dabei zu unterstützen, ihre institutionelle und operative Basis zu erweitern.

2.6 Märkte

Remesas werden auf unterschiedlichen Wegen transferiert: über Banken, über spezielle Botenfirmen wie die Western Union, per Post oder von Hand zu Hand durch den Absender selbst oder durch Vertrauenspersonen, die so genannten *encomenderos* oder *viajeros*. Welcher Weg benutzt wird, hängt von verschiedenen Faktoren ab: davon, ob ein modernes Bankensystem mit entsprechender Finanzinfrastruktur zur Verfügung steht, ob es ein effizientes Verteilungssystem gibt und davon, welchen Bildungsgrad und Einkommensstatus Sender und Empfänger haben. Die Geldtransfers sind für große und kleine Unternehmen zur Quelle hoher Profite geworden. Sie verdienen an den Transferkosten, die den Kunden in Rechnung gestellt werden (in der Regel 10% des Transferwerts); sie investieren die ihnen anvertrauten Gelder kurzfristig, bevor sie sie weiterleiten; sie bieten zusätzliche Dienstleistungen an wie einen Haus zu Haus-Service; und sie schlagen in vielen Fällen künstliche Umtauschquoten auf, wodurch sie noch einmal 5% des Transferwertes für sich selbst abzweigen. Da immer mehr Firmen auf den lukrativen Markt drängten, ist er mit der Zeit wettbewerbsorientierter geworden (Orozco 2002b). Dies hat zu deutlich spürbaren Veränderungen geführt. Aufgrund der Konkurrenzsituation sind die Transferkosten beständig gesunken. Gleichzeitig wurden das Spektrum der Dienstleistungen erweitert und neue, auf die Migranten zugeschnittene Geschäftsideen entwickelt. Zum reinen Geldtransfer kamen das Verschicken von Waren und andere personenbezogene Dienstleistungen hinzu. Außerdem wurde das Verfahren, Geld auf elektronischem Wege zu überweisen, gebräuchlich. Durch die generelle Ausweitung der Dienstleistungen erhielten auch die Bewohner entlegener

Gegenden Zugang zum Servicesystem. Schließlich stieg auch das Interesse und Engagement der Banken, denen daran gelegen war, die Geldtransfers zwischen den Migranten und ihren Familien und Heimatorten in eigener Regie durchzuführen. Auf dem Kapitalmarkt wurden sogar neue Finanzinstrumente geschaffen, um mehr vom Fluss des Geldes zu profitieren. Auf einen großen Markt spekulierend haben mexikanische und salvadorianische Finanzinstitutionen in den letzten Jahren Wertpapiere herausgegeben, die über die konstanten Transfervolumina gedeckt sind.

Abbildung 5: Durchschnittliche Transfergebühren und Wechselkurskommissionen für die Überweisung von 200 US-$

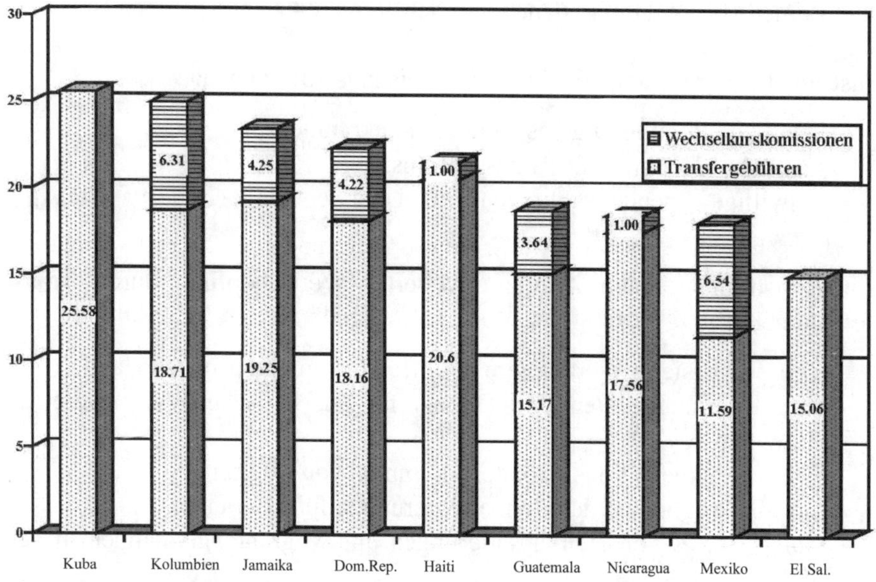

2.7 Regierungen

In den letzten 20 Jahren sind weltweit viele Methoden entwickelt worden, um Zugang zum Strom der Überweisungen zu gewinnen und Einfluss auf ihn zu nehmen. In der westlichen Hemisphäre hat sich besonders Mexiko dabei hervorgetan, Instrumente einzuführen, um den stetig wachsenden Geldfluss für sich nutzbar zu machen. Heimatvereinen wurde das Angebot gemacht, im Rahmen von Partnerschaften zusammen mit den Regierungen des Bundes, der Bundesstaaten und der Gemeinden Zustiftungsfonds einzurichten und Entwicklungsprojekte durchzuführen. In den Vereinigten Staaten

haben die Migranten zudem die Möglichkeit, ihre Geldüberweisungen frei-
willig mit einer Kennzeichnung zu versehen, so dass ein geringfügiger Be-
trag der Gesamtsumme als Spende in einen Entwicklungsfonds kanalisiert
wird (nachstehend werden die verschiedenen Möglichkeiten der Regierungen erläutert, an den Überweisungen zu partizipieren). Dem mexikanischen
Beispiel folgend rief die salvadorianische Regierung im Jahre 2002 ein Programm für Zustiftungsfonds ins Leben, um salvadorianische Heimatvereine
dazu zu bringen, bei Entwicklungsprojekten mitzuwirken. Anders als beim
groß angelegten mexikanischen Programm, bei dem die Regierungen mancher Bundesstaaten anbieten, für jeden Doller eines Heimatvereins bis zu
drei Dollar zuzuschießen, stiftet die Regierung El Salvadors nur Summen
unter einer Million Dollar, denen von den Vereinen zu entsprechen ist.

Instrumente der Partizipation am Überweisungsaufkommen:

– Staatliche Regulierung des Rimesseneinkommens,
– staatliche Gebühren für Rimessentransfers,
– freiwillige Spendenzahlungen pro Überweisung *(check-off contributions).*

Finanzinstrumente zum Anreiz erweiterter Wertschöpfung durch Transferzahlungen:

– Rimessenbasierte Wertpapiere der öffentlichen und privaten Hand,
– Fremdwährungskonten und Depots für ausländische Wertpapiere für
   Migranten,
– Einflussnahme auf das Arbeiteinkommen von Migranten,
– Liaison-Programme der Heimatregierungen für Migranten,
– *joint ventures* von Heimatregierungen und Migrantengemeinden in den
   USA,
– Zustiftungsfonds der Heimatgemeinden,
– Investitionsprogramme der Heimatgemeinden.

3. Von Familienbanden zu ethnischer Interessenvertretung

Die Migration der siebziger und achtziger Jahre sowie der konstante Zu-
strom von Menschen aus Lateinamerika in die Vereinigten Staaten haben die
Beziehungen zwischen den Ländern um ein Element erweitert: die Verbindung zwischen Diaspora und Heimatland. Zwei Entwicklungen charakterisieren diesen Prozess. Erstens haben sich die Länder Zentralamerikas und

der Karibik von Agrarexportökonomien in Gesellschaften gewandelt, die Arbeitskräfte ausführen. Zweitens haben sich aufgrund der Beziehungen zwischen der Diaspora und den Heimatländern in den USA neue Interessengruppen gebildet. Ein Blick auf die Ökonomien Zentralamerikas und der karibischen Länder macht deutlich, dass sich grundlegende Muster verändern. Es ist erkennbar, dass sich die wirtschaftliche Orientierung vom Agrarexport auf den Arbeitskräfteexport verlagert. Trotzdem wird der Landwirtschaft immer noch ein hoher Stellenwert beigemessen, wenn es um wirtschaftliches Wachstum geht. In den meisten Ländern der Region ist sie wichtig, weil sie die Basis für die Subsistenz ist, weil sie die Quelle für die Erwirtschaftung von Devisen war und half, Arbeitsplätze zu schaffen. Trotz all der Unterstützung, die der Agrarsektor erfuhr, sind die Wachstumsraten in der Landwirtschaft jedoch deutlich zurückgegangen. In der Zwischenzeit sind andere Zweige der Ökonomie wichtiger geworden. Die Migration von Arbeitskräften, die in den letzten 20 Jahren spürbar zugenommen hat, ist so ein Zweig, der mittlerweile vor allem durch die Transferzahlungen der Migranten einen hohen Stellenwert besitzt. Trotzdem fahren die meisten Regierungen fort, umfangreiche Mittel in die Landwirtschaft zu pumpen. Ökonomische Strategien, die die Transferleistungen und das Kapital der Migranten in den Mittelpunkt von Wachstums- und Entwicklungsstrategien stellen, sind hingegen weder angedacht noch werden sie ausgeführt.(Orozco 2002b; 2002a).

Die Beziehungen zwischen der Diaspora und den Heimatländern sind noch immer verhältnismäßig schwach ausgeprägt. Zu berücksichtigen aber ist, dass sich der gesamte Prozess erst am Anfang befindet. Im Ausland geborene Latinos, die in den USA leben, haben so gut wie keinen Einfluss, weder auf die Politik der Vereinigten Staaten gegenüber Lateinamerika noch auf die Politik in ihren Heimatländern. Die meisten ihrer Organisationen arbeiten nach wie vor auf die USA bezogen (De la Garza/Orozco 2000). Dies bedeutet nicht, dass sie kein Interesse an Lateinamerika hätten. Sie ziehen es nur vor, sich zunächst um die eigenen Probleme vor Ort zu kümmern und ihre Aktivitäten ganz darauf zu konzentrieren. Den Latinos ist aber bewusst geworden, dass sie Teil eines Zusammenhangs sind, der zugleich lokal und transnational geprägt ist, und dass sie über familiäre, kulturelle, soziale, gemeinschaftliche und manchmal auch über politische Bande miteinander und über Grenzen hinweg verbunden sind. Ihr Interesse wendet sich internationalen Problemstellungen zu, besonders solchen, die ihre Herkunftsländer betreffen. Die Ziele ihres Engagement können wie folgt zusammengefasst werden: Anerkennung in ihren Heimatländern gewinnen, die Verbindungen zwischen der Diaspora und den Herkunftsländern stärken und wenn möglich, im Rahmen des politischen Systems der USA dafür eintreten, dass Außenpolitik wohlwollender gestaltet wird (Orozco 1998).

4. Die Zukunft Zentralamerikas in der globalisierten Welt

Mittelamerika und die Karibik haben sich in die Weltwirtschaft eingegliedert, nicht nur durch Handel und Investitionen, sondern vor allem auch durch die Migration. Das System der Geldtransfers und die Verknüpfung mit der Diaspora bieten Chancen, neue Entwicklungspotentiale zu nutzen, und sie geben Anreize für die weitere Integration der Region in die globale Ökonomie. Dieser Sachverhalt führt zur Frage, ob und wie Staat und Markt in der Lage sind, ihrer Aufgabe als Motoren für Entwicklung nachzukommen. Reichen Konkurrenzbedingungen alleine aus, um Kunden und Konsumenten vor den spekulativen Exzessen des Marktes zu schützen? Oder bedarf es der Regulierung und anderer Formen der Intervention? Dem Kunden Schutz zu bieten ist der erste Schritt. Um Entwicklung mit Hilfe der privaten Geldtransfers zu fördern, sollte darüber hinaus vor allem darauf geachtet werden, dass beiden, Absendern und Empfängern, Anreize geboten werden, damit sie bei den Transaktionen etablierte Finanzinstitutionen nutzen. So kann die Sparquote und damit die Verfügbarkeit von investierbarem Kapital erhöht werden – beides grundlegende Voraussetzungen, um Wachstum zu generieren. Banken und Kreditanstalten sind Reproduktionsstätten für das Kapital. Durch Spareinlagen und Zinsen schöpfen sie neuen Geldwert. Die Absender und die Empfänger müssen die Vorteile dieses Systems kennen lernen und ihre Ressourcen auf dem Weg über das offizielle Bankenwesen kanalisieren.

Das transnationale Beziehungsgeflecht zwischen den Zentralamerikanern wirkt weit über die Sphäre hinaus, die sich durch familiäre Geldüberweisungen konstituiert. Immigranten investieren in Zentralamerika, soziale Gruppen mobilisieren sich in der Region, Einzelne streben danach, an den politischen Prozessen ihrer Heimatländer zu partizipieren, und als Resultat der Migration wurde neue ökonomische Infrastruktur geschaffen. In El Salvador, Guatemala, Honduras und Nicaragua wurden Gesetzte verabschiedet, die es ihren Bürgern erlauben, zwei Pässe zu haben. Ein Resultat der doppelten Staatsbürgerschaft ist, dass transnationale Politik eine immer größere Rolle in den politischen Auseinandersetzungen der Heimatländer spielt.

Vor diesem Hintergrund, bei der Abhängigkeit von Auslandsgeldern und bei dem momentanen Zustand der Volkswirtschaften in der Region ist es unabdingbar, in Sachen Arbeitsmigration eine neue Wirtschaftspolitik zu formulieren. Die Einkünfte aus den Exporten und dem Tourismus, die Transferzahlungen, die Investitionen und die Hilfsgelder machen etwa 65% des gesamten Nationaleinkommens der jeweiligen Staaten aus. Dagegen haben die Auswirkungen der Dürre, die weltweite Rezession und der Verfall der Rohkaffeepreise die Ökonomien der Region geschwächt.

Tabelle 7:
Zentralamerika in der Weltwirtschaft (Angaben in Millionen US-Dollar)

Sektor	Guatemala	El Salvador	Honduras	Nicaragua	Costa Rica
Geldtransfers (2000)	560	1.750	410	660	< 50
Exporte (2000)	3.800	3.643	2.496	965	7.680
Ausländische Hilfe (2000)	265	180	448	565	12
Tourismus (1998)	394	125	164	90	829
Maquiladora (1998)	285	342	398	28*	322**
BSP (2000)	19.000	13.200	5.900	2.400	15.900
Anteil R+X+A+T/GNP	28%	46%	66%	95%	54%

* 1995.
** 1997.
Quelle: Orozco (2000); World Bank (1995; o.D.); Zuvekas (2000).

Die wirtschaftliche Erholung im Agrarsektor und die sozialpolitischen Maßnahmen zur Unterstützung der ländlichen Gebiete bleiben aus, denn es besteht die permanente Furcht, dass Naturkatastrophen Schaden anrichten (Springfluten, Vulkanausbrüche, Hurrikane, Erdbeben und Dürren). Die Aussicht darauf, dass sich diese Situation in Zentralamerika bessert, ist also schlecht. Die Armutsrate ist hoch, und das Pro-Kopf-Einkommen ist niedrig geblieben. 2001 lag das Wirtschaftswachstum im Durchschnitt unter 2%, und für 2002 ist nur ein geringfügiger Anstieg zu erwarten.

Die Kaufkraft und das Einkommen in Zentralamerika verharren ungefähr auf dem Niveau von 1980. Nicaragua ist das Schlusslicht. Das Pro-Kopf-Einkommen ist gesunken, und bei der wirtschaftlichen Leistungsfähigkeit liegt Nicaragua im Verhältnis zu den anderen Ländern der Region hinten. Die Dollarisierung El Salvadors, gedacht als Lösung für die ökonomischen Probleme, ist hingegen ein unmittelbares Resultat der hohen Transferzahlungen seiner Migranten. Die Regierungen und die Gesellschaften Zentralamerikas müssen die reale Bedeutung der Arbeitsmigration anerkennen und die Chance nutzen, die sich durch sie für die soziale Entwicklung bietet.

Tabelle 8:
Anstieg des Bruttosozialprodukts in den Ländern Zentralamerikas (%)

BSP Wachstum	1999	2000	2001	2002
Costa Rica	8,3	1,7	0,5	2,8
El Salvador	2,6	2,0	1,0	1,2
Guatemala	3,5	3,3	2,2	2,5
Honduras	-1,9	4,8	2,5	3,5
Nicaragua	7,4	4,3	2,5	3,0
Panama	3,2	2,7	1,0	1,2
Durchschnitt	3,8	3,1	1,6	2,3

Quelle: Estragegia y Negocios (Dez. 2001).

Literaturverzeichnis

De la Garza, Rodolfo/Orozco, Manuel (1997): "Binational Impact of Latino Remittances". In: Policy Brief, Jan. 1997.

— (2000): "Family Ties and Ethnic Lobbies". In: De la Garza, Rodolfo/Pachon, Harry (Hrsg.): Latinos and U.S. Foreign Policy: Representing the "Homeland". Littlefield.

Domínguez, Jorge (1998): International Security and Democracy: Latin America and the Caribbean in the Post-Cold War Era. Pittsburgh.

Dunkerley, James (1994): The Pacification of Central America. New York.

Esman, Milton J. (1986): "Diasporas and International Relations". In: Sheffer, Gabriel (Hrsg.): Modern Diasporas in International Politics. London, S. 333-349.

La Jornada (2000): Remesas de migrantes equivalen a 83% de la inversión de EU en México. 30.10.2000.

Manning, Baylass (1977): "The Congress, the Executive and Intermestic Affairs". In: Foreign Affairs Vol. 55, Nr. 2/Jan., S. 45-53.

Orozco, Manuel (1998): "Distant Brothers: Central Americans in the United States". In: Hemisphere. Autumn 1998.

— (2000a): Latino Hometown Associations as Agents of Development in Latin America. Washington, D.C.

— (2000b): Remittances, Markets and Government Interests. Washington, D.C.

— (2000c): "Globalization and Migration". In: Latin America Politics and Society. Summer 2002.

— (2001): Family Remittances to Latin America: The Marketplace and its Changing Dynamics. Working paper, IDB conference "Remittances as Development Tool", 17.-18.5. 2001.

— (2002a): Enabling Environments? Facing a Spontaneous or Incubating Stage. Inter-American Development Bank-Multilateral Investment Fund. Washington, D.C., Feb. 2002.

— (2002b): *Market, Money and Reduced Cost.* Inter-American Development Bank-Multilateral Investment Fund. Washington, D.C., Feb. 2002.

Ortiz, Hugo (1994): *Mexico: Data Bank 1994.* México, D.F.

U.S. Bureau of the Census (o.D.): *1980 and 1999 Census of Population.* Washington, D.C.

— (o.D.): *Current Population Survey. The Foreign Born Population: 1994, 1997 and 2000.* Washington, D.C.

Vilas, Carlos (1995): *Between Earthquakes and Volcanos.* New York.

Weiner, Myron (1995): *The Global Migration Crisis: Challenge to State and to Human Rights.* New York.

World Bank (1995): *World Data 1995.* CD-ROM, Washington, D.C.

— (o.D.): *World Development Indicators.* CD-ROM, Washington, D.C.

Zuvekas, Clarence (2000): *The Dynamics of Sectoral Growth in Central America. Recent Trends and Prospects for 2020.* Working Paper # 2 – Central America 2020, Institut für Iberoamerika-Kunde, Hamburg.

Wolfgang Hein

Nachhaltiges Wirtschaften in Zentralamerika

Was heißt "nachhaltiges Wirtschaften"? Die Entwicklung nachhaltigen Wirtschaftens kann als ein evolutiver Prozess gesehen werden, in dem partielle
Reaktionen auf ökologische Krisenerscheinungen und die ökonomische Nutzung von Chancen, die sich durch diese Reaktionen ergeben, zu langsamen,
aber langfristig durchgreifenden Veränderungen von Rahmenbedingungen
führen (Hein 1997; 1999). In Zentralamerika lassen sich drei Entwicklungsphasen nachhaltigen Wirtschaftens unterscheiden:

a) Kombination der Agrarexportproduktion mit subsistenzorientierten Aktivitäten; Belastungen der Umwelt durch Ressourcenextraktion und Ar-
   mutsprobleme (Abholzen bzw. Abbrennen von Wäldern, extensive Viehzucht, Nahrungsmittelproduktion auf marginalen Böden),
b) Wachstumsorientierte Modernisierung (Beginn rationalerer Nutzung von
   Böden und Wäldern, aber rasche Expansion des Energieverbrauchs sowie des Einsatzes von Agrarchemikalien),
c) Ansätze einer ökologischen Modernisierung durch umfassende Steigerung der Ressourceneffizienz (Reduktion der Stoffströme; ökologische
   Anpassung der Landwirtschaft usw.).

Postfordistische Globalisierung zwingt zu Wachstumsorientierung; Reaktionen auf die ökologische Krise im Rahmen von *global governance*, aber auch
nationaler Politik verändern jedoch die Rahmenbedingungen der Suche nach
Wettbewerbsfähigkeit. Damit entstehen ökonomische Nischen, in denen
tatsächlich auch eine umweltorientierte Politik zu mehr Wettbewerbsfähigkeit führen kann. Zeigten die umweltpolitischen Entwicklungen in Zentralamerika zunächst einmal die vertrauten Probleme des Fehlens umfassender
Konzepte und einer Konzentration der verschiedenen Institutionen auf die
jeweilige Perspektive ihrer spezifischen Aufgabe, so hat die Dialektik der
Entwicklung von wirtschaftspolitischen Strategien und Institutionen im Bereich von Umwelt- und Sozialpolitik in der zweiten Hälfte der 1990er Jahre
doch zu neuen Ansätzen geführt. Die Chancen einer Verknüpfung von Umweltpolitik und wettbewerbsorientierter Wirtschaftspolitik unter den spezifischen Bedingungen Zentralamerikas wurden mehr und mehr erkannt und

traten in den laufenden Strategiediskussionen zunehmend in den Mittelpunkt.

Im Rahmen dieses Beitrags wird zunächst ein Überblick über die verschiedenen Problembereiche der Umweltentwicklung in Zentralamerika
gegeben. Daran schließt sich ein Abschnitt über die institutionelle Entwicklung vor allem auf zentralamerikanischer Ebene an. Schließlich wird auf die
realen Perspektiven nachhaltigen Wachstums anhand vorhandener Ansätze
der Transformation in einzelnen wirtschaftlichen Bereichen im Sinne einer
Verknüpfung von Wettbewerbsfähigkeit und Umweltorientierung eingegangen.

1. Umweltentwicklung/Indikatoren

1.1 Reduktion der Waldflächen

Der Verlust an bewaldeter Fläche stellt weiterhin eines der größten Umweltprobleme in Zentralamerika dar, zumal damit eine Reihe anderer ökologischer Probleme verbunden sind (Reduktion der Biodiversität, Erosion, lokale
Klimaveränderungen). Im Vergleich zu den Entwaldungsraten der ersten
Hälfte der 1980er Jahre tritt vor allem eine deutliche Reduktion des jährlichen Waldverlusts in Costa Rica und Honduras auf, während sich der Ent-
waldungsprozess in El Salvador und Panama noch einmal beschleunigt zu
haben scheint (vgl. Tab. 1).

Tabelle 1:
Veränderung der Waldbestände in Zentralamerika 1990-2000

Land/Variable	Bestand 1990 (000 ha)	Bestand 2000 (000 ha)	Jährl. Verän-derung (%)	dto. 1981-1985
Belize	1.704	1.348	-2,3	k.A.
Costa Rica	2.126	1.968	-0,8	-3,6
El Salvador	193	121	-4,6	-3,2
Guatemala	3.387	2.850	-1,7	-2,0
Honduras	5.972	5.383	-1,0	-2,3
Nicaragua	4.450	3.278	-3,0	-2,7
Panama	3.395	2.876	-1,6	-0,9

Quellen: Deutsche Welthungerhilfe (2001: 11); World Resources Institute (1992: 286).

Vieles spricht dafür, dass die relativ günstige Entwicklung in Costa Rica
sowohl mit der nationalen Umweltpolitik (vor allem der Unterschutzstellung

weiterer Gebiete) als auch mit Veränderungen in der Wirtschaftsstruktur ländlicher Regionen zu tun hat, nämlich der abnehmenden Bedeutung der extensiven Viehzucht als Wirtschaftsform bei alternativen Einkommensmöglichkeiten im Tourismus (Fürst/Hein 2002).

1.2 Landwirtschaftliche Produktionsstrukturen und Umweltprobleme

Veränderungen in der Struktur der landwirtschaftlichen Produktion haben erhebliche Auswirkungen auf die Umweltbelastung durch die Landwirtschaft. Am deutlichsten weist die Entwicklung in Costa Rica auf Tendenzen einer "klassischen" Agrarmodernisierung hin, d.h. auf eine Intensivierung der Produktion mit einer gewissen Reduktion des Drucks auf marginale Produktionsflächen, aber einer rasch wachsenden ökologischen Belastung durch den Inputbedarf der modernisierten Landwirtschaft. Tabelle 2 zeigt im Falle Costa Ricas die typische Konstellation: Starker Bedeutungsgewinn der nicht-traditionellen landwirtschaftlichen Exportprodukte mit häufig kleinräumigen Anbaustrukturen, Reduktion des Anteils der Rinderzucht sowie der häufig von Klein- und Kleinstbauern produzierten Grundnahrungsmittel für den lokalen Konsum (Reis, Mais, Sorghum und schwarze Bohnen). Letzteres ist sicherlich im Hinblick auf die soziale Entwicklung nicht unproblematisch, da es zu einer verstärkten Polarisierung innerhalb der armen ländlichen Bevölkerung führt: Einem Teil ist es gelungen, sich in die Exportökonomie und die moderne Binnenmarktproduktion zu integrieren, während andere eher noch weiter verarmten. Das viel stärkere Gewicht traditioneller Produktion in den meisten anderen zentralamerikanischen Ländern kann in diesem Zusammenhang keineswegs als Vorteil für nachhaltige Entwicklung angesehen werden.

Im Falle der anderen zentralamerikanischen Länder deuten sich zum Teil ähnliche Tendenzen an, doch sind diese Veränderungen nirgendwo so ausgeprägt wie in Costa Rica. Dort hat die verstärkte Integration in den Weltmarkt und eine starke Diversifikation der Exportprodukte die traditionellen Exportgüter gegen die Risiken schwankender Weltmarktpreise relativ gut abgesichert. Tabelle 3 verweist auf die mit dem Modernisierungsprozess aufgetauchten "neuen" Umweltprobleme, wobei der extreme Verbrauch an Pestiziden allerdings vor allem mit der Bedeutung der Bananenproduktion zusammenhängt. Der Ausbau des Bewässerungsanbaus in Costa Rica und Panama ist mit einem hohen Pro-Kopf-Wasserverbrauch in diesen Ländern verbunden, der weitestgehend dem landwirtschaftlichen Bereich zuzurechnen ist.

Tabelle 2: Anteil der Haupttypen landwirtschaftlicher Produktion an der gesamten Wertschöpfung des Agrarsektors (in %)

Land/ Variable	Traditionelle Agrar-exportgüter*		Nicht-traditionelle Agrar-produkte**		Rinderzucht		Grundnah-rungsmittel – lokaler Konsum***	
	1980	1996	1980	1996	1980	1996	1980	1996
Costa Rica	49,7	50,4	10,5	21,8	13,5	7,0	7,0	4,0
El Salvador	60,6	35,9	10,9	16,0	8,8	11,6	8,7	17,8
Guatemala	37,1	34,7	15,9	19,6	4,2	4,3	7,8	6,6
Honduras	44,8	36,2	9,7	10,8	12,9	17,9	10,8	9,4
Nicaragua	40,9	31,8	4,3	9,2	30,9	23,5	14,3	19,9
Panama	36,4	27,8	10,0	9,8	16,6	18,4	11,6	10,3

Quelle: Schatán (2000) nach Daten der CEPAL.
*   Kaffee, Bananen, Zucker;
**   diese Produkte werden zum größten Teil exportiert, aber nicht vollständig und mit starken Unterschieden in den einzelnen Ländern; hierzu gehören: Baumwolle, Kakao, Tabak, Ajonjoli, Kochbananen, andere Früchte, Yuca (Maniok), Ölpalmen;
*** Reis, Mais, schwarze Bohnen und Sorghum.

Tabelle 3: Landwirtschaftliche Umweltprobleme

Land/ Variable	Ertrag im Getreide-anbau (kg/ha; 1996/98)	Verände-rung zu 1986/88 %	Kunst dünger (kg/ha Acker-land)	Pestizide (g/ha)	Wasser-verbrauch pro Kopf (m³)	Anteil: Haushalte/ Industrie/ Landw. (%)
Belize	2.096	22	50	17.804	469	12/88/0
Costa Rica	3.162	35	322	18.726	1.540	13/7/80
El Salvador	1.906	12	106	2.642	137	34/20/46
Guatemala	1.882	7	99	574	126	9/17/74
Honduras	1.528	9	50	6.521	293	4/5/91
Nicaragua	1.611	-9	14	357	267	14/2/84
Panama	2.164	26	54	k.A.	685	28/2/70

Quelle: World Resources Institute (2000), Tabellen AF. 1, AF. 2 und FW. 1.

Angesichts der katastrophalen Auswirkungen von Hurrikan "Mitch" sowie der alljährlichen Belastungen durch starke Regenfälle und Überschwemmungen ist es erstaunlich, dass es kaum aktuelle Daten zur Erosion in Zentralamerika gibt, auch wenn auf die Problematik immer wieder hingewiesen wird. So verdeutlicht eine Studie des *International Food Policy Research Institutes*, dass Zentralamerika weltweit diejenige Region darstellt, die am stärksten von der Degradation landwirtschaftlicher Flächen betroffen ist: 74% aller ackerbaulich genutzten Flächen werden als "degradiert" bezeichnet (weltweit sind es nur 38%; in Südamerika 45%; in Afrika 65%). Auch wenn die Situation bei den Weideflächen etwas günstiger aussieht, liegt Zentralamerika beim Anteil der stark erodierten Flächen an der gesamten landwirtschaftlichen Nutzfläche mit 25% an der Spitze aller untersuchten Regionen (Südamerika: 6%; Afrika: 16%). Gleiches trifft auf den Produktivitätsverlust durch vom Menschen verursachte Bodenzerstörung zu (Zentralamerika: 14,5%; Afrika: 14,2%; weltweit: 8,9%; Scherr 1999: 18-20).

1.3 Probleme der Küstenstreifen: Fischfang/Fischzucht und Tourismus

Der Küstenstreifen, d.h. der Bereich, wo Land- und Meeresökosysteme *(zona marítima terrestre)* ineinander greifen, stellt ein besonders gefährdetes Gebiet Zentralamerikas dar, vor allem, da fast alle Länder über vergleichsweise lange Küsten verfügen. Diese Gebiete stellen bevorzugte Touristenziele dar, wobei gerade der verbreitete "Sonne- und Strandtourismus" eine Belastung sowohl durch eine intensive Ressourcennutzung (Wasserentnahme vor allem auch zur Bewässerung von Golfplätzen; Sportfischen) als auch durch die Produktion erheblicher Abfallmengen darstellt (Verunreinigung durch Fäkalien; ungenügende Behandlung fester Abfälle usw.). Darüber hinaus gibt es keine besondere Motivation des Schutzes von Mangroven, auf die vor allem bei großen Projekten – auch wenn diese Gebiete gesetzlich geschützt sind – häufig wenig Rücksicht genommen wird. Zudem wird über den Rückgang der Fischbestände in einigen intensiv touristisch genutzten Küstenregionen berichtet (Fürst/Hein 2002). Insgesamt jedoch wird in dieser Region die Überfischung der küstenferneren Teile des Meeres kaum thematisiert. Problematisch ist auch die Zunahme der Fischzucht, insbesondere der Krabbenzucht, die in den letzten Jahren stark angestiegen ist, und deren negative Auswirkungen auf die Mangrovenwälder: Bedroht sind Populationen zum einen durch die Entnahme von Eiern, zum anderen wird deren natürlicher Lebensraum durch die Anlage der Zuchtbecken und die Einleitung von Nährstoffen gefährdet.

1.4 Urban-industrielle Umweltprobleme

Der Urbanisierungsprozess ist auch in den 1990er Jahren weiter vorangeschritten: Bei Raten des Bevölkerungswachstums zwischen 1,7 (Panama)

und 3,0% (Belize) (World Bank 2001: Tabelle 1, 1a) nahm der Anteil der
urbanen Bevölkerung von 1990 bis 2000 in der gesamten Region Puebla-
Panamá in derselben Zeit von 49% auf 53% zu (INEGI 2001: Tabelle 3.3).
Dies hat gleich mehrere Probleme verursacht: Der urbane Flächenverbrauch,
die Belastung durch Emissionen und Schwierigkeiten bei der Beseitigung
von Abfällen traten in den letzten Jahren immer stärker als Herausforderung
in den Vordergrund. Dies hat sich auch in der Struktur des Energieverbrauchs niedergeschlagen (vgl. Tab. 4). Es wird deutlich, dass der Pro-Kopf-
Energiekonsum in Costa Rica unter dem von Panama und nur geringfügig
über dem der anderen zentralamerikanischen Länder liegt. Angesichts der
erheblichen Unterschiede im Pro-Kopf-Einkommen weist dies also auf eine
erheblich höhere Effizienz des Energieverbrauchs in Costa Rica hin. Auch
die anderen Daten von Tabelle 4 verdeutlichen dies: Zunächst einmal ist der
Anteil der privaten Haushalte (gegenüber Industrie und Transporten) am
Energieverbrauch in Costa Rica im Vergleich zu den anderen Ländern sehr
gering, was darauf zurückzuführen ist, das diese hier vor allem moderne,
recht effiziente Energiequellen verwenden, während in den anderen Ländern
die Haushalte noch weitgehend Brennholz als Hauptenergiequelle benutzen
(mit niedriger Effizienz der Umwandlung in Wärmeenergie). In diesem Sinne ist auch der sehr hohe Anteil erneuerbarer Energien am Gesamtenergie-
verbrauch in den anderen Ländern zu erklären: Während in Costa Rica mehr
als drei Viertel der aus erneuerbaren Energiequellen stammenden Energie
modernen Verfahren zuzurechnen ist (Wasserkraft, geothermische Energie,
in geringem Umfang (0,6%) auch Windenergie), handelt es sich im Falle der
anderen Länder weitestgehend (70-90% der erneuerbaren Energien) um
Brennholz.

Tabelle 4: Energieproduktion und -verbrauch 1997

Land/ Variable	Energieverbrauch		Sektor-Struktur: Ind./Transp./ Priv. Haushalte*	regenerative Energiequellen		
	Wachstum geg. 1987*	Pro Kopf 1997**		% vom Gesamtverbrauch (M)	Davon: Brennholz/ Abfall (T)*	Veränderung (T) geg. 1987*
Costa Rica	48	710	24,0/49,1/14,4	43 (33,0)	23,2	-64
El Salvador	49	693	20,5/24,0/51,6	65 (17,8)	72,7	43
Guatemala	47	535	13,9/21,2/58,8	60 (5,7)	90,4	13
Honduras	44	532	27,3/17,4/50,3	63 (8,8)	86,1	22
Nicaragua	26	550	11,4/23,2/56,7	59 (8,3)	85,9	32
Panama	44	855	20,5/35,3/39,3	35 (10,3)	70,5	38

Quelle: World Resource Institute (2000); Tabellen ERC. 2, ERC. 3, ERC. 4.
*   In %;
**   in kg Öläquivalent;
M: moderne regenerative Energiequellen (Wasserkraft, geothermische Energie, Wind- und Solarenergie);
T: traditionelle regenerative Energiequellen (im Wesentlichen Brennholz).

In allen Ländern lässt sich insgesamt eine wachsende Belastung durch zunehmenden Ressourcenkonsum feststellen, was natürlich in besonderer Weise den Energieverbrauch betrifft. Die Entwicklung der CO_2-Emissionen (hier nur bezogen auf die Verbrennung fossiler Rohstoffe und die Zementproduktion) pro produzierten BIP steht allerdings in einem komplexen Zusammenhang mit Modernisierungsprozessen und der Struktur des Energieverbrauchs (vgl. Tab. 5). In Costa Rica lässt sich ein starker Rückgang des Brennholzverbrauchs (und stattdessen die Nutzung von Gas als Brennstoff in Haushalten) sowie eine rasch wachsende Bedeutung des Transportsektors und damit auch des Benzinverbrauchs feststellen, so dass sich damit trotz Gewinnen an Energieeffizienz höhere Emissionen pro BIP ergeben. In den anderen Ländern – bei z.T. wachsender Energieeffizienz in der Industrie und im Transportsektor und gleichzeitigem Ersetzen von Gas durch Brennholz in armen Haushalten – war noch eine Reduktion der Emissionen pro BIP-Einheit zu erzielen.

Tabelle 5: Ressourcenverbrauch

Land/ Variable	PKW pro 1000 Einw.		Benzin- verbrauch*		Papier- verbrauch**		CO_2-Em./ BIP***	
	1990	1996	1987	1997	1988	1998	1990	1996
Belize	36	42	k.A.	k.A.	k.A.	k.A.	469	368
Costa Rica	55	81	80	159	21,1	72,3	188	209
El Salvador	17	29	42	69	10,4	18,6	254	245
Guatemala	k.A.	10	43	70	7,4	18,9	181	163
Honduras	k.A.	k.A.	37	48	27,3	34,2	268	315
Nicaragua	10	16	45	33	k.A.	k.A.	455	322
Panama	60	76	117	167	26,8	27,2	259	357

Quelle: World Resources Institute (2000); Tabellen AC 1; ERC. 5.
*   Liter pro Person;
**   kg pro Person;
*** Tonnen CO_2-Emissionen pro 1 Mio. $ BIP (in Kaufkraftparitäten).

Ein zunehmendes Problem vor allem der urban-industriellen, aber auch der
ländlichen Tourismusregionen stellen die rasch wachsenden Abfallmengen
dar. Angesichts der rasch wachsenden urbanen Bevölkerung in den Vororten
wuchs die gesamte Müllmenge in der Metropolregion San José erheblich:
Auf der zentralen Mülldeponie der Stadt wurden im Schnitt 140.000 Tonnen
pro Jahr in der Periode 1978-1980 abgeliefert, 208.000 waren es 1987-1989
und in den Jahren 1997-1999 stieg die Menge auf 333.500 Tonnen (MI-
DEPLAN/SIDES 2002). Zwar wuchs der Anteil des von den Gemeinden
gesammelten Mülls im Vergleich zu anderen Formen der Entsorgung (ver-
graben, verbrennen etc.) von 62% des Gesamtaufkommens (1989) auf 74%
(1999). Dies führte aber dazu, dass die Entsorgung auf den öffentlichen De-
ponien selbst immer weniger den gesetzten Standards entsprach (Cardona/
Deutscher/Villalobos 1997; Calderón/Madrigal 2002).

1.5 Mangel an Bedürfnisbefriedigung – Notwendigkeit wirtschaftlicher
Entwicklung

Die Verbesserung der (Grund-)Bedürfnisbefriedigung stellt neben der Umwelterhaltung das zweite zentrale Element der Definition nachhaltiger Entwicklung dar. Insgesamt zählt Zentralamerika zu den ärmsten Regionen
Lateinamerikas, wobei allerdings erhebliche Unterschiede zwischen den
einzelnen Ländern das Panorama prägen. Während Costa Rica zu den Entwicklungsländern mit dem höchsten Niveau an menschlicher Entwicklung

und Belize und Panama bei den meisten Indikatoren ein mittleres Niveau erreicht haben, liegen Nicaragua, Guatemala und Honduras im Hinblick auf das Pro-Kopf-Einkommen und auch im *Human Development Index* (UNDP 2001) am unteren Ende der lateinamerikanischen Länder (lediglich Haiti hat schlechtere Werte). Dabei ist zu berücksichtigen, dass die meisten Länder des subsaharischen Afrika sowie einige süd- und südostasiatische Länder (etwa Kambodscha, Laos oder Bangladesh) deutlich schlechter als die ärmeren zentralamerikanischen Länder abschneiden. Allerdings beziehen sich die Angaben zur Sozialentwicklung der Bevölkerung auf die jeweiligen nationalen Armutsdefinitionen, die stellenweise strikter sind als die für internationale Vergleiche gebräuchliche 1 $/Tag-Grenze. Dennoch kann kein Zweifel bestehen, dass Armut sehr verbreitet und die Grundbedürfnisbefriedigung weitgehend nicht gesichert ist. Die in den meisten Ländern zu beobachtende Ungleichheit der Entwicklung zwischen den pazifischen und den noch ärmeren karibischen Regionen weist auf die besonders akuten sozialen Probleme in einem Teil der ländlichen Regionen hin, insbesondere beim Zugang zu verbesserten Trinkwasserquellen. Dass diese Probleme nicht nur die Qualität des Wassers, sondern auch die Kontinuität der Versorgung betreffen und zwar in Regionen mit eigentlich ausreichenden Niederschlagsmengen (PNUMA 2001: 15f.), weist auf den immensen Investitionsbedarf in die soziale Infrastruktur hin. Nachhaltige Entwicklung in Zentralamerika ist ohne eine weitere wirtschaftliche Entwicklung nicht möglich – das betrifft vor allem den Abbau des Drucks auf marginale (ökologisch nicht geeignete) Anbauflächen in ländlichen Regionen sowie Siedlungsflächen im urbanen Bereich. Die besondere Verletzbarkeit der ärmeren Regionen gegenüber Naturkatastrophen hängt eng damit zusammen.

1.6 Vulnerabilität gegenüber Naturkatastrophen

Erhebliche Verluste an Menschenleben und Schäden durch natürliche Ereignisse wie Hurrikans, Überschwemmungen, Erdbeben, Vulkanausbrüche sind in der zentralamerikanischen Geschichte häufig. Die enormen Zerstörungen durch den Hurrikan "Mitch" im Jahre 1998 haben eine umfangreiche Diskussion über die Vulnerabilität Zentralamerikas gegenüber Naturkatastrophen zur Folge gehabt; darüber hinaus war vor allem El Salvador in den Jahren 1999 bis 2001 durch eine Serie von Erdbeben betroffen, was die Notwendigkeit von Maßnahmen in diesem Bereich noch weiter verdeutlichte. Dabei ging es zum einen um die Koordination von Maßnahmen im Falle derartiger Katastrophen, u.a. den Aufbau eines effektiven Katastrophenschutzes, zum anderen aber vor allem um die Frage der Analyse und der Kontrolle der menschengemachten Ursachen des Ausmaßes der Zerstörungen. Die Zusammenhänge zwischen Entwaldung, Erosion und dem Ausmaß der Überschwemmungen sowie der Zerstörungskraft der Wassermassen nach starken Regenfällen sind wohl bekannt, ebenso die Zusammenhänge zwischen städtischer Armut und der Gefährdung der Häuser und Hütten in den Elendsvierteln wegen mangelhafter Baustabilität und ihrer häufigen Lage an erosionsgefährdeten Hängen. Am Bewusstsein dieser Gefahren mangelt es nicht. Bereits im Jahr 1993 wurde ein regionales Zentrum zur Verhütung von Naturkatastrophen (*Centro Regional para la Prevención de los Desastres Naturales en América Central*, CEPREDENAC) gegründet, das im Jahre 1999 einen verbesserten *Plan Regional de Reducción de Desastres* (PRRD) vorlegte, der wiederum die Grundlage für das im selben Jahr von den zentralamerikanischen Präsidenten ausgerufene *Quinquenio Centroamericano para la reducción de la vulnerabilidad y los desastres* (2000-2004) bildete. Inwieweit aber der politische Wille und die vorhandenen Ressourcen ausreichen, die vorgeschlagenen Maßnahmen zur Gefährdungsminderung auch tatsächlich umzusetzen, kann an dieser Stelle noch nicht abschließend bewertet werden.

2. Institutionelle Entwicklung, Forschungsschwerpunkte und Konzepte

Während in den 1980er Jahren Umweltpolitik in den zentralamerikanischen Ländern – u.a. auch wegen der Bürgerkriege – mit der Ausnahme begrenzter Ansätze in Costa Rica und Nicaragua noch kaum eine Rolle spielte, stellten die 1990er Jahre eine Zeit breiter institutioneller Entwicklung im Zusammenhang mit verschiedenen Aspekten nachhaltiger Entwicklung dar. So wurden in den einzelnen Ländern teilweise umfassende Umweltgesetze verabschiedet (Guatemala 1986, Honduras 1993, Costa Rica 1995, Nicaragua 1996, El Salvador 1998, Panama 1994) und Umweltministerien eingerichtet. "Umweltvergehen" und das Verursacherprinzip wurden als Kategorien der Rechtsprechung eingeführt (PNUMA 2001: 7; Schatán 2000: 14f.). Im Umfeld von UNCED wurden in allen Ländern nationale Beratungsgremien eingerichtet (*Consejos Nacionales para el Desarrollo Sostenible*, CONADES*)*, welche Foren für eine multisektorale Beschäftigung mit nachhaltiger Entwicklung bildeten und eine Koordination der Politiken in den einzelnen Bereichen anregten. Eine wachsende Zahl von zivilgesellschaftlichen Organisationen, insbesondere jene mit umweltpolitischem Engagement, aber auch

Nichtregierungsorganisationen aus anderen Bereichen, etwa zu indigenen Rechten, engagierte sich in spezifischen Fragen zu nachhaltiger Entwicklung (PNUMA 2001: 11).

Die Wiederbelebung des zentralamerikanischen Integrationsprozesses Ende der 1980er Jahre verstärkte auch die Bemühungen um nachhaltige Entwicklung im regionalen Rahmen. Ein wichtiger Schritt auf zentralamerikanischer Ebene war die Schaffung eines Exekutivsekretariats für Umwelt und Entwicklung (*Comisión Centroamericana de Ambiente y Desarrollo*, CCAD) im Rahmen des *Sistema de Integración Centroamericana* (SICA) im Jahre 1989. Die CCAD wurde zur zentralen Institution der Koordination der Umweltpolitik der zentralamerikanischen Staaten und hat vielfältige Impulse zu ihrer Weiterentwicklung gegeben. Acht *Comités Técnicos* befassen sich mit einzelnen Problembereichen (Biodiversität; Kommunikation; Information über Biodiversität, Klimawandel, bedrohte Arten, Wälder, geschützte Gebiete, Feuchtgebiete). Die CCAD entwickelte unter anderem ein Programm zur Modernisierung des Umweltmanagements in Zentralamerika (*Programa de Modernización de los Sistemas de Gestión Ambiental de Centroamérica*, PROSIGA) sowie ein *Programa de Legislación Ambiental* (PROLEGIS), um die nationalen Gesetzgebungsprozesse in Umweltfragen und deren Koordination zu unterstützen. Die im Rahmen der Rio-Konferenz verabschiedeten Konventionen wurden auch in Zentralamerika ratifiziert und durch Verträge zwischen den zentralamerikanischen Staaten ergänzt. Die 1994 unterzeichnete *Alianza Centroamericana para el Desarrollo Sostenible* (ALIDES) stellte in diesem Zusammenhang nicht nur ein Bekenntnis zu den Grundsätzen nachhaltiger Entwicklung und einer entsprechenden Integration sozialer, ökonomischer, kultureller und ökologischer Prozesse mit Bezug auf Demokratie und Plurikulturalität als Grundwerte dar, sondern implizierte auch einige konkrete umweltpolitische Projekte, wie etwa die Eliminierung von Blei im Benzin, die Entwicklung von Rechtsnormen zu Umweltverträglichkeitsprüfungen, die Zertifizierung von Holz aus nachhaltiger Bewirtschaftung sowie insbesondere die Förderung des Schutzes natürlicher Ressourcen und der Biodiversität im Rahmen des Konzeptes des *Corredor Biológico Centroamericano*. Auf dem zentralamerikanischen Gipfel in Panama vom Juli 1997 wurden schließlich erhebliche Anstrengungen zur "Stärkung und Rationalisierung der regionalen Institutionen" beschlossen, was auch der DGMA *(Dirección General de Medio Ambiente)* Gewicht verlieh. Sie verlegte ihren Sitz von Guatemala nach El Salvador.

Das Projekt des biologischen Korridors wurde aufgrund der Beteiligung südlicher mexikanischer Bundesstaaten (Chiapas, Tabasco und drei Staaten der Halbinsel Yucatán) in *Corredor Biológico Mesoamericano* (CBM) umbenannt. Die CBM-Projekte erwiesen sich nicht nur als eine wichtige Klammer für die Umweltpolitik der einzelnen Länder, sondern auch als Grundlage für internationale Kooperationen (und damit der Mobilisierung finanzieller Ressourcen). Mexiko trat im Zusammenhang mit dem CBM der CCAD bei und wurde damit erstmals Mitglied einer zentralamerikanischen Institution. Angesichts der international anerkannten Bedeutung der regionalen Biodiversität und der sichtbaren Zerstörung der natürlichen Ökosysteme des Isthmus konnte dieses Projekt erhebliche finanzielle Ressourcen mobilisieren. Der im Jahre 2001 beschlossene und vor allem auf eine Initiative des mexikanischen Präsidenten Fox zurückgehende *Plan Puebla-Panamá* knüpft an die Aktivitäten im Zusammenhang mit dem CBM an und könnte dessen umweltbezogene Aspekte zukünftig zu einem umfassenden Konzept nachhaltiger Entwicklung erweitern. Mit der *Comisión Ejecutiva para el Plan Puebla-Panamá* und des *Grupo Técnico Interinstitucional para el Plan Puebla-Panamá* wurden wiederum zwei neue zentralamerikanische Institutionen geschaffen. Dieser Ausbau des Institutionensystems wird von Beobachtern nicht zu Unrecht als institutioneller Wildwuchs eingestuft (Schatán 2000: 14f.; PNUMA 2001: 7ff.), da Instrumente zur Durchsetzung bestehender Umweltnormen ebenso fehlen wie transparente nationale Umweltstandards. Dementsprechend liegt die polemische These nahe, dass diese Institutionen und Projekte vor allem eine Beschäftigungsfunktion für Sozialwissenschaftler, Biologen und Geographen besitzen, ihr realer Einfluss auf die sozial-ökologische Entwicklung bisher jedoch minimal geblieben ist. Insgesamt jedoch haben die Institutionen zu einer stärkeren Kommunikation über Umwelt und nachhaltige Entwicklung in Zentralamerika beigetragen. Auch die Folgen des Hurrikan "Mitch" haben die Bedeutung von Umweltpolitik in einigen Bereichen deutlich gemacht. So wurden im institutionellen Rahmen vertragliche Vereinbarungen geschaffen, die insbesondere das Interesse an internationaler Kooperation und den damit verbundenen finanziellen Optionen wachsen ließen.

In einem regionalen Forum über Handel und Umwelt, das die CCAD in Kooperation mit zwei internationalen Organisationen (IUCN und IISD) im Jahre 1999 durchgeführt hatte, stand die Ausarbeitung einer zentralamerikanischen Agenda zu "Handel und Umwelt" im Mittelpunkt (Méndez et al. 1999). Dabei wurde hervorgehoben, dass die Umwelt einer der wichtigsten

Wettbewerbsfaktoren der Region darstellt und deshalb eine nachhaltige Transformation von Land- und Forstwirtschaft von zentraler Bedeutung sei. Daher wird auch die Notwendigkeit betont, Umweltgütezeichen als Grundlage der Vermarktung von umweltfreundlich hergestellten Agrarprodukten sowie Zertifizierungsverfahren einzuführen. Bis 1999 gab es in Zentralamerika 17 zertifizierte forstwirtschaftliche Projekte, die eine Gesamtfläche von 176.736 ha umfassten (Méndez et al. 1999: 30).

Hervorgehoben wird auch die Rolle Zentralamerikas als Anbieter von Umweltdienstleistungen, d.h. die Erzielung von Einkommen auf der Basis bestimmter Leistungen der Umwelterhaltung. Dies wird zum einen im nationalen Kontext genutzt, um finanzielle Anreize für Wiederaufforstungsprojekte oder zur Erhaltung des Baumbestandes in wichtigen Gebieten für die Wasserversorgung zu geben (Méndez et al. 1999: 32), zum anderen aber auch als Basis zur Erwirtschaftung von Devisen. Letzteres kann dadurch geschehen, dass Konsumenten bereit sind, einen Preisaufschlag auf ökologisch angebaute Produkte zu zahlen, dass Leistungen der internationalen Zusammenarbeit aufgrund der ökologischen Dienstleistung in Anspruch genommen werden können oder schließlich im Rahmen des Handels mit Emissionsrechten, wie es das Kyoto-Protokoll vorsieht. Ein Projekt zur umfassenden Förderung des Anbaus von Kaffee mit Schattenbäumen in El Salvador zielt bereits auf alle drei Mechanismen ab. Costa Rica hat im nationalen Rahmen das Konzept handelbarer Emissionszertifikate *(Certificados Transables de Emisión)* entwickelt, die jeweils einer spezifischen Quantität der Bindung von CO_2 im betreffenden Projekt entsprechen (US$ 10 pro Tonne gebundenem CO_2). Im Rahmen eines Pilotprogramms zum Kyoto-Abkommen wurden bereits zwischen 1996 und 1998 Verträge mit den USA, Norwegen, den Niederlanden, der Schweiz und Finnland abgeschlossen. Costa Rica hatte bis zum 16.7.1998 dem Sekretariat der Klimarahmenkonventionen neun Projekte als *Joint Implementation*-Aktivitäten gemeldet. Die erwarteten Einnahmen aus diesem Programm für das Jahr 1998 wurden auf US$ 251 Mio. geschätzt (Cuéllar/Herrador/González 1999; Camacho et al. 2000; Dutschke/Michaelowa 1997).

Im folgenden Kapitel wird genauer auf die in den letzten Jahren verstärkt deutlich gewordenen Möglichkeiten einer positiven Wechselbeziehung zwischen Umweltpolitik und ökonomischer Entwicklung, also einer – zumindest aus zentralamerikanischer Perspektive – erfolgreichen Strategie nachhaltiger Entwicklung eingegangen.

3. Perspektiven nachhaltigen Wirtschaftens

Welche reale Gestaltungsmacht besitzen die neuen regionalen Institutionen für die Förderung nachhaltiger Entwicklung? Welchen Einfluss haben die neu entwickelten Konzepte auf die Politik und deren Konsequenzen? Welche Perspektiven ergeben sich aus den CBM- und PPP-Strategien und Projekten? Ist eine mittelfristige Umorientierung der Außenhandelsstrukturen an den Erfordernissen nachhaltiger Entwicklung zu erwarten? Die bisher feststellbaren Tendenzen sind in diesem Zusammenhang in höchstem Maße ambivalent. Auch wenn in einigen Fällen umweltorientierte Politik durchaus einen fühlbaren Beitrag zur Verbesserung der Devisenbilanz leistet (im Wesentlichen über Entwicklungskooperation), so ist der Grad an Integration zwischen Wirtschafts- und Sozialpolitik einerseits und Nachhaltigkeitspolitik andererseits weiterhin relativ gering. Auch dort, wo letztere sich durchaus im Sinne der "Agenda 21" um eine effektive Integration von Wirtschaftswachstum, Wettbewerbsfähigkeit und Umwelterhaltung bemüht, kümmern sich Wirtschafts- und Finanzministerien kaum um diese Konzepte und nehmen den finanziellen Beitrag der Umweltkooperation als einen willkommenen Zuschuss am Rande zur Kenntnis. Die Wirtschaftspolitik der zentralamerikanischen Staaten steht weiterhin unter dem Druck der Strukturanpassung und der Notwendigkeit, Strategien zur Reduktion der Armut zu entwickeln. Auch im Falle der PRSPs in Nicaragua und Honduras blieb der Bezug auf Umwelt weitgehend auf den Faktor "Vulnerabilität" begrenzt, ohne nachhaltige Umweltentwicklung in ihre Gesamtstrategie aufzunehmen.

Die Frage stellt sich, ob sich nicht – trotz der Trägheit einiger politischer Institutionen – gewisse Aspekte nachhaltigen Wirtschaftens für die einzelnen Wirtschaftssubjekte als eine konkurrenzfähige Einnahmequelle zu bisherigen Profitoptionen geradezu aufdrängen. Auf verschiedene Bereiche, wo sich Nachhaltigkeitspolitik in einen Prozess der Mobilisierung externer Ressourcen und der Steigerung lokaler Wettbewerbsfähigkeit einfügt, wurde bereits hingewiesen (PNUMA 2001: 23ff.). Forstwirtschaftliche Zertifizierungsprojekte und Aktivitäten der *Joint Implementation* (soweit das Kyoto-Abkommen wirklich umgesetzt wird) können in durchaus relevantem Umfang finanzielle Ressourcen mobilisieren, auch für Akteure bisher dominanter Wirtschaftszweige. Dies ist eine der Chancen für *global governance* im Umweltbereich: Kooperation wird nachgefragt, weil sie Devisen schafft; Umweltprojekte in Zentralamerika sind "attraktiv" für internationale Organisationen wie für NGOs, weil der Isthmus als ökologisch bedeutsame Region wahrgenommen wird. Das Konzept des *Corredor Biológico Mesoamericano* hat sich in dieser Hinsicht als erfolgreich erwiesen.

In einer Reihe unterschiedlicher Prozesse manifestieren sich verschiedene Handlungsansätze zu nachhaltiger Entwicklung: Am offensichtlichsten ist dies im Bereich der **Naturschutzpolitik**. In diesem Rahmen finden sich die meisten der klassischen umweltorientierten Kooperationsprojekte, auch in Kooperation mit privaten Unternehmen. Die Interaktion von Umwelterhaltung und Wettbewerbsfähigkeit wird auch im **Tourismussektor** deutlich (Acuña/Villalobos 1999). Auf die Zielkonflikte zwischen naturbezogenem Tourismus – zu dem auch der Strandtourismus zu zählen ist – und die Erhaltung der Ökosysteme haben Fürst/Hein (2002) hingewiesen. Am umfassendsten mit der Problematik nachhaltigen Wirtschaftens verknüpft sind die Perspektiven der Transformation in der **Landwirtschaft**. Dies ist der Bereich, auf den sich neben der klassischen Naturschutzpolitik die meisten klassischen Umweltprojekte konzentrieren, etwa zum Erosionsschutz oder zum ökologischen Pflanzenschutz. Hier sind bisher aber nur punktuelle Erfolge zu vermelden.

Das Konzept der "Neuen Ruralität", wie es vom *Instituto Interamericano de Cooperación para la Agricultura* (IICA 2000) vertreten wird, bedeutet eine neue Vision ländlicher Entwicklung, die soziale und ökologische Nachhaltigkeit mit Nutzung neuer ökonomischer Chancen ländlicher Regionen auf breiter Ebene verbindet. An die Stelle einer Politik relativ undifferenzierter staatlicher Unterstützung für strukturschwache Gebiete soll eine Verbesserung der Wettbewerbsfähigkeit durch einen direkteren Zugang zu Bildung, Kredit und differenzierten Technologien treten. Das in den lokalen Kulturen angelegte Sozialkapital könne besser genutzt werden. Dezentralisierung und Beteiligung der Zivilgesellschaft seien für diese positive Entwicklung eine wesentliche Voraussetzung.

Eine weitere – und die vielleicht im Hinblick auf die Möglichkeit der Verknüpfung von Wirtschaftswachstum und Ressourcenschutz bedeutsamste – Chance einer Beschleunigung nachhaltiger Entwicklung liegt in der Orientierung an neuen Leitsektoren wirtschaftlicher Entwicklung, vor allem der Mikroelektronik. Nach den ersten Unternehmen im Bereich der Softwareproduktion in Costa Rica (Regulierung der Elektrizitätsproduktion von Wasserkraftwerken oder Programmierung von Kaffee- und Zuckerernten (Hein 1993)), die bereits Ende der 1980er Jahre entstanden, führte der Aufbau der Microchip-Produktion durch Intel zur Ansiedlung weiterer Softwareunternehmen. Die Entwicklung von Mikroelektronik und Softwareproduktion beinhaltet nicht nur wichtige *spin-off*-Effekte für die sozioökonomische Entwicklung, sondern bedeutet auch weniger Ressourcenkonsum pro Beitrag zum BIP und impliziert damit gleichzeitig den Ausbau technischer Kapazitäten zur Entwicklung umweltorientierter Technologien für andere Sektoren (Fürst 2000: 379).

4. Nachhaltiges Wirtschaften in Zentralamerika: Zusammenfassende Einschätzung

Die Transformation traditioneller Wirtschaftsstrukturen stellt sicherlich das zentrale Problem nachhaltiger Entwicklung in Zentralamerika dar. Darüber hinaus darf aber nicht vergessen werden, dass nicht-nachhaltige Konsumstrukturen und die industrielle Produktion akute Umweltprobleme zur Folge haben, die einer effektiven Lösung bedürfen. Das betrifft sowohl die Behandlung so genannter *end-of-the-pipe*-Probleme als auch die Schaffung institutioneller Anreizstrukturen, Überwachungsmechanismen und Sanktionsinstrumente. Dieser Aspekt des Umweltschutzes sowie die eng damit verbundene Entwicklung alternativer Energiequellen führen immer noch ein eher stiefmütterliches Dasein, auch wenn durch die Entwicklungszusammenarbeit regelmäßig neue Anregungen eingebracht werden. Die im Zusammenhang des Forums "Handel und Umwelt" entwickelte Strategie kann als das fortgeschrittenste Konzept zur Transformation in Richtung auf nachhaltiges Wirtschaften angesehen werden. Nachhaltige Entwicklung hat nur dann eine Chance, wenn sie sich an den bestehenden wirtschaftlichen und gesellschaftlichen Strukturen orientiert und diese kontinuierlich transformiert. In diesem Zusammenhang ist die umfassende Zielsetzung des *Plan Puebla-Panamá* sehr zu begrüßen.

Leider ist die Realität noch weit von einer Umsetzung bestehender Konzepte entfernt. Auch dort, wo Ansätze eines intelligenten Umgangs mit den ökologisch-ökonomischen Chancen beginnen Erfolge zu erzielen, stehen sie vor einer doppelten Herausforderung: Einerseits müssen sie gegen kurzfristige Unternehmensinteressen verteidigt werden, etwa im Rohstoffbereich, andererseits müssen sie ihre armutsreduzierenden Impulse stärker in den Vordergrund rücken, um ihre Legitimität nicht zu verlieren. Im Rahmen der sich entwickelnden zentralamerikanischen Institutionen gibt es für solche Strategien Profilierungschancen, einige sind in Costa Rica umgesetzt worden. Die spezifischen ökonomischen Vorteile, die Zentralamerika aus den verschiedenen Formen einer Vermarktung von Umwelt erzielen kann, sind nicht unbeachtlich und können für die Region einen strukturbestimmenden

Einfluss erhalten. Ein zentraler Mangel der bisherigen Ansätze liegt darin, dass die realen Machtverhältnisse in Politik und Wirtschaft kaum Berücksichtigung gefunden haben. In der Zukunft wird daher vor allem wichtig sein, auch originär anders orientierte Interessen der Eliten mit einzubinden, um so eine Eigendynamik zu entfalten, die eine nachhaltige wirtschaftliche Entwicklung Zentralamerikas ermöglicht.

Literaturverzeichnis

Acuña, Marvin/Villalobos, Daniel (1999): *Competitividad del cluster turístico de Costa Rica en el marco de la relación turismo-ambiente, CINPE-UNA Documento de Trabajo.* Heredia.

Calderón, Hazel/Madrigal, Helga (2002): "Turismo, extracción y contaminación de los recursos hídricos y manejo de desechos sólidos en Tamarindo-Brasilito y Puerto Jiménez-Matapalo". In: Fürst, Edgar/Hein, Wolfgang (Hrsg.): *Turismo de larga distancia y desarrollo regional en Costa Rica.* Heredia/Hamburg, S. 303-350.

Camacho, María Antonieta et al. (2000): *Pago por Servicios Ambientales en Costa Rica. Informe preparado en el marco del proyecto PRISMA-Fundación Ford.* San José.

Cardona, Rokael/Deutscher, Eckhard/Villalobos, Guillermo (Hrsg.) (1997): *Desechos Sólidos y Educación Ambiental.* San José.

Cuéllar, Nelson/Herrador, Doribel/González, Martha (1999): *Trade in Environmental Services and Sustainable Development in Central America. The Cases of Costa Rica and El Salvador.* Winnipeg.

Deutsche Welthungerhilfe (2001): *Wälder, Wasser, Böden, Luft.* Bonn.

Dutschke, Michael/Michaelowa, Axel (1997): *Joint Implementation as Development Policy – the Case of Costa Rica.* Hamburg.

Fürst Weigand, Edgar (2000): *Costa Rica; Cambio Estructural en la Economía y el Ambiente. Evaluación de Múltiples Criterios.* Heredia.

Fürst, Edgar/Hein, Wolfgang (Hrsg.) (2002): *Turismo de larga distancia y desarrollo regional en Costa Rica. Estudios sobre las relaciones económico-ecológicas entre turismo y desarrollo sostenibile en los ámbitos globales, nacionales y micro-regionales.* San José.

Hein, Wolfgang (1993): "Umwelt und Entwicklung in Zentralamerika". In: Bendel, Petra (Hrsg.): *Zentralamerika: Frieden-Demokratie-Entwicklung?* Frankfurt am Main, S. 359-385.

— (1997): "Weltgesellschaftlicher Wandel und nachhaltige Entwicklung". In: *Nord-Süd aktuell*, XI.2: 327-349.

— (1999): "Postfordistische Globalisierung, Global Governance und Perspektiven eines evolutiven Prozesses 'Nachhaltiger Entwicklung'". In: Hein, Wolfgang/Fuchs, Peter (Hrsg.): *Globalisierung und ökologische Krise.* Hamburg, S. 13-76.

IICA (Instituto Interamericano de Cooperación para la Agricultura) (2000): *Nueva Ruralidad. El Desarrollo Rural Sostenibile en el Marco de una Nueva Lectura de la Ruralidad.* San José.

INEGI (Instituto Nacional de Estadística, Geografía e Informática) (2001): *Compendio de Información de la Región Puebla-Panamá*. Ciudad de México.

Méndez, Huberth et al. (1999): *Comercio y Medio Ambiente. Hacia una verdadera agenda centroamericana. Memoria del Foro Regional sobre comercio y Medio Ambiente*. San José.

MIDEPLAN/SIDES (2002): *Cantidad de desechos sólidos recolectados en el Área Metropolitana que ingresan al relleno de Río Azul* <http.www.mideplan.go.cr/sides/ambiental/34-2.htm> (15.02.2002).

PNUMA (Programa de Naciones Unidas para el Medio Ambiente). Oficina Regional para America Latina y el Caribe (2001): *Anotaciones para promover una reflexión subregional mesoamericana sobre el Desarrollo Sostenible*. México, D.F.

Schatán, Claudia (2000): *Desarrollo económico y medio ambiente. Projecto Centroamérica 2020, Documento de Trabajo No. 7*. Hamburg.

Scherr, Sara J. (1999): *Soil Degradation. A Threat to Developing-Country Food Security by 2020? IFPRI Food, Agriculture, and the Environment Discussion Paper No. 27*. Washington, D.C.

UNDP (2001): *Human Development Report 2001*. Oxford/New York.

World Bank (2001): *World Development Report 2002*. Oxford/Washington, D.C.

WRI (World Resources Institute) (1992): *World Resources 1992-93*. New York/Oxford.

— (2000): World Resources 2000-2001. New York/Oxford.

Thomas Winschuh

Die Mobilität des Überlebens: Flucht und Migration

1. Einleitung

Migration innerhalb Zentralamerikas und aus der Region nach Mexiko und in die USA ist kein neues Phänomen. Während der Kolonialzeit war die indigene Bevölkerung verschiedenen Formen der Zwangsrekrutierung ihrer Arbeitskraft unterworfen. Nach der Unabhängigkeit von Spanien (1821) und im Zuge der Öffnung der zentralamerikanischen Ökonomien gegenüber dem Weltmarkt führte die Einführung des Anbaus landwirtschaftlicher Exportgüter mittels Enteignung kleinbäuerlich genutzter Ländereien zur "Freisetzung" der für die Plantagenökonomien notwendigen Arbeitskräfte. Bis zu den siebziger Jahren war das zentralamerikanische Migrationsgeschehen sowohl hinsichtlich des Umfanges als auch der Migrationsmuster relativ überschaubar. Es dominierten Formen der saisonalen Migration von Landarbeitern und Kleinbauern, die durch Industrialisierung hervorgerufene Land–Stadt-Wanderung und die häufig grenzüberschreitende Siedlungsmigration in die Regionen, in denen noch verfügbares Ackerland vorhanden war *(Frontier Migration)*. Es ist besonders hervorzuheben, dass der Großteil der Migrant/Innen, die auf ihrer Wanderung nationalstaatliche Grenzen überschritten, bis zu diesem Zeitpunkt noch innerhalb der Region – unter Einbeziehung Mexikos – verblieb (OIM 2000: 14).

Mit dem Ausbruch bzw. der Intensivierung innerstaatlicher militärischer Konflikte in Nicaragua (1977), El Salvador (1980) und Guatemala (Anfang der achtziger Jahre) formierten sich regionale Fluchtbewegungen, die die vorangegangenen Migrationen auf dem Isthmus in ihrer Quantität deutlich übertrafen. Die Zentralamerika-Krise verbreitete vorhandene Migrationspfade und ergänzte das Spektrum an Migrationsmustern durch die massive Ausweitung der extraregionalen Migration mit den USA und Mexiko als wichtigsten Zielländern.

Nach dem Ende der Bürgerkriege in den neunziger Jahren setzte sich die Migration auf hohem Niveau fort. Zwar ist ein Großteil der Flüchtlinge wieder in die jeweiligen Herkunftsländer zurückgekehrt. Aber strukturelle

Migrationsursachen wie Armut, ein im internationalen Vergleich immer noch hohes Bevölkerungswachstum und die mangelnde Absorptionsfähigkeit der nationalen Arbeitsmärkte bei gleichzeitig extremen regionalen Einkommensunterschieden zwingen häufig zu erneuter oder erstmaliger Migration. Erleichtert wird die Migration durch die mittlerweile weitreichenden familiären oder sozialen Netzwerke, die einen regen Informationsfluss zwischen Migrant/Innen und nicht migrierten Familienangehörigen oder Freunden ermöglichen.

Mit Ausnahme Costa Ricas sind alle Staaten Zentralamerikas seit den achtziger Jahren Auswanderungsländer (gemeint sind Netto-Auswanderungsländer, da sie sowohl Zu- als auch Abwanderung verzeichnen). Einen Sonderfall stellt Belize dar, das seit den siebziger Jahren eine "Latinisierung" erfährt (s. unten). Das seit der Zentralamerika-Krise dominante Migrationsmuster der gesamten Region aber ist die Auswanderung in die USA. Zusätzlich erfahren die zentralamerikanischen Staaten eine wachsende Transitmigration von Südamerikaner/Innen, Asiat/Innen und Afrikaner/Innen, die die Passage über die zentralamerikanische Landbrücke als Weg in die USA nutzen. Die Regulierung gerade dieser Migration ist für die zentralamerikanischen Staaten, aber auch für Mexiko, zu einem Ordnungsproblem ersten Ranges geworden, dessen Eindämmung von den USA in Verhandlungen um eine stärkere wirtschaftliche Assoziation oder die Legalisierung und Integration zentralamerikanischer Migrant/Innen mit Nachdruck gefordert wird.

Die Kontrolle und Regulation von Bevölkerungsbewegungen spielt auch heute noch im Interessengeflecht nationalstaatlicher Politik eine große Rolle, auch wenn mit dem Fortschreiten der Migration in die USA von einer wachsenden Autonomie der Migrant/Innen gesprochen werden kann. Die Einflussnahme des Staates auf Siedlungsverhalten und Mobilität der Zentralamerikaner/Innen war in der Vergangenheit viel drastischer und umfassender und verfolgte zumeist das Ziel, die strategische Ressource Arbeitskraft verfügbar zu halten. Während der Zentralamerika-Krise erfüllten Vertreibungen, Zwangsumsiedlungen und Massaker den Zweck, die Unterstützung der Aufständischen durch die Zivilbevölkerung zu minimieren. Heute bemühen sich die zentralamerikanischen Regierungen um eine Unterstützung der Legalisierungsbestrebungen ihrer Staatsbürger im Geflecht der Einwanderungsbestimmungen der USA. Die Geldüberweisungen in die Heimat sind vielerorts zu einer überlebensnotwendigen Krücke der Ökonomie angewachsen und sollen aufrechterhalten werden (siehe den Aufsatz von Manuel Orozco in diesem Band).

Es erscheint zunächst naheliegend, die zentralamerikanische Migration mit Bezug auf ihre Ursachen, Motive und Aufnahme in den Zielländern in zwei Phasen einzuteilen: in eine Fluchtbewegung der achtziger Jahre und eine darauffolgende Arbeitsmigration. Eine solche Kategorisierung ist aber irreführend. Die zentralamerikanischen Arbeitsmigrant/Innen der neunziger Jahre sind ebenso Vertriebene der – nach wie vor extremen – Macht- und Ausbeutungsverhältnisse und der wirtschaftlichen Ausschlussmechanismen innerhalb der zentralamerikanischen Staaten, wie die Flüchtlinge der achtziger Jahre bereits Arbeitsmigrant/Innen in dem Sinne waren, dass nicht nur die unmittelbar von der Repression Betroffenen ihre Heimat verließen, sondern auch diejenigen, deren Zukunftshoffnungen sich unter den Bedingungen der Kriegsökonomie nicht realisieren ließen.

2. Der Kaffee braucht mobile Arbeit

Für die Entstehung gegenwärtig immer noch relevanter Migrationsmuster ist die Phase der zentralamerikanischen Eingliederung in den Weltmarkt von herausragender Bedeutung. Vor allem die stärkere Konzentration auf den Anbau exportfähiger Agrarprodukte verursachte umfassende intraregionale Migrationsbewegungen. Neben einer kleineren Menge permanenter Arbeitskraft bedarf der Anbau von Kaffee, dem jahrzehntelang wichtigsten Exportprodukt Zentralamerikas, aber einer ungleich größeren Menge saisonaler Arbeitskraft. Die Ausbreitung des Kaffeeanbaus in der Region verlief in den verschiedenen Ländern unterschiedlich und entwickelte jeweils unterschiedliche Migrationsmuster. Während in Costa Rica in ausreichendem Maße für den Kaffeeanbau geeignetes Land zur Verfügung stand, aber die notwendige Arbeitskraft nur begrenzt vorhanden war, mussten in Guatemala und El Salvador zuerst kommunale Ländereien *(Ejidos)* enteignet werden, um der expandierenden Export-Landwirtschaft die entsprechenden Böden anbieten zu können. Die von den fruchtbaren Böden vertriebenen Kleinbauern siedelten sich in anderen Regionen auf wesentlich weniger ertragreichen Böden an, auf denen häufig nicht einmal das Überleben der eigenen Familie zu erwirtschaften war. Aus Gründen der Existenzsicherung – und häufig durch Schuldknechtschaft dazu gezwungen – migrierten sie in der Erntezeit zu den Kaffee-*Fincas* und entwickelten so ein saisonales Migrationsmuster, welches in Zentralamerika auch heute noch zu finden ist. Im Gegensatz dazu griff der Kaffeeanbau in Costa Rica auf neu erschlossene landwirtschaftliche Nutzflächen zurück. Verdrängung bzw. Vertreibung von Siedlern und die Ausdehnung einer nur saisonal nachgefragten ländlichen Arbeiterschaft begleiteten auch die Einführung des kommerziellen Bananenanbaus auf Plantagen in Costa Rica, Honduras, Guatemala und Nicaragua (Hamilton/Chinchilla 1991; Woodward 1985; Weaver 1994).

Die saisonale Nachfrage nach Arbeitskräften in den verschiedenen Sektoren landwirtschaftlicher Exportproduktion ließ die migrierenden Bauern auch vor den Staatsgrenzen nicht Halt machen. Salvadorianer arbeiteten in der Baumwollernte in Guatemala, in Nicaragua und, bis der "Fußballkrieg" (1969) dem ein Ende machte, in Honduras. Bereits seit Beginn des 20. Jahrhunderts migrieren Kleinbauern aus dem westlichen Hochland Guatemalas zur Erntezeit in die Kaffee-Anbauregion Südmexikos.

3. Repression, Krieg und Flucht

Die soziale Polarisierung Zentralamerikas mündete in den siebziger Jahren in die verstärkte Organisation einer vielstimmigen Opposition gegen die Regierungen der Region. Bauern-, Arbeiter- und Studentenorganisationen radikalisierten sich, und die Regierungen antworteten mit verstärkter Repression. Guerillaorganisationen formierten sich in Nicaragua und El Salvador. In Guatemala entstand, nachdem die zuvor eher regionalen Guerillaorganisationen schon fast zerschlagen waren, eine neue Aufstandsbewegung. Den offenen militärischen Auseinandersetzungen fiel eine große Zahl von Personen gerade der Zivilbevölkerung zum Opfer. Die Repression nahm ein solches Ausmaß an, dass potentiell jeder der Konspiration verdächtigt werden konnte. Im Zuge von Krieg und Repression entwickelten sich Flüchtlingsbewegungen in einem Umfang, der für den Isthmus bislang unbekannt war. Ca. drei Millionen Zentralamerikaner/Innen, etwa 15% der damaligen Gesamtbevölkerung der Region, wurden in den achtziger Jahren zu Flüchtlingen, Vertriebenen im eigenen Land *(displaced persons)* oder flohen in die USA (Torres-Romero 1997: 330).[1] Zeitgleich geriet die Region in eine schwere Rezession. Die Kombination aus Krieg, Repression und wirtschaft-

---

1   Angaben von Flüchtlingszahlen sind mit Vorsicht zu behandeln. Die unterschiedlichen Siedlungsmuster der Flüchtlinge in den Aufnahmeländern machen eine zuverlässige Statistik unmöglich. Die präzisesten Angaben sind die Zahlen des Flüchtlingshochkommissars der Vereinten Nationen (UNHCR), die aber nur die offiziell anerkannten und Hilfe vom UNHCR empfangenden Flüchtlinge umfasst. Zu dieser Kategorie gehörten in den achtziger Jahren 129.000 Personen. Die Wirtschaftskommission der Vereinten Nationen für Lateinamerika (CEPAL) ging für die achtziger Jahre von einer Zahl von 866.400 Flüchtlingen aus. Beide Angaben umfassen nur die innerzentralamerikanischen Flüchtlinge und diejenigen in Mexiko, lassen also die Flüchtlinge in den USA und anderen Industrieländern außer acht (Castillo García und Palma Calderón 1999: 291f.).

licher Krise ließ das ohnehin schon starke intraregionale Migrationsgeschehen in Zentralamerika zu einem Exodus anwachsen. Die meisten der zentralamerikanischen Flüchtlinge kamen aus Nicaragua, Guatemala und El Salvador.

4. Nicaragua

Eine massive Fluchtmigration aus Nicaragua setzte bereits vor der sandinistischen Machtübernahme im Juli 1979 ein. Zu den Reaktionen Somozas auf den Aufstand der Sandinisten gehörte nicht nur die Verstärkung der allgemeinen Repression, sondern auch der Einsatz von Flächenbombardements ländlicher Regionen und die Bombardierung von Städten. Die Konsequenz daraus war, dass zwischen April 1978 und April 1979 200.000 Nicaraguaner/Innen auf der Flucht die Landesgrenzen überschritten und nach Costa Rica und Honduras gelangten. Der Großteil der Flüchtlinge kehrte aber nach dem Sieg der Sandinisten wieder nach Nicaragua zurück. Der nächste Exodus ließ nicht lange auf sich warten. Teils aus Gegnerschaft zum sandinistischen Regime, teils aus Furcht vor der im Krieg der Contra gegen die Regierung neu ausgebrochenen Gewalt flüchteten Teile der Bevölkerung in die Städte oder in andere Länder. Zudem sahen die jungen Männer in der Flucht oft die einzige Möglichkeit, den Militärdienst zu umgehen.

Die Flüchtlinge gelangten nach Belize, Costa Rica, El Salvador, Guatemala, Honduras, nach Mexiko und in die USA. Ende der achtziger Jahre befanden sich nach Angaben der Vereinten Nationen etwa 350.000 Binnenflüchtlinge in Nicaragua; andere Schätzungen gehen von bis zu 500.000 aus (Schneider 1992: 23). 1987 lebten zwischen 22.000 und 100.000 nicaraguanische Flüchtlinge in Costa Rica, 43.000 in Honduras und bis zu 20.000 in Guatemala (Hamilton/Chinchilla 1991: 97). Bereits ab 1987, also noch vor dem Waffenstillstand zwischen Contra und Sandinisten, konnten einige der externen Flüchtlinge repatriiert werden. Bis zum Ende des Jahres 1996 kehrten insgesamt 72.000 Flüchtlinge im Rahmen formaler Repatriierung nach Nicaragua zurück (Torres-Romero 1997: 330).

5. Guatemala

Guatemala erlebte seit den sechziger Jahren den mit Abstand längsten Guerilla-Krieg in Zentralamerika. Dennoch ereigneten sich massive grenzüberschreitende Fluchtbewegungen erst ab 1981, als die militärische Bekämpfung des Aufstandes mit neuer Brutalität geführt wurde. Zwar lässt sich schon für die Zeit von 1976 bis 1981 eine verstärkte und durch politische Gewalt motivierte Binnenmigration konstatieren (Morrison 1993), aber der explosionsartige Anstieg der Flüchtlingszahlen ist ein klares Resultat der Aufstandsbekämpfung und der Zwangsumsiedlungen der achtziger Jahre (Torres-Romero 1997). 200.000 Guatemaltek/Innen wurden in diesem Konflikt getötet, etwa 40.000 gelten als "verschwunden". Durch die immense Gewalt im Land wurden etwa 1 Million Guatemaltek/Innen zu *Displaced Persons*. Zusätzlich überschritten zwischen 150.000 und 200.000 Flüchtlinge die mexikanisch-guatemaltekische Grenze (Nolin Hanlon/Lovell 2000: 35).

Die Binnenflüchtlinge lassen sich grob zwei Kategorien zuordnen: Einerseits den Flüchtlingen, die ihre Gemeinden in Richtung einer der Provinzhauptstädte oder der Hauptstadt verließen oder auf den Plantagen an der Pazifikküste Zuflucht suchten. Sie migrierten zumeist individuell bzw. im Familienverband. Zum anderen handelte es sich um organisierte Flüchtlingsgruppen, die sich unweit ihrer Herkunftsgemeinden in die Berge oder in isolierte Regionen des Tieflandes zurückzogen und so genannte "Widerstandsdörfer" formierten.

Die Flucht nach Mexiko stellte – von der Migration in die USA abgesehen – den mit Abstand größten guatemaltekischen Flüchtlingsstrom dar. Die Zahl registrierter Flüchtlinge in Südmexiko, und hier vor allem im Bundesstaat Chiapas, lag 1981 noch bei 2.000, war aber 1982 bereits auf 30.000 Flüchtlinge angestiegen. Ca. 30.000 bis 50.000 Guatemaltek/Innen wurden zudem im informellen Sektor von Mexiko-Stadt vermutet. Die mexikanische Regierung ging anfangs nicht sehr sensibel mit den Flüchtlingen um und schob viele von ihnen wieder nach Guatemala ab. Das Wissen darum und die Tatsache, dass vom UNHCR registrierte Flüchtlinge in kontrollierten Lagern leben mussten, in denen es zu Übergriffen und Razzien durch das guatemaltekische Militär kam, schreckten viele Flüchtlinge davon ab, sich vom UNHCR registrieren zu lassen, weswegen von den geschätzten 150.000 guatemaltekischen Flüchtlingen in Mexiko lediglich 46.000 vom UNHCR betreut wurden.

Das Misstrauen gegenüber der guatemaltekischen Regierung war nicht unbegründet, gehörte eine perfide Vertreibungs- und Siedlungspolitik doch zur Strategie der Aufstandsbekämpfung: Genauso wie in El Salvador wurde die Bevölkerung aus Zonen mit starker Guerilla-Präsenz massiv vertrieben, da sie grundsätzlich als mit den Aufständischen sympathisierend betrachtet wurde. Nach einer "Umerziehung" wurden die Vertriebenen dann in eigens dafür errichteten Modelldörfern, auch "Entwicklungspole" genannt, wieder angesiedelt. Paramilitärische "Zivilpatrouillen" bewachten die Dörfer, und in ihrem Innern führte ein ausgefeiltes Spitzelsystem zu totaler Kontrolle.

Die offiziellen mexikanischen (ab 1984) und guatemaltekischen (ab 1986) Bemühungen um eine Rücksiedlung der Flüchtlinge waren daher nur mäßig erfolgreich. Bis 1990 waren im Rahmen offizieller Repatriierung lediglich 6.000 Flüchtlinge aus Mexiko zurückgekehrt. Der Großteil der Flüchtlinge erachtete die politische Situation in der zweiten Hälfte der achtziger Jahre als noch nicht sicher genug. Erfolgreicher war die Durchführung kollektiver Rückkehr durch Nichtregierungsorganisationen. Insgesamt realisierten sie etwa 50 kollektive Rücksiedlungen von größeren und kleineren Flüchtlingsgruppen. Seit 1999 ist die offizielle Repatriierung beendet. Zu diesem Zeitpunkt lebten noch ungefähr 23.000 registrierte Flüchtlinge in Mexiko, die wegen der nur zaghaften Umsetzung des Friedensvertrages und der immer noch ungelösten Landfrage nicht mehr in ihre Heimat zurückkehren wollten und sich seit 1993 in "Integrations-Komitees" organisiert haben. Die mexikanische Regierung reagierte mit einem Eingliederungsprogramm *(Estabilización Migratoria)*, das den Flüchtlingen ab 1996 die Legalisierung ihres Aufenthaltes als Einwanderer anbot (Nolin Hanlon/ Lovell 2000; Kauffer Michel 2000).

6. El Salvador

In El Salvador, dem kleinsten und am dichtesten besiedelten Land der zentralamerikanischen Landbrücke, entwickelten sich als Reaktion auf die polarisierte Wirtschafts- und Landbesitzstruktur vielfältige Muster der Arbeitsmigration, die sich bereits in den siebziger Jahren aufgrund der wirtschaftlichen Krise und der zunehmenden Repression ausweiteten. Als Anfang der achtziger Jahre der bewaffnete Konflikt zwischen der Guerilla *Frente Farabundo Martí para la Liberación Nacional* (FMLN) und der salvadorianischen Armee das Land mit Gewalt überzog, stieg die Zahl der Flüchtlinge sprunghaft an.

Neben den Flüchtlingen, die sich auf den Weg nach Mexiko oder die USA machten, blieben etwa 500.000 Binnenflüchtlinge in El Salvador (Montes 1985: 35). Die ersten Flüchtlinge kamen aus den Nordprovinzen Chalatenango und Morazán. Sie retteten sich nach Massakern an der Zivilbevölkerung zunächst in nahe gelegene Städte. Spätestens seit 1984 gehörte die Vertreibung großer Teile der Zivilbevölkerung aus den Konfliktgebieten zur Kriegsstrategie der salvadorianischen Regierung. Die Binnenflüchtlinge kamen in Flüchtlingscamps der salvadorianischen Regierung und der katholischen Kirche und anderer humanitärer Organisationen, aber auch in den Slums San Salvadors und bei Verwandten unter. Als sich große Teile der Binnenflüchtlinge ab 1985 aufgrund der unmenschlichen Lebensbedingungen in den Slums und den Flüchtlingscamps zur autonomen Rückkehr in ihre Herkunftsregionen entschieden, konterkarierten sie dadurch den Plan der Regierung, durch entsprechende Hilfestellung bei der Wiederansiedlung Regierungstreue hervorzurufen (Baumgärtner 1988).

Zehntausende von Salvadorianer/Innen aus den Nordprovinzen flohen in ihrer Not über die Grenze nach Honduras. Bereits Ende 1981 wurde ihre Zahl auf 30.000 geschätzt. Zwischen 1984 und 1990 sind die meisten der Flüchtlinge aus Honduras zurückgekehrt. Die Hoffnungslosigkeit des Lagerlebens, die Hoffnung auf Frieden (nach der Regierungsübernahme durch den gewählten Christdemokraten Duarte 1984) und der informelle Waffenstillstand zwischen Armee und Guerilla (1987) bewegten die Flüchtlinge zur Rückkehr. Doch existierte noch ein weiteres, politisches Motiv, das vor allem für die 1987 einsetzende kollektive Rückkehr von Bedeutung war. Nach einer langen Phase der Verweigerung gegenüber formeller und damit durch die Regierung kontrollierter Repatriierung sahen Flüchtlingsgruppen die Zeit als günstig für die autonome Rückkehr an. Sie wollten sich demonstrativ wieder in ihren Herkunftsgemeinden – innerhalb konfliktiver Zonen – ansiedeln, um gegen die Vertreibung durch die Regierung ein Zeichen zu setzen.

Bis 1997 sind insgesamt etwa 140.000 zentralamerikanische Flüchtlinge wieder in ihre Herkunftsländer zurückgekehrt. 150.000 waren in den achtziger Jahren als offizielle Flüchtlinge registriert. Somit kann die Krise als beendet betrachtet werden, auch wenn keineswegs alle Flüchtlinge in ihre jeweiligen Herkunftsländer zurückgekehrt sind. Ihre Dunkelziffer ist groß und die Übergänge zu undokumentierter oder auch legaler Arbeitsmigration sind fließend, wofür die Migration aus Nicaragua nach Costa Rica ein anschauliches Beispiel darstellt.

7. Die nicaraguanische Migration nach Costa Rica

Spätestens seit der Einführung der Agrarexportwirtschaft in Costa Rica in den 1840er Jahren ist das Land ein permanenter Nettoimporteur von Arbeitskraft, die traditionellerweise überwiegend aus Nicaragua kommt. Der jüngste costa-ricanische Zensus aus dem Jahr 2000 bestätigt die Dominanz der Nicaraguaner/Innen innerhalb der Gruppe der im Ausland geborenen Bevölkerung auch für die Gegenwart: Von den fast 300.000 im Ausland geborenen Personen stammen 226.000, mehr als 76%, aus Nicaragua. Seit den 1950er Jahren lag der Anteil der Nicaraguaner/Innen in dieser Kategorie nie unter 50% (INEC 2001: 12).

Das lange Zeit vorherrschende Migrationsmuster bestand in einer saisonalen Arbeitskräftewanderung aus den Südprovinzen Nicaraguas in die landwirtschaftliche Exportproduktion von Costa Rica. Seit dem Contra-Krieg in Nicaragua in den achtziger Jahren und der anhaltenden Beschäftigungskrise in den neunziger Jahren steuert ein Großteil der nicaraguanischen Migrant/Innen aber auch das zentrale Hochland – und hier vor allem den Großraum San José – an, um sich dort dauerhaft anzusiedeln. Bei der jüngsten Amnestie der irregulären Einwanderer 1999 gaben 40% der Antragsteller/Innen die Hauptstadt als Wohnsitz an, wo sie vor allem in den ärmeren Vorstädten leben (Morales 1999). Aus den Haushaltsbefragungen des costaricanischen Zensus-Büros geht hervor, dass es sich bei den nicaraguanischen Einwanderern vor allem um junge Erwachsene im arbeitsfähigen Alter handelt: Fast 60% sind im Alter von 20 bis 49 Jahren. Sie verrichten überwiegend gering qualifizierte Tätigkeiten in der Produktion, im Handel oder dem Bereich der Dienstleistungen. Die nicaraguanische Zuwanderung kommt einem Unterschichtungsprozess der Gesellschaft Costa Ricas gleich. In dem ethnisch segmentierten Arbeitsmarkt übernehmen Nicaraguaner/ Innen häufig die Arbeit, die einheimische Arbeitskräfte lange abgelehnt haben.

Besonders deutlich tritt der Bedarf an eingewanderter Arbeitkraft beim Anbau der Agrarexportgüter Kaffee, Bananen und Zuckerrohr hervor. Die Verstädterung der costa-ricanischen Gesellschaft einerseits und das mit Diversifizierung und Ausdehnung der Anbauflächen und Steigerung der Produktivität im Kaffeesektor einhergehende Wirtschaftswachstum der sechziger und siebziger Jahre führten in den Ernteperioden zu einem erheblichen Mangel an Arbeitskräften, der in den achtziger Jahren nur durch die Erteilung von Arbeitsbefugnissen an zentralamerikanische Flüchtlinge behoben werden konnte. Für die registrierten Flüchtlinge, die überwiegend in eigens dafür errichteten Lagern lebten, war der Zugang zum costa-ricanischen Arbeitsmarkt beschränkt. Der Arbeitskräftebedarf in der Landwirtschaft war aber so groß, dass die Regierung Costa Ricas zur Vergabe von zeitlich befristeten Arbeitsbefugnissen in großem Umfang bereit war. Die Kaffeeernten der Jahre 1986 und 1989 wurden zu 52,8% bzw. 87% von Flüchtlingen eingebracht (Wiley 1995: 431; Alvarenga 2000: 53). Als dann mit dem Regierungswechsel 1990 in Nicaragua und dem formellen Frieden zwischen Contras und Regierung neben den offiziell anerkannten Flüchtlingen auch ein großer Teil der irregulären nicaraguanischen Migrant/Innen in die Heimat zurückkehrte, war das Ausmaß der Abhängigkeit von nicaraguanischer Arbeitskraft nicht mehr zu leugnen. Der Mangel an Arbeitskräften in der Kaffeeernte des Jahres 1990 war so groß, dass 24% der Kaffeeproduzenten einen Teil der Ernte verloren, weil sie ihn nicht rechtzeitig einbringen konnten. Da die Rückkehrer weder in ausreichendem Umfang Beschäftigung noch – entgegen der Ankündigung der Regierung Chamorro – reelle Chancen auf die Zuteilung einer eigenen kleinen Parzelle Ackerlandes hatten, kehrten viele von ihnen wieder nach Costa Rica zurück. 1993 war bereits wieder etwa die Hälfte der Landarbeiter während der Kaffeeernte nicaraguanischer Herkunft (Alvarenga 2000: 26-28).

Noch in den achtziger Jahren wurde das Thema irregulärer Zuwanderung nach Costa Rica von der Regierung möglichst vermieden. Die Regierung konzentrierte ihre Bemühungen auf eine möglichst restriktive Steuerung des Arbeitsmarktzugangs der Flüchtlinge, um den Zorn der Bevölkerung auf die billigeren Arbeitskräfte aus Nicaragua in Grenzen zu halten. Als sie dann Anfang der neunziger Jahre zum Handeln gezwungen war, bediente sie sich der gängigen Doppelstrategie zur Bekämpfung illegaler Einwanderung, bestehend aus dem verschärften Bemühen um Abschreckung bzw. Abschiebung einerseits und breit angelegten Amnestie- und Gastarbeiterprogrammen andererseits. Schon 1990 wurde eine erste Legalisierung irregulärer Migrant/ Innen durchgeführt, von der schätzungsweise 30.000 Nicaraguaner/Innen profitierten (Wiley 1995). 1993 und 1994 folgten zwei weitere Amnestien, die zusammen den Aufenthalt von 94.000 *indocumentados* legalisierten. 1993 und 1995 wurden zeitlich befristete Gastarbeiterprogramme für die Landwirtschaft aufgelegt, die aber wenig erfolgreich waren. Die bereits im Land befindlichen Arbeitsmigrant/Innen zogen vor, sich der staatlichen Kontrolle zu entziehen, da sie sich dauerhaft in Costa Rica ansiedeln wollten. Gleichzeitig beschäftigten Arbeitgeber lieber irreguläre und damit entrechtete Migrant/Innen, um Lohnkosten einsparen und dadurch Produktionskosten senken zu können (Alvarenga 2000; 1997). Aber die irregulären Arbeitsmigrant/Innen füllten nicht nur die Lücken des Arbeitskräftebedarfs in der Landwirtschaft, sie sorgten durch ihr Lohndumping auch für die Verbesserung der Wettbewerbsfähigkeit costa-ricanischer Agrarexporte (Wiley 1995).

Unmittelbar nachdem der Hurrikan "Mitch" über Zentralamerika hinweggezogen war (November 1998), wurde die letzte Amnestie beschlossen und denjenigen Zentralamerikaner/Innen gewährt, die sich bereits vor dem genannten Datum in Costa Rica befanden. Die Migrant/Innen, die durch den Hurrikan unmittelbar zu Umweltflüchtlingen wurden, wurden von der Legalisierung ausgenommen, um den soeben Betroffenen keinen Zuwanderungsanreiz zu geben. Als die Frist zur Antragstellung am 31. Juli 1999 abgelaufen war, waren 152.514 Anträge bei den zuständigen Behörden eingegangen – 97% davon von Nicaraguaner/Innen (Morales 1999).

Zeitgleich bemühte sich die Regierung Costa Ricas um eine Perfektionierung der Abschiebungspraxis. In den ersten sieben Monaten des Jahres 2001 sind nach Angaben von Presseagenturen 38.000 Nicaraguaner/Innen zurück- oder ausgewiesen worden; im Jahr 2000 waren es insgesamt 67.000. Aber trotz Legalisierung und Abschiebung leben immer noch zwischen 100.000 und 300.000 *indocumentados* nicaraguanischer Herkunft in Costa Rica (*La Prensa*, 18.7., 27.8.2001).

Die "Nicaraguanisierung" Costa Ricas und die ethnische Segmentierung des Arbeitsmarktes haben vor dem Hintergrund der Wirtschaftskrise in Costa Rica zu einer Verstärkung der Ressentiments gegenüber den Einwanderern geführt. Da die Beschäftigungsmöglichkeiten in den Städten wegbrechen, sind immer mehr Costa-Ricaner bereit, zumindest einen Teil ihres Einkommens in der Landwirtschaft zu erzielen, wodurch die in diesem Arbeitsmarktsegment bereits beschäftigten Nicaraguaner/Innen als nicht zu unterbietende Konkurrenten wahrgenommen werden. Darüber hinaus hat die Verstädterung der nicaraguanischen Arbeitsmigration nach Costa Rica die Konkurrenz zwischen *Nicas* und *Ticos* in den unteren Segmenten der städtischen Dienstleistungsökonomie verschärft. Aber auch wenn das Zusammenleben zwischen Nicaraguaner/Innen und Costa-Ricaner/Innen nicht immer vollkommen friedlich verläuft, so ist es bislang noch nicht zu ethno-nationalistisch motivierten Unruhen gekommen.

8. Nach Norden: Salvadorianische Migration in die USA

Außerhalb der Region sind die USA das wichtigste Ziel für zentralamerikanische Arbeitsmigration. Nach Angaben des U.S.-Zensus aus dem Jahr 2000 sind von den fast 1,7 Mio. Zentralamerikaner/Innen, die in den USA leben, 68.588 aus Costa Rica, 372.487 aus Guatemala, 217.569 aus Honduras, 177.684 aus Nicaragua und 91.723 aus Panama. Die Salvadorianer/Innen stellen mit 655.165 Personen die größte nationale Migrant/Innengruppe aus Zentralamerika dar (U.S. Bureau of the Census 2001).

Schon in den Jahren zunehmender Repression durch die salvadorianische Regierung, etwa seit Mitte der siebziger Jahre, wuchs die Zahl der in die USA migrierenden Salvadorianer/Innen an und explodierte schlagartig in den achtziger Jahren. Auch nach dem Friedensschluss riss die Auswanderung in die USA keineswegs ab, sondern setzte sich aufgrund der fehlenden Arbeitsmöglichkeiten in El Salvador und unterstützt durch soziale Netzwerke auf hohem Niveau fort. Noch 1993 und 1994, also in den beiden Jahren unmittelbar nach Friedensschluss, lag die jährliche reguläre Auswanderung in die USA bei fast 27.000 bzw. etwa 17.000 Personen und sank bis zum Jahr 1998 lediglich auf 14.329 Personen (U.S. Bureau of the Census 2001). Dennoch: Der Großteil der salvadorianischen Migrant/Innen betrat die USA in den achtziger Jahren, nach Angaben des Zensus-Büros waren 75,4% der 1990 in den USA präsenten Personen aus Zentralamerika salvadorianischer Herkunft (U.S. Bureau of the Census 1993: 20).

Salvadorianische Migrationspfade in die USA wurden aber bereits zu Beginn des 20. Jahrhunderts betreten. Bei der frühen, zahlenmäßig noch nicht ins Gewicht fallenden salvadorianischen Auswanderung in die USA handelte es sich um eine Eliten- und hochgradig selektive Mittelschichtsmigration (Hamilton/Chinchilla 1996: 203). Erst die Massenflucht der achtziger Jahre sorgte für eine Inkorporierung sämtlicher Teile der salvadorianischen Bevölkerung. Unterrepräsentiert waren nur die Ärmsten der Armen, die schlichtweg nicht über die Ressourcen verfügten, eine mehrere Tausend Kilometer lange Reise zu finanzieren und somit nur die nächste Provinzstadt oder bestenfalls die Hauptstadt erreichten (Montes 1990). Mit zunehmender "Reife" der Migrationsbewegung gelang aber auch armen Bevölkerungsteilen die Auswanderung, die diese nur mit Hilfe von Familienangehörigen oder Freunden unternehmen konnten. Die Pioniere der Flucht in die USA waren im Durchschnitt junge Erwachsene im erwerbsfähigen Alter. Ihr durchschnittlicher Bildungsgrad lag etwas oberhalb des salvadorianischen Landesdurchschnitts, was nicht verwundert, da zu den Exilierten auch ein großer Teil der politisch aktiven Studierenden des Landes gehörte.

Der Weg von El Salvador in die USA ist lang und führt über drei Staatsgrenzen, von denen zwei, nämlich Mexikos Süd- und Nordgrenze, streng bewacht werden. Die wenigsten Migrant/Innen gelangen mit dem Flugzeug in die USA oder auch nur bis nach Tijuana, Ciudad Juárez oder zu einer anderen mexikanischen Grenzstadt, sondern unternehmen ihre gefährliche Reise mit Linienbussen, der Eisenbahn oder entlang der pazifischen Küste in Booten mit Hilfe bezahlter Schlepper *(Coyotes)*. Ein besonderes Hindernis ist die mit modernster Kriegstechnologie und einer jährlich aufgestockten Zahl von Grenzpolizisten aufgerüstete Südgrenze der USA. Im "Krieg um die Grenze" verliert jedes Jahr eine steigende Zahl von Migrant/Innen ihr

Leben; sie erfrieren im Gebirge, sie verdursten in der Wüste oder ertrinken im Rio Bravo.

Mit Ausnahme der wenigen Salvadorianer/Innen, die auf dem Wege der Familienzusammenführung einreisen konnten, waren die meisten Flüchtlinge gezwungen, illegal in die USA einzureisen. Die U.S.-amerikanische Regierung verweigerte den salvadorianischen Flüchtlingen in den achtziger Jahren aus außenpolitischen Gründen einen entsprechenden Flüchtlingsstatus. Darüber hinaus unterstützten die USA die salvadorianische Regierung aus Angst vor einer Ausbreitung des Kommunismus in ihrem "Hinterhof" massiv mit Militär- und Wirtschaftshilfe. Viele salvadorianische Flüchtlinge wurden deportiert. Erst eine Sammelklage unter Federführung der U.S.-amerikanischen Baptisten-Kirche erreichte 1990 die Gewährung einer befristeten Aufenthaltsgenehmigung. Mit der Reform des Einwanderungsgesetzes von 1986 (*Immigration Reform and Control Act* – IRCA) offenbarten die USA ihre Variante der Migrationspolitik. Einerseits sollten die bereits in den U.S.-amerikanischen Arbeitsmarkt integrierten und für das Funktionieren der restrukturierten Wirtschaft unabdingbaren Arbeitsmigrant/Innen legalisiert werden, andererseits durch die Einführung von Arbeitgeber-Sanktionen und die Militarisierung der Grenze die weitere Zuwanderung von *indocumentados* gebremst werden. Insgesamt 150.000 salvadorianische Flüchtlinge, die vor 1982 in die USA geflohen waren, erhielten auf diesem Weg eine unbefristete Aufenthaltserlaubnis (Orozco 1997). Viele von ihnen sind mittlerweile Staatsbürger der Vereinigten Staaten oder haben die Staatsbürgerschaft bereits beantragt. Naturkatastrophen wie der Hurrikan "Mitch" oder die Anfang 2001 das Land erschütternden Erdbeben hatten eine befristete Verlängerung der Aufenthaltsgenehmigung für noch nicht "legalisierte" salvadorianische Staatsbürger zur Folge.

Viele der Migrant/Innen der neunziger Jahre konnten von der Möglichkeit der Familienzusammenführung profitieren, so dass sich auch die Familienkonstellationen der Salvadorianer/Innen in den USA verändert haben. Für den Großteil der nunmehr seit 20 Jahren in den USA lebenden Salvadorianer/Innen gilt, dass sie nicht mehr nach El Salvador zurücksiedeln werden (Hamilton/Chinchilla 1997), eine Entwicklung, die die salvadorianische Regierung mit Erleichterung zur Kenntnis nehmen dürfte, denn einerseits verfügt sie nicht über die Ressourcen, eine größere Zahl von Rückkehrern in El Salvador zu reintegrieren, andererseits sind die Geldüberweisungen *(remesas)* der Migrant/Innen mittlerweile zur größten Devisenquelle des Landes herangereift (Reyes 2000). Somit stellt der "Export" der Arbeitsmigrant/

Innen aus Sicht der salvadorianischen Regierung den mittlerweile profitabelsten Einsatz der Ressource Arbeitskraft dar. Folgerichtig ist sie nicht darum bemüht, die Migrant/Innen zur Rückkehr zu überreden, sondern die Konservierung ihrer Verbundenheit mit dem Heimatland zu unterstützen.

Das staatliche "Betreuungskonzept" der Emigrant/Innen hat aber nur geringen Einfluss auf den ohnehin schon stattfindenden Prozess der Transnationalisierung salvadorianischer Lebenszusammenhänge. Die in den USA lebenden Salvadorianer/Innen bewahren von sich aus die Bindungen an ihre Heimat. Kernelement sind die transnationalisierten Familien, zwischen deren räumlich distanzierten Teilen eine rege Kommunikation herrscht. Die Heimatbindung hat sich zudem bereits institutionalisiert: Heimatvereine sammeln Spenden für kleinere Entwicklungsprojekte in ihren jeweiligen Heimatgemeinden. Salvadorianische Supermärkte lassen sich in "Klein-Zentralamerika" in Los Angeles genauso finden wie über das gesamte Stadtgebiet verstreute *pupuserías* (typisch salvadorianische Restaurants).

In El Salvador sind die Veränderungen ebenfalls deutlich spürbar. Die Migrant/Innen sind präsent, nicht nur aufgrund eines Denkmals zu Ehren der *Hermanos Lejanos*, der "fernen Geschwister", oder durch die regelmäßige Berichterstattung der salvadorianischen Tageszeitung *La Prensa Gráfica* über die salvadorianische Diaspora. Der transnationale Informationsaustausch mittels Besuchen oder Telekommunikation bringt auch die Moden salvadorianischen Lebens in den USA in die Heimat. Durch die Deportation straffällig gewordener Mitglieder von Jugendbanden hat dieses Phänomen auch in El Salvador große Verbreitung gefunden. Die Geldüberweisungen haben vielen Familien geholfen und ganze Dörfer zu Rentenempfängern gemacht. Lokale Hierarchien sind umgekrempelt, denn der Zugang zu der Ressource *remesas* ist ein Machtmittel. Die Transnationalisierung des sozialen Raumes und die Existenz der ebenso transnationalisierten Netzwerke haben die Migration "nach Norden" zu einer "normalen" Option der Lebensführung neben anderen heranreifen lassen.

9. Belize: Die "Latinisierung" der anglophonen Peripherie Zentralamerikas

Belize hat mit 282.600 Einwohnern (Central Statistical Office 2004) die kleinste Bevölkerungszahl Zentralamerikas. Diese Tatsache und die anglophone Tradition und Orientierung des bis 1981 zum Vereinigten Königreich gehörenden Landes bedingen seine Vernachlässigung in der Literatur über das zentralamerikanische Migrationsgeschehen. Doch gerade aufgrund der zahlenmäßig kleinen Bevölkerung Belizes wirken sich die Migrationsbewegungen erheblich auf die ethnische Zusammensetzung der Gesellschaft aus, was Belize – zusammen mit dem noch jungen Prozess des "Nation-Building" – zu einem interessanten Sonderfall macht. Belize erlebt gleichzeitig sowohl die Auswanderung kreolisch-anglophoner Teile der städtischen Mittelschicht und eines Teils der ebenfalls Englisch sprechenden Garifuna als auch die Einwanderung spanischsprachiger Zentralamerikaner/Innen, die sich – aus kleinstädtischen und ländlichen Milieus kommend – vor allem in ländlichen Gegenden ansiedeln. Es lässt sich eine relative ethnische Segregation konstatieren, die durch die genannten, unterschiedlichen Siedlungsneigungen bedingt ist. Gleichzeitig tragen verbesserte Mobilität und Kommunikationstechnologien zu einer Intensivierung des interethnischen Kontakts bei, wodurch auch die Gefahr von Spannungen und Konflikten erhöht wird. Die Form der entlang ethnischer Gruppengrenzen verlaufenden Institutionenbildung, die das öffentliche Leben Belizes prägt, verstärkt diese Tendenz zusätzlich.

Die Latinisierung des Landes findet mittlerweile in der Tatsache Ausdruck, dass die ethnische Gruppe der Englisch sprechenden "Kreolen"[2] durch die Gruppe der Spanisch sprechenden "Mestizen"[3] als quantitativ dominante Ethnie abgelöst wurde. Zwar gehören neben Kreolen auch Mestizen, Maya und Garifuna traditionellerweise zur belizischen Bevölkerung. Aber die qualitative Privilegierung der Kreolen, die sich in sozialer und kultureller Hegemonie ausdrückt, hatte bis Anfang der achtziger Jahre ein quantitatives Fundament. Durch die Zuwanderung aus anderen zentralamerikanischen Staaten und die fortgesetzte Auswanderung kreolischer Bevölkerungsteile in die USA hat sich das zahlenmäßige Verhältnis dieser beiden Bevölkerungsteile ins Gegenteil verkehrt: Wies der Zensus von 1981 die Kreolen noch mit 57.751 Personen oder 39,7% als größte ethnische Gruppe aus und die Mestizen mit 'nur' 48.154 Personen oder 33,1%, so bildeten die Mestizen bereits nach der Zählung von 1991 mit 43,6% die größte Ethnie, weit größer als die Kreolen mit "nur" noch 29,8%. Würden bei der Zahl zentralamerikanischer Zuwanderer die irregulären Migranten berücksichtigt, so würde die zahlenmäßige Überlegenheit der Mestizen noch deutlicher ausfallen.

---

2   Der Begriff "Kreole" bezeichnet in Belize Personen afrikanischer und/oder europäischer Abstammung, die aber auf dem amerikanischen Kontinent geboren wurden.
3   Als "Mestizen" werden die Nachfahren der Vermischung europäischer (überwiegend spanischer) und indigener Bevölkerungsgruppen bezeichnet.

Nach Angaben des Zensus von 1991 stammen 55,8% der zentralamerikanischen Einwanderer aus Guatemala, 29,5% aus El Salvador und 12,2%
aus Honduras. Neben den militärischen Konflikten in Zentralamerika in den
achtziger Jahren sind als Migrationsursachen die im Vergleich mit den Herkunftsländern umfangreicheren und besser bezahlten Arbeitsmöglichkeiten
in der Landwirtschaft und die im relativ dünn besiedelten Belize größere
Verfügbarkeit an Land ausschlaggebend. Auch die mittlerweile etablierten
Migrationsnetzwerke erleichtern die Zuwanderung.

Ursache für die fortgesetzte Auswanderung gebildeter städtischer Mittelschichten aus Belize vor allem in die USA ist ihre blockierte Hoffnung, eine
qualifikationsangemessene Arbeit zu finden, da die Beschäftigungsmöglichkeiten im Land beschränkt sind. Da schon in den achtziger Jahren zwischen
20.000 und 80.000 Belizer in den USA gelebt haben, haben sich auch hier
soziale Migrationsnetzwerke konstituiert, die die Auswanderung in die USA
erleichtern und steuern. Belize erfährt durch dieses Migrationsgeschehen
einen massiven *brain drain*,[4] da es sich bei den Auswanderern um über-
durchschnittlich gut gebildete Personen handelt: Von ihnen haben 47% die
Sekundarstufe abgeschlossen im Vergleich zu 17% der Gesamtbevölkerung
(Fundación Arias 2000: 10).

Der überwiegend unkontrollierten Einwanderung versucht die Regierung
Belizes mit Deportation bzw. in jüngster Zeit verstärkt durch Inhaftierung
und gleichzeitig breit angelegter Legalisierung einen Riegel vorzuschieben.
1999 erließ sie eine Amnestie für alle irregulären Migrant/Innen, in deren
Verlauf 20.000-25.000 Personen ihren Aufenthaltsstatus legalisieren konnten. Ähnlich wie Costa Rica ist Belize auf die Einwanderung von Arbeitskraft angewiesen, wobei die Regierung versucht, die damit einhergehenden
Probleme durch Zuwanderungsbegrenzung zu minimieren. Als problematisch erweist sich aber nicht nur der von der Zuwanderung ausgehende und
durch die höhere Fertilitätsrate zentralamerikanischer Migrant/Innen beschleunigte Wandel der ethnischen Zusammensetzung der Bevölkerung,
sondern auch die nicht in gleichem Umfang wie die Einwanderung wachsende Verfügbarkeit von Ressourcen für Bildung, Gesundheit und andere
Bereiche sozialer Infrastruktur (Fundación Arias 2000).

---

4   Mit *brain drain* wird die Auswanderung gebildeter Bevölkerungsschichten bezeichnet,
    durch die Lücken in den höhere Qualifikationen erfordernden Segmenten des Arbeits-
    marktes entstehen.

10. Schlussbemerkung

Die Fluchtbewegungen der achtziger Jahre in Zentralamerika sind die Folge einer massiven Entwurzelung der Bevölkerung, die bereits durch die Entwicklung der regionalen Exportwirtschaft in Gang gesetzt wurde. Die Vertreibungen und der kriegsbedingte Niedergang der Ökonomie haben die Migrationsbewegungen exponentiell ansteigen lassen. Die meisten Flüchtlinge erreichten lediglich die nächstgelegenen Staatsgrenzen und retteten sich auf das Territorium des jeweiligen Nachbarstaates.

Aber auch der Bedarf an Arbeitskraft spielte schon zu dieser Zeit eine herausragende Rolle für die Auswahl der Migrationsziele. Das gilt vor allem für die große Zahl der inoffiziellen Flüchtlinge, die *de facto* den Status illegaler Arbeitsmigrant/Innen hatten. In manchen Beispielen, wie der guatemaltekischen Migration nach Südmexiko oder der nicaraguanischen nach Costa Rica wirken die räumliche und ethnokulturelle Nähe und der Bedarf an Arbeitskraft zusammen. Bei der Migration in die USA lockten und locken vor allem die Arbeitsmöglichkeiten.

Die "Lateinamerikanisierung" vieler U.S.-Metropolen wird auch durch zunehmende Ressentiments und Ausländerfeindlichkeit in den USA und die gelegentlichen Rezessionen, die die Arbeitsmöglichkeiten für Migrant/Innen reduzieren, nicht gebremst. Der migrationsbedingte wirtschaftliche, politische, soziale und kulturelle Wandel in den zentralamerikanischen Staaten steht gegenwärtig erst am Beginn seiner Erforschung. Themen, wie die ökonomische und soziale Bedeutung der *remesas familiares* und die "Nordamerikanisierung" *(norteñización)* der Gesellschaften und ihrer Kultur stehen bislang im Vordergrund.

Der zunehmenden Komplexität der zentralamerikanischen Migration versuchen die Staaten der Region mit Bemühungen um eine verstärkte Zusammenarbeit Rechnung zu tragen. Dazu gehört auch die seit 1996 jährlich stattfindende regionale Migrationskonferenz (*Conferencia Regional de Migración* – CRM), an der mittlerweile neben den zentralamerikanischen Ländern auch die Dominikanische Republik, Mexiko, die USA und Kanada teilnehmen. Die Bedeutung der zentralamerikanischen Migration ist nicht mehr auf die Region beschränkt, sondern ein gesamtamerikanisches Phänomen.

Literaturverzeichnis

Alvarenga Venutolo, Patricia (1997): *Conflictiva Convivencia. Los Nicaragüenses en Costa Rica*. San José, Costa Rica.

— (2000): *Trabajadores Inmigrantes en la Caficultura*. San José, Costa Rica (*Cuaderno de Ciencias Sociales*, 116).

Baumgärtner, Ulf (1988): "El Salvador. Aufstandsbekämpfung und Flucht". In: Ashkenasi, Abraham (Hrsg.): *Das weltweite Flüchtlingsproblem. Sozialwissenschaftliche Versuche einer Annäherung*. Bremen, S. 120-141.

Castillo García/Ángel, Manuel/Palma Calderón, Silvia Irene (1999): "Central American International Emigration: Trends and Impacts". In: Appleyard, Reginald (Hrsg.): *Emigration Dynamics in Developing Countries*, Bd. 3. Aldershot et al., S. 285-331.

Central Statistical Office (2004): *2004 Mid-year Population Estimates by Region and Sex* <http://www.cso.gov.bz/statistics/2004_midyear_pop.pdf> (09.08. 2005).

Fundación Arias para la Paz y el Progreso Humano (2000): *La Integración de Inmigrantes Centroamericanos en Belice*. San José, Costa Rica.

Hamilton, Nora/Chinchilla, Norma (1991): "Central American Migration. A Framework for Analysis". In: *Latin American Research Review*, 26.1: 75-110.

— (1996): "Global Economic Restructuring and International Migration. Some Observations Based on the Mexican and the Central American Experience". In: *International Migration*, 34.2: 195-227.

— (1997): *Ambiguous Identities. Central Americans in Southern California*. Working Paper Nr. 14. Chicano/Latino Research Center. University of California at Santa Cruz.

INEC (Instituto Nacional de Estadística y Censos) (2001): *IX Censo Nacional de Población y V de Vivienda del 2000: Resultados Generales*. San José, Costa Rica.

Kauffer Michel, Edith F. (2000): "Refugiados guatemaltecos en México: del refugio a la repatriación, del retorno a la integración". In: *Boletín de Migración internacional*, 12: 7-12 <http://www.conapo.gob.mx/publicaciones/Boletines/PDF/bol12.pdf> (17.08. 2005).

Montes, Segundo (1985): *Desplazados y Refugiados*. San Salvador, El Salvador.

— (1990): *Las Remesas que envían los Salvadoreños de Estados Unidos. Consecuencias Sociales y Económicas*. San Salvador, El Salvador.

Morales, Abelardo (1999): *Amnistía Migratoria en Costa Rica. Análisis de los Alcances Sociales y del Impacto del Régimen de Excepción Migratoria para los Inmigrantes de Orígen Centroamericano en Costa Rica*. San José, Costa Rica.

Morrison, Andrew R. (1993): "Violence or Economics: What Drives Internal Migration in Guatemala?" In: *Economic Development and Cultural Change*, 41: 817-831.

Nolin Hanlon, Catherine L./Lovell, W. George (2000): "Flight, Exile, Repatriation, and Return: Guatemalan Refugee Scenarios, 1981-1998". In: Loucky, James/Moors, Marilyn M. (Hrsg.): *The Maya Diaspora. Guatemalan Roots, New American Lives*. Philadelphia, S. 35-55.

OIM (Organización Internacional de Migración) (2000): *Revista de la OIM sobre Migraciones Internacionales en América Latina*, 18.1.

Orozco, Manuel (1997): *La Política Inmigratoria de los Estados Unidos: Implicaciones en las Relaciones Internacionales y la Soberanía*. San José, Costa Rica (*Cuaderno de Ciencias Sociales*, 98).

Reyes, Giovanni E. (2000): "Centroamérica: Las Remesas Familiares". In: *La Opinión*, 31. Juli, Los Angeles, California (Onlineausgabe).

Schneider, Robin (1992): *Fluchtbewegungen und Regionalkonflikte: Mittelamerika und Mexiko in den achtziger Jahren*. Berlin.

Torres-Romero, Mario (1997): "Mexiko und Mittelamerika". In: Opitz, Peter J. (Hrsg.): *Der globale Marsch. Flucht und Migration als Weltproblem*. München, S. 327-342.

U.S. Bureau of the Census (1993): *1990 Census of Population. Persons of Hispanic Origin in the United States*. Washington, D.C. (Mikrofiche).

— (2001): *Hispanic Population by Type* <www.census.gov/mso/www/rsf/hisorig/tsld027.htm> (17.08. 2005).

Weaver, Frederick Stirton (1994): *Inside the Volcano. The History and Political Economy of Central America*. Boulder, Col./Oxford.

Wiley, James (1995): "Undocumented Aliens and Recognized Refugees: The Right to Work in Costa Rica". In: *International Migration Review*, 29.2: 423-438.

Woodward, Ralph Lee Jr. (1985): *Central America. A Nation Divided*. New York/Oxford.

Manfred Liebel

Jugendbanden und Straßencliquen in Zentralamerika – oder: Die schwierige Suche nach Gerechtigkeit in einer gewalttätigen Gesellschaft

"Agarrame la onda, bato."[1]

Wie ein Schatten begleitet spätestens seit den 1960er Jahren eine spezifische Art von Gruppen Jugendlicher die Ausbreitung der *barrios marginales* lateinamerikanischer Großstädte. Die Jugendlichen geben ihren Gruppierungen Namen wie "Los Sacaojos", "Comemuerto" oder "Vatos Locos", die die eigene Gruppe von anderen unterscheiden und – in mitunter selbstironischer Weise – ihre Charakteristika betonen sollen; und allgemeine, die das Gemeinsame verschiedener Gruppen unterstreichen. Je nach Land oder Region bezeichnen sie ihre Gruppen als *pandillas, bandas, barras, galladas, clikas, parches, maras, chimbas* usw. und nennen sich selbst *pandilleros/as, chavos/as banda, cholos/as, marereros/as, chapulines* usw. Die Jugendlichen übernehmen diese Ausdrücke teilweise aus dem negativ besetzten Sprachgebrauch der Medien oder der Polizei und deuten sie in ihrem Sinne um. In Zentralamerika hat sich neben der Rede von den *pandillas juveniles* der Ausdruck *maras* (vor allem in El Salvador, Guatemala und Honduras)[2] eingebürgert. Ich werde deshalb in gleichlautendem Sinn von *pandillas* und *maras* sprechen und nur gelegentlich auf die entsprechenden deutschsprachigen Ausdrücke "Jugendbande" oder "Straßenclique" zurückgreifen.

Ähnlich wie die hierzulande übliche Rede von Jugendbanden legen auch die lateinamerikanischen Ausdrücke nahe, es handele sich um Zusammenrottungen von Jugendlichen, deren Handeln und Lebenssinn um Gewalt, Raub und Drogen zentriert sei. Ihr öffentliches Bild und ihre Wahrnehmung sind von den Massenmedien geprägt, die nahezu einhellig *pandillas* und *maras* in eins setzen mit den schlimmsten Formen von Delinquenz und sozialer Dekadenz und die mit ihrer dämonisierenden Berichterstattung die Jugendlichen

---

1   Spruch von *pandilleros* in El Salvador, der etwa bedeutet: "Kapier' und akzeptier' mich, wie ich bin, Freund", zit. n. Escobar (1996: 328).
2   In Costa Rica wird gelegentlich auch von *barras* und *chapulines* gesprochen.

zu Ausgeburten der Hölle stilisieren, denen mit harter Hand zu begegnen sei.[3]

Um den üblichen Stereotypisierungen zu begegnen, werde ich besonderes Augenmerk auf das Innenleben der *pandillas* richten und dem tatsächlichen Handeln, den Motiven und Selbstdeutungen der Jugendlichen besondere Aufmerksamkeit widmen. Die Jugendlichen sollen nicht verstanden werden als "leere Gefäße, die von Erwachsenen gefüllt werden und diese bloß imitieren" (so kritisch AVANCSO 1988: 16), sondern als Subjekte, die sich eigene Gedanken machen und eigene Lebensstrategien und eigene Kulturen hervorbringen. Dabei wird deutlich werden, dass es sich bei den *pandillas* um ein vielfältiges soziales Phänomen handelt, das von kurzlebigen "Eckensteher"-Gruppen bis hin zu subtil strukturierten Organisationen mit teilweise internationalem Charakter reicht, und dass jede Gruppierung ebenso ihre Besonderheiten hat, wie es Unterschiede zwischen den *pandillas* verschiedener Länder gibt und sie sich im Laufe der Geschichte verändern.

Im Unterschied zu Mexiko und Kolumbien (Liebel/Gomezjara 1996, Urtuega Castro-Pozo 2000, Valenzuela Arce 2002, Ardila Pedraza et al. 1995, Salazar 1990; 2002, Liebel 2000) sind in Zentralamerika die *pandillas juveniles* erst seit Mitte der neunziger Jahre zu einem Thema der Sozialforschung geworden. Einzig in Guatemala entstand bereits 1987 eine explorative Studie, die sich unter Beachtung der Sichtweisen der Jugendlichen mit den *maras* befasste (AVANCSO 1988). Einen neuen Anstoß für die Forschung gab erst wieder das *Instituto Universitario de Opinión Pública* der Universidad Centroamericana in San Salvador, das 1996 eine groß angelegte Befragung mit 1.025 *pandilleros* der salvadorianischen Hauptstadt realisierte (IUDOP 1997; Cruz/Portillo Peña 1998). Die Untersuchung zeichnet sich methodisch dadurch aus, dass sie *pandilleros* als aktive Subjekte in den Forschungsprozess einbezog. Die Jugendlichen führten nicht nur die Befragungen selbst durch, sondern waren auch an der Planung, der Untersuchung, der Ausarbeitung des Fragebogens und der Diskussion und Analyse der Resultate beteiligt. Außer den Befragungen fand eine Gruppendiskussion mit weiblichen

---

3   Die salvadorianische Rockmusikerin Lorena Cuerno, die selbst eine Studie zu den *maras* durchgeführt hat und mit ihnen Musikprojekte unterhält, merkt an: "*Mara* ist im heutigen El Salvador nicht nur ein Wort mit einer negativen Konnotation, sondern es ist zu einem Stigma geworden, um alles zu bezeichnen, was *marero* zu sein scheint. Auf diese Weise wird jeder zu einem *marero* gemacht, der tätowiert ist oder Heavy Metal hört, und wird damit zugleich zu einem ordinären Verbrecher gestempelt" (Cuerno 2000: 62). Der nicaraguanische Soziologe José Luis Rocha (2001: 439) charakterisiert die Medienberichterstattung über *pandillas* als Versuch, "das Feuer mit Benzin zu löschen".

Mitgliedern der *maras* statt. Vier Jahre später führte dasselbe Institut eine Vergleichsuntersuchung mit 938 *pandilleros* der Großregion San Salvador sowie der Gemeinden Quezaltepeque, Cojutepeque und Nejapa durch (Santacruz Giralt/Concha-Eastman 2001).[4]

In Honduras befasste sich erstmals 1998 ein Sozialwissenschaftler explizit mit dem Phänomen der *pandillas juveniles*. Die Studie, in deren Zentrum 86 Jugendliche stehen, die vom Jugendgericht in San Pedro Sula verurteilt wurden, stützt sich allerdings ausschließlich auf Sekundärquellen (Orellana Maglioni 1998).[5] In Nicaragua legte 1997 ein junger britischer Anthropologe, der sich für zehn Monate in einem *barrio* von Managua einer *pandilla* angeschlossen hatte, einen facettenreichen Bericht vor (Rodgers 1997). Ihm folgten zwei Essays eines Soziologen der Universidad Centroamericana (UCA) in Managua, die sich auf Beobachtungen und Gespräche mit männlichen und weiblichen *pandilleros* in einem *barrio* und zwei Gefängnissen von Managua stützen (Rocha 2000a; 2000b).

Die Veröffentlichungen von José Luis Rocha sind Teil eines bisher einmaligen zentralamerikanischen Forschungsprojekts, das in Zusammenarbeit von vier Instituten in El Salvador, Guatemala, Honduras und Nicaragua entstand und dessen Ergebnisse Ende 2001 in einem Sammelband (ERIC 2001) vorgelegt wurden. Besonders aufschlussreich sind die beiden qualitativen Studien zu Honduras (Castro/Carranza 2001) und Nicaragua (Sosa Meléndez/Rocha 2001), die auf intensiven Beobachtungen und Gesprächen mit *pandilleros* in *barrios* von El Progreso und Managua beruhen und deren Lebensgeschichten rekonstruieren. Die Studie zu El Salvador (Santacruz Giralt/Cruz Alas 2001) basiert auf Gruppendiskussionen mit aktiven und ehemaligen *pandilleros* sowie Familienangehörigen und Nachbarn, die allerdings nicht vor Ort, sondern an der Universität stattfanden. Die Studie zu Guatemala (Merino 2001) beschränkt sich darauf, die AVANCSO-Studie

---

4   Die Befragung lag erneut in den Händen der bei *Homies Unidos* organisierten Jugendlichen, die sich nun als *pandilleros calmados* (beruhigte *pandilleros*) bezeichnen. Zum Untersuchungsprozess vgl. Santacruz Giralt/Concha-Eastmann (2001: 46-58). Darüber hinaus sind zu El Salvador die beiden qualitativen Studien von Smutt/Miranda (1998) und Cuerno (2000) sowie eine frühere psychologische Studie von Argueta et al. (1992) zu erwähnen.

5   Das Thema wird gelegentlich bereits seit 1993 in Studien angesprochen, die sich unter dem Aspekt der Menschenrechte mit den verschiedenen in Honduras verbreiteten Formen der Gewalt auseinander setzen (vgl. Salomon 1993; Salomon/Castellanos/Flores 1999).

von 1987 zu resümieren, Presseveröffentlichungen auszuwerten und den in der Bevölkerung verbreiteten Meinungen nachzuspüren.

Die vier Studien zeichnen sich – trotz teilweise verschiedener Untersuchungsmethoden – dadurch aus, dass sie das Phänomen der *maras* und *pandillas* und die von ihnen praktizierte Gewalt in einem umfassenderen gesellschaftlichen und politischen Kontext interpretieren. Allerdings ist in den Interpretationen des Sammelbandes – im Vergleich zu früheren Veröffentlichungen beteiligter Autoren (Cruz/Portillo Peña 1998; Rocha 2000a) – eine Tendenz zu mechanistischen Erklärungsmustern festzustellen, die meines Erachtens weder der Komplexität der Entstehungsbedingungen der *maras* und *pandillas* noch den Motiven und Selbsteinschätzungen ihrer Akteure gerecht werden. Statt die *pandillas* als Lebensform mit allen ihren Facetten in den Blick zu nehmen, werden sie in eindimensionaler Weise zu "Trägern von Gewalt" *(vehículos de violencia)* stilisiert. Dies gilt auch für die IUDOP-Nachfolgestudie, die die *maras* fast nur noch unter dem Aspekt ihrer negativen Folgen für Leben und Gesundheit betrachtet.

Neben den genannten Forschungen stütze ich mich im Folgenden auf einige kleinere Studien, journalistische und essayistische Veröffentlichungen sowie auf eigene Erfahrungen und Beobachtungen, die ich seit 1984 in Nicaragua, Honduras, Guatemala und El Salvador machen konnte.[6]

1. Geschichte

In Zentralamerika gehören ebenso wie in anderen Teilen Lateinamerikas Straßencliquen und Banden von Kindern und Jugendlichen seit den 1960er Jahren zum Bild der Großstädte. Sie entstanden proportional mit dem Anwachsen der *barrios* und *colonias* und können verstanden werden als Folge einer kapitalistischen Entwicklung, die überkommene Lebensweisen und agrarische Subsistenzgrundlagen zerstört, ohne den vom Land vertriebenen Menschen in der Stadt eine neue stabile Existenzbasis geschweige denn ein besseres Leben zu ermöglichen. Für die Heranwachsenden, die das Leben noch vor sich haben, bedeutet dies eine besondere Zumutung (Liebel 1990: 79ff.). Die Straßencliquen und Banden können verstanden werden als eine kollektive Antwort der Jugendlichen auf ihre unerträgliche Lebenslage und

---

6   Über Costa Rica fand ich nur rudimentäre, über Belize und Panama überhaupt keine schriftlichen Informationsquellen. In der Tageszeitung *La Nación* (Arguedas/Segnini 2000) werden Kommentare von Sozialwissenschaftlern der *Universidad de Costa Rica* wiedergegeben.

als Kampfansage an eine Gesellschaft, die ihnen Teilhabe und Zukunft verweigert.

Bis in die achtziger Jahre sind die Straßencliquen relativ kurzlebige Gebilde mit informellen Strukturen. Es lassen sich in dieser Zeit zwei Arten von Gruppen unterscheiden. Zum einen Jugendliche, die sich an den Straßenecken ihrer Wohnviertel treffen, um sich jenseits von Schule und Arbeit in ihrer Freizeit zu vergnügen, die aber auch gelegentlich – meist in Verbindung mit studentischen oder gewerkschaftlichen Bewegungen – gegen Missstände (z.B. Fahrpreiserhöhungen) protestieren. Zum anderen Kinder und Jugendliche, die zumindest zeitweise auf der Straße leben und sich an bestimmten Orten zusammenfinden, um ihr Überleben zu organisieren. Letztere leben hauptsächlich von kleinen Diebstählen, Betteln und Gelegenheitsarbeiten (Liebel 1994: 135ff.).

Diese Jugendlichen identifizieren sich noch nicht – wie die späteren *pandillas* – mit einem bestimmten *barrio*, sondern sind in erster Linie darum besorgt, kurzfristig Räume zu finden, an denen sie einigermaßen geschützt sind und unbehelligt die Nacht oder ihre freie Zeit verbringen können. Konflikte zwischen den Straßencliquen sind schon aufgrund ihres flüchtigen Charakters, der kaum Gefühle der Gruppenzugehörigkeit entstehen lässt, relativ selten. Allerdings kommt es bereits zu Auseinandersetzungen mit Polizei und Militär, die die Jugendlichen verfolgen und aus dem Straßenbild zu entfernen versuchen – in Nicaragua besonders während der letzten Jahre des Somoza-Regimes, in Guatemala während der seit 1978 installierten Militärregimes – mit brutalen Mitteln, die bis zur physischen Eliminierung reichen.[7]

Etwa ab Mitte der achtziger Jahre ändert sich teilweise der Charakter der Straßencliquen. Neben den weiter bestehenden "Eckensteher"-Gruppen und den Cliquen der "Straßenkinder" entstehen die eigentlichen *pandillas* mit vergleichsweise neuen Handlungs- und Organisationsformen, und sie breiten

---

7 In Nicaragua beteiligten sich viele Straßencliquen am Aufstand gegen die Diktatur und sympathisierten zumindest in den Anfängen mit der 1979 erfolgreichen sandinistischen Revolution (vgl. Liebel 1989: 63; Cuerno 2000: 71). In Guatemala "hatte die Straße bis Oktober 1978 eine sehr spezielle Bedeutung für die Jugendlichen. Auf ihr hatten sie ihr Missfallen zeigen, ihre Ansprüche manifestieren, sie selbst sein können. Willkürliche Festnahmen und Folterungen zu Beginn, 'Verschwindenlassen' danach und schließlich die brutale Gewalt der Schusswaffen brachten sie zum Schweigen und nötigten sie, sich aus einem Territorium zurückzuziehen, das sie als ihr eigenes verstanden hatten" (Merino 2001: 164).

sich rasch aus.[8] Sie erlangen bald erhebliche Bedeutung und Prestige unter den Jugendlichen der *barrios*. Die einzelnen *pandillas* bestehen aus wesentlich mehr Jugendlichen als die bisherigen Straßencliquen, meist 40 bis 50, einige gehen in die Hunderte. Unter ihren Akteuren finden sich nun vor allem Jugendliche, die in den *barrios* leben und sich mit diesen identifizieren. Die Verteidigung eines von den Jugendlichen abgesteckten Territoriums – meist einzelne Straßenzüge oder der ganze *barrio* – wird zu einem der zentralen Elemente ihres Handlungsverständnisses. Während die Straßencliquen eher vermieden, allzu sehr aufzufallen, machten sich die *pandillas* nun in provokativer Weise auf den Straßen, in den Nachbarschaften und den öffentlichen Schulen bemerkbar (AVANCSO 1988: 2). In Guatemala und später auch in El Salvador und Honduras nehmen sie den Namen *mara*[9] an, in Costa Rica bezeichnen sie sich als *chapulines*[10] (Cuerno 2000: 68).

Die Entwicklung in El Salvador verläuft aufgrund des jahrelangen Bürgerkrieges[11] etwas zeitversetzt. Hier entstehen *maras* in größerem Umfang erst nach dem 1992 erfolgten Friedensschluss und nehmen zugleich besondere Formen an. In den ersten *maras* finden sich nicht nur Jugendliche aus den *barrios* zusammen, sondern auch demobilisierte ehemalige Guerillakämpfer und Soldaten, die sich in ihren Hoffnungen auf ein besseres Leben und soziale Anerkennung enttäuscht sehen. Hinzu kommen Jugendliche, die während des Bürgerkriegs mit ihren Familien in die USA emigriert oder dort geboren waren und nun wieder ausgewiesen wurden.[12] Die besonderen Le-

---

8   Die Entwicklung erfolgt parallel zur Entwicklung in Mexiko (vgl. Gomezjara et al. 1987a; 1987b; Gomezjara 1990; Reguillo Cruz 1995; Encinas Garza 1994). Auch schon vor 1985 gab es in Mexiko und Teilen Zentralamerikas vereinzelt *pandillas* mit territorialem Charakter, sie wurden aber öffentlich kaum beachtet.

9   Der Name *mara* wurde zunächst von der Polizei benutzt und während eines Streiks gegen die Erhöhung der Bustarife in Guatemala-Stadt, an dem sich die *pandillas* 1985 aktiv beteiligten, von diesen als Selbstbezeichnung übernommen. Er geht vermutlich auf den brasilianischen Film "Marabunta" zurück, der in dieser Zeit in den Kinos gespielt wurde (vgl. AVANCSO 1988: 11).

10 Auch der Ausdruck *chapulín* stammt ursprünglich von der Polizei und sollte den delinquenten Charakter der *pandillas* unterstreichen; er wurde von den Jugendlichen in selbstironischer Weise angeeignet. In dem Roman *Los Dorados* (Muñoz Chacón 2000) wird der Alltag der *pandillas* in den *barrios* von San José sehr einfühlsam und anschaulich in der Sprache der *pandilleros* dargestellt.

11 Ähnlich wie in Nicaragua schlossen sich auch in El Salvador viele städtische Jugendliche der Guerilla an.

12 Fast zeitgleich mit dem Friedensvertrag wurden in den USA 1992 die Migrationsgesetze verschärft und in den folgenden Jahren Tausende von Jugendlichen nach El Salvador (sowie in andere Länder Zentralamerikas und nach Mexiko) deportiert, die sich in *gangs*

bensgeschichten und Erfahrungen dieser Jugendlichen bringen es mit sich, dass viele *maras* in El Salvador besonders gewalttätige Züge tragen. Der salvadorianische Soziologe Miguel Cruz kommentiert:

> Die Bandenmitglieder aus den USA haben hier ganz schnell ihre Vorstellung von Straßenbande durchgesetzt, in ihrem Auftreten, ihrer Kleidung, ihren Symbolen, vor allem aber in der Dynamik der gewalttätigen Auseinandersetzungen zwischen verschiedenen Gangs (zit. n. Krämer 1999: 58).

Die *maras*, in denen Jugendliche aus den USA den Ton angeben, zeichnen sich dadurch aus, dass sie besonders groß und straff organisiert sind und mit Schusswaffen agieren. Die beiden bekanntesten unter ihnen sind die "Mara Salvatrucha" (MS) und die "Mara Dieciocho" (M18).[13] Ihre aktivsten Mitglieder und Führer gehörten zuvor gleichnamigen *gangs* in Los Angeles an, in denen sich ausschließlich Latino-Jugendliche, die so genannten *chicanos*, zusammengeschlossen hatten.[14] In El Salvador umfassen sie jeweils einige tausend Mitglieder und ihr Handlungsfeld ist nicht mehr auf einzelne *barrios* begrenzt, allerdings sind sie in örtlichen *clikas* untergliedert, die weitgehend selbstständig agieren. Sie unterhalten Verbindungen zu teils gleichnamigen *maras* in Guatemala und Honduras, in denen sich ebenfalls Jugendliche zusammengefunden haben, die aus den USA deportiert worden waren.[15] Neben diesen überregional organisierten *maras* existieren in El Salvador ebenso wie in anderen zentralamerikanischen Ländern weiterhin so genannte *maras locales* oder *maras de barrio*, die ihren Handlungsschwerpunkt in einzelnen *barrios* haben.[16]

---

organisiert hatten oder auf andere Weise mit den Gesetzen in Konflikt geraten waren (vgl. DeCesare 1998: 25f.).

13   "Salvatrucha" bedeutet "El Salvador soll leben"; der Name "M18" leitet sich von der 18th Street in Los Angeles ab, dem bevorzugten Aktionsfeld der dortigen *gang*.

14   Zu den Entstehungsgründen und Handlungs- und Organisationsformen der *chicano gangs* in Los Angeles vgl. Diego Vigil (1994); Cruz/Portillo Peña (1998): 56-59; DeCesare (1998).

15   Am Flughafen von Mexiko-Stadt besteht sogar eine Art internationale Abteilung der *maras*. Hier werden die aus den USA Zwangsheimgekehrten *(homies)* in Empfang genommen und für die Gruppe geworben.

16   Die *maras* und *pandillas*, von denen hier die Rede ist, sind von den Schülergruppen ("maras light") an manchen Schulen zu unterscheiden, die die *maras* nachahmen und sich ebenso nennen; ihr Hauptzweck besteht darin, die Schuluniform zu verteidigen. Ebenso gilt es, die *maras* von solchen Gruppen abzugrenzen, die einzig zu dem Zweck gegründet werden, delinquente Handlungen zu begehen; dies gehört zwar auch zum Handlungsrepertoire vieler *maras*, steht aber nicht im Zentrum ihres Interesses (vgl. Cruz/Portillo Peña 1998: 164; Cuerno 2000: 70f.; Merino 2001: 178).

José Luis Rocha (2001: 439ff.) weist in einer vergleichenden Betrachtung der neuen zentralamerikanischen Studien (ERIC, _Equipo de Reflexión, Investigación y Comunicación_ et al. 2001) darauf hin, dass zwischen den _maras_ in El Salvador, Guatemala und Honduras einerseits und den _pandillas_ in Nicaragua andererseits charakteristische Unterschiede bestehen. Die _maras_ agierten professioneller und aggressiver als die _pandillas_ in Nicaragua. Rocha führt dies auf die größere staatliche und paramilitärische Repression und den stärkeren Einfluss der USA in den erstgenannten Ländern zurück. Die die nationalen Grenzen überschreitenden Strukturen der _maras_ deutet er als eine Folge der Globalisierung, die sich im vorliegenden Kontext vor allem im internationalen Drogenhandel und der von ihm beeinflussten Zunahme der Gewalt und dem stärker delinquenten Profil der heute in El Salvador, Guatemala und Honduras tonangebenden _maras_ manifestiert.

In Guatemala-Stadt sollen nach behördlichen Schätzungen bereits 1987 ca. 28.000 Jugendliche in _maras_ aktiv gewesen sein (AVANCSO 1988: 2) mit seitdem vermutlich steigender Tendenz (Merino 2001: 167ff.). In El Salvador sollen Ende 1996 den _maras_ mindestens 20.000 Jugendliche angehört haben (IUDOP 1997: 695; DeCesare 1998: 25), die weitaus meisten in der Hauptstadt San Salvador. Für 2000 wird die Zahl auf 30-35.000 geschätzt (Santacruz Giralt/Concha-Eastman 2001: 13). In Honduras schätzt die örtliche Presse 1998 die Zahl der im Land aktiven _mareros_ auf 60.000. Allein in der Hauptstadt Tegucigalpa soll es 151 _mara_-Gruppen mit 14.858 Mitgliedern (11.987 Jungen und 2.861 Mädchen) gegeben haben (Castro/ Carranza 2001: 237). In Nicaraguas Hauptstadt Managua zählte die Polizei Anfang 1999 110 _pandillas_ mit einer durchschnittlichen Mitgliederzahl von 75 (Rocha 2000a: 19). Rocha schätzt die Zahl höher ein und weist darauf hin, dass sich in manchen _barrios_ Managuas die meisten Jugendlichen als _pandilleros_ verstehen (op. cit.: 20). Für Costa Rica wird angenommen, dass dort die _chapulines_ eine zahlenmäßig geringere Rolle spielen und weniger dauerhaft organisiert sind (Cuerno 2000: 68; Krauskopf 1996: 776).

Die Zahlenangaben können nur als grobe Schätzungen gelten. Den behördlichen und Presseangaben mag teilweise das Interesse zugrunde liegen, das Phänomen zu dramatisieren, und es werden auch selten die Kriterien und Methoden genannt, auf denen die Schätzungen basieren. José Miguel Cruz betont, das Phänomen sei heute so verbreitet, dass es kaum noch zu quantifizieren sei (vgl. seine Einführung zu Santacruz Giralt/Concha-Eastman 2001: 24). Unzweifelhaft dürfte aber sein, dass sich in den _pandillas_ und _maras_ der meisten zentralamerikanischen Länder heute eine große und vermutlich wachsende Zahl von Jugendlichen betätigt.

2. Lebenslage und Lebensgeschichte

Im Gegensatz zu der verbreiteten Annahme, dass die *pandillas* und *maras* von Jugendlichen getragen werden, die auf der Straße leben oder in jüngerem Alter Straßenkinder waren, betonen die meisten Untersuchungen, dass sie ihren Lebensmittelpunkt in den *barrios* haben und dort auch überwiegend über ein Zuhause verfügen, so prekär und konfliktgeladen es sein mag. In den Untersuchungen wird ebenfalls hervorgehoben, dass sich die *pandilleros* und *maras* keineswegs vorwiegend mit Diebstählen und Raubtaten über Wasser halten, sondern nach dem Verlassen der Schule in der Regel einer (wie auch immer) bezahlten Arbeit nachgehen oder nachzugehen versuchen und zudem über eine durchschnittliche Schulbildung verfügen.[17]

Im Guatemala der achtziger Jahre waren die *mareros* überwiegend zwischen 15 und 19 Jahre alt, nur wenige älter als 20 Jahre und keiner älter als 25 Jahre. Es zeichnete sich eine gewisse Tendenz ab, dass das Durchschnittsalter sich allmählich nach unten verschiebt, mit einem stärkeren Schwerpunkt bei den 12- bis 15-Jährigen. Im El Salvador der neunziger Jahre ist die Mehrheit der *mareros* allerdings ähnlich wie in Guatemala zehn Jahre zuvor zwischen 16 und 21 Jahre alt. Im Jahr 2000 sind die Jugendlichen beim Eintritt in die *mara* im Durchschnitt 15,1 Jahre (Jungen) und 15,3 Jahre (Mädchen) alt. Mehr als die Hälfte der Jugendlichen schließt sich den *maras* heute im Alter von 11 bis 14 Jahren an.

Die *maras* bestanden zunächst überwiegend aus Jungen, in Guatemala zu 80%, in El Salvador zu 78%. Eine spätere, als repräsentativ geltende Umfrage in Guatemala ergab für die Mädchen allerdings einen Anteil von 44%. Für das heutige El Salvador wird der Anteil von Mädchen auf etwa ein Drittel geschätzt.[18] Die Zahl der Mädchen, die sich den *maras* anschließen oder gar selbst welche ins Leben rufen, scheint zu wachsen. Heute gibt es in bei-

---

17 Die in diesem Abschnitt folgenden Daten beziehen sich im Wesentlichen auf Guatemala und El Salvador und sind folgenden Publikationen entnommen: AVANCSO (1988; 1993); IUDOP (1997); Cruz/Portillo Peña (1998); DeCesare (1998); Cuerno (2000); Santacruz Giralt/Concha-Eastman (2001). Einige Daten zu den *pandillas* in Honduras finden sich bei Boddiger (2001) und Castro/Carranza (2001), zu Nicaragua bei Sosa Meléndez/Rocha (2001).

18 Boddiger (2001: 2) spricht unter Bezug auf eine unveröffentlichte Studie der *Asociación Cristiana de Jóvenes* (Autoren: José Acevedo und Mario Posas) in Honduras von 88,2% Jungen und 11,8% Mädchen.

den (und vermutlich auch in anderen) Ländern einige *maras*, in denen sich annähernd so viele Mädchen wie Jungen finden. Während sich die Mädchen meist in einer untergeordneten Position befinden, gibt es auch *maras*, in denen die Mädchen eine führende Position innehaben und von den Jungen als Anführerinnen *(líderes)* respektiert werden.

Die *maras* verbringen zwar einen Großteil der Zeit auf der Straße, sie verfügen aber in den meisten Fällen über eine Wohnung. Die überwiegende Mehrheit verbringt die Nacht zu Hause, in Guatemala zu 80%, in El Salvador zu 90%. In El Salvador wohnte 1996 mehr als die Hälfte (52,7%) im Haus der Eltern, davon wiederum die Hälfte mit der Mutter, einige auch mit dem Vater allein. Andere wohnten mit Freunden (13,7%), bei Verwandten (12,4%), mit einem Partner oder einer Partnerin (8,7%), der Rest wohnte allein oder zusammen mit eigenen Kindern. Bemerkenswert ist auch, dass ein Drittel schon eigene Kinder hat; 38% der Mädchen sind bereits Mütter. In der IUDOP-Nachfolgeuntersuchung wurden vier Jahre später diese Ergebnisse weitgehend bestätigt.

In den achtziger Jahren waren in Guatemala unter den *mareros* keine Analphabeten zu finden. 61% besuchten eine Grund- oder Sekundarschule, 39% hatten die Schule bereits verlassen.[19] Allerdings ging niemand auf eine der privilegierten Privatschulen, die so genannten *colegios*, in denen gegen Bezahlung wesentliche bessere Bildungsmöglichkeiten als in den staatlichen Schulen geboten werden. Alle befragten Jugendlichen zeigten großes Interesse an der eigenen Bildung, aber nur wenige waren mit ihrer Schule zufrieden.[20] Sie wurde überwiegend als langweilig und nutzlos eingeschätzt. Viele Jugendliche, die sich den *maras* anschlossen, zeigten ihre Unzufriedenheit auch in der Schule und mussten oft aufgrund ihrer rebellischen Haltung oder ihres äußeren Erscheinungsbildes die Schule vorzeitig verlassen. In der AVANCSO-Studie zeigen sich die Forscher/innen von der Fähigkeit der *mareros* beeindruckt, die sozialen und politischen Verhältnisse zu kommentieren und sehen Parallelen zu den Jugendlichen, die in den politischen Bewegungen der siebziger Jahre aktiv waren.

Auch in El Salvador erwiesen sich 1996 fast alle *mareros* (96,3%) als alphabetisiert, und eine relevante Zahl hatte sogar eine überdurchschnittliche

---

19 Demgegenüber besuchten in den achtziger Jahren nur 50% der in der Stadt lebenden 15- bis 19-Jährigen eine Schule.

20 Das große Interesse an Bildung bei gleichzeitiger Ablehnung der bestehenden Schule wird in der Studie von Ardila Pedraza et al. (1995) eindrucksvoll auch für die *pandillas* in der kolumbianischen Hauptstadt Bogotá belegt.

Schulbildung. Fast die Hälfte (46,3%) hatte die Schule bis zur 9. Klasse besucht, ein weiteres Drittel (32,5%) hatte die Schule mit dem Abitur abgeschlossen. Im Durchschnitt hatten die Jugendlichen 8,4 Schuljahre, die aus den USA Zwangsheimgekehrten 10,21 Schuljahre absolviert. Allerdings erwies sich auch die Zahl derer, die die Schule vorzeitig ohne Abschluss verlassen hatten, als relativ hoch. Zum Zeitpunkt der 1996 erfolgten Befragung befanden sich die meisten (75,9%) außerhalb des Schulsystems, vier Jahre später waren es 92,3% der Befragten. Die IUDOP-Forscher/innen erklären dies damit, dass die Schule den Jugendlichen keine adäquaten Angebote macht und sie nicht genügend zum Lernen motiviert oder aus sozialen Gründen ausschließt.[21]

In Guatemala gingen in den achtziger Jahren die meisten *mareros* immer wieder schlecht bezahlten Gelegenheitsarbeiten nach, arbeiteten aber nicht regelmäßig. Im Allgemeinen gaben sie einen Teil ihres Verdienstes ihren Eltern und trugen so aktiv zu ihrem Lebensunterhalt bei. Ebenso bestritten sie von ihrem Einkommen die eigenen Bedürfnisse, wurden also nicht (mehr) von ihren Familien versorgt. Für ihre Familie zu sorgen, vermittelte den Jugendlichen Stolz und gab ihnen eine gewisse Macht in der Familie. Es trug sowohl dazu bei, die Bindungen an die Familie aufrecht zu erhalten, als auch sich von der Familie, wenn nötig, zu distanzieren. Ein großes Problem für sie war allerdings, dass es kaum möglich war, eine eigene Wohnung zu finden.

In El Salvador war zehn Jahre später die ökonomische Situation der Jugendlichen wesentlich komplizierter. Fast drei Viertel (74,5%) hatten zum Zeitpunkt der 1996er Befragung keine bezahlte Arbeit,[22] und von den wenigen, die eine hatten, verfügte nur gut die Hälfte (52,5%) über einen Arbeitsvertrag. Im Ergebnis bedeutet dies, das nur einer von zehn Jugendlichen einen einigermaßen verlässlichen Arbeitsplatz hatte. Von denen, die 1996 eine bezahlte Arbeit ausübten, arbeiteten 28,4% in einem handwerklichen Beruf (z.B. als Schuster, Bäcker, Klempner oder Schneider/in), 13% als KfZ-Mechaniker und 18% übten unqualifizierte Tätigkeiten aus (z.B. als Boten oder Hausangestellte). Die Übrigen hatten diverse Gelegenheitsjobs

---

21 In Honduras haben lt. Boddiger (2001: 2) 85% der *pandilleros* die Schule vorzeitig verlassen.
22 In der IUDOP-Untersuchung von 1996 bekundete fast die Hälfte der Befragten, sie habe im vorangegangenen Monat vergeblich eine Arbeit gesucht. Die Daten zur Arbeits- und Einkommenssituation werden in der Vergleichsuntersuchung (Santacruz Giralt/Concha-Eastmann 2001: 63, 76) im Wesentlichen bestätigt.

wie Busschaffner, Lastenträger oder Straßenhändler/in. Die meisten Arbeiten standen in keinem angemessenen Verhältnis zur erreichten Schulbildung und waren schlecht entlohnt. Ihr Arbeitseinkommen war so gering und unregelmäßig, dass ihnen zumindest zeitweise nichts anderes übrig blieb, als sich über illegale Tätigkeiten, z.B. mit kleinen Drogendeals oder Diebstählen, den nötigen Lebensunterhalt zu verschaffen.[23]

Die Familien, aus denen die *mareros* stammen, leben in den meisten Fällen in so großer Armut, dass sie ihre Kinder nicht angemessen ernähren oder gar finanziell unterstützen können. Oft ist auch der Wohnraum so eingeschränkt, dass mit wachsendem Alter kein Platz mehr für die Jugendlichen bleibt und sie praktisch auf die Straße ausweichen müssen. Für die Jugendlichen gibt es zudem kaum staatliche oder kommunale Einrichtungen, in denen sie kostenlos und nach eigenem *gusto* ihre freie Zeit verbringen oder interessante Dinge unternehmen können. Sie sind auf kommerzielle Einrichtungen angewiesen, zu deren Nutzung sie sich die nötigen Geldsummen erst verschaffen müssen.

Viele *mareros* sind auch auf sich allein gestellt, weil ihre Eltern und älteren Geschwister ganz oder zeitweise in die USA emigriert sind. In der Studie von Lorena Cuerno (2000: 64) ergab sich, dass neun von zehn interviewten salvadorianischen Jugendlichen Verwandte in den USA haben, ohne von ihnen direkt finanziell unterstützt zu werden. Sie berichteten, dass diese Verwandten ihnen nur gelegentlich bei Besuchen Kleidung, Videos, Kassettenrecorder, CD-Player oder ähnliche Konsumgüter mitbringen, die sie dann verkaufen, um sich über Wasser zu halten oder Drogen zu kaufen.

3. Aktivitäten und Vorlieben

Im Zentrum der *mara* oder *pandilla* steht, was die Jugendlichen das "verrückte Leben" *(vida loca)* nennen: der Nervenkitzel, den die Kämpfe der eigenen Bande mit rivalisierenden Banden anderer *barrios*, mit besser sich dünkenden Jugendlichen *(burgueses)* oder der Polizei mit sich bringen, in Nicaragua *la cateadera* genannt. Zu leiten scheint sie die Lust an der Provokation und am (nicht immer kalkulierten) Risiko, Dinge zu tun, die bei "normalen" Bürgern als anstößig gelten oder die ausdrücklich verboten sind. Am Bandenleben gefällt ihnen am meisten, was bei den *maras* in El Salvador *los vaciles* heißt. Diese können alles mögliche bedeuten: von den herzli-

---

23 In Honduras waren lt. Boddiger (2001: 2) 45% der *pandilleros* zum Zeitpunkt einer 2000 durchgeführten Befragung erwerbslos.

chen Beziehungen in der Bande und dem Zusammenhalt bis zu ihren Aktivitäten am Rande des Gesetzes oder jenseits von ihm, der *action* – und umschreibt zugleich die Lebenswelt der *pandilleros und pandilleras* mit ihren – auch von ihnen oft so verstandenen – guten und schlechten Seiten.

Die meisten *pandilleros* klauen und konsumieren Drogen (meistens Marihuana und Alkohol, neuerdings häufiger auch Crack und Kokain). Doch diese Aktivitäten, die von Medien und Politikern immer wieder als typisch für die Jugendbanden hervorgehoben und angeklagt werden, sind nicht ein besonderes Merkmal der *pandillas* und *maras*, sondern bei allen Jugendlichen mehr oder minder verbreitet. Drogen sind ein Teil des Alltags der *pandilla,* aber sie sind weder Grund noch Anlass des Zusammenseins. An Diebstählen und Überfällen beteiligen sich keineswegs alle *pandilleros* und – dies scheint mir noch wichtiger hervorzuheben – sie werden eher selten als *pandilla* praktiziert. Die vorrangige Aktivität, die die Gruppe zur *pandilla* oder *mara* macht, sind die *peleas*, die *pleitos*, die gemeinsam geführten Kämpfe. Diese vereinen alle *pandilleros* und *pandilleras*, die im übrigen fast nie unter Drogen in den Kampf gehen.[24]

Die Beteiligung an den Kämpfen, das dabei gezeigte Geschick und der Mut sind bestimmend für die soziale Anerkennung und Stellung der *pandilleros* und *mareros* in der Gruppe. Sie vermitteln ihnen Profil und Prestige. Die Philosophie der Kämpfenden besteht darin, schnell und gewitzt zu agieren, bevor der andere einem zuvorkommt und man selbst möglicherweise den Kürzeren zieht. Entscheidend ist, die Situation "im Griff zu haben" *(andar sobre)*, sich auf keinen Fall unterkriegen zu lassen.

Bezugspunkt des Handelns ist meist der *barrio*, in dem der *pandillero* aufgewachsen ist und sich zu Hause und einigermaßen sicher fühlt. Hier wird er zwar unter Umständen auch (z.B. von Erwachsenen, die sich um den guten Ruf ihres Viertels sorgen) angefeindet, aber er findet auch Sympathie und Unterstützung (z.B. von der eigenen Mutter) und bewegt sich auf vertrautem Terrain. Die Zugehörigkeit zum *barrio* vermittelt ihm ebenso ein Gefühl der Identität wie die *pandilla* selbst. Deshalb ist es kein Zufall, dass die Kämpfe der *pandilla* meist darum kreisen, ein Territorium zu verteidigen, das in der Regel aus dem eigenen *barrio* oder einzelnen Straßenzügen in diesem *barrio* besteht. Dies kann auch bedeuten, dass im *barrio* selbst – in

---

24 Aus Honduras wird berichtet, dass die schlechten Erfahrungen mit bestimmten Drogen, bei einigen *maras* zu einem internen Drogenverbot geführt haben. In den *maras* der Stadt El Progreso bestand generell keine Verpflichtung, Drogen zu konsumieren (vgl. Castro/ Carranza 2001: 292f.).

der Regel gegenüber Erwachsenen, die den Jugendlichen ablehnend oder feindselig begegnen – um die Vorherrschaft gekämpft wird. In den Worten eines *pandillero* aus einem *barrio* in Managua: "Wir regieren den *barrio*, damit uns keiner was vorschreibt. Wenn das einer macht, bringen wir ihn zum Schweigen. Man fügt sich, weil wir viele sind. Wir Jugendlichen bestimmen."[25]

José Luis Rocha von der Universidad Centroamericana in Managua gibt folgende Interpretation:

> Die Reaktion des *pandillero* in einer Welt, in der er nichts ist, ist Angreifen, den *barrio* dominieren, unterwerfen, weil er unterworfen ist, ein Territorium umreißen, weil er in der Entwurzelung lebt, sich einer Institution anschließen, die Identität gibt, weil er diese entbehrt. Der *pandillero* strebt danach zu dominieren in einer Umwelt, die ihn ausschließt (Rocha 2000a: 23).

In El Salvador (Cruz/Portillo Peña 1998; Santacruz Giralt/Concha-Eastman 2001) wurden die Jugendlichen gefragt, was ihnen an der *mara* gefällt und Vorteile mit sich bringt. Als attraktive Seiten werden die oben bereits erwähnten *vaciles* genannt, also die gemeinsame *action* am Rande und jenseits der Legalität sowie der Zusammenhalt unter den *bróderes*, des weiteren die gegenseitige Unterstützung, das Verständnis füreinander, Freundschaft, Schutz, Befreiung von den Eltern, die Erlangung von Respekt und – in geringerem Maße – *los pleitos* (die Streitereien), *las hainas* (die Frauen), zu Geld kommen und Drogen.

Unter den Dingen, die ihnen an der *mara* weniger gefallen, werden – nunmehr an vorderer Stelle – wiederum die Streitereien und die Drogen genannt, darüber hinaus der Klatsch *(los chambres)* und die Witze *(los cortos)*. Als Nachteile, die das Leben in der *mara* mit sich bringt, werden vor allem die Diskriminierung (durch Außenstehende) und die Verfolgung durch die Polizei hervorgehoben, ebenso die Gefahr, ins Gefängnis gesperrt oder umgebracht zu werden.

Die Selbsteinschätzungen des *mara*-Lebens unterscheiden sich allerdings auffallend bei Jungen und Mädchen. Letztere nannten unter den negativen Seiten häufig auch den *trencito*, die Praxis, den männlichen Bandenmitgliedern – zum Teil auf Anordnung des Bandenchefs – sexuelle Dienste zu leisten. Die typischen Kennzeichen des Lebens in der *mara* werden von den jungen Frauen im Allgemeinen negativer beurteilt als von ihren männlichen

---

25 Im Original: "Nosotros gobernamos el barrio sin que nadie nos diga nada. Si alguien nos dice algo, lo palmamos. Se acalambran porque somos muchos. Lo jóvenes mandamos" (Junge, zit. n. Rocha 2000a: 23).

Gefährten. Von den Mädchen werden als attraktive Momente vor allem "eine gute Zeit miteinander verbringen", "gegenseitiges Verständnis" und "Kleider" hervorgehoben.

Wie schon in der guatemaltekischen Studie aus den achtziger Jahren (AVANCSO 1988) wird auch in salvadorianischen Untersuchungen (Cruz/ Portillo Peña 1998; Santacruz Giralt/Concha-Eastman 2001) der verbreiteten Auffassung widersprochen, die Jugendlichen würden vor Problemen und Defiziten in ihren Familien fliehen. Jugendliche schließen sich den *maras* vor allem an, weil das Leben dort attraktiv ist und die Vorteile die Nachteile aus ihrer Sicht überwiegen. Trotz der Schwierigkeiten und Gefahren, die mit der Zugehörigkeit zur *mara* verbunden sind, sehen sie ihre psychischen Bedürfnisse dort besser befriedigt als an jedem anderen ihnen zugänglichen Ort. Dies vor allem, weil sie in den *maras* wichtig genommen und geschätzt werden. Auch eine andere salvadorianische Studie kommt zu dem Schluss, dass für viele Jugendliche "die *maras* ein soziales Netz sind, das ihnen Einkommen, Selbstwertgefühl und Solidarität verschafft" (Cuerno 2000: 63).

4. Gruppe, Kultur

Das Leben in der *pandilla* schafft eine gemeinsame Geschichte, einen ständigen Austausch von Kenntnissen und ermöglicht den Jugendlichen, Anerkennung zu finden und ihre freundschaftlichen Bindungen zu bestätigen und zu stärken. Die *pandilla* entsteht nicht, um Gesetze zu übertreten, sondern als Gruppe von Freunden, die irgendetwas gemeinsam unternehmen wollen. Die größte Treue gilt den *bróderes* der *pandilla*, nicht der Familie. Die *pandilla* wird selbst zu einer Art Familie, "in der Liebe und Beziehung wirklich und nicht nur rhetorisch sind" (AVANCSO 1988: 27). Dazu gehört, dass einer für den anderen bedingungslos einsteht und ihn verteidigt.

In der Gruppe werden Fairness und Ehrbarkeit hoch geschätzt und sind Qualitäten für Führerschaft. In allen *pandillas* gibt es einen entsprechenden Ehrenkodex, der für alle absolut verbindlich ist. Er lässt sich verstehen als eine Antwort auf die von den Jugendlichen bei den Erwachsenen erfahrene Heuchelei und die in der Gesellschaft verbreitete Korruption. Kaum ein *pandillero* wird sich mit Versprechungen oder Geldgeschenken kaufen lassen, z.B. als Spitzel für die Polizei.

Jede *pandilla* hat ihre eigenen Rituale und Funktionsregeln. Sie sind immer auf den Ausgleich in der Gruppe bezogen, können aber mehr oder weniger hierarchisch sein. Fast immer gibt es Bandenchefs, die Anweisungen erteilen können. Sie werden allerdings nur so lange anerkannt, wie sie die Qualitäten zeigen, die die Gruppe favorisiert und solange sie im Interesse und zum Vorteil der ganzen *pandilla* handeln.

Die Aufnahmerituale sollen ermöglichen herauszufinden, ob das neue Mitglied fähig ist, den Anforderungen der Gruppe zu genügen. Vor allem sind dies Anforderungen, die für das Kämpfen wichtig sind, wie körperliche Stärke, Geschick, Reaktionsschnelligkeit und die Bereitschaft, vor Gefahren nicht zu kneifen. Im Fall der Frauen haben die Aufnahmerituale eine bemerkenswerte Variante. Auch von ihnen wird erwartet, dass sie mit anderen Kämpfe austragen und sei es eine Schlägerei, aber es gibt auch die schon erwähnte Praxis des *trencito*, des "Liebe geben" *(donando amor)*. Darüber hinaus wird von den Frauen dasselbe erwartet wie von den Jungen, sei es beim Kämpfen mit anderen *pandillas* oder der Polizei, sei es beim "Herumziehen" *(vacilar)*, den oben beschriebenen *vaciles*.

Der respektlose Umgang der Jungen mit den Mädchen ist freilich auch in manchen *maras* selbst umstritten und Anlass für Auseinandersetzungen. Und nicht in allen *pandillas* wird sie in der beschriebenen Weise praktiziert. Es gibt *maras*, in denen die in der Gesellschaft immerhin übliche frauendiskriminierende Rollenverteilung ausdrücklich negiert wird, in denen die Frauen eine gleichberechtigte Stellung einnehmen und mitunter sogar den Ton angeben.[26] Das gilt im Übrigen auch für die Frage der Homosexualität. Während diese in den zentralamerikanischen Gesellschaften durchweg als abnorm und krankhaft gilt, wird sie in vielen *pandillas* offen praktiziert, unter Mädchen ebenso wie unter Jungen, und ist keinerlei Anlass für Diskriminierungen. In der AVANCSO-Studie bekannte die Hälfte der Frauen, lesbische Beziehungen zu haben, was allerdings nicht ausschloss, dass sie auch sexuelle Beziehungen zu Männern unterhielten.

Auch in kultureller Hinsicht prägen die *pandillas* und *maras* eine eigene Welt, die sich explizit von der "normalen" Gesellschaft unterscheidet und abgrenzt. Sie schaffen sich eine eigene Sprache, die nur innerhalb der Welt der *pandillas* verstanden wird. In ihr werden häufig Wörter aus dem Spanischen und Englischen vermischt, wobei auf Versionen der spanischen Sprache zurückgegriffen wird, wie sie zu früheren Zeiten üblich war *(el malespín)* oder in anderen lateinamerikanischen Ländern, vor allem Mexiko, Kolumbien und Venezuela gesprochen wird. Dabei werden völlig neue

---

26 Über *maras*, die ausschließlich aus Frauen bestehen, berichtet Merino (2001: 172, 190); sie nennen sich *Las Guerreras* (Die Kriegerinnen) oder *Las Gatas* (Die Katzen).

Wortschöpfungen geprägt, die voller Witz und Ironie sind.[27] Hinzu kommt die schriftliche Sprache der *graffiti* und *placazos*, die oft ebenfalls nur von den *pandilleros* selbst verstanden wird und teilweise der Markierung des eigenen Territoriums dient oder bestimmte Botschaften übermittelt. Ebenso die symbolische Sprache der Tätowierungen und Wandmalereien und eine bestimmte Art der (gestischen) Körpersprache, die einzig der Kommunikation unter den *pandilleros* und *mareros* vorbehalten ist.

5. Gewalt und Sehnsucht nach Gerechtigkeit

Physische Gewalt bis hin zu bewaffneten Auseinandersetzungen spielen in den *maras* und *pandillas* heute eine zentrale Rolle. Aber obwohl viele *mareros* und *pandilleros* gesetzeswidrige Handlungen begehen und sich nicht um Gesetze scheren, griffe es zu kurz, sie nur als Teil einer kriminellen Subkultur zu verorten. "Die meisten von ihnen besitzen Gründe, um in der *pandilla* zu sein, die weit hinausgehen über das simple Interesse, sich in delinquente Situationen zu begeben" (Cruz/Portillo Peña 1998: 164). Die *maras* sind eher zu verstehen als eine Variante der Überlebenskultur der Armen und Ausgegrenzten und ein Reflex der in den Gesellschaften Lateinamerikas allseits praktizierten und sich weiter ausbreitenden Gewalt (Castillo Berthier 1994; Fournier 2000).

Der salvadorianische Soziologe José Miguel Cruz spricht in einer Studie über die Formen und Ursachen der Gewalt in El Salvador von einer "Kultur der Gewalt". Darunter versteht er "die Schaffung von Wert- und Normsystemen, die den Gebrauch der Gewalt in jedem Bereich gegenüber anderen Formen des sozialen Verhaltens legitimieren und privilegieren" (Cruz 1997: 980; Cruz/González 1997). Seit dem Friedensschluss 1992 kamen in El Salvador jährlich 8.000 Menschen gewaltsam ums Leben, das bedeutet etwa 140 Tote je 100.000 Einwohner. Insgesamt werden in Lateinamerika pro Jahr 140.000 Menschen umgebracht, nicht gerechnet die Hunderttausende, die frühzeitig sterben, weil sie Hunger leiden und unter Bedingungen leben müssen, die ihre Gesundheit schädigen. 28 Millionen Familien sind jährlich Opfer von Raubtaten und Überfällen, etwa eine je Sekunde. Diese Art Gewalt ist in Lateinamerika fünfmal höher als im Rest der Welt (Rocha 2000a: 19). Die Zunahme der Gewalt ist nicht einfach eine Folge der Armut,

---

27 Roger Matus Lazo (1997) trug allein in Nicaragua mehr als 1.500 Wörter zusammen und analysierte ihre Ursprünge und Bedeutungen. Zur Sprache der *maras* in El Salvador vgl. auch Cuerno (2000: 72).

sondern geht eher auf die wachsende soziale Ungleichheit zurück, die vielen Menschen das Gefühl vermittelt, ungerecht und menschenunwürdig behandelt zu werden und deshalb Wut und Verzweiflung erzeugt.

Die neoliberalen "Strukturanpassungen", die den lateinamerikanischen Ländern seit dem chilenischen Militärputsch von internationalen Finanzinstitutionen aufgezwungen und von korrupten und auf den eigenen Vorteil bedachten nationalen "Eliten" bereitwillig durchgeführt werden, sind selbst eine Form struktureller Gewalt. Sie vergrößern nicht nur die Armut, sondern bewirken auch fundamentale kulturelle Veränderungen, indem sie das Selbstbild der Menschen und ihre Lebensweise neuen Standards unterwerfen, denen viele aufgrund ihrer Lebenslage nicht mehr genügen können. Geldbesitz und das Vermögen, Konsumgüter zu erwerben, werden zu vorrangigen Merkmalen eines angesehenen und gelungenen Lebens, koste es, was es wolle.

> Werte, die das Zusammenleben bisher erleichtert haben, wie die Solidarität, die Ehrbarkeit oder die Treue, geraten notwendigerweise in Widerspruch mit dem neuen axiologischen System, da sie sich als wenig effizient und wettbewerbstauglich erweisen (Fournier 2000: 152).

In der Folge wird die soziale Zusammengehörigkeit untergraben, die Vertrauensbeziehungen zwischen Familienangehörigen, Freunden und Nachbarn werden auf eine harte Probe gestellt und nicht selten zerstört.

Den Zerfall des sozialen Zusammenhalts und Gewalt erleben die Jugendlichen auf vielerlei Weise, lange bevor sie sich in einer *pandilla* zusammenschließen. Als Kinder erleben sie Väter und Stiefväter als schlecht gelaunt, unverantwortlich, gewalttätig und schlimmer. In vielen Familien regiert, als Produkt von Überforderung und Verzweiflung, der Alkohol. In El Salvador ergab eine Untersuchung, dass 80,5% der Befragten als Kinder in ihren Familien misshandelt wurden. Fast die Hälfte hat erlebt, dass Frauen und Kinder regelmäßig beschimpft und bedroht wurden (Cruz/González 1997). Die AVANCSO-Studie betont, dass es nicht die oft verantwortlich gemachte Unvollständigkeit der Familie ist, die den Jugendlichen zu schaffen macht, sondern das angsteinflößende Verhalten der Erwachsenen und die Unmöglichkeit, mit ihnen kommunizieren und ein Vertrauensverhältnis entwickeln zu können (AVANCSO 1988: 20). Auch für El Salvador wird in der neuesten IUDOP-Untersuchung ausdrücklich die verbreitete "simplizistische Hypothese" zurückgewiesen, die *mareros* stammten aus "desintegrierten Familienverhältnissen" (Santacruz Giralt/Concha-Eastman 2001: 67). Allerdings wird – wie auch in anderen Untersuchungen – hervorgehoben, dass das familiäre Leben der meisten *pandilleros* von Gewalt und fehlendem Verständnis geprägt sei. Vor allem die Mädchen sehen sich durch diese Erfahrungen veranlasst, sich einer *mara* anzuschließen.

Gewalt und Ungerechtigkeit erleben die Jugendlichen Tag für Tag, auf der Straße, in der Schule, bei der Arbeitssuche, im Umgang mit den staatlichen Autoritäten. In der Schule sehen sie sich von überforderten und schlecht bezahlten Lehrern missachtet und diskriminiert. Die Arbeitssuche kommt für sie einem Spießrutenlauf gleich, und wenn sie ausnahmsweise mal eine bezahlte Arbeit finden, werden sie wie eine Zitrone ausgepresst und müssen sich mit einem Hungerlohn begnügen, der nicht annähernd für die Befriedigung ihrer Lebensbedürfnisse ausreicht. Allein aufgrund von Tätowierungen und ungewöhnlicher Kleidung oder auch nur aufgrund ihres Wohnortes werden sie von staatlichen Autoritäten und selbst ernannten Saubermännern ("Todesschwadronen" und anderen paramilitärischen Gruppen) als potentielle oder tatsächliche Kriminelle betrachtet, schikaniert, bedroht und häufig sogar umgebracht. Bei geringsten Anlässen werden sie von der Polizei eingesperrt und misshandelt, Mädchen nicht selten auch vergewaltigt.

Wenn die Jugendlichen sich in einer *pandilla* zusammenschließen, sind sie meist davon überzeugt, dass sie in einer ungerechten Welt leben und dass ihnen Unrecht widerfahren ist. Sie verstehen ihre *mara* und das, was sie treibt, als eine Art Rache an dieser Welt, die sie verletzt. In ihren Augen gibt es reiche Leute, die andere zu ihrem Vorteil ausnutzen und die Welt regieren und arme Leute, die ausgenutzt werden und sich zu viel gefallen lassen (müssen). In ihren Augen nützt die Gesellschaft nicht den Armen und nicht den Jungen, und sie wollen damit nichts tun haben. "Gesellschaft, an so etwas nehme ich nicht teil", – sagt ein *marero* in Guatemala (AVANCSO 1988: 28).

Aus der Erfahrung der Armut und der Bedrohung wissen die *mareros*, dass man sich zusammentun muss, um nicht unterzugehen. Sie sind nicht politisch radikal in dem Sinne, dass sie die als feindselig und ungerecht empfundene Gesellschaft ändern wollen. Sie verteidigen in erster Linie sich selbst und wollen sich den Teil des Kuchens sichern, der ihnen zusteht, und sei es mit Gewalt. Über die aus der Not geborene Aneignung von "Lebensmitteln" zur Befriedigung ihrer unmittelbaren materiellen Bedürfnisse hinaus verkörpern die *pandillas* allerdings auch eine

> rebellische Haltung gegenüber einem sozioökonomischen System, das sie in eine Situation materieller und geistiger Marginalität versetzt, das heißt ohne reale

Möglichkeiten, ein geschätztes und würdiges Lebensprojekt zustande zu bringen (Escobar 1996: 336).

Indem sich die Jugendlichen in der *pandilla* zusammenschließen, reagieren sie darauf, dass ihnen die Gesellschaft edukative, kulturelle und ökonomische Gelegenheiten verwehrt, um sich als Person zu entwickeln und ein befriedigendes Leben zu leben. Sie idealisieren keineswegs ihr "verrücktes Leben" und haben zu ihren eigenen Handlungen ein ambivalentes Verhältnis,[28] aber sie sehen keine andere Möglichkeit, ihr eigenes Leben zu leben und eine eigene Identität zu haben. Sie sehen in den eigenen kriminellen Handlungen und in der Gewalt selbst ein zumindest legitimes Mittel, um ihre emotionalen und materiellen Grundbedürfnisse zu befriedigen und ein gewisses ökonomisches und psychisches Niveau zu wahren.[29]

Für sie ist es besser, wichtig zu sein und wertgeschätzt zu werden unter gefährlichen Bedingungen, als "nichts" oder "niemand" zu sein, so Cruz/Portillo Peña (1998: 145) in ihrem Versuch, die Motive und Empfindungen der *mareros* auf eine Formel zu bringen. Der einzelne Jugendliche

> befindet sich als Mitglied einer *mara* in einer besseren Situation im Vergleich zu anderen Jugendlichen im *barrio*, wenn wir die für ihn wichtigen Erwägungen in Rechnung stellen. Die Entscheidung, Mitglied einer *mara* zu werden, kann für den Jugendlichen entscheidend sein, da die Vorteile größer sind als die Kosten..., aber auch das Bedürfnis nach eigenem Handeln, Prestige und Status, Geld (ob auf delinqente Weise erworben oder nicht), Drogen, die Beachtung durch die Mädchen – dies alles sind Bedürfnisse, die in der *mara* erfüllt werden können[30] (Savenije/Lodewijkx 1998: 127; zit. n. Santacruz Giralt/Concha-Eastman 2001: 114).

Der Zusammenschluss in der *pandilla* lässt sich deshalb letztlich verstehen als Versuch, einen sozialen Raum wiederzuerlangen, der verloren ging oder

---

28 Die IUDOP-Untersuchung von 1996 gelangte zu dem "paradoxen" Ergebnis, dass das, was die Jugendlichen "an den *pandillas* anzieht, dasselbe zu sein scheint, was sie sein lassen wollen. Die Jugendlichen scheinen sich bewusst zu sein, dass ihre Zukunft nicht in den *pandillas* liegt" (IUDOP 1997: 710). Vier Jahre später ist der Anteil der Jugendlichen, die von der *pandilla* Abstand gewinnen wollen ("que desean calmarse"), erheblich zurückgegangen (vgl. Santacruz Giralt/Concha-Eastman 2001: 71f., 113). Zu den Schwierigkeiten der Jugendlichen, die *pandilla* zu verlassen, vgl. auch ihre Interpretation als "kulturelles Gefängnis" (Rocha 2000b).

29 Rocha (2000a: 24) macht auch darauf aufmerksam, dass in einer bedrückenden und hoffnungslosen Lebenswelt, in der Selbstmord als permanente Gefahr präsent ist, das Leben als *pandillero* bedeuten kann, dem Tod Paroli zu bieten und einen existentiell-psychischen – bisher wenig untersuchten – Konflikt zu lösen.

30 Aus der Sicht eines männlichen *mareros* betrachtet (Anm. M. L.).

im "normalen" Leben unerreichbar ist. Mit der *pandilla* versuchen die Jugendlichen

> eine Gesellschaft für sie selbst zu schaffen in einem Umfeld, wo nichts existiert, was ihren Bedürfnissen angemessen ist. Was die Jugendlichen über die Aktivitäten der *pandilla* erlangen, ist das, was ihnen in der Welt der Erwachsenen verweigert wird: Protagonismus[31] (Rocha 2000a: 20).

Unter anderen politisch-gesellschaftlichen Umständen hätten viele Jugendliche, die sich seit den achtziger Jahren in *pandillas* und *maras* zusammenfinden, vermutlich andere, weniger destruktive und gewalttätige Ausdrucksformen gefunden, oder sie hätten sich sozialen Bewegungen angeschlossen, die auf eine Veränderung der Lebensumstände zielen. Aber gegenwärtig ist nicht "die Zeit für kommunale Bewegungen" (Rocha) und politische Alternativen existieren kaum. Auch sich als progressiv verstehende Organisationen tendieren noch immer dazu, den von den Massenmedien und Polizeiorganen verbreiteten Stereotypen zu folgen und die Jugendlichen der *pandillas* schlicht als *lumpen* zurückzuweisen und sogar in Zusammenarbeit mit der Polizei zu bekämpfen (AVANCSO 1993; Castro/Carranza 2001: 316). Allmählich macht sich allerdings die Erkenntnis breit, dass viele heute in *pandillas* und *maras* aktive Jugendliche für alternative Lösungen ihrer Probleme durchaus empfänglich sind, unter der Voraussetzung, dass sie als eigenständige und ernst zu nehmende Personen respektiert und dabei unterstützt werden, der von ihnen selbst erfahrenen Gewalt und Missachtung ihrer Rechte ein Ende zu setzen.[32]

---

31 Zur Debatte um den *protagonismo* von Kindern und Jugendlichen in Lateinamerika vgl. Liebel/Overwien/Recknagel (1999).

32 Für eine solche Praxis gibt es in Mexiko schon seit längerem eine Reihe von Beispielen (vgl. z.B. Gomezjara 1987b; Serna Hernández 2000). Auch in einigen Ländern Zentralamerikas entstehen – meist im Kontext kommunaler und kultureller Praxis im *barrio* – seit kurzem unter aktiver Mitwirkung von *pandilleros* vergleichbare Projekte, in denen Alternativen zur Gewalt gesucht und andere Erfahrungen ermöglicht werden. Sie werden beschrieben für El Salvador von Cuerno (2000), Castro (1998) und Studer (2001), für Nicaragua von Rocha (2000b) und Sosa Meléndez/Rocha (2001) und für die honduranische Stadt San Pedro Sula von Boddiger (2001). Zu früheren Ansätzen in Nicaragua, die im Kontext der *Educación Popular* entwickelt wurden, vgl auch Liebel (1990) und CANTERA (1992). Die IUDOP-Untersuchungen von 1996 (Cruz/Portillo Peña 1998) und 2000 (Santacruz Giralt/Concha-Eastman 2001) münden in ausführliche Empfehlungen für das politische Handeln *(políticas públicas)*.

Literaturverzeichnis

Ardila Pedraza, Amparo et al. (1995): *Pandillas Juveniles. Una historia de amor y desamor.* Santa Fé de Bogotá.

Arguedas, Carlos/Segnini, Giannina (2000): "Inquietud por brote de pandillas. Barras emergen en zonas marginales". In: *La Nation*, 29. Oktober. San José, Costa Rica.

Argueta, Sandra et al. (1992): "Diagnóstico de los grupos llamados 'maras' en San Salvador. Factores psicosociales que prevalecen en los jóvenes que los integran". In: *Revista de Psicología de El Salvador*, 2.43: 53-84.

AVANCSO (Asociación para el Avance de las Ciencias Sociales en Guatemala) (1988): *On Their Own. A preliminar study of youth gangs in Guatemala City.* Guatemala (*Cuadernos de Investigación*, 4).

— (1993): *"Aqui corre la bola". Organización y Relaciones Sociales en una Comunidad Popular Urbana.* Guatemala (*Cuadernos de Investigación*, 9).

Boddiger, David (2001): Pandilleros recanalizan energías. In: *Noticias aliadas*, 38.28: 1-2.

CANTERA (Centro de Comunicación y Educación Popular) (1992): *¿Cual es la nota de los cipotes? Una experiencia de Educación Popular entre los niños y la comunidad.* Managua.

Castillo Berthier, Hector (1994): "Violencia urbana y cultura en la juventud contemporana". In: Concha Eastman, Alberto et al. (Hrsg.): *Ciudad y Violencias en América Latina.* Quito, Ecuador, S. 221-234.

Castro, Iván (1998): "Gewalt und Hoffnung in El Salvador. Jugendbanden tragen ihren Krieg bis in die Schulhöfe". In: *der überblick*, 34.1: 127-129.

Castro, Misael/Carranza, Marlon (2001): "La maras en Honduras". In: ERIC *(Equipo de Reflexión, Investigación y Comunicación)* et al., S. 219-332.

Cruz, José Miguel (1997): "Los factores posibilitadores y las expresiones de la violencia en los noventa". In: *Estudios Centroamericanos*, 52.588: 977-992.

Cruz, José Miguel/González, Luis Armando (1997): "Magnitud de la violencia en El Salvador". In: *Estudios Centromericanos*, 52.588: 953-966.

Cruz, José Miguel/Portillo Peña, Nelson (1998): *Solidaridad y violencia en las pandillas del gran San Salvador. Más allá de la vida loca.* San Salvador.

Cuerno, Lorena (2000): "El lado oscuro de la calle. El caso extremo de las maras". In: *Jóvenes. Revista de Estudios sobre Juventud*, Nueva época, 4.10: 62-77.

DeCesare, Donna (1998): "The Children of War. Street Gangs in El Salvador". In: *NACLA Report on the Americas*, 32.1: 21-29.

Encinas Garza, José Lorenzo (1994): *Bandas juveniles: perspectivas teóricas.* México, D.F.

ERIC *(Equipo de Reflexión, Investigación y Comunicación)*, Honduras/IDESO *(Instituto de Encuestas y Sondeo de Opinión)*, Nicaragua/IDIES *(Instituto de Investigaciones Económicas y Sociales)*, Guatemala/IUDOP *(Instituto Universitario de Opinión Pública)*, El Salvador (2001) (Hrsg.): *Maras y Pandillas en Centroamérica.* Managua.

Escobar, Francisco Andrés (1996): "Por mi madre vivo y por mi barrio muero. Una aproximacion al fenómeno de las maras". In: *Estudios Centroamericanos*, 51.570: 327-349.

Feixa, Carles/Molina, Fidel/Alsinet, Carles (Hrsg.) (2002): *Movimientos juveniles en América Latina. Pachucos, malandros, punketas.* Barcelona.

Fournier, Marco Vinicio (2000): "Violencia y juventud en América Latina". In: *Nueva Sociedad*, 167: 147-156.

Gomezjara, Francisco A. et al. (1987a): *Las bandas en tiempo de crisis*. México, D.F.

— (1987b): *Pandillerismo en el estallido urbano*. México, D.F.

— (1990): "Rebellen ohne Grund. Jugendbanden und Straßencliquen in Mexiko". In: *Blätter des iz3w*, 165 (Mai), S. 25-28.

Hoegen, Monika (1999): "Nur wer tötet, gehört dazu. Berüchtigt: Jugendbanden in San Salvador". In: *Bonner General-Anzeiger*, 30./31. Oktober.

IUDOP (Instituto Universitario de Opinión Pública) (1997): "Solidaridad y violencia. Los jóvenes pandilleros en el gran San Salvador". In: *Estudios Centroamericanos*, 52.585/ 586: 695-710.

Krämer, Thomas (1999): "So etwas wie Heimat. Jugendbanden – in El Salvador ein genauso verbreitetes wie unverstandenes Phänomen der Nachkriegszeit". In: *Lateinamerika Nachrichten*, 303/304: 58-59.

Krauskopf, Dina (1996): "Violencia juvenil: Alerta social". In: *Revista Parlamentaria*, 4.3: 775-801.

Lessing, Hellmut/Liebel, Manfred (1981): *Wilde Cliquen. Szenen einer anderen Arbeiterjugendbewegung*. Bensheim.

Liebel, Manfred (1989): "Straßencliquen und Jugendbanden in Nicaragua – Provokation der Revolution?". In: *Lateinamerika Nachrichten*, 183/184: 63-75.

— (1990): *Mala Onda. "Wir wollen leben, nicht überleben." Jugend in Lateinamerika*. Frankfurt am Main.

— (1994): *Wir sind die Gegenwart. Kinderarbeit und Kinderbewegungen in Lateinamerika*. Frankfurt/Main.

— (2000): "Mit dem Tod vor Augen im Leben auf's Ganze gehen. Jugendkulturen und Jugendforschung in Mexiko und Kolumbien". In: *Sozialwissenschaftliche Literatur Rundschau*, 23.41: 89-100.

Liebel, Manfred/Gomezjara, Francisco A. (1996): "Die Situation der Jugendlichen und die Jugendkultur". In: Briesemeister, Dietrich/Zimmermann, Klaus (Hrsg.): *Mexiko heute. Politik – Wirtschaft – Kultur*, 2. überarbeitete und aktualisierte Auflage. Frankfurt am Main, S. 409-417.

Liebel, Manfred/Overwien, Bernd/Recknagel, Albert (Hrsg.) (1999): *Was Kinder könn(t)en. Handlungsperspektiven von und mit arbeitenden Kindern*. Frankfurt am Main.

Matus Lazo, Roger (1997): *El lenguaje del pandillero en Nicaragua*. Managua.

Merino, Juan (2001): "Las maras en Guatemala". In: ERIC *(Equipo de Reflexión, Investigación y Comunicación)* et al., S. 109-218.

Muñoz Chacón, Sergio (2000): *Los Dorados*. San José, Costa Rica.

Orellana Maglioni, Jesús Humberto (1998): *Violencia Juvenil. La Pandilla*. Tegucigalpa.

Ramos, Carlos G. (Hrsg.) (1998): *América Central en los noventa: problemas de juventud*. San Salvador.

Reguillo Cruz, Rossana (1995): *En la calle otra vez. Las bandas: identidad urbana y usos de la comunicación*, 2. erw. Auflage. Guadalajara, Mexiko.

Rocha, José Luis (2000a): "Pandillero: la mano que empuña el mortero". In: *envío – Revista mensual de la Universidad Centroamericana (UCA)*, 19.216: 17-25.

— (2000b): "Pandillas: una carcel cultural". In: *envío – Revista mensual de la Universidad Centroamericana (UCA)*, 19.219: 13-22.

— (2001): "Balance de los estudios en los cuatro paises". In: ERIC *(Equipo de Reflexión, Investigación y Comunicación)* et al., S. 431-444.

Rodgers, Dennis (1997): "Un antropólogo-pandillero en un barrio de Managua". In: *envío – Revista mensual de la Universidad Centroamericano (UCA)*, 16.184: 10-16.

Salazar J., Alonso (1990): *No nacimos pa' semilla. La cultura de las bandas juveniles en Medellín*. Medellín.

— (2002): "Sicarios. Una mirada a las violencias columbianas". In: Feixa, Carles/Molina, Fidel/Alsinet, Carles: *Movimientos juveniles en América Latina. Pachucos, malandros, punketas*. Barcelona, S. 103-112.

Salomon, Leticia (1993): *La Violencia en Honduras 1980-1993*. Tegucigalpa.

Salomon, Leticia/Castellanos, Julieta/Flores, Mirna (1999): *La Delincuencia Juvenil. Los Menores Infractores en Honduras*. Tegucigalpa.

Santacruz Giralt, María L./Concha-Eastman, Alberto (2001): *Barrio adentro. La solidaridad violenta de las pandillas*. San Salvador.

Santacruz Giralt, María L./Cruz Alas, José Miguel (2001): "Las maras en El Salvador". In: ERIC *(Equipo de Reflexión, Investigación y Comunicación)* et al., S. 15-107.

Savenije, Wim/Lodewijkx, Hein (1998): "Aspectos expresivos e instrumentales de la violencia entre pandillas juveniles salvadoreñas: una investigación de campo". In: Ramos, Carlos G. (Hrsg.): *América Central en los noventa: problemas de juventud*. San Salvador.

Serna Hernández, Leslie (2000): "Las organizaciones juveniles. De los movimientos sociales a la autogestión". In: *JOVENes. Revista de Estudios sobre Juventud*, Nueva época, 4.11: 114-130.

Smutt, Marcela und Jenny Lissette Miranda (1998): *El fenómeno de las pandillas en El Salvador*. San Salvador *(Serie Adolescencia*, 2).

Sosa Meléndez, Juan-José/Rocha, José Luis (2001): "Las pandillas en Nicaragua". In: ERIC *(Equipo de Reflexión, Investigación y Comunicación)* et al., S. 333-430.

Studer, Yannick (2001): "Sie weinen nicht um ihre Freunde". In: *terre des hommes schweiz*, Februar.

Thiele, Gisela/Taylor, Carl S. (1998): *Jugendkulturen und Gangs*. Berlin.

Urteaga Castro-Pozo, Maritza (2000): "Formas de agregación juvenil". In: Pérez Islas, José Antonio (Hrsg.): *Jóvenes: Una evaluación de conocimiento. La investigación sobre Juventud en México 1986 – 1999*, Bd. 2. México, D.F., S. 405-516.

Valenzuela Arce, José Manuel (2002): "De los pachucos a los cholos. Movimientos juveniles en la frontera México-Estados Unidos". In: Feixa, Carles/Molina, Fidel/Alsinet, Carles: *Movimientos juveniles en América Latina. Pachucos, malandros, punketas*. Barcelona, S. 11-34.

Vigil, James Diego (1994): *Barrio Gangs. Street Life and Identity in Southern California*, 4. Aufl. Austin.

Guillermo Meléndez

Der Katholizismus in Zentralamerika: zwischen Konservatismus und Prophetismus

1. Die sechziger Jahre: der Weg wird bereitet

Im Kontext der besonderen Konjunkturlage der sechziger Jahre, die nach der Etablierung des sozialistischen Projekts in Kuba entstanden war, stimmten die *Agencia Internacional para el Desarrollo* (AID) der Vereinigten Staaten und die auf Modernisierung bedachten bürgerlichen Kreise Zentralamerikas darin überein, gemeinsam eine zu jener Zeit weit verbreitete politische Praxis voranzutreiben: den *Desarrollismo*[1]. Angestrebt wurde damit ein ausgewogener kapitalistischer Fortschritt, der mittels Hilfsprogrammen und Förderung von sozial benachteiligten Gruppen und Regionen erreicht werden sollte und die Neutralisierung des von ihnen ausgehenden Konfliktpotentials zum Ziel hatte (Meléndez 2002b).

Schon bald jedoch erkennen sowohl die AID als auch diese bürgerlichen Sektoren die fast überall existierende Unfähigkeit der staatlichen Institutionen Zentralamerikas, solche Programme durchzuführen.[2] Angesichts dieser Situation akzeptieren sie, wenn auch nicht ohne Vorbehalte, die Kollaboration der katholischen Kirche, sehen sie doch mit Besorgnis die geringe Übereinstimmung zwischen der vom Großteil der Hierarchien und dem Klerus favorisierten traditionellen Politik und dem von der Regierung Kennedy geförderten Reformkurs. Dennoch lässt sich seit den Sozialenzykliken von

---

1 *Desarrollismo* meint eine Sichtweise, die alle wirtschaftlichen Abläufe unter den Kategorien "mehr entwickelt/weniger entwickelt" betrachtet (*desarrollo* = Entwicklung). Man beurteilt die Länder, die nicht zur "Ersten Welt" gehören, danach, welche Entwicklung sie noch zu durchlaufen haben, bis sie auf demselben Stand sind wie die hochindustrialisierten Länder. Die Wirklichkeit der Industrienationen ist dabei normativ und gilt *a priori* als gut und erstrebenswert.

2 Nur in Costa Rica befand sich der *Desarrollismo* vollständig in Händen des reformistischen Staates. Die kirchliche Institution ignoriert die Thematik des *Desarrollo* und zieht sich hauptsächlich in den spirituellen und edukativen Bereich zurück. Dennoch übernimmt sie in dem Maße, in dem der Wohlfahrtsstaat dies fordert oder erleichtert, soziale Funktionen der Förderung und Unterstützung (siehe Richard/Meléndez 1982: 267-272; Picado 1989).

Johannes XXIII[3] in den Dokumenten des Vatikans eine Bereitschaft zur Unterstützung und Förderung von Aktivitäten der weniger traditionalistischen kirchlichen Sektoren ausmachen (Opazo 1982: 285f.; Monteforte 1972: 247).

Die Entwicklungstheologie bietet die ideologische Rechtfertigung für die bedeutende Tätigkeit im Sinne des *Desarrollismo* vieler Priester und Ordensschwestern – zum Großteil ausländischer Abstammung –, die sich in den ländlichen Gebieten von Guatemala bis Nicaragua ansiedeln. Diese Theologie heiligt fast den technischen Fortschritt – und folglich auch die kapitalistische Modernisierung – als Mittel zur Überwindung des Elends. Dadurch verändert sich das Wesen der traditionellen von der Kirche geleisteten Hilfsdienste, die nun als karitativer Paternalismus angesehen werden, und dem Kampf gegen den Rückstand in der Entwicklung wird eine religiöse Bedeutung verliehen (Trigo 1987: 37f.; Meléndez 1990: 63f.; Boero 1986).

Der sich entwickelnde kirchliche *Desarrollismo* gewinnt mit der Entstehung einer prophetischen Kirche oder einer Kirche der Armen (*Iglesia de los pobres*, IP) in den siebziger Jahren besondere Bedeutung (Meléndez 2002b). Grund hierfür sind insbesondere die Priester und Ordensschwestern, die in dem Maße, wie sie allmählich der strukturellen Behinderungen des Fortschritts und des Kampfes gegen das Elend gewahr werden, selbst unter der schonungslosen Unterdrückung durch die lokalen Autoritäten gegen die Kämpfe der Landbevölkerung zu leiden haben. Nach und nach führt dies zu einer wachsenden Solidarität mit der Landbevölkerung und zum Eintreten für ihre Interessen.[4] Die traditionelleren kirchlichen Sektoren sehen dieses Interesse an sozialer Aktion jedoch mit Argwohn (Opazo 1982: 286), sind sie doch der Überzeugung, dass damit der ursprünglichen Aufgabe der Kirche nicht entsprochen wird. Aus diesem Grund lehnen sie den kirchlichen *Desarrollismo* ab.[5]

Wie Blanco/Valverde (1987: 62-71) darlegen, ermöglicht das Aufkommen der *Celebración de la Palabra de Dios* (CPD; feierliches Messelesen des Wortes Gottes) in der honduranischen Diözese Choluteca (1966) die

---

3 *Mater et magistra* (1961) und *Pacem in Terris* (1963).
4 Nur in Costa Rica ließ die Auflösung der kirchlichen sozialen Infrastruktur, die von der durch den Wohlfahrtsstaat entwickelten mächtigen unterstützenden und fördernden Institutionalität minimiert und absorbiert wurde, keinen Platz für ein solches Zusammenleben und eine solche Bewusstseinsbildung (Opazo 1982: 287; Richard/Meléndez 1982: 271).
5 Diese Opposition stimmt mit derjenigen der am wenigsten entwickelten ländlichen oligarchischen Sektoren überein, die in dem Erwachen des Bewusstseins der Landbevölkerung eine große Gefahr für ihre Interessen sehen.

Entwicklung eines neuen religiösen und doktrinären Erziehungsmodells. Die CPD, die sich bald darauf nach Nicaragua, El Salvador und Guatemala ausbreitet, bezieht Laien unmittelbarer in religiöse Aktivitäten ein, die vormals ausschließlich den Priestern vorbehalten waren, und schafft somit die Bedingungen für die Entstehung einer evangelisierenden Ausbildung im Schoß der christlichen Gemeinde.

Während dieser Jahre nehmen Seelsorger aus Nicaragua, Guatemala und El Salvador, die von dem Wunsch beseelt sind, eine theologische und methodologische Ausbildung für ihr Wirken im Volk zu erhalten, an Kursen teil, die an dem Pastoralinstitut der am Rande der Hauptstadt Panamas liegenden Gemeinde San Miguelito unterrichtet werden. Dort kommen sie mit einer völlig neuen pastoralen Erfahrung in Kontakt, die den Kampf für den (materiellen, sozialen und humanen) Wohlstand mit der Evangelisierung und der Verkündung einer Erlösungsbotschaft im Zeichen der menschlichen Würde, der Brüderlichkeit und der Solidarität unter den Menschen verbindet. Diese Erfahrung schließt auch ein Zentrum zur Schulung von Laien-Führungspersönlichkeiten und ein Netzwerk kleiner christlicher Gemeinden – die "Familie Gottes" – zur Bibellektüre, zum Nachdenken über die Wirklichkeit und zur christlichen Erziehung ein, direkte Vorgänger der kirchlichen Basisgemeinden (Ceb) (Opazo 1988: 35-37, 114-124).

Es sind vor allem ausländische Seelsorger, die beginnen, einen Teil der internationalen Hilfe zur Errichtung von Zentren zur Ausbildung der Landbevölkerung zu verwenden. Ihr oberstes Ziel ist die humane und religiöse Erziehung von Führungspersönlichkeiten in den Gemeinden zu Vorkämpfern der Entwicklung. Und tatsächlich beginnen die Absolventen dieser Zentren sich in ihren Gemeinden bemerkbar zu machen, anfangs im landwirtschaftlichen und religiösen Bereich, später in der Politik. Langsam entsteht eine christliche Führung, die allmählich von einer kirchlichen Organisation zu einer weltlichen übergeht, schließlich wieder zu jener zurückkehrt und somit die Bibelarbeit, die Ausübung der Religion und das Selbstverständnis der christlichen Gemeinde nährt (Richard/Meléndez 1982).

Wie Pérez (1985: 117) feststellt, wird diese kirchliche Arbeit der Förderung und Organisation des Volkes dadurch möglich, dass sie aus einer Institution hervorgeht, die "über jeden Verdacht erhaben" ist und als Alternative zur "kommunistischen Bedrohung" wahrgenommen wird. Die Kirche, so Illich (1967), verwandelt sich folglich in einen kulturellen und politischen Satelliten der reichen Welt, in eine Art Agentur, die mit der Durchführung von Programmen zur Aufrechterhaltung des "Status quo" betraut ist. Die

Disziplin, Redlichkeit und entsagende Hingabe der Priester und Ordensschwestern garantieren den Spendern, dass ihr Geld in guten Händen ist und bessere Ergebnisse liefert, ohne dass ersichtlich wird, wofür es wirklich verwendet wird. Selbstverständlich ist den Begünstigten jedoch klar, auf wessen Seite der "Priester" oder die "Nonne" stehen.

Trotz dieses Engagements für Ausbildung und soziale Förderung besteht in diesen Jahren wenig Klarheit hinsichtlich der Ziele und Perspektiven (Richard/Meléndez 1982: 211). Sicher gibt es einen gemeinsamen Ausgangspunkt: die Notwendigkeit, als Christ angesichts eines Zustands der Sünde zu handeln. Bald jedoch scheiden sich die Geister über die Interpretation der Gründe dieser Situation und auch die Definitionen möglicher und konsequenter Alternativen gehen auseinander. Ein Grundproblem besteht in der Frage, wo die Kirche ihre Verpflichtung sieht und was sie bereit ist, dafür zu tun (Meléndez 2002b).

Die Mehrheit der Bischöfe und ihrer Untergebenen verschreibt sich über Jahre der Aktionslinie des *Desarrollismo*, überzeugt von ihrer Wirksamkeit und ihrem Einklang mit ihrer evangelischen und karitativen Mission. Im Allgemeinen treten sie daher für die Achtung der rechtmäßigen Autoritäten und die Unterstützung der Initiativen ein, die gemäß dem offiziellen Diskurs auf den Fortschritt der Bevölkerung des Isthmus abzielen (Richard/Meléndez 1982: 207).

Gegen Ende der sechziger Jahre zeigt dieser kirchliche *Desarrollismo* dank der Eigendynamik der Volksorganisationen sowie der kirchlichen (insbesondere der *Acción Católica*) und politischen Formationen (die christlich-demokratischen Parteien), die sich mit einem bewegten internationalen Kontext und grundlegenden theologischen Transformationsprozessen im kirchlichen Bereich konfrontiert sehen, unerwartete Ergebnisse (Pérez 1985: 117). Nach Richard (1984: 28ff.) erleben wir den Übergang von einer gesellschaftlichen und geistlichen Praxis, die von einem konservativen Christentum geprägt ist, zu einem christlich-sozialen Neo-Christentum.[6] Dieser Übergang ist allerdings in einem sozialen, wirtschaftlichen und politischen Kontext mit geringen Mechanismen der demokratischen Partizipation nicht einfach. Folglich entwickelt sich die neue Praxis des Neo-Christentums mit Ausnah-

---

6 Erstere verleiht der herrschenden sozialen und politischen Macht uneingeschränkte Legitimation. Das christlich-soziale Neo-Christentum seinerseits überträgt dieser Macht eine Legitimation, die durch eine Reihe von konkreten und kontrollierbaren Voraussetzungen konditioniert ist (Respektierung der Menschenrechte, Kampf gegen Elend und Analphabetismus, Wiederherstellung der Demokratie ...) (Richard 1981: 96ff.).

me von Costa Rica nicht umfassend. Was stattfindet, ist vielmehr eine ober-
flächliche Transformation der konservativen Strukturen.

Eine Minderheit von Seelsorgern beginnt hingegen unter dem Einfluss
des bewegten internationalen sozialen, politischen und kulturellen Klimas[7]
und angesichts des Verlusts des uneingeschränkten Vertrauens in die "Entwicklung" (trotz intensiver Bemühungen um Unterstützung und Entwicklung
bestehen die Probleme nicht nur fort, sondern sie verschärfen sich sogar)
nach den wirklichen Gründen für Armut und Elend zu fragen. Sie entscheiden sich für eine völlig andere Aktionslinie: die wissenschaftliche Analyse
der Realität. Dieser Ansatz bringt sie dazu, die harmonischen Beziehungen
der Kirche zur herrschenden Macht in Frage zu stellen und zu schlussfol-
gern, dass die Ungerechtigkeit in der Region nur durch einen sozialen Wandel beseitigt werden kann, der Ergebnis einer Bewusstseinsbildung der *campesinos* und der anderen arbeitenden Schichten ist (Meléndez 2002b).

2. Die siebziger Jahre: eine neue kirchliche Praxis

Diese Seelsorger bewegen sich in einem erneuerten theologischen Raum, der
ihrem Engagement für die Forderungen des Volkes Legitimität verleiht. Seit
Beginn des Pontifikats von Johannes XXIII. (1959) hat sich innerhalb der
Weltkirche eine tiefgehende theologische Transformation vollzogen, die sich
unter dem Einfluss des II. Vatikanischen Konzils (1961-1965) und im Falle
Zentralamerikas aufgrund der weitreichenden Bedeutung von Medellín, das
heißt, der 1968 in dieser kolumbianischen Stadt durchgeführten lateinamerikanischen und karibischen Bischofskonferenz, noch beschleunigt (Meléndez
2002b).

In praktisch allen Ländern Zentralamerikas kommt es zu einem Anstieg
der Publikationen und werden Pastoraltagungen und Seminare zur Vertiefung der Kenntnisse der Dokumente von Medellín, der entstehenden Befreiungstheologie und der nationalen wie internationalen Realität durchgeführt.
So beginnt ein Prozess der Bewusstseinsbildung und der theologischen, pastoralen, biblischen und liturgischen Erneuerung. Ergebnis ist eine beschleunigte und radikale mentale Öffnung vieler Priester, Ordensschwestern und
Laien, die in eine vollständig neue pastorale Praxis mündet, verstanden als
"Evangelisierung"– das heißt als Verkündigung der im Evangelium enthaltenen Befreiungsbotschaft –, und schließlich zur Entstehung dieser anderen

---

7 Ein zusammenfassender Überblick dieser Situation findet sich in Dussel (1986: 36).

Bewegung oder anderen Art von Kirche, wie es die Kirche der Armen ist, führt (Redacción 1984: 873; Richard/Meléndez 1982).

Dieser Prozess der Erneuerung gibt der Ausbildung von Laienführern einen starken Impuls, insbesondere von Katecheten und Predigern des Wortes Gottes, die die bereits bestehenden Ausbildungszentren für die Landbevölkerung stärken und weiter neue Zentren dieser Art gründen. Auf diese Weise wird eine Vielzahl von Laienführern mit einer neuen Einstellung aktiv, die die Evangelisierung und den allseitigen Fortschritt der Gemeinden mit deren konkreten Kämpfen verbindet (Opazo 1982: 296; Richard/Meléndez 1982).

Ein ebenso zentraler Punkt innerhalb dieser pastoralen Erneuerung ist der Impuls, den die CPD und die Ceb erhalten. Ihre Teilnehmer erkennen und begreifen die tatsächlichen Gründe ihrer Probleme und Leiden in dem Maße, wie sie die evangelische Botschaft als Befreiung verstehen, die hier und jetzt beginnt (Comisión 1985: 5f.). Das vielleicht bedeutendste Phänomen in diesem Prozess der Bewusstwerdung und kirchlichen Erneuerung ist das von Martín-Baró (1985: 9f.) als Bruch mit dem fatalistischen Bewusstsein beschriebene, das heißt mit der Gewissheit, dass die herrschende Ordnung eine natürliche Ordnung und damit eine von Gott gewollte ist.

Wie wir an anderer Stelle näher erläutern (Meléndez 2002b), erstreckt sich dieser Prozess der Bewusstseinsbildung – und die sich aus ihm ergebende soziale Praxis – nicht auf alle Bereiche der katholischen Bevölkerung und noch weniger auf die Gesamtheit der zentralamerikanischen Kirche. Die entstehende Kirche der Armen ruft scharfen Widerspruch bei elitären und spiritualistisch ausgerichteten Bischöfen, apostolischen Bewegungen und Seelsorgern hervor, die enge ideologische oder kulturelle Verbindungen zu den herrschenden Gruppen unterhalten. Eine Minderheit ist bestrebt, die kirchlichen Praktiken des Christentums zu bewahren, während die Mehrheit danach trachtet, die Praktiken des neuen Christentums durchzusetzen.

Für diejenigen, die von der Mentalität des traditionellen Christentums geprägt sind, ist ein Bruch mit der herrschenden Macht undenkbar, denn dies würde den totalen Verlust jeglicher Möglichkeit für die Kirche bedeuten, ihre Aufgaben wahrzunehmen. Folglich kann aus ihrer Sicht die theologische Konzeption von der Kirche als Volk Gottes, deren pastorale Praxis sich zudem als eine die Armen bevorzugende Option darstellt, nur in die Krise und zum Konflikt führen, da diese Option einen Bruch mit den herrschenden

Gruppen mit sich bringt[8] und somit das eigentliche Ende der christlichen Kirche darstellen würde.

Es kommt zu Ereignissen, die allgemein als extrem repressive Aktionen charakterisiert werden und auf sehr direkte Weise die Kirche selbst betreffen. Nicht wenige Bischöfe und verschiedene Gruppen des neuen Christentums – und selbst konservative Gruppen – unterstützen dagegen die Kirche der Armen dabei, sich gegen die Regierungen und repressiven Kräfte zu stellen (Richard/Meléndez 1982). Allerdings bleiben die Widersprüche innerhalb der Kirche immer präsent.

Der neue innerhalb der katholischen Institution entstehende theologische Diskurs legitimiert jedenfalls die Auslegung des Christentums, wie sie von der Kirche der Armen vertreten wird und erhält sogar die Unterstützung – in unterschiedlichen Abstufungen – einiger Bischöfe. Aus diesem Grund kann die Kirche der Armen trotz der Opposition und der Versuche anderer kirchlicher Sektoren und Organismen sowie der von der Bourgeoisie kontrollierten Kommunikationsmedien, welche die Kirche der Armen beschuldigen, eine "vom Marxismus infiltrierte Kirche" zu sein, nicht als ketzerische Kirche entlegitimiert werden, und sie besteht innerhalb der Kirche fort (Opazo 1982: 288ff.; Ellacuría 1983: 6f.).

Während sich in den kirchlichen Sektoren Zentralamerikas, die sich am stärksten für die Interessen des Volkes einsetzen, eine Konzeption der Evangelisierung als Befreiung verbreitet, nehmen insbesondere in der Landbevölkerung die Versuche zu, sich zur Verteidigung des Lebens in Organisationen zusammenzuschließen. Mitte der siebziger Jahre entstehen in einigen Ländern politisch-militärische Avantgardeorganisationen, die eine Strategie des Volkskriegs verfolgen, was in der Folge zu einem signifikanten Anstieg sozial motivierter Kämpfe nun in Verbindung mit militärischen Aktionen führt (Meléndez 2002b).

Wie Caballeros (1990: 2) und Arancibia (1991: 16f.) schreiben, bricht in der zweiten Hälfte des Jahrzehnts aufgrund des wirtschaftlichen und politischen Ausschlusses der großen Mehrheit der Bevölkerung eine Herrschaftskrise aus, deren wichtigste Schauplätze Nicaragua, El Salvador und Guatemala sind. Der politische und militärische Kampf verwandelt diese Krise in eine revolutionäre Option, und gegen Ende des Jahrzehnts setzen zwei weitreichende Ereignisse dem zwischen den Ländern der Region bestehenden

---

8   Ein Symptom dieses Bruchs ist u.a., dass einige Pfarrer und Ordensschwestern ihre reichen Pfarreien, die elitären apostolischen Bewegungen und die Schulen für die Kinder der Oberschicht aufgeben und in städtische Randbezirke oder in ländliche Zonen gehen.

labilen Gleichgewicht ein Ende: die sandinistische Revolution, die 1979 die Somoza-Diktatur stürzt, und der langanhaltende Bürgerkrieg, der in El Salvador nach dem misslungenen Reformversuch einer "progressiven" zivilen und militärischen Bewegung beginnt.

Der theologische Diskurs der Kirche der Armen proklamiert als grundlegende Aspiration christlicher Praxis die Bejahung des Lebens. Konfrontiert mit dem Anstieg und der Radikalisierung der Kämpfe des Volkes, so Opazo (1982: 291f.), verweigern sich jedoch nicht wenige Seelsorger dieser Realität; sie "spiritualisieren" den Geist der Befreiung und verlagern ihn in den Bereich der subjektiven Innerlichkeit. Eine andere große Zahl von Seelsorgern, insbesondere jene, die tatsächlich in einer sehr engen Verbindung mit dem Volk stehen und den neuen theologischen Diskurs stark verinnerlicht haben, verleihen diesem Streben nach Befreiung einen transzendentalen Sinn. Mit fortschreitender Radikalisierung des Protestes nimmt die Kirche der Armen immer stärker politische Züge an. Schließlich reicht sie weit über den streng religiösen Sektor hinaus und wirkt im politischen Bereich, indem sie sich in die säkularisierte Laienbewegung des Volkes eingliedert, die die herrschende Ordnung in Frage stellt und ein alternatives Projekt entwickelt (Meléndez 2002b).

Wie Martín-Baró (1985: 11f.) ausführt, führt dieser Prozess der Bewusstseinsbildung und religiösen Organisierung in den Augen vieler Katholiken zu einer schnellen und wachsenden Entlegitimierung der herrschenden sozialen und politischen Ordnung. Während viele Bischöfe, Seelsorger und Gruppen von Katholiken weiterhin die herrschende Macht unterstützen und stärken, werden sich die oligarchischen und bourgeoisen Sektoren mit Sorge bewusst, dass sie nicht mehr mit der – wenn vielleicht auch nur bedingten – Unterstützung bedeutender kirchlicher Bereiche rechnen können. Mit dem Verlust der religiösen Legitimierung und des Mythos einer vermeintlich natürlichen Ordnung, insbesondere unter der Landbevölkerung, lässt die Unnachgiebigkeit der ländlichen oligarchischen Sektoren der auf Modernisierung orientierten Bourgeoisie nur das Mittel gewaltsamer Repression, um sich an der Macht zu halten.[9]

---

9   Nach Ellacuría (1983: 6f.) besteht das grundlegende Prinzip der Kirche des neuen Christentums im Kampf gegen die Ungerechtigkeit darin, "weder das eine noch das andere" zu tun. Das heißt, sie legitimiert weder die Repression, noch unterstützt sie den Volkskrieg, denn das würde zur Etablierung des Marxismus führen, was weder gut für die Kirche noch für das Volk sei. Diese Haltung des "Weder noch" führt in der Praxis allerdings dazu, die Praktiken der herrschenden Macht wenn zwar nicht zu legitimieren, so doch zu tolerieren.

Die Kirche der Armen bleibt somit einerseits den Angriffen ausgesetzt, die von den konservativen und reformistischen Bereichen des Christentums ausgehen; sie sehen in dieser Bewegung der kirchlichen Erneuerung eine ernsthafte Bedrohung ihrer Autorität und Glaubwürdigkeit bei den ärmsten Bevölkerungsgruppen. Andererseits ist sie Ziel der Angriffe aller derjenigen Instanzen, die dem Erhalt der herrschenden Ordnung dienen (Kommunikationsmedien und bürgerliche politische Parteien, Arbeitgeberverbände, das Pentagon und die CIA ...) (Meléndez 2002b).

Diese neue Phase, die 1975 mit den blutigen Vorfällen in El Salvador und Honduras beginnt,[10] nimmt nach den Worten des salvadorianischen Bischofs Arturo Rivera (1977) bald Züge einer wirklichen "Verfolgung" an. Diese äußert sich in gewaltsamen Handlungen gegen Personen und Institutionen wie auch in wütenden Verleumdungskampagnen der Kommunikationsmedien (Richard/Meléndez 1982).

Zwar schließen sich einige Bischöfe der Kirche der Armen an, wobei der bekannteste Fall wohl der des Erzbischofs von San Salvador, Óscar Arnulfo Romero ist. Seine Ermordung (am 24. März 1980) lässt jedoch unmissverständlich deutlich werden, dass die herrschenden Gruppen die aktive Opposition der Kirche als tatsächliche Gefahr für ihre Interessen sehen (Meléndez 2002b).

3. Die achtziger Jahre: unter dem Einfluss der Restauration

Die Regierung Reagan (1981-1989) setzt ab Beginn der achtziger Jahre eine Strategie des *low intensity warfare* (eines Krieges niederer Intensität) mit Schwerpunkt auf bewaffneten Aktionen in die Praxis um, wie sie von Bye (1991) beschrieben wird. Gegenüber der vermeintlichen "Bedrohung" der US-Interessen durch die sandinistische Revolution sowie die bewaffneten Revolutionsbewegungen in El Salvador und Guatemala besteht Reagans politisches Ziel in der Wiederherstellung der Vorherrschaft der USA in ihrem "Hinterhof".

Die sandinistische Revolution befördert in ihren Anfängen strukturelle Veränderungen, die auf die Schaffung einer gerechteren Gesellschaft abzielen. Sowohl das Wirtschaftsembargo als auch die militärische Aggression der Vereinigten Staaten, die zudem konstante politische Spannungen mit den Nachbarländern provozieren, zwingen die sandinistische Führung jedoch

---

10 Insbesondere mit den Massakern von "La Cayetana" bzw. "Tres Calles" und "Crimen de Olancho".

bald, immer mehr ökonomische und menschliche Ressourcen für die Verteidigung und die Sicherheit zu verwenden (Torres/Coraggio 1987).

Der Krieg in El Salvador verursacht im Inneren den Verlust einer unschätzbaren Anzahl von Menschenleben, zerschlägt Produktionsprozesse und lähmt teilweise die wirtschaftliche Aktivität, während er nach außen zu politischen Spannungen mit den Nachbarländern führt und die Verschärfung der Krise in der Region auf signifikante Weise beeinflusst.

Die politische Krise und der Krieg tragen zusammen mit hoher Staatsverschuldung schließlich zu einer Krise in der Akkumulation von Kapital bei. Tatsächlich brechen der Akkumulationsprozess, der sich auf traditionelle, mit akutem Preisverfall konfrontierte Exporte stützt, die von den Devisenerwirtschaftung des traditionellen Sektors abhängige Industrialisierung und ein dynamischer Gemeinsamer Zentralamerikanischer Markt, der durch eben diese Devisen finanziert wird, angesichts des Ausbleibens dieser Finanzierungsquellen zusammen (Caballeros 1990: 2; Arancibia 1991: 16f.).

Wie Fontecha (1988: 189ff.) schreibt, wird mit der Wahl des Polen Karol Wojtyla zum Papst (am 16. Oktober 1978) die Existenz einer konservativen, restaurativen Offensive innerhalb der Katholischen Kirche auf Weltebene deutlich. Wichtigste Zielsetzung dieser "Restauration" ist die Wiederherstellung der absoluten Vormachtstellung der päpstlichen Kurie, die darauf abzielt, den institutionellen Zusammenhalt durch eine größere Präsenz des Vatikans in den einzelnen Kirchen zu stärken.

Canto (1993: 49) hebt hervor, dass besonders in der lateinamerikanischen und karibischen Kirche eine "zentrifugale Tendenz" zu spüren ist, die sich der Konsolidierung des Restaurationsprojekts widersetzt. Um so wichtiger ist es für die Kurie, Bischöfe einzusetzen, die ihren Weisungen gehorsam Folge leisten, der Theorie der Befreiung offensiv gegenüber zu treten, Geistliche auszubilden, die vom Gedankengut des neuen Projektes geprägt sind, und Druck auf die Priester auszuüben, damit diese ihr pastorales Engagement in der Region verringern.

Wie wir an anderer Stelle näher erläutern (Meléndez 1993: 13ff.), vollzieht sich dieser Restaurationsprozess in Zentralamerika mit großer Intensität nach Übernahme der US-Präsidentschaft durch Ronald Reagan (1981). Im Rahmen der neokonservativen Ideologie der Vereinigten Staaten kommt dem Krieg der Ideen eine wichtige Bedeutung zu, und die Religion sowie die Redefinition der gesellschaftlichen Funktion des Religiösen spielen eine herausragende Rolle. Zu diesem Zweck manipuliert und bedient sie sich mit großem Erfolg der wichtigsten, fast ausschließlich vom Großkapital kontrollierten Kommunikationsmedien.

Die Regierung Reagan misst dem ideologischen und politischen Kampf auf dem Feld der Religion eine ebenso wichtige Dimension bei wie dem auf militärischem und diplomatischem Gebiet. Die Vereinigung von Christen und Marxisten in revolutionären Bewegungen wird als eine der größten Herausforderungen bewertet, der es zu begegnen gilt. Dies führt zu einer innerkirchlichen Konfrontation, die im Folgenden Rückwirkungen über den kirchlichen Bereich hinaus hat. Insbesondere der ideologische Kampf gegen die sandinistische Revolution erfordert den Einsatz bestimmter Mittel sowohl auf nationaler als auch auf internationaler Ebene, bei denen das Religiöse allgemeine Bedeutung gewinnt.

Die konservativen Sektoren der katholischen Kirche und die des Neo-Christentums streben in offener Konfrontation mit der Kirche der Armen eine Wiederherstellung der Allianz Kirche–Staat–herrschende Gruppen an. Mindestens vier Faktoren begünstigen dieses Streben nach Restauration:

–   die Auswirkungen der brutalen Verfolgung gegen die Anhänger der progressiven kirchlichen Sektoren und der Befreiungstheologie,

–   der wachsende Einfluss der vom Vatikan betriebenen Restaurationspolitik,

–   die verschleiernde Wirkung des in einigen Ländern begonnenen Prozesses der politischen "Demokratisierung",

–   und die Sorge angesichts der Ausbreitung verschiedener zeitgenössischer Glaubensbewegungen (MRC).[11]

In direktem Zusammenhang mit dem Prozess der Restauration erfahren spirituelle Bewegungen wie die *Renovación Católica* (charismatische Bewegung) und die *Neocatecumenal* einen großen Zulauf, worauf Sobrino (1987: 125-128) hinweist. Obwohl es scheint, als imitierten diese Bewegungen Verfahren – und sogar theologische Fragestellungen – der evangelischen Fundamentalisten und Pfingstgemeinden, schließen sich ihnen nicht wenige Seelsorger recht unkritisch an. Zwar zeigen sich die Bischöfe wegen ihres "protestantisierenden" und "transnationalen" Wesens[12] besorgt, dennoch fördern – oder zumindest tolerieren – sie diese aus der Sorge heraus, diese Katholi-

---

11 In den Episkopaldokumenten und den bischöflichen Reden sind immer häufiger Anspielungen auf das Thema "Sekten" zu finden (vgl. dazu Penados 1989).

12 Insbesondere die charismatische Bewegung der *Renovación Católica* wird mit Argwohn betrachtet (vgl. dazu CEG 1986).

ken an die zeitgenössischen Glaubensbewegungen zu verlieren. Die konservativsten Würdenträger fördern sie dank ihres anscheinend unpolitischen – wenn nicht gar völlig entrückten – Auftretens und Inhalts als eine Art "Impfschutz" gegen die Kirche der Armen.

4. Seit 1990: eine neue religiöse Situation

Ohne Zweifel versetzen der Zusammenbruch des realen Sozialismus und die Wahlniederlage der Sandinisten (25. Februar 1990) den traditionellen Alternativen der politischen Linken in Zentralamerika einen harten Schlag. Die Regierung Bush redefiniert unter diesen veränderten Bedingungen, die ihre hegemoniale Rolle erleichtern und stärken, ihre politische Strategie gegenüber Zentralamerika (Redacción 1992: 28ff.). Der Übergangsprozess vom bewaffneten zum politischen Kampf in El Salvador beschleunigt diese Neudefinition, die Auswirkungen auf die Kräfteverhältnisse in den Ländern hat.

Die Unterstützung der nicaraguanischen Contra und der salvadorianischen Armee durch die Vereinigten Staaten in den achtziger Jahren brachte enge Beziehungen zu der "alten Rechten" mit sich. Mit der "Entmilitarisierung" der Konflikte und der Förderung "friedlicher" Lösungen, die in "neue" neoliberale Demokratien münden sollen, wird nun allerdings die so genannte "neue Rechte" privilegiert, während weder die alte Rechte noch die genuin sozialdemokratischen Sektoren oder die alte Linke es bis heute schaffen, aktualisierte und kohärente Antworten zu formulieren.

Angesichts des ständig wachsenden Elends und des weiter zunehmenden Ausschlusses eines Großteils der Bevölkerung stimmen wir mit Castro (1990) darin überein, dass die heutigen neoliberalen Demokratien auf einem "Pulverfass" sitzen. Man kann von dem Fortbestehen einer verschleierten Krise sprechen, die in jedem Moment zu neuen sozialen Ausbrüchen führen kann.

Außerdem haben auf der einen Seite verschiedene Gruppen und soziale Bewegungen zunehmend die durch den Kampf dieser Jahre entstandenen Freiräume besetzt, wozu die alten politisch-militärischen Organisationen mit ihren hierarchischen Strukturen, internen Auseinandersetzungen und Widersprüchen nur schwer in der Lage sind.

Auf der anderen Seite wachsen die Zweifel hinsichtlich der Fähigkeit der politischen Parteien, die von den neoliberalen Politiken hervorgerufene Krise zu bewältigen. Vor diesem Hintergrund vereinigen eine Vielzahl von Basisorganisationen – wenn auch noch ohne größere Klarheit – alte und neue von diesen Politiken betroffene Sektoren und führen so Kräfte zusammen, deren

Zusammenschluss früher mit den traditionellen parteipolitischen bzw. gewerkschaftlichen Mitteln nicht möglich war. In dem Maße, wie aus der aktuellen Zersplitterung Plattformen des organisierten Zusammenschlusses verschiedener Volkssektoren hervorgehen und der Prozess der politischen Erneuerung der Linken zu einer Demokratisierung ihrer Strukturen sowie neuen Einschätzungen und Positionsbestimmungen hinsichtlich der Rolle dieser Gruppen und Bewegungen führt, besteht die Möglichkeit, das neoliberale Modell über Wahlen abzulösen.

Was den kirchlichen Restaurationsprozess angeht, scheint sich, wie wir an anderer Stelle dargelegt haben (Meléndez 1993: 25f.), aufgrund dieser grundlegenden Veränderungen eine gewisse Flexibilisierung in den Grundlinien der vatikanischen Kurie zu vollziehen. Die Erklärung hierfür ließe sich aus dem Umstand ableiten, dass die revolutionäre Bewegung zerschlagen ist und die Autoritäten des Vatikans der Ansicht sind, dass der früher durch die Bewegung der Befreiungstheologie entfesselte Prozess sich unter Kontrolle befindet, was den Einsatz extremer institutioneller Macht unnötig macht.

Sicher ist, dass sich die Bischofskonferenzen Zentralamerikas in ihrer Gesamtheit in der Gegenwart weniger monolithisch präsentieren als in den achtziger Jahren (Meléndez 2002a). So kommt es, dass einige Bischöfe den Mut fassen, ihre Einwände offener vorzubringen – oder wenigstens die fast ausschließliche Vorrangstellung der hauptstädtischen Erzbischöfe in Frage zu stellen. Insbesondere Bischöfe aus den Diözesen der Vororte bringen Dokumente in Umlauf, welche die offiziellen neoliberalen Politiken in Frage stellen und pastorale Praktiken und Initiativen, die auf eine größere Nähe zur und Engagement für die verarmten Bevölkerungsschichten abzielen, ermutigen – oder diese wenigstens ohne größeren Widerstand tolerieren.

Es ist außerdem zu bemerken, dass die Bischofskonferenzen sich heute weniger besorgt über die Kirche der Armen und die Befreiungstheologie zeigen. Statt dessen geht ihr Interesse vielmehr dahin, dem Bekehrungseifer der zeitgenössischen Glaubensbewegungen und der "elektronischen Kirche" sowie insbesondere der zunehmenden Gleichgültigkeit gegenüber der Religion Einhalt zu gebieten. So kommt es, dass größere Anstrengungen unternommen werden, die Neue Evangelisierung[13] voranzutreiben, die oft mit der Eröffnung von millionenschweren Projekten – finanziert durch privates Kapital – einhergeht, wie die "Evangelización 2000" und "Lumen 2000".

---

13 Initiiert von Johannes Paul II. und unterstützt von dem lateinamerikanischen und karibischen Episkopat auf der 1992 in Santo Domingo (Dominikanische Republik) abgehaltenen Konferenz.

Die in der Region herrschende wirtschaftliche, soziale, politische und militärische Krise hat, wie Sobrino (1987) darlegt; ebenfalls eine tiefe religiöse Erschütterung hervorgerufen. Aus diesem Grund beobachten wir heutzutage (mit unterschiedlicher Intensität in den einzelnen Ländern) völlig neue Phänomene, wie ein auf Befreiung ausgerichteter Glaube, eine Kirche der Armen, den wachsenden Zulauf der zeitgenössischen Religionsbewegungen, die – im Falle der Pfingstgemeinden – bedeutende Bevölkerungssektoren erfassen, Herde der "Ungläubigkeit" usw. All dies macht aus Zentralamerika religiös und kirchlich etwas völlig anderes, als es etwa noch vor einem halben Jahrhundert war.

Zahlreiche Studien[14] belegen, dass in der komplexen und von großen Unterschieden geprägten Welt der Elendsviertel der Städte die größte Anzahl von Gläubigen lebt, die Erfahrungen in autonomen katholischen Praktiken, in evangelischen, indigenen und afro-karibischen Kulten haben. Diese volkstümlichen städtischen Religionen rücken, obwohl sie ein hohes Maß an traditionellen Werten beibehalten, von den traditionellen volkstümlichen religiösen Praktiken ländlichen Ursprungs ab.

In diesem Umfeld ist der Volkskatholizismus kaum von folkloristischen Elementen beeinflusst und wird weniger devotional und in großen Massenveranstaltungen praktiziert als auf dem Land. Vielmehr tendiert er dazu "sich zu privatisieren", während andere Bereiche des Lebens – der Sport, die säkularen Feste – die Rolle von "Massenzusammenkünften" übernehmen. Dies zeigt sich in den Wohnungen (Kruzifixe, Heiligenbilder), den religiösen Veranstaltungen im Viertel, neu entstehenden Formen der Devotion und populären städtischen Ritualen (zum Beispiel Pilgerwanderungen zu geweihten Stätten). All dies vermischt sich mit magisch-religiösen Lehren. Nicht wenige nehmen Zuflucht zu Amuletten, Segnungen, Riten und Verwünschungen mit dem Ziel, "das Böse" zu verhindern, hauptsächlich was Gesundheit und Arbeit betrifft.

Die bedeutende Präsenz von fundamentalistischen und pentecostalen evangelischen Gruppen deutet darauf hin, dass das städtische, industrielle, kommerzielle und technologische Wachstum der letzten vierzig Jahre ebenso wie die regionale Krise, die zu einer kompletten Umwälzung der Gesellschaften führte, Auslöser für schmerzhafte Erfahrungen der Ausbeutung, der Marginalisierung und des Ausschlusses waren. Die Bewohner der Armen-

---

14   Vgl. zu diesem Thema zum Beispiel Veröffentlichungen aus dem Jahre 1989.

viertel sind starken Spannungen ausgesetzt, die ihr Leid und ihre Unsicherheit noch verstärken.

In einem solchen Kontext werden, so Martínez/Samandú (1991: 55f.), gewisse "Bedürfnisse nach Sinngebung" sehr dringend, die es erlauben, das tägliche Leben mit seinen unzähligen Problemen zu ertragen und erträglicher zu machen. Genau dort setzen diese Gruppen an und geben diesen vom System ausgebeuteten, an den Rand gedrängten und vom System ausgeschlossenen Menschen einen Sinn für ihr Leben und Hoffnung, indem sie sie als Menschen annehmen, ihnen Zuneigung und religiöse Erfüllung bieten. Daraus erklärt sich ihre Expansion.

Was die Kirche der Armen angeht, schließe ich aus vielen Unterhaltungen mit Mitgliedern, religiösen Führern und Theologen, die ihren Weg begleitet haben, dass der Zerfall des "realen Sozialismus", aber vor allem die Rückwirkungen der überraschenden Wahlniederlage der Sandinisten diese in einen tiefen Prozess der "Krise" gestürzt haben (natürlich je nach Situation von unterschiedlicher Intensität).[15] Damit meinen wir einen Prozess der Entmutigung und des Rückzugs, aber ebenso einen der Neueinschätzung und Berichtigung, der bis heute andauert.

Vielleicht gelingt es aber auch einem Großteil der progressiven und revolutionären Katholiken nicht, sich dieser vom imperialistischen Zentrum beförderten "Kultur der Verzweiflung" zu entziehen, die sich auf den Mythos des "definitiven Triumphs des Kapitalismus und des Todes der sozialen Utopie" gründet. Mit dem Verlust der Hoffnung auf sichtbare und konkrete politische Lösungen zur Veränderung der Herrschaftsstrukturen werden zahlreiche Führer und Mitglieder der Kirche der Armen Opfer des Pessimismus. Angesichts der unbestreitbaren Stärkung des kapitalistischen Systems und des großen Gewichts der katholischen Restauration scheinen die Aktivitäten und Aufgaben der Kirche der Armen gar unbedeutend und unwirksam.

Allmählich jedoch wird diese beklemmende und schwierige Etappe der Mutlosigkeit überwunden. Die Älteren haben wieder Mut gefasst weiterzumachen, motiviert von den Jüngeren, die, da sie nicht so stark von jenen Ereignissen geprägt sind, die kleinen Erfolge und Triumphe, die Fortschritte und Weiterentwicklungen wie zum Beispiel die Entfaltung einer von der Basis ausgehenden theologischen Reflexion, die Beteiligung der Kirche der

---

15 Dabei darf man natürlich nicht den noch heute auf die Kirche der Armen ausgeübten Druck und die erfahrene Aggressivität vergessen, die aus der inner- und außerkirchlichen Repression resultieren.

Armen an Volksbewegungen, die erneute Lektüre der Bibel usw. besser zu schätzen wissen.

Zugleich ermöglichte die schmerzhafte retrospektive Selbstbewertung, Irrtümer, Fehler und Misserfolge der vergangenen Jahre zu erkennen, zum Beispiel die Vorrangstellung, die viele Basisgemeinden dem politischen Symbolismus und dem politischen Diskurs auf Kosten des eigentlich Religiösen einräumten. Diese Tatsache kam dem Bekehrungseifer der "spirituellen" katholischen apostolischen Bewegungen und insbesondere den zeitgenössischen evangelischen Glaubensbewegungen zu Gute, die eine nicht geringe Zahl ehemaliger Mitglieder der Basisgemeinden sogar zum Übertritt bewegen konnten.

Viele Führer der Kirche der Armen nahmen nicht die Diskrepanz wahr, die für einen Großteil der gläubigen Armen zwischen einer gegenüber sozialen Veränderungen offenen politischen Einstellung und einer traditionellen Religiosität besteht und gingen davon aus, dass diese eine Synthese von Glaube und Politik vollzogen hätten. Diese Gläubigen waren mit einer Kirche der Armen konfrontiert, die ihnen kaum von der Jungfrau oder den Heiligen, dem Heiligen Geist, dem Himmel oder der Hölle sprach, dafür jedoch "über Politik" und von Themen, die häufig so weit von der Realität der Armen entfernt waren, dass sie für diese kaum verständlich waren.[16]

Ein wirklicher Prozess der kritischen Reflexion und gemeinsamen Koordination steht also noch aus. In diesem Zusammenhang muss die unzureichende Ausbildung eines Großteils der Mitglieder der Basisgemeinden hervorgehoben werden, die ihnen Fortschritte auf theologischem Gebiet und in ihrer pastoralen Urteilskraft erschwert und es ihnen nicht ermöglicht, sich aus ihrer Abhängigkeit von den Priestern und Ordensschwestern zu lösen. Daraus lässt sich erkennen, dass die Entscheidungen letztlich immer von den Koordinierungsteams und den "Hilfe"-Zentren (biblischer, theologischer und pastoraler Art) getroffen werden.

In dem Maße, wie sich die Befreiungstheologen und die Kirche der Armen zur Konfrontation mit der vatikanischen Kurie, konservativen wie reformerischen Bischöfen und kirchlichen Sektoren, den großen Kommunikationsmedien und den Arbeitgeberverbänden gezwungen sahen, verloren sie ihren wirklichen Ansprechpartner aus den Augen (das Volk, progressive Intellektuelle ...). Vielleicht hält sich deshalb, so schwer dies auch zu akzep-

---

16 Daher rührt der Ausdruck, dass, auch wenn das Gedankengut der Führer der Kirche der Armen "äußerst wahr" sei, es doch "ungeheuer hochgestochen, theoretisch und langweilig" sei, da ideologisch sehr überladen.

tieren ist, in vielen Bereichen der Kirche der Armen in Zentralamerika noch immer die Tendenz, "alle" nicht verarmten Teile der Bevölkerung – einschließlich der Mittelschichten – als "privilegierten Rest" und als Block der realen oder potenziellen Unterdrücker des Volkes zu betrachten.

Was die Strategie der Kirche der Armen für die Zukunft angeht, so wird auf die Notwendigkeit gedrungen, sich mehr in die Volksmassen zu integrieren. Dies würde ihr erlauben, sowohl angemessener auf deren spirituelle Bedürfnisse einzugehen als auch eine wirkliche Evangelisierung der Volksreligion zu verwirklichen, und so die Grundlage für eine von der Basis ausgehende neue religiöse Struktur zu legen. In engem Zusammenhang damit wird alles getan, um jegliche Art inner- und außerkirchlicher Konfrontation zu vermeiden und zu überwinden. Sämtliche Energie wird auf die seelsorgerische Arbeit verwendet, wobei man versucht, tiefgreifende Prozesse zu entwickeln und langfristige Ziele zu erreichen, ohne großen Lärm zu machen.

Ein Problem der seelsorgerischen Arbeit, das religiöse Führer und Theologen beschäftigt, ohne dass sie darauf eine befriedigende Antwort besäßen, hat mit den Mittelschichten zu tun. Im Allgemeinen geht man davon aus, dass es keinen Weg gibt, die für soziale Probleme und Fragen der Gerechtigkeit empfänglichen Mittelschichten zu erreichen und religiös zu begleiten. Als Folge dieser pastoralen Leerstelle hat die Kirche der Armen in der Region eine "sonderbare" Form angenommen, mit einer Volksbasis und einer Spitze aus Priestern, zwischen denen kein organisiertes, reifes und kritisches Laientum der Mittelschichten existiert.

Was die zeitgenössischen evangelischen Glaubensbewegungen angeht, spricht zwar eine Vielzahl von Führern und Theologen der Kirche der Armen wie in den achtziger Jahren weiter abwertend von "Sekten" und gar von "Verschwörung"; aber es gibt auch andere, die akzeptieren, dass die Armen und Marginalisierten sich in diesen Bewegungen als Menschen und Brüder geschätzt und angenommen fühlen, Laster und Krankheiten bekämpfen und die Angst überwinden. Allerdings sehen auch diese Vertreter der Kirche der Armen dies als "schlechte Antwort" auf ihre Situation, denn ihrer Meinung nach zerstören diese Bewegungen oft die kulturelle und religiöse Identität der Menschen, die durch sie "hindurchgehen".[17] Man darf allerdings nicht aus den Augen verlieren, dass die zeitgenössischen evangelischen Glaubensbewegungen eine Herausforderung für die Kirche der Armen darstellen, da

---

17 Eine Vielzahl von Studien zeigt, dass sie zwar nicht lange in diesen Bewegungen verbleiben, allerdings nach dieser Erfahrung "immun" gegen jede zukünftige Beteiligung an gemeinschaftlichen oder religiösen Erfahrungen sind.

sie viel weniger rational sind, also viel befreiender auf die Situation der Angst, der Ausgrenzung und des Ausschlusses reagieren können, von denen große Teile der Bevölkerung Zentralamerikas betroffen sind.

Literaturverzeichnis

Arancibia, Juan (1991): "Consideraciones sobre el ajuste estructural en Centroamérica". In: *Revista Centroamericana de Economía*, 36: 16-33. Honduras.

Blanco, Gustavo/Valverde, Jaime (1987): *Honduras: Iglesia y cambio social*. San José.

Boero, Mario (1986): "El Vaticano II en América Latina. Veinte años de posconcilio". In: *Cuadernos Hispanoamericanos*, 431: 61-63. España.

Bye, Vegard (1991): *La paz prohibida. El laberinto centroamericano en la década de los ochenta*. San José.

Caballeros, Rómulo (1990): "Centroamérica: un recuento de la crisis de los 80". In: *Pensamiento Propio*, 68: 2-5. Nicaragua.

Canto, Manuel (1993): "¿Qué pasó en Santo Domingo?". In: *Estudios Teológicos*, 2-3: 47-63. México.

Castro, Guillermo (1990): "¿Liderazgo de Estados Unidos sin dominación? El juego de las apariencias". In: *Pensamiento Propio*, 71: 2-4. Nicaragua.

CEG (Conferencia Episcopal de Guatemala) (1986): "Instrucción pastoral colectiva sobre la renovación carismática". In: *SIAL* (Kolumbien), Nr. 87, S. 2-11.

Comisión Episcopal de Consulta para América Latina (Conferencia Episcopal Holandesa) (1983): "Los cristianos de Centro América: nace la Iglesia de los Pobres". In: *Documentos CRIE*, 11. México, D.F.

Dussel, Enrique (1986): *Los últimos 50 años (1930-1985) en la historia de la Iglesia en América Latina*. Bogotá.

Ellacuría, Ignacio (1983): "Diversas respuestas eclesiales al problema centroamericano". In: *Carta a las Iglesias*, 47/48: 5-8/10-12. El Salvador.

Fontecha, José (1988): "El neoconservadurismo eclesial. Antecedentes históricos y configuración". In: *Iglesia Viva* (Spanien), Nr. 134-135, S. 163-221.

Illich, Iván (1967): "Las sombras de la caridad". In: *El Día*, 1. II. México, D.F.

Martín-Baró, Ignacio (1985): *Iglesia y revolución en El Salvador*. San Salvador *(mimeo)*.

Martínez, Avelino/Samandú, Luis (1991): "Acerca del desafío pentecostal en Centroamérica". In: Samandú, Luis (Hrsg.): *Protestantismos y procesos sociales en Centroamérica*. San José, S. 39-65.

Meléndez, Guillermo (1990): *Seeds of Promise. The Prophetic Church in Central America*. New York.

— (1993): "Iglesias y sociedad en la actual coyuntura centroamericana". In: *Perfiles Latinoamericanos*, 2: 7-50. México, D.F.

— (2002a): "Aunque lentamente, la Iglesia Católica costarricense se renueva". In: *ADITAL* (agencia noticiosa por Internet, inédito), Brasil.

— (2002b): "Década de 1970: el surgimiento de una Iglesia profética en Centroamérica". In: CD-Rom del *Foro testimonial y coloquio internacional "Pensamiento y movimientos socio-religiosos en América Latina en la época contemporánea, 1960-1998"*. Facultad de Humanidades de la Universidad Autónoma del Estado de Morelos. México, D.F.

Monteforte, Mario (1972): "Las iglesias". In: *Centro América: subdesarrollo y dependencia*, Bd. 2, S. 221-252. México, D.F.

Opazo, Andrés (1982): "Las condiciones sociales de surgimiento de una iglesia popular". In: *Estudios Sociales Centroamericanos*, 33: 273-310. Costa Rica.

— (1988): *Panamá: la Iglesia y la lucha de los pobres*. San José.

Penados, Próspero (1989): "La Iglesia Católica en Guatemala: signo de verdad y esperanza. Carta pastoral sobre la relación de la Iglesia Católica con los grupos religiosos nocatólicos". In: *SIAL* (Kolumbien), Nr. 120, S. 1-16.

Pérez Brignoli, Héctor (1985): *Breve historia de Centroamérica*. Madrid.

Picado, Miguel (1989): *La Iglesia costarricense entre el pueblo y el Estado. De 1949 a nuestros días*. San José.

Redacción (1984): "Hacia dónde va la Iglesia". In: *ECA*, 434: 871-884. El Salvador.

— (1992): "La izquierda ante las viejas y nuevas derechas". In: *Envío*, 123: 25-32. Nicaragua.

Richard, Pablo (1981): "El neoconservadurismo progresista latinoamericano". In: *Concilium*, 161: 96-103. España.

— (1984): "La Iglesia que nace en América Central". In: Lella, Cayetano de (Hrsg.): *Cristianismo y liberación en América Central*, Bd. I, S. 17-54. México, D.F.

Richard, Pablo/Meléndez, Guillermo (Hrsg.) (1982): *La Iglesia de los pobres en América Central. Un análisis socio-político y teológico de la Iglesia centroamericana (1960-1982)*. San José.

Rivera Damas, Arturo (1977): "Labor pastoral de la arquidiócesis de San Salvador, especialmente de las CEBs en su proyección a la justicia. Dentro de este marco, la persecución". In: *ECA*, 348-349: 805-814. El Salvador.

Sobrino, Jon (1987): "El futuro de la Iglesia y de la fe en Centroamérica". In: *Diakonía*, 42: 107-132. Nicaragua.

Torres, Rosa/Coraggio, José Luis (1987): *Transición y crisis en Nicaragua*. San José.

Trigo, Pedro (1987): "Análisis de la Iglesia latinoamericana". In: *Anthropos*, 1: 25-66. Venezuela.

VV. AA. (1989): "Religiosidad y cultura popular (estudios de Luis Samandú, Jaime Valverde, América Rodríguez, Rosa María Soley y Abelino Martínez)". In: *Estudios Sociales Centroamericanos*, 51: 65-155. Costa Rica.

Heinrich Schäfer[*]

Der Protestantismus in Zentralamerika.
Modernisierung und Identitätskonstruktion

1. Historische Dimension

In Zentralamerika begann die protestantische Mission unter britischem Einfluss im 18. Jahrhundert. Sie war eingebettet in die britisch-spanische Rivalität sowie die ethnische Differenz zwischen "spanischer" und nicht-"spanischer" (vor allem schwarzer) Bevölkerung. Im Falle etwa der *Jamaican Baptists* in Costa Rica, der *Episcopals* in Panama oder der Herrnhuter bei den Miskito trat der Protestantismus als eine Strategie ethnischer Identitätsaffirmation gegenüber der katholisch geprägten spanischen Dominanzkultur auf. Auf ähnliche Weise wurde der Protestantismus nach der Unabhängigkeit zu einer kulturellen Strategie liberaler Eliten gegen die Konservativen.

Das Bild blieb freilich nicht lange homogen. Zunächst kamen die so genannten historischen Kirchen nach Zentralamerika. Sie verfolgten über Erziehung ein kulturell orientiertes Projekt. Missions- und konversionsorientierte Organisationen zogen schon in der ersten Hälfte des 20. Jahrhunderts nach. Damit begann der Protestantismus, sich in den unteren Bevölkerungsschichten zu verbreiten. Dies geschah besonders im Rahmen ländlicher Strukturveränderungen durch großflächige Monokulturen und durch den Beginn gezielter "Indianermission" insbesondere im Falle Guatemalas.

Gegen Mitte des 20. Jahrhunderts erzielte der Protestantismus die höchsten Konversionsraten auf dem Land. Schon makrosoziologische Daten erlauben es, die Konversion als Strategie des Überlebens und der Identitätsbehauptung unter Bedingungen von Migration und Semi-Integration aufzufassen. In den Jahrzehnten ab 1960 hat es freilich auch in den Städten ein stärkeres Wachstum gegeben, und zwar unter den Bedingungen der städtischen Modernisierung und Bürokratisierung sowie der Bürgerkriege in verschiedenen Ländern.

---

[*] Für statistisches Material danke ich Henri Gooren und Clifton Holland, für fachkundige Hinweise Andrea Althoff. Zu den folgenden Ausführungen bis in die achtziger Jahre vgl. Schäfer (1992) mit weiterer Literatur.

Eine gängig gewordene Typisierung unterscheidet zwischen den folgenden Positionen im Protestantismus: Historischem Protestantismus, Evangelikalen, Pfingstkirchen sowie Neopfingstkirchen. Zum historischen Protestantismus zählen Kirchen wie etwa Lutheraner, Reformierte, Presbyterianer, Episcopale und Methodisten. Sie sind traditionell auf die städtische und ländliche obere Mittelschicht konzentriert. Evangelikale umfassen weitgehend Baptisten, die *Misión Centroamericana*, Nazarener und die *Alianza Cristiana y Misionera*. Sie sind traditionell in den unteren und mittleren Schichten anzutreffen. Traditionelle Pfingstkirchen sind die *Asambleas de Dios, Iglesia de Dios* (Cleveland) und die *Iglesia Cuadrangular*. Diese Kirchen können auch als Unterschichtkirchen bezeichnet werden, da sie sich hauptsächlich aus Mitgliedern dieser Schichtung zusammensetzen. Neopfingstkirchen hingegen sind nationale Gemeinschaften, die der oberen Mittel- und Oberschicht zuzuordnen sind. Einige Vertreter dieser Kategorie sind *El Shaddai, El Verbo, Vida Abundante* und *Amor Viviente*.

So lässt sich die Verteilung der protestantischen Strömungen im gesellschaftlichen Raum in groben Zügen aufzeigen. Es scheint mir allerdings im Blick auf die Analyse der gesellschaftlichen Rolle des Protestantismus interessanter, die Unterscheidung von "historischem" und "evangelikalem" Protestantismus zu ersetzen durch die zwischen liberalem und konservativem. Die erste Kategorie erfasst dann jene Kreise der evangelikalen und historischen Kirchen mit eher (links-)liberaler religiöser und politischer Orientierung; die zweite Kategorie erfasst jene Kreise aus historischen und evangelikalen Kirchen, die religiös und politisch konservativ sind und zum Fundamentalismus tendieren.

Weitere wichtige Positionen im religiösen Feld werden eingenommen vom Katholizismus. Der traditionelle Katholizismus gliedert sich in den "Volkskatholizismus" der breiten unteren Schichten und den "Kulturkatholizismus" der alten Oligarchie. Dazu kommt zum einen die katholische Basisbewegung in der lohnabhängigen Unterschicht und bei kleinbürgerlichen Intellektuellen. Die Bewegung ist zahlenmäßig deutlich zurückgegangen. Des Weiteren ist die katholisch-charismatische Bewegung zu nennen. Diese operiert zum Teil in der traditionellen Unterschicht (wie große Teile der Pfingstbewegung) und – mit anderen Praktiken – in der modernisierenden Mittel- und Oberschicht (ähnlich der Neopfingstbewegung). Dazu kommen mit steigender Tendenz nicht-christliche religiöse Praktiken (2,4%) sowie nicht-religiöse Menschen (9,4%; Holland 2002, nach CID-Gallup-Umfragen 1995-1997). Bei diesen Angaben ist mit einer hohen "Dunkelziffer" zu rechnen. Insbesondere Praktiken des *New Age* laufen in etablierten religiösen Strömungen leicht mit (z.B. bei Charismatikern, Neopfingstlern, Historischem Protestantismus) – ähnlich wie die indigene Religion im Volkskatholizismus. Und den Agnostizismus gibt es nicht nur in programmatischer Form, sondern auch als praktischen Agnostizismus, etwa im Kulturkatholizismus der Oligarchien.

Durch stärkere soziale Mobilität und Veränderung der religiösen Praktiken in den verschiedenen Kirchen kommt es zu Verschiebungen im religiösen Feld generell und im Protestantismus im Besonderen (Schäfer 2003). Besonders wichtig sind zwei Trends: In Gruppen mit sozialer Aufwärtsmobilität oder entsprechender Prätention wird der neopfingstliche Einfluss stärker; Gruppen mit Abwärtsmobilität werden pfingstlich. Außerdem lässt sich eine erhebliche Schwächung der linken Basisbewegung im liberalen Protestantismus und im Katholizismus konstatieren. Ähnliches trifft auch für die katholische Position des religiösen Feldes zu, in der die Orthodoxie im Vergleich zur charismatischen Bewegung immer weniger Gläubige mobilisieren kann.

Der Protestantismus ist heute zur zweitwichtigsten Kraft im religiösen Feld geworden: Zu ihm bekennen sich im zentralamerikanischen Durchschnitt immerhin 16% der Bevölkerung. Nach Ländern aufgeschlüsselt ergibt sich folgendes Bild: Costa Rica 14%, El Salvador 16,8%, Guatemala 25%, Honduras 21%, Nicaragua 12%, Panama 7,3% (Angaben nach Holland auf der Basis von CID-Gallup Daten).

Die hohen Zahlen bedeuten aber nicht, dass der Protestantismus weiterhin quantitativ stark zunähme. Nachdem die politische und militärische Krise nach 1990 ihren Höhepunkt überschritten hat, verlieren die Angebote einer religiösen Interpretation der Krise und der Konstruktion neuer Identität offensichtlich an Attraktivität (Gooren 2001: 188). Allerdings ist die Präsenz der höchst aktiven protestantischen Minderheit gesellschaftlich durchaus von Bedeutung.

Es stellen sich folglich zwei Fragen: Wie kommt es zur Herausbildung protestantischer Bewegungen in den zentralamerikanischen Gesellschaften? Und wie wirken sich die Aktivitäten dieser Bewegungen in den aktuellen gesellschaftlichen Prozessen Zentralamerikas aus?

2. Mobilisierungsfaktoren: objektive Sozialdaten

Schon die objektiven Daten legen nahe, die Herausbildung protestantischer Gruppen und Bewegungen in einen engen Zusammenhang mit wirtschaft-

lichen und gesellschaftlichen Umwälzungen zu stellen. Hier nur zwei Beispiele:

Das Departement Escuintla, insbesondere die Gemeinde Tiquisate/Gua-
temala, wurde schon 1936 durch eine Bananenplantage der United Fruit Co.
(UFCO) durchgreifend umstrukturiert. "Tiquisate has been called an out-
standing example of productive efficiency and social disorganization...
Drunkenness, prostitution, lax family relations, strong social antagonisms are
all present" (Dessaint 1962: 349). Im Jahre 1940 leitete der US-amerikanische Missionar John Franklin eben dort die Arbeit der *Asambleas de Dios
(Assemblies of God)* ein. Diese Wandlungsprozesse, eine starke Einwanderung sowie das neue religiöse Angebot verursachten ein rasches Wachstum
der Pfingstbewegung. 1950 lag Escuintla mit einem protestantischen Bevölkerungsanteil von 5,9% deutlich über dem nationalen Durchschnitt von
2,8%. Im Baumwollboom der fünfziger Jahre, während dem auch eine starke
Industrialisierung erfolgte, wuchs der Protestantismus weiterhin überdurch-
schnittlich: 1964 lag der protestantische Bevölkerungsanteil in Escuintla bei
11,2%, deutlich über dem nationalen Durchschnitt von 7,3%. Nach vollzo-
gener Umstrukturierung und bei Stillstand der Einwanderungsrate wuchs der
Protestantismus nur noch unterdurchschnittlich. In den achtziger Jahren lag
das Departement nur noch knapp über dem guatemaltekischen Durchschnitt.
Allerdings hatte sich der Anteil der Pfingstbewegung am dortigen Protestantismus deutlich erhöht. Vergleichbare Entwicklungen lassen sich auch in
anderen Ländern beobachten. So wurden die honduranischen Departements
Santa Barbara, Ocotepeque und Copán seit den siebziger Jahren in die Agrarexportwirtschaft integriert und sind ebenfalls protestantische Missions-
schwerpunkte. Ähnliches lässt sich auch aufzeigen für den Zusammenhang
zwischen kriegerischer Gewalt und Wachstum des Protestantismus (Schäfer
1992a: 131).

Ein Faktor des religiösen Feldes selbst lässt sich dieser Beobachtung
hinzufügen: die Quantität und Qualität katholischer Präsenz. Beispielsweise
bot Choluteca (Honduras) alle gesellschaftlichen Voraussetzungen für einen
starken Protestantismus. Breite katholische Basisarbeit seit den sechziger
Jahren hat freilich die neue religiöse Nachfrage weitgehend befriedigen können. Anders in Guatemala, insbesondere im Quiché, wo die katholische Basisbewegung gewaltsam niedergeschlagen wurde und hohe Konversionsraten
(auch taktischer Art) die Folge waren.

Es liegt freilich auf der Hand, dass sich gesellschaftliche Umbrüche nicht
in allen Schichten auf die gleiche Weise bemerkbar machen. Der unter-

schiedlichen Nachfrage entsprechen unterschiedliche Bewegungen innerhalb des Protestantismus. So operiert die neopfingstliche Bewegung vor allem in der städtischen oberen Mittelschicht und Oberschicht. Ihre Praxis entspricht einer religiösen Nachfrage, die aus der Erfahrung relativer Deprivation (Negation sozialer Laufbahnperspektiven) aufgrund der wirtschaftlichen, politischen und militärischen Lage der achtziger Jahre entspringt. Und sie reagiert auf die gesellschaftliche Legitimitätskrise sowie auf das Nein der katholischen Hierarchie zur unterschiedslosen Legitimation von Herrschaft. In diesem Sinne ist auffällig, dass in Guatemala in den achtziger Jahren eine starke Neopfingstbewegung existierte, die bei deutlicher Opposition zur katholischen Hierarchie – insbesondere zur Menschenrechtspolitik des Erzbischofs Penados – eigene politische Projekte verfolgte und damit stark an Einfluss gewann. In Nicaragua hingegen wurde die politische Opposition zu den Sandinisten von der katholischen Kirche angeführt, wodurch diese eine mögliche neopfingstliche Klientel selbst absorbierte; es gab in Nicaragua nur wenige Gemeinden schwach neopfingstlicher Tendenz, und zwar innerhalb größerer Pfingstkirchen wie der *Asamblea de Dios*.

Auf der Grundlage objektiver Sozialdaten lassen sich auch über den Zusammenhang von Protestantismus und indigener Bevölkerung in den achtziger Jahren einige Aussagen machen.

In Nicaragua verfestigte sich das historische Muster des Herrnhuter Protestantismus *(Moravian Church)* als eines der Instrumente der Identitäts- und Freiheitssicherung der Miskito gegen die "spaniards". Es wurde auch gegen den sandinistischen Versuch einer Integration der Miskito in die Revolution mobilisiert.

In Guatemala kam es im Laufe der Aufstandsbekämpfung unter den *indígenas* des westlichen Hochlandes zu einem starken Anwachsen des Protestantismus. Dies rief Spannungen bei der Orientierung der *indígenas* an der traditionellen Religion hervor. Die Bindung der traditionellen Kultur an den Maisanbau wurde durch ökonomische Veränderungen seit den dreißiger Jahren aufgebrochen. Neben einer traditionellen, weiter am Mais orientierten dörflichen Mittelschicht (die eng mit dem Cargo-System[1] verbunden ist und somit hohen traditionellen Status genießt) entstanden zwei neue soziale Positionen in den Dörfern, die mit dem indigenen *fiesta*-System brachen: die Kleinkapitalisten (Kaffee, Lastwagen) und die besitzlos gewordenen Tage-

---

1 Die traditionelle zivil-religiöse Organisation indigener Gemeinden, in der sozialer Status eng mit kostspieligen Verpflichtungen (z.B. dem Ausrichten von Patronatsfesten) gegenüber der Dorfgemeinschaft verbunden ist.

löhner (Annis 1987). Erstere neigten historischen und evangelikalen Kirchen zu, letztere wurden Mitglieder in Pfingstkirchen (Katolla-Schäfer 1987). Der Protestantismus ist also auch hier eingebunden in Strategien des Umgangs mit bruchstückhafter Modernität. Manchmal ist dabei strikte Ablehnung indigener Bräuche nützlich, z.b. bei starkem sozialem Druck, manchmal nicht. Bestimmte Bräuche werden dabei stärker abgelehnt als andere: z.b. die *fiestas* und das Trinken im Unterschied zu Heilern, Naturmedizin und dem Wahrsagen. Von einer grundsätzlichen Unvereinbarkeit von Protestantismus und indigener Identität kann man nicht sprechen (Weisshar 2000).

In den achtziger Jahren war das Anwachsen des Protestantismus unter den guatemaltekischen *indígenas* zudem überlagert vom militärischen Druck auf religiöse Widerstandsbewegungen, vor allem die katholische Basisbewegung. Somit haben die Übertritte zum einen auch mit einer radikalen psychischen Desorientierung durch die unmittelbare Gewalt und die mittelbaren Kriegsfolgen zu tun; zum anderen aber auch mit Opportunität: überlebenstaktischer oder auch militärisch-taktischer (Schäfer 1989).

Sozialstatistische Daten lassen zudem erkennen, dass Frauen im Protestantismus stärker präsent sind als Männer (Gooren 2001: 173; für Costa Rica s.a. Bastian et al. 2000: 189). Dies lässt sich auch in den Versammlungen beobachten. Es sollte allerdings nicht überbewertet werden, denn auch im Katholizismus sind Frauen kirchlich aktiver als Männer.[2]

3. Mobilisierungsfaktoren: religiöse Dispositionen der Akteure

Entscheidend für die Verbindung zwischen sozialer Lage und Mobilisierung ist allerdings, wie die Akteure ihre persönliche Situation erfahren. Die Mobilisierung von Bewegungen kann also besser verstanden werden, wenn man die Dispositionen der Wahrnehmung, des Urteilens und des Handelns der Akteure untersucht.

Aus diesem Blickwinkel kann man das protestantische Feld Mitte der achtziger Jahre in drei Arten von Bewegungen gliedern. Erstens jene, die defensive Identitätspolitik durch Rückzug aus gesellschaftlichen Handlungszusammenhängen betreiben; zweitens Bewegungen, die Abwärtsmobilität ihrer Mitglieder durch Bewahrung des gesellschaftlichen Status quo zu ver-

---

2 Gleichwohl wird deutlich, dass Frauen durch dichtere und stärker familienbezogene religiöse Beziehungsnetze bei Pfingstkirchen mehr Bestätigung erfahren. Vor allem aber gilt, dass durch den Verzicht der Männer auf Alkohol, Tabak, *cantinas* (Kneipen), Zweitfrauen u.a. das Familienleben generell stabilisiert wird. Frauen treten somit objektiv als Vorkämpferinnen einer religiösen Rationalisierung familiärer Ökonomie auf.

hindern suchen; und drittens jene, die offensive Strategien religiös-politischer Mobilisierung zur Statusverbesserung betreiben. Letztere unterscheiden sich noch einmal in zwei wichtige Gruppen: modernisierende obere Mittelschicht mit neoliberaler Ausrichtung und organisierte Arbeiterschaft mit sozialreformerischer bzw. sozialistischer Perspektive. Was sich unter veränderten Handlungsbedingungen und bei quantitativer Stagnation des Protestantismus bis heute weiter entwickelt hat, kann man als Transformationsgestalten dieser Konstellation interpretieren.

Analysen des Autors ergaben, dass die Akteure der traditionellen Pfingstler (ländliche und städtische Unterschicht, Guatemala und Nicaragua) die gesellschaftliche Lage Mitte der Achtziger für sich als einen Verlust von Zukunft wahrnahmen. Der häufig wiederkehrende Ausspruch "No hay para donde ..." (Es gibt kein Wohin mehr ...) bringt diese Erfahrung auf den Punkt. Militärische Repression, wirtschaftliche Not, politische Machtlosigkeit, Alkoholismus, familiäre Gewalt u.a. machten gesellschaftliches Handeln praktisch unmöglich. Wollte man Identität und Würde behaupten, war der radikale Ausbruch aus dieser Lage eine probate Möglichkeit. Die pfingstlichen Gruppen interpretierten diese Erfahrung auf eine charakteristische Weise: Bei all den erfahrenen Schwierigkeiten handle es sich um Zeichen der nahen Wiederkunft Christi in den Wolken des Himmels. Vorher werde die Kirche allerdings in den Himmel entrückt und deshalb gelte es nun, sich auf die Entrückung vorzubereiten. Wer sich nicht vorbereite, werde zurückgelassen. Vorbereitung bedeutet: häufiger Kirchgang, Engagement in der Gemeinde, Solidarität und Geschwisterlichkeit in der Gruppe, Gehorsam gegenüber den Leitern, Abstinenz von Politik, Alkohol, Tabak u.a., Fleiß, Respekt vor den Ehepartnern und manches mehr. Mit anderen Worten: Die Vorbereitung auf eine nahe Entrückung **aus** der Welt konstruiert die Bedingungen für ein Überleben der Krise **in** der Welt mit Selbstachtung – die Quintessenz aller *prä*-millenaristischen Bewegungen.

Diese Strategie ist nicht einfach als utilitaristisch zu verstehen. Die religiöse Praxis hat vielmehr ihre eigene Dynamik und somit unterschiedliche Folgen je nach politischem System. In Guatemala wurde die Nichteinmischung in die Politik von den Gläubigen folgendermaßen verstanden: Den Behörden sei zu gehorchen und dem Wehrdienst Folge zu leisten. Das ersparte Probleme und distanzierte von der Guerilla. In Nicaragua wurde Angehörigen derselben Gruppierung *(Asambleas de Dios)* vom Wehrdienst abgeraten und zwar mit dem Verweis darauf, dass die Sandinisten durch ihre Weltverbesserung die Wiederkunft Christi hinauszögerten und deshalb dem

Satan in die Hände spielten. Das brachte für manche Anhänger Probleme mit den Sandinisten, aber auch eine Bestätigung der religiösen Strategie der Identitätsbehauptung. In beiden Fällen muss man jedoch eines festhalten: Es wurde jeweils die für Leib und Leben am wenigsten risikoreiche Strategie gewählt.

Radikal entgegengesetzt zeigte sich die Strategie der Neopfingstler in den achtziger Jahren, insbesondere in Guatemala. Die Akteure gehörten fast vollständig zu modernisierenden Fraktionen der oberen Mittel- und Oberschicht: Von der Industriebourgeoisie, über das Management und technokratische "neue" Militärs bis hin zum neuen Kleinbürgertum. Diese Akteure fassten die Krise Anfang der achtziger Jahre als einen Angriff auf ihre gesellschaftliche Laufbahn auf. Das brachte eine Reihe subjektiver Effekte mit sich: von einem allgemeinen Unsicherheitsgefühl und Angst über die Furcht vor Entführungen bis hin zu psychosozialen Krankheitsbildern wie Bulimie und Alkoholabhängigkeit. Die neopfingstlichen Gruppen interpretierten diese Lage als die Folge eines Angriffs von Dämonen auf das Land Guatemala und auf jeden Einzelnen. Dem gegenüber gäbe der Geist Gottes den neopfingstlichen Gläubigen die Kraft, die Dämonen auszutreiben. Exorzismus wurde – im Rahmen einer Theorie der "geistlichen Kriegführung" – als eine praktisch universal verwendbare strategische Kategorie etabliert. Eingeübt und plausibilisiert über individuelle Exorzismen an Bewegungsmitgliedern wurde das Modell auf so gut wie jedes gesellschaftliche Handlungsfeld angewandt: Ebenso wie der Dämon des Alkohols sollte auch der der Gewerkschaften, der oligarchischen Korruption, der linken und der rechten Gewalt usw. ausgetrieben werden. Diese praktische Logik der Eliminierung des Feindes spielte in der Plausibilisierung der radikalen Aufstandsbekämpfung unter Ríos Montt eine wichtige Rolle.

Eine andere, zahlenmäßig weniger wichtige Position im protestantischen Feld verfolgt ebenfalls auf proaktive Weise religiös-politische Strategien. Die linksliberalen Protestanten sind ökumenisch und (im weitesten Sinne) befreiungstheologisch orientiert. In den achtziger Jahren setzte sich diese Formation vor allem aus kleinbürgerlichen Intellektuellen (teilweise indigenen), Land- und Industriearbeitern sowie Marginalisierten zusammen, die häufig anderen sozialen Bewegungen nahe stehen. Die Wahrnehmung der Krise war zunächst nicht nur negativ, denn sie wurde auch als Chance für politische und gesellschaftliche Veränderungen aufgefasst. Entsprechend dem Interesse an gesellschaftlicher Gerechtigkeit, aber auch zur eigenen Absicherung, neigen diese Akteure zur Bildung extern finanzierter NGOs für soziale Aufgaben sowie zur Förderung höherer theologischer Ausbildung. Die Nichtregierungsorganisationen (NGOs) gewannen ab den achtziger Jahren auch an politischer Bedeutung, wie etwa CEPAD (Consejo de Iglesias Evangélicas Pro-Alianza Denominacional) in Nicaragua oder CCD (Comisión Cristiana de Desarrollo) in Honduras. Die entsprechenden politischen Strategien sind im Allgemeinen recht pragmatisch an die Handlungschancen angepasst. So arbeitete etwa die guatemaltekische CIEDEG (Conferencia de Iglesias Evangélicas de Guatemala) über lange Zeit verdeckt mit der Guerilla zusammen, beteiligte sich dann als wichtiger Akteur am Friedensprozess und unterstützt linksgerichtete politische Parteien.

Der konservative Protestantismus, dem meist Evangelikale oder auch Kader von traditionellen Pfingstkirchen angehören, tendiert seit den achtziger Jahren zu religiösen Strategien, die auf die Wahrung des gesellschaftlichen Status seiner Mitglieder abzielen. Diese Formation entspricht im gesellschaftlichen Raum den traditionellen Positionen in Kleinbürgertum und Unterschicht. Diese Akteure erfuhren ihren gesellschaftlichen Niedergang in den achtziger Jahren als Resultat einer doppelten Bedrohung: die gesellschaftliche Krise durch die revolutionären Aufstände und die technologische Modernisierung der Gesellschaft. Jegliche Veränderungen wurden und werden auch heute noch als Problem aufgefasst. Die zentrale religiöse Disposition dieser Akteure ist dementsprechend die von der unverrückbaren ewigen Wahrheit, verkörpert in der *Heiligen Schrift*, praktiziert gemäß rigider Verhaltenscodices, zelebriert in langwierigen Predigten und museal gepflegt in moralischer und theologischer Besserwisserei. Gerade weil sich die Bemühungen dieser Akteure vor allem auf die Erhaltung der kirchlichen Strukturen richtet, nimmt die gesellschaftliche Bedeutung dieser Formation weiter ab.

Die genannten Habitusformationen im zentralamerikanischen Protestantismus sind verschiedene Weisen, mit den beiden zentralen gesellschaftlichen Herausforderungen der Region in den letzten 20 Jahren umzugehen: den starken Klassengegensätzen mit den hieraus resultierenden Konflikten und der gesellschaftlichen Modernisierung. Die religiösen Formationen unterscheiden sich voneinander sowohl hinsichtlich ihrer Positionierung im gesellschaftlichen Raum als auch hinsichtlich der spezifischen religiösen sowie gesellschaftlichen Praxis. Der Protestantismus ist somit keineswegs mehr auf eine bestimmte gesellschaftliche Schicht beschränkt. Worin besteht dann seine Besonderheit?

Wie andere religiöse Bewegungen konstruiert auch die protestantische Bewegung in Zentralamerika spezifische religiöse Identitäten im religiösen Feld, die an die Lage in anderen gesellschaftlichen Praxisfeldern objektiv angepasst sind und in ihnen wirksam werden. Dies geschieht im Allgemeinen über kulturelle Strategien und deren gesellschaftliche Effekte, seltener durch direktes politisches Handeln.

4. Wirtschaft, Alltagskultur und soziale Institutionen

Die Vermutung, dass Protestanten sich durch eine besondere Arbeitsethik von Katholiken unterscheiden, ist wahrscheinlich falsch. In Costa Rica schätzen Katholiken Askese als einen wirtschaftlichen Erfolgsfaktor sogar deutlich höher ein als das Gros der Protestanten (Bastian et al. 2000: 142).

Dennoch zeigen sich bei Protestanten – meist ab der zweiten und dritten Generation – wirtschaftliche Verbesserungen. Vieles deutet darauf hin, dass dies mit einer breiter angelegten Habitusänderung zu tun hat und mit der "Frische", d.h. der stärkeren aktuellen Geltung der durch Konversion und unter religiöser Dringlichkeit erworbenen Einstellungen. Somit wirken sich religiös-kulturelle Veränderungen erst in zweiter Linie auf das wirtschaftliche Verhalten aus. Religiöse Sicherheit etwa kann auf höhere Innovationsbereitschaft (Bastian et al. 2000: 130) hinauslaufen. Insbesondere aber lässt sich beobachten, dass die von den meisten Gruppen stark propagierte Stabilisierung der Familien und der Konsumgewohnheiten einen positiven Effekt auf die familiären Ökonomien und schließlich auf die soziale Mobilität hat. Darüber hinaus wirkt die Gruppenkohäsion stabilisierend, und das Vorurteil protestantischer Rechtschaffenheit steigert den Wert am Arbeitsmarkt.

Von einer spezifisch protestantischen Rationalisierung wirtschaftlicher Praxis als Reaktion auf fortschreitende Modernisierung sollte also eher nicht gesprochen werden. Vielmehr scheint der Protestantismus – klarer als dies die katholische Kirche aufgrund ihrer Struktur kann – eine klassenspezifisch differenzierte Anpassung an die wirtschaftlichen Entwicklungen zu ermöglichen.

Mit Bezug auf den Gegensatz zwischen "oben und unten" – also das Gesamtvolumen an Kapital, welches den Akteuren verfügbar ist – lassen sich folgende Extrempole eines Verhaltenskontinuums zeigen: Pfingstkirchen in der Unterschicht ermöglichen die Bildung von Gemeinschaften mit starker Kohäsion als neuen gesellschaftlichen Handlungsräumen, produzieren Anerkennung, leisten Arbeitsvermittlung und etablieren die Kleinfamilie als wichtigste soziale Referenz; Neopfingstler in der Mittel- und Oberschicht konditionieren auf radikalen Individualismus und Durchsetzungswillen, ebenfalls mit der Kleinfamilie als sozialer Referenz.

Im Hinblick auf den Gegensatz zwischen traditionellen und modernisierenden Positionen – d.h. auf das ökonomisch verwertbare Bildungskapital der Akteure – zeigt sich ein komplexeres Bild. Den Pol des "neuen", modernen Wissens bilden Neopfingstler und linksliberale Protestanten. Neopfingstkirchen in den modernisierenden Positionen der oberen Mittelschicht plausibilisieren individualistische Strategien, Bildungserwerb und Statusprätention durch religiösen Diskurs und erzeugen so im Protestantismus einen Sog zur Anpassung von persönlichen Einstellungen an die Erfordernisse einer individualisierten Ökonomie. Linksliberale Protestanten und einige kleine Pfingstgruppierungen versuchen, die ökonomische und technische Globalisierung mit politischer Demokratie (reflexive Modernisierung) zu verbinden und so u.a. soziale Chancen von Intellektuellen zu verbessern. Zum Pol des veralteten Wissens tendieren Evangelikale und traditionelle Pfingstler. Beide reagieren auf Abwärtsmobilität; erstere mit konservativen Strategien zur Bewahrung des gesellschaftlichen Status quo und letztere mit Schaffung von Überlebensräumen durch defensive Identitätsbehauptung.

In mehreren Generationen von Protestanten hat sich mittlerweile eine spezifisch protestantische Alltagskultur und -ästhetik entwickelt.

Je nach gesellschaftlicher Klasse hat sie mehr oder weniger emblematischen Charakter. Die Mitglieder von Pfingstkirchen und Konservativen in der Unterschicht und unteren Mittelschicht unterscheiden sich selbst als die "Heiligen" vom Alltag der "Welt", wenn ihre Alltagssprache von religiösen Floskeln wie "Gott segne Sie" usw. durchsetzt ist, wenn sie mit der Bibel unter dem Arm auf die Straße gehen, wenn ihre Kinder hebräische Namen bekommen wie Heber, Isaac, Josué usw., wenn auf ihren Häkeldeckchen Bibelsprüche prangen, wenn sie in Radios demonstrativ evangelikale Musik spielen u.a.m.

Andererseits fusionieren "weltliche" und protestantische Kultur miteinander, wenn die religiöse Musik zunehmend nach dem Rhythmus der *ranchera*, des *merengue* oder auch des *rock* gespielt wird – sehr zum Missfallen des konservativen evangelikalen Radio-Publikums, aber einzige Überlebenschance der traditionellen evangelikalen Sender gegen die Übermacht neopfingstlicher *state of the art*-Unterhaltung.

Anders als Pfingstler und Konservative setzen Neopfingstler auch kulturell nicht auf Abgrenzung von der "Welt", sondern auf Herrschaft über die Gesellschaft. Im Alltagsverhalten werden selten distinktive Embleme verwendet. Vielmehr wird der Alltag in rituellen Praktiken sakralisiert und seine Wahrnehmung gemäß neopfingstlicher Dispositionen strukturiert. Neopfingstler "ergreifen die Herrschaft" *(tomar dominio)* über Alltagspraktiken in ihren Ritualen: Sie "salben" ihre Mitglieder für bestimmte Tätigkeiten (z.B. einen erfolgreichen Geschäftsabschluss), "weihen das Land" für eine bestimmte politische Partei, veranstalten Prozessionen um Orte (um die "Mauern Jerichos" zum Einsturz zu bringen), schlagen im Gottesdienst die Trommeln des "geistlichen Krieges" zur Dämonenaustreibung und kleben Fisch-Symbole als Glücksfetische auf ihre Autos.

Dabei sind kulturelle Präferenzen bei neopfingstlichen Akteuren meist ganz explizit: Es gilt – so das Ergebnis der Dispositionsanalyse in Guatemala – die latinisch-katholische Kultur auszumerzen wegen ihrer inhärenten Tendenz zu Korporativismus, Korruption und Faulheit und sie durch eine nordatlantisch-kalvinistisch geprägte Mentalität zu ersetzen, die an "excellence", Fleiß und individuellem Fortkommen orientiert ist.

All dies wird insbesondere über das Fernsehen propagiert. Der Medienzugang ist in allen zentralamerikanischen Ländern deutlich aufgeteilt. Neopfingstler dominieren das Fernsehen; den Pfingstlern und Konservativen bleiben Radiosender; Liberale sind so gut wie gar nicht vertreten.

Kulturelle Präsenz zeigt der Protestantismus auch im Bereich von Erziehung und Bildung. Traditionell waren in diesem Bereich die Liberalen führend: große Privatschulen für Mittel- und Oberschicht wie z.B. das *Colegio Presbiteriano* in Quetzaltenango), Krankenhäuser (*Hospital Bautista* in Managua oder *Clínica Bíblica* in San José/C.R.) oder die Privatuniversität "Mariano Gálvez" in Guatemala sind Traditionsunternehmen mit liberalem und konservativem Hintergrund. Mittlerweile hat sich das Feld gewandelt. Etablierte Pfingstkirchen, etwa die *Asambleas de Dios*, kommen auf breiter Front dem Bedarf der Unter- und Mittelschicht nach privaten Alternativen zu den desolaten öffentlichen Grundschulen nach und stoßen allein (*Asambleas de Dios: Universidad Cristiana* und *El Salvador*) oder in Konsortien mit anderen Kirchen in die akademische Ausbildung vor (z.B. *Universidad Evangélica* in El Salvador). Ebenso sind im Bereich der Gesundheits- und Sozialfürsorge immer mehr Pfingstkirchen mit Gesundheitskampagnen, Speisungen, Drogenhilfe usw. aktiv und antworten so auf die sozialen Probleme ihres direkten Umfeldes. Neuerdings arbeiten auch Neopfingstler in diesem Bereich.

5. Politik

Der Druck zur Parteinnahme im politischen Feld bringt deutlichere Differenzen zwischen unterschiedlichen gesellschaftlichen Akteuren hervor als etwa die Dynamik des ökonomischen Feldes. Dementsprechend prägen sich Differenzen zwischen Protestanten und der restlichen Bevölkerung sowie innerhalb des Protestantismus etwas klarer aus. Zugleich spielt auch der Grad der Polarisierung des politischen Feldes eine wichtige Rolle.

In der sehr homogenen und konformistischen Kultur Costa Ricas unterscheiden sich die politischen Einstellungen von Protestanten nicht wesentlich von denen der Katholiken, außer an einem Punkt: der Einmischung religiöser Funktionsträger in die Politik. 72% der Protestanten, aber immerhin auch 65% der Katholiken, befürworten eine klarere Trennung zwischen Kirche und Politik und damit indirekt auch eine modernere politische Rationalität (Bastian et al. 2000: 153f.).

Deutlichere Differenzen lassen sich in einer sozial, politisch und religiös stark polarisierten Gesellschaft wie Guatemala aufzeigen. Eine entsprechende Untersuchung (Steigenga 1999: 171) zeigt Tabelle 1:

Tabelle 1: Politische Selbsteinschätzung

	Katholiken	Hist. Prot.	Pfingstler	Neopfingst.	Nichtchr.	Nichtrelig.
Links	16,5%	15,8%	6,0%	0,0%	8,7%	0,0%
Mitte	40,0%	36,8%	30,0%	33,3%	30,4%	20,0%
Rechts	24,7%	26,3%	19,5%	27,3%	26,1%	16,0%
Verweigert*	18,8%	21,1%	44,5%	39,4%	34,8%	64,0%
n =	85	38	200	33	23	25

* abgelehnt, sich einzuordnen
$x^2 = 38,9$
p = .00065 x, p und n= verstehe ich nicht

Im Verhältnis von Katholiken und Protestanten insgesamt wird deutlich, dass Letztere weniger nach links, aber deshalb nicht unbedingt stärker nach rechts tendieren, wobei der innerprotestantische Unterschied wichtig ist. Die "Historischen Protestanten" bieten ein ganz ähnliches Bild wie die Durchschnittskatholiken – was übrigens auch ihren religiösen Dispositionen und der Einstellung gegenüber der Gesellschaft als Ganzer entspricht. Fast die Hälfte der Pfingstler lehnen, wie zu erwarten, eine Einordnung unter politische Kategorien generell ab. Dass 6,0% der Pfingstler links orientiert sind, ist bemerkenswert, denn eine Ausrichtung auf die Verbesserung der "Welt"

widerspricht der bei ihnen weit verbreiteten Erwartung eines nahen Welt-
endes. Diese politische Selbstzuordnung lässt somit vermuten, dass die Dispositionen gesellschaftlichen Handelns der Pfingstler im Wandel begriffen
sind. Bei den Neopfingstlern ist eine deutliche Neigung nach Mitte-Rechts
zu erkennen, was auf ihre neoliberale Grundhaltung hindeutet. In der Able-
nung der Einordnung in politische Kategorien kommt zum Ausdruck, dass
viele Neopfingstler ihre eigene theokratische Position als dem politischen
Spektrum kategorial überlegen begreifen – als die **einzige** wirkliche Option
eben.

Theokratische Positionen sind allerdings im Protestantismus nicht sehr
verbreitet. Auch deshalb lassen sich die politischen Neigungen der Protestanten nicht in Wahlerfolge protestantisch ausgewiesener Parteien umfor-
men. Bis auf eine Ausnahme haben solche Parteien in den Wahlen seit den
achtziger Jahren sehr schlecht abgeschnitten. Die Ausnahme ist der Wahler-
folg des Neopfingstlers Jorge Serrano Elías 1991 in Guatemala, der allerdings nicht im Zusammenhang mit protestantischem Stimmverhalten steht
(Steigenga 1999: 162; Piedra 1999). In El Salvador, Nicaragua und Costa
Rica ist die Situation durchweg dieselbe: Zwischen den großen Traditions-
parteien bleiben protestantische *newcomer* so gut wie irrelevant.

Hinzu kommt, dass mittlerweile alle gesellschaftlichen Klassen im Protestantismus vertreten sind. Es ist also nicht verwunderlich, dass auch das
Spektrum politischer Sympathien von links bis rechts reicht, wenngleich
Unterschiede zwischen den verschiedenen Strömungen vorhanden sind. Im
Blick auf die Relation zwischen Katholiken und Protestanten insgesamt
weist Stein (1999a: 124) darauf hin, dass nicht die Konfessionszugehörigkeit, sondern "religious belief" ein zuverlässiger politischer Indikator sei: Je
literalistischer und dogmatischer in der religiösen Praxis, umso weiter rechts
im politischen Feld.

Man kann nicht davon reden, dass der Protestantismus eine einheitliche
Strategie zur politischen Verarbeitung von selektiver und konfliktiver Modernisierung verfolge. Vielmehr scheint es eher so zu sein, dass er zur Radikalisierung verschiedener vorhandener politischer Optionen beiträgt: Neopfingstler stärken Neoliberalismus und die Ordnungsfunktionen des Staates,
konservative Evangelikale und Pfingstler den (offensiven oder defensiven)
Konformismus, Linksliberale und eine linke pfingstliche Minderheit die
politische Organisation der Zivilgesellschaft. Dieser Effekt hat vor allem
damit zu tun, dass der Protestantismus immer noch eine relativ junge Option
in den mittelamerikanischen Gesellschaften ist. Protestanten betreiben nicht

Parteipolitik sondern Identitätspolitik. Damit wurzeln protestantische Identitäten immer noch im religiösen Widerspruch zur Gesellschaft: daher ihre Radikalität. Und als religiöse Identitäten lassen sie politische Dispositionen aus der **religiösen** Praxis entstehen: daher die parteipolitische Inkommensurabilität.

6. Das religiöse Feld

Das religiöse Feld hat seine besondere Bedeutung darin, dass es Akteuren ermöglicht, zumindest teilweise die gesellschaftlichen "Karten neu zu mischen". Es ermöglicht, Identitäten umzuformen und sie neuen Anforderungen anzupassen. Es erlaubt schließlich, die (Macht-)Verhältnisse anders zu definieren und auf diese Weise neue gesellschaftliche Handlungschancen zu entdecken. Neue Handlungschancen liegen in den meisten Gesellschaften Zentralamerikas in den politischen Friedens- und Demokratisierungsprozessen sowie in einer veränderten Parteipolitik nach dem Ende der Militärdiktaturen; im Bereich technischer Innovation und Medien sowie in alternativen landwirtschaftlichen Produkten; in besseren Möglichkeiten sozialer Organisation (Zivilgesellschaft, NGOs, Netzwerke) und ethnischer Revitalisierung; sowie im organisierten Verbrechen auf unterschiedlichen Ebenen.

Alles in allem scheinen in der neueren Modernisierung drei Faktoren zusammenzufließen: Individualisierung, Pluralisierung und weitere Zunahme der sozialen Gegensätze. Gleichwohl wird – im Vergleich zu den achtziger Jahren – die gesellschaftliche Entwicklung der Neunziger im Allgemeinen (außer vielleicht jüngst in Costa Rica) nicht in gleichem Maße als krisenhaft erfahren. Nach der Krise der Achtziger scheint die Zeit einer gewissen Stabilisierung gekommen, auch wenn diese äußerst gebrochen daherkommt. Gegenüber diesen Herausforderungen artikulieren sich die religiösen Identitäten.

War es in den achtziger Jahren zu häufigen Übertritten und starkem Wachstum des Protestantismus gekommen, so werden jetzt die erworbenen religiösen Identitäten ausgebaut und angepasst.

Der Protestantismus, als Element der Pluralisierung, kann sich unter pluralistischen Bedingungen besser organisieren als der Katholizismus, weil ihm die umgreifenden korporativen Strukturen fehlen. Er strukturiert sich auf "naturwüchsige" Weise klassenspezifisch und kann dabei durch rasche Spaltungen und Transformationen der Gruppen auch differenzierten sozialen Gegensätzen und Spannungen Rechnung tragen.

Die Neopfingstler scheinen die besten Voraussetzungen zu haben, sich der Herausforderung von Individualisierung und sozialen Gegensätzen zu stellen. Sie greifen religiös einfach den herrschenden Diskurs auf und treiben offensiv individualistische Strategien unter ihren Mitgliedern voran. Zugleich nutzen sie neue politische Partizipationsmöglichkeiten, um die Position des modernisierenden Bürgertums zu stärken. Die sozialen Gegensätze erklären sie über die jeweilige Kompetenz oder Inkompetenz der Betroffenen und bieten zugleich individualistische Auswege aus der Misere an *(Prosperity Gospel).* Diese Orientierung an individueller Prätention macht die Bewegung attraktiv für Angehörige anderer protestantischer Positionen. Das führt zu zwei gleichzeitigen Entwicklungen im religiösen Feld. Erstens gewinnen die Gruppen immer stärkeren Zulauf aus anderen protestantischen Kirchen; zweitens werden neopfingstliche Praktiken in anderen Strömungen mehr oder weniger bruchstückhaft übernommen. Damit gewinnen neopfingstliche Wahrnehmungs- und Handlungsdispositionen einerseits an Einfluss; aber andererseits unterliegen sie selbst auch Transformationen.

In der Pfingstbewegung setzen insbesondere die Individualisierung und die zunehmenden sozialen Gegensätze unterschiedliche Tendenzen in Gang. Zum einen kommt es zur gerade erwähnten "Neopentekostalisierung" von einigen Sektoren. Zum zweiten führt die ökonomische Stabilisierung von (ökonomisch und kulturell) eher traditionellen Sektoren der unteren Mittelschicht zu einer konservativen Etablierung und Annäherung an die evangelikal-konservative Position. Zum dritten ist in vielen Pfingstgruppen der Unterschicht ein politischer Trend nach links und eine Öffnung zu ökumenischer Zusammenarbeit in sozialen Projekten und zu politischem Aktivismus zu beobachten.

Konservative Protestanten – sei es aus den "historischen" oder evangelikalen Traditionen – verlieren zunehmend an Bedeutung. Es gelingt dieser Strömung nicht, die spezifischen Anforderungen der Modernisierung in ihren religiösen Dispositionen zu verarbeiten. Die traditionelle Mittelschicht ohne Perspektive und mit zunehmend hohem Alter sammelt sich hier in Gruppen der Enttäuschten, um religiöse "ewige Wahrheiten" gegen den Gang der "Welt" zu affirmieren.

Der linksliberal und ökumenisch orientierte Protestantismus unterliegt deutlichen Transformationen. Kreise, die sich stärker an den Ideologien der siebziger und achtziger Jahre orientieren als an den aktuellen Veränderungen der Zivilgesellschaft, treiben sich selbst in die Isolation. An anderen Beispielen, etwa in Guatemala, sieht man dagegen: Je konkreter der Zusammenhang zu Organisationen der Zivilgesellschaft (z.B. im guatemaltekischen Friedensprozess), umso relevanter die linke (bzw. linksliberale) Position des Protestantismus. Allerdings durchlaufen die Akteure dabei selbst einen Wandel, denn einerseits üben die sozial engagierten Pfingstkirchen Einfluss aus, andererseits hat die ethnische Revitalisierung wie etwa die der schwarzen Bevölkerung in Panama (in der *Episcopal Church*) oder die der Maya-Bevölkerung in Guatemala (*Misión Centroamericana, Iglesia de Dios del Evangelio Completo* u.a.) einen wachsenden Stellenwert im Protestantismus.

Das Verhältnis zwischen indigener ethnischer Revitalisierung und Protestantismus ist allerdings zwiespältig.[3] Einerseits fängt der Protestantismus jene auf, die aus dem Cargo-System aussteigen wollen. Andererseits kann er soziale Organisation ermöglichen, wo direkte Artikulation ethnischer Interessen unmöglich wird. Und drittens kann er zu einem Vehikel indigener Selbstbehauptung werden: Protestantismus erlaubt einen hohen Grad an eigenständiger Organisation, was von bestimmten indigenen Gemeinschaften, z.B. "Almolonga" in Guatemala (Weisshar 2000: 10) für sich genutzt wird. Dabei sind allerdings deutliche soziale Gegensätze innerhalb der indigenen Identitätsbehauptung zu berücksichtigen: Das Spektrum der einbezogenen protestantischen Strömungen reicht von den Konservativen über Pfingstgruppen bis hin zu linksliberalen Protestanten.

Die Neopfingstler sind dagegen Avantgarde in einer anderen Form von religiöser Identitätsbehauptung. Im Rahmen der kulturellen Globalisierung spielen sie eine führende Rolle in einer neu entstehenden und religiös vermittelten nationalen Strategie: der Entsendung von Missionaren aus der Region "in alle Welt", um zu zeigen, dass die Region "im geistlichen Sinne führend" ist. Auf diese Weise bringen die entsprechenden Organisationen nach innen natürlich auch ihren Anspruch auf Anerkennung zum Ausdruck. Aber auch in einer ganz pragmatischen Hinsicht vermindern sich die früheren internationalen Abhängigkeiten deutlich. Immer mehr protestantische Kirchen arbeiten in internationalen Netzwerken (z.B. der pfingstkirchlichen CEPLA oder dem Lateinamerikanischen Kirchenrat, CLAI) mit ausländischen Kirchen und Organisationen zusammen.

Alles in allem scheint der zentralamerikanische Protestantismus langsam zu einer Kraft zu werden, die im Prozess der Individualisierung und Plurali-

---

3 Ich beziehe mich hier nur auf Guatemala und verweise zugleich auf die laufende Arbeit von Andrea Althoff über den Grenzbereich zwischen Maya-Revitalisierung, Protestantismus und Katholizismus in Guatemala (vgl. auch LeBot 1999; Gros 1999; Schäfer 1992a: 214).

sierung der Gesellschaften bei anhaltenden sozialen Gegensätzen neue Strategien der Identitätskonstruktion und -behauptung bereitstellt. Dies allerdings nicht in einheitlicher Ausprägung, sondern in Entsprechung zu den weiteren gesellschaftlichen Kräftekonstellationen – aber gerade so auf effektive Weise.

Literaturverzeichnis

Annis, Sheldon (1987): _God and Production in a Guatemalan Town_. Austin, TX.

Bastian, Jean-Pierre et al. (Hrsg.) (2000): _Religiöser Wandel in Costa Rica. Eine sozialwissenschaftliche Interpretation_. Mainz.

Dessaint, Alain Y.: (1962): "Effects of the Hacienda and Plantation Systems on Guatemala's Indians". In: _América Indígena_, 22.4: 323ff.

Gooren, Henri (2001): "Reconsidering Protestant Growth in Guatemala, 1900-1995". In: Dow, James/Sandstrom, Alan (Hrsg.): _Holy Saints and Fiercy Preachers. The Anthropology of Protestantism in Mexico and Central America_. Westport/London, S. 167-201.

Gros, Christian (1999): "Evangelical Protestantism and Rural Indigenous Populations". In: _Bulletin of Latin American Research_, Jg. 18, Nr. 2, April, S. 175-197.

Holland, Clifton (2002): "Belize, El Salvador, Guatemala and Honduras". In: Melton, Gordon/Baumann, Martin (Hrsg.): _Religions of the World: A Comprehensive Encyclopedia of Beliefs and Practices_, 4 Bde. Santa Barbara.

Katolla-Schäfer, Kirstin (1987): _Die Rolle der pfingstkirchlichen Mission in soziokulturellen Veränderungen im Hochland Guatemalas_. Tübingen: Eberhardt-Karls-Universität (Magisterarbeit).

Le Bot, Yvon (1999): "Churches, Sects and Communities: Social Cohesion Recovered". In: _Bulletin of Latin America Research_, 18.2: 165-174.

Piedra, Arturo (1999): "La derecha político-religiosa de Guatemala". In: _Ibero-Amerikanisches Archiv_, 25.1-2: 175-189.

Schäfer, Heinrich (1989): "Geistliche Kriegsführung niedriger Intensität. Protestantismus und Aufstandsbekämpfung". In: _Lateinamerika Nachrichten_, 17.185: 59-71.

— (1990): "Antagonismen, Anomie und religiöser Dualismus in Zentralamerika". In: Riquelme, Horacio (Hrsg.): _Erkundungen zu Lateinamerika. Identität und psychosoziale Partizipation_. Frankfurt am Main, S. 53-86.

— (1992a): _Protestantismus in Zentralamerika. Christliches Zeugnis im Spannungsfeld von US-amerikanischem Fundamentalismus, Unterdrückung und Wiederbelebung "indianischer" Kultur_. Frankfurt am Main.

— (1992b): "'Herr des Himmels, gib uns Macht auf der Erde!' Fundamentalismus und Charismen: Rückeroberung von Lebenswelt in Lateinamerika". In: _Materialdienst des Konfessionskundlichen Instituts des Evangelischen Bundes_, 3: 43-48.

— (1994): "Unpolitische an die Macht! Religion und Politik in Nicaragua". In: _Lutherische Monatshefte_, 33.1: 15-17.

— (1998a): "Doxa des Marktes und Christianisierung von unten. Beobachtungen zur Dynamik von Christianisierung und Dechristianisierung in Mittelamerika". In: *Zeitschrift für kirchliche Zeitgeschichte*, 11.1: 110-118.

— (2003): *Zur Theorie von kollektiver Identität und Habitus am Beispiel sozialer Bewegungen. Eine Theoriestudie auf der Grundlage einer interkulturellen Untersuchung zweier religiöser Bewegungen*. Berlin (Diss. im Fach Soziologie an der HU Berlin).

Steigenga, Tim (1999): "Guatemala". In: Sigmund, Paul (Hrsg.): *Religious Freedom and Evangelization in Latin America. The Challenge of Religious Pluralism*. New York, S. 150-174.

Stein, Andrew (1999a): "Nicaragua". In: Sigmund, Paul (Hrsg.): *Religious Freedom and Evangelization in Latin America. The Challenge of Religious Pluralism*. New York, S. 175-186.

— (1999b): "El Salvador". In: Sigmund, Paul (Hrsg.): *Religious Freedom and Evangelization in Latin America. The Challenge of Religious Pluralism*. New York, S. 113-128.

Weisshar, Emmerich (2000): *Ethnische Identität, nationale Identität und Maya-Bewegung. Vom movimiento indio zum movimiento maya*. Tübingen: Universität Tübingen (unveröff.), 60 S.

Interviews

Althoff, Andrea (Soziologin mit Forschungsprojekt zum Verhältnis von indigener Revitalisierung und christlichen Kirchen in Guatemala, Berlin), 02.11.2001.

Escobar, Rafael (Guatemala), 05.11.2001.

Melara, Julio (El Salvador), 06.11.2001.

Ortez, Victor (Honduras), 14.11.2001.

Piedra, Arturo (Costa Rica), 15.11.2001.

Rodríguez, William (Nicaragua), 30.11.2001.

Román, Ángel (Guatemala), 05.11.2001.

IV. Kultur, Bildung und Wissenschaft

Werner Mackenbach

Zwischen Politik, Geschichte und Fiktion.
Neuere Tendenzen in den erzählenden Literaturen
Zentralamerikas

"Die Poesie ist bis heute das einzige Produkt Nicaraguas von universellem Wert" – dieser dem nicaraguanischen Avantgarde-Schriftsteller José Coronel Urtecho zugeschriebene, oft zitierte Satz kann mit gewisser Berechtigung als symptomatisch für die zentralamerikanische Literatur insgesamt angesehen werden.[1] Wenn es ein (kulturelles) Exportprodukt Zentralamerikas gibt, das traditionell als mit der hispanoamerikanischen Kulturproduktion und international konkurrenzfähig angesehen wird, dann ist es die Literatur der Region, allen voran seiner großen Meister Rubén Darío und Miguel Ángel Asturias. Allerdings ist dieses Urteil durchaus paradox.

1. Zentralamerikanische Literatur: die große Unbekannte

Im überaus reichen Kontext der hispanomerikanischen Literatur gilt die zentralamerikanische zum einen weiter als die große Unbekannte. Im Gegensatz zu den hispanoamerikanischen Literaturen insgesamt, insbesondere den großen Nationalliteraturen zum Beispiel Argentiniens und Mexikos, aber auch den Literaturen Kolumbiens, Chiles und Kubas, und den "großen" Autoren, vor allem des *Booms* der lateinamerikanischen Romanliteratur, sind die zentralamerikanischen Literaturen über die eigenen engen Nationalgrenzen hinaus – von wenigen Ausnahmen abgesehen – in den letzten Jahrzehnten kaum oder nur marginal gelesen, rezipiert, analysiert und vermarktet worden. Zu Recht hat der puerto-ricanische Literaturwissenschaftler Ramón Luis Acevedo Anfang der achtziger Jahre in seiner grundlegenden Studie zum zentralamerikanischen Roman *La novela centroamericana: desde el Popol-Vuh hasta los umbrales de la novela actual* (1982) für dieses Schattendasein der zentralamerikanischen Literaturen am Rande der strahlenden (auch kommerziellen) Erfolge der lateinamerikanischen *Boom*-Autorinnen und -Auto-

---

[1] "La poesía es hasta ahora el único producto nicaragüense de valor universal" (Coronel Urtecho 1967: 50, zit. n. Arellano 1986: 169).

ren besonders in Europa und Nordamerika in erster Linie außerliterarische Faktoren ausfindig gemacht, die nicht der fehlenden ästhetischen Qualität, sondern der sozialen, politischen und wirtschaftlichen Rückständigkeit Zentralamerikas geschuldet seien: hohe Analphabetismusrate, niedriges Pro-Kopf-Einkommen, Fehlen einer bedeutenden Mittelschicht, politische Instabilität, Durchdringung der nationalen Märkte mit ausländischen Produkten, Diktatur und Zensur, Nichtexistenz großer Verlage und Fehlen einer Literaturkritik.[2]

Zum anderen dominierte in der zentralamerikanischen literarischen Selbstwahrnehmung wie in der europäischen Fremdwahrnehmung noch bis vor kurzem die Poesie (nicht von ungefähr spricht der eingangs zitierte Aphorismus Coronel Urtechos von der Lyrik), obwohl der bisher einzige Literaturnobelpreisträger Zentralamerikas (1967), Miguel Ángel Asturias, als ein überragender Meister und Erneuerer der Narrativik, insbesondere des Romans, sowie als direkter Vorläufer und Inspirator der *Boom*-Autoren gilt und Rubén Darío durchaus ein – noch weitgehend unerforschtes – Prosawerk vorgelegt hat (insbesondere *cuentos*/Erzählungen, Chroniken und Autobiographien/Romane). Noch bis vor kurzem galt im allgemeinen Urteil der wenigen Spezialisten für zentralamerikanische und der zahlreichen Generalisten für hispanoamerikanische Literatur die für sein Land formulierte These des nicaraguanischen Literaturwissenschaftlers Jorge Eduardo Arellano als gleichermaßen für Zentralamerika zutreffend: dass nämlich die Literaturen der Region – vielleicht mit Ausnahme der Guatemalas – keine eigenständige bedeutende Romanliteratur hervorgebracht hätten, dass die Narrativik insgesamt im Gegensatz zur Poesie keine "organische" Entwicklung erfahren habe.[3]

Die politische, soziale und kulturelle Entwicklung in Zentralamerika seit den siebziger und insbesondere den achtziger Jahren des 20. Jahrhunderts legt eine Revision dieser bisher verbreiteten Urteile nahe. Die erhöhte politische Aufmerksamkeit für die Region seit den siebziger und achtziger Jahren (vor allem für die Länder, die unmittelbarer Schauplatz bewaffneter Konflikte waren) brachte auch ein gesteigertes Interesse an ihren Literaturen mit

---

2   Acevedo weist auch darauf hin, dass Rubén Darío und Miguel Ángel Asturias den Hauptteil ihrer Werke außerhalb Zentralamerikas geschrieben und veröffentlicht haben; siehe allgemein Acevedo (1982: 9-11, 447); vgl. auch Engelbert (1994: 400f.), und ausführlich Mackenbach (2004a: bes. 19f., 45).

3   Siehe Arellano (1997: 119); vgl. auch Ramírez (1993: 16), und ausführlich, insbesondere zur nicaraguanischen Entwicklung, Mackenbach (2004a: 19f., 39-43).

sich, zum Teil in den zentralamerikanischen Ländern selbst, aber vor allem
in den breiten Kreisen der Solidaritätsbewegungen Europas und Nordamerikas. Autorinnen und Autoren wie Gioconda Belli und Ernesto Cardenal,
Manlio Argueta und Rigoberta Menchú wurden ins Englische, Deutsche,
Französische, Italienische und andere Sprachen übersetzt und von renommierten Verlagen publiziert, wurden und werden von einem breiten Publikum gelesen und von Kritikern und Literaturwissenschaftlern analysiert;
zeitgenössische zentralamerikanische Autoren haben Eingang in die universitären Lehrprogramme Nordamerikas und Europas gefunden. Mit Ausnahme Ernesto Cardenals stehen die genannten Namen für einen Aufschwung
der Prosaliteratur, insbesondere des zentralamerikanischen Romans und der
zwischen Dokumentation und Fiktion angesiedelten Testimonialliteratur
(siehe dazu weiter unten).[4]

Während das politische Interesse an der Region mit dem Fortschreiten
der Friedens- und Demokratisierungsprozesse (trotz all ihrer Unzulänglichkeiten; siehe dazu die Aufsätze im politischen Teil dieses Bandes) und den
globalen Entwicklungen seit dem Fall der Berliner Mauer 1989 und dem
11. September 2001 zurückgeht und Zentralamerika nur bei außergewöhnlichen menschlichen, sozialen und Naturkatastrophen (wie zum Beispiel dem

---

4   Der Nicaraguaner Ernesto Cardenal, zweifellos einer der bedeutendsten zeitgenössischen
     Lyriker nicht nur Zentral-, sondern auch Lateinamerikas (vgl. dazu den Beitrag von Erick
     Aguirre in diesem Band), hat allerdings in den letzten Jahren mit seinen autobiographi-
     schen Schriften *Vida perdida* (1999), *Las ínsulas extrañas* (2002), *La Revolución Perdi-
     da* (2003) und *Los años de Granada* (2004) ein umfangreiches und viel beachtetes Pro-
     sawerk vorgelegt. Die Nicaraguanerin Gioconda Belli sorgte als Lyrikerin bereits seit den
     siebziger Jahren in Nicaragua und international für Furore, ein Massenlesepublikum hat
     sie allerdings mit ihren vier bisher veröffentlichten (und übersetzten) Romanen *La mujer
     habitada* (1988), *Sofía de los presagios* (1990), *Waslala. Memorial del futuro* (1996), *El
     pergamino de la seducción* (2005a) und ihrer Autobiographie *El país bajo mi piel*
     (2001a) erreicht (vgl. den Beitrag von Barbara Dröscher in diesem Band). Der Salva-
     dorianer Manlio Argueta ist einer der meistgelesenen Autoren zentralamerikanischer
     (fiktionaler) Testimonialliteratur, sein Roman *Un día en la vida* (1980) gehört zum Pen-
     sum der literaturwissenschaftlichen Lehrveranstaltungen vieler nordamerikanischer Uni-
     versitäten; das Buch wurde 1999 in den USA von der *Modern Library* unter den besten
     spanischsprachigen Romanen des 20. Jahrhunderts auf den fünften Platz gesetzt, noch
     vor Mario Vargas Llosa, Carlos Fuentes und anderen (vgl. *Los Angeles Times* vom
     29. Dezember 1999). Das von der venezolanisch-französischen Anthropologin Elizabeth
     Burgos herausgegebene Lebenszeugnis der Guatemaltekin/Maya Rigoberta Menchú *Me
     llamo Rigoberta Menchú y así me nació la conciencia* (1983) wurde zum emblemati-
     schen Text des Kampfes der indigenen Völker Zentralamerikas insbesondere für eine in-
     ternationale Leserschaft und trug wesentlich zur Verleihung des Friedensnobelpreises an
     Rigoberta Menchú im Jahr 1992 bei.

Hurrikan "Mitch" im Jahr 1998) Eingang in die internationalen Schlagzeilen findet, ist auch das gesteigerte Interesse an den Literaturen der zentralamerikanischen Länder in den europäischen und nordamerikanischen Zentren seit den neunziger Jahren wieder am Abflauen. Dagegen hält der Aufschwung in der Produktion und Publikation von Prosaliteratur – insbesondere von Romanen und Erzählungen – zentralamerikanischer Schriftsteller weiter an und hat in den letzten Jahren eher noch zugenommen.[5]

2. Roman und Erzählung: ein ungeahnter Boom

In der Tat erlebt Zentralamerika – das heißt zunächst: die einzelnen zentralamerikanischen Länder –[6] seit den achtziger und neunziger Jahren einen regelrechten Boom in der erzählenden Literatur, was die Anzahl der Autorinnen und Autoren, der veröffentlichten Werke und die Diversität der literarischen Produktion angeht.[7] Dies trifft sowohl auf die Erzählung, den *cuento*,

---

5   Parallel zu dem politisch begründeten gesteigerten Interesse an den zentralamerikanischen Literaturen und Kulturen wuchs auch das Interesse der Akademien in Nordamerika und Europa an der wissenschaftlichen Beschäftigung mit ihnen. Anfangs ebenfalls hauptsächlich politisch motiviert, ist dieses Interesse mit dem Rückgang der allgemeinen internationalen Aufmerksamkeit für Zentralamerika nicht geringer geworden. Im Gegenteil, im Vergleich zu der Situation vor zehn Jahren kann heute gar von einer Proliferation in der Veröffentlichung von Studien und Theoretisierungen der zentralamerikanischen Literaturen und Kulturen in den USA, Europa und Zentralamerika selbst gesprochen werden (vgl. dazu ausführlich Mackenbach 2004b, bes. Fußnote 1). Der 1993 von der Purdue University in Hammond, Indiana, in den Vereinigten Staaten initiierte Congreso Internacional de Literatura Centroamericana (CILCA), der seitdem jährlich in Zusammenarbeit mit lokalen Universitäten und Institutionen in den zentralamerikanischen Ländern (und seit 2002 im Wechsel auch in einigen Ländern Europas) durchgeführt wird, ist inzwischen zu einem wichtigen regionalen und internationalen Forum des wissenschaftlichen Austauschs geworden. Daneben sind weitere ähnliche Initiativen entstanden, so zum Beispiel der 2005 (in Panama) erstmals durchgeführte Kongress zentralamerikanischer Schriftsteller. Seit einigen Jahren wird vom Centro de Investigación en Identidad y Cultura Latinoamericanas (CIICLA) an der Universidad de Costa Rica ein internationales Forschungsprogramm zur Geschichte der zentralamerikanischen Literaturen koordiniert, an dem Universitäten aus Zentralamerika, Europa und den Vereinigten Staaten und Einzelforscher auch aus anderen Ländern und Kontinenten beteiligt sind.
6   Ähnlich wie in Bezug auf die lateinamerikanische(n) Literatur(en) gibt es auch in Bezug auf die zentralamerikanische(n) unter den Forschern eine Diskussion, ob von ihr im Singular oder Plural gesprochen werden muss bzw. ob es gerechtfertigt ist, von Zentralamerika als einer von anderen unterscheidbaren Kultur- und Literaturregion zu sprechen. Im vorliegenden Essay gehe ich von einem pragmatischen und dynamischen Begriff der Literaturen Zentralamerikas aus, der den Plural favorisiert und auf die Gemeinsamkeiten und Unterschiede abzielt (vgl. dazu ausführlich Mackenbach 2004a: 28-34).
7   Das gilt nicht für ihre Verbreitung in Zentralamerika selbst, wo es über die Grenzen der einzelnen Nationalstaaten hinaus keinen Buchmarkt und von wenigen Ausnahmen abge-

als auch auf den Roman und den *testimonio* zu. Ein Indiz der gesteigerten Aufmerksamkeit für die Erzählung in der Region ist die Herausgabe verschiedener Anthologien zentralamerikanischer Erzählungen in Zentralamerika selbst bzw. in Europa (mit teilweiser Verbreitung in den zentralamerikanischen Ländern) zu Beginn des neuen Jahrhunderts, während in den siebziger, achtziger und noch neunziger Jahren die von Sergio Ramírez zusammengestellte und vom zentralamerikanischen Universitätsverlag EDUCA 1973 zum ersten Mal publizierte Sammlung *Antología del cuento centroamericano* die einzige entsprechende Veröffentlichung war. Ähnliches gilt für die einzelnen Länder selbst, wo ab Ende der achtziger Jahre eine Reihe von Anthologien erschien, die auch jüngere Autoren (und in wesentlich geringerem Maße Autorinnen) präsentieren.[8]

sehen keine regional operierenden Verlage bzw. Buchvertriebsorganisationen gibt. In dieser Hinsicht ist die Situation sogar schwieriger als noch in den siebziger und teilweise achtziger Jahren, als der Verlag der zentralamerikanischen öffentlichen Universitäten EDUCA eine zentralamerikanische Präsenz in Verlagsprogramm, Buchproduktion und -vertrieb hatte. Vgl. dazu auch den Beitrag von Sylvie Durán in diesem Band.

8 Folgende Anthologien zentralamerikanischer Erzählungen sind seit dem Jahr 2000 erschienen: Délano, Poli (Hrsg.), 2000: *Cuentos centroamericanos*, Santiago de Chile: Editorial Andrés Bello; Cortés, María Lourdes (Hrsg.), 2001: *Cuentos centroamericanos*, Madrid: Editorial Popular; Mejía, José (Hrsg.), 2002: *Los centroamericanos*, Ciudad de Guatemala: Alfaguara; Jaramillo Levi, Enrique (Hrsg.), 2003: *Pequeñas resistencias/ 2. Antología del cuento centroamericano contemporáneo*, Madrid: Páginas de Espuma; Salinas Paguada, Manuel (Hrsg.), 2004: *Narrativa contemporánea de la América Central*, Tegucigalpa: Multigráficos Flores; Mackenbach, Werner (Hrsg.), 2004: *Cicatrices. Un retrato del cuento centroamericano*, Managua: anamá ediciones centroamericanas. Nationale Erzählanthologien sind u.a. folgende publiziert worden: Arango, Luis Alfredo/ Castellanos, Rolando (Hrsg.), 1988: *De Francisco a Francisco. 50 años de narrativa guatemalteca*, Ciudad de Guatemala: Grupo Editorial RIN-78; Oviedo, Jorge Luis (Hrsg.), 1988: *Antología del cuento hondureño*, Tegucigalpa: Editores Unidos; Cortés, Carlos/Muñoz, Vernor/Soto, Rodrigo (Hrsg.), 1989: *Para no cansarlos con el cuento: narrativa costarricense actual*, San José: Editorial de la Universidad de Costa Rica; Ramírez, Sergio (Hrsg.), [4]1993: *Cuento nicaragüense*, Managua: Nueva Nicaragua; Góchez, Rafael Francisco/Fernández, Gloria Marina/Cañas Dinarte, Carlos (Hrsg.), 1994: *Antología 3 x 15 mundos. Cuentos salvadoreños 1962-1992*, San Salvador: UCA Editores; Phillips, Michael D. (Hrsg.), 1995: *Snapshots of Belize. An anthology of short fiction*, Benque Viejo del Carmen, Belize: Cubola Books; Arellano, Jorge Eduardo (Hrsg.), [2]1996: *Cuentistas de Nicaragua*, Managua: Ediciones Distribuidora Cultural; Roque Baldovinos, Ricardo (Hrsg.), [2]1998: *El Salvador: cuentos escogidos*, San José: EDUCA; Sosa, Roberto (Hrsg.), [2]1998: *Honduras: cuentos escogidos*, San José: EDUCA; Valle-Castillo, Julio (Hrsg.), [2]1998: *Nicaragua: cuentos escogidos*, San José: EDUCA; Jaramillo Levi, Enrique (Hrsg.), 1998: *Hasta el sol de mañana. 50 cuentistas panameños nacidos a partir de 1949*, Panamá: Fundación Cultural Signos; García de Paredes, Franz (Hrsg.), 1998: *Panamá: cuentos escogidos*, San José: EDUCA; Sánchez, Chrisnel et al. (Hrsg.), 2001: *Grito de nuevas voces*, Managua: Camino; Tzijonem, Lema (Hrsg.), 2002:

Für den zentralamerikanischen Roman kann mit gewisser Berechtigung ab Ende der sechziger, Anfang der siebziger Jahre von einem Aufschwung gesprochen werden. In ihrer Studie *La nueva novela centroamericana* (1991) konstatiert die nordamerikanische Literaturwissenschaftlerin Kathryn Eileen Kelly einen zentralamerikanischen Boom, der in den Jahren beginne, in denen der lateinamerikanische *Boom* zu Ende gehe (Kelly 1991: 5), das heißt Anfang der siebziger Jahre, während der guatemaltekische Schriftsteller und in den USA lehrende Literaturwissenschaftler Arturo Arias von einem "mini-boom" (Arias 1998a: 232) der zentralamerikanischen erzählenden Literatur ab den siebziger Jahren spricht (vgl. auch Zavala 1990: 18, 22f.). In der Tat erscheint ab Ende der sechziger/Anfang der siebziger Jahre eine Reihe von Romanen von Autoren verschiedener zentralamerikanischer Länder, die sich bewusst von den Prämissen des vorher in der Narrativik der Region dominierenden sozialen Realismus und des Kostumbrismus abwenden und sich in das weite Feld der *nueva novela latinoamericana*, des neuen lateinamerikanischen Romans, einschreiben, auch was ihre Freude am Experimentieren mit Sprache und Form angeht. Als Protagonisten dieses neuen zentralamerikanischen Romans gelten u.a. Autorinnen und Autoren wie Lizandro Chávez Alfaro mit seinem Roman *Trágame tierra* (1969) und Sergio Ramírez mit *Tiempo de fulgor* (1970) in Nicaragua, Carmen Naranjo mit *Diario de una multitud* (1974) in Costa Rica, Claribel Alegría/Bud Flakoll mit *Cenizas de Izalco* (1966), Manlio Argueta mit *El valle de las hamacas* (1970) und Roque Dalton mit *Pobrecito poeta que era yo* (1976) in El Salvador, Julio Escoto mit *El árbol de los pañuelos* (1972) in Honduras, Marco Antonio Flores mit *Los compañeros* (1976) in Guatemala und Gloria Guardia mit *El último juego* (1976) in Panama.[9]

Von einem wirklichen Aufschwung der Romanproduktion in Zentralamerika im Hinblick auf Anzahl und Vielfalt der Werke kann jedoch erst für

---

Antología del cuento, Ciudad de Guatemala: Fondo de Cultura Económica; Valle-Castillo, Julio (Hrsg.), 2002: *Cuentos nicaragüenses*, Managua: Centro Nicaragüense de Escritores; Rivera, Armando (Hrsg.), 2003: *Guatemala. Narradores del siglo XX*, Ciudad de Guatemala: Letra Negra; Jaramillo Levi, Enrique (Hrsg.), 2004: *Cuentos panameños. Antología de narrativa panameña contemporánea*, Madrid: Editorial Popular.

9   Zu diesen Romanen muss eigentlich auch *El tiempo principia en Xibalbá* des Guatemalteken indigener Abstammung Luis de Lión gerechnet werden. Der 1939 im Dorf San Juan del Obispo im Departement San Juan de Sacatepéquez geborene Luis de Lión wurde 1984 vom Militär entführt und zählt seitdem zu den Tausenden von im Bürgerkrieg "Verschwundenen". Die Erstausgabe des Romans erschien postum 1985, das Manuskript war aber in den *Juegos Florales Centroamericanos* von Quetzaltenango im Jahr 1972 mit dem ersten Preis ausgezeichnet worden.

die achtziger und neunziger Jahre des 20. Jahrhunderts gesprochen werden. In meiner Studie zum nicaraguanischen Roman dieser beiden Jahrzehnte, die 2004 unter dem Titel *Die unbewohnte Utopie* erschien, habe ich dargelegt, wie sich das in Ziffern für dieses zentralamerikanische Land ausdrückt: Nach dem jetzigen Stand der Forschung wurden in der langen Periode von der Erringung der Unabhängigkeit im Jahr 1821 bis in die siebziger Jahre des 20. Jahrhunderts (also in einem Zeitraum von etwa 150 Jahren) kaum mehr als 100 Romane bzw. romanähnliche Texte von etwa 50 Autoren und Autorinnen veröffentlicht. Dagegen waren es in den 20 Jahren von 1980 bis 2000 nach meinen Studien ebenfalls fast 100 Titel von insgesamt 60 Autorinnen und Autoren, die hauptsächlich in Nicaragua, zum Teil auch in anderen Ländern, publiziert wurden (Mackenbach 2004a: 42f., 44f.).[10]

Zwar liegen für die anderen zentralamerikanischen Länder noch keine umfassenden und empirisch fundierten Untersuchungen dazu vor, die erschienenen Studien lassen jedoch schließen, dass auch in den anderen Ländern des Isthmus ähnlich wie in Nicaragua die achtziger und neunziger Jahre – wie auch der Jahrhundertbeginn – von einem für die regionalen Verhältnisse nahezu explosionsartigen Anstieg der Produktion und Publikation von Romanen und erzählender Literatur insgesamt gekennzeichnet sind.[11] Diesem zahlenmäßigen Anstieg entspricht auch eine Ausweitung der Diversität der Erzählformen: *Nueva novela centroamericana, cuento* und *mini-cuento,* verschiedene Formen der Testimonialliteratur, *nueva novela histórica* (der neue historische Roman), *novela negra* (der sozial und politisch engagierte Kriminalroman), "indigener" Roman, "städtischer" Roman, "Frauenroman", Diktatorenroman und Trivialroman sind nur einige Ausprägungen dieser zunehmenden Vielfalt (Mackenbach 2004a: 510).

---

10 Vgl. die ausführlichen bibliografischen Angaben dieser Titel in Mackenbach (2004a: 529-533). In der von dem US-amerikanischen Literaturwissenschaftler Edward Waters Hood und mir gemeinsam erarbeiteten Bibliographie "La novela y el testimonio en Nicaragua: una bibliografía tentativa, desde sus inicios hasta el año 2000" werden 260 Titel von 108 Autorinnen und Autoren nachgewiesen. Außerdem verzeichnet sie 48 nachgewiesene, aber noch nicht ausfindig gemachte Titel von 29 Autorinnen und Autoren (vgl. Hood/Mackenbach 2001). Seit dem Jahr 2000 sind inzwischen weitere zahlreiche Romane und romanähnliche Texte erschienen.

11 Vgl. dazu u.a. die Studien von Zavala (1990), Liano (2005) und Galich (2005). Besondere Erwähnung verdient Belize, das bis heute im Kontext der zentralamerikanischen Literaturen nahezu völlig ignoriert ist. Kurz nach der Unabhängigkeit 1981 beginnt auch hier die Romanproduktion und -publikation (in englischer und spanischer Sprache) (vgl. Ruiz Puga 2001).

3. Politik und Literatur: Ende einer Fiktion

Die Gründe für diese Veränderungen auf dem literarischen Feld sind zweifellos eng mit den Entwicklungen auf dem politischen Feld verbunden. Dies trifft insbesondere für die zwischen Fiktion und Dokumentation oszillierende Testimonialliteratur in ihren unterschiedlichen Formen zu (*novela testimonio*/Testimonialroman, Gefängnistagebücher, Tagebücher aus dem Guerillakampf, politisches Lebenszeugnis, ethnographisch-politische Dokumentation). Zusammen mit der politischen Lyrik der linken Intellektuellen-Schriftsteller-Politiker (wie zum Beispiel Roque Dalton, Otto René Castillo, Ernesto Cardenal, Roberto Sosa, Ana María Rodas) und später in Nicaragua der "Volksdichtung" der vom sandinistischen Kulturministerium initiierten *Talleres de poesía* (Poesiewerkstätten) wird der *testimonio* zur hegemonialen Schreibpraxis, die am ehesten den Bedürfnissen der antidiktatorischen, sozial-utopischen Befreiungsbewegungen zu entsprechen scheint. Was die Guerilla auf dem politisch-militärischen Feld, scheint der *testimonio* auf dem kulturell-literarischen. Die Literatur wird zur Waffe im Befreiungskampf. Der Guerillero-Poet wird zur Leitfigur – eine neue Variante der in Latein- und Zentralamerika für lange Perioden so typischen Symbiose von Intellektuellem/Schriftsteller und Politiker/Staatsmann. Als einer der herausragenden Vertreter dieser Symbiose kann lange Zeit ohne Zweifel Sergio Ramírez gelten, der wiederholt von der Parität und Komplementarität der beiden "oficios compartidos", des Berufs des Schriftstellers und des Politikers, sprach.[12]

In dieser engen Verbindung von Politik und Literatur kommt der Literatur eine zentrale Funktion für die Konstruktion der Nation zu, sei es in den Guerillabewegungen als kulturelle Waffe für die Realisierung des nationalen/sozialen Projekts gegen die *vendepatrias*, die (auch kulturellen) Ausverkäufer der Nation an den (auch Kultur-)Imperialismus des "großen Bruders" im Norden, sei es als Regierungsprojekt, in dem die Literatur zur nationalen Institution wird. Dies trifft – trotz aller Unterschiede – insbesondere für Costa Rica und Nicaragua zu. Während die *cultura letrada*, insbesondere das Erziehungswesen und damit die Literatur im weitesten Sinn, seit Mitte des 20. Jahrhunderts eine zentrale Rolle für das (sozialdemokratisch geprägte) Projekt des Aufbaus eines costa-ricanischen Wohlfahrtsstaates spielt, wird die Demokratisierung und "Popularisierung" dieser *cultura letrada* in Nicaragua ab Anfang der achtziger Jahre zu einer tragenden Säule der neuen (re-

---

12 So zum Beispiel in seinem Essayband von 1994 mit dem gleichlautenden Titel *Oficios compartidos* wie auch in zahlreichen Vorträgen (vgl. Mackenbach 2004a: 37).

volutionären) Nation, die Alphabetisierung geht einher mit vielfältigen Formen der literarischen Sensibilisierung und Praxis.[13]

Zwar verliert mit dem Ende des sandinistischen Projekts und der Guerillabewegungen auch der Diskurs von der Literatur als kultureller Waffe im Befreiungskampf und von der Hegemonie des *testimonios* in diesem Kontext seine Dominanz, wird der Guerillero-Poet zu einer obsoleten Figur und erleben wir das Ende einer Fiktion, nämlich der von der Symbiose zwischen Literatur und Politik. Formen der Testimonialliteratur behalten jedoch ihre Bedeutung, sei es als (literarisches) Ausdrucksmittel der "neuen Subalternen", das heißt der von den revolutionären Bewegungen und Prozessen in vielfältiger Weise betroffenen sozialen und ethnischen Gruppen, sei es als narrativer Rekurs der erzählenden Literatur insgesamt, sowohl des *cuento* als auch – und vor allem – des Romans. Auch für diese Verbindung kann das Werk von Sergio Ramírez als exemplarisch gelten: Während er in seinem *testimonio* aus dem Jahr 1989, *La marca del Zorro. Hazañas del comandante Francisco Rivera Quintero contadas a Sergio Ramírez*, auf vielfältige fiktional-literarische Mittel zurückgreift, um ein großes Dokument der sandinistischen Revolution zu schaffen, verwendet er in seinem 1988 erschienenen (historischen) Roman *Castigo divino* dokumentarische Techniken des *testimonios* zur fiktionalen Gestaltung. Mehr und mehr rückt allerdings die Gattung des Romans in den Vordergrund, sowohl was die Anzahl der veröffentlichten Werke angeht, als auch hinsichtlich der Rezeption durch die Leser und die Literaturkritik.

Dieser Aufschwung des Romans hat zweifellos auch damit zu tun, dass eine Reihe der eingangs genannten außerliterarischen Faktoren, welche die Entwicklung gerade der erzählenden Literatur in Zentralamerika hemmten, wenn zwar noch lange nicht überwunden wurden, so doch wichtige Änderungen erfuhren. Die jahrzehntelange Förderung des Erziehungswesens in Costa Rica, die Anstrengungen zur Alphabetisierung in Nicaragua, der nahezu explosionsartige Anstieg der Studierendenzahlen in den öffentlichen (und dann auch privaten) Universitäten in allen zentralamerikanischen Ländern (außer Belize) schufen Voraussetzungen für die Entstehung eines breiteren städtischen Lesepublikums (unabdingbar für die Entwicklung einer Romankultur). Das Ende der Militärdiktaturen und damit der unmittelbaren Zensur und Verfolgung von Schriftstellern sowie eine gewisse politische Stabilität trugen ebenso dazu bei wie die (zumindest zeitweise) Existenz von (zum

---

13 Vgl. dazu auch den Artikel von Carlos Tünnermann Bernheim zur Nationalen Alphabetisierungskampagne im vorliegenden Band und insgesamt Mackenbach (2004a: 34-39).

Teil staatlich geförderten) Verlagen und die Professionalisierung einer signifikanten Zahl von Literaturprofessoren an ausländischen Universitäten (insbesondere Spaniens, Frankreichs und Mexikos), die zum ersten Mal in der
Geschichte der Region die wissenschaftliche Beschäftigung mit der eigenen
Literatur betreiben.[14]

Was den literarischen Schreibprozess angeht, verfügte eine ganze Generation von engagierten Intellektuellen, die sich seit den sechziger und siebziger Jahren vor allem politischen Projekten gewidmet hatte, plötzlich über
mehr Zeit und Muße zum Schreiben auch größerer literarischer Formen wie
des Romans, zum Teil auch gefördert durch Stipendien internationaler Institutionen bzw. eine relativ stabile Insertion in den Lehrbetrieb einheimischer
und ausländischer Universitäten (USA und Europa). Die jüngsten, zum Teil
miterlebten und mitgestalteten gesellschaftspolitischen Entwicklungen waren
(und sind) für viele dieser Intellektuellen eine wesentliche Motivation und
unmittelbarer Rohstoff ihrer literarischen Werke. Offensichtlich kommt hier
ein Phänomen zum Ausdruck, wie es insgesamt für den (lateinamerikanischen) Roman konstatiert wurde. Die Stunde des Romans schlage, so schrieb
der Romanist Karsten Garscha unter Bezug auf Essays von Alejo Carpentier,
Carlos Fuentes und Mario Vargas Llosa, im Kontext entscheidender sozialer
und politischer Wandlungsprozesse, es existiere – so Vargas Llosa – eine
kuriose Verbindung zwischen dem Entstehen eines großen Romans und der
Krise bzw. dem Auflösungsprozess einer Gesellschaft.[15]

Der Aufschwung der erzählenden Literatur in Zentralamerika lässt sich
aber keineswegs auf diese politischen Verhältnisse beschränken, sondern
nährt sich – wie der guatemaltekisch-nicaraguanische Schriftsteller und Lite-
raturprofessor Franz Galich kürzlich in einem Essay mit dem Titel "Anmerkungen zu einer möglichen Theorie des Romans in Zentralamerika" schrieb
– aus einem reichen historischen Erbe, das von den aus den prähispanischen
Kulturen überlieferten (und als kulturelle Substrate weiterlebenden) Mythen

---

14 An einigen Universitäten entstanden in den achtziger und neunziger Jahren Studiengän-
    ge, die sich auf zentralamerikanische Literatur spezialisierten, so zum Beispiel an der
    Universidad Nacional in Costa Rica, an der Universidad Nacional Autónoma de Hondu-
    ras und zeitweise an der Universidad Centroamericana in Nicaragua; die existierenden
    Literaturstudiengänge an der Universidad de Costa Rica nahmen Kurse zu zentralameri-
    kanischer Literatur in ihr Pensum auf.

15 In seinem Buch *Historia secreta de una novela* schrieb Mario Vargas Llosa Anfang der
    siebziger Jahre, dass Lateinamerika mit einer Realität konfrontiert sei, "die großen Trans-
    formationen und Wandlungsprozessen unterworfen sein wird, und ich glaube, dass über
    dieser Art von Kadaver die Geier kreisen, [...] die ja die Romanschriftsteller in gewisser
    Weise darstellen" (Vargas Llosa 1971: 39f., zit. n. Garscha 1994: 272).

und Legenden, aus den kolonialen europäischen Einflüssen, den ebenso von Europa beeinflussten Tendenzen der literarischen Unabhängigkeitsbestrebungen sowie neueren Diskursen geprägt ist (Galich 2005b; Ramírez 1973a: Introducción). Zentralamerika verfügte seit Mitte des 19. Jahrhunderts immer über eine geschriebene und gedruckte Erzählliteratur. Dass ihre Existenz im Allgemeinen eher im Schatten blieb, mag auch mit den dominierenden Diskursen **über** die zentralamerikanische Literatur zu tun haben, die andere Gattungen und Formen (wie Poesie und *testimonio*) privilegierten und über die literarischen und Erziehungsinstanzen die Literaturrezeption prägten. Auch hier können Werk und Person des Schriftstellers Sergio Ramírez als durchaus symptomatisch gelten, der noch während der Zeiten des höchsten politischen Engagements ästhetisch äußerst subtile literarische Werke (Romane und Erzählungen) schrieb, ohne dass diese von dem damaligen hegemonialen Diskurs von der Literatur als politisch-kultureller Waffe entsprechend gewürdigt wurden.

Schließlich wirken im Zuge einer beschleunigten Globalisierung Faktoren auf die literarischen Produktions- und Distributionsbedingungen (und haben Rückwirkungen auf die Kreation und Konsumtion), die der Romanist Ottmar Ette mit dem Paradox umschrieb, dass parallel zum Bedeutungsverlust der Literatur und des Literaten als nationalen Instanzen einige wenige herausgehobene Autorinnen und Autoren auf dem transnationalen literarischen Feld eine außerordentliche Bedeutungssteigerung erführen (Ette 1999: 128-130) mit allen daraus folgenden Konsequenzen, wie zum Beispiel der Anpassung an die Erfordernisse des internationalen Buchmarkts, der bestimmte Gattungen und Themen privilegiert (vgl. dazu auch Mackenbach 2004a: 52f.). Der Trennung von Politik und Literatur folgt hier eine umso engere Beziehung zwischen Literatur und Ökonomie. Auch die Werke einiger (weniger) zentralamerikanischer Autorinnen und Autoren werden inzwischen von großen internationalen Verlagsmultis ediert und vermarktet und haben sich in *Global Players* verwandelt.

Die achtziger und neunziger Jahre wie auch die ersten Jahre des neuen Jahrhunderts sind also von einem kulturellen und ästhetischen Paradigmenwandel in Zentralamerika geprägt, der sich in enger Verflechtung mit dem vielfältigen sozialen und politischen Wandel vollzieht. Diesem Prozess soll im Folgenden entlang einiger Tendenzen in der jüngeren zentralamerikanischen erzählenden Literatur nachgespürt werden.

4. Literatur als Waffe im revolutionären Kampf

Noch im Jahr 1999 erschien im guatemaltekischen Verlag Óscar de León Palacios ein von den in den USA lehrenden Literaturwissenschaftlern Jorge Román-Lagunas und Rick McCallister herausgegebenes Buch unter dem Titel *La literatura centroamericana como arma cultural* (Die zentralamerikanische Literatur als kulturelle Waffe), das einige der auf dem ersten internationalen Kongress für zentralamerikanische Literatur (CILCA) 1993 in Granada, Nicaragua, vorgetragenen Arbeiten versammelt. Ohne Zweifel brachte der Titel nahezu emblematisch das zum Ausdruck, was in den siebziger und besonders achtziger Jahren die literarische Praxis in Zentralamerika und noch mehr den Diskurs über die zentralamerikanischen Literaturen bestimmte. Zugleich jedoch stellte er – fast ein Jahrzehnt nach dem Ende des sandinistischen Projekts und Jahre nach dem Beginn der Friedensprozesse in El Salvador und Guatemala – einen offensichtlichen Anachronismus dar.

Seit der kubanischen Revolution erlebte die Testimonialliteratur in Latein- und insbesondere Zentralamerika einen ungeheuren Aufschwung, vor allem in den siebziger und achtziger Jahren. Der *testimonio*, die Dokumentar- und Zeugnisliteratur in ihren verschiedenen Formen, wurde zur vorherrschenden Schreibpraxis, die am ehesten – zusammen mit der politischen Poesie und dem politischen Lied in seinen diversen Spielarten, *canción testimonial, nueva canción, canción popular*[16] – den unmittelbaren Erfordernissen der politischen und sozialen Mobilisierung gegen die diktatorischen Regime entsprach und eine herausragende Rolle für das Erzählen der eigenen Geschichte "von unten" spielte, gegen das Vergessen, das Verschweigen, die Unterdrückung, die Auslassungen und Verzerrungen der offiziellen Geschichtsschreibung. Im literatur- und kulturtheoretischen Diskurs über den *testimonio* wurde seine enge Verbindung zum bewaffneten Kampf und zur Rekonstruktion der "wahren" Geschichte hervorgehoben. Er erzähle nicht nur von Widerstandsstrategien, so die US-amerikanische Literaturwissenschaftlerin Barbara Harlow, sondern sei selbst eine (Harlow 1999: 125). Mit ihm sei es möglich, die kollektive Erinnerung wiederzugewinnen und die verborgene Geschichte zu überliefern (Zavala 1990: 260), ja er erlaube es, die "wahre Geschichte unserer Zeit zu schreiben", so die US-amerikanische Schriftstellerin Margaret Randall in ihrem in den achtziger Jahren in Zentralamerika viel gelesenen Handbuch *Testimonios* (Randall 1983: 7).

---

16 Vgl. dazu den Beitrag von Torsten Eßer zur Musik Zentralamerikas im vorliegenden Band.

Folgerichtig wurde der *testimonio* insbesondere in den Akademien des Nordens (USA, Europa) als "höhere" Form kultureller Praxis als die Literatur bzw. Belletristik kanonisiert –, als "Postliteratur" (Beverley 1995: 165f.), die sich durch ihren Realitätsbezug und Wahrheitsgehalt auszeichne (auch und vor allem in Abgrenzung von den Romanen der bekannten *Boom*-Autoren).[17]

In der Tat wurde in diesen Jahren eine Reihe von Texten veröffentlicht, die zu wahren "Klassikern" der zentralamerikanischen Testimonialliteratur und zu Vorbildern einer politisch engagierten Schreibpraxis wurden. Zu diesen Gründertexten gehören *Miguel Mármol: Los sucesos de 1932* (1972) des Salvadorianers Roque Dalton, *La montaña es algo más que una inmensa estepa verde* (1982) des Nicaraguaners Omar Cabezas und *Me llamo Rigoberta Menchú y así me nació la conciencia* (1983) von Elizabeth Burgos über Leben und Kampf der guatemaltekischen Maya/Quiché Rigoberta Menchú sowie die Romane *Un día en la vida* (1980) des Salvadorianers Manlio Argueta und *La mujer habitada* (1988) der Nicaraguanerin Gioconda Belli – nicht von ungefähr alles Texte aus den drei zentralamerikanischen Ländern, in denen der bewaffnete Konflikt und die Guerillabewegung am ausgeprägtesten waren, obwohl auch in den anderen Ländern zahlreiche *testimonios* geschrieben wurden. Für eine ganze historische Phase wurden die genannten Texte zum authentischen Ausdruck der kollektiven Vorstellungswelt der um ihre politischen und sozialen Rechte kämpfenden zentralamerikanischen Völker, wirkten auf diese zurück und bestimmten insbesondere ihre Wahrnehmung in Europa und Nordamerika. Insbesondere die dokumentarisch angelegten Texte von Dalton, Cabezas und Burgos/Menchú spielten eine wichtige Rolle für die Wiedergewinnung der Erinnerung an die eigene unterdrückte, "vergessene" und marginalisierte Geschichte, sei es an das Massaker an den Bauern/Indios 1932 und den Kampf der Arbeiter- und Gewerkschaftsbewegung in El Salvador, sei es an die Tradition Sandinos im Kampf gegen die US-Invasion in Nicaragua, sei es an Leben und Kampf der indianischen Bevölkerungsmehrheit in Guatemala. Aber auch die fiktionalen Texte Arguetas und Bellis entwarfen glaubwürdige Fresken von Tradition und Aktualität der um ihre politische und soziale Befreiung kämpfenden subalternen Klassen, die breit rezipiert und akzeptiert wurden.

Allerdings ging die Hochzeit des *testimonios* als hegemonialer Praxis im literarischen Feld Ende der achtziger/Anfang der neunziger Jahre bereits wieder zu Ende. Sowohl in der testimonialen Schreibpraxis als auch zuneh-

---

17 Vgl. dazu ausführlich Mackenbach (2001b; 2004a: 63-74).

mend im theoretischen Diskurs über sie war ein Paradigmenwandel zu beobachten, der parallel zu den Veränderungen im politisch-militärischen Diskurs verlief. Auf dem politisch-militärischen Feld wurden spätestens mit
dem nicht erklärten Krieg der USA gegen das sandinistische Nicaragua die
genuinen Kampfformen der zentralamerikanischen revolutionären Linken,
der Guerillakampf, von den konterrevolutionären Kräften – der auf den gewaltsamen Sturz der sandinistischen Regierung ausgerichteten *Contra* –
usurpiert und für ihre Zwecke eingesetzt. Etwas Ähnliches geschah auf dem
literarischen Feld: Der *testimonio* wurde zum Textraum, der von den vom
revolutionären Prozess selbst Marginalisierten, Unterdrückten bzw. zumindest Betroffenen besetzt wurde, um ihre von der Revolution "vergessene"
Identität und Geschichte zum Ausdruck zu bringen. Kurz nach der Wahlniederlage der Sandinisten (im Februar 1990) veröffentlichte der sandinistische
Funktionär Alejandro Bendaña das Buch *Una tragedia campesina: testimonios de la resistencia* (1991), das Interviews mit Bauern versammelte, die
sich im anti-sandinistischen Kampf der *Contra* engagierten. Das war im
damaligen politischen Kontext Nicaraguas noch unerhört, galt die *Contra*
doch weiterhin als reine US-amerikanische Kreatur aus Angehörigen der
alten somozistischen Nationalgarde ohne soziale Basis in der Bevölkerung.
Bendañas Buch trug wesentlich zur Hinterfragung dieser Behauptung und
der FSLN-Politik gegenüber Teilen der bäuerlichen Bevölkerung Nicaraguas
bei, ein kritischer Diskussionsprozess, der damals erst in den Anfängen war.
Es folgten andere Texte, die von den eigenen Erfahrungen von Angehörigen
jüngerer Generationen im revolutionären Prozess erzählten, so zum Beispiel
Testimonios de aquella década (1993) von Danilo Guido und *Algo más que
un recuerdo* (1997) von Ernesto Castillo Guerrero – beide Texte kritische
Abrechnungen mit den Erfahrungen im von der sandinistischen Regierung
eingerichteten obligatorischen Militärdienst *(Servicio Militar Patriótico)*. In
einem weiteren Text, *Humo en la balanza* ... (2001), berichtet Danilo Guido
kritisch von den staatlich organisierten Einsätzen in der Kaffeeernte, deren
Erträge auf Privatkonten landeten.

Während diese dokumentarisch fundierten Texte eint, dass sie die enge
(positive) Bindung Revolution–*testimonio* definitiv kappen, vollzieht sich
auf dem Gebiet der erklärtermaßen fiktionalen Literatur eine ähnliche Entwicklung. Im Stile des *testimonios* geschriebene Texte werden in parodischer, ironischer und karikierender Absicht in die fiktionale Erzählung montiert. So besteht zum Beispiel das vierte Kapitel des Romans *Huracán corazón del cielo* (1995) des guatemaltekisch-nicaraguanischen Autors Franz

Galich aus dem fiktiven Tagebuch eines Angehörigen der guatemaltekischen Spezialeinheiten zur Guerillabekämpfung. Geschrieben aus der Sicht der "anderen Seite", der Schergen der Militärdiktatur, dient dieser Pseudo-*testimonio* dazu, die Unmenschlichkeit und Verrohung unter dem Militärregime zu denunzieren. Ähnlich verfährt der Salvadorianer Horacio Castellanos Moya, dessen Roman *El arma en el hombre* (2001) gänzlich im Stil eines *testimonios* aus der Sicht eines ehemaligen Mitglieds der salvadorianischen Anti-Terror-Einheiten (der von seinen Kameraden Robocop genannt wird) geschrieben ist. Bereits in seinem 1997 erschienenen Roman *El asco. Thomas Bernhard en San Salvador* hatte derselbe Autor auf Techniken des *testimonios* zurückgegriffen, um aus der Sicht eines zurückkehrenden Migranten die politischen Verhältnisse in El Salvador zu denunzieren und zu karikieren. Elemente der Testimonialliteratur finden sich auch in dem im Stil eines Krimis geschriebenen politischen Roman *El hombre de Montserrat* (1994) des Guatemalteken Dante Liano, hier zur Anklage gegen die Strategie der verbrannten Erde, das heißt die Ausradierung ganzer Indiodörfer zur angeblichen Terrorismusbekämpfung, eingesetzt. Die peruanisch-nicaraguanische Autorin María Lourdes Pallais schließlich verwendet in ihrem Roman *La carta* (1996) die Technik des (weiblichen) Gefängnistagebuchs, einer insbesondere in El Salvador und Nicaragua verbreiteten Unterform des *testimonios*, zu einer Kritik an den machistischen Strukturen und dem politischen Agieren der lateinamerikanischen Guerilla. Auch der Rekurs auf *testimoniale* Elemente in der fiktionalen Literatur Zentralamerikas zerschneidet also die engen Bande zwischen Revolution und Literatur und eröffnet neue Möglichkeiten ihrer Verwendung. Bereits in seinem viel gelesenen Roman *Castigo divino* hatte Sergio Ramírez 1988 fiktive Tonbandaufzeichnungen mit dem Ziel in den Erzähltext montiert, die Möglichkeit historischer Wahrheitserkenntnis zu dekonstruieren.

Insbesondere ab Ende der neunziger Jahre ist auch in Zentralamerika ein ähnlicher Prozess zu verzeichnen, wie ihn die Literaturwissenschaftlerin Nelly Richard für Chile festgestellt hat: die zunehmende Veröffentlichung von Texten biographischen bzw. autobiographischen Charakters, in denen erneut das Individuum in den Vordergrund rückt und mit den Prämissen des *testimonios* – insbesondere seiner beanspruchten Repräsentativität für das Kollektive – gebrochen wird.[18] Dies trifft im Fall Zentralamerikas auf die Erinnerungen an die nicaraguanische Revolution von Sergio Ramírez (*Adiós*

---

18 Vgl. dazu den Aufsatz von Nelly Richard "El mercado de las confesiones y el auge de la literatura ego" (2004).

muchachos. Una memoria de la revolución sandinista, 1999), Ernesto Cardenal (*Vida perdida*, 1999; *Las ínsulas extrañas*, 2002; *La Revolución Perdida*, 2003; *Los años de Granada*, 2004), Gioconda Belli (*El país bajo mi piel*, 2001a), Humberto Ortega (*La epopeya de la insurrección*, 2004) und die Memoiren Violeta Barrios de Chamorros (*Sueños del corazón*, 1997) sowie auf den autobiografischen Roman *Siglo de o(g)ro* (1997) von Manlio Argueta zu.

Schließlich hat sich parallel zu den Veränderungen in der Schreibpraxis seit der zweiten Hälfte Ende der neunziger Jahre ein Wandel im (theoretischen) Diskurs über den *testimonio* vollzogen. In neueren Studien, die zum Teil von Historikern und Anthropologen vorgelegt wurden, werden klassische Werke der karibischen und zentralamerikanischen Testimonialliteratur – etwa von Miguel Barnet, Rigoberta Menchú/Elizabeth Burgos, Roque Dalton, Omar Cabezas und Sergio Ramírez – einer kritischen Neu-Lektüre unterzogen, die den behaupteten historisch-wahrhaftigen, anti-kanonischen und anti- bzw. nicht literarischen/nicht fiktionalen Charakter des *testimonios* in Frage stellen und den Blick auf die zentralamerikanische Testimonialliteratur jenseits ihrer Fixierung auf Guerilla und Revolution bzw. auf das "revolutionäre Dreieck" Guatemala, El Salvador, Nicaragua richten.[19]

Festzuhalten bleibt, dass die zentralamerikanische (Testimonial-)Literatur eine (Re-)Fiktionalisierung erfährt. Die Zeit der großen testimonialen "Meistererzählungen" mit ihrem totalisierenden Wahrheitsanspruch ist vorbei, Fragmentierung, Individualisierung und Relativierung machen sich breit. Dennoch behalten Formen bzw. Rekurse auf Testimonialliteratur und -techniken im Prozess der in Zentralamerika so dringend notwendigen Entfaltung einer Erinnerungskultur ihre Bedeutung für das Erzählen der eigenen Geschichte, wenn diese sich auch nunmehr zunehmend im Plural vollzieht.

5. Literatur als Rückbesinnung auf die Herkunft

Für diese Prozesse spielen traditionell auch in der zentralamerikanischen Kultur und Literatur die mythischen Erzählungen und Überlieferungen eine herausragende Rolle. Kultur und Kunst und insbesondere die Literatur sind in der Region stark beeinflusst von den Substraten der prähispanischen Mythen, die auf dem Grund der aktuellen Kulturen weiter existieren, aber auch

---

19 Vgl. dazu die Arbeiten von Meléndez de Alonso (1997), Zeuske (1997), Delgado (2002), Stoll (1999; 2001), Walter (2000), Lara-Martínez (2000; 2005; o.J.), Arias (2001), Morales (2001), Cortez (2001) und Mackenbach (2001b und 2004a).

von kolonialen Traditionen und neueren Mythen und Legenden. Im Kontext der jüngeren politisch-kulturellen Geschichte Zentralamerikas hat der Rekurs auf diese Traditionen einen breiten Raum eingenommen, insbesondere in den Konstruktionen nationaler Identität und Selbstfindung, die die Rückbesinnung auf die Herkunft vor der spanischen Eroberung und die Konstruktion einer Tradition des Kampfes der unteren Klassen gegen die Fremdherrschaft seit den Tagen der *Conquista* in den Vordergrund rücken.

Traditionell wurden zwei historische Entwicklungsrichtungen bei der Suche nach der latein- bzw. zentralamerikanischen Identität unterschieden: zum einen die Orientierung an den europäischen und nordamerikanischen Metropolen, zum anderen die Rückbesinnung auf die autochthonen Naturen und Kulturen. Für die zentralamerikanische Literatur spricht die costa-ricanische Literaturwissenschaftlerin Magda Zavala von der Suche nach Identität in der präkolumbischen Vergangenheit als einer bedeutenden isotopischen Tendenz im zeitgenössischen Roman (Zavala 1990: 218-220, 202f.). Dies trifft ohne Zweifel auf das Romanwerk des Guatemalteken Miguel Ángel Asturias zu, der wie später die *nueva novela hispanoamericana* zu einem bedeutenden Paradigmenwandel in der literarischen Repräsentation der indigenen Traditionen und Kulturen und ihrer Funktion beitrug. Während der lateinamerikanische indigenistische Roman des ersten Drittels des 20. Jahrhunderts in seiner (Wieder-)Entdeckung des Mythisch-Magischen von einer Außensicht auf die Welt der Indios geprägt war, dreht sich diese Perspektive bei Asturias – exemplarisch in seinem Roman *Hombres de maíz* (1949) – um: Erzählt wird von einem oder mehreren Blickwinkeln von innen heraus, aus der Sicht der Indios. Der Erzähler, so schrieb der Romanist Karsten Garscha, sei wie ein Forscher,

> der den Boden, auf dem er steht und von dem er lebt, Schicht für Schicht aufgräbt, um in die Tiefe zu dringen und aus den Residuen vergangener Epochen die geschichtlichen Voraussetzungen der gegenwärtigen Wirklichkeit in ihrer ganzen Komplexität zu rekonstruieren (Garscha 1978b: 13).

Der Rekurs auf die indigenen Welten mündet in einen integralen Entwurf guatemaltekisch-zentralamerikanischer Identität gegen die kapitalistische Überfremdung.[20]

Auch in der im Zuge des neuen hispanoamerikanischen Romans und im Kontext der neuen politisch-kulturellen national-revolutionären Projekte ab

---

20 Vgl. ausführlich zum Verhältnis von Mythos, Magie und Wirklichkeit in der latein- bzw. zentralamerikanischen Literatur sowie zu den Debatten um den "magischen Realismus" und das "Wunderbar-Wirkliche" Mackenbach (2004a: 151-170).

Ende der sechziger Jahre entstandenen zentralamerikanischen erzählenden
Literaturen nimmt die Rückbesinnung auf die indigene Herkunft einen zentralen Platz bei der Suche nach Wurzeln, Identität und Transzendenz der zu
schaffenden neuen Nation ein. Ohne Zweifel kann in dieser Hinsicht das
Romanwerk der Nicaraguanerin Gioconda Belli als symptomatisch gelten.
Weit über die Präsenz einzelner Motive und Stoffe hinaus ist der Rekurs auf
magisch-mythische Traditionen der präkolumbischen Vergangenheit tragendes Element ihrer drei Romane *La mujer habitada* (1988), *Sofía de los presagios* (1990) und *Waslala. Memorial del futuro* (1996). Die literarische
Repräsentation und Präsentation der indigenen Tradition werden – exemplarisch in *La mujer habitada,* in dem die India Itzá den Orangenbaum im Garten der Architektin und militanten Kämpferin Lavinia bewohnt, die ihrerseits
vom Geist der indianischen Widerstandskämpferin "bewohnt" wird – in den
Dienst der Legitimation des bewaffneten Kampfes gegen die aktuelle Diktatur gestellt. In zahlreichen anderen – besonders nicaraguanischen – Romanen
finden sich in den achtziger und noch neunziger Jahren ähnliche Funktiona-
lisierungen und Re-Konstruktionen indigener Mythen für die unmittelbaren
politischen Zwecke und Auseinandersetzungen, so zum Beispiel in den Romanen *Mayapán. Novela de ficción* (1992) des Nicaraguaners Guillermo
Bendaña, *Luisa en el país de la realidad* (1987) der nicaraguanisch-salva-
dorianischen Schriftstellerin Claribel Alegría, *Tu fantasma, Julián* (1998)
der chilenisch-nicaraguanischen Autorin Mónica Zalaquett, *El vuelo de las
abejas* (1992) des Nicaraguaners Orlando Núñez Soto, *Huracán corazón del
cielo* (1995) des Guatemalteken-Nicaraguaners Franz Galich und noch *Memoria de las sombras* (2005) der Honduranerin Marta Susana Prieto (2004
mit einem Preis der kubanischen Casa de la Américas ausgezeichnet).

Bereits im Jahr 1972 veröffentlichte der Honduraner Julio Escoto mit *El
árbol de los pañuelos* einen stark von den Techniken der *nueva novela
hispanoamericana* – temporale Brüche und Sprünge, Verschachtelung unterschiedlicher Perspektiven, innerer Monolog, bildhaft-symbolisch dichte
Sprache, Vermischung von Traumschilderungen und Darstellung von (fiktionaler) Wirklichkeit, unterschiedliche Handlungsstränge – beeinflussten
Roman, dessen Hauptthema die Suche nach honduranischer/zentralamerika-
nischer/lateinamerikanischer/menschlicher Identität ist. Doch die Rückkehr
der Hauptfigur Balam Cano in sein Dorf Ilama führt nicht zur eindeutigen
Identitätsfindung, er bleibt ein gespaltenes Wesen (wie es schon sein Name
ausdrückt: *balam* bedeutet in den Maya-Sprachen Jaguar bzw. Schamane,
cano steht im Spanischen für grau, weiß, alt). Der Rekurs auf die indigene

Tradition bleibt zwiespältig, sie vermischt sich mit neueren Elementen, die Identität ist nicht definitiv aus dem Vergangenen zu erschließen.

Fast gleichzeitig hatte der guatemaltekische Autor Luis de Lión mit seinem 1970 und 1972 geschriebenen, aber erst 1985 zum ersten Mal veröffentlichten Roman *El tiempo principia en Xibalbá* ihn ähnlich radikaler Weise die Vergeblichkeit der Suche nach eindeutiger (guatemaltekischer) Identität in den indigenen Traditionen literarisch gestaltet (auch im Hinblick auf die Verwendung experimenteller narrativer Techniken und zum Beispiel das Fehlen einer eigentlichen Handlung –, tragendes Element ist die Erzählerstimme). Der Roman erzählt die Geschichte eines Indianerdorfes aus der Sicht eines indigenen Erzählers, der nach Jahren in der Fremde in seine Heimat zurückkehrt, ohne jedoch seine wahre Identität (wieder)finden zu können. Das Dorf ist gekennzeichnet von ständig sich reproduzierendem Vergessen der eigenen Geschichte und Wurzeln und von Zersetzung. Was in anderen Romanen Stilisierung einer (ehemals) autarken und glücklichen (Ur-)Gemeinschaft ist, verwandelt sich bei Luis de Lión in Zerstörung, Entwurzelung und Verlust der Identität. Die zirkuläre Struktur des Romans greift zwar die indigene Kosmologie der wiederkehrenden Zeit auf, allerdings nicht, um ein harmonisches Bild zu zeichnen, sondern um die Auswegslosigkeit der aktuellen Realität der indigenen Bevölkerungsmehrheit im damaligen guatemaltekischen Kontext (den Jahren der Intensivierung des bewaffneten Konflikts) darzustellen.

Mit diesen beiden Romanen zeichnet sich bereits Anfang der siebziger Jahre ein Paradigmenwandel ab, der dann insbesondere ab den neunziger Jahren ausgeprägte Gestalt annimmt. Die Verwurzelung im indigenen Mythos – für die zentralamerikanische Literatur nach Rulfo und Asturias als konstituierend für eine regionale mesoamerikanische kulturelle/literarische Identität gesehen – beginnt einer zunehmenden Thematisierung der Wurzellosigkeit bzw. Entwurzelung und ihrer narrativen Gestaltung zu weichen. Während in Gioconda Bellis *La mujer habitada* noch ganz die Funktionalisierung der prähispanischen Tradition für das revolutionäre Projekt des Aufbaus einer neuen Gesellschaft dominiert,[21] dient der Rekurs auf Mythos, Magie und Legende in vielen in den neunziger Jahren insbesondere in Nica-

---

21 Parallel zur Konstruktion einer Kontinuität der "Klassenkämpfe" vom Widerstand der *Indígenas* bis zur antisomozistischen Guerilla wie zum Beispiel in dem in der damaligen Epoche viel gelesenen Text des sandinistischen Kommandanten Jaime Wheelock, *Raíces indígenas de la lucha anticolonialista en Nicaragua, de Gil González a Joaquín Zavala (1523 a 1881)* (1980).

ragua erschienenen Romanen zunehmend dazu, Probleme, Widersprüche und Absurditäten des revolutionären Prozesses selbst darzustellen. Die engen Bande zwischen Magie und Nation beginnen sich aufzulösen, das Magisch-Mythische übernimmt die Funktion, die Brüchigkeit (auch) der (neuen) nationalen Identität zu repräsentieren.

In Franz Galichs *Huracán corazón del cielo* (1995) dient der Pastiche einer wirklich-wunderbaren, mythischen Nation aus magischen Kräften, indigener Hegemonie, politischem Denken der Mittelklassen und Gewalt der Militärdiktatur, der die Struktur des Romans bildet, als Allegorie einer anderen, offeneren, nicht autoritären, gerechteren Gesellschaft im historischen Moment des Übergangs am Ende des Bürgerkriegs. In Gioconda Bellis zweitem Roman, *Sofía de los presagios* (1990), steht die Magie im Dienst des Kampfes der Frau um ihre Identität, im Gegensatz zu ihrem ersten Roman jedoch im partiellen Widerspruch zum revolutionären Projekt bzw. seinen Defiziten. Auch Orlando Núñez Soto rekurriert in *El vuelo de las abejas* (1992) auf überlieferte Legenden, um das Weiterleben patriarchalischer Strukturen nach der Revolution zu thematisieren. In Mónica Zalaquetts *Tu fantasma, Julián* (1990) wird die Legende von der *alma en pena,* der umherirrenden Seele, zur Metapher für die Gespaltenheit der nicaraguanischen Nation und die Widersprüche der Revolution, während mythisch-magische Wesen in den Romanen der in Frankreich lebenden nicaraguanischen Anthropologin und Schriftstellerin Milagros Palma – *Bodas de cenizas* (1992), *Desencanto al amanecer* (1995), *El pacto* (1996), *El obispo* (1997), *Así es la vida* (2000) – in offenen Widerspruch zur Revolution treten, Mythos und Magie sich gegen Moderne und Revolution sperren, sich die eine aber der anderen nicht entziehen kann. In dem Erstlingsroman des zunächst als Lyriker bekannt gewordenen Nicaraguaners Julio Valle-Castillo, *Réquiem en Castilla del Oro* (1996), schließlich können die mythisch-magischen Kulturen nur noch als unwiederbringliche Vergangenheit evoziert werden, die zwar noch in den Verhaltensweisen und Gebräuchen der Heutigen aufscheinen, aber für immer verloren sind. Nicht einmal die indigene Sprache überlebt – im Gegensatz etwa zu Guatemala –, außer als lexikalisches Substrat in Form einiger Ausdrücke im nicaraguanischen Spanisch. Ähnlich macht sich der Erzähler in Roberto Castillos Roman *La guerra mortal de los sentidos* (2002) auf die Suche nach dem letzten Überlebenden, der die Eingeborenensprache "Lenca" spricht. U.a. mit Rekurs auf Techniken des *testimonios,* die hier aber völlig fiktional sind (also in parodischer Form verwendet werden), entsteht ein vielfältiges, widersprüchliches und sich immer mehr verflüchtigendes Bild dieses letzten Überlebenden. Seine wahre Identität – und damit die der honduranischen Nation – bleibt ohne eindeutigen historischen Bezugspunkt.

Wie in diesen Romanen die identitätsstiftende Kraft des Rekurses auf die prähispanischen Traditionen in Frage gestellt wird, so dekonstruieren andere Romane modernere, politisch fundierte Mythen. Erstmalig und bisher einzigartig in der zentralamerikanischen Literatur wird in dem 1999 erschienenen Roman *Libertad en llamas* der panamaisch-nicaraguanischen Autorin Gloria Guardia der Mythos der beiden "Gründerväter" der nicaraguanischen Nation, Rubén Darío und Augusto César Sandino, bzw. der Konstruktion der neuen nicaraguanischen Nation aus der Poesie und dem bewaffneten Kampf, zerstört – und zwar aus der Sicht eines metatextuell und anachronistisch in die Handlung der dreißiger Jahre eingeschmuggelten weiblich-feministischen Diskurses vom Ende des 20. Jahrhunderts.[22]

Alle diese Romane eint in ihrer ganzen Unterschiedlichkeit, dass ihr Rekurs auf magisch-mythische Traditionen eng mit dem Problem der Identität verbunden bleibt; insbesondere seit den neunziger Jahren jedoch setzen sie immer seltener auf die Möglichkeit, eine kollektive Identität durch die einfache Wiedergewinnung der (präkolumbischen) Vergangenheit zu (re)konstruieren. Die eindeutige (politische) Instrumentalisierung des Mythos weicht seiner Dekonstruktion; die narrative Präsentation des Magisch-Mythischen mischt sich mit den neuesten Erzähltechniken zu einem vielfältigen und vieldeutigen Beziehungsgeflecht.

6. Literatur als Wieder/er/finden der eigenen Geschichte

Diese Tendenz der Dekonstruktion und Entmythologisierung ist umso ausgeprägter im (neuen) historischen Roman, der in Zentralamerika – insbesondere seit den achtziger Jahren – ähnlich wie in Lateinamerika einen regelrechten Boom erlebt. Die Geschichte Nicaraguas sei bisher noch nicht erzählt worden, es gebe da große Leerstellen und weiße Flecken, versuchte Sergio Ramírez in einem Interview vor ein paar Jahren diesen Umstand zu erklären. Viele der in seinem Land in den letzten Jahren veröffentlichten Romane zielten daher darauf ab, die Historie des Landes zu erzählen. Es gebe kaum Romane über nur persönliche Probleme und Konflikte oder reine

---

22 Diese literarische Infragestellung einiger Mythen der neueren nicaraguanischen Geschichte erfolgt parallel zur kritischen Auseinandersetzung mit ihnen in der neueren Historiographie; vgl. dazu zum Beispiel die Studie *Sandino. Eine politische Biographie* (1995) von Volker Wünderich.

Familien- und Liebesgeschichten. Fast alle basierten auf geschichtlichen Szenarien (Mackenbach 2000: 63). Diese Aussage mag zwar in ihrer Ausschließlichkeit für die anderen zentralamerikanischen Länder (insbesondere die, in denen seit Jahrzehnten eine unabhängige, wissenschaftlich fundierte Historiografie existiert, wie zum Beispiel Costa Rica und Guatemala) zu relativieren sein, sie ist jedoch durchaus bezeichnend und exemplarisch für eine bedeutende Tendenz in den zeitgenössischen erzählenden Literaturen Zentralamerikas.

Seit Ende der achtziger und noch verstärkt seit Beginn der neunziger Jahre ist eine regelrechte Proliferation in der Veröffentlichung von Romanen zu verzeichnen, in denen historische Themen und Bezüge die tragenden Elemente sind. Der puerto-ricanische Literaturwissenschaftler Ramón Luis Acevedo spricht in Bezug auf die Herausbildung eines "neuen historischen Romans" in Zentralamerika sogar als von einem der herausragendsten Phänomene in diesen beiden Jahrzehnten (Acevedo 1998: 3). Diese Entwicklung ist zweifellos im Kontext eines allgemeinen Booms des historischen Romans auf internationaler Ebene und insbesondere in der hispanoamerikanischen Literatur zu sehen, für die seit Ende der siebziger Jahre vom historischen Roman als vorherrschender und wichtigster Tendenz gesprochen wird, die eine Reihe von herausragenden Werken kanonischen Charakters hervorgebracht habe.[23] Allerdings sind für den Aufschwung des historischen Romans in Zentralamerika auch einige spezifische Aspekte von Bedeutung.

Noch bis weit in die achtziger Jahre hinein konnte – von den oben genannten Ausnahmen abgesehen – in der Region nicht von der Existenz einer Geschichtswissenschaft als unabhängiger Disziplin gesprochen werden. Geschichte wurde über weite Strecken im Dienst der Politik geschrieben, häufig wurde die historische Erinnerung von den Militärregimes schlichtweg verhindert, unterdrückt und im wahrsten Sinne – was Dokumente, Archive, Institute usw. angeht – vernichtet. Während sich in Costa Rica schon ab den siebziger Jahren eine von politischem Einfluss unabhängige Historiographie entwickelte, die die Geschichte des Landes und der Region neu (bzw. erstmals) zu schreiben und die Lücken, Auslassungen, Verfälschungen, Tabus der offiziellen Geschichtsschreibung zu überwinden begann, vollzog sich dieser Prozess in den anderen Ländern zum großen Teil mit einer deutlichen Phasenverschiebung. Parallel zu dieser Entwicklung im akademischen Feld übernahm der historische Roman in diesem Vakuum zunehmend die Funk-

---

23 Vgl. dazu insbesondere Menton (1993: 29f., 66) und Kohut (1997: 20) und ausführlich Mackenbach (2004a: 270ff.).

tion, eine andere Geschichte sicht- und erzählbar zu machen.[24] Der Roman wurde zu einem wichtigen Medium einer Erinnerungskultur, die angesichts der staatlich und mit Waffengewalt organisierten Amnesie eine wichtige politische und soziale Funktion für die Vorstellbarkeit einer Gesellschaft, eines Nationalstaates, der Region Zentralamerika jenseits von Militärherrschaft und des Ausschlusses der Bevölkerungsmehrheit aus dem nationalen Projekt übernahm.

Während der traditionelle historische Roman Ende des 19. und Anfang des 20. Jahrhunderts wie die offizielle Historiographie (vermittelt über Archive, Geschichtsbücher, Museen, Nationalfeiertage, Unabhängigkeitsfeiern, Monumente usw.) eine kollektive Erinnerung im Dienst der "weißen", "ladinischen", mestizischen, männlichen Nation konstruierte, die auf dem Mythos der großen Männer und historischer Schlüsselereignisse ("Schlachten") beruhte, begann der (neue) historische Roman ab den achtziger Jahren ähnlich wie die neuere Historiographie, die Geschichte der Vergessenen, Unterdrückten, Marginalisierten, Subalternen, das Lokale, Alltägliche, Popular-Individuelle zu erforschen – Versionen der eigenen Geschichte, von unten und von den Rändern her erzählt. In diesem Sinne trifft für diesen Roman in Zentralamerika umso mehr das zu, was für den historischen Roman in Lateinamerika am Ende des 20. Jahrhunderts allgemein konstatiert wurde: Die (Neu-)Lektüre der Vergangenheit von den Rändern und von unten her – im Gegensatz zu der von oben und vom Zentrum her geschriebenen Geschichte – verleihe ihm einen aktuellen und politischen Charakter, so die argentinische Literaturwissenschaftlerin María Cristina Pons (Pons 1996: 268, 262f., 265f.).

Seit Ende der achtziger Jahre sind in Zentralamerika zahlreiche Romane erschienen, die diese Tendenzen zum Ausdruck bringen. Dazu gehören neben vielen anderen die Romane *Castigo divino* (1988), *Un baile de máscaras* (1995), *Margarita, está linda la mar* (1998), *Sombras nada más* (2002) und *Mil y una muertes* (2004) von Sergio Ramírez (Nicaragua), *Jaguar en llamas* (1989) von Arturo Arias (Guatemala), *Tierra* (1992) von Ricardo Lindo (El Salvador), *La niña blanca y los pájaros sin pies* (1992) von Rosario Aguilar (Nicaragua), *Las estirpes de Montánchez* (1992) von Fernando Durán Ayanegui (Costa Rica), *Asalto al paraíso* (1992) und *El año del laberinto* (2000)

---

24   Vgl. dazu ausführlich Mackenbach (2004a: 277-280).

von Tatiana Lobo (Costa Rica)[25], *Rey del Álbor, Madrugada* (1993) von
Julio Escoto (Honduras), *Got seif de cuin!* (1995) von David Nicolás Ruiz
Puga (Belize), *El burdel de las Pedrarias* (1995), *Rafaela. Una danza en
colina y nada más* ... (1997), *María Manuela. Piel de luna* (1999) und *Julia
y los recuerdos del silencio* (2000) von Ricardo Pasos Marciacq (Nicaragua),
El misterio de San Andrés (1996) von Dante Liano (Guatemala), *Réquiem en
Castilla del Oro* (1996) von Julio Valle-Castillo (Nicaragua), *Manosanta*
(1997) von Rafael Ruiloba (Panama), *La casa de los Mondragón* (1998) von
Gloria Elena Espinoza de Tercero (Nicaragua), *Libertad en llamas* (1999)
von Gloria Guardia (Panama), *Columpio al aire* (1999) von Lizandro Chávez Alfaro, *Vida que olvida* (2002) von Justo Arroyo (Panama), *Laberintos
de orgullo* (2002) von Rosa María Britton (Panama), *La guerra mortal de los
sentidos* (2002) von Roberto Castillo (Honduras) und *El pergamino de la
seducción* (2005a) von Gioconda Belli (Nicaragua).[26]

Alle diese Romane eint – trotz ihrer vielfältigen Unterschiede in thematischer und formaler Hinsicht –, ihre Infragestellung und Dekonstruktion der
offiziellen Geschichtsschreibung aus der Sicht der "Anderen", bisher zum
Schweigen Verurteilten (*indígenas*, Frauen, Schwarze, sexuelle Minderheiten usw.), ihr vielstimmiges Erzählen und ihre polyfone Struktur, Parodierung und Karnevalisierung, Vermischung von Fiktion und Geschichte sowie
von Vergangenheit und Gegenwart. Insbesondere verbindet viele dieser Romane, dass sie den Glauben an die Möglichkeit aufgegeben haben, die "eine", "wahre" Geschichte zu erzählen – und sei es aus der Sicht von unten
oder von den Rändern her. Im Gegensatz zum *testimonio*, dem es darum
geht, die historische Wahrheit zu (re)konstruieren, indem sie von einem "Beteiligten" in Repräsentation eines neuen kollektiven Subjekts (der Subalternen und Marginalisierten) erzählt wird, und im Gegensatz zu den Romanen,
die bei der Konstruktion einer neuen Identität auf die Rekonstruktion von
Mythen rekurrieren, entsagt der (neue) historische Roman in Zentralamerika
dieser totalisierenden Perspektive. Auch in dieser Hinsicht kann das Romanwerk von Sergio Ramírez als exemplarisch gelten: Bereits in seinem
1988 veröffentlichten Roman *Castigo divino*, der die Geschichte Nicaraguas
in den dreißiger Jahren aus der Sicht eines (ungeklärten) Kriminalfalls erzählt, hatte er nicht nur die Prämissen des bürgerlichen Realismus, sondern

---

25 Vgl. auch ihren 2004 veröffentlichten Prosaband *Entre Dios y el Diablo. Mujeres de la
    Colonia (Crónicas)*, der auf der Basis von historischen Dokumenten costa-ricanischer
    Archive das Leben von Frauen während der Kolonialzeit erzählt.
26 Vgl. zu einigen dieser Romane ausführlich Mackenbach (2005: 183-192).

auch das Realitätsparadigma des revolutionären literarischen Diskurses, verkörpert im angeblich höheren Wahrheitsgehalt der Testimonialliteratur, in Frage gestellt. Ramírez rekurriert in seinem Roman auf beide Varianten, aber keine erlaubt, die "wahre" Geschichte zu rekonstruieren und zu erzählen.[27]

In Zentralamerika mag also für den Boom des historischen Romans noch ein weiterer Aspekt von Bedeutung sein: Die Mehrheit dieser (nur zu einem kleinen Teil hier aufgeführten) Romane wurde in der Abenddämmerung bzw. nach dem Ende der utopischen politischen und gesellschaftlichen Projekte geschrieben. Viele dieser Romane kennzeichnet eine Infragestellung dieser Projekte und die Relativierung der alternativen Versionen der Geschichte selbst. Der (neue) historische Roman Zentralamerikas antwortet so auch auf die ideologisch-politische Krise der Linken, nicht indem er sich in geschichtlich entlegene Epochen flüchtet, sondern indem er die Geschichte von der Gegenwart aus – nach den enttäuschten Hoffnungen in eine grundlegende soziale und politische Veränderung – schreibt, ohne Zuflucht bei mythischen Wahrheiten oder politisch-ideologischen Gewissheiten zu finden. Vielmehr stellt er diese in Frage – mit Blick auf die Zukunft der zentralamerikanischen Gesellschaften. Das historische Kostüm ist hauptsächlich Verkleidung, die Geschichte ist – im wörtlichen und übertragenen Sinn – Prätext für Literatur.

Dante Liano zum Beispiel denunziert in *El misterio de San Andrés* (1996) die Enteignung der Indianer durch die Revolution von 1944 in Guatemala. Gloria Guardia stellt in *Libertad en llamas* (1999) das Projekt Sandinos aus feministischer Sicht in Frage und zielt gleichzeitig auf eine Kritik des zeitgenössischen Sandinismus, ähnlich wie Rosario Aguilar in *La niña blanca y los pájaros sin pies* (1992). Sergio Ramírez hinterfragt in *Sombras nada más* (2002) die Legitimität des sandinistischen Projekts, indem er Umstände, Hintergründe und Widersprüche der Gefangennahme, Verurteilung und Hinrichtung des früheren Privatsekretärs von Somoza durch ein revolutionäres Standgericht literarisch gestaltet. Lizandro Chávez Alfaro kritisiert in seinem Roman *Columpio al aire* (1999) im Gewand einer Erzählung der "Wiedereingliederung" der Karibikregion in den nicaraguanischen Nationalstaat durch die Regierung des Liberalen Zelaya Ende des 19. Jahrhunderts die Politik der sandinistischen Regierung der achtziger Jahre des 20. Jahrhunderts gegenüber den Einwohnern der nicaraguanischen Mosquitia.

---

27 Vgl. dazu ausführlich Mackenbach (2004a: 284-296).

Alle diese Romane bedienen sich bei dieser literarischen "Überschrei-
bung" der Geschichte (oft im wahrsten Sinne des Wortes, indem sie historische Dokumente benutzen) der ganzen Bandbreite narrativer Techniken, wie
sie den zeitgenössischen Roman – nicht nur in Lateinamerika – kennzeichnen, wie Inter- und Hypertextualität, Palimpsest, Dialogismus und Polyphonie, Karnevalisierung und Parodierung, Anachronismen, Metatextualität und
Metafiktion, und machen Anleihen bei anderen Untergattungen des Romans.
Damit schreiben sie sich in drei aktuelle Diskurse und Entwicklungstendenzen ein: im Hinblick auf den zeitgenössischen (nicht nur lateinamerikanischen) Roman, im Hinblick auf die jüngeren Tendenzen in der Historiographie und im Hinblick auf den politisch-ideologischen Diskurs. Die Vermischung und gegenseitige Beeinflussung dieser drei Diskurse im (neuen)
historischen Roman in Zentralamerika dürfte eine weitere Erklärung für
seine aktuelle Verbreitung in der Region sein.[28]

7. Literatur als Verhandlung von Geschlechterverhältnissen

Eine der wichtigsten Tendenzen, die auch im historischen Roman einen be-
trächtlichen Einfluss ausübt, ist zweifellos auch in Zentralamerika das Aus-
handeln von Geschlechterverhältnissen in der fiktionalen Literatur. In dieser
Hinsicht haben die Literaturen Zentralamerikas ab den siebziger Jahren eine
wahre Revolution erlebt: das Eindringen der Frau als Autorin, literarischer
Figur, Thema und Erzählperspektive sowie als Literaturagentin und Verlege-
rin ins männlich dominierte literarische Feld.[29]

Dieser Prozess findet zunächst vor allem in der Poesie seinen Niederschlag. Besondere –geradezu exemplarische – Bedeutung gewinnen für diese
Entwicklung die Gedichte der Nicaraguanerin Gioconda Belli und der Guatemaltekin Ana María Rodas. Der 1970 geschriebene und 1974 veröffentlichte Gedichtband *Sobre la grama* Gioconda Bellis und der 1973 publizierte
Lyrikband *Poemas de la izquierda erótica* von Ana María Rodas sowie die
zweite, 1978 veröffentlichte Gedichtsammlung Bellis, *Línea de fuego*, können als Gründertexte dieser neuen weiblichen Präsenz in der zentralamerika-

---

28 Dieser Proliferation in Veröffentlichung und Rezeption des historischen Romans entspricht in Lateinamerika auch eine ständig wachsende Zahl von Studien über und Kon-
   zeptualisierungen dieses Romans; vgl. dazu Mackenbach (2004a: 270-284, bes. 272). Zu
   Zentralamerika vgl. insbesondere Acevedo (1998), Mackenbach (2001a; 2005) und Grinberg Pla (2001).
29 Vgl. dazu ausführlich den Beitrag von Barbara Dröscher im vorliegenden Band und
   Mackenbach (2004a: 210-224 und 266-269).

nischen Männerdomäne Literatur gelten, in deren Gefolge in der Region eine wachsende Gruppe von Frauen ihre Stimme erhebt und das Bild der Frau in der Literatur sowie ihre Rolle als Autorin grundlegend verändert.[30] In der Lyrik beider Autorinnen wird der weibliche Körper als Ort der Identität der Frau, ihrer Selbstbestimmung, ihrer Freuden und Lust reklamiert. Die verwendeten (insbesondere Natur-)Metaphern stehen nicht länger im Dienst eines tradierten, männlich bestimmten Weiblichkeitsbildes, sondern dienen dazu, ein neues Frauenbild aus weiblicher Sicht zu imaginieren. Gleichzeitig ist diese Lyrik ausdrücklich politisch. Sie verschreibt sich nicht einem Rückzug in eine wie auch immer geartete weibliche Innerlichkeit, sondern beansprucht eine eigene Position der Frau im öffentlichen Raum. Der weibliche Körper wird so auch zur Metapher für den Anspruch der Frau auf Präsenz und Repräsentanz im Projekt der Konstruktion einer neuen Nation. Während in der damals vorherrschenden Testimonialliteratur und der Lyrik der mit dem revolutionären Projekt in Nicaragua verbundenen *Talleres de poesía* traditionelle Weiblichkeitsbilder vorherrschen und das Hohelied auf den "hombre nuevo", den neuen Mann/Menschen, gesungen wird und während noch in den weiblichen *testimonios*, insbesondere den in El Salvador und Nicaragua weit verbreiteten, von Frauen geschriebenen Gefängnistagebüchern, der weibliche Körper Objekt der männlichen Unterdrückung und Fremdbestimmung, Quelle des Leids, Projektionsfläche männlicher Phantasie und Gewalt sowie unentrinnbarer Ort des unheilvollen weiblichen Schicksals ist, bricht diese neue Literatur mit der Konstruktion der neuen Nation als männlich-patriarchaler aus dem bewaffneten Kampf und reklamiert die Teilhabe der Frau an diesem Projekt.

Etwa zehn Jahre später findet diese Tendenz einen deutlichen Widerhall in der zentralamerikanischen Romanliteratur. Auch dafür gilt in den Studien über die zentralamerikanische Literatur und in der Literaturkritik bisher das Romanwerk der Nicaraguanerin Gioconda Belli als bahnbrechend. In der Tat reklamiert sie auch in ihren Romanen einen eigenen Ort der Frau im Projekt der neuen Nation; der Anspruch auf sexuelle Befreiung im Rahmen der nationalen und sozialen wird geltend gemacht, wobei insbesondere der Erotismus eine subversive Funktion in einer vom Patriarchalismus dominierten

---

30 Sowohl Gioconda Belli als auch Ana María Rodas veröffentlichten in den folgenden Jahren weitere, zum Teil viel beachtete Gedichtbände. In Costa Rica hatte sich schon vorher, insbesondere ab den sechziger Jahren, eine eigene Tradition einer von Frauen geschriebenen Literatur entwickelt, die den *machismo* in Frage stellte; vgl. dazu ausführlich den Beitrag von Barbara Dröscher im vorliegenden Band.

Kultur bekommt. Dabei ist im Romanwerk von Gioconda Belli selbst eine Entwicklung festzustellen: Während die Frau in *La mujer habitada* (1988) ihren Anspruch auf Partizipation geltend macht, indem sie an die Stelle des (im bewaffneten Kampf ermordeten) Mannes tritt und seine wesentlichen Attribute übernimmt, äußern sich in den folgenden Romanen *Sofia de los presagios* (1990) und *Waslala. Memorial del futuro* (1996) die eigenen Interessen und Wünsche der Frau als Individuum. Neue Weiblichkeitsbilder und Geschlechterkonstruktionen werden sichtbar, die auch eine Kritik an den im revolutionären Projekt fortbestehenden patriarchalischen Strukturen enthalten. Der heroisch-revolutionäre *machismo* wird in Frage gestellt.

Gioconda Bellis Romanwerk stellt allerdings nur den vielleicht (in den europäischen und nordamerikanischen Metropolen) sichtbarsten Teil einer umfassenderen Entwicklung in den zentralamerikanischen, insbesondere von Frauen geschriebenen Literaturen seit der zweiten Hälfte der achtziger Jahre dar, in der sich die Frau – wie der guatemaltekische Autor Arturo Arias schreibt– als Romanfigur vom männlichen Diskurs befreit (Arias 1998a: 239). Diese Bewegung hat Auswirkungen auf alle zentralamerikanischen Länder,[31] einschließlich Belizes, wo vor allem die englischsprachige Autorin Zee Edgell mit ihren Romanen auf sich aufmerksam macht. In *The Festival of San Joaquin* (1997) thematisiert sie die häusliche Gewalt, während sie in *Beka Lamb* (1982) und *In Times Like These* (1991) allgemeinere Themen der neokolonialen Situation Belizes und der politischen Unabhängigkeitsbewegung behandelt.[32]

Bereits Mitte der achtziger Jahre – noch vor Veröffentlichung des ersten Romans Gioconda Bellis, der in der Literaturkritik gemeinhin als Gründertext der "neuen Weiblichkeit" gilt – hatte sich die Nicaraguanerin Rosario Aguilar, die bis heute von der internationalen Kritik weitgehend unbeachtet blieb, in *Siete relatos sobre el amor y la guerra* (1986) literarisch mit der Rolle der Frau in Zeiten des revolutionären Umbruchs in Nicaragua auseinandergesetzt und sowohl den Konflikt mit den in einer patriarchalen Ge-

---

31 Vgl. dazu ebenfalls den Beitrag von Barbara Dröscher im vorliegenden Band.
32 Eine bemerkenswerte Ausnahme stellt die Entwicklung in Guatemala dar, wo erst relativ spät von Frauen geschriebene Romane erschienen, wie zum Beispiel *No te apresures en llegar a la Torre de Londres, porque la Torre de Londres no es el Big Ben* (1999) von Eugenia Gallardo, ein Roman bestehend aus 53 Einzeltexten, der sich einer genauen Gattungszuordnung entzieht, und der mit dem *Premio Centroamericano de Novela "Mario Monteforte Toledo"* 2004 ausgezeichnete *Con pasión absoluta* (2005) von Carol Zardetto, dessen Hauptthema die politische Geschichte Guatemalas ist, erzählt aus der Sicht mehrerer Generationen von Frauen.

sellschaft traditionellen Frauenrollen dargestellt als auch erste Kritik an den Strukturen des revolutionären Projekts geübt.

1985 war im spanischen Verlag Editorial Lumen der Roman *María la noche* der damals in Frankreich lebenden costa-ricanischen Autorin Anacristina Rossi erschienen.[33] Auch Rossis Roman reklamiert die weibliche Sexualität als Quelle der weiblichen Lust (die auch nicht unbedingt der "Intervention" des Mannes bedarf). Diese Sexualität stellt sich jedoch nicht in den Dienst einer kollektiven/nationalen Identität, der weibliche Körper wird nicht als Symbol des Vaterlands/der Nation semantisiert. Der Roman untergräbt den *machismo* aus der Perspektive einer neuen Weiblichkeit, aber er stellt diese Weiblichkeit nicht generell der Männlichkeit gegenüber, sondern zielt auf eine Vermischung der beiden ab, auf eine Maskulinität, die ihre weiblichen Komponenten anerkennt (und umgekehrt). Damit unterscheidet er sich von einem fundamentalistischen, biologisch fundierten Feminismus und stellt die Geschlechterkonstruktionen als solche in Frage. Weder der weibliche noch der männliche Körper sind Quelle einer festen und eindeutigen individuellen Identität; die Protagonistin ist ein gleichzeitig hetero-, bi- und homosexuelles bzw. -erotisches Wesen. Schließlich hinterfragt der Roman die Institutionen der Mutter, der Mutterschaft und damit der Familie und plädiert für eine Distanzierung von Mutter und Tochter, damit diese ihr eigenes Leben leben und sich eine eigene Identität schaffen kann. Während sich bei Rosario Aguilar erste Risse im Verhältnis zwischen revolutionärem Projekt/neuer Nation und "neuer Frau" zeigen, werden in Anacristina Rossis Roman feste Zuschreibungen von biologischem und sozialem Geschlecht, von Sex und *Gender*, in Frage gestellt. Wie die zentralamerikanische, von Frauen geschriebene Poesie der siebziger Jahre sich wie ein Echo auf die damaligen feministischen Diskurse lesen lässt, so scheint auch Rossis Roman auf die neuen *Gender*-Diskurse und -Studien ab den achtziger Jahren zu reagieren.[34]

Mit diesem Roman deuten sich jedenfalls schon Mitte der achtziger Jahre Veränderungen an bzw. er nimmt diese vorweg, die sich dann zunehmend ab den neunziger Jahren in den zentralamerikanischen erzählenden Literatu-

---

33 Eine costa-ricanische Ausgabe des Romans wurde erst 2003, das heißt achtzehn Jahre nach seiner Erstveröffentlichung, im Verlag Editorial Costa Rica publiziert. Das mag daran liegen, dass er mit einigen der heiligsten Tabus bricht, auf die sich die costa-ricanische Gesellschaft stützt (die Rolle der Familie, der Mutter, der heterosexuellen Beziehungen). In Costa Rica selbst wurde er lange Zeit nur in kleinen Zirkeln von Intellektuellen, Feministinnen, Künstlerinnen und Künstlern gelesen und diskutiert.

34 Vgl. dazu Mackenbach (2004a: 219-224).

ren manifestieren. Er antizipiert Tendenzen, die später als typisch für die so genannte „Nachkriegsliteratur" in Zentralamerika gesehen wurden. Beispiele dafür sind die bereits erwähnten Romane der Panamaerin Gloria Guardia, der Nicaraguanerin Milagros Palma, der Guatemaltekin Carol Zardetto und der Salvadorianerin Claudia Hernández.[35]

Als von herausragender Bedeutung in diesem Kontext kann das erzählerische Werk der Salvadorianerin Jacinta Escudos gelten. In ihren Erzählbänden *Contra-corriente* (1993), *Cuentos sucios* (1997), *Felicidad doméstica y otras cosas aterradoras* (2002) und ihren Romanen *El desencanto* (2001) und *A-B-Sudario* (2003, Premio Centroamericano de Novela "Mario Monteforte Toledo") interessiert sie sich für die "dunklen Seiten" der Personen und dekonstruiert die traditionellen Rollen von Frau und Mann. Diese Texte haben ausgesprochen paradigmatischen Charakter für die neueren zentralamerikanischen erzählenden Literaturen, insbesondere was die unentwirrbare Verbindung von (männlicher) Gewalt und Sexualität, Einsamkeit und Kommunikationslosigkeit, Schmerz und sozialem Ausschluss ebenso wie die Untergrabung der Mutterrolle und der Mutter–Tochter-Beziehung angeht. Diesen Tabubrüchen korrespondiert die literarische Sprache der Autorin, die sich der lyrisch-heroischen Diktion der (politischen) Poesie und der pathetisch-heroischen Ausdrucksweise der Testimonialliteratur – diesen beiden in den siebziger und achtziger Jahren dominierenden Schreibweisen – widersetzt und sich durch (zum Teil extreme) Lakonie, stilistische Brüche, sprachliche Experimente und syntaktische Verfremdungen auszeichnet. Auch die Costa-Ricanerin Raquel Villareal, die zunächst als graphische Künstlerin bekannt wurde, attackiert in ihrem Erstlingsroman *Por los sigNoS de los siglos Amén* (2005) die mit Tabus behafteten Geschlechterbeziehungen und -konstruktionen, wobei sie in parodistischer Weise vor allem auf die Rolle der katholischen Kirche abzielt. In intermedialer Technik verbindet das Buch Text (Prosa, Lyrik, Sprachspiele, Dokumente etc.) und Bild (Graphik, Collage).

Hervorzuheben ist bei vielen dieser Texte ihr in den zentralamerikanischen Literaturen einmaliger und neuer Umgang mit dem Thema (weiblicher und männlicher) Homosexualität. Vorläufer sind in dieser Hinsicht schon bei

---

35 Milagros Palma veröffentlichte auch eine Reihe von anthropologischen Studien über Weiblichkeitskonstruktionen und -mythen in Nicaragua und Lateinamerika (vgl. z.B. Palma 1994). Claudia Hernández veröffentlichte u.a. die Erzählbände *Otras ciudades* (2001) und *Mediodía de frontera* (2002). Zu nennen ist auch der 1993 erschienene Erzählband *Situaciones conyugales* von Anacristina Rossi.

dem Nicaraguaner Erick Blandón (insbesondere in seinem Erzählband *Misterios gozosos*, 1994), bei Gioconda Belli (*Sofía de los presagios* und *Waslala. Memorial del futuro*) und bei Anacristina Rossi *(María la noche)* zu finden. In bisher unerhört radikaler und direkter Weise wird die männliche Homosexualität, nach wie vor eines der großen Tabus der zentralamerikanischen Gesellschaften, zum tragenden Thema der Erzählungen und Romane des Costa-Ricaners Uriel Quesada, insbesondere *Lejos tan lejos* (Erzählungen, 2004) und *El gato de sí mismo* (Roman, 2005), und des Salvadorianers Mauricio Orellana Suárez, *Zósimo y Geber* (Erzählungen, 1995), *Te recuerdo que moriremos algún día* (Roman, 2001) und *Kazalkán y los últimos hijos del Sol Oculto* (Roman, 2002, unveröffentlicht).

Schließlich bricht das Private in den öffentlichen Raum ein, ohne dass dieser zum Ort der Identitätsfindung wird. Dies trifft zum Beispiel auf die jüngeren Autoren der so genannten *Generación X* in Guatemala zu. Maurice Echeverría, 1976 geboren und einer der produktivsten jüngeren Autoren Guatemalas, schickt in seinem Erzählband *Sala de espera* (2001) seinen Protagonisten (und *Alter Ego*), "El Niño Atrofiado", auf eine Reise durch die erstickenden städtischen Räume der aktuellen Gesellschaft ("Stadt", "Flughafen", "Bar", "Aufzug", "Hospital", "Supermarkt" heißen einige dieser Erzählungen) – inhumane Räume voller Gewalt und Bedrohung.[36]

Die neueren erzählenden Literaturen Zentralamerikas charakterisiert die definitive Trennung zwischen Weiblichkeits- bzw. Geschlechterkonstruktionen und Nationalismus, die Infragestellung der traditionellen *Gender*-Konstruktionen im Allgemeinen, auch der weiblichen, und die Dekonstruktion der heiligsten geschlechtlichen Archetypen der zentralamerikanischen Gesellschaften. Der Körper bietet keinen Raum (mehr) für nationale Meistererzählungen.

8. Literatur als Aneignung des Raums

Der zentralamerikanische Raum ist in seinen literarischen Repräsentationen insbesondere ab den neunziger Jahren zum einen ein städtischer. Zum anderen rückt zunehmend auch der aus den nationalen Konstruktionen weitge-

---

36 Mit *Generación X* wird eine Reihe jüngerer Autoren in Guatemala bezeichnet, die im Underground-Verlag Editorial X veröffentlichen, ohne dass sie eine eindeutige Tendenz bzw. gar ein Manifest einigen würde. Dazu gehören neben Echeverría u.a. Javier Payeras, Ronald Flores, Byron Quiñónez und Estuardo Prado, die von der Kritik als "enttäuschte Postmoderne" bezeichnet wurden.

hend ausgeschlossene Bereich des "anderen" Zentralamerika, der Karibik, in den Blick. Traditionell waren Raumvorstellung, -wahrnehmung und -darstellung konstituierend für die latein- und zentralamerikanischen Literaturen und über ihre literarische Repräsentation und Präsentation auch für die Suche nach einer spezifisch latein-/zentralamerikanischen und/oder jeweils nationalen Identität, insbesondere seit den Unabhängigkeitsbestrebungen ab Ende des 18. Jahrhunderts. Dabei wirkten die europäischen (Raum-)Vorstellungen von der "Neuen Welt" auf die Repräsentation des lateinamerikanischen Raums in den lateinamerikanischen Literaturen selbst zurück, die bis ins 20. Jahrhundert von europäischen Imagotypen bestimmt wurden. Erst ab den vierziger Jahren des letzten Jahrhunderts werden die lateinamerikanischen erzählenden Literaturen zum Ort eines neuen – städtischen – Raums, parallel zu den Prozessen massiver Urbanisierung. Insbesondere im Roman beginnt die Stadt einen zentralen Raum einzunehmen.

Auch in den zentralamerikanischen Literaturen spielt das Verhältnis von städtischem und ländlichem Raum seit den sechziger Jahren eine herausragende Rolle. Traditionell hatte im Kostumbrismus, im Regionalismus und auch im sozialkritischen Roman die Repräsentation und Präsentation des ländlichen, bäuerlichen Raums Zentralamerikas eine hegemoniale Rolle inne, die erst mit dem "neuen zentralamerikanischen Roman" zu schwinden beginnt. In Romanen wie *Trágame tierra* (1969) des Nicaraguaners Lizandro Chávez Alfaro, *El valle de las hamacas* (1970) des Salvadorianers Manlio Argueta, *Tiempo de fulgor* (1970) und *¿Te dio miedo la sangre?* (1977) von Sergio Ramírez sowie *Bording House San Antonio* (1969 begonnen und 1985 veröffentlicht) von Carlos Alemán Ocampo und noch *Como piedra rodante* (1981) von Krasnodar Quintana (alle Nicaragua) kommt zunehmend der städtische Raum als Zentrum gesellschaftlicher Wandlungsprozesse in den literarischen Blick.

Diese Präsenz des urbanen Raums wird jedoch ab den siebziger und vor allem in den achtziger Jahren überlagert von der Semantisierung und Mythisierung des ländlichen Raums (Berge, Urwald) als Ort der Formung des "neuen Menschen"/Guerillero in der Testimonialliteratur und der Metaphorisierung des Naturraums in der Lyrik, wobei diese Literaturen in vielerlei Hinsicht auf die existierenden räumlichen Imagotypen zurückgreifen (zum Beispiel: der Dschungel als *locus horribilis* und *locus amoenus*). Dies hat auch seine Rückwirkungen in der Romanliteratur dieser Jahre, wie es exemplarisch etwa in *Sofía de los presagios* (1990) von Gioconda Belli der Fall ist. Die Stadt sei nicht gut für den Geist, lässt die Autorin die Hexe Xintal sagen, das Gute wird vom Dorf, vom Land, von der Erde repräsentiert; für die Hexe ist die Erde die höchste aller Gottheiten, Mutter allen Lebens, Quelle der Identität, während die Stadt Sitz fremder, anonymer Gewalten ist.

Dagegen lesen sich viele ab den neunziger Jahren in Zentralamerika veröffentlichte Romane wie ein Wiederanknüpfen an den literarischen Repräsentationen des städtischen Raums im Roman der siebziger Jahre. Wie zahlreiche andere in diesem Essay analysierte Phänomene legt auch diese Tendenz nahe, die zeitgenössischen zentralamerikanischen Literaturen in Begriffen von Wandel bzw. Brüchen **und** Kontinuität zu denken. Dies trifft u.a. auf die folgenden Romane zu: *El hombre de Montserrat* (1994) des Guatemalteken Dante Liano, *Única mirando al mar* (1993), *Los peor* (1995) des Costa-Ricaners Fernando Contreras Castro (und seinen Prosaband *Urbanoscopio*, 1997), *Baile con serpientes* (1996) und *La diabla en el espejo* (2000) des Salvadorianers Horacio Castellanos Moya, *El cojo bueno* (1996) und *Piedras encantadas* (2001) des Guatemalteken Rodrigo Rey Rosa, *Un sol sobre Managua* (1998) des Nicaraguaners Erick Aguirre, *Los héroes tienen sueño* (1998) und *De vez en cuando la muerte* (2002) des Salvadorianers Rafael Menjívar Ochoa, *Sueño americano* (1999) des Panamaers Luis Pulido Ritter, *Cruz de olvido* (1999) und *Tanda de cuatro con Laura* (2002) des Costa-Ricaners Carlos Cortés, *Los dorados* (2000) des Costa-Ricaners Sergio Muñoz Chacón, *Managua, Salsa City (¡Devórame otra vez!)* (2000) des Nicaraguaner-Guatemalteken Franz Galich, *Soñar con la ciudad* (2001) des Panamaers Ramón Fonseca Mora, und *El nudo* (2004) des Costa-Ricaners Rodrigo Soto. In allen diesen Romanen ist der städtische Raum nicht nur Hauptschauplatz der Erzählung, sondern auch Metapher der *raison d'être* des zeitgenössischen zentralamerikanischen Menschen. Die Stadt wird zum Zentrum, in dem die Identität der Individuen verhandelt wird. Aber dieses neue Zentrum ist kein Ort fester Identitäten, er ist auch und wieder ein *locus horribilis*, der die Suche nach unverwechselbaren Identitäten erschwert und unmöglich macht – ein Ort, der nur noch gebrochene Identitäten zulässt.

In Fernando Contreras Castros *Única mirando al mar* wird das Leben auf einem Müllplatz zu einer Allegorie des Lebens im Allgemeinen. Horacio Castellanos Moya zeichnet in *Baile con serpientes* die Stadt als Moloch der sozialen Paranoia und Degeneration und des Zerfalls aller Institutionen.

In *Managua, Salsa City (¡Devórame otra vez!)* entwirft Franz Galich ein allegorisches Bild Nicaraguas am Beginn des neuen Jahrtausends, nach den großen politischen Umbrüchen und dem Verlust der gesellschaftlichen Utopien und gemeinsamer Werte – eine Nachkriegsgesellschaft, die von Zerstörung geprägt und repräsentativ für viele zentralamerikanische Kapitale ist. Die tragenden Elemente, die wirklichen Protagonisten sind der städtische Raum selbst und die Sprache seiner Bewohner. Einmalig im Kontext der zeitgenössischen zentralamerikanischen Literatur, gelingt es dem Autor, die Sprache, den Jargon der unteren und untersten, in Misere und Verzweiflung lebenden Schichten der nicaraguanischen Hauptstadt zu repräsentieren und präsentieren und ihm so literarische Würde zu verleihen. Dieses Managua ist ein moderner – postmoderner? – *locus horribilis*, Schauplatz des Alkoholkonsums bis zur Bewusstlosigkeit, des Drogenhandels und -konsums, des Sex *cash and carry*, der Kriminalität und der Gewalt – in vielerlei Hinsicht vergleichbar den großen städtischen Agglomerationen Lateinamerikas.

Ramón Fonseca Mora thematisiert in *Soñar con la ciudad* die Migration vom Land in die Stadt, erzählt als Suche einer in Armut lebenden Bauernfamilie nach der in der Hauptstadt Panama verschwundenen Tochter und rückt damit ein zentrales Problem der heutigen zentralamerikanischen Gesellschaften in den Mittelpunkt: die vielfältigen Entwurzelungstendenzen und Wanderungsbewegungen im Inneren und nach außen, die zunehmend auch literarisch gestaltet werden (vgl. dazu weiter unten).

Parallel zu dieser Wiederentdeckung des städtischen Raums in den aktuellen erzählenden Literaturen Zentralamerikas vollzieht sich in zahlreichen Erzähltexten seit einigen Jahren ein Prozess der Entdeckung des karibischen Raums als eigenem und als literarischem Sujet. Ähnlich wie in den politischen Projekten der Nationenkonstruktion von den mestizischen Eliten Zentralamerikas der karibische Raum bis weit ins 20. Jahrhundert als Fremdraum, Ort der Barbarei und Kulturlosigkeit ausgeschlossen wurde, dessen "Inkorporation" in die Nation nur über einen langen Prozess der "Zivilisierung" und Akkulturation erreicht werden könne, so war der literarische Blick auf die Karibik in Zentralamerika lange Zeit ein Blick von außen, der die europäische Perzeption des "Anderen" in Lateinamerika sozusagen in der Sicht der Bewohner der Pazifikregion und des Berglandes auf die Karibik im Inneren des Isthmus reproduzierte, wie zum Beispiel im sozialkritischen Bananenroman der dreißiger und vierziger Jahre. Während das mythischmagische Erbe der prähispanischen Maya-Kulturen insbesondere seit den Romanen Miguel Ángel Asturias' wiederentdeckt, bearbeitet und transformiert wurde (was Rückwirkungen auf die Literaturen in ganz Zentralamerika hatte, vgl. dazu oben), kann für die symbolisch-künstlerischen Produktionen der (zentralamerikanischen) Karibik nicht das Gleiche gesagt werden.

Eine der wenigen Ausnahmen ist in dieser Hinsicht das erzählerische und essayistische Werk des Costa-Ricaners Quince Duncan, der bereits ab den siebziger Jahren in seinen Erzählungen, seinen Romanen wie *Hombres curtidos* (1971), *Los cuatro espejos* (1973), *La paz del pueblo* (1978), *Final de calle* (1979), *Kimbo* (1989) und seinem viel beachteten Essay *El negro en la literatura costarricense* (1972, zusammen mit Carlos Meléndez) das afrokaribische Costa Rica zu seinem literarischen und literarkritischen Hauptthema macht.

Erst ab den neunziger Jahren beginnt sich diese Situation allgemein zu ändern, u.a. mit den Romanen *La Loca de Gandoca* (1992) und *Limón Blues* (2002) der Costa-Ricanerin Anacristina Rossi, *Got seif de cuin!* (1995) des Belizers David Nicolás Ruiz Puga (Belize)[37], *Calypso* (1996) der Costa-Ricanerin Tatiana Lobo, *Vuelo de cuervos* (1997) des Nicaraguaners Erick Blandón, *Columpio al aire* (1999) des Nicaraguaners Lizandro Chávez Alfaro, *Sueño americano* (1999) des Panamaers Luis Pulido Ritter und *La flota negra* (1999) der Mexikanerin-Costa-Ricanerin Yazmín Ross.

In *Limón blues* (2004 mit dem kubanischen Premio Narrativa José María Arguedas ausgezeichnet) unternimmt Anacristina Rossi eine Zeitreise in die Geschichte der Stadt Puerto Limón und der südlichen Karibikküste Costa Ricas. Insbesondere rekonstruiert sie – basierend auf einer jahrelangen Arbeit in historischen Archiven – die Geschichte der von Marcus Garvey geführten Bewegung für die Rechte der Schwarzen (vor allem der jamaikanischen Einwanderer) in den ersten vier Jahrzehnten des 20. Jahrhunderts und reklamiert diese Geschichte – die über weite Strecken wie ein Palimpsest über historische Dokumente geschrieben ist – als Teil der costa-ricanischen Identiät und Nation.

Auch in *Columpio al aire* von Lizandro Chávez Alfaro ist die Karibikküste, in diesem Fall Nicaraguas und dort vor allem die Stadt Bluefields, zentraler Ort der Romanhandlung und diegetisches Hauptthema. Der Gegensatz zwischen Pazifik und Karibik ist jedoch noch in einer umfassenderen Weise konstituierend für den literarischen Raum. Der Roman zeichnet ein allegorisches Bild der Geschichte der nicaraguanischen Karibik, ihrer Bewohner und ihrer Beziehungen zum nicaraguanischen Staat. Erstmalig in der nicaraguanischen Literatur wird der Widerstand gegen die Zwangsassimilation und -inkorporation der Mosquitoküste in den Nationalstaat durch das

---

37 Vgl. auch seinen Erzählband *La visita* (2000) und die Erzählung des Panamaers Rafael Ruiloba *Vienen de Panamá* (1991), insbesondere die Kurzgeschichte "La anunciación del Cristo Negro".

Regime des Liberalen General Zelaya aus der Sicht der Bewohner dieser Region, die lange als *Reino Mískitu* der britischen Krone unterstand, erzählt.[38] Doch an die Stelle der Infragestellung der offiziellen Nationalgeschichte mit ihrer Ignorierung und Unterdrückung der karibischen Kultur tritt kein neues Zentrum, die Karibik wird in ihrer ganzen Vielfalt, Widersprüchlichkeit und ethnischen, kulturellen und historischen Überlagerungen dargestellt – nicht von einem homogenen karibischen "Anderen" spricht der Roman, sondern von den Karibiken (im Plural).

Ähnlich wie bei Lizandro Chávez Alfaro ist auch in *Sueño americano* von Luis Pulido Ritter nicht der "wilde" Naturraum der Karibik Mittelpunkt, diese nach wie vor dominierende Perzeption der Karibik auch durch viele Zentralamerikaner selbst, in der sich uralte Imagotypen repetieren, sondern die Stadt Aspinville, literarische Repräsentation der panamaischen Karibikstadt Colón. Auch hier rückt also eine "andere" Karibik in den Blick, die nicht einem historischen Stadium vor der Moderne zuzurechnen ist, sondern im Hier und Jetzt mit all seinen vielfältigen politischen, kulturellen, ethnischen etc. Vermischungs- und Überlagerungsprozessen existiert.

Diese Romane eint also bei aller ihrer Verschiedenheit, dass sie nicht nur die afrokaribischen Wurzeln der zentralamerikanischen Gesellschaften und Kulturen literarisch entdecken, sondern auch ihre Aktualität und Diversität, durchaus parallel zu ähnlichen Bestrebungen, wie sie insbesondere seit den neunziger Jahren in der zentralamerikanischen Historiografie unternommen werden.[39]

Zunehmend rückt auch die Migration in den literarischen Blick, sei es bei Autorinnen und Autoren, die zu den Millionen von Zentralamerikanern gehören, die aus ökonomischen, politischen oder anderen Gründen ihre Heimatländer verlassen haben und im (hauptsächlich nordamerikanischen)

---

38 Der Roman kann auch als literarische Kritik an der Politik der sandinistischen Regierung gegenüber der Bevölkerung der Karibikregion in den achtziger Jahren verstanden werden, die in vielerlei Hinsicht in der Tradition des nicaraguanischen Liberalismus stand; vgl. dazu Mackenbach (2004a: 335f., 399-402).

39 Vgl. zum Beispiel die Studien von Rina Cáceres (2000) und Ronny Viales (1998) für Costa Rica und Darío Euraque (1996) für Honduras. In den letzten Jahren wurden auch – zum Teil zweisprachige – Anthologien, insbesondere von Erzählungen aus dem karibischen Zentralamerika, publiziert, zum Beispiel: *Miskitu Tasbaia: aisanka yamni bara bila pranakira miskitu wih ispail ra wal ulban. La Tierra Miskita: prosa y poesía miskita en miskito y español*, hrsg. von Adán Silva Mercado und Jens Uwe Korten (Managua 1997: Centro Nicaragüense de Escritores); *Anancy en Limón: cuentos afrocostarricenses*, hrsg. von Joice Anglin Edwards (San José 2002: Editorial de la Universidad de Costa Rica).

Ausland leben, sei es bei Schriftstellern, die zeitweise im Ausland leben oder sich zwischen den verschiedenen zentralamerikanischen Staaten hin und her bewegen. In den letzten Jahren ist so ein Phänomen entstanden, das mit dem Begriff der Migrationsliteratur bezeichnet werden kann – eine Literatur, die wie ähnliche Tendenzen in den europäischen Literaturen ihren direkten Bezugspunkt in den Aufnahmegesellschaften hat, jedoch ihre Bande zu den Kulturen, zur Geschichte und Aktualität der Herkunftsländer nicht kappt.

Dazu gehören Autorinnen und Autoren, die – wie zum Beispiel Gioconda Belli, Milagros Palma, Dante Liano, Uriel Quesada, Franz Galich, Jacinta Escudos, Gloria Guardia, Horacio Castellanos Moya, Rodrigo Rey Rosa, Luis Pulido Ritter, Roger Lindo, Mario Bencastro (beide El Salvador) – nicht oder nur zeitweise und vorübergehend in ihren zentralamerikanischen Herkunftsländern leben, in ihren literarischen Repräsentationen und Präsentationen jedoch immer wieder direkte Bezüge zu Zentralamerika bzw. zu ihrem Herkunftsland zu erkennen geben. Einige dieser Schriftsteller thematisieren diese Erfahrung der Migration, des Exils und der "Diaspora" auch in ihren literarischen Werken, so zum Beispiel Luis Eduardo Rivera (Guatemala) in *Velador de noche, soñador de día* (1988), Horacio Castellanos Moya (El Salvador) in *La diáspora* (1988) und *El asco. Thomas Bernhard en San Salvador* (1997), Milagros Palma (Nicaragua) in *El obispo* (1997), Rodrigo Rey Rosa (Guatemala) in *Ningún lugar sagrado* (1998, Erzählungen), Eugenia Gallardo (Guatemala) in *No te apresures en llegar a la Torre de Londres, porque la Torre de Londres no es el Big Ben* (1999), Roberto Quesada (Honduras) in *Big banana* (1999/2000), Roberto Quezada (El Salvador) in *El leoncavallo (... del amor trunco)* (2001), Francisco Alejandro Méndez (Guatemala) in *Completamente Inmaculada* (2002) und Carol Zardetto (Guatemala) in *Con pasión absoluta* (2005).

Für alle diese Autoren trifft zweifellos der von dem deutschen Romanisten Ottmar Ette vorgeschlagene Begriff der "Literaturen ohne festen Wohnsitz" (Ette 2001: 10) zu.[40] Die zeitgenössischen zentralamerikanischen Literaturen lassen gerade in ihrer Raumrepräsentation und Raumdynamik ein Bild von Zentralamerika entstehen, das nicht auf ein geografisch eindeutig fixiertes Territorium – schon gar nicht auf ein nationales – festgelegt werden

---

40 Für viele dieser Texte gilt auch, dass sie den Textraum bewusst als dynamischen Raum gestalten. Vgl. zu diesem Aspekt der literarischen Geographie bzw. des Textes als Raum und seinen Theoretisierungen, auf die ich in diesem Artikel nicht eingehen kann, der sich weitgehend auf die literarische Repräsentation von Raum beschränkt, Ette (2001: bes. 21-84) und Mackenbach (2004a: 348-365).

kann. Das literarische Zentralamerika dieser Erzählwerke ist – wie das reale Zentralamerika – ein vielfältig gebrochenes, an verschiedenen Orten existierendes und oft nur als Idee vorhandenes. Der geographische-physische Raum hat offensichtlich unter den postkolonialen Bedingungen, die für viele Staaten Zentralamerikas auch Nachkriegsbedingungen sind, seine identitätsstiftende Kraft verloren, die Suche nach ihr individualisiert und fragmentiert sich. Das Eigene und das Fremde vermischen sich, die Semantisierung und Metaphorisierung von Räumen verweigert sich der Vereinnahmung durch nationale Großprojekte, die literarische Raumgestaltung wendet sich zunehmend den inneren, anonymen, imaginären Räumen zu.

9. Literatur als Ort der Gewalt

Der Raum der zeitgenössischen zentralamerikanischen erzählenden Literaturen ist hauptsächlich ein städtischer Raum und als solcher vor allem ein Raum der Gewalt. Wie die Gewalt von den Sozialwissenschaften in ihren vielfältigen sozialen, politischen, wirtschaftlichen und kulturellen Dimensionen als struktureller Bestandteil der latein- und zentralamerikanischen Geschichte gesehen wird, so haben die Kulturwissenschaften sowie die Literaturgeschichte und -wissenschaft von einer Persistenz der ästhetischen Manifestationen der Gewalt gesprochen und unterschiedliche Phasen in der latein- und zentralamerikanischen Kultur- und Literaturgeschichte ausgemacht, in denen von einer Dominanz der Gewalt als ästhetischer Manifestation gesprochen werden kann.[41]

In Zentralamerika trifft dies zweifellos auf die Literaturproduktion zu, die von dem honduranischen Literaturwissenschaftler Héctor Leyva als "Narrativik der revolutionären Prozesse" bezeichnet wurde und in der er drei Tendenzen sieht: von Guerilleros geschriebene Romane, testimoniale Erzählungen (*testimonios* von Beteiligten und Testimonialromane) und Dissidentenromane (Leyva 1996). Paradigmatisch für die ersten beiden Tendenzen können der *testimonio* von Omar Cabezas *La montaña es algo más que una inmensa estepa verde* (1982) und der Roman *La mujer habitada* (1988) von Gioconda Belli gesehen werden. In allen diesen Texten nimmt die Gewalt einen dominierenden Raum ein, als Gewalt der Herrschenden gegen die Bevölkerung und als (gerechte) Gegengewalt der um ihre Befreiung von der

---

41 Prominentes Beispiel ist die "novela de la violencia" in Kolumbien, die eine ganze Textproduktion hauptsächlich von Ende der vierziger bis in die sechziger Jahre umfasst (vgl. dazu zum Beispiel Paschen 1994).

Diktatur kämpfenden zentralamerikanischen Völker. Aus dieser Gewalt des bewaffneten Kampfes soll der "neue Mensch" der neuen Gesellschaft geboren werden, wobei die beschworene Unabdingbarkeit und die Unaufhaltsamkeit des bewaffneten Kampfes sich in einen neuen Mythos verwandeln.[42] Dass dieser literarische Gewaltdiskurs nicht frei ist von Zügen des Militarismus und des Todeskults, die in der zentralamerikanischen Geschichte eine lange Tradition haben, bringen vielleicht am deutlichsten die genannten Texte von Gioconda Belli und Omar Cabezas, aber zum Beispiel auch die Gefängnistagebücher von am Guerillakampf Beteiligten zum Ausdruck. In *La mujer habitada* erlangt die Architektin Lavinia erst dann volle Anerkennung in der Guerillaorganisation, als sie die Position ihres von der Nationalgarde ermordeten Geliebten und Guerilleros übernimmt und an seiner Stelle den bewaffneten Kampf fortsetzt. Der (heroische) Tod wird zur Voraussetzung des (neuen) Lebens (Menschen). In Omar Cabezas' *testimonio* erzählt der Autor, er hätte die Trennung seiner Geliebten von ihm nicht überwinden können, wenn er nicht "plomo" wäre. *Plomo* steht für spanisch Blei (Kugel), aber auch für die zentrale Losung der sandinistischen Bewegung "*Patria libre o morir*" (etwa: Freies Vaterland oder Tod) – eine vielleicht unbewusste, aber treffende Metapher für die geschlossene, militaristische und patriarchalische Konzeption der neuen Nation und des "neuen Menschen/Manns".

Schon in dem 1976 erschienenen Roman *Los compañeros* des Guatemalteken Marco Antonio Flores war dieser Gewalt – aus der Sicht eines an den politischen Bewegungen Beteiligten – eine Absage erteilt worden, indem die dunklen Seiten des bewaffneten Kampfes, insbesondere die Gewaltanwendung bis hin zu Morden innerhalb der Bewegungen selbst, erzählt und damit das Schweigen und die Tabus der Revolutionäre gebrochen werden. Dreizehn Jahre später nimmt Horacio Castellanos Moya in seinem Roman *La diáspora* (1989) dieses Thema wieder auf, nunmehr bezogen auf die politische Entwicklung in El Salvador und dargestellt in der Romanfigur eines politisch Militanten, der aus Enttäuschung und Verzweiflung über die Ermordung zweier führender Guerillakommandanten ins politische Exil geht und zum Dissidenten wird.[43]

---

42 Vgl. zu diesem Aspekt in der zeitgenössischen Romanliteratur Nicaraguas Mackenbach (2004a: 177, 205f.).

43 Historisch-politischer Bezugspunkt des Romans ist die als "Aprilereignisse" in die Geschichte der salvadorianischen Linken eingegangene Ermordung der Guerillakommandantin Ana María (Mélida Anaya Montes) und des Guerillaführers Marcial (Cayetano Carpio) im Jahr 1983.

Ab den neunziger Jahren schließlich verliert die Repräsentation von Gewalt in der Romanliteratur zunehmend jeglichen politisch-ideologischen Sinn. Ironischerweise beginnt die Gewalt jedoch gerade in den Romanen, die der mythisch-revolutionären Kraft der Gewalt bzw. des bewaffneten Kampfes abschwören, zentralen Raum einzunehmen. Der guatemaltekische, in Mailand lehrende Literaturwissenschaftler und Autor Dante Liano unterscheidet für die guatemaltekische Textproduktion drei Arten von ästhetischer Manifestation der Gewalt in der Erzählliteratur, die auch in der Region insgesamt auszumachen sind: die Testimonialliteratur, eine Literatur der Anklage und Texte, in denen die Gewalt als indirekte präsent ist (Liano 1997: 261-266). Ohne Zweifel ist es gerade diese dritte Tendenz, die in den erzählenden Literaturen Zentralamerikas ab den neunziger Jahren dominiert. Im Gegensatz zu den großen "Meistererzählungen" des bewaffneten Kampfes und der politisch begründeten Gewalt repräsentieren und präsentieren diese Texte nun eine Gewalt ohne politisch-ideologischen Sinn, ohne ethisch-moralische Rechtfertigung. Als exemplarisch für diese Tendenzen können die Erzählwerke von Horacio Castellanos Moya, Franz Galich und Claudia Hernández gesehen werden.

Die Hauptfigur in Horacio Castellanos Moyas Roman *Baile con serpientes* (1996) ist ein arbeitsloser, von der Politik enttäuschter Soziologe, der in Macrópolis (eine direkte Anspielung auf die salvadorianische Hauptstadt San Salvador) in einem vor seiner Wohnung geparkten Chevrolet mit vier Schlangen zusammenlebt, dessen Besitzer er ermordet hat. Es ist ein marginalisiertes Individuum, das jegliche Beziehungen zu den öffentlichen und privaten Institutionen verloren hat und nur durch wiederholte Morde in Begleitung der vier Schlangen einen Lebenssinn findet. Die Stadt ist ein von sinnloser Gewalt und Verbrechen heimgesuchter Ort. Hauptperson in Castellanos Moyas Roman *El arma en el hombre* (2001) ist "Robocop", ein ehemaliges Mitglied der antiterroristischen Spezialeinheiten des guatemaltekischen Staates, der nichts anderes gelernt hat als Töten und diese Fähigkeit nun auch in der Nachkriegsgesellschaft einsetzt, um sein Überleben zu sichern – nunmehr ohne jegliche politische Rechtfertigung und völlig im Dienst des Großverbrechens wie zum Beispiel des Dogenhandels. Ähnlich in Franz Galichs Roman *Managua, Salsa City (¡Devórame otra vez!)*, der wie geschildert die Gewalt im nachrevolutionären Managua zum Thema hat: Auch hier sind die Protagonisten ehemalige bewaffnete Kämpfer aus beiden politischen Lagern (dem sandinistischen Heer und der *Contra*), die sich gegenseitig ermorden, teilweise aus purem Reflex auf die militärischen Ereignisse in den achtziger Jahren, teilweise im Machtkampf der die Stadt überziehenden Verbrecherbanden. Sowohl die Romane von Castellanos Moya als auch die von Franz Galich werden zu einer treffenden Allegorie der Situation einer ganzen Generation von Zentralamerikanern, die nichts anderes gelernt hat als das Kriegshandwerk und nun mit den Bedingungen der Nachkriegsgesellschaft und der Eingliederung ins zivile Leben konfrontiert ist. Scheinbar ohne Bezug zu diesen Hintergründen ist die Stadt in den Erzählungen des Bandes *Mediodía de frontera* (2002) der Salvadorianerin Claudia Hernández ein Ort voller Kadaver und verstümmelter Körper, deren Ursachen im Dunkeln bleiben, deren Rückwirkungen auf das Zusammenleben der Individuen jedoch verheerend sind. Sie lassen sich auch als Texte lesen, die den inneren Verstörungen und Verletzungen der Individuen nachspüren, die gerade erst der traumatischen Erfahrung des Krieges und Bürgerkrieges entronnen sind.

Eine Ausnahmestellung nimmt in diesem Kontext in gewisser Hinsicht der Roman *El cojo bueno* des Guatemalteken Rodrigo Rey Rosa ein. Auch er schildert in der Erzählung einer Entführung bis ins kleinste Detail die gewalttätige Verstümmelung des Körpers des Entführten. Auch in diesem Roman hat die Gewalt keinen politischen Hintergrund, sondern ist pures Mittel, um Lösegeld zum Überleben unter den schwierigen Nachkriegsbedingungen zu erpressen. Das Opfer, aus dessen Sicht der Roman erzählt wird, sinnt jedoch nicht auf Rache, sondern lässt sogar Sympathie für seine Entführer erkennen – eine unmissverständliche Botschaft der Versöhnung in einem Guatemala, in dem gerade erst nach schwierigen Verhandlungen die Friedensverträge unterzeichnet werden (der Roman erschien im selben Jahr 1996) und dessen Gesellschaftskörper ähnlich wie der des Romanprotagonisten versehrt und verstümmelt ist. Bereits im Jahr 1986 hatte der Salvadorianer Manlio Argueta noch mitten im bewaffneten Konflikt einen ähnlichen – damals (im wörtlichen wie übertragenen Sinn) unerhörten – Ruf nach Versöhnung erschallen lassen. In seinem Roman *Cuzcatlán donde bate la mar del sur,* in dem er die Gefangennahme eines Angehörigen der Regierungstruppen durch die Guerilla schildert, trifft das Guerillakommando in einem revolutionären Prozess die Entscheidung, nicht die "Todesstrafe" zu verhängen, sondern den Gefangenen am Leben und freizulassen.

Offensichtlich werden die erzählenden Literaturen Zentralamerikas ab den neunziger Jahren zu einem Medium, in dem die Gewalt in ihren unterschiedlichsten Dimensionen ästhetisch verhandelt wird. Der Korpus dieser Literatur ist offen, er umfasst zahllose Autorinnen und Autoren, Werke und

Textsorten, von *Sex, drugs and* (nein: nicht Rock'n Roll, sondern) *Salsa* bis
zur *novela negra*, einer auch in Zentralamerika immer bedeutender werdenden Form des Kriminal- bzw. Detektivromans, wobei die Anleihen bei Film
und Fernsehen bis hin in die narrativen Techniken unübersehbar sind.[44] Die
ästhetische Präsentation und Repräsentation von Gewalt in der erzählenden
Literatur gehen über die thematische Behandlung hinaus. Die Erzählungen
und Romane dieser Jahre speisen sich, auch wenn sie die Gewalt nicht als
Haupt-"Thema" haben, aus den unterschiedlichen Gewaltverhältnissen, welche die zentralamerikanischen Gesellschaften charakterisieren: der strukturellen, historisch begründeten Gewalt, die den zentralamerikanischen Gesellschaften seit dem Eroberungs- und Vergewaltigungsakt der *Conquista*
zugrunde liegt, den Nachwirkungen der direkten politischen und militärischen Gewalt der bewaffneten Konflikte der siebziger bis neunziger Jahre
und der "indirekten" Gewalt der ökonomischen, häuslichen, familiären etc.
Verhältnisse. Viele dieser Erzähltexte privilegieren vor allem die Sicht auf
die Rückwirkungen dieser Gewaltverhältnisse auf die Individuen in ihren
persönlichen Beziehungen.

Dennoch und gerade deshalb hat diese Literatur ihren politischen Charakter, zumindest ihren moralisch engagierten Impetus, nicht verloren. Diese
Literatur ist auch ein Schreiben gegen das Vergessen der vielfältigen an großen Teilen der Bevölkerung verübten Gewaltakte, ohne dass allerdings noch
der Glaube an eine aus Gegengewalt mythisch entstehende gesellschaftliche
Utopie existiert. Exemplarisch dafür ist der jüngste Roman der chilenisch-
costa-ricanischen Autorin deutscher Abstammung Tatiana Lobo, *Corazón
del silencio* (2004b). In der Erzählung der Wiederbegegnung zweier Frauen
(die in einer deutschstämmigen Familie zusammen aufwachsen und deren
Wege sich nach der Kindheit trennen), in der Übergangsphase von der Pino-
chet-Diktatur hin zu einer demokratischen Öffnung wird die Erinnerung an
die Massaker der Militärs, das Nicht-Vergessen der eigenen – und sei es
noch so grausamen Geschichte –, das Aussprechen-Können dieser gewaltsamen Erfahrungen zur Voraussetzung für die Denkbarkeit einer auf Erinnerung, Vergebung und Versöhnung beruhenden Gesellschaft. Ein verschwie-

---

44 Inzwischen sind auch eine Reihe von Studien erschienen, die eine Konzeptualisierung
    dieser Literatur versuchen, zum Beispiel mit Begriffen wie "Nachkriegsliteratur", "Nar-
    rativik der Gewalt", "Ästhetik des Terrors", "Ästhetik des Zynismus", "Literatur der Ent-
    täuschung oder Ernüchterung", u.a. die Arbeiten von Anabella Acevedo (2001), Beatriz
    Cortez (2000; 2002), Héctor Leyva (1996) und Dante Liano (1997). Vgl. dazu die her-
    vorragende Studie von Alexandra Ortiz (2004: bes. 83-106) und Mackenbach (2004b).

genes und von der Jüngeren ins Erinnern gehobene Massengrab, das inzwischen jedoch leer ist, verwandelt sich zur Allegorie der chilenischen Gesellschaft zu Ende des 20. und Anfang des 21. Jahrhunderts, in der noch die Ermordeten verschwunden sind, um jegliche Erinnerung zu tilgen – und lässt sich gleichzeitig als Allegorie auch der zentralamerikanischen Gesellschaften nach Krieg und Bürgerkrieg, nach dem Verschwinden und den Massakern lesen.

10. Literatur und Politik: Fiktion ohne Ende?

Immer noch kennzeichnet also auch die neueren zentralamerikanischen Literaturen Zentralamerikas eine besondere Beziehung zu den politischen Verhältnissen bzw. zu den gesellschaftlichen Realitäten. Allerdings hat sich jenseits der früheren Institutionalisierung der Literatur und ihrer Indienstnahme für politische Projekte eine neue "Zweierbeziehung" entwickelt. Diese neueren zentralamerikanischen Literaturen bedienen sich einer breiten Palette vielfältiger narrativer Techniken und Ressourcen, sie machen Anleihen bei den unterschiedlichsten Genres und Subgattungen und sie kennzeichnen unterschiedlichste Brüche bzw. Wandlungsprozesse **und** Kontinuitäten, sowohl in thematischer als auch in formaler Hinsicht. Die neuere Literatur Zentralamerikas ist charakterisiert durch die Rückgewinnung der Fiktion in all ihren Dimensionen. Die Realität wird zum Prätext, um Literatur zu schreiben – die Literatur ist nicht länger ein Vorwand, um Politik zu machen. Dies ist keineswegs zum Schaden der Literatur, wie es Sergio Ramírez anekdotisch, aber sehr zutreffend auf den Begriff brachte: Er habe – so kommentierte er seine Wahlteilnahme als Präsidentschaftskandidat im Jahr 1996 – schon damals mehr *lectores* (Leser) als *electores* (Wähler) gehabt; bei der Wahl habe er 7.000 Stimmen erhalten und allein sein Roman *Castigo divino* habe 1996 bereits eine Auflage von 50.000 verkauften Exemplaren erreicht (Ramírez 1998c: 13).

Diese neuere zentralamerikanische Literatur ist in ihrer ganzen Vielfalt und ästhetischen Dimension noch weitgehend unentdeckt. Dies gilt sowohl für Zentralamerika selbst, wo kaum Mechanismen der kommerziellen Verbreitung von Literatur existieren, aber in noch viel größerem Maße für Europa und besonders Deutschland. Zwar ist in den letzten Jahren eine Reihe von erzählenden Texten zentralamerikanischer Autorinnen und Autoren in deutscher Übersetzung erschienen, allerdings fast überwiegend in kleinen Verlagen und in geringen Auflagen sowie beschränkt auf wenige Autoren und

Länder.[45] Sie sind weit davon entfernt, einziges Exportprodukt von universellem Wert zu sein, wie es Coronel Urtecho einstmals für Nicaragua beschwor. Noch dominieren gerade in Deutschland Kaffee und Bananen. Die literarischen Früchte Zentralamerikas sind erst noch zu entdecken.

Literaturverzeichnis

a) Zeitgenössische zentralamerikanische erzählende Literatur

Aguilar, Rosario (1986): *Siete relatos sobre el amor y la guerra*. San José: EDUCA.

— (1992): *La niña blanca y los pájaros sin pies*. Managua: Editorial Nueva Nicaragua.

Aguirre, Erick (1998): *Un sol sobre Managua*. Managua: Editorial Hispamer.

Alegría, Claribel (1987): *Luisa en el país de la realidad*. México, D.F.: Editorial Volvo i Climens.

Alegría, Claribel/Flakoll, Bud (1966): *Cenizas de Izalco*. Barcelona: Seix Barral.

Alemán Ocampo, Carlos (1985): *Bording House San Antonio*. México, D.F.: Ediciones Literarias Factor/Imprenta Zavala.

Argueta, Manlio (1970): *El valle de las hamacas*. Buenos Aires: Editorial Sudamericana.

— (1980): *Un día en la vida*. San Salvador: UCA Editores.

— (1986): *Cuzcatlán donde bate la mar del sur*. Tegucigalpa: Editorial Guaymuras.

— (1997): *Siglo de o(g)ro*. San Salvador: Dirección de Publicaciones e Impresos.

Arias, Arturo (1989): *Jaguar en llamas*. Guatemala: Editorial Cultura, Ministerio de Cultura y Deportes.

Arroyo, Justo (2002): *Vida que olvida*. Panamá: Alfaguara.

Asturias, Miguel Ángel (1949): *Hombres de maíz*. Buenos Aires: Editorial Losada.

Barrios de Chamorro, Violeta (con Sonia de Baltodano y Guido Fernández) (1997): *Sueños del corazón*. Memorias. Madrid: Editorial Acento.

Belli, Gioconda (1974): *Sobre la grama*. o.O.: o.V.

— (1978): *Línea de fuego*. La Habana: Casa de las Américas.

— (1988a): *La mujer habitada*. Managua: Editorial Vanguardia.

— (1990a): *Sofía de los presagios*. Managua: Editorial Vanguardia.

— (1996a): *Waslala. Memorial del futuro*. Managua: anamá ediciones.

— (2001a): *El país bajo mi piel. Memorias de amor y guerra*. Barcelona, Managua: Plaza & Janés, anamá ediciones.

— (2005a): *El pergamino de la seducción*. Barcelona: Seix Barral.

---

45 Vgl. die Sektion b) der Bibliografie zu diesem Artikel.

Bendaña G., Guillermo (1992): *Mayapán. Novela de ficción.* Managua: Editorial Vanguardia.

Bendaña Rodríguez, Alejandro (1991): *Una tragedia campesina: testimonios de la resistencia.* Managua: Edit-Arte/Centro de Estudios Internacionales.

Blandón, Erick (1994): *Misterios gozosos.* Managua: Editorial Vanguardia.

— (1997): *Vuelo de cuervos.* Managua: Editorial Vanguardia.

Britton, Rosa María (2002): *Laberintos de orgullo.* Panamá: Alfaguara.

Burgos, Elizabeth (1983): *Me llamo Rigoberta Menchú y así me nació la conciencia.* La Habana: Casa de las Américas.

Cabezas, Omar (1982): *La montaña es algo más que una inmensa estepa verde.* Managua: Editorial Nueva Nicaragua (Erstausgabe: La Habana 1982, Casa de las Américas).

Cardenal, Ernesto (1999): *Vida perdida. Memorias Tomo I.* Managua: anamá ediciones.

— (2002): *Las ínsulas extrañas. Memorias Tomo II.* Managua: anamá ediciones.

— (2003): *La Revolución Perdida. Memorias Tomo III.* Managua: anamá ediciones.

— (2004): *Los años de Granada.* Managua: anamá ediciones.

Castellanos Moya, Horacio (1988): *La diáspora.* San Salvador: UCA Editores.

— (1996): *Baile con serpientes.* San Salvador: Dirección de Publicaciones e Impresos.

— (1997): *El asco. Thomas Bernhard en San Salvador.* San Salvador: Editorial Arcoiris.

— (2000): *La diabla en el espejo.* Ourense: Ediciones Linteo.

— (2001): *El arma en el hombre.* México, D.F.: Tusquets Editores.

Castillo, Roberto (2002): *La guerra mortal de los sentidos.* San Salvador: Dirección de Publicaciones e Impresos.

Castillo Guerrero, Ernesto (1997): *Algo más que un recuerdo.* Managua: Centro Nicaragüense de Escritores.

Chávez Alfaro, Lizandro (1969): *Trágame tierra.* México, D.F.: Editorial Diógenes.

— (1999): *Columpio al aire.* Managua: Editora UCA.

Contreras, Fernando (1993): *Única mirando al mar.* San José: Editorial Farben.

— (1995): *Los peor.* San José: Editorial Farben.

— (1997): *Urbanoscopio.* San José: Editorial Farben.

Cortés, Carlos (1999): *Cruz de olvido.* México, D.F.: Alfaguara.

— (2002): *Tanda de cuatro con Laura.* San José: Alfaguara.

Dalton, Roque (1972): *Miguel Mármol.* San José: EDUCA.

— (1976): *Pobrecito poeta que era yo.* San José: EDUCA.

De Lión, Luis (1996): *El tiempo principia en Xibalbá.* Ciudad de Guatemala: Serviprensa Centroamericana.

Duncan, Quince (1971): *Hombres curtidos.* San José: Imprenta Metropolitana.

— (1973): *Los cuatro espejos*. San José: Editorial Costa Rica.

— (1978): *La paz del pueblo*. San José: Editorial Costa Rica.

— (1979): *Final de calle*. San José: Editorial Costa Rica.

— (1989): *Kimbo*. San José: Editorial Costa Rica.

Durán Ayanegui, Fernando (1992): *Las estirpes de Montánchez*. San José: Editorial Alma Mater.

Echeverría, Maurice (2001): *Sala de espera*. Guatemala: Magna Terra Editores.

Edgell, Zee (1982): *Beka Lamb*. New Hampshire: Heinemann.

— (1991): *In Times like These*. New Hampshire: Heinemann.

— (1997): *The Festival of San Joaquín*. New Hampshire: Heinemann.

Escoto, Julio (1972): *El árbol de los pañuelos*. San José: EDUCA.

— (1993): *Rey del Albor, Madrugada*. San Pedro Sula: Centro Editorial S.R.L.

Escudos, Jacinta (1993): *Contra-corriente*. San Salvador: UCA Editores.

— (1997): *Cuentos sucios*. San Salvador: Dirección de Publicaciones e Impresos.

— (2001): *El desencanto*. San Salvador: Dirección de Publicaciones e Impresos.

— (2002): *Felicidad doméstica y otras cosas aterradoras*. Guatemala: Editorial X.

— (2003): *A-B-Sudario*. Guatemala: Alfaguara.

Espinoza de Tercero, Gloria Elena (1998): *La casa de los Mondragón*. León: Fondo Editorial Universitario, UNAN-León.

Flores, Marco Antonio (1976): *Los compañeros*. México, D.F.: Joaquín Mortiz.

Fonseca Mora, Ramón (2001): *Soñar con la ciudad*. Panamá: Alfaguara.

Galich, Franz (1995): Huracán corazón del cielo. Managua: Signo Editores.

— (2000): *Managua, Salsa City (¡Devórame otra vez!)*. Panamá: Editora Géminis/ Universidad Tecnológica de Panamá.

Gallardo, Eugenia (1999): *No te apresures en llegar a la Torre de Londres, porque la Torre de Londres no es el Big Ben*. Guatemala: F&G Editores.

Guardia, Gloria (1976): *El último juego*. San José: EDUCA.

— (1999): *Libertad en llamas*. México, D.F.: Plaza & Janés.

Guido, Danilo (1993): *Testimonios de aquella década*. o.O.: o.V.

— (2001): *Humo en la balanza* ... Managua: Centro Nicaragüense de Escritores.

Hernández, Claudia (2001): *Otras ciudades*. San Salvador: Alkimia.

— (2002): *Mediodía de frontera*. San Salvador: Dirección de Publicaciones e Impresos.

Liano, Dante (1994): *El hombre de Montserrat*. México, D.F.: Editorial Aldus.

—(1996): *El misterio de San Andrés*. México, D.F.: Editorial Praxis.

Lindo, Ricardo (1992): *Tierra*. San Salvador: Cenitec.

Lobo, Tatiana (1992): *Asalto al paraíso*. San José: Editorial Farben.

— (1996): *Calypso*. San José: Editorial Farben.

— (2000): *El año del laberinto*. San José: Editorial Farben.

— (2004a): *Entre Dios y el Diablo. Mujeres de la Colonia (Crónicas)*. San José: Editorial Farben.

— (2004b): *Corazón del silencio*. San José: Ediciones Farben.

Méndez, Francisco Alejandro (2002): *Completamente Inmaculada*. San José: Ediciones Perro Azul.

Menjívar Ochoa, Rafael (1998): *Los héroes tienen sueño*. San Salvador: Dirección de Publicaciones e Impresos.

— (2002): *De vez en cuando la muerte*. San Salvador: Dirección de Publicaciones e Impresos.

Muñoz Chacón, Sergio (2000): *Los dorados*. San José: Editores Alambique.

Naranjo, Carmen (1974): *Diario de una multitud*. San José: EDUCA.

Núñez Soto, Orlando (1992): *El vuelo de las abejas*. Managua: Editorial CIPRES.

Orellana Suárez, Mauricio (1995): *Zósimo y Geber*. San Salvador: Dirección de Publicaciones e Impresos.

— (2001): *Te recuerdo que moriremos algún día*. San Salvador: Dirección de Publicaciones e Impresos.

Orellana Suárez, Mauricio (o.J.): *Kazalkán y los últimos hijos del Sol Oculto*. (Unveröffentlicht.)

Ortega, Humberto (2004): *La epopeya de la insurrección*. Managua: Lea Grupo Editorial.

Pallais, María Lourdes (1996): *La carta*. México, D.F.: Universidad Nacional Autónoma de México.

Palma, Milagros (1992): *Bodas de cenizas*. Bogotá: Indigo Ediciones.

— (1995): *Desencanto al amanecer*. Bogotá: Indigo Ediciones.

— (1996): *El pacto*. Paris: Indigo Ediciones.

— (1997): *El obispo*. Paris: Indigo Ediciones.

— (2000): *Así es la vida*. Paris: Indigo et Côté-femmes éditions.

Pasos Marciacq, Ricardo (1995): *El burdel de las Pedrarias*. Managua: Editorial Nueva Nicaragua.

— (1997): *Rafaela. Una danza en la colina, y nada más...* Managua: Fondo de Promoción Cultural-BANIC.

— (1999): *María Manuela Piel de Luna*. Managua: Editorial Hispamer.

— (2000): *Julia y los recuerdos del silencio*. Managua: Editorial Hispamer.

Prieto, Marta Susana (2005): *Memoria de las sombras*. Ciudad de Guatemala: Letra Negra.

Pulido Ritter, Luis (1999): *Sueño americano*. Barcelona: Ediciones del bronce.

Quesada, Roberto (1999): *The Big Banana*. New York: Arte Público Press.

— (2000): *Big banana*. Barcelona: Seix Barral.

— (2001): *El leoncavallo (... del amor trunco)*. San Salvador: Yolocamba I Ta Producciones.

Quesada, Uriel (2004): *Lejos tan lejos*. San José: Editorial Costa Rica.

— (2005): *El gato de sí mismo*. San José: Editorial Costa Rica.

Quintana, Krasnodar (1981): *Como piedra rodante*. Managua: Departamento de Propaganda y Educación del FSLN.

Ramírez, Sergio (1970): *Tiempo de fulgor*. Guatemala: Editorial Universitaria.

— (1973a): *Antología del cuento centroamericano*. San José: EDUCA.

— (1977): *¿Te dió miedo la sangre?* Caracas: Monte Avila Editores.

— (1988): *Castigo divino*. Managua: Editorial Nueva Nicaragua.

— (1989): *La marca del Zorro. Hazañas del comandante Francisco Rivera Quintero contadas a Sergio Ramírez*. Managua: Editorial Nueva Nicaragua.

— (1995): *Un baile de máscaras*. México, D.F.: Alfaguara.

— (1998a): *Margarita, está linda la mar*. Madrid: Alfaguara.

— (1999): *Adiós muchachos. Una memoria de la revolución sandinista*. México, D.F.: Aguilar, Altea, Taurus, Alfaguara.

— (2002): *Sombras nada más*. México, D.F.: Alfaguara.

— (2004): *Mil y una muertes*. San José, Costa Rica: Alfaguara.

Rey Rosa, Rodrigo (1996): *El cojo bueno*. Madrid: Alfaguara.

— (1998): *Ningún lugar sagrado*. Barcelona: Seix Barral.

— (2001): *Piedras encantadas*. Barcelona: Seix Barral.

Rivera, Luis Eduardo (1988): *Velador de noche, soñador de día*. Paris: Ediciones del Correcaminos.

Rodas, Ana María (1973): *Poemas de la izquierda erótica*. O.O.: Testimonio del Absurdo Diario Ed.

Ross, Yazmín (1999): *La flota negra*. México, D.F.: Alfaguara.

Rossi, Anacristina (1985): *María la noche*. Barcelona: Editorial Lumen.

— (1992): *La loca de Gandoca*. San José: Editorial Legado.

— (1993): *Situaciones conyugales*. San José: Red Editorial Iberoamericana.

— (2002): *Limón blues*. San José: Alfaguara.

Ruiloba, Rafael (1991): *Vienen de Panamá*. Panamá: Editorial Mariano Arosemena, Instituto Nacional de Cultura.

— (1997): *Manosanta*. Panamá: Editorial Mariano Arosemena, Instituto Nacional de Cultura.

Ruiz Puga, David Nicolás (1991): *La visita*. México, D.F.: Ediciones Pleamar.

— (1995): *Got seif de Cuin!* Ciudad de Guatemala: Nueva Narrativa.

Soto, Rodrigo (2004): *El nudo*. San José: Ediciones Perro Azul.

Valle-Castillo, Julio (1996): *Réquiem en Castilla del Oro*. Managua: anamá ediciones.

Villareal, Raquel (2005): *Por los sigNoS de los siglos Amén*. Heredia: Editorial Universidad Nacional.

Zalaquett, Mónica (1992): *Tu fantasma, Julián*. Managua: Editorial Vanguardia.

Zardetto, Carol (2005): *Con pasión absoluta*. Guatemala: F&G Editores.

b) Zeitgenössische zentralamerikanische erzählende Literatur in deutscher Überset-zung (Auswahl)

Argueta, Manlio (1999): *Cuzcatlán. Am Meer des Südens.* Stuttgart: Schmetterling Verlag (übersetzt von Ulf Baumgärtner).

Asturias, Miguel Ángel (1988, Neuauflage): *Weekend in Guatemala. 8 Novellen über die "Ereignisse" von 1954.* Zürich: Rotpunktverlag (übersetzt von Lene Klein).

— (1991): *Die Augen der Begrabenen.* Göttingen: Lamuv Verlag (übersetzt von Lene Klein).

— (²1991): *Der Herr Präsident. Roman aus Guatemala.* Zürich: Rotpunktverlag (übersetzt von J. Bachmann u.a.).

— (1994): *Don Niño oder Die Geographie der Träume.* Göttingen: Lamuv Verlag (übersetzt von Anselm Maler).

— (²1995): *Der grüne Papst.* Göttingen: Lamuv Verlag (übersetzt von Lene Klein).

Belli, Gioconda (1988b): *Bewohnte Frau.* Wuppertal: Peter Hammer Verlag (über-setzt von Lutz Kliche).

— (1990b): *Tochter des Vulkans.* Wuppertal: Peter Hammer Verlag (übersetzt von Lutz Kliche).

— (1996b): *Waslala.* Wuppertal: Peter Hammer Verlag (übersetzt von Lutz Kli-che).

— (2001b): *Verteidigung des Glücks. Erinnerungen an Liebe und Krieg.* München und Wien: Hanser Verlag (übersetzt von Lutz Kliche).

— (2005b): *Das Manuskript der Verführung.* Wuppertal: Peter Hammer Verlag (übersetzt von Elisabeth Müller).

Borge, Tomás (1990): *Mit rastloser Geduld. Lebenserinnerungen.* Wuppertal: Peter Hammer Verlag (übersetzt von Lutz Kliche).

Burgos, Elizabeth (1984): *Rigoberta Menchú. Leben in Guatemala.* Bornheim-Merten: Lamuv Verlag (übersetzt von Willi Zurbrüggen).

Cabezas, Omar (1983): *Die Erde dreht sich zärtlich, Compañera. Autobiographi-scher Bericht aus Nicaragua.* Wuppertal: Peter Hammer Verlag (übersetzt von Tom Koenigs).

Cardenal, Ernesto (1977): *Kubanisches Tagebuch. Bericht von einer Reise.* Güters-loh: Mohn Verlag (übersetzt von Anneliese Schwarzer de Ruiz).

— (1998): *Verlorenes Leben. Erinnerungen,* Band 1. Wuppertal: Peter Hammer Verlag (übersetzt von Lutz Kliche).

— (2002): *Die Jahre in Solentiname. Erinnerungen,* Band 2. Wuppertal: Peter Hammer Verlag (übersetzt von Lutz Kliche).

— (2004): *Im Herzen der Revolution. Erinnerungen,* Band 3. Wuppertal: Peter Hammer Verlag (übersetzt von Lutz Kliche).

Castellanos Moya, Horacio (2003a): *Der Waffengänger.* Zürich: Rotpunktverlag (übersetzt von Jan Weiz).

— (2003b): *Die Spiegelbeichte.* Zürich: Rotpunktverlag (übersetzt von Jan Weiz).

Contreras Castro, Fernando (2002): *Der Mönch, das Kind und die Stadt*. Augsburg: Maro Verlag (übersetzt von Lutz Kliche).

Dalton García, Roque (1986): *Armer kleiner Dichter, der ich war*. Zürich: Rotpunktverlag (übersetzt von Silvia Pappe).

— (1997): *Die Welt ist ein hinkender Tausendfüssler. Das Jahrhundert des Miguel Mármol*. Zürich: Rotpunktverlag (übersetzt von Michael Schwahn und Andreas Simmen).

Edgell, Zee (1989): *Beka: ein Roman aus Belize*. Berlin: Orlanda Frauenverlag (übersetzt von Uta Goridis).

Flores, José (1997): *Myrna und Helen. Guatemala nach der Militärdiktatur: Die Suche nach den Mördern von Myrna Mack. Biographische Reportage*. Bremen: Atlantik Verlag (übersetzt von Ruth Karl).

Hernández, David (2003): *Putolión. Die letzte Reise des Schamanen*. Bad Honnef/ Unkel: Horlemann Verlag (übersetzt von Gerda Schattenberg-Rincón).

Herra, Rafael Ángel (1998): *Der wundersame Krieg*. San José: Editorial de la Universidad de Costa Rica (übersetzt von Hans Jürg Tetzeli von Rosador).

Lobo, Tatiana (1999): *Hahnenbräute*. Wuppertal: Peter Hammer Verlag (übersetzt von Sabine Müller-Nordhoff).

Menchú, Rigoberta/Mina, Gianni/Liano, Dante (1999): *Enkelin der Maya. Autobiografie*. Bornheim-Merten: Lamuv Verlag (übersetzt von Werner Horch).

Payeras, Mario (1984): *Tage und Nächte in den Wäldern*. Berlin: Verlag Neues Leben (übersetzt von Lene und Walter Klein).

Ramírez, Sergio (1973b): *Chronik des Spitals San Juan de Dios, aufgezeichnet von der Schwester María Teresa*. Wuppertal: Peter Hammer Verlag (übersetzt von Ursula Schottelius und Peter Schultze-Kraft).

— (1980): *Die Spur der Caballeros*. München: AutorenEdition (übersetzt von Wolfgang Fleischer, Gert Loschütz und Peter Schultze-Kraft).

— (1994): *Tropischer Walzer. Erzählungen*. Frankfurt am Main: dipa-Verlag (übersetzt von Werner Mackenbach).

— (1998b): *Maskentanz*. Wuppertal: Peter Hammer Verlag (übersetzt von Lutz Kliche.

— (2001): *Adios muchachos. Eine Erinnerung an die sandinistische Revolution*. Wuppertal: Peter Hammer Verlag (übersetzt von Lutz Kliche).

— (2004): *Vergeben und vergessen. Erzählungen*. Zürich: edition 8 (übersetzt von Lutz Kliche).

Rey Rosa, Rodrigo (1990): *Der Sohn des Hexenmeisters*. Heidelberg: Verlag Das Wunderhorn (übersetzt von Roberto de Hollanda).

— (2000): *Die verlorene Rache*. Zürich: Rotpunktverlag (übersetzt von Erich Hackl).

— (2001): *Die Henker des Friedens*. Zürich: Rotpunktverlag (übersetzt von Erich Hackl).

— (2002): *Tanger*. Zürich: Rotpunktverlag (übersetzt von Arno Gimber).

Sánchez, José León (1992): *Tenochtitlán. Die letzte Schlacht der Azteken*. Berlin: Verlag Neues Leben (übersetzt von Leni López).

c) Studien zur zeitgenössischen zentralamerikanischen Literatur und allgemeine Bibliografie

Acevedo, Ramón Luis (1982): *La novela centroamericana: desde el Popol-Vuh hasta los umbrales de la novela actual*. Río Piedras: Editorial Universitaria, Universidad de Puerto Rico.

— (1998): "La nueva novela histórica en Guatemala y Honduras". In: *Letras de Guatemala*, Nr. 18-19, S. 1-17.

Acevedo Leal, Anabelle (2001): "La estética de la violencia: deconstrucciones de una identidad fragmentada". In: *Temas centrales. Primer simposio centroamericano de prácticas artísticas y posibilidades curatoriales contemporáneas*. San José: TEORE/éTICA, S. 97-107.

Arellano, Jorge Eduardo (⁵1986): *Panorama de la literatura nicaragüense*. Managua: Editorial Nueva Nicaragua.

— (⁶1997): *Literatura nicaragüense*. Managua: Ediciones Distribuidora Cultural.

— (2003): *Literatura centroamericana. Diccionario de autores contemporáneos. Fuentes para su estudio*. Managua: Fundación Vida.

Arias, Arturo (1998a): *Gestos ceremoniales. Narrativa centroamericana 1960-1990*. Guatemala: Artemis-Edinter.

— (1998b): *La identidad de la palabra. Narrativa guatemalteca del siglo veinte*. Guatemala: Artemis-Edinter.

— (2001): *The Rigoberta Menchú Controversy*. Minneapolis/London: University of Minnesota Press.

Beverley, John (1995): "¿Postliteratura? Sujeto subalterno e impasse de las humanidades". In: González Stephan, Beatriz (Hrsg.): *Cultura y tercer mundo. Cambios en el poder académico*. Caracas: Editorial Nueva Sociedad, S. 137-166.

Cáceres, Rina (2000): *Negros, mulatos, esclavos y libertos en la Costa Rica del siglo XVII*. México, D.F.: Instituto Panamericano de Geografía e Historia.

Coronel Urtecho, José (1967): *Reflexiones sobre la historia de Nicaragua. Tomo II B: Explicaciones y revisiones*. León: Editorial Hospicio.

Cortez, Beatriz (2000): "Estética del cinismo: la ficción centroamericana de posguerra". Vortrag auf dem V° Congreso Centroamericano de Historia, 18.-21. Juli 2000, Universidad de El Salvador, San Salvador (unveröffentlicht).

— (2001): "La verdad y otras ficciones: Visiones críticas sobre el testimonio centroamericano". In: *Istmo. Revista virtual de estudios literarios y culturales centroamericanos*, Nr. 2, Juli-Dezember <http://www.denison.edu/istmo> (22.02. 2007).

— (2002): "La construcción de la identidad como fuente de violencia y su representación en la literatura centroamericana de posguerra". Vortrag auf dem X° Congreso Internacional de Literatura Centroamericana, 22.-24. April 2002, Ibero-Amerikanisches Institut, Berlin (unveröffentlicht).

Delgado Aburto, Leonel (2002): "Proceso cultural y fronteras del testimonio nicaragüense". In: Delgado, Leonel: *Márgenes recorridos: apuntes sobre procesos culturales y literatura nicaragüense del siglo XX*. Managua: Instituto de Historia de Nicaragua y Centroamérica, S. 95-112.

Dill, Hans Otto/Gründler, Carola/Gunia, Inke/Meyer-Minnemann, Klaus (Hrsg.) (1994): *Apropiaciones de realidad en la novela hispanoamericana de los siglos XIX y XX*. Frankfurt am Main: Vervuert/Madrid: Iberoamericana.

Dröscher, Barbara (2004): *Mujeres letradas. Fünf zentralamerikanische Autorinnen und ihr Beitrag zur modernenen Literatur: Carmen Naranjo, Ana María Rodas, Gioconda Belli, Rosario Aguilar und Gloria Guardia*. Berlin: edition tranvía, Verlag Walter Frey.

Duncan, Quince/Meléndez, Carlos (1972): *El negro en Costa Rica*. San José: Editorial Costa Rica.

Engelbert, Manfred (1994): "Apropiaciones de realidad en la novela hispanoamericana a partir de 1968 – El postboom: ¿una novela liberada?". In: Dill, Hans-Otto et al. (Hrsg.): *Apropiaciones de realidad en la novela hispanoamericana de los siglos XIX y XX*. Frankfurt am Main: Vervuert/Madrid: Iberoamericana, S. 400-418.

Ette, Ottmar (1999): "Tres fines de siglo: colonialismo/poscolonialismo/posmodernidad. Espacios culturales entre lo homogéneo y lo heterogéneo". In: Zea, Leopoldo/Magallón, Mario (Hrsg.): *De Colón a Humboldt*. México, D.F.: Fondo de Cultura Económica, S. 81-133.

— (2001): *Literatur in Bewegung. Raum und Dynamik grenzüberschreitenden Schreibens in Europa und Amerika*. Weilerswist: Velbrück Wissenschaft.

Euraque, Darío A. (1996): *Estado, poder, nacionalidad y raza en la historia de Honduras: ensayos*. Tegucigalpa: Ediciones Subirana.

Galich, Franz (2005a): "Notas para una cartografía de la novela guatemalteca de los últimos treinta años". In: Kohut, Karl/Mackenbach, Werner (Hrsg.): *Literaturas centroamericanas hoy. Desde la dolorosa cintura de América*. Frankfurt am Main: Vervuert/Madrid: Iberoamericana, S. 97-117.

— (2005b): "Notas para una posible teoría de la novela en Centro América". In: *Istmo. Revista virtual de estudios literarios y culturales centroamericanos*, Nr. 11, Juli-Dezember <http://www.denison.edu/istmo> (22.01.2007).

Garscha, Karsten (1978a): "Abhängigkeit und Befreiung. Zur Geschichte der lateinamerikanischen Literatur. Teil 2: Von der Unabhängigkeit bis zur Gegenwart". In: *Iberoamericana*, Nr. 2, S. 18-37.

— (1978b): "Abhängigkeit und Befreiung. Zur Geschichte der lateinamerikanischen Literatur. Teil 2: Von der Unabhängigkeit bis zur Gegenwart (2. Hälfte). In: *Iberoamericana*, Nr. 3, S. 3-34.

— (1994): "El apogeo de la Nueva Novela Hispanoamericana". In: Dill, Hans Otto et al. (Hrsg.): *Apropiaciones de realidad en la novela hispanoamericana de los siglos XIX y XX*. Frankfurt am Main: Vervuert/Madrid: Iberoamericana. S. 281-306.

González Stephan, Beatriz (Hrsg.) (1995): *Cultura y tercer mundo. Cambios en el poder académico*. Caracas: Editorial Nueva Sociedad.

Grinberg Pla, Valeria (2001): "La novela histórica de finales del siglo XX y las nuevas corrientes historiográficas". In: Istmo. *Revista virtual de estudios literarios y culturales centroamericanos*, Nr. 2, Juli-Dezember <http://www.denison.edu/collaborations/istmo> (10.07.2006).

Harlow, Barbara (1999): "Cárceles clandestinas: interrogación, debate y diálogo en El Salvador". In: Román-Lagunas, Jorge/Mc Callister, Rick (Hrsg.): *La literatura centroamericana como arma cultural. Colección Centro Internacional de Literatura Centroamericana*, Bd. 1. Guatemala: Oscar de León Palacios. S. 111-141.

Hood, Edward/Mackenbach, Werner (2001): "La novela y el testimonio en Nicaragua: una bibliografía tentativa, desde sus inicios hasta el año 2000". In: *Istmo. Revista virtual de estudios literarios y culturales centroamericanos*, Nr. 1, Januar-Juni <http://www.wooster.edu/istmo/> (22.01.2007).

Kelly, Kathryn Eileen (1991): *La nueva novela centroamericana*. Irvine: University of California, Dissertation.

Kohut, Karl (Hrsg.) (1997): *La invención del pasado. La novela histórica en el marco de la posmodernidad*. Frankfurt am Main: Vervuert/Madrid: Iberoamericana.

Kohut, Karl/Mackenbach, Werner (Hrsg.) (2005): *Literaturas centroamericanas hoy. Desde la dolorosa cintura de América*. Frankfurt am Main: Vervuert/Madrid: Iberoamericana.

Lara Martínez, Rafael (2000): *La tormenta entre las manos. Ensayos sobre literatura salvadoreña*. San Salvador: Dirección de Publicación e Impresos.

— (2005): "Indigenismo y encubrimiento testimonial. El 32 según 'Miguel Mármol. Manuscrito. 37 páginas' de Roque Dalton". In: *Istmo. Revista virtual de estudios literarios y culturales centroamericanos*, Nr. 11, Juli-Dezember <http://www.denison.edu/istmo> (22.01.2007).

— (o.J.): "Cultura de paz: herencia de guerra. Poética y reflejos de la violencia en Horacio Castellanos Moya" <http://sololiteratura.com/hor/horculturadepaz.htm> (10.07.2006).

Leyva, Héctor (1996): *La novela de la revolución centroamericana 1960-1990*. Madrid: Universidad Complutense (Dissertation).

Liano, Dante (1997): *Visión crítica de la literatura guatemalteca*. Guatemala: Editorial Universitaria USAC.

— (2005): "El fin de la utopía genera monstruos: la narrativa guatemalteca del siglo XX". In: Kohut, Karl/Mackenbach, Werner (Hrsg.): *Literaturas centroamericanas hoy. Desde la dolorosa cintura de América*. Frankfurt am Main: Vervuert/Madrid: Iberoamericana, S. 119-128.

Mackenbach, Werner (2000): "'Die Revolution beginnt im Friseurladen ...' Ein Gespräch mit dem nicaraguanischen Schriftsteller Sergio Ramírez über die politische Situation in Nicaragua, die Rolle der Intellektuellen und seine literarischen Projekte". In: *Tranvía. Revue der Iberischen Halbinsel*, Heft 58, September, S. 61-66.

— (2001a): "La nueva novela histórica en Nicaragua y Centroamérica". In: *Istmo. Revista virtual de estudios literarios y culturales centroamericanos*, Nr. 1, Januar-Juni <http://www.wooster.edu/istmo/> (22.01.2007).

— (2001b): "Realidad y ficción en el testimonio centroamericano". In: *Istmo. Revista virtual de estudios literarios y culturales centroamericanos*, Nr. 2, Juli-Dezember <http://www.denison.edu/istmo> (10.07.2006).

— (2004a): *Die unbewohnte Utopie. Der nicaraguanische Roman der achtziger und neunziger Jahre*. Frankfurt am Main: Vervuert.

— (2004b): "Después de los pos-ismos: ¿desde qué categorías pensamos las literaturas centroamericanas contemporáneas". In: *Istmo. Revista virtual de estudios literarios y culturales centroamericanos*, Nr. 8, Januar-Juni <http://www. denison.edu/istmo> (10.07.2006).

— (2005): "La historia como pretexto de literatura – la nueva novela histórica en Centroamérica". In: Kohut, Karl/Mackenbach, Werner (Hrsg.): *Literaturas centroamericanas hoy. Desde la dolorosa cintura de América*. Frankfurt am Main: Vervuert/Madrid: Iberoamericana., S. 179-200.

Meléndez de Alonzo, María del Carmen (1997): "Hacia una estética del testimonio". In: *Letras de Guatemala*, Nr. 16-17, S. 53-64.

Menton, Seymour (1993): *La nueva novela histórica de la América Latina, 1979-1992*. México, D.F.: Fondo de Cultura Económica.

Morales, Mario Roberto (Hrsg.) (2001): *Stoll-Menchú: La invención de la memoria*. Guatemala: Consucultura.

Ortiz Wallner, Alexandra (2004): *Espacios asediados. (Re)presentaciones del espacio y la violencia en novelas centroamericanas de posguerra*. San José: Universidad de Costa Rica (Magisterarbeit).

Palma, Milagros (1994): *Mythen und Weiblichkeit. Der Karneval von Masaya. Nikaragua: Das Fest der elftausend Jungfrauen. Die Symbolik der Mestizenkultur in Nikaragua*. Berlin: Karin Kramer.

Paschen, Hans (1994): "La novela de la violencia colombiana". In: Dill, Hans Otto et al. (Hrsg.): *Apropiaciones de realidad en la novela hispanoamericana de los siglos XIX y XX*. Frankfurt am Main: Vervuert/Madrid: Iberoamericana, S. 369-381.

Pons, María Cristina (1996): *Memorias del olvido. Del Paso, García Márquez, Saer y la novela histórica de fines del siglo XX*. México, D.F.: Siglo XXI.

Ramírez, Sergio (1994): *Oficios compartidos*. México, D.F.: Siglo XXI.

— (⁴1993): *Cuento nicaragüense*. Managua: Editorial Nueva Nicaragua.

— (1998c): "Darío siempre me pareció un poderoso personaje de novela". Entrevista con Fabián Medina. In: *El Semanario*, 26. Februar-4. März: 13.

Randall, Margaret (1983): *Testimonios*. San José: Centro de Estudios y Publicaciones Alforja.

Richard, Nelly (2004): "El mercado de las confesiones y el auge de la literatura ego". In: *Humboldt*, Nr. 140, S. 41-43.

Rojas Margarita/Ovares, Flora (1995): *100 años de literatura costarricense*. San José: Ediciones Farben.

Román-Lagunas, Jorge/Mc Callister, Rick (Hrsg.) (1999): *La literatura centroamericana como arma cultural. Colección Centro Internacional de Literatura Centroamericana*, Bd. 1. Guatemala: Oscar de León Palacios.

Ruiz Puga, David Nicolás (2001): "Panorama del texto literario en Belice, de tiempos coloniales a tiempos post-coloniales". In: *Istmo. Revista virtual de estudios literarios y culturales centroamericanos*, Nr. 1, Januar-Juni <http://www. denison.edu/istmo> (22.01.2007).

Stoll, David (1999): *Rigoberta Menchú, and the Story of all poor Guatemalans.* Boulder, Colorado: Westview Press.

— (2001): "Rigoberta y el general". In: Morales, Mario Roberto (Hrsg.): *Stoll-Menchú: La invención de la memoria.* Guatemala: Consucultura. S. 127-144.

Umaña, Helen (2003): *La novela hondureña.* Guatemala: Letra Negra.

Vargas Llosa, Mario (1971): *Historia secreta de una novela.* Barcelona: Tusquets.

Viales, Ronny (1998): *Después del enclave.Un estudio de la región Atlántica costarricense. 1927-1950.* San José: EUCR.

Walter, Monika (2000): "Testimonio y melodrama: en torno a un debate actual sobre Biografía de un cimarrón y sus consecuencias posibles". In: Reinstädler, Janett/ Ette, Ottmar (Hrsg.): *Todas las islas la isla. Nuevas y novísimas tendencias en la literatura y cultura de Cuba.* Frankfurt am Main: Vervuert/Madrid: Iberoamericana, S. 25-38.

Wheelock Román, Jaime ([4]1980): *Raíces indígenas de la lucha anticolonialista en Nicaragua, de Gil González a Joaquín Zavala (1523 a 1881).* México, D.F.: Siglo XXI.

Wünderich, Volker (1995): *Sandino. Eine politische Biographie.* Wuppertal: Peter Hammer.

Zavala, Magda (1990): *La nueva novela centroamericana. Estudio de las tendencias más relevantes del género a la luz de diez novelas del período 1970-1985.* Université Catholique de Louvain (unveröffentlichte Dissertationsschrift).

Zeuske, Michael (1997): "Der 'Cimarrón' und die Archive. Ehemalige Sklaven, Ideologie und ethnische Gewalt in Kuba". In: *Grenzgänge*, Bd. 8, Nr. 4: 122-139.

Erick Aguirre Aragón

Ernesto Cardenal: Prophet im eigenen Land?

Nach dem Urteil von Jorge Luis Borges besteht der größte Mangel des menschlichen Verstands in seinem sukzessiven und linearen Charakter, seiner Kettung an das Vergangene und das Gegenwärtige, seiner unglückseligen und launischen Verquickung mit der Geschichte. Die Hingabe an die Zukunft, auf die zum Beispiel die Künstler und Dichter setzen, sei dagegen nichts anderes als ein Akt der Feigheit, und denjenigen, die ihre Hoffnungen auf eine gerechte Vergeltung durch die Nachwelt setzen, bleibe nichts anderes, als sich in die leeren und undurchschaubaren Unwägbarkeiten der Zeit zu fügen. In einem kurzen Essay über den französischen Dichter Guillaume Apollinaire schrieb der polemische argentinische Autor voller Skepsis, dass ihm dessen poetisches Werk eher von dokumentarischem als von ästhetischem Wert zu sein scheine. Man lese es, um etwas vom Geschmack der modernen Poesie der ersten Jahrzehnte unseres Jahrhunderts zu retten, urteilte Borges (1946) mit überraschender Geringschätzung. Allerdings können wir – egal ob wir ein solches Urteil teilen oder nicht – nicht umhin, Poesie, Geschichte und Erinnerung als drei Schwestern zu denken, die nicht immer miteinander übereinstimmen; und insbesondere in einem von politischen Leidenschaften heimgesuchten Hispanoamerika fehlt es selten an jemandem, der fest dazu entschlossen ist, sie als Gegensätze zu sehen.

Die übertriebene Bewunderung für das Elegante und in gewisser Weise Eigenartige der modernistischen Poesie, eingeschlossen ihre pyrotechnische Wortkunst und die Exzentrizitäten der europäischen Avantgarden, hat seit Beginn des 20. Jahrhunderts ohne Zweifel viele zeitgenössische hispanoamerikanische Dichter geprägt. Nicaragua allerdings kann in dieser Hinsicht durchaus als Ausnahme angesehen werden: Hier war der Einfluss der so genannten *New Poetry* der Vereinigten Staaten auf die bedeutendsten Dichter der Avantgarde und der Post-Avantgarde wesentlich wichtiger als der anderer literarischer Bewegungen wie zum Beispiel des Surrealismus. Inzwischen jedoch scheinen dieser anhaltende Einfluss und die historisch-politischen Inhalte, die ihm einige Schriftsteller zugeschrieben haben, bei vielen jungen Autoren eine gewisse Aversion bzw. Verachtung gegenüber dem so genannten "Exteriorismus" der nicaraguanischen Avantgarde hervorzurufen (ähnlich dem von Borges gegenüber Apollinaire), deren Einfluss sich über fast ein Jahrhundert erstreckt und die heute ihren emblematischsten Repräsentanten in dem Poeten und Priester Ernesto Cardenal hat, einem der herausragenden und berühmtesten Dichter Nicaraguas nach Rubén Darío.

Die Indifferenz eines Großteils der nachrevolutionären Generation gegenüber der Art von Poesie, die Ernesto Cardenal repräsentiert, hat vielleicht nicht nur mit ihrer konstanten Behandlung von historischen, sozialen und politischen Themen zu tun, welche die skeptischen Nachkriegs-Generationen in Zentralamerika immer weniger begeistern, sondern auch mit ihrem "antipoetischen" Charakter, das heißt ihrer gewagten Rückkehr zu einfachen und direkten Ausdrucksformen ohne überbordende Rhetorik sowie der absichtlichen Distanzierung von Metaphorisierung und begrifflichen Abstraktionen in der Lyrik Cardenals, der in seiner Textproduktion vor allem auf die überraschenden Effekte der Umgangssprache und des Straßenjargons bzw. des journalistischen Berichts zurückgreift.

Im zeitgenössischen historischen und sozialen Kontext Zentralamerikas scheinen die neuen Gruppen von nicaraguanischen Schriftstellern mit ihrer Präferenz für eine "weniger von der Politik verseuchte" Poesie den Bogen nach der anderen Seite hin zu überspannen. Allerdings wäre es unverzeihlich, in der Figur Cardenal unabhängig von allen thematischen oder stilistischen Vorlieben der neuen Generationen nicaraguanischer und hispanoamerikanischer Dichter, nicht das historische Sinnbild zu bewundern, das sowohl seine Persönlichkeit wie sein poetisches Werk für Nicaragua und den gesamten amerikanischen Kontinent darstellt. Die bewusste, gekonnte und beharrliche Verschmelzung von Geschichte, Religion, Politik, Wissenschaft und Mystizismus stellt auf lange Sicht einen dynamischen Prozess geprägt von Widerspruch und Harmonie, Aneignung und Abstoßung dar, der in der Welt heute als Leben und Werk Ernesto Cardenals bekannt ist.

1925 im nicaraguanischen Granada geboren, besuchte Cardenal dort das Jesuitenkolleg Colegio Centroamericano, bevor er nach Mexiko ging, wo er an der Universidad Nacional Autónoma Philosopie und Philologie studierte. Zurück in Nicaragua, beteiligte er sich 1954 an einem ersten Versuch einer politisch-militärischen Konspiration gegen den Diktator Anastasio Somoza, die auf brutale Weise niedergeschlagen wurde. Danach begann er ein Promotionsstudium an der University of Columbia in New York. Später trat er in das Trappistenkloster von Gethsemany in Kentucky, USA, ein, wo er Schüler des bekannten kontemplativen Schriftstellers Thomas Merton[1] war. Zu Beginn der sechziger Jahre lebte Cardenal in einem Kloster in Cuernavaca in Mexiko. Danach ging er nach Kolumbien, wo er zum Priester geweiht wurde. 1966 gründete er in Nicaragua die christliche Gemeinde von Solentiname, wo er mit Fischern und Bauern zusammenlebte, die sich dann in die sandinistische Guerilla eingliederten. Im Jahr 1977 wurde die Gemeinde vom somozistischen Regime aufgelöst, und von diesem Zeitpunkt an lebte Cardenal bis zum Sturz der Diktatur im Jahr 1979 im Exil. Von 1979 bis 1980 war er Kulturminister der sandinistischen Regierung. Heute ist er Förderer der primitivistischen Malerei in Nicaragua und Vorstandsmitglied der *Asociación Nicaragüense de Escritores* (Nicaraguanischer Schriftstellerverband).

1. Prophet und Sprachrohr der Revolution

Ernesto Cardenal verstand sich erklärtermaßen selbst als Prophet der sandinistischen Revolution in der Welt und im eigenen Land.[2] Einer Ästhetik der Einfachheit, des Konkreten und des Details als stilistischem Rekurs verschrieben, die darauf abzielt, die historische Erinnerung und eine erklärtermaßen emanzipatorische Idee der hispanoamerikanischen Identität zu beflügeln, schien Cardenal während der Zeitspanne, in der der Sandinismus in Nicaragua an der Macht war (1979-1990), damit beschäftigt, seinen poetischen Stil und seine formalen Prinzipien unter den jungen Generationen zu verbreiten. Diese Bemühung fand großen Widerhall vor allem bei den Schriftstellern, die mit einer gewissen Berechtigung an den Nutzen einer Cardenal'schen Schule in Nicaragua glaubten.

Ohne sich bei der Berechtigung bzw. Nicht-Berechtigung einer solchen Argumentation aufzuhalten, müssen schließlich doch die offensichtliche Existenz einer solchen poetischen Schule sowie ihr Einfluss und ihr Ertrag zumindest bei einer bedeutenden Zahl neuer Schriftsteller anerkannt werden, was gegenüber vielen anderen jungen Autoren, die sich mit Begeisterung für andere Stile und andere technische wie thematische Optionen entscheiden, keine Geringschätzung darstellt. Vielleicht wird sich aus dem intellektuellen

---

1 US-amerikanischer Theologe und Literaturkritiker, Novizenmeister im Trappistenkloster Nuestra Señora de Gethsemany in Kentucky, USA, wo Cardenal 1956 sein religiöses Leben begann.

2 Vgl. mein Interview mit Ernesto Cardenal in der Wochenzeitung *El Semanario* vom August 1991, veröffentlicht in: Aguirre (1998: 107-118, hier 115f.).

Reichtum dieser Zweiteilung bzw. ihrer Verschmelzung der zukünftige Weg der neuen Poetengenerationen in Nicaragua entwickeln.

Cardenals Stimme ist ohne Zweifel eine der am deutlichsten vernehmbaren in der amerikanischen Poesie unserer Zeit. Von der Teilnahme an politischen Verschwörungen gegen die Diktatur der Familie Somoza bis hin zu seiner Entwicklung zum militanten Intellektuellen stellen sein Leben und sein Werk eines der bedeutendsten historischen Ereignisse in der nicaraguanischen Lyrik und Epik dar. In seinem Werk gelang es ihm, das Liebesepigramm, Vorspiel zu seiner mystischen und poetischen Evolution, mit der Parodie der biblischen Psalme, die gegen die Nacht der Unterdrückung protestierten, und der Erforschung des kosmogonischen Mysteriums sowie dem Zeugnis der bewegten Zeit einer ganzen Epoche des Kampfes zu verbinden. Nicht wenige Generationen in Nicaragua werden sich daher ihren Stolz bzw. ihren Verdruss gegenüber der Geschichte (je nach ihrer Position) eingestehen müssen, diese Zeiten mit einer poetischen Persönlichkeit von gewaltigen Ausmaßen geteilt zu haben, der es gelungen ist, eine eigene Stimme in der hispanoamerikanischen Poesie zu entfalten und die diese Stimme einem historischen Projekt mit tiefen sozialen Rückwirkungen verlieh, wie es die sandinistische Revolution war.

Cardenals Stimme ist auch eine der umstrittensten in der hispanoamerikanischen Poesie der zweiten Hälfte des 20. Jahrhunderts. Sein Leben und sein Werk sind zutiefst verquickt mit der jüngeren politischen Geschichte Zentralamerikas. Diese enge Verflechtung von Leben und Werk (in "dialektisch-materialistischer" Sicht, die er selbst mit Sicherheit von seinen Exegeten verlangen würde), die sich nicht nur in den seiner poetischen Produktion zugrunde liegenden politischen Überlegungen, sondern auch in der Radikalisierung und "sozialen Bewusstwerdung" manifestiert, die einem Großteil der zentralamerikanischen Literatur in den letzten Jahrzehnten des 20. Jahrhunderts ihren Sinn gab, birgt allerdings eine Reihe von Widersprüchen, und einem genaueren Studium würde es ohne größere Probleme gelingen, seine Poetik von seiner Praxis zu trennen.

Nicht von ungefähr erzählt Cardenal die Erinnerungen an seine Kindheit, sein Heranwachsen und seine Jugendjahre, indem er seine ersten Eindrücke von der nicaraguanischen Geschichte und Literatur sowie ihren Hauptpersonen in den Mittelpunkt stellt (unter ihnen die unvermeidlichen Rubén Darío und Augusto C. Sandino). Ebenso schildert er die ersten Zweifel hinsichtlich seiner Berufung sowie in religiösen, Liebes- und existenziellen Fragen. In den ersten beschriebenen Lebensabschnitten wird auch der entscheidende

Einfluss dargestellt, den die Reisen nach Mexiko, New York, Spanien und Frankreich auf ihn hatten, ebenso wie sein Leben als Mönch im Trappistenkloster von Gethsemany, wo er Thomas Merton kennen lernte, der zu seinem ersten und einflussreichsten geistigen Lehrer werden sollte.

Bedeutsamerweise erzählt Cardenal die ersten Jahre seines Lebens in einer Prosa von testimonialem Zuschnitt voller Wendungen aus der Alltagssprache, die unweigerlich an seine poetischen Maximen und die ausgeprägtesten Tendenzen seiner ästhetischen Schule erinnern, die sich, wie schon gesagt, umfassend vom Realismus der nordamerikanischen Neuen Poesie des 20. Jahrhunderts nährten. Das Zitat aus dem Lukas-Evangelium, das als Motto des ersten Bandes der nicaraguanischen Ausgabe seiner Erinnerungen (2001) dient: "wer aber sein Leben verliert um meinetwillen, der wird's erhalten" (Lukas 9.24), findet seine Begründung auf den ersten Seiten des Buches und ist dann ausführlich in den Schlusskapiteln wieder zu finden.

Im Jahr 1991 fragte ich Cardenal in dem erwähnten Interview, ob er beabsichtige, seine Memoiren zu schreiben. Obwohl er damals die Frage bejahte (und sicher schon begonnen hatte, sie zu schreiben), räumte er ein, sich nicht sehr zur Introspektion geeignet zu fühlen. Allerdings spielte er in subtiler Weise auf das an, was heute in den dicken Bänden der Memoiren zu lesen ist: "Vielleicht werde ich einige Passagen voller Erinnerungen schreiben, aber es wird kein Buch dabei herauskommen, das sich an die chronologische Abfolge meines Lebens hält" (Aguirre 1998: 118). Damit nahm er die in gewisser Hinsicht romanhafte "Abfolge" vorweg, in der er die Memoiren verfasste und herausgab. Von den ersten Seiten an ist die Bemühung des Poeten zu spüren, sein Leben Gott zu widmen – oder etwas "Irdischem", das diesen symbolisiert, und es in diesem Akt zu etwas Nützlichem zu machen. Die Kapitel, die sich auf seine vielfältigen und aktiven politischen Erfahrungen beziehen, sind bedeutsamerweise die dichtesten und natürlich auch die kontroversesten, insbesondere wegen zweier ideologischer Axiome, die Konstanten seines Lebens sind: die Beziehung zwischen Christentum und Revolution und die zwischen Literatur und Revolution.

In Übereinstimmung mit seiner Selbsternennung zum Propheten der sandinistischen Revolution verteidigt Cardenal wie ein Dogma die menschliche und revolutionäre Lebensentscheidung des Poeten und Kämpfers des *Frente Sandinista de Liberación Nacional* (FSLN) Leonel Rugama, der 1969 (neunzehnjährig) im Kampf gegen die Nationalgarde Anastasio Somozas starb, und macht sie sich zumindest auf dem Papier zu eigen: "In der Poesie darf es nicht ein Wort geben, das der Poet nicht mit Taten unterstützt. Die

Revolution nur zu besingen, ohne direkt in sie verwickelt zu sein, ist nicht sehr konsequent. Zumindest für mich nicht" (Aguirre 1998: 112). An dieser Stelle der Cardenal'schen Argumentation tauchen jedoch die ersten Widersprüche auf. Denn Rugama – so belegen es seine postum veröffentlichten *testimonios* und Essays – sah die Revolution nicht mit den Augen "eines simplen Schriftstellers", sondern fasste den Entschluss, sich in einen politisch-militärischen Militanten, einen revolutionären Kämpfer zu verwandeln und so zumindest "zeitweise" seine Position als Intellektueller, Schriftsteller oder Dichter aufzugeben.

Wie das ehemalige Mitglied der Nationalen Leitung des FSLN Jaime Wheelock im Vorwort zu dem einzigen von Rugama veröffentlichten Buch schreibt, insistierte dieser darauf, dass es galt, sich auf "den Hauptaspekt des Kampfes" zu konzentrieren, nämlich den bewaffneten Kampf gegen Somoza. "Die Machtfrage lösen und so die Kulturfrage lösen" ist der Leitsatz, mit dem Wheelock postum das Werk des jungen Poeten präsentierte, der sich im Kampf geopfert hatte. Bei Rugama, so Wheelock (1980: III), "verbinden sich Denken und Handeln in voller Harmonie, Moral und Kultur, die Wirklichkeit und die Schönheit [...] der Revolution". Es blieb also keine Zeit, sich der Entwicklung einer literarischen Karriere zu widmen. Allerdings, so können wir aus heutiger Sicht auf den Verlauf des Lebens des Trappistenpoeten sagen, nahm er sich die Zeit dazu, selbst in den Phasen des intensivsten militanten Engagements für den Sandinismus – ein Umstand, der möglicherweise mit der wohlfälligen "politischen Behandlung" Cardenals zu tun hatte, für die sich die sandinistischen Führer in den siebziger Jahren entschieden.

Diese in gewisser Weise von Lobhudelei geprägte Behandlung, mit der man einen "Star" für politische Zwecke umwarb und gewann, bestimmte auch die Haltung der kubanischen Revolutionäre gegenüber Cardenal. In den Augen der zentralamerikanischen Guerilleros und der sozialistischen Bürokratie der Insel galt er als Prophet oder erleuchteter "Heiliger", der sich mit ihrer Sache identifizierte und ihnen keine größeren Unannehmlichkeiten machte, als auf seiner Volksreligiosität und seinen pazifistischen Ideen zu beharren, bei deren Verbreitung diese ihm dann sogar halfen. In der anfänglichen Beziehung Cardenals zur kubanischen Revolution gibt es eine kurze und komplexe Periode, die bis heute aus zweifelhaften Gründen, über die nur zu spekulieren ist, selbst in den Memoiren Cardenals nicht mit ausreichender Wahrhaftigkeit und Präzision behandelt wird: Während seines ersten Besuchs in Havanna im Jahr 1970, als Cardenal als Jurymitglied des "Premio

Casa de Las Américas" eingeladen war, wurde der salvadorianische Schriftsteller Roque Dalton mit Geringschätzung und Undankbarkeit von Seiten der Kubaner bedacht, weil er sich in diesen Prozess des Werbens um Cardenal zur Gewinnung für die "revolutionäre Sache" einmischte.[3]

In der Tat nahm Leonel Rugama, wie es Dalton in El Salvador tat, an der nicaraguanischen Revolution faktisch wie ein "Frontsoldat" teil, während Cardenal die Rolle eines "poetischen Sprechers", eines Elements der propagandistischen Unterstützung spielte. Allerdings muss auf seine indirekte Beteiligung an der erwähnten gescheiterten blutigen Rebellion gegen das Somoza-Regime im April 1954 (vor Cardenals Engagement für den Sandinismus) hingewiesen werden (an der junge Offiziere der Armee Somozas aus wohlhabenden Familien teilnahmen, die durch Familien- und Freundschaftsbeziehungen mit der Familie Cardenals verbunden waren); ebenso auf seine propagandistische Unterstützung des bewaffneten Kampfs des FSLN und seine dauerhafte Tendenz zum sozialen Engagement in weiten Teilen seines poetischen Werks.

Was die Beziehung zwischen Christentum und Revolution angeht (die eng mit seiner poetischen Produktion und seiner politischen Militanz verbunden ist), zeugen seine Erinnerungen von dem Selbstzweifel, der lange Zeit hindurch sein Bewusstsein quälte: ob er einem "normalen Leben" und einer viel versprechenden literarischen Karriere entsagen und sich seiner Obsession hingeben sollte, sein Leben Gott zu widmen, sei es als Priester oder als Revolutionär. Der Fall Cardenal hat eine gewisse Ähnlichkeit mit dem des kolumbianischen Rebellenpriesters Camilo Torres. Wie Cardenal in Nicaragua war Torres durch familiäre Beziehungen mit der kolumbianischen Oligarchie verbunden, ein Umstand, aufgrund dessen die Entscheidung beider umso höher zu bewerten ist, sich sowohl dem Priesterberuf als auch dem Kampf für die Erlösung des Volkes ganz zu verschreiben. Allerdings trennen die spezifischen Umstände, in denen das geschah (die direkte Beteiligung an militanten Aktivitäten im Untergrund und im revolutionären Kampf), Cardenal zum Beispiel von einem Roque Dalton in El Salvador, einem Rugama in Nicaragua, einem Javier Heraud in Peru und einem Otto René Castillo in Guatemala, wie auch von Camilo Torres.

---

3   Die kolumbianische Zeitschrift *Malpensante* veröffentlichte in ihrer Nr. 44 (März 2003) einen bis dahin nicht publizierten Brief Roque Daltons vom August 1970 an die Führung der Kommunistischen Partei Kubas, in dem er sich ausführlich über die Behandlung Cardenals durch die Kubaner auslässt und seinen Rücktritt als Funktionär der Casa de las Américas erklärt.

In einer Familie der konservativen Oligarchie in Nicaragua geboren, wird Cardenal von der nicaraguanischen Geschichtsschreibung der Dichtergeneration der vierziger Jahre zugerechnet. Allerdings präsentiert ihn die hispanoamerikanische Literaturkritik[4] im Allgemeinen als einen der emblematischsten Poeten der Sechziger, jener Epoche, in der die politische Geschichte des Kontinents sich mit der allgemeinen Jugendrevolte, dem anfänglichen Einfluss der kubanischen Revolution und dem literarischen Talent von Dichtern wie – unter vielen anderen – Antonio Cisneros, José Emilio Pacheco, Enrique Lihn und den schon genannten Dalton und Castillo in Zentralamerika erneut beschleunigte. Diese Schriftstellergeneration ist allerdings durchschnittlich zwanzig Jahre jünger als Cardenal.

Die historischen und sozialen Umstände (der revolutionäre Kampf des Sandinismus und seine ersten spektakulären Aktionen von 1970 bis zum siegreichen Aufstand von 1979) und die betonte politische Haltung sowohl der Person wie der Poesie Cardenals verhalfen ihm zu Ruhm und verschafften seinem Werk internationale Bekanntheit wie keinem anderen nicaraguanischen Dichter seit Rubén Darío. Daraus erklären sich das internationale Interesse und die internationale Bedeutung seines poetischen Werks sowie seiner retrospektiven persönlichen Selbstdarstellung in seinen Erinnerungen. Es ist jedoch das dynamische Axiom von Form und Inhalt (die Verbindung von Poetik und Politik) der Poesie Cardenals – die anfangs von dem Neruda der zwanzig Gedichte, den lateinischen Epigrammen und dem nordamerikanischen Realismus beeinflusst war –, das seinem Werk in einer zweiten Entwicklungsetappe das heutige Profil gab, angefangen mit politisch engagierten Werken wie dem *Canto Nacional*, den er dem FSLN widmete.

Dieser übertriebene Glanz Cardenals führte gleichzeitig dazu, dass die überaus talentierte nicaraguanische Poetengeneration der sechziger Jahre (in Hispanoamerika) nicht aus seinem Schatten trat, ebenso wenig die nicht minder talentierten und glänzenden Poeten seiner Generation, Carlos Martínez Rivas und Ernesto Mejía Sánchez. Diese schlugen allerdings von Anfang ihres poetischen Werks an – wenn auch in gemäßigter Form – den Ton der politischen Respektlosigkeit und der ethisch-sozialen Infragestellung an, die einen Großteil der nicaraguanischen und zentralamerikanischen Poesie der zweiten Hälfte des 20. Jahrhunderts auszeichnen sollte.

Wahrscheinlich erklärt sich die breite und enthusiastische Rezeption, derer sich Cardenal vor allem außerhalb Hispanoamerikas erfreute und noch

---

4   So zum Beispiel Saúl Yurkievich in *La movediza modernidad*, Taurus 1996 und Julio Ortega in seiner *Antología de la poesía hispanoamericana actual*, Siglo XXI, 1998.

erfreut, zum Teil aus den thematischen Konstanten seines Werks, die sich mit den vielfältigen kollektiven Bestrebungen der Jugend der so genannten Ersten Welt in den letzten Jahrzehnten des 20. Jahrhunderts decken (Hippies, Ökologen, Reformtheologen, Solidaritätsbewegungen mit der Dritten Welt usw.). Ohne Zweifel stellt die Kombination dieser thematischen Schwerpunkte mit der Einzigartigkeit des umgangssprachlichen Tones in seinem geschriebenen Werk und der gelungenen Montage von Texten höchst unterschiedlicher Provenienz im poetischen Raum die Hauptgrundlage seiner außergewöhnlichen Berühmtheit dar. Das Werk Cardenals war also in Bezug auf seine Ausstrahlung und Verbreitung in der spanischsprachigen Welt mit außergewöhnlichem Glück gesegnet, das heißt es überragte und überragt weiter das Werk von zwei oder drei Generationen von Dichtern, die ihm in Nicaragua und auf dem ganzen amerikanischen Kontinent nachfolgten.

2. Ein umfangreiches und kohärentes Werk

Seine ersten bekannten Werke, *La ciudad deshabitada* (1946) und *Proclama del conquistador* (1947) sind zwar sichtbar anders als andere, spätere, mit denen er Berühmtheit erlangte. Allerdings verbindet sie ein gewisser roter Faden mit der Essenz seines gesamten poetischen Korpus. *La ciudad deshabitada* ist sehr von Pablo Neruda beeinflusst, während *Proclama del conquistador*, sein erstes langes episches Gedicht, tief in die Geschichte eindringt und versucht, die Chroniken der Eroberer intertextuell zum Leben zu erwecken und ihnen poetische Würde zu verleihen -- ein Verfahren, das er später in seinen großen historischen epischen Gedichten mit offensichtlichem Talent anwenden sollte.

Das folgende Poem *Hora 0* (1960) nimmt dann seine permanente Behandlung politischer und sozialer Themen vorweg, die er fast unmittelbar danach in seinem Buch *Epigramas* (1961) entwickelt, für das er die Epigramme Catulls und Martials übersetzt und eine große Zahl von eigenen Gedichten hinzufügt. In *Gethsemany, Ky* (1960) verarbeitet er seine Erfahrungen im Kloster und entfaltet schon seinen eigenen einfachen, direkten Stil, der von da an fast sein gesamtes Werk kennzeichnen sollte. Auch die mystisch-religiöse Thematik von *Gethsemany, Ky* sollte zu einem Kernstück seiner Poesie werden. Diese Thematik dominiert zum Beispiel auch in *Vida en el amor* (1961) und *Salmos* (1964). Durch das Parodieren der biblischen Psalmen versucht er, sie mit der modernen Wirklichkeit zu verbinden, indem er ihren aufrührerischen Geist und ihre Anklage der Ungerechtigkeit unterstreicht. In *Oración por Marilyn Monroe y otros poemas* (1965), in dem er die Entmenschlichung der kapitalistischen Konsumgesellschaft in Frage stellt, findet dieses Verfahren seine Fortsetzung und erreicht einen Höhepunkt an poetischer Dichte.

In *El estrecho dudoso* (1966) und *Homenaje a los indios americanos* (1969) greift er seinen frühen Versuch wieder auf, die indigenen Welten und ihre von der Eroberung und Kolonialherrschaft verdrängten und ausgelöschten Werte wiederzubeleben. In *Copas a la muerte de Merton* (1970), einer Hommage auf seinen geistigen und geistlichen Lehrer, knüpft er an der mystisch-religiösen Thematik an. In *Oráculo sobre Managua* und *Canto Nacional* (1973) nimmt er die soziopolitische Thematik wieder auf und greift auf die Technik der Chronik, der Collage und der Überblendung von Bildern und historischen Kontexten zurück, die er auch in seinen besten Gedichten verwendet. In *Quetzalcóatl* (1986) dominiert dann wieder das Thema der mesoamerikanischen indigenen Kulturen; hier stellt er Verbindungen zu den zeitgenössischen politischen und sozialen Verhältnissen her, indem er kunstfertig visuelle Darstellungen emblematischer historischer Ereignisse textuell manipuliert. Davor veröffentlichte er *Vuelos de victoria* (1985), das später in das reife und ambitionierte Werk *Cántico cósmico* (1989) aufgenommen wurde. Dem folgte 1993 sein jüngster Gedichtband *El telescópio en la noche oscura*, eine Art von Fortsetzung bzw. Epilog des *Cántico cósmico*, in dem Cardenal das wissenschaftliche Verfahren der Erforschung des Kosmos symbolisch, sozusagen in mystischem Sinne, als Metapher der das Universum kontemplativ erfahrenden menschlichen Seele verwendet.

In den letzten Jahren haben sich verschiedene Kritiker mit besonderer Aufmerksamkeit dem mystischen und spekulativen *Cántico cósmico* zugewandt. Während er in den Augen seiner erbittertsten Gegner nicht mehr als eine Collage von wissenschaftlichen Daten ist, stellt er für einige seiner hispanoamerikanischen Exegeten wie Jorge Román-Lagunas (2000b) das bedeutendste und alles übertreffende Werk des Poeten Cardenal dar. Für Román-Lagunas ist der *Cántico cósmico* – als Produkt der Suche nach neuen Räumen der Poesie – eine poetische "Profanation" nicht nur der Geschichte und der Theologie, sondern auch der Wissenschaft, ein poetisches Amalgam aus Kosmogonie und Kosmologie, ein Versuch der poetischen Deutung des Ursprungs des Universums wie der allgemeinen Gesetze, die die physische Welt bestimmen. Dies sollte nach dem Urteil von Román-Lagunas wie von Luce López-Baralt (2004) die Aufmerksamkeit der neuen Generationen auf sich ziehen.

Román-Lagunas stimmt mit José Coronel Urtecho in der Wertschätzung des *Cántico cósmico* als einer graphisch-poetischen Repräsentation des Universums überein, "den Fotos der Astronomen ähnlich, nur in poetische Begriffe übersetzt" (Roman-Lagunas 2000b: 203). Nach dem Urteil von Román-Lagunas unternimmt Cardenal den "ketzerischen" Versuch, die Poesie in den Raum zu transponieren und in epischer Weise, aber in Übereinstimmung mit den Gesetzen der astrophysikalischen Evolution, die kosmische Harmonie des Universums zu preisen. Nach Román-Lagunas stellt dies eine Poetisierung der Wissenschaft und eine Verwissenschaftlichung der Poesie dar, auf welche die Kritik noch nicht vorbereitet ist.

Für Jorge Eduardo Arellano (1997) handelt es sich von seiner Konzeption her um ein *opus magnum*, das jedoch "ungleichgewichtig und voller banaler Wortklauberei" (229) ist. Nach Arellano ist der *Cántico cósmico* ein in ideologischer Hinsicht "überholtes" Werk, "kaum lesbar", das einem "fanatischen Manichäismus" und einem "exzessiven Formenreichtum" verhaftet ist (230). Der Schweizer Literaturwissenschaftler Gustav Siebenmann erkennt zwar an, dass dieses ambitionierte Werk einer Tradition der konstanten Erneuerung zuzurechnen ist, wie sie die lateinamerikanische Poesie des 20. Jahrhunderts kennzeichnet. Er hebt jedoch seinen formalen Rückfall in "die extensiven episch-lyrischen Zyklen" der genannten lateinamerikanischen poetischen Tradition hervor und bedauert, dass seine "Zersplitterung" eine thematische Einheit und die Möglichkeit der Synthese verhindert. Gleichzeitig unterstreicht Siebenmann die Kühnheit Cardenals in seinem Versuch, eine poetische Synthese von Religion, Natur und Geschichte zu schaffen, offensichtlich beeinflusst von der Evolutionstheorie eines Teilhard de Chardin (Siebenmann 1997: 355).

3. Indigenismus und Krise der Repräsentation

Die so genannten epischen Gedichte Cardenals – vor allem *El estrecho dudoso* und *Homenaje a los indios americanos* – stellen zwar ohne Zweifel historisch-literarische Zeugnisse der anhaltenden Bedeutung der vorkolonialen und kolonialen Vergangenheit in der Realität und der Kultur des zeitgenössischen Mesoamerika dar. Auch ihre Repräsentationsformen sind sehr ambitioniert. Allerdings stellen sie die indigenen Welten symbolisch überhöht als ein prächtiges, aber überholtes Erbe dar, das jedoch paradigmatisch und den verschiedenen Formen der sozialen Zersetzung in der Moderne gegenüber resistent ist.

El estrecho dudoso ist ein langes Gedicht von historischer Thematik, dessen Absicht es ist, die Epoche der Entdeckung und Eroberung Zentralamerikas durch das spanische Königreich textlich zu rekonstruieren. Nach Iván Uriarte (2000: 13) besteht sein hauptsächliches Bestreben darin, historische Objektivität zu erreichen. Dies ist nicht nur im intertextuellen Verfahren der Transformation der dem Gedicht (ohne Veränderung des Inhalts) einverleibten Texte zu sehen, sondern auch an den relativ geringen rhetorischen Interventionen. Diese seltenen Eingriffe sind sehr punktuell und werden nur vorgenommen, wenn es erforderlich erscheint, Ähnlichkeiten zwischen Vergangenheit und Gegenwart darzustellen; der Leser wird dadurch zu einer Lektüre aus zeitgenössischer Sicht veranlasst.

Uriarte hebt die Cardenal'sche Technik der wörtlichen Übertragung hervor, die es ihm erlaube, Texte von nicht nur historischer, sondern auch literarischer Bedeutung mit neuem Leben zu erfüllen, die von der Geschichtsschreibung nicht genügend gewürdigt wurden. Er weist auch auf das literarische Geschick hin, den Text im Spannungsfeld zweier Stilebenen anzusiedeln: einer den Text durch Transformation aktualisierenden, um ihn zugänglich zu machen, und einer anderen, die seine ursprüngliche Gestalt (fast wie ein Faksimile) bewahrt und damit die Lebendigkeit der Zeichen in der Zeit. "Mehr als von nur dokumentarischem Charakter", so urteilt Uriarte, "ist dies eine *mise en scène* der entfesselten Kräfte der Geschichte".

In *Homenaje a los indios americanos* beobachtet Uriarte (2000: 181-183) dagegen eine Tendenz Cardenals, in der prähispanischen Vergangenheit nach einem Gesellschaftsmodell zu suchen, das den Modellen der Ausbeutung, die im zeitgenössischen Zentralamerika herrschen, entgegengesetzt werden kann. Von den modernen archäologischen Entdeckungen und anthropologischen Studien inspiriert und unterstützt, scheint Cardenal entschlossen, in der vorkolonialen Vergangenheit Mesoamerikas die Grundlagen der zeitgenössischen zentralamerikanischen Kultur auszumachen. In dieser "mysteriösen" und weit zurückliegenden Vergangenheit scheint Cardenal das wirtschaftliche und soziale Modell gefunden zu haben, dem in der Aktualität zu folgen ist.

Otro Renacimiento ("Periodo clásico")
cambia la forma de la vasija y el dibujo en ellas
cambia la arquitectura ...

¿Ciudades? Sí
pero ciudades sagradas
no Commercial Centers
sino Centros Ceremoniales, Ceremonials Centers

las filas de estelas y estelas, no neón, no anuncios comerciales
(sus anuncios: ¡poemas en piedras!)
(Homenaje a los indios americanos)

Seine Absicht scheint darin zu bestehen, den Indio der sozialistischen Utopie von der neuen Gesellschaft und dem "neuen Menschen" einzuverleiben, womit er ein offenbar anachronistisches Paradigma schafft, in der die überholte Figur des Indio die Zukunft und die zukünftige Gesellschaft repräsentiert und idealisiert. Dabei knüpft Cardenal laut Jorge Eduardo Arellano (1997: 227) am "kommunalen" Denken des Indios Nele de Kantule, Kazike des Volkes der Cuna auf einer kleinen Insel im heutigen Panama an (nach dem es notwendig ist, die positiven Elemente der modernen Zivilisation zu assimilieren und gleichzeitig die wertvollsten der indigenen Gesellschaften zu bewahren). Diese Idealisierung erlaubt ihm also keine vollständige Verurteilung der zeitgenössischen Gesellschaft

Was die Verfahren der Textproduktion angeht, nimmt Uriarte in *Homenaje a los indios americanos* Züge wahr, die er allgemein als charakteristisch für die Poesie Cardenals hält und die er gleichzeitig mit den nicaraguanischen Avantgardeschriftstellern wie Pablo Antonio Cuadra identifiziert. Deren poetische Vision der hispanoamerikanischen Mestizierung vermischt die beiden Kulturen, tendiert jedoch zur Hegemonie der westlichen Kultur, sichtbar in der Methode der Gegenüberstellung von Bildern und Situationen, einem Textverfahren, das den Gedichten Cardenals eine innere Struktur der allegorischen Opposition der "harmonischen Widersprüche" der indo-hispanischen Mestizierung und der Zusammenstöße und Begegnungen zwischen beiden Kulturen verleiht.

Homenaje a los indios americanos versammelt Gedichte, in denen eine assoziative Dynamik des Textes sichtbar wird, die darauf abzielt, die verschiedenen soziokulturellen (und auch ökonomischen) Traditionen und Modelle der indigenen prähispanischen Gruppen und Zivilisationen Nord-, Zentral- und Südamerikas zu verbinden. In einigen dieser Gedichte (insbesondere in denen, die Bezüge zur Welt der Maya und Mesoamerikas im Allgemeinen herstellen) benutzen Cardenal wie Cuadra Textverfahren, die aus der erzählenden Literatur stammen, wie zum Beispiel Erzähler bzw. Figuren, die der Autor als Masken benutzt, um das prähispanische Ambiente in Zentralamerika so getreu wie möglich darzustellen.

Der Autor/das poetische Ich nimmt die Rolle des Propheten ein, der die Zeichen entschlüsselt und die Zeitzyklen vorhersieht, die das Leben und das Bewusstsein der mesoamerikanischen prähispanischen Welt, insbesondere der Maya-Kultur, bestimmten. Cardenal übernimmt mit Hilfe einer Reihe von *Alter-egos* die tief in der mesoamerikanischen indigenen Tradition verankerte Funktion des Propheten, versucht sie in die Aktualität zu übertragen und sie in diese einzubetten, wobei er ihr außerdem über Gleichnisse, subtile Vergleiche, Metaphern und Texteinschübe Schlüsselelemente der hebräischen prophetischen Tradition hinzufügt, wie sie im Alten Testament enthalten sind.

Cardenal schreibt sich, ausgehend von einer in der westlichen Tradition stehenden Position, die die Sprache und das Schreiben als in kultureller Hinsicht hegemoniale Instrumente begreift und sich in der Lage sieht, Texte von transzendentalem Charakter zu produzieren, die Rolle des "Sprachrohrs des Volkes" zu und beansprucht, über sein poetisches Ich die Welt und die Weltsicht des prähispanischen mesoamerikanischen Menschen tiefgehend zu verstehen und sich zu Eigen zu machen. Sein Verfahren in der Textproduktion besteht, wie es auch sein Exeget Eduardo F. Elías (1999: 195) anerkennt, darin, sich der indigenen Namen zu bedienen, die den Zyklen im Maya-Kalender zugeordnet sind, "und alte Prophezeiungen abzuwandeln, wie sie in historischen Büchern (wie dem *Chilám Balám*) zu finden sind, und sie auf das zeitgenössische Leben Lateinamerikas zu übertragen".

Die Einbeziehung der modernen archäologischen Studien und die Projektion Vergangenheit–Gegenwart in der Cardenal'schen poetischen Teleologie mögen – wie Jorge Eduardo Arellano schreibt – der charakteristischste Beitrag zur nicaraguanischen und hispanoamerikanischen Poesie indigener Thematik sein, der Cardenals Poesie auszeichnet. Aber für "strenge Kritiker", die von Arellano (1997: 228) selbst zitiert werden, stellt dieser Versuch Cardenals einen Missbrauch der mythologischen Formen dar und macht sie "weniger interessant als die Originalquellen". Nach Joaquín Marco

> reichen prosaísches Schreiben, große Mengen von Mythologie, Manichäismus, politisch-soziale Utopie und die elementare Ausdrucksweise einiger anderer Zutaten von geringerer Bedeutung nicht aus, ein authentisches Gedicht zu schaffen (zit. n. Arellano 1997: 228).

Der US-amerikanische Literaturwissenschaftler Steven F. White hat sich ebenfalls ausführlich mit der einen breiten Platz in der Poesie Cardenals einnehmenden Figur des Indios beschäftigt. Allerdings sieht er sie zunächst als Ergebnis der geistigen Beeinflussung des nicaraguanischen Dichters durch Thomas Merton und dessen Erforschung der "primitiven" indianischen Poesie. Laut White begründen die verschiedenen Aspekte der nordamerikanischen indigenen Gesellschaften, die in seiner Poesie dargestellt werden, ein für Cardenal neuartiges und attraktives ethisches Modell. Insbesondere ihre Spiritualität, ihr Anti-Materialismus und ihr agrarischer Charakter sind in der ethisch-poetischen Aneignung Cardenals die Basis für eine mögliche Definition der moralischen Verantwortlichkeit, die den sozialen Veränderungen vorausgehen muss (White 1992: 212).

Die ethisch-indigenistische (und betont historisch-politische) Projektion in Cardenals Poesie bezieht sich jedoch umfassender und mit größerer symbolischer Identifizierung auf ganz Mesoamerika und sogar auf die alten vorkolonialen Reiche und Zivilisationen im Süden Amerikas. White (1992: 212) weist darauf hin, dass schon *Proclama del conquistador*, eines der ersten Gedichte Cardenals, als Ausgangspunkt der historischen Thematik gesehen werden kann, die auf nahezu das gesamte Werk Cardenals ausstrahlen sollte (1992: 212). Es sei so etwas wie die Genesis dessen, was sich später in den ethischen und historischen Angelpunkt seiner Poesie verwandeln sollte, in der die enge Verflechtung der Vergangenheit mit der Gegenwart dominiert – als Suche nach einem ästhetischen Effekt, der die antiken Prophetien in der Aktualität verankere.

Eine der Charakteristiken der historischen bzw. indigenistischen Poesie Cardenals, die White mit der Pound'schen Technik der "Maskierung",[5] in Verbindung bringt, besteht in der Verwendung von poetischen Ichs, Personen bzw. Erzählern, die es ihm erlauben, die Vergangenheit aus der Sicht der Gegenwart zu evozieren und zu beschwören, bzw. von einem zeitlosen Raum aus, der im Rahmen der Eigendynamik des Gedichts konstruiert ist. Dieses poetische Ich ist im Allgemeinen eine historische Persönlichkeit, was Cardenal laut White erlaubt, "einen intensiven Dialog mit der Vergangenheit zu führen und die Geschichte im Interesse der Schaffung einer Zukunft zu manipulieren, die ethischen Grundsätzen eher entspricht" (White 1992: 227).

> ... y Gil González con 100 hombres y 4 caballos
> entró en la tierra – ... y caminando yo siempre por la tierra adentro hacia el poniente
> metido algunas veces tan lejos de la costa
> que muchas veces me hallé arrepentido
> y a causa de pasar los ríos y arroyos a pie y sudando
> sobrevínome una enfermedad de tullimiento en una pierna ...
>
> ¡El Almirante de la Mar Dulce!
> Gil González pide a su Magestad la merced del almirantazgo de la Mar Dulce
> y de tres islas en la dicha Mar Dulce
> para él y sus herederos y descendientes ...

---

5 Ezra Pound entwickelt diesen Begriff in seinem Buch *Personae* (1909).

Gil González y Nicaragua se sentaron junto al lago.
El conquistador con ropa de hierro,
el cacique casi desnudo.

(El estrecho dudoso)

In der Tat kommt die Verbindung mit Ezra Pound und der historisch-politischen Thematik nicht von ungefähr, denn "beide Dichter wissen sehr wohl, dass die politischen und ökonomischen Prozesse die Kraft haben, alle Aspekte des Lebens zu bestimmen" (White 1992: 223). Beide entwickeln auch einen Typ konkreter, objektivistischer Poesie ("exterioristisch" laut dem Begriff, den in Nicaragua José Coronel und Cardenal selbst prägten), im Falle Cardenals allerdings mit tief greifend ethischen und politischen Bezügen und ausgehend von einer persönlichen Perspektive, die sich eine ganze kollektive Ethik zu Eigen macht. Nach White basiert der poetische "Konkretismus" bzw. die bewusste Unterdrückung subjektiver Elemente in der Lyrik Cardenals auf einer anscheinend objektivistischen Sprache, die – obwohl sie die Dinge "außerhalb ihres Seins", "in der äußeren Welt" ausdrückt – die Projektion von "intimen [...] , persönlichen, mysteriösen, dringend notwendigen Werten" beinhaltet (White 1992: 225). Dies schließt neben dem teleologischen Akt, den die Schöpfung eines Gedichts darstellt, auch den bewussten subjektiven Willen des Autors ein, mit dem er die Elemente auswählt, die er zur Konfiguration eines Textes verwendet.

Das poetische Verfahren der Maskierung erlaubt es Cardenal auch, von der Position eines *homme de lettre* und einer auf Vermittlung und Aneignung orientierten Perspektive aus zu schreiben, die unweigerlich (auch wenn sie ethisch fundiert ist und einen "Erlösungs"-Anspruch hat) von der widersprüchlichen Dynamik der Alterität bestimmt ist, die sich aus der überwiegend westlichen Ausrichtung der individuellen Sichtweise des nicaraguanischen Poeten ergibt. Von seiner ersten Annäherung an die indigenistische Thematik in *Proclama del conquistador* an ist seine Sichtweise, wie Paul W. Borgensen aufzeigt (White 1992: 212), von der einer historischen Persönlichkeit geprägt, die mehr als die evozierten Welten zu symbolisieren, das Zusammentreffen der beiden Rassen darstellt.

Die Aneignung der indigenen Kulturen nimmt bei Cardenal die Form einer poetischen "Maske" an, die auf Vermittlung zielt und es ihm erlaubt, mit der evozierten und dargestellten historischen Persönlichkeit zu "kommunizieren". White (1992: 233) schreibt unter Bezug auf ein Gedicht in *Homenaje a los indios americanos*, dass durch die Maske der Geist der indigenen Persönlichkeit den Poeten/Propheten zu bewohnen scheint, der sich in einen

Vermittler verwandelt, indem er Zeichen empfängt und sie in einen poetischen Diskurs umwandelt und übersetzt.

An dieser Stelle können ohne Probleme Analogien zwischen Cardenal und Pablo Antonio Cuadra hergestellt werden, sowohl was das der modernen Narrativik entlehnte Textverfahren als auch die Behandlung des Konflikts des indo-hispanoamerikanischen Andersseins angeht, der anscheinend über die Identifizierung mit und die Potenzierung der Mestizierung in den Textallegorien im Werk dieser beiden renommierten Poeten gelöst bzw. "harmonisiert" wird. Beide, Cuadra und Cardenal, gehen zum ersten Mal in Nicaragua in historisch-sozialer (aber vielleicht auch in anthropologischer und archäologisch-literarischer) Hinsicht weit über die Entwürfe der "indigenen sozialen Realität" hinaus, die nicaraguanische Poeten vor ihnen zaghaft umrissen haben, wie Rubén Darío und Salomón de la Selva oder auch zeitgenössischere wie der Avantgardist Joaquín Pasos.

Keinem der beiden gelingt es jedoch, die Ambiguität ihrer *mestizischen* Perspektive, ihre teilweise spanische, teilweise indigene Vision der prähispanischen Substrate in der zeitgenössischen zentralamerikanischen Aktualität zu überwinden. Cardenal nimmt ausgehend von seinem Willen zum Zeugnisablegen und zur historisch-sozialen Anklage eine zwischen dem subalternen Subjekt und der hegemonialen Macht vermittelnde Position ein und lässt so die wahre untergeordnete und marginalisierte Situation des Subjekts in den aktuellen Machtverhältnissen, die die nicaraguanische und die zentralamerikanischen Gesellschaften bestimmen, nur teilweise sichtbar werden. Cuadra meditiert – vielleicht besessen von seinem offensichtlich prononcierteren kreolisch-mestizischen, indohispanischen Charakter, wie auch von seinem eigenen Begriff der Mestizierung – über die dieser "neuen Identität" innewohnende Dualität, die sich seit der Eroberung in der Neuen Welt herausbildet. Seine Aneignung des Prähispanischen ist eher dramatisch als episch und tendiert auf der einen Seite dazu, "das Nicaraguanische", die Idee von der Nation zu preisen, und auf der anderen Seite diese Idee über die Neulektüre und Neubearbeitung der Mythen und ideogrammatischen Codes der originären mesoamerikanischen Kultur zu stärken. Diese außergewöhnliche Identifizierung über den Generationenunterschied hinweg zwischen einem Poeten im fortgeschrittenen Alter (Pablo Antonio Cuadra) und einem, der laut Geschichtsschreibung und den autobiografischen Zeugnissen Cardenals selbst viele Jahre hindurch dessen Schüler war, sorgt unter den nicaraguanischen Kritikern der jüngeren Generation noch immer für Erstaunen.

Beltrán Morales (1989: 42) weist auf diesen Umstand hin und unterstreicht die Beziehung (ebenfalls die des Schülers zum Lehrer) Cardenals zu José Coronel Urtecho, der wie Cuadra zur nicaraguanischen Avantgarde gehört. Coronel Urtecho schrieb ein langes Vorwort (in Briefform) für die erste Ausgabe von *El estrecho dudoso*,[6] in der er im Widerspruch zum antidiktatorischen allegorischen Geist des Buches von Cardenal das Insistieren auf "Sabotageakten und Verleumdung" gegen die spanische Eroberung verdammt und sich auf den Diktator Anastasio Somoza García als seinen Freund und Anhänger bezieht, dem er als Regierungsfunktionär diente.

Diese Position ist laut Morales für das Vorwort zu einem Buch der "indigenistischen Anklage" völlig unpassend, geschrieben von einem Autor von Gedichten, die wie *Hora cero* ein Loblied auf den antidiktatorischen Kampf singen und die Ermordung des anti-imperialistischen Helden Augusto C. Sandino auf Befehl Somozas anklagen:

> Logisch wäre in diesem Fall gewesen, einen Generationenkonflikt, einen gewaltsamen Bruch zu erwarten. [...] Was so an Polemik verloren ging, wurde an Harmonie über die Generationen hinweg gewonnen. Meines Wissens nach gibt es nur in Nicaragua solche Wunderwerke (Morales 1989: 42).

Was das Verhältnis zwischen Cuadra und Cardenal angeht, liegen für Morales der Ursprung und die Eigenheit dieser "weitläufigen Verwandtschaft" (1989: 279) in dem Einfluss der Poesie Ezra Pounds und in dem konstanten Rekurs auf diese sowie in der Identifizierung mit den spanischen Chronisten. In der Tat stimmt die Poesie der beiden in der poetischen Teleologie überein, deren zentrale Idee darin besteht, dass die kulturellen Ausdrucksformen der Vergangenheit sich in prophetische Projekte für das gegenwärtige und zukünftige Leben der zentralamerikanischen Gesellschaften verwandeln sollen.

Aufgrund der textlichen Gestalt ihrer gesellschaftlichen Projektionen (die von der westlichen Literatur und Sprache geprägt sind) und der erwähnten Probleme der Repräsentation haben diese kulturellen Ausdrucksformen rein symbolische Funktionen. Beide Autoren kennzeichnet der Versuch, eine (anscheinend indigene) Abwesenheit im aktuellen Kontext zu rechtfertigen und sich gleichzeitig als zweifelhafte und möglicherweise widersprüchliche Repräsentanten einer hegemonialen kulturellen Macht zu verstehen und zu erklären.

(Übersetzung: Werner Mackenbach)

---

6   *Ediciones Cultura Hispánica*, Madrid 1966. Dieses Vorwort ist auch in der nicaraguanischen Ausgabe von 1983 (Editorial Nueva Nicaragua) enthalten.

Literaturverzeichnis

Aguirre, Erick (1998): *Juez y parte. Sobre literatura y escritores nicaragüenses contemporáneos*. Managua: Instituto Nicaragüense de Cultura.

Arellano, Jorge Eduardo (1994): *Antología general de la poesía nicaragüense*. Managua: Ediciones Distribuidora Cultural.

— (1997): *Literatura Nicaragüense*. Managua: Ediciones Distribuidora Cultural.

Borges, Jorge Luis (1946): "La paradoja de Apollinaire". In: *Los Anales de Buenos Aires*, Jg. 1, Nr. 8, S. 48-51.

Cardenal, Ernesto (1985): *Homenaje a los indios americanos*. Managua: Editorial Nueva Nicaragua.

— (1985): *El estrecho dudoso*. Managua: Editorial Nueva Nicaragua.

— (2000): *Vida perdida (Memorias I)*. Managua: anamá Ediciones.

— (2001): *Las ínsulas extrañas (Memorias II)*. Managua: anamá Ediciones.

— (2002): *Los años de Granada (Memorias III)*. Managua: anamá Ediciones.

— (2002): *Salmos* (5ta. edición). Managua: anamá Ediciones.

— (2003): *La revolución perdida (Memorias IV)*. Managua: anamá Ediciones.

— (2003): *El telescopio en la noche oscura* (4ta. edición). Managua: anamá Ediciones.

Cerutti, Franco (1977): *El mundo indígena en la poesía nicaragüense contemporánea*. Managua: Ediciones Ciclo.

Cuadra, Pablo Antonio (1986): *El jaguar y la luna*. San José: Editorial Libro Libre.

— (1986): *Poemas nicaragüenses*. San José: Editorial Libro Libre.

— (1986): *Canciones de pájaro y señora*. San José: Editorial Libro Libre.

— (1997): *El Nicaragüense*. Managua: Editorial Hispamer.

— (2002): *El Nican Náhuatl*. Managua: Ediciones de la Academia Nicaragüense de la Lengua.

Elías, Eduardo F. (1999): "Cristianismo y liberación a través del texto poético: el caso de Ernesto Cardenal". In: Román-Lagunas, Jorge/Mc Callister, Rick: *La literatura centroamericana como arma cultural*. Guatemala: Ediciones del Centro Internacional de Literatura Centroamericana (CILCA), S. 193-210.

Fernández Retamar, Roberto (1984): *Para una teoría de la literatura hispanoamericana*. La Habana: Editorial Pueblo y Educación.

González, Julián (2000): *Antología de las crónicas de indias*. Managua: Ediciones Distribuidora Cultural.

López-Baralt, Luce (2004): "Vida en el amor/vida perdida: el cántico místico de Ernesto Cardenal". In: *Casa de las Américas*, Nr. 234, Januar-März, S. 121-129.

Mc Callister, Rick (1999): "Pablo Antonio Cuadra y la búsqueda de una poética mito-histórica". In: Román-Lagunas, Jorge/Mc Callister, Rick: *La literatura centroamericana como arma cultural*. Guatemala: Ediciones del Centro Internacional de Literatura Centroamericana (CILCA), S. 211-242.

Morales, Beltrán (1989): *Sin páginas amarillas / Malas notas*. Managua: Editorial Vanguardia.

Ortega, Julio (1998): *Antología de la poesía hispanoamericana actual*. México, D.F.: Siglo XXI.

Pasos, Joaquín (1984): *Poemas de un joven*. Managua: Editorial Nueva Nicaragua (ENN).

Pound, Ezra (1909): *Personae*. London: Elkin Matthews.

Román-Lagunas, Jorge (2000a): *Visiones y revisiones de la literatura centroamericana*. Guatemala: Ediciones del Centro Internacional de Literatura Centroamericana (CILCA).

—— (2000b): "Lo sagrado y lo profano en la poesía de Ernesto Cardenal". In: Román-Lagunas, Jorge (2000a: 199-205).

Román-Lagunas, Jorge/Mc Callister, Rick (1999): *La literatura centroamericana como arma cultural*. Guatemala: Ediciones del Centro Internacional de Literatura Centroamericana (CILCA).

Siebenmann, Gustav (1997): *Poesía y poéticas del siglo XX en la América hispana y el Brasil*. Madrid: Editorial Gredos.

Uriarte, Iván (2000): *La poesía de Ernesto Cardenal en el proceso social centroamericano*. Managua: Ediciones del Centro Nicaragüense de Escritores (ANE-NORAD-CNE).

Wheelock Román, Jaime (1980): "Leonel Rugama: en el gozo de la tierra prometida". In: Rugama, Leonel: *Obras*. S.S.E.

White, Steven (1992): *La poesía de Nicaragua y sus diálogos con Francia y los Estados Unidos*. México, D.F.: Editorial LIMUSA, Grupo Noriega Editores.

Yurkievich, Saúl (1996): *La movediza modernidad*. Madrid: Taurus.

Friedhelm Schmidt-Welle

Der Autor ist der Leser ist der Autor –
Augusto Monterroso

> ¿Podrías decir una frase "típica" de Monterroso?
> No creo.
> Sabes decir "no"?
> No.
> A. M.: Viaje al centro de la fábula[1]

1. Kondensierter Text: Lesen und Geschwindigkeit

Der Ruhm anderer Schriftsteller mag auf einem einzelnen herausragenden Werk beruhen – bei Augusto Monterroso ist es ein einziger Satz: "Cuando despertó, el dinosaurio todavía estaba allí."[2] Oft zitiert – wenn auch bisweilen entstellt durch zoologische Unkenntnis, die das urzeitliche Ungetüm in ein Einhorn (bei Mario Vargas Llosa) oder Krokodil (bei Carlos Fuentes) verwandelte –, hat er den Autor weit über Lateinamerika hinaus bekannt gemacht. Italo Calvino (1995) bezieht sich in seinen programmatischen *Sechs Vorschlägen für das nächste Jahrtausend* auf "El dinosaurio", wenn er die Geschwindigkeit als eine der Zukunftsperspektiven der Literatur hervorhebt. Sie werde sich exemplarisch in Texten ausdrücken, die aus einer einzigen Zeile, einem einzigen Satz bestehen. Für die von ihm in Aussicht genommene Sammlung solcher Texte habe er nichts gefunden, betont Calvino, was der Qualität von "El dinosaurio" gleichkomme. Monterroso wiederum bezeichnete das Prosastück (Monterroso 1981: 43) als Roman – womit eines der Charakteristika seiner gesamten Produktion bereits angedeutet ist: die Überschreitung der Genregrenzen bzw. deren literarische und literaturkritische Parodie.

---

1 "Könntest Du einen 'typischen' Satz von Monterroso sagen?" "Nein, ich glaube nicht." "Kannst Du 'nein' sagen?" "Nein" (Augusto Monterroso: *Viaje al centro de la fábula*; Übers.: F. S.-W.).

2 Die deutsche Übersetzung des Textes lautet "Als er erwachte, war der Dinosaurier immer noch da" (Monterroso 1977: 18). Sie schafft allerdings (notgedrungen) eine geschlechtliche Eindeutigkeit, die im Spanischen nicht vorgegeben ist. Die Übersetzung könnte ebenso gut lauten: "Als sie erwachte, war der Dinosaurier immer noch da."

"El dinosaurio" und seine Rezeption machen eine Schwierigkeit deutlich, vor der jede kritische Auseinandersetzung mit der Produktion des guatemaltekischen Autors zu stehen scheint. Zwar wird er oft zitiert, doch selten interpretiert. Monterrosos Hang zur Überarbeitung seiner Texte bis zu einem geradezu unheimlich anmutenden Grad sprachlicher und literarischer Prägnanz geht einher mit dem Verstummen der Kritiker. Es ist, als fürchteten sie, die Schönheit seiner meist sehr kurzen Texte durch allzu viele Worte zu zerstören, oder als müssten sie sich eingestehen, dass sich ihre Interpretation mit dem obskuren Objekt ihrer analytischen Begierde nicht werde messen können. Aber diese Schwierigkeit hat noch einen anderen Grund: Monterroso legt seine Texte so an, dass sie sich einer eindimensionalen Lektüre konsequent verweigern (Corral 1985). Der in die Texte eingeflochtenen Skepsis am "Wahrheitsgehalt" von Literatur kann sich auch der (kritische) Leser nicht gänzlich entziehen.

Hinzu kommt als Rezeptionsproblem, vor allem außerhalb Lateinamerikas, dass die Literatur des Subkontinents noch immer mit den Autoren des so genannten *boom* identifiziert wird, mit dem barock anmutenden Stil von Alejo Carpentier, Carlos Fuentes oder Gabriel García Márquez, als deren Antipode Monterroso zumindest in formaler Hinsicht gelten kann (Masoliver 1984: 146; Durán in: Durán et al. 1999: 39-40). Ist es folglich ein Wagnis, Monterroso zu lesen – man sollte es, wie Gabriel García Márquez einmal zu Protokoll gab, mit erhobenen Händen tun (Ruffinelli 1976: 9) –, so ist es ein noch größeres, ihn zu interpretieren.[3]

Doch kehren wir zunächst zum Aspekt der Geschwindigkeit zurück. Die Schnelligkeit der Rezeption der Prosa Monterrosos steht in krassem Gegensatz zur Langsamkeit ihrer Produktion. Das Gesamtwerk besteht, zählt man den Interviewband *Viaje al centro de la fábula* (1981) und den Band Zeichnungen *Esa fauna* (1992) mit, aus gerade einmal zehn schmalen Büchern, die um der besseren Verkäuflichkeit willen von den Verlagen zusätzlich

---

3   Die Schwierigkeiten, welche die akademische Literaturkritik von Anfang an mit Monterroso hatte, lassen sich etwa an den Sammelbänden *Augusto Monterroso* (1976), *La literatura de Augusto Monterroso* (1988) und *Refracción. Augusto Monterroso ante la crítica* (Corral 1995) sowie an "A la vuelta del tiempo" (2000) ablesen. Ein Teil der darin enthaltenen Artikel ergeht sich im Anekdotischen oder Deskriptiven und gelangt über sehr allgemeine Aussagen zu seiner Prosa bzw. eine bloße Hommage nicht hinaus.

aufgebläht wurden. Die Zahl der Anthologien seiner Prosa übersteigt die der Originalbände bei weitem.[4]

Monterrosos "erstes" Buch[5] *Obras completas (y otros cuentos)* (1959) enthält bereits im Titel ein Spiel mit den Konventionen der Literaturgeschichte, eine Anmaßung gegenüber der posthum so zu bezeichnenden Werkausgabe eines Schriftstellers. Gleichzeitig greift der Buchtitel nur den Titel einer der Erzählungen auf und kann insofern wiederum als Parodie auf diese Anmaßung gelesen werden. Solche Doppelbödigkeit und offensichtliche Mehrdeutigkeit ist charakteristisch für die Texte des guatemaltekischen Schriftstellers. Die Erzählungen des Bandes kreisen um Literatur, Literaturkritik und -betrieb, die gesellschaftliche Stellung des Künstlers sowie sein Verhältnis zu Politik und Macht, aber auch um die wirtschaftlichen und kulturellen Beziehungen zwischen der Alten und der Neuen Welt seit der Eroberung des amerikanischen Kontinents (Pérez 1992: 76-83). Sie kritisieren durchweg ironisch bis satirisch die Ausbeutung Lateinamerikas für den US-amerikanischen Markt, Korruption, Eurozentrismus, den Missbrauch von Literatur durch die Mächtigen sowie den geringen Einfluss der Kunst auf die Wirklichkeit (Noguerol Jiménez 2000: 65-105). In den Erzählungen wird, trotz aller unmittelbaren Bezüge auf die lateinamerikanische Geschichte und bei aller Kritik an den politischen Verhältnissen, bereits eine Tendenz zur Darstellung universeller Konflikte und Themen deutlich, die die gesamte erzählerische und essayistische Produktion Monterrosos durchzieht. Dabei stehen neben dem allgemein Menschlichen im Sinne einer universalen Mentalitätsgeschichte die Literatur, ihre Produktion, Rezeption und Funktion im Vordergrund.

Bereits die Texte dieses "ersten" Buches sind relativ kurz, oft deuten sie die Thematik nur an wie im bereits erwähnten "El dinosaurio". Der schriftlich fixierte Text dient dabei mehr als Skizze für die eigentliche Erzählung, die sich erst im Dialog mit dem Leser, als Erzählung in den Köpfen von Autor und Leser, herausbildet (Villoro 2000: 28). Dieses ästhetische Programm kann unter anderem als Reaktion auf die Literaturgeschichte verstan-

---

4   Auch bei dem letzten noch zu Lebzeiten Monterrosos erschienenen Buch *Pájaros de Hispanoamérica* (2002) handelt es sich um eine Auswahl aus den Bänden *Movimiento perpetuo, La palabra mágica, La letra e* und *La vaca*.

5   Die ersten beiden Bücher bzw. schmalen Hefte Monterrosos, *El concierto y El eclipse* (1952) sowie *Uno de cada tres y El centenario* (1953), blieben praktisch ohne Verbreitung und Resonanz. Zwischen ihrer Publikation und dem dritten, von Monterroso wiederholt als "erstem" bezeichneten Buch vergingen sieben Jahre, in denen aus den vier Erzählungen dreizehn wurden.

den werden, als Strategie, konventionelle Sujets und Schreibweisen nicht
beständig zu wiederholen. Es fordert vom Leser eine Kenntnis der intertextuellen Bezüge und setzt eine Tendenz in Gang, die sich in Monterrosos
späteren Texten zunehmend in Richtung Metafiktion entwickelt.

Mit *La oveja negra y demás fábulas* (1969) und den folgenden Bänden
wird Monterroso zu einem der bedeutendsten Vertreter der lateinamerikanischen Tradition der so genannten "Mikroerzählung" oder "Minifiktion",
einer Textform, die im 20. Jahrhundert in Argentinien, Mexiko und Kolumbien, aber auch im Fernen Osten kultiviert wird (Koch 1986; Zavala 2002).
Hierunter fällt jegliche Form sehr kurzer, im weitesten Sinne literarischer
Prosatexte, vom Aphorismus bis zur Fabel, von der Anekdote bis zum Essay
oder der Erzählung.[6] Monterroso verwendet mit der Fabel ein klassisches
Genre ultrakurzer Texte, das seit dem 19. Jahrhundert eher ungebräuchlich
ist. Er nimmt die Tradition der äsopischen Fabel, speziell der witzig satiri-
schen Tierfabel, wieder auf. Im Unterschied zu den galanten lyrischen Fabeln La Fontaines und den epigrammatisch zugespitzten ernsten Fabeln Lessings entziehen sich diejenigen Monterrosos jener Lehrhaftigkeit, welche die
beiden Klassiker des Genres, trotz aller Kritik Lessings an La Fontaine, eint.
Monterroso knüpft vor allem an die US-amerikanischen Satiriker James
Thurber und Ambrose Bierce sowie an Franz Kafkas ironisch gewendete
Fabeln an, ohne allerdings den Zynismus und die Misanthropie der Bierce-
schen Texte zu teilen.

La oveja negra y demás fábulas enthält etwa zu zwei Dritteln Tierfabeln,
die übrigen handeln von antiken Helden, Naturerscheinungen, Gebrauchsge-
genständen oder personifizierten Prinzipien wie dem Guten und dem Bösen.
Neben der für die Fabel charakteristischen Übertragung menschlicher
Schwächen auf die Tierwelt (hier vor allem Eitelkeit, Opportunismus und
falscher Ehrgeiz) behandeln die Texte auch philosophische und literarische
Fragen. Oft wird die übliche Betrachtungsweise von realen oder literarischer
Tradition entstammenden Phänomenen *ad absurdum* geführt (Corral 1985:
108-111), zumeist in Form der Satire (Noguerol Jiménez 2000). So kehrt
etwa "La cucaracha soñadora" die Perspektive von Franz Kafkas "Die Ver-
wandlung" um, denn hier ist es nicht der Angestellte Gregor Samsa, der

---

6   In der lateinamerikanischen Sekundärliteratur werden zumeist die Begriffe *microrrelato*
     und *minificción* verwendet. Beide treffen die Sache nur partiell, da die Kurztexte gerade
     genreübergreifend bzw. teilweise nicht fiktional angelegt sind. Begriff und Typologie,
     die Luis Barrera Linares (in: Zavala 2002: 25-29) von den *textos ultracortos* entwirft, er-
     scheinen mir in diesem Zusammenhang schlüssiger.

träumt, sondern eine Küchenschabe desselben Namens, die sich in Gregor Samsa und mittelbar in Kafka hineinversetzt bzw. verwandelt.

Die personifizierten abstrakten Vorstellungen wiederum werden in komplexe Zusammenhänge und in die Widersprüche moderner, fragmentierter Wahrnehmung von Wirklichkeit eingebettet, auf ihre Sinnhaftigkeit hin befragt und, zum Beispiel im "Monólogo del Bien", bis zur Unkenntlichkeit relativiert. Der Unterschied zu den Klassikern des Genres ist unübersehbar.[7] Die für das Verständnis der Fabeln vorausgesetzte Übereinstimmung der Kriterien des moralischen Urteils bei Autor und Leser, die Grundlage für die Lehrhaftigkeit der Fabel ist, wird in Frage gestellt. Die implizite Kritik an der Universalität der christlichen Wertvorstellungen von Gut und Böse kann darüber hinaus als Kritik an der katholischen Evangelisierung Lateinamerikas zur Rechtfertigung der Kolonialisierung gelesen werden.

Auch in den Tierfabeln unterläuft Monterroso die Genretradition, indem er auf feststehende Charaktereigenschaften der einzelnen Wesen verzichtet. Gleichzeitig führt er jedoch die detaillierte Charakterbeschreibung, die durch die Zuweisung solcher Eigenschaften in der klassischen Fabel obsolet geworden war, nicht wieder ein. Die Lektüre seiner Texte setzt insofern die Kenntnis der klassischen Fabeln voraus, weil nur so die Auflösung der symbolischen Charaktere und die Relativierung der moralischen Ansprüche des Genres sichtbar werden. Ähnlich wie die Fabeln James Thurbers entpuppen sich diejenigen Monterrosos mithin als ironisches Spiel mit den Klischees der Gattung. Zugleich scheint das die einzige Möglichkeit zu sein, das in der Literatur des 20. Jahrhunderts durch seine didaktische Formelhaftigkeit problematisch gewordene Genre am Leben zu erhalten.

Monterroso greift die Problematik der zeitgenössischen Fabel in *La palabra mágica* (1983) noch einmal in der ihm gebotenen Kürze auf. In dem Essay "Cómo acercarse a las fábulas" verweist er auf die problematische Lehrhaftigkeit der Fabel. Seines Erachtens ist es schlecht, wenn die Fabel niemandem weh tut, und ebenso schlecht, wenn sie eine Lehre enthält. Diese widersprüchliche Ansicht bezeichnet Monterrosos Verhältnis zum Genre: Einerseits stellt er die universelle Gültigkeit der Moral der Fabel in Frage und zweifelt an ihrer Wirksamkeit im Sinne der Aufklärung. Andererseits bedauert er unter ironischem Verweis auf die Gräuel der Menschheitsgeschichte ihre relative Wirkungslosigkeit. Der Hinweis, die Fabel könne den Leser zum Lachen bringen, ist deshalb mehr als ihre Reduzierung auf eine

---

7 Vgl. zur Intertextualität der Fabeln Monterrosos und ihrer Verortung in der Tradition des Genres: González Zenteno (1999); Durán (in: Durán et al. 1999: 23-27).

bloß unterhaltende Funktion. Da das Lachen, wie wir spätestens seit Bachtin wissen, auch eine befreiende, die gesellschaftliche Hierarchie subversiv unterlaufende, relativierende Funktion hat, wird damit auf Umwegen die moralische Funktion der Fabel, allerdings mehrfach gebrochen, wieder eingesetzt (Gómez Buendía 1999: 225-226, 228). Diese Ambivalenz charakterisiert Monterrosos Ansichten zur Literatur allgemein und stellt einen möglichen Schlüssel zum Verständnis seiner Prosa dar. Die Kürze, die äußerste Kondensierung, die auch die Fabeln kennzeichnet, wird Monterroso mit wenigen Ausnahmen in all seinen Texten beibehalten.

2. Die Kunst der Abschweifung: Lesen und (Un-)Aufmerksamkeit

Während *Obras completas (y otros cuentos)* und *La oveja negra y demás fábulas* in der Wahl des Genres noch relativ einheitlich sind, verwendet Monterroso in *Movimiento perpetuo* (1972) Essay, Erzählung, Traktat, Skizze, Aphorismus und Palindrom. Zwischen die Texte sind Zeichnungen einer Fliege aus verschiedenen Perspektiven sowie Zitate aus der Weltliteratur eingeschoben, in denen es um dieses Insekt geht, das gleichzeitig als Klammer für die zersplitterte Struktur des Buches dient.

Der einleitende Essay "Las moscas" liefert ein Programm für das Buch.[8] Er beginnt mit dem lapidaren Satz: "Hay tres temas: el amor, la muerte y las moscas"[9] (Monterroso 1972: 11). Das darin skizzierte Vorhaben, eine Anthologie der Fliege in der Weltliteratur zusammenzustellen, erweist sich wegen der Omnipräsenz des Insekts in Literatur und Realität als undurchführbar, der Essay präsentiert gleichwohl eine Ontologie der Fliege. Darüber hinaus wird ein in Lateinamerika verbreiteter Mythos aufgegriffen, nach dem Fliegen die Träger der Seelen der Toten sind. Insofern beinhaltet ihre Omnipräsenz auch die der Erinnerung, weil die Insekten die Gesamtheit des menschlichen Wissens transportieren und, oft gegen unseren Willen, wach halten.

Doch der Essay lässt im Kontext des Buches noch eine andere Deutung zu. Was in *Movimiento perpetuo* zunächst wie ein ungeordnetes Nach- und Nebeneinander unabhängiger Texte erscheint, erweist sich bei genauerem Hinsehen als Schreibstrategie der Zerstreuung auf unterschiedlichen Ebenen. Das Marginale, Abseitige, Unwichtige, symbolisiert durch die Fliegen im gleichnamigen Essay, wird auf vielerlei Weise ins Zentrum gerückt. Formal,

---

8 Vgl. zu einer detaillierten Analyse dieses Essays Horl (1983).
9 "Es gibt drei Themen: Liebe, Tod und Fliegen" (Übers.: F. S.-W.).

indem die Texte den scheinbar wirren, tänzelnden, ungerichteten Insekten-flug nachvollziehen. Es scheint, als seien sie selbst nicht konstruiert, sondern von einem zerstreuten Autor ohne jeglichen Plan hingekritzelt – ein Effekt, der selbstverständlich erst durch intensive kompositorische Arbeit entsteht und gerade deshalb so wirkungsvoll ist, weil diese Arbeit im Text im doppel-ten Sinne des Wortes aufgehoben ist. Die Texte des Bandes lassen sich inso-fern als die konfuse, gewissermaßen durcheinandergewürfelte Version einer wohlgeordneten narrativen Struktur deuten, deren eigentliche Form der Au-tor noch nicht gefunden hat – so wie die Schöpfung im Text "El mundo" von Gott nur wie im Traum imaginiert wird und deshalb perfekt, aber konfus ist. Assoziativ ist aber nicht nur die Textstruktur, sondern auch die Denkweise der Protagonisten, die mannigfaltigen Ablenkungen anheimfallen oder sich Zerstreuungen hingeben. Das Marginale im philosophischen wie physisch-erotischen Sinne wird darüber hinaus thematisch ins Zentrum gerückt. Die Texte umschreiben scheinbar ein Eigentliches, das völlig hinter das *Perpe-tuum mobile* der Zerstreuung zurücktritt und dessen Sinn sich nicht mehr erschließt. Sie sind ein Affront gegen die in lateinamerikanischer Literatur verbreitete Identitätssuche wie auch gegen das Erhabene in der philosophi-schen Tradition. Sie verweigern sich entweder allem Essenziellen, Erhabe-nen und Bedeutenden, oder sie setzen es auf eine Stufe mit dem Nebensäch-lichen, Marginalen und Unbedeutenden: Die Fliege wird mit den großen Themen der Literaturgeschichte, Liebe und Tod, auf eine Stufe gestellt.

Auf die Literatur bezogen lassen sich Zerstreutheit und Unaufmerksam-keit einerseits als Schreibhemmungen oder -hindernisse interpretieren. (Das Schreiben als endloser Prozess oder lediglich Mögliches ist ja ständiges Thema bei Monterroso (Narváez 1997: 111-112).) Andererseits kann man sie als kreativen Akt der Abschweifung sehen, als Konfrontation der Lektüre mit dem Alltagsleben und damit als deren Kontextualisierung und immer-während Überprüfung. In diesem Sinne lässt sich auch das dem Buch vo-rangestellte Motto deuten:

> La vida no es un ensayo, aunque tratemos muchas cosas; no es un cuento, aun-que inventemos muchas cosas; no es un poema, aunque soñemos muchas cosas. El ensayo del cuento del poema de la vida es un movimiento perpetuo; eso es, un movimiento perpetuo (Monterroso 1972: 7).[10]

---

10 "Das Leben ist kein Essay, auch wenn wir vieles versuchen; es ist keine Erzählung, auch
     wenn wir vieles erfinden; es ist kein Gedicht, auch wenn wir uns vieles erträumen. Der
     Versuch der Erzählung des Gedichts des Lebens ist ein Perpetuum mobile, genau das: ein

In *Lo demás es silencio. La vida y la obra de Eduardo Torres* (1978) wird die in *Movimiento perpetuo* begonnene Auflösung der Genregrenzen konsequent fortgesetzt. Obwohl der Untertitel eine Biografie suggeriert und der deutschen Übersetzung die Bezeichnung "Roman" beigegeben wurde, handelt es sich um sehr unterschiedliche Texte, die als einzige Gemeinsamkeit den Bezug zum Leben und Wirken des fiktiven *homme de lettres* Eduardo Torres aufweisen. Bekenntnisse von Freunden und Verwandten, literatur- und übersetzungskritische Texte, Aphorismen, Sinnsprüche und Gelegenheitsarbeiten von Torres sowie ein "Addendum", in dem der Porträtierte die Herausgabe des Buches autorisiert, werden zu einem Kaleidoskop montiert, das von vornherein jeglichen Anspruch auf eine konzise biografische Darstellung untergräbt. Wie in *Movimiento perpetuo*, so bildet auch hier die Abschweifung ein wesentliches Element, das von Torres selbst zu den Naturerscheinungen gerechnet wird (Monterroso 1978: 106). Allerdings nimmt sie in *Lo demás es silencio* die negative Form des Geschwätzes an. Torres erinnert zwar, in seiner Verschrobenheit und in seinem Beharren auf der Welt der Imagination, an Cervantes' Don Quijote, und manche der im Buch versammelten Zeugenaussagen zu seinem Leben rufen bis in Details Erinnerungen an Gustave Dorés Illustrationen zum Roman des Spaniers hervor. Torres versteht sich auch als ein Mann des Wortes, der überzeugt ist, dass die beste Art, den Ideen ein Ende zu bereiten, der Versuch ist, sie in die Praxis umzusetzen. Aber seine Geschwätzigkeit, seine pseudowissenschaftlichen, ziellos abschweifenden Abhandlungen und weltfremden Aphorismen, oft nichts anderes als intellektuell verbrämte Gemeinplätze, das krasse Missverhältnis zwischen seinem hehren Anspruch und der Ignoranz seiner Texte machen aus dem eitlen Provinzintellektuellen die Karikatur eines Gelehrten (Parsons 1989) und aus dem Buch eine die Selbstdarstellung von Torres ironisierende, bisweilen beißende Satire (Arias in: "A la vuelta del tiempo", 2000: 5-8; Noguerol Jiménez 2000: 169-210).

3. Paradoxien des Schreibens: Lesen als skeptischer Akt

Spätestens mit Douglas R. Hofstadters *Gödel, Escher, Bach* (1979) wurde das Paradoxon auch in den (populär-)wissenschaftlichen Debatten jenseits der Geisteswissenschaften wieder ins Bewusstsein gerückt. Die Un(auf)lösbarkeit paradoxer Formulierungen, die Hofstadter darin im Kontext von

---

Perpetuum mobile" (Übers.: F. S.-W.). Vgl. zur Interpretation von *Movimiento perpetuo*: von Ziegler (in: Durán et al. 1999) sowie Horl (1984).

Problemfeldern der Mathematik und Informatik diskutiert, findet bei Monterroso verblüffend ähnliche Entsprechungen, etwa in den von beiden Autoren durchgespielten Versionen der klassischen Fabel Zeons von Alea über Achilles und die Schildkröte. Bereits in den frühen Texten verwendet Monterroso diese, aber auch andere rhetorische Figuren, um im Selbstverständlichen Überraschungen zu entdecken (Villoro 2000: 33), eingefahrene Denkweisen zu überwinden. Das Spiel mit literarischen Konventionen und Versatzstücken, die tendenzielle Auflösung oder Parodie der Genres (Narváez 1997: 120-121; Villoro 2000: 28) nehmen in seiner Prosa dieselbe Funktion ein: Das Schreiben – und im Idealfall mit ihm das Lesen – wird als kritischer, skeptischer Akt inszeniert, der alles Selbstverständliche im Denken wie in der Literatur auf hintergründige und radikale Weise in Frage stellt. Die Skepsis gegenüber dem Sinngehalt von Literatur, die sich anfangs im Durchbrechen literarischer Konventionen manifestierte, äußert sich zunehmend in einer grundsätzlichen Infragestellung der Autorität des Geschriebenen. Mit widersprüchlichen Versionen zwischen und in den einzelnen Texten des Bandes *Lo demás es silencio* erschüttert Monterroso das vorbehaltlose Vertrauen der Leser in die Logik – sei es auch nur die innere des Diskurses – von Literatur und Interpretation. Das tiefe Misstrauen gegenüber deren "Wahrheitsgehalt" geht über die Ironisierung in den vorherigen Texten hinaus. Damit ist eine Verschiebung von der erzählenden Prosa zu essayistischen und metafiktionalen Texten verbunden. Sie hatte sich bereits in *Movimiento perpetuo* und *Lo demás es silencio* angedeutet und verstärkt sich in *La palabra mágica* (1983) und *La letra e* (1987).

In *La palabra mágica* sowie *La vaca* (1998) wendet sich Monterroso der Literaturkritik im engeren Sinne zu. Die hier versammelten Essays und biobibliografischen Skizzen setzen sich überwiegend mit Autoren der lateinamerikanischen Literatur (u.a. Asturias, Borges, Cardenal, Cardoza y Aragón, Onetti, Rulfo) sowie Übersetzungsfragen auseinander. Monterroso macht dabei mehrfach deutlich, dass Schriftsteller an einen historischen Kontext gebunden sind, ihre Texte jedoch über diesen hinausweisen: In diesem Sinn unterscheidet er zwischen tragischen Lebensumständen (etwa denen Horacio Quirogas) und tragischen Erzählungen, zwischen politischem Engagement und politischer Lyrik (bei Cardenal), zwischen unmittelbarer Wirkung im historischen Kontext und universaler literarischer Geltung (Asturias und Borges).

Auffällig an allen Essays in *La palabra mágica* und *La vaca* ist ihr antiakademischer Impetus. Monterroso macht sich über die gelehrten Interpreta-

tionen der spanischen Literatur des *Siglo de Oro* ebenso lustig wie über die
Bedeutungsschwere literarischer Nachrufe und Biografien (Valerio-Holguín
1997/98: 5-6), die er wegen ihrer formalen Konventionen als problematische, weil verbrauchte Genres begreift. Insofern schließen beide Bücher an
Lo demás es silencio an, in dem ebenfalls die Konventionen des literarischen
und literaturkritischen Schreibens ironisiert bzw. dekonstruiert werden.
Gleichzeitig beleuchtet *La palabra mágica* die Arbeit des Autors, sein Ge-
fangensein in der Welt des Wortes. Lektüre und Übersetzungen und immer
wieder Lektüre sind die Hauptthemen der Essays. Die Unmittelbarkeit der
politischen Bezüge der frühen Texte geht damit verloren, das Literarische
verselbstständigt sich im Sinne eines geschlossenen Systems.

Ähnliches gilt für *La letra e*, einer Art literarischem Tagebuch, in dem
es, stets im Konversationston, um das Lesen sowie um reale und literarische
Begegnungen mit anderen Schriftstellern geht. Wie so oft bei Monterroso
kaschieren der schlicht anmutende Stil und der Ton des leicht dahin Gesagten die philosophische Reflexion, die hier hauptsächlich um das Verhältnis
von gesprochener Sprache und Literatur kreist, um das Geschriebene und
Verschwiegene, um die Produktions- und Rezeptionsbedingungen von Literatur sowie die Irrungen und Wirrungen des Buchmarktes, um die Möglichkeiten und Grenzen des Genres Tagebuch. Letzteres bietet als persönliches,
manchmal intimes Dokument Raum für Abschweifungen, für das Alltägliche. Es ist oder gibt sich zumindest den Anschein, lediglich der Chronologie
verpflichtet zu sein – wodurch sich Räume öffnen für eine an der Willkür
des eigenen Geschmacks orientierte Darstellung des Schriftstellerlebens als
Schriftstellerleben: Kongresse, Lesungen, Neuerscheinungen, (literarische)
Korrespondenz. Verweise auf Kritiken und Rezensionen seiner früheren
Bücher sowie "Zitate" von Eduardo Torres stellen die Tagebuchnotizen in
den Kontext der übrigen Produktion Monterrosos.

Die Essays der achtziger Jahre sind offen angelegt als Essays im ursprünglichen Wortsinn des Versuchs. Sie setzen einen skeptischen Leser
voraus, der das Geschriebene hinterfragt und die Gedankengänge des Autors
fortspinnt. Dabei inszeniert sich Monterroso selbst exemplarisch als Leser,
der sich nahezu ununterbrochen mit Literatur auseinandersetzt und auch
seinen Alltag auf sie bezieht. Die Skepsis des Autors in Bezug auf die politische Wirksamkeit von Literatur (Durán in: Durán et al. 1999: 15-20) führt
allerdings in diesen Texten zu einer Ausblendung von Realität, soweit sie
nicht über das Medium Literatur vermittelt ist.

4. Das Buch im Kopf: Lesen als kritischer Dialog

In *La letra e* notiert Monterroso:

> Un libro es una conversación. La conversación es un arte, un arte educado. Las conversaciones bien educadas evitan los monólogos muy largos, y por eso las novelas vienen a ser un abuso del trato con los demás. El novelista es así un ser mal educado que supone a sus interlocutores dispuestos a escucharlo durante días (1987: 26-27).[11]

Diese Aussage ist ästhetisch wie politisch programmatisch. Monterroso will gegenüber den weltumspannenden Entwürfen vieler lateinamerikanischer Romane in seinen kurzen Texten einen Dialog in Gang setzen, indem er lediglich Momentaufnahmen skizziert, die vom Leser in seiner Fantasie zu Geschichten versponnen werden können. Deshalb verzichtet er in seinen Fabeln auf die traditionelle Moral; und deshalb umkreisen seine Essays ein (wenn auch bisweilen nur scheinbar) Eigentliches, dessen gedankliche Vorstellung den Lesern überlassen bleibt.

Die Essays der achtziger Jahre sind immer auch eine Reflexion über das eigene Schaffen, über die Gründe der Obsession für das Marginale, die kleine Form, geschrieben im Stil locker hingeworfener, verstreuter Randbemerkungen. Diese Form und dieser Stil ermöglichen zugleich eine Emanzipation des Lesers. Er ist hier nicht mehr mit der Autorität eines Romanciers als gottgleichem Schöpfer oder mit einem imposanten allwissenden Erzähler konfrontiert, sondern mit einer Prosa, die Räume – und angesichts ihrer Kürze auch Zeit – für das eigene kritische Denken eröffnet. Der vorgebliche Plauderton unterstützt das, obwohl er letztlich nicht darüber hinwegtäuschen kann, dass sich dahinter ein hohes Maß von Verdichtung der Gedankengänge und beständiger Reflexion über das Schreiben verbirgt.

In diesem Zusammenhang erfüllt die Vorliebe für in der zeitgenössischen Literatur wenig gebräuchliche Genres sowie für marginale, manchmal gar abseitige Themen und unerwartete formale oder thematische Wendungen die Funktion, den Erwartungshorizont der Leser zu erweitern. Dahinter steckt ein ästhetisches, aber auch politisches Programm der "Demokratisierung" der Literatur. Mit einem solchen Verfahren ist eine politische Funktion von Literatur umschrieben, die sich auf das Verhältnis von Autor und Rezipient beschränkt. Zwar schrieb Monterroso Texte, die sich mit der wirt-

---

11   "Ein Buch ist ein Gespräch. Das Gespräch ist eine Kunst, eine gesittete Kunst. Gesittete Gespräche vermeiden sehr lange Monologe, und deshalb sind Romane ein Missbrauch des Umgangs mit anderen. Der Romancier ist also ein schlecht erzogenes Wesen, das davon ausgeht, dass seine Zuhörer bereit sind, ihm tagelang zuzuhören" (Übers. F. S.-W.).

schaftlichen und politischen Abhängigkeit Lateinamerikas von den Metropolen befassen oder die mittelamerikanischen Militärdiktaturen und Bananenrepubliken scharf kritisieren, aber gleichzeitig äußerte er sich skeptisch bezüglich der politischen Wirkungsmacht von Literatur (Monterroso 1981) und
schätzte diese eher gering ein.

Darüber hinaus lassen sich gerade die selbstreflexiven, metafiktionalen
Texte auch als Dialog mit dem Leser im Sinne eines potenziellen Schreib-
prozesses lesen, den das Lesen bei letzterem in Gang setzen soll. Insofern
knüpft Monterroso an die Tradition einer Demokratisierung des Produk-
tionsprozesses von Literatur an, wie sie etwa von Teilen der historischen
Avantgarden projektiert wurde.

5. Rückkehr zur Unmittelbarkeit: Lesen und Magie des Worts

Die 1993 unter dem Titel *Los buscadores de oro* erschienenen Erinnerungen
Monterrosos an seine Kindheit (von seiner Geburt in Tegucigalpa 1921 bis
1936) konfrontieren den Leser mit einem weiteren Wechsel von Genre und
Schreibweise. Zwar steht auch in diesem einzigen längeren Text die Literatur als Thema im Vordergrund, doch formal unterscheidet der Band sich
deutlich von der übrigen Prosa des Autors. Das nahezu völlige Fehlen von
Ironie und Humor, der linear chronologische Erzählfluss, der lakonische,
scheinbar ohne jede Kunstfertigkeit auskommende Stil (Villoro 2000: 36)
erzeugen einen Effekt der Unmittelbarkeit, der Authentizität, den Monterroso in den übrigen Texten gerade zu vermeiden trachtete (Ruffinelli 2002:
357). Aber auch in diesem Buch geht es dem Autor nicht um eine bloße
Fortschreibung der Genretraditionen. Monterroso konstruiert keinen kindlichen Ich-Erzähler, sondern er nimmt eine Perspektive der beständigen Reflexion über seine Kindheit im Moment des Schreibens ein (Villoro 2000:
36). Der Effekt der Unmittelbarkeit ergibt sich also nicht wie in den meisten
Autobiografien aus der Bezeugung des Gelebten, sondern aus der Authentizität des Erinnerns. In diesem Sinne ist *Los buscadores de oro* auch eine
kritische Reflexion über dieses Genre.

Der Text ist bewusst so angelegt, dass das Leben des Kindes geradezu
zwangsläufig zur Literatur führt. Selbst in der offensichtlich konstruierten
Genealogie lässt sich ein Vorfahre in der Renaissance finden, der sich der
Literatur gewidmet hatte. Man könne sich seine frühesten Vorfahren aussu-
chen, notiert der Autor dazu (Monterroso 1993: 30). Er verdeutlicht damit
die Willkürlichkeit der erfundenen oder realen Genealogie für das Genre.
Die Hinführung zur Literatur, verbunden mit einer mangelnden Erinnerungs-

fähigkeit für äußere Umstände (1993: 24), lässt den Text auch noch in einem anderen Sinne zur Genrekritik werden. Die für die Autobiografie übliche *education sentimental* ist in *Los buscadores de oro* eine endlose Folge von Fantasien, ohne dass damit eine reale Anpassung des Individuums an die gesellschaftlichen Umstände verbunden wäre. In diesem Sinne handelt es sich, wenn überhaupt, um einen Bildungsroman fortschreitender Fiktionen.

Hintergrund für die Faszination am geschriebenen Wort, aber auch für den Rückzug des jungen Monterroso in die Welt der Bücher sind die ökonomisch und politisch motivierten häufigen Umzüge der Familie innerhalb Zentralamerikas und ihre zunehmende Verarmung, die bei Augusto früh ein Gefühl der Unzugehörigkeit auslösen. Nur in der Literatur findet er eine universale Sprache; ihr fühlt er sich zugehörig. Die Literatur und die Parteinahme für die Schwachen werden Konstanten seines weiteren Lebensweges. Die eingestreuten Kommentare zur politischen und ökonomischen Abhängigkeit der mittelamerikanischen Republiken von den USA und zu den Entwicklungshindernissen der Region aus der Rückschau des Erwachsenen stellen die Kindheit in einen größeren politischen Zusammenhang. Gleichzeitig stilisiert er die Literatur zum Gegenpol der familiären und gesellschaftlichen Dauerkrise; sie überdauert alles Vergängliche.

Monterroso beschreibt die Welt seiner Kindheit als Entdeckungsreise und stellt sie damit in den Kontext der Geschichte der Neuen Welt. Die Szene, die dem Buch den Titel gibt, beschreibt die Suche dreier Kinder, eines davon Augusto, nach Gold im Fluss nahe dem Haus der Familie. Die Themen der Entdeckung und Eroberung der Welt ziehen sich als roter Faden durch die Autobiografie. Wie die Kinder, so eroberten auch die Konquistadoren Amerika auf der Suche nach Gold. Aber die Entdeckungen des Kindes Augusto nehmen eine andere Richtung. Die Fantasie wird nicht der Suche nach materiellem Reichtum untergeordnet, sondern kreativ für die Erfindung fiktionaler Welten genutzt: Die Magie des Kinos, Theaters und Varietés, vor allem jedoch die Literatur schaffen ein Gegenbild zur gewaltsamen Eroberung der Neuen Welt durch die Spanier. Das eigentliche Gold Amerikas ist nicht der materielle Reichtum, das viel beschworene "El Dorado", sondern die fiktionale Verarbeitung der (kindlichen) Fantasiewelten in der Literatur des Subkontinents. Monterroso geht mit der Wiedereinsetzung des "magischen Wortes" (das bereits bei einem seiner früheren Bücher titelgebend war) in seiner Autobiografie den Weg vom skeptischen Lesen (und Schreiben) zur Magie und Unschuld der Wörter. Im Rückgriff auf die – stets aus der Erinnerungsperspektive des Erwachsenen reflektierte – Kindheit erzielt er, bei aller impliziten Genrekritik, einen bis dahin in seiner Prosa unbekannten Effekt der Authentizität – allerdings einer, wie er selbst im Buch mehrfach betont, erfundenen Authentizität der literarischen Kreation, der fiktiven Genealogie als Gegenentwurf zur (negativ besetzten) historischen Realität.

6. Schluss

Der Schriftsteller ist in erster Linie Leser – auf kaum ein literarisches Werk trifft dieses Urteil so sehr zu wie auf das Augusto Monterrosos. Die wenigen Texte, die er publiziert hat, beziehen sich zunehmend auf seine Lektüren und präsentieren ein Bild der Realität, das über Leseerfahrungen vermittelt ist. Diese Verschiebung lässt sich u.a. daran ablesen, dass die fiktionalen Texte (Erzählungen, Fabeln, "Mikroerzählungen") seit Mitte der siebziger Jahre weitgehend Essays gewichen sind, sieht man einmal von den Kindheitserinnerungen *Los buscadores de oro* ab, die gerade im Kontext der späteren essayistischen und metapoetischen Arbeiten als Rückkehr zu einer neuen Unmittelbarkeit in der Darstellung der Erfahrung von Welt gelesen werden können.

Trotzdem sind es eher die fiktionalen Texte, die den Autor über Lateinamerika hinaus berühmt gemacht haben. Insbesondere seine "Mikroerzählungen" waren schulbildend, und Monterroso hat in zahlreichen Schreibwerkstätten diese Form an junge Schriftsteller weitergegeben. Zwar gab es bereits vor Monterroso eine lateinamerikanische Tradition dieses Genres; vor allem in Mexiko wurde sie seit den zwanziger Jahren des 20. Jahrhunderts von Autoren wie Julio Torri und Juan José Arreola gepflegt. Doch erst Monterroso machte die "Mikroerzählung" international bekannt und findet heute zahlreiche Nachahmer. Seit den neunziger Jahren ist eine Reihe von Anthologien extrem kurzer Texte erschienen, in denen Monterroso stets vertreten ist. Was sie eint, ist nicht nur die von Calvino als "Geschwindigkeit" gelobte Kürze, sondern auch Ironie, Paradoxon und Verfremdung, Elemente des Metafiktionalen und literarische Anspielungen, die eine sehr sorgfältige Lektüre provozieren. Die späteren, eher essayistischen und metafiktionalen Arbeiten Monterrosos sind demgegenüber bis heute weniger rezipiert worden, auch wenn sie in der zeitgenössischen akademischen Kritik (also gerade jener, über die sich Monterroso in diesen Texten so gerne mokiert) auf ein sehr positives Echo stoßen.

Bei aller Heterogenität und formalen Offenheit lassen sich im Werk Monterrosos bestimmte Konstanten erkennen: Der Vorliebe für in der zeitgenössischen Literatur wenig gebräuchliche Genres entspricht die thematische Vorliebe für marginale, manchmal gar abseitige Themen und unerwartete formale oder thematische Wendungen, die den Erwartungshorizont der Leser erweitern. Dahinter steckt ein ästhetisches, aber auch politisches Programm der "Demokratisierung" von Literatur mittels eines Dialogs, bei dem vom Leser die Skizzen des Autors zu Geschichten versponnen werden und im Idealfall der Leser zum Autor wird.

Literaturverzeichnis

"A la vuelta del tiempo: Homenaje a Augusto Monterroso" (2000). In: *Algarero Cultural* (Guatemala), 6, S. 1-17.

Augusto Monterroso (1976). Xalapa: Universidad Veracruzana. (*Texto Crítico*, anejo 1).

Calvino, Italo (1995): *Sechs Vorschläge für das nächste Jahrtausend. Harvard-Vorlesungen.* München: Deutscher Taschenbuch Verlag.

Corral, Wilfrido H. (1985): *Lector, sociedad y género en Monterroso.* Xalapa: Universidad Veracruzana.

Corral, Wilfrido H. (Hrsg.) (1995): *Refracción. Augusto Monterroso ante la crítica.* México, D.F.: Era/Universidad Nacional Autónoma de México.

Durán, Diony et al. (1999): *Celebración de Augusto Monterroso.* México, D.F.: Aguilar, Altea, Taurus, Alfaguara.

Gómez Buendía, Blanca Inés (1999): "Monterroso, sátira y humor". In: *Alba de América*, 18, 33-34, S. 223-229.

González Zenteno, Gloria Estela (1999): "Augusto Monterroso: el animal y la recreación paródica de una tradición literaria". In: *Chasqui. Revista de Literatura Latinoamericana*, 28, 1, S. 16-31.

Hofstadter, Douglas R. (1979): *Gödel, Escher, Bach. Ein endloses geflochtenes Band.* Stuttgart: Klett-Cotta.

Horl, Sabine (1983): "Ein Essay von Augusto Monterroso: Las moscas". In: *Lateinamerika-Studien*, 13, 1, S. 343-353.

— (1984): "Ironía y timidez. Acerca de 'Movimiento perpetuo' de Augusto Monterroso". In: *Iberoromania*, 20, S. 101-108.

Koch, Dolores M. (1986): "El micro-relato en México. Julio Torri, Juan José Arreola y Augusto Monterroso". Phil. Diss. City University of New York.

La literatura de Augusto Monterroso (1988). México, D.F.: Universidad Autónoma Metropolitana.

Masoliver, Juan Antonio (1984): "Augusto Monterroso o la tradición subversiva". In: *Cuadernos Hispanoamericanos*, 136, 408, S. 146-154.

Monterroso, Augusto (1952): *El concierto y El eclipse.* México, D.F.: Los Epígrafes.

— (1953): *Uno de cada tres y El centenario.* México, D.F.: Los Presentes.

— (1959 [1981]): *Obras completas (y otros cuentos).* Barcelona: Seix Barral.

— (1969 [1981]): *La oveja negra y demás fábulas.* Barcelona: Seix Barral.

— (1972 [1981]): *Movimiento perpetuo*. Barcelona: Seix Barral.

— (1977): *Der Frosch, der ein richtiger Frosch sein wollte. Kurzprosa*. Leipzig: Philipp Reclam jun.

— (1978 [1982]): *Lo demás es silencio (La vida y la obra de Eduardo Torres)*. Barcelona: Seix Barral.

— (1981): *Viaje al centro de la fábula*. México, D.F.: Universidad Nacional Autónoma de México.

— (1983 [1985]): *La palabra mágica*. Madrid: Muchnik.

— (1987): *La letra e (Fragmentos de un diario)*. México, D.F.: Era.

— (1992): *Esa fauna*. México, D.F.: Era.

— (1993): *Los buscadores de oro*. México, D.F.: Aguilar, Altea, Taurus, Alfaguara.

— (1998): *La vaca*. México, D.F.: Aguilar, Altea, Taurus, Alfaguara.

— (2002): *Pájaros de Hispanoamérica*. México, D.F.: Aguilar, Altea, Taurus, Alfaguara.

Narváez, María Teresa (1997): "La escritura como 'movimiento perpetuo' en Augusto Monterroso". In: *Revista de Estudios Hispánicos*, 24, 1, S. 111-126.

Noguerol Jiménez, Francisca (2000): *La trampa en la sonrisa. Sátira en la narrativa de Augusto Monterroso*, 2. erw. Aufl. Sevilla: Universidad de Sevilla.

Parsons, Robert A. (1989): "Parody and Self-parody in 'Lo demás es silencio (La vida y la obra de Eduardo Torres)' by Augusto Monterroso". In: *Hispania*, 72, 4, S. 938-945.

Pérez, Angela María (1992): "Arreola, Monterroso, Denevi: Estudio de sus cuentos y minicuentos". Phil. Diss. University of Texas at Austin.

Ruffinelli, Jorge (1976): "Monterroso por él mismo". In: *Augusto Monterroso*. Xalapa: Universidad Veracruzana. (*Texto Crítico*, anejo 1), S. 9-19.

— (2002): "Augusto Monterroso". In: Solé, Carlos A./Müller-Bergh, Klaus (Hrsg.): *Latin American Writers. Supplement I*. New York: Charles Scribner's Sons, S. 345-361.

Valerio-Holguín, Fernando (1997/98): "Augusto Monterroso en la era de la poscrítica". In: *Explicación de textos literarios*, 26, 2, S. 1-10.

Villoro, Juan (2000): "Monterroso: el jardín razonado". In: *Efectos personales*. México, D.F.: Era, S. 28-37.

Zavala, Lauro (2002) (Hrsg.): "La minificción en Hispanoamérica. De Monterroso a los narradores de hoy". In: *Quimera*, 211-212, S. 11-78.

Barbara Dröscher

Plotting Women in Zentralamerika. Schriftstellerinnen, ihre Position in der Literatur und die Geschlechterfrage im letzten Drittel des 20. Jahrhunderts

Eine der schönsten Erzählungen aus Zentralamerika ist Carmen Naranjos "Responso por el niño Juan Manuel" (1969), ein virtuoses Vexierspiel mit Leben und Tod, ein Spiel mit phantastischer Erzählung und Realismus, mit Fiktion und Metafiktion. In einem Reigen (innerer) Stimmen bei einer Totenwache wird das Bild des sonderlichen 15-jährigen Juan Manuel (re)konstruiert. Juan Manuel ist ein einzelgängerischer, kontaktscheuer Waisenjunge, der von Zuwendung und Gemeinschaft träumt. In seiner Hosentasche trägt er die Spielfigur "Carlitos", mit der er Geschichten erlebt und ausgedehnte Gespräche führt. Gezeigt wird jedoch nicht nur die prekäre soziale Realität des marginalisierten Jugendlichen, sondern ebenso die Beziehung einer Gruppe von Intellektuellen zu ihr, da die Geschichte Juan Manuels als Stoff ihres Gedenkens und ihres *Raisonnements* erzählt wird. So verweist der Text nicht nur auf die ungelösten sozialen Fragen und die Krise des costaricanischen Entwicklungsmodells, sondern auch auf die eher ratlose Reaktion der Intellektuellen darauf. Unentschieden bleibt, ob wir es nun mit einer realistischen Figur zu tun haben oder mit der Phantasiegestalt derer, die die Geschichte erzählen, also mit einer Fiktion in der Fiktion. Ob als Gestalt der Erzählung oder als Gestalt der Erzählung in der Erzählung, in jedem Fall sind Juan Manuel und seine Geschichte nur durch die Stimmen präsent, die erzählen. Er ist ein Objekt der Imagination. Indem die Erzählung in der Schwebe gehalten wird, erzeugt sie einen metafiktionalen Reflex, der Irritation auslöst und den Blick auf den Prozess des kreativen Schreibens selber wirft.[1] Zugleich wird dadurch auf die Funktion des Erzählens in der Konstruktion sozialer Wirklichkeit verwiesen.

---

1   Die Art, wie sie das Spiel mit den verschiedenen verschachtelten Wirklichkeitsebenen treibt und wie sie den Leser mit jedem Schritt auf dem doppelten Boden der fiktiven Welt, die scheinbare Sicherheit der Referenz zur Realität entzieht, erinnert an Jorge Luis

Die Verbindung von ästhetischem Anspruch und Sozialkritik ist im letzten Drittel des 20. Jahrhunderts in den Texten weiblicher Autoren aus Zentralamerika kein Einzelfall. In fast allen Texten werden die literarischen Mittel dazu benutzt, konkrete gesellschaftliche Situationen und Konflikte zu verhandeln. Die zentralamerikanischen Autorinnen haben einen wesentlichen Anteil an der in der Region hoch angesehenen Literatur, was mittlerweile allgemeinhin anerkannt wird. Gleichzeitig haben sie das literarische Feld, das für das öffentliche *Raisonnement* bis zu Beginn der neunziger Jahre einen bedeutenden Raum darstellt, für die Entwicklung einer eigenen Position im Diskurs über die sozialen und geschlechtlichen Verhältnisse in den von Konflikten geschüttelten und im Wandel begriffenen Gesellschaften genutzt.

Im Folgenden soll zunächst die Entwicklung der Positionen von Schriftstellerinnen innerhalb der "Zentralamerikanischen Literatur" resümiert werden. Anschließend geht es um die Positionierung von Frauen im Kontext der gesellschaftlichen Transformationsprozesse sowie die dazu von Frauen in der Literatur geführten Diskurse. Im letzten Abschnitt werden sechs ausgewählte Autorinnen der Region und ihre Werke vorgestellt: Carmen Naranjo, Claribel Alegría, Gloria Guardia, Rosario Aguilar, Ana María Rodas und Gioconda Belli.[2]

Borges. Doch Carmen Naranjo versicherte mir im Gespräch, dass sie Borges erst entdeckt habe, nachdem sie die Erzählung geschrieben hatte.

2   Ich wurde von den Herausgebern des Bandes dazu aufgefordert einen Artikel zur "Frauenliteratur aus Zentralamerika" zu schreiben. Der Begriff "Frauenliteratur" wird hier allerdings höchstens als Zitat gebraucht, denn er lädt dazu ein, in essentialistischer Weise eine Geschlechterdifferenz zu denken, die auf einer eigenartigen, ihnen gemeinsamen besonderen Qualität der von Frauen geschriebenen Texte beruhen würde. Eine solche wesentliche gemeinsame literarische Eigenart, die sich aus der geschlechtlichen Identifizierung ihrer Autorinnen ableiten ließe, ist eher eine willkürliche und homogenisierende Konstruktion, die allerdings in bestimmten Zeiten der feministischen Bewegung der achtziger Jahre durchaus im Sinne der Selbstbehauptung von Frauen und der Veränderung von Geschlechterbeziehungen wirksam war.

Dienlich kann eine Untersuchung von "Frauenliteratur" im Sinne einer von Frauen geschriebenen Literatur einer Region jedoch sein, wenn wie im Falle Zentralamerikas eine enge Verbindung zwischen dem literarischen Diskurs über die Situation von Frauen und der Entstehung der Frauenbewegung besteht. Es handelt sich dabei um einen Korpus von Texten einer konkreten Gruppe, nämlich von bestimmten Autorinnen, und um ihre diskursive Auseinandersetzung mit ihrer Position in der Gesellschaft, in der sie leben. Die unter einem solchen Gesichtspunkt gelesenen Texte weisen deutliche Bezüge sowohl zu feministischen als auch zu politischen Diskursen auf. Sie stellen insofern einen Gegenstand dar, durch den sich neue Aspekte im Blick auf Geschlechterbeziehungen im Kon-

1. Die Entwicklung der Position der Schriftstellerinnen in der Institution "Zentralamerikanische Literatur"

Im März 2002 versammelten sich fast alle renommierten Autorinnen[3] der Region auf dem ersten Kongress zentralamerikanischer Schriftstellerinnen in Managua, um gemeinsam mit zahlreichen jungen Kolleginnen ihren Einfluss auf die Literatur Zentralamerikas zu diskutieren. Mit der Gründung einer "Federación Centroamericana de Escritoras" haben sie ihren seit Jahren gehegten Traum verwirklicht, ihre Rolle in der Region mit einer eigenen Organisation unterstrichen und eine neue Etappe im wechselvollen Prozess der Durchsetzung von Frauen in der Institution Literatur in der Region erreicht.

Der Kongress bot ein plastisches Bild der aktuellen Situationen der Schriftstellerinnen in Zentralamerika: Anwesend waren eine große Zahl junger ambitionierter Dichterinnen und mehrheitlich Autorinnen, deren Ansehen über die Region hinausreicht wie Carmen Naranjo (*1931), Claribel Alegría (*1924), Rosario Aguilar (*1938), Gloria Guardia (*1940), Tatiana Lobo (*1939) und Ana María Rodas (*1937). Sie sind alle über 60 Jahre alt, gehören zu den Pionierinnen der zentralamerikanischen Literatur und haben sich in der kurzen Geschichte des modernen zentralamerikanischen Romans (vgl. Mondragón 1993) einen Namen gemacht, beziehungsweise haben mit ihren Gedichten die Lyrik revolutioniert. Es fehlten bemerkenswerter Weise vor allem die Autorinnen, deren Texte aufgrund ihrer Thematik auf dem Markt unter dem Label "Frauenliteratur" präsentiert wurden und noch werden, wie die in Costa Rica erfolgreichen Autorinnen Anacristina Rossi (*1952) und Linda Berrón (*1951) und auch der internationale Star der "Frauenliteratur" aus Zentralamerika, Gioconda Belli (*1948). Mag sein, dass sie einfach verhindert waren. Sicher ist jedoch, dass es bei dem Kongress weniger um die Selbstbehauptung von Frauen im Sinne eines mit dem fragwürdigen Begriff "Frauenliteratur" oft verknüpften Weiblichkeitsbildes ging, als um die Selbstbehauptung von Frauen in der gesellschaftlichen Institution Literatur.

Der Kongress war in erster Linie eine Begegnung zwischen Großmüttern und Enkelinnen, denn die mittlere Generation war kaum vertreten. Die Aufmerksamkeit, die den jungen Frauen in den umfangreichen Lesungen vor allem von Gedichten, aber auch von einigen Erzählungen zuteil wurde, be-

---

text gesellschaftlicher Transformationsprozesse und Fragen nach sozialen und kulturellen Dynamiken, Nation und Identität eröffnen.

3 Den Gründungsaufruf unterschrieben: Gloria Guardia, Carmen Naranjo, Claribel Alegría, Vidaluz Meneses, Ana María Rodas, Tatiana Lobo.

stärkte das Selbstbewusstsein, mit dem sie sich als ambitionierte Dichterinnen präsentierten. Das Bild der professionell schreibenden Frau, der Schriftstellerin, scheint in Zentralamerika selbstverständlicher geworden zu sein. Die Unterrepräsentation der mittleren Generation verweist allerdings auf die strukturellen Probleme bei der Durchsetzung von Frauen im Literaturbereich, die mit der generellen Veränderung des Literaturbetriebes im Zuge der Globalisierung und dem Verfall der nationalen Buchmärkte noch größer werden. Tatsächlich können sich immer weniger Frauen professionell als Schriftstellerinnen etablieren. Nicht zufällig spielen deshalb auch jene Frauen eine besonders aktive Rolle bei der Gründung der Föderation und der Schaffung eines institutionellen Rahmens für schreibende Frauen, die sich nicht hauptberuflich dem Schreiben widmen, sondern in anderen Bereichen tätig sind. So die nicaraguanischen Lyrikerinnen Vidaluz Meneses (1944), die in zivilgesellschaftlichen Zusammenhängen aktiv ist, und die in den fünfziger Jahren geborene Costa-Ricanerin Magda Zavala, deren Arbeit als Literaturwissenschaftlerin seit Jahren über die Region hinaus anerkannt ist und die erst 1999 ihren bemerkenswerten ersten Roman, *Desconciertos en un jardín tropical*, veröffentlicht hat.

Die Tatsache, dass die Gründung der Föderation von der Kulturministerin und dem Schriftstellerverband in Nicaragua begrüßt wurde, zeigt den Grad der öffentlichen Anerkennung, die die Schriftstellerinnen mittlerweile genießen. Dennoch drückt die Gründung der Föderation eine ambivalente Situation aus. Einerseits erhält die Bedeutung der Schriftstellerinnen im Literaturbereich einen institutionellen Ausdruck und reflektiert damit die gewonnene Position der Frauen auf diesem Gebiet. Andererseits weist die autonome Organisation auf die Notwendigkeit hin, den im Zuge der Frauenbewegung gewonnenen Raum in der Literatur zu verteidigen und Netzwerke zu schaffen, um sich angesichts der gemeinsamen schwierigen Ausgangsbedingungen gegenseitig bei der Durchsetzung im Literaturbetrieb zu unterstützen. Auf jeden Fall dient die Selbstorganisation von Autorinnen nicht nur der Selbstbehauptung, sondern eröffnet auch einen autonomen Raum, in dem die schon auf dem Kongress (selbst bei Abwesenheit) spürbaren unterschiedlichen Bedingungen und Situationen von Frauen in der Institution Literatur sichtbar und verhandelbar werden. Angesichts von drei Generationen, die man als die der Pionierinnen, die der vom Sandinismus und der Frauenbewegung geprägten und die der Enkelinnen bezeichnen kann, bleibt abzuwarten, inwieweit ihre Erfahrungen bei dieser Differenzierung eine Rolle spielen werden.

In Zentralamerika gab es schreibende Frauen vereinzelt natürlich schon lange vor dem Durchbruch Ende der achtziger Jahre. Sie nehmen in einem Teil der nationalen Literaturgeschichten der Region sogar ausgesprochen prominente Plätze ein, wenn man sie mit den anderen lateinamerikanischen Ländern vergleicht. So nennt das *Autorenlexikon Lateinamerika* (Reichardt 1994) für Costa Rica von 16 Autoren allein fünf Frauen. Zu ihnen gehört die durch ihre kritischen Erzählungen zur Lage auf den Bananenplantagen und ihre Märchen bekannte Carmen Lyra (1888-1949). Wie sie gelten auch zwei weitere Autorinnen, deren beider Weg allerdings aus Costa Rica fort- und über das demokratische Guatemala der vierziger Jahre nach Mexiko führte, als Wegbereiterinnen einer modernen Literatur in Zentralamerika: Die Dichterin Eunice Odio (1922-1974) und die aufgrund ihrer gesellschaftskritischen Themen und der modernen Schreibweise der *Vanguardia* zuzurechnende Yolanda Oreamundo (1916-1959). In Honduras sind es die 1900 Geborenen, die Dichterin Clementina Suárez und die Erzählerinnen Lucila Gamero de Medina, Paca Navas de Miralda und Argentina Diaz Lozano,[4] denen allerdings keine einschlägig bekannten Autorinnen mehr folgten.

In Costa Rica dagegen haben sich auch in den sechziger Jahren Frauen als Schriftstellerinnen etabliert. Julieta Pinto (*1922) und Carmen Naranjo sind wohl die wichtigsten Vertreterinnen ihres Landes. Heute gibt es in Costa Rica einen Frauenverlag und weitere Autorinnen wie die in Chile geborene Tatiana Lobo und die an der Atlantikküste lebende und schreibende Anacristina Rossi, die sich über die Grenzen des Landes hinaus einen Namen gemacht haben. Die Guatemaltekin Ana María Rodas gilt in den einschlägigen Literaturgeschichten (Liano 1997; Arias 1998) als die wichtigste Dichterin Guatemalas und hat sich wie die Panamesin Gloria Guardia schon in den siebziger Jahren Anerkennung verschafft. Die Salvadorianerin Claribel Alegría erhielt im Jahre 1978 den Preis der kubanischen "Casa de las Americas". Trotzdem sind die Texte der zentralamerikanischen Autorinnen kaum über die Grenzen der Region hinausgelangt. Die wenigen Übersetzungen in andere Sprachen, insbesondere ins Deutsche, sind erst im Zuge der Solidaritätsbewegung entstanden, wobei die starke internationale Beachtung, die Gioconda Belli gefunden hat, ein besonderes Phänomen darstellt.

Besondere Bedeutung für die Veränderung der Position der Frauen im Literaturbereich hatte die Entwicklung in Nicaragua. Hier hatte die sandinistische Revolution die Rahmenbedingungen für die Literaturproduktion kurz-

---

4 Eine ausführliche Darstellung der drei Erzählerinnen findet sich bei Helen Umaña (1990).

zeitig so stark verändert, dass sich ein ganzer Kreis von Lyrikerinnen im Literaturbetrieb etablieren konnte. Daisy Zamora hat 1992 eine umfangreiche Anthologie nicaraguanischer Dichterinnen unter dem Titel *La mujer nicaragüense en la poesía* herausgebracht, in der neben ihr selbst unter anderem auch Claribel Alegria, Gioconda Belli, Vidaluz Meneses und Christian Santos vertreten sind.[5] Vidaluz Meneses ist mit ihren sanften und doch so präzisen Versen auch in Deutschland zur Zeit der Solidaritätsbewegung mit dem Sandinismus durch die Übersetzungen von Dorothea Sölle bekannt geworden. In diesen Versen sucht die Autorin die schwierige Balance zwischen christlichem Glauben und weiblicher Selbstbestimmung. Christian Santos (*1941) gilt mit ihren kleinen, frechen Aphorismen in gewissen Zirkeln der mit Zentralamerika beschäftigten Literaturwissenschaftlerinnen der USA als Repräsentantin einer selbstbewussten "weiblichen" Lyrik. Es brauchte allerdings einige Jahre, bis sich auch in Nicaragua Frauen wie Gioconda Belli, Monika Zalaquett oder Rosario Aguilar als Romanautorinnen behaupten konnten und Eingang in die Verlagsprogramme fanden. (Rosario Aguilars Novellen waren allerdings schon in sechziger Jahren im Selbstverlag erschienen.)

Die Aufmerksamkeit, die die Literatur im sandinistischen Nicaragua und in der internationalen Solidaritätsbewegung mit dem Sandinismus und den anderen Befreiungsbewegungen der Region erregte, mündete am Ende der sandinistischen Ära in den internationalen Erfolg von Gioconda Belli und eine Welle von Texten, die von Frauen geschrieben wurden. Im gleichen politischen Kontext wurde insbesondere durch die Wissenschaft die Bedeutung weiblicher Autoren in der zentralamerikanischen Literatur anerkannt. Die Studien zur neueren zentralamerikanischen Literatur hatten sich seit den achtziger Jahren auf Fragen der Selbstbestimmung und den Beitrag zu den nationalen Projekten der Befreiung konzentriert. Das Netz der in die Solidaritätsbewegung eingebundenen Literaturwissenschaftler und insbesondere Literaturwissenschaftlerinnen in den USA und im deutschsprachigen Raum konnte sich nun am Ende des sandinistischen Projekts auch auf Texte von

---

5 Zamora leitet diese Anthologie mit einer ausführlichen Studie ein, die als wichtiger Beitrag zur Einbeziehung der Frauen in die Literaturgeschichte Nicaraguas des 20. Jahrhunderts zu werten ist. In der Anthologie präsentiert sie Gedichte einer beachtlichen Zahl von Autorinnen: Carmen Sobalvarro, María Teresa Sánchez, Mariana Sansón, Claribel Alegría, Magdalena Úbeda de Rodríguez, Ligia Guillén, Christian Santos, Vidaluz Meneses, Ana Ilce Gómez, Gloria Gabuardi, Michèle Najlis, Gioconda Belli, Daisy Zamora, Rosario Murillo, Yolanda Blanco, Cony Pacheco, Alba Azuenda Torres, Marianela Corriols, Isidra Ortíz und Grethel Cruz. Daneben auch einige anonyme Místkito-Gedichte.

Frauen beziehen, was wiederum umgekehrt bei den Autorinnen zu einem wachsenden Selbstbewusstsein beitrug. Dieses Netz wurde vor allem in den USA durch die Schaffung des Forschungs-gebiets Zentralamerika institutionalisiert, an dem eine Reihe von aus der Region stammenden, in den USA arbeitenden LiteraturwissenschaftlerInnen sowie von Wissenschaftlerinnen aus einem feministischen Kontext und schließlich auch einige US-amerikanische LiteraturwissenschaftlerInnen beteiligt waren, die Kontakte zu den Befreiungsbewegungen unterhielten. Im Schnittpunkt zwischen politisch engagierter und feministischer Literatur-wissenschaft boten sich die Texte der zentralamerikanischen Autorinnen in den neunziger Jahren als ein Forschungsgegenstand an, anhand dessen ein Paradigmawechsel in der Wahrnehmung der gesellschaftlichen Konflikte und der sozialen Bewegungen nachweisbar und die Rekonstruktion einer emanzipatorischen Perspektive möglich schien. Wie hoch der Stellenwert der "Frauenliteratur" in den neunziger Jahren in der Literaturwissenschaft war, zeigte sich auch daran, dass Lesungen von Autorinnen und ent-sprechende Sektionen auf den seit 1992 alljährlich stattfindenden internationalen Kongressen zur Literatur Zentralamerikas einen relevanten und selbstverständlichen Bestandteil darstellten. Die Position der Frauen im Kulturbereich hat sich also wesentlich verändert. Es ist selbstverständlich geworden, dass Frauen schreiben, auch wenn ihre Texte kaum zugänglich sind,[6] und dass sie im institutionellen Diskurs über Literatur eine wesentliche Rolle spielen.

Auf der anderen Seite müssen sie heute auf einem Buchmarkt bestehen, der im Vergleich zu den achtziger und beginnenden neunziger Jahren völlig verändert ist, nämlich globalisiert und von Billigausgaben internationaler Bestseller überschwemmt. Heute ist die in der Region produzierte Literatur zunehmend marginalisiert und kann sich nur noch behaupten, wenn sie über internationale Zusammenarbeit gefördert wird oder große, transnationale Verlage[7] die Veröffentlichung mittragen. Nur wenige zentralamerikanische Autorinnen werden heute noch über die Grenzen der Region hinaus von einem breiteren Publikum gelesen. So Gioconda Belli, die mit ihren Memoi-

---

6 Selbst in Zentralamerika sind viele der von Autorinnen geschriebenen Texte nur in sehr geringen Auflagen erschienen und längst vergriffen. Man stößt auf sie durch andere, wird in Gesprächen auf weitere verwiesen. Sie werden als Leihgabe weitergereicht und sind manchmal nur noch als Fotokopien zugänglich bzw. in wissenschaftlichen Bibliotheken.

7 So etwa Plaza y Janés, wie im Falle von Gioconda Belli und Gloria Guardia, sowie Alfaguara im Falle von Jacinta Escudos.

ren *El país bajo mi piel* (2000, dt. *Die Verteidigung des Glücks*) nicht nur in Nicaragua, sondern auch in Deutschland weiterhin große Resonanz findet.

2. Positionierung im Kontext der gesellschaftlichen Transformationsprozesse

Den Hintergrund für die im Folgenden vorgestellte Literatur von Frauen in Zentralamerika bilden die Transformationsprozesse der Gesellschaften in dieser Region in der zweiten Hälfte des 20. Jahrhunderts. Der Auftakt zur wirtschaftlichen Modernisierung wird allgemeinhin in den Industrialisierungsversuchen der fünfziger Jahre gesehen. Für die kulturellen Beziehungen spielt jedoch der politische Transformationsprozess eine wesentliche Rolle. Er begann mit den beiden ersten Versuchen demokratischer Entwicklung in Guatemala (1944-1954) und Costa Rica (demokratische Revolution 1948) und führte über die sandinistische Revolution (1979-1990) in Nicaragua und den auf dem Verhandlungsweg erreichten Übergängen in El Salvador und Guatemala Anfang der neunziger Jahre zur Einrichtung von Demokratien in der ganzen Region. Damit wurden, formal gesehen, relativ demokratische und befriedete, wenn auch keineswegs gewaltfreie Verhält-nisse geschaffen. In diesem Prozess der Transformation der Gewaltver-hältnisse konnte die Lage der Frauen und ihre Positionen nicht unverändert bleiben.

Gleichzeitig mit der ökonomischen und politischen Transformation wandelten sich die sozialen Verhältnisse. Insbesondere die traditionellen Familienstrukturen wurde seit den fünfziger Jahren gewaltig erschüttert. Selbst in der Oberschicht hat die traditionelle Großfamilie an Gewicht verloren. Modernere Lebensformen wie die der Kleinfamilie wurden in Ober- und Mittelschicht mit dem Anwachsen der städtischen Mittelschicht zur Normalität. Schließlich hat die Migration sowohl in Gestalt von Wanderarbeit und Arbeitsemigration, die durch extreme Verelendung ausgelöst wurden, als auch in Gestalt von Kriegsflüchtlingen und politischer Emigration die traditionellen Strukturen der Familie aufgebrochen und zur Bildung neuer Formen von sozialen Netzen geführt.[8] Mitte der neunziger Jahre hatte schon ein Drittel der Familien ein weibliches Oberhaupt. Diese Veränderungen der Familien brachten in Verbindung mit dem Wandel der Stellung der Frau im Erwerbs-

---

8 "En los últimos 20 años las familias centroamericanas se han transformado profundamente. Cada vez son más diversas y tienen ya un nuevo perfil. Hablar en Centroamérica de 'la familia' es un mito vacío de sentido" (Fauné 1995: 39).

leben natürlich ebenfalls Veränderungen der Geschlechterpositionen mit sich (Aguilar et al. 1997: 49-48; Fauné 1995: 39-47).

Die kulturelle Verarbeitung dieses Wandels stand vor einer großen Aufgabe. Sie musste die Veränderung der Geschlechterpositionen und der politischen und sozialen Transformationsprozesse sowie der extremen Konflikte bewältigen, die diese mit sich brachten. Hinzu kamen in Zentralamerika die starken äußeren Einflüsse, die sich ebenfalls besonders auf die Geschlechterbeziehungen auswirkten. Während einerseits seit den sechziger Jahren das Modell der kubanischen Revolution und mit ihm das Männlichkeitsbild des edlen Machos die Vorstellungen der Rollenverteilung in der Guerilla mit prägten, galt andererseits Bildung für Frauen nicht nur durch das Vorbild Kuba, sondern auch aufgrund der engen kulturellen Beziehungen zu den westlichen Industrieländern als selbstverständliches Gut in den Mittelschichten und als erstrebenswert für die Unterschichten. Zugleich wurden die städtischen Mittelschichten in dieser Region auch von der Welle des kulturellen Umbruchs erfasst, der in den sechziger Jahren Europa und die USA mit Beat und "sexueller Revolution" bewegte, in den Revolten der Achtundsechziger seinen Höhepunkt hatte und anschließend in die Hippiekultur der siebziger Jahre mündete. In intellektuellen und Künstlerkreisen pflegte man eine Art "Offkultur", in der auch sexuelle Freiheit einen größeren Raum einnahm, selbst in dem sonst so versteinerten Guatemala. Gioconda Belli in Nicaragua und Ana María Rodas in Guatemala wagten es schon in den siebziger Jahren, in ihren Gedichten öffentlich gegen die dominante, konservativ und katholisch geprägte Sexualmoral zu rebellieren, nach der Frauen nur als Mutter oder Jungfrau akzeptiert oder als Hure ausgegrenzt wurden, und über das sexuelle Begehren von Frauen zu sprechen.

Auf politischem Gebiet zeigte sich insbesondere in Costa Rica, El Salvador, Guatemala und Nicaragua eine zunehmende Beteiligung von Frauen; im Rahmen der Guerilla war dies auch mit einer Teilnahme an militärischen Auseinandersetzungen verbunden. Dies wirkte sich zwangsläufig auf die konkreten Beziehungen unter den Geschlechtern in politischen und sozialen Gebieten aus und darüber schließlich im privaten Bereich. Es war ein Prozess, aus dem Frauen mit gestärktem Selbstbewusstsein hervorgingen und der zur Herausbildung einer autonomen Frauenbewegung und zu deutlichen Verschiebungen in den Geschlechterverhältnissen führte.

Carmen Naranjo gehörte zu den wenigen Frauen, die in den sechziger und siebziger Jahren öffentliche Ämter im demokratischen Costa Rica bekleideten und ihre Position zur Durchsetzung von vor allem sozial- und bildungspolitischen Projekten für Frauen nutzten. Carmen Naranjo und Gloria Guardia beziehen in ihren Romanen *Sobrepunto* (geschrieben 1965, veröffentlicht 1985) und *El último juego* (1976) als erste Autorinnen autonome Positionen in einem öffentlichen Raum, indem sie die Selbstbestimmung, die den Frauen in ihren Gesellschaften versagt wurde, zum Scheitern der nationalen Projekte in diesen Ländern ins Verhältnis setzen. Doch noch in den siebziger Jahren war die gesellschaftliche Position von Frauen in der Region prekär. Es gab noch keine Frauenbewegung, die einen Raum für Diskussionen über spezifische Interessen und eigene Identitätskonzepte eröffnet hätte, so dass der Spielraum für die Entwicklung frauenpolitischer Positionen und die Kritik der Geschlechterverhältnisse in der Region äußerst gering war. Dass in beiden Romanen die Geschichten des Begehrens der Protagonistinnen (noch) aus männlicher, wenn auch liebender Perspektive der ihrerseits in die politische Geschichte eingebundenen Protagonisten erzählt werden und beide Protagonistinnen tragisch den Tod finden, kann als literarischer Ausdruck dieser noch prekären Situation gelesen werden (Dröscher 2003).

Obwohl seit der zweiten Hälfte der siebziger Jahre der Anteil der Frauen am Widerstand gegen die Militärdiktaturen in Nicaragua und besonders in El Salvador relativ groß war, schien im bewaffneten Konflikt eine eigene Agenda von Frauen und eine radikale Infragestellung der traditionellen Geschlechterrollen unmöglich. Der Wunsch nach nationaler Unabhängigkeit und nach mehr sozialer Gerechtigkeit bestimmte die Programme der Guerillabewegungen. Dabei flossen vor allem solche Vorstellungen von den Belangen der Frauen mit ein, die mit ihrer Lage als Mütter oder als Freiheitskämpferin verbunden waren. Die revolutionären Bewegungen traten zwar unter dem Primat der revolutionären nationalen Projekte für die Rechte von Frauen ein, doch die Struktur der bewaffneten Gewalt und die Profilierung der Figur des Guerilleros und Volksheroen reproduzierte die Ausschließung "weiblicher" Positionen und den Ausschluss der Frauen ebenso wie des "Volkes" aus der Position des Begehrens und Handelns. Rosario Aguilars *El guerrillero* gibt schon 1974 ein sensibles Bild dieser Konstellation, ohne dass sie sich selbst als Vorreiterin der Frauenbewegung verstanden hätte.

Mit dem Sieg der Revolution 1979 in Nicaragua und den Maßnahmen zur sozialen Verbesserung geriet auch die Situation der Frauen stärker ins Bewusstsein.[9] In den ersten Jahren hatte sich die Frauenbewegung dort fast

---

9   Zur Entwicklung der Frauenbewegung in Nicaragua vgl. Ileana Rodríguez (1990).

vollständig in den gesellschaftlichen Umstrukturierungsprozess eingegliedert und insbesondere um die sozialen Belange der Mütter, Bildung und die rechtliche Gleichstellung der Frauen gekümmert. Die ersten deutlichen Konflikte traten mit der Umwandlung der Guerilla in eine nationale Armee und der damit verbundenen Ausgrenzung der Frauen auf. Mitte der achtziger Jahre entwickelte sich dann aus der Diskussion um sexuelle Gewalt erneut die Forderung nach Selbstbestimmung in der Sexualität, die diesmal nicht nur von einzelnen intellektuellen Frauen thematisiert, sondern von einer breiten Bewegung erhoben wurde. Dazu tauchte die Forderung nach autonomen Frauenstrukturen in den Gewerkschaften auf. Teile der Frauenbewegung widersprachen damit der traditionellen Unterordnung der Frauen unter die allgemeinen gesellschaftlichen Ziele der sandinistischen Bewegung beziehungsweise Regierung und forderten Veränderungen auch in den Geschlechterbeziehungen (Rodríguez 1990). Gerade in Nicaragua, wo die Verbindungen zur Solidaritätsbewegung in Europa und den USA von außerordentlicher Bedeutung waren, hatten Frauengruppen Zugang zu internationalen Diskussionen. Einige der schreibenden aktiven Sandinistinnen machten sich als Lyrikerinnen durch die Betonung einer weiblichen Geschlechterposition einen Namen. Die Formulierung von Lebens- und Körpererfahrungen als geschlechtsspezifische und die Entfaltung einer "weiblichen" Erotik bestimmten dabei das Bild. Das erstarkende Selbstbewusstsein der Frauen macht sich nicht zuletzt in der Einführung weiblicher Erzählpositionen geltend. Gioconda Belli versucht in ihrem Roman *La mujer habitada*, autonome Frauenpositionen und den bewaffneten Kampf gegen Somoza zu verbinden. Der Tod ihrer Protagonistin ist zugleich ein symbolischer Sieg, indem der Anspruch auf Gleichberechtigung von Frauen und Männern im politischen Feld unter Betonung einer Andersartigkeit geltend gemacht wird (Dröscher 2003). Belli wurde mit diesem Buch als Romanautorin international bekannt. Doch die Schwierigkeiten, den Roman im Programm des sandinistischen Verlages Vanguardia durchzusetzen, deuten darauf hin, dass der Spielraum für autonome Positionen in einer ansonsten gerade auf Literaturförderung bedachten sandinistischen Kulturpolitik immer noch relativ gering war.

Die Entwicklung der Frauenbewegung in der Region erhielt in den achtziger Jahren einen weiteren Impuls durch die Stärkung der Frauenbewegung in ganz Lateinamerika, die durch die internationalen Begegnungen im Rahmen der UNO-Dekade der Frauen und die Vernetzung der internationalen Frauenbewegung gefördert wurde. So entstanden auch in den anderen Ländern Zentralamerikas[10] in der zweiten Hälfte der achtziger Jahre autonome Frauenorganisationen, die unter der Selbstbezeichnung "feminismo popular" versuchten, den Widerstand gegen die Unterdrückung von Frauen auf Grund ihres Geschlechts mit dem Kampf um soziale Belange und mit gewerkschaftlichen Positionen zu verbinden.

Während einige, vor allem intellektuelle Frauengruppen, auch Positionen entwickelten, die die grundsätzliche Orientierung auf eine bipolare Geschlechterordnung und Heterosexualität in Frage stellten und erste Selbsthilfeeinrichtungen in Costa Rica und Nicaragua unter lesbischer Federführung entstanden, kam diese Position in der von Frauen geschriebenen Literatur bis 1990 kaum vor.

Eine Ausnahme bildet Anacristina Rossis Roman *María la noche*, der 1985 in Barcelona in einer hohen Auflage erschien und in Costa Rica eine große Leserschaft fand. Diese in London spielende Liebesgeschichte zwischen einer Zentralamerikanerin und einem Spanier scheint auf den ersten Blick dem damals im feministischen Diskurs über das weibliche Begehren häufig auftretenden Weiblichkeitskult zu folgen. Der Drang der Protagonistin Mariestela, Normen und Grenzen in der Sexualität zu überschreiten, insbesondere ihr bisexuelles Verlangen, ihr grenzenloses Begehren und ihre Sinnlichkeit werden als Antwort auf eine phallozentrische Ordnung dargestellt, verbindet sich aber auch mit einer traumatischen Mutter-Tochter-Beziehung. In der Liebesbeziehung zwischen Mariestela und dem spanischen Wirtschaftswissenschaftler Antonio stehen sich so "feminine" und "maskuline" Sexualität und Logik fremd gegenüber. Antonio repräsentiert nicht nur die sexuelle Seite dieser Ordnung, sondern zugleich auch als Ökonom ein solches Denken, das Mariestela, selbst in die Wissenschaft eingeweiht, dekonstruiert. Doch am Ende bleibt offen, ob diese Art des Begehrens der Protagonistin Mariestela und ihre Begegnung mit Antonio in London letztendlich doch nur eine von Wahnvorstellungen nicht freie Phantasie Antonios gewesen ist. In ihrem fragmentarischen Roman thematisiert Anacristina Rossi also vor allem die Irritation der Geschlechterpositionen durch eine selbstbewusste, emphatische, weibliche Erotik und homosexuelle Erfahrungen. In der letztlich ambivalent bleibenden Erzählposition, in der sich die Perspektiven und Stimmen der Protagonistin mit der des

---

10 Dass dieser Prozess nicht synchron verlief, sondern zunächst in Costa Rica und Nicaragua, dann in El Salvador, mit zeitlicher Verzögerung um etwa eine halbe Dekade in Guatemala und Honduras stattfand, kann hier nicht genau dargestellt werden. Die genaue Entwicklung ist nachzulesen in Aguilar et al. (1997).

Protagonisten überschneiden, wird die Grenze zwischen einer weiblichen und männlichen Sichtweise durchlässig. Die von der Erfahrung der Migration und langjährigen Aufenthalten in Europa getränkte Erzählung konzentriert sich zwar auf den privaten Raum und die Geschlechter, führt aber im Rückblick auf eine neurotische Kindheit zu einer Situation an der zentralamerikanischen Karibikküste, die von Rassismus und sozialer Ungleichheit geprägt ist. Insofern ist *Maria la noche* eher ein Roman der Verhandlung von kulturellen Positionen in einem Raum des Dazwischen und damit der Übersetzung. Der Roman korrespondiert in gewisser Weise mit Texten von Chicano-Autorinnen, die in den neunziger Jahren zum Referenzpunkt für die poststrukturalistische feministische Theorie und postkoloniale Studien wurden.

Mit der Wahlniederlage 1990 endete das sandinistische Experiment in Nicaragua. In der Einleitung zu ihrer Untersuchung über das Verhältnis von Geschlecht und Nation vermerkt es Ileana Rodríguez (Rodríguez 1994: 15) als Ironie der Geschichte, dass das sandinistische Projekt durch die Wahl einer Frau (Violeta Chamorro) zur Präsidentin beendet wurde. Tatsächlich wurden die Frauen angesichts des Scheiterns der traditionellen Befreiungsbewegungen von verschiedenen Seiten als neue soziale und kulturelle Akteure entdeckt. Frauenprojekte spielten im öffentlichen Diskurs in der Region nun eine große Rolle und zogen auch in allen internationalen Zusammenhängen, sei es der Entwicklungszusammenarbeit oder auch im Literaturbereich, vermehrt Aufmerksamkeit und Ressourcen auf sich, was wiederum die Positionen der Frauen in der Region stärkte.

Die Frauenfrage wurde nicht zuletzt durch die konzeptionelle Wende zu *Gender*fragen in der internationalen Entwicklungszusammenarbeit institutionell bestärkt, zu einem der letzten Angelpunkte noch rettbarer emanzipatorischer Ziele in der nachrevolutionären Region.

Der Übergang zu wenn auch noch instabilen und unzulänglichen, aber immerhin demokratischen Regierungsformen hat die Rahmenbedingungen für die Frauenbewegung sowie die Struktur der gesellschaftlichen Kommunikation verändert. Ein Konzept von nationaler Entwicklung als Entwicklung von Gemeinwesen mit integrierenden Funktionen der staatlichen Gewalt und demokratischen Legitimationsformen scheint sich langsam als politisch normal durchgesetzt zu haben (Rojas 1995). Auch wenn die sozialen Unterschiede weiterhin eklatant waren und sind, haben seit Anfang der neunziger Jahre Fragen der Demokratisierung der Gesellschaft und damit auch der Geschlechterverhältnisse an Bedeutung gewonnen. In diesem Ambiente konnte der erste autonome Frauenverlag, Editorial Mujeres, in Costa Rica entstehen. Unter der Leitung von Linda Berrón erschienen in diesem Verlag zwei Anthologien, die in beeindruckender Weise den Reichtum an von Frauen geschriebenen Erzählungen und Gedichten in Costa Rica dokumentieren.[11] In allen Ländern traten in den neunziger Jahren neue und jüngere Autorinnen in Erscheinung. Neben der den Frauen in der Region traditionell zugänglicheren Form des Gedichts schien nun die Erzählung zu dem Medium zu werden, in dem sich die jüngeren Autorinnen präsentierten.[12] Eine aufgrund des hohen ästhetischen Anspruchs und ihrer sprachlichen Präzision herausragende Erscheinung ist Jacinta Escudos (Dröscher 1996), die zunächst mit ihren Erzählbänden *Contra-Corriente* (1993) und *Cuentos sucios* (1997) ihr literarisches Talent bewies und für ihren dritten Roman, *A-B-Sudario* (2003), mit einem der renommiertesten Literaturpreise Zentralamerikas, dem "I Premio Centroamericano de novela Mario Monteforte Toledo" ausgezeichnet wurde. Thematisch konzentriert sie ihre Erzählungen auf die Situation von intellektuellen Frauen im zeitgenössischen Zentralamerika. In der genauen Situierung deutet sich schon an, was gegenüber einem generalisierenden sozialübergreifenden Gestus der Artikulation von Frauenpositionen in den achtziger Jahren inzwischen an Differenz unter den Frauen thematisierbar geworden war. In allen Ländern hatten sich nun Frauengruppen installiert und institutionellen Einfluss erlangt. Ein regionales Netzwerk der mittelamerikanischen Frauenbewegung war entstanden.[13] Mit dem Erstarken der politischen Position der Frauen und der Eröffnung eines eigenen diskursiven Raumes, in dem zunehmend sozialwissenschaftliche beziehungsweise sozialpädagogische Beiträge eine Rolle spielten, war die Bedeutung "der Frauenfrage" in den literarischen Beiträgen von Frauen geringer geworden. Es blieb die Auseinandersetzung mit Geschlechterfragen auf den verschiedensten Gebieten und in geschichtlichen beziehungsweise sozialen Konstellationen. Bezeichnenderweise waren es gerade Autorinnen, die sich nun um

---

11 *Relatos de Mujeres. Antología de Narradoras de Costa Rica.* Selección: Linda Berrón, Prólogo: Sonia Marta Mora. San José: Editorial Mujeres 1993. Und: *Indómitas voces: las poetas de Costa Rica.* Antología/Selección y Prólogo: Sonia Marta Mora y Flora Ovares. San José: Editorial Mujeres 1994.

12 Siehe die von Werner Mackenbach herausgegebene Anthologie neuer zentralamerikanischer Erzählungen: *Papayas und Bananen* (Mackenbach 2002). Zu neueren Erzählungen aus Nicaragua siehe auch Dröscher (1996).

13 Vgl. die Dokumentation des Treffens zentralamerikanischer Frauenbewegungen in Nicaragua 1992 in *Memorias 1993*, die des Treffens 1993 in El Salvador in *Memorias 1994*, sowie die Darstellung der Frauenbewegung in Zentralamerika in *Movimiento de mujeres en Centroamérica* (Aguilar et al. 1997).

die Aufarbeitung der Kriegserfahrung und der Vorgeschichte bemühten. Ana María Rodas klagt in ihrem Gedichtband *La insurrección de Mariana* gegen die stillschweigende politische Transition nach dem Friedensschluss, und die chilenisch-nicaraguanische Autorin Monica Zalaquett thematisiert in ihrem Roman *Tú fantasma Julián* (1992) den Ausschluss der Frauen/des Volkes aus dem Prozess der "Reconciliación" zwischen den militärischen Lagern. Nicht zuletzt sind es Autorinnen, die ein verstärktes Interesse an Geschichte und Geschichtsschreibung zeigen und zur Welle des "neuen historischen Romans" in Zentralamerika beitragen. Neben Gloria Guardia und Rosario Aguilar ist hier vor allem Tatiana Lobo zu nennen, die sich in ihrem besonders im Hinblick auf die polyphone Struktur und Ironie bemerkenswerten Roman *Asalto al paraíso* der (De-)Konstruktion der Geschichte der Kolonialzeit widmet (vgl. dazu den Beitrag von Werner Mackenbach im vorliegenden Band).

Mit dieser kurzen Skizze der Entwicklung sollte gezeigt werden, wie eng das Schreiben vieler Autorinnen mit der politischen Entwicklung in der Region und der Entstehung und Entwicklung der Frauenbewegung dort verbunden war, ja, dass einige von ihnen eine entscheidende Rolle dabei spielten. So einheitlich die Grundannahme bei fast allen Autorinnen gegeben ist, dass Literatur und Gesellschaft in einem engen Verhältnis zueinander stehen, so eigenwillig und unterschiedlich ist die Art, wie sie in ihrem Schreiben diesem Verhältnis Ausdruck verleihen. Dabei spielen die jeweiligen generations- und landesbedingten Erfahrungen der politischen und kulturellen Situation sowie die Erfahrungen der europäischen und nordamerikanischen Kultur eine große Rolle. Bemerkenswert ist allerdings, dass bestimmte Tropen immer wieder in den Texten zu finden sind, so die der Trennung der Protagonistin von der Mutter oder die auffällig oft wiederkehrende, jedoch unterschiedlich (re)konfigurierte Gestalt der *huérfana* (Waise). Diese Tropen erweisen sich als zentral für die literarische Verarbeitung der Situation und Position von Frauen in einer Region, die seit den fünfziger Jahren von den Modernisierungsprozessen und den damit zusammenhängenden Einschließungs- und Ausschließungsprozessen erschüttert wurde (Dröscher 2003).

Die Auswahl der im Folgenden vorgestellten Autorinnen – Carmen Naranjo, Claribel Alegría, Ana María Rodas, Rosario Aguiliar, Gloria Guardia und Gioconda Belli – sowie der jeweiligen Bücher beruht auf dem literarischen Gewicht und der Bedeutung, die sie in Bezug auf den Diskurs über die Geschlechterverhältnisse in der Region einnehmen. Diese Auswahl konzentriert sich im Wesentlichen auf den Kreis, der durch eine wissenschaftliche

Beachtung über die Region hinaus ausgewiesen ist, ist aber auch stark durch das eigene Lesevergnügen und Diskussionsinteresse bestimmt. Somit stellt sie durchaus eine problematische, weil subjektive Festschreibung eines durch die wissenschaftlichen Institutionen bestimmten Kanons dar.

3. Sechs Autorinnen aus Zentralamerika

Als die bedeutendste zeitgenössische Schriftstellerin Zentralamerikas gilt die 1931 geborene Costa-Ricanerin **Carmen Naranjo**. Sie ist zugleich eine der wichtigsten Repräsentantinnen der Frauenbewegung in der Region. Nicht nur als Schriftstellerin, sondern auch im politischen Raum als Botschafterin[14] und Ministerin für Kultur, Jugend und Sport war Carmen Naranjo eine der ersten Frauen in Zentralamerika, denen es gelang, in die traditionellen Domänen der Männer einzubrechen. So wie ihre persönliche Geschichte eng mit der politischen Geschichte Costa Ricas und der Entstehung der Frauenbewegung verbunden ist, so ist ihr Schreiben stark von der Kritik der Geschlechterverhältnisse und der gesellschaftlichen Entwicklung bestimmt. Carmen Naranjos Lebens- und Schreibraum ist die Stadt. Mit dem Schreiben von Stadtliteratur setzt sie sich früh von der im ländlichen Raum verankerten sozial engagierten Literaturtradition (etwa Carmen Lyra) in Costa Rica ab. In der Hauptstadt San José kristallisiert sich der Prozess der fragmentierenden Modernisierung der costa-ricanischen Gesellschaft, der zur Veränderung der sozialen Struktur, der kulturellen Orientierungen und der Geschlechterverhältnisse führt. So handeln die Geschichten Carmen Naranjos von den in diesem Prozess sozial Marginalisierten und von seinen Auswirkungen auf die Mittelschichten, von der "Verbürokratisierung" der demokratischen Institutionen und der Wirtschaft, vom Unbehagen der Männer, und von dem Begehren und der Beschränkung der Frau in einer traditionell konservativ-patriarchalischen, aber von der Modernisierung erschütterten Gesellschaft.

Doch die Bedeutung der Autorin Carmen Naranjo beruht nicht nur auf der zeitgenössischen Brisanz ihrer Werke, sondern gründet sich auf die literarische Qualität ihrer Texte. Trotz der starken Referenzialität widersteht die experimentelle Form ihrer Werke eindimensionalen Leseweisen und realistischen Konzeptionen im engen Sinne. Sie haben trotz der sozialen und konkreten Stofflichkeit nichts mit einer traditionellen naturalistischen oder so-

---

14 Carmen Naranjo war von 1972 bis 1974 als Botschafterin in Israel, zur gleichen Zeit wie die befreundete mexikanische Autorin Rosario Castellaños für Mexiko, die dort auf tragische Weise starb.

zialistisch-realistischen Schreibweise gemein, sondern sind im ästhetischen Sinn modern. Bestechend ist die außerordentliche Präzision ihres Schreibens – kein Wort zuviel oder zuwenig in ihren Texten. Ob im polyphonen Ensemble oder im inneren Monolog, immer besitzen die Stimmen eine eigenartige Präsenz und durch Tonfall und Sprachgestus eine sozial und geschlechtlich markierte Individualität. Ein gutes Maß an Ironie und oft sarkastischem Humor, Polyphonie und Leidenschaft zur Provokation verleihen den häufig tragischen bzw. schockierenden Geschichten einen offenen Charakter. Der Einsatz von Fragment und Metatext ist in hohem Maße virtuos, was ihren international bekanntesten Roman *Diario de una multitud* zu einem herausragenden Beispiel für den modernen Roman Zentralamerikas macht (Arias 1998: 4, 107ff.).

Diario de una multiud (1974) ist ein Roman in drei Teilen: Im ersten und umfangreichsten entfaltet sich ein Panorama des zeitgenössischen städtischen Lebens in Costa Rica, dann lesen wir das Tagebuch einer Journalistin, die über ihre Arbeit und ihr persönliches Leben nachdenkt, und schließlich handelt der dritte Teil von den Geschehnissen einer Studentenrebellion.

Das Stadtbild fügt sich scheinbar assoziativ und collageartig aus kurzen Momentaufnahmen zusammen, die in sehr kurze Abschnitte, manchmal nur Zweizeiler, gefasst sind. Wie der Mitschnitt einer Vielzahl von Stimmen wirkt dieses Hörbild von Gesprächsfetzen, Stimmengewirr und Gemurmel aus dem Alltagsleben, aufgenommen mit einem versteckten Mikrofon, das an wechselnden, aber beliebigen Häuserblockecken der Innenstadt aufgestellt wurde. Zugleich überschreitet die Darstellung die Grenzen des Dokumentarischen durch Fragmente von inneren Monologen. In der horizontalen Bewegung und der neorealistischen Projektion entsteht der Eindruck einer Situation, in der sich hinter der behäbigen Geschäftigkeit, provinziellen Aussichtslosigkeit und Versteinerung eine schwelende Unruhe, Spannung und Frustration aufbaut und die kommende Explosion ankündigt.

Im zweiten Teil mit der Überschrift "Clave" reflektiert die 'Ich'-Erzählerin, eine Journalistin, in ihrem Tagebuch über das Problem der Repräsentation und Intention ihres Features. In die Überlegungen zu ihrer Arbeit mischen sich lebensphilosophische Reflexionen und Gedanken zu ihren Beziehungsproblemen. Die Position der Erzählerin ist deutlich als die einer universell gebildeten Intellektuellen ausgewiesen, einer schreibenden Frau, deren Projekt, die Stadt zu repräsentieren, vom Wunsch nach Emanzipation und Sinnstiftung geleitet ist. So wird das notierende Gehör des ersten Teils situiert und kontextualisiert. Durch die Nähe der Figur zur Autorin in diesem autoreferenziellen Teil eröffnet sich eine Dimension, die mit Christa Wolfs Worten als die Dimension des Autors bezeichnet werden kann. Doch der Versuch, durch diese "Klammer" dem fragmentarischen Charakter der Erzählung eine klare Sinnstruktur einzuschreiben, wird im dritten Teil aufgehoben, und zwar in einer zeitgeschichtlichen Erzählung, die das soziale Geschehen in einer heißen Sommernacht dokumentiert: Eine Versammlung von Studenten, Nachtschwärmern, Pärchen und Delinquenten verwandelt sich in eine plündernde und zündelnde Meute. Der Aufstand erfüllt nicht die moralischen oder ethischen Ansprüche der Intellektuellen, sondern er ist schmutzig und durch Mord und Brandstiftung befleckt. Die reale gesellschaftliche Eruption erweist sich als alle und alles tangierendes Ereignis und macht deutlich, dass die Sinnstiftung durch Erzählung angesichts des unerträglichen Zustands der Gesellschaft nicht gelingen kann und deshalb zur Klage werden muss.

In den so genannten drei Bürokratenromanen (*Los perros no ladraron*, 1966; *Camino al mediodía*, 1968; *Memoria del hombre palabra*, 1978) hat Carmen Naranjo die städtische Mittelschicht im Visier. Die drei Romane wurden ebenso wie *Diario de una multitud* in der literaturwissenschaftlichen Diskussion vor allem als sozialkritische Studien wahrgenommen. Jeder der Romanhelden stammt aus einem anderen Milieu dieser vor allem von Doppelmoral, Selbstbetrug und Isolierung gezeichneten neuen Mittelschicht. Ähnlich wie in der neusachlichen deutschsprachigen Prosa Marie Luise Fleißers und Ödon von Horvaths sprechen und denken Carmen Naranjos Figuren in den Bürokratenromanen eine Art "Jargon der Eigentlichkeit". Verdinglichung und Konsumverhalten als Statussymbol bestimmen das Denken und die Redeweisen der neuen städtischen Mittelschichten. In den Bürokratenromanen Carmen Naranjos erweist sich die Modernisierung als Prozess der Bürokratisierung und der Erzeugung neuer persönlicher Abhängigkeitsverhältnisse.

Im Hinblick auf die heutige Diskussion um Geschlechterkonstruktion und *Gender* ergibt sich eine neue erweiterte Leseweise, die die Romane auch als scharfsichtige Beobachtung der kulturellen und sozialen Konstruktion von Männerrollen und der gesellschaftlichen Wirkung dieser Rollen, ihrer Funktion in der Herrschaftsstruktur und Reproduktion von ungerechten sozialen Verhältnissen in dieser Gesellschaft wahrnimmt und dabei, allerdings noch eher beiläufig, die Rolle der Frauen und Funktion der Ausgrenzung und Unterdrückung des "Anderen" offenlegt. Die dargestellten Männerfiguren unterscheiden sich von dem üblichen Bild des lateinamerikanischen Machos und auch von dem ambivalenteren Typus des mexikanischen Machos, den Octavio Paz in *Labyrinth der Einsamkeit* beschreibt. In Carmen Naranjos Männergestalten der costa-ricanischen Mittelschicht scheinen sich Züge des kracauerschen Angestellten mit denen des raubeinigen *caudillo* und des ängstlich seine Wünsche und Interesse verbergenden *ladino* zu vermischen.

Obwohl Carmen Naranjo in den sechziger und siebziger Jahren nur Romane veröffentlicht hat, in denen männliche Protagonisten die zentrale Rolle spielen und in denen es vornehmlich um die Konstruktion des männlichen Geschlechts in der Modernisierung der costa-ricanischen Gesellschaft geht, beschäftigte sie sich in dieser Zeit professionell und in anderen Textformen wie dem Essay und dem Gedicht intensiv mit der Situation der Frauen und der Wirkung der Modernisierung auf deren Position in der Gesellschaft. Sie äußerte sich öffentlich zu Fragen der Benachteiligung von Frauen in Bildung und Kultur. Aber ihren ersten Roman mit einer weiblichen Protagonistin veröffentlichte sie erst 1984, wiewohl er schon zehn Jahre zuvor abgeschlossen war. Als Grund dafür nennt sie heute die Rücksicht auf eine Freundin, deren Lebensgeschichte den Stoff des Romans bildet. Sicher hat aber auch eine Rolle gespielt, dass sie mit diesem Roman der zeitgenössischen Diskussion in Costa Rica und Zentralamerika weit voraus war.[15]

Was diese Protagonistin Olga in *Sobrepunto* gegenüber den traditionellen Frauenpositionen im Roman (und im damaligen Costa Rica) auszeichnet, ist ein außergewöhnlich starkes eigenes Begehren und die Auflösung traditioneller Bindungen. Die Tragödie des Scheiterns bei der Suche nach sozialen Beziehungen, in denen dieses Begehren aufgehoben wäre, wird aus der Sicht eines liebenden Freundes erzählt. Die Gestalt des männlichen Protagonisten des Romans entspricht erneut nicht dem traditionellen Rollenbild des lateinamerikanischen Machos, unterscheidet sich aber auch von den Protagonisten der bisher besprochenen Romane. In *Sobrepunto* verbindet sich ein männliches Unbehagen an der modernisierten Gesellschaft mit einer starken Zurückhaltung und Verunsicherung in der Beziehung zu Olga und einer gesellschaftskritischen Position. Durch seine Lebensgeschichte, die mit der

---

15 So hebt die costa-ricanische Literaturwissenschaftlerin Luz Ivette Martínez hervor, dass Olga eine im Rahmen der lateinamerikanischen (Frauen-)Literatur (noch) bei Erscheinen des Romans außergewöhnliche Protagonistin ist. "Carmen Naranjo se aparta de la situación específica de la mujer casada, que vive ceñida al marco estrecho del hogar y cuyas frustraciones son objeto de consideración por parte de las novelistas que han tratado el tema, y nos enfrenta ahora ante una mujer que se activa socialmente, que posee dinero y libertad para gastarlo, pero a quien se le priva del derecho de 'ser'" (Mártinez 1987: 330).

politischen Entwicklung Costa Ricas, insbesondere den Reformprojekten von 1948, eng verwoben ist, wird die Geschichte des Begehrens einer Frau in den Kontext eines nationalen Projekts der Demokratisierung gestellt. Die Grenzen dieses Projekts werden durch den im literarischen Sinn "unausweichlichen" Tod der Protagonistin markiert (Dröscher 2003).

In ihrem 1982 erschienenen Erzählband *Ondina* geht es nicht mehr nur darum, die Konstruktion von traditionellen und modernisierten Geschlechterrollen aufzuarbeiten und als problematisch zu thematisieren, sondern hier beginnen die erotischen und sexuellen Begierden ein eigentümliches Leben zu führen. In der phantastischen Titelerzählung begeht Carmen Naranjo einen erneuten Tabubruch. Der Protagonist und Ich-Erzähler, ein gescheiterter leitender Funktionär im Regierungsapparat, verliebt sich in das bezaubernde Bildnis Ondinas, der Schwester seiner Auserwählten. Während er jene in traditioneller Weise umwirbt, gibt er sich in seinen Tagträumen der sexuellen Verführung und Befriedigung durch Ondina hin. Er beobachtet Ondina, die sich schließlich als Zwergin offenbart, im sexuellen Spiel mit einem Kater. Als er selbst die Initiative ergreift, sie fortträgt und penetrieren will, springt ihn der Kater an. "Ondina me esperó y no pude responder, hasta que encontré la clave de la convivencia" (17). Der Schlüssel ist die Hochzeit mit der Schwester, an der Ondina teilnimmt, während der Kater zu Hause bleibt (17).

Gesellschaftlich unterdrückte, "obszöne" sexuelle Beziehungen bestimmen die Protagonisten der Erzählungen in diesem Band. Dabei werden nicht nur die traditionellen und modernen Rollen dekonstruiert und als problematisch thematisiert, sondern die Grenzen zwischen den Geschlechtern werden im Geschlechterrollentausch durchlässiger, wie etwa in der Erzählung "Simbiosis del encuentro". Während in den Bürokratenromanen und *Diario de una multitud* die Geschlechterverhältnisse noch als Teil der sozialen Verkrustung der Gesellschaft und der erstickenden Struktur des Bürokratismus entwickelt sind und auch in *Sobrepunto* noch die Beziehung zum nationalen Projekt von zentraler Bedeutung ist, bilden in *Ondina* soziale beziehungsweise politische Fragen nicht mehr die Hauptachse der Entwicklung, jetzt sind es die Geschlechterverhältnisse, die als eigenständiger Konflikt thematisiert werden. Im Spiel mit dem Geschlecht stellt Carmen Naranjo die "Normalität" der Verteilung von Allgemeinem und Besonderem in Frage und nimmt den bestehenden Geschlechterverhältnissen den Anschein der Natürlichkeit.

Das heißt nicht, dass sich Carmen Naranjo jemals von der Bearbeitung der gesellschaftlichen Situation und den Wirkungen des Modernisierungsprozesses in Costa Rica zurückgezogen hätte. In ihrem jüngeren Prosawerk *En partes* (1994) ebenso wie in ihrem Essay *Cultura* (1998) wendet sie sich neben Themen der Geschlechterbeziehungen wieder allgemeineren Fragen der Zerrüttung der Gesellschaft und der Kultur zu. Die Auswirkungen der Globalisierung auf die sozialen Beziehungen und die Macht der Medien beschäftigen sie ebenso wie die Macht der Mafia. Die postrevolutionäre Welt der neunziger Jahre in Zentralamerika ist in diesen Texten vom Zerfall der Entwicklungsideen und der Suche nach festen Orten in einem in viele Stücke zerbrechenden sozialen Feld bestimmt.

Auch das Schreiben von **Claribel Alegría** ist substanziell mit dem politischen Geschehen in Zentralamerika und der Auseinandersetzung mit der Position der Frauen darin verbunden. Claribel Alegría wurde 1924 in Estelí, Nicaragua, geboren, wuchs ab 1925 in El Salvador auf und hat lange Zeit in den USA beziehungsweise Europa gelebt. Mit gewissem Recht präsentiert Daisy Zamora (1992) dennoch Claribel Alegría in ihrer Anthologie als nicaraguanische Dichterin. So lebte diese von 1979 bis Ende der achtziger Jahre in Nicaragua und hat die sandinistische Revolution ebenso wie die revolutionäre Bewegung in El Salvador unterstützt und ist auch heute wieder in Nicaragua beheimatet.

In den Gedichten, die Daisy Zamora vorstellt, kreist das lyrische "Ich" um die Konstitution seiner sozialen Rolle als Frau und Mutter und um die Beschränkung, die der Intellektuellen damit auferlegt ist. "Tengo miedo de volverme alucinada/ y no regresar nunca/ a los tacos rotos/ el traje en la vitrina/ al matiné del sábado en la tarde" (Zamora 1992: 121f.).

Ein zentrales Thema in Claribel Alegrías Texten ist das Leben und die Person ihrer Mutter. In den ihr gewidmeten Gedichten und dem autobiographischen Roman *Alicia en el país de la realidad* (1987) arbeitet sich das lyrische beziehungsweise erzählerische "Ich" an dieser die Tochter kulturell prägenden, starken und bewunderten Mutter, der *madre anaconda*, ab. Die Mutter wird als eine der salvadorianischen Oberschicht angehörende, kosmopolitisch denkende und im westlichen Kulturkreis beheimatete Frau dargestellt, die sich der demokratischen Bewegung 1932 verbunden fühlt. Sie erscheint als die "raíz"/"Wurzel" des Verlangens der Tochter nach eigener (intellektueller) Identität und Bindung an die revolutionären Kräfte in Zentralamerika. Im Vergleich zu den Texten der anderer Autorinnen ist Claribel

Alegrías Lyrik, was die Formulierung einer eigenen weiblichen Erotik und sexueller Rebellion betrifft, eher zurückhaltend. Ihre Position als Frau scheint sich darin geltend zu machen, dass der Bezug zum demokratischen beziehungsweise revolutionären Widerstand in El Salvador vornehmlich über persönliche Beziehungen hergestellt wird, was dem von der Frauenbewegung in den achtziger Jahren favorisierten Weiblichkeitsbild entspricht. So widmet sie ein Gedicht dem (von seinen eigenen Kampfgefährten) ermordeten Dichter und Revolutionär Roque Dalton und beschreibt darin die gemeinsame Erfahrung des Exils und des umhergetriebenen Seins des heimatlosen salvadorianischen Intellektuellen.

Einen großen Teil ihrer Prosatexte hat Claribel Alegría zusammen mit ihrem Ehemann, dem US-amerikanischen Journalisten Darwin J. Flakoll, verfasst. Wie in dem historisch-dokumentarischen Roman *Cenizas de Izalgo* (1966) und dem *Testimonio: No me agarran viva – la mujer salvadoreña en la lucha* (1987) geht es immer darum, das Geschehen und die Hintergründe der blutigen sozialen Konflikte in El Salvador einer breiteren, auch internationalen Öffentlichkeit bekannt zu machen. Als Erzählerin nimmt sie dabei eine eher außenstehende und zur internationalen Öffentlichkeit vermittelnde Position ein. So präsentiert sie im *Testimonio* eine salvadorianische Guerillera als exemplarisch für die "mujer salvadoreña en la lucha". Komponiert aus fiktiver Handlung, auf Befragung beruhenden Zeugnissen und Briefausschnitten wird die Lebensgeschichte der 1981 bei einer logistischen Aktion umgekommenen Eugenia/Ana María Castillo Rivas rekonstruiert und mit der Geschichte des politischen und militärischen Konflikts verknüpft. Durch die Ergänzung des Materials über Eugenia/Ana María mittels (Selbst)zeugnissen einer bekannten politischen Führerin der Guerilla und einer Bauernführerin wird eine heroische Gestalt geschaffen, das ideelle Bild einer militanten Kämpferin. Der Mythos der *guerrillera* trägt jedoch im Unterschied zu entsprechenden Männerbildern weniger die Züge einer Märtyrerin und einsamen Heldin als die der Partnerin in einer weitgehend harmonischen Gemeinsamkeit der Geschlechter im Kampf. Die Äußerungen der Anerkennung, die die Frau als Mutter, Freundin, Ehefrau und politisch "vorbildliche" Aktivistin von Seiten des Ehemanns und der Kampfgefährten erfährt, erhalten breiten Raum. Die Autoren greifen dabei Teile des Selbstverständnisdiskurses des FMLN (*Frente Farabundo Martí de Liberación Nacional*) auf. Die gemeinsame Betreuung der Kinder und der respektvolle Umgang mit der Frau als Kämpferin entsprechen Vorstellungen, die im FMLN tatsächlich in den achtziger Jahren debattiert wurden, als es um die Anerkennung der Frau als

Beteiligte am bewaffneten Kampf und die gesellschaftliche Aufgabe der Kindererziehung ging. Die in der älteren Generation vor allem von gebildeten Frauen, die wie Claribel Alegría aus der Oberschicht stammten, entwickelten Frauenpositionen, bei denen die Gleichberechtigung in (heterosexuellen) Geschlechterbeziehungen und die Kritik der Begrenzung ihrer Entwicklungsmöglichkeiten als Intellektuelle im Zentrum standen, scheinen zu Beginn der achtziger Jahre in den Hintergrund getreten zu sein; sie sind im Bild der kämpfenden salvadorianischen Frau nicht repräsentiert. Für die politisch aktiven Frauen stehen die mörderische Repression und das gemeinsame Ziel der politischen Befreiung im Zentrum. Die Orientierung der *Testimonios* durch die Autorinnen auf Fragen der Geschlechterverhältnisse und Eltern-Kind-Beziehung im bewaffneten Kampf entspricht den damaligen Konfliktlinien und der Vermittlerrolle, die sie in der Kommunikation zwischen Befreiungsbewegung und internationaler Öffentlichkeit, insbesondere der Solidaritätsbewegung, einnehmen wollen.

In ihrem Kurzroman *Album familiar* (1982) bearbeitet Claribel Alegría den Bürgerkrieg analog zu ihrer eigenen Situation aus der Sicht des Exils. Die Geschichte ihrer Protagonistin Ximena reflektiert die Erfahrungen der Autorin nicht nur hinsichtlich der autobiographischen Bezüge, sondern auch hinsichtlich ihrer Position als derjenigen, die "draußen" ist. Ximena lebt in Paris und wird dort durch ihren Cousin mit der Zuspitzung des Krieges in Nicaragua konfrontiert. Sie lässt die sie zunächst bestimmende persönliche Problematik, die Sorge um die Rettung der Familientradition, hinter sich und entscheidet sich, den erstarkenden Widerstand gegen das Terrorregime Somozas zu unterstützen und ist bereit, dafür auch ihre Ehe zu belasten. Ihre Entscheidung ermöglicht es ihr, eine aktive Rolle im politischen Geschehen einzunehmen, wobei sie allerdings in der Position der Unterstützerin bleibt, während ihr Cousin, dessen Aufgaben bei der Verbreitung von Informationen über den Befreiungskampf sie übernimmt, in den Krieg zieht und zum Märtyrer wird.

Unter den Dichterinnen Zentralamerikas nimmt die Guatemaltekin **Ana María Rodas** (*1937) einen herausragenden Platz ein (Liano 1997: 273-288; Mondragón 1993:18). In den siebziger Jahren machte die Direktheit, mit der sie Themen der Frauenbewegung ansprach, ebenso wie die Rigorosität der Poetik ihre Gedichte zum Skandalon. Als Journalistin war und ist sie hauptberuflich mit einer anderen Art des Schreibens in den sozialen und politischen Fragen ihres Landes engagiert. Erst in einem Alter von 36 Jahren, als

Mutter von drei Töchtern, veröffentlichte sie ihren ersten Gedichtband *Poemas de la izquierda erótica* (1973). Schon zwei Jahre später, 1975, erschien ihr zweiter Gedichtband, *Cuatro esquinas del juego de una muñeca*, dann 1984 *El fin de los mitos y sueños* und 1993 *La insurrección de Mariana.*[16] Schließlich hat Ana María Rodas 1996 mit einem kleinen Prosaband, dem sie den Titel *Mariana en la tigrera* gab und der Erzählungen aus den siebziger und neunziger Jahren enthält, sich selbst und dem Publikum gegenüber, wie sie sagt, auch ihre Erzählkunst unter Beweis gestellt.

Ihre Gedichte heben sich aufgrund der Radikalität ihrer Kritik an den bestehenden Geschlechterbeziehungen deutlich vom allgemeinen Kontext der Entwicklung einer weiblichen erotischen Dichtung der siebziger Jahre ab. Ihre außerordentliche Wirkung liegt nicht zuletzt in der Stärke des autoreferenziellen lyrischen "Ichs" begründet, das spröde und unbeugsam, bissig ironisch Verweigerung, Rebellion und Selbstbestimmung praktiziert. Die Gedichte bestechen nicht nur durch ihre formale Freiheit und ästhetische Präsenz, sondern ebenso durch die Klarheit der Aussage.

Schon 1973 formuliert sie in *Poemas de la izquierda erótica* radikal die Weigerung, sich der traditionellen Alternative zu ergeben, Jungfrau zu spielen oder sich auf Mutterschaft reduzieren zu lassen. Sie dringt in das bisher den Männern vorbehaltene Terrain erotischer Zonen vor und bemächtigt sich nicht nur der Sexualität, sondern auch der bislang Männern vorbehaltenen Rede über Sexualität, indem sie die Dinge beim Namen nennt – den Körper, das Geschlecht und die Lust. Ana María Rodas rebelliert dagegen, dass den Frauen Lust verweigert wird. "Wie sollst du auch sagen/ ich habe Lust?/ Frauen haben keine Lust/ wir haben Kinder –" (23). Dabei sucht sie in ihrer Auflehnung nicht in erster Linie Resonanz beziehungsweise die Bereitschaft bei Männern, sich zu verändern, sondern appelliert an die Gemeinsamkeit der Frauen, ihren Schwestern: "Schluß mit dem Lächeln/ Schluß mit dem Jungfrauspielen" (10). Ihr Widerstand gegen die Unterdrückung weiblicher Sexualität verschränkt sich mit dem politischen Diskurs über die Revolution. Beiden liegt ein polarisiertes Konzept zugrunde, so dass sich die Konfliktlinien weiblich–männlich und links–rechts gegenseitig reflektieren und verstärken. Angesichts dessen, dass die Frauenbewegung in der Region erst in den achtziger Jahren entstanden ist und deshalb einer solchen Dichtung noch keinen Rückhalt geben konnte, erscheint diese nicht nur ästhetisch, sondern

---

16 Erich Hackl hat 1995 eine Auswahl von Gedichten aus diesen Bänden unter dem Titel *Gedichte der erotischen Linken* in hervorragender deutscher Übersetzung herausgebracht, aus der ich im Folgenden zitiere (Rodas 1995).

auch inhaltlich als avantgardistisch. Die Entwicklung der Gedichtszyklen zeigt zugleich, wie schwer diese Position zu halten und mit welchen Kosten sie verbunden war.

Die Anordnung der Gedichte in *Poemas de la izquierda erótica* erzeugt einen Erzählfaden über zwei Liebesgeschichten vom Moment der Euphorie bis zur jeweils bitteren Trennung. In den Gedichten gestaltet sich ein starkes weibliches lyrisches "Ich" als maßgeblich, als Subjekt des Prozesses und zugleich als Objekt von Veränderung durch Erfahrung. Es geht aus diesen poetischen Erzählungen kein romantisches Paar, sondern eine vielfach verletzte, doch sich ihrer Position bewusste und autonome Frau hervor. Das ungehaltene, rebellische und bedingungslos radikale Verlangen, die die Tabus einer traditionellen patriarchalischen Moral brechende Erotik und das Begehren jenseits der traditionellen Einschränkung auf jungfräuliches oder mütterliches Verhalten scheitern an der konservativen Beziehung ihrer (auch linken) Männer zu ihr, dem "anderen Geschlecht". Der Verwirklichung sexueller Freiheit sind durch die realen Geschlechterverhältnisse bis in die Kreise des demokratischen beziehungsweise revolutionären Lagers Grenzen gesetzt. In den Gedichten formuliert das lyrische "Ich" eine zunehmende Erkenntnis über diese Frustration und die Unfähigkeit der Männer, an der Freiheit teilzuhaben. An die Stelle der Erotik als originärem Ausdruck einer eigensinnigen Weiblichkeit und autonomen Persönlichkeit tritt die Dichtung und damit die Selbstbehauptung als autonomes Individuum auf geistigem, allerdings ebenfalls von den Männern dominiertem Gebiet.

Mit diesem Gedichtband traf Ana María Rodas das machistische Selbstbewusstsein vieler Männer ins Mark. Sie sah sich herben Diffamierungen, Beschimpfungen und dem Vorwurf der "Pornographie" etc. ausgesetzt, deren Urheber unter anderem auch aus der "Linken" kamen.

In ihrem zweiten Gedichtband *Cuatro esquinas del juego de una muñeca* lehnt sie sich erneut gegen die männliche Dominanz in der Erotik und Kultur auf. Doch dieses Mal spricht nicht mehr das frohlockende, leidenschaftliche Aufbegehren aus Ana María Rodas Gedichten, sondern Verletzung und die schmerzliche Erfahrung von Einsamkeit, die durch die erotische Berührung und das sexuelle Erlebnis nur noch partiell zu durchbrechen ist.

Den Auftakt des ersten Zyklus dieses Gedichtbandes unter dem Titel *La muerte de los padres* bildet eine bitter ironische, respektlose Abrechnung mit dem von Männern dominierten, traditionellen Literaturbetrieb und eine Absage an die anachronistische patriarchalische Tradition in der Kultur, in der "Carta a los padres que están muriendo". Hier überschneiden sich zwei zu

Beginn der siebziger Jahre wohl notwendig verschränkte Autonomieansprüche: der der Frau und der der Schriftstellerin. Zur Sprache kommen, zum eigenen Ausdruck kommen war unverzichtbar, um ein "eigenes" Selbst zu verteidigen. Die Verweigerung gegenüber dem Literaturbetrieb markiert jedoch nicht nur Unabhängigkeit, sondern auch Exterritorialität im gesellschaftlichen Raum. Ana María Rodas bezeichnet die männliche Ästhetik als für Frauen mörderisch.[17] Nur schreibend kann sich ihr lyrisches "Ich" diesem Druck widersetzen. Der dezidierten Absage an die Väter folgt notwendig die Frage nach dem eigenen Raum. Das lyrische "Ich" bekennt sich als Waise.

Der Tod durchzieht den folgenden Zyklus des Gedichtbandes. Die Zeichen des Todes künden jedoch nicht nur vom Sterben der Väter, sondern bedrohen auch die Dichterin selbst, sind Zeichen des Verschwindens der Kraft zum Widerstand. Melancholie überlagert das Ringen um Autonomie. Der versteinerten Zeit wohnt der Tod inne, mit der leidenschaftlichen Liebe erstirbt der leidenschaftliche Charakter der Worte in der Dichtung. Die Auflehnung hat eine innere Krise ausgelöst, die sich in der Melancholie dieser Gedichte niederschlägt. Existentialistische Fragen bestimmen nun die Gedichte: Ist das Leben nur ein ständiges Sterben oder gelingt es, den Tod hinauszuschieben, gelingt ein eigenes Leben vor dem Tod? Schließlich widersetzt sie sich dem Verschwinden. In den letzten Gedichtzyklen formuliert sich ein neues lyrisches "Ich", das einer sich selbst bewussten Frau, die um ihren Raum, ihr Begehren und eine veränderte Mutterrolle, aber auch um die Grenzen der Verwirklichung ihres Begehrens weiß. Eine Realisierung im Anderen bleibt ihr jedoch verweigert.

In den achtziger Jahren veröffentlichte Ana María Rodas nur eine kleine Sammlung mit weiteren Gedichten, im Wesentlichen schwieg sie nun. Die politische Situation in Guatemala hatte einen Grad von Schrecken und Terror erreicht, bei dem an Lyrik nur schwer zu denken war. Ana María Rodas konzentrierte sich in dieser Zeit auf ihre journalistische Arbeit. Erst als in den ersten Friedensgesprächen 1990 sichtbar wurde, dass eine Verhandlungslösung zwischen den früheren Todfeinden in Aussicht stand, meldete sie sich wieder zu Wort. In *La insurrección de Mariana* klagt sie Trauerar-

---

17 Ana María Rodas' Erfahrung existenzieller Bedrohung im ästhetischen Feld korrespondiert mit der Wahrnehmung deutschsprachiger Autorinnen ihrer Generation wie Ingeborg Bachmann und Christa Wolf, sie ist also nicht nur aus der konkreten Situation der guatemaltekischen Gesellschaft zu erklären, sondern zeigt, wie stark die Ausgrenzungsmechanismen im kulturellen Feld der sechziger und siebziger Jahre noch wirken.

beit ein. Deutlich formuliert sie ihr Nichteinverständnis mit dem unter den Männern, Militärs auf beiden Seiten, ausgehandelten, bruchlosen Übergang zur Nachkriegssituation. Auf der Strecke bleiben, so sagt sie, all die Toten und Verluste.

Aus einem weniger subjektiven Ansatz heraus als in den Gedichten bearbeitet Ana María Rodas in ihren Erzählungen in *Mariana en la tigrera* die Problematik der Geschlechterbeziehungen. Sie bevorzugt hier die klassische Erzählweise aus der Sicht eines unpersönlichen Erzählers. In den wenig spektakulär daher kommenden, formal in der Tradition realistischer beziehungsweise magisch-realistischer Schreibweisen erzählten Geschichten tun sich Einblicke in die Mechanismen von Herrschaft und Unterdrückung in den Geschlechterbeziehungen im Kontext zentralamerikanischer Verhältnisse auf. Sie zeigt uns die Abgründe des alltäglichen Sadomasochismus traditioneller heterosexueller und homosexueller Beziehungen, Gewalt, Abhängigkeit, Missbrauch, Inzest, aber auch Momente von Befreiung.

Der schriftstellerische Rang **Rosario Aguilars** (*1938) ist in der Region und unter den US-amerikanischen und europäischen KennerInnen der zentralamerikanischen Literatur unumstritten, doch sie wird außerhalb dieses Kontextes wenig wahrgenommen. Wenn von der Frauenliteratur aus Nicaragua in Deutschland die Rede ist, so fallen vor allem Namen der Autorinnen, die eng mit der sandinistischen Revolution verbunden waren. Rosario Aguilar hat sich schon in den frühen achtziger Jahren merklich von der sandinistischen Politik distanziert. Sie nahm und nimmt eher eine gemäßigte, demokratische, dabei eindeutig antisomozistische Position ein. Auch an frauenpolitischen Zusammenhängen hat sich Rosario Aguilar nie aktiv beteiligt. Trotz dieser Ferne zum "linken" politischen und zum feministischen Diskurs stellt Rosario Aguilars Prosa auch unter dem Gesichtspunkt der Positionierung von Frauen einen relevanten Beitrag zu der von Frauen geschriebenen Literatur in Zentralamerika dar. In ihren kurzen, literarisch prägnanten Romanen thematisiert sie die Lebensverhältnisse und Lebensentwürfe von Frauen in Nicaragua.

In ihren ersten von der Psychoanalyse beeinflussten novellenartigen Kurzromanen *Primavera sonámbula* (1964), *Quince barrotes de izquierda a derecha* (1965) und *Aquel mar sin fondo ni playa* (1966) konzentriert sie sich auf die Situation von Frauen in einer von Angst bestimmten Gesellschaft. Die sozialen und politischen Konflikte scheinen sich in der Psyche dieser Frauen niederzuschlagen, wenn auch die konkreten gesellschaftlichen

Umstände unter der repressiven Diktatur des Somoza-Clans nicht direkt thematisiert werden. Die Romane durchbrechen allerdings herrschende kulturelle Konventionen, wo sie die Grenzen zwischen Wahnsinn und Normalität als verschwommen beschreiben.

1974, zwei Jahre nach dem verheerenden Erdbeben in Managua, als die schamlose Bereicherung des nicaraguanischen Diktators Somoza an den internationalen Hilfsfonds für die Erdbebenopfer zur Verschärfung der politischen Konflikte und zur deutlichen Distanzierung der traditionellen Oberschicht vom Regime führte, veröffentlichte Rosario Aguilar einen Roman über das klassische Paar der Befreiung: "maestra-guerrillero". Der Roman *El guerrillero* handelt von dem Leben einer alleinerziehenden Dorfschullehrerin, das von Not und Abhängigkeit von Männern bestimmt ist. Ihr Kind ist die Frucht einer zarten Liebesbeziehung mit einem von ihr versteckten, verletzten Guerillero. Als er von ihr gesundgepflegt wieder, dem Primat des politischen Kampfes folgend, in den Krieg zieht, bleibt sie in ihrer Traumwelt an ihn gebunden und in der leidvollen Wirklichkeit der Beziehungen zu den machistischen Männern im Dorf zurück. Angelehnt an Doris Sommers Überlegungen zum Zusammenhang von Romanze und Nation (Sommer 1991) lässt sich diese Liebesgeschichte als Allegorie auf die Beziehung des Volkes zur sandinistischen Guerilla lesen. Die Dorfschullehrerin repräsentiert als Vertreterin der neuen gebildeten unteren Mittelschicht "das Volk", weil für die nationale Befreiungsbewegung in diese Bevölkerungsschicht die politische Identität einer Gemeinschaft eingeschrieben ist und sie zur Unterstützung und zumindest zur ideellen Teilnahme an einem nationalen Projekt bereit ist. Diese Dorfschullehrerin teilt in ihrer eigenen sozialen Lage die Armut und Not der unteren Schichten, zugleich ist sie als Lehrerin aus Sorge um die Zukunft der Dorfkinder sozial engagiert und insofern Teilhaberin an einer nationalen Vision der Befreiung. Der revolutionäre Held wird geliebt und aufopfernd unterstützt. Da er jedoch den übergeordneten Zielen zu dienen hat, kommt es zu keiner wirklichen Beziehung. Die Hoffnung auf das Glück versperrt den Weg in eine anspruchslose Normalität und treibt die Protagonistin in die Verzweiflung, wo sie sich anderen Männern und damit der repressiven Gewalt ergibt. Nur die Rückbesinnung auf die eigene Kraft und die Verweigerung gegenüber Missbrauch und falschen Hoffnungen lassen einen Weg aus der Not erkennen.

Die Lektüre des Romans verschafft einen bemerkenswerten Einblick in die zeitgenössischen Verhältnisse und die Stellung der Frauen. Rosario Aguilar nimmt bei der Gestaltung des Schicksals ihrer Protagonistin entscheidende gesellschaftliche und materielle Faktoren der Notlage der Frauen aus den sozialen Unterschichten im Nicaragua der siebziger Jahre auf: alleinstehend mit Kind, sehr geringes Einkommen, und der alltägliche Überlebenskampf ist durch Armut, Krankheit, sexuelle Gewalt und Verzicht bestimmt. Die alltäglichen Beziehungen zu Männern gründen auf materieller Abhängigkeit. Kernprobleme sind die Kindersterblichkeit und die Folgen illegaler Abtreibungen. Hilfe von Seiten der Männer ist nicht zu erwarten. Die auf gegenwärtiges Glück, Überlebensfragen und Fürsorge für Schwache ausgerichtete Lebensvorstellung der *maestra* kann im Kontext des revolutionären Projekts nicht gelebt werden. Das Versprechen auf ein zukünftiges würdiges Leben bringt sie noch mehr in die Abhängigkeit von Partnern, nach deren Bedürfnissen sie sich zu richten hat und deren Gewalt sie ausgeliefert ist. Das optimistische Ende der Erzählung, in dem sich die *maestra* auf sich selbst besinnt und alle drei Beziehungen beendet, wirkt wie ein Erwachen. Dieses Erwachen weist auf ein in der Gesellschaft spürbares Bedürfnis nach einer stärkeren Autonomie der Frauen hin.

In *Siete relatos sobre el amor y la guerra* (1986) blättert Rosario Aguilar in Fragmenten die Liebes- und Lebensentwürfe von sieben Frauen in Nicaragua während und nach dem Sturz Somozas auf. Wir begegnen erneut der *maestra* aus *El guerrillero*, die allerdings mittlerweile zur aktiven Sympathisantin der Revolution geworden ist und logistische Unterstützung geleistet hat. Die siegreiche Revolution scheint ihr nun endlich eine würdige Lebensweise zu ermöglichen. Die sieben Geschichten zeigen dennoch eine widersprüchliche Situation zwischen Liebeserfahrung und Vergeblichkeit, Gebären und Sterben in einem fortwährenden Kampf um Lebensglück. Die nur leicht ineinander verketteten spröden Schicksalsfäden der einzelnen Protagonistinnen reißen schließlich ab und führen zu keinem eindeutigen Ende hin. Tod und Geburt greifen ineinander. Leiden und Schmerzen der Frauen bilden die Ausgangsbedingungen für die Geburt einer neuen Gesellschaft. Während die Erzählerinnen und Protagonistinnen der ersten Romane durch Bearbeitung ihrer individuellen Situation zu einer individuellen Lösung gelangen und sich in *El guerrillero* der Kampf um eine bessere Situation trotz Sympathie nicht mit dem nationalen Projekt verbinden lässt, bleibt nun, als es um die Partizipation beziehungsweise die Verstrickung in die Realität des sandinistischen Projekts geht, die Frage nach der Realisierung der Interessen von Frauen und ihres Lebensglücks. Rosario Aguiliar versucht keine harmonisierende Auflösung der Konflikte, und da diese literarische Lösung überzeugend ist, liegt der Schluss nahe, dass Mitte der achtziger Jahre die Teil-

habe der Frauen an den Errungenschaften der neuen nicaraguanischen Gesellschaft nicht gesichert war, anders als der offizielle sandinistische Diskurs
vermuten ließ.

In ihrem Roman *La niña blanca y los pájaros sin pies* (1992) begibt sich
Rosario Aguilar mit ihrer Protagonistin auf die Spurensuche nach den historischen Ursprüngen und Grundlagen einer nationalen Identität Nicaraguas,
die die Frauen einschließt. Im Kontext des 500-jährigen Jubiläums der Eroberung Amerikas rekonstruiert sie die Situation der spanischen und indigenen Frauen und Töchter an der Seite der Eroberer. In sechs eigenständigen
Erzählungen wird je ein Portrait dieser Frauen gezeichnet. Während aus
diesen Erzählungen vor allem das Leiden an innerer Zerrissenheit beziehungsweise die Ambivalenz der Gefühle zwischen Macht und Mitleid
spricht, findet die Protagonistin der zweiten Handlungsschicht, die den Rahmen bildet, in der Identität der nicaraguanischen selbstbewussten "Mestiza"
zu sich selbst. Das zum Gelingen der Selbstfindung notwendige kathartische
Erlebnis (ein Unfall, der zur zeitweiligen Blindheit führt) wirkt jedoch konstruiert, was die Schwierigkeit einer homogenisierenden und integrierenden
Darstellung nationaler Identität verrät. Aus Aguilars Roman spricht das Bedürfnis nach einer nationalen Identität, in der ethnische Differenzen durch
mestizaje aufgelöst und geschlechtliche Differenz als heterosexuelle traditionell befestigt wird (Dröscher 2002a; 2002b).

Für die 1940 geborene Panamaerin **Gloria Guardia** trifft wohl am ehesten
die Bezeichnung *femme de lettre* zu. Als Mitglied des internationalen PEN
und korrespondierendes Mitglied der Real Academia Española de la Lengua
versteht sie sich als Repräsentantin einer der Sprache und Ästhetik verpflich-
teten Literaturtradition. Mit großem Einsatz betreibt sie als Literaturkritike-
rin und Funktionärin den kulturellen Austausch zwischen Nord- und Zentralamerika. Ähnlich wie Claribel Alegría hat Gloria Guardia in verschiedenen
Ländern gelebt und ist in verschiedenen Kulturen beheimatet. Ihr erster Roman, *Tiniebla blanca* (1961), handelt von der dramatischen Liebesbeziehung
einer panamaischen Studentin in New York und zeigt deutlich Spuren der
Eindrücke, die Gloria Guardia während ihres Studiums in den USA sammelte. Auch danach bleibt die Bewegung zwischen verschiedenen Kulturen ein
wesentliches Merkmal ihres Schreibens. An ihrem Beispiel wird besonders
deutlich, wie stark in dem mit dem Politischen verknüpften Geschlechterdis-
kurs in Zentralamerika die Positionierung von Frauen aus der Oberschicht

von der Verschränkung verschiedener regionaler Erfahrungshorizonte und Kulturen geprägt ist.

Gloria Guardias 1977 erschienener Roman *El último juego* zählt zu den zentralen Texten, auf die in der Diskussion über die Verschränkung von emanzipatorischen und nationalen Befreiungsprojekten in der zentralamerikanischen Literatur Bezug genommen wird (Rodriguez 1996: 19-29; Dröscher 2003; Arias 1998: 159ff.; Mondragón 1993: 19). In *El último juego* überlagern sich politischer Konflikt und Geschlechterproblematik. Durch diese Überschneidung der politischen Geschichte zweier Länder, Panamas und Nicaraguas, als Intertexte, erhält diese Verschränkung eine interessante Zuspitzung. Die erste Schicht der Handlung bildet eine Guerillaaktion zur Befreiung politischer Gefangener als Manifestation der Forderung nach nationaler Unabhängigkeit, bei der ein Haus besetzt und Geiseln genommen werden. Ebenso wie im (einige Jahre später) erschienenen Roman Gioconda Bellis, *La mujer habitada*, dient Gloria Guardia die Besetzung der Villa José María (Chema) Castillos in Nicaragua als historisches Vorbild. Doch im Unterschied zu Gioconda Bellis Heldin Lavinia stehen Gloria Guardias Protagonist und die zentrale weibliche Figur, Mariana, nicht auf der Seite der Guerilla und im Zentrum der Aktion, sondern sie sind Repräsentanten der reichen panamaischen Oberschicht, die sich im Konflikt als schwach und zwischen dem Militärregime und der Bindung an US-amerikanische Modernisierungsprojekte schwankend erweist und nicht zur Entwicklung eigener nationaler Projekte in der Lage ist. Die zweite Schicht der Handlung bildet die Erinnerung des Protagonisten und Ich-Erzählers an seine Liebesbeziehung zu der bei der Aktion ums Leben gekommenen Mariana. Aus seinen ständigen Monologen entsteht das Bild einer modernen unabhängigen Frau der Oberschicht, die sich von seiner traditionellen Ehefrau durch unabhängigen Geist und eigenes sexuelles Begehren unterscheidet. Dass Mariana quasi beiläufig bei der Guerillaaktion umkommt, verweist ebenso wie der Tod Olgas in Carmen Naranjos Roman *Sobrepunto* auf die Grenzen des nationalen Projekts, wenn es um die Realisierung der Agenda der Frauen im Sinne einer autonomen Position und unabhängiger Ziele geht (Dröscher 2003). Die dritte Schicht bildet die Geschichte der Verhandlungen um den Panamakanal,[18] wodurch die beiden anderen Handlungsebenen in den Kontext des nationalen Projekts eingebettet sind.

---

18 Ausführlicher mit dieser Handlungsschicht beschäftige ich mich in Dröscher (1999).

Gloria Guardia hat zwischen 1977 und 1997 eine Reihe von Erzählungen und Essays veröffentlicht. Jedoch erst 1997 erschien ein weiteres Buch, das unter Gesichtspunkten des Wandels der Frauenliteratur in Zentralamerika eine besondere Bedeutung erhält. In *Cartas apócrifas* (1997) rekonstruiert sie, ein auch in Europa entwickeltes Genre der Frauenliteratur aufgreifend, die Stimmen von Frauen, die sich durch die Überschreitung vorgegebener Grenzen eine Position als Frauen in der Weltliteratur verschaffen. In den diesen Schriftstellerinnen zugeschriebenen Briefen entfaltet sie eine Art Dialog, der von der Spannung zwischen der Projektion eigener Positionen in dem Bild der Anderen und der rekonstruierten Stimme dieser Anderen lebt.

Mit ihrem Roman *Libertad en llamas* (1999) wendet sich Gloria Guardia wieder der Situation von Frauen in den Befreiungsbewegungen Zentralamerikas zu. Dieses Mal in Art der historiografischen Metafiktion des neuen historischen Romans mit seinen Möglichkeiten des intertextuellen und polyphonen Spiels, in dem die politischen Konflikte der jüngsten Geschichte durch die Rekonstruktion der Vergangenheit in einem neuen Licht betrachtet werden. Die Erzählung greift auf das Geschehen 1928 bis 1929 zurück, als Sandino in Nicaragua einen Guerillakrieg gegen die US-amerikanischen Invasoren und ihre nicaraguanischen Verbündeten führt. In *Libertad en llamas* trägt die aktive Teilnahme der weiblichen Protagonistin am Konflikt bei aller Parteilichkeit für die nationale Befreiung zur Dekonstruktion des Mythos Sandino bei. Doch die Vermittlungsposition, in der diese Frau sich zu behaupten sucht, erweist sich letztlich angesichts der politischen Konstellation, insbesondere der imperialistischen Übermacht der USA, als macht- und haltlos.

Den starken feministischen Einfluss seit den achtziger Jahren auf den kulturellen Diskurs im Rücken, unternimmt Gloria Guardia ein Experiment: Sie schafft eine historisch (un)wahrscheinliche Konstellation in ihrem, insbesondere was Sandino und das historische Geschehen angeht, sehr stark an der modernen Geschichtsschreibung orientierten Roman. Ihre Protagonistin Esmeralda übernimmt eine verantwortungsvolle politische Funktion, und zwar die einer Öffentlichkeitsagentin, einer Vermittlerin und Spionin Sandinos. In der jungen, emanzipierten und selbstbewussten Esmeralda zeigt sich eine neue Variante der früh mutterlos gewordenen Waisen: Als europäisch gebildete, nicaraguanische Intellektuelle drängt sie selbst zur politischen Aktion. In ihrer Übersetzerfunktion zwischen Sandino und der internationalen Öffentlichkeit vermittelnd, bewegt sich Esmeralda in einem kulturellen Grenzraum, sie ist *in-between* und gerät schließlich zwischen die Fronten. In dem Maße, wie sie eine eigene Position entwickelt und politische Differenzen erkennbar werden, wird sie des Verrats verdächtigt. Schließlich sucht Esmeralda die persönliche Konfrontation mit Sandino und erklärt das Ende ihrer Unterstützung, um nach Europa zurückzukehren.

Dieser politische Handlungsstrang verläuft parallel zu einer Lovestory, in der alle Klischees der Abenteuerfilme über edle Delinquenten und ihre mutigen Geliebten aufgenommen sind. Die politische Geschichte Esmeraldas wird von der Erzählung über ihre Verbindung zu der zweiten zentralen Figur des Romans ergänzt, dem ältlichen und dandyhaften Künstler Frutos. An dessen Projekt, eine Statue als Allegorie auf den Freiheitswunsch des nicaraguanischen Volkes zu gestalten, beteiligt sie sich. Clara, eine junge Frau, die Frutos benutzt, wird unter den gegebenen Machtverhältnissen zum Opfer und stirbt einen tragischen Tod in den Flammen der Freiheit. Die Romanze zwischen der emanzipierten, europäisch geprägten Oberschichtfrau und dem nicaraguanischen Sozialrevolutionär scheitert am hierarchischen Charakter der Bewegung. *Libertad en Llamas* ist wie Gloria Guardias früherer Roman *El último juego* eine *anti-foundational fiction*. Das nationale Projekt scheitert selbst dann, wenn die Frauen darin einen Platz einnehmen (Dröscher 2002a).

Gioconda Belli (*1948) ist sicher die in Deutschland bekannteste und meistgelesene Autorin aus Zentralamerika. Ihre Gedichte haben Ende der siebziger und in den achtziger Jahren das Bild des Widerstandes gegen den nicaraguanischen Diktator Somoza und der sandinistischen Revolution geprägt. Die Attraktion ihrer Poesie liegt nicht zuletzt in der Verbindung von sexueller Befreiung und Revolution, Liebe, Guerilla und Nation. In ihren in den siebziger Jahren veröffentlichten Gedichten artikuliert Gioconda Belli ein von Erotik und Körpererfahrung bestimmtes Frauen(selbst)bild. Eine spezifisch weibliche Sinnlichkeit und ein insbesondere durch die Erfahrung von Mutterschaft verstärktes Selbstbewusstsein biologisch begründeter Differenz lassen die Unterschiede zwischen Männern und Frauen als essenziell erscheinen. Es ist aber gerade diese essenzielle Polarität, die eine Basis bietet, aus der Position der "Anderen" heraus das herrschende traditionelle, stark vom Katholizismus bestimmte Bild der keuschen und passiven Frau zu unterlaufen, Verbote zu durchbrechen und die eigene Lust ins Spiel zu bringen. Die selbstbewusste Überschreitung des herrschenden gesellschaftlichen Sprechverbots stieß in der bürgerlichen und "aristokratischen" Gesellschaft in Managua auf deutliche Ablehnung, fand aber im Gegensatz zu dem, was

Ana María Rodas in Guatemala erleben musste, gerade im nicaraguanischen Literaturbetrieb Unterstützung. Gioconda Belli hatte Anfang der siebziger Jahre das Glück, nicht nur in der Beat- und Hippiekultur der hauptstäd-tischen Boheme Beachtung und Annerkennung zu finden, sondern auch von den beiden Patriarchen der nicaraguanischen Dichtung, Pablo Antonio Cuadra und José Coronel Urtecho, gelesen, gelobt und gefördert zu werden. Gleichzeitig mit ihren ersten literarischen Versuchen entwickelte sich Gioconda Bellis Kontakt mit dem FSLN, und schon 1972 wurde sie Mitglied und arbeitete verdeckt in der städtischen Organisation. Die lyrische Produktion ist nun zugleich Ausdruck ihrer Rebellion gegen die Beschränkung von Freiheit und Lebensgefühl auf einem von der Diktatur nicht direkt kontrollierten Feld sowie Schutzraum und Deckmantel für die verdeckte Aktivität. 1975 muss Gioconda Belli vor der Verfolgung durch Somoza ins Exil flüchten. Das Dichten bleibt weiterhin eher eine spontane und beiläufige Tätigkeit. Durch ihre Funktion in der internationalen Öffentlichkeitsarbeit des FSLN wird sie für die Intellektuellen in Europa – insbesondere in Deutschland – und den USA, die sich mit dem Sandinismus solidarisieren, zu einer bekannten Persönlichkeit. Im Jahre 1978 erhielt Gioconda Belli den Lyrikpreis der "Casa de las Américas" für ihren zweiten Lyrikband _Línea de fuego_. Die renommierte Auszeichnung in Kuba galt der Dichterin, war aber zugleich ein Politikum. In diesem Band schreibt Gioconda Belli ihr Weiblichkeitskonzept im Kontext des bewaffneten Kampfes gegen Somoza fort. Widerstand und das Projekt eines von der Tyrannei befreiten Nicaragua präsentieren sich in diesen Gedichten, aufgeladen mit einer weiblichen Erotik, die durch den sinnlichen Körper, Natur, Mutterschaft und die Liebe zum männlichen Helden bestimmt ist. Widerstand, Patriotismus und persönliches Glück scheinen in hohem Maße ineinander verwoben.

Weit über die Solidaritätsbewegung mit Nicaragua hinaus ist Gioconda Belli international durch ihre ersten beiden Romane, _La mujer habitada_ (1988) und _Sofía de los presagios_ (1990), bekannt geworden, die in Deutschland unter den Titeln _Bewohnte Frau_ und _Tochter des Vulkans_ in hohen Auflagen verkauft wurden. Im Kontext der Popularisierung der Themen der Frauenbewegung in den achtziger Jahren scheinen ihre Erzählungen über das Verlangen von Frauen nach Selbstbestimmung im privaten wie gesellschaftlichen Leben einen besonderen Nerv getroffen zu haben. Die beiden Romane sind umstritten, in erster Linie, weil sie formal zum Kitsch tendieren, aber auch, weil Gioconda Belli eine, wie sie es selber nennt, "feminine", aber keineswegs eine radikal feministische Sichtweise der Dinge hat.[19]

In *La mujer habitada* werden zwei Frauenschicksale aus zwei Epochen des bewaffneten Widerstandes ineinander verstrickt. Die Protagonistinnen, Lavinia und Itzá, geben sich beide jeweils einer leidenschaftlichen Liebesbeziehung und dem bewaffneten Befreiungskampf hin. Iztá, reinkarniert in einem Orangenbaum in Lavinias Garten, erinnert sich an ihre Geschichte als indianische Kämpferin an der Seite eines indigenen Kriegers im Widerstand gegen die Kolonialherrschaft der Spanier und begleitet Lavinias Entwicklung zur Guerillakämpferin. Über die Früchte des Orangenbaums überträgt sich ihre Kraft und Entschiedenheit auf Lavinia, eine junge Architektin, die sich in ein Mitglied der Befreiungsorganisation verliebt und schließlich dem Widerstand gegen den Diktator anschließt. Aus einer materiell unabhängigen und für das Nicaragua dieser Zeit ungewöhnlich ungebundenen Situation kann die junge Frau eine relativ emanzipierte erotische Verbindung eingehen. Worum sie aber kämpfen muss, ist die Anerkennung als Gleichberechtigte im politischen beziehungsweise bewaffneten Kampf. Schließlich nimmt sie – für den getöteten Geliebten – an einer Besetzungsaktion teil und kommt dabei um. Wie in Gloria Guardias *El último juego* ist die Aktion der tatsächlichen Geiselnahme des FSLN im Jahr 1974 nachgebildet; auch bei Gioconda Belli stirbt eine Frau. Während jedoch die Protagonistin in Gloria Guardias 1977 erschienenem Roman noch nicht zur Akteurin werden kann, erscheint die Wandlung der jungen Frau zur *guerrillera* 1988 in einer realistisch angelegten zeitgeschichtlichen Fiktion zweifelsohne möglich. Der Konflikt um die Gleichberechtigung von Frauen im sandinistischen Projekt in den achtziger Jahren kann vor dem Hintergrund des Entstehens einer autonomen Frauenbewegung nun im Roman mit der Positionierung einer Frau als Heldin gelöst werden, die allerdings als Märtyrerin stirbt, wenn auch siegreich. Noch zu Beginn der achtziger Jahre herrschte eine andere Geschlechterkonstellation, wie sie in dem für die Trauerarbeit bedeutenden Umgang mit den Märtyrern der sandinistischen Bewegung deutlich wird. Frauen wurden vor allem in ihrer Rolle als Mütter der Märtyrer gewürdigt. In Gioconda Bellis Roman tritt nun eine Heldin auf, die gerade weil sie ihre spezifisch "weiblichen" Fähigkeiten aktiviert, selbst zur Märtyrerin wird. Während im politischen und militärischen Feld eine gleichberechtigte Posi-

---

19 Um die Bewertung der Romane Gioconda Bellis hat sich eine lebhafte Diskussion entwickelt, an der vor allem US-amerikanische feministische Literaturwissenschaftlerinnen beteiligt sind (siehe Kaminsky 1994: 20).

tion errungen zu sein scheint, werden allerdings umgekehrt die im Sinne der autonomen Frauenbewegung emanzipierten Züge Lavinias immer mehr dem Konzept einer "femininen", traditionell als weiblich geltenden Kompetenz geopfert, die sich in der Rolle der emotional engagierten, beteiligten und liebenden Kampfgefährtin äußert.

Während im Roman die Auseinandersetzungen um die Durchsetzung "weiblicher" Positionen und Fraueninteressen im sandinistischen Projekt von Diskursen der achtziger Jahre bestimmt sind, ist die Handlung nach dem Modell der siebziger Jahre konstruiert. Die Überschneidung der beiden Situationen führt aber trotz der Spannung, die durch die abenteuerliche Guerillaaktion aufgebaut wird, zur erheblichen Schwäche des Romans. Die Entwicklung der Protagonistin von einer aufgeschlossenen Tochter aus der Oberschicht zur Märtyrerin erscheint klischeehaft und muss durch die Kommentare und Reflexionen der indigenen Kämpferin motiviert werden. Dabei bleibt die historische Fiktion relativ diffus, und die indigene Figur wird zur Projektionsfläche für eine unreflektierte Sehnsucht nach Verwurzelung der Frauenbewegung in der Tradition. Auch diese ästhetische Schwäche verweist auf eine tatsächliche Problematik: die Grenzen der Integration von autonomen Frauenpositionen in das sandinistische Befreiungsprojekt (Dröscher 2003).

In ihrem zweiten Roman *Sofía de los presagios* erzählt Gioconda Belli die Erfolgsgeschichte ihrer weiblichen Protagonistin Sofía, die als verwaiste Zigeunertochter von einer liebenswürdigen älteren Frau "aus dem Volk" und einem reichen Großgrundbesitzer aufgenommen wird, schließlich dessen *hacienda* erbt und sich als Agrarunternehmerin durchsetzt. Mit Hilfe der magischen Kräfte befreundeter *brujas* kämpft sie gegen die Stigmatisierung im Dorf an und überwindet die Verletzungen in ihren unglücklichen Liebesbeziehungen. Die erste Beziehung führt durch ungestümes Verlangen nach dem (klischeehaften) lateinamerikanischen Macho in totale Unterdrückung und muss durch einen radikalen Befreiungsakt aufgelöst werden, die zweite scheitert an der Inkonsequenz und Bindungsunfähigkeit des modernisierten lateinamerikanischen Mannes, die dritte schließlich bleibt als noch nicht wirklich gelebte, als letzte mögliche. Die Beziehung zu ihrem schwulen Cousin, der sie berät und mit dem sie später Arbeit und Haus teilt, bietet ihr dagegen einen solidarischen Hintergrund für ihre Entwicklung und Unterstützung in den Krisen.

Sofía de los presagios erschien im Jahr der von den Sandinisten nicht erwarteten Wahlniederlage (1990) und geht (noch) von einer gelungenen

Errichtung der sandinistischen Gesellschaft aus. Während die soziale Basis so gesichert scheint, werden die "Errungenschaften der Revolution" in Bezug auf Geschlechterdemokratie auf die Probe gestellt. Es geht um die Realisierung des formalen Gleichheitspostulats für die Geschlechter nicht nur im produktiven Sektor und das Verfügungsrecht über den eigenen Körper, sondern auch in einem veränderten Geschlechterverhältnis, das Frauen und Männern Entwicklungsmöglichkeiten jenseits der traditionellen Konzepte bietet, die lauten: "Weiblichkeit gleich passiv, demütig und hysterisch" und "Männlichkeit gleich Machismus, Rationalität und Dominanz". Dass in der Protagonistin eine im Kontext der zeitgenössischen Verhältnisse in Nicaragua durchaus avantgardistische beziehungsweise radikale Frauenposition gestaltet ist, ist im Roman in der besonderen Herkunft und damit gesellschaftlichen Stellung Sofías angelegt. Als heimatlos und als Außenseiterin stigmatisiert ist ihre Entwicklung vom Gefühl der Verlassenheit, durch sinnbildliches "Verlorengegangen-Sein und Verlassen-Werden" sowie von Fremdheit bestimmt. Der emanzipatorische Prozess ist mit gesellschaftlichem Handeln verbunden, das notwendig ist, um sich einen ökonomischen und sozialen Ort zu schaffen, und wird mit der Suche nach der Mutter und der Auseinandersetzung mit dem als Verrat empfundenen Verlassenwerden verknüpft. Wenn sich am Ende der Verrat an der eigenen Tochter wiederholt, deutet sich darin ein Problem in der diskursiven Verknüpfung matrilinearer Tradition und Subjektwerdung von Frauen an.

Da Gioconda Belli das Fehlen der Mutter als zentrales Unruhemotiv, als Ursprung der Verunsicherung und Hysterie konzipiert, kann Sofía analog zu dem psychotherapeutischen Verfahren in der Wiederholung den Schlüssel zur eigenen Befreiung aus dem neurotischen Verhältnis zur Mutter finden. Die Unterbrechung der leiblichen matrilinearen Tradition und der damit verbundene Sicherheitsverlust wird durch die Mobilisierung esoterischer Kräfte auf der Basis einer rechtlichen, sexuellen und materiellen Gleichstellung der Geschlechter aufgehoben. Dabei spielt allerdings eine wesentliche Rolle, dass Sofía über Schönheit und materielle Ressourcen verfügt. Voraussetzung dafür, dass sie dem zentralen Anliegen des feministischen Identitätsdiskurses der achtziger Jahre entsprechend als Frau zu sich selbst kommen kann, sind *Cara/Cuerpo/Capital* (Rodriguez 1994: 192). In gewisser Weise reflektiert der Roman so ungewollt eine wesentliche Problematik des essentialistischen Feminismus in Lateinamerika, der rekurrierend auf matrilineare Traditionen vor allem den gebildeten und sozial privilegierten Frauen Selbstbestimmung über Körper, psychische Autonomie und Handlungsraum versprach. Der Mut zur Gestaltung sexueller Erfahrung, Darstellung von weiblicher Erotik und Sexualität sowie des sympathischen Bildes eines Homosexuellen, auch wenn es noch in der Vorstellung einer defizitären Geschlechterposition verhaftet bleibt, überschreitet allerdings diese Begrenztheit. Er korrespondiert mit den radikalsten Elementen der feministischen Bewegung jener Zeit, in der mit der Gründung von Lesben- und Homosexuellenzentren die Auseinandersetzung um Geschlechterdifferenzen in Nicaragua ein neues Niveau erreicht hatte.

In ihrem dritten Roman, *Waslala*, versetzt Gioconda Belli die Handlung in der Art des Science-Fiction-Romans ins nächste Jahrtausend. Hier lässt sie die junge Protagonistin *Melisandra*, begleitet von einer buntschillernden Gruppe von Grenzgängern, aufbrechen, um das sagenumwobene "Waslala" zu suchen und dabei eine Strategie des Überlebens im Abfall und an der Peripherie der hypermodernen Industriegesellschaft zu finden. Während das Land von kriegerischen Auseinandersetzungen, Drogenhandel und Machtansprüchen neuer, sich auf die nationale Unabhängigkeit berufender Caudillos ruiniert ist, sind es vor allem die Frauen, die im Bündnis mit solidarischen Menschen aus den hochentwickelten Industrieländern pragmatische Überlebensstrategien entwickeln. Die neuen Fronten stehen quer zu Geschlecht und nationaler Identität, das Projekt der sandinistischen Revolution bleibt als Utopie bestehen, aber seine orthodoxen Vertreter werden in einer bitteren Karikatur zu seinen schlimmsten Feinden. An Hand des utopischen Ortes "Waslala" verfolgt Gioconda Belli die Entwicklung des revolutionären Projekts, die Positionierung der Frauen und den Wandel der utopischen Vorstellungen zurück: Mit der Zurücknahme des utopischen Projekts einer selbstbestimmten repressions- und gewaltfreien ökologischen Gemeinschaft im Zusammenspiel zwischen alltäglichen Überlebensstrategien und dem Prinzip Hoffnung kommt sie auch zu einer Relativierung autonomer Frauenpositionen.

Eine vergleichende Lektüre zwischen *Waslala* und Alejo Carpentiers *Los pasos perdidos* (Dröscher 1999) zeigt, dass hier die lateinamerikanische Suche nach der Verwirklichung modernitätskritischer Utopien von den vom Unbehagen an der Moderne motivierten Männern auf die an Überlebensfragen orientierten pragmatischen Frauen übergegangen ist. Die Frau bricht damit aus der ihr von den Männern zugewiesenen Position der glücksbringenden, die Wunden der Modernisierungsentwicklung heilenden Figur aus. Asymmetrische Machtverhältnisse zwischen den Geschlechtern und bipolare

Geschlechterdifferenzen scheinen als Ansatzpunkte für Helden- und Heldinnenkonzepte erschöpft.

Als Gioconda Belli schließlich im Jahr 2000 ihre Erinnerungen *El país bajo mi piel* veröffentlichte, konnte sie mit internationaler Aufmerksamkeit rechnen. Ihre Autobiographie ist wie *Waslala* zugleich auf Deutsch und Spanisch erschienen und richtet sich damit nicht nur an das nicaraguanische Publikum, sondern auch an Europäer (und Nordamerikaner). Das Buch ist nicht zuletzt ein Versuch der Vermittlung zwischen der nicaraguanischen Erfahrung und einem internationalen Diskurs über die Möglichkeit einer Revolution in einem der ärmsten Länder der Welt. Es ist weder ein autobiographischer Roman, in dem der Erinnerungsprozess selbst zum Gegenstand wird, noch die (Auto)biographie einer Schriftstellerin, denn die Literatur spielt in diesem Buch nur eine Nebenrolle. Im Zentrum stehen die siebziger Jahre, die mit der Befreiung Nicaraguas von Somoza und dem revolutionären Auftakt des Projekts der Sandinisten 1979 zu Ende gehen. In den Erinnerungen an die Zeit vor 1970 und die Zeit nach 1981 stehen dagegen die persönlichen Beziehungen im Vordergrund, familiäre Beziehungen und vor allem die Liebesverhältnisse zu den Männern, die Gioconda Bellis Leben bestimmt haben. Mit der Konzentration der Erinnerung auf ihre politische Geschichte der Jahre 1974 bis 1979 und der nur summarischen Beschäftigung mit dem politischen Leben 1980 bis 1990 ist ein deutlicher Akzent gesetzt. Der Sandinismus ist für Gioconda Belli in erster Linie der radikale Widerstand gegen Somoza und das emanzipatorische und soziale Projekt der Revolution, wie es sich unmittelbar nach dem Sturz Somozas darstellte. Die "reale" Zeit des herrschenden Sandinismus ignoriert Gioconda Belli hier ebenso wie in ihrem Buch *Sofía de los presagios*, in dem die tatsächliche gesellschaftliche Situation nur einen sehr unbestimmten Rahmen darstellt. Die ständige zeitliche Pendelbewegung zwischen ihrem Leben als Militante in den siebziger Jahren und dem Zeitraum von 1984 bis zur Gegenwart ist mit einem Ortswechsel zwischen den beiden Territorien verbunden, die früher das politische Schicksal bestimmten und heute ihren Lebensraum bilden: USA und Mittelamerika.

Der Ort, von dem aus sie sich ihre Geschichte ins Gedächtnis ruft, ist Kalifornien. In einer sozialen Umgebung, die von ihrer "anderen" Existenz nichts weiß, in einem Land, mit dem sie sich nach der erlebten Feindschaft und der Niederlage zu versöhnen sucht, dient die Erinnerung an die Zeit des Widerstands gegen Somoza und die sandinistische Revolution, an das "andere Leben", nicht nur der Verteidigung der Befreiung, sondern auch der

Selbstbehauptung als Frau. Die Geschichte ihres Lebens ist nicht nur die von revolutionären Träumen und Guerilla, sondern stellt auch einen Bildungsroman der "anderen" Art dar. Allegorisch verbindet Gioconda Belli in ihrer *Verteidigung des Glücks* (so der Titel der deutschen Ausgabe) die Selbstfindung einer Frau mit der Befreiung des Landes aus Diktatur und Abhängigkeit. Die Dynamik des persönlichen Entwicklungsprozesses, wie er sich in Gioconda Bellis Memoiren darstellt, ist stark durch die Begegnung mit verschiedenen Männern geprägt. In den Erinnerungen an diese Beziehungen werden Selbstbeschränkungen und Abhängigkeiten sichtbar. Aber anders, als es einige Leserinnen vielleicht erwarten würden, die ihre Romane als Ausdruck einer feministischen Position lasen, sind es in Gioconda Bellis Erinnerungen fast ausschließlich Männer, die ihr den Raum und die Möglichkeit der Selbstentfaltung eröffneten. Kommentare und Darstellungsweise dieser Konflikte sind unverkennbar von einem biologistischen Geschlechterbegriff geprägt, in dem "Männlichkeit" und "Weiblichkeit" essenzielle und im Körper verankerte Eigenheiten sind. Mit diesem dichotomen Geschlechterverständnis korrespondiert auch Gioconda Bellis Vorstellung von Mutterschaft als ureigene Erfahrung weiblicher Existenz. Bemerkenswert ist die fast völlige Abwesenheit des feministischen Diskurses und der Aktivitäten der Frauenbewegung in diesen Memoiren. Vergleicht man die Memoiren mit Gioconda Bellis weitaus kritischeren *gender*bezogenen Ausführungen und eindeutig biographischen Hinweisen zur Verbindung zur Frauenbewegung im zweiten Interviewband von Margaret Randall (1999), muss man zu dem Schluss kommen, dass die enorme Zurückhaltung bezüglich der Geschlechterfrage in den Memoiren auf einer bewussten Entscheidung beruht. Im Vordergrund steht die Verteidigung des politischen Projekts als Geschichte, als Trauerarbeit und als Kritik an der Entwicklung des FSLN.

Literaturverzeichnis

Aguilar, Rosario (1964): *Primavera sonámbula*. San José: EDUCA.

— (1965): *Quince barrotes de izquierda a derecha*. Selbstverlag. Wiedererschienen 1999. Managua: EDITORA DE ARTE.

— (1970): *Aquel mar sin fondo ni playa*. Selbstverlag. Wiedererschienen 1999. Managua: EDITORA DE ARTE.

— (1976): *El Guerrillero*. Selbstverlag. Wiedererschienen 1999. Managua: EDITORA DE ARTE.

— (1986): *Siete relatos sobre el amor y la guerra*. San José: EDUCA.

— (1992): *La niña blanca y los pájaros sin pies*. Managua: Nueva Nicaragua.

Aguilar, Rosario et al. (1997): *Movimiento de mujeres en Centroamérica*. Managua: Programa Regional La Corriente. Centro editorial de la mujer.

Alegría, Claribel (1966): *Cenizas de Izalco*. San José: EDUCA.

— (1982): *Album familiar*. San José: EDUCA.

— (1983): *No me agarran viva. La mujer salvadoreña en la lucha*. El Salvador: UCA.

— (1987): *Luisa en el País de la Realidad*. México, D.F: Univ. Autonoma de Zacatecas.

Arias, Arturo (1998): *Gestos Ceremoniales, Narrativa Centroamericana 1960-1990*. Guatemala: Editorial Artemis-Edinter.

Belli, Gioconda (1974): *Sobre la grama: poemas*. Managua: INDESA.

— (1978): *Línea de fuego*. La Habana: Casa de las Américas.

— (1988): *La mujer habitada*. Managua: Vanguardia (dt.: *Bewohnte Frau*. Wuppertal: Peter Hammer Verlag 1988).

— (1990): *Sofía de los presagios*. Managua: Vanguardia (dt.: *Tochter des Vulkans*. Wuppertal: Peter Hammer Verlag 1990).

— (1996): *Waslala*. Managua: anamá (dt.: *Waslala*. Wuppertal: Peter Hammer Verlag 1996).

— (2000): *El país bajo mi piel. Memorias de amor y guerra*. Managua: anamá (dt.: *Verteidigung des Glücks. Erinnerungen an Liebe und Krieg*. München/Wien: Hanser Verlag 2001).

— (2001): *El país bajo mi piel. Memorias de amor y guerra*. Barcelona: Plaza & Janes Ed.

Blandón, Teresa (Hrsg.) (1993): *Memorias. Encuentro Centroamericano de Mujeres. Historia de Género. Una nueva mujer, un nuevo poder*. Managua: Centro Editorial de la Mujer, CEM.

— (1994): *Memorias. VI Encuentro feminista latinoamericano y del caribe. El Salvador* (1993): Nicaragua: Managua: Comisión de memorias.

Dröscher, Barbara (1996): "Neue Prosa aus Nicaragua". In: *Tranvía* Nr. 40, März.

— (1999): "Ein Spiel um Souveränität: Der Streit um den Panama-Kanal in Gloria Guardias 'El último juego'". In *Tranvía* Nr. 55, Dezember.

— (2000): "Über den Wandel der Utopie: von Alejo Carpentiers 'Los pasos perdidos' zu 'Waslala: memoria del futuro' von Gioconda Belli". In: Große, Sybille/Schönberger, Axel (Hrsg.) (1999): *Dulce et decorum est philologiam colere: Festschrift für Dietrich Briesemeister zu seinem 65. Geburtstag*. Berlin: Comus Editoria Europaea, S. 199-210.

— (2002a): "Travesía, travestí y traducción. Posiciones *in-between* en la nueva novela historiográfica de América Central". In: *Revista de Estudios Sociales* (Universidad de los Andes), Tomo XIII, Oktober, S. 81-89.

— (2002b): "La Malinche: reflexiones en la literatura nicaragüense y aspectos del debate feminista mexicano". In: *Centroamericana*, Nr. 10. Bulzoni Editore, S. 38-46.

— (2004): "Huérfanas y otras sin madre". In: *Revista de critica literaria latinoamericana*, Jg. XXX, Nr. 59. Lima/Hanover, S. 267-298.

Escudos, Jacinta (1993): *Contra-Corriente*. San Salvador: UCA Editores.

— (1997): *Cuentos Sucios*. San Salvador: Dirección de Publicaciones e Impresos. Consejo Nacional para la Cultura y el Arte.

— (2003): *A-B-Sudario*. Guatemala: Alfaguara/Editiorial Santillana.

Fauné, María Angélica (1995): "Las familias, las mujeres: qué dice la realidad". In: *envio-UCA*, Juni, S. 39-47.

Guardia, Gloria (1961): *Tiniebla blanca*. Madrid: Editorial Clásica y Moderna.

— (1976): *El último juego*. San José: EDUCA.

— (1999): *Libertad en llamas*. México, D.F.: Ave Fénix.

Kaminsky, Amy (1994): "Entradas a la historia: *La mujer habitada*". In: *Hispamérica*, Nr. 67, S. 19-31.

Liano, Dante (1997): *Visión Crítica de la Literatura Guatemalteca*. Guatemala: Editiorial Universitaria. Universidad de San Carlos de Guatemala.

Lobo, Tatiana (1992): *Asalto al paraíso*. San José, C.R.: Editorial de la Universidad.

Mackenbach, Werner (Hrsg.) (2002): *Papayas und Bananen. Erotische und andere Erzählungen aus Zentralamerika*. Frankfurt am Main: Brandes & Apsel.

Mártinez S., Luz Ivette (1987): *Carmen Naranjo y la narrativa femenina en Costa Rica*. San José: EDUCA.

Mondragón, Amelia (1993): "Literatura y literaturas en Centroamérica". In: Dies. (Hrsg.): *Cambios estéticos y nuevos proyectos culturales en Centroamérica*. Washington, D.C.: literal books, S. 11-24.

Naranjo, Carmen (1966): *Los perros no ladraron*. San José: Editorial Costa Rica.

— (1968a): *Camino al mediodía*. San José: Imprenta Lehmann.

— (1968b): *Memorias de un hombre palabra*. San José: Editorial Costa Rica.

— (1971): *Responso por el niño Juan Manuel*. San José: Conciencia Nueva.

— (1974): *Diario de una multitud*. San José: EDUCA.

— (1982): *Ondina*. La Habana: Casa de las Américas/UDUCA.

— (1985): *Sobrepunto*. San José: EDUCA.

— (1994): *En partes*. San José: E. FARBEN.

Randall, Margaret (1999): *Las hijas de Sandino. Una historia abierta*. Managua: anamá.

Reichardt, Dieter (Hrsg.) (1992): *Autorenlexikon Lateinamerika*. Frankfurt am Main: Suhrkamp.

Rodas, Ana María (1973): *Poemas de la izquierda erótica*. Guatemala: Ediciones del Absurdo Diario.

— (1975): *Cuatro esquinas del juego de una muñeca*. Guatemala: El café Literario.

— (1984): *El fin de los mitos y los sueños*. Guatemala: Rin-78.

— (1993): *La insurrección de Mariana*. Guatemala: E. del Cadejo.

— (1995): *Gedichte der erotischen Linken*. Aus dem guatemaltekischen Spanisch von Erich Hackl und Peter Schultze-Kraft. Salzburg/Wien: Müller.

— (1996): *Mariana en la Tigrera*. Guatemala: La Fundación.

Rodríguez, Ileana (1990): *Registradas en la historia, 10 años del quehacer feminista en Nicaragua*. Nicaragua/Managua: "Teoría feminista" (CIAM).

— (1994): *House/Garden/Nation: Space, Gender, and Ethnicity in Postcolonial Latin American Literatures by Women*. Durham/London: Duke University Press.

— (1996): *Women, Guerrillas, and Love: Understanding War in Central America*. Minnesota: University of Minnesota Press.

Rojas, Manuel (1995): "Consolidar la democracia en Centroamérica: Una ardua tarea". In: Tangermann, Klaus D. (Hrsg.): *Ilusiones y Dilemas. La democracia en Centroamérica*. San José: Flacso/Buntstift.

Rossi, Anacristina (1985): *Maria la noche*. Barcelona: Editorial Lumen.

Sommer, Doris (1991): *Foundational Fictions. The National Romances of Latin America*. Berkeley/Los Angeles/London: University of California Press.

Umaña, Helen (1990): *Narradoras hondureñas*. Tegucigalpa: Guaymuras.

Zalaquett, Monica (1992): *Tú fantasma, Julián*. Managua: Editorial Vanguardia.

Zamora, Daisy (1992): *La mujer nicargüense en la poesía (Antología)*. Managua: Nueva Nicaragua.

Zavala, Magda (1998): *Desconciertos en un jardín tropical*. San José, C.R.: Guayacán.

María Lourdes Cortés

Zentralamerika auf Zelluloid

Von Filmproduktion in Zentralamerika zu sprechen, könnte als absurde Idee erscheinen. Sie muss sich nicht nur mit den ganz Lateinamerika gemeinsamen Problemen auseinandersetzen, sondern zusätzlich mit denjenigen, die in den beiden letzten Jahrhunderten Zentralamerika zu einer der von den Großmächten am heftigsten umkämpften Regionen gemacht haben.

Das Zusammentreffen verschiedener geopolitischer Interessen in diesem Streifen Land führte statt zu einer Integration der zentralamerikanischen Länder zu Fragmentierung, Mangel an Kommunikation und zu einer Tendenz, den Blick nach außen zu richten, auf das Sonderbare und Fremde. Diese Region wurde nicht nur von den *marines* eingenommen, sondern auch von den verführerischen Bildern Hollywoods. Der zentralamerikanische Film entstand also aus den Trümmern des Krieges und den Schäden von Naturkatastrophen, aus der Konfrontation mit Diktaturen und Invasionen und musste dazu noch mit den perfekten Bildern des amerikanischen Kinos konkurrieren. Diesen Schwierigkeiten kann das Fehlen von staatlichem Interesse an der eigenen audiovisuellen Produktion hinzugefügt werden.

Zentralamerika ist sich der Bedeutung der bewegten Bilder noch nicht wirklich bewusst. Die Vorstellung, dass ein Land ohne eigene Filmproduktion ein unsichtbares Land ist, ist noch nicht verinnerlicht. Die Leinwände unserer Zeit sind, so der argentinische Regisseur Octavio Getino

> der soziokulturelle Spiegel, in dem sich eine Gemeinschaft und jedes ihrer Mitglieder projizieren und wiedererkennen, wodurch ein wesentlicher Teil ihrer individuellen und historischen Identität geschaffen wird (Getino 1996: 13-14).

Trotz dieser konkreten und symbolischen Hindernisse versuchen die Zentralamerikaner, Bilder als Spiegel ihrer Identität zu produzieren. Allerdings sind die meisten dieser Versuche schnell in Vergessenheit geraten.

Wer weiß schon, dass die Filmproduktion in Zentralamerika bereits vor 1910 begann und dass wenige Jahre später erste Spielfilme realisiert wurden? Nicht einmal die Regisseure der Region kennen diese Filmtradition. Der Filmhistoriker Georges Sadoul widmet in seinem über 800 Seiten starken klassischen Text zur Geschichte des Kinos dem zentral-amerikanischen Film weniger als zwanzig Seiten. Über El Salvador schreibt er zum Beispiel:

"Anscheinend wurde um 1950 ein abendfüllender Spielfilm in Farbe realisiert" (Sadoul 1972: 382-383). Costa Rica wird überhaupt nicht erwähnt.
Tatsächlich wurden in El Salvador in den fünfziger Jahren Farbfilme gedreht, aber bereits im Jahr 1918 war ein erster Spielfilm produziert worden:
Alfredo Massis *Águilas civilizadas*. In Costa Rica wurden seit 1907 bewegte
Bilder hergestellt, und im Jahr 1930 wurde der Stummfilm *El Retorno* gedreht. Für das internationale Kino wie für die Geschichte des lateinamerikanischen Films bleiben der zentralamerikanische Isthmus und die dort auf
Zelluloid gebannten Spiegelbilder jedoch ohne Interesse. Mit diesem Artikel
möchte ich dazu beitragen, die Unkenntnis über fast ein Jahrhundert beweg-
ter audiovisueller Bilder in Zentralamerika zu beseitigen.

1. Die Vorgeschichte des Films in Zentralamerika

Zuerst muss festgehalten werden, dass es in dieser Region keine Filmindustrie gibt, obwohl fast alle Länder über eine mindestens bescheidene, in einigen Fällen sogar recht bedeutende Filmproduktion verfügen. In fast allen
Nationen erlangte der Kinematograph seit der Dekade von 1910 Bekanntheit, als Filmvorführer und Kameramänner mit ihren *Lumière*-Apparaten
durch die Region reisten, um Kurzfilme zu zeigen und Landschaften und
lokale Bräuche zu filmen. So wurden in Guatemala und Costa Rica Rituale,
religiöse Prozessionen und Feste dokumentiert. Diese ersten Aufnahmen
wurden später in den Theatersälen der wichtigsten Städte vorgeführt, zum
großen Vergnügen der höheren Klassen, die in diesen Filmen porträtiert
wurden.

In diesen beiden Ländern sind auch sehr früh Spielfilme zu registrieren.
Schon 1912 wurde in Guatemala der Kurzfilm *El Agente #13* von Alberto de
la Riva realisiert. 1915 versuchten Adolfo Herbruger und Alfredo Palarea
ohne Erfolg ein Melodrama zu verfilmen; *El hijo del patrón* konnte nicht
beendet werden, und erst 1929 wurde eine zweite Version gedreht. 1918 entstand in El Salvador der erste lokale Spielfilm: *Águilas civilizadas* von Alfredo Massi, und 1930 wurde in Costa Rica der erste Stummfilm gedreht: *El
Retorno* von A. F. Bertoni. In Panama kam es in den vierziger Jahren zu den
ersten filmischen Versuchen: *Al calor de mi bohío* (1946) von Carlos Luis
Nieto ist der erste Film, der dort produziert wurde. Der erste honduranische
Regisseur ist Samy Kafati mit dem Film *Mi amigo Ángel* (1962). Nicaraguas
erster eigener Spielfilm wurde erst 1972 gedreht: *Milagro en el bosque* von
Felipe Hernández.

Obwohl die meisten Länder über eine sporadische Produktion von Dokumentarfilmen und Wochenschauen der wichtigsten sozialen und politischen Ereignisse verfügten, gab es in der ersten Hälfte des 20. Jahrhunderts nicht einmal ein geeignetes Produktionssystem. Es handelte sich um isolierte und vereinzelte Versuche von Amateuren, die große persönliche und finanzielle Opfer voraussetzten, aber keinen Anreiz von den offiziellen Institutionen erhielten und nur eine äußerst geringe Anerkennung beim Publikum fanden.

2. Die siebziger Jahre und der Aufschwung des Dokumentarfilms

In Guatemala bemühte man sich seit Ende der siebziger Jahre um eine bessere Förderung der Filmproduktion. Die *Asociación para el Arte Cinematográfico* wurde gegründet, außerdem entstand ein Filmarchiv, und die Abteilung für Presse- und Öffentlichkeitsarbeit der Universidad de San Carlos stellte sporadisch einige Filme her. Trotz dieser offiziellen Versuche sind nur einige 8 mm-Produktionen hervorzuheben, besonders die Arbeiten von Luis Argueta und Justo Chang. Beide drehten 1993 *El silencio de Neto*, einen Film über den Militärputsch gegen die demokratische Regierung von Jacobo Arbenz im Jahr 1954. Dieser Film stellt das Problem aus der Perspektive eines Kindes dar und wurde bei mehreren Filmfestivals in Europa und Lateinamerika gezeigt.

In diesem Land, in dem die politische Rechte das Gesetz des Handelns mittels direkter Gewalt durchgesetzt hat, war der Kulturbereich Einschüchterung und Unterdrückung unterworfen. Aus diesem Grunde konnte sich die Filmindustrie nicht wie in anderen zentralamerikanischen Ländern systematisch und organisch entwickeln, obwohl es vielleicht das reichste und wichtigste Land der Region ist.

In Panama wurde 1972 der *Grupo Experimental de Cine Universitario* (GECU) gegründet. In ihren besten Momenten war dies eine vom Staat unterstützte audiovisuelle Institution, geschaffen im Kontext der auf Nationalisierung ausgerichteten Politik der Regierung Omar Torrijos in einem von den USA besetzten Land. Von 1972 bis 1977 produzierte diese Gruppe 30 Dokumentarfilme, die eine alternative, fortschrittliche Geschichte des Landes zeigen. Die Gruppe gründete die Zeitschrift für Filmkritik *Formato 16* und auch ein alternatives Kino in der Universität von Panama. *Canto a la patria que ahora nace* (1972) ist der erste Kurzfilm der Gruppe, in dem sich deutlich ihre politische und ideologische Orientierung zeigt. Der Film basiert auf einem Protestgedicht von Pedro Rivera, dem Direktor der Gruppe, und handelt von einem blutigen Zwischenfall im Jahr 1964, als Studenten ohne Erfolg versuchten, in einer Schule der Kanalzone die panamaische Flagge neben der nordamerikanischen zu hissen. Die US-Soldaten beantworteten diese Protestwelle auf brutale Weise und töteten 21 Personen, 500 wurden verletzt.

Andere Filme, die aus der Produktion herausragen, sind: *Ahora ya no estamos solos* (1973) von Pedro Rivera und Enoch Castillero über die widersprüchlichen Beziehungen zwischen den Vereinigten Staaten und Panama, insbesondere im Zusammenhang mit dem Kanal, *505* (1973), ebenfalls von Rivera und Castillero, über die Wahl einer repräsentativen Nationalversammlung, *El más opresor* (1976) von Anselmo Mantovani über die verschiedenen amerikanischen Interventionen in Panama und die Morde an etlichen Arbeiter- und Guerillaführern sowie *La canción de nosotros* (1976) von Luis Franco über das Volkslied in Panama. Alle diese Filme sind kurze Dokumentarstreifen, die bei internationalen Filmfestspielen gezeigt wurden und mehrere Preise gewannen.

Mit dieser Filmproduktion versuchte man, so Rivera,

> unsere Wirklichkeit tiefgehend zu ergründen, die Wurzeln unserer Identität freizulegen und bessere Aussichten für die Entwicklung einer nationalen Filmkunst zu schaffen, die über eigene Wurzeln verfügt (Interview mit Pedro Rivera, 31. Juli 2001).

Ab 1977 bekam die Gruppe GECU weniger ökonomische Unterstützung und litt später, nach dem Ende des Regimes Torrijos', unter Aufstieg und Sturz Manuel Antonio Noriegas und der US-Invasion. Heute produziert die Gruppe Videos, allerdings ohne die kritische politische Perspektive der ersten Jahre. Es handelt sich um Auftragsarbeiten für Institutionen, die sich um die Kultur und Folklore Panamas kümmern.

In Costa Rica wurde 1973 der *Departamento de Cine* im Kulturministerium gegründet. Hier konsolidierte sich eine Gruppe junger kritischer Regisseure. *Dar voz a quien no la tiene* war das Motto, mit dem die Produktion dieser Abteilung begann. 1977 wurde sie in den *Centro Costarricense de Producción Cinematográfica* (CCPC) umgewandelt. Um die 75 Dokumentarfilme in 16 mm wurden zwischen 1973 und 1986 produziert. Die meisten werfen einen kritischen Blick auf die reale Situation des Landes und konzentrieren sich auf die grundlegenden sozialen Probleme, auf das staatliche Gesundheitssystem und den sozialen Wohlstand, die Landwirtschaft und die Kultur im Allgemeinen (Schumann 1987: 146). Dazu gehören klassische Titel wie *Desnutrición* (1974) und *La cultura del guaro* (1975) von Carlos

Freer, *Leche materna* (1975) von Ingo Niehaus, *Los presos* (1975) von Víctor Ramírez und *Las cuarenta* (1975), ein Film von Víctor Vega über die Prostitution.

Der erste Film dieses Zentrums war *Agonía de la montaña* (1974) von Ingo Niehaus, eine Anklage gegen die Zerstörung der Natur in Costa Rica. Carlos Freers *La cultura del guaro* ist wahrscheinlich der am meisten gesehene Film und derjenige, der das größte Aufsehen im Land erregte, da er einer der schlimmsten Krankheiten der Gesellschaft gewidmet ist: dem Alkoholismus. Der Streifen arbeitet mit den klassischen Mitteln des Dokumentarfilms: Interviews mit Betroffenen und Fachleuten, eine Kameraführung, die die Realität für sich selbst sprechen lässt. Er zeigt, dass der Alkoholismus keine individuelle, sondern eine gesellschaftliche Krankheit ist und dass sie ständig von den sozialen Bedingungen verschärft wird. Der Streifen verwendet alle Mittel der Filmsprache, um das Problem voller Emphase darzustellen. Die Straßen sind voll von Betrunkenen, die in der Umgebung von Kneipen liegen; man sieht Bilder von Reklametafeln für alkoholische Getränke, Kneipenschilder usw. Dazu werden Aussagen von Alkoholikern und Fachleuten montiert. Schließlich spielt auch die Filmmusik, die ein Loblied auf den Alkohol singt, eine wichtige Rolle.

1975 kam *Costa Rica: Banana Republic* von Ingo Niehaus heraus, ein Film, der weniger durch seine ästhetische Qualität besticht als durch die heftige Polemik, die er auslöste und in deren Folge sogar die damalige Kulturministerin Carmen Naranjo ihr Amt niederlegen musste. Der Dokumentarfilm war als Beitrag für die "Conferencia sobre el Hábitat" der Vereinten Nationen in Montréal gedacht, aber die costa-ricanische Regierung zog den Film zurück und verbot für lange Zeit seine Vorführung. Diese Zensurmaßnahmen und sein antiimperialistischer Titel haben aus diesem Dokumentarfilm eine der meistkommentierten Arbeiten der costa-ricanischen Filmgeschichte gemacht. Heute wirkt dieser Film nicht mehr revolutionär, sondern naiv in seiner Inszenierung und in der Problemstellung. In dem Film werden die traditionellen Bilder des Dokumentarfilms mit gespielten Szenen und Puppentheateranimationen kombiniert. Der Film konfrontiert zwei Pole: die mächtigen transnationalen Unternehmen und die Bananen erzeugenden Länder. Diese werden von einer Gruppe armer Kinder repräsentiert, die auf den Bananenplantagen arbeiten und in ärmlichen Hütten hausen. Die Multis werden von einer Frau, die ohne Unterlass Bananen isst, und einem Mann – einem imperialistischen "Gringo" – verkörpert, der die Preise überwacht und die Kinder mit einer Peitsche schlägt. Der Film beginnt mit einer Puppentheaterszene, in der diese Grundsituation parodiert wird. Eine "schwarze Hand" repräsentiert die Macht, die unsere armen Länder angreift. Die kleinen Länder hatten sich im März 1974 im Rahmen des "Acuerdo de Panamá" zusammengeschlossen, was Anlass für den "Bananenkrieg" war. Im Film fesseln die Kinder den Mann mit der Peitsche und werfen ihn zu Boden. Damit soll überdeutlich der Triumph der kleinen Bananenerzeuger über den Imperialismus demonstriert werden.

Die Wirkung, die diese Filme in der costa-ricanischen Gesellschaft hatten, ist ohne Präzedenzfall. Nach dem anfänglichen Verbot von *Costa Rica: Banana Republic* wurden er und andere Filme des CCPC im staatlichen Fernsehen gezeigt und nicht nur von Regierungsfunktionären präsentiert, sondern manchmal sogar vom Präsidenten. In der Presse wurden sie breit angekündigt und kommentiert.

Allerdings zeigten sich sehr bald Widersprüche, die dem Projekt eine lange Existenzdauer versagten. Einigen institutionellen Sektoren und einem Teil der Presse erschien es als unzulässig, dass eine offizielle Institution wie der *Centro de Cine* Kritik an der Regierung übte, die dieses Projekt ja finanzierte. Diese paradoxe Situation und die Wirtschaftskrise der achtziger Jahre führten dazu, dass der *Centro de Cine* seine finanzielle Unterstützung verlor und seine Produktion seit 1986 zurückging.

1977 gründete eine kleine Gruppe von Regisseuren und Intellektuellen "Istmo Film", zum damaligen Zeitpunkt die am besten ausgestattete Filmproduktionsgesellschaft in Zentralamerika. Die Costa-Ricaner Oscar Castillo, Samuel Rovinski, Nicholas Baker, Antonio Yglesias und Carmen Naranjo sowie der Nicaraguaner Sergio Ramírez waren an diesem Projekt beteiligt, das seinen Sitz in Costa Rica hatte. Der Kampf gegen die Diktatur Anastasio Somozas in Nicaragua, der 1979 mit dem Triumph der Sandinisten seinen Höhepunkt erreichte, die Guerilla in El Salvador und Guatemala sowie die extreme Militarisierung in Honduras bildeten den historischen und politischen Kontext des Projekts und waren auch die Hauptthemen der Produktionen und Koproduktionen von "Istmo Film".

Zu den wichtigsten Filmen gehören folgende: *Patria libre o morir* (1979), ein Dokumentarfilm über den sandinistischen Kampf in Nicaragua, und *El Salvador, el pueblo vencerá* (1981), ein abendfüllender Spielfilm des Puertoricaners Diego de la Texera über den Aufstand in El Salvador. Mit Unterstützung von "Istmo Film" drehte der deutsche Filmregisseur Peter Lilienthal auch den ersten Spielfilm im sandinistischen Nicaragua: *La insu-*

rrección (1980), und 1982 führte Miguel Littin in *Alsino y el cóndor*, einem Film, der für den Oscar nominiert wurde, Regie.

In den achtziger Jahren produzierte Oscar Castillo von "Istmo Film" zwei Spielfilme in Costa Rica: *La Segua* (1984) von Antonio Yglesias und *Eulalia* (1987), bei dem er selbst Regie führte. Beide Filme haben Themen, die in keinem Zusammenhang zum damaligen politischen Kontext stehen und präsentieren Costa Rica als ein von den Problemen des Isthmus nicht betroffenes Land. *La Segua* greift die *Náhuatl*-Legende von einer schönen Frau auf, die sich in ein Pferd verwandelt und nachts die Männer angreift, und brachte so das Exotische des magischen Realismus auf die Leinwand, der zu diesem Zeitpunkt hoch im Kurs stand. *Eulalia* präsentierte sich als Parodie der Fernsehserien und erzählte die Abenteuer einer naiven Bäuerin, die in die Stadt kommt. In seiner Produktion viel bescheidener als *La Segua,* war *Eulalia* in Costa Rica ein großer Publikumserfolg.

In den neunziger Jahren gründete Castillo seine eigene audiovisuelle Firma, "La Mestiza", und produzierte mehrere erfolgreiche Fernsehserien. Im Jahr 2001 drehte er einen weiteren Spielfilm, *Asesinato en el Meneo*, ein Intrigenstück über die Korruption in verschiedenen Bereichen der costaricanischen Gesellschaft, unter Politikern, Unternehmern und in der Halbwelt.

3. Film und Revolution

In der Hitze des Kampfes gegen die Diktatur schuf der *Frente Sandinista de Liberación Nacional* (FSLN) eine rudimentäre audiovisuelle Bewegung. Eine Gruppe von Regisseuren, die aus der Guerilla des *Frente Sur* stammten, organisierte sich in der Propagandabrigade "Leonel Rugama" und drehte ca. 30.000 Meter Film, das heißt 36 Stunden, über den Aufstand.

Gleich nach dem Sieg der Revolution wurde der *Instituto Nicaragüense de Cine* (INCINE) gegründet, der die Somoza nahestehende Firma "Producine" übernahm. Besitzer dieser Firma war der Mexikaner Felipe Hernández. Sie stellte das offizielle Nachrichtenmagazin der Diktatur, kommerzielle Werbung, die gesamten Propagandaerzeugnisse der Minis-terien und militärisch-didaktische Filme her. Ca. 270.000 gedrehte Film-meter – fast 300 Stunden – Nachrichtenmaterial aus den Jahren der Somoza-Diktatur wurden in den Archiven gefunden. Trotzdem kann festgestellt werden, dass

[...] in Nicaragua keinerlei Filmtradition existiert. Eine nationale Filmkunst aus dem Erbe der Ruinen zu schaffen, das uns die Diktatur hinterlässt, ist eine wirkliche Herausforderung. Unser Kino wird ein nicaraguanisches Kino sein, auf der

Suche nach einer Filmsprache, die aus unseren konkreten Lebensumständen und den besonderen Erfahrungen unserer Kultur hervorgeht. Sie wird ihren Ausgangspunkt in dem Bemühen haben, die Wurzeln unser Kultur tiefgehend zu erforschen, denn nur so wird sie das Wesen unserer geschichtlichen Existenz widerspiegeln und zur Entwicklung des revolutionären Prozesses und seines Protagonisten, des nicaraguanischen Volkes, beitragen können (SEP 1988: 408).

In den ersten Produktionsjahren folgte man dem kubanischen Vorbild, obwohl die Nicaraguaner über viel geringere Geldmittel, wenig Erfahrung und eine kaum entwickelte Kinematographie verfügten. Das Programm "Cine Móvil" wurde geschaffen, und im Jahr 1984 existierten 52 mobile Vorführeinheiten, die etwa drei Millionen Zuschauer anzogen.

Priorität von INCINE war die Produktion von monatlichen Nachrichtenmagazinen. Personen wie Ramiro Lacayo, Carlos Ibarra und Franklin Caldera, die als Korrespondenten die militärischen Auseinandersetzungen begleitet hatten, wurden mit der filmischen Produktion, Distribution und Projektion beauftragt. Die Nachrichtenmagazine – die eigentlich kurze Dokumentarfilme zu einem Thema waren – wurden allen Kinos zur Verfügung gestellt, damit sie vor dem jeweiligen Hauptfilm gezeigt wurden. Das erste Nachrichtenmagazin hatte die Nationalisierung der Goldminen zum Thema und war um den Augenzeugenbericht eines alten Mannes herum aufgebaut, der dem Befreiungsheer Sandinos in den dreißiger Jahren angehört hatte und voller Stolz die damalige Uniform trug.

Die Filmregisseure arbeiteten kreativ mit verschiedenen Materialien: Filmen aus dem Militärarchiv und der *Colección Somoza*, Zeitungs- und Zeitschriftenartikeln, Fernsehaufnahmen, Fotos und aktuellen Filmaufnahmen von Versammlungen. Mit diesen Mitteln wurden Probleme wie Gesundheit, Bildung, Arbeit und Unterhaltung thematisiert. Die gesamte Produktion versuchte die revolutionären Errungenschaften positiv darzustellen. Titel wie *1979: año de la liberación* (1980) von Ramiro Lacayo und Frank Pineda, *Inicio de la alfabetización* (1980) von María José Alvarez, *La otra cara del oro* (1981) von Emilio Rodríguez und Rafael Vargas, *Jornada anti-intervencionista* (1981) von Mariano Marín, *Bananeras* (1982) von Ramiro Lacayo und *Managua de sol a sol* (1982) von Fernando Somarriba sind einige Dokumentarfilme dieser Zeit.

INCINE produzierte einige längere und besser strukturierte Dokumentarfilme, wie zum Beispiel *Wanki lupia nani (Los hijos del río Coco)* von Fernando Somarriba. Dieser Film wurde zwischen 1984 und 1986 gedreht und erzählt von den Bewohnern der Karibikküste, den Miskitos, und ihrer konfliktreichen Beziehung zum Zentrum des Landes und der sandinistischen

Regierung. Zweifellos ist dies der erste Film, der eine kritische Haltung gegenüber der Regierung zum Ausdruck bringt. Sein Vertrieb im Land war daher mit Schwierigkeiten verbunden, selbst dann noch, als er 1987 bei den Internationalen Filmfestspielen in Leipzig mit der "Goldenen Taube" ausgezeichnet wurde.

INCINE produzierte auch Spielfilme, sowohl Kurzfilme wie *Manuel* (1984) von Rafael Vargas, *Que se rinda tu madre* (1984) von Fernando Somarriba, *Esbozo de Daniel* (1984) von Mariano Marín und *El centerfield* (1985) von Ramiro Lacayo, wie auch den abendfüllenden Hauptfilm *El espectro de la guerra* (1989), ebenfalls von Lacayo. Filme wie *El Señor Presidente* (1983) des Kubaners Manuel Octavio Gómez und *Alsino y el cóndor* (1982) von Miguel Littin wurden von INCINE koproduziert. Die Produktion dieses Instituts wurde mit 20 verschiedenen internationalen Preisen und 15 Sonderauszeichnungen prämiiert.

Die salvadorianische Filmproduktion war in den achtziger Jahren ein integraler Bestandteil der Aufstandsbewegung unter Führung des *Frente Farabundo Martí de Liberación Nacional* (FMLN). Auf Initiative der *Ligas Populares LP28* wurde der "Comando Internacional de Información de la Revolución" gegründet. Nach Meinung des Regisseurs Yderín Tovar

> gab dies einer Gruppe von Jugendlichen die Möglichkeit, sich ausgehend von der Alltagsarbeit zu entwickeln, nicht nur auf dem Gebiet des Dokumentarfilms von kurzer oder halblanger Dauer, sondern auch auf dem Gebiet der Videoaufnahmen und der Produktion von Nachrichtenmagazinen (Martínez 1980: 11).

1979 wurde die Gruppe "Cero a la Izquierda" gegründet, die weder über finanzielle Mittel noch über eine filmische Ausbildung oder Tradition verfügte. Ihr Ziel war es, den revolutionären Prozess zu dokumentieren. Die erste Produktion der Gruppe war der experimentelle Kurzfilm *Zona intertidal* (1980), der den Mord an Lehrern behandelt, deren Leichen am Meeresufer zurückgelassen wurden. Ebenfalls 1980 kam ein zweiter Film von "Cero a la Izquierda" heraus: *Morazán*. Er arbeitet mit den traditionellen, direkteren Formen des Dokumentarfilmes und berichtet von der ersten befreiten Zone El Salvadors. *La decisión de vencer* (1981) ist ein Dokument des alltäglichen Lebens in den von der Guerilla kontrollierten Zonen. Auch die militärischen Auseinandersetzungen wurden auf Zelluloid gebannt, allerdings immer aus der Perspektive des FMLN; der Feind taucht so gut wie nie auf.

Im Mai 1980 wurde der *Instituto Revolucionario Salvadoreño de Cine* gegründet, um die Aufstandsbewegung international zu verbreiten, aber auch um Filme in den befreiten Zonen zu vertreiben. Einige lateinamerikanische

Regisseure boten ihre Unterstützung an, und der Puertoricaner Diego de la
Texera drehte den Film *El Salvador, el pueblo vencerá*, eine Koproduktion
mit der costa-ricanischen "Istmo Film". Der Film bietet eine historische
Analyse vom revolutionären Führer Farabundo Martí bis zum jüngsten Befreiungskampf. Es handelt sich um eine Montage von Videoaufnahmen,
Karikaturen und Archivbildern, aber seine ausdrucksstärksten Momente sind
die direkt gefilmten Sequenzen, zum Beispiel die, in der ein junger Mann
während der Bestattungszeremonie den Mord an seinem Vater beweint, dabei schwört, sich dem Befreiungskampf anzuschließen und sich als äußeres
Zeichen das Halstuch der Rebellenarmee anlegt.

Zur gleichen Zeit wie "Cero a la Izquierda" begann "Radio Venceremos"
Anfang der achtziger Jahre mit der audiovisuellen Produktion. Der erste
Film war *Carta de Morazán* (1982). Zwei andere wichtige Arbeiten aus den
achtziger Jahren sind *Tiempo de audacia* (1983) und *Tiempo de victoria*
(1988).

Mit dem Verlust der Regierungsmacht der Sandinisten in Nicaragua im
Jahr 1990 und dem Friedensabkommen in El Salvador im Jahr 1992 nahm
die zentralamerikanische Geschichte einen anderen Verlauf. Dies brachte
auch einen Wandel im Bereich der audiovisuellen Produktion mit sich. Der
Friedensprozess in der Region wurde zu einem der zentralen Themen der
neuen zentralamerikanischen Produktionen.

4. Der zentralamerikanische Film heute

Die Verbreitung des Videos brachte nicht nur die Schaffung neuer Arbeitsin-
strumente mit sich, sondern auch neue Möglichkeiten des künstlerischen
Ausdrucks. In Zentralamerika entstand eine Generation von "Video-Cineas-
ten", von denen viele über eine formale Ausbildung in Film und Video ver-
fügen. Einige sind Absolventen der *Escuela de Cine y Televisión de San
Antonio de los Baños*, Kuba, wie zum Beispiel Jorge Dalton aus El Salvador,
Hispano Durón aus Honduras und die Costa-Ricaner Felipe Cordero und
Hilda Hidalgo.

Seit 1992 finden in Costa Rica regelmäßig Filmschauen der lokalen audiovisuellen Produktionen statt. Diese tragen dazu bei, die Nachhaltigkeit
der Filmproduktion zu sichern und ermöglichen die Begegnung von jungen
mit erfahreneren Filmschaffenden. Costa Rica ist heute ohne Zweifel das
Land der Region, in dem die audiovisuelle Entwicklung am weitesten vorangeschritten ist. In den letzten Jahren wurden einige Kurzspielfilme im
35 mm-Format für große Kinosäle gedreht, zum Beispiel *Las máscaras*

(1998) von Rafael Chinchilla, *La pasión de nuestra señora* (1999) von Hilda Hidalgo, *Florencia de los ríos profundos y los tiburones grandes* (2000) von Ishtar Yasin und *Once rosas* (2000) von Esteban Ramírez. Auch andere Regisseure haben unabhängige Spielfilme realisiert: *Intima raíz* (1984) von Patricia Howell, *La caja de los besitos* (1993) von Alexandra Pérez, *Variaciones sobre un mismo crimen* (1999) von Gustavo Fallas und Jürgen Ureña sowie *Rehabilitación concluida* (1998) von Esteban Ramírez. Wichtige Dokumentarfilme sind: *Los hijos del silencio* (1998) von Rodrigo Soto, *Bajo el límpido azul de tu cielo* (1998) von Felipe Cordero und Hilda Hidalgo, *Los Tinoco* (1998) von Andrés Heidenreich, *El barco prometido* (2000) und *Algo queda* (2001) von Luciano Capelli und Yasmín Ross sowie *Polvo de estrellas* (2001) von Hilda Hidalgo. Die Themen variieren zwischen einer Neuinterpretation der Geschichte, einer Neubewertung der Kultur(en), Literaturverfilmungen und aktuellen Fragestellungen wie der Frauenthematik, Kindesmorden, Migrationsbewegungen usw.

Mit der Produktionsfirma "La Mestiza" realisierte Oscar Castillo drei Serien für das nationale Fernsehen: "El barrio", "La pensión" und "La plaza". Diese Produktionsfirma funktioniert auch als Schule für Dramaturgen, Schauspieler, Regisseure und Techniker und bietet damit zum ersten Mal eine systematische Ausbildungsmöglichkeit außerhalb der Produktion von Werbefilmen an.

In der Tat dominiert in Costa Rica wie in Zentralamerika insgesamt die Produktion von Werbespots. Dennoch ist im letzten Jahrzehnt der Bereich der didaktischen und kulturellen Dokumentarfilmproduktion mit Hilfe der Finanzierung durch Agenturen für die internationale Zusammenarbeit und Entwicklung, Nichtregierungsorganisationen wie auch einige staatliche Institutionen gewachsen. Themen wie der Friedensprozess in Zentralamerika, Frauen, Gewalt in der Familie und in der Gesellschaft, AIDS, Jugendliche und Migrationsbewegungen werden von jungen Dokumentarfilmern bearbeitet, zumeist in Videoproduktionen.

In Guatemala arbeiten mehrere unabhängige audiovisuelle Firmen über diese Themen. Die meisten Filme haben eine anthropologische Ausrichtung. Einige Beispiele dafür sind *Querubines* (1991) von Sergio Valdés, ein Film über eine indigene Familie der Kak'chiqueles und deren Beziehungen zur Volksmusik, oder ein Film wie *La feria fantástica* (1998) von Igor de Gandarias und Guillermo Escalón, eine experimentelle Arbeit über das Volksfest in Jocotenango. Dokumentarfilme über die Situation der Bauern sind *Doña*

Elenita, una pobladora (1995) von Alfonso Porras und Isabel Juárez und *Alcemos la voz* (1997) von Beate Neuhaus und Isabel Juárez. Auch das literarische und künstlerische Erbe hat Bedeutung für den Film gewonnen. Dies gilt zum Beispiel für die jüngste Arbeit von Sergio Valdés, *Luis y Laura* (1999), über das Leben des Autors Luis Cardoza y Aragón, in der er Elemente des Dokumentarfilms und des Spielfilms mischt.

In Honduras drehte Hispano Durón 1999 auf Video den Spielfilm *Anita, la cazadora de insectos,* eine Verfilmung der gleichnamigen Kurzgeschichte des Autors Roberto Castillo. Dieser Film handelt vom Zerfall der Familie und vom Konsumterror in unseren unterentwickelten Gesellschaften. Eine andere Literaturverfilmung ist *Voz de ángel* (1998) von Francisco Andino, die auf einer Kurzgeschichte des salvadorianischen Schriftstellers Salarrué beruht. Didaktische Filme über Jugendbanden und wie man ihre Entstehung verhindern kann, wie *Las cuatro tablas* (2001) von Daniel Serrano und *Limpiando chaqueta* (2001) von Mario Jaén, werden in Sekundarschulen mit viel Erfolg beim jungen Publikum gezeigt. Der Spielfilm *Almas de la medianoche* (2001) des jungen Regisseurs Juan Carlos Fanconi wurde im Digitalformat gedreht und wird in zahlreichen Kinos in den verschiedenen zentralamerikanischen Ländern gezeigt.

Auch in Honduras werden Dokumentarfilme mit anthropologischem Inhalt und über die Volkskultur realisiert, zum Beispiel *Ticha Reyes* (1992), der die Geschichte einer "rezadora" (Vorbeterin) aus Yamaranguila, einem Dorf des honduranischen Hochlandes, erzählt, und *Ordenación del primer sacerdote garífuna* (1994). Beide wurden von Mario López gedreht.

In El Salvador werden ebenfalls literarische Vorlagen verfilmt, wie zum Beispiel *La virtud de un santo* (1997) von Noé Valladares, nach einer Kurzgeschichte des Erzählers Salarrué. Die in New York lebende salvadorianische Filmregisseurin Paula Heredia, die als Cutterin von Dokumentarfilmen hervorgetreten ist, verfolgt ein Projekt, das sie "den ersten abendfüllenden Spielfilm Zentralamerikas" nennt: *Retratos de Clementina: una época de oro de las artes centroamericanas*, einen Streifen über die honduranische Dichterin und Muse Clementina Suárez. Der Film soll in Honduras, El Salvador, Costa Rica, Mexiko und New York gedreht werden.

Über Jahre hinweg hat Jorge Dalton ein umfangreiches Filmwerk geschaffen, aus dem der Dokumentarfilm *Herido de sombras* (1994) über die nicht mehr existierende kubanische Musikgruppe "Los Zafiros" herausragt. Dieser Film wurde auf verschiedenen Filmfestivals präsentiert. Weitere Filme von Dalton sind *El amor me cae mal que la primavera* (1994) und *Sólo para mayores* (2001).

In Panama produziert GECU Kurzfilme über das universitäre Leben und Auftragsarbeiten für Institutionen. Außerdem wird im katholischen Fernsehkanal ein vierzehntägiges Kulturmagazin ausgestrahlt. Im Jahr 1994 wurde in Panama-Stadt der *Centro de Imagen y Sonido* (CIMAS) gegründet. CIMAS produzierte oder koproduzierte Filme wie *India dormida* (1994) von Luis Franco und Edgar Soberón und *El mandado* (1998) von Pituka Ortega. Dieser letzte Film wurde im 16 mm-Format gedreht und behandelt das Thema Vergewaltigung aus der Perspektive eines kleinen Mädchens und seiner Erinnerungen. Ortega filmte 1999 *Sacrifictum*, eine Mischung aus Video und Film, Spielfilm und Dokumentarfilm, in dem ebenfalls das Thema des sexuellen Missbrauchs, hier von erwachsenen Frauen, behandelt wird. Eine andere junge panamaische Filmemacherin, Tatiana Salamín, verfilmte 1995 eine Kurzgeschichte von Rogelio Sinán über Rassismus, der Titel dieses Films ist *Sangre*.

Die größte audiovisuelle Produktion in den neunziger Jahren ist in Nicaragua und in Costa Rica zu registrieren. In Nicaragua werden sowohl Dokumentarfilme, Auftragsarbeiten für Institutionen wie didaktische und Kulturfilme als auch selbständige Arbeiten produziert, neben anderen von den Regisseuren Frank Pineda, Florence Jaugey, María José Alvarez, Martha Clarissa Hernández und Fernando Somarriba.

Besonders wichtig sind drei Filme von Pineda: *El hombre de una sola nota* (1989) und *Betún y sangre* (1990), beide über die jüngsten Ereignisse im Bürgerkrieg, sowie *Muerto de miedo* (1993), eine humorvolle Darstellung der Vorurteile gegenüber AIDS. Zusammen mit Florence Jaugey gründete Pineda "Camila Films" und drehte mehrere didaktische Dokumentarfilme. Jaugey produzierte im 35 mm-Format den Kurzfilm *Cinema Alcazar* (1997). Auf der Berlinale von 1998 wurde sie dafür mit einem Silbernen Bären für den besten Dokumentarfilm ausgezeichnet. Weitere Preise bekam dieser Film auf den Festivals in Huesca und in Puerto Rico. *El día que me quieras* (1999), ein Video-Dokumentarfilm über missbrauchte Frauen, wurde auf dem Festival in Biarritz mit dem Preis für den besten Dokumentarfilm ausgezeichnet.

Von María José Alvarez und Martha Clarissa Hernández wurde "Luna Films" gegründet. Ihr neuester Streifen ist *Blanco organdí* (1999). Es handelt sich um einen Kurzfilm in Schwarzweiß und im 35 mm-Format; sein Thema sind die Erinnerungen an den Bürgerkrieg, dargestellt aus der Perspektive eines Mädchens. Die Dokumentarfilme *Lady Marshall* (1990) über die Miskito-Fischerfrauen und *No todos los sueños han sido soñados* (1993) über die weiblichen Straßenkinder zeichnen sich durch hohe ästhetische Qualität und eine sensible Behandlung des Themas aus. Beide wurden im 16 mm-Format gefilmt und auf verschiedenen internationalen Festivals mit Preisen ausgezeichnet.

Das revolutionäre Kino war eine hervorragende Lehrzeit für viele dieser Regisseure, die ihre Ausbildung in der Mehrheit nach dem sandinistischen Sieg erhielten.

5. Auf dem Weg zu einem gemeinsamen audiovisuellen Raum

Wenn auch die Filmproduktion in Zentralamerika in keinem der Länder der Region mit offizieller staatlicher Unterstützung rechnen kann, noch über klare gesetzliche Regelungen verfügt, sind die Aussichten der zentralamerikanischen audiovisuellen Produktion dennoch hoffnungsvoll.

Die erste *Muestra Centroamericana de Cine y Video* sowie der erste *Encuentro Centroamericano de Creadores, Productores y Promotores Audiovisuales* in Granada, Nicaragua, im November 1999 und die zweite Ausgabe im Oktober 2000 in San José, Costa Rica, markieren einen Meilenstein in der Filmgeschichte der Region. Zum ersten Mal hatten Filmschaffende der Region die Gelegenheit, sich zu treffen, über ihre Arbeiten zu diskutieren und Meinungen über die Probleme der regionalen Filmkunst auszutauschen. Konkretes Ergebnis war die Gründung der *Asociación Centroamericana de Creadores, Productores y Promotores de las Artes Visuales*, aber das Wichtigste war vielleicht, dass man sich bewusst wurde, dass es sich nicht um isolierte Länder handelt, sondern um eine Region, die gemeinsame Traditionen, Situationen und Projekte teilt.

In Guatemala findet zum Beispiel seit 1998 das Filmfestival "Icaro" statt, auf dem die neuesten Arbeiten aus der Region gezeigt und diskutiert werden. Die Tatsache, dass in Nicaragua die *Asociación Nicaragüense de Cinematografía* den Gesetzentwurf "Ley de Fomento y Promoción de la Cinematografía y las Artes Audiovisuales" zur Vorlage im Kongress erarbeitet hat, weist auf die Bedeutung hin, die die audiovisuelle Produktion in diesem Land in den letzten Jahren erhalten hat. Auch in den anderen Ländern der Region wird in mehr oder weniger großem Maßstab versucht, die audiovisuelle Industrie zu aktivieren, sowohl über staatliche wie über privatwirtschaftliche Finanzierung.

Wenn es gelingt, eine organische Entwicklung der Region einzuleiten und gemeinsame Anstrengungen zu unternehmen, dann wird man an die systematische, stabile und langfristige Entwicklung einer audiovisuellen Industrie denken können. Zentralamerika verfügt über einen potenziellen Markt von mehr als 30 Millionen Zuschauern und es wäre töricht, weiter in den Dimensionen kleiner, isolierter Länder zu denken. Wenn die jüngsten Entwicklungen auch hoffnungsfroh stimmen, so hat die Arbeit an der Schaffung einer zentralamerikanischen audiovisuellen Produktion allerdings noch kaum begonnen.

(Übersetzung: Alexandra Ortiz Wallner).

Literaturverzeichnis

Chanan, Michael (1981): "El Salvador: The People Will Win. Resistance". In: *Jump cut*, 26.

Cortés, María Lourdes (2002): *El espejo imposible. Una historia del cine en Costa Rica*. San José, Costa Rica.

Getino, Octavio (1996): *La tercera mirada. Panorama del audiovisual latinoamericano*. Buenos Aires.

Hennebelle, Guy/Gumucio-Dagron, Alfonso (1981): *Les cinémas de l'Amérique latine*. Paris: Nouvelles Editions Pierre Lerminier.

King, John (1994): *El carrete mágico*. Bogotá: Tercer mundo editores.

Martínez, Fernando (1980): "El cine nace en El Salvador. Entrevista con el cineasta salvadoreño Yderín Tovar". In: *Formato 16*, 4.8: 9-14. Panamá.

Sadoul, Georges (1972): *Historia del cine mundial desde los orígenes hasta nuestros días*. Mexiko, D.F.: Siglo XXI editores.

Schumann, Peter (1986): *Historia del cine latinoamericano*. Buenos Aires: Editorial Legasa.

SEP (Secretaría de Educación Pública) (1988): *Hojas de cine. Testimonios y documentos del nuevo cine latinoamericano* (Bd. I u. III. Mexiko, D.F.: Fundación mexicana de cineastas.

Toledo, Teresa (1990): *10 años del nuevo cine latinoamericano*. Madrid: Verdoux y Sociedad Estatal Quinto Centenario.

Torsten Eßer

Der Klang von Schildkrötenpanzer und Synthesizer. Musik in Zentralamerika vom 20. Jahrhundert bis heute

1. Einleitung

Zu Beginn des Jahres 2002 erregten in Zentralamerika die Konzerte eines Orchesters Aufsehen, das der costa-ricanische Pianist Manuel Obregón ins Leben gerufen hatte: Das "Orquesta de la Papaya" bestand aus 14 Musikern, die alle Länder und viele Ethnien des Isthmus repräsentierten: *indígenas* aus Guatemala, Schwarze aus Belize, Mestizen aus El Salvador, Garifuna aus Honduras usw. spielten eine Mischung aus Folklore, Jazz und Klassik.[1] Dieses Ensemble unterstreicht die langsam wachsende musikalische Emanzipierung einer Weltregion, deren diesbezügliche Bedeutung international bisher gering war.

Die Region stand immer unter starkem externen Einfluss: Erst zwang die Kolonialmacht Spanien (in einigen Küstengebieten auch die Engländer), den Einheimischen ihre Kultur auf, später dann die USA und – abgeschwächt – der große Nachbar Mexiko. Belize, das sich kulturell mehr an Großbritannien und der Karibik orientiert, hebt sich besonders stark von seinen Nachbarn ab. Aber auch durch die indigenen Elemente in der Musik unterscheiden sich die Länder: So leben in Guatemala rund 60% *indígenas*, während es in Costa Rica nur noch etwa 1% sind. Nicht ohne Grund schrieb Nicolas Slonimsky 1949 über das Land: "Costa Rican music is a white man's music, and of all Latin American countries is the least influenced by either the Indian or the Negro culture" (Flores 1982: 262).

Ohne Kenntnis der geschichtlichen Ereignisse ist die Vielfalt der heutigen Klänge schwer nachzuvollziehen. Darum werden sie kurz erläutert, bevor ich mich der aktuellen Situation zuwende. Schon der Musikwissenschaftler Kurt Pahlen erkannte allerdings: "... eine äußerst bunte Musikwelt, die in ihrer Gesamtheit noch nicht studiert wurde" (Pahlen/Mendoza 1980: 419). Darum kann es passieren, dass in den verschiedenen Abschnitten dieses Artikels nicht immer alle Länder behandelt werden.

---

1 Vgl. *La Nacion* <www.nacion.co.er> und *Belize Times* <www.belizetimes.bz>.

2. Präkolumbische Musik

Schon im Jahre 200 nach Christus entwickelten die Maya im Gebiet des heutigen Yucatán, Guatemala und Honduras ihre Hochkultur. Musik, Gesang und Tänze waren essenzielle Bestandteile ihrer religiösen Zeremonien und weltlichen Feste. Die Kenntnis über die musikalischen Praktiken der Maya rührt aus Beschreibungen der spanischen Chronisten aus dem 15. und 16. Jahrhundert sowie aus zwei Schriften her, die kurz nach dem Kontakt mit den Spaniern niedergeschrieben wurden: den *Annalen der Cakchiqueles* und dem *Popol Vuh*. Dort sind zum Beispiel Flöten aus Ton *(ocarina)* oder Knochen *(zubac)*, Muscheln, die man wie eine Trompete verwendete *(t'ot')*, Rasseln *(sonaja)* und Trommeln *(k'ojom)* beschrieben (Martí 1985: 231; O'Brien-Rothe 1998a: 721-722). Viele dieser Instrumente aus der präkolumbischen Zeit werden noch heute benutzt, so zum Beispiel das *tun*, ein Idiophon,[2] gefertigt aus einem Baumstumpf, oder bei den Lacandonen in Chiapas die heiligen Trommeln (*k'ayum*, gleichzeitig der Name des Gottes der Musik) (O'Brien-Rothe 1998a: 655-657). Weitere Indianerstämme, die Zentralamerika bevölkerten, besaßen im Prinzip die gleichen Instrumente wie die Maya.

3. Indianische Musik heute

Die heutigen Maya in Belize und Guatemala sowie in Teilen von El Salvador und Honduras[3] benutzen zusätzlich Instrumente, die von den Kolonialherren und Sklaven stammen: So spielen bei vielen christlichen Festen inzwischen große Bands, die aus Blechbläsern, Trommlern und manchmal Geigern bestehen oder Marimba-Combos mit Saxophon und Bass. Doch die Bedrohung der traditionellen Musik kommt von einer anderen Seite: Fanatische evangelische Freikirchen bzw. Sekten aus den USA bekehren die Maya und sehen in ihrer Musik und ihren Ritualen die Kräfte des Bösen. Um diese Traditionen zu zerstören, spielen die Evangelisten in vielen Gemeinden ihre Hymnen über Lautsprecher ab (Eßer 1996b: 10-12). Negativ wirkt sich auch die Überflutung mit westlichen Klängen und fremden Rhythmen aus, per Radio, Fernsehen und bei Volksfesten (O'Brien-Rothe 1998a: 722-731; 1998b: 653).

2　Idiophon = Selbstklinger.
3　Der weitaus größere Teil lebt in Mexiko in den Bundesstaaten Campeche, Chiapas, Quintana Roo, Tabasco und Yucatán.

Die beiden größten indigenen Völker Costa Ricas – Bribri (~11.800 Menschen) und Cabécar (~8.300) – leben in Reservaten im Südosten des Landes.[4] Für ihre religiösen wie weltlichen Feste und Zeremonien benutzen sie nach wie vor ihre traditionellen Instrumente und singen dazu.[5] Auch die Musik der rund 30.000 Kuna, die im Osten und an der Karibikküste Panamas sowie auf den San Blas-Inseln leben, ist in ihrer Ursprünglichkeit erhalten. Obwohl sie modernen Medien gegenüber aufgeschlossen sind, drangen bisher keine fremden Klänge in ihre Gesänge und ihr Spiel ein. Und auf traditionellen Instrumenten wird auch keine moderne Musik gespielt (S. Smith 1998: 637-648). Rund 150.000 Miskito-Indianer leben heute noch in Nicaragua (120.000) und Honduras (30.000) sowie eine Handvoll im Nordosten Costa Ricas.[6] Sie benutzen Rasseln *(insuba)*, Schildkrötenpanzer *(kuswa taya)*, Flöten *(bra-tara)*, Trommeln *(kungbi)* und eine Mini-Trommel *(turuturu)*, deren Bespannung aus einem Fledermausflügel besteht.[7] In Belize spielen die K'ekchi-Harfenensembles bei Dorffesten auf. Neben der 30-saitigen Harfe bringen Geige und Gitarre die Menschen zum Tanzen. Der bekannteste Maya-Harfenist, Florencio Mess, baut seine Instrumente selbst und repräsentierte sein Land schon auf vielen internationalen Festivals (Greene 1998: 667-668).

4. Von der *Conquista* bis zur Unabhängigkeit

Seit Kolumbus 1502 vor Honduras geankert hatte und die Spanier ab 1513 begannen, Zentralamerika zu erobern, wurde die indigene Kultur systematisch vernichtet: "Die Bevormundung durch die Kolonialmächte und die katholische Kirche war bis zur politischen Befreiung tiefgreifend und kompromißlos" (Günther 1982: 9-19). Die Übernahme spanischer Musikpraktiken und Kompositionstechniken, einhergehend mit dem Verbot indigener Musik, Gesänge und Tänze, führten zu einem Niedergang derselben.

Während der kolonialen Periode hing die Intensität der musikalischen Aktivitäten sehr stark damit zusammen, ob eine Region wirtschaftlichen

---

4   Präkolumbisch als Talamanca bekannt.

5   Z.B. *tönö* (Rasseln), *talacabe* und *ocarina* (Flöten), *sabak* (kleine Trommel) (Fernández 1998b: 631-635; FUNCOOPA 1997: 30ff.).

6   Für alle Zahlenangaben bezüglich Bevölkerungsgruppen in diesem Text gilt, dass es viele widersprüchliche Angaben gibt. Ausgewählt wurde die am häufigsten genannte.

7   Die Miskito sprechen mehrheitlich Englisch als erste Sprache, sind eher protestantisch und haben einen starken afrikanischen Einschlag, da viele geflohene Sklaven sich mit ihnen vermischten (Scruggs 1998c: 659-663).

Aufschwung erlebte oder nicht. Dort wo man im großen Maßstab Edelmetalle gewann – in Mexiko oder Peru – entstanden sehr schnell Theater und Opernhäuser, in denen internationale Stars gastierten und so lokale Komponisten inspirierten. Zentralamerika gehörte nicht zu diesen Regionen. Dort bestimmten bis ins 19. Jahrhundert größtenteils die katholische Kirche und ihre Feiertage das musikalische Leben. Liturgische Gesänge und Orgelwerke waren die ersten europäischen Klänge in der Neuen Welt. Sowohl der Kapellmeister der Kathedrale als auch der Organist hatten eine herausragende Stellung im Musikleben jener Zeit.

Guatemala, seit 1542 Sitz des spanischen Generalkapitanats, war zumindest ein regional bedeutendes Zentrum. Im heutigen Antigua stand eine der ersten Orgeln, die es in Lateinamerika gab. Schon 1540 gab es dort einen Organisten und einen Kantor. Mitte des 17. Jahrhunderts umfasste das Orchester der Kathedrale 15 Musiker, unter anderen einen Harpsichord-Spieler. Benedicto Sáenz schrieb um 1802 die ersten Walzer und Polkas für Klavier (Lehnhoff 1993: 161-165). Im 18. Jahrhundert entdeckte die Elite ihre Vorliebe für traditionelle und populäre Musik: Man tanzte lokale Formen des _corrido_, des _pasillo_, des _son_ und des Walzers, die sich nach und nach von ihren ausländischen Vorbildern emanzipierten (O'Brien-Rothe 1998a: 735-736).

Im heutigen Costa Rica siedelten Mitte des 15. Jahrhunderts die ersten Spanier auf dem zentralen Hochplateau und gründeten die Stadt Cartago. 1785 erwähnt ein Chronist neben europäischen Instrumenten auch das Spiel einer Marimba während der Messe (Fernández 1998a: 693). Auch in Nicaragua fanden die musikalischen Aktivitäten größtenteils im religiösen Zusammenhang statt. Der spanische Einfluss betraf jedoch vor allem die Pazifikküste, denn an der Atlantikküste siedelten viele Engländer, die sich u.a. als Freibeuter betätigten und spanische Schiffe und Siedlungen ausraubten. Nach dem Friedensvertrag von Versailles (1783) mussten zwar die meisten von ihnen das Land verlassen, aber ihre Wirkung auf die Musik blieb groß, denn die Siedler hatten u.a. Quadrille und Polka sowie ihre Instrumente mitgebracht (Scruggs 1998a: 748-749). In Honduras, Panama und El Salvador entwickelte sich eine eigenständige Musikkultur erst im 19. Jahrhundert. Stellvertretend für alle drei Länder sei der Musikwissenschaftler Manuel de Adalid y Gamero zitiert, der 1938 über seine Heimat schrieb: "La música en

Honduras ha tenido un pobre desarrollo, como consecuencia del atraso económico, político y cultural del país" (Ramos 1990: 15).[8]

5. Afrikanische Elemente

Engländer und Spanier brachten Millionen schwarzer Sklaven in die Karibik und nach Zentralamerika. Ihr Einfluss auf Kultur und Musik war je nach Region verschieden stark: So sind die ehemals aus Afrika stammenden Menschen an der Pazifikküste Nicaraguas faktisch assimiliert und die kulturellen Eigenheiten kaum noch spürbar, während sie in Belize sehr präsent sind. Unterschieden werden muss in Mittelamerika zwischen *negros antillanos*, mehrheitlich englischsprachig und protestantisch, und *negros coloniales*, die spanischsprachig und katholisch sind. Letztere kamen als Sklaven in die Kolonien, während Erstere vor allem als Kontraktarbeiter im 19. und 20. Jahrhundert den Isthmus erreichten (R. Smith 1994: 245).

Innerhalb der schwarzen Bevölkerung bilden die Garifuna ("Menschen, die Yucca essen") die kulturell bedeutendste Gruppe. Ihre Geschichte lässt sich bis ins 17. Jahrhundert zurückverfolgen: Ab 1625 gelangten Afrikaner von gekenterten Sklavenschiffen oder von anderen Inseln auf die von den Kariben beherrschte Insel St. Vincent. Durch ihren gemeinsamen Kampf gegen den "weißen Mann" vermischten sie sich nach und nach. 1783 erklärten die Engländer St. Vincent zur Kronkolonie, und das Leben für die (nun) schwarzen Kariben wurde härter. 14 Jahre später ließen sich nach zähen Verhandlungen rund 5.000 Garifuna von den Engländern auf die Insel Roatán vor der Küste von Honduras umsiedeln. Von dort aus besiedelten sie in den folgenden Jahren mit Einverständnis der Spanier den schmalen Küstenstreifen und dehnten sich später nach Norden und Süden aus, so dass heute zwischen Dangriga (Belize) und Laguna de Perlas (Nicaragua) etwa 120.000 Garifuna leben. Guillermo Anderson, honduranischer Liedermacher, sagt, dass ihre Kultur "ignoriert, absorbiert und vergessen" werde. Viele Tausend leben in den USA, hauptsächlich in New York und Los Angeles, weil sie in ihrer Heimat keine Perspektiven haben. Dort vermischen die Musiker ihre traditionellen Rhythmen mit vielen anderen Stilen, die sie in diesen Schmelztiegeln hören (Arrivillaga Cortés 1990: 252; Czarkowski 1993: 6). Schon von Kindesbeinen an, in so genannten *combos infantiles*, werden die Garifuna mit Musik vertraut gemacht. Als traditionelle Instrumente verwen-

---

8 "Die Musik in Honduras weist als Folge des wirtschaftlichen, politischen und ökonomischen Rückstands des Landes eine beschränkte Entwicklung auf".

den sie Trommeln aus Mahagoniholz *(garawon)*, Sisira-Rasseln, Trompeten aus Schnecken und Muscheln sowie Schildkrötenpanzer. Interpreten wie "Lánigiü Müa", "Lita Arian" (Honduras), "Suamen" (Guatemala) und "Chatuye" (Belize/USA) halten die traditionellen Rhythmen und Gesänge am Leben. Moderne Ensembles benutzen auch Blechblasinstrumente, elektrische Gitarren und Synthesizer (Arrivillaga Cortés 1990: 253-255).

Die Texte des *Paranda*, eines Garifuna-Rhythmus und Lied-Genres, erzählen von aktuellen oder historischen Ereignissen oder formulieren Sozialkritik. Viele Sänger dieser Musik sind schon sehr alt und erst das Engagement des belizischen Produzenten Ivan Duran brachte sie auf internationale Bühnen. Er fand Mitte der neunziger Jahre einige alte *paranderos* – u.a. Paul Nabor und Junie Arranda – und lud sie zu Aufnahmen ins Studio ein: "Es war teilweise sehr schwierig, die Aufnahmen zu machen, weil diese Leute noch nie ein Studio betreten hatten", erklärt er.[9] Daraus entstand auf dem einzigen Label Belizes, Duran's "Stonetree Records", die erste *Paranda*-CD, der weitere folgen sollen. Noch beliebter ist die *punta*: Die Tänzer – meistens Frauen – bewegen nur die Füße und die Hüften, gesungen wird nach der *call-and-response*-Technik: Ein Hauptsänger singt einen halben Satz, den der Chor vervollständigt. Der Pflege der Garifuna-Tänze und -Musik widmen sich die "Belize National Folklore Company", gegründet 1996, und die "Ugundani Dance Company" (Graham 2000: 327; Arrivillaga Cortés 1990: 263; Greene 1998: 675-676).

Das populärste Genre in Belize ist momentan jedoch der *punta-rock*, der auch viele Anhänger in Guatemala und Honduras hat. Trotz seines Namens hat er mit Rockmusik nur wenig gemein. Traditionelle Trommeln werden zwar mit modernen Instrumenten kombiniert, aber die rhythmischen Muster stammen von der *punta* und dem *paranda*: "Punta Rock ist die belizische Version der afrokaribischen Tanzmusik" erklärt Andy Palacio, der Star des *punta-rock*. "Es gibt eine spezielle Art ihn zu tanzen, mit sehr viel Becken- und Hüftschwung. Das geht viel weiter als die traditionelle *punta*, ist viel freier im Ausdruck."[10] Seine Erfindung Ende der siebziger Jahre wird Pen Cayetano zugeschrieben, der mit seiner Band "Pen Cayetano and the Turtles" als erster der traditionellen *punta* Perkussion und elektrische Instrumente hinzufügte (Greene 1998: 677). Heute bringen Interpreten wie "Garifuna Boys" (Guatemala), "Mohobob" oder eben Andy Palacio die Tanzsäle zum Kochen. Der *punta-rock* profitierte von der 1981 gewonnenen Unabhängig-

---

9   Vgl. Interview des Verfassers mit Ivan Duran (09/2002).
10 Vgl. Interview des Verfassers mit Andy Palacio (09/2002).

keit von Großbritannien, die den Bedarf nach nationalen Musiken stärkte. Da der einheimische Markt jedoch winzig ist, leben viele Musiker in den USA, produzieren und verkaufen dort ihre Alben und schicken sie zusätzlich in die Heimat wie zum Beispiel "Aziatic" oder die "Garifuna Kids" (Eßer 2003: 60).

Zwischen 1870 und 1920 kamen viele englischsprachige Jamaikaner und andere Bewohner karibischer Inseln – heute als *antillanos* bezeichnet – als Kontraktarbeiter auf die Bananenplantagen oder Großbaustellen (Eisenbahn, Kanal) nach Costa Rica, Honduras, Nicaragua oder Panama. Die Jamaikaner brachten als säkulare Musik den englischen *square dance (cuadrille)* und ab Mitte des 20. Jahrhunderts den Reggae mit (Fernández 1998a: 688-691). Als eine der besten Reggae-Bands gilt "Soul Vibrations" aus Nicaragua.

An der Atlantikküste Nicaraguas adaptierten die Kreolen den von den Jamaikanern mitgebrachten *mento*. In den 1970er Jahren integrierten sie in den *mento* Elemente des *soca*.[11] Diese neue Tanzmusik war schneller, Banjo und Waschzuber ersetzte man durch E-Bass und Synthesizer. Gleichzeitig modernisierte die Jugend den *maypole*, einen traditionellen Tanz der kreolischen Bevölkerung. Unter der Bezeichnung *palo de mayo* hatte diese neue Mischung aus den drei Rhythmen im ganzen Land Erfolg, obwohl das Musik von der Atlantikküste sonst nicht vergönnt ist. Während der siebziger Jahre hieß die erfolgreichste *palo de mayo*-Band "Los Bárbaros del Ritmo", in den Achtzigern "Dimensión Costeña" (Scruggs 1998a: 754-755).

Auch der Calypso brachte karibische Musik-Kultur auf den Isthmus. Seine Texte sind deftig und sozialkritisch. In der englischsprachigen Gemeinschaft Costa Ricas in der Gegend um Puerto Limón interpretieren die meist alten Sänger den Calypso noch in seiner ursprünglichen Weise mit Perkussion, Gitarre und Gesang, so z.B. Edgar "Pitún" Hutchinson oder Walter "Mr. Gavitt" Ferguson. In Panama existiert eine spanischsprachige Variante des Calypso, die Ende der 1970er Jahre dazu dienen sollte, die *antillanos* besser in die Gesellschaft zu integrieren. Der afrikanische Einfluss ist dort jedoch in der *congo*-Tradition am stärksten: Gruppen aus Trommlern und Tänzern, die hauptsächlich im Karneval auftreten (R. Smith 1998: 773; 1994: 246-252; Gallop/Broadbank 2000: 478).

---

11 *Mento* ist eine jamaikanische Volksmusik mit traditioneller Instrumentierung, die als Vorläufer des Rocksteady bzw. Reggae gilt. *Soca* bezeichnet eine karibische Karnevalsmusik, ursprünglich aus Trinidad und Tobago.

6. Die Marimba

Das verbreitetste Instrument in Zentralamerika (bis auf Panama) ist die Marimba, und der *baile de marimba* ist der Nationaltanz Nicaraguas.[12] Über ihre Herkunft bestehen viele Theorien und heftige Auseinandersetzungen. Heute scheint festzustehen, dass sie afrikanischen Ursprungs ist, ebenso wie ihr Name. Eine Marimba besteht aus verschieden langen Brettchen, die auf einem Rahmen befestigt sind. Darunter befinden sich Resonanzkörper aus Holz oder Kalebassen. Die Brettchen werden von einem oder mehreren Musikern *(marimberos)* mit je zwei Klöppeln gespielt.[13] Der Guatemalteke Sebastián Hurtado erfand 1894 die *marimba doble*, bei der eine zweite Reihe Brettchen die chromatische Spielweise (mit Halbtönen) ermöglichte. In Guatemala ist die Marimba – zum ersten Mal vom Chronisten Domingo Juarros 1680 erwähnt – das Nationalinstrument und wird dort vor allem auf dem Land von der indianischen Bevölkerung benutzt (Ludwig 2001: 416-417; O'Brien-Rothe 1998a: 725-726).

7. Von der Unabhängigkeit bis zum 20. Jahrhundert

1821 lösten sich die zentralamerikanischen Staaten aus der spanischen Bevormundung. Der erstarkte Nationalismus führte auch in der Musik zu neuer Schaffenskraft. Kurz vor und während der Unabhängigkeitskriege rief man in allen Ländern Militärkapellen ins Leben, die häufig abends und an den Wochenenden auf städtischen Plätzen Konzerte gaben, bei denen auch nichtmilitärische Titel gespielt wurden, u.a. Opernwerke von Verdi. Sie nahmen somit die Funktion der nicht vorhandenen professionellen Orchester wahr. Dieser Boom führte in Costa Rica 1845 zur Gründung der "Dirección General de Bandas" unter der Leitung des Guatemalteken José Martínez, der sich um die Ausbildung der Musiker und die Beschaffung der Instrumente kümmerte. In Honduras hatten diese Kapellen ebenfalls ein großes Publikum.

---

12 Der Ausdruck Marimba bezeichnet in Zentralamerika nicht nur das Instrument, sondern ebenfalls ein mit einer oder mehreren Marimbas ausgerüstetes Orchester (Scruggs 1998d: 10ff.).

13 Die älteste Form, die *marimba de arco*, ist eine Ein-Mann-Marimba mit einem großen "Henkel" aus Holz, der zum Transport diente und beim Spielen – wie der Riemen eines Bauchladens – als Halbbogen um den Spieler geschwungen ist. Sie hat keine Beine, die erst später bei der *marimba de mesa* hinzukamen. Diese konnte von mehreren *marimberos* bedient werden. Es handelt sich bei beiden Modellen um "einfache" Marimbas *(marimba sencilla)*, auf denen nur diatonisch gespielt werden konnte. Diese Art der Marimba findet sich heute nur noch vereinzelt in ländlichen Gegenden oder im Museum.

Um diesen Erfolg auszudehnen, förderte die Regierung gegen Ende des Jahrhunderts die Gründung ziviler Blaskapellen im ganzen Land. 1877 holte sie den deutschen Gustav Stamm ins Land und gab ihm den Auftrag, eine Blaskapelle der Spitzenklasse zu formieren: Die "Banda de los Supremos Poderes" wurde in Zentralamerika sehr berühmt, nicht zuletzt ein Erfolg ihres späteren Direktors Manuel Adalid y Gamero, der für sie unzählige Polkas, Walzer, Mazurkas und Märsche schrieb (Scruggs 1998b: 745; Segura Chaves 2001: 16-17). 1841 rief der Italiener Juan Guido die erste Militärkapelle El Salvadors ins Leben. Auch das einfache Volk Nicaraguas liebte seine Blaskapellen, die so genannten *bandas de chichero*, die im 19. Jahrhundert in Mode kamen und es bis heute blieben.

Manuel María Gutiérrez übernahm das Amt von José Martínez und schrieb 1852 die Nationalhymne Guatemalas sowie viele Märsche, Mazurkas und Walzer, die heute noch gespielt werden. Auch seine Kollegen Pedro Calderón Navaro, Fernando Murillo und Ismael Cardona, der als Geiger bei der Einweihung des Nationaltheaters spielte (1897), spielen als Komponisten eine gewisse Rolle (Flores 1982: 263-266; Fernández 1998a: 694).

In Guatemala war es in der Oberschicht zu jener Zeit in Mode, Maya-Melodien zu sammeln, sie in europäischer Notation niederzuschreiben und dann aufzuführen. Ein erstes Zeichen der Wiederentdeckung der nationalen Wurzeln gegen Ende des Jahrhunderts. Eulalio Samayoa, der bedeutendste Komponist jener Zeit, komponierte sechs Sinfonien, die man immer noch aufführt (O'Brien-Rothe 1998b: 651; Saenz Poggio 1997: 52-53). Luis Felipe Arias machte als Direktor des 1875 eröffneten Nationalkonservatoriums die zeitgenössische europäische Musik bekannt. Rafael Álvarez schrieb zu dieser Zeit die Nationalhymne (1887), und Jesús Castillo kombinierte die Romantik mit dem Nationalismus und komponierte Sinfonien und Opern, die auf der Kultur der indigenen Vorfahren basierten: so das Orchesterwerk "Las Telas Mágicas", inspiriert vom *Popol Vuh*.[14]

Salvadoraner und Honduraner entwickelten erst jetzt eine erwähnenswerte Kunstmusik. Und das ist fast ausschließlich Ausländern zu verdanken: Der Guatemalteke Escolástico Andrino, vom Bischof von San Salvador ins Land geholt, eröffnete 1845 die erste Musikschule und gründete 1860 das Sinfonieorchester. Sein Landsmann Juan Aberle unterrichtete viele Komponisten des Landes, der Belgier Alejandro Coussin gründete 1875 die Philharmonische Gesellschaft. Die wenigen salvadorianischen Tonschöpfer, so zum Bei-

---

14 Vgl. "Historia de la música en Guatemala" <www.monografias.com/trabajos7/mugu/mugu.shtml> (20.11.2006).

spiel Rafael Olmedo oder Nicolás Roldán, blieben weiterhin stark von der Romantik beeinflusst.[15] In den 1880er Jahren eröffnete man ein Musikkonservatorium, das bis 1969 existierte (Marroquín 1998: 708, 716-717). José Trinidad Reyes ist der bedeutendste Komponist in Honduras zu Beginn der Unabhängigkeit: Er gründete auch die Universität und 1834 die erste Musikschule des Landes. Alejandro Vega Matus und José de la Cruz Mena waren damals die beiden wichtigsten Komponisten Nicaraguas. Sie widmeten einen Großteil ihres Werkes religiöser Musik. Mena komponierte aber auch viele Walzer, die um 1900 in den Tanzsalons großen Anklang fanden. In Panama verliehen die einheimischen Musiker dem Walzer Lokalkolorit und verwandelten ihn in den *(ritmo) pasillo*. Dieser eroberte zunächst die Tanzsäle des Bürgertums, verbreitete sich dann aber im ganzen Volk als *pasillo fiestero*.

8. Musik vom 20. Jahrhundert bis heute

8.1 Externe Einflüsse: Salsa, Merengue, Country & Co.

Grob lässt sich feststellen, dass in Costa Rica, El Salvador, Guatemala, Honduras und Nicaragua auf dem Land ein starker mexikanischer Einfluss *(rancheras, corridos)* in der Musik zu spüren ist, an den Küsten die Einwirkungen karibischer Stile, während die Städte von Klängen aus den USA und Europa dominiert werden.

Salsa und Merengue setzten sich allerdings überall gleich stark durch: Sie werden in Belize City ebenso getanzt und gehört wie in Managua oder im kleinsten honduranischen Dorf. In allen Ländern haben sich Dutzende von Gruppen diesen Genres verschrieben und verdienen ihr Geld damit, an Wochenenden auf Stadtfesten, Hochzeiten oder Festivals zu spielen. So zum Beispiel "Kike de Heredia y su Grupo Carnaval" in Costa Rica, deren Album "¡Al Rojo Vivo!" bis heute das meistverkaufte einheimische Album ist. 1990 gründete sich in Managua "Macolla", eine Gruppe, die alle Stile populärer Tanzmusik spielte und schnell regional bekannt wurde. "Los Mokuanes" und "La Nueva Compañia" sind ebenso beliebte Bands in Nicaragua, während César Andrade sich mit romantischen Balladen und Boleros in die Herzen seiner Landsleute singt.

Der international berühmteste Musiker Zentralamerikas stammt aus Panama: Rubén Blades. Mit seinen inzwischen über 20 Alben gehört der Sänger zu den Topstars der Latin-Szene. 1970, als 22-Jähriger, nahm er in New

---

15 Vgl. "150 Años de Música Académica" in: *La Prensa* <www.laprensa.com.sv> (Günther 1982: 12-13).

York mit dem Pianisten Pete Rodriguez ein Album auf. Im *barrio (Spanish Harlem)* entstanden zu dieser Zeit die Salsa und das wichtige "Fania"-Label (Eßer/Fröhlicher 2001: 683-733). Blades, der 1974 endgültig nach New York übersiedelte, arbeitet von 1975 bis 1983 mit "Fania" zusammen. Er begann zu experimentieren und integrierte Elemente des Rock in die Salsa (SGAE 2000: 32). Er bleibt ein *Salsero* und singt Lieder über Liebe und schöne Frauen, aber in seinen Texten verarbeitet er auch die Erfahrungen der benachteiligten und ausgebeuteten Menschen aus dem *barrio* und darüber hinaus. So thematisiert er in "Caminos Verdes" die Flüchtlingsproblematik und in "Tierra Dura" das Elend der Menschen in Äthiopien. Sein bekanntestes Stück, "Pedro Navaja" (1978), erzählt die Geschichte eines kleinen Ganoven, der eine Prostituierte ausrauben will, wobei beide umkommen. Blades' gesellschaftskritische Texte erfreuen sich großer Popularität in ganz Lateinamerika:

> Porque la letra era letra inteligente, una especie de cuentos cortos con un contenido universal. Eso hizo que las canciones se mantuviesen en mi gente
> ("Der Text ist ein intelligenter Text, eine Art Kurzgeschichte mit universalem Inhalt. Das führte dazu, dass die Lieder von meiner Anhängerschaft angenommen wurden") (Blades 1999: 73-75).

Vor allem intellektuelle Kreise konnte er so erstmals für die Salsa begeistern. Zu seiner Sozialkritik passt, dass er 1994 in seiner Heimat an der Spitze der Wahlbewegung *Papa Egoró* für das Präsidentenamt kandidierte, aber verlor.

Countrymusic, Rock und Blues kamen mit den aus den USA zurückkehrenden Einheimischen auf den Isthmus bzw. durch die vielen US-amerikanischen Siedler,[16] Touristen und Soldaten. Viele der rund zwei Millionen in den USA lebenden Zentralamerikaner (2000) behalten zwar ihre Traditionen bei (Borland 1992), doch wenn sie nach Hause zurückkehren, bringen sie neue musikalische Erfahrungen mit, vor allem die Jugendlichen. Aber auch die US-Bürger möchten die Klänge ihrer Heimat nicht missen und rufen eigene Gruppen ins Leben bzw. bezahlen einheimische Musiker, damit diese Country oder Blues spielen. Bestes Beispiel ist Panama. Wegen seiner knappen Ressourcen und der geringen Bevölkerung war das Land ohne die Hilfe von außen kaum überlebensfähig. Darum lehnte es sich nach jeder Unabhängigkeit sofort wieder an eine "Schutzmacht" an: Nach 1821 an Großkolum-

---

16 Dem "US-Bureau of Consular Affairs" zufolge lebten 1999 77.700 US-Zivilisten in den sieben zentralamerikanischen Staaten: Belize 2.700/ Costa Rica 19.800/ El Salvador 10.000/ Guatemala 10.000/ Honduras 10.500/ Nicaragua 5.000/ Panama 19.700.

bien, 1903 dann über den Kanalvertrag an die USA, die die Kanalzone bis 1999 kontrollierten (v. Krosigk 1999). Die dort stationierten Soldaten machten Country, Blues, Rock oder Pop über ihre Sender im ganzen Land populär.[17]

8.2 Folkloristische und populäre Musik

Ein Großteil der folkloristischen Musik Zentralamerikas wird als _Mestizo_-Musik bezeichnet. Dabei handelt es sich um traditionelle Gesänge und Tänze, meist europäischen Ursprungs, die in den ländlichen Gebieten ihre größte Verbreitung finden. In Costa Rica, El Salvador, Honduras und Nicaragua gleichermaßen werden _mazurcas, corridos, rancheras_ und _romances_ gesungen, getanzt und gespielt. Weit verbreitet sind nach wie vor Marimba-Ensembles.

Folkloremusik in Costa Rica stammt meistens aus der Region Guanacaste: Lieder wie "Luna liberiana" von Jesús Bonilla oder "Amor de Temporada" von Hector Zúñiga, die die Sängerin Guadalupa Urbina in ihrem Repertoire hat, kennt jedes Kind. Aus der Region kommen auch die Genres _retahila_ und _bomba_, zwei Liedformen mit humorvollen Texten, die von einem der Stars der Populärmusik, Paco Navarrete, gerne genutzt werden. Eine Ausnahmeerscheinung stellt die seit über 20 Jahren bestehende Gruppe "Cantoamérica" dar: In ihren Stücken mischen sich die afro-costa-ricanischen Traditionen der Karibikküste mit der Musikkultur der Mestizen.[18]

Erwin Krüger Urroz machte sich zu Beginn des Jahrhunderts um den Gesang seiner Heimat Nicaragua verdient. Er sammelte im ganzen Land Lieder und trug sie mit seinen Gruppen "Los Alzacuanes" und "Los Pinoleros" vor. Im Norden des Landes sind Gitarrenduos sehr beliebt oder Sänger mit Gitarre, die _corridos_ vortragen. Einige der verbreitetsten stammen aus der Zeit, als Augusto C. Sandino gegen die Regierung kämpfte. Abgeschnitten von der offiziellen Kommunikation und konfrontiert mit einer hohen Analphabetenzahl verbreiteten Sandinos Anhänger seine Erfolge in Liedform, zum Beispiel im _corrido_ "Los Duelos de Sandino". Um den mexikanischen Genres etwas entgegenzusetzen, erfand Camilo Zapata in den vier-

---

17 Als US-Truppen 1989 in Panama einfielen, um den als Drogenhändler tätigen Militärchef Manuel Noriega zu entmachten, half Rockmusik, ihn festzunehmen: Die Vatikanische Botschaft, in die er sich geflüchtet hatte, wurde so lange mit unerträglich lauter Rockmusik beschallt, bis er aufgab (vgl. "Panama und das Erbe des Big Spender", in _taz_, 8.1. 2000).

18 Vgl. _La Nacion_ 22.7. 2001 <www.nacion.co.cr>.

ziger Jahren den *son nica*, der meisterhaft von ihm selbst, Víctor Manuel Leiva oder Otto de la Rocha interpretiert wurde (Scruggs 1998a: 757-764).

Neben den zuvor genannten Genres schätzt man in Guatemala noch Polka, *pasodoble*, *vals* und *schotís*[19]. Hinzu kommt der *son guatemalteco* oder *son chapín*, der Nationaltanz des Landes, der von Marimbas begleitet wird (O'Brien-Rothe 1998a: 726). Die Gruppe "Marimba Centroamericana" erlangte in den 1930er Jahren, dem "goldenen Zeitalter salvadorianischer Musikproduktion" (Marroquín 1998: 718), internationale Bekanntheit. Bands wie "Cuscatlán" oder "Atlacatl" machten in den folgenden Jahrzehnten die ländlichen Klänge, aber auch Mambo, Bolero und Swing, im ganzen Land populär.

El tamborito, den kreolischen Nationaltanz Panamas, tanzen mehrere Paare in prachtvollen Kostümen. Sie werden von vier Trommeln begleitet, die mit den Tänzern kommunizieren: Jedes Tanzpaar begrüßt die Trommeln, bevor es mit dem Tanz beginnt (R. Smith 1998: 778). Bei der *cumbia panameña*, einer Variante der kolumbianischen *cumbia*, ist das hervorstechendste Instrument das Knopf-Akkordeon, das im 18. Jahrhundert aus Deutschland nach Lateinamerika kam, hervorragend gespielt von Osvaldo Ayala. *La mejorana* bezeichnet in Panama nicht nur eine kleine fünfsaitige Gitarre, sondern auch die Gesänge und Tänze, die damit begleitet werden. Juan Andrés Castillo sowie die Gruppen "Los de Azuero" und "Los Juglares del Dexas" sind berühmte Interpreten dieses Genres (Gallop/Broadbank 2000: 478).

In Belize hört man gerne den auf die Sklaven zurückgehenden *brukdown*. Tanz und Gesang behandeln in humorvoller und satirischer Weise Alltagssituationen, interpretiert zum Beispiel vom über 70-jährigen Wilfred Peters jr. Interpreten wie die "Lord Rhaburn Combo" begannen in den achtziger Jahren, dem *brukdown* moderne Instrumente hinzuzufügen. Bredda David Obi und seine Band "Tribal Vibes" gingen noch einen Schritt weiter und kombinierten ihn mit Rock und Reggae und nannten den neuen Stil *cungo* (Greene 1998: 678-679).

8.3 Kunstmusik

Der Einfluss der europäischen Romantik zog sich in Guatemala noch weit bis ins 20. Jahrhundert hinein. Zwei Vertreter dieser Strömung waren José Alberto Mendoza und Rafael Vásquez, der den ersten guatemaltekischen Musikverlag ins Leben rief. Gleichzeitig integrierte man immer mehr indi-

---

19 = aus Schottland kommend.

gene Elemente in die Kunstmusik: Felipe Saliezar Ramos schrieb ein sinfonisches Gedicht zu Ehren der Maya-Götter ("Hechizo Maya"), und 1925 wurde die erste guatemaltekische Oper uraufgeführt: "Quiché Vinak", ein Werk von Jesús Castillo. Die Arbeit von Manuel Martínez-Sobral, Ricardo Castillo und José Castañeda mit seinem Ensemble "Ars Nova" führte zur Gründung des "Nationalen Sinfonieorchesters" im Jahre 1944. Zu den interessanten modernen Komponisten zählen Manuel Herrarte, William Orbaugh und Jorge Alvarado Sarmientos.

Joaquín Orellana gilt als Pionier der elektroakustischen Musik Guatemalas. Der 1937 geborene Komponist und Geiger widmete sich zunächst der Kammermusik. Während eines Stipendienaufenthaltes in Buenos Aires Mitte der sechziger Jahre kam er mit der Elektroakustik in Berührung. Für seine Stücke – zum Beispiel "Humanofonía" (1972) – verwendet er oft selbst erfundene und gebaute Instrumente wie die "Sonarimba", einer Mischung aus Marimba und Rasseln (Aharonián 1992: 19-22).

Von Francisco Ramón Díaz Zelaya, der vier romantische Symphonien schrieb, und von Roberto Domínguez Agurcia, der viele Violinkonzerte komponierte, stammen die ersten großen Kompositionswerke honduranischer Herkunft (Scruggs 1998b: 745). Die bedeutendsten zeitgenössischen Tonschöpfer des Landes heißen Nelia Chavarría, Norma Erazo und Sergio Suazo (Ramos 1990: 18-19).

Neben Alejandro Monestel haben Julio Fonseca und José Joaquín Vargas Calvo das Musikleben Costa Ricas in der ersten Hälfte des 20. Jahrhunderts beherrscht. Dort kam es erst 1940 zur Gründung des "Nationalen Sinfonieorchesters", dem man 1974 einen Chor und sechs Jahre später ein Opernensemble an die Seite stellte. Daneben existieren noch ein Jugendsinfonie- und viele Kammerorchester im Land, wie das "Dúo Barquero Duarte", oder das "Dúo Géminis". Aktuelle Komponisten sind Jorge Luis Acevedo oder Alejandro Cardona, der sich Ende der neunziger Jahre auch der Elektroakustik zuwandte (Castillo Campos 2004: 45ff.; Vargas Cullell 2004: 58). Deren aktivster Vertreter, Otto Castro, bestückte seit Beginn des neuen Jahrtausends verschiedene Theaterstücke und Multimediashows mit Elektroakustik. Vor allem aber organisierte er in den Jahren 2003 und 2004 zwei internationale Festivals für elektronische Musik.

Germán Cáceres, Komponist und von 1979-1999 Direktor des Sinfonieorchesters, schreibt, dass El Salvador in Bezug auf die akademische Musik Ende des 19./Anfang des 20. Jahrhunderts in seiner Entwicklung weit hinter anderen Ländern herhinkte. Und noch immer gaben Ausländer die Impulse:

Antonio Gianoli, Italiener, gründete und leitete die salvadorianische Orchestergesellschaft (1910), die den Ursprung des 1922 vom Deutschen Paul Müller gegründeten Sinfonieorchesters bildete. Dieses leiteten abwechselnd Deutsche und Italiener, bis 1941 der erste Salvadorianer, Alejandro Muñoz, an die Führung kam. Sein Nachfolger, Esteban Servellón, der bedeutendste einheimische Tonschöpfer des 20. Jahrhunderts, überwand die Romantik und führte die Zwölftonmusik und die Aleatorik ein. 1996 gründete Cáceres das "Festival für zeitgenössische Musik El Salvadors", u.a. um junge Talente zu fördern, wie zum Beispiel Gilberto Orellana, Alex Panamá oder Juan Carlos Mendizábal, die einen Großteil ihrer Tätigkeit der Elektroakustik widmen.[20]

Im Bereich der Kunstmusik ist sicher Roque Cordero der bekannteste Panamaer, auch wenn er einen Großteil seiner Karriere in den USA gemacht hat. Er arbeitete als Direktor des *Instituto Nacional de Música*, dirigierte das "Nationale Sinfonieorchester" und erhielt viele internationale Auszeichnungen, so zum Beispiel für seine 2. Sinfonie (1957) und sein Violinkonzert (1974).[21] David Soley repräsentiert die elektroakustische Musik in Panama.

Der deutschstämmige Carlos Tünnermann López, Juan Manuel Mena und Luis Abraham Delgadillo gehören zu den einflussreichen Komponisten des 20. Jahrhunderts in Nicaragua.[22] Delgadillo, der im Alter von 19 Jahren mit einem Stipendium des Präsidenten José Santos Zelaya in Mailand studiert hatte, komponierte als erster Nicaraguaner große Formate, wie zum Beispiel die "Suite Diciembre" (1927), in der er folkloristische Themen verarbeitet, oder die "Sinfonía Hispanica". Er begründete das Sinfonieorchester und die nationale Musikschule.

8.4 Die Gitarre als Waffe – Das Neue Politische Lied

Seit Beginn des 20. Jahrhunderts nahmen die USA immer stärker Einfluss auf die politischen Entwicklungen in der Region. Die Auswirkungen der Weltwirtschaftskrise führten zu Unruhe und Unzufriedenheit in der dortigen Bevölkerung. In El Salvador, Honduras, Guatemala und Nicaragua ergriffen

---

20 Vgl. Cáceres (1994: 86-92): "150 Años de Música Académica" in: *La Prensa* <www. laprensa.com.sv>. Juan Carlos Mendizábals berühmtestes Stück "La masacre del Mozote" aus dem Jahre 1994 thematisiert ein Massaker, das Regierungssoldaten 1981 in der Kleinstadt Mozote an über 800 Menschen verübten.

21 Weitere wichtige panamaische Komponisten sind Samuel Robles und der Gitarrist Emiliano Pardo-Tristán (Townsend 1999).

22 Vgl. "Don Carlos Tünnermann López y Otros Músicos del Siglo Pasado", in: *La Prensa* 8.4. 2002 <www.laprensa.com.ni>.

von den USA unterstützte Diktatoren die Macht.[23] Zwar gaben die USA in den dreißiger Jahren ihre direkte Interventionspolitik zugunsten einer "Politik der guten Nachbarschaft" auf, doch waren ihre wirtschaftlichen Interessen bedroht, so galt dies wenig: 1944 kam es in Guatemala zur Revolution, nachdem Jorge Ubico jahrelang das Land mit staatlichem Terror überzogen hatte. Da sich die Politik der Revolutionäre immer stärker in Widerspruch zur Politik der USA entwickelte, unterstützten diese 1954 den Sturz der neuen Regierung. Ab etwa 1960 begann ein blutiger Bürgerkrieg, der erst 1995 sein Ende fand. So ähnlich verlief die Entwicklung auch in El Salvador, Honduras und Nicaragua: Die Diktatoren überzogen ihr Land mit Terror und Ausbeutung, revolutionäre Bewegungen kämpften dagegen an. Erst der Friedensprozess von Esquipulas führte zum offiziellen Ende der Bürgerkriege in Nicaragua (1990), El Salvador (1992) und Guatemala (1995). Die Bilanz: rund 300.000 Tote, zwei Millionen Flüchtlinge, zerstörte Infrastruktur und große Armut.

Im Verständnis der meisten revolutionären Bewegungen gehört die Musik zu den Waffen im Kampf für eine freie Gesellschaft, so auch in Zentralamerika, dort vor allem in Nicaragua. Während des Befreiungskampfes des 1962 gegründeten FSLN *(Frente Sandinista de Liberación Nacional)* erlangte das Politische Lied eine große Bedeutung.[24] Das Fehlen einer Kulturpolitik oder ihre Defizite förderten einen Stadt-Land-Gegensatz: Auf dem Land spielte man traditionelle Folklore, in den Städten Populärmusik mit stark westlichen Anklängen. Diesen Gegensatz brachen die Liedermacher auf: Ihr Ausgangsmaterial war die Folklore (Schreiner 1982: 108-109). Indem sie die traditionellen Ausdrucksformen inhaltlich mit den Interessen der ausgebeuteten Bevölkerung verbanden, schufen sie eine "tatsächliche Volksmusik" (Sterneck 1998).

Als Teil des sandinistischen Kulturprojektes sollte auch die "authentische" Kultur gerettet werden, die Somoza vernachlässigt und verachtet hatte:

---

23 Jorge Ubico in Guatemala (1930-1944), Maximiliano H. Martínez in El Salvador (1932-1944), Tiburcio C. Andino in Honduras (1932-1949), Anastasio Somoza García in Nicaragua (1937-1956).

24 Die dortigen Liedermacher hatten allerdings schon Vorbilder: In Lateinamerika war aus der sozialen und wirtschaftlichen Not sowie der politischen Unterdrückung der meisten Völker in den fünfziger/sechziger Jahren die Bewegung der *nueva canción* entstanden, beeinflusst von den sozialkritischen Liedern Bob Dylans oder Pete Seegers in den USA: Atahualpa Yupanqui in Argentinien, Victor Jara in Chile, Chico Buarque in Brasilien u.v.a. reagierten mit einer Mischung aus Tradition und Neuerung auf die Situation in ihren Ländern (vgl. u.a. Schreiner 1982).

Während der Alphabetisierungskampagne (1980) brachten junge Studenten aus den Städten der Landbevölkerung Lesen und Schreiben bei, sie dokumentierten und sammelten aber gleichzeitig auch alle Informationen über die Folklore-Musik, die sie finden konnten. Viele Lieder wurden dann später von den städtischen Liedermachern in einen neuen Kontext gesetzt (Scruggs 1997).

Der FSLN verteilte Kassetten unter der Bezeichnung "Guitarra Armada" mit politischen Liedern und Reden an die Bevölkerung. Zu traditioneller Musik stellte die Bewegung so die Ziele ihres Kampfes dar oder beschrieb in Liedern wie "Carabina M1" oder "Las Municiones" den Gebrauch und die Pflege von Waffen. Es gab sogar gesungene Anleitungen zum Bau von Bomben: Im Stück "Los Explosivos" beschreiben die Sänger die chemische Zusammensetzung verschiedener Sprengstoffe. Solche Titel wurden über versteckte Sender wie "Radio Sandino" ausgestrahlt und dienten dazu, die große Zahl der Analphabeten zu informieren und zu unterweisen (Fairley 2000: 368; Eßer 2004a: 56). Weitere Inhalte der Lieder waren der heroische Kampf gegen den Imperialismus, die Taten des Volkshelden Sandino und die Glorifizierung des Volkes. So heißt es in der ersten Strophe des "Himno de la Unidad Sandinista" von Carlos Mejía Godoy: "Immer vorwärts, Kameraden, wir marschieren in die Revolution. Das Volk ist der Herr seiner Geschichte, Architekt seiner Befreiung".[25]

Carlos und Luis Enrique Mejía Godoy sind die Exponenten der nicaraguanischen Liedermacher. Luis Enrique schrieb die ersten seiner Lieder gegen das Somoza-Regime während seines Medizinstudiums in Costa Rica. 1979 kehrte er in die Heimat zurück und arbeitete später in der Musikabteilung des Kulturministeriums. 1981 gründete er das staatliche Label "Empresa Nicaragüense de Grabaciones Culturales" (ENIGRAC). Sein Bruder Carlos hatte mit seinen Protestliedern ebenfalls großen Erfolg: Seine "Misa Campesina" (1980) kennt man in ganz Lateinamerika (Scruggs 1998a: 764).

Weitere erfolgreiche Interpreten der Revolution waren die Gruppe "Pancasán", gegründet 1975, und die Sängerinnen Norma Helena Gadea und Marta Ruth Padilla Acuña. Einer der höchsten Kommandanten der Sandinisten, Carlos Núñez Téllez, schrieb in einem Brief an "Pancasán":

El canto revolucionario en nuestra Patria [...] penetró en nuestro pueblo para encenderlo en la hoguera de la insurrección, agitó a nuestra juventud en el combate, le enseñó a los niños a amar la lucha del sandinismo y contribuyó a desper-

---

25 Auf der LP "Por Nicaragua. Homenaje de los Artistas Latinoamericanos" (Movieplay 1980).

tar el fervor revolucionario en todas las capas de la población (Pring-Mill 1987: 187).[26]

Um das Neue Politische Lied Nicaraguas vor allem von der *nueva trova* Kubas und der *nueva canción* Chiles abzugrenzen, wurde Mitte der siebziger Jahre die Bezeichnung *volcanto* (aus *volcán* und *canto*) aus der Taufe gehoben, inspiriert von der Vulkankette, die den Isthmus durchzieht. Das Zentrum des *volcanto* war Managua, über die Stadtgrenzen hinaus setzte sich die Bezeichnung weniger durch. Sicher ein Grund, warum mit der Wahlniederlage der Sandinisten 1990 auch das Interesse am *volcanto* nachließ, nicht aber an Liedern sozialen Inhalts.[27] Denn auch nach dem Verlust der Regierungsmacht galten die Sympathien der Liedermacher sowie der meisten Intellektuellen weiterhin den Sandinisten. Schon während des Wahlkampfes fiel auf, dass die FSLN in ihren Radio-Spots und auf ihren Veranstaltungen auf Titel zurückgreifen konnte, die extra für diesen Anlas komponiert worden waren. Die Opposition hingegen konnte keine Musiker überzeugen, für ihren Wahlkampf Lieder zu schreiben.[28] Bei den Wahlen von 1996 nutzte der FSLN allerdings kaum noch *volcanto*-Titel; Beethovens "Ode an die Freude" erklang als offizielle Wahlkampfmelodie. Nach wie vor werden jedoch unter dem Begriff *volcanto* Konzerte veranstaltet und Alben produziert, und seit der Jahrtausendwende befindet sich die Bewegung wieder im Aufwind. Bei einem Konzert diverser Musiker, u.a. Salvador und Katia Cardenal ("Duo Guardabarranco"), Richard Loza und Danilo Norori, im April 2002 in Managua hieß es: "Volcanto reúne la identidad de los músicos nicaragüenses, y pese a que en la última década ha estado en silencio, su llama nunca se apagó ..."[29] ("Volcante enthält die Identität der nicaraguanischen Musiker; trotz seines Schweigens in der vergangenen Dekade ist seine Flamme nie erloschen ..."). International bekannt machten die Musik der nicaraguanischen Revolution die Solidaritätskundgebungen und -konzerte in großen Städten Europas und Lateinamerikas. Die Live-Aufnahme eines So-

---

26 "Der revolutionäre Gesang in unserem Vaterland [...] drang in unser Volk ein und entzündete in ihm das Feuer des Aufstands, rüttelte unsere Jugend im Kampf auf, lehrte den Kindern die Liebe zum Kampf des Sandinismus und weckte die revolutionäre Begeisterung in allen Schichten der Bevölkerung".

27 Ein weiterer Grund war sicherlich, dass die *volcanto*-Sänger es mehrheitlich ablehnten, in der Bevölkerung populäre Musikstile wie *salsa* oder *cumbia* in ihre Musik zu integrieren.

28 Der FSLN produzierte über das staatliche Label eine Kassette für seinen Wahlkampf, zu der Künstler wie "El Guadalupano", Luis Enrique Mejía Godoy, Engel Ortega u.v.m. Stücke beisteuerten.

29 Vgl. *La Prensa* 13.4. 2002 <www.laprensa.com.ni>.

lidaritätskonzerts mit 70.000 Zuschauern 1983 in Managua – "April in Managua" – erlangte weltweit große Verbreitung.

In den anderen Ländern erlangte das politische Lied nicht so eine große Bedeutung: Laut Claus Schreiner gab es in Guatemala gar keine Bewegung des Neuen Politischen Liedes, wogegen allerdings die Existenz von Liedermachern wie José Chamalé oder Fernando López und von Gruppen wie "Kin Lalat" spricht (Schreiner 1982: 136; Fla-K.O. 2004: 32). Luis Enrique Mejía Godoy trug sehr zur Entwicklung einer Liedermacherszene in San José bei: Zwischen 1967 und 1979 machte er Aufnahmen mit der Gruppe "Los Rufos", danach als Solist; 1975 war er Gründungsmitglied der Gruppe "Tayacan" und initiierte das "Movimiento de la Nueva Canción Costarricense". Luis Ángel Castro gelang der Durchbruch als Liedermacher mit seinem Lied "Cocorí" (1983). Seine Texte behandeln eher lokale Themen und sind selten politisch. Juan Carlos Ureña ist ein weiterer Künstler, der als Liedermacher begann. Später gründete er die Gruppe "Oveja Negra", eine der populärsten Formationen im Land. Honduras' populärster Liedermacher heißt Guillermo Anderson. Seine kritischen Texte erzählen von der Geschichte seines Landes, aber auch von seiner Schönheit und den Problemen, die durch Armut und Auswanderung entstehen: "Ich möchte den Leuten – meinen eigenen und in der Welt – von meinem Land erzählen. Und ich fordere die Auswanderer auf, nach Hause zu kommen."[30] Spätestens seit er ein Album zugunsten der Opfer des Hurrikans "Mitch" produzierte ("All together"), gilt er als nationales Gewissen. Die Gruppe "Yolocamba Ita" und der Liedermacher Rafael Francisco Góchez symbolisieren das politische Lied in El Salvador. Den Kern von "Yolocamba Ita" bilden die Brüder Franklin und Roberto Quezada. Seit 1975 versuchen sie, in ihrer Musik die traditionellen Klänge Mittelamerikas mit ausländischen Stilen zu kombinieren.

8.5 Rock, HipHop & Co.

Aufgrund wirtschaftlicher Probleme, aber auch als Folge der Bürgerkriege existiert in den Ländern Zentralamerikas ein massives Emigrationsproblem. Viele junge Männer gingen – oft illegal – in die USA, um dort zu arbeiten. Oft fanden sie keine Arbeit und schlossen sich Jugendgangs an. Viele von ihnen landeten in Gefängnissen und wurden dann abgeschoben. Ron Noblet, Experte für Jugendkultur, sieht darin den Anfang der Gangs in Mittelamerika. Im Kampf trainiert und mit hoher Gewaltbereitschaft, führten die Rück-

---

30 Guillermo Anderson <http://www.honduras.com/music/anderson/anderson.htm>.

kehrer die Tradition der Banden *(maras)* in der Heimat fort. So sei eine der größten Banden, die "Mara Salvatrucha", in Los Angeles entstanden, vermutet Noblet. Diesen Banden schlossen sich nach den Friedensschlüssen auch arbeitslos gewordene Soldaten und Söldner an, die nichts anderes gelernt hatten, als zu töten. In El Salvador, Guatemala und Honduras ist dieses Problem heute besonders gravierend. Die "Mara Salvatrucha" oder die "M 18" bestehen aus mehreren tausend Mitgliedern – manche Experten sprechen von bis zu 100.000 – die rauben, morden, Drogen nehmen und bei Musik abhängen.[31] Sie hören HipHop, Heavy Metal und Crossover, alles Stile, die hart und laut und in den unterprivilegierten Schichten der Industriestaaten erfunden worden sind. Ein Markt, der zunehmend von einheimischen Musikern bedient wird. Bei vielen Rock-Konzerten ist Gewalt ein großes Problem: Viele Zuschauer prügeln sich und werfen Gegenstände auf die Bühne. Manche Band nutzt jedoch ihre harten Sounds dazu, Frieden zu stiften und die Jugendlichen zur Umkehr zu bewegen: "Lorena Cuerno y Los Bajos del Mundo" zum Beispiel. Sie initiierten Projekte wie "Rock auf der Straße" und "Kulturfestivals in öffentlichen Parks", die den salvadorianischen Jungendlichen Alternativen zur Gewalt zeigen sollen, zum Beispiel eine eigene Band zu gründen (Cotto 1999: 60-61).

Aber die Geschichte des Rock beginnt natürlich auch in Zentralamerika in den sechziger Jahren, als viele Rockgruppen die angloamerikanischen Titel kopierten. Elvis Presley, Bill Haley und später die "Beatles" und "Rolling Stones" wurden in El Salvador gecovert von "Los Supertwister", "Los Satélites del Twist" und "Holly Boys". Während diese noch aus Hobbymusikern bestanden, betrachtete die zweite Generation von Bands wie "Los Supersónicos" (gegründet 1966), "Los Mustang" oder "Los Beats" Musik bereits als ihren Job. Aber auch sie übertrugen nur die Texte der angloamerikanischen Vorbilder in ihre Sprache: "Mario Pablo y Los Delfines" sangen alle Beatles-Stücke auf Spanisch. "Los Kiriaps" spielten als eine der ersten eigene Stücke. Bands schossen nun wie Pilze aus dem Boden und der Radio-Discjockey Tito Carías organisierte seit 1964 die ersten "Festivales Centroamericanos de Rock".[32] "Los Juniors" aus Santa Tecla nahmen Anfang der siebziger Jahre zehn LPs mit eigenen Stücken auf, während Bands wie "La Fiebre Amarilla", "Los Vikings" oder "Los TNT" nach wie vor die angloamerikanischen Idole kopierten. Zur selben Zeit entstand ein neuer Stil: "La-

---

31 Eine sehenswerte Dokumentation zu diesem Thema hat 2002 der ARD-Korrespondent Stefan Rocker gedreht.

32 Vgl. "El Rock es una Religión" <www.elfaro.net>.

tin Rock", eine Mischung aus Rock und lateinamerikanischen Rhythmen, international bekannt gemacht durch Carlos Santana. Diese Musik fand in den beiden Clubs von San Salvador, "Dancing Down Town" und "El Clan" großen Anklang.[33] Anfang der achtziger Jahre kamen New Wave, New Romantic und andere Stile auf, die stark auf elektronischen Instrumenten beruhten. Viele Gruppen ("Karn", "OVNI", "Crisis") stiegen wieder auf englische Texte um. Nur wenige Bands wie "Bronco" sangen weiterhin auf Spanisch. In der Mitte des Jahrzehnts kam erneut eine große Wende: Mit Bands wie "Soda Stereo" aus Argentinien, "Los Caifanes" aus Mexiko und vielen spanischen Gruppen ("Hombres G", "Radio Futura") begann der Boom des *rock en español*, in El Salvador *guanarock* genannt. Radiosender wie "Super Estéreo" spielten auf einmal die Stücke nationaler Bands wie "Vive", "Fuga" und "Crisol" rauf und runter. Jetzt wurden auch "Heavy Metal", "Trash" und "Black Metal" im Lande populär, interpretiert von "Tabu" und "Renegado". 1989 organisierten einige Rockfans ein "Konzert für den Frieden" für eine Jugend, die den Bürgerkrieg satt hatte.[34]

Nach dem Ende der Bürgerkriege kam es auch in der Rockmusik zu einem Wandel. Bei Konzerten im "Hard Core Café" oder im "El Jarro" spielten viele neue Gruppen wie "Oblivion" oder "Rotten Apples" den Grunge-Rock von Bands wie "Nirvana" oder "Soundgarden".[35] "La Iguana" und ihr Sänger Roberto Torres alias "El Sapo" sangen jedoch auf Spanisch und kombinierten den Rock mit nationaler Folklore. Damit verlor die Band, die zuvor als "Oblivion" eine große Fangemeinde besaß, zunächst an Popularität, zumal ihre Texte – sowie hier das "Vater Unser" – einen starken politischen Bezug hatten und von den meisten Radiostationen boykottiert wurden:

Patrón nuestro que estás en el norte,	Schutzherr unser, der Du im Norden lebst,
capitalizado sea tu nombre...	Dein Name werde zu Kapital gemacht
depórtanos de tu reino.	Deportiere uns aus Deinem Reich.
Sea hecha tu voluntad en El Salvador	Dein Wille geschehe in El Salvador
Como en Latinoamérica.	Wie auch in Lateinamerika.
El pan nuestro de cada día impórtanoslo	Importiere uns täglich unser Brot

---

33 Vgl. "Entrevista con Alirio Guerra, Cantante de *Los Juniors*" <www.elfaro.net>.
34 Vgl. "Historias del Rock – Ochentas: ¿es esto rock?" <www.elfaro.net>.
35 Da nur selten internationale Rockstars durch Zentralamerika touren – eine Ausnahme bildeten im Juni 2005 die "White Stripes" (vgl. *Musikexpress* 47/2005) – müssen die lokalen Bands sich ihre Informationen von CDs bzw. aus MTV besorgen.

y explótanos así como nosotros a nuestros trabajadores No nos dejes caer en revolución Más líbranos de Marx, Por que tuyo es el reino, el poder... por los siglos de los siglos. O.K.[36]	Und beute uns aus wie wir unsere Arbeiter Lass uns nicht der Revolution anheimfallen Und befreie uns von Marx, Denn Dein ist das Reich, die Macht... in Ewigkeit. O.K.

Die Hartnäckigkeit von "La Iguana" zahlte sich aber aus und die Konzertsäle platzten bald aus allen Nähten. "Adrenalina", 1992 an der Deutschen Schule gegründet, sprach in ihren Texten aktuelle Probleme wie "H.I.V." an und experimentierte zeitweise mit der Kombination von Rock und *cumbia*. Zu nationalen Helden mutiert und nach fünf Alben löste sich die Band 2001 auf.[37] Ende der neunziger Jahre geriet der *guanarock* durch den Siegeszug von House und Techno unter Druck: Das Publikum besuchte eher Diskotheken als Konzerte, und auch im Radio und Fernsehen verlor er an Boden, auch wenn zuvor die Gründung von "MTV Latina" (1993) durchaus zur Verbreitung des *rock en español* (kurz: *rock en Ñ*) in ganz Lateinamerika beigetragen hatte (Yúdice 1999: 218).

In den siebziger Jahren waren die Rockgruppen "Apple Pie", "Caballo Loco", "Siglo XX" und "Santa Fe" in Guatemala populär, wurden jedoch von der Discowelle weggeschwemmt.[38] Mit "Alux Nahual" trat in den achtziger Jahren zum ersten Mal eine Gruppe auf den Plan, die überregionale Berühmtheit erlangte. Von 1983-1999 veröffentlichte die Band zehn Alben, auf denen sie traditionelle Elemente und Instrumente in den Rock integrierte, aber auch Celli und Geigen. Die heutigen Bands spalten sich in ebenso viele Stilrichtungen auf wie im Rest der Welt: "Malacates Trébol Shop" und "La Parrokia" spielen Ska-Rock, "Influenza", "Viento en Contra", "Panivers" und "Pirámide" Hard Rock, "Evilminded" Industrial-Rock, "Bohemia Suburbana" Grunge und "Desadaptados", "Enemy" und "Daven" verschiedene Stilrichtungen des Punk.[39]

Während der Regierungszeit der Sandinisten hatte der Rock es in Nicaragua in doppelter Hinsicht schwer: Einerseits lehnte ein Teil der Revolutionäre diese Musik als imperialistisch ab, andererseits kam durch das Embargo der USA kaum ein Tonträger mit US-amerikanischem oder europäischem

---

36   Vgl. "Historias del Rock – El Rock en los 90s" <www.elfaro.net>.
37   Vgl. "Historias del Rock – 'Adrenos' hasta la Muerte" <www.elfaro.net> (SGAE 2000: 11).
38   Vgl. Paulo Alvarado: "Entre Grupos de Rock", in: *Prensa Libre* (12.12. 1996).
39   Vgl. <www.aluxnahual.com>; <www.oberol.com>.

Rock ins Land. Darum gab es lange Zeit keine wirkliche Rockszene. Viele der heutigen Bands – "Diatribas", "Necrosis", "C.P.U.", "Habeas Corpus", "Alta Tension" und "Dr. Doolittle" – rechnen sich der Hard Rock- und Heavy Metal-Szene zu. Nur ein Nicaraguaner machte Karriere in der internationalen Rockszene: José "Chepito" Areas, Perkussionist und Flügelhornist, stieg 1969 in die Band "Santana" ein und veränderte erfolgreich ihren Sound (Leng 2000: 57).

Costa Ricas Szene hingegen umfasst alle Stilrichtungen: "Calle Dolores" mischen Ska mit Heavy Metal, "Gandhi" spielen reinen Hard Rock, "Mekatey" aus Limón fusionieren den Rock mit Reggae und Calypso, "Alborak" kombinieren Jazz und Rock und "Slavon" produzieren reinsten Heavy Metal mit englischem Gesang. Zu den Pionieren zählen "Café con Leche", gegründet 1986, und "Hormigas en la Pared" (1988), die beide bodenständigen Rock abliefern. "Claroscuro", eine Frauen-Rockband, besteht schon seit über zehn Jahren und gilt als Ausnahme im sonst männlich dominierten Musikgeschäft.[40] Adrián Goizueta gründete 1979 "El Experimental" und fusionierte den Rock mit Jazz, sinfonischen Klängen und der Liedermacherkunst und legte mit mehr als zwölf Alben das Fundament für seinen regionalen Ruhm.

Honduranische *rockeros* werden ob ihrer kleinen Szene nicht gerade verwöhnt. Zwei bekanntere Bands des so genannten *rock catracho* heißen "Delirium" und "Khaoticos", seit 1983 besteht die Gruppe "Diablos Negros".

Das Label "Kiwi Records" spielt eine große Rolle für die Rockmusik in Panama. Sowohl Veteranen – wie "Los 33", gegründet 1987, und "Tierra de Nadie" (1989) – veröffentlichen ihre Alben dort, als auch die meisten neuen Bands, wie "Cinema", "Instinto", "Tres Leches" und "Son Miserables". Die umsatzstärksten Gruppen des Labels sind die von Reggae, Punk und Ska beeinflussten "Os Almirantes" und die Ska-Punker "Los Rabanes". Letztere wurden 2001 sogar für den "Latin Grammy" nominiert und konnten ein Jahr später mit ihrem bilingualen Album "Money pa' que/Money for what" und dem Stück "My Commanding Wife" in den USA einen Hit landen (SGAE 2000).

HipHop kommt mit seinem Rhythmus den lateinamerikanischen Genres sehr entgegen und ist entsprechend beliebt. Auch seine ideologische Unterfütterung als Musik der Benachteiligten in den Elendsvierteln US-amerikani-

---

40 Vgl. verschiedene Ausgaben der *Tico Times* <www.ticotimes.net>.

scher Städte lässt ihn in einem positiven Licht erscheinen. So kommen auch in Guatemala Bands wie "Alioto Loko" aus den Armenvierteln der Hauptstadt, während "MC Sativo" seine HipHop-*Sessions* in Quetzaltenango veranstaltet (Fla-K.O. 2004: 33). Belizes Star heißt Poopa Curly, in Costa Rica wird momentan der in Kanada lebende DJ "Gee" alias "BOC" bzw. "Leyenda Urbana" bewundert.

8.6 Jazz

Jazz in Lateinamerika bedeutet fast immer *Latin*-Jazz. Wenige Interpreten spielen ausschließlich Swing, Bebop oder gar Freejazz, denn auch beim Jazz ist es für das Publikum wichtig, dass er sich primär an Herz und Hüften richtet.

In Nicaragua beginnt die Geschichte des Jazz nach dem zweiten Weltkrieg. Gruppen wie "Jazz Matagalpa", "Jazz Carazo" oder das Orchester von Julio Max Blanco spielten Jazz zwar nur als eine Musik neben vielen, hatten aber Bigband-Format und ließen den Musikern zum ersten Mal Raum für lange Soli. Im Laufe der sechziger Jahre ersetzten sie kleinere Besetzungen wie "Los Melódicos de Matagalpa" oder "Los Satélites del Ritmo". Herausragende Figuren waren in den siebziger und achtziger Jahren der Saxophonist Charles Roobs, der Gitarrist Mundo Guerrero und der Pianist und Komponist Tránsito Gutiérrez. Letzterer als Mitglied der Gruppe "Praxis", die zu Zeiten der Sandinisten mehrere Alben einspielte und als "Schule" des nicaraguanischen Jazz gilt. Ein Teil der Mitglieder spielt heute in den Gruppen "Amadeus Jazz", "Jazzta" und "Staccato", die sich neben dem Jazz auch experimentellen Klängen widmen (Prado o.J.).

Das vor einigen Jahren in San José eröffnete "Jazz Café" wirkt sehr belebend auf die lokale Szene, denn zuvor gab es nur vereinzelte Jazzkonzerte in großen Konzerthallen, *Shopping-Malls* oder im Nationaltheater. Im "Jazz Café" treten Gruppen wie "Sonsax", "Swing en Cuatro" oder "Rubato" auf. Richtigen Aufwind erhielt der Jazz aber erst durch die Gruppen "Editus" und "Sexteto de Jazz Latino": "Editus", 1990 gegründet, ist keine typische Jazzband. Sie spielen "Musik ohne Grenzen mit lateinamerikanischer Basis", wie sie es ausdrücken. "Costa Rica es un país pequeño y si no se abre, su movimiento musical no crecerá en aproporción" ("Costa Rica ist ein kleines Land und wenn es sich nicht öffnet, kann die Musikbewegung auch nicht entsprechend wachsen"), so Edín Solís, Gitarrist der Gruppe[41]. Auch der eingangs

---

41 Vgl. "Abrir Nuevos Horizontes: Editus", in: *Matices* (Nr. 25/2000: 34-35).

erwähnte Pianist Manuel Obregón fühlt sich in vielen Genres zuhause: Jazz, Folklore oder Klassik. Zu Beginn der neunziger Jahre gründete er nacheinander die Gruppen "Afrocosmos", "Cuarteto Esporádico de Jazz" und "Malpas.[42]

Guatemalas Jazzszene ist nicht besonders groß. Einmal im Jahr trifft sie sich beim Jazzfestival in der Hauptstadt, ansonsten spielen Gruppen wie das "Trío Roberto Gómez", "The Jazz Train" oder das Quartett von Luis Fernando Quijivix in einigen kleinen Clubs der großen Städte.

Der salvadorianische Perkussionist Ricky Loza und Danilo Pérez, Pianist aus Panama, sind heute die international bekanntesten Jazzmusiker Zentralamerikas. Beide leben in den USA. Loza spielte 1967 im Symphonieorchester von El Salvador und bald darauf in Nachtclubs in Washington D.C., wo er 1985 hinzog, um sich ganz dem Jazz zu verschreiben. Heute lehrt er Perkussion an der George Washington University und richtet in seiner Heimat ein jährliches Jazzfestival aus, zu dem er internationale Stars einlädt. Danilo Pérez gehört zu den Shootingstars am Klavier. Nach seinem Studium am Berkeley College ging er mit verschiedenen Bands, u.a. von Paquito D'Rivera und Dizzy Gillespie auf Tour (Chediak 1998: 174). Aus Panama kamen schon vor Pérez einige international berühmte Jazzer: Der Drummer Billy Cobham, der Bassist Santi Debriano, der Flötist Mauricio Smith, die Pianisten Luis Russell und George Maycock sowie der Trompeter Víctor Paz, genannt "Vitín" (Eßer 2004b, 2004c). Russell gewann 1919 3.000 US$ in einer Lotterie und zog daraufhin mit seiner Familie nach New Orleans. Dort begann seine Karriere: 1925 wurde er Pianist in der Band von King Oliver bevor er zwei Jahre später das "Luis Russell Orchestra" gründete, das ab 1935 die *Back-up*-Band des Trompeters Louis Armstrong bildete (Chediak 1998: 72).

8.7 Von Disco zu Techno

Bei der Jugend Nicaraguas ist vor allem die 2001 gegründete Gruppe "Groovynol" angesagt, die ihre Musik als Elektronik-Techno-Rave bezeichnet, vermischt mit Rock-, Blues- und Jazzelementen. In El Salvador verbreiten seit Mitte der neunziger Jahre "ID" (Juan Miguel) und "2FB" elektronische Klänge mit Synthesizer und Computer. Als "Popstars" gelten die seit 15 Jahren im Lande lebende Chilenin Pamela Robin sowie Laura Marenco.[43]

---

42   Vgl. <www.manuelobregon.com>.
43   Vgl. <www.musica.com.sv>.

Ein weiterer Sänger aus der Region schickt sich an, so berühmt zu werden wie Rubén Blades: der Guatemalteke Ricardo Arjona, der heute in Mexiko lebt und mit 21 Jahren sein erstes Album aufnahm. Obwohl der Popsänger sich inzwischen weniger rebellisch gibt, bleiben seine Texte häufig kritisch, und so zensierte man sein 1996er Album "Si el Norte Fuera el Sur" in einigen Ländern. Trotzdem verkaufte es sich glänzend und erreichte in seiner Heimat Platinstatus.[44] Fahrende Diskotheken haben dazu beigetragen, dass sich bestimmte Stile in Guatemala verbreiten konnten: Disco Anfang der achtziger Jahre, später Salsa, Merengue und Cumbia sowie seit etwa fünf Jahren Reggaeton. Auch die Rave-Bewegung wächst stetig: DJs und Produzenten, wie Francis Davila, Rafa 3, Joserra, Santiago Niño und Básico3 verfügen über eigene Studios, Radiostationen und Party-Reihen, um ihre Produktionen bekannt zu machen (Fla-K.O. 2004: 33). Honduras gleicht auch auf diesem Gebiet eher einer Wüste: Der einzige "Popstar" heißt Carlos Sabillon.

9. Musikindustrie und -medien

Für den globalen Markt - selbst für den lateinamerikanischen - hat Zentralamerika nur eine geringe Bedeutung. Eine Musikindustrie, die die gesamte Wertschöpfungskette (Agenturen, Studios, Label, Verlage, Presswerke, Distribution etc.) abdeckt, existiert nicht. So schloss Nicaraguas einziges Presswerk Mitte der neunziger Jahre seine Pforten. Die Staaten des Isthmus werden von den "Majors" mit ihren Filialen in Miami und Mexiko abgedeckt (Eßer 2000/2001: 8).

Schon die Geschichte der zentralamerikanischen Musikindustrie zeigt, dass die lokalen Märkte nicht groß genug sind für eine eigene lohnenswerte Produktion. Um 1950 begannen in Nicaragua einige kleine Labels *música nacional* zu produzieren, so zum Beispiel "Ondina", das viele Marimba-Trios veröffentlichte. Doch erst mit den Sandinisten begann nach den Zerstörungen durch das Erdbeben von 1972 der Aufbau einer kleinen nationalen Industrie. Sie schufen 1980 durch das "Decreto No. 402: Creación de la *Empresa Nicaragüense de Grabaciones Culturales* (ENIGRAC)" ein staatliches Label. So konnte die Produktion erheblich gesteigert werden, hauptsächlich verlegte man traditionelle Musik und *volcanto*, aber auch Miskito-Gesänge (Scruggs 1998a: 766).

---

44 Vgl. <www.notiarjona.com.ar/>; <www.ciudadfutura.com/arjona/>.

In den anderen Staaten verlief die Entwicklung bis Mitte der achtziger Jahre ähnlich. Einige wenige Labels und Studios produzierten lokale Künstler in kleinen Auflagen. Für bessere oder kompliziertere Aufnahmen mussten die Künstler nach Mexiko oder Miami reisen. Heute gibt es einige hochwertige Studios in Zentralamerika,[45] das wichtigste Studio und gleichzeitig Label des Isthmus ist sicherlich "DIDECA" in Guatemala City. Seit 1964 kümmert sich "Discos De Centroamérica" um die Edition einheimischer und zentralamerikanischer Künstler. Eine Erfolgsgeschichte ist die des Labels "Stonetree Records" in Belize, das Ivan Duran 1994 gründete:

> Ich studierte Musik und wollte meine Lieder veröffentlichen. Da fiel mir auf, daß es im ganzen Land kein Label gab, und so eröffnete ich mein eigenes. Als nächstes fragte ich dann Andy Palacio, ob er ein Album bei mir machen wolle. Es wurde zu einem Erfolg, denn wenn man in Belize 2.000 Exemplare verkauft, ist das schon viel. Aber wir wollen natürlich auch den internationalen Markt erobern.[46]

Piraterie ist auch in Zentralamerika ein einträgliches Geschäft. Alleine der US-Musikindustrie gingen dort im Jahr 2001 rund 20 Millionen US$ durch aus Mexiko oder Asien eingeschmuggelte Raubkopien verloren.

Die Beschwerden über die Länder des Isthmus in den Berichten der IIPA *(International Intellectual Property Alliance)* ähneln sich: Obwohl sie fast alle neue Urheberrechtsgesetze verabschiedeten, lässt deren Umsetzung zu wünschen übrig:[47] Behörden und Justiz arbeiten sehr langsam, es fehlen Fachleute für Urheberrechtsfragen und die Strafen sind zu mild. Im August 2005 unterzeichneten die USA mit Costa Rica, El Salvador, Guatemala, Honduras und Nicaragua ein Freihandelsabkommen, das von der IIPA begrüßt wird, weil sie sich davon eine Verringerung der Urheberrechtsverstöße erhofft.[48]

---

45 Z.B. *The Mix* und *Beat Zero Studios* in San José, *Tarantula Estudios* in San Pedro Sula, *Dobi's* in Dangriga, *Origen* in Panama City oder *Hit* in Managua, in dem digital auf 24 Kanälen produziert werden kann.

46 Vgl. Interview des Verfassers mit Ivan Duran (09/2002).

47 Costa Rica im Jahr 2000; El Salvador 1993 (erweitert 1999); Guatemala 1998 (erweitert 2000); Panama 1996; Honduras 1993. Nicaragua ist das einzige Land, das bis 1999 keine moderne Urheberrechtsgesetzgebung hatte. Dort basierte das Urheberrecht auf dem Zivilcode von 1904.

48 Costa Rica steht seit 2001 bei der IIPA auf der so genannten *Priority Watch List (*PWL), das heißt, das Land wird in punkto Piraterie besonders beobachtet. Seit 1995 war das Land auf der *Watch List* (WL) geführt worden. El Salvador wurde von 1992-1996 auf der WL geführt, verschwand dann aber wegen seiner Bemühungen und eines Abkommens mit den USA (1999) von der Liste. In den Jahren 2000 und 2001 kam es kaum noch zu Verurteilungen von Tätern, so dass das Land erneut in die Liste aufgenommen wurde.

Das Radio hat die größte Bedeutung als Medium für Musik in Zentral-amerika. Seit 1923 Armando Céspedes Marín seine erste Radiostation in Costa Rica in Betrieb nahm und 1926 die Regierung El Salvadors den ersten Radiosender des Landes auf der obersten Etage des Nationaltheaters instal-lierte, entstanden viele private Radiostationen auf dem gesamten Isthmus. Viele von ihnen spezialisierten sich auf ein Genre und schufen sich so eine treue Fangemeinde. Trotzdem ist der geringe Anteil nationaler Produktionen im Radio immer wieder Anlass für hitzige Debatten, wie ein Disput nicara-guanischer Interpreten mit Radio-DJs um den gesetzlich vorgeschriebenen 20%-Anteil nationaler Musik belegt.[49] Radio und in geringerem Umfang auch Fernsehen stellen für viele Menschen in abgelegenen Gebieten die ein-zigen Unterhaltungsquellen und den Kontakt zur "urbanen" Welt dar (Geyer 1994: 122ff.).

Auch in Guatemala ist die Situation bedenklich. Nicht nur, dass der Piraterieanteil bei 60% der gehandelten Tonträger liegt, sondern es sind auch staatliche Behörden – zu-mindest bei Software – in die kriminellen Handlungen verwickelt. Deshalb steht das Land seit 1992 abwechselnd auf der PWL oder der WL (2002). Nicaragua, Panama und Honduras wurden in den letzten Jahren nicht mehr genau beobachtet. Die Gründe dafür erschließen sich nicht, da das Piraterieniveau dort nicht gesunken ist. In Nicaragua betrug das Piraterieniveau zeitweise 100%, trotzdem wird das Land nicht in den Listen geführt. 1998 unterzeichnete Nicaragua ein bilaterales Abkommen mit den USA über Urheber-rechte. Panama tauchte 1997 auf der WL auf, unternahm aber sofort große Anstrengun-gen im Kampf gegen die Piraterie. So wurden bei Polizeiaktionen 1998 am Flughafen "Tocumen" rund fünf Millionen raubkopierte Tonträger aus Asien sichergestellt. Danach verschwand Panama von der WL. Trotzdem schätzt die IFPI, dass jährlich rund 40 Mil-lionen CD-R-Rohlinge ins Land geschmuggelt werden. Honduras wurde nur 1997/98 auf der WL geführt, obwohl die Piraterie sehr hoch ist und der damalige Präsident Gustavo Alfaro 1998 noch betont hatte, dass der Staat nicht der Polizist der persönlichen Urheber-rechte sein könne (vgl. IFPI/IIPA, S. 11ff., 90ff., 416ff., 441ff.); des weiteren: IIPA: *Re-port on Nicaragua 1999*; IIP: *Report on Panama 1999*; IIPA: *Report on Honduras 1998*; IIPA: *Special 301 Report on Guatemala 2003*; IIPA: *Special 301 Report on Costa Rica 2003* <www.iipa.com>.

49 Vgl. "Música nacional no suena en las radios", in: *La Prensa* (24.7. 2001).

Geschätzte Handelsverluste der US-Musikindustrie in Zentralamerika in Mill. \$ und Piraterieniveau (in %)[50]

	2002/%		2001/%		2000/%		1999/%		1998/%		1997/%		1996/%	
Costa Rica	7,0	50	4,8	40	3,0	40	3,0	40	3,0	90	--	--	--	--
El Salvador	--	--	5,0	40	5,0	40	5,0	40	--	--	--	--	--	--
Guatemala	4,8	70	--	--	4,0	60	4,0	60	4,0	60	4,0	60	3,0	50
Honduras	--	--	--	--	--	--	--	--	--	--	2,5	80	2,5	80
Nicaragua	--	--	--	--	--	--	--	--	--	100		100	--	--
Panama	--	--	--	--	--	--	--	--	3,0	56	3,0	56	3,0	56

Quelle: IIPA (2002).

Auch lokale Fernsehsender strahlen Musikprogramme aus, doch erst die Gründung von "MTV Latino" mit Sitz in Miami im Jahre 1993 erzeugte einen Boom (moderner) lateinamerikanischer Musik auf dem Kontinent.[51] Künstler aus Zentralamerika kommen allerdings selten in den Genuss, dort ausgestrahlt zu werden. Zuletzt gelang dies der panamaischen Gruppe "Los Rabanes". Nationale Musikzeitschriften gibt es in keinem Land, die Tages- oder Wochenzeitungen decken diese Themen in ihren Kulturteilen oder Beilagen ab, so wie die größte Tageszeitung in Costa Rica, *La Nación*, mit ihren Beilagen *VIVA* und *Ancora* (Eßer 1996a: 7ff.).

10. Ausbildung und Wissenschaft

Die Musikerziehung lässt in fast allen Ländern zu wünschen übrig: In Nicaragua leidet sie unter fehlenden Materialien und Lehrern: 1992 konnten nur dank einer Instrumenten-Spende Japans in einigen Städten Musikschulen eröffnet werden. Die einzige weiterführende Ausbildungsstätte, die *Escuela Nacional de Música* in Managua, bereitet ihre Schüler auf ein Studium vor, das in ihrem Land nicht existiert, ebenso wie das *Centro Nacional de Artes* in El Salvador. Wer einen Universitätsabschluss möchte, muss im Ausland studieren. Panamaische Studenten können immerhin seit 1992 auf der *Facultad de Bellas Artes* Musik und Tanz studieren. In Costa Rica hingegen ist der Musikunterricht in der Grundschule Pflicht, viele Schüler sind Mitglied im

---

50 Die Lücken in der folgenden Tabelle kommen durch die unregelmäßige Erhebung der Daten zustande.

51 Vgl. Yúdice (1999: 218); Im August 2002 ergab eine Umfrage in Managua, dass MTV der zweitmeistgesehene Sender war (vgl. "TV, Radio, y...", in: *El Nuevo Diario* (4.8. 2002) <www.elnuevodiario.com>.

Schulchor oder -orchester. Das Symphonieorchester betreibt seit 1972 ein spezielles Ausbildungsprogramm für Jungendliche. An mehreren Universitäten können Abschlüsse erworben werden. Dies gilt auch für Guatemala. Nach dem gescheiterten Versuch, ein Konservatorium zu gründen, eröffnete 1953 in Tegucigalpa eine nationale Musikschule, an der bis heute zumindest Lehrer ausgebildet werden können. An der Universität existiert zumindest eine Fakultät für theoretische Studien (Scruggs 1998a: 766; Fernández 1998a: 702).

Erst zu Beginn des 20. Jahrhunderts begann man in Zentralamerika, sich wissenschaftlich mit Musik zu beschäftigen. Aber selbst heute stammen viele Arbeiten noch von Ausländern, hauptsächlich US-Amerikanern. 1927 startete mit Jesús Castillos Studien über die Mam- und Quiché-Indianer in Guatemala die ethnomusikologische Forschung. Heute bemüht sich Dieter Lehnhoff um die Musikgeschichte seines Landes. Panamas Musikethnologie ist untrennbar mit dem Namen Manuel Francisco Zárate verbunden. Der Chemieprofessor forschte nebenher auf allen Gebieten der traditionellen Klänge und legte eine große Sammlung von Texten, Instrumenten und Tondokumenten an. Salvador Cardenal Argüello machte Mitte der 1950er Jahre die ersten Aufnahmen traditioneller Klänge in Nicaragua und verbreitete sie über sein eigenes Label und über eine private Radiostation. José R. Araya verfasste 1941 den ersten fundierten Artikel über die Geschichte der Musik Costa Ricas, während Emilia Prieto später viele Informationen über die Folklore sammelte und veröffentlichte. Diese Rolle übernahm in El Salvador das *Comité de Investigaciones Folklóricas*, das ab den frühen 1940er Jahren Studien durchführte.

11. Schlussfolgerungen

Betrachtet man die aktuelle Lage der zentralamerikanischen Musik, ergeben sich folgende Schlüsse: Die schon immer stark von externen Einflüssen bestimmte nationale Musik in den einzelnen Ländern muss sich weiter emanzipieren, um nicht ihre Charakteristika zu verlieren und im großen Einheitsbrei der globalen Kultur zu versinken. Traditionelle Musik sollte von den Regierungen gefördert werden, vor allem diejenige der Minderheiten. Dazu gehört auch die bessere Erforschung der eigenen Genres, sonst stehen sie bald – wie schon jetzt teilweise die Kultur der Garífuna – vor ihrem Ende. Aber auch in Eigeninitiative können diese Kulturen unterstützt werden, wie das Beispiel des Labels "Stonetree" in Belize zeigt. Eine ausgeprägte lokale Musikkultur gefällt nicht nur den Touristen, sondern stärkt die eigene nationale Identität, wie schon einmal, als gegen Ende des 19. Jahrhunderts die Zentralamerikaner ihr musikalisches Erbe wiederentdeckten. Und sie kann sich besser gegen eine kulturelle Überfremdung zur Wehr setzen. Dieser gegenzusteuern soll aber nicht heißen, moderne Entwicklungen abzulehnen. Internationale Phänomene wie Rock, Pop oder House müssen national ebenso gefördert werden. Um die Gewinne aus diesem Wirtschaftszweig für sich abzuschöpfen, sollten die kleinen Binnenwirtschaften am Aufbau einer gemeinsamen Unterhaltungs- und Musikindustrie arbeiten und so ihre externe Abhängigkeit mindern. Nicht jedes Land braucht ein eigenes Presswerk, aber die gesamte Wertschöpfungskette sollte auf dem Isthmus schon vorhanden sein.

Wichtig wäre auch eine bessere Ausbildung. Denn wenn die kreativen Jugendlichen zum Studium auswandern müssen, kehren sie oft nicht zurück. Auch hier ist eine grenzübergreifende Zusammenarbeit denkbar, zumal viele Musiktraditionen in Zentralamerika die politischen Grenzen überschreiten. Allerdings sind die Hoffnungen gering, solange die Staaten noch nicht einmal die seit langem geplante politische und ökonomische Integration wirklich vollenden. Nach der Unabhängigkeit von Spanien fand ein reger musikalischer Austausch zwischen den Ländern statt. Dies brachte die Menschen einander näher. Daher beschreiten Manuel Obregón und sein "Orquesta de la Papaya" den richtigen Weg.

Literaturverzeichnis

Aharonián, Coriún (1992): "Ein vollkommen lateinamerikanischer Komponist. Der Guatemalteke Joaquín Orellana". In: *MusikTexte*, 43: 19-22.

Arrivillaga Cortés, Alfonso (1990): "La Música Tradicional Garífuna en Guatemala". In: *Latin American Music Review*, Jg. 11, 2: 251-280.

Blades, Rubén (1999): "Ahora más que nunca: Torsten Eßer und Andreas Villar im Gespräch mit Rubén Blades". In: *Matices* 23: 73-75.

Borland, Katherine (1992): *Folklife of Miami's Nicaraguan Communities* <www.historical-museum.org/folklife/folknica.htm> (06.04.2006).

Cáceres, Germán (1994): "La Música en El Salvador". In: *pauta. Cuadernos de Teoría y Crítica Musical*, Jg. XIII, Okt.-Dez., S. 86-103.

Castillo Campos, Luis (2004): *La música más linda de Costa Rica*. San José.

Chediak, Nat (1998): *Diccionario de Jazz Latino*. Madrid.

Cotto, Gerardo (1999): "Der gewalttätige Däumling". In: *Lateinamerika Nachrichten*, 303/304: 60-61.

Czarkowski, Hans (1993): "Garifuna. Die schwarzen Kariben Mittelamerikas". In: Adveniat (Hrsg.): *Kontinent der Hoffnung. Afroamerikaner.* Essen, S. 5-13.

Eßer, Torsten (1996a): *Der Markt der nationalen Printmedien in Costa Rica.* Studie für die Deutsch-Costarikanische Industrie- und Handelskammer. San José.

— (1996b): "Auf dem Kreuzweg der Befreiung. Vormarsch der Evangelisten in Lateinamerika". In: *Matices* 9: 10-12.

— (2000/2001): "Von Piraten und Megastars. Musikmärkte und Musikindustrie in Lateinamerika". In: *Matices* 28: 8-11.

— (2003): "Puntarock und Paranda. Garífuna-Musik aus Belize". In: *Matices* 37: 60.

— (2004a): "Die Gitarre als Waffe. Das Neue Politische Lied Nikaraguas". In: *Matices* 42: 56-57.

— (2004b): "Mit 60 zurück nach Panama: Billy Cobham". In: *Jazzpodium* 11.

— (2004c): "Ein Panamaer in Düsseldorf – George Maycock in memoriam". In: *Jazzpodium* 10.

Eßer, Torsten/Fröhlicher, Patrick (2001): "Von der Schlitztrommel zum Synthesizer: 500 Jahre Musik auf Kuba". In: Ette, Ottmar/Franzbach, Martin (Hrsg.): *Kuba heute.* Frankfurt am Main, S. 683-733.

Fairley, Jan (2000): "Chile/Latin America – Nueva Canción: An Uncompromising Song". In: Broughton, Simon/Ellingham, Mark (Hrsg.): *The Rough Guide World Music Vol. II: Latin and North America, Caribbean, India, Asia and Pacific.* London, S. 362-371.

Fernández, Carlos A. (1998a): "Costa Rica". In: Olsen, Dale A./Sheehy, Daniel E. (Hrsg.): *South America, Mexico, Central America, and the Caribbean. The Garland Encyclopedia of World Music.* New York, Jg. 2, S. 680-705.

— (1998b): "Bribri and Cabécar". In: Olsen, Dale A./Sheehy, Daniel E. (Hrsg.): *South America, Mexico, Central America, and the Caribbean. The Garland Encyclopedia of World Music.* New York, Jg. 2, S. 631-636.

Fla-K.O. (2004): "Wie klingt Chapinlandia? Eine kleine musikalische Expedition durch Guatemala". In: *ila* 280: 32-33.

Flores, Bernal (1982): "La Vida Musical de Costa Rica en el Siglo XIX". In: Günther, Robert (Hrsg.): *Die Musikkulturen Lateinamerikas im 19. Jahrhundert.* Regensburg. S. 261-274.

FUNCOOPA (Fundación Coordinadora de Pastoral Aborigen) (1997): *Los Pueblos Indígenas de Costa Rica.* San José.

Gallop, Nigel/Broadbank, Robin (2000): "Panama. Dancing between the Oceans". In: Broughton, Simon/Ellingham, Mark (Hrsg.): *The Rough Guide World Music Vol. II: Latin and North America, Caribbean, India, Asia and Pacific.* London, S. 477-480.

Geyer, Markus (1994): "Massenmedien in Costa Rica". In: Wilke, Jürgen (Hrsg.): *Massenmedien in Lateinamerika*, Bd. II. Frankfurt am Main, S. 107-144.

Graham, Ronnie (2000): "Belize. Drum 'n' Flute Legacies". In: Broughton, Simon/Ellingham, Mark (Hrsg.): *The Rough Guide World Music Vol. II: Latin and North America, Caribbean, India, Asia and Pacific.* London, S. 325-331.

Greene, Oliver (1998): "Belize". In: Olsen, Dale A./Sheehy, Daniel E. (Hrsg.): *South America, Mexico, Central America, and the Caribbean. The Garland Encyclopedia of World Music.* New York, Jg. 2, S. 666-679.

Günther, Robert (1982): "Die Musikkulturen Lateinamerikas im 19. Jahrhundert – Tendenzen und Perspektiven". In: Günther, Robert (Hrsg.): *Die Musikkulturen Lateinamerikas im 19. Jahrhundert.* Regensburg, S. 9-19.

IFPI (International Federation of the Phonographic Industry) (2002). *IFPI Music Piracy Report 2001* <www.ifpi.org> (20.11.2006).

IIPA (International Intellectual Property Alliance) (2002): *Special 301 Report* <www.iipa.com> (20.11.2006).

Krosigk, Friedrich von (1999): *Panama: Die schwierige Konstruktion einer Transitnation* <http://www.orient.uni-erlangen.de/kultur/papers/krosigk.htm> (06.04.2006).

Lehnhoff, Dieter (1993): "Música Sacra e Instrumental en la Ciudad de Guatemala a Principios del Siglo XIX". In: *Anales de la Academia de Geografía e Historia de Guatemala LXVII*, S. 159-174.

Leng, Simon (2000): *Santana. Die erste offizielle Biografie.* Höfen.

Ludwig, Egon (2001): *Música Latinoaméricana. Lexikon der lateinamerikanischen Volks- und Populärmusik.* Berlin.

Marroquín, Salvador (1998): "El Salvador". In: Olsen, Dale A./Sheehy, Daniel E. (Hrsg.): *South America, Mexico, Central America, and the Caribbean. The Garland Encyclopedia of World Music.* New York, Jg. 2, S. 706-720.

Martí, Samuel (1985): "La Música Mesoamericana". In: Gómez Garcia, Zoila (Hrsg.): *Musicología en Latinoamérica.* La Habana, S. 231-239.

O'Brien-Rothe, Linda (1998a): "Guatemala". In: Olsen, Dale A./Sheehy, Daniel E. (Hrsg.): *South America, Mexico, Central America, and the Caribbean. The Garland Encyclopedia of World Music.* New York, Jg. 2, S. 721-737.

— (1998b): "Maya". In: Olsen, Dale A./Sheehy, Daniel E. (Hrsg.): *South America, Mexico, Central America, and the Caribbean. The Garland Encyclopedia of World Music.* New York, Jg. 2, S. 650-658.

Pahlen, Kurt/Mendoza, Vicente Teodulo (1980): "Mittelamerika". In: Pahlen, Kurt (Hrsg.): *Außereuropäische Musik in Einzeldarstellungen.* Kassel, S. 419-426.

Prado, César (o.J.): "Los 60, el Inicio del Jazz / Los Años 80 y el Nuevo Jazz". In: *La Prensa* <www.laprensa.com.ni>.

Pring-Mill, Robert (1987): "The Roles of Revolutionary Song – a Nicaraguan Assessment". In: *Popular Music* 6-2: 179-189.

Ramos, Víctor Manuel (1990): "La Música en Honduras". In: *Paradiso* 3: 15-19.

Saenz Poggio, José ([1878] 1997): *Historia de la Música Guatemalteca. Desde la Monarquía Española hasta Fines del Año de 1877.* Guatemala City.

Schreiner, Claus (1982): *Música Latina. Musikfolklore zwischen Kuba und Feuerland.* Frankfurt am Main.

Scruggs, T. M. (1997): *Vamos a la Carga: The Musical Negotiation of the Local and the Global in Sandinista Nicaragua.* Working Paper.

— (1998a): "Nicaragua". In: Olsen, Dale A./Sheehy, Daniel E. (Hrsg.): *South America, Mexico, Central America, and the Caribbean. The Garland Encyclopedia of World Music.* New York, Jg. 2, S. 747-769.

— (1998b): "Honduras". In: Olsen, Dale A./Sheehy, Daniel E. (Hrsg.): *South America, Mexico, Central America, and the Caribbean. The Garland Encyclopedia of World Music*. New York, Jg. 2, S. 738-746.

— (1998c): "Miskitu". In: Olsen, Dale A./Sheehy, Daniel E. (Hrsg.): *South America, Mexico, Central America, and the Caribbean. The Garland Encyclopedia of World Music*. New York, Jg. 2, S. 659-665.

— (1998d): "Cultural Capital, Appropriate Transformations, and Transfer by Appropriation in Western Nicaragua: el Baile de Marimba". In: *Latin American Music Review*, Jg. 19, 1: 1-30.

Segura Chaves, Pompilio (2001): *Desarrollo Musical en Costa Rica durante el Siglo XIX. Las Bandas Militares*. Heredia.

SGAE (Sociedad General de Autores y Editores) (Hrsg.) (2000): *Diccionario del Rock Latino*. Madrid.

Smith, Ronald R. (1994): "Arroz Colorao: Los Congos of Panama". In: Béhague, Gerard H. (Hrsg.): *Music and Black Ethnicity: the Caribbean and South America*. Miami, S. 239-266.

— (1998): "Panama". In: Olsen, Dale A./Sheehy, Daniel E. (Hrsg.): *South America, Mexico, Central America, and the Caribbean. The Garland Encyclopedia of World Music*. New York, Jg. 2, S. 770-785.

Smith, Sandra (1998): "Kuna". In: Olsen, Dale A./Sheehy, Daniel E. (Hrsg.): *South America, Mexico, Central America, and the Caribbean. The Garland Encyclopedia of World Music*. New York, Jg. 2, S. 637-649.

Sterneck, Wolfgang (1998): *Der Kampf um die Träume – Musik und Gesellschaft* <www.sterneck.net/musik/befreiungskampf/index.html> (06.04.2006).

Townsend, Thomas Carl (1999): "A Conversation with Roque Cordero". In: *LAMúsiCA* (Latin American Music Center Newsletter), Jg. 2, S. 4 <www.music.indiana.edu> (20.11. 2006).

Vargas Cullell, María Clara (2004): *De las Fanfarrias a las Salas de Concierto. Música en Costa Rica 1840-1940*. San José.

Yúdice, George (1999): "La Industria de la Música en la Integración América Latina – Estados Unidos". In: García Canclini, Néstor/Moneta, Carlos Juan (Hrsg.): *Las Industrias Culturales en la Integración Latinoamericana*. México D.F., S. 181-244.

Tonträger (Auswahl)[52]

Belize

Andy Palacio. *Keimoun* (1995), Stonetree Records.
Andy Palacio. *Til Da Mawnin* (1997), Stonetree Records.
Aziatic. *Most Wanted* (2000), The Orchard [Stonetree Records].
Bredda David and Tribal Vibes. *Raw* (1999), Stonetree Records.
Chatuye. *Heartbeat in the Music* (1992), Arhoolie.
Diverse. *Paranda – Africa in Central America* (2000), Erato/Detour.
Diverse. *Traditional Music of the Garifuna of Belize* (1982), Smithsonian Folkways.
Florencio Mess. *Maya K'ekchi' Strings* (2000), The Orchard [Stonetree Records].
Mohubub. *Belizian Punta Rockers Series 2* (1997), Stonetree Records.
Mr. Peters and his Boom & Chime. *Weh Mi Lova Deh* (2000), The Orchard [Stonetree Records].
Original Turtle Shell Band. *Serewe* (1996), Stonetree Records.
Titiman Flores. *Fedu* (1999), Stonetree Records.

Costa Rica

Adrián Goizueta y El Grupo Experimental. *Compañera en Vivo* (1996), Discos 4.
Adrián Goizueta y El Grupo Experimental. *Vienen Llegando* (1989), Sonido Digital.
Calle Dolores. *Simples Frases* (1998), Eigenverlag.
Cantoamérica. *Por las Calles de la Vida* (1995), Kaiso Music.
Cantoamérica. *Calypsonians* (2001), Discos Pentagrama.
Claroscuro. *Apamaneuk* (2001), Intempo.
Diverse. *Costa Rica Sampler* [*Canto América, Baby Rasta Band, Taboga* u.a.] (1994), The Mix.
Diverse. *Costa Rica: Calypso* (1996), Buda Musique.
Diverse. *Tikicia Rock* (2000), BMG.
Diverse. *Música de Eddie Mora* (2001), Intempo.
Dúo Mora Duarte. *100 Años de Música Costarricense* (1997), Intempo.
Editus. *Siempre...*(1995), Tre.
Editus/ Sexteto de Jazz Latino. *Calle del Viento* (1998), Tre.
Gandhi. *En el Jardín del Corazón* (1998), Intempo.
Hormigas En La Pared. *Olé Torito* (1998), Kavac.
Juan Carlos Ureña. *Creo* (2000), Paul Ureña Productions.
Lorenzo Salazar. *Costa Rica mía* (1996), Indica.
Luis Ángel Castro. *Antología,* (2002), Walaba Productions.

---

52 Es handelt sich um CDs, wenn nicht anders angegeben. Bei einigen Produktionen waren die Angaben nicht vollständig zu erhalten. Die Musik der meisten Indianerstämme Zentralamerikas ist kaum auf Tonträgern dokumentiert. Die Forscher des Smithsonian Instituts (Smithsonian Folkways) besitzen jedoch viele Aufnahmen, die als Kassette oder CD dort bestellt werden können.

Luis Ángel Castro. *Puerto Viejo*, (1996), Walaba Productions.

Manuel Obregón. *OM* (2001), Intempo.

Manuel Obregón. *Simbiosis* (1999), Intempo.

Manuel Obregón. *Sin Ton Ni Son* (1998), Intempo.

Orquesta Sinfónica Nacional de Costa Rica. *Tributo a Costa Rica* (2001), Intempo.

Oveja Negra. *Hada Luna* (1993), Paul Ureña Productions.

Sonsax. *Sonsax* (2000), Intempo.

Walter Ferguson Gavitt. *Mr. Gavitt: Calypsos of Costa Rica* (1982), Smithsonian Folkways.

El Salvador

Adrenalina. *Ni un Pelo de Inocente* (1996), Eigenverlag.

Adrenalina. *Suciedad Anónima de Corazón Variable* (1999), Eigenverlag.

Cutumay Camones. *Por eso Luchamos: Songs of the Salvadoran Struggle* (1985) Smithsonian Folkways.

Diverse. *Idolos de El Salvador* (1999), Sony.

Diverse. *The Pipil Indians of El Salvador* (1983), Smithsonian Folkways.

Diverse. *Parrandon en El Salvador* (2000), Sony.

Laura Marenco. *Escapar* (2000), Recycled Music.

OVNI. *Entre seres y sus raíces* (2000), Fragile Producciones.

Yolocamba I Ta. *Cara o Cruz: Music of El Salvador* (1992), Flying Fish Records.

Guatemala

Alicia Azurdia. *Felicidades Amor Mío* (1995), Fonica.

Alux Nahual. *Americamorfosis* (1993), Discos de Centroamérica.

Alux Nahual. *Leyenda* (1990), Discos de Centroamérica.

Bohemia Suburbana. *Mil Palabras con sus Dientes* (1996), Radio Vox.

Diverse. *Espiritu del Duende: Alex Nahual – Un Tributo* (1998), Eigenverlag.

Diverse. *Music from Guatemala 1* (2000), Caprice.

Diverse. *Music from Guatemala 2 (Garifuna)* (2000), Caprice.

Los Teclas de Guatemala. *Music of the Marimba* (1998), WEA.

Marimba Gallito. *Fiesta de Gaitas y Cumbias* (1994), Tikal.

Massimiliano Damerini. *Guatemala Vol 4* (Ricardo Castillo – Piano Works) (2000), Marco Polo/Naxos.

Moskauer Sinfonieorchester. *Guatemala Vol. 1* (Manuel Martínez-Sobral/Ricardo Castillo) (2000), Marco Polo/Naxos.

Moskauer Sinfonieorchester. *Guatemala Vol. 2* (Ricardo Castillo) (1996), Marco Polo/Naxos.

Ricardo Arjona. *Si el Norte Fuera el Sur* (1996), Sony.

Ricardo Arjona. *Sin Daños a Terceros* (1998), Sony.

Suzanne Husson. *Guatemala Vol.3* (Manuel Martínez-Sobral - Piano Works) (2000), Marco Polo/Naxos.

Viento en Contra. *Esto va algo asi...* (1998), Eigenverlag.

William Orbaugh. *Recital* (1993), Classic Records.

Reihe: Musikgeschichte Guatemalas
Vol. I "Electroacustica" (1999), Asociación de Amigos del País.
Vol. II "Coros de Catedral" (1995), Asociación de Amigos del País.
Vol. III "Capilla Musical" (1992), Asociación de Amigos del País.
Vol. IV "La Sociedad Filarmónica" (1993), Asociación de Amigos del País.
Vol. V "Ecos de Antaño" (1997), Asociación de Amigos del País.
Vol. VI "Senderos" (1999), Asociación de Amigos del País.
Vol. VII "Milenio"/Best of (1999), Asociación de Amigos del País.

Honduras

Alma de Honduras. *Alma de Honduras* (2001), Eigenverlag.
Banda Blanca. *Fiesta Tropical* (1991), Sonotone.
Carlos Sabillon. *Sin Tiempo ni Distancia* (1999), Costa Norte.
Delirium. *Abismo* (2001), Costa Norte.
Diverse. *Music from Honduras 1* (2001), Caprice.
Diverse. *Music from Honduras 2 (Garifuna)* (2001), Caprice.
Diverse. *The Black Caribs of Honduras* (1953), Smithsonian Folkways.
Guillermo Anderson. *Costa y Calor* (2002), Costa Norte.
Lita Ariran. *Songs of the Garifuna* (1994), JVC.
Los Hitson de Choluteca. *Viva Honduras* (1998), RCA.

Nicaragua

Camerata Bach. *Música Nicaragüense* (1997), Eigenverlag.
Carlos Mejía Godoy. *Cantos a Flor de Pueblo* (1973), Eigenverlag [LP].
Carlos Mejía Godoy. *En Concierto* (2000), Orfeon Records.
Dimensión Costeña. *Fiesta de Palo de Mayo* (1986), Enigrac [LP].
Diverse. *April in Managua*, 1983, tvd [LP].
Diverse. *Nicaragua ... Presente! – Music from Nicaragua Libre*, 1989, Rounder Records.
Diverse. *Nicaraguan Folk Music from Masaya* (1988), Flying Fish [LP].
Diverse. *Nicaragua Mia* (1996), Fenix.
Duo Guardabarranco. *Un trago de horizonte*, 2001 [1982], Mantica Waid.
Grupo Lanlaya. *„Lanlaya" - Canciones de Amor Miskito* (1987), Enigrac [Cass.].
Hermanos Palacios. *Marimba: Music from Nicaragua* (2000), Int'l Music Dist.
Katia Cardenal. *Brazos de Sol* (2000), Kirkelig Kulturverksted.
Katia Cardenal. *Navegas por las Costas* (1999), Kirkelig Kulturverksted.
Los Bárbaros del Ritmo. *Palo de Mayo* (1976), Andino [LP].
Los Mokuanes. *Agarrate del Pellejito* (1998), Eigenverlag.
Luis Enrique & Carlos Mejía Godoy. *Guitarra Armada: Music of the Sandinista Guerillas*, 1988 [1979], Rounder Records [LP/Cass.].
Luis Enrique Mejía Godoy. *Amando en tiempos de guerra*, 1979, CBS.
Luis Enrique Mejía Godoy. *Razones para vivir*, 1993, Sony.

Norma Helena Gadea. *Vocación de Vivir* (?), Discos del Mundo.

Pancasán. *Vamos haciendo la historia!*, 1980, Enigrac [LP].

Soul Vibrations. *Black History/Black Culture* (1991), Redwood Records.

Panama

Cabeza de Martillo. *Invasión* (1996), Sony.

Cinema. *Canciones de la Cajita Verde* (1996), Kiwi.

Danilo Pérez. *Motherland* (2000), Verve.

Danilo Pérez. *Panamonk* (1996), Impulse.

Diverse. *Instrumental Folk Music of Panama* (1996), WEA.

Diverse. *Rendevous in Panama* (1998), Columbia River.

Diverse. *Music of the Indians of Panama: The Cuna and Chocoe Tribes* (1983), Smithsonian Folkways.

Eduardo Esteban Charpentier Herrera. *Panama – Pasillos Panameños Tercera y Quinta Serie* (2002), The Orchard.

Humate. *Play Vol.I: Panama* (2001), Superstition.

Instinto. *Ciudad Lagartija* (1995), Kiwi.

Los de Azuero. *Traditional Music from Panama* (1999), Nimbus.

Los Rabanes. *¿Money pa' que?* (2002), Crescent Moon.

Los Rabanes. *¿Por qué te fuiste, Benito?* (1995), Kiwi.

Luis Russell. *Collection (1926-1934)* (1992), Collector's Classics.

Os Almirantes. *El Ataque de los Chispines* (1998), Kiwi.

Rubén Blades. *Buscando América* (1984), Elektra.

Rubén Blades. *Rubén Blades y Son de Solar live* (1990), Elektra.

Rubén Blades. *Siembra* (1978), Fania [LP].

Rubén Blades/Editus. *Tiempos* (1999), Sony.

Rubén Blades/Editus. *Mundo* (2002), Sony.

Santi Debriano. *Panamaniacs* (1993), Free Lance.

Son Miserables. *Son Miserables* (1996), Kiwi.

Tierra de Nadie. *Alter Ego* (1997), Kiwi.

Tres Leches. *Prueba* (1999), Kiwi.

Tropical Panama. *Fiera Sigue Rugiendo* (1998), EMD/EMI.

Xantos Jorge. *En Otro Sol* (2000), Discos Loop.

Zentralamerika

Diverse. *The Rough Guide to Central America* (2001), World Music Network.

Francois Castet. *9 Duos sur des Airs Populaires du Guatemala et du Costa Rica* (2000), Les Productions d'OZ.

Manuel Obregón y La Orquesta de la Papaya. *Manuel Obregón y La Orquesta de la Papaya* (2002), Sony.

María Dolores G. Torres

Die neuesten Tendenzen in der bildenden Kunst Zentralamerikas 1980-2000

Der schmale Landstreifen, der heute unter dem Namen Zentralamerika bekannt ist und von Pablo Neruda poetisch die schmerzensreiche Taille Amerikas getauft wurde, besteht aus sieben Nationalstaaten, die in historischer, politischer und sozialer Hinsicht eine Reihe von gemeinsamen Zügen aufweisen. Zwischen zwei Ozeanen, dem Pazifik und dem Atlantik, gelegen, verbindet ihn seine Ostflanke mit dem Karibischen Meer und seinen Inseln. Diese Nähe zum Karibischen Becken, dem *mare nostrum* bzw. Mittelmeer Amerikas, hat die Entstehung unterschiedlicher Kulturen und Ethnien begünstigt, die in der traditionellen Geschichtsschreibung noch bis vor kurzem ein Randdasein fristeten. Die zentralamerikanische Region wurde als mestizisch, katholisch und spanischsprachig definiert, ohne die multiethnische, multikulturelle und vielsprachige Karibik zu berücksichtigen, wo das Spanische mit dem Englischen und anderen Sprachen wie dem *mayangna* und dem *kekchi,* die mestizische Bevölkerung mit den *garífunas, creoles* und *miskitos* und die katholische Religion mit der protestantischen und mährischen (Herrnhuter Brüdergemeinde) koexistieren. Dieses ethnische, linguistische und kulturelle Mosaik war vom eurozentrischen Diskurs ausgeschlossen, der dazu beitrug, die Kluft zwischen dem Atlantik und dem Pazifik weiter zu vertiefen, die historisch die verschiedenen Regionen des Isthmus trennte.

Da Zentralamerika eine Durchgangszone ist, fehlte es den Ländern des Isthmus trotz ihrer räumlichen Nähe immer an Einheit. Dies ist ihrer historischen Entwicklung und dem Fehlen geeigneter Verbindungswege geschuldet und bedingte bis zu einem gewissen Punkt eine gegenseitige Isolierung und ein Gefühl der Insularität, die noch bis in die Gegenwart andauern. Trotzdem ist den Ländern das Erbe einer reichen präkolumbischen Vergangenheit gemein, von der die Bauten der Maya in Guatemala, El Salvador, Honduras und Belize ebenso Zeugnis ablegen wie die Petroglyphen und die Bildhauerkunst in Nicaragua, die Gold- und Jadearbeiten in Costa Rica sowie die reiche Töpferkunst, die die verschiedenen Regionen des Isthmus prägt. Diese Länder sind auch durch das koloniale Erbe vereint, Produkt einer mestizischen Kultur. Diese hat eine ebenso mestizische Kunst hervorgebracht, bekannt als *Barroco de Indias* (17. und 18. Jahrhundert), die "ihre Vorbilder aus Spanien und Portugal übertrifft und sogar auf sie zurückwirkt" (Glusberg 1999: 49). Dieser neue Barockstil zeigt sich in der Kunst Guatemalas, insbesondere in Antigua, der ersten Hauptstadt des Landes. Die Präsenz der barocken religiösen Malerei und Architektur ist auch in den anderen Ländern wie Nicaragua, Honduras und El Salvador zu beobachten. Mit Ausnahme Panamas, das zum Vizekönigreich Nueva Granada (heute Kolumbien) gehörte, unterstanden alle diese Länder der *Capitanía General de Guatemala*. Im Zuge der Erlangung der Unabhängigkeit von Spanien bildeten sie vom Jahr 1821 an die *Confederación de Estados Centroamericanos*. Panama verblieb jedoch bei Kolumbien und erklärte erst 1903 seine Unabhängigkeit, so dass seine Eingliederung in die zentralamerikanischen Nationalstaaten spät stattfand. Belize war lange Zeit ein "Streitobjekt", auf das Mexiko, Honduras, Guatemala und Großbritannien gleichermaßen Anspruch erhoben. Seine Geschichte ist sehr komplex: Trotz seiner Nähe zu Honduras und Guatemala wurde es nicht von den Spaniern kolonisiert, die im Jahr 1763 den Engländern das Recht auf Ausbeutung bestimmter Bodenschätze überließen. Offizielle Sprache ist Englisch (obwohl die Mehrheit der Bevölkerung Spanisch spricht) und Belize unterstand bis 1981, dem Jahr der Erklärung der Unabhängigkeit, der britischen Regierung. Dies begünstigte seinen Ausschluss aus dem Isthmus und seine Eingliederung in die karibische Inselwelt, mit der es enge kulturelle Bande unterhält.

In den ersten beiden Jahrzehnten des 20. Jahrhunderts beginnt ein langsamer Prozess der Modernisierung, der das Gewicht der kolonialen Vergangenheit abzuschütteln sucht, geprägt von kriegerischen Konflikten, zunehmender Militarisierung und fast einem Jahrhundert ununterbrochener diktatorischer Regime. Von 1898 bis 1989 leidet die Region konstant unter Diktaturen: Manuel Estrada Cabrera (1898-1920) und Jorge Ubico (1931-1944) in Guatemala, Tiburcio Carias (1932-1949) in Honduras, Maximiliano Hernández Martínez (1931-1944) in El Salvador, die "Dynastie" der Somozas in Nicaragua (1937-1979) und nicht zu vergessen die Militärregierungen von Omar Torrijos und Manuel Antonio Noriega (1968-1989) in Panama. Die Auswirkungen dieser aufeinanderfolgenden Diktaturen haben Zentralamerika in eine wirtschaftlich verwundbare, entindustrialisierte und in höchstem Maße von den USA abhängige Region verwandelt, die jahre- bzw.

jahrzehntelang das Geschick dieser Nationen bestimmt haben. Deutlich spürbar war diese Einmischung von der Okkupation Nicaraguas durch die *marines* zwischen 1912 und 1932 bis zur Invasion Panamas im Jahr 1989, um nur zwei der bedeutendsten Fälle zu nennen.

In einigen Ländern, wie Nicaragua und Guatemala, war die in diesem historischen Kontext geschaffene Kunst Ausdruck der Omnipräsenz von Gewalt. Es entstanden Künstlergruppen, die sich mittels nichttraditioneller Ausdrucksformen gegen eine Realität auflehnten, die nichts mit der offiziellen Geschichte gemein hatte. Dies trifft auf die Gruppe *Praxis* in Nicaragua (1963-1973), die Gruppe "Vértebra" in Guatemala (1969-1971) und die Werkstatt "La Merced" in Honduras (1974) zu, die unter Verwendung einer Metasprache die offiziell nicht registrierten Gewaltakte denunzierten. Die Diktaturen, die ausländischen Interventionen, die kriegerischen Konflikte und die wiederkehrenden Naturkatastrophen haben auf den Kulturbereich zurückgewirkt; Zentralamerika blieb von der lateinamerikanischen und internationalen Kunstszene abgeschnitten und war dort noch bis vor kurzem unbekannt und unsichtbar.

Das Fehlen von Kultureinrichtungen und einer kohärenten Kulturpolitik hat diese mangelnde Bekanntheit und Isolierung weiter verschärft. Die künstlerische und kulturelle Präsenz Zentralamerikas im kontinentalen und internationalen Rahmen ist relativ jung; erst seit der zweiten Hälfte der neunziger Jahre erreichte sie im Rahmen der Globalisierung eine gewisse Bedeutung. Es bleibt jedoch weiterhin bezeichnend, dass seine kulturellen Werte sich noch bis vor kurzem auf den identitätsstiftenden Mythos vom "Land der Dichter" gründeten, insbesondere in Nicaragua ausgehend von der Bedeutung, die das Werk Rubén Daríos (1867-1916) seit der Veröffentlichung von *Azul* im Jahr 1888 auf internationaler Ebene erlangte. Dieser Mythos wurde mit der Verleihung des Nobelpreises für Literatur an den Guatemalteken Miguel Ángel Asturias (1899-1974) im Jahr 1967 noch verstärkt. Während Zentralamerika in der internationalen Literatur seinen Platz gefunden hat, kann das von der bildenden Kunst nicht gesagt werden. Ihre Etablierung auf internationaler Ebene vollzieht sich viel langsamer und verspätet, insbesondere wenn wir die Region mit Ländern wie Mexiko, Argentinien und Brasilien vergleichen.

Während in ganz Amerika die künstlerische Moderne sich bereits etabliert hatte, begannen sich in Zentralamerika erst in den vierziger Jahren die ersten Erneuerungstendenzen zu zeigen. Eine Ausnahme stellt allerdings Carlos Mérida in Guatemala dar, in dessen Werk schon seit Beginn des Jahr-

hunderts der Realismus dominierte. Diese Erneuerungstendenzen wurden
zum großen Teil durch die Rückkehr zahlreicher Künstler, unter ihnen Maler
und Bildhauer, begünstigt, die in Europa studiert hatten und neue künstlerische Ausdrucksformen einführten. In den sechziger Jahren begann die zentralamerikanische Kunst dann über eine Reihe von Ausstellungen in den USA
bekannt zu werden, die von "Esso Standard Oil" (New Yorker Weltausstel-
lung 1964) und seit 1969 von der "Xerox Corporation" organisiert wurden,
außerdem durch die Tatsache, dass verschiedene Künstler Stipendien zu
Studienaufenthalten in den Vereinigten Staaten erhielten. Von besonderer
Bedeutung für die Anerkennung, die die zentralamerikanische Kunst in den
USA fand, war auch ihre Förderung durch José Gómez Sicre, den Direktor
des *Departamento de Artes Visuales de la Unión Panamericana* – heute
Organización de Estados Americanos (OEA) – in Washington D.C. Gómez
Sicre, der als "Erfinder" der lateinamerikanischen Kunst gilt, bereiste den
gesamten Kontinent und organisierte in den sechziger Jahren verschiedene
Ausstellungen in Washington; Zentralamerika widmete er 1966 eine große
Exposition.

In den siebziger Jahren erleben nicht nur die Galerien einen allgemeinen
Aufschwung, auf zentralamerikanischer Ebene werden auch Biennalen
durchgeführt. Von besonderer Bedeutung ist dabei die *Primera Bienal
Centroamericana de Pintura* im Jahr 1971 in San José, Costa Rica, bei der
insbesondere guatemaltekische und nicaraguanische Maler herausragen.
Diese Biennale war für die zentralamerikanische Kunst ein wichtiger Schritt
aus der Isolierung, und mit dem Aufschwung des Gemeinsamen Zentraname-
rikanischen Marktes *(Mercado Común Centroamericano)* kam es zu einer
größeren kulturellen Öffnung. Beleg dafür waren die Biennalen costa-ricanischer Kunst, die seit 1972 von der "Corporación Lachner y Sáenz" veranstaltet wurden, sowie die der "Stiftung Paíz" in Guatemala seit 1978. In den
achtziger Jahren werden die Biennalen dann aufgrund der politischen und
militärischen Konflikte und der sozialen Instabilität ausgesetzt, und erst in
den neunziger Jahren wird nach der Unterzeichnung der Friedensverträge die
Kommunikation unter den Akteuren der Kunstszene wieder aufgenommen.

In dieser Nachkriegsperiode erleben die Biennalen und Ausstellungen
einen größeren Aufschwung. So werden zum Beispiel die "Bienales Paíz" in
Guatemala weitergeführt. In Costa Rica findet zwar die "Bienal de Pintura"
der "Corporación Lachner y Sáenz" keine Fortsetzung, aber mit Unterstützung der Privatwirtschaft – *Empresarios en el Arte* – wird seit 1993 regelmäßig die "Bienarte" durchgeführt. In Panama wird 1992 die "I Bienal de

Pintura" organisiert, gefördert von der "Cervecería Nacional". In Nicaragua wird die "Stiftung Ortíz-Gurdián" gegründet, die seit dem Jahr 1997 die Biennalen nicaraguanischer Kunst unterstützt. Diese Aktivitäten, die anfangs auf die Malerei beschränkt sind, werden auf den gesamten Bereich der bildenden Kunst ausgeweitet. Dies trifft zum Beispiel auf die V. Biennale in Panama im Juni 2000 und auf die III. Biennale in Nicaragua im Juli 2001 zu, die sich in einen offenen Raum der Diskussion und des kulturellen Austauschs verwandeln. Das Mitwirken internationaler Jurys trägt zu einer kritischeren Sicht und zur Einbeziehung der auf internationaler Ebene vorherrschenden Tendenzen bei.

In den neunziger Jahren wird die Tradition der "Bienales del Istmo Centroamericano" wiederaufgenommen. In Guatemala wird 1998 die "I Bienal de Pintura" veranstaltet und im Jahr 2000 die zweite in Costa Rica. Beide kommen auf Privatinitiative zustande und in beiden ist auch Panama vertreten. Als Folge der Eröffnung des *Museo de Arte y Diseño Contemporáneo* im Jahr 1994 in Costa Rica werden 1996 und 1997 die Ausstellungen "Mesótica Centroamericana I y II" durchgeführt. Diese Expositionen werden in verschiedenen europäischen Ländern und in den Vereinigten Staaten gezeigt, was dazu beiträgt, dass die zentralamerikanische Kunst international bekannt wird. Allerdings war Panama in "Mesótica" nicht vertreten, und Belize fehlte weiterhin völlig bei den verschiedenen regionalen Veranstaltungen. Dennoch tragen diese Veranstaltungen zusammen mit dem "I Simposio Centroamericano de Prácticas Artísticas", das im Jahr 2000 von TEOR/éTica in Costa Rica veranstaltet wurde, dazu bei, ein kulturelles Forum zu schaffen, Übereinstimmungen zu finden, verschiedene künstlerische Erfahrungen zu teilen und die unterschiedlichen kulturellen Bande bei Respektierung der Diversität zu stärken.

Gemeinsamer Nenner aller künstlerischen und kulturellen Manifestationen in den letzten Jahrzehnten des 20. Jahrhunderts (1980-2000) in Zentralamerika ist eine sozialkritische Tendenz zusammen mit neuen ästhetischen Konzepten sowie die Ablehnung homogenisierender Stereotypen wie des Indigenismus, des Primitivismus, der Erdverbundenheit und des Phantastischen als Kategorien, die kulturelle Identität definieren sollen. Gleichzeitig sind beide Jahrzehnte von einem ausgeprägten Prozess der Entkolonialisierung bestimmt, der zur Entstehung von "Neoidentitäten" führt, die mit dem Monolithismus des herrschenden Diskurses brechen. Das bringt es mit sich, dass als subaltern geltende Gruppen – ethnische Minderheiten, Homosexuelle, Frauen – sich ihren Platz in der Geschichte erstreiten, indem

sie sich dem herrschenden Diskurs entgegenstellen, der "durch seine männliche, weiße, protestantische und heterosexuelle Prägung" (Pérez 1999: 19)
charakterisiert ist. Bis zu einem gewissen Punkt führte das zu einer Um-
kehrung der Begriffe. Die Ersetzung der indigenen Kulturen durch die der
Metropole, mit der im Zuge der europäischen Kolonisierung ein homogenes
Kulturmodell geschaffen werden sollte, wird im Zeitalter der Postmoderne
von pluralistischen Konzeptionen her in Frage gestellt.

In diesem postmodernen Kontext ist einer der künstlerisch am häufigsten
behandelten Aspekte die Globalisierung. Für Gerardo Mosquera bedeutet
Globalisierung Bewegung, und die entsteht durch die kontinuierlichen Ortswechsel der Migrationsströme, "die politische und ökonomische Ursachen
haben" (Mosquera 2001: 175). Paradoxerweise hat dieses Phänomen, das als
rein negativ erscheinen könnte, dazu beigetragen, Grenzen zu überschreiten,
neue Kartographien zu schaffen und so die Kultur zu dezentralisieren. Tito
Escobar teilt diese Auffassung und ist der Meinung, dass die Entterritoriali-
sierung der Kunst dazu beiträgt, den Antagonismus zu beseitigen, der von
der durch die "Akkulturation" hervorgerufenen Aufzwingung von bzw. Un-
terwerfung unter kulturelle Muster geschaffen wurde, und einen kulturellen
Austausch zu realisieren (Escobar 2001: 41). Die anhaltenden Migrationsströme von Nicaraguanern und Salvadorianern in andere Länder Zentralamerikas und in die Vereinigten Staaten hatten vielfältige Grenzüberschreitun-
gen und die Schaffung neuer geografischer Territorien sowie die Neudefinition und Dezentralisierung kultureller Identität zur Folge.

Die künstlerischen Ausdrucksformen im Kontext der Postmoderne der
letzten beiden Dekaden des vergangenen Jahrtausends sind sowohl von
Transkulturation wie von einer Reihe von ästhetischen Veränderungen geprägt, die Einfluss auf die Bewertung von Kunstwerken haben. Die Aneignung, die Wiederaufnahme, die Neubestimmung und die Mischung von
Formen und Stilen verändern die Werte der Wahrnehmung. Eine künstlerische Arbeit kann unter Verwendung von jedweder Art von Material geschaffen werden, das für zweckmäßig gehalten wird: "[...] wir leben in einer Epoche, in der alles zum Kunstwerk werden kann" (Danto 2000: 11). Begriffe
wie "everything goes", "vale todo" bzw. "alles ist erlaubt", wie sie von Gerardo Mosquera geprägt wurden, und die Beziehung zwischen der Kunst und
den Machtstrukturen, die ausgehend von den Studien Foucaults und Derridas
sowie den auf den Arbeiten der poststrukturalistischen Philosophen basierenden feministischen Theorien analysiert werden, sind integraler Bestandteil des postmodernen Diskurses. Die wachsende Bedeutung der Frau in

der Welt der Kunst insbesondere in den neunziger Jahren führt zu einer anderen Art der Kunstbetrachtung und des Kunstverständnisses. Diese veränderte Vision hat Rückwirkungen auf den gesamten amerikanischen Kontinent und auch in Zentralamerika, das Teil dieses globalisierten und postmodernen Kontextes ist.

Seit den achtziger Jahren wurden verschiedene Studien veröffentlicht, die sich mit den Machtverhältnissen und ihren Auswirkungen auf die Interpretation von Kunstwerken befassen. Jede Art von Text – sei es ein Roman, ein Geschichtswerk, ein Gemälde oder eine Skulptur – sind nach Foucault "ideologische Produkte" (Evans 1999: 169) des herrschenden Diskurses und nicht Ergebnisse eines individuellen Denkens. Ausgehend von den Theorien Jacques Lacans, Michel Foucaults und Jacques Derridas wurde aufgezeigt, dass durch die Strukturierung der patriarchalen Herrschaft Kontrolle über die Frau ausgeübt und sie aus dem herrschenden Diskurs und aus der künstlerischen Produktion ausgeschlossen wurde. Noch bis vor kurzem wurde die Kunstgeschichte ausschließlich von Männern geschrieben; die graduelle Integration der Frau erfuhr dann mit den Studien von Luce Irigaray und Julia Kristeva sowie anderen einen Aufschwung. So machten sich die sozialen Gruppen bemerkbar und "sichtbar", die traditionell außerhalb des historischen Diskurses "im Verborgenen" geblieben waren. In Zentralamerika erleben wir, dass der patriarchalen Herrschaft auf dem Gebiet der Kunst der Boden entzogen wird; die Frau spielt eine zentrale Rolle als schöpferisches Subjekt einer authentischen künstlerischen Avantgarde.

Die jüngsten Tendenzen der zentralamerikanischen Kunst sind von einer Präsenz der kulturellen Heterogenität sowohl innerhalb wie außerhalb der Netzwerke der Macht geprägt. Trotz des Fehlens staatlicher Unterstützung, ein gemeinsamer Zug ganz Zentralamerikas, und von Museen in der Mehrheit der Länder – mit Ausnahme Costa Ricas, das über eine bessere Infrastruktur verfügt – hat sich die künstlerische Produktion dennoch entwickelt, ausgehend von der individuellen Initiative einzelner Künstler, der Unterstützung durch die Privatwirtschaft und von Nichtregierungsorganisationen sowie durch die Bildung von unabhängigen Gruppen, die auf das Fehlen nationaler Programme zur Verbreitung von Kunst und Kultur reagierten. Mónica Kupfer hebt in diesem Zusammenhang hervor, dass

> die wichtigsten zentralamerikanischen Künstler in den letzten Jahrzehnten und in den neunziger Jahren trotz unzähliger Probleme die harte Realität der Region in ihren gegenständlichen wie abstrakten Werken interpretieren und sie kritisieren, wobei sie sich der Instrumente des Realismus, des Symbolismus, der Fantasie und des Humors bedienen (Kupfer 1996: 53).

Dem ist hinzuzufügen, dass sich die zentralamerikanische Kunst im letzten Jahrzehnt des 20. Jahrhunderts besonders nichttraditionellen Ausdrucksformen wie Installationen, *performances, video art, assemblages* usw. zugewendet hat, ohne die Zeichenkunst, die Malerei, die Radierung und die Bildhauerei aufzugeben. Gleichzeitig erhielt die Fotografie ihren gebührenden Platz als eine der wichtigsten Formen der visuellen Kunst, sei es, dass sie mit dokumentarischen oder bearbeitenden bzw. Montage-Techniken operiert, aber immer verstanden als eine Form von Kunst. In der Gegenwart koexistieren alle diese Ausdrucksformen und vereinen sich in der Suche nach einem neuen visuellen Vokabular in Übereinstimmung mit der Entwicklung der verschiedenen Ausdrucksmittel. Darin drückt sich eine Ästhetik aus, in der sich Verbindungen zur Linguistik, zur Psychoanalyse, zur Phänomenologie, zur Soziologie und zur Semiotik kreuzen, um die Bilder in all ihren Kontexten zu verstehen. Obwohl die Mehrheit der sieben zentralamerikanischen Länder in ihrer historischen, gesellschaftlichen und politischen Entwicklung, in ihrer Abhängigkeit und Unabhängigkeit viele Gemeinsamkeiten verbinden, weist jedes einzelne von ihnen vielfältige Besonderheiten auf, die in den künstlerischen Manifestationen ihren Niederschlag finden, was Jean-François Lyotard "la condition postmoderne" genannt hat. In ihnen hallen viele Stimmen wider, die Produkt vielfältiger Transterritorialisierungs- und Transkulturationsprozesse sind, und verbinden sich mit den lokalen, regionalen und universalen Stimmen, die unsere kulturelle Vorstellungswelt bilden.

1. Guatemala

Das reiche künstlerische Erbe Guatemalas datiert aus der prähispanischen Epoche. Dazu kommen der künstlerische Reichtum der kolonialen Vergangenheit und die herausgehobene Rolle des Landes in den künstlerischen Avantgarden seit Beginn des 20. Jahrhunderts. Beginnend mit Carlos Mérida (1891-1984), sich fortsetzend mit der "Generación de los 40", der Gruppe "Vértebra", der naiven Malerei von Comalapa und Atitlán und bis zu den jüngsten Manifestationen war die guatemaltekische Kunst von einer engen Verbindung zwischen dem Substrat der indigenen Kulturen und der Konstruktion einer Identität geprägt und zwar nicht nur ausgehend vom Prozess der Mestizierung, sondern von einer multikulturellen und auf Entkolonisierung gerichteten Position. Der von der Touristikbranche traditionell geförderte Exotismus wurde dabei abgelehnt.

Nach langen Phasen diktatorischer Regime und kriegerischer Konflikte stellen sich die neunziger Jahre des 20. Jahrhunderts als Periode der Suche und der Begegnung dar. Auf Guatemala lastet nicht nur das Gewicht der bewaffneten Konflikte, sondern auch das primitive und das Stammeserbe, die künstlerischen Avantgarden der vierziger und sechziger Jahre, die Etablierung eines rein akademisch ausgerichteten Bildungswesens, die fehlende Abstimmung zwischen den öffentlichen Institutionen und den Künstlern sowie die Angst, sich dem Anderen und Subalternen zu öffnen. Der guatemaltekische Staat maß der kulturellen Entwicklung zu keiner Zeit Priorität bei. Dazu kommt, dass aufgrund des Krieges die Kontinuität und die Verbindungen abreißen, und als Konsequenz davon verbleibt die neue Generation von Künstlern am Rande der Institutionen und der Vorgängergenerationen. Diese Künstler machen sich jedoch auf die Suche nach neuen Räumen außerhalb der traditionellen Galerien. Als Bezugspunkt dient ihnen der alte Kern der Hauptstadt, um ausgehend von den mit der *Cyber*-Kultur verbundenen Bars und Cafés "ihr Hauptquartier im Stadtzentrum" (Cazali 2001: 54) zu errichten.

Die Präsenz der Frau in diesem künstlerischen Diskurs ist von hoher Bedeutung, um so mehr, wenn man bedenkt, dass sie jahrhundertelang von der Kunstszene und aus der Kunstgeschichte ausgeschlossen war. Vielleicht sind die Frauen trotz oder gerade wegen dieses Ausschlusses innovativer als die Männer. María Dolores Castellanos (1958) benutzt für ihre Installationen und Skulpturen nichttraditionelle Objekte und Materialien, mit denen sie die Beziehung zwischen den neuen Ausdrucksmitteln und den historischen und kulturellen Ausgrenzungsprozessen ergründet, denen die Frau ausgesetzt war und ist. Diana de Solares (1952) greift auf Haushaltsgegenstände zurück, um einen eigenen Raum zu reklamieren und eine eigene Identität zu schaffen. Irene Torrebiarte (1970) behandelt in ihren Foto-Installationen das Thema Gewalt: Der menschliche Körper, voll von Wunden und Narben, wird zum Ausdruck sozialer Realität.

Regina Galindo (1974) ist eine der Künstlerinnen in der Region, die am radikalsten mit den Traditionen bricht, und eine der wenigen, die mit den Mitteln der *body art* arbeitet, das heißt ihren eigenen Körper als Kunstobjekt benutzt. In ihren *performances* unter freiem Himmel zelebriert sie den sexuellen Unterschied und behauptet ihre Andersartigkeit in Konfrontation mit der patriarchalen Gesellschaft und der katholischen Religion, für die der Körper ein "Behältnis der Göttlichkeit" (Fusco 1999: 95) ist. Genau aus diesem Grund wird er in der *performance art* in entheiligender Absicht benutzt. Moisés Barrios (1946), einer der vielseitigsten Künstler Guatemalas, arbeitet mit Installationen, Öl- und Mischtechniken. Eine seiner häufigsten

Ikonen ist die Banane als Symbol der kommerziellen Ausbeutung und Marginalisierung der so genannten Bananenrepubliken, die sich den großen multinationalen Firmen und dem von ihnen kontrollierten Markt unterwerfen müssen. Zu den dargestellten Objekten gehören auch Bilder von Puppen-Robotern, Uhren und Landschaften, in die er verschiedenartige Texte montiert, um auf vertraute wie fremde Kontexte anzuspielen.

In den Installationen von Aníbal López (1964) spielt die Fotografie eine herausragende Rolle; sie haben meistens einen direkten Bezug zum soziopolitischen Kontext Guatemalas. In seinen Darstellungen versucht er die chaotischen postkolonialen Bedingungen des Landes zu repräsentieren. In *performances* behandelt er brennende Probleme der gesellschaftspolitischen Aktualität Guatemalas wie zum Beispiel die Entführungen, um diese Form der Gewalt in Frage zu stellen, die in der Nachkriegszeit entstanden und mit illegalen Formen der Machtausübung verbunden ist.

Auch das Werk Pablo Sweezys (1959) zeichnet sich durch eigenwillige Ausdrucksformen aus. Er rekurriert auf Installationen, nicht konventionelle Formen der Bildhauerei und die Semiotik. Seine Kleidungsstücke, die er per Hand aus Papier fertigt oder aus wiederverwerteten und in Bildhauermaterial verwandelten Stoffen zusammenfügt, regen zu vielfältigen Assoziationen an und kritisieren die Ikonen der universellen Kunst wie die Oberflächlichkeit der Mode. Darío Escobar (1971) übt mit seinen *assemblages* und Installationen Kritik am Machtmissbrauch und setzt sich mit der dunklen Seite der Geschichte seines Landes auseinander. Er verwendet mit militärischen Auszeichnungen geschmückte Uniformen und lässt Gliedmaßen gleichsam militärisch aufmarschieren. Mit dieser Metasprache ersetzt er die traditionelle visuelle Erzähltechnik und fordert die politische Zensur heraus.

Auf dem Gebiet der Fotografie ragt in besonderer Weise Luis González Palma (1957) heraus, ein Künstler von großer internationaler Ausstrahlung. Seine Kunstwerke sind bearbeitete Fotos, auf denen er "subalterne" Gesichter von Indios mit denen von *criollos* konfrontiert. Durch diese Gegenüberstellung wird die Andersartigkeit der indigenen Gesichter rekonstruiert, die traditionell im ethnozentrischen okzidentalen Diskurs marginalisiert werden. Die Sepiafarbtöne, die ausgeprägten Kontraste von Licht und Schatten, der verborgene Dialog der Blicke und die führende Rolle der Frau akzentuieren den herausfordernden Charakter seines Werks.

Zusammen mit diesen nichttraditionellen Ausdrucksformen sind auch in der Malerei und der Bildhauerei neue künstlerische Tendenzen auszumachen. In diesem Kontext des Jahrtausendendes ist das Werk von Francisco

Auyón (1968) hervorzuheben, der mit den Mitteln der Malerei überraschende Installationen realisiert. Mit menschlichen Figuren und geschriebenen Texten schafft er erzählerische Sequenzen, in denen er die Entfremdung und die Einsamkeit in einem Klaustrophobie hervorrufenden Raum thematisiert. Das Werk von Alejandra Mastro Sesena (1951) ist in höchstem Maße inquisitiv, manchmal von gegenständlichem, manchmal von abstraktem Charakter, fast monochrom und voller Bilder, die auf die menschliche Natur anspielen. Es handelt sich nicht um Malerei im reinen Sinn, vielmehr arbeitet sie mit Collagen verschiedener Materialien wie Draht, Schnüren, Karton und Metall, um metaphorisch Isolierung und fehlende Kommunikation darzustellen.

Neben dieser Art von Malerei, die mit den Traditionen bricht und sich direkt auf die jüngere Geschichte des Landes bezieht, existiert eine Malerei, die enge Bindungen zum magischen Realismus hat, so zum Beispiel die Werke von Erwin Guillermo (1951) und Arturo Monroy (1959). Mit der überdimensionalen Darstellung von Bananen, Bohnen und Kaffeekörnern schafft Monroy eine symbolische Konfrontation zwischen den Bildern des Alltäglichen und den Ikonen der ökonomischen Macht.

Bei aller Vielfalt von künstlerischen Ausdrucksformen und Tendenzen, haben die Künstler in den letzten beiden Jahrzehnten doch im Allgemeinen die traditionellen Räume verlassen und sind auf Straßen und Plätze gegangen – insbesondere mit dem Festival "Octubreazul 2000". Mit dieser Art von partizipativer Kunst ist es ihnen gelungen, Diskussionsforen zu schaffen und die Vergangenheit mit der Gegenwart zu verbinden.

2. El Salvador

El Salvador ist das kleinste, am dichtesten besiedelte und einzige Land Zentralamerikas, das nicht an das Karibische Meer grenzt. Die ständigen Migrationsbewegungen sowohl aufgrund der räumlichen Enge als auch wegen der politischen Instabilität und die wiederholten Naturkatastrophen haben dazu geführt, dass El Salvador zur Zeit einen Prozess der ideologischen wie auch künstlerischen und kulturellen Neuorientierung erlebt. Seit der Unterzeichnung der Friedensverträge hat in der Kunst eine Periode der umfassenden Erneuerung begonnen, in Abgrenzung von der konservativen Malerei, die bis 1960 in der salvadorianischen Kunstszene vorherrschte. Mit der Eröffnung der "Galería Forma" im Jahr 1958 auf Initiative der renommierten Künstlerin Julia Díaz wurde den modernen Tendenzen der Weg bereitet; sie bestimmten die künstlerische Produktion der folgenden Jahrzehnte. Als Ergebnis dieser individuellen Bemühungen wurde 1983 ohne jegliche staatliche Unterstützung die "Fundación Julia Díaz" gegründet, und im selben Jahr wurde der "Museo Forma" eröffnet, der erste Ort, der für die zeitgenössische salvadorianische Kunst geschaffen wurde. Die aktuelle Situation ist durch eine Reihe pluralistischer Vorschläge und Positionen charakterisiert, die von jungen, in der Mehrheit in den sechziger und siebziger Jahren geborenen Künstlern ausgehen.

Ausnahmslos arbeiten diese Künstler sowohl mit Installationen und einer höchst innovativen Malerei als auch auf dem Gebiet der Fotografie und der Bildhauerei. Künstler wie Ronald Morán (1972) und Mayra Barraza (1966) realisieren bedeutende Installationen, in denen sie Elemente der Malerei, dreidimensionaler Werke und der Fotografie verwenden. Damit stellen sie Bezüge zur salvadorianischen Realität, zum Friedensprozess und zur Überbevölkerung her. Beide arbeiten mit der Technik der Objektkunst; Morán greift auf urchristliche Symbole wie den Fisch zurück, um zur Versöhnung aufzurufen. Marta Eugenia Valle (1962) verwendet sehr unterschiedliche Materialien und nutzt in ihren Installationen religiöse Motive und Volksikonen, um die Situation der Frau zu thematisieren. Die aus Ton geformten Skulpturen von Verónica Vides (1970) zeigen leidende Wesen und zeichnen sich durch einen sehr eigenen Expressionismus aus. Auch Guillermo Perdomo (1970) und Tití Escalante (1966) arbeiten mit dieser Technik. Auf dem Gebiet der Fotografie zeichnet sich in besonderer Weise das Werk von Luis Paredes (1966) aus, der als Kriegsberichterstatter mit Dokumentar- und Pressefotografie begann. Zur Zeit widmet er sich bearbeiteten und abstrakteren Fotografien in schwarz und weiß, auf denen er leere und öde Orte darstellt, die Assoziationen an den Krieg hervorrufen. Muriel Hasbún (1961) stellt mit Fotografien Familiengeschichten dar; dank dieser Technik realisiert sie überraschende Installationen, die die Rolle der Frau in der Geschichte und in ihrem soziokulturellen Kontext thematisieren und die Herrschaftsstrukturen von verschiedenen Blickwinkeln aus in Frage stellen.

Einer der facettenreichsten Künstler ist Walterio Iraheta (1968). Zu seinen Werken gehören Zeichnungen, Gemälde, Appropriationen und *assemblages*. Seine Collagen aus anatomischen Zeichnungen, alten Fotografien und Buchseiten, die auf die Leinwand genäht oder aufgeklebt sind, thematisieren das Verdrängen und das Vergessen und konfrontieren den Betrachter mit einer fragmentierten und enthumanisierten Welt. Einfarbiger Hintergrund, sepiafarbene Flecken, Risse und Nähte verstärken den mit den Traditionen brechenden Charakter seines Werks. José Alfredo Rodríguez (1971) schafft durchlöcherte und verunstaltete Bilder, in denen er unter Verwendung von Rohmaterialien die verwundbare und gemarterte salvadorianische Gesellschaft darstellt. Auch Orlando Cuadra (1954) verweist in seinen traditionelle Formen sprengenden Arbeiten auf vergessene Piktographien und thematisiert die Landflucht und das Problem der in den militärischen Auseinandersetzungen Verschwundenen. Rodolfo Molina (1959) und Juan Carlos Rivas (1964) arbeiten ebenfalls mit Mitteln des Informalismus und stark texturierten Oberflächen; in ihren Werken stellen sie die beunruhigende Nachkriegsatmosphäre dar. Im Allgemeinen üben alle diese Künstler mit den Mitteln der Objektmalerei scharfe Kritik an der Gewalt und am Militarismus.

Nach den Verheerungen von zwölf Jahren Krieg können die neunziger Jahre als eine Dekade der Neuorientierung betrachtet werden. Im Unterschied zu den anderen Ländern auf dem Isthmus haben sich die Künstler in El Salvador nicht in Gruppen zusammengeschlossen, sondern manifestieren sich individuell. Dennoch sind bedeutende Beiträge entstanden, die mit dem Überkommenen brechen.

3. Honduras

Die Präsenz von Honduras als wichtiges kulturelles Zentrum in der Region ist sehr jung. Obwohl die Bewegungen der künstlerischen Moderne erst 1940 aufkamen, war bereits mit der Gründung der *Escuela Nacional de Bellas Artes* im Jahr 1920 und der Rückkehr vieler Künstler, die in Europa studiert hatten, eine "nationale" Kunst entstanden. Die internationale Bekanntheit, die dann die naive Malerei von José Antonio Velázquez (1906-1983) erlangte, ließ zumindest einen partiellen Blick auf die honduranische Kunst zu. Während sich in den achtziger Jahren der magische Realismus als Erneuerungstendenz manifestiert, steht die Dekade der Neunziger im Zeichen einer höchst pluralen und innovativen Kunst, wozu in hohem Maße der demokratische Prozess beiträgt, der mit dem Ende der bewaffneten Konflikte beginnt.

Die Künstler, die seit 1990 herausragen, sind äußerst vielseitig und verwenden unterschiedliche Ausdrucksformen: Installationen, Malerei, Skulpturen, Fotografien und *performances*. Das trifft auf Xenia Mejía (1958) zu, die ausgehend von ihren fotografischen Arbeiten überraschende Installationen realisiert, in die sie dokumentarische Tonbandaufnahmen montiert, um die häusliche Gewalt zu denunzieren. In anderen Arbeiten stellt sie eine anthropologische Beziehung zwischen Kunst, Technologie und prähispanischen Kulturen her, um deren Inbesitznahme durch die herrschenden Gruppen zu zeigen. Regina Aguilar (1954), eine der honduranischen Künstlerinnen mit der größten internationalen Ausstrahlung, arbeitet sowohl mit Skulpturen und hier vor allem mit Installationen als auch mit *assemblages*, um die von der Technologie hervorgerufene Vermassung wie zum Beispiel das Klonen zu thematisieren. Mit einer ausgeklügelten Inszenierung, bei der sie Puppenköpfe verwendet, spielt sie auf die Veränderung der Rolle der Frau, auf das Trauma der Auflösung traditioneller Rollen und den Verlust der Identität an. Auch Víctor López (1946) behandelt in seinen bearbeiteten Röntgenaufnahmen das Thema der Andersartigkeit und setzt sich in wirkungsvollen Installationen mit der Gewalt auseinander. Santos Arzú-Quioto (1963) bedient sich der abstrakten Malerei, der Collage und der Installationen, um ein multikulturelles und entkolonialisiertes ästhetisches Projekt jenseits des traditionellen Diskurses zu formulieren. In diesem Panorama der aktuellen honduranischen Kunst ragt in besonderer Weise MUA *(Mujeres en las Artes)* hervor, eine 1995 gegründete Stiftung, deren Ziel es ist, alternative Ausdrucksmöglichkeiten für Künstlerinnen zu suchen und einen kulturellen Raum zu schaffen, in dem deren Werke gebührende Wertschätzung finden.

Eines der innovativsten Projekte in der gegenwärtigen Phase ist ohne Zweifel der "Proyecto Artería, Espacios Emergentes para el Arte Contemporáneo", der 1999 mit dem Ziel gegründet wurde, den künstlerischen Austausch, Produktion und Promotion zu verbinden. Die Gruppe von Künstlern, die sich in diesem Projekt zusammengefunden hat, ist mit dem CAV (Centro de Artes Visuales Contemporáneo) und MUA verbunden. In diesem Fall kann wirklich von junger Kunst gesprochen werden: Es sind ausnahmslos Künstler, die jünger als dreißig Jahre sind und die in höchstem Maße mit den Traditionen brechen. Dazu gehören: Johanna Montero (1980), Alejandro Durón (1978), Fernando Cortés (1978), Adán Vallecillo (1977), Ernesto Rodezno (1980), Byron Mejía (1978) und Leonardo González (1981). Eines ihrer Hauptziele ist, den neu entstehenden Generationen von Künstlern eine theoretische und technische Basis zu bieten, damit sie ihre schöpferischen Fähigkeiten entwickeln können, wobei sie den genannten integralen Ansatz verfolgen. Installationen, *object art*, malerische Mischtechniken, Fotografien und *performances* bestimmen den persönlichen Stil eines jeden von ihnen. Sie alle präsentieren innovative Vorschläge, mit denen sie eine Verbindung von Kunst und Leben im Stile von Marcel Duchamp und Joseph Beuys herzustellen versuchen. Sie treten in direkten Dialog mit dem Publikum und stellen die Gesetze des Marktes in Frage.

Neben diesen vielfältigen künstlerischen Ausdrucksformen existieren auch noch andere Neuerungstendenzen in der Bildhauerei, der Malerei und

der Fotografie. Bemerkenswert sind die neoexpressionistischen Bronzesta-
tuen von Jesús Zelaya (1954) und die Skulpturen von Mario Cueva (1965),
Produkte eines multikulturellen, globalisierten und vielfältigen Kontextes.
Unter den mit der Staffelei arbeitenden Malern ragen Armando Lara (1959)
und Guillermo Mahchi (1953) heraus. Lara bewegt sich auf den Spuren des
Appropriationismus, resemantisiert den klassischen Akt und verbindet die
akademische Tradition mit dem Postmodernen. Mahchi verwandelt die Bild-
oberfläche in eine neue räumliche Kartographie, indem er das Abstrakte mit
dem Gegenständlichen und die Linienzeichnung mit der Farbe verbindet.
Die Fotografie widmet sich unterschiedlichen Thematiken, die von der ländlichen und städtischen Vorstellungswelt bis zur häuslichen Gewalt, Gen-
derproblematik und Themen des Alltags reichen. Sowohl Elman Padilla
(1958) als auch Max Hernández (1958) benutzen die Fotografie als konzep-
tuellen Raum, um die Realität in Frage zu stellen und Bedeutungszusam-
menhänge zu dekonstruieren. Dagegen verfolgt Patricia Cervantes (1953) ein
Konzept der direkten Fotografie; mit ihren Porträts von Frauen auf dem
Land dokumentiert sie einen soziokulturellen Raum, der im Allgemeinen
ignoriert wird.

Zusammenfassend ist festzustellen, dass die honduranische Kunst die
traditionelle historische Erzählweise hinter sich gelassen und sich einen eigenen Raum geschaffen hat. Ohne Furcht wurden neue Ideen verwirklicht,
und die jungen Künstlergruppen "Artería, Espacios Emergentes para el Arte
Contemporáneo" und "Mujeres en las Artes" haben dazu beigetragen, ein
günstiges Klima für multidisziplinäre und universelle künstlerische Experimente zu schaffen.

4. Belize

Belize, bis in unsere Tage die große Unbekannte und aus dem kulturellen
Kontext des zentralamerikanischen Isthmus ausgeschlossen, verfügt über
eine sehr junge künstlerische Produktion. Unter dem Namen Britisch-Hon-
duras gehörte es seit 1862 als Kolonie zum Vereinigten Königreich und erlangte erst 1981 seine Unabhängigkeit. Mit dem Rest der Region teilt es das
Erbe der Maya und mit der Karibik den multiethnischen, multikulturellen
und mehrsprachigen Charakter. Im Unterschied zum Rest der Länder des
Isthmus ist seine Geschichte frei von Gewalt und Diktaturen. Obwohl der
kulturelle Einfluss der Briten der dominierende war und ist, existieren unterschiedliche Kulturen, Religionen, Sprachen und Ethnien nebeneinander.

In seinen künstlerischen Manifestationen, die so jung sind wie seine Un-abhängigkeit, gibt es vor allem drei bedeutende Einflüsse: die Inseln der Karibik, Zentralamerika und die Vereinigten Staaten. In den neunziger Jahren ragen verschiedene Gruppen von jungen Künstlern heraus. 1995 wird "The Image Factory" gegründet, eine gemeinnützige Institution, die sich der Förderung der belizischen Kultur und der zeitgenössischen Kunst widmet. Sie organisiert Ausstellungen in den Bereichen Kunst, Sozialgeschichte, Archäologie und Anthropologie. Außerdem gibt sie die regelmäßige Kultur-beilage *INTRANSIT* heraus und begleitet jede Ausstellung mit einem Katalog zu Künstler(n) und Werk(en). Die Ausdrucksformen der ausstellenden Künstler haben vielfältigen und pluralen Charakter; sie vereinen Malerei, Bildhauerei, Installationen und *performances*, gegenständliche und abstrakte Kunst in ihren Werken. Die Mehrheit von ihnen hat in den Vereinigten Staaten studiert und ist mit der künstlerischen Sprache des *main stream* vertraut.

Santiago Cal (1973) arbeitet mit Skulpturen, in denen er das Konzeptuel-le mit dem Realistischen verbindet. Für seine Installationen benutzt er ver-schiedene Materialien, wie Holz und Gipsformen; mittels Köpfen, auf denen große Wolken lasten, stellt er die Kraft der Gedanken und die Stärke von Ideen dar. Damián Perdomo (1976) ist Bildhauer und Objektkünstler, der aus Abfall und Fundstücken Skulpturen und Zauberkästen herstellt. Damit gelin-gen ihm schöne Kunstwerke ausgehend von wenig konventionellen Materia-lien. Die Installationen von Gilvano Swasey (1975) zeichnen sich durch eine Präsenz der Technologie aus. Mit digitalen Bildern und Metallkästen spielt er ironisch auf die Wegwerf- und Konsumkultur an. Er verwendet auch zu-sammengefügte Objekte, um Kritik an den sozialen Zuständen zu üben, und als Maler ist er ein beachtenswerter Realist. Auf dem Gebiet der *land art* sind insbesondere die Arbeiten von Luis Ruíz (1967) in Benque Viejo del Carmen zu nennen. Der vielseitigste dieser Generation von jungen Künstlern ist allerdings Yasser Musa (1970), Dichter, Maler, Bildhauer, Kunsthistori-ker, Fotograf und Direktor der "Image Factory". Seine Kunst entwickelt sich aus dem Zusammenspiel der unterschiedlichsten Tendenzen: Realismus, abstrakter Expressionismus und Informalismus sowie – immer auf der Suche nach neuen Darstellungsformen – der *land art*. Seine Konzeptarbeiten sind höchst bemerkenswert. In ihnen arbeitet er mit der globalisierten Ikone CNN und digitalen Bildern vom "Banana Boy", einer kunsthandwerklichen Puppe, die er in verschiedenen Installationen und in den unterschiedlichsten Um-gebungen fotografiert: in einer Weihnachtskrippe, zwischen Fossilien und

Außerirdischen, im Garten der Vereinten Nationen und im "Heian Shrine" von Kyoto.

In diesem multikulturellen Panorama sind auch die folgenden Künstler anzusiedeln: Michael Gordon (1963) mit seinen neoexpressionistischen Gemälden, in denen er die Physiognomie des menschlichen Gesichts chiffriert, Sergio Hoare (1975) mit seinen neorealistischen Werken und Sandra March (1952) mit ihrem revolutionären naiven Stil, der mit den etablierten Mustern der kolonialen Elite bricht. Der Bildhauer Alfonso Gálvez (1969) arbeitet hauptsächlich mit Holz. Aber obwohl er ein so traditionelles Medium verwendet, ist sein Stil nicht konventionell, sondern Träger neuer Formen und Bedeutungen. George Gabb (1935), Pionier und Erneuerer, verwendet für seine Skulpturen und Konstruktionen ebenfalls Holz. Auf dem Gebiet der Fotografie ist Jeannie Shaw (1976) zu nennen, deren Arbeiten sich durch eine subtile Manipulation der Bilder auszeichnen. Sie arbeitet mit übereinander fotografierten Diapositiven, in denen sie archäologische Motive aus der Tradition der Maya-Kultur mit Selbstporträts mischt.

Dieses künstlerische und kulturelle Panorama bliebe unvollständig, wenn der entscheidende Einfluss des katalanischen Künstlers Joan Durán (1947) nicht erwähnt würde. Er lebt seit 1972 in Belize und ist als Initiator der "Image Factory" und Kurator der Ausstellung "Zero", mit der die erste Exposition belizischer Kunst in der karibischen Inselwelt realisiert wurde, unbestritten eine führende Figur in der Kunstszene. Er ist als Informeller und als Objektmaler sowie mit seinen Installationen, Videos und Fotomontagen ein international anerkannter Künstler. In seinen Werken ist er auf der Suche nach einem ganzheitlichen Humanismus. Seine Kunst reklamiert den künstlerischen Wert jedweden Mediums und lehnt sich gegen konventionelle Bilder auf.

Die Existenz einer so innovativen Kunstszene ist überraschend, vor allem wenn man bedenkt, dass noch 1960 – als in ganz Zentralamerika die künstlerische Avantgarde auf ihrem Höhepunkt war – die Kolonialhierarchie Belize die europäischen Modelle aufzwang und die Künstler gering schätzte, die aus den konventionellen Mustern ausbrachen. Obwohl Belize immer für "a nation in the making" gehalten wird, ist seine kulturelle Entwicklung in keiner Weise weniger bedeutend als die der Nachbarländer.

5. Nicaragua

Seit der Mitte des 19. Jahrhunderts ist Nicaragua trotz des bis vor kurzem hartnäckig weiterbestehenden Mythos von dem Land als einer Republik der

Dichter in der Kunstszene auf dem Kontinent präsent. Die Kunst der letzten beiden Jahrzehnte ist nicht nur im postmodernen Kontext anzusiedeln, sondern auch als Reaktion auf die historischen Krisen des Landes. Die achtziger Jahre wurden von der sandinistischen Revolution bestimmt, die im Juli 1979 siegte. Im August desselben Jahres wurde das Kulturministerium gegründet und mit einem Programm der Bewahrung und Verbreitung des kulturellen Erbes begonnen. Trotz der konfliktgeladenen politischen Situation und der asymmetrischen Konfrontation mit den USA sowie einer durch die bewaffneten Konflikte geschwächten Ökonomie gedieh eine multikulturelle und pluralistische künstlerische Entwicklung, aus der die jungen Generationen der Gegenwart hervorgingen. In dieser Periode erlangen die Frauen eine besondere Bedeutung; in einer vom patriarchalen System beherrschten Gesellschaft verschaffen sie sich ihren Platz in der künstlerischen Szene.

Im Rahmen dieser pluralistischen Entwicklung entstehen in den achtziger Jahren die ersten Installationen, Konstruktionen aus Fundstücken und Alltagsgegenständen und Skulpturen aus ungewöhnlichen Materialien. Unter den nichtgegenständlichen Künstlern ragt das Werk von Denis Nuñez (1954) heraus, der sich anfangs dem Informalismus bzw. der Objektkunst und dann einer Aktionsmalerei verschreibt, die voller spielerischer und fantastischer Elemente ist. Ernesto Cuadra (1951) ist Gestalt-Maler, arbeitet mit Installationen und *performances*, in denen er einen Dialog zwischen der Sprache der Körperbewegungen, der malerischen Aktion und dem Körper als Skulptur realisiert. David Ocón (1949) beginnt zwar als metaphysischer Maler, wendet sich dann jedoch dem Appropriationismus zu und benutzt Ikonografien aus der Geschichte und der Volkskultur, um mit einer Sprache des Neopop eine von der Elite gering geschätzte Kunst zu schaffen. Er stellt auch konstruktivistische Skulpturen aus nichttraditionellen Materialien her, um neue Kommunikationsstrategien zu entwickeln. Luis Morales (1960) hat sich ebenfalls von konventionellen Techniken losgesagt und verwendet Metallplatten, aus denen er Skulpturen und zweidimensionale Werke herstellt. Er benutzt eine Zeichensprache aus präkolumbischen Elementen. In seinen Installationen kombiniert er Skulpturen, Zeichnungen, Gemälde und Fotos, um unterschiedliche historische und kulturelle Kontexte darzustellen.

Die Produktion dieser Künstler schließt einen fließenden Zeitbegriff ein, bei der es schwierig ist, zwischen dem Früher und dem Jetzt zu unterscheiden; außerdem verschreiben sie sich keinem definitiven Stil, vielmehr reichen ihre künstlerischen Praktiken von traditionellen bis zu den heterogensten Elementen. Neben diesen individuellen innovativen Beiträgen gibt es auch kollektive Ansätze wie die Gruppe "Artefacto", die 1992 gegründet wurde. Sie verfügt zwar nicht über ein ideologisches Manifest, plädiert aber für eine experimentelle Kunst, widersetzt sich der Förderung einer gefälligen Kunst und ist Fürsprecher einer künstlerischen Produktion außerhalb der Galerien. Diesem Kollektiv und der gleichnamigen Zeitschrift gehören David Ocón, Denis Nuñez, Raúl Quintanilla, Aparicio Arthola, Patricia Belli und Teresa Codina an. Aparicio Arthola (1951) ist ein neoexpressionistischer Maler und Bildhauer; sein Werk ist von Dramatik und einer nichtkonventionellen Ästhetik gekennzeichnet. Die vielseitigste Künstlerin dieser Gruppe ist Patricia Belli (1964): Sie ist Malerin und Bildhauerin, realisiert *assemblages* und Installationen und stützt sich auf konzeptuelles Experimentieren und die Verwendung von Textilien als Bildhauermaterial. Mit ihren Mischtechniken und Installationen schafft sie einen neuen plastischen Diskurs, wobei sie auf nichttraditionelle Materialien wie genähte Stoffe, Dornen und Kleidungsstücke zurückgreift. Ihre Installationen bestehen aus Stoffpuppen, Schnüren und Riemen und stellen eine ironische Kritik am Machtmissbrauch und der Instrumentalisierung des Menschen dar.

Im Kontext der Neoavantgarde ist die Präsenz der Frauen weiterhin von großer Bedeutung. Patricia Villalobos (1965) behandelt in ihrem Werk das Thema der Transkulturation, wobei sie auf ihre eigene Situation als in den Vereinigten Staaten Wohnende und in zwei Sprachen Lebende anspielt. In ihren Grafiken, Gemälden, Fotos und Videoinstallationen dient ihr der eigene fragmentierte und in Einzelteile zerlegte Körper als Epizentrum der Suche nach Identität. Cristina Cuadra (1966) vereint in ihren Metallskulpturen, Objekten und *performances* unter freiem Himmel ebenfalls verschiedene Stile; sie realisiert eine Art von kollektiver sozialer Skulptur, indem sie die Betrachter mit einbezieht. In María Gallos (1954) Gemälden dominiert das Frauenthema, und in ihren Holzstichen, die sie mit Collagen aus Zellophanpapier mischt, verwendet sie einfache und nichttraditionelle Materialien. Sie realisiert auch Installationen, in denen sie das Thema der Gewalt in der Gesellschaft behandelt. Zu den jüngsten Künstlern gehören Bayardo Blandino (1969), nicaraguanischer Maler und Installationskünstler, der in Honduras wohnt, und auf die prähispanische Vergangenheit, das reiche Erbe der Maya und die Vermischung der Kulturen Bezug nimmt. Seine fragmentierten Räume spielen auf die Spaltung der Gesellschaft und Prozesse der Transterritorialisierung an. Auch das Werk des Neoinformalisten Rodrigo González (1965) ist hervorzuheben, der mit seiner Objektmalerei innovatorische Werke schafft. Dagegen verwendet Javier Valle (1973) traditionellere Ausdrucksformen, die eine gewisse Nähe zum Expressionismus haben. Alicia Zamora (1978) arbeitet mit Grafik; insbesondere ihre Holzstiche haben einen stark neoexpressionistischen Einschlag.

Die Fotografie erfährt ihre bedeutendste Entwicklung in den achtziger Jahren im Rahmen des revolutionären Projekts, das sich der kommunikativen Wirkung von Fotos sehr bewusst war. Dokumentar- und Pressefotografie erleben einen ungeheuren Aufschwung. Es sind mehrheitlich Frauen, die sich auf diesem Gebiet einen Namen machen. Zu ihnen gehören Margarita Montealegre (1956), deren Werk starke Verbindungen zur Pressefotografie aufweist, und Celeste González (1954), die mit experimenteller Fotografie arbeitet. In besonderer Weise heben sich María José Alvarez (1955) und Claudia Gordillo (1954) hervor, die in ihren Fotografien ein wahres Werk der anthropologischen, künstlerischen und kulturellen Bewahrung der nicaraguanischen Karibikküste verwirklichen. Die verschiedenen Ethnien – Miskitos, Mayanganas, Ramas, Garifunas, *creoles* und Mestizen – sind als Teil der nicaraguanischen Identität präsent und damit die subalternen Gruppen, die vom kolonialen Diskurs traditionell ignoriert und an den Rand gedrängt wurden.

Wenn im Unterschied zu Honduras und Belize die Vertreter einer experimentellen Kunst in Nicaragua zwischen dreißig und vierzig Jahren alt sind, so kann, was ihre Werke angeht, doch von einer "jungen alternativen Kunst" gesprochen werden. Diese Künstler verwenden zwar auch konventionelle Medien oder dokumentieren die Realität, aber gleichzeitig bearbeiten und verändern sie Objekte, realisieren Installationen und *performances*, welche die kulturelle Diversität zum Ausdruck bringen; damit konstruieren und dekonstruieren sie Identitäten.

6. Costa Rica

Costa Rica verfügt mit der 1897 gegründeten Schule der Schönen Künste über eine der ältesten *Escuelas de Bellas Artes*. Dies mag der Grund dafür sein, dass bis 1958, als zum ersten Mal Ausstellungen abstrakter Kunst organisiert wurden, die akademische Malerei dominierte. Im Jahr 1961 wurden zeitgenössische künstlerische Ausdrucksformen im Land bekannt, woran der "Grupo Ocho" entscheidenden Anteil hatte. In den siebziger Jahren kam es auf dem Höhepunkt der Entwicklung des *Mercado Común Centroamericano* (Gemeinsamee Zentralamerikanischer Markt) allerdings zu bedeutenden Veränderungen. Das Ministerium für Kultur, Jugend und Sport wurde geschaffen und 1978 schließlich das *Museo de Arte Costarricense* gegründet.

In den achtziger Jahren macht die costa-ricanische Kunst mit der Einweihung der "Galería Nacional de Arte Contemporáneo" und der Bildung des "Grupo Bocaracá" einen großen Sprung nach vorne; es etabliert sich ein neues ästhetisches Denken.

Ursprünglich ging es der Gruppe darum, gemeinsam auszustellen. Dabei behielt jeder Künstler seine Individualität, ohne dass sich die Gruppe auflöste. Der Gruppe schlossen sich folgende Künstlerinnen und Künstler an: Ana Isabel Martén (1961), Roberto Lizano (1951), Fabio Herrera (1954), Luis Chacón (1953), Pedro Arrieta (1954), José Miguel Rojas (1959), Florencia Urbina (1964), Rafael Ottón Solís (1946), Mario Maffiloi (1960) und Leonel González (1962). Ihre gemeinsame Charakteristik sind die intensive Farbgebung und ein innovativer Anspruch. Einige tendieren mehr zur Abstraktion und zum Neoexpressionismus – wie Rojas, Martén, Herrera, Maffioli und Chacón –, andere zum Neopop – wie Urbina und González –, Neuinterpretationen der *Arte Povera*, wobei sie Schuhkartons verwenden – wie Lizano –, und Installationen mit sozialer bzw. religiöser Tendenz – wie Ottón Solís. Parallel zu dieser Gruppe entwickelten sich die Arbeiten anderer Künstler wie Otto Apuy (1949), der Installationen, Gemälde und Zeichnungen schafft, Gioconda Rojas (1967), die mit inneren Räumen arbeitet und grafisches Design mit der Malerei verbindet, und das außergewöhnliche Werk von Marisel Jiménez (1947), die Installationen realisiert, für die sie verschiedene Arten von Materialien jenseits traditioneller Muster verwendet und in denen sie die Gewalt und den Machtmissbrauch in Frage stellt.

Die neunziger Jahre sind durch das Bemühen um Erneuerung und die Ausstrahlung der costa-ricanischen Kunst auf regionaler wie internationaler Ebene gekennzeichnet. Ein für diese internationale Wahrnehmung entscheidender Faktor war die Schaffung des *Museo de Arte y Diseño Contemporáneo* im Jahr 1994. Seine Ausstellungen präsentieren nicht nur costa-ricanische Kunst, sondern schließen die verschiedenen Länder des Isthmus und der Karibik ein. Eine besonders große Bedeutung kam der von Virginia Pérez-Rattón organisierten Ausstellung "Mesótica II, Centroamérica: regeneración" (Kurator: Rolando Castellón) im Jahre 1996 zu, die auch in verschiedenen Städten Europas gezeigt wurde. Sie umfasste Gemälde, Skulpturen, Fotografien, Installationen und Videos, die vielfältige Tendenzen repräsentierten. Der veränderte künstlerische Diskurs brachte eine neue ästhetische Haltung mit sich, die in der Kunst des letzten Jahrzehnts entscheidend wird; die Künstler vertreten eine Kunst, die sich einmischt. Künstlerinnen eröffnen sich neue Räume. Hervorzuheben ist das Werk von Sila

Chanto (1969), die Grafik mit Fotos mischt und monumentale, von anonymen Massen bevölkerte Installationen schafft, um die gesellschaftlichen
Konventionen zu entmythologisieren und die Doppelmoral sowie die herab-
setzende Behandlung der Frau zu denunzieren. Auch Cecilia Paredes (1950)
arbeitet mit Installationen, in denen sie gefundene Objekte bearbeitet, um
einen neuen ästhetischen Diskurs zu schaffen. Nadia Mendoza (1978) kritisiert in ihren auf Appropriation basierenden Arbeiten mit subtiler Ironie die
Rituale der Macht. Das Werk von Emilia Villegas (1967) zeichnet sich durch
eine expressionistische Sprache aus; mit ihren Darstellungen des entstellten
und in Einzelteile zerlegten menschlichen Körpers beansprucht sie einen
eigenen Raum und behandelt das Thema der Marginalisierung und der Sub-
alternität.

Andrés Carranza (1975) setzt sich in seinem Werk mit den Problemen
der postmodernen Welt – den Folgen der Globalisierung, der sozialen Spaltung und den Epidemien – auseinander, wie zum Beispiel in seinen Gemälden in Acryltechnik zum Thema HIV, in denen er mit überdimensionalen
Kopien des Virus arbeitet. Was auf den ersten Blick wie eine simple Strich-
zeichnung aussieht, birgt die Darstellung einer schrecklichen Krankheit.
Jorge Albán (1967), Jaime Tischler (1960), Lucía Madriz (1973) und Karla
Solano (1971) bewegen sich mit großer Kunstfertigkeit auf dem Gebiet der
Fotografie. Insbesondere arbeiten sie mit künstlerisch bearbeiteten Fotos, in
denen sie zum Beispiel die Umweltzerstörung, das Chaos der großen Städte,
die *Gender*-Problematik und die kulturelle Vermischung, die Migrationsbewegungen und die Konstruktionen neuer Identitäten thematisieren. Andere
Künstler, wie Manuel Zumbado (1964), arbeiten mit Video-Installationen als
wirksamer Form der Kommunikation und stellen so eine Verbindung zwischen der Kunst und der Hochtechnologie her.

In der Bildhauerei verfügt Costa Rica über eine reiche Tradition. Seit
1993 fanden vier Biennalen statt. Zu den wichtigsten Künstlern gehören
Donald Jiménez Mora (1961) und Patricia Sánchez (1966), die Installationen
realisieren und für ihre Skulpturen verschiedene Materialen verwenden. Zu
den innovativsten Künstlern gehören Leda Astorga (1954), die mit ihren
monumentalen, überdimensionalen Figuren aus dem traditionellen Kanon
ausbricht, bestehende Mythen und Tabus in Frage stellt und falsche Werte
entlarvt. Federico Herrero (1978) kombiniert Installationen mit Malerei,
Bildhauerei und Objektkunst zur Präsentation seines neuen ästhetischen Diskurses, wobei er auf jegliches Anknüpfen an Traditionen verzichtet. Schließlich muss das Werk von Priscilla Monge (1968) hervorgehoben werden, die

über hohe internationale Anerkennung verfügt. Diese sehr facettenreiche Künstlerin begann als Malerin und wandte sich dann der Fotografie, den Videos, den *assemblages*, den Installationen und *performances* zu. Zu ihren Themen gehören die Anklage der häuslichen Gewalt, der Herrschaft des Mannes und der jahrhundertelangen Benachteiligung der Frau. Mit Humor und Ironie entheiligt sie alte Tabus und überschreitet die Grenzen der traditionellen Darstellungsformen.

Costa Rica verfügt heute über verschiedene Museen, die bedeutende Werkschauen der zeitgenössischen Kunst fördern und präsentieren. Die Tatsache, dass es in sozialer und wirtschaftlicher Hinsicht das stabilste Land der Region ist, stellt einen großen Vorteil für die Entfaltung eines künstlerischen Entwicklungsprozesses dar, der die nationalen Grenzen längst hinter sich gelassen hat.

7. Panama

Panama galt aufgrund seiner geografischen Position immer als Transitzone und wurde wegen seiner politischen und wirtschaftlichen Schwankungen und der vielen Migrationsbewegungen als "den Unbilden der Witterung ausgesetzte Nation" (Samos 2001: 21) angesehen. Bis Ende des 20. Jahrhunderts rang das Land um seine kulturelle Unabhängigkeit. Der Kanal ist Ursache seines Aufstiegs wie seiner Tragödie, denn er ist der Grund dafür, dass Panama bis 1999 dem Kolonialismus der Vereinigten Staaten unterworfen war. Ungeachtet der andauernden Präsenz der US-Militärs in der Kanalzone wurden jedoch in den siebziger Jahren die ersten Kunstgalerien eröffnet, die Werke der bedeutendsten Tendenzen wie des Minimalismus, der Pop-Art und der Konzeptkunst versammelten. Auch im folgenden Jahrzehnt ließ diese Aktivität nicht nach, vielmehr entstand trotz des diktatorischen Regimes Noriegas ein beachtenswerter Kunstmarkt, gefördert von Banken und Privatunternehmen (Kupfer 1996: 77).

In den neunziger Jahren bildet sich ein klareres Panorama heraus: es entstehen kühne experimentelle Werke, die die so genannte Staffelei-Malerei herausfordern. Für diesen ästhetischen Wandel war die erste Kunstbiennale im Jahr 1992 entscheidend, die es jungen Künstlern erlaubte, sich zu etablieren. Humberto Vélez (1965), der Installationen mit Konsumartikeln realisiert und auch mit Videoinstallationen arbeitet, stellt die traditionellen Medien in Frage. Als Vertreter des Neokonzeptualismus entzieht sich Vélez aufgrund des vielseitigen Charakters seines Werkes und seiner gewagten Adaptationen der Ikonen panamaischer Volkskunst jeglicher Klassifizierung. Als Folge der ständigen Migrationsbewegungen haben sich Künstler aus anderen Ländern in Panama niedergelassen. Unter ihnen ragt Fernando Toledo (1962) mit seinen beachtenswerten Installationen heraus, in denen verschiedene Ausdrucksmittel zusammenfließen: von überdimensionalen Zeichnungen bis zu Plastikbeuteln für intravenöse Transfusion, die mit Wasser gefüllt sind. Seine Themen beziehen sich auf die Umweltverschmutzung und die gesellschaftliche Korruption. Leszlie Milson (1958) und Donna Colon (1966) gehören ebenfalls zu der Gruppe in Panama lebender Künstler, deren Werk auf kontinentaler Ebene Anerkennung gefunden hat. Beide bewegen sich zwischen *assemblages*, Installationen und der Bildhauerei, und ihre ästhetischen Konzeptionen schließen die Verwendung neuartiger, nichtherkömmlicher Materialien ein. Auch Emilio Torres (1944) arbeitet mit Installationen. Seine "Inszenierungen" haben Beziehungen zur Konzeptkunst und zur Bühnenmalerei.

Innerhalb dieses facettenreichen Spektrums arbeitet Iraida Icaza (1952) erfolgreich mit Fotografien, *assemblages* und Installationen. Für ihre Kunstfotos von Pflanzen, Insekten, Schnecken und anderen Elementen aus den Tiefen der Meere verwendet sie komplizierte Arrangements: So benutzt sie Spiegel, um Bilder zu multiplizieren, und Glashauben zur Aufbewahrung der Naturelemente. Indem sie so naturwissenschaftliche Verfahren in Kunst verwandelt, schafft sie eine Atmosphäre der Verzauberung. Isabel de Obaldía (1957), die wie Icaza international angesehen ist, schafft Glasskulpturen, mit denen sie die vielfältigen Ausdrucksmöglichkeiten des menschlichen Körpers, die komplexe weibliche Psychologie und die Zerbrechlichkeit der Dinge erkundet.

Zwar existieren neben der Malerei auch andere Ausdrucksformen. Allerdings ragen die Gemälde von Victoria Suescum (1961) heraus, die eine weibliche Ikonografie präsentieren: Die Frau spielt in ihnen eine Protagonistenrolle, und die Bilder werden von doppeldeutigen Wortspielen begleitet, einer Art von explikativem Prä-Text. Roosevelt Díaz (1963) vertritt ein Konzept von Malerei, das größere Nähe zum abstrakten Expressionismus aufweist, er verwendet *drippings* und grobe Texturen, die Landschaften von tellurischer Kraft darstellen. Braulio Matos (1968) präsentiert in seinen Kompositionen, die zwischen dem Surrealistischen und dem Abstrakten oszillieren und von fantastischen Wesen bevölkert sind, die sich auf leuchtenden Farbfeldern bewegen, eine sehr eigene Vision der Natur. Eric Fajardo (1959) arbeitet mit innovativen Appropriationen und verbindet in ihnen die Sprache mit dem Bild. Virgilio Esquina (1976), einer der jüngsten und vielversprechendsten Künstler, rekurriert auf afrikanische und afrokaribische Bilderwelten, aus denen die "cultura conga" hervorgegangen ist, die er in seinen Bildern zu bewahren sucht.

Auf dem Gebiet der Fotografie ist eine Gruppe von Künstlern hervorzuheben, deren Werke sich von denen Iraida Icazas unterscheiden und die sich der Suche nach einer neuen künstlerischen Sprache verschrieben haben. Zu dieser Gruppe gehören Anselmo Mantovani (1951), Ramón Zafrani (1973) und José Antonio Arjona (1963). Sie arbeiten mit Konstruktionen von Formen und Figuren, für die sie Lichteffekte, Texturen und historische Bezüge verwenden. Von besonderer Bedeutung ist das Werk von Sandra Eleta (1942), einer Künstlerin, die seit den siebziger Jahren internationalen Ruf genießt. In ihren Fotos nimmt sie sich besonders der Bewohner von Portobelo an der panamaischen Karibikküste an. Sie bildet die Beziehung zwischen den Menschen und der Natur ab und registriert mit unbestechlicher technischer Qualität die Realität. Zusammen mit dem bildenden Künstler Brooke Alfaro (1949) realisiert sie auch fotografische Installationen, die sich auf den antiken Kern von Panama-Stadt konzentrieren und in die sie Texte und Videos montiert. Geprägt von einer postmodernen Ästhetik stellt Gustavo Araujo (1965) die Natur des Realen dar und schafft sich eine eigene Welt mit fotografischen Sequenzen, die enge Bezüge zur Erzähltechnik des Kinos und von Reklametafeln haben.

In der aktuellen Situation ist die panamaische Kunst von verschiedenen Sprachen und Ausdrucksformen geprägt, die Zeugnis von seiner großen ethnischen und kulturellen Vielfalt ablegen. Die Prozesse der Transterritorialisierung haben einen erneuernden Einfluss auf die panamaische Kunst und tragen dazu bei, eine plurale Identität zu konstruieren.

8. Abschließende Bemerkungen

Im Rahmen dieses Essays über die zentralamerikanische Kunst in den letzten beiden Jahrzehnten habe ich versucht, ein breites künstlerisches und kulturelles Panorama darzustellen, wobei ich mich aufgrund des begrenzten Raums auf eine Auswahl von Künstlern beschränken musste. Ich habe vor allem die Künstlerinnen und Künstler präsentiert, die bereits über eine bemerkenswerte künstlerische Laufbahn verfügen. Die Tatsache, dass Zentralamerika traditionell von den internationalen Machtzentren ignoriert wird, hat sowohl zu einer Unkenntnis der zentralamerikanischen Kunst als auch zu ihrer Nichtpräsenz im kontinentalen künstlerischen Spektrum geführt, die bis Mitte der neunziger Jahre anhielten. Darüber hinaus hat das Fehlen einer wirklich umfassenden Kunstgeschichte die Einbeziehung von Ländern wie Belize erschwert, die erst jetzt wahrgenommen werden.

Im Verlauf seiner Geschichte ist die Region immer wieder von Naturkatastrophen heimgesucht worden. Dies hat dazu beigetragen, die Ungleichheit zu vertiefen und die Armut zu vergrößern. Trotz dieser ungünstigen Umstände und ihres Ausschlusses aus der internationalen Kunstszene haben sich die zentralamerikanischen Künstler nach und nach ihren Platz in der Geschichte erkämpft, insbesondere die Frauen sind aus ihrer Randexistenz ausgebrochen, zu der sie über Jahrhunderte hinweg verdammt waren, und stellen den Mann als ausschließliches Subjekt der Kreativität in Frage.

Die Analyse der Kunstszene in den verschiedenen Ländern des Isthmus im Zeitalter der beschleunigten Globalisierung hat versucht, den Beiträgen der einzelnen Künstler zur Konstruktion neuer Identitäten Rechnung zu tragen. Diese Identitäten leiten sich aus der Pluralität und Diversität der zentralamerikanischen Länder ab und stellen den Monodiskurs in Frage, in dem das prähispanische und koloniale Erbe als einzige mögliche Bezugspunkte gesehen wurden. Die künstlerische Dezentrierung begann mit dem modernen Prozess der kulturellen Entkolonialisierung, der sich unabhängig macht von der marginalisierenden traditionellen Geschichtsschreibung und seine eigene Version der verzerrten und entstellten Geschichte schreiben will.

(Übersetzung: Werner Mackenbach)

Literaturverzeichnis

Cazali, Rosina (2001): "El arte de los noventa en Guatemala". In: *Temas Centrales, I Simposio Centroamericano.* San José, Costa Rica: TEOR/éTica.

Danto, Arthur C. (2000): *The Madonna of the Future.* New York: Farrar, Straus & Giroux.

Escobar, Ticio (2001): "Acerca de la Modernidad y del Arte". In: *I y II Foros Latinoamericanos.* Badajoz, España: MEIAC.

Evans, Richard J. (1999): *In Defense of History.* New York: Norton & Company.

Fusco, Coco (1999): "El *performance* latino: la reconquista del espacio civil". In: *Horizontes del Arte Latinoamericano.* Madrid: Tecnos.

Glusberg, Jorge (1999): "El 'otro mirar' del arte latinoamericano". In: *Horizontes del Arte Latinoamericano.* Madrid: Tecnos.

Kupfer, Mónica (1996): *Central America. Latin American Art of the 20th Century.* Herausgeben von Edward J. Sullivan. London: Phaidon Press.

Mosquera, Gerardo (2001): "Migración y desplazamiento cultural". In: *I y II Foros Latino-americanos*. Badajoz, España: MEIAC.

Pérez, David (1999): "Pluralismo e identidad: el arte y sus fronteras". In: *Horizontes del Arte Latinoamericano*. Madrid: Tecnos.

Samos, Adrienne (2001): "Arte panameño de los 90". In: *Temas Centrales, I Simposio Centroamericano*. San José, Costa Rica: TEOR/éTica.

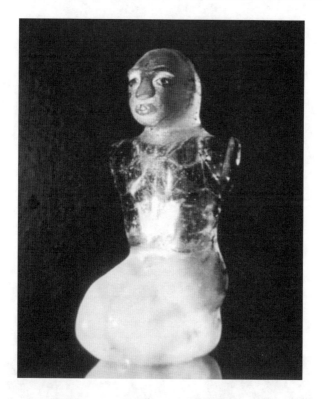

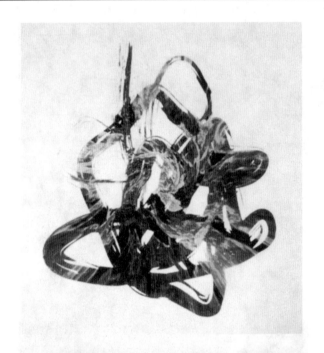

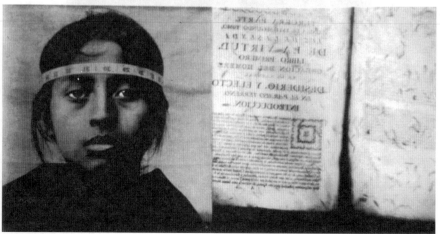

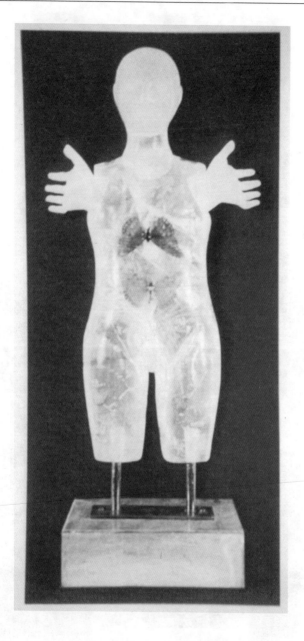

© für alle Fotos: María Dolores G. Torres

Emmerich Weisshar

Sprachen und Kulturen in Guatemala

Das Abkommen über die Identität und die Rechte der indigenen Völker, das 1995 bei den Friedensverhandlungen zwischen der Guerilla und der Regierung Guatemalas geschlossen wurde, spricht von drei indigenen Völkern in Guatemala: den Maya, den Garifuna und den Xinka (GKKE 1997: 39). Das vierte, nicht-indigene Volk bilden die *ladinos*. In dem 1996 geschlossenen Abkommen zur Verfassungsreform wird festgehalten, die Identität der Völker der Maya, Garifuna und Xinka verfassungsmäßig anzuerkennen.

> Dies impliziert außerdem die Anerkennung der Besonderheit der indigenen Spiritualität als wesentlichen Bestandteil ihrer Weltanschauung und der Übertragung ihrer Werte sowie die verfassungsmäßige amtliche Anerkennung der indigenen Sprachen als einem Grundpfeiler, auf dem die nationale Kultur basiert und der als Mittel des Erwerbs für die Übertragung der indigenen Weltanschauung, deren Kenntnisse und kulturelle Werte verstanden wird (GKKE 1997: 123).

Traditionell spricht man in Guatemala von dem Gegensatz *indio (indígena)* und *ladino*, wobei man unter *ladinos* zum einen alle Nicht-*indigenas*, zum anderen aber auch die *indígenas* versteht, die ihre Kultur aufgegeben haben, sich wie *ladinos* kleiden *(indios revestidos)*, keine Maya-Sprache mehr sprechen und über eine bessere Ausbildung verfügen (Bürstmayr 2003). *Indígenas* werden nach unterschiedlichen Kriterien definiert: durch ihr Aussehen, die Sprache, ihre Kleidung, ihre Lebensbereiche, ihre Arbeit, ihre Weltsicht und ihre Selbstidentifizierung. Einige *ladinos* drücken den Gegensatz *ladino – indígena* auch mit *civilizado – indio* aus. Der Begriff *mestizo* wird normalerweise nur in offiziellen Diskursen verwendet, inzwischen aber auch von *ladinos*, die sich damit zu ihrer Maya-Abstammung bekennen wollen (Adams/Bastos 2003: 400ff.).

1. Maya

Die Bezeichnung "Maya" bezog sich zunächst nur auf die Völker des nördlichen Yucatán, die sich selbst als *Mayab* bezeichnen. Im 19. Jahrhundert wurde der Begriff "Maya" auf die Völker ausgeweitet, die im Raum von Mesoamerika bestimmte religiöse, historische, ästhetische, soziale und linguistische Züge teilen (Castañeda 1996: 13). Die Maya-Bevölkerung lebt hauptsächlich im Hochland oder im tropischen Tiefland. Die heutigen Maya verstehen sich als Nachfahren der klassischen Maya-Kultur, die zwischen 150 und 900 nach Christus datiert wird. Diese hochentwickelte Kultur manifestierte sich in einer reichen Architektur, Ikonographie und Literatur sowie in beachtlichen wissenschaftlichen Leistungen, vor allem in der Zeitrechnung und Astronomie und nicht zuletzt in den in Glyphenschrift verfassten Texten. Diese Schrift ist auf Stelen und anderen Monumenten, in Bauwerken, auf Keramik, Kultobjekten und vor allem in vier erhaltenen Mayakodizes dokumentiert. Nach den bahnbrechenden Arbeiten des Russen Knorozov und anderer geht man heute davon aus, dass diese Glyphenschrift eine Mischung aus Logogrammen und Silbenzeichen ist.

Die Hochkultur der Maya fand im zehnten nachchristlichen Jahrhundert ein abruptes Ende. Neben zahlreichen Faktoren, die hierfür als Begründung angeführt werden, spielte sicher auch das Vordringen vom Norden kommender Bevölkerungsgruppen eine wesentliche Rolle. Das hat zu einer kulturellen Überlagerung geführt, die z.B. im Hochland ihren sichtbaren Ausdruck in einem der wichtigsten Dokumente altamerikanischer Literatur fand: dem *Popol Vuh* ("Buch des Rates"), das von der Erschaffung der Welt und der Geschichte der Maya-K'iche' bis zur spanischen Eroberung berichtet. Das Buch ist die Zusammenfassung alter Erzähltraditionen und wurde vermutlich kurz nach der spanischen Eroberung in lateinischer Schrift auf K'iche' verfasst. Die aus dem Norden eingewanderten Gruppen hinterließen ihre Spuren auch in der sozialen Organisation und in den Sprachen der Mayavölker (Campbell 1983; Fox 1978; Riese 1995: 102).

Das von der spanischen Kolonialverwaltung eingeführte System der *encomienda* und des *repartimiento* ließ zwar den indigenen Gemeinden eine gewisse Autonomie und Selbstverwaltung, verpflichtete aber die Bewohner zu Tributleistungen und zu Zwangsarbeiten. Relikte davon hielten sich bis ins 20. Jahrhundert. Erst 1944 wurde ein Vagabundengesetz abgeschafft, das jeden Indianer, der weniger als 10 *cuerdas*[1] Land besaß, zur Zwangsarbeit verpflichten konnte. Formen der Schuldknechtschaft bestanden noch bis in die unmittelbare Gegenwart. Die Unterdrückung der Mayabevölkerung, die mit den spanischen Konquistadoren begann und durch europäische und amerikanische Plantagenbesitzer fortgesetzt wurde, hatte immer wieder zu indianischen Aufstandsbewegungen geführt (Bricker Reifler 1981).

---

1   Eine *cuerda* entspricht etwa 400 m².

Seit Ende der siebziger Jahre waren zahlreiche Mayagemeinden aus dem Hochland Opfer eines Konflikts zwischen Militär und Guerilla, in dessen Verlauf 400 Indianer-Dörfer zerstört wurden. Viele Maya flohen nach Mexiko oder versuchten, sich in der Hauptstadt oder in anderen Regionen Guatemalas dem Zugriff des Militärs zu entziehen. Erst nach Abschluss der Friedensvereinbarungen im Jahre 1996 konnten Flüchtlinge wieder nach Guatemala zurückkehren, wenn auch nicht unbedingt in ihre angestammten Dörfer. Diese Ereignisse, verbunden mit einer ökonomisch bedingten internen Migration, führten zu einer Verbreitung vieler Mayasprachen weit über ihre traditionellen Siedlungsgebiete hinaus. Die Migration an die Küste hatte bereits in den fünfziger Jahren eingesetzt, als Maya-Indianer aus dem Hochland sich in Küstenregionen ansiedelten, wo ihnen Land zugeteilt wurde. In den siebziger und achtziger Jahren war es zudem zu organisierten Siedlungsbewegungen aus dem Hochland in den im Tiefland gelegenen Petén und den Ixcán gekommen. Zum Teil entstanden dadurch ethnisch gemischte indianische Siedlungseinheiten. Aber auch die Hauptstadt ist heute mit zirka 200.000 ansässigen *indígenas* das größte indianische Wohngebiet Guatemalas mit einer eigenständigen Entwicklung hinsichtlich der ethnischen Traditionspflege und der interethnischen Kontakte. Die zunehmende Arbeitsmigration in die USA führte schließlich auch dort in verschiedenen Städten zur Herausbildung von ethnisch geprägten Mayakolonien (Burns 1993). Untereinander bilden die verschiedenen Gruppierungen Netzwerke mit kulturellen und sozialen Aktivitäten. Diese ethnischen Gemeinden in den USA pflegen intensive Verbindungen zu ihren Herkunftsorten und leisten durch ihre Geldüberweisungen einen nicht unerheblichen Beitrag zur Entwicklung ihrer Heimatgemeinden (Burba 2003).

2. Xinka und Garifuna

Zwei indigene Gruppen sind nicht den Maya zuzurechnen: die Xinka und Garifuna. Lehmann sah im Xinka die guatemaltekische Ursprache, deren Sprecher von den Maya und Pipiles verdrängt wurden (Lehmann 1920). Die Xinka sind heute nahezu ausgestorben. Wurde 1964 die Zahl der Xinka noch mit 300 angegeben, so nannte die Volkszählung von 1994 nur noch eine Zahl von 69 Sprechern . Die 1981 gegründete *Comunidad Indígena Xinka* geht von einer Zahl von insgesamt 9.000 Xinkas aus, die allerdings größtenteils nicht mehr ihre angestammte Sprache sprechen (Schmidinger 2003: 217). Die Sprache der Xinka lässt sich keiner anderen Sprachfamilie zuordnen. Nach Campbell bildet sie eine eigene Sprachfamilie, die sich aus vier verwandten Sprachen zusammensetzt (Campbell 1998). Die Sprache ist sehr wenig untersucht (Campbell 1977: 164ff.). 1998 wurde ein UNESCO-Projekt zur Erforschung des Xinka mit dem Ziel der Erhaltung dieser Sprache ins Leben gerufen. Frauke Sachse hat im Rahmen eines Promotionsprojekts an der Universität Bonn eine linguistische Beschreibung und Dokumentation des Xinka in Angriff genommen.[2]

Die Garifuna, die sich selbst Garínagu nennen, sind Afroamerikaner, die auf der Antilleninsel San Vincente aus der Verschmelzung der dort ansässigen inselkaribischen Bevölkerung mit entflohenen afrikanischen Sklaven hervorgegangen sind, wobei phänotypisch die afrikanischen Züge dominieren. Die Inselkariben waren ihrerseits bereits eine Mischbevölkerung aus der Verbindung der arawakischen Inselbevölkerung mit den aus Südamerika vordringenden Kariben. Die Basis des Garifuna ist das Iñeri-Arawak mit Entlehnungen aus dem Karibischen, Englischen, Französischen und Spanischen. In diesem Zusammenhang ist oft als Besonderheit die Herausbildung einer arawakischen Frauensprache und einer karibischen Männersprache herausgestrichen worden, die sich in Relikten bis heute noch in der Garifuna-Sprache feststellen lässt. Da die Inselkariben und die schwarzen Kariben der britischen Kolonialmacht erbitterten Widerstand leisteten, wurden 1797 5.000 aufständische Garifuna von den Briten auf die Insel Roatán vor Honduras deportiert, von wo aus sie sich nach Belize, Guatemala und Honduras verbreiteten. Die Kultur der Garifuna ist das Resultat einer Verschmelzung arawakisch-karibischer und afrikanischer Elemente. In Guatemala wird das Garifuna hauptsächlich in den *municipios* von Puerto Barrios und Livingston gesprochen. Etwa die Hälfte aller aus Livingston stammenden Garifuna residiert heute in den USA, vor allem in New York (Mohr 2001).

3. *Ladinos*

Die Nachkommen der spanischsprachigen Konquistadoren, die *ladinos viejos*, bewohnten zunächst vorwiegend das Zentrum, den Osten und die Küstenregionen Guatemalas, wo sie die indianische Bevölkerung verdrängten. Aber auch im Hochland bildeten sich einige *ladino*-Städte in indianischer Umgebung heraus, vor allem als in der Regierungszeit von Justo Rufino Barrios (1871-1885) die Ansiedlung von *ladinos* im westlichen Hochland gefördert wurde (Warren 1998: 11). Seit dem 19. Jahrhundert setzt zudem ein verstärkter Zuzug von Europäern, vor allem auch Deutschen, ein, die

---

2   <http://www.iae-bonn.de/iae/index.php?id=sachse> (09.04.2007).

man als *ladinos nuevos* bezeichnen könnte, und deren Rückbindung an ihre Herkunftsländer bis heute noch sehr stark ist. *Ladinos viejos* und *ladinos nuevos* zusammen sind die Träger der dominanten spanischsprachigen Kultur.

4. Die Maya-Sprachen:

Heute werden die Mayasprachen in Guatemala vorwiegend im westlichen Hochland gesprochen. Die wenigen Mayagruppen im Osten Guatemalas sprechen heute meist eher Spanisch als eine Maya-Sprache. Insgesamt werden in Guatemala 20 Mayasprachen mit ungefähr 100 Dialekten von etwa 3 Millionen Menschen gesprochen. Andere Schätzungen gehen von 5,4 Millionen Mayasprechern aus, das entspricht einem Prozentsatz von 60,3%, gemessen an der Gesamtbevölkerungszahl (Warren 1998: 8f.). Die Zahlen für die einzelnen Sprachen werden wie folgt angegeben:[3]

1. K'iche'	1.000.000	(730.000)	11. Poqomam	31.000	(49.000)
2. Mam	686.000	(510 000)	12. Chuj	29.000	(41.600)
3. Kaqchikel	405.000	(440.000)	13. Sakapulteco	21.000	(37.000)
4. Q'eqchi'	361.000	(400.000)	14. Akateko	20.000	(48.500)
5. Q'anjobal	102.000	(77.000)	15. Awakateko	16.000	(18.000)
6. Tz'utujil	80.000	(83 800)	16. Mopan	3.500	(2.600)
7. Ixil	71.000	(69.000)	17. Sipakapense	3.000	(6.000)
8. Ch'orti'	52.000	(31.500)	18. Itzaj	3.000	(12)
9. Poqomchi	50 000	(85 000)	19. Teko	2.500	(1.200)
10. Jakalteco (Popti)	32.000	(88.700)	20. Uspanteko	2.000	(3.000)

Die Feststellung von 20 unterschiedlichen Mayasprachen ist allerdings nicht unumstritten, da diese Einteilung ausschließlich auf formallinguistischen Kriterien beruht. Diese Zahl variiert, je nachdem, ob man eine gesprochene Varietät als eigene Sprache oder als Dialekt einer Sprache ansieht. Das Selbstverständnis von Sprachgemeinschaften ist jedoch das Resultat gewachsener historischer Prozesse und hängt vor allem davon ab, ob sich ein entsprechendes Sprachbewusstsein herausgebildet hat. Die Sprecher des Sakapulteco und Sipakapense sagten noch vor einiger Zeit von sich selbst,

---

3 Vgl. Herrera (1992: 76f.);.die Zahlen in Klammern sind aus <http://www.ethnologue. com/> (12.10.2006); vgl. auch leicht abweichende Zahlen bei Watanabe (2000: 237).

ihre Sprache sei das K'iche'. Umstritten ist auch der Fall des Achi, das von manchen als eigenständige Sprache innerhalb der K'iche'-Gruppierung gesehen wird. Mamsprecher sehen das Teko aufgrund der gemeinsamen Verständigungsbasis als einen Dialekt des Mam. Heute wollen jedoch die Teko selbst ihr Idiom als eigenständige Sprache anerkannt wissen. Neuerdings nehmen auch die Bewohner von Chalchitán, das zum *municipio* von Aguacatán gehört, für sich in Anspruch, eine eigene Sprache, das Chalchiteco, zu sprechen, was aber wohl einfach die ursprünglichere Form des Awakateko sein dürfte. Nimmt man als Kriterium die wechselseitige Verständigungsmöglichkeit zwischen verschiedenen Idiomen, würde dies für eine geringere Zahl von Mayasprachen sprechen, als die in den Klassifikationen angegebene.

Bieten die sprachlichen Varietäten keine gemeinsame Basis der Verständigung, wird, wenn möglich, Spanisch gesprochen, wenngleich es auch Mayasprecher gibt, die sich in verschiedenen Mayasprachen ausdrücken können. Dies trifft vor allem für Kaufleute auf den lokalen Indianermärkten zu. Dreisprachigkeit wird von den Chuj und den Mopan berichtet (jeweils zwei Mayasprachen und Spanisch: Chuj, Q'anjobal, Spanisch bzw. Mopan, Q'eqchi' und Spanisch). Die Kommunikation zwischen Indianern und *ladinos* erfolgt in der Regel auf Spanisch; nur in ganz seltenen Fällen trifft man auf *ladinos*, die auch eine indianische Sprache sprechen – so wird den *ladinos* von Alta Vera Paz nachgesagt, dass viele von ihnen sich auf Q'eqchi' verständigen können.

5. Typologische Merkmale der Mayasprachen

Typologisch gehören die Mayasprachen zu den agglutinierenden Sprachen. Dies bedeutet, dass an einen Wortstamm Präfixe oder Suffixe angefügt werden, die jeweils nur eine grammatische Funktion erfüllen. Wesentliche grammatische Kategorien (Tempus, Aspekt, Genus Verbi) und Funktionen (Agens, Patiens) werden am Verb ausgedrückt. Das Substantiv hat keine Kasusflexion. Possessivität wird durch Präfixe oder Suffixe zum Ausdruck gebracht. Verwandtschaftsbezeichnungen und Wörter für Körperteile sind immer besitzmarkiert. Der Plural wird nur bei Substantiven, die sich auf Menschen beziehen, ausgedrückt oder tritt nur in der mit dem Substantiv verbundenen Verbform auf. Die Mayasprachen kennen kein grammatisches Genus. Es sind so genannte Ergativsprachen, das heißt transitive und intransitive Sätze unterscheiden sich in der Behandlung des Subjekts. Wichtig ist in diesem Zusammenhang hinsichtlich des morphologischen und syntaktischen Verhaltens die Unterscheidung der Verben nach intransitiven Verben, transitiven Verben und Stativverben. Letztere geben einen Zustand an. Die Basis-Wortstellung ist VERB–SUBJEKT (VS). Beim Genus Verbi unterscheiden die Mayasprachen neben dem Aktiv und Passiv noch ein Antipassiv. Aus dem K'iche' lassen sich dafür folgende Beispiele anführen: Aktiv: *k-uj-a-kuna:-j* [Tempus-uns-du-**heilen**-Aktivmarkierung] "du heilst uns"; Passiv: *k-uj-kuna-x r-uk le: aj-kun* [Tempus-wir-**heilen**-Passiv sein-von der Heiler] "wir werden von dem Heiler geheilt"; Antipassiv: *k-uj-kuna-n* [Tempus-wir-**heilen**-Antipassiv] "wir heilen, wir sind Heiler". Das Antipassiv wird verwendet, wenn ein zweites Verb-Argument (Objekt) fehlt bzw. inkorporiert wird und somit aus einem transitiven Verb ein intransitives Verb wird. Ähnlich wie das handelnde Argument (Agens) beim Passiv kann auch das direkte Objekt (Patiens) beim Antipassiv indirekt präpositional ausgedrückt werden: K'iche': *k-uj-kuna-n che: le: yawab-ib'* [Tempus-wir-**heilen**-Antipassiv zu Artikel krank-Plural] "wir heilen die Kranken".

Eine weitere Besonderheit der Mayasprachen sind die Direktionalpartikel, die bei Bewegungsverben die Richtung der Bewegung anzeigen. K'iche': *iwi:r x-in-tzalij loq* [gestern-Tempus-ich-zurückkehren **hierher**] "gestern kehrte ich zurück". Einige Mayasprachen wie das Yukatekische, das Q'eqchi' und das Itzá weisen Zählklassifikatoren auf: *hun tuuul winik* [ein Klassifikator Mann] "ein Mann", andere Mayasprachen wie das Mam, Q'anjobal, Jakalteko, Akateko und Chuj haben Klassifikatoren für die Pronomina der dritten Person. Eine unseren Präpositionen ähnliche Wortklasse, die so genannten Relationsnomina, sind größtenteils von Begriffen für Körperteile abgeleitet und dienen der räumlichen Orientierung oder drücken Kasusfunktionen aus: K'iche': *ch-u-chi' le: ma:r* [Präposition-sein-**Mund** Artikel Meer] "am Meer". Eine Kopula, d.h. ein unserem "ist" äquivalentes Wort in Verbindung mit Prädikaten gibt es in den Mayasprachen nicht. Komplexe Sätze werden meist über Nominalisierungen gebildet: Sakapulteco: *x-in-ak cha ti:j-i:k* [Tempus-ich-beginnen für **essen-Nom**] "ich begann zu essen". Nebensätze, die durch Konjunktionen eingeleitet werden, sind eher eine jüngere Entwicklung und Resultat des Kontakts mit dem Spanischen. Das Zahlensystem im Maya ist weitgehend vigesimal: K'iche': *winaq* [Mensch] "20", *ka-winaq* [zwei Mensch] "40". Ein besonderes Stilmittel der oralen Tradition sind die so genannten Couplets oder Parallelstrukturen, die vor allem in rituellen Texten aber auch in Erzählungen auftreten (England 1993; 1994; 1996; England/Elliot 1990).

Ein Beispiel aus einem K'iche'-Ritual, das ich selbst aufgenommen habe, soll dies verdeutlichen:

kaq'ax	es soll euch erreichen
ta k'u lo ri jupaj	die erste Bitte
ri kapaj	die zweite Bitte
ri q'ana suplica	die gelbe Bitte
saqa suplica	weiße Bitte
ri q'ana ruega	die gelbe Bitte
ri saqa ruega	die weiße Frage

Die heutigen Mayasprachen haben zahlreiche Elemente aus dem Spanischen entlehnt: K'iche': *tyox* "Kirche, Heiliger", *mis* "Messe", *kami'x* "Hemd", *lawux* "Nagel", *alanxax* "Apfelsine", *mansan* "Apfel", *kapeh* "Kaffee", *wakax* "Kuh", *ajkalte* "Alcalde", *menester* "es ist notwendig" usw. Diese Entlehnungen bezogen sich zunächst einmal vor allem auf christliche, büro-kratische und politische Konzepte sowie auf von den Konquistadoren einge-führte Lebensmittel, Tiere und Artefakte. Einige Entlehnungen wurden be-reits in der frühen Kolonialzeit in die Mayasprachen integriert, so dass sie von den Sprechern nicht mehr als fremde Elemente empfunden werden. Auf-fällig ist das Auftreten spanischer Funktionswörter (z.B. Konjunktionen und Präpositionen: *cuando, que, de, para*) in den indianischen Sprachen. Häufig treten diese Funktionswörter in der Doppelung spanisches Funktionswort + Mayafunktionswort auf *(cuando aretaq)*. Interessant ist, dass sehr selten Verben entlehnt werden. Die übliche Form der Integration spanischer Ver-ben geschieht z.T. mit Hilfe des Verbs für "tun". Im K'iche' ist die Form dafür *b'an*. Daraus entsteht dann die Mischbildung *kimb'an estudiar* "ich studiere" (wörtlich: "ich tue studieren"). Heute findet man neben den spani-schen Entlehnungen auch zahlreiche Übernahmen aus dem Englischen, die vor allem im Zusammenhang mit amerikanischen Konsumartikeln zu sehen sind und die über die spanische Adaption entlehnt worden sind (*owerol, klox, pants* usw.).

Das Spanische der indigenen Bevölkerung weist sehr starke Eigenheiten auf, so dass es als eigener Ethnolekt gesehen werden muss. Da es in den Mayasprachen kein /f/ gibt, wird [f] oft als [h] realisiert: [hutbol] statt *futbol* oder [huego] für *fuego*. Besondere Schwierigkeiten bereitet den Mayaspre-chern die vollkommen andere Verbflexion des Spanischen. So kann man Formen hören wie *yo hacemos* statt *yo hago* "ich mache" oder *yo sabo* statt *yo sé* "ich weiß". Da sich die Bedeutung der spanischen Präpositionen von derjenigen der Mayapräpositionen unterscheidet, kommt es zu Äußerungen wie: *voy en Guatemala* statt *voy a Guatemala*. Typisch für den spanischen Ethnolekt ist die häufige Verwendung von Partikeln wie *pues* oder die unangemessene Anwendung des *tuteo* oder *voseo*, was aber mit der diskriminatorischen *vos*-Anrede der Maya durch die *ladinos* zusammenhängt.[4] Die Stigmatisierung der Sprecher des mayaspanischen Ethnolekts zeigt sich in Witzen und Karikaturen, in denen das Spanisch der Maya in diskriminierender Weise imitiert wird (Rodríguez Guaján 1997).

6. Die Sprache der Garifuna

Das Garifuna ist eine agglutinierende Sprache mit analytischer Tendenz. Es hat ein reiches Aspektsystem. Die Verbalsapekte werden entweder suffigiert oder mit einem dem jeweiligen Aspekt entsprechenden Auxiliarverb gebildet: *n-alîha* (ich lesen/Futur/Progressiv) "ich werde lesen", *l-alîha-ña* (erlesen-Praesens/Progressiv) "er liest gerade", *alîha-dina buga* (lesen-ich Auxiliarverb) "ich hatte gelesen". Bei den intransitiven Verben wird in Abhängigkeit vom Aspekt die Personalkategorie präfigiert oder suffigiert: *alîha-tina* (lesen/Praesens-ich) "ich lese", *b-alîha-ba* (du-lesen-Futur) "du wirst lesen". Bei den Pronominalaffixen wird maskulin und feminin unterschieden: *bainaha-ti Rob* (tanzen-er Rob) "Rob tanzt", *abinaha-tu Abby* (tanzensie Abby) "Abby tanzt", *eiha l-umu-tu Rob Abby* (sehen er-Auxiliarverbsie Rob Abby) "Rob sieht Abby", *eiha t-umu-ti Abby Rob* (sehen sie-Auxiliarverb-ihn Abby Rob)

"Abby sieht Rob". Bei den intransitiven Verben wird in Abhängigkeit vom Aspekt die Personalkategorie präfigiert oder suffigiert. Nur einige belebte Substantive bilden einen Plural. Possessivpronomina werden den Substantiven präfigiert: *n-ita* "mein Blut". Substantive sind einer semantischen Genusklasse zugeordnet. Belebte Substantive sind nach dem natürlichen Geschlecht unterschieden, unbelebte Substantive sind entweder maskulin oder feminin. Lokativische Relationen werden durch Suffixe am Nomen gekennzeichnet: *áudo-bu* "bei der Stadt", *óma-da* "auf der Straße". Die Wortfolge im Garifuna ist Verb-Subjekt-Objekt: *Eiha-l-umu-tu Rob Abby* (sehen er-Auxiliarverb-sie Rob Abby) "Rob sieht Abby". Auffällig ist das vigesimale Zahlensystem mit vor allem französischem Vokabular für die Zahlen (Taylor 1977; Suazo 1991).

---

4 In Guatemala ist die vertraute Anredeform *vos* statt *tu* bzw. *usted*. Das entsprechende Verb ist endbetont: *¿y vos que hacés?* "und du, was machst du?".

7. Das Spanische von Guatemala

Das Spanische von Guatemala weist einige Besonderheiten auf (Büscher-Grotehusmann 1999: 53-62). Phonetisch fällt die Velarisierung des [n] in Endposition auf, z.b. [pe'teŋ] und die frikative Aussprache des /r/ in Endposition als [řˇ]. Für die zweite Person Plural des Pronomens wird ausschließlich die Form *ustedes* verwendet. Für die zweite Person Singular existiert neben dem unmarkierten *usted*, das kumpelhafte und despektierliche *vos*. Die Form *tu* ist eher ungebräuchlich und wird erst neuerdings häufiger im vertrauten Umgang verwendet. Eine Besonderheit ist auch das Auftreten des enklitischen Objektpronomens *lo* und *los*, wo man die maskulinen Formen *le* und *les* erwarten würde. Im Gebrauch der Tempora ist die häufigere Verwendung des periphrastischen Futurs (*ir* + Infinitiv) auffällig. Statt der Perfekt-Formen werden die Formen des indefiniten Präteritums verwendet. Wohl auf den Einfluss der Mayasprachen ist die Verwendung des unbestimmten Artikels mit unbetonten Possessivpronomina zurückzuführen *(una mi camisa)*. Vermutlich aus dem Náhuatl ist das Wortbildungs-Suffix *-eco* übernommen *(guatemalteco)*. Insgesamt finden sich viele lexikalische Entlehnungen aus den Mayasprachen und dem Náhuatl für Pflanzen, Tiere und Artefakte des täglichen Gebrauchs: *chichicaste, tepescuintle, comal, temascal*. Abwertend ist das aus dem Náhuatl entlehnte *ixta* als Bezeichnung für Mädchen.

8. Sprachpolitik

1690 wurde die Beherrschung des Spanischen Voraussetzung zur Zulassung zu Ämtern, und 1770 übernahm die spanische Krone das absolutistische Konzept "ein Staat – eine Sprache". Mit Gründung der Republik von Guatemala 1821 wurde eine rigorose Kastellanisierungspolitik betrieben. Spanisch galt als Ausdruck der guatemaltekischen Nationalität sowie als Mittel, die fragmentierte Bevölkerung zu vereinen. Erst in der Verfassung von 1985 wurde den Indianersprachen ein eigener kultureller Wert zugestanden; Behörden- und Unterrichtssprache blieb jedoch nach wie vor Spanisch.

Im Jahr 1985 wurde im Artikel 58 der neuen Verfassung Guatemala als multilinguale und plurikulturelle Gesellschaft anerkannt und den Menschen das Recht auf kulturelle Identität mit jeweils eigenen Wertvorstellungen sowie das Recht auf die jeweiligen Sprachen und Gebräuche zuerkannt. Noch im selben Jahr wurde die neue Verfassung von Guatemala auf K'iche', Mam, Kaqchikel und Q'eqchi' herausgebracht. 1986 wurde im Dekret 43-86 den monolingualen Sprechern das Recht zugesprochen, in ihrer Muttersprache von bilingualen Lehrern alphabetisiert zu werden. Damit war eine Wende in der staatlichen Sprachpolitik eingeleitet, die als eine Alphabetisierung zur ethnischen Identitätsstiftung verstanden werden konnte. Die Mayasprachen wurden jetzt als kulturelles Erbe Guatemalas gesehen, das durch die bilinguale Erziehung gestärkt, gefestigt und bewahrt werden sollte. Die bilinguale Erziehung sollte zunächst für die ersten vier Schuljahre gelten, möglicherweise aber bis zum sechsten Schuljahr ausgeweitet werden.

Im selben Jahre wurde von neun verschiedenen indianisch geprägten bzw. orientierten Organisationen die *Academia de las Lenguas Mayas* gegründet, die sich zum Ziel setzte, den Gebrauch der Mayasprachen zu fördern, die Alphabete und die Orthographie zu vereinheitlichen und Wortneubildungen zu erarbeiten. Außerdem wollte sich die Akademie um die Anerkennung und Akzeptanz der Mayasprachen sowie der damit verbundenen kulturellen Werte bemühen. Bezüglich des Alphabets einigte man sich auf eine modifizierte Version des vom *Proyecto Francisco Marroquín*[5] erarbeiteten Alphabets. Dieses Alphabet wurde 1987 vom Ministerium für Sport und Kultur ratifiziert (Regierungsvereinbarung 1046-87). 1990 wurde die Akademie offiziell anerkannt (Dekret 65-90). Doch der Streit um das Alphabet hält bis heute an. Strittig ist vor allem die Schreibung von Lang- und Kurzvokalen, sowie die Schreibung der k-Laute, die von manchen nach der spanischen orthographischen Konvention geschrieben werden.

Inzwischen gibt es eine Fülle indigener Gruppen, die sich politisch für kulturelle Autonomie einsetzen. Das Recht auf die eigene Sprache ist dabei einer der wesentlichen Schwerpunkte. Die eigene Sprache wird heute von vielen Indianern als wesentliches Element der eigenen Identität und als Ausdruck des eigenen Denkens und der eigenen Kultur begriffen. Ein wichtiger Markstein in der Entwicklung des ethnischen Selbstbewusstseins war die Durchführung des kontinentalen Indianertreffens 1991 in Quetzaltenango sowie die Verleihung des Friedensnobelpreises an die K'iche'-Indianerin Rigoberta Menchú 1992. 1993 wurde ein *Consejo de Educación Maya* gebildet, der im September 1994 seinen ersten nationalen Kongress durchführte, auf dem das Recht auf eine eigene Erziehung mit Mayainhalten in den Mayasprachen eingefordert und dazu auch erste Vorstellungen entwickelt wurden (Consejo 1994). Die Revitalisierung des Garifuna gehört zu den zentralen Anliegen von ONEGUA *(Organización Negra de Guatemala)* und

---

5   Von Terrence Kaufman gegründete Institution zur Erforschung der Mayasprachen.

ONECA *(Organización Negra Centroamericana)*. ONECA legte 1997 in Livingston einen Plan zur Erhaltung des Garifuna vor.[6]

Die Sprachproblematik bildete auch einen wesentlichen Diskussionspunkt bei den Friedensverhandlungen zwischen der Guerilla und der guatemaltekischen Regierung. Darin wurde vorgeschlagen, alle indigenen Sprachen Guatemalas verfassungsrechtlich gleichzustellen und zu schützen, ihre Verwendung im Ausbildungssystem zu fördern, den Gebrauch dieser Sprachen im Zusammenhang mit sozialen Dienstleistungen zu gewährleisten, die indigenen Gemeinden in ihren jeweiligen Sprachen über ihre allgemeinen und spezifischen Rechte zu informieren, bilinguale Richter und Justizbeamte auszubilden, den kulturellen Beitrag der Sprachen anzuerkennen und alles Nötige zu deren Offizialisierung zu unternehmen. Kaum eine indigene Organisation in Guatemala geht heute von einer Substitution des Spanischen durch die jeweilige lokale Sprache aus. Zentrales Anliegen ist es vielmehr, den indigenen Sprachen neben dem Spanischen einen gleichwertigen Rang zu verleihen.

9. Aktuelle Situation der Sprachen

Nach den Angaben des Zensus von 1981 galten 43% der männlichen *indígenas* und 18% der weiblichen *indígenas* als im Spanischen alphabetisiert. Bei der *ladino*-Bevölkerung lagen die Zahlen für Männer bei 67% und für Frauen bei 65%. 99% der indianischen Bevölkerung galten bezogen auf eine Mayasprache als illiterat. Bei den Garifuna lag die Analphabetenrate sogar bei 80%. Die Analphabetenrate in Guatemala ist die zweithöchste auf dem gesamten amerikanischen Kontinent. Die aktuellen Zahlen der interamerikanischen Entwicklungsbank nennt folgende Zahlen: zwischen 41% und 53% der Maya sind alphabetisiert, bei den *ladinos* sind es 84,9%, bei den Garifuna 93,7% und bei den Xinka 82%.[7]

Viele junge Indianer haben ein Inferioritätsgefühl hinsichtlich der eigenen Sprache und der eigenen ethnischen Zugehörigkeit. Diese Haltung wird verstärkt durch die weit verbreitete Auffassung, wonach die Indianersprachen ein Hindernis für die wirtschaftliche Entwicklung des Landes darstellen. Die Notwendigkeit der Kastellanisierung wird begründet mit den Vorteilen für die Ausbildung, im Gesundheitswesen, einer besseren Beteiligung am Wirtschaftsleben sowie einer effektiveren Partizipation am sozialen, kultu-

---

6   <http://garifunaweb.com/oneca/oneca2.html> (15.10.2006).
7   Vgl. *Prensa Libre* vom 11.03.2006.

rellen und politischen Leben. Die Erlernung des Spanischen wird gleichgesetzt mit besseren Chancen.

Der Indianersprache wird häufig der Status einer Sprache abgesprochen, so wird sie oft als *lengua* abqualifiziert. Vor allem die jungen Indianer tendieren dazu, ihre Muttersprache zu vermeiden, was dazu führt, dass Spanisch auch zunehmend in familiären Domänen gesprochen wird. Die Mayagruppen, die zur Pazifikküste emigrierten, haben ihre Mayasprache zugunsten des Spanischen völlig aufgegeben (Adams 1999: 118).

Am ehesten werden die indigenen Sprachen von den Frauen bewahrt. Vor allem sie geben die Sprache und die in ihr ausgedrückten Traditionen an die Kinder weiter und leisten damit einen wesentlichen Beitrag zur Aufrechterhaltung der Maya-Identität (CEH 1999: 10). Viel mehr Frauen als Männer sind monolingual. In den Dörfern *(aldeas)* sprechen die Frauen meist kaum Spanisch. In manchen Dörfern gelten Frauen, die Spanisch sprechen, als arrogant und suspekt (Carrillo 1999: 150). Häufig sind Frauen in der Verwendung des Spanischen zurückhaltender, auch wenn sie die Sprache einigermaßen beherrschen.

Die Domäne der indianischen Sprachen ist vor allem die Familie. Kinder sprechen vor ihrer Einschulung häufig noch kein Spanisch. In den entlegenen Mayadörfern ist der Schulbesuch allerdings noch sehr wenig entwickelt; vor allem Mädchen werden häufig dem Unterricht ferngehalten, weshalb die Analphabetenrate bei ihnen besonders hoch ist. Insgesamt besuchen 66% der schulpflichtigen indianischen Kinder keine Schule.[8] Durch den Schulbesuch wird häufig die Muttersprache zugunsten des Spanischen verdrängt. Dies führt dazu, dass vor allem bei der Generation der unter 30-Jährigen die Muttersprache nur noch rudimentär beherrscht wird, aber auch das Spanische große Defizite aufweist. Der Entwicklung zum Spanischen hin soll durch die Etablierung bilingualer Unterrichtsprogramme entgegengewirkt werden. Im Zuge der Beendigung des bewaffneten Konflikts ist zu beobachten, dass zunehmend Mitglieder der jüngeren Generation, die ihre Mayasprache nicht mehr sprechen, diese neu zu erlernen versuchen.

Die Dominanz des Spanischen steht in einem gewissen Widerspruch zu einem gleichzeitig zu beobachtenden wachsenden Bewusstsein der ethnischen Identität. Die Zugehörigkeit zu einer Maya-Ethnie wird vorwiegend an der Sprache festgemacht. Man lehnt sich dabei an die linguistische Klassifikation an. Bei den Maya existierte früher eher eine Identifikation auf Ge-

---

8   Vgl. *Prensa Libre* vom 01.07.2002.

meindeebene mit dem *munizip* als mit der Sprachgruppe. Erst seitdem die Verfassung in Anlehnung an die Zahl der offiziell unterschiedenen Sprachen von 20 Maya-Ethnien ausgeht, beginnt sich ein darauf bezogenes ethnisches Bewusstsein herauszubilden, das über die Munizipalgrenzen hinausreicht. Darüber hinaus entwickelt sich ein spezifisches Pan-Maya-Bewusstsein, das sich auf die gemeinsamen Wurzeln aller Maya besinnt und sich von der dominanten *ladino*-Kultur abgrenzen will. Entsprechend bildet sich bei den Garifuna das Bewusstsein einer Afrikanität heraus, was sich nicht zuletzt in der Rasta-Mode ausdrückt (Gargallo 2002: 70ff.).

10. Maya-Identität

Die Identität der Maya wird in den Friedensabkommen mit der direkten Abstammung von der Urbevölkerung der Maya, dem gemeinsamen sprachlichen Ursprung, der gemeinsamen Weltanschauung, der gemeinsamen Kultur und der Selbstidentifikation begründet (Nash 2000: 41). Nach Guzmán Böckler/Herbert (1970), Guzmán Böckler (1975; 1986) bilden nur die Indianer in Guatemala eine eigenständige Identität aus. Die *ladinos* übernehmen die Werte von außen und sind ein Produkt des externen Kolonialismus. Andererseits geben sie ihre Position als Unterdrückte an die Indianer weiter und werden damit zu Akteuren eines internen Kolonialismus. Die indianische Identität findet für Guzmán Böckler ihren Ausdruck in einer naturzentrierten Kosmovision, in einem spezifischen zyklischen Raum-Zeit-Verständnis, in einem Naturverständnis, das den Menschen nicht als Beherrscher, sondern als integralen Bestandteil der Natur sieht. Zu dieser Identität gehöre auch das Bewusstsein von der eigenen Geschichte, des Weiteren die indianische Sprache, in der die kollektiven Repräsentationen enkodiert sind, aber auch andere originäre Symbol-Systeme. Tradiert werde dies alles über die figürlichen Darstellungen auf den Textilstücken, in Mythen, Tänzen und Ritualen (Guzmán Böckler 1986: 204). Grundlage der Mayakultur ist der Maisanbau. Ein wesentlicher Kulturzug ist das Streben nach Ausgleich, was heute mit dem Begriff des Aequilibriums zum Ausdruck gebracht wird. Wichtig für das Selbstverständnis ist aber vor allem auch das Bewusstsein von einer gemeinsamen Geschichte und der erfahrenen Unterdrückung.

11. Garifuna-Identität

Die traditionelle Wirtschaftsform der Garifuna war der Fischfang und der Bodenbau. Steht für die Maya der Mais im Mittelpunkt ihrer Kultur, so ist es für die Garifuna der Maniok, aus dem ein Fladenbrot zubereitet wird. Lange Zeit wurde noch die *couvade*, das Männerkindbett, praktiziert. Es galt dabei, auch den Mann nach der Geburt eines Kindes vor dem Einfluss von Geistern zu schützen. Die Garifuna haben die Vorstellung von einer multiplen Seele, die sich aus drei Elementen zusammensetzt: 1. die *anigi*: sie ist eine Art vitaler Kraft, die im Kopf und im Blut sitzt und den Menschen nach dessen Tod verlässt; 2. die *iuani*: sie ist der christlichen Seele vergleichbar und weilt bis zum Ende der Totenrituale unter den Lebenden; 3. die *áfurugu*, die nach dem Tod zum Ahnen wird. Diese Vorstellungen implizieren einen aufwendigen Ahnenkult. Im *Amuiedahani*-Ritual wird die *áfurugu*-Seele gereinigt, im *Acuguruni*- oder *Chugú*-Ritual wird die Seele ernährt und im *Adogorahani*- oder *Dogó*-Ritual wird das Gleichgewicht zwischen der Familie und den Ahnen hergestellt. Die Verbindung zu den Geistern der Ahnen nehmen die Wahrsager *(buyé)* auf. Sie diagnostizieren Krankheiten und kennen die Medizin zur Heilung dieser Krankheiten (Taylor 1951; Coelho 1955; Solien González 1979). Diese Rituale spielen nach wie vor eine wichtige Rolle im Alltag der Garifuna und werden auch von den Emigranten in den USA praktiziert. So bilden neben der Sprache vor allem diese religiösen Rituale mit ihrem Ahnenglauben wesentliche Elemente zur Konstituierung einer Garifuna-Identität. Als weiteres wichtiges Element wird das Prinzip der Reziprozität, die gegenseitige Hilfe, genannt (Mohr 2001). Für das Selbstverständnis der Garifuna spielt darüber hinaus eine wichtige Rolle, dass sie sich als diejenigen Afroamerikaner ansehen, deren Vorfahren nie Sklaven in Amerika waren.

12. Revitalisierung

In allen genannten Kulturbereichen, dem der Maya, der Garifuna, Xinka und der *ladinos* findet man zahlreiche Beispiele wechselseitiger Beeinflussung. Aber auch der langjährige Bürgerkrieg mit seinen Vertreibungen und die zunehmende Arbeitsemigration in die Vereinigten Staaten hat in der traditionellen Kultur ihre Spuren hinterlassen.[9] Die verschiedenen ethnischen Gruppen versuchen jedoch im Zuge einer kulturellen Revitalisierung jeweils die eigenen Traditionen als Kernbereich einer eigenen Identität zu rekonstruieren. Dieses Bedürfnis ist nicht zuletzt auch ein Reflex auf die täglich erfah-

---

9   52,5% der ökonomisch aktiven Bevölkerung Guatemalas sind in die USA emigriert, um dort Arbeit zu finden (*Prensa Libre* 09.04.2006). Bei den Garífuna ist die Migrantengemeinde in den USA größer als die Sendergesellschaft (Mohr 2001: 146).

rene Repression und auf den guatemaltekischen Bürgerkrieg. Man sah die Notwendigkeit, neben der sozialen Diskriminierung auch die kulturelle Benachteiligung zu thematisieren. Ein zentraler Begriff wurde in diesem Zusammenhang die Vorstellung von einer jeweils eigenen Kosmovision, der seitdem von den Repräsentanten der Mayagruppen in Anspruch genommen wird, um ethnische Identität zu definieren. Sie beginnen zum Teil erst ein ethnisches Selbstverständnis zu entwickeln, indem sie versuchen, sich ihre Tradition neu anzueignen. Diese Revitalisierung geschieht vor dem Hintergrund eines manifesten Rassismus und der zunehmenden Pauperisierung der indigenen Bevölkerung.[10] Die Pan-Maya-Bewegung streicht in besonderem Maße die allen gemeinsame Mayatradition heraus: die Vorstellung von der Einheit des Menschen mit der Natur und mit dem Universum, aus der sich der tiefe Respekt vor der Natur herleitet. Die Mutter Erde sei den Maya nicht als Besitz gegeben, sondern solle von ihnen zur Befriedigung ihrer Bedürfnisse genutzt und ihren Fähigkeiten entsprechend bearbeitet werden. Die *Finca*-Landwirtschaft mit ihrer zerstörerischen Ausbeutung der natürlichen Ressourcen kenne diesen Respekt nicht. Auch die hohe Bedeutung der Solidarität unter den Maya leite sich aus der Einheit des Menschen mit der Natur und dem Universum ab. Auf dem zweiten Popol Wuj Kongress von 1999 (Timach 1999) wurde von verschiedenen indigenen Teilnehmern unter Verweis auf das *Popol Vuj* die Mayakosmovision mit aktuellen Thematiken in Verbindung gebracht: mit der Ökologie, mit den Menschenrechten, mit religiöser Toleranz, usw. Die "Defensoría Maya", deren Ziel die Anerkennung des Gewohnheitsrechts der Maya ist, nimmt die Mayakosmovision als Grundlage für eine Mayajustiz (Sukk'B'Anik 1999: 36).

Die Friedensverträge schufen auch für die Garifuna eine wichtige Voraussetzung, sich aktiv am politischen Leben zu beteiligen und eine positive Zukunftsentwicklung zu sehen. Mit der Revitalisierung der traditionellen Rituale sollen nicht nur die traditionellen Glaubenssysteme wiederbelebt, sondern auch der Wunsch ausgedrückt werden, zu einer Gemeinschaft, die auf Reziprozität basiert, zurückzukehren und den zunehmenden Fremdeinfluss vor allem nordamerikanischer Werte und Normen einzudämmen (Mohr 2001: 232).

---

10 Nach den Zahlen der UNO gelten drei Viertel der indigenen Bevölkerung als arm. 39% der *indígenas* werden als extrem arm eingestuft, 69,5% der *indígena*-Kinder sind chronisch unterernährt, nur 8% der Abgeordneten sind *indígenas* (*Prensa Libre* vom 06.03. 2006, 11.03.2006 und 15.03.2006).

13. Perspektiven

Als anlässlich des kontinentalen Treffens vor den offiziellen Feierlichkeiten zur 500-jährigen Entdeckungsgeschichte Amerikas 1991 das *Movimiento Nacional de Resistancia Maya, Garífuna y Popular* ins Leben gerufen wurde, gehörte zu seinen wichtigsten Forderungen das Recht auf die jeweils eigene Kultur. Dies war auch eines der Anliegen der *Mesa Maya*, die 1992 im Hinblick auf die Friedensverhandlungen von Vertretern indigener Organisationen ins Leben gerufen wurde. Als 1994 im Rahmen der Friedensverhandlungen das Thema "Identität und Rechte der Indígena-Völker" verhandelt werden sollte, bildete sich im Mai desselben Jahres eine Koordination der Maya-Organisationen Guatemalas COPMAGUA *(Coordinación de Organizaciones del pueblo Maya de Guatemala Saqb'ichil)*, die in Beziehung steht zu der 1995 gegründeten Garifuna-Organisation ONEGUA *(Organización Negra Guatemalteca)* und der Xinka-Organisation COPXIG *(Consejo del Pueblo Xinka de Guatemala)*. Die Garifuna Guatemalas sind außerdem noch Mitglied in der *World Garifuna Organization*, die ihren Sitz in Belize hat. Die drei guatemaltekischen Organisationen treten für die politischen und kulturellen Rechte der Maya, Garifuna und Xinka ein. Die Diskussionen entwickeln sich heute im Versuch, die Beziehung der vier Völker und der Ethnien im Rahmen einer guatemaltekischen Nation und im Kontext der Globalisierung zu definieren.

Die Perspektive der indigenen Organisationen ist ein multikulturelles Modell mit einer partizipativen Demokratie und dem Ziel einer Einheit in der Verschiedenheit (Warren 1998: 13). Das zentrale Problem hierbei wird sein, inwieweit sich der Gegensatz, der ursprünglich als Gegensatz *indígena–ladino* gesehen wurde und jetzt als Gegensatz Maya-Mestize ausgedrückt wird, in eine interethnische und interkulturelle Zivilgesellschaft integrieren lässt und zu einem egalitären Zusammenleben, in dem es keine Subordination gibt, führen kann. Dem neuen Konzept des Interkulturalismus wird entgegengehalten, dass es letzten Endes doch wieder Transkulturation und Hybridisierung bedeutet.[11] Nach wie vor ist Guatemala stark durch Rassismus geprägt, der immer noch mit biologischen, vor allem aber mit kulturellen Vorurteilen argumentiert (Arenas Bianchi et al. 1999). Die guatemaltekische Soziologin Casaus Arzú plädiert daher gegen das Konzept einer ethnischen Nation für eine politische Nation, in der kulturelle Unterschiede

---

11 Morales, M. R., "Esencialismo 'Maya' Mestizaje Ladino y Nación Intercultural". In: Bianchi, Ch. A. et al. (1999): *Racismo en Guatemala?* Guatemala, S. 242.

anerkannt werden, wobei allerdings auch die *ladinos* ihre eigene Kultur zu definieren hätten (Morales 1999: 242).

Literaturverzeichnis

Adams, Richard N. (1999): "El Poblamiento de la Boca Costa: El Caso de la Reforma, San Marcos". In: Piel, Jean/Little-Siebold, Todd (Hrsg.): *Entre Comunidad y Nación*. Guatemala, S. 91-113.

Adams, Richard N./Bastos, Santiago (2003): *Las Relaciones Étnicas en Guatemala, 1944-2000*. Antigua/Guatemala.

Arenas Bianchi, Clara et al. (1999): *¿Racismo en Guatemala?* Guatemala.

Burns, Allan Frank (1993): *Maya in Exile. Guatemalans in Florida*. Philadelphia.

Bricker Reifler, Victoria (1981): *The Indian Christ, the Indian King*. Austin: University of Texas.

Burba, Heike (2003): "MigrantInnendollars und lokale Entwicklung. Die wachsende Bedeutung der Geldüberweisungen aus den USA für Guatemala". In: Stumpf, Markus et al. (Hrsg.): *Guatemala. Ein Land auf der Suche nach Frieden*. Frankfurt am Main, S. 63-79.

Bürstmayr, Manfred (2003): "Apartheidsstaat Guatemala. Die indigene Bevölkerung zwischen Widerstand und Unterdrückung". In: Stumpf, Markus et al. (Hrsg.): *Guatemala. Ein Land auf der Suche nach Frieden*. Frankfurt am Main, S. 206-214.

Büscher-Grotehusmann, Renate (1999): *Maya-K'iche' und Spanisch – Sprachkontakt und Sprachkonflikt in Guatemala. Eine soziolinguistische Beschreibung der Comunidad de Zunil*. Frankfurt am Main.

Campbell, Lyle Richard (1970): "Nahua Loan Words in Quichean Languages". In: *Proceedings of the Linguistics Society* 6: 3-13.

— (1977): *American Indian Languages. The Historical Linguistics of Native America*. New York/Oxford.

— (1983): "Préstamos lingüísticos en el Popol Vuh". In: Carmack, Robert M./Morales Santos, Francisco (Hrsg.): *Nuevas Perspectivas sobre el Popol Vuh*. Guatemala, S. 81-86.

— (1998): "Linguistic Contributions to Guatemalan Prehistory". In: Hill, Jane H./Mistry, P. J./Campbell, Lyle R. (Hrsg.): *The Life of Language*. Berlin/New York, S. 183-192.

Carrillo, Ana Lorena (1999): "Heterogeneidad Social, Historia e Identidad en el Espacio Urbano de Quetzaltenango". In: Piel, Jean/Little-Siebold, Todd (Hrsg.): *Entre Comunidad y Nación*. Guatemala, S. 85-103.

Castañeda, Quetzil Eugenio (1996): *In the Museum of Maya Culture. Touring Chichén Itzá*. Minneapolis/London.

CEH (Comisión para el Esclaracimiento Histórico) (1999): *Guatemala Memoria del Silencio. Tomo III. Las violaciones de los derechos humanos y los hechos de violencia*. Guatemala.

Coelho, Ruy (1955): *The Black Carib of Honduras. A Study in Acculturation*. Evanston.

Consejo de Educación Maya de Guatemala (1994): *Conclusiones, Recomendaciones y Resoluciones del Primer Congreso de Educación Maya*. Guatemala.

England, Nora C. (1993): *Maya' Chii'. Los Idiomas Mayas de Guatemala*. Guatemala.

— (1994): *Autonomía de los Idiomas Mayas*. Guatemala.

— (1996): *Introducción a la Lingüística: Idiomas Mayas*. Guatemala.

England, Nora C. /Elliot, Stephen R. (1990): *Lecturas sobre la Lingüística Maya*. Guatemala.

Fox, John William (1978): *Quiché Conquest. Centralism and Regionalism in Highland Guatemala State Development*. Albuquerque.

Gargallo, Francesca (2002): *Garífuna, Garínagu, Caribe*. México, D.F.

GKKE (Gemeinsame Konferenz Kirche und Entwicklung) (1997): *Auf dem Weg zum Frieden. Dokumentation der Abkommen im Friedensprozess von Guatemala 1994-1996*. Bonn.

Guzmán Böckler, Carlos/Herbert, Jean Loup (1970): *Guatemala: una interpretación histórico-social*. México, D.F.

Guzmán Böckler, Carlos (1975): *Colonialismo y Revolución*. Mexico, D.F.

— (1986): *Donde enmudecen las conciencias. Crepúsculo y aurora en Guatemala*. México, D.F.

Herrera, Guillermina (1992): "Las Lenguas Guatemaltecas en la Nueva Constitución: un desafío". In: Rodríguez Guaján, José Obispo: *Cultura Maya y Políticas de Desarrollo*. Guatemala, S. 192-217.

Lehmann, Walter (1920): *Die Sprachen Zentral-Amerikas in ihren Beziehungen zueinander sowie zu Süd-Amerika und Mexiko*. Berlin.

Mohr, Maren (2001): *Lebensformen zwischen "Hier" und "Dort". Transnationale Migration und Wandel einer Garifuna Gemeinde in Guatemala und New York*. Bonn.

Morales, Mario Roberto (1999): "Esencialismo 'Maya', Mestizaje Ladino y Nación Intercultural". In: Arenas Bianchi, Clara et al. (1999): *¿Racismo en Guatemala?* Guatemala, S. 289-303.

Munro, Pamela (1998): "The Garifuna Gender System". In: Hill, Jane H./Mistry, P. J./Campbell, Lyle R. (Hrsg.): *The Life of Language. Papers in Linguistics in Honor of W. Bright*. Berlin/New York, S. 443-462.

Nash, June C.(2000): *Mayan Visions*. New York/London.

Riese, Berthold (1995): *Die Maya. Geschichte, Kultur, Religion*. München.

Rodríguez Guaján, José Obispo (1997): "Influencia Kaqchikel en el Castellano de Bilingües Kaqchikel-Castellano". In: *Segundo Congreso de Estudios Mayas*. Guatemala, S. 175-188.

Schmidinger, Thomas (2003): "Von der Hartlebigkeit des Überlebens. Xinca-Identitäten im Wandel". In: Stumpf, Markus et al. (Hrsg.): *Guatemala. Ein Land auf der Suche nach Frieden*. Frankfurt/Main, S. 112-145.

Solien González, Nancie L. (1979): *La Estructura del Grupo Familiar entre los Caribes Negros*. Guatemala.

Suazo, Eusebio Salvador (1991): *Conversémos en Garífuna*. Tegucigalpa.

Sukk'B'Anik (1999): *Administración de Justicia Maya. Experiencia de Defensoría Maya*. Guatemala.

Taylor, Douglas (1951): *The Black Carib of British Honduras*. New York.

— (1977): *Languages of the West Indies*. Baltimore/London.

TIMACH (1999): *Memorias del segundo congreso. Enseñanzas del ancestro. Esperanzas del futuro*. Quetzaltenango.

Warren, Kay Barbara (1998): *Indigenous Movements and their Critics: Pan-Maya Activism in Guatemala*. Princeton.

Watanabe, John M. (2000): "Maya and Anthropologists in the Highlands of Guatemala since the 1960's". In: *Supplement to the Handbook of Middle American Indians*, vol. VI. Austin.

Carlos Tünnermann Bernheim[1]

Die Nationale Alphabetisierungskampagne Nicaraguas (1980)

1. Einleitung

Analphabetismus stellt die größte Verweigerung des in der Erklärung der Menschenrechte verankerten Anspruches auf Bildung dar. Zwar hat man in allen Ländern große Anstrengungen unternommen, den Analphabetismus zu bekämpfen, der als ein ernstes soziales Problem und ein Faktor der gesellschaftlichen Marginalisierung und Ausschließung in den sozialen Ungleichheiten verwurzelt ist. Dennoch hat die Menschheit das 21. Jahr-hundert mit einer schweren Last begonnen: Weltweit werden fast 900 Millionen Analphabeten gezählt, davon zwei Drittel Frauen. In Lateinamerika liegt der Prozentsatz bei 10,9%, was in absoluten Zahlen 42 Millionen Erwachsenen entspricht, die zu Beginn des 21. Jahrhunderts nicht lesen und schreiben können. Was die zentralamerikanische Subregion angeht, so schätzt man nach Angaben des neuesten Berichts des *Proyecto Estado de la Región* (PNUD), dass fast jeder dritte Zentralamerikaner über 15 Jahre Analphabet ist. Costa Rica und Panama weisen dabei die geringsten (5,2% bzw. 9,2%) und Guatemala, Honduras und Nicaragua die höchsten Prozentsätze auf (vgl. *Segundo Informe sobre Desarrollo Humano en Centroamérica y Panamá*, San José, Costa Rica: Proyecto Estado de la Nación 2003: 31).

Im Fall Nicaraguas ist die aktuelle Situation dramatisch, da die Zahlen einen Rückschritt von etwa 13% Analphabetismus 1980 zu einem heutigen Prozentsatz zwischen 25% und 30% beweisen. Glücklicherweise hat sich in den letzten Jahren ein Bewusstsein hinsichtlich dieses Problems entwickelt, und das nicaraguanische Erziehungs- und Bildungsministerium führt mit Hilfe der Spanischen Agentur für Kooperation das "Alphabetisierungs- und Erwachsenenbildungsprogramm in Nicaragua" (*Programa de Alfabetización y Educación Básica de Adultos en Nicaragua* – PAEBANIC) durch, an dem mehr als 50.000 Personen teilnehmen. Dieses Programm wird unter Mitarbeit mehrerer Nichtregierungsorganisationen realisiert, die sich der Aufgabe

---

1 Der Autor war während der Nationalen Alphabetisierungskampagne nicaraguanischer Erziehungsminister.

der Alphabetisierung verschrieben und das "Nationale Alphabetisierungs-
netzwerk" *(Red Nacional de Alfabetización)* gegründet haben. Vor kurzem
verlieh die UNESCO diesem Programm den "Premio de Alfabetización
NOMA", einen Preis, den Nicaragua schon in den achtziger Jahren für das
damalige Erwachsenenbildungsprogramm erhalten hatte. Dieses Programm
setzte die große Nationale Alphabetisierungskampagne fort, die 1980 mit
dem Preis "Nadeska Krubskaya" der UNESCO ausgezeichnet worden war.
Diese Alphabetisierungskampagne gilt als das wichtigste Ereignis in der
Geschichte des nicaraguanischen Bildungswesens. Mehr als 400.000 Nicaraguaner – vor allem Jugendliche – wurden damals alphabetisiert.

Analphabetismus wirkt sich zweifellos negativ auf die Entwicklungsmöglichkeiten und die Wettbewerbsfähigkeit der Nationen aus, denn – wie
Hernán Gómez Buendía feststellt – der ökonomische und geopolitische
Wettlauf des 21. Jahrhunderts ist ein Wettlauf der Bildungssysteme. Die
durchschnittliche Dauer der Schulbildung in Nicaragua liegt bei 4,9 Jahren.
Besonders besorgniserregend ist, dass die Hauptursache des Analphabetismus in ihrer ganzen Ungerechtigkeit weiter besteht: Millionen Kinder auf
der ganzen Welt haben keinen Zugang zur Grundschule und sind deswegen
unweigerlich dazu verdammt, das Heer der Analphabeten zu verstärken.

Bildung ist gleichzeitig ein Menschenrecht und ein Schlüsselfaktor für
die Entwicklung. Wie die UNESCO in *La Estrategia a Plazo Medio* (1996-
2002) schreibt, ist Bildung ein vitales Instrument, um die Fähigkeiten der
Individuen voll zu entfalten und das Problem der Unterentwicklung an der
Wurzel zu bekämpfen. Sie ist unverzichtbar für die Übermittlung der modernen zivilbürgerlichen Wertecodes als Teil der Herausbildung von Persönlichkeiten, damit diese in der Lage sind, unabhängiges Denken und kritische
Urteilskraft zu entwickeln, zwei wichtige Funktionen in der modernen Gesellschaft, in der sich das Individuum leicht in den immensen Informations-
und Nachrichtenströmen verlieren kann. Die Bildung soll ihm Kenntnisse
und Fähigkeiten vermitteln, um als aktives Mitglied der Zivilgesellschaft in
einer modernen und partizipativen Demokratie Entscheidungen treffen zu
können. Genauso wichtig ist das Ziel, durch Bildung gemeinsame kulturelle
und moralische Werte zu übermitteln. Auf diesen Werten beruhen Identität
und Würde des Individuums und der Gesellschaft.

In ihrem Kampf gegen die Geißel des Analphabetismus darf die Menschheit nicht vergessen, dass Alphabetisierung eine komplexe Aufgabe ist. Wie
Entwicklung nicht allein wirtschaftliches Wachstum ist, so die Schlussfolge-
rung der UNESCO-Experten, die die Bemühungen der letzten Jahrzehnte

analysiert haben, so müssen Alphabetisierung und Bildung im Allgemeinen darauf ausgerichtet sein, in den Individuen eine kritische Haltung gegenüber der gesellschaftlichen Realität zu wecken, und es so Männern wie Frauen ermöglichen, ihr Schicksal zu verstehen, zu meistern und zu verändern.

2. Vorgeschichte und Problemlage

Noch zu Beginn der siebziger Jahre verbreitete das Somoza-Regime die Information, dass die Analphabetismusrate in der erwachsenen Bevölkerung Nicaraguas bei 42% liege (Zensus von 1971), und so wiederholten es die internationalen Statistiken. Die Ergebnisse des nationalen Zensus vom Januar 1980, an dem sich Tausende von freiwilligen Mitarbeitern beteiligten, enthüllten jedoch, das sie in Wirklichkeit 50,3% in der Bevölkerung über zehn Jahren betrug; in absoluten Zahlen waren das 722.431 Analphabeten, von denen 592.059 für eine Alphabetisierung in Frage kamen. Dieser Zensus zeigte auch, dass mindestens 21% der Analphabeten Kinder und Jugendliche zwischen 10 und 14 Jahren waren, das heißt Kinder und Jugendliche, die nie eine Schule besucht hatten oder die Schule abbrachen, ohne Lesen und Schreiben gelernt zu haben, was damals wie heute besonders häufig in den ländlichen Zonen der Fall ist.

Dieser Prozentsatz verschleierte noch eine andere triste Realität: die enorme Asymmetrie zwischen dem Land und der Stadt. Während in den Städten der Prozentsatz um 28,1% lag, erreichte er in den ländlichen Gebieten 76,1%, wobei in den zentralen und nördlichen Departements sowie in denen an der Karibikküste die extremsten Zustände herrschten.

Im Departement Río San Juan lag die Analphabetismusquote zum Beispiel bei 96,3%; im Departement Zelaya bei mehr als 75%; in den Departements Matagalpa und Jinotega über 70% und in den Departements León, Boaco, Madriz und Nueva Segovia über 60%. Das Departement Managua mit insgesamt 27,6% Analphabeten registrierte extreme Unterschiede zwischen der Hauptstadt Managua mit 21,6% und den ländlichen Zonen des Departements mit 60,5%.

Außerdem leben in Nicaragua auch Bevölkerungsgruppen, deren Muttersprache nicht Spanisch ist, sondern Miskito, Sumo oder kreolisches Englisch. Die Revolution versprach diesen Gruppen, eine Alphabetisierung in ihren eigenen Sprachen durchzuführen und so ihre kulturelle Identität zu respektieren.

Der nationale Zensus von 1980 sollte die gesamte Bevölkerung der über Zehnjährigen registrieren und folgende Fragen beantworten: Wer kann lesen und schreiben und wer nicht? Über welche Voraussetzungen verfügt die Person, um zu lernen bzw. zu unterrichten. Außerdem wurden Name, Wohnsitz, Beruf oder Beschäftigung der befragten Person festgehalten und nach der Disponibilität von Räumlichkeiten und anderen Aspekten gefragt. Die erhobenen Daten dienten als Grundlage, um die Alphabetisierer auf ihre Aufgabe vorzubereiten und lieferten Informationen über die Beziehung zwischen potenziellen Alphabetisierern und Analphabeten.

Neben den 59.123 Schülern und Studenten, die sich in Brigaden organisierten und zusammen mit ihren Lehrern in die ländlichen Regionen zogen, um die Menschen dort zu alphabetisieren, schlossen sich in den Städten weitere Tausende dieser großen Anstrengung zur Alphabetisierung an. Am Ende waren es 96.582 Alphabetisierer, die sich fünf Monate lang hingebungsvoll der Aufgabe widmeten, "die Dunkelheit in Klarheit zu verwandeln", wie es in der von Carlos Mejía Godoy komponierten Hymne der Kampagne heißt.

Noch nie in der Geschichte Nicaraguas hatte man ein ähnliches Ereignis erlebt: Nicaragua wurde zu einer Art großen Schule, in der jeder sein Wissen dem anderen, der weniger oder keine Kenntnisse hatte, vermittelte. Nicaragua befand sich im Ausnahmezustand der allgegenwärtigen Ausbildung, es "roch" sozusagen überall nach Erziehung. Alle gesellschaftlichen Sektoren schlossen sich diesem Unternehmen an, das vor allem dank der großartigen Bemühungen der Jugend zur größten pädagogischen Heldentat, zu einem wahren Wendepunkt in der Geschichte des nicaraguanischen Erziehungswesens wurde. Das war ohne Präzedenzfall und wiederholte sich seit dem Jahre 1980 auch nicht mehr, das offiziell zum "Jahr der Alphabetisierung" erklärt wurde. Schüler der konfessionellen Schulen nahmen mit der gleichen Begeisterung teil wie die der öffentlichen, und beide Gruppen verbrüderten sich auf dem Land. In den Kirchen der Städte und Dörfer konnte man sehr oft Transparente mit dem Satz finden: "Alfabetizar a tu hermano es un deber cristiano" ("Deinen Bruder zu alphabetisieren ist eine christliche Pflicht").

Das Ergebnis dieser nationalen Mobilisierung war die Alphabetisierung von 406.056 Nicaraguanern, die Analphabetismusrate wurde von 50,3% auf 12,9% gesenkt. Monate später wurden weitere 16.000 Personen an der Karibikküste Nicaraguas in ihren Sprachen alphabetisiert, d.h. in Miskito, Sumo und kreolischem Englisch. Neben diesem großen Erfolg gab es noch die so genannten "Nebenprodukte". Zum Beispiel arbeiteten die Brigadisten in der Kampagne zur Bekämpfung der Malaria mit, worauf sie speziell vorbereitet wurden. Außerdem sammelten sie Beispiele aus Flora und Fauna sowie Folklore und Kunsthandwerk der verschiedenen Regionen. Sie hielten archäologische Fundstätten oder Mineralvorkommen fest, zeichneten mündlich überlieferte Augenzeugenberichte aus dem nationalen Befreiungskampf auf und trugen Volkslieder, -legenden, -geschichten und -tänze zusammen, um die unterdrückte Volkskultur zu verstehen und zu verbreiten.

Mit all diesen Schätzen wurde der *Museo Nacional de la Cruzada Nacional de Alfabetización* eingerichtet, damit Nicaraguaner und Ausländer der damaligen wie der zukünftigen Generationen die Zeugnisse dieser großen Anstrengung kennenlernen konnten. Leider wurde das Museum zu Beginn der neunziger Jahre geschlossen. Um so erfreulicher sind die Anstrengungen einer Gruppe ehemaliger Brigadisten, ein neues Museum der Alphabetisierung einzurichten.

Als die Kampagne gestartet wurde, gab es Stimmen, die kritisierten, man wolle damit – im Widerspruch zu den Prinzipien der traditionellen Pädagogik – die Bauernschaft politisieren und indoktrinieren. Diese Argumente erwiesen sich als haltlos. Liest man die *Declaración de Persépolis* der UNESCO von 1975, begreift man, dass sich die Alphabetisierungskampagne von den dort formulierten Postulaten leiten ließ:

> Die Alphabetisierung ist wie die Erziehung im Allgemeinen ein politischer Akt. Sie ist nicht neutral, denn die gesellschaftliche Wirklichkeit zu entdecken, um sie zu verändern oder zu beschönigen und aufrechtzuerhalten, ist ein politischer Akt.

Von Beginn an wurde Paulo Freires Aussage, dass die Alphabetisierung nicht eine pädagogische Tat mit politischen Implikationen sei, sondern eine politische Tat mit pädagogischen Implikationen, als Leitlinie der Kampagne akzeptiert.

3. Die Schwierigkeiten eines Alphabetisierungsplans

Es handelte sich um eine riesige Herausforderung, die mit traditionellen Mitteln nicht zu bewältigen war. Die im Schuldienst tätigen Lehrer reichten gerade einmal für die Kinder in den Schulen aus. Es war also nötig, eine breite Massenbewegung zu initiieren, an der die gesamte nicaraguanische Bevölkerung über alle Klassen, Generationen und sozialen wie ökonomischen Lebensumstände hinweg teilnahm. In diesem Geist wurden die großen Ziele der Kampagne entwickelt, die im Wesentlichen im Folgenden bestanden:

1. Überwindung des Analphabetismus auf dem ganzen Staatsgebiet und dadurch Stärkung der ersten Etappe der humanistischen Transformation der neuen nicaraguanischen Gesellschaft.

2. Mitwirkung an dem wirtschaftlichen Reaktivierungsplan der Regierungsjunta des Nationalen Wiederaufbaus, mit dem 1980 die Wirtschaft angekurbelt, die Betriebe zum Laufen gebracht und Landwirtschaft wie Viehzucht aktiviert werden sollten.

3. Einbeziehung von mehr als einer halben Million Nicaraguanern, die – als Analphabeten und Alphabetisierer – an der Alphabetisierungskampagne teilnahmen, in das revolutionäre Projekt durch einen Prozess der politischen Bewusstseinsbildung.

4. Ausbildung der Volksmassen, um sie in den Prozess der Verbesserung der nationalen Agrarproduktion und der nationalen Industrie zu integrieren.

5. Eine umfassende Erziehung der jugendlichen Alphabetisierer aufgrund ihrer im Zusammenleben mit den bäuerlichen Massen und im direkten Kontakt mit der nationalen Wirklichkeit gewonnenen Erfahrungen.

6. Schaffung eines Erwachsenenbildungsprogramms als Fortsetzung der nationalen Alphabetisierungskampagne.

Außerdem wollte man weitere kollaterale Ergebnisse erzielen, die damals so genannten "Nebenprodukte":

- Sammlungen der Flora und Fauna der unterschiedlichen Regionen des Landes,
- Sammlung des nationalen Schatzes an Volkslegenden, Volksliedern usw.,
- Durchführung von Forschungsprojekten zur Entdeckung von archäologischen Fundstätten, Mineralvorkommen usw.,
- Durchführung eines Projekts zur Sicherung der Zeugnisse der *Oral History* des nationalen Befreiungskampfes,
- Durchführung von Projekten zur Gesundheitserziehung (das Gesundheitsministerium arbeitete einen Leitfaden zur Präventivmedizin und Umwelthygiene aus und schulte die Brigadisten in der Weitergabe dieser Kenntnisse),
- Durchführung eines Zensus im landwirtschaftlichen Sektor, den die übers ganze Land verteilten Brigadisten realisieren sollten.

4. Die Durchführung der Kampagne

4.1 Die Vorbereitungsphase

In dieser Phase ging es um Planung, Organisierung, Ausbildung des Personals und Bereitstellung der Finanzmittel. Es wurde eine Nationale Kommission eingerichtet, die von dem damaligen Erziehungsminister geleitet wurde und aus Repräsentanten der Bildungsinstitutionen, gewerkschaftlicher und beruflicher Vereinigungen sowie staatlicher Institutionen des ganzen Landes bestand. Besondere Bedeutung für die Mobilisierung der Brigadisten hatten die Vereinigungen der Lehrer und die *Juventud Sandinista*.

Als Exekutivorgan der Kampagne wurde die Nationale Koordination geschaffen, die aus folgenden Abteilungen bestand: Technische Abteilung, Abteilung für Design und Produktion, Abteilung für Statistik und Volkszählung, Abteilung für Öffentlichkeitsarbeit und Werbung, Abteilung für Bibliothekswesen und Dokumentation, Abteilung für finanzielle Förderung und Projekte, Abteilung für Infrastruktur. In der Zwischenzeit musste man mit der Ausbildung der Alphabetisierer beginnen. Um die Qualifizierung von rund 100.000 Personen zu gewährleisten, wurde mit einem Multiplikationssystem gearbeitet.

In einer ersten Phase wurden in einem zweiwöchigen Workshop 80 Personen ausgebildet, die dann als Instrukteure der Alphabetisierer arbeiten sollten. Diese erste Gruppe wurde aufs Land geschickt, um die Wirksamkeit ihrer Ausbildung zu testen. In einer zweiten Phase wurden eine weitere ähnliche Gruppe und in der Folge 12.000 Lehrer geschult, die als pädagogische Betreuer der Brigadisten dienten. Diese 12.000 Lehrer schulten wiederum die insgesamt 100.000 Alphabetisierer in einem zehntägigen Workshop auf Departements- und Gemeindeebene Anfang März 1980.

Die Ausbilder wurden unter Lehrern, Schülern, Studenten und Mitgliedern von Massenorganisationen ausgewählt, die in technischer, pädagogischer und politisch-organisatorischer Hinsicht die besten Voraussetzungen boten. Die Medien (Zeitungen, Rundfunk usw.) unterstützten diese Arbeit der Vorbereitung von 100.000 zukünftigen Alphabetisierern. Für einen Moment verwandelte sich Nicaragua in einen einzigen großen Workshop zur Schulung der Alphabetisierer.

Ausgehend von anderen internationalen Beispielen – wie den kubanischen und mexikanischen Bildungsprojekten und den Arbeiten Paulo Freires – wurde das Handbuch *Cartilla Nacional "El Amanecer del Pueblo"* ausgearbeitet, das diese Erfahrungen der nicaraguanischen Realität und den

Notwendigkeiten der Revolution anpasste. Dies war eine einzigartige Gelegenheit, durch Lektüre, Reflexion und ständige Auseinandersetzung mit der sozialen und ökonomischen Realität des Landes einen Bewusstwerdungsprozess unter den breitesten Bevölkerungsschichten Nicaraguas zu initiieren.

Mit Unterstützung der Medien wurde eine permanente Werbekampagne organisiert, die der Orientierung der Alphabetisierer und der Entwicklung des Bewusstseins der zukünftigen alphabetisierten Bevölkerung dienen sollte. Dazu wurde eine internationale Kampagne für Nicaragua organisiert, an der sich alle Solidaritätsgruppen beteiligten, die in der Welt existierten.

4.2 Die Methode und die Texte

Die in der Alphabetisierungskampagne angewandte Methodik basierte zum Teil auf anderen, bereits vorher genutzten Methoden wie der Paulo Freires und den Erfahrungen der Republik Kuba, wurde jedoch um die nicaraguanischen Besonderheiten ergänzt. Die Methode zeichnete sich durch folgende Elemente aus:

Zunächst wurden die Themen des Lehrbuchs *Cuaderno de Alfabetización* festgelegt. Es wurden insgesamt 23 Themen ausgewählt, die eng mit dem revolutionären Prozess und dem Programm der Regierung des Nationalen Wiederaufbaus verbunden waren. Beim ersten Thema geht es zum Beispiel um Nicaraguas Nationalhelden Augusto César Sandino, das zweite bezieht sich auf Carlos Fonseca, den Gründer des *Frente Sandinista de Liberación Nacional* (FSLN) und "Comandante en Jefe de la Revolución".

Andere Themen haben mit den verschiedenen Punkten des Regierungsprogramms zu tun wie zum Beispiel der Wohnungs- und Gesundheitsproblematik, der Außenpolitik usw.; weitere beziehen sich auf die Stadtteilkomitees (*Comités de Defensa Sandinista* – CDS) und die sandinistische Armee (*Ejército Popular Sandinista* – EPS).

Anschließend wurde für jedes Thema eine Abbildung, normalerweise ein Foto, ausgewählt, das Grundelemente des Themas illustrierte. Mittels dieser Abbildungen regte der Alphabetisierer einen Dialog mit seinen Schülern an. Dieser Moment hat einen ausgesprochen politischen Charakter, nicht nur wegen der politischen Inhalte, die in dem Dialog zur Sprache kommen, sondern aufgrund der Tatsache, dass die Volksmassen, insbesondere die bäuerlichen Massen, das Wort erhalten und aktiv einbezogen werden.

Von dieser ersten Etappe, in der die politischen Inhalte im Vordergrund standen, ging man zu einer zweiten über, die sich auf einen Satz konzentrierte, der aus dem Kontext der Lektion stammte und einige grundlegende Elemente des Inhalts kondensierte. Beim ersten Thema, das sich auf Augusto C. Sandino bezieht, war das zum Beispiel der Satz: "Sandino: Guía de la Revolución" ("Sandino: Führer der Revolution"). Dieser Satz bezieht sich nicht nur auf die wesentlichen Aspekte des Themas, er erlaubt auch, die für die Entwicklung der Lese-Schreib-Fähigkeit notwendigen Elemente analytisch zu behandeln. Die beiden Wörter "la revolución" enthalten zum Beispiel die fünf Vokale, die in der ersten Lektion eingeführt werden.

In den weiteren Lektionen werden die Wörter in Silben unterteilt; ausgehend von den einzelnen Silben werden die Silbengruppen untersucht, zu denen sie jeweils gehören. So werden zum Beispiel ausgehend von dem Namen *Fon-se-ca* die Silben si, so, se, sa behandelt. Der Lernvorgang basiert auf dem Wiedererkennen der Silben als phonetischen Einheiten. Gleichzeitig wird das Schreiben der Silben gelehrt. Mit den gerade und in vorherigen Lektionen gelernten Silben werden neue Wörter gebildet, wobei die Kreativität der Lerngruppe gefördert wird (synthetische Phase der angewandten Methode).

Nachfolgend bietet der *Cuaderno Lecto-Escritura* (Lese-Schreib-Heft) kurze Texte mit ansteigendem Schwierigkeitsgrad entsprechend der Progression im Erlernen neuer Silbengruppen. Die gelernten Wörter und Sätze werden nach Diktat geschrieben, um so die grundlegende Lese-Schreib-Fähigkeit zu trainieren. Außerdem wurde ein Lehrbuch der Grundrechenarten Addition, Subtraktion, Multiplikation und Division und zu einigen Aspekten von Brüchen, Gewichten, Maßen usw. erstellt. Der Titel dieses Hefts *Cálculo y Reactivación: Una sola operación* enthält bereits einen Hinweis auf die Methode: Das Lehren/Erlernen dieser Elemente ist eng mit Themen wie der Produktion, der Spekulation, der Agrarreform usw. verbunden.

Diese beiden Hefte waren die Basistexte der Alphabetisierungskampagne. Ein ergänzendes Heft, der *Cuaderno de Orientaciones para el Alfabetizador*, eine Art Lehrerhandbuch, enthielt weitere Informationen zu den Themen der Lektionen, Erklärungen zu den einzelnen methodischen Schritten und allgemeine Empfehlungen für den Lernprozess.

4.3 Die Organisation

Die Organisation bestand aus drei großen Gruppen: den *Alfabetizadores Populares* (AP, "Volksalphabetisierer"), dem *Ejército Popular de Alfabetizadores* (EPA, "Volksheer der Alphabetisierer") und den *Milicias Obreras de Alfabeti*zación (MOA, "Arbeitermilizen der Alphabetisierung").

Die *Milicias Obreras de Alfabetiz*ación (MOA) wurden von Einheiten städtischer Arbeiter gebildet, die ihre Genossen in den Produktionszentren alphabetisierten. Einige Einheiten der MOA verstärkten dann den *Ejército Popular de Alfabetizadores* (EPA) in der Alphabetisierung auf dem Land. Die MOA wurden von der *Central Sandinista de Trabajadores* (CST, sandinistische Gewerkschaftszentrale) organisiert.

Die *Alfabetizadores Populares* (AP) setzten sich aus freiwilligen Alphabetisierern zusammen, die nach der Arbeit die Bevölkerung der städtischen Zonen alphabetisierten. An ihnen beteiligten sich Hausfrauen, Arbeiter, Staatsangestellte und alle diejenigen, die an der Alphabetisierung teilnehmen wollten, aber nicht für mehrere Monate aufs Land oder in die Berge gehen und sich voll dieser Aufgabe widmen konnten. Die AP wurden von den Stadtteilkomitees (*Comités de Defensa Sandinista* – CDS) organisiert.

Der *Ejército Popular de Alfabetizadores* (EPA) wurde von denen gebildet, die für mehrere Monate aufs Land oder in die Berge gehen und sich dort ausschließlich der Alphabetisierungsarbeit widmen konnten. Der EPA bestand daher hauptsächlich aus Freiwilligen, Schülern der Sekundarschulen, Universitätsstudenten und Lehrern. Für die Organisation des EPA waren die *Juventud Sandinista 19 de Julio* und die Lehrergewerkschaft (*Asociación Nacional de Educadores Nicaragüenses* – ANDEN) zuständig.

Auch organisierte Gruppen von Alphabetisierern aus anderen Ländern schlossen sich der Kampagne an, ein symbolischer Akt der Solidarität der befreundeten Völker und Regierungen, die auf der ganzen Welt die große Alphabetisierungskampagne der sandinistischen Revolution unterstützten. Das spanische Erziehungsministerium stellte dem nicaraguanischen Erziehungsministerium zum Beispiel eine Gruppe von 70 Lehrern zur Teilnahme an der Alphabetisierung zur Verfügung. Auch mehrere Hundert kubanische Lehrer nahmen teil, ebenso ein Kontingent von 50 Alphabetisierern aus der Dominikanischen Republik und 40 pensionierte Lehrer aus Costa Rica. Die *Unión Internacional de Educadores* (UIE, Internationale Lehrervereinigung) stellte eine Internationale Brigade mit 30 Freiwilligen aus verschiedenen Ländern auf.

Um die Alphabetisierung in den ländlichen Zonen Nicaraguas zu garantieren, zählte man auf die massenhafte Beteiligung von Schülern und Studenten, die sich im *Ejército Popular de Alfabetizadores* (EPA) organisierten und am *Ejército Popular Sandinista* (EPS) orientierten. Nur dass dieses Heer der Kulturellen Befreiung Hefte und Bleistifte als Waffen einsetzte und Barrikaden errichtete, die dem Analphabetismus bis zu seiner definitiven Bekämpfung die Stirn boten. Der EPA war in Fronten, Brigaden, Kolonnen und Trupps organisiert.

Nicaragua wurde zum Zweck der Alphabetisierung auf dem Land in sechs Sektoren aufgeteilt, deren Bezeichnung und geografische Aufteilung den Fronten des nationalen Befreiungskrieges gegen die dynastische Diktatur der Familie Somoza entsprachen. Die Brigaden setzten sich aus allen Alphabetisierern zusammen, die in den Gemeinden der Fronten tätig waren. Die einzelnen Kolonnen bestanden aus ca. 120 Alphabetisierern und teilten sich wiederum in vier Trupps zu je ca. 30 Personen auf. Die geografische Positionierung der Kolonnen entsprach soweit wie möglich der Einteilung in ländliche Gemarkungen.

4.4 Nicaragua wurde zu einer großen Schule

Mit der Präsenz der Brigadisten auf dem Land stellte sich eine umfassende Kommunikation unter der nicaraguanischen Bevölkerung her. Die Eltern der Brigadisten besuchten, ermutigt von ihren Kindern, die Orte, an denen diese im Einsatz waren. So lernten sie die Teile der Bevölkerung, die sich alphabetisierten, und ihre harten, zum Teil erniedrigenden Lebensbedingungen kennen. Es entstanden Freundschaften, Gegenbesuche zwischen Bewohnern der Stadt und dem Land, der Vorstädte und wohlhabenden Stadtteile fanden statt.

In jenen Monaten war auf den Straßen, Wegen und Pfaden Nicaraguas ein ständiges Kommen und Gehen. Die Nicaraguaner waren in unaufhörlicher Bewegung, getrieben von dem Willen, ihre Aufgabe in der vorgesehenen Zeit zu erfüllen und ihren Bezirk vom Geschwür des Analphabetismus zu heilen. Nicaragua verwandelte sich in eine große Schule und – warum sollte man das verschweigen? – in ein riesiges Seminar der politischen Bewusstseinsbildung. Das Land befand sich, wie jemand zu Recht bemerkte, im "allgemeinen Erziehungszustand".

4.5 Die Ergebnisse

Offiziell endete die Kampagne am 23. August 1980. In Wirklichkeit wurde sie aber im Oktober desselben Jahres mit der Alphabetisierungskampagne der indigenen Bevölkerungsgruppen der Karibikregion in deren eigenen Sprachen fortgesetzt, wozu die Entwicklung eigener Lehrmittel in Miskito, Sumo und kreolischem Englisch notwendig war. In diesen drei Sprachen wurden 16.000 Personen alphabetisiert.

Worin bestanden die wirklichen Errungenschaften der Kampagne? Ihr Hauptziel, die Beseitigung des Analphabetismus, wurde in hohem Maße erreicht. Die Analphabetenrate wurde innerhalb von fünf Monaten von 50,3% auf 12,9% gesenkt, 406.056 Personen konnten alphabetisiert werden.

5. Die Schaffung des Vizeministeriums für Erwachsenenbildung

Es ist offensichtlich, dass die Errungenschaften einer Alphabetisierungskampagne verloren gehen, wenn es keine Folgeprogramme gibt, die die frisch Alphabetisierten ermuntern, den Lernprozess fortzusetzen und sich zu perfektionieren. Es war also nötig, ein solches Programm zu definieren, zu organisierenund das erforderliche Personal zu schulen. Im Erziehungsministerium wurde ein Vizeministerium für Erwachsenenbildung geschaffen, das noch im Kielwasser der Alphabetisierungskampagne etwa 200.000 Personen mit der so genannten *Educación Popular Básica* versorgte, unterstützt von den *Colectivos de Educación Popular* (20.500 im ganzen Land) und etwa 20.000 *Maestros Populares* (Volkslehrern).

Mit Hilfe dieses Programms der *Educación Popular Básica* wurde eine erste, für die Erziehung unabdingbare Etappe abgeschlossen, die eine Einführungsphase und vier darauf aufbauende Stufen umfasste. Danach folgte die *Educación de Adultos Diversificida* (Diversifizierte Erwachsenenbildung), mit der die Erwachsenen auf die berufliche Tätigkeit vorbereitet wurden.

Die Schwierigkeiten waren groß. In einem flexiblen, kollektiven und direkt mit der Produktion verbundenen Lernprozess sollten den Erwachsenen elementare Fertigkeiten wie Lesen, Schreiben und Rechnen vermittelt werden, damit sie selbst oder mit Hilfe anderer fortgeschrittenerer Personen ihren Lernprozess weitgehend unabhängig fortsetzen konnten. Zu diesem Zweck mussten die Landhäuser, Ernteschuppen, Fabrikhallen und Betriebsräume als Unterrichtsräume hergerichtet werden.

Die Akteure und Koordinatoren dieser Programme wurden in wöchentlichen technischen Workshops fortgebildet, in denen Erfahrungen ausgetauscht und die Arbeit geplant und die Teilnehmer im Einsatz der von den technischen Abteilungen des Ministeriums entwickelten Lehrmittel geschult wurden. Das waren im Wesentlichen zwei: *Nuestra Trinchera*, ein Sprach-Arbeitsheft, mit dem die während der Alphabetisierungskampagne erworbenen Kenntnisse und Begriffe erweitert werden sollten, und *En Marcha*, ein Mathematik-Arbeitsheft, das den Lernenden auch mit der wirtschaftlichen Situation Nicaraguas vertraut machte.

6. Die Lehren aus der Kampagne

Wenn eine Lehre aus der nicaraguanischen Erfahrung gezogen werden kann, so die, dass Bildung eine Aufgabe aller ist und dass diejenigen, die das Privileg der Erziehung genossen haben, dazu verpflichtet sind, diese uneigennützig weiterzugeben. Nur so ist es möglich, die riesigen Kosten zu bestreiten, die Programme dieser Art verursachen; der Staat mit seinen immer beschränkten Mitteln kann sie nicht abdecken.

Nicaragua wurde für einen Moment seiner Geschichte zu einem Labor gesellschaftlicher Erfahrungen, die für ganz Hispanoamerika und alle Länder der Dritten Welt von Interesse sind. Dank Planung, Überredung und Überzeugungsarbeit wurde mehr als eine halbe Million Nicaraguaner alphabetisiert und so Bestandteil der geschriebenen Kultur – eine Heldentat, die von einem kleinen, armen und vom Bürgerkrieg ruinierten Land verwirklicht wurde, erdrückt von den Schulden, die ihm eine gefräßige und unterdrückerische Diktatur hinterließ.

Nichts von alledem wäre erreicht worden, wenn nicht zwei Voraussetzungen erfüllt worden wären: Zum einen erlebte Nicaragua einen Transformationsprozess, der das ganze Land umfasste, zusammenschloss und auf die Unterstützung der internationalen Solidaritätsbewegung zählen konnte. Von den 12 Mio. US$, die in die Alphabetisierungskampagne investiert wurden, kamen zwei Drittel durch die Solidarität der Völker der ganzen Welt zusammen. Zum anderen war da ein um das Projekt einer neuen Gesellschaft vereintes Volk, ein friedliches, arbeitendes Volk, aber auch ein Volk, das bereit war, heroisch für die großen Ziele zu kämpfen.

(Übersetzung: Alexandra Ortiz Wallner.)

Ralf Leonhard

Der Zentralamerikaner an und für sich

Der ideale Zentralamerikaner ist
bescheiden wie ein *Tico* (Costaricaner),
ehrlich wie ein *Guanaco* (Salvadorianer),
schön wie ein *Chapín* (Guatemalteke),
fleißig wie ein *Catracho* (Honduraner) und
von gepflegter Sprache wie ein *Nica* (Nicaraguaner).

Keine Ausdrucksform eignet sich so sehr, Stereotype in ihrer ungeschöntes-
ten Form zu transportieren wie der Witz. Die zentralamerikanischen Völker,
die sich gerne als Brudervölker bezeichnen, pflegen seit Menschengedenken
eine Anzahl vorwiegend hässlicher Vorurteile gegeneinander, verstehen es
aber auch, sich im Witz über die eigenen Schwächen und Schrullen humor-
voll zu erheben. Nicht immer sind sie gewillt, den Balken im eigenen Auge
zu erkennen, denn gerne benutzen sie Klischees, die auf sie selber genauso
zutreffen, um sich von den Nachbarn abzugrenzen. Alle eint sie aber der
gemeinsame Hass gegenüber den Mexikanern und eine höchst ungesunde
Mischung aus bewundernder Unterwürfigkeit und neidvoller Verachtung
gegenüber den USA. Dieses Kapitel ist von seiner Natur her subjektiv, sexis-
tisch und zutiefst politisch inkorrekt. Sonst hätte es nicht geschrieben werden
können. Es beruht, soweit nicht durch Zitate belegt, auf eigenen Beobachtungen aus mehr als zwei Jahrzehnten und vielen liebevollen und boshaften
Tipps von zentralamerikanischen Freundinnen und Freunden.

1. Costa Rica: gebildet und eingebildet

Costa Rica ist ein ganz besonderes Land, das nur durch eine Bosheit der
Geschichte in Zentralamerika gelandet ist. Diesen Eindruck erhält, wer die
Selbstdarstellung der *Ticos* zu hören bekommt. Das Klischee von der
Schweiz Zentralamerikas wird auch oder vielleicht gerade in Zeiten wirtschaftlichen und sozialen Abschwungs gern gepflegt. Die Costa-Ricaner sind
weißer, gebildeter und kultivierter als ihre Nachbarn. Sie sind fleißig, sauber
und friedliebend. Diese Selbsteinschätzung wird ihnen in Zentralamerika mit
einem Witz heimgezahlt, der in Südamerika auf die Argentinier gemünzt ist:

Das beste Geschäft der Welt: Man kauft einen *Tico* für das, was er wert ist und verkauft ihn dann für das, was er behauptet, wert zu sein.

Dieser Witz wird in unzähligen Varianten gespielt:

Was haben Superman und ein bescheidener *Tico* gemeinsam? Beide gibt es nicht.

Besonders zu den Nicaraguanern grenzen sie sich deutlich ab. Die *Nicas* sind in Costa Rica die "Tschuschen" oder "Kanaken", die legalen und illegalen Einwanderer, die die Wirtschaft am Laufen halten, die Dreckarbeit erledigen und wegen ihres fremden Akzents belächelt werden. Gerne macht man sie auch für den Anstieg der Kriminalität, die Korruption und die Zunahme der Arbeitslosigkeit verantwortlich. Mindestens 300.000 – manche Quellen sprechen von einer halben Million – Nicaraguanerinnen und Nicaraguaner schuften auf den Bananenplantagen am Sarapiquí, in Restaurants von San José und Liberia, bei Busunternehmen, als Gärtner oder Hausmädchen in Mittelschicht- oder Bürgerfamilien.

Die Vorurteile werden vor allem von der Unterschicht gepflegt, also jenen sozialen Gruppen, die am meisten zu verlieren haben. "Diese Leute projizieren ihre Ängste vor dem sozialen Ausschluss auf die Schwächsten", meint Professor Carlos Sandoval García, der ein Buch, *Otros Amenazantes*, über die nicaraguanischen Einwanderer geschrieben hat. "Die Nicaraguaner sind das, was wir nicht sein wollen", schreibt der Professor der Universidad de Costa Rica: "die anderen gegenüber denen sich die Costaricaner als wir bezeichnen". Man schreibt ihnen Eigenschaften zu, die man ablehnt: gewalttätig, betrunken, ungebildet, kriminell, Schürzenjäger.

Für Sandoval sind die *Nicas* ein Spiegel, der den *Ticos* vorgehalten wird, in dem sie ihre eigenen Vorurteile reflektiert sehen: "Wenn sie einem Nicaraguaner sagen, er sei ein Dieb oder Gewalttäter, dann sprechen sie in Wahrheit nicht vom *Nica*, sondern von der costa-ricanischen Gesellschaft." Diese Erkenntnis sollte zum Anlass für mehr Selbstkritik genommen werden, fordert der Autor, der sich zu Hause den Ruf des Nestbeschmutzers eingehandelt hat.

Die unterschwelligen Aggressionen gegen die *Nicas* manifestieren sich nicht nur in den Witzen, die an den Stammtischen erzählt werden und durch das Internet geistern. Wer einmal auf dem Landweg von Nicaragua eingereist ist, hat wohl mit Polizisten Bekanntschaft gemacht, die an der "Panamericana" geradezu im Hinterhalt liegen und jedes Fahrzeug mit nicaraguanischem Nummernschild anhalten. Auf der gut ausgebauten Straße, die zum Schnellfahren einlädt, herrscht Tempo 75, ein Limit, das nur von Traktoren und Pferdefuhrwerken eingehalten wird. Schnellfahrern wird der Führerschein abgenommen. Sie können ihn zwei Tage später in San José gegen Zahlung der Strafe wieder abholen. Da sich das fast niemand antun will, findet sich in der Regel eine Lösung, die dem Abgestraften das Schlangestehen bei der Verkehrspolizei erspart und dem Polizisten ein Nebeneinkommen garantiert.

Costa Rica hatte im zentralamerikanischen Bund immer eine Sonderstellung. Dem Land fehlte eine auf Großgrund gestützte Oligarchie. Genauso untypisch für die Region: Mit Juan Rafael Mora wurde 1825 nicht ein General, sondern ein Lehrer zum ersten Präsidenten gewählt. Es ist das einzige Land des Isthmus, wo, ähnlich wie in Europa, eine sozialdemokratische und eine christlich-soziale Partei das politische Geschehen bestimmen und einander mit schöner Regelmäßigkeit an der Regierung abwechseln.

Zu Guatemala steht Costa Rica in einem Konkurrenzverhältnis, denn Costa Rica beansprucht kraft seiner jahrzehntelang ungebrochenen Demokratie und seiner wirtschaftlichen Entwicklung eine Art unausgesprochener Vorherrschaft auf dem Isthmus. "Ihr glaubt, wir leben noch im Generalkapitanat", heißt ein oft geäußerter Vorwurf an Guatemalteken, die nicht verstehen wollen, dass ihre Rolle als Sitz der Verwaltung der fünf Provinzen der Vergangenheit angehört. Bis zur Unabhängigkeit 1821 war Guatemala nicht nur das administrative, sondern auch das kulturelle und intellektuelle Zentrum der Region zwischen Mexiko und Kolumbien. Erst im 20. Jahrhundert konnte sich Costa Rica durch seine demokratische Revolution und die Abschaffung der Armee mit moralischem Anspruch über die nördlichen Nachbarn erheben. Diese Rivalität mag auch eine Rolle gespielt haben, als Vinicio Cerezo, der erste zivile Präsident nach einer Abfolge von Putsch- und Militärregimes, 1986 den ersten Gipfel der zentralamerikanischen Präsidenten in den guatemaltekischen Wallfahrtsort Esquipulas einberief, um seine Initiative zur regionalen Konfliktlösung vorzustellen. Costa Ricas Oscar Arias holte den nächsten Gipfel nach San José, modifizierte den Plan zu Ungunsten der Sandinisten und heimste dafür den Friedensnobelpreis ein. Costa Rica war damals nur peripher in die bewaffneten Auseinandersetzungen verstrickt. Die Existenz logistischer Strukturen, von Camps und Rückzugsgebieten der nicaraguanischen Konterrevolutionäre wurde offiziell nie zugegeben. Nicaragua, El Salvador und Guatemala hatten mit Aufstandsbewegungen im Inneren zu kämpfen, Honduras wurde als Aufmarschgebiet der USA benutzt und diente den *Contras* als unentbehrliches Hinterland und Operationsbasis. Costa Rica, das sich 1983 unter Präsident Luis Alberto

Monge in einer Flucht nach vorne zur "immerwährenden, aktiven und unbe-
waffneten Neutralität" bekannte, hatte zwar keine eigenen Truppen im Einsatz, bereicherte aber die traditionellen Vorurteile gegen Nicaragua um eine
kräftige Dosis antikommunistisch aufgeladener Propaganda.

Die Überlegenheitsphantasien der *Ticos* stoßen naturgemäß bei den
Nachbarn auf wenig Gegenliebe. Nördlich des Río San Juan gelten sie als
schwul oder weibisch, die Frauen als notorisch untreu und leicht zu haben.

2. Nicaragua: betrunkene Dichter

Als die nicaraguanischen Wählerinnen und Wähler 1990 die Sandinisten
abwählten, obwohl das Stimmungsbild vorher eine Bestätigung der Revolutionsregierung hatte erwarten lassen, war viel die Rede vom *Güegüense*. In
diesem folkloristischen Maskenspiel, das bis heute gerne auf Jahrmärkten
und an Festtagen in den Dörfern aufgeführt wird, verulken die Indios die
spanischen Konquistadoren. Hinter den Masken verbergen sich ganz andere
Gesichter. Für Außenstehende wie Umfrageinstitute oder Journalisten war
nicht zu erkennen, was die Menschen wirklich dachten und vorhatten. Der
Mythos vom undurchschaubaren und verschlagenen Indio, der noch in jedem
Nicaraguaner lebendig sei, erhielt neue Nahrung. In Wirklichkeit ist die nicaraguanische Geschichte an Helden ebenso reich wie an Verrätern. In jedem *Nica* schlummert heute noch ein "Nicarao" und ein "Diriangén", ein
"Sandino" und ein "Somoza". Der Tolteken-Häuptling Nicarao oder Nicaragua gilt als Verräter, weil er den Eindringlingen unter Gil González Dávila
großzügige Friedensgeschenke überreichte und zuließ, dass diese das Land
für den spanischen König in Besitz nahmen. Der Chorotega-Kazike Diriangén hingegen zeigte sich zum Schein gefügig und versprach, seine Leute zu
einer Massentaufe zu bringen. So lockte er die Spanier in einen tödlichen
Hinterhalt. Sandino führte einen jahrelangen, scheinbar aussichtslosen
Kampf gegen die US-Okkupationstruppen, Somoza wurde von den USA als
Chef der Nationalgarde eingesetzt und ließ Sandino nach dem Friedensschluss ermorden.

Die Dichter José Coronel Urtecho und Pablo Antonio Cuadra haben im
Nationalcharakter der *Nicas* diese Symbiose aus intellektuellem Patrioten
und grausamem Tyrannen entdeckt, aus Nicarao und Pedrarias Dávila. Von
den Historikern wird der Kazike Nicarao nämlich nicht als Verräter sondern
als nachdenklicher Mann dargestellt, der den raffgierigen Konquistadoren
die Frage stellte, was so wenige Männer mit soviel Gold anfangen wollten:
"Sind dieser Papst in Rom und der König in Spanien vielleicht betrunken,

dass sie von mir, der ich sie nicht kenne, Gehorsam und Erfüllung ihrer Wünsche verlangen?" Nicarao wurde später von den Spaniern enthauptet. Pedrarias Dávila war einer der grausamsten und neurotischsten Gouverneure, die Karl V. schickte. Er war schon über 80 Jahre alt, als er, von Panamá kommend, die Verwaltung von Nicaragua übernahm und all jene Unsitten einführte, die Nicaragua bis zum heutigen Tag prägen: Vermischung der kirchlichen mit der weltlichen Macht, dynastische Nachfolge, Ausschaltung jeder Opposition. Seinen Statthalter Francisco Hernández de Córdoba ließ er enthaupten, seinen Schwiegersohn Vasco Núñez de Balboa erdrosseln. Rebellische Indios wurden mit Hunden zu Tode gehetzt, politische Rivalen eingekerkert, gefoltert und exekutiert. Eine Serie von Dürren und Hungersnöten wird seinem Schreckensregime zugeschrieben. Und jedes Jahr ließ er zum Gedenken an den Tag, an dem er nach einem epileptischen Anfall fast lebendig begraben worden wäre, ein Requiem feiern.

Der Soziologe Oscar René Vargas hat den von den Dichtern entwickelten Topos aufgegriffen und daraus ein Psychogramm des nicaraguanischen Nationalcharakters entwickelt. Er spricht vom "Pedrarias-Syndrom" und leitet aus der politischen Geschichte der letzten 500 Jahre eine Serie von Eigenheiten der politischen Klasse des Landes ab. Wie schon Pedrarias Dávila neigten die Machthaber dazu, ihre Angehörigen in einflussreiche Posten zu setzen, die Familie an der Macht zu halten und den Staat als Selbstbedienungsladen zu betrachten. Als Beispiele dienen dem Autor die Diktatoren des 19. Jahrhunderts genauso wie die Somozas, die Gebrüder Daniel und Humberto Ortega, die Regierung Violeta Chamorro und, zuletzt, die besonders raffgierige Sippschaft des Arnoldo Alemán. Auch der Einfluss der Kirche auf die weltliche Macht ist ungebrochen und wird von den Herrschenden ge- und missbraucht.

Religiöser Aberglaube und Bigotterie, die vor allem auf dem Land noch wuchern, werden zynisch für politische Ziele benutzt. Die *Contras* trugen gerne Rosenkränze und erzählten den Bauern, bei den Impfkampagnen bekämen die Kinder von kubanischen Ärzten den Kommunismus eingeimpft und überhaupt wollten die Sandinisten die Heilige Jungfrau abschaffen. Wer erinnert sich nicht an die Jungfrau von Cuapa, die Madonnenstatue in dem Dorf in Boaco, wo in den ersten Monaten der Revolution ein angebliches Wunder beobachtet wurde? Die hölzerne Madonna weinte. Für Erzbischof Obando y Bravo und seine Kohorten reaktionärer Priester war klar: Sie weinte über die ach so unchristliche Revolution. Dass das unerklärliche Phänomen später als angewandte Physik für Anfänger enthüllt wurde – der

Priester verwahrte die Statue nachts in der Tiefkühltruhe – tat der politischen Wirkung der Marienerscheinung keinen Abbruch. Noch heute wird die "Virgen de Cuapa" als wundertätige Madonna verehrt. Dem Marienkult, der in tagelangen Feiern um Mariä Empfängnis im Dezember – "La Purísima Concepción de María" – seinen Höhepunkt findet, mussten schließlich auch die Sandinisten ihren Tribut zollen. Auch vor dem Regierungsgebäude wurde ein Altar errichtet, wo das Volk Obst, Spielzeug und Süßigkeiten abholen konnte. Es sollte ihnen wenig helfen. Die Rolle von Kardinal Obando und der gesamten konservativen Kirchenführung bei der Abwahl der Sandinisten ist nicht zu unterschätzen.

Bei den Nachbarn gelten die *Nicas* weniger als fromm, sondern als streitlustig, gewaltbereit und trunksüchtig. Etwas verklärt pflegen sie selber den Nimbus der betrunkenen Dichter. Vom großen Rubén Darío, der für seine Alkoholexzesse ebenso bekannt war wie für seine vollendete, etwas manierierte Sprache, bis zum genialen Carlos Martínez Rivas, der die letzten Jahre seines Lebens sein Haus in Managua nicht mehr verließ, um sich still zu Tode zu saufen, mangelt es der nicaraguanischen Kulturgeschichte nicht an schillernden Gestalten. Ernesto Cardenal bemühte sich als Kulturminister, durch die Gründung von Dichterwerkstätten bei Armee und Polizei auch die naturgemäß eher grimmigen Uniformierten zu eigenem poetischen Schaffen anzuregen. Das Vorhaben war zum Scheitern verurteilt, weil kriegsbedingt nicht nur das Kulturministerium aufgelöst wurde, sondern auch die Soldaten wenig Muße für lyrische Gehversuche hatten.

Die Nicaraguaner sind im Grunde ein Bauernvolk geblieben und sehen sich selber noch so, auch wenn der Terminus *Pinoleros* als Synonym für einen Angehörigen des Nationalvolkes etwas aus der Mode gekommen ist. *Pinoleros* sind Personen, die "Pinol" trinken, jenes Gemisch aus geriebenem Mais und gemahlenem Kakao plus Zuckerwasser, das sich vor allem auf dem Land großer Beliebtheit erfreut. Nicht minder beliebt sind Bier und Rum oder der billige Zuckerrohrschnaps, der als "Ron Plata" verkauft wird. Der typische *Nica* weiß noch immer mit dem freien Sonntag nichts anzufangen, deswegen nutzen viele den Tag, um den Rausch auszuschlafen, den sie sich am Samstag angetrunken haben. Manchmal fährt die Familie auch an den Strand. Allerdings bedeutet in Nicaragua "an den Strand fahren" nicht, dass man im Ozean schwimmt, sondern, dass man sich in der Badehose volllaufen lässt. Den Frauen ist es überlassen, Essen und alkoholfreie Getränke für die Kinder in der Kühlbox zu verstauen. Nicht selten wagt sich dann so mancher doch ins Wasser und merkt in seinem Rausch zu spät, dass er gar nicht schwimmen kann. In der Karwoche, wenn halb Managua vor der drückenden Hitze in der Stadt an die Pazifik-Bäder flieht, kamen selbst in den härtesten Kriegsjahren mehr Menschen durch Badeunfälle zu Tode als durch feindliches Feuer an der Front.

Von der ursprünglichen bäuerlichen Kultur ist wenig übrig geblieben. Mehr als zwanzig Jahre Besetzung durch die Truppen der USA haben das Land nachhaltig verändert. Doch die *Nicas* haben es verstanden, diese Vergewaltigung ihrer Kultur so zu verarbeiten, dass sie das Fremde als ihr Eigenes betrachten. Keinem Nicaraguaner würde es einfallen, das Baseball-Spiel als einen vom Imperialismus eingeschleppten Sport zu betrachten. Baseball ist so nicaraguanisch wie der "Pinol". Das mussten auch die Sandinisten einsehen, die in den ersten Jahren ihrer Herrschaft versuchten, andere Sportarten zu Lasten des eigenartigen Ballspiels zu fördern. Als Vizepräsident Sergio Ramírez im Mai 1985 eine Pressekonferenz einberief, um die Position der Regierung zur Verhängung des Wirtschaftsembargos durch die USA bekannt zu geben, mussten TV und die internationale Presse stundenlang warten. Denn das Entscheidungsspiel der nationalen Baseball-Liga hatte sich über eine ungewöhnlich große Anzahl von *innings* hingezogen und man wagte es nicht, auf Sendung zu gehen, wenn die sportbegeisterten *Nicas* alle an den Radiogeräten hingen, um das Match zu verfolgen. Auch aus dem Hinterzimmer, wo die Regierungsmitglieder saßen, war im Übrigen der Sportkommentar aus dem Radio zu vernehmen.

Die Frauen können dem Baseball wenig abgewinnen. Zwar wird auch die weibliche Variante des Baseball, nämlich Softball, betrieben, doch fristet diese Sportart ein Schattendasein. Die *Nicas*, die Frauen nämlich, sind aber in einer anderen Disziplin Meisterinnen, zumindest wenn es nach der eigenen Einschätzung und wissenschaftlichen Befragungen geht: Sie haben häufiger Sex als ihre zentralamerikanischen Nachbarinnen und haben – angeblich – auch Spaß dabei. Das ist keine Selbstverständlichkeit und betrifft wohl eher die urbanen Schichten. Von den *campesinas* ist nämlich aus Untersuchungen das Gegenteil bekannt. 1993 jedenfalls enthüllte eine Umfrage, dass die nicaraguanischen Frauen früher und häufiger Sex hätten als ihre Geschlechtsgenossinnen in den Nachbarländern. Viele Mädchen hätten mit zwölf ihre ersten sexuellen Erfahrungen und mit vierzehn die erste Schwangerschaft. Die Durchschnittsfrau hat dreimal die Woche Geschlechtsverkehr, der Durchschnittsmann hingegen nur 2,4-mal. Diese offensichtliche Diskrepanz wird von den Demoskopen nicht interpretiert. Statt die Symptome einer gestohlenen Kindheit zu analysieren oder die furchterregend große Häufigkeit von sexuellem Missbrauch in der Familie zu thematisieren, freuten sich die meisten in der Umfrage angesprochenen Frauen, dass sie den Kolleginnen in Costa Rica und Honduras zumindest im Bett überlegen seien.

Die Wahrheit dürfte sein, dass man seit der Sandinistischen Revolution über diese Dinge offener redet. Denn dass Männer fremdgehen, ist seit jeher sozial akzeptiert. Die Psychologin Auxiliadora Marenco schätzt, dass heute zumindest jede dritte Frau gelegentlich ein fremdes Bett aufsucht, während 99% der Ehemänner eine Freundin haben. Letzteres ist so selbstverständlich, dass man darüber kein Wort verliert, aber nicht mehr so selbstverständlich, dass sich alle Frauen damit abfinden. Viele ziehen es heute vor, sich mit ihren Kindern allein durchzuschlagen.

Was sagt die Frau dem Liebhaber nach dem ersten Mal?
Die *Nica*: War das alles?
Die *Tica*: Jetzt aber raus. Mein Mann kann jeden Moment kommen.
Die *Guanaca*: Das macht 50 Dollar.
Die *Catracha*: Jetzt wird geheiratet.
Die *Chapina*: Was wirst du jetzt von mir denken?

3. Honduras: intellektuelle Wüste

Anlässlich einer Buchmesse in Tegucigalpa Anfang der neunziger Jahre stellte eine Lokalzeitung lapidar fest, im ganzen Land, das damals etwa fünf Millionen Einwohner zählte, gebe es um die 450 aktive Leser. Gemeint waren jene, die aus Freude am Lesen Bücher kauften, nicht weil es der Beruf mit sich bringt, wie etwa bei Lehrern oder Wissenschaftlern. Dementsprechend gewagt war und ist es noch, den Beruf des Buchhändlers zu ergreifen. In ganz Tegucigalpa gab es zwei Buchhandlungen, die diesen Namen verdienten. Und deren Kunden waren den Verkäuferinnen wohl sämtlich namentlich bekannt. In diese Kategorie passt ein persönliches Erlebnis am Grenzübergang zu Nicaragua im Jahre 1980. Ein Grenzsoldat wollte dort ein unbeschriebenes Schulheft konfiszieren, weil es das Logo der nicaraguanischen Alphabetisierungskampagne trug. Schon die primitivste Bildung galt ihm als subversiv. Soviel zum intellektuellen Leben in Honduras.

Das Land galt lange Zeit als der Archetypus der Bananenrepublik: unterentwickelt, regiert von korrupten Diktatoren und den Interessen der US-amerikanischen Bananenkonzerne. Die Bananenindustrie war bis in die sechziger Jahre der größte und einzige große Arbeitgeber. Bananen waren das einzige bedeutende Exportprodukt. Eine kleine Gruppe von Großgrundbesitzern stand anderthalb Millionen mestizischen und analphabetischen *campesinos* gegenüber, die nichts besaßen und kein Interesse an der Politik zeigten. "Politik wurde mit dem Maschinengewehr betrieben, dem Spielzeug einer Armee von 5.000 Soldaten, die nach dem Zweiten Weltkrieg Panzer und Flugzeuge gekauft hatte." So beschrieb Edwin Lienwen 1965 in seinem Buch *Generales contra Presidentes en América Latina* die Zustände im zentralamerikanischen Land. Der geringe Fortschritt wurde von außen hereingebracht und diente allein den Interessen der Exporteure. Honduras war das einzige Land, das über eine Eisenbahn verfügte, dessen Hauptstadt jedoch nicht an die Bahnlinie angeschlossen war. Denn Tegucigalpa liegt weit abseits der Bananenplantagen. Und die Linie der Tela Railroad Company hatte keinen anderen Zweck, als die Plantagen mit dem Exporthafen Puerto Cortés zu verbinden. Der patriotische Dichter Froylán Turcios (1872-1943) schrieb sich seine Entrüstung 1932 in einem Sonett von der Seele:

[...]

Sólo me enciendo en cólera que espanta	Mein Zorn entzündet sich
Cuando intenta humillarte, Patria mía,	wenn dich erniedrigen will, Vaterland mein,
Del extranjero la maldita planta.	von der Fremde aus die verdammte Pflanze.

Kein Wunder also, wenn auch die vom Schicksal kaum mehr begünstigten Nachbarn mit Verachtung auf die Honduraner herabblickten. In das Bild des prostituierten Landes passt auch die Geschichte der honduranischen Streitkräfte. Sie wurden erst im März 1954 als professionelle Armee gegründet. Zwei Monate später unterzeichnete Honduras das erste Militärabkommen mit den USA. Die Waffenhilfe blieb aber im Vergleich zu Guatemala und Nicaragua lange Zeit gering. Erst als die honduranische Armee gegen die Sandinisten im benachbarten Nicaragua hochgerüstet wurde, stieg sie sprunghaft an. Honduras verwandelte sich in den Flugzeugträger Zentralamerikas.

Im Krieg mit El Salvador 1969, der als Fußballkrieg in die Geschichtsbücher Eingang fand, hat sich die honduranische Armee nicht mit Ruhm bekleckert. Der Vormarsch der salvadorianischen Truppen auf Tegucigalpa, so erzählte man später, soll allein dadurch gestoppt worden sein, dass den feindlichen Panzern der Sprit ausging. In Wahrheit dürften die Salvadorianer, die eine Art Blitzkrieg nach dem israelischem Vorbild aus dem Sechstagekrieg planten, die Widerstandskraft der honduranischen Armee doch unterschätzt haben. Auch mehr als 30 Jahre später ist der Konflikt nicht ganz vergessen. Das belegt ein Witz, der nach den Terroranschlägen vom 11. September 2001 in El Salvador erzählt wurde.

George W. Bush ruft den salvadorianischen Präsidenten Francisco Flores an und teilt ihm mit, die CIA habe in San Salvador ein logistisches Zentrum der Al Qaida von Osama bin Laden entdeckt: "Leider müssen wir deine Hauptstadt bombardieren." Dann setzt er nach: "Übrigens, wie heißt sie doch gleich, deine Hauptstadt?" Darauf Präsident Flores: "Tegucigalpa".

Wenn die Versöhnung auch noch ausgeblieben ist, die Zusammenarbeit der Armeen funktionierte gut, als es galt, die salvadorianische Aufstandsbewegung zurückzuschlagen: auf dem Rücken der Zivilbevölkerung. Die Flüchtlinge, die 1980 von der salvadorianischen Armee verfolgt wurden und sich über den Grenzfluss Río Sumpul auf die andere Seite retten wollten, wurden drüben vom Feuer der honduranischen Armee empfangen. Im Laufe der Jahre wurde unter dem Druck und der Koordination von US-Militärberatern der Austausch von geheimdienstlichen Erkenntnissen verbessert. Die Zusammenarbeit von Polizei, Grenztruppen, Geheimdiensten und Armee in Honduras, El Salvador und Guatemala dürfte auch die Basis für den grenzüberschreitenden Schmuggel von Waffen und gestohlenen Autos in den neunziger Jahren gelegt haben.

Bis in die achtziger Jahre war Honduras das am meisten zurückgebliebene und ärmste Land in Zentralamerika und auf dem ganzen Subkontinent. Seine Einwohner galten als träge und denkfaul. Wenn man einen Mann mit dem Rücken an die Wand gelehnt und einem Fuß angewinkelt gegen die Wand gestützt sieht, kann man sicher sein, es handelt sich um einen Honduraner. So das Stereotyp, das im Lande selbst gepflegt wird. Die Honduraner waren nicht einmal imstande, eine eigene Oligarchie hervorzubringen. Land und Kapital werden von arabischen und jüdischen Einwanderern kontrolliert. Die honduranischen Diktatoren waren weniger grausam als die in den Nachbarstaaten. Erst als unter dem Druck der USA die formale Demokratie einkehrte, wurde die Repression wirklich brutal.

Auch die Guerilla wurde von Außenstehenden eher belächelt als ernst genommen. Die 1983 in den Wäldern von Olancho aufgebaute Partisanentruppe des PRTC unter dem US-amerikanischen Jesuiten Guadalupe Carney und dem honduranischen Revolutionär José María Reyes Mata wurde von der Armee entdeckt und aufgerieben, bevor sie eine erste Aktion durchführen konnte. Die *Cinchoneros* und die Gruppe "Lorenzo Zelaya" hatten nie eine echte Basis. Sie wurden vom salvadorianischen FMLN ins Leben gerufen und betrieben konspirative Häuser in Tegucigalpa und San Pedro Sula. Ihre Stadtguerillaaktionen in den achtziger Jahren blieben ohne Mobilisierungseffekt.

4. El Salvador: Fußballer und Huren

El pulgarcito de América, der Däumling Amerikas, wie das Land so verniedlichend von der chilenischen Literaturnobelpreisträgerin Gabriela Mistral genannt wird, hat wenig Niedliches an sich. Ein Land von der Größe Hessens oder Niederösterreichs, mit doppelt so vielen Einwohnern wie das fünfmal größere Honduras, hat den sozialen Konflikt gleichsam in die Wiege gelegt bekommen. Wenn man dazu bedenkt, dass das fruchtbare Land von einer Handvoll oligarchischer Familien kontrolliert wurde, wundert man sich nicht, dass die Geschichte von El Salvador eine blutige ist. Die berühmten 14 Familien, denen das Land gehörte, waren in Wirklichkeit etwa 30 Sippen von Großgrundbesitzern, die mit dem Export von Kaffee, Zuckerrohr und Baumwolle ihre Vermögen erwirtschafteten.

"El Salvador – gente de valor", heißt ein beliebtes Sprichwort. Die Salvadorianer gelten auch im Ausland als tüchtige, arbeitsame Menschen. In einem so winzigen Land kann nicht überleben, wer nicht von früh bis spät schuftet – oder andere für sich schuften lässt. Die Salvadorianer sind imstande, auch aus der kärglichsten Parzelle Nahrung für die Familie herauszuholen. In Nicaragua waren sie als Erntearbeiter geschätzt. Das Leben für das Überleben hat ihnen aber kaum Zeit gelassen, sich mit anderen Dingen zu beschäftigen.

Niemand hat die Stereotypen der salvadorianischen Gesellschaft unbarmherziger aufs Korn genommen als Horacio Castellanos Moya, der in seinem Buch *El asco, Thomas Bernhard en San Salvador* einen imaginären Exil-Salvadorianer, der auf Familienbesuch nach San Salvador gekommen ist, in einem endlosen Monolog seinen zutiefst empfundenen Ekel über alles, was er vorfindet, aussprechen lässt:

> alle gehen wie Militärs, sie schneiden sich die Haare wie Militärs, denken wie Militärs, entsetzlich, Moya, alle wären gern Militärs, sie wären gern Militärs, weil sie dann ungestraft töten könnten, alle tragen die Mordlust im Blick, sie demonstrieren sie mit ihrem Schritt, in der Art zu reden, sie wären gern Militärs um töten zu können, das heißt Salvadorianer sein, Moya, Militär sein wollen (Übers. d. Autors).

Der Umgang mit Waffen, im Falle der *campesinos* nur eine Machete, die aber nicht minder tödlich sein kann, ist in der salvadorianischen Kultur tief verwurzelt. Und die Militärdiktatur etablierte sich als die natürliche Herrschaftsform. Paramilitärische Verbände sorgten in den Dörfern für Ruhe. Die Zollpolizei gehörte zu den brutalsten und gefürchtetsten Sicherheitskräften, die weit über ihren eigentlichen Wirkungsbereich hinaus – die Bekämpfung des Schmuggelwesens an den Grenzen – politische Gegner des Regimes verfolgte. Aber auch gemeine Banditen machen schnell von der Waffe Gebrauch. Es ist nicht ratsam, bei einem bewaffneten Überfall Widerstand zu leisten.

El Salvador hat immer Bevölkerung exportiert. Kein Wunder, dass heute die Geldsendungen der Auswanderer die Einnahmen aus den traditionellen Exporten weit übertreffen. Los Angeles ist die zweitgrößte salvadorianische Stadt geworden. Aber über ganz Lateinamerika, ja selbst bis Australien und Neuseeland ist die Diaspora verstreut. Meistens müssen sie ganz unten beginnen, ein neues Leben aufzubauen: in den Hafenbordellen, den billigen Kneipen, auf den Märkten und Baustellen. Deswegen hängt ihnen wohl auch der Ruf der Huren und Halsabschneider an. "Was wäre, wenn man über El Salvador ein Dach spannen würde?" So ein Witz, der in den Nachbarländern erzählt wird: "Man bekäme das größte Puff der Welt."

"Wenn du einen *Guanaco* siehst, halt deine Brieftasche fest", sagt man in Guatemala. Brieftaschen sind keine echte Herausforderung. Im Jahr 2001 verschwand auf dem Weg vom Flughafen in die Hauptstadt eine komplette Schenkung von Musikinstrumenten, die Japan dem salvadorianischen Symphonieorchester gestiftet hatte.

In einem *Liebeslied*, das Roque Dalton seinen Landsleuten widmet, ist alles an Stereotypen und Vorurteilen, an wahren und übertriebenen Klischees enthalten, was über die Salvadorianer zu sagen ist:

Sie, die den Panamakanal erweiterten
(und dabei in die unterste Lohngruppe eingeteilt wurden),
die die Pazifikflotte reparierten
in den Basen von Kalifornien,
sie, die verfaulten in den Gefängnissen von Guatemala,
Mexiko, Honduras, Nicaragua,
als Diebe, als Schmuggler, als Betrüger,
als Hungerleider,
die immer für alles Verdächtigen
("erlaube ich mir, den wegen verdächtigen Herumlungerns
– besondere Kennzeichen: Salvadorianer –
Verhafteten zu überstellen")
Die in den Bars und Bordellen arbeiteten,
in allen Häfen und Hauptstädten der Region
("Die blaue Grotte", "Das Unterhöschen", "Happyland"),
die Maissäer tief in den Dschungeln des Auslands,
die Könige in den Spalten für Mord und Totschlag,
die, von denen nie einer wusste, woher sie sind,
die besten Handwerker der Welt,
die beim Grenzübertritt von Kugeln durchsiebt wurden,

die am Sumpffieber starben
oder am Biss des Skorpions oder der Gelbbart-Viper
in der Hölle der Bananenpflanzungen,
die besoffen weinten, wenn man die Nationalhymne spielt,
unter dem Zyklon am Pazifik oder dem Schnee im Norden,
die Abstauber, die Bettler, die Kiffer,
die Guanacos, die verdammten Hurensöhne,
die's gerade noch schafften, wieder heimzukommen,
die ein bisschen mehr Glück hatten,
die nie Papiere haben,
die Allesmacher, die Allesverkäufer, die Allesfresser,
die als erste das Messer ziehen,
die Allertraurigsten der Welt,
meine Landsleute,
meine Brüder.

Natürlich: der Fußball. Die Salvadorianer halten sich für die begnadetsten Fußballer zumindest Zentralamerikas. Eine Überzeugung, die sie mit den Honduranern verbindet. Nicht zuletzt deswegen konnten im Sommer 1969 die gegenseitigen Schmähungen bei den Ausscheidungsspielen für die WM 1970 so eskalieren, dass der Krieg, der wegen der Landkonflikte in Honduras lange schon in der Luft gelegen war, endlich ausbrach. In den Fußballstadien werden die Emotionen ausgelebt. Das erlebte auch der US-amerikanische Reiseschriftsteller Paul Theroux, der sich vom Besuch einer Fußballpartie in San Salvador die Entblößung der Volksseele versprach. Er sollte nicht enttäuscht werden. Die Stimmung war aufgeheizt, aber keineswegs kriegerisch. Wie er erstaunt anmerkte, vergnügten sich jugendliche Zuschauer mit dem puerilen Spaß, Kondome zu Luftballons aufzublasen und über die Zuschauerränge zu treiben.

El Salvador hat zwar wahrscheinlich die höchste Dichte an Universitäten in ganz Amerika, doch um die höhere Bildung ist es traurig bestellt. Nach der Besetzung der Nationaluniversität durch die Armee im Jahre 1980 – die staatliche Uni galt als Hochburg der Subversion, wo unter dem Schutz der universitären Autonomie Guerilleros bewaffnet und uniformiert auftreten konnten – wurde eine Unzahl von Privatuniversitäten gegründet. Deren Betreiber wollten Geld verdienen und Politik tunlichst fern halten. Auch nach dem Friedensschluss werden dort vor allem jene Studiengänge und -abschlüsse angeboten, die die Privatwirtschaft nachfragt. Horacio Castellanos Moya findet dieses Überangebot von Betriebswirtschaft zum Kotzen:

> Niemanden interessiert die Literatur oder die Geschichte oder irgendwas, das mit dem Denken oder humanistischen Werten zu tun hat, deswegen gibt es auch kein Geschichtsstudium, an keiner Universität kann man Geschichte studieren, weil die Geschichte niemanden interessiert.

El Salvador gehört außerdem zu den wenigen Staaten der Erde, die kein Nationalmuseum haben. Die eigene Geschichte ist immer ignoriert oder manipuliert worden. Auch über die Gegenwart war in El Salvador aus den eigenen Medien wenig zu erfahren. Man leistete sich eine Presse, die wenig mehr war als redaktionelles Umfeld für die Sozialkolumnen: die Hochzeits-anzeigen und Cocktailfotos der besseren Gesellschaft. So heißt es auch bei Castellanos Moya:

> Es reicht, die Morgenzeitungen durchzublättern, um zu verstehen, in welchem Land wir uns befinden, um die intellektuelle und spirituelle Armut derjenigen, die diese Zeitungen machen, und derjenigen, die sie kaufen, zu verstehen, um zu verstehen, dass diese Zeitungen nicht gemacht werden, damit man sie liest, son-dern damit man sie durchblättert, weil in diesem Land niemand am Lesen inte-ressiert ist und weil es in den Zeitungen niemanden gibt, der imstande wäre, Ar-tikel zu schreiben, die man lesen kann, in Wahrheit handelt es sich nicht um Zeitungen im eigentlichen Sinn, niemand mit einem Minimum an Bildung wür-de diese Kataloge von Sonderangeboten, diese Anzeigenbeilagen Zeitungen nennen [...].

5. Guatemala: das Land ohne Lächeln

Von den anderen zentralamerikanischen Nationen unterscheidet sich Guate-mala durch seine reiche Kultur und den hohen Anteil der indigenen Bevölke-rung. Die weißen und mestizischen Guatemalteken versuchen sich vor allem gegenüber den indianischen Landsleuten abzugrenzen. So hört man denn auch mehr Witze über die dummen Indios als solche über die Brudervölker, von denen vor allem die Honduraner und Nicaraguaner als besonders unge-schliffen und zurückgeblieben betrachtet werden. In den Städten leben die *ladinos* in der beständigen Furcht, dass eines Tages "die Indios von den Ber-gen herunterkommen" und sich für 500 Jahre Unterdrückung rächen. Ent-sprechend wenig Entrüstung rührte sich, als unter den Diktatoren Romeo Lucas García, Efraín Ríos Montt und Oscar Humberto Mejía Víctores ganze Dörfer im indianischen Hochland von der Armee ausgelöscht wurden. Und die Friedensnobelpreisträgerin Rigoberta Menchú gilt bei den Weißen als Nestbeschmutzerin. Zahllose rassistische Indiowitze wurden als Rigoberta-Witze neu aufgewärmt. Im Stile der Ostfriesenwitze versucht man damit die angebliche Blödheit der Mayas bloßzustellen. Die Pointen müssen, damit sie besondere Heiterkeit erzeugen, mit indianischem Akzent vorgetragen wer-den.

Schon die Chronisten der Eroberung und frühen Kolonialzeit beschrie-ben die Mayas als verschlossene Menschen. Außerdem galten sie als bequem und faul, weil sie ihre Arbeitskraft nicht in den Dienst der neuen Herren stellen wollten. Sie wurden entweder zur Zwangsarbeit auf den Feldern der Landherren verpflichtet oder mussten dem König Tribut leisten: in Form von Mais, Kakao und Chilepfeffer oder Webereien und geflochtenen Matten. Diese Leistungen wurden mit Peitsche und Beugehaft eingetrieben, wie Severo Martínez Peláez schreibt. Für dic *ladinos*, also die Weißen und Mestizen, hat der Indio die Funktion des Dienenden, dessen Aufgabe in der sozialen Hierarchie eindeutig definiert ist. Der Chronist Antonio Fuentes y Guzmán betrachtet ihn in seiner *Recordación Florida* als selbstverständliches Zubehör des Landes. Für Martínez Peláez ist die vermeintliche Faulheit, wie er in *La Patria del Criollo* ausführt, eine Form des Widerstandes gegen Ausbeutung und Unterdrückung. Trotzdem heißt es heute noch von den Guatemalteken, "les gusta la papa pelada". Wörtlich: "Sie haben die Kartoffel gern geschält", also: Sie wollen das Endergebnis möglichst ohne Arbeit erreichen.

Die Mayas und deren Gedankenwelt sind in Wahrheit Rätsel für die ladinische Bevölkerung. Ihre Verschlossenheit hat ihnen die Bewahrung ihrer kulturellen Identität erlaubt. Die *ladinos* ihrerseits kämpfen mit einem großen Identitätsproblem. Der Schriftsteller Luis Cardoza y Aragón, der zur demokratischen Revolution 1944 aus dem Exil zurückkehrte und zehn Jahre später, nach dem Putsch gegen Jacobo Arbenz neuerlich fliehen musste, sieht die Einsamkeit als besonders hervorstechendes Wesensmerkmal seiner Landsleute.

> Wir besaufen uns, um mehr allein zu sein. Wir besaufen uns in Gesellschaft, um die Einsamkeit zu verstärken. Es gibt kein Gespräch, nur Monologe. In den Gesprächen gibt es in Wahrheit keinen Dialog, denn jeder ist von seinen eigenen Sorgen besessen.

So heißt es in seinem 1955 in Mexiko erschienenen Buch *Guatemala: las líneas de su mano*, Alkohol spiele beim Verdrängen eine zentrale Rolle:

> Der Guatemalteke zieht es vor, seine Identität nicht im Gespräch auf die Probe zu stellen. Er pflegt sich in einem Strom von Alkohol im Stillen zu versenken.
>
> Das Besäufnis hat nichts Soziales. Wir teilen das Lied nicht in einem Chor. Die Gewalt, die aus der Verbitterung wächst, hat wohl damit zu tun, dass jemand, der immer Fußtritte empfangen hat, glaubt, auch selbst welche austeilen zu müssen [...].

Gewalt erscheint der guatemaltekischen Bevölkerung als legitimes und manchmal vielleicht einziges Mittel der Konfliktlösung. In Dörfern, wo das Versagen der staatlichen Ordnungsmacht besonders sichtbar ist, wird mit großer Selbstverständlichkeit Lynchjustiz geübt. Guatemala ist außerdem das einzige Land der Region, wo die Todesstrafe nicht nur mehrheitlich akzeptiert, sondern auch praktiziert wird. Das Bewusstsein, dass mit friedlichen Mitteln nichts verändert werden kann, durchzieht die Geschichte des Landes und der durch und durch militarisierten Gesellschaft. Das militaristische Denken sei in den Köpfen verankert, meint Bischof Mario Ríos Montt, der Bruder des Generals und Diktators Efraín Ríos Montt. Er muss es wissen. Und jeder unbefangene Beobachter staunt über den Stechschritt, den Schülerinnen und Schüler für die Parade am Unabhängigkeitstag zu martialischer Marschmusik drillen müssen. Der Poet und Revolutionär Otto René Castillo (1936-1967) klagt in seinem Gedicht *Estado de sitio para mí*:

[...]	
La cantidad de llanto,	Wieviel Klagen,
muerte y odio,	Tod und Hass
que cuesta el "orden"	kostet die "Ordnung"
de los coroneles.	der Obristen.
Si al menos se olvidaran	O würden sie doch vergessen,
de que la patria	dass das Vaterland
no es un cuartel.	keine Kaserne ist.
[...]	

(Übers. d. Autors).

Selbst in den Nachbarländern, wo zivilgesellschaftliche Traditionen auch spärlich sind, gelten die guatemaltekischen Militärs als besonders brutal. Das illustriert auch ein makabrer Witz aus Belize, der ehemaligen britischen Kolonie, auf die Guatemala noch immer Ansprüche erhebt.

Der Premierminister von Belize hat eine gute und eine schlechte Nachricht für seine Landsleute. Die gute: "Guatemala schickt 10.000 Eier". Die schlechte Nachricht: "Die hängen zwischen den Beinen von 5.000 *Kaibiles*".

Kaibiles sind die Elitetruppen, deren Soldaten regelrecht zu blutrünstigen Bestien ausgebildet werden. Noch um 1980 wurden im guatemaltekischen Generalstab Invasionspläne gewälzt.

Die gesunde Selbstironie, die im Nationalcharakter der Nicaraguaner und selbst der Salvadorianer beobachtet werden kann, ist den Guatemalteken fremd. Auch nach anderthalb Jahrzehnten ziviler Regierungen ist die Beklemmung, die wie ein dunkler Schatten über dem Land liegt, nicht von der Gesellschaft gewichen. Was Otto René Castillo vor bald vierzig Jahren im Gedicht *En verdad, no conozco tu risa* geschrieben hat, ist heute noch gültig:

[...]
Y, además,
es muy horrendo
tener una patria
que no sabe reír,
porque le teme
al golpe oscuro
de la sombra maldita.
[...]

Und außerdem
ist es ganz schrecklich,
ein Heimatland zu haben,
das nicht lachen kann.
Denn es fürchtet
den dunklen Schlag
des verfluchten Schattens.

(Übers. d. Autors).

Literaturverzeichnis

Cardoza y Aragón, Luis (1955): *Guatemala: las líneas de su mano*. México, D.F.

Castellanos Moya, Horacio (1996): *El asco, San Salvador*. San Salvador.

Castillo, Otto René (1982): *Informe de una injusticia. Antología poética*. San José, Costa Rica.

CEDOH (Centro de Documentación de Honduras) (1985): *Honduras: Historias no contadas*. Tegucigalpa.

Dalton, Roque (1974): *Las historias prohibidas del pulgarcito*. México, D.F.

— (1989): *El Salvador (monografía)*. San Salvador.

Heckhorn, Manfred (1983): *Die Enkel des Jaguars*. Berlin.

Leonhard, Ralf (1994): "Früher war alles besser". In: *die tageszeitung* (16.04.1994). Berlin.

— (1995): "Nicaragua: Sandinistische Selbstzerfleischung". In: *Lateinamerika. Analysen und Berichte* 19. Bad Honnef.

Lienwen, Edwin (1965): *Generales contra Presidentes en América Latina*. Buenos Aires.

Maislinger, Andreas (Hrsg.) (1986): *Costa Rica, Studien zur politischen Wirklichkeit*. Innsbruck.

Martínez Peláez, Severo (1972): *La Patria del Criollo*. San José, Costa Rica.

Niess, Frank (1987): *Das Erbe der Conquista*. Köln.

Rowles, James (1980): *El conflicto Honduras-El Salvador (1969)*. San José, Costa Rica.

Selser, Gregorio (1983): *Honduras, República alquilada*. México, D.F.

Salomón, Leticia (1992): *Política y Militares en Honduras*. Tegucigalpa.

Vargas, Oscar-René (2000): *El Síndrome de Pedrarias*. Managua.

V. Deutschland und Zentralamerika

Constantin Grund

Deutsche Entwicklungszusammenarbeit
mit Zentralamerika

1. Einleitung

Dem Beobachter der Entwicklungsfortschritte Zentralamerikas bietet sich ein ambivalentes Bild: Während sich die politische Großwetterlage in der Region in der letzten Dekade positiv verändert hat – regionale Aussöhnungs- und Integrationsprozesse, Einbindung in den Weltmarkt, wirtschaftliche Konsolidierung, weitere zumindest formale Demokratisierung – hat sich die sozioökonomische Situation der Bevölkerung kaum verbessert. Nach wie vor prägen den Isthmus soziale Ungleichheit, starke Konzentration der Besitzstrukturen, hohe Analphabetenraten, unzureichender Zugang zu Wasser und Strom und weit verbreitete Armut. In vier der sieben zentralamerikanischen Staaten liegt die Armutsquote bei 50% oder höher (BMZ 2002a: 18) und ist in den letzten Jahren teilweise sogar weiter angestiegen. Darüber hinaus

> ist die Region einer sich beschleunigenden und in einigen Fällen unumkehrbaren Umweltzerstörung ausgesetzt, die in Form fortschreitender Erosion der Ackerböden, Entwaldung und Erschöpfung bzw. Verschmutzung der Wasserreserven auftritt (BMZ 2002a: 6f.).

Strukturelle demokratische Defizite, schwache *law enforcement*-Kapazitäten, Korruption und Alltagsgewalt durch Jugendbanden machen die Bevölkerungen mit der Leistungsfähigkeit ihrer Demokratien zunehmend unzufriedener. Dieses Panorama macht Zentralamerika in vielerlei Hinsicht zu einer "Baustelle" (ebd.: 17), an der auch die deutsche Entwicklungszusammenarbeit (EZ) und seine unterschiedlichen Akteure mitarbeiten.

Im Vergleich zu anderen Weltregionen nimmt Zentralamerika in der deutschen Außen- und Entwicklungspolitik keinen besonders prominenten Platz ein.[1] Dies ist nicht nur dem schwachen Außenhandelsniveau geschuldet,[2] sondern auch durch die große geographische Distanz erklärbar: Die Bundesrepublik ist von aktuellen sozioökonomischen Entwicklungen dieser Länder, wie etwa starke Migration oder zunehmende transnationale Kriminalität, weit weniger betroffen als andere Staaten, insbesondere die USA. Darüber hinaus berücksichtigen deutsche Regierungen traditionell die Einflusssphäre Washingtons in dieser Region (Sandner 1999: 3; Bodemer 1986: 37, 39).

Als handlungsanleitend für das deutsche entwicklungspolitische Engagement in der Region werden vom Bundesministerium für wirtschaftliche Entwicklung und Zusammenarbeit (BMZ) insbesondere zwei Motive genannt: Einerseits stellten die wachsenden sozialen Ungleichheiten ein permanentes Risiko dar, dem man durch das Eintreten für soziale Gerechtigkeit und Demokratie entgegenwirken müsse (BMZ 2000: 2). Entwicklungszusammenarbeit mit Zentralamerika habe in diesem Zusammenhang eine krisenpräventive Funktion, die als Teil globaler Strukturpolitik Stabilität nicht nur im Partnerland, sondern auch für Deutschland und Europa garantiere. Das als vorrangig bezeichnete Ziel deutscher Entwicklungspolitik, die Minderung der Armut (BMZ 2005a: 339), ist in diesem Sinne eher als Mittel zum Zweck zu betrachten. Andererseits beherberge die Region Ökosysteme, die maßgeblich zur Regulierung des Weltklimas beitrügen. Deren Schutz und nachhaltige Entwicklung stelle eine wichtige Aufgabe der Zukunftssicherung aller Beteiligten dar. Mit der Verabschiedung der *Millenium Development Goals* (MDGs) der Vereinten Nationen

---

1   Auf Regierungsebene begann man sich erst mit dem Fall Somozas 1979 in Nicaragua stärker mit den Entwicklungen in der Region zu befassen. Die Bundesregierungen entwickelten für die Krise Anfang der 1980er Jahre kein konzeptionelles Profil (Bodemer 1986: 36, 39). Erst Außenminister Genscher fand eine klarere Linie zu Zentralamerika, indem er seine Erwartungen an den Contadora-Prozess deutlich formulierte (Bodemer 1986: 51) und eine der damaligen Situation Deutschlands angemessene Beteiligung fand. So war Deutschland ab April 1988 an der Technical Advisory Group beteiligt, die die *Comisión Internacional de Verificación y Seguimiento* (CIVS) der OAS mit neuem Leben erfüllte. Ab Mai 1988 unterstützte die Bundesrepublik die UN-Mission für Zentralamerika (ONUCA) neben finanziellen Beiträgen auch mit Piloten und medizinischem Personal (Child 1992: 55, 57, 84).

2   Akkumuliert beträgt der Anteil Zentralamerikas mit 610 Mio. € weniger als 0,1% der gesamten deutschen Ausfuhren. Bei den Importen ergibt sich ein ähnliches Bild (BMWA 2005).

(UNO) im Jahr 2001 wurde darüber hinaus ein Orientierungsrahmen geschaffen,[3] dessen konkrete Entwicklungsziele und Zeitfenster auch von der Bundesregierung als verbindlich angesehen werden (BMZ 2005b: IX).

Im Mittelpunkt der bilateralen staatlichen EZ stehen die Vorhaben der technischen Zusammenarbeit (TZ) sowie der finanziellen Zusammenarbeit (FZ), die zum Großteil über die beiden Durchführungsorganisationen, die Kreditanstalt für Wiederaufbau (KfW) und die Gesellschaft für Technische Zusammenarbeit (GTZ), abgewickelt werden. Im Rahmen der *human resources* werden deren Bemühungen durch den Deutschen Entwicklungsdienst (DED), das Centrum für Internationale Migration und Entwicklung (CIM), den Zivilen Friedensdienst (ZFD) sowie durch die Internationale Weiterbildung und Entwicklung gGmbH (InWEnt) flankiert. Auch nichtstaatliche Akteure, wie etwa die kirchlichen Hilfswerke oder Organisationen der Zivilgesellschaft, engagieren sich im Bereich der deutschen Entwicklungszusammenarbeit in Zentralamerika. Diese Akteure stehen nicht im Mittelpunkt der vorliegenden Abhandlung.[4] Dafür wird vielmehr auf die Rolle der politischen Stiftungen als Akteur deutscher EZ in Zentralamerika eingegangen. Zunächst aber wird im Folgenden auf die finanziellen Leistungen der deutschen EZ in der Region verwiesen, um anschließend die wesentlichen inhaltlichen Förderschwerpunkte anhand einiger Projektbeispiele zu erläutern.

2. Deutsche Entwicklungszusammenarbeit mit Zentralamerika in Zahlen

Die finanziellen entwicklungspolitischen Leistungen eines Landes umfassen all jene Maßnahmen, die gemäß der Richtlinien des *Development Assistance Committee* (DAC) für die nationale ODA-Quote

---

3   Mit der Formulierung der MDGs hat die UNO eine kopernikanische Wende in der Bewertung entwicklungspolitischer Leistungen vollzogen: Nicht mehr allein die *input*-Dimension, also das Verhältnis der *Official Development Assistance* (ODA) zum Bruttonationaleinkommen (BNE) eines Geberlandes, wird zum Maßstab des entwicklungspolitischen Engagements, sondern der konkret messbare Erfolg der Leistungen aller Beteiligten, die an einer Reihe sozioökonomischer Entwicklungsindikatoren innerhalb eines definierten Zeitrahmens, nämlich bis 2015, ablesbar sind.

4   Vgl. hierzu den Beitrag von Christiane Schultz in diesem Band.

geltend gemacht werden dürfen. Daher gehören neben traditionellen Entwicklungsprojekten der technischen Zusammenarbeit auch weitere finanzielle Aufwendungen der Bundesrepublik dazu, etwa die Kosten der Ausbildung ausländischer Polizisten, Schuldenerlasse oder Studienplatzkosten ausländischer Studierender an deutschen Hochschulen (Reuke 2005).[5] Im internationalen Vergleich zahlt Deutschland mit insgesamt 7,5 Mrd. Euro den absolut fünfthöchsten Beitrag zur internationalen Entwicklungshilfe, liegt aber mit einer ODA-Quote von 0,28% des BNP im Jahr 2004 nur auf Platz 13 der Geberländer (OECD 2005a).[6] Etwa 4% der vom BMZ verwalteten deutschen ODA kann Zentralamerika zugerechnet werden (Anhang Tab. 1). Knapp zwei Drittel der für die Amerikas aufgebrachten Mittel wurde in den letzten Jahren für EZ mit Südamerika, ein Drittel hingegen für Zentralamerika verwandt.

Die ODA für Zentralamerika ist im Jahr 2003 im Vergleich zum Vorjahr von 24% auf etwa 40% angestiegen. Hintergrund ist die Kölner Entschuldungsinitiative der G-7 vom Juli 1999, die sich auch auf die finanziellen entwicklungspolitischen Leistungen der Bundesrepublik positiv ausgewirkt hat. Entschuldung wurde in den letzten Jahren sukzessive zum zweitgrößten Posten der deutschen ODA (etwa 18%, Reuke 2005: 8). Formal betrachtet profitierten davon insbesondere zwei zentralamerikanische Staaten: Der Regierung in Tegucigalpa wurden in diesem Zusammenhang insgesamt etwa 116 Mio. Euro erlassen (BMF 2005). Vor allem aber die Entschuldung Nicaraguas, dessen Auslandsverbindlichkeiten von 263% des BNP es zum am stärksten verschuldeten Land des Isthmus machten,[7] schlug sich posi-

---

5   Die Ermittlung dieses Indikators ist mit Problemen behaftet: Zwar pflegt das BMZ die Statistiken für die von ihm verwalteten EZ-Mittel jährlich und gibt damit die Trends von etwa 63% der deutschen ODA-Mittel zeitnah wieder, ein Gesamtüberblick über alle deutschen EZ-Leistungen wird jedoch nur alle vier Jahre im entwicklungspolitischen Bericht der Bundesregierung veröffentlicht, zuletzt 2005 (BMZ 2005b: 115ff.).

6   Reuke kommt in seiner Studie zu dem Schluss, dass die deutsche ODA seit 2000 allein dank der massiv gestiegenen Entschuldung auf einem gleich bleibenden Niveau gehalten werden konnte. Würde man diese herausrechnen, läge die deutsche ODA-Quote mit 0,22% auf einem Allzeittief (Reuke 2005: 9).

7   Kaum ein Land ist abhängiger von internationaler Finanzhilfe als Nicaragua. Dort werden 80% der öffentlichen Investitionen durch internationale Geber finanziert. Im Zuge der Kölner Entschuldungsinitiative 1999 war Nicaragua jenes Land, das den größten Einzelerlass erhielt (BMZ 2003a: 5).

tiv in der deutschen ODA-Quote nieder. Im Rahmen der deutschen Entschuldungsinitiative bekam Nicaragua bis zum Jahresende 2004 Forderungen aus finanzieller Zusammenarbeit sowie Handelsforderungen von insgesamt 913 Mio. Euro erlassen (ebd.).[8] Damit stieg Nicaragua hinter Bolivien zum offiziell zweitgrößten Empfänger deutscher Entwicklungsgelder in Lateinamerika auf (OECD 2005b).[9] Diese verbesserten ODA-Werte für Nicaragua bedeuten jedoch keine reale entwicklungspolitische Leistung der Bundesrepublik, denn Länder wie Nicaragua werden durch die Entschuldung weniger um den Schuldendienst erleichtert, der tatsächlich von ihnen geleistet wird, sondern vor allem um jenen, der bisher *de facto* nicht geleistet wurde oder nicht geleistet hätte werden können. Entsprechend werden in Nicaragua durch Schuldenerlasse keine Haushaltsmittel frei, die zugunsten neuer Sozialinvestitionsausgaben verwendet werden könnten.[10]

Die finanziellen Aufwendungen der deutschen EZ konzentrieren sich in Zentralamerika auf El Salvador, Guatemala, Honduras und Nicaragua (Anhang Tab. 2). Die auf Entschuldung beruhende Aufstockung der Mittel für Nicaragua ging insbesondere zu Lasten El Salvadors, dessen Zuwendungen seit 2001 deutlich abnahmen. Die EZ-Projekte in Panama, Costa Rica und Belize sind nur gering ausgestattet und befinden sich kurz- oder mittelfristig im *phasing out*. Im Falle Costa Ricas folgt die deutsche EZ damit ihrer Neuorientierung aus dem Jahr 2004, die EZ mit Schwellenländern, zu denen Costa Rica gehört, auslaufen zu lassen und durch individuellere Kooperationsformen zu ersetzen (BMZ 2004a: 6f.). Diese Länder partizipieren dann nur noch an regionalen oder subregionalen Projektfinanzierungen

---

8   Die hohen Auslandsverbindlichkeiten Nicaraguas gegenüber der Bundesrepublik stammen größtenteils aus Transferrubelgeschäften mit der Deutschen Demokratischen Republik (DDR) aus den 1980er Jahren. Im Zuge der deutschen Einigung wurden diese zu Außenständen der Bundesrepublik.

9   Pro Einwohner erhielt Nicaragua im Jahr 2003 mit 21,34 € die höchsten bilateralen Netto-Auszahlungen in den Amerikas und konnte damit etwa fünfmal soviel deutsche ODA auf sich vereinen wie der größte Mittelempfänger, Bolivien (4,46 €/Einwohner) (BMZ 2005d).

10 Insgesamt jedoch zieht die Bundesregierung für dieses Verfahren eine positive Bilanz: In den 27 HIPC-Ländern, die den *decision-point* erreicht haben, seien die Sozialausgaben zwischen 1999 und 2003 von 5,8 auf 9,1 Mrd. US$ gestiegen (BMZ 2005b: XV).

multilateraler Organisationen, an denen die Bundesrepublik beteiligt ist.

Dazu gehört vor allem die Interamerikanische Entwicklungsbank (IADB), über die die multilateralen deutschen EZ-Bemühungen in Zentralamerika hauptsächlich abgewickelt werden. Ihre Aufgabe ist es, die wirtschaftliche und soziale Entwicklung ihrer Mitglieder und deren Zusammenarbeit zu fördern (BMZ 2003b: 10).[11] Die Bundesrepublik ist seit Juli 1976 Mitglied der IADB und am Zeichnungskapital der Bank von insgesamt 101 Mrd. US$ mit 1,9% beteiligt. Von dieser Summe ist allerdings nur ein kleiner Teil im operativen Umlauf (etwa 82 Mio. US$), während über 1,8 Mrd. US$ als Haftungskapital dekla-riert sind, das im Bedarfsfall von der IADB bei der Bundesregierung angefordert werden kann. Im *Fund for Special Operations* (FSO) der IADB, der den Mittelempfängern besonders konzessionäre Kreditbe-dingungen bietet, betrug der deutsche Zeichnungsanteil im Jahr 2002 etwa 232 Mio. US$ (BMZ 2005a: 15). Davon profitiert insbesondere Nicaragua, das zu den fünf ärmsten Ländern des Kontinents gehört, denen dieser Fonds vorbehalten ist. Mit dem im Januar 2002 unter-zeichneten *Memorandum of Understanding* zwischen dem BMZ und der IADB wurde die Grundlage für eine intensivere Zusammenarbeit der beiden Institutionen geschaffen (BMZ 2003b: 13). So konnten die Förderschwerpunkte multilateraler und bilateraler EZ besser aufeinan-der abgestimmt werden. Dies kommt insbesondere im Umwelt- und Ressourcenschutz zum Tragen, den beide gemeinsam als querschnitts-orientierte Grundlage nachhaltiger Entwicklung begreifen.

Die Bundesrepublik ist im multilateralen Rahmen auch an der Fi-nanzierung von Entwicklungsprojekten beteiligt, die vom *Banco Cen-troamericano de Integración Económica* (BCIE) administriert und durchgeführt werden. Dazu zählt unter anderem eine Finanzierungs-linie der KfW für knapp zwei Millionen zentralamerikanische Klein-und Kleinstunternehmen (KKU), die in ihren Ländern erheblich zur Wertschöpfung und Beschäftigungsentwicklung beitragen. Ihrer wirt-schaftlichen Entfaltung steht unter anderem der fehlende Zugang zu adäquaten Finanzdienstleistungen entgegen. Daher hat die KfW der

---

11 Aus den Kapitaleinzahlungen der Geberländer und deren Beiträgen zu verschie-denen Fonds vergibt die IADB zu marktverbesserten Konditionen Projektdarle-hen oder Zinssubventionen zum Auf- und Ausbau materieller und sozialer Infra-struktur mit Laufzeiten von bis zu 40 Jahren.

BCIE ein Darlehen in Höhe von 15 Mio. Euro zur Refinanzierung von Mikrofinanzintermediären eröffnet (KfW 2005a). Darüber hinaus ist die KfW auch an der Finanzierung von Projekten beteiligt, welche die BCIE im Rahmen des *Plan Puebla Panamá* realisiert. Darauf wird in einem späteren Abschnitt näher eingegangen.

3. Förderschwerpunkte deutscher Entwicklungszusammenarbeit in Zentralamerika

Soziale Ungleichheit und Armut können viele Ursachen haben. Dementsprechend hat die deutsche EZ in der Vergangenheit nahezu alle sozioökonomischen Entwicklungen Zentralamerikas zu ihrem Gegenstand gemacht. Durch die Überfrachtung mit Tätigkeiten auf zu vielen Gebieten hat die Bundesrepublik daher das Bild eines eher diffusen Geberprofils abgegeben.[12] Mittlerweile wurde jedoch erkannt, dass sich deutsche Entwicklungszusammenarbeit nicht auf allen "Baustellen" Zentralamerikas engagieren kann. Die Bundesregierung hat sich daher gemeinsam mit den zentralamerikanischen Partnerländern auf sieben Tätigkeitsbereiche für die deutsche EZ in der Region verständigt: Umwelt- und Ressourcenschutz, Demokratieförderung, Wirtschafts- und Beschäftigungsförderung, Friedenssicherung und Konfliktprävention, Bildung, Wasser- und Abwasserversorgung sowie sozialer Wohnungsbau (Anhang Tab. 3).

Der bedeutendste Akteur bei der Umsetzung dieser Vorhaben ist die Gesellschaft für Technische Zusammenarbeit (GTZ). Sie ist mit Länderbüros in Guatemala, El Salvador, Honduras, Nicaragua und Costa Rica vertreten. Die Zahl ihrer nach Zentralamerika entsandten Fachkräfte war in den letzten Jahren zwar leicht rückläufig (von 67 im Jahr 2000 auf 54 im Jahr 2004), bewegte sich damit aber im Umfeld eines Personalabbaus der GTZ in Lateinamerika insgesamt (Anhang Tab. 4). Die hervorgehobene Stellung Nicaraguas, das aufgrund der deutschen Entschuldungsinitiative knapp 70% der auf Zentralamerika anrechenbaren deutschen ODA auf sich vereint, geht daher nicht mit einer entsprechend hohen Zahl entsandter Fachkräfte einher. Dort ist nur ein Viertel des in Zentralamerika eingesetzten GTZ-Personals

---

12 Vgl. dazu die Vielzahl an außen- und entwicklungspolitischen Zielen, welche die Bundesregierung in den Leitlinien für die deutsche Lateinamerikapolitik im Jahr 2004 (Bundesregierung 2004) verankert hat.

tätig. Die zweite wichtige Durchführungsorganisation deutscher EZ, die KfW-Entwicklungsbank, ist in Guatemala und Nicaragua mit je einem Auslandsbüro vertreten.

Zwei Förderbereichen kommt innerhalb der deutschen Entwicklungszusammenarbeit mit Zentralamerika eine überdurchschnittliche Bedeutung zu: (a) dem Umwelt- und Ressourcenschutz sowie (b) der Demokratieförderung und Dezentralisierung. Die deutschen Aktivitäten in diesen Bereichen werden im Folgenden kurz dargestellt.

(a) Entwicklungszusammenarbeit im Umwelt- und
     Ressourcenschutzbereich

In Zentralamerika hat die große Mehrzahl deutscher EZ-Projekte einen umwelt- oder ressourcenpolitischen Bezug. Dieses querschnittsorientierte Engagement geht mit verstärkten Anstrengungen der zentralamerikanischen Länder einher, dem Schutz ihrer natürlichen Lebensgrundlagen mittelfristig mehr Gewicht einzuräumen. Die bereits 1989 gegründete *Comisión Centroamericana de Ambiente y Desarrollo* (CCAD) hat bisher insgesamt 9,5 Mio. Hektar Landfläche als Schutzgebiete ausgewiesen. Diese sind aber auf über 400 einzelne und teilweise sehr kleine Flächen verteilt.[13] Da diese Fragmentierung den Bestand der Gebiete langfristig gefährdet und die natürlichen Lebensgrundlagen damit zerstört würden, haben die CCAD sowie nationale und internationale Partner die Errichtung eines mesoamerikanischen Biokorridors (*Corredor Biológico Mesoamericano*, CBM) zu einem der wichtigsten Projekte nachhaltiger Entwicklung in Zentralamerika erklärt. Zwischen den an Biodiversität reichen Zonen sollen durch Umstellung auf umweltfreundliche Landnutzungsformen biologische Korridore gebildet werden, in denen sowohl die Bevölkerung als auch Flora und Fauna überleben können (BMZ 2005e: 57). In Anbetracht der weitverbreiteten Armut in der Region handele es sich bei dem Vorhaben aber nicht bloß um die Förderung von Naturschutzmaßnahmen, sondern um eine allgemeine Verbesserung der Rahmenbedingungen für alle Initiativen, die eine nachhaltige Entwicklung im ländlichen Raum anstreben (BMZ 2002a: 30). Die Errichtung des CBM ist eines der wesentlichen Regionalprojekte deutscher Entwick-

---

13   Dies sind etwa 19% der gesamten Landfläche des Isthmus. Ein Drittel der geschützten Flächen ist kleiner als 1.000 Hektar, 60% sind kleiner als 5.000 Hektar und nur 8% sind größer als 250.000 Hektar.

lungszusammenarbeit in Zentralamerika. Die Projektpartner des BMZ erhalten dazu eine Förderung von insgesamt 5,1 Mio. Euro (ebd.: 16). Zentralamerika und die Karibik hatten weltweit zwischen 1990 und 2000 den stärksten Rückgang an Waldfläche zu verzeichnen (BMZ 2005b: 52). In den letzten Jahren ist die illegale Abholzung eines der größten Probleme geworden, insbesondere in den oftmals als Herz des mesoamerikanischen Biokorridors bezeichneten honduranischen Wäldern. Im dortigen "Departamento Olancho" wurden von der UNESCO im Jahre 1980 etwa 8.000km² tropischer Waldfläche zum Biosphärenreservat "Rio Plátano" erklärt. Als eines der Schwerpunktprojekte arbeitet die deutsche EZ in Zentralamerika seit 1997 mit der für die Verwaltung dieses Gebiets zuständigen staatlichen honduranische Forstbehörde AFE-COHDEFOR *(Administración Forestal del Estado – Corporación Hondureña de Desarrollo Forestal)* zusammen. Im Rahmen eines Zehn-Jahres-Plans ist die deutsche EZ insbesondere im *capacity-building* engagiert, d.h. der Errichtung funktions- und leistungsfähiger Arbeitsstrukturen für die Nationalparkverwaltung. Der Bau und die Ausrüstung eines Parkverwaltungszentrums sowie einiger Kontrollstützpunkte wird von der KfW mit etwa neun Mio. und von der GTZ mit etwa drei Mio. Euro unterstützt (KfW 2004a). Darüber hinaus ist die deutsche EZ bei der Demarkierung der Grenzen des Biosphärenreservats sowie bei der sozialverträglichen Umsiedlung von etwa 45.000 meist indigenen Personen beteiligt, die heute im Kernbereich des Reservats leben und nun sukzessive in der Puffer- bzw. Kulturzone angesiedelt werden sollen. Ferner trägt sie finanziell zur Einführung nachhaltiger und umweltschonender land- und waldwirtschaftlicher Bodennutzungsverfahren sowie zur Erstellung eines Katasters bei, welches in Zukunft die nach wie vor problembelastete rechtsgültige Vergabe von Landnutzungstiteln in dem Gebiet sicherstellen soll (ebd.). Die COHDEFOR wird durch ein Managementprogramm unterstützt, mit dessen Hilfe man insbesondere lokale Gemeinden in den Schutz der natürlichen Lebensgrundlagen und der biologischen Ressourcen einbeziehen möchte (BMZ 2002a: 21), auch um sie als Verbündete im Kampf gegen illegale Abholzung zu gewinnen (GTZ 2003a: 16).

Nach acht Förderjahren kann dieses EZ-Projekt auf einige Erfolge verweisen. So konnten aus der Kernzone des Reservats in den letzten zwei Jahren etwa 140 Familien umgesiedelt und die Entwaldungsrate halbiert werden (Klein 2005). Auf deutschen und internationalen Druck hin wurden auch Änderungen am institutionellen Design der COHDEFOR vorgenommen. Bis 2004 musste die Forstverwaltung die finanziellen Mittel zur Bezahlung ihres Personals und der Kontrollkräfte aus Lizenzerlösen sowie aus legalen Holzverkäufen selbst erwirtschaften. Dies bedeutete, dass die Kontrollbehörde letztlich von jenen Akteuren abhängig war, die sie kontrollieren sollte (Genovese 2004: 3). Mittlerweile wurde diese unsinnige Regelung aber überarbeitet und die Budgetierung der COHDEFOR dem Finanzministerium übertragen.

Gleichwohl steht das Projekt nach wie vor erheblichen Herausforderungen gegenüber. Das Gebiet des "Rio Plátano" umfasst rund 7% des honduranischen Staatsgebietes und ist sehr gebirgig, schwer zugänglich und nicht leicht zu kontrollieren. Dementsprechend findet der Abtransport illegalen Einschlags relativ ungehindert statt. Die schlechte Haushaltslage der honduranischen Behörden hat nicht nur dazu geführt, dass die von der COHDEFOR errichteten Kontrollstellen nicht dauerhaft besetzt werden konnten, sondern hat sogar zu Personalentlassungen in beträchtlichem Umfang geführt (*La Prensa*, 28.02.2003). Die von mobilen Kontrollstellen gemachten strafrechtlichen Anzeigen werden von der Staatsanwaltschaft aufgrund personeller Engpässe meist nicht verfolgt. Darüber hinaus sollen auch Teile des Militärs, der Polizei und des COHDEFOR-Personals in die illegalen Abholzungen involviert sein (*La Prensa*, 06.03.2003). Verbindungen zur organisierten Kriminalität und zum Rauschgifthandel sind nicht auszuschließen.[14] Die Verquickung offizieller Stellen in illegale Abholzung ist auch in anderen zentralamerikanischen Ländern ein wesentlicher Teil des Problems. So steht die deutsche und internationale EZ dem illegalen Holzeinschlag in Guatemala oder Nicaragua ebenso hilflos gegenüber wie in Honduras.

Innerhalb des Förderschwerpunktes "Umwelt- und Ressourcenschutz" ist ein zweiter regionaler Fokus Nicaragua. Das Land trägt eine große Verantwortung für das ökologische Gleichgewicht der gesamten Region. Nicht nur, weil im Nordosten des Landes die Wald-

---

14 Dies beinhaltet auch politische Brisanz, denn die beiden Kandidaten für die Präsidentschaftswahlen im November 2005, Porfirio Lobo Sosa und Manuel Zelaya Rosales, stammten beide aus dem "Departamento Olancho", das als Hauptumschlagplatz der Holzmafia gilt.

gebiete ins benachbarte Honduras hineinreichen und Teil des CBM sind, sondern insbesondere, da Nicaragua mit seinen fünf großen Flusssystemen und dem Nicaragua-See über mehr als die Hälfte der Süßwasserressourcen Zentralamerikas verfügt. Die deutsche EZ trägt dieser Tatsache Rechnung und hat in Abstimmung mit der nicaraguanischen Regierung die Trinkwasserver- und Abwasserentsorgung als prioritären Arbeitsschwerpunkt vereinbart. In Nicaragua sind nur ein Drittel der urbanen Bevölkerung an eine geregelte Abwasserentsorgung angeschlossen (KfW 2005b). Daher werden derzeit in den Managua-See die Abwässer von insgesamt etwa einer Million Einwohner der Hauptstadt und etwa 60 Industriebetrieben ungereinigt eingeleitet. Die schlechte Trinkwasserqualität trifft vor allem arme Bevölkerungsteile, die daher häufig unter Krankheiten wie Malaria, Hepatitis und Diarrhöe leiden (ebd.). Um die Abwasserentsorgung zu verbessern, hat die KfW im Rahmen eines Großvorhabens zur Sanierung des Managua-Sees, das auch von der IADB und dem *Nordic Development Fund* unterstützt wird, die Finanzierung einer neuen Kläranlage mit insgesamt 25,5 Mio. Euro übernommen (KfW 2004b). Sie finanziert auch den Ausbau der Abwasserentsorgung in Granada, um die Qualität des benachbarten Nicaragua-Sees zu verbessern.

Das Engagement deutscher EZ im Wasser- und Abwasserbereich in diesen Großprojekten wird flankiert durch Vorhaben im ländlichen Raum sowie in kleineren und mittleren Städten. Mit einem Zuschuss von insgesamt 40 Mio. Euro ist die Modernisierung der Abwasser- und Trinkwasserversorgung der Städte Matagalpa, Jinotega und Corinto das finanziell umfangreichste bilaterale Einzelprojekt deutscher Entwicklungszusammenarbeit mit Zentralamerika (BMZ 2002a: 26). Ziel dieser Maßnahme ist es vor allem, die bestehende Infrastruktur zu erneuern, die Leistungsfähigkeit der regionalen Betriebsgesellschaft zu erhöhen, einen Managementvertrag mit einem privaten Betreiber abzuschließen und die Hygieneaufklärung in den drei Städten zu verbessern (KfW 2004c).

Neben diesen beiden Beispielen aus Honduras und Nicaragua ist die deutsche EZ auch in den anderen Ländern der Region im umwelt- und ressourcenpolitischen Bereich engagiert, die in ihrer Breite an dieser Stelle jedoch nicht dargestellt werden können.

(b) Entwicklungszusammenarbeit im Bereich Demokratieförderung

Der zweite Förderschwerpunkt deutscher Entwicklungszusammenarbeit mit Zentralamerika, die Demokratieförderung und Dezentralisierung, rekurriert auf die im lateinamerikanischen Vergleich schwachen Zustimmungswerte zur Demokratie in Zentralamerika. Sie sind in Guatemala mit 35% und in Nicaragua mit 39% die niedrigsten in ganz Lateinamerika (*Latinobarómetro* 2004: 7). Die Unzufriedenheit der Bevölkerung und ihr geringes Vertrauen in die staatlichen Institutionen stützen sich auf ihre schlechten Erfahrungen mit der Bereitstellung öffentlicher Dienstleistungen durch ineffiziente, mangelhaft ausgebildete und korruptionsanfällige öffentliche Verwaltungen. Entsprechend sind die Verbesserung staatlicher Steuerungsfähigkeit, die Umstrukturierung ihrer Organisationsform und Handlungsmodi, der Abbau von Bürokratie und die Neuverortung von Verantwortlichkeiten und Kompetenzen nach wie vor große Herausforderungen für die Staaten der Region. Die deutsche EZ hat daher Demokratieförderung zu einem zweiten wesentlichen Schwerpunkt ihrer Arbeit gemacht, um demokratische Reformprozesse zu stärken und möglichen politischen Krisen vorzubeugen (BMZ 2005f).

Daran sind insbesondere die politischen Stiftungen beteiligt, die mit Hilfe ihres Instrumentenkatalogs nicht nur das Problembewusstsein der Bevölkerung und der Entscheidungsträger für eine Stärkung rechtsstaatlicher und demokratischer Strukturen zu schärfen versuchen. Durch politischen Dialog binden sie auch Skeptiker in diesen Prozess ein, regen lokale Netzwerkbildung an und unterstützen Gemeinden beim Aufbau lokaler Partizipationsstrukturen, insbesondere für Frauen. Durch ihr stetiges Engagement haben die politischen Stiftungen in den vergangenen Jahren ein Vertrauenskapital erworben, das in sensiblen politischen Situationen entscheidende Voraussetzung für Moderation ist (Böhler 2005: 9). Gerade in teilweise schwer durchschaubaren Verhältnissen komme den Stiftungen eine "Eisbrecher- oder Türöffnerfunktion" zu, die auch von den zentralamerikanischen Partnern insgesamt als gewinnbringend beurteilt werde.

Die inhaltliche Ausrichtung der Arbeit der Stiftungen und ihre Instrumente unterscheiden sich nicht grundlegend und folgen alles in allem einer gemeinsamen Linie (Förderung demokratischer Strukturen). Inhaltliche Nuancen ergeben sich durch das jeweilige Selbstverständnis der Stiftung und die unterschiedlichen Bedürfnisse der einzelnen zentralamerikanischen Länder. So engagiert sich die Friedrich-Ebert-Stiftung (FES) insbesondere für die Stärkung sozialer Demokratie in Zentralamerika. Ihre Arbeit ist als Regionalprojekt konzipiert und an vier inhaltlichen Themenbereichen orientiert: (a) Stärkung regionaler politischer Integrationsprozesse nach innen und außen, etwa in den Beziehungen Zentralamerikas zur Europäischen Union, (b) Ausarbeitung alternativer Vorschläge im Bereich der *seguridad ciudadana*, die im Gegensatz zu den derzeit prägenden *mano-dura*-Konzepten auch präventive Aspekte einschließen, (c) Förderung des länderübergreifenden Dialogs progressiver politischer Parteien Zentralamerikas, sowie (d) die Beteiligung der Gewerkschaften an den laufenden wirtschafts- und sozialpolitischen Debatten in ihren Ländern, etwa zur arbeitsrechtlichen Ausgestaltung des CAFTA-Abkommens. Die FES veranstaltet zu diesen Themen Expertengespräche und Konferenzen und veröffentlicht begleitend eine Reihe von Expertisen, beispielhaft etwa jene zur Dezentralisierung und Entwicklung des ländlichen Raums (Espinoza 2004).

Als einen ihrer Arbeitsschwerpunkte hat auch die Konrad-Adenauer-Stiftung den CAFTA-Themenkomplex in den letzten Jahren verstärkt bearbeitet, befasste sich aber eher mit Aspekten dessen praktischer Umsetzung. Ferner engagiert sich die KAS bei der Entwicklung leistungsfähigerer Rechtsordnungen in Zentralamerika und hat über ihr Regionalbüro in Mexiko ein entsprechendes Programm aufgelegt.[15] Dritter Arbeitsschwerpunkt der KAS ist die Rolle der Medien bei der politischen Willensbildung. Die Stiftung versucht, dieses in Zentralamerika meist nicht unproblematische Thema stärker in das Blickfeld der Öffentlichkeit zu rücken und Entscheidungsträger wie Zivilgesellschaft dafür zu sensibilisieren. In einzelnen Ländern arbeitet die KAS darüber hinaus an der Etablierung politischer Parteien, etwa einer christdemokratischen "Dritten Kraft" in Nicaragua.

Die Friedrich-Naumann-Stiftung (FNSt) fördert über ihr Partnerinstitut *Instituto de Estudios y Capacitación Cívica* eine breite Themenpalette politischer Bildungsarbeit, unterstützt es aber insbesondere

---

15 Die KAS hat mit der *Asociación de Investigación y Estudios Sociales* (ASIES) einen angesehen Projektpartner für ihre Arbeit und mit dem *Instituto Centroamericano de Estudios Políticos* (INCEP) ein eigenes Forschungs- und Beratungsinstitut, das in der Region einen sehr guten Ruf genießt.

bei der Entwicklung eines "Diplomlehrgangs Kommunalpolitik" für Bürgermeister und Gemeinderäte aus Guatemala und Nicaragua (BMZ 2002b: 21). Auch die Heinrich-Böll-Stiftung (HBS) setzt sich für die Stärkung basisnaher kommunaler Politik in Nicaragua, El Salvador und Guatemala ein (ebd.). Sie engagiert sich darüber hinaus im Bereich der Gender-Problematik und einer Reihe "grüner" Themen, wie etwa die Nutzung erneuerbarer Energien und der Patentierung pflanzlichen Erbguts.[16]

Die politischen Stiftungen sind bereits seit vielen Jahren in Zentralamerika aktiv und haben dafür früh die entsprechende Infrastruktur geschaffen: Die FES hat 1965 ihr erstes Büro in Zentralamerika eröffnet und ist derzeit in allen Staaten der Region vertreten. Sie koordiniert ihre Arbeit durch die beiden Regionalbüros in Guatemala-Stadt und San José.[17] Auch die Außenstellen der KAS in Guatemala, Costa Rica und Nicaragua sind teilweise bereits mehr als 30 Jahre gesellschaftspolitisch engagiert. Die kleineren politischen Stiftungen haben ebenfalls Vertretungen in Zentralamerika. So engagiert sich die FNSt seit Ende der 1980er Jahre in Guatemala und hat mittlerweile weitere Büros in Honduras, Costa Rica und Nicaragua aufgebaut. Die HBS ist seit 1995 mit einem Ortskraftbüro in El Salvador vertreten, dessen Arbeit seit 2004 vom mexikanischen Regionalbüro aus koordiniert wird.

Die politischen Stiftungen erhalten die finanziellen Mittel zur Durchführung ihrer Projekte aus dem Haushalt des BMZ oder des Auswärtigen Amts. Sie sind damit nicht originär zivilgesellschaftlich, wie oftmals angenommen wird. Aber sie können weitgehend frei von politischer Einflussnahme ihre Arbeitsschwerpunkte an den Herausforderungen orientieren, die sich aus gesellschaftspolitischen Entwicklungen in den Zielländern ergeben. Die Stiftungen haben in den ver-

---

16 Vgl. dazu das entsprechende Webportal unter: <http://www.boell-latinoamerica.org>.

17 Die FES hat die Aktivitäten ihrer zentralamerikanischen Büros in einem Internetportal zusammengefasst: <http://www.fesamericacentral.org>. Die KAS verfügt über Internetportals ihrer Büros in Costa Rica <http://www.kas.de/proj/home/home/53/4/index.html>, Guatemala <http://www.kas.de/proj/home/home/55/4/index.html> und Nicaragua <http://www.kas.de/proj/home/home/58.4/index.html>. Die FNSt informiert in ihrem Internetportal über ihre Projekte in Costa Rica, Guatemala, Honduras und Nicaragua <http://www.la.fnst-freiheit.org/webcom/show_article.php/_c-1179/_lkm-2478/i.html>.

gangenen Jahren den Großteil ihrer Projekte in Guatemala durchgeführt, da sich dort die politischen Rahmenbedingungen seit dem Amtsantritt von Alfonso Portillo im Jahr 2000 eklatant verschlechterten. Dort nahm nicht nur die alltägliche Gewalt insgesamt erheblich zu. Vielmehr konnten sich kriminelle Netzwerke Zugang zu höchsten Regierungsstellen verschaffen. Dies hatte zur Folge, dass Straflosigkeit hingenommen und das demokratische System insgesamt erheblich diskreditiert wurde. Daher ist im Kontext ihres Auftrages der Förderung demokratischer Strukturen die Verteilung des Mitteleinsatzes der politischen Stiftungen im zentralamerikanischen Vergleich nicht überraschend (Anhang Tab. 5).

Neben den politischen Stiftungen treten auch weitere Akteure in diesem Förderbereich in Erscheinung. Dazu zählt unter anderem InWEnt, die durch ihr Aus- und Weiterbildungsangebot für zentralamerikanische Fach- und Führungskräfte deren Leistungsfähigkeit im Planungs-, Entscheidungs-, und Managementbereich ausbauen hilft. Dies gilt im Rahmen einer breiten Themenpalette auch für den anderen großen Förderbereich deutscher EZ in Zentralamerika, den Umwelt- und Ressourcenschutz.[18] Die GTZ ist in Zentralamerika ebenfalls im Bereich Demokratieförderung aktiv, insbesondere durch Beratungsdienstleistungen für nationale Verwaltungen. Dabei geht es vor allem um Dezentralisierungsmaßnahmen. Durch die nähere Verortung der politischen Entscheidungsfindung bei den Betroffenen, die stärkere Teilhabe der Gemeinden und Organisationen der Zivilgesellschaft an den politischen, rechtlichen und institutionellen Verfahren (BMZ 2002b: 5) soll die Akzeptanz für demokratische Entscheidungen erhöht werden. Die in diesem Zusammenhang vom BMZ finanzierten Maßnahmen konzentrieren sich mit je etwa 10 Mio. Euro auf Guatemala und Nicaragua (BMZ 2002b: 18).

Die von der Bundesrepublik unterstützten Dezentralisierungsbemühungen zielen auch auf die Neuordnung vertikaler Finanzbeziehungen und die Stärkung kommunaler Einnahmequellen, um den Gemeinden für die sachgerechte Erfüllung der ihnen übertragenen Aufgaben auch eine angemessene Ressourcenbasis zu sichern. In der Praxis versuchen die verschiedenen Akteure der deutschen EZ daher,

---

18 Im Jahr 2004 haben insgesamt 1.306 mittelamerikanische Teilnehmer an den Fortbildungsmaßnahmen von InWEnt teilgenommen (InWEnt 2004: 46).

auf die verfassungsrechtliche Stellung der Kommunen, die Gemeinde-
gesetzgebung, spezieller Gesetzesvorhaben wie etwa der Fiskaltrans-
fergesetze in Guatemala, und die vertikale Teilung des Steueraufkommens hinzuwirken. So hat sich die GTZ zwischen 1998 und 2004
an der operativen Stärkung des nicaraguanischen Rechnungshofes und
der Modernisierung des Steuersystems beteiligt (BMZ 2002c: 14).
Ziel der mit insgesamt 4,6 Mio. Euro unterstützten Maßnahme war es
nicht nur, die Verwendung öffentlicher Mittel transparenter zu gestalten, so die Nachvollziehbarkeit für den Steuerzahler zu verbessern und
die Legitimität des Steuersystems zu erhöhen. Vielmehr sollte die
Steuergesetzgebung auch in einen systematischen Bezug zur Armutsbekämpfung und nationaler Wirtschaftsentwicklung gestellt werden.
Im Ergebnis wird der Anteil der Gemeinden bei der Verteilung des
nationalen Steueraufkommens von derzeit 4% vermutlich auf etwa
10% bis zum Jahr 2010 ansteigen. Das BMZ beurteilt daher die Beratungsleistungen der GTZ für die *Dirección General de Impuestos*
(DGI) insgesamt positiv. Jedoch weist das BMZ in derselben Evaluierung auf die Gestaltungsgrenzen dieser Beratungsleistungen hin und
kommt zu dem Schluss, dass eine nachhaltige Wirkung auf die DGI
selbst, die fiskalische Dezentralisierung oder die Linderung der Armut
nicht geleistet wurde oder nicht feststellbar sei (BMZ 2005c).[19]

Ähnlichen Problemen steht die deutsche EZ in Guatemala gegenüber. Dort sollte die finanzielle Eigenständigkeit der Gemeinden
durch die Erhebung von Grundsteuern deutlich verbessert werden. Die
desolate Situation im Bereich des Katasterwesens hat sich dabei als
großes Hindernis erwiesen. Besitztitel für Ländereien wurden in der
Vergangenheit immer wieder mehrfach vergeben, was oftmals komplizierte, langwierige und wenig transparente Rechtsverfahren nach
sich zog. Dies haben sowohl deutsche als auch guatemaltekische Vertreter im Rahmen von Regierungskonsultationen als wichtiges Entwicklungshemmnis identifiziert. Daher wurde gemeinsam vereinbart,
dass mit deutscher Unterstützung die Grundlagen für die Neuordnung

---

19 Auch der Erfolg anderer Beratungsleistungen deutscher Akteure, etwa für das
    honduranische Bildungsministerium, kann nur schwer beziffert werden. Einige
    Autoren ziehen den Nutzen solcher Beratungsleistungen insgesamt in Zweifel, so
    etwa Molt (2003: 168).

des guatemaltekischen Katasterwesens geschaffen werden sollten.[20] Die GTZ war an dem Vorhaben in den beiden Pilotgemeinden von "Las Verapaces" zwischen 1998 uns 2001 mit insgesamt 2,8 Mio. Euro beteiligt (BMZ 2002c: 15). Obwohl das Projekt in beiden Gemeinden erfolgreich abgeschlossen wurde, konnten kaum Nachhaltigkeitseffekte erzielt werden, da dessen Weiterentwicklung in einer der beiden Gemeinden vom Bürgermeister suspendiert wurde und eine Ausdehnung des Vorhabens auf alle *departamentos* aus Haushaltsgründen derzeit nicht realisierbar erscheint.

4. Stärkung der Geberkoordinierung und Dreiecksfinanzierung

Über die inhaltlichen Schwerpunkte hinaus sieht deutsche Entwicklungspolitik in Zentralamerika eines ihrer drängenden Tätigkeitsfelder in der Stärkung der Geberkoordinierung (BMZ 2002a: 10). Diese zielt darauf ab, im Rahmen der ergebnisorientierten Entwicklungsziele der UNO die Wirksamkeit der EZ-Projekte zu erhöhen und effizientere Handlungsabläufe zwischen den beteiligten Akteuren zu schaffen. So engagieren sich allein in Nicaragua etwa 40 bi- und multilaterale Geber sowie mehr als 200 Nichtregierungsorganisationen, die jeweils eigene Projekte, Programme, Prioritäten, Konditionen sowie administrative Strukturen und Verfahren entwickelt haben. Diese enorme Vielfalt ist mit hohen Transaktionskosten verbunden, die für die Partner eine beträchtliche Belastung bedeutet (Ashoff 2004: 1).

Geberkoordinierung erfolgt im Idealfall durch die Partnerländer selbst. Insbesondere in Honduras konnten in diesem Zusammenhang positive Erfahrungen gemacht werden. Die gut funktionierende Kommunikations- und Abstimmungskultur der so genannten G-15[21] ist

---

20 Dieses Vorhaben wurde eingebettet in das DDM-Projekt des BMZ in Guatemala *(Apoyo a la Descentralización y el Desarrollo Municipal)*. Es soll die Dezentralisierung über die Förderung partizipativer Prozesse der nachhaltigen Entwicklung unterstützen. Die Stärkung der Gemeindeverwaltungen, die Beteiligung der Zivilgesellschaft am Entscheidungsprozess, Ressourcenschutz sowie die lokale Wirtschaftsentwicklung stehen im Vordergrund dieses Vorhabens. Projektpartner in Guatemala ist die *Secretaria de Coordinación Ejecutiva de la Presidencia* (SCEP), dem innerhalb der Regierung die Verantwortung für den Dezentralisierungsprozess obliegt.

21 Die G-15 wurde in Absprache mit den vom Hurrikan "Mitch" am stärksten betroffenen Ländern Honduras, El Salvador, Nicaragua und Guatemala als Konsultativgruppe im Mai 1999 gegründet. Zu den Gründungsmitgliedern Schweden,

darauf zurückzuführen, dass die honduranische Regierung aktiv in diesem Gremium mitarbeitet und innerhalb dieses Rahmens auch die Zivilgesellschaft in die Koordination des Wiederaufbaus des Landes einbezieht. Bei der Ausarbeitung und Implementierung des nationalen Aktionsplans "Mit Bildung in eine sichere Zukunft" konnte der deutsche Vorsitz einer multinationalen Expertengruppe Koordinierungsleistungen erbringen (BMZ 2003c: 16f.). Leider ließ sich dieses "Erfolg versprechende Beispiel" aus Honduras (BMZ 2005a: 345) nicht auf andere Länder der Region übertragen, etwa auf El Salvador oder Nicaragua. Ähnliche Gremien zur Geberkoordinierung scheiterten dort meist an mangelndem Kooperationswillen der politischen Führung.

Im Bereich der internen Koordinierung außen- und entwicklungspolitischer Prozesse hat die Bundesregierung in den letzten Jahren große Anstrengungen unternommen. Ausgehend von massiver Kritik an der deutschen EZ, etwa von Messner (2001: 23) oder der OECD (2001: 66, 71), wurde versucht, der entwicklungspolitischen Leistung mehr Kohärenz zu verleihen. Daher wurde damit begonnen, durch die Einführung von Exzellenz-*Clustern*, so genannter "Länderteams", die Abstimmung und Arbeitsteilung zwischen den beteiligten Einheiten gezielt zu verbessern und durch eine stärkere Verzahnung der Instrumente die Steuerungsfähigkeit insgesamt zu erhöhen (BMZ 2005b: 149). Für die zentralamerikanischen Schwerpunktpartnerländer El Salvador, Nicaragua und Honduras haben sich bisher jedoch noch keine solchen Länderteams herausgebildet.

Im Rahmen der verstärkten Geberkoordinierung ist auch der Versuch zu sehen, das Potenzial der so genannten "Ankerländer" für die Erreichung der *Millenium Development Goals* (MDGs) besser zu nutzen (BMZ 2004a: 5; BMZ 2005b: XIX).[22] Moderne Entwicklungspolitik könne sich nicht allein auf die ärmsten Länder konzentrieren, vielmehr seien Ankerländer unsere zentralen Partner für globale Entwicklung (Wieczorek-Zeul 2005). Gegenüber den zentralamerikanischen Nachbarstaaten habe Mexiko eine Leitbild- bzw. Vorreiterfunk-

---

USA, Kanada, Spanien und der Bundesrepublik sind mittlerweile auch die großen multilateralen Geber wie die IADB, IMF und die EU hinzugestoßen.

22 Das Ankerlandkonzept ist nicht ohne Kritik geblieben. Konrad Melchers etwa bezeichnet die Ausstrahlungseffekte von Ankerländern auf Entwicklungen in den Nachbarregionen sogar als "Erfindung des BMZ" (SLE 2005: 25).

tion (BMZ 2004a: 13). Daher lotet die deutsche EZ momentan Möglichkeiten aus, gemeinsam mit dem Ankerland Mexiko Entwicklungsprojekte in Zentralamerika zu programmieren (Deutscher Bundestag 2005; SLE 2005: 20). Von einer erfolgreichen Kooperation würden tatsächlich beide Seiten profitieren: Das BMZ könnte seinem bisher abstrakten Ankerlandkonzept ein erstes Gesicht geben, während Mexiko den *Plan Puebla Panamá* (PPP) ausweiten und durch Einbettung in einen größeren Handlungszusammenhang von legitimatorischen Problemen befreien könnte. Das Vorhaben zur Errichtung des mesoamerikanischen Biokorridors ist bereits Teil des PPP (BMZ 2002a: 30) und wird dort als notwendige Grundlage für nachhaltige Entwicklung eingestuft (IADB 2001: 9). Insbesondere ginge es darum, indigene Gemeinschaften an der Erarbeitung nachhaltiger Entwicklungskonzepte zu beteiligen. Hier ergeben sich die größten Schnittmengen zu den Zielen der deutschen EZ. Von der Bundesrepublik wird dieses Projekt jedoch ausschließlich aus multilateralen Finanzierungslinien bedient. Im Rahmen des PPP kommt der KfW eine wichtige Rolle bei der Finanzierung multilateraler Infrastrukturprojekte zu. Der BCIE hat sie für die Refinanzierung von Maßnahmen im Wasser- und Abwasserbereich sowie für Projekte im Energie- und Telekommunikationssektor ein Darlehen über 20 Mio. US$ zur Verfügung gestellt (KfW 2005c). Wesentliche Teile dieser Fördermittel finden ihre Verwendung im Rahmen des PPP.

5. Zusammenfassung und aktuelle Problemlagen

Deutsche Entwicklungszusammenarbeit mit Zentralamerika zeichnet sich durch die Pluralität ihrer Akteure und ihr kontinuierliches Engagement aus. Die deutsche EZ betrachtet die Länder der Region nicht einheitlich und trägt damit den unterschiedlichen Problemlagen in den einzelnen Gesellschaften angemessen Rechnung. Die vom BMZ eingeführte Differenzierung der Staaten in Schwerpunktpartnerländer (Honduras, Nicaragua und El Salvador) und Partnerländer (Guatemala und Costa Rica) (BMZ 2005b: 121) manifestiert sich in der Anzahl der Förderbereiche in den einzelnen Ländern. Die dennoch gute finanzielle Ausstattung der EZ-Projekte in Guatemala wird den Problemen dieses Landes bei der Festigung demokratischer Strukturen durchaus gerecht. Innerhalb der deutschen EZ mit Zentralamerika haben in den letzten Jahren insbesondere die Förderbereiche lokale Entwicklung, Dezentralisierung und nachhaltige Ressourcenwirtschaft an Bedeutung gewonnen, auch wenn dieser Trend nicht ausschließlich für Zentralamerika gilt und in einem globalen Zusammenhang zu sehen ist. Anderen entwicklungshemmenden Herausforderungen in Zentralamerika, etwa der transnationalen Jugendkriminalität oder der Drogenökonomie, begegnet die Bundesrepublik bilateral bisher kaum und verlegt ihr Engagement durchaus begründet auf multilaterale Kanäle, etwa auf die horizontale Drogengruppe der EU.

Die Projekte in den beiden Hauptförderbereichen deutscher EZ in Zentralamerika – Umwelt- und Ressourcenschutz sowie Stärkung demokratischer Strukturen – haben mit Rahmenbedingungen zu kämpfen, die eine erfolgreiche Durchführung der deutschen Vorhaben erschweren. Dazu zählen insbesondere schwache *law-enforcement*-Kapazitäten der Mehrzahl der zentralamerikanischen Exekutiven sowie weit verbreitete Korruption. Möglicherweise trägt die deutsche EZ diesem Umstand nicht ausreichend Rechnung. So beruht der Dezentralisierungsschwerpunkt auf der Hypothese, dass die politischen Steuerungseinheiten in den traditionell zentralistisch organisierten Staaten durch ihre Ferne zum Demos schlechter von ihm kontrolliert werden könnten. Richtig ist, dass durch Dezentralisierung Entscheidungen näher am Menschen getroffen und dadurch das Vertrauen der Bevölkerung in den Entscheidungsfindungsprozess gestärkt werden kann. Voraussetzung dafür ist jedoch die Handlungsfähigkeit jener Akteure, welche die Aufgaben der Zentralregierung übertragen bekommen. Zahlreich sind jedoch die Fälle, in denen durch Dezentralisierung in den schwachen zentralamerikanischen Regierungssystemen allein die Korruption dezentralisiert, lokale Eliten (und damit Abhängigkeiten) gestärkt und das Problem mangelnder Kontrolle eher noch verschärft wurde. Möglicherweise könnte hier geprüft werden, wie beide Entwicklungsziele (Institutionenvertrauen der Bevölkerung stärken und gleichzeitig Korruption mindern) stärker in Einklang gebracht werden können. Auch die Arbeit der politischen Stiftungen steht mit ihren Demokratisierungsbemühungen immer wieder vor erheblichen Herausforderungen. Trotz ihrer langjährigen und intensiven Anstrengungen zeigen doch die wiederkehrenden institutionellen Krisen in einigen zentralamerikanischen Ländern, die bestehenden Polarisierungen im politischen Willensbildungsprozess und die teilweise fehlende

Konsenskultur, dass die Arbeit der politischen Stiftungen langfristig fortgesetzt werden muss.

Die Verabschiedung der MDGs und die Abkehr von input-orientierten Bewertungsmaßstäben für die EZ hin zu klar formulierten Entwicklungszielen kann als historisch bezeichnet werden. Allerdings muss sich nun die deutsche und internationale EZ in Zentralamerika an den definierten Zielen messen lassen. Nach fünf Jahren umfassender Anstrengungen der Geberländer deutet alles darauf hin, dass die MDGs auch in Zentralamerika nicht erreicht werden. Dies macht einmal mehr deutlich, dass das "Schönrechnen" der deutschen ODA durch Entschuldung nicht die realen entwicklungspolitischen Leistungen der Bundesrepublik in Zentralamerika widerspiegelt.

Das Nichterreichen der MDGs könnte nun innerhalb der deutschen EZ-Institutionen die Frage aufwerfen, ob ihre Schwerpunktländer unserer EZ in Zentralamerika – El Salvador, Honduras und Nicaragua – wirklich ihre strategischen Partner zur Lösung bestehender globaler Herausforderungen sind. Die Begründung des BMZ, durch die entwicklungspolitischen Bemühungen globale Strukturpolitik gestalten zu können und damit den Interessen Deutschlands im weitesten Sinne nachzukommen, wird angesichts der geringen Entwicklungsfortschritte in Zentralamerika immer weniger einleuchtend. Vereinzelte Forderungen nach der Einstellung der Bemühungen, weil sie offenkundig weder den so genannten Entwicklungsländern noch uns etwas "bringe", gehen jedoch in die falsche Richtung. Mit der Formulierung des Ankerlandkonzepts hat das BMZ die notwendige Diskussion bereits angestoßen. Nun gilt es, realistische Möglichkeiten für dessen erfolgreiche Umsetzung auszuloten.

Eine Gesamtbewertung deutscher Entwicklungszusammenarbeit mit Zentralamerika kann an dieser Stelle nur unter Vorbehalt erfolgen. Die Wirkung und Effizienz einzelner EZ-Projekte ist überwiegend sehr schwer einzuschätzen. Sicherlich gibt es in diesem Zusammenhang eine Reihe positiver wie negativer Projektbeispiele. Eine breitere Veröffentlichung von Evaluierungsergebnissen wäre unter Transparenzgesichtspunkten in jedem Fall ein Schritt zu mehr Rechenschaft gegenüber dem Steuerzahler, dem die meisten Akteure der deutschen EZ letztlich verpflichtet sind. Bei allen Diskussionen um Konzepte, Strategien, Instrumente und möglichen Reformbedarf der deutschen EZ insgesamt sollte dies stets im Hinterkopf behalten werden.

Literaturverzeichnis

Ashoff, Guido (2004): "Geberkoordinierung. Eine wesentliche Voraussetzung für eine effizientere und wirksamere Entwicklungszusammenarbeit". In: Deutsches Institut für Entwicklungspolitik, *Analysen und Stellungnahmen* Nr. 7, Bonn.

BMF (2005): *Deutscher Schuldenerlass*. Stand vom 30.06.2005 <http://www. bundesfinanzministerium.de/lang_de/DE/Service/Downloads/Abt__VII/ Deutscher__Schuldenerlass,templateId=raw,property=publicationFile.pdf> (02.08.2005).

BMWA (2005): *Rangfolge der Handelspartner im Außenhandel der Bundesrepublik Deutschland 2004* <http://www.bmwa.bund.de/Redaktion/Inhalte/Pdf/A/ aussenhandelsdaten-handelspartner,property=pdf,bereich=,rwb=true.pdf> (02.08. 2005).

BMZ (2000): *Konzept für die entwicklungspolitische Zusammenarbeit mit den Ländern Lateinamerikas*. Bonn.

— (2002a): "Entwicklungszusammenarbeit mit Zentralamerika". In: *BMZ-Spezial* Nr. 60, Bonn.

— (2002b): "Dezentralisierung in der deutschen Entwicklungszusammenarbeit". In: *BMZ-Spezial* Nr. 52, Bonn.

— (2002c): "Verwaltungsreform in der deutschen Entwicklungszusammenarbeit". In: *BMZ-Spezial* Nr. 46, Bonn.

— (2003a): "Schuldenerlasse für die ärmsten Länder". In: *BMZ-Spezial* Nr. 41, Bonn.

— (2003b): "Zur Bekämpfung der Armut – Unsere Ziele in den Regionalen Entwicklungsbanken". In: *BMZ-Spezial* Nr. 76, Bonn.

— (2003c): "Harmonisierung von Geberpraktiken in der deutschen Entwicklungszusammenarbeit". Aktionsplan, Bonn.

— (2004a): "Ankerländer. Partner für globale Entwicklung". Positionspapier Nr. 116, Bonn.

— (2004b): Bilaterale ODA-Nettoauszahlungen nach Ländern. Mehrjahresvergleich, <http://www.bmz.de/de/zahlen/imDetail/Bilaterale_ODA_Mehrjahresvergleich_ 2003.pdf> (02.08.2005).

— (2005a): *Medienhandbuch Entwicklungspolitik 2004/2005*. Berlin.

— (2005b): *12. entwicklungspolitischer Bericht der Bundesregierung*. Bonn.

— (2005c): "Deutsche Entwicklungszusammenarbeit mit Nicaragua: Kurzfassung der Evaluierung 'Modernisierung des nicaraguanischen Steuersystems'" <http:// www.bmz.de/de/erfolg/instrumente/themen/kurz/EvalBericht347/index.html> (20.09.2005).

— (2005d): "Bilaterale ODA-Leistungen pro Kopf" <http://www.bmz.de/de/zahlen/ imDetail/ODA_Leistungen_proKopf_2003.pdf> (20.09.2005).

— (2005e): "Fortschrittsbericht zur deutschen bilateralen Entwicklungszusammenarbeit im Waldsektor". In: *BMZ-Materialien* Nr. 142, Bonn.

— (2005f): "Förderung von Demokratie in der deutschen Entwicklungspolitik. Unterstützung politischer Reformprozesse und Beteiligung der Bevölkerung". Positionspapier des BMZ Nr. 124, Bonn.

Bodemer, Klaus (1986): "Westeuropas Engagement in Zentralamerika. Politisches Schattenboxen oder Ausdruck einer neuen Qualität im trilateralen Verhältnis Europa – USA – Lateinamerika?" In: *Analysen aus der Abteilung Entwicklungsländerforschung* Nr. 125. Bonn: Friedrich-Ebert-Stiftung.

Böhler, Werner (2005): "Die Rolle der politischen Stiftungen in der deutschen Entwicklungspolitik". In: Konrad-Adenauer-Stiftung (Hrsg.): *Auslandsinformationen* Nr. 6, S. 4-14.

Borge, Victor (2005): "La situación de los partidos políticos en América Central. Un vistazo desde las encuestas". Vortrag im Rahmen einer Veranstaltung der Konrad-Adenauer-Stiftung in Managua am 8. September 2005 <http://www. incep.org/images/content/NICPartidos.ppt> (20.09.2005).

Bundesregierung (2004): Leitlinien deutscher Außenpolitik gegenüber Lateinamerika und der Karibik <http://www.diplo.de/www/de/aussenpolitik/regionalkonzepte/ lateinamerika/leitlinien_html> (13.07.2005).

Child, Jack (1992): *The Central American Peace Process 1983-1991. Sheating swords – building confidence.* Boulder.

Deutscher Bundestag (2005): Antwort der Bundesregierung auf die Kleine Anfrage der Abgeordneten Markus Löning, Ulrich Heinrich, Dr. Karl Addicks, weiterer Abgeordneter und der Fraktion der FDP – Drucksache 15/4569 – Entwicklungshilfe für Mexiko trotz staatlicher Öleinnahmen in Milliardenhöhe, Drucksache 15/4651 <http://dip.bundestag.de/btd/15/046/1504651.pdf> (02.08.2005).

Espinoza, Gabriela (2004): *Descentralización y desarrollo económico local en Nicaragua.* Managua: Friedrich-Ebert-Stiftung.

Genovese, Bruna (2004): "Marching for Life: Defying threats, a movement of rural Hondurans leads Central America's struggle against illegal logging and the corruption that sustains it". Center for International Policy, International Policy Report, <http://ciponline.org/central_america/reports/IPR_Eng_6.04.pdf> (13.07. 2005).

GTZ (2000): *Jahresbericht der Gesellschaft für Technische Zusammenarbeit 2000.* Eschborn.

— (2001): *Jahresbericht der Gesellschaft für Technische Zusammenarbeit 2001.* Eschborn.

— (2002): *Jahresbericht der Gesellschaft für Technische Zusammenarbeit 2002.* Eschborn.

— (2003a): *Menschen und Wälder. Chancen für eine Verbesserung der Lebensbedingungen, für die Bekämpfung der Armut und für einen Schutz der Umwelt durch nachhaltige Waldwirtschaft.* Eschborn.

— (2003b): *Jahresbericht der Gesellschaft für Technische Zusammenarbeit 2003.* Eschborn.

— (2004): *Jahresbericht der Gesellschaft für Technische Zusammenarbeit 2004.* Eschborn.

IADB (2001): "Plan Puebla Panamá. Iniciativas mesoamericanas y proyectos", <http://www.iadb.org/ppp/files/documents/OTRO/OT_PPP_PPP1_ES_PP.doc> (20.09.2005).

InWEnt (2004): _Jahresbericht der Internationale Weiterbildung und Entwicklung gGmbH_. Bonn.

KfW (2004a): "Schutz des Biosphärenreservats Río Plátano". Projektkurzdarstellung, <http://www.kfw-entwicklungsbank.de/DE/Laender%20und%20Projekte/ Lateinamer79/Honduras7/EPKD_04051_DE_Schutz_des_Biosphaerenreservats_ R_o_Pl_t.pdf> (20.09.2005).

— (2004b): "Sanierung des Managua-Sees/Komponente Kläranlage". Projektkurzdarstellung   <http://www.kfw-entwicklungsbank.de/DE/ Laender%20und%20Projekte/Lateinamer79/Nicaragua61/EPKD_15709_DE_San ierung_des_Managua_Sees__Komponente_K1.pdf> (20.09.2005).

— (2004c): "Trinkwasserver- und Abwasserentsorgung Matagalpa, Jinotega und Corinto". Projektkurzdarstellung   <http://www.kfw-entwicklungsbank.de/DE/ Laender%20und%20Projekte/Lateinamer79/Nicaragua61/ GPKD_00480_DE_Trinkwasserver_und_abwasserentsorgung_Ma.pdf> (20.09. 2005).

— (2005a): "Regionale Mikrofianzierungslinie über den BCIE" <http://www.kfw-entwicklungsbank.de/DE/Laender%20und%20Projekte/Lateinamer79/ BCIE1/EPKD_19654_DE_BCIE_Mikrofinanz0205.pdf> (20.09.2005).

— (2005b): "Förderschwerpunkte der Entwicklungszusammenarbeit mit Nicaragua" <http://www.kfw-entwicklungsbank.de/DE/Laender%20und%20Projekte/ Lateinamer79/Nicaragua61/Foerderschwerpunkte_Nicaragua1.pdf>   (20.09. 2005).

— (2005c):   BCIE-Infrastrukturlinie   Zentralamerika   <http://www.kfw-entwicklungsbank.de/DE/Laender%20und%20Projekte/Lateinamer79/BCIE1/EP KD_20161_DE_Infrastrukturlinie0205.pdf> (20.09.2005).

Klein, Doris (2005): "Druck auf der Kernzone". In: _Akzente_ Nr. 3, Gesellschaft für Technische Zusammenarbeit und Entwicklung, S. 30-33.

La Prensa (28.02.2003): Fuera 393 Empleados de la Afe Cohdefor <http://www. laprensa.hn/ nacionales.php?id=1000&tabla=February_2003&fecha=20030228> (20.09.2005).

— (06.03.2003): Cohdefor promueve explotación ilegal con permisos fraudulentos, <http://www.laprensa.hn/nacionales.php?id=153&tabla=March_2003&fecha= 20030306> (20.09.2005).

Latinobarómetro (2004): Informe – Resumen Latinobarómetro 2004 <http://www. latinobarometro.org/uploads/media/2004.pdf> (20.09.2005).

Messner, Dirk (2001): "Globalisierungsanforderungen an Institutionen deutscher Außen- und Entwicklungspolitik". In: _Aus Politik und Zeitgeschichte_, Bd. 18-19, S. 21-29.

Molt, Peter (2003): "Rot-grüne Entwicklungspolitik seit 1998". In: Maull, Hanns W./ Harnisch, Sebastian/Grund, Constantin (Hrsg.): _Deutschland im Abseits? Rotgrüne Außenpolitik 1998-2003_. Baden-Baden, S. 163-175.

OECD (2001): "Prüfbericht über die Entwicklungszusammenarbeit Deutschland" <http://www.oecd.org/dataoecd/4/11/26927992.pdf> (13.07.2005).

— (2005a): "Official Development Assistance increases further – but 2006 targets still a challenge" <http: //www.oecd.org/dataoecd/59/51/34700392.pdf> (02.08.2005).

— (2005b): "Major Recipients of Individual DAC Members' Aid, Table 32" <http://www.oecd.org/dataoecd/52/12/1893167.xls> (02.08.2005).

Reuke, Ludger (2005): "Die deutschen ODA-Leistungen 2000 bis 2003/2004. Herkunft der Mittel – 'Erstempfänger' – Entscheidungen über Weiterverwendung", Studie des Germanwatch e.V. Bonn.

Sandner, Gerhard (1999): *Zentralamerika in der deutschen Geopolitik 1850-1945.* Vortrag beim 3. Congreso Centroamericano de Historia in San José 15.-18. Juli 1996. Hamburg.

SLE (2005): "Kooperation mit Ankerländern. Regionalisierung der Entwicklungszusammenarbeit?" Dokumentation einer Veranstaltung im Rahmen der Entwicklungspolitischen Diskussionstage 2005 vom 14. März 2005, Humboldt-Universität zu Berlin, Seminar für Ländliche Entwicklung. Berlin.

Wieczorek-Zeul, Heidemarie (2005): "Ankerländer. Partner für globale Entwicklung". In: *Zeitschrift Entwicklung und Zusammenarbeit* 05/2005 <http://www.inwent.org/E+Z/content/ archiv-ger/05-2005/trib_art1.html> (28.07.2005).

Anhang

Tabelle 1:
Bilaterale deutsche ODA-Nettoauszahlungen des BMZ nach Ländergruppen (in T €)

	1999			2000			2001			2002			2003		
	€	%	%	€	%	%	€	%	%	€	%	%	€	%	%
weltweit	2.586.199	100		2.411.087	100		2.655.094	100		3.007.547	100		3.130.023	100	
Amerikas gesamt	373.756	14	100	375.478	16	100	373.247	14	100	376.946	13	100	418.880	13	100
Zentralamerika	107.494	4	29	88.371	4	24	103.699	4	28	92.198	3	24	166.084	5	40
Mexiko u. Karibik	26.262	1	7	33.992	1	9	25.694	1	7	31.623	1	8	33.419	1	8
Südamerika	213.388	8	57	221.323	8	59	220.382	8	59	226.120	8	60	194.971	6	47
nicht zuzuordnen	26.612	1	7	31.792	1	8	23.472	1	6	27.005	1	7	24.406	1	6

Quelle: BMZ (2004b), eigene Berechnung, evtl. Unschärfen durch gerundete Beträge.

Tabelle 2:
Anteil der deutschen ODA in Zentralamerika im Mehrjahresvergleich (in T €)

	1999		2000		2001		2002		2003	
	€	%	€	%	€	%	€	%	€	%
Zentralamerika	107.494	100,0	88.371	100,0	103.699	100,0	92.198	100,0	166.084	100,0
Belize	128	0,1	183	0,2	151	0,1	87	0,1	66	0,0
Costa Rica	-2.148	-2,0	1.507	1,7	732	0,7	3.318	3,6	7.626	4,6
El Salvador	18.570	17,3	15.750	17,8	28.748	27,7	16.083	17,4	10.996	6,6
Guatemala	21.199	19,7	20.297	23,0	17.353	16,7	20.158	21,9	16.772	10,1
Honduras	40.471	37,6	18.791	21,3	19.322	18,6	14.233	15,4	15.168	9,1
Nicaragua	26.518	24,7	29.166	33,0	35.524	34,3	36.553	39,6	113.846	68,5
Panama	2.756	2,6	2.676	3,0	1.869	1,8	1.766	1,9	1.611	1,0

Quelle: BMZ (2004b), eigene Berechnung, evtl. Unschärfen durch gerundete Beträge.

Tabelle 3:

Schwerpunkte der deutschen Entwicklungszusammenarbeit mit Zentralamerika

	Guatemala	Honduras	El Salvador	Nicaragua	Panama	Costa Rica
Umwelt- und Ressourcenschutz		X		X	X	X
Demokratieförderung, Dezentralisierung			X	X		X
Wirtschafts- und Beschäftigungsförderung		X	X			
Friedenssicherung, Konfliktprävention	X					
Bildung		X				
Wasserversorgung, Abwasserentsorgung				X		
Sozialer Wohnungsbau			X			

Quelle: BMZ (2002: 9).

Tab. 4: Zahl der von der GTZ entsandten Fachkräfte in Zentralamerika

	2000	2001	2002	2003	2004
Guatemala	14	15	14	16	15
El Salvador	17	15	13	13	14
Honduras	11	11	11	10	9
Nicaragua	16	17	17	15	11
Costa Rica	8	4	3	4	5
Panama	1	1	0	0	0
Gesamt	67	63	58	58	54
Zahl aller Fachkräfte in Lateinamerika	212	213	208	192	182
Anteil der Fachkräfte in Zentralamerika	31,5%	29,6%	27,9%	30,2%	29,7%

Quelle: GTZ (2000: 30; 2001: 30; 2002: 37; 2003b: 43; 2004: 32).

Tabelle 5:
Zuwendungen an die Stiftungen aus dem BMZ in den Jahren 2000-2004 (Titel 687 04)
(in Mio. Euro)

	Friedrich-Ebert-Stiftung	Konrad-Adenauer-Stiftung	Friedrich-Naumann-Stiftung	Hans-Seidel-Stiftung	Heinrich-Böll-Stiftung	Rosa-Luxemburg-Stiftung	Gesamt
Costa Rica	1,4	2,7	0,1	–	–	0,1	**4,3**
El Salvador	1,0	–	–	0,5	4,3	–	**5,8**
Guatemala	1,1	6,5	1,5	0,2	0,2	0,2	**9,7**
Honduras	0,5	–	0,3	0,3	–	–	**1,1**
Nicaragua	1,0	1,1	1,6	–	0,4	–	**4,1**
Panama	0,5	–	–	–	0,2	–	**0,7**
Gesamt	**5,5**	**10,3**	**3,5**	**1,0**	**5,1**	**0,3**	**25,7**

Quelle: BMZ.

Christiane Schulz

Zieht die Karawane weiter?
Die deutsche Zivilgesellschaft und
ihre Beziehungen zu Zentralamerika

1. Einleitung

Unter Zivilgesellschaft ist eine Gesellschaft zu verstehen, in der die Bürger ihre individuellen oder gruppenspezifischen Interessen verfolgen (Rieger 1998: 736). Diese gesellschaftlichen Interessen treten in organisierter Form auf und stehen jenseits von Markt und Staat. Damit gehören sowohl formelle als auch informelle Organisationen zur Zivilgesellschaft. Im Rahmen der internationalen Demokratiediskussionen in den achtziger Jahren wurde die Bedeutung der Zivilgesellschaft für demokratische Regierungssysteme hervorgehoben. In Lateinamerika wurde im Zusammenhang mit dem Widerstand gegen die Militärdiktaturen bereits in den siebziger Jahren über eine Stärkung der Zivilgesellschaft diskutiert (Birle 1997: 648).

Das Spektrum der Akteure innerhalb der deutschen Zivilgesellschaft, die zu und in Zentralamerika arbeiten, ist vielseitig. Die verschiedenen Organisationen unterscheiden sich wesentlich in ihrer Größe, Organisationsstruktur und Zielsetzung. Aufgrund ihrer Entstehungsgeschichte und Zielsetzung lassen sich für diese Darstellung folgende Gruppen unterscheiden: Kirchliche Hilfswerke, säkulare Hilfswerke, die Solidaritätsbewegung, wissenschaftliche Einrichtungen, politische Stiftungen und verschiedene Städtepartnerschaften (vgl. Tab. 1). Jede der genannten zivilgesellschaftlichen Organisation hat ihre spezifische "Partnerwelt" in Zentralamerika, die nicht nur von den jeweiligen Interessenskonvergenzen oder gemeinsamen Zielvorstellungen abhängt, sondern auch von den spezifischen Organisationsstrukturen. Einer groben theoretischen Arbeitsteilung zufolge sei für deutsche NGOs die zentralamerikanische Zivilgesellschaft der entsprechende Partner, für politische Parteien und Stiftungen sei die lokale politische Elite der natürliche Partner, während staatliche und halbstaatliche deutsche Stellen mit ihren Gegenstücken in Zentralamerika zusammenarbeiten (Erdmann 1999: 92). Sowohl die politischen Stiftungen als auch die Städtepartnerschaften sind Sonderfälle der zivilgesellschaftlichen Beziehungen zu Lateinamerika.

Die politischen Stiftungen sind zwar formell unabhängige Nichtregierungsorganisationen. Aufgrund ihrer programmatischen Affinität, ihrer personellen Verflech-tungen mit den politischen Parteien und der Finanzierung aus Steuermitteln werden sie aber respektive mit der Regierung oder der Opposition in Verbindung gebracht (Nuscheler 1993: 224). Aufgrund des besonderen Entstehungskontexts der Städtepartnerschaften trifft dieses Argument auch auf eben diese zu.

Das Wirken der verschiedenen zivilgesellschaftlichen Gruppen und ihre Zusammenarbeit mit zentralamerikanischen Akteuren wird im Folgenden dargestellt. Im zweiten Abschnitt werden die jüngeren Tendenzen in der entwicklungspolitischen Zusammenarbeit mit Zentralamerika erläutert, um mit einem Ausblick den Beitrag abzuschließen.

Tab. 1: Übersicht über die deutschen Zivilgesellschaftlichen Akteure mit zentralamerikanischem Bezug

kirchliche Hilfswerke	säkulare Hilfswerke	Soli.bewegung	wissensch. Einrichtungen	politische Stiftungen	Städtepartnerschaften
Adveniat	Dt. Welthungerhilfe	Informationsstelle El Salvador	Institut für Iberoamerika-Kunde	Friedrich-Ebert- Stiftung	Hamburg–León (Nicaragua)
Brot für die Welt	Gesellschaft für bedrohte Völker	Informationsstelle Guatemala	Stiftung Preußischer Kulturbesitz	Friedrich-Naumann-Stiftung	Leverkusen–Chinandega (Nicaragua)
Evangelischer Entwicklungsdienst	INKOTA	Informationsbüro Nicaragua	Stiftung Entwicklung und Frieden	Hanns-Seidel-Stiftung	Nürnberg–San Carlos (Nicaragua)
Misereor	medico international	Ökumenisches Büro für Frieden und Gerechtigkeit		Heinrich-Böll-Stiftung	Köln–Corinto und El Relajo (Nicaragua)
Missio	terre des hommes	CAREA		Konrad-Adenauer-Stiftung Rosa-Luxemburg-Stiftung	

Die Zusammenarbeit zivilgesellschaftlicher Akteure in Zentralamerika zeichnet sich durch folgende Charakteristika aus:

- Je stärker die deutsche Zivilgesellschaft idealpolitische Interessen verfolgt, desto fragiler sind ihre Partnerbeziehungen. Die Organisationen, die Sachthemen bearbeiten, bauen in der Regel hingegen langfristige Beziehungsstrukturen auf.
- Zudem wirkt eine Institutionalisierung der Beziehungen in der Regel stabilisierend. Dies ist auch dann der Fall, wenn die ursprünglichen Ziele idealpolitischer Natur waren, beispielsweise die Städtepartnerschaften mit Nicaragua.
- Die institutionalisierten Beziehungen zwischen deutschen und zentralamerikanischen zivilgesellschaftlichen Partnern wurden anhand von Sachthemen weiterentwickelt. Dies zeigt sich etwa an den Kampagnen zu bestimmten thematischen Schwerpunkten. Im Kontext der politischen Entwicklungen sowohl in Zentralamerika, aber auch weltweit mit dem Ende des Kalten Krieges, veränderten sich auch die Interessen der zivilgesellschaftlichen Akteure.

2. Deutsche zivilgesellschaftliche Akteure und ihre Partnerwelten

2.1 Kirchliche Hilfswerke.
Von Konfliktbearbeitung zu nachhaltiger Projektarbeit

Die kirchlichen Hilfswerke *Brot für die Welt, Evangelischer Entwicklungsdienst* (EED) und *Misereor* haben seit vielen Jahren Beziehungen zu professionellen NGOs aus dem entwicklungspolitischen Spektrum in ganz Zentralamerika. Elementarer Aspekt dieser Beziehungen ist die Bereitstellung finanzieller Ressourcen der kirchlichen Hilfswerke für ihre Projektpartner in der Region. Viele der zentralamerikanischen Partner haben eine kirchliche Anbindung oder wurden von engagierten Christen gegründet. Zwar bestehen auch Beziehungen zu rein säkularen Organisationen, aber die Vorliebe für Kontakte zum kirchlichen Umfeld ist offensichtlich. So ist etwa *Misereor* verpflichtet, die Zustimmung des jeweiligen Bischofs im Zielland zu den Projekten einzuholen.

An die großen kirchlichen Hilfswerke *Evangelischer Entwicklungsdienst* und *Misereor* sind die Personaldienste *Dienste in Übersee* (DÜ) und *Arbeitsgemeinschaft für Entwicklungshilfe* angeschlossen. Die *Arbeitsgemeinschaft Entwicklungshilfe* hat ihre Schwerpunkte in südamerikanischen Ländern. Für *Dienste in Übersee* ist Nicaragua weltweit das Land mit den meisten Vermittlungen insgesamt, insbesondere nach der Machtübernahme durch die Sandinisten (Heidtmann 1994: 93).

Während der Kriegsjahre entsprach die Arbeit der Hilfswerke weniger entwicklungspolitischer Projektarbeit als vielmehr humanitärer Nothilfe. In Anbetracht der schlechten Menschenrechtslage wurden die zentralamerikanischen Menschenrechtsorganisationen zu wichtigen Partnerorganisationen der kirchlichen Hilfswerke. Gleichzeitig unterstützten sie friedensfördernde Maßnahmen. Hier ist insbesondere die Arbeit der GKKE (Gemeinsame Konferenz Kirche und Entwicklung) hervorzuheben. Im Rahmen der GKKE arbeiten die katholische und die evangelische Kirche in Deutschland eng zusammen. Die GKKE hat für das Projekt zur Unterstützung der Friedensprozesse mit einem breiten Akteursfeld in El Salvador und Guatemala zusammengearbeitet. Ihre Dialogpartner waren nicht nur die traditionellen zivilgesellschaftlichen Bezugspunkte, sondern auch Regierungsvertreter, Militärs und Wirtschaftsvertreter. Neben den offiziellen Dialogrunden gab es informelle Treffen, die der Vertrauensbildung und dem Austausch dienten (Bodemer/Carreras/Bendel 1997: 19). Die Fachtagung "Konfliktschlichtung und Friedenskonsolidierung" (GKKE 1995) bildete 1995 den öffentlichen Abschluss des Dialogprogramms.

Im Rahmen der Friedens- und Demokratisierungsprozesse unterstützen die kirchlichen Hilfswerke weiterhin zentralamerikanische Menschenrechtsorganisationen (Dassin 1999: 17). Die Anforderungen an Menschenrechtsorganisationen haben sich aber gewandelt. Die Geberorganisationen suchen nach NGOs, die außerdem Konfliktbearbeitung sowie die Menschenrechte der zweiten und dritten Generation thematisieren (Dassin 1999: 19). In den neunziger Jahren wurden auch die traditionellen Bereiche entwicklungspolitischer Zusammenarbeit wieder aufgebaut. Projekte in den Bereichen Gesundheit, Landwirtschaft, Infrastruktur und Bildung werden bevorzugt gefördert. Allerdings wurde die Projektarbeit an die entwicklungspolitischen Diskussionen um Nachhaltigkeit angepasst. So entwickelte *Brot für die Welt* zusammen mit seinen zentralamerikanischen Partnern Anfang der 1990er Jahre das "Programm für nachhaltige Landwirtschaft", das neben der Projektförderung auch ein Dialog- und Beratungsprogramm beinhaltete (Schulz 2000: 42). Aus den Bedürfnissen der zentralamerikanischen Partnerorganisationen entwickelten sich darüber hinaus neue Themenschwerpunkte. *Dienste in Übersee* vermittelt inzwischen auch zu den Themen "Indigene Völker" sowie "Biodiversität".

Über *Adveniat, Missio* und das *Evangelische Missionswerk* unterstützt die Kirche des Weiteren Organisationen mit einem kirchlichen Hintergrund. Neben den durch die Kirchen unterstützten Organisationen *Adveniat, Missio* und das *Evangelische Missionswerk* existieren zahlreiche weitere Kontakte zwischen deutschen und zentralamerikanischen Kirchengemeinden, meist über die jeweiligen deutschen Pfarrer oder Pastoren., über Partnerschaften oder über konkrete Projektarbeit. Dazu gehört zum Beispiel die ökumenische Partnerschaft zwischen der "Evangelischen Stadtgemeinde Marl" und der "Fundación Metodista de Desarrollo Integral" in Guatemala (Evangelische Stadtgemeinde Marl 1994).

2.2 Säkulare Hilfswerke. Spezialisten für Nothilfe, Gesundheit oder Landwirtschaft

Das Spektrum der säkularen Nichtregierungsorganisationen ist vielseitig und umfasst neben großen Organisationen wie der *Deutschen Welthungerhilfe* auch kleine NGOs wie *INKOTA* oder *medico international. Terre des hommes* liegt sowohl hinsichtlich der Organisationsgröße als auch der vorhandenen Finanzmittel im mittleren Bereich. Die Organisationsstrukturen unterscheiden sich grundlegend. Die *Deutsche Welthungerhilfe* gehört mit ihren 151 Mitarbeiter/Innen und Projektmitteln in Höhe von 153,67 Mio. DM für das Jahr 2000 zu den größten Organisationen (Deutsche Welthungerhilfe 2001: 14f.). *Terre des hommes* hat einen kleineren Mitarbeiterstab und in 150 Städten und Gemeinden lokale Arbeitsgruppen (terre des hommes 2000: 14). Für das Jahr 2000 verfügte *terre des hommes* über 24.785.096 DM (terre des hommes 2000: 23). Beide Organisationen veröffentlichen seit 1993 zusammen jährlich den Bericht "Wirklichkeit der Entwicklungshilfe".

Während die kirchlichen Hilfswerke in allen zentralamerikanischen Ländern Projektarbeit leisten, können dies nur wenige säkulare Hilfswerke wie die *Deutsche Welthungerhilfe* und *terre des hommes*. Kleinere NGOs sind regional viel stärker eingeschränkt. *INKOTA* und *medico international* fördern daher in Zentralamerika nur Projekte in El Salvador, Guatemala und Nicaragua. Die *Deutsche Welthungerhilfe* unterhält aufgrund der breiten entwicklungspolitischen Ausrichtung ihrer Arbeit auch ein inhaltlich breiter gegliedertes Partnerfeld im Zielland. Dagegen sind aufgrund der inhaltlich spezifischen Zielsetzungen von NGOs wie *medico international* auch deren Partnerorganisationen spezialisiert. Im Fall von *medico international* beschränkt sich ihre Arbeit und jene der Partnerorganisationen auf den Ge-

sundheitsbereich. Der von *medico international* seiner Arbeit zu Grunde
gelegte Begriff von Gesundheit wird nicht nur auf physische Aspekte bezogen, sondern schließt für die Arbeit mit der traumatisierten Bevölkerung
Zentralamerikas auch psychische Aspekte mit ein. Die Projektpartner von
terre des hommes unterstützen im weitesten Sinne die Belange von Kindern.
In Guatemala unterstützt *terre des hommes* beispielsweise ein Bildungspro-
jekt für arbeitende Landkinder. *INKOTA* fördert Projekte aus unterschied-
licheren Themenbereichen, hat aber vergleichsweise geringe Ressourcen.
Diese Organisation ist in El Salvador, Guatemala und Nicaragua mit je zwei
bis drei Projekten präsent, während *terre des hommes* in jedem der drei zentralamerikanischen Länder je zehn Projekte unterstützt. Die Projektarbeit von
INKOTA beinhaltet ländliche Entwicklung, einkommensschaffende Maßnahmen, Gesundheit oder Menschenrechte.

2.3 Solidaritätsgruppen. Von Basis zu Basis

Deutsche Solidaritätsgruppen arbeiten länderspezifisch mit lokalen Basisbewegungen zusammen. Schätzungen zufolge arbeiten etwa zwischen 3.000
und 5.000 lokale Gruppen und etwa 10.000 kirchliche Gruppen zu Dritte-
Welt-Themen (Nuscheler et al. 1995: 10), auch zu Zentralamerika. Sie stellen damit ein breites Solidaritätspotenzial dar. Insbesondere der sandinistische Kampf gegen die Somoza-Diktatur stieß in der Internationalismusbe-
wegung auf reges Interesse. Nicaragua wurde zum Hoffnungsschimmer für
lang ersehnte soziale und politische Veränderungen in Lateinamerika. Nach
der Machtübernahme der Sandinisten kam es jedoch zu den ersten Widersprüchen innerhalb der Bewegung, da die eher politisch motivierten Kreise
über das vermeintlich geringe Ausmaß an sozialistischen Reformen enttäuscht waren (Balsen/Rössel 1986: 415). Dennoch fand man in den beiden
anderen Krisenherden, Guatemala und El Salvador, neue Tätigkeitsfelder
und stand in entsprechendem Kontakt mit den politischen Vertretungen der
Guerillas. Die regionalen Friedensverhandlungen machten der Solidaritätsbewegung jedoch deutlich, dass die erhofften grundlegenden Reformen ausbleiben würden, und so wandten sich nach dem Machtverlust der Sandinisten
1990 viele Aktivisten enttäuscht von der Region ab. Seit 1994 blicken aber
viele erneut nach Mexiko, nachdem das zapatistische Heer zur Nationalen
Befreiung in Chiapas spektakulär an die Öffentlichkeit trat.

Aus der Solidaritätsbewegung sind mehrere Organisationen entstanden,
die auch heute noch in Nicaragua, El Salvador und Guatemala arbeiten. So
gründeten mehrere Internationalisten aus der Friedensbewegung 1981 die

Peace Brigades International (PBI). PBI leistete jedoch nur kurze Zeit internationale Präsenz in Nicaragua und verlegte seinen Arbeitsschwerpunkt ab 1983 auf Guatemala, wo sie bis 1999 Aktivist/Innen der Menschenrechtsbewegung, der Gewerkschaften, von Bauernorganisationen und anderen sozialen Basisbewegungen begleitete (*Brigadas de Paz Internacionales* 1999). Auch in El Salvador arbeitete von 1987 bis zum Abschluss der Friedensverträge ein internationales PBI-Team. Das 1983 ebenfalls aus der Bewegung hervorgegangene *Ökumenische Büro für Frieden und Gerechtigkeit* setzte sich zur Aufgabe, Brigaden auf ihre Arbeit in Nicaragua vorzubereiten sowie die Arbeitseinsätze zu begleiten. Später wurde das Aufgabenfeld auf Informations- und Öffentlichkeitsarbeit über und für die nicaraguanischen Partnerorganisationen erweitert. Ein weiterer Länderschwerpunkt wurde später El Salvador. Die Begleitung guatemaltekischer Flüchtlinge bei der Rückkehr aus den mexikanischen Lagern in ihre Heimat zwischen 1992 und 1998 hatte sich *CAREA* zur Aufgabe gemacht (CAREA 1999). *CAREA, PBI* und das *Ökumenische Büro für Frieden und Gerechtigkeit* haben mittlerweile ihren Arbeitsschwerpunkt nach Chiapas ausgeweitet oder gar verlegt. Waren in Zeiten der bewaffneten Auseinandersetzungen die politischen Arme der Guerillas die wichtigsten Partner der Solidaritätsbewegung, sind heute die Gewerkschaften, Witwen- und Bauernorganisationen oder andere Basisbewegungen die wichtigsten Bezugsgruppen für die Solidaritätsbewegung. Ausnahme war die Zusammenarbeit der Solidaritätsbewegung mit der sandinistischen Regierung, also mit staatlichen Stellen.

Die Solidaritätsbewegung unterliegt den stärksten Schwankungen in ihren Länderschwerpunkten. Dies liegt hauptsächlich an der relativ hohen Fluktuation von Personen, die, da sie an keine institutionellen Vorgaben gebunden sind, ihre spezifischen Eigeninteressen umsetzen können, anstatt Organisationsinteressen wahren zu müssen. Die personellen Veränderungen wirken sich daher auch oft auf die Wahl der Schwerpunktländer oder -themen und die praxisbezogenen Tätigkeiten der Arbeitsgruppen aus. So unterstützte die internationale Solidaritätsbewegung Nicaragua und El Salvador breit, während die Arbeit zu Guatemala geringer ausfiel, obwohl bereits 1979 die "Informationsstelle Guatemala" in München ins Leben gerufen wurde, um die Aktivitäten der Guatemala-Solidaritätsbewegung zu koordinieren. Zu Belize, Costa Rica oder Honduras gab es nie nennenswerte Aktivitäten der Solidaritätsbewegung. Zwar hatten die Nicaragua-Komitees einst beschlossen, ihre Arbeit auf weitere mittelamerikanische Länder auszudehnen, *de facto* wurde die Arbeit aber nur auf El Salvador und Guatemala ausgeweitet.

2.4 Wissenschaftliche Einrichtungen.
Die Grenzen des akademischen Interesses

Die Zusammenarbeit zwischen deutschen und zentralamerikanischen Forschungsinstituten ist meist auf die Dauer der beantragten Forschungsprojekte begrenzt und hat keine langfristigen gesellschaftspolitischen Ziele. Etwa 40 akademische Einrichtungen arbeiten in Deutschland, Schweiz und Österreich zu Lateinamerika, weitere 60 wissenschaftliche Institute sowie etwa die gleiche Anzahl an Bibliotheken und Dokumentationszentren haben im deutschsprachigen Raum einen lateinamerikanischen Forschungsschwerpunkt (Grenz 1993: XIVf.; Bodemer/Carreras/Bendel 1997). Die meisten Institute sind an eine Universität angebunden, wie beispielsweise das Lateinamerika-Institut in Berlin. Das Institut für Iberoamerika-Kunde in Hamburg sowie das Ibero-Amerikanische Institut Stiftung Preußischer Kulturbesitz in Berlin dienen der Forschung und Dokumentation. Neben den wissenschaftlichen Einrichtungen, die einen regionalen Schwerpunkt setzen, arbeiten auch eine Reihe anderer Institute im Rahmen ihrer regionalübergreifenden Forschung zu Zentralamerika. Dazu gehört unter anderem die "Stiftung Entwicklung und Frieden", die im Rahmen einer Dialogreihe zum Thema "Regionale Friedenssicherung – Wege zur Transformation von Gewaltstrukturen" einen Workshop zu Guatemala veranstaltet hat (Stiftung Entwicklung und Frieden 2000: 4f.).

Bereits 1965 haben deutschsprachige Lateinamerikaforscher die *Arbeitsgemeinschaft Deutsche Lateinamerika-Forschung* (ADLAF) gegründet, in der sich mittlerweile 34 Forschungsinstitute sowie 220 Einzelpersonen zusammengeschlossen haben. Der fachübergreifende Zusammenschluss dient im Wesentlichen dem wissenschaftlichen Austausch. Innerhalb der ADLAF arbeiten derzeit drei Forschungsgruppen, jedoch widmet sich derzeit keine von ihnen Zentralamerika.

2.5 Politische Stiftungen. Export deutscher Parteienkonkurrenz?

Als erste politische Stiftung nahm die sozialdemokratische "Friedrich-Ebert-Stiftung" die internationale Zusammenarbeit mit der Region auf, indem sie 1957 mit der *Organización Regional Interamericana de Trabajadores* (ORIT) kooperierte. Elf Jahre später gründete sie in Costa Rica die *Escuela Popular*, die inzwischen in *Centro de Estudios Democráticos de América*

Latina (CEDAL) umbenannt wurde. Auch für die Arbeit der "Konrad-Adenauer-Stiftung" stellte Lateinamerika von Anbeginn einen Schwerpunkt dar, da auf diesem Kontinent christdemokratische Bewegungen und Parteien mehr Bedeutung hatten als in anderen Weltregionen (Bodemer/Carreras/Bendel 1997: 34). Die der FDP nahestehende "Friedrich-Naumann-Stiftung" führte bereits 1964 das erste Programm in Lateinamerika für Unternehmer durch und förderte neben dem zivil-militärischen Dialog auch die Umsetzung der zivilen Kontrolle über staatliche Geheimdienste und die Transparenz von Wahlprozessen. Mittlerweile hat die Friedrich-Naumann-Stiftung ihren Arbeitsschwerpunkt jedoch nach Osteuropa verlegt. Die Grünen-nahe "Heinrich-Böll-Stiftung" hat erst 1995 ein Büro in El Salvador aufgebaut, das die Zusammenarbeit mit den Projektpartnern in ganz Mittelamerika koordiniert. Die Auslandsarbeit der "Rosa-Luxemburg-Stiftung" ist noch im Aufbau begriffen. In Zentralamerika hat sie seit dem Jahr 2000 nur Projekte in Guatemala unterstützt.

Insgesamt wird davon ausgegangen, dass die politischen Stiftungen besonders stark deutsche außenpolitische Interessen vertreten. Insbesondere in Zentralamerika zeigt sich aber, dass über die politischen Stiftungen bundesdeutsche Parteienkonflikte exportiert wurden (Wagner 1994: 216). An der Stiftungspolitik gegenüber Nicaragua sind die Widersprüche zwischen den politischen Stiftungen besonders deutlich zu erkennen: Während die "Friedrich Ebert-Stiftung" Ende der 1970er Jahre über ihr Bildungsinstitut CEDAL in Costa Rica führende Sandinisten vor ihrer Machtübernahme ausgebildet haben soll (Spitzenpfeil 1996: 59), wurden unter der Regierung von Helmut Kohl Anfang der 1980er Jahre fast alle staatlichen Entwicklungsprojekte in Nicaragua beendet, die finanziellen Mittel für Nicaragua eingefroren. Die "Konrad-Adenauer-Stiftung" soll darüber hinaus Gelder des US-amerikanischen Geheimdienstes CIA an verschiedene Gruppen in Zentralamerika weitergeleitet haben (Spitzenpfeil 1996: 103). Ein ähnliches Panorama ergab sich in El Salvador, wo die CSU-nahe "Hanns-Seidel-Stiftung" mit Personen zusammengearbeitet haben soll, die unmittelbar für Gräueltaten und Menschenrechtsverletzungen in der Hauptstadt San Salvador mitverantwortlich gemacht wurden (Schulze-Vogel nach Spitzenpfeil 1996: 84), während andere Stiftungen ihre Zusammenarbeit mit diesem Regime auf ein Minimum reduzierten. Dank der veränderten politischen Rahmenbedingungen in Zentralamerika sowie dem Ende des Ost-West-Konflikts haben sich diese parteipolitischen Interessengegensätze jedoch deutlich abgeschwächt. Heute haben die politischen Stiftungen ihren Arbeitsschwerpunkt in der Demokratieförderung (vgl. dazu den Beitrag von Constantin Grund in diesem Band). Ein besonders sichtbares Engagement wird ihnen auf dem Gebiet der Konflikt-bearbeitung bescheinigt (Casasfranco/Kurtenbach 1998: 35ff.). Aufgrund der institutionellen Zusammenarbeit sind sie ihren Partnern gegenüber langfristig verpflichtet, so dass sich politische Veränderungen in Deutschland oder in Zentralamerika nicht unmittelbar in der Zusammenarbeit widerspiegeln.

Aufgrund der ausbaufähigen Transparenz ist die Arbeit der Stiftungen insgesamt aber nicht unproblematisch. Wie kaum eine andere Institution der deutschen Entwicklungszusammenarbeit haben die politischen Stiftungen direkte Einflussmöglichkeiten auf die politischen, wirtschaftlichen und sozialen Rahmenbedingungen in den Partnerländern. Spitzenpfeil (1996: 77) kommt zu dem Schluss, dass "der Politikdialog der Stiftungen bis in die Gestaltung von Gesetzen, Verordnungen, ja ganzen Verfassungen von Ländern münden kann". So habe ein Partnerinstitut der "Konrad-Adenauer-Stiftung", das Forschungs- und Beratungsinstitut *Asociación de Investigación y Estudios Sociales*, für die Regierung Cerezo in Guatemala Gesetzentwürfe und Reformvorschläge erarbeitet.

2.6 Städtefreundschaften als Symbol gegen deutsche Entwicklungspolitik

Die ersten Städtepartnerschaften mit Entwicklungsländern wurden in den späten fünfziger bzw. in den frühen sechziger Jahren geschlossen. Das kommunale Nord–Süd-Engagement der Städte wurde eher mit Skepsis zur Kenntnis genommen und erst 1988 mit einem Beschluss der Ministerkonferenz ausdrücklich begrüßt (Wagner 1995: 275). Grundsätzlich dürften die Aktivitäten der Städte nicht der offiziellen Linie deutscher Außen- und Entwicklungspolitik der Bundesregierung entgegenstehen.

Das Interesse der deutschen Städte an entwicklungspolitischen Partnerschaften ist nicht sehr ausgeprägt: Von den etwa 4.200 deutsch-ausländischen Kommunalpartnerschaften haben nur 5% eine Partnerschaft mit einer Kommune in einem Entwicklungsland begründet (Woesler 1998: 37). In Zentralamerika haben deutsche Städte nahezu ausschließlich Partnerschaften mit nicaraguanischen Städten oder Gemeinden geschlossen (vgl. Tab. 1). Als die unionsgeführte Bundesregierung Anfang der achtziger Jahre die finanziellen Zuwendungen an Nicaragua einfror, initiierten sowohl sozialdemokratische als auch grüne Initiativen die gemeindlichen Partnerschaften mit nicaraguanischen Städten als Instrument gegen die Politik der Kohl-Regierung. Obwohl nach der Wahlniederlage der Sandinisten im Jahr 1990 in vielen Fällen die Partnerschaftsinfrastruktur zusammenbrach, hat keine deutsche Stadt die Beziehung zu ihrem nicaraguanischen Partner aufgegeben (Wagner 1995: 319). Vielmehr wurden auf Basis humanitärer Grundsätze neue Impulse für die Partnerschaft gegeben. Dank ihrer formalisierten Beziehungsstrukturen haben die Städtepartnerschaften mit Nicaragua politische Machtwechsel in Nicaragua als auch parteipolitische Veränderungen in den deutschen Partnerstädten überstanden und konnten ein Minimum an dauerhafter Kooperation bewahren.

Anzahl der Kreis- und Städtepartnerschaften mit zentralamerikanischen Städten

Land	Städte	Kreise
Costa Rica	2	
Guatemala	1	
Honduras	1	
Nicaragua	28	2

Quelle: Rat der Gemeinden und Regionen Europas – Deutsche Sektion (1998: 9).

3. Nach den Bürgerkriegen folgt der Aufbau zivilgesellschaftlicher Netzwerke

Die Stabilität der institutionalisierten Zusammenarbeit zivilgesellschaftlicher Akteure bestätigt sich insbesondere bei den kirchlichen und säkularen Hilfswerken. Allerdings ist die Arbeit der Hilfswerke in der Krisenregion Zentralamerika nicht unproblematisch. Zu der Diskussion um die Funktion internationaler Hilfe in Kriegsgebieten hat insbesondere eine Arbeitsgruppe um Mary Anderson (1999) beigetragen. Insgesamt entspricht das Engagement in Krisengebieten eher humanitärer Nothilfe als entwicklungspolitischer Projektarbeit. Zu dieser Problematik gibt es bislang zwei Fallstudien mit zentralamerikanischem Bezug. Die Arbeit von Tom Lent (1998) beschreibt für den guatemaltekischen Kontext die Probleme, die bei der Umsetzung sozialer, landwirtschaftlicher oder infrastruktureller Projekte entstehen. Projektmitarbeiter wurden entführt und ermordet, einzelne Projekte mussten für einige Zeit aufgegeben werden. Erst nach einer massiven diplomatischen Offensive und Gesprächen mit Militärs, Regierungsmitgliedern, dem diplomatischen Corps und Vertretern der Wirtschaft konnte in diesem Fall die entwicklungspolitische Arbeit wieder aufgenommen werden. Diese Situation trifft auch auf Partnerorganisationen der kirchlichen Hilfswerke in Guatemala, El Salvador und eingeschränkt in Nicaragua zu. Ein weiteres Gutachten des Bundesministeriums für Wirtschaftliche Zusammenarbeit und Entwicklung bezüglich der Wirkungen der EZ in Konfliktsituationen haben Casasfranco/ Kurtenbach (1998) für El Salvador vorgelegt. Auch Stephan Klingebiel kommt in seiner Querschnittsauswertung der Fallstudien zur deutschen Entwicklungszusammenarbeit in Konfliktsituationen zu dem Schluss, dass die Entwicklungszusammenarbeit hier Besonderheiten aufweist und ein spezielles Vorgehen erfordert. Daher sei ein politischeres Verständnis von Entwicklungszusammenarbeit in Konfliktländern geboten (Klingebiel 1999: 44). Die kritische Auseinandersetzung mit der eigenen Rolle in den Kriegsjahren führen die Hilfswerke jedoch erst seit kurzem – und bislang nur stark eingeschränkt.

Nach Abschluss der Friedensverträge entwickelten die zivilgesellschaftlichen Akteure zwei neue langfristige Perspektiven der entwicklungspolitischen Zusammenarbeit, wie sich anhand von zwei Punkten zeigen lässt: 1. Netzwerke zwischen verschiedenen Organisationen in Deutschland wurden aufgebaut, um verstärkt die bundesdeutsche Politik zu beeinflussen. 2. Komplexe Themen deutsch-zentralamerikanischer Zusammenarbeit werden in Form von Arbeitsgruppen und Kampagnen bearbeitet.

In Deutschland haben sich verschiedene **Netzwerke** mit entwicklungspolitischem Bezug gebildet, so etwa der Verband Entwicklungspolitik deutscher Nichtregierungsorganisationen (VENRO), der Bundeskongress entwicklungspolitischer Aktionsgruppen (BUKO) oder landesweite Dachverbände entwicklungspolitischer Nichtregierungsorganisationen. Im Menschenrechtsbereich hat sich das "Forum Menschenrechte" als Zusammenschluss deutscher NGOs bewährt. VENRO hat sich explizit gegründet, um durch gebündelte Sachkompetenz auf bundesdeutsche Entwicklungspolitik Einfluss zu nehmen. Der BUKO versteht sich als öffentlicher Anwalt der Basisorganisationen und vereint etwa 170 Solidaritätsgruppen. Das erste Treffen des BUKO fand 1977 in München statt. Bisher hat der BUKO zwei große Kampagnen zu Lateinamerika mit veranstaltet: 1980 unterstützte der BUKO den Aufruf "Waffen für El Salvador", und 1992 organisierte der BUKO eine große Kampagne zu "500 Jahre Kolonialisierung – 500 Jahre Widerstand".

In den letzten Jahren haben verschiedene Nicht-Regierungsorganisationen **gemeinsame Kampagnen zu Zentralamerika** durchgeführt oder arbeiten in **Arbeitsgruppen** zusammen. Dazu zählen die Kampagne "500 Jahre Kolonialisierung – 500 Jahre Widerstand", die Kampagne "Saubere Kleidung" und die "Arbeitsgruppe Landrechte Zentralamerika". Solidaritätsgruppen, Basisorganisationen und Hilfswerke arbeiten in diesen Gruppen zu einem gemeinsamen Sachthema. Die "AG Landrechte" etwa gründete sich nach einem Studientag zum Thema "Landrechte in Zentralamerika" im Dezember 1995. In ihr arbeiten *Brot für die Welt, Misereor, Südwind,* die *Christliche Initiative Romero,* die *Infostellen El Salvador, Guatemala* und *Nicaragua, INKOTA,* das *Ökumenische Büro für Frieden und Gerechtigkeit, Dienste in Übersee* und die *Evangelische Zentralstelle für Entwicklungshilfe,* jetzt in *Evangelischer Entwicklungsdienst* umbenannt, zusammen. Nach vorbereitenden Konsultationsreisen nimmt die "AG Landrechte Zentralamerika" die agrarpolitischen Vorschläge und Strategien sowie konkrete Aktionsvorschläge der Partnerorganisationen in El Salvador, Guatemala und Honduras in ihr Arbeitskonzept auf (Schulz 2000: 45). Die Erwartungen der Partnerorganisationen konkretisieren sich in Aktions- und Kooperationsmöglichkeiten hinsichtlich des Aufbaus von Lobbyarbeit gegenüber Weltbank und Interamerikanischer Entwicklungsbank (BID), der Unterstützung zur Formulierung agrarpolitischer Alternativen sowie Unterstützung für die Initiierung einer gesellschaftlichen Debatte. Die "AG Landrechte" beauftragt unter anderem das *Food First International Action Network* (FIAN) mit der Umsetzung einzelner Arbeitsvorhaben. In der Zusammenarbeit mit FIAN gelingt der Schulterschluss zwischen inhaltlicher Arbeit zu nachhaltiger Landwirtschaft und Menschenrechtsarbeit, da FIAN als internationale Menschenrechtsorganisation weltweit zum Recht auf Nahrung arbeitet. Delegationsbesuche der mittelamerikanischen NGOs in Deutschland und den USA dienen der Einflussnahme auf politische Entscheidungsträger. So gelingt es, mit hochrangigen Verantwortlichen zu Agrarfragen zu sprechen, etwa mit der Ministerin für wirtschaftliche Zusammenarbeit und Entwicklung, Heidemarie Wieczorek-Zeul. In Mittelamerika werden Gespräche mit Betroffenen und Verantwortlichen für Agrarfragen in den Regierungen diskutiert. Teilziele wie den Aufbau von Lobbyarbeit bis hin zur Diskussion agrarpolitischer Gesetzesinitiativen hat die Kampagne bereits erreicht.

4. Ausblick

Die Beziehungen zwischen der deutschen und zentralamerikanischen Zivilgesellschaft sind sehr vielschichtig. Dies liegt erstens an der heterogenen Zusammensetzung der zivilgesellschaftlichen Akteure und den damit verbundenen unterschiedlichen Interessen sowie zweitens an den jeweiligen nationalen wie internationalen Rahmenbedingungen. All jene deutschen zivilgesellschaftlichen Akteure, die starke politische Interessen verfolgen, haben nur fragile Beziehungen zu ihren Partnern in Zentralamerika aufgebaut. Sobald entweder die Hoffnungen, die in die zentralamerikanischen Partner gesetzt wurden, nicht erfüllt worden waren oder politische Erwägungen eine Rolle spielten, auf die die zentralamerikanischen Partner keinen Einfluss hatten, lockerten sich diese Beziehungen. Im zukünftigen entwicklungspolitischen Diskurs sollte auch den Veränderungen innerhalb der zentralamerikanischen Zivilgesellschaft mehr Gewicht eingeräumt werden. So repräsentieren in El Salvador fast nur noch NGOs die Zivilgesellschaft. Früher einflussreiche Basisorganisationen haben sich von den Gewaltexzessen gegen sie in den Kriegsjahren nicht erholt, andere haben sich in NGOs verwandelt und leisten Projektarbeit (Wilkens 2001: 58). Vergleichbares gilt auch für Guatemala. Darüber hinaus sollte der Einfluss von Nichtregierungsorganisationen auf politische Machtinteressen in den kommenden Jahren kritisch beleuchtet werden, so etwa ihr Verhältnis zum FMLN in El Salvador (Wilkens 2001: 60). Zu diesen Aspekten liegt bislang aber kaum Literatur vor. Die zivilgesellschaftlichen Akteure sind auch selbst gefordert, entsprechende Analysen vorzunehmen.

Die Rahmenbedingungen des Kalten Krieges sowie die massiven Interessen der USA in Zentralamerika haben das Verhalten der Zivilgesellschaft maßgeblich mit beeinflusst. Das Ende des Kalten Krieges und die anhaltenden Demokratisierungsprozesse haben die politische Situation allerdings nachhaltig entspannt. Diese politische Entwicklung hat zu einer Versachlichung der zivilgesellschaftlichen Beziehungen geführt und bietet positive Ansätze für die zukünftige Zusammenarbeit, die nicht nur zum Abbau der asymmetrischen Verhältnisse zwischen den zivilgesellschaftlichen Partnern in Deutschland und Zentralamerika führen kann, sondern auch Anreize bietet, im breiteren Kontext über strukturelle Veränderungen des Nord-Süd-Verhältnisses nachzudenken. Der Handlungsbedarf ist in diesem Zusammenhang unübersehbar. Denn die Kriege in den zentralamerikanischen Ländern sind zwar beendet, doch die wirtschaftlichen und sozialen Konflikte sind gravierender als je zuvor.

Literaturverzeichnis

Anderson, Mary B. (1999): *Do no harm. How Aid can support Peace – or War.* Boulder/ London.

Balsen, Werner/Rössel, Karl (1986): *Hoch die internationale Solidarität. Zur Geschichte der Dritte-Welt-Bewegung in der Bundesrepublik.* Köln.

Birle, Peter (1997): "Zivilgesellschaft Lateinamerika". In: Nohlen, Dieter/Waldmann, Peter/ Ziemer, Klaus (Hrsg.): *Lexikon der Politik*, Bd. 4. München, S. 647-650.

Bodemer, Klaus/Carreras, Sandra/Bendel, Petra (1997): "La cooperación de la sociedad civil alemana con América Latina". Hamburg (unveröff. Manuskript). Zusammenfassung in: Freres, Christian (Hrsg.) (1998): *La cooperación de las sociedades civiles de la Unión Europea con América Latina.* Madrid.

Brigadas de Paz Internacionales (1999): *Cierre del Proyecto en Guatemala.* Boletín Latino-americano, Edición Especial Marzo. Guatemala-Stadt.

CAREA (1999): *Fluchtlinien. CAREA 6 Jahre solidarische Begleitung rückkehrender Flücht-linge in Guatemala.* Bonn.

Casasfranco, Maria Virginia/Kurtenbach, Sabine (1998): *Deutsche Entwicklungszusammen-arbeit in Konfliktsituationen, Fallstudie El Salvador.* Erstellt im Auftrag vom Bundesmi-nisterium für Wirtschaftliche Zusammenarbeit und Entwicklung. Bonn.

Dassin, Joan (1999): *Building the Latin American Human Rights Field. Increasing Institutio-nal and Financial Sustainability for Latin American Human Rights Organizations. A Re-port for Discussion by Donors Supporting the Field of Human Rights in Latin America.* The Ford Foundation, November 29-30. New York.

Deutsche Welthungerhilfe (2001): *Jahresbericht 2000.* Bonn.

Erdmann, Gero (1999): *Demokratie- und Menschenrechtsförderung in der Dritten Welt. Grundlinien eines Rahmenkonzeptes für die kirchliche Entwicklungszusammenarbeit.* Bonn.

Evangelische Stadtgemeinde Marl (1994): *Partnerschaft mit Guatemala.* esm – FUMEDI, Reisebericht der esm-Abordnung nach Guatemala (9.10.-23.10.1993). Evangelische Stadtgemeinde Marl, Referat für Frieden und Gerechtigkeit. Marl.

GKKE (Gemeinsame Konferenz Kirche und Entwicklung) (1995): *Konfliktschlichtung und Friedenskonsolidierung. Dokumentation der Internationalen Fachtagung über Konflikt-schlichtung und Friedenskonsolidierung* (31.3.-4.4. 1995). Bonn.

Grenz, Wolfgang (Red.) (1993): *Handbuch Deutschsprachige Lateinamerika-Forschung.* Arbeitsgemeinschaft Deutsche Lateinamerika-Forschung. Frankfurt am Main.

Heidtmann, Dieter (1994): *Die personelle Entwicklungszusammenarbeit der Kirchen. Kirchli-che Entwicklungskonzepte und ihre Umsetzung durch AGEH, DÜ und CFI.* Frankfurt am Main/Berlin/Bern.

Klingebiel, Stephan (1999): *Wirkungen der Entwicklungszusammenarbeit in Konfliktsitua-tionen. Querschnittsbericht zu Evaluierungen der deutschen Entwicklungszusammenar-beit in sechs Ländern.* Berlin.

Lent, Tom (1998): *Blessed are the Spacemakers. Constructing Peace and Peace Processes in Conflictual Situations.* A Case Study of Guatemala 1976-1996. Local Capacities for Peace Project, Case Study No. 15 <http://www.cdainc.com/cda-publications.htm#lcpp-cases> (9.12.2001).

Nuscheler, Franz (1993): "Denkfabriken und diplomatische Hilfstruppen. Die politischen Stiftungen der Parteien und ihre Auslandsarbeit". In: Weirich, Dieter (Hrsg.): *Auftrag Deutschland. Nach der Einheit – Unser Land der Welt vermitteln*. Mainz/München, S. 223-240.

Nuscheler, Franz et al. (1995): *Christliche Dritte-Welt-Gruppen: Praxis und Selbstverständnis*. Mainz.

Rat der Gemeinden und Regionen Europas – Deutsche Sektion (Hrsg.) (1998): *Die Partnerschaften der Städte, Gemeinden und Kreise*. Köln.

Rieger, Günter (1998): "Zivilgesellschaft". In: Nohlen, Dieter/Schultze, Rainer-Olaf/Schüttemeyer, Suzanne S. (Hrsg.): *Lexikon der Politik*, Bd. 7. München, S. 736.

Rottländer, Peter (1999): "Spiegelungen. Was die Dritte Welt in der deutschen Gesellschaft und Kirche bewegt hat". In: Misereor (Hrsg.): *Solidarität – Die andere Globalisierung*. Aachen, S. 27-51.

Schulz, Christiane (2000): *Prozesse statt Projekte. Auswertung der Programmerfahrungen von Brot für die Welt in Lateinamerika*. Erstellt im Auftrag der Lateinamerikareferate von Brot für die Welt. Stuttgart.

Spitzenpfeil, Annette (1996): *Der Beitrag der politischen Stiftungen zur entwicklungspolitischen Zusammenarbeit*. Frankfurt am Main/Berlin/Bern.

Stiftung Entwicklung und Frieden (2000): *Regionale Friedenssicherung – Wege zur Transformation von Gewaltstrukturen* (SEF News Nr. 9). Bonn.

terre des hommes (2000): *Jahresbericht 2000*. Osnabrück.

VENRO (Verband Entwicklungspolitik deutscher Nichtregierungsorganisationen) (2000): *VENRO-Stellungnahme zur Länderkonzentration und Schwerpunktbildung des BMZ* (18.10.2000). Bonn.

Wagner, Beate (1995): *Partnerschaften deutscher Städte und Gemeinden. Transnationale Beiträge zur internationalen Sicherheit*. Münster/Hamburg.

Wagner, Christoph (1994): "Die offiziöse Außen- und Entwicklungspolitik der deutschen politischen Stiftungen in Lateinamerika". In: Mols, Manfred et al. (Hrsg.) (1994): *Deutschland-Lateinamerika: Geschichte, Gegenwart und Perspektiven*. Frankfurt am Main, S. 167-228.

Wilkens, Christoph (2001): "Diener zweier Herren?" In: Evangelischer Entwicklungsdienst/ Brot für die Welt (Hrsg.): *der überblick* 3. Hamburg, S. 57-61.

Woesler, Dietmar (1998): *Städtepartnerschaften in der Praxis. Handbuch für Städte- und Schulpartnerschaften*. Bonn.

Hermann Schulz

Frühling der Hoffnung, Winter der Verzweiflung. Begegnungen eines Verlegers mit Nicaragua

Im Sommer 1966 erschien in der *Zürcher Tat* der Abdruck von zwei Gedichten eines Autors aus Nicaragua. Zu der Zeit waren meine Kenntnisse von Lateinamerika die eines durchschnittlichen Zeitungslesers. Mit den Ausnahmen Benito Juárez, Perón, Ché Guevara oder Fidel Castro hätte ich kaum einen Lateinamerikaner mit Namen nennen können. Ich war ein junger, unerfahrener, aber tatendurstiger Verlagsangestellter (Verlagsleiter wurde ich im Januar 1967), ohne besondere Konzepte für Programme und mit der etwas einfältigen Gewissheit, es würde schon gelingen, irgendwie die Welt und den Buchmarkt zu erobern.

Die Gedichte aus der *Zürcher Tat* gefielen mir, hatten sie doch eine für mich faszinierende Eigenart von strenger Form und christlich-revolutionärem Inhalt. Es waren zwei Psalmnachdichtungen eines auch in Lateinamerika damals unbekannten Ernesto Cardenal. Stefan Baciu hatte sie übersetzt. Im kurzen Begleittext fand ich biografische Notizen, die mein romantisches Interesse verstärkten, sich aber bald als Unsinn herausstellten. Der Autor, so hieß es, sei Priester und in Nicaragua führender Revolutionär, er sei gefoltert worden und habe in den Gefängnissen des Diktators Anastasio Somoza geschmachtet. So der Übersetzer, ein rumänischer Literat und Emigrant auf Hawaii. Er war Cardenal nie persönlich begegnet, war entweder schlecht informiert oder reimte sich etwas Marktgängiges zusammen. Später wurde er ein erbitterter Kritiker der Sandinisten.

Ich wollte ein Buch mit seinen Gedichten herausgeben. Als die deutsche Übertragung der Texte fertig gestellt war, ließ ich Gutachten machen: zwei von Literaten, eines von einem Theologen. Alle drei waren wenig günstig. Ich entschloss mich trotzdem, das Buch zu drucken und bat, Zeichen meiner eigenen Unsicherheit, die Theologin Dorothee Sölle um ein Nachwort. Auch Frau Sölle war zunächst irritiert angesichts dieser Texte, die fast eine neue Theologie formulierten und Gott ganz unbefangen aufforderten, sich auf die Seite der Befreiungsbewegungen und der Leidenden zu stellen. Immerhin waren sie eindeutig antikapitalistisch.

Das schmale Bändchen kam zustande und wurde 1967 an den Handel geliefert. Der Zeitgeist und die 68er-Bewegung machten es zu einem unerwar-
teten Erfolg, bis Mitte der siebziger Jahre wurden mehr als 100.000 Exemp-
lare verkauft. Jugendliche auf den Kirchentagen sangen begeistert die von
Peter Janssens vertonten Psalmen (nach dem "Prager Frühling" und seinem
Ende wurden solche und ähnliche Texte händeringend auch von Kirchenprä-
sidenten gesucht!). Für eine ganze Generation, auch außerhalb der Kirchen,
wurde Cardenal zu einer Symbolfigur. Vermutlich hat kein anderer Gedichtband nach 1945 in Deutschland eine ähnliche Wirkung erzielen können.

Ich hatte in meinen ersten Jahren als Verlagsleiter den Ehrgeiz, jeden
Autor meines Programms persönlich zu kennen. Also suchte ich auf einem
Atlas Nicaragua, lieh mir das Reisegeld und flog im Sommer 1969 in das
zentralamerikanische Land. Mein Autor, so wusste ich inzwischen, lebte
nach Stationen in Mexiko, den USA und Kolumbien auf den Solentiname-
Inseln im Großen See von Nicaragua. Ich solle, so schrieb er mir von den
Inseln, vom Flughafen aus seinen Vetter Pablo Antonio Cuadra bei der Zei-
tung *La Prensa* anrufen, alles andere würde sich finden.

In Cuadras Büro hing die Zeichnung eines Mannes. Pablo Antonio wies
auf das Bild, das sei Augusto Cesar Sandino, ob ich von ihm gehört hätte.
Ich schüttelte den Kopf.

Diese erste Reise war vor allem eine Begegnung mit der eigenen Ah-
nungslosigkeit von Lateinamerika; ich teilte sie sicher mit den meisten meiner Landsleute jener Jahre. Persönlichkeit, Charisma und Glaubwürdigkeit
des Priesters und Dichters Ernesto Cardenal und die noch undeutliche Ah-
nung, ganz nahe an einer wichtigen Entdeckung, vielleicht an einer großen
Sache zu sein, verführten mich, mir das Spanische anzueignen und dann
dieses Land der Dritten Welt "von innen" kennen zu lernen. 1972 kehrte ich
für zwei Monate zurück. Inzwischen war Cardenals *Buch von der Liebe* in
Deutsch erschienen und das Tagebuch des jungen Kolumbianers William
Agudelo, der in Cardenals christlicher Gemeinschaft "Unsere liebe Frau von
Solentiname" lebte, *Unser Lager bei den Blumen auf dem Felde*.

Während dieser Reise 1972 traf ich den Nicaraguaner Sergio Ramírez in
Costa Rica wieder, den ich 1970 auf einem Kongress mit Ivan Illich in Salz-
burg getroffen hatte und der später Führer des bürgerlichen Flügels der sandinistischen Bewegung wurde. Ich lernte anlässlich eines Empfangs bei Pablo Antonio Cuadra viele der Intellektuellen Nicaraguas kennen, darunter den
großartigen Dichter Carlos Martínez Rívas und den Sänger Carlos Mejía
Godoy. Und, wichtiger noch, ich erlebte auf dieser denkwürdigen Reise

durch das Land die sich sammelnde Wut der Studentenschaft an den Universitäten von León und Managua gegen die Diktatur – und ihren ungebrochenen Glauben an den Marxismus. Und dass es die FSLN gab, eine Sandinistische Befreiungsfront, die in den Bergen gegen den Diktator kämpfte und überall gegenwärtig sein sollte. Angesichts der Verelendung des Landes, die ich überall wahrnahm, stand ich innerlich auf der Seite dieser Sandinisten, ohne zu ahnen, dass die Geschichte mich tief in die kommenden Entwicklungen hineinziehen würde. Der Bericht meiner Reise erschien unter dem Titel *Ein Land wie Pulver und Honig* (Gütersloher Verlagshaus), mit einem Vorwort von Ramírez, der das Buch später ins Spanische übersetzte. Zunächst aber interessierte mich mehr als die Guerilla der historische Sandino.

Während eines langweiligen Vortrages in Costa Rica schob ich Sergio Ramírez einen Zettel zu: "Hast Du nicht Lust, bei mir ein Buch über Sandino zu machen?". Seine Antwort kam postwendend: "OK, mach mir einen Vertragsvorschlag". Das Buch *Viva Sandino – Leben und Tod des ersten lateinamerikanischen Guerillakämpfers* erschien 1974 – wurde aber erst später ein Verkaufserfolg, als Ende der siebziger Jahre der Volksaufstand begann und sich in Deutschland eine Solidaritätsbewegung formierte, die in jeder Beziehung neue Maßstäbe setzte.

Der Beginn dieser Solidaritätsbewegung, dessen Organisationszentrale bis heute in Wuppertal ist, geht zurück auf die erste Lesereise, zu der ich Ernesto Cardenal im Sommer 1972 eingeladen hatte. Er kam im Frühjahr 1973, Managua war wenige Monate vorher durch ein Erdbeben zerstört worden. Die Nachrichten von der Bereicherungspraxis des Diktators und der Brutalität der Militärs gingen um die Welt, das Schweigen hatte ein Ende. Während einer Lesung an der Universität Köln war Dorothee Sölle anwesend und ein junger nicaraguanischer Student namens Enrique Schmidt. Von ihm hörte ich erst 1977 wieder. Der Kölner Studentenpfarrer Klaus Schmidt rief mich an, Enrique sei in Nicaragua verhaftet worden, man müsse um sein Leben fürchten, und ob ich mich um Briefe wichtiger kirchlicher und politischer Stellen an den Diktator kümmern könne. Das war relativ leicht zu bewerkstelligen; nicht zuletzt durch den Autor Cardenal und seine wachsende Popularität hatte der Verlag erheblich an Prestige gewonnen. Enrique kam frei und besuchte mich im Verlag mit dem Ansinnen, ob es nicht an der Zeit sei, hier in Deutschland und Europa eine Solidaritätsbewegung für Nicaragua zu gründen, er sei von der FSLN dazu beauftragt. Diesem Vorschlag konnte und wollte ich mich nicht verschließen, zumal mir Enrique aufregende Nachrichten von den neuen Strategien der FSLN brachte.

Inzwischen war Ramírez Roman *Chronik des Spitals San Juan de Diós* auf Deutsch erschienen, Cardenals Kuba-Buch, seine Gedichtsammlung *Gebet für Marilyn Monroe*; bei Rowohlt (rororo aktuell) veröffentlichten Enrique Schmidt und ich *Nicaragua – ein Land in Familienbesitz*. In relativ kurzer Zeit gab es Hunderte Gruppen in Deutschland und überall in den europäischen Nachbarländern, die sich für die Befreiung Nicaraguas engagierten, und fast überall war die politische Bewegung von Gedichten der Poeten Nicaraguas begleitet. Sie nahmen den politischen Parolen viel von ihrem militanten Pathos und formulierten besser als alle Ideologie das Ethos dieser für die Europäer neuartigen, für die junge Generation unglaublich faszinierenden Befreiungsbewegung.

Ernesto Cardenal mit seinen Gedichten und seinem sehr eigenen Erscheinungsbild wurde eine Kultfigur. Auf evangelischen Kirchentagen oder Veranstaltungen von Gewerkschaften füllte er riesige Hallen. 1980, ein Jahr nach der Befreiung, erhielt er den "Friedenspreis des deutschen Buchhandels". Ich reiste vor der Preisverleihung nach Nicaragua. Er hörte sich meine Vorschläge für seine Rede in der Paulskirche freundlich und schweigend an. Er solle, so riet ich ihm, nicht sogleich mit der Tür ins Haus fallen, also das Lob der Revolution nicht übertreiben, sondern zunächst einmal von seiner Liebe zu Hölderlin und Jakob Wassermann erzählen. Er tat genau das Gegenteil – und verlor mit seiner Rede über Kinder, die ohne Angst auf Panzern spielen und dass der neue Mensch endlich geboren sei, viel Sympathie. Aber er blieb Symbol für das spezielle sandinistische Ethos.

Der 19. Juli 1979 war der Tag der Befreiung. Ich erlebte die Nachricht und die ersten Fernsehbilder aus der Universität von León (viele der Regierungsmitglieder kannte ich inzwischen persönlich) in der Wohnung des uruguayischen Schriftstellers Eduardo H. Galeano *(Die offenen Adern Lateinamerikas)* in Spanien; zwei Tage vorher hatte ich noch in Madrid Prügel von der Polizei bezogen, als unsere Freunde der Solidaritätsbewegung versuchten, die nicaraguanische Botschaft zu besetzen.

Zum ersten Jahrestag der Revolution kam ich wieder nach Nicaragua. Am Flughafen traf ich Gioconda Belli, von ihren Gedichten schwärmten alle Nicaraguaner. Wir verabredeten uns für den kommenden Tag im Kulturministerium (das Cardenal inzwischen als Minister leitete), einigten uns über den ersten Gedichtband und schlossen den Vertrag. Es war der Beginn einer langen und ungewöhnlich erfolgreichen Zusammenarbeit und Freundschaft. Aber in Nicaragua wurde für eigene verlegerische Arbeit der Spielraum eng; es galt die neuen Verlage "Nueva Nicaragua" und "Ediciones Monimbó" zu beraten, Projekte der Solidaritätsbewegung zu besuchen, politische Gespräche mit der "Frente" zu absolvieren und Freunde wiederzusehen. Fast zwanzig Mal habe ich bis 1996 das Land besucht, Mario Vargas Llosa wiedergesehen, ebenso den unvergleichlichen Julio Cortázar, den ich mit Ramírez und Cardenal in Paris kennen gelernt hatte und mit dem mich die Liebe zur Bauernmalerei von Solentiname verband. Er hatte über diese Bilder eine denkwürdige Geschichte geschrieben, ich hatte die Malereien (als Verleger) in mehreren tausend Kopien als Kunstdrucke für Nicaragua und ganz Europa reproduzieren lassen.

Für den eher unpolitischen Verleger aus Wuppertal, dessen Verlag aus der evangelischen Jugendarbeit kam, wurde das Ereignis Nicaragua zum Ferment der Politisierung und der Liebe zu dieser besonderen politischen Botschaft, die den Menschen, die Armen und Leidenden in die Mitte aller Politik stellte und in deren Wirkungskreis die Neugestaltung der Welt möglich schien. Aufsichtsräte und Gesellschafter des Verlages trugen das kostspielige Abenteuer mit. Nicht wenige von ihnen sind bis heute Teil der aktiven Solidaritätsarbeit.

Nicaragua hat bleibende Spuren im Verlagsprogramm hinterlassen, nicht nur durch seine begabtesten Autoren. Daran änderte sich nichts nach der Abwahl der Sandinisten. Schon Mitte der achtziger Jahre kamen mir Zweifel, ob die Richtung noch stimmt, ob alle Verdächtigungen von Menschenrechtsverletzungen, willkürlichen Verhaftungen und Waffenlieferungen nach El Salvador nur aus den Quellen der Contra oder anderer Gegner der Sandinisten stammten, ob denn wirklich eine volksnahe Demokratie am Ende der Entwicklung stehen würde. Es blieb mir auch nicht verborgen, dass meine engsten Freunde in der Regierung mehr und mehr ins Abseits gerieten. Auch Cardenals Ministerium wurde mit fadenscheinigen Begründungen geschlossen, während er sich auf einer Dienstreise befand. Durch zunächst vorsichtige, dann aber konkretere Fragen bekam mein eigenes Bild der Ereignisse in Nicaragua realistischere, d.h. ernüchternde Konturen.

Die Nachricht von der Abwahl der Sandinisten 1990 erreichte mich am Victoriasee in Tansania. Mein erster Gedanke, meine Sorge und auch mein Mitgefühl galt meinen engsten Freunden, den Politikern und Autoren Sergio Ramírez, Ernesto Cardenal, Fernando Cardenal und Gioconda Belli. Aus dem Innersten Afrikas konnte ich sie nicht anrufen – und ich war eigentlich ganz froh darum.

In seinem Buch *Adiós Muchachos!* zitiert Sergio Ramírez, der bald die Sandinistische Befreiungsfront verließ, Charles Dickens:

> Es war die beste aller Zeiten, es war die schlechteste aller Zeiten; es war eine Zeit der Weisheit, es war eine Zeit des Wahnsinns; es war eine Zeit des Glaubens, es war eine Zeit des Unglaubens; es war eine strahlende Zeit, es war eine düstere Zeit; es war der Frühling der Hoffnung, es war der Winter der Verzweiflung.

Adiós Muchachos! ist das letzte Buch, das ich als Verleger betreute, die letzten Korrekturen las und mit dem Autor im Frühjahr 2001 auf Lesereise ging. Wir beide fanden es nach der gemeinsamen Geschichte der letzten 30 Jahre irgendwie angemessen.

Chronologie zur Geschichte Zentralamerikas

1500 v.Chr.- Besiedelung der zentralamerikanischen Landbrücke durch
300 n.Chr. bäuerliche Dorfgemeinschaften.

300-950 Klassische Periode der Maya Kultur, die von der Halbinsel
Yucatán bis nach Honduras reicht. Ab dem 2. Jahrhundert
entstehen Gottkönigtümer, deren soziale Organisation auf
patrilinearen Familienverbänden beruht. Gesellschaftlicher
Status, Ämter und Funktionen werden an den ältesten Sohn
vererbt. Die soziale Stellung einer Familie oder eines Clans in
der Gesellschaft bestimmt sich durch die Nähe der Verwandtschaft zum "Urvater" bzw. zum König als dessen direktem
Nachkommen. Der Gottkönig ist nicht nur oberster weltlicher
Herrscher und Priester, sondern verkörpert auch die Verbindung zwischen Diesseits und Jenseits.

Es entstehen Stadtstaaten wie Copán und Tikal. Auf dem
Höhepunkt seiner Macht lebten eine halbe Million Menschen
im Einflussgebiet Tikals. Die Maya-Astronomen entwickeln
in dieser Zeit einen der genauesten Kalender des Altertums.
Das 365 Tage während Sonnenjahr (Haab-Kalender) legt
den Zeitpunkt für Aussaat und Ernte und andere für eine Agrargesellschaft wichtigen Termine fest. Es ist in 18 Monate zu
20 Tagen gegliedert, die fünf übrig bleibenden Tage markieren eine Zeit der Ruhe und des Übergangs. Daneben gibt es
den Ritual- oder Zeremonialkalender (Tzolkin), der mit seiner
Gliederung in 260 Tage mit 20 Wochen mit je dreizehn Tagen die wichtigsten religiösen Rituale und das gesellschaftliche Leben bestimmt.

900-1523 900 n. Chr. verfällt diese Hochkultur aus bisher nicht geklär-
ten Gründen. Genannt werden zahlreiche Kriege zwischen
den Stadtstaaten, Dürrekatastrophen und Migration aus Mexiko. Die spanischen Eroberer treffen 600 Jahre später auf
zahlreiche kleinere, zum Teil untereinander verfeindete Kö-

nigreiche. Die Zentren der postklassischen Mayakultur liegen in der Nähe von Seen, Flüssen oder direkt am Meer. Zwischen 1250 und 1450 war Mayapan geographisch eines der größten Mayareiche, das aber schon kurz vor der Ankunft der Spanier zerfällt.

Zu Beginn des 13. Jahrhunderts entstehen im guatemaltekischen Hochland mehrere Quiché-Königreiche. Das größte, in dessen Einflussbereich zur Blütezeit etwa eine Million Menschen leben, wird von Utatlán dominiert und expandiert im 14. und 15. Jahrhundert durch Eroberungsfeldzüge.

1523-1540   Eroberung Zentralamerikas durch die Spanier von Norden und Süden, Gründung der späteren Stadt- und Verwaltungszentren Guatemala, León, Granada, San Salvador. Guatemala wird zum Verwaltungssitz einer *Audiencia* (Generalkapitanat), die von Chiapas bis Costa Rica reicht und die auch als "Königreich Guatemala" bezeichnet wird. Diese *Audiencia* ist dem Vizekönig von Neu-Spanien (Mexiko) unterstellt, während Panama zum Vizekönigreich Peru (ab 1739 Nueva Granada) gehört und damit dauerhaft mit Südamerika verbunden bleibt. In den ersten Jahrzehnten nach Ankunft der Spanier sterben etwa 80% der Bevölkerung durch direkte Gewalt und Zwangsarbeit, vor allem aber durch die von den Spaniern eingeschleppten Seuchen und Krankheiten.

16.-19. Jh.   Die Kolonialherrschaft verändert die Besiedelungsstruktur und Gesellschaft Zentralamerikas grundlegend. Die Spanier siedeln vor allem in den gemäßigten Regionen des Hochlands auf der pazifischen Seite und vertreiben die indigene Bevölkerung in die höheren oder tiefergelegenen Zonen der Region. Das spanische Recht betrachtet die "Indianer" aber als "freie Untertanen" der Krone, was sich im Verbot der Sklaverei niederschlägt. Neben bewaffnetem Widerstand versuchen die Kolonisierten sich dem Einfluss der Kolonialmacht durch Flucht oder Migration in noch nicht von den Spaniern kontrollierte Gebiete zu entziehen. Die reale Kontrolle der Kolonialverwaltung und der katholischen Kirche reicht nur selten über die unmittelbare Nachbarschaft der spanischen Siedlungszentren hinaus.

Insbesondere gelingt es der spanischen Verwaltung nicht, das atlantische Tiefland unter ihre Kontrolle zu bringen. Seit dem 17. Jahrhundert ist hier die Expansion der rivalisierenden Großmacht Großbritannien zu spüren, die sich mit Piraten, Schmugglern und Indianervölkern verbündet und die spanische Hegemonie über den Isthmus dauerhaft bedroht. Mehrfach versuchen die Engländer, ein so genanntes "Königreich Mosquitia" als britisches Protektorat zu etablieren.

15.9. 1821   Das Generalkapitanat Guatemala erklärt seine Unabhängigkeit von Spanien und schließt sich 1822 dem mexikanischen Kaiserreich an.

1823   Die zentralamerikanischen Provinzen lösen ihre Verbindung zu Mexiko und rufen eine föderative zentralamerikanische Republik aus.

1838-1841   Die durch interne Machtkämpfe und Kriege zerrissene Föderation bricht endgültig auseinander. Zwischen 1838 und 1841 entstehen fünf unabhängige Nationalstaaten. Die britischen Siedler auf dem heutigen Staatsgebiet von Belize treten 1839 als British-Honduras dem Commonwealth bei. Die guatemaltekische Regierung erkennt dies unter der Bedingung an, dass die britische Regierung eine Straße zwischen der Hauptstadt Guatemalas und der Karibikküste baut. Da dies nie geschieht, erhebt Guatemala bis heute Anspruch auf das Territorium.

1839   Der US-amerikanische Forscher John Lloyd Stephens "entdeckt" bei einer Reise durch Guatemala zahlreiche Mayapyramiden. Dies stellt den Beginn der bis heute nicht abgeschlossenen Erforschung und Entschlüsselung der Mayazivilisation dar.

1850   Großbritannien und die USA unterzeichnen den Clayton-Bulwer-Vertrag, in dem sie vereinbaren, beim Bau eines transisthmischen Kanals durch Zentralamerika zu kooperieren. 1860 erkennt Großbritannien die Souveränität von Honduras und Nicaragua über die Mosquitoküste an und leitet damit den endgültigen Rückzug aus dieser Region ein. Die Engländer bleiben nur in British-Honduras, das 1862 Kronkolonie wird. Erst 1894 wird die Mosquitia als "Departamento Zelaya" endgültig in die Republik Nicaragua eingegliedert.

1855-1857 Der US-Amerikaner William Walker regiert **Nicaragua**. Er ist der berühmteste der "Filibuster", Abenteurer und Eroberer, die Zentralamerika und damit die strategische Verbindung über den Isthmus unter die Kontrolle der Südstaaten der USA bringen wollen. Walker wird durch ein Bündnis zentralamerikanischer Staaten vertrieben. Der Krieg gegen die Filibuster gilt im Selbstverständnis der Zentralamerikaner als eigentlicher Befreiungskrieg.

ab 1865 Nach der Beendigung des US-amerikanischen Bürgerkriegs gelingt es den USA bis zur Jahrhundertwende, Großbritannien als wichtigste externe Macht in Zentralamerika abzulösen. US-amerikanisches Kapital wird sowohl in die Ausbeutung von Gold- und Silberminen als auch (ab der Jahrhundertwende) in den wachsenden Bananen- und Kaffeehandel sowie den Bau von Eisenbahnen investiert.

ab 1870 Liberale Reformen führen zur Enteignung von Kirchenland und zur Privatisierung des indianischen Gemeindelandes. Dies bildet die Basis für die Dynamisierung der Landwirtschaft und den Aufstieg von Kaffee und Bananen zu den Hauptexportprodukten.

1893-1909 Zwischen **Nicaragua** und den USA kommt es während der Präsidentschaft von José Santos Zelaya zu erheblichen Spannungen, weil Zelaya den USA extraterritoriale Rechte für den interozeanischen Kanal verweigert. Daraufhin beschließen die USA 1904, den Kanal in Panama zu bauen. Befürchtungen, Nicaragua könne Deutschland oder Japan Rechte zum Bau eines weiteren Kanals einräumen, führen zum von den USA und Großbritannien unterstützten Sturz Zelayas.

1898 In **Guatemala** schwingt sich Manuel Estrada nach der Ermordung von Präsident José Reyna Barrios für 22 Jahre zum Diktator auf. Während seiner Herrschaft etabliert sich die United Fruit Company (UFCo) mit ihren zahlreichen Privilegien (Steuerfreiheit, Gebietshoheit, Kontrolle des Postwesens) als Staat im Staate. Von Guatemala ausgehend weitet sie ihren Einfluss in den folgenden Jahrzehnten auf ganz Zentralamerika aus.

1903 **Panama**, bis dahin Provinz der Republik Kolumbien, wird mit Unterstützung der USA unabhängig. Bereits zwei Wochen nach der Unabhängigkeitserklärung unterzeichnet die neue Regierung ein Abkommen zum Bau eines Kanals, indem sie den USA weitgehende Rechte einräumt. Der Kanal sowie zehn Meilen rechts und links des Wasserwegs werden als extraterritoriales Gelände unter US-Kontrolle gestellt, und den USA wird ein Interventionsrecht in die innenpolitischen Entwicklungen des Landes eingeräumt. Panama wird somit zum Quasi-Protektorat der USA.

1905 US-Präsident Theodore Roosevelt verkündet, dass die USA im Karibischen Becken als "Polizei" fungieren werden *(Roosevelt Corollary)*. Dies stellt den Auftakt für eine aktive Interventionspolitik der USA in der Region dar. Erst im Rahmen der "Politik der guten Nachbarschaft" zwischen 1930 und 1945 wird dies teilweise wieder zurückgenommen.

1914 Eröffnung des Panamakanals.

1916 Die USA und **Nicaragua** schließen den Bryan-Chamorro-Pakt ab, in dem Nicaragua den USA das exklusive Recht auf den Bau eines interozeanischen Kanals sichert. Damit ist ausgeschlossen, dass auf der Nicaragua-Route eine Konkurrenz zum Panamakanal gebaut wird.

1921 Anlässlich des 100. Jahrestages der Unabhängigkeit Zentralamerikas gründen die nationalen Gewerkschaften den zentralamerikanischen Dachverband *Confederación Obrera Centro Americana* (COCA). In den zwanziger Jahren kommt eine breite Diskussion über die Rückständigkeit Zentralamerikas und die Notwendigkeit eines politischen und wirtschaftlichen Zusammenschlusses auf, ohne dass das politische Handeln der Regierungen davon spürbar beeinflusst wird.

1927-1933 Augusto César Sandino kämpft mit einer Guerilla-Armee aus etwa 15.000 Bauern gegen die seit 1912 andauernde Besetzung **Nicaraguas** durch die *US-Marines*. Die US-Truppen ziehen 1933 ab, nachdem sie die Nationalgarde aufgebaut haben.

1929　　Die UFCo übernimmt die Cumayel Fruit Company und baut ihre Vormachtstellung in Zentralamerika weiter aus.

1931　　Mit der Niederschlagung des Aufstandes des bei den Präsidentschaftswahlen unterlegenen Kandidaten Manuel Castro Quezada konsolidiert sich in **Costa Rica** die verfassungsmäßige Herrschaft.

Der Putsch des Kriegsministers Maximiliano Hernández Martínez beendet in **El Salvador** die kurze Regierungszeit des ersten aus freien Wahlen hervorgegangenen Präsidenten Arturo Araujo.

1932　　Ein Aufstand von Kleinbauern und indianischen Tagelöhnern im Westen **El Salvadors** wird von der Diktatur Hernández Martínez blutig niedergeschlagen. Die Anführer eines in der Hauptstadt unter Führung des Kommunisten Farabundo Martí zur Unterstützung geplanten Generalstreiks werden festgenommen. Bei dem folgenden Rachezug der Diktatur sterben etwa 30.000 Menschen.

1933　　Die Machtübernahme von Tiburcio Carías Andino beendet eine lange Phase chronischer Instabilität in **Honduras** und begründet ein autoritäres System, an dessen Spitze er 16 Jahre lang selbst stand.

21.2. 1934　　Der Chef der Nationalgarde Anastasio Somoza García lässt Augusto César Sandino, den Anführer des bewaffneten Kampfes gegen die US-Besetzung, und 5.000 seiner Anhänger ermorden. Er putscht gegen Präsident Sacasa und übernimmt 1936 selbst die Macht in **Nicaragua**.

1934　　In **Guatemala** wird unter der Diktatur von Jorge Ubico die Zwangsarbeit wieder eingeführt. Die *Ley contra la Vagancia* zwingt vor allem die indianische Bevölkerung zur regelmäßigen Lohnarbeit auf den Kaffee-*Fincas*.

1944　　In **El Salvador** wird die Diktatur von Maximiliano Hernández Martínez durch eine Protestbewegung gestürzt, die im April mit einem Generalstreik begonnen hatte.

1944-1954   Der Sturz der Ubico-Dikatur in **Guatemala** bildet den Auftakt für eine zehnjährige Reformperiode. Die Regierungen von Juan José Arévalo und Jacobo Arbenz betreiben eine Modernisierung des Landes und leiten eine vorbildliche Agrarreform ein. Ein von der CIA unterstützter Putsch einer kleinen Gruppe von Exilanten beendet diese Politik 1954.

1948   In **Costa Rica**, wo seit 1940 zwei oligarchische Regierungen mit Unterstützung der Kommunisten und der Katholischen Kirche soziale Reformen auf den Weg gebracht haben, eskaliert im Vorfeld der Wahlen die Gewalt. Als die Regierung den Sieg der Opposition nicht anerkennt und die Wahl annulliert, greift die Opposition unter Führung von José Figueres zu den Waffen. Figueres' "Nationale Befreiungsarmee" hat ein zugleich antioligarchisches und antikommunistisches Programm und passt damit in die veränderte politische Landschaft zu Beginn des Kalten Krieges. Die mehrwöchigen Kämpfe im März und April 1948 fordern etwa 2.000 Menschenleben. Die Aufständischen gehen siegreich aus dem Konflikt hervor, sie verfügen nicht nur über bessere Waffen, sondern werden auch von den USA unterstützt. Die Regierung stimmt einer mit Beteiligung der Organisation Amerikanischer Staaten (OAS) verhandelten Beendigung des Krieges zu. In den folgenden Jahren wird durch eine Abschaffung der Armee und eine Erhöhung der Steuerbasis des Staates die Grundlage für das integrative Gesellschaftssystem gelegt. Die neue sozialdemokratische Partei "Liberación Nacional" wird auf Jahrzehnte die politisch bestimmende Kraft des Landes.

14.10. 1951   Ein erster Anlauf zur Verstärkung der regionalen Zusammenarbeit findet in der Gründung der *Organización de Estados Centroamericanos* (ODECA) seinen Ausdruck.

1956   Anastasio Somoza García wird erschossen, seine Söhne Luis und Anastásio übernehmen die Macht in **Nicaragua**.

1958   Die UFCo wird im Rahmen der Anti-Trust-Gesetzgebung der USA gezwungen, einen Teil ihres Besitzes an einheimische Unternehmer zu verkaufen.

13.11. 1960 In **Guatemala** rebelliert etwa ein Drittel der Armee gegen die Regierung. 45 Offiziere besetzen den Stützpunkt General Justo Rufino Barrios und erlangen kurzfristig die Kontrolle über die Hauptstadt. Präsident Ydígoras schlägt die Rebellion mit Hilfe loyaler Truppen der Armee nieder. Zwei der rebellierenden Offiziere – Marco Antonio Yon Sosa und Lucio Turcios Lima – kämpfen auch danach bewaffnet weiter. Die in der Folgezeit mit Basis im östlichen Hochland operierende Guerilla wird allerdings bis Ende der sechziger Jahre durch den massiven Einsatz von Repression und Terror weitgehend zerschlagen.

1961 Gründung des *Movimiento Nueva Nicaragua* (MNN) und des *Frente de Liberación Nacional* (FLN), ab 1963 *Frente Sandinista de Liberación Nacional* (FSLN) in **Nicaragua**.

1964 Eigentlich zur Verbesserung der regionalen Militärkooperation und dem Schutz vor externen Bedrohungen wird unter US-amerikanischem Einfluss der *Consejo de Defensa Centroamericana* (CONDECA) gegründet. In der Praxis dient er der Bekämpfung interner Oppositionsbewegungen. Mit der Menschenrechtspolitik der Regierung Carter (1976-1980) verliert CONDECA an Bedeutung, und nach dem Sieg der sandinistischen Revolution 1979 wird der Rat aufgelöst.

1968 In **Panama** putscht die Nationalgarde unter Omar Torrijos, der die Revision der Kanalverträge mit den USA zu einem zentralen Ziel erklärt.

Der guatemaltekische Schriftsteller Miguel Angel Asturias erhält den "Literaturnobelpreis".

1969 "Fußballkrieg" zwischen **El Salvador** und **Honduras**: Die Ausweisung salvadorianischer Kleinbauern und Landarbeiter sowie die Kündigung des bilateralen Migrationsvertrags durch Honduras verschärfen die inneren Konflikte besonders im dichtbesiedelten El Salvador. Obwohl ein von der OAS vermittelter Waffenstillstand bereits nach 100 Stunden in Kraft tritt, ist die salvadorianische Armee weit in honduranisches Gebiet vorgedrungen. Der Krieg fordert etwa 3.000 Menschenleben. Erst im September 1992 verkündet der Internationale Gerichtshof in Den Haag seine Entscheidung zur Festlegung des Grenzverlaufs zwischen beiden Ländern. Honduras bekommt in dem Schiedsspruch 61%, El Salvador 39% des umstrittenen Gebietes zugesprochen. Die Regierungen beider Länder akzeptieren das Urteil und setzen eine binationale Kommission ein, die die Grenze markieren soll.

1972 Ein schweres Erdbeben zerstört **Nicaraguas** Hauptstadt Managua. In der Folge wird die Korruption der Somoza-Diktatur offensichtlich. Ein Großteil der internationalen Hilfsgelder fließt in die Taschen des Diktators und seiner Günstlinge.

1974 Der Zeitungsverleger Pedro Joaquin Chamorro gründet die Oppositionsbewegung *Unión Democrática de Liberación* (UDEL) in **Nicaragua**.

1976 Schweres Erdbeben in **Guatemala**, eine Million Menschen werden obdachlos.

1977 In **Nicaragua** bildet die zivile Opposition gegen die Diktatur ein breites Bündnis: Der so genannten "Gruppe der 12" gehören Priester, Unternehmer und Intellektuelle an. Im Juli treffen sie mit Führern des FSLN zusammen und bereiten die Bildung einer provisorischen Regierung vor.

Die US-Regierung von Jimmy Carter und die **panamaische** Regierung von Oberst Torrijos unterzeichnen neue Kanalverträge. Im Jahr 2000 soll die Souveränität vollständig in panamaische Hände übergehen, bis dahin soll es eine gemeinsame Kontrolle der Kanalzone geben.

10.1. 1978 Die Ermordung von Pedro Joaquín Chamorro führt zur Eskalation der Krise in **Nicaragua**, es kommt zu Streiks und Demonstrationen. Am 2. Februar nimmt der FSLN Granada und Rivas ein, vom 19. bis 26. Februar gibt es einen Volksaufstand in Monimbó, Masaya.

17.7. 1979 Anastasio Somoza Debayle verlässt **Nicaragua**, zwei Tage später zieht der FSLN in Managua ein, eine zivil-militärische Revolutionsjunta übernimmt die Regierung.

15.10. 1979 Putsch reformorientierter Offiziere in **El Salvador**, der aber die Eskalation der Gewalt nicht aufhalten kann.

24.3. 1980   Todesschwadronen ermorden den Erzbischof Oscar Romero in San Salvador, während er in einer Kapelle die Messe liest.

April 1980   Mit Violeta Chamorro und Alfonso Robelo treten in **Nicaragua** zwei Vertreter der "bürgerlichen" Opposition gegen die Diktatur aus der Revolutionsjunta aus.

Nov. 1980   Die wichtigsten fünf Guerillagruppen in **El Salvador** schließen sich zum *Frente Farabundo Martí de Liberación Nacional* (FMLN) zusammen.

Sept. 1981   **Belize** wird von Großbritannien unabhängig, bleibt aber Mitglied im Commonwealth.

7.2. 1982   Vier **guatemaltekische** Guerillagruppen gründen die *Unidad Revolucionaria Nacional Guatemalteca* (URNG).

1982   Amtsantritt der ersten zivilen Regierung in **Honduras** nach Ende der Militärherrschaft.
                  Wahlen zur Verfassunggebenden Versammlung in **El Salvador**.

1982-1987   Der Konflikt zwischen der sandinistischen Regierung und den USA unter Präsident Reagan eskaliert zu einem internationalen Konfliktherd. Die USA versuchen, **Nicaragua** politisch und wirtschaftlich zu isolieren. Sie führen Geheimdienstoperationen zur Destabilisierung der Regierung durch und unterstützen den bewaffneten Aufstand oppositioneller Gruppen und unzufriedener Indianer. In den Berg- und Grenzprovinzen entwickelt sich ein langer, blutiger Krieg zwischen der Sandinistischen Armee und der so genannten "Contra".

1983-1986   Vermittlungsbemühungen der Contadora-Gruppe (Mexiko, Panama, Kolumbien, Venezuela) zur Beendigung der Kriege in der Region.

1983   Während der 15 Monate dauernden Diktatur von General Rios Montt werden im **guatemaltekischen** Hochland 400 Dörfer dem Erdboden gleich gemacht. Die Wahrheitskommission ordnet später die planmäßig durchgeführten Massaker dem Tatbestand des "Völkermords" zu.

1984	Aus den **salvadorianischen** Präsidentschaftswahlen geht der Kandidat, der Christdemokrat José Napoleón Duarte, als Sieger hervor.
1986	In **Guatemala** wird der Christdemokrat Vinicio Cerezo zum Präsidenten gewählt.
1987	Unterzeichnung eines Vertrages (Esquipulas I) über die Bildung eines direkt gewählten zentralamerikanischen Parlaments.
7.8. 1987	Unterzeichnung des Abkommens von Esquipulas über einen dauerhaften Frieden in Zentralamerika (Esquipulas II). Darin verpflichten sich die Regierungen zu einem Dialog sowohl mit den unbewaffneten Gruppen als auch mit denjenigen bewaffneten Gruppen, die ein Amnestieangebot annehmen. Außerdem sollen innerhalb der geltenden Verfassungen "alle notwendigen Aktionen" unternommen werden, die zur Erreichung eines Waffenstillstands mit den bewaffneten Oppositionsgruppen notwendig sind.
1987	Oscar Arias, der Präsident von **Costa Rica**, erhält den Friedensnobelpreis für seinen Beitrag zur Befriedung Zentralamerikas.
1988	Die vom Führer der Todesschwadronen Oberst D'Aubuisson gegründete Partei ARENA gewinnt die Präsidentschaftswahlen in **El Salvador**. Der FMLN hatte zum Boykott der Wahlen aufgerufen.
März 1988	Das Abkommen von Sapoá legt die Grundlage für eine Beendigung des Krieges zwischen Contra und sandinistischer Regierung in **Nicaragua**. Neben dem vorläufigen Waffenstillstand wird die Konzentration der Contra-Verbände innerhalb von 15 Tagen in noch zu vereinbarenden Gebieten festgelegt. Damit akzeptieren die Contra-Führer prinzipiell auch ihre Entwaffnung, obwohl deren genaue Modalitäten erst im nationalen Dialog festgelegt werden.
Aug. 1989	Anlässlich eines zentralamerikanischen Präsidentengipfels in Honduras erklären die Präsidenten ihre Entschlossenheit, die Punkte 5 und 6 des Abkommens von Esquipulas – Ende der

Unterstützung irregulärer Kräfte und Verbot der Nutzung des eigenen Territoriums für Angriffe auf andere Regierungen – umzusetzen und destabilisierende Aktionen irregulärer Truppen zu unterbinden. Sie unterzeichnen einen "Gemeinsamen Plan zur freiwilligen Demobilisierung, Repatriierung und Wiederansiedelung der Mitglieder des Nikaraguanischen Widerstands und ihrer Familienangehörigen". Damit werden die Contras zu Flüchtlingen "degradiert". Gleichzeitig kündigte die sandinistische Regierung an, die Parlaments- und Präsidentschaftswahlen vorzuziehen. Die Vereinten Nationen sollten sowohl die Demobilisierung der Contra als auch die nicaraguanischen Wahlen überwachen.

Nov. 1989   Invasion der USA führt zum Sturz von General Noriega in **Panama**.

Bei der "Schlussoffensive" nimmt der FMLN für einige Tage die Nobelviertel der Hauptstadt San **Salvador** ein. Mitglieder von Todesschwadronen ermorden acht Menschen: sechs Priester, die Professoren der zentralamerikanischen Universität waren sowie eine Hausangestellte und deren Tochter.

1990   Der FSLN verliert die Wahlen in **Nicaragua**. Eine heterogene Allianz antisandinistischer Kräfte unter Führung von Violeta Chamorro übernimmt die Regierung, ist aber in der Folgezeit aufgrund der Sitzverteilung im Parlament, wo der FSLN weiter stärkste Kraft ist, auf eine Kooperation mit den Sandinisten angewiesen.

27.6. 1990   Die internationale Überwachungs- und Verifikationsmission der OAS (CIAV-OEA) erklärt die Entwaffnung der Contra in **Nicaragua** für beendet. Es wurden 22.500 Kämpfer demobilisiert, obwohl die Stärke der Contra meist auf 10.000 bis 12.000 Mann geschätzt wurde. Offensichtlich waren viele Kämpfer nur in "Teilzeit" aktiv. In den folgenden Jahren werden aber noch weitere Aktionen zum Einsammeln von Waffen notwendig.

1991   Der **guatemaltekische** Präsident Jorge Serrano erkennt die Unabhängigkeit **Belizes** an, und im September nehmen beide

Länder diplomatische Beziehungen auf. Der Konflikt ist damit aber noch nicht dauerhaft beigelegt. Bereits Mitte 1993 meldet die guatemaltekische Regierung erneut Ansprüche auf das Territorium Belizes an. Die Regierung von Belize fordert Großbritannien daraufhin auf, seine Truppen nicht wie geplant zum 1. Januar 1994 abzuziehen. Im Rahmen der zentralamerikanisch/karibischen Integrationsbemühungen und der Vermittlung der Europäischen Union gibt es in den folgenden Jahren zahlreiche Bestrebungen zur erneuten Annäherung. Eine Markierung der Grenze steht allerdings nach wie vor aus.

28.10. 1991 Gründung des PARLACEN in Guatemala-Stadt, dem zunächst nur Vertreter von Guatemala, El Salvador, Honduras und Nicaragua angehören. Panama tritt 1994 bei, Costa Rica lehnt eine Beteiligung an der politischen Integration dagegen ab.

Dez. 1991 Gründung des Zentralamerikanischen Integrationssystems SICA, das den gesetzlichen und institutionellen Rahmen der regionalen Integration festlegen und koordinieren soll. Mitglieder sind zunächst Guatemala, El Salvador, Honduras, Nicaragua, Costa Rica und Panama. Belize tritt am 1.12. 2000 als reguläres Mitglied bei. Bis dahin hatte es wie die Dominikanische Republik Beobachterstatus.

16.1. 1992 In Mexiko unterzeichnen Vertreter des FMLN und der **salvadorianischen** Regierung ein Friedensabkommen. Am 1. Februar tritt der Waffenstillstand offiziell in Kraft, am 15. Dezember wird der Krieg in einer feierlichen Zeremonie für beendet erklärt.

10.12. 1992 Rigoberta Menchú erhält in Stockholm für ihren Einsatz für die Menschenrechte und die Rechte der indigenen Völker den "Friedensnobelpreis". Der alternative Nobelpreis "The Right Livelihood" geht ebenfalls an eine Guatemaltekin, Helen Mack, die Schwester der ermordeten Anthropologin Myrna Mack.

15.12. 1992   Die mit der Überwachung beauftragte UN-Organisation *Organización de Naciones Unidas para El Salvador* (ONU-SAL) erklärt die Entwaffnung des FMLN für abgeschlossen. Etwa 11.000 Guerilleros gaben ihre Waffen ab.

März 1993   In **Guatemala** scheitert ein "Selbstputsch" von Präsident Serrano, der nach dem Vorbild des peruanischen Präsidenten Alberto Fujimori das Parlament entlassen und sich selbst eine Reihe von Sondervollmachten zuweisen wollte. Eine breite Oppositionsfront in Guatemala selbst und massiver Protest aus dem Ausland verhindern dies. Das Parlament wählt den bisherigen Menschenrechtsbeauftragten Ramiro de León zum neuen Präsidenten.

20.3. 1994   Bei den so genannten Jahrhundertwahlen – den ersten Präsidentschafts-, Parlaments- und Kommunalwahlen nach Beendigung des Krieges, beteiligen sich erstmals in der **salvadorianischen** Geschichte alle politischen Kräfte des Landes. In der Stichwahl vom 24.4. wird der Kandidat der ARENA, Armando Calderón Sol, zum neuen Präsidenten gewählt.

11.5. 1994   Das panamaische Parlament ratifiziert **Panamas** Beitritt zum zentralamerikanischen Parlament.

Juli 1995   Gründung des "Consejo Indígena Centroamericano" in Guatemala. Ziel der Vertreter von 135 indianischen Organisationen und 55 Ethnien ist eine stärkere Beteiligung der *Indígenas* an wirtschaftlichen Entscheidungen. Damit soll eine "alternative, pluralistische Entwicklung zur Erhaltung des Lebens" gefördert werden.

15.9. 1995   Die Regierungen von Guatemala, El Salvador, Honduras, Nicaragua, Costa Rica und Panama unterzeichnen den "Tratado Marco de Seguridad Democrática en Centroamérica". Darin verpflichten sie sich zu Demokratie und Rechtsstaatlichkeit.

29.12. 1996   In einem feierlichen Akt auf den Stufen des Präsidentenpalastes unterzeichnen **guatemaltekische** Regierung und URNG das endgültige Friedensabkommen, mit dem ein Schlussstrich unter 36 Jahre Krieg gezogen werden soll.

März 1997 Bei den Parlaments- und Kommunalwahlen in **El Salvador** kann die ehemalige Guerilla FMLN ein gutes Ergebnis erzielen. Im Bündnis mit einer breiten Bürgerbewegung gelingt ihr der Sieg in zahlreichen großen Städten des Landes, darunter der Hauptstadt San Salvador. Dadurch lebt etwa die Hälfte aller Salvadorianer in Gemeinden, die vom FMLN (mit)regiert werden. Bei den Parlamentswahlen erreicht der FMLN mit nur einem Mandat Abstand zur Regierungspartei ARENA eine Sperrminorität bei Verfassungsänderungen.

1.4. 1997 In den USA tritt ein neues Einwanderungsgesetz in Kraft, durch das etwa 800.000 Zentralamerikaner von der Ausweisung bedroht sind. Eine massenhafte Rückkehr von Migranten würde nicht nur eine Verringerung der umfangreichen Transferzahlungen bedeuten, sondern auch die ohnehin hohe Arbeitslosigkeit und Unterbeschäftigung verschärfen.

2.9. 1997 Die Präsidenten beschließen in Managua auf ihrem Gipfeltreffen, dass Zentralamerika in einem graduellen Prozess nach europäischem Vorbild eine Zentralamerikanische Union bilden soll.

13.-14.10. 1997 In Honduras findet der erste zentralamerikanische *Indígena*-Gipfel zum Thema "Staat und Indígena-Rechte" statt. Insbesondere die fehlende Ratifizierung bzw. Missachtung der ILO-Konvention 169 (über die Rechte indigener Völker) steht im Mittelpunkt der Debatten.

26.- 31.10. 1998 Hurrikan "Mitch", einer der schwersten Hurrikane in der Geschichte Zentralamerikas richtet vor allem in **Honduras** und **Nicaragua** schwere Schäden an. Fast 10.000 Menschen sterben, die materiellen Schäden werden auf 3 Mrd. US$, die Wiederaufbaukosten auf 7,5 Mrd. US$ geschätzt.

Febr. 1999 Veröffentlichung des Berichts der **guatemaltekischen** Wahrheitskommission unter der Leitung des deutschen Völkerrechtlers Christian Tomuschat. Darin werden 40.000 Fälle von Menschenrechtsverletzungen dokumentiert. In 95% der Fälle hält der Bericht, der keine individuellen Verantwortlichkeiten benennen darf, Angehörige der staatlichen Sicherheitskräfte für die Täter.

März 1999   Zwei Tage nach der Veröffentlichung des Berichtes "Guatemala: Nie wieder", der im Auftrag des Menschenrechtsbüros des Erzbistums von **Guatemala** im Rahmen des so genannten REMHI-Projektes 476 Massaker und den Mord an 55.021 Personen dokumentiert, wird der Koordinator des Berichtes, Bischof Juan Gerardi, mit einem Pflasterstein erschlagen.

Mai 1999   Referendum über Verfassungsreformen, durch die zentrale Aspekte des Friedensvertrages in **Guatemala** Gesetzeskraft erlangen sollen. Es geht um Veränderungen in vier Bereichen: die Stellung der indigenen Völker – insbesondere die Anerkennung, dass Guatemala eine multiethnische, plurikulturelle und mehrsprachige Gesellschaft ist – sowie Reformen der Legislative, Exekutive und der Justiz. Bei einer Wahlbeteiligung von nur 18% stimmt die Mehrheit – für alle Beobachter unerwartet – mit "Nein". Während die Departements, die am schwersten vom dreißigjährigen Bürgerkrieg betroffen sind und in denen die Maya-Bevölkerung die Mehrheit stellt, sich für die Annahme der Reformen aussprechen, stimmt die weiße, ladinische Bevölkerung mehrheitlich gegen die Veränderungen. Landesweit ist das Verhältnis von "Nein"- zu "Ja"-Stimmen 56 zu 44%, wobei der reale Unterschied wegen der geringen Wahlbeteiligung allerdings nur 38.737 Stimmen beträgt.

14.12. 1999   Zwei Wochen vor dem Jahrtausendwechsel erhält **Panama** endgültig die Souveränität über die Panamakanalzone. Damit übt die panamaische Regierung erstmals seit der Staatsgründung die volle Kontrolle über das gesamte Territorium des Landes aus. US-Präsident Clinton und seine Außenministerin Madeleine Albright nehmen an den Feierlichkeiten nicht teil, weil es in den USA nach wie vor lautstarke Proteste gegen die Rückgabe des Kanals gibt.

11.9. 2000   Der mexikanische Präsident Vicente Fox verkündet den "Plan Puebla-Panamá". In diesem Rahmen sollen insbesondere Investitionen in die Entwicklung der wirtschaftlichen Infrastruktur (Energie, Telekommunikation, Straßennetz) erfolgen sowie Projekte zur nachhaltigen Entwicklung, zur Förderung des Tourismus und zur Prävention vor Naturkatastrophen Priorität haben.

1.12. 2000   **Belize** tritt dem Zentralamerikanischen Integrationssystem SICA als Vollmitglied bei.

16.1. 2001   US-Präsident George Bush jr. kündigt an, er wolle mit Costa Rica, El Salvador, Honduras, Guatemala und Nicaragua Verhandlungen über ein regionales Freihandelsabkommen (CAFTA, *US-Central American Free Trade Agreement*) aufnehmen.

2001-2002   Der Verfall der internationalen Kaffeepreise von 1 US$ pro Pfund im Jahr 2000 auf unter 50 Cent 2002 trifft die zentralamerikanischen Exporteure hart und führt zur massenhaften Entlassung von Arbeitern, die das Heer der Arbeitslosen und Unterbeschäftigten vergrößern. Allein in Guatemala sollen davon 250.000 Menschen betroffen sein.

Juni 2002   Eine erneute Dürreperiode führt vor allem im Norden Nicaraguas zu einer humanitären Krise. Das Ernährungsprogramm der Vereinten Nationen warnte schon im Februar davor, dass der gesamten Region abermals eine schlechte Ernte bevorsteht. In Nicaragua sind drei von zehn Menschen von Nahrungsmittelknappheit betroffen, 5.000 Kinder akut vom Hungertod bedroht.

2002   In **Nicaragua** wird gegen Ex-Präsident Arnoldo Alemán Anklage wegen Korruption und Misswirtschaft erhoben. In der Folge kommt es zum Machtkampf zwischen Alemán und seinem Nachfolger Bolaños, die beide der Liberalen Partei angehören. Das Verfahren endet 2003 mit einer Verurteilung Alemáns zu 20 Jahren Haft.

Verschiedene Grenzstreitigkeiten erlangen erneut Aktualität. Während zwischen **Nicaragua** und **Honduras** die Seegrenzen im Zusammenhang von Ölexplorationen zu neuerlichen Konflikten führen, erreichen internationale Schlichter eine Beilegung des 150 Jahre alten Streits zwischen Guatemala und Belize.

Dez. 2002   Die Staatschefs aller sieben zentralamerikanischen Länder gründen eine gemeinsame Organisation zur Förderung des Tourismus in der Region. Der zentralamerikanische Tourismus-Rat (*Consejo Centroamericano de Turismo*, CCT) soll die Förderung des Tourismus nach Zentralamerika weltweit planen und koordinieren.

8.1. 2003   Bei vorbereitenden Gesprächen zur Festlegung des Procederes für die CAFTA-Verhandlungen werden für das laufende Jahr neun Verhandlungsrunden vereinbart. Schwierigkeiten werden vor allem bei Fragen des Agrarhandels erwartet, wo sowohl die USA als auch die zentralamerikanischen Länder ihre heimischen Produzenten durch Zölle schützen wollen.

März 2003   Mit Ausnahme von Guatemala entsenden alle zentralamerikanischen Regierungen Truppen zur Unterstützung der "Koalition der Willigen" in den Irak. Sie versprechen sich davon Zugeständnisse in den Verhandlungen über eine Freihandelszone mit den USA.

Jan. 2004   Honduras, El Salvador, Guatemala und Nicaragua unterzeichnen ein Abkommen zur Kooperation bei der Bekämpfung der so genannten *maras*, d.h. der Jugendbanden, denen ein Großteil der Gewalt in der Region zugeschrieben wird. Bereits 2003 hatten Honduras, El Salvador und Guatemala ihre Strafgesetze dramatisch verschärft. In Honduras wird bereits die Mitgliedschaft in einer der ca. 400 *maras* unter Strafe gestellt. Die Gruppen haben vielfältige Verbindungen in die USA, wo sie teilweise bereits als "neue städtische Aufstandsbewegungen" tituliert werden.

März 2004   Guatemala und El Salvador unterzeichnen ein Abkommen über eine Zollunion, das sofort in Kraft tritt. Honduras und Nicaragua schließen sich der Initiative in den folgenden Monaten an.

28.5. 2004   Unterzeichnung des Freihandelsabkommens US-CAFTA zwischen den USA, Guatemala, El Salvador, Honduras, Nicaragua, Costa Rica und der Dominikanischen Republik. Das zehn Jahre gültige Abkommen soll Zölle auf 80% der Konsum- und Industriegüter, die zwischen den beteiligten Ländern gehandelt werden, abschaffen. Die Ratifizierung in den USA ist allerdings noch fraglich.

8.10. 2004 Nach kurzer Amtszeit muss der erste zentralamerikanische Generalsekretär der OAS, Miguel Angel Rodríguez, zurücktreten. Er wird in **Costa Rica** wegen Korruption während seiner Präsidentschaft (1998-2002) angeklagt.

Dez. 2004 Nach zehn Jahren verlässt die UN-Mission zur Überwachung der Friedensabkommen MINUGUA **Guatemala**. Damit beenden die Vereinten Nationen ihre fast anderthalb Dekaden dauernde Tätigkeit zur Befriedung des zentralamerikanischen Isthmus.

2005 Die erste Maya-Universität wird im Quiché in **Guatemala** eröffnet. Dort werden neben Kultur, Recht, Geschichte und Astronomie der Maya-Kultur auch Gemeindeentwicklung, Medizin, Architektur, Erziehung und Kunst unterrichtet. Die Universität steht Interessierten aller Völker offen.

Okt. 2005 Hurrikan "Stan" verwüstet Teile von **Guatemala** und **El Salvador** und fordert mehrere hundert Menschenleben.

Dez. 2005 Die Überweisungen von Arbeitsmigranten an ihre Familienangehörigen in Zentralamerika haben mit 8,21 Mrd. US$ abermals eine neue Rekordhöhe erreicht. Der größte Teil des Geldes geht nach El Salvador, Honduras und Guatemala. Aufgrund der Bedeutung dieser Überweisungen für die Zahlungsbilanz der Länder protestieren die zentralamerikanischen Regierungen gemeinsam mit Mexiko gegen Pläne des US-Kongresses, illegale Einwanderer verstärkt auszuweisen und zu kriminalisieren. Etwa fünf Millionen Zentralamerikaner leben und arbeiten in den USA.

Jan. 2006 José Manuel Zelaya Rosales von der PL *(Partido Liberal)* übernimmt das Amt des Präsidenten in **Honduras**.

März 2006 Der Friedensnobelpreisträger und ehemalige Präsident (1986-1990) Óscar Arias Sánchez von der PLN *(Partido de Liberación Nacional)* wird zum Gewinner der Präsidentschaftswahlen in **Costa Rica** erklärt.

Belize und Guatemala haben sich auf von der OAS *(Organization of the American States)* organisierte Verhandlungen über die lang anhaltenden Grenzstreitigkeiten geeinigt.

April 2006   Honduras und El Salvador legen offiziell ihre seit dem Fußballkrieg (1969) bestehenden Grenzkonflikte bei.

Okt. 2006   Bei einem Volksreferendum in **Panama** stimmt die Mehrheit dem Plan einer Erweiterung des Panama-Kanals zu.

Panama erhält einen Sitz im UN-Sicherheitsrat.

Nov. 2006   Daniel Ortega, Präsidentschaftskandidat der FSLN *(Frente Sandinista de Liberación Nacional)* und ehemaliger Präsident (1985-1990) gewinnt die Wahlen in **Nicaragua**.

Juni 2007   **Costa Rica** nimmt diplomatische Beziehungen zur Volksrepublik China auf.

Juli 2007   Costa Rica und Panama schließen ein bilaterales Freihandelsabkommen.

Okt. 2007   Wegen einer durch starke Regenfälle ausgelösten Flut ruft Nicaraguas Präsident Daniel Ortega den Notstand aus. Über 200.000 Menschen werden obdachlos.

Jan. 2008   Álvaro Colom von der UNE *(Unidad Nacional de la Esperanza)* übernimmt das Präsidentschaftsamt in **Guatemala** als erster Sozialdemokrat in über 50 Jahren.

CICIG *(Comisión Internacional Contra la Impunidad)* beginnt in **Guatemala** seine Arbeit gegen politische Gewalt und organisierte Kriminalität.

Juni 2008   Der Oberste Gerichtshof in Nicaragua erklärt die beiden Oppositionsparteien MRS *(Movimiento Renovador Sandinista)* und PC *(Partido Conservador)* für illegal. Die Entscheidung hat scharfe nationale und internationale Kritik zur Folge.

Personenregister

(erstellt von Friederike Wendel)

Autorinnen und Autoren

Erick Aguirre Aragón, *1961, Schriftsteller und Journalist, M.Sc. in Hispanoamerikanischer und Zentralamerikanischer Literatur an der Universidad Centroamericana (UCA), Managua.

Christian Arnold, *1979, Student der Politikwissenschaft und Volkswirtschaftslehre (M.A.) an der Universität Mannheim.

Christina Bollin, *1968, Dr. phil., Entwicklungspolitische Gutachterin, Teltow.

Marta Elena Casáus Arzú, Professorin am Departamento de Historia Moderna der Universidad Autónoma de Madrid, Spanien.

María Lourdes Cortés, *1961, Dr., Professorin für Filmgeschichte, Direktorin der Escuela de Cine y Televisión der Universidad Veritas und des Fondo de apoyo al audiovisual de Centroamérica y Cuba (CINERGIA), San José/Costa Rica.

Barbara Dröscher, *1953, Dr., Privatdozentin für Lateinamerikanistik und Vergleichende Literaturwissenschaft an der FU Berlin, zur Zeit DAAD-Lektorin für deutsche Sprache, Literatur und Kultur an der Universidad de La Habana/Kuba.

Ludwig Ellenberg, *1946, Dr. phil. habil., Professur für Landschaftsökologie an der Humboldt-Universität, Berlin.

Torsten Eßer, *1966, Autor und freier Journalist, Mitarbeiter der Spanien- und Lateinamerika-Zeitschrift *Matices*, lebt und arbeitet in Köln.

Peter Fischer-Bollin, *1966, Dr. phil., Lehrbeauftragter an der Humboldt-Universität zu Berlin, Leiter der Abteilung Europa/Nordamerika der Konrad-Adenauer-Stiftung, Berlin.

Wolfgang Gabbert, *1957, Dr. phil., Ethnologe und Soziologe, Professor am Institut für Soziologie und Sozialpsychologie der Leibniz-Universität Hannover.

Constantin Grund, *1976, M.A., Friedrich-Ebert-Stiftung, Berlin.

Sébastien Hardy, Dr., Geograph, Forscher am Institut de recherche pour le développement (IRD), Paris.

Meike Heckt, *1966, Dr. phil., wissenschaftliche Mitarbeiterin am Landesinstitut für Lehrerbildung und Schulentwicklung, Hamburg, Mitglied der Arbeitsstelle "Intercultural Studies", Universität Hamburg.

Wolfgang Hein, *1949, Dr. rer.soc., apl. Professor für Politikwissenschaft an der Universität Hamburg; Leiter des Forschungsschwerpunkts "Transformation in der Globalisierung" am GIGA German Institute of Global and Area Studies, Hamburg.

Carsten Kolbe-Weber, *1963, Dr. rer. nat., Leibnitz-Institut für ökologische Raumentwicklung, Dresden.

Sabine Kurtenbach, *1961, Dr. phil, Senior Researcher im DSF-Projekt "Politische und gesellschaftliche Brüche nach dem Krieg: Zur Rolle von Jugendgewalt in Guatemala und Kambodscha" am Institut Frieden und Entwicklung der Universität Duisburg-Essen.

Ralf Leonhard, Dr., *1955, in den 1980er und 1990er Jahren *taz*-Korrespondent in Zentralamerika; seit 1996 freier Journalist und *taz*-Korrespondent in Wien.

Manfred Liebel, *1940, Dr. phil., Prof. em. für Soziologie an der Technischen Universität Berlin, Institut für Gesellschaftswissenschaften und historisch-politische Bildung, Mitglied der Internationalen Akademie für innovative Pädagogik, Psychologie und Ökonomie (INA) an der FU Berlin.

Werner Mackenbach, *1951, Dr. phil., Privatdozent für Romanische Literaturwissenschaft an der Universität Potsdam, zur Zeit DAAD-Langzeitdozent für hispanoamerikanische Literaturen an der Universidad de Costa Rica, San José/Costa Rica.

Günther Maihold, *1957, Dr. phil., Honorarprofessor für Politikwissenschaft an der FU-Berlin; stv. Direktor der Stiftung Wissenschaft und Politik, Berlin.

Guillermo Meléndez, Dr., Forscher am Departamento Ecuménico de Investigaciones, San José/Costa Rica.

Mechthild Minkner-Bünjer, Dipl. Kfm, Dipl. Hdl. Freie Mitarbeiterin am GIGA Institut für Lateinamerikastudien, Hamburg.

Alain Musset, *1959, Dr., Professor für Geographie, Forschungsdirektor und Leiter der Sektion Geschichte an der École des Hautes Études en Sciences Sociales, Paris.

Helmut Nuhn, *1936, Prof. Dr., Prof. em. für Geographie, Phillips-Universität Marburg.

Anika Oettler, *1971, Dr., wissenschaftliche Mitarbeiterin am GIGA Institut für Lateinamerika-Studien, Hamburg.

Manuel Orozco, *1965, PhD, Direktor des Programms "Remittances and development", Inter-American Dialogue, Washington, D.C.

Heinrich Schäfer, Theologe und Soziologe, Professor an der Fakultät für Geschichte, Philosophie und Theologie der Universität Bielefeld.

Friedhelm Schmidt-Welle, *1958, Dr. phil., wissenschaftlicher Angestellter am Ibero-Amerikanischen Institut Stiftung Preußischer Kulturbesitz, Berlin.

Christiane Schulz, *1966, Regionalkoordination Lateinamerika im Referat Menschenrechte im Diakonischen Werk der EKD.

Hermann Schulz, *1938, Schriftsteller und Verleger, Wuppertal.

Juliana Ströbele-Gregor, *1943, Altamerikanistin, Ethnologin und Pädagogin, freiberufliche Wissenschaftlerin und Gutachterin in Berlin.

María Dolores G. Torres, Dr., Professorin für Kunstgeschichte und Forscherin am Instituto de Historia de Nicaragua y Centroamérica der Universidad Centroamericana, Managua/Nicaragua.

Carlos Tünnermann Bernheim, *1933, Dr. jur., war Generalsekretär des Consejo Superior Universitario Centroamericano, Rektor der Universidad Nacional Autónoma de Nicaragua, nicaraguanischer Erziehungsminister und Botschafter Nicaraguas in den USA und bei der UNESCO, zur Zeit Präsident des Consejo Centroamericano de Acreditación de la Educación Superior (CCA).

Emmerich Weisshar, *1944, Dr. phil. Akademischer Oberrat, stv. Direktor am Seminar für Vergleichende Sprachwissenschaft der Universität Tübingen, Abteilung für Ethnolinguistik.

Thomas Winschuh, *1968, Sozialwissenschaftler, Migrationsforscher und Unternehmensberater in Dortmund.

Volker Wünderich, *1947, Privatdozent und apl. Professor am Historischen Seminar der Leibniz-Universität Hannover.

Ralf Wyrwinski, *1964, Dipl.-Geograph, Referent für Nachhaltige Landnutzung und Landrechte im Referat für Ländliche Entwicklung und Welternährung des Bundesministeriums für wirtschaftliche Zusammenarbeit und Entwicklung (BMZ).